中国统计年鉴

CHINA STATISTICAL YEARBOOK

1999

（总第18期　No. 18）

国家统计局编

Compiled by
National Bureau of Statistics,
People's Republic of China

中国统计出版社

China Statistics Press

（京）新登字 041 号

图书在版编目（CIP）数据

中国统计年鉴 1999：汉英对照．国家统计局编．
－北京：中国统计出版社，1999.9
ISBN 7－5037－2920－1

Ⅰ．中…
Ⅱ．国…
Ⅲ．统计资料－中国－1999－年鉴
Ⅳ．C832－54

中国版本图书馆 CIP 数据核字（1999）第 43568 号

中国统计出版社出版
Published by China Statistics Press
（中国·北京三里河月坛南街 75 号 100826）
75 Yuetan Nanjie, Sanlihe Beijing 100826 P. R. China
中国科学院印刷厂印刷
787×1092 毫米　16 开本　59.75 印张　147 万字
1999 年 9 月第 1 版　1999 年 9 月北京第 1 次印刷
印数：1—21000
国内定价：280.00 元
海外定价：149.95 美元

本书附同版本 CD－ROM 一张。
本书如有印装错误，本社发行部负责调换。

《中国统计年鉴》编委会和编辑出版人员

Editorial Board and Staff

编者说明

一、《中国统计年鉴——1999》是一部全面反映中华人民共和国经济和社会发展情况的资料性年刊。本书收录了全国和各省、自治区、直辖市1998年经济和社会各方面大量的统计数据，以及历史重要年份和近十年的全国主要统计数据。

二、全书内容分为22个部分，即，1. 行政区划和自然资源；2. 综合；3. 国民经济核算；4. 人口；5. 从业人员和职工工资；6. 固定资产投资；7. 能源生产和消费；8. 财政；9. 物价指数；10. 人民生活；11. 城市概况；12. 农业；13. 工业；14. 建筑业；15. 运输和邮电；16. 国内贸易；17. 对外经济贸易；18. 旅游；19. 金融和保险；20. 教育、科技和文化；21. 体育、卫生、社会福利和其他；22. 香港特别行政区主要社会经济指标。另附：台湾省、澳门地区主要社会经济指标；我国经济、社会统计指标同世界主要国家比较。各篇前设《简要说明》对本篇章的主要内容、资料来源、统计范围、统计方法以及历史的变动情况作简要概述，篇末附有《主要统计指标解释》。

三、书中所涉及的全国性统计数据，除行政区划、国土面积和森林资源数据外，均未包括香港特别行政区和台湾省、澳门地区。

四、香港特别行政区的统计是构成国家统计总体的一部分。但根据中华人民共和国“香港特别行政区基本法”的有关原则，香港与内地是两个相对独立的统计区域。两地根据各自不同的统计制度和法律规定，独立进行统计工作。香港特别行政区政府统计部门负责编制和发布反映香港特别行政区情况的统计数据。本年鉴中香港特别行政区统计资料由香港特别行政区政府统计处提供，国家统计局进行编辑。读者在比较内地和香港统计数据时，请注意两地在指标口径上的差别。

五、资料中所使用的度量衡单位均采用国际统一标准计量单位。

六、本年鉴的资料来源大部分来自年度统计报表，一部分来自抽样调查。台湾省和澳门地区统计资料分别来自各自编印的《统计月报》和《统计年鉴》。主要国家和地区统计资料来自联合国出版的有关统计资料。

七、本年鉴部分数据合计数或相对数由于单位取舍不同而产生的计算误差均未作机械调整。

八、本年鉴各表中，有关对全表的注解均在该表上方，对表中部分指标的注解则在该表下方。凡带续表的资料，对部分指标的注解一律在最后一张续表的下方。

九、本年鉴表中的符号使用说明：“…”表示数据不足本表最小单位数；“空格”表示该项统计指标数据不详或无该项数据；“#”表示其中的主要项；“*”或“①”表示本表下有注解。

Preface

Ⅰ.China Statistical Yearbook 1999 is an annual statistics publication, which covers very comprehensive data series in 1998 and some selected data series in historically important years and the most recent ten years at national level and local levels of province, autonomous region, and municipalities directly under the central government and therefore, reflects various aspects of China's social and economic development.

Ⅱ.The book contains the following twenty－two parts, 1. Division of Administrative Areas and Natural Resources; 2. General Survey; 3. National Accounts; 4. Population; 5. Employment and Wages; 6. Investment in Fixed Assets; 7. Production and Consumption of Energy; 8. Government Finance; 9. Price Indices; 10. People's Livelihood; 11. General Survey of Cities; 12. Agriculture; 13. Industry; 14. Construction; 15. Transportation, Postal and Telecommunications Services; 16. Domestic Trade; 17. Foreign Trade and Economic Cooperation; 18. Tourism; 19. Banking and Insurance; 20. Education, Science and Culture; 21. Sports, Public Health, Social Welfare and Others; 22. Main Social and Economic Indicators of Hong Kong Special Administrative Region (SAR). In the appendices listed are Main Social and Economic Indicators of Taiwan Province and the Region of Macao; A Comparison of Economic and Social Indicators Among People's Republic of China and Other Countries. In brief introduction at the beginning of each part, mainly coverage of this chapter, data sources, statistical coverages, statistical methods and historical changes are concerned. In addition, Explanatory Notes on Main Statistical Indicators are provided at the end of each part.

Ⅲ.The national data in this book do not include that of Hong Kong Special Administrtive Region, and Taiwan Province and the Region of Macao except for divisions of administrative areas territory, forest resources.

Ⅳ.Statistics of the Hong Kong Special Administrative Region constitute an integral part of the national statistics of China. According to the principles set forth in the Basic Law of the Hong Kong Special Administrative Region, statistically Hong Kong and the mainland of China are two mutually independent regions, and follow their own and different statistical systems in carrying out independent statistical operation. Statistics on the Hong Kong Special Administrative Region as included in this Yearbook are provided by the Department of Census and Statistics of the Government of the Hong Kong Special Administrative Region, and edited by the National Bureau of Statistics. Users are alerted to the difference in the concepts, definitions and coverage of statistics when using and comparing data of the mainland of China and Hong Kong.

V. The units of measurement used in this book are internationally standard measurement units.

VI. The major data sources of this publication are obtained from annual statistical reports, and some from sample surveys. Data of Taiwan and the Region of Macao are collected from Monthly Statistics Bulletin and Statistcal Yearbook compiled by Taiwan and Macao respectively. Data for major countries and territories are collected from various statistical publications published by the United Nations.

VII. Statistical discrepancies due to rounding are not adjusted in this book.

VIII. The notes concerning the whole table are placed at the upper part of the table, while the notes concerning individual indicators are placed at the lower part. If the table is a continued one, the footnotes are placed in the last page.

IX. Notations used in this book:

"… "indicates that the figure is not large enough to be measured with the smallest unit in the table, "(blant)"indicates that the data not available. "#" indicates the major items of the total, " * or ① "indicated "see footnotes below".

目　　录
CONTENTS

一、行政区划和自然资源
DIVISIONS OF ADMINISTRATIVE AREAS AND NATURAL RESOURCES

二、综合
GENERAL SURVEY

三、国民经济核算
NATIONAL ACCOUNTS

四、人口
POPULATION

五、从业人员和职工工资
EMPLOYMENT AND WAGES

六、固定资产投资

INVESTMENT IN FIXED ASSETS

七、能源生产和消费
PRODUCTION AND CONSUMPTION OF ENERGY

八、财政
GOVERNMENT FINANCE

九、物价指数
PRICE INDICES

十、人民生活
PEOPLE'S LIVELIHOOD

十一、城市概况
GENERAL SURVEY OF CITIES

十二、农业
AGRICULTURE

十四、建筑业
CONSTRUCTION

十五、运输和邮电
TRANSPORTATION, POSTAL AND TELECOMMUNICATIONS SERVICES

十六、国内贸易
DOMESTIC TRADE

十七、对外经济贸易
FOREIGN TRADE AND ECONOMIC COOPERATION

十八、旅游
TOURISM

十九、金融和保险
BANKING AND INSURANCE

二十、教育、科技和文化
EDUCATION, SCIENCE AND CULTURE

二十一、体育、卫生、社会福利和其他
SPORTS, PUBLIC HEALTH, SOCIAL WELFARE AND OTHERS

二十二、香港特别行政区主要社会经济指标
MAIN SOCIAL AND ECONOMIC INDICATORS OF HONG KONG SPECIAL ADMINISTRATIVE REGION

附录一、台湾省主要社会经济指标
MAIN SOCIAL AND ECONOMIC INDICATORS OF TAIWAN PROVINCE

附录二、澳门主要社会经济指标
MAIN SOCIAL AND ECONOMIC INDICATORS OF MACAO

附录三、我国经济、社会统计指标同世界主要国家比较
A COMPARISON OF INDICATORS OF ECONOMY AND SOCIETY AMONG PEOPLE'S REPUBLIC OF CHINA AND OTHER COUNTRIES

一　行政区划和自然资源

DIVISIONS OF ADMINISTRATIVE AREAS AND NATURAL RESOURCES

简要说明

本篇主要包括我国行政区划、自然状况以及自然资源的开发和利用情况等内容。

1."全国行政区划"来自民政部提供的《全国县级以上行政区划变更情况》。

2.自然状况包括国土、山脉、河流、海洋、气象状况。国土、山脉、河流的资料来自农业部1984年"农业资源区划"资料；海洋资料摘自国家海洋局编辑的《中国海洋统计年鉴》综合部分；气象资料由中国气象局整理提供。

3.自然资源包括土地、气候、林木、水利、矿产资源。气候资料来自农业部1984年"农业资源区划"资料；林木资料来自林业部1988－1992年调查公报数据；水利资料由水利部提供；矿产资料由国土资源部提供。

BRIEF INTRODUCTION

This chapter mainly covers the data on China's divisions of administrative areas, natural conditions and the exploitation and utilization of the natural resources.

1) Data on "Divisions of Administrative Areas in China" are prepared in accordance with the "Changes in the Divisions of Administrative Areas at and Above County Level in China" provided by the Ministry of Civil Affairs.

2) Natural conditions cover land area, mountain ranges, rivers, ocean and meteorological phenomena. Data on land area, mountain ranges and rivers are prepared in accordance with the data on "The Divisions of Agricultural Resources" compiled by the Ministry of Agriculture in 1984. Data on ocean are taken from the "China Oceanic Statistics Yearbook" complied by the State Oceanic Administration, and the meteorological data are provided by China Meteorological Bureau.

3) Natural resources cover land, climate, forest, water conservancy and mineral resources. Climate data are prepared in accordance with the data on "The Divisions of Agricultural Resources" compiled by the Ministry of Agriculture in 1984. Data on forest are prepared according to data in the communiqué of the surveys conducted by the Ministry of Forestry in 1988-1992. Data on water conservancy are provided by the Ministry of Water Conservancy. Data on mineral resources are provided by the Ministry of Land and Resources.

1-1 全国行政区划(1998年底)

DIVISIONS OF ADMINISTRATIVE AREAS IN CHINA (END OF 1998)

单位：个　　(unit)

省级区划名称 Provinces, Municipalities and Autonomous Regions	地级区划数 Number of Prefectures	#地级市 Cities at Prefectural Level	县级区划数 Number of Counties	#县级市 Cities at Country Level	各级市区划数 Number of Cities at All Levels	市辖区数 Districts Under the Jurisdiction of Cities
全　　国　National Total	**331**	**227**	**2126**	**437**	**664**	**737**
北　京　市　Beijing			6			12
天　津　市　Tianjin			5			13
河　北　省　Hebei	11	11	138	23	34	34
山　西　省　Shanxi	11	6	101	16	22	18
内蒙古自治区　Inner Mongolia	12	4	85	16	20	16
辽　宁　省　Liaoning	14	14	44	17	31	56
吉　林　省　Jilin	9	8	41	20	28	19
黑龙江省　Heilongjiang	13	11	67	20	31	63
上　海　市　Shanghai			4			16
江　苏　省　Jiangsu	13	13	64	31	44	44
浙　江　省　Zhejiang	11	10	64	25	35	24
安　徽　省　Anhui	16	12	66	10	22	39
福　建　省　Fujian	9	8	61	15	23	23
江　西　省　Jiangxi	11	7	85	14	21	14
山　东　省　Shandong	17	15	94	33	48	45
河　南　省　Henan	17	15	112	23	38	46
湖　北　省　Hubei	12	11	67	25	36	34
湖　南　省　Hunan	14	12	89	17	29	33
广　东　省　Guangdong	21	21	79	33	54	43
广西壮族自治区　Guangxi	14	9	81	10	19	29
海　南　省　Hainan	2	2	17	7	9	3
重　庆　市　Chongqing			27	4	4	13
四　川　省　Sichuan	21	13	145	18	31	35
贵　州　省　Guizhou	9	3	79	10	13	7
云　南　省　Yunnan	16	3	122	13	16	7
西藏自治区　Tibet	7	1	77	1	2	1
陕　西　省　Shaanxi	10	7	89	6	13	18
甘　肃　省　Gansu	14	5	76	9	14	10
青　海　省　Qinghai	8	1	39	2	3	4
宁夏回族自治区　Ningxia	4	3	17	2	5	7
新疆维吾尔自治区　Xinjiang	15	2	85	17	19	11
香港特别行政区　Hong Kong Special Administrative Region						
台　湾　省　Taiwan						

1-2 自 然 状 况
NATURAL CONDITIONS

项 目	Item	1998
国土	**Territory**	
国土面积 (万平方公里)	Area of Territory (10 000 sq. km)	960
海域面积 (万平方公里)	Area of Sea (10 000 sq. km)	473
海洋平均深度 (米)	Average Depth of Sea (m)	961
海洋最大深度 (米)	Maximum Depth of Sea (m)	5377
岸线总长度 (公里)	Length of Coastline (km)	32000
大陆岸线长度 (公里)	Mainland Shore (km)	18000
岛屿岸线长度 (公里)	Island Shore (km)	14000
岛屿个数 (个)	Number of Islands	5400
岛屿面积 (万平方公里)	Area of Islands (10 000 sq. km)	3.87
气候	**Climate**	
热量分布(积温≥0℃)	Distribution of Heat (Accumulated Temperature≥0℃)	
黑龙江北部及青藏高原	Northern Heilongjiang and Tibet Plateau	2000—2500
东北平原	Northeast Plain	3000—4000
华北平原	North China Plain	4000—5000
长江流域及以南地区	Changjiang (Yangtze) River Drainage Area and the Area to the south of it	5800—6000
南岭以南地区	Area to the South of Nanling Mountain	7000—8000
降水量 (毫米)	Precipitation (mm)	
台湾中部山区	Mid-Taiwan Mountain Area	≥4000
华南沿海	Southern China Coastal Area	1600—2000
长江流域	Changjiang River Valley	1000—1500
华北、东北	Northern and Northeastern Area	400—800
西北内陆	Northwestern Inland	100—200
塔里木盆地、吐鲁番盆地和柴达木盆地	Tarim Basin, Turpan Basin and Qaidam Basin	≤25
气候带面积比例 (国土面积=100)	Percentage of Climatic Zones to Total Area of Territory	
湿润地区(干燥度<1.0)	Humid Zone (aridity<1.0)	32
半湿润地区(干燥度=1.0-1.5)	Semi-Humid Zone (aridity 1.0-1.5)	15
半干旱地区(干燥度=1.5-2.0)	Semi-Arid Zone (aridity 1.5-2.0)	22
干旱地区(干燥度>2.0)	Arid Zone (aridity>2.0)	31

注:1. 气候资料为多年平均值。

2. 岛屿面积未包括台湾省和港澳地区。

a)The climate data refer to the average figures in many years.

b)Island area does not include that of Taiwan, Hong Kong and Macao.

1-3 自 然 资 源
NATURAL RESOURCES

项 目	Item	1998
土地资源 （万公顷）	**Land Resources** （10 000 hectares）	
耕地面积	Area of Cultivated Land	
荒地面积	Area of Undeveloped Land	10800
＃宜农荒地	Useable for Agricultural Production	3535
林业用地面积	Area of Afforestated Land	26289
＃宜林荒山荒地	Undeveloped Land Usable for Afforestation	6303
草地面积	Grassland	40000
＃可利用草地	Utilizable	31333
林木资源	**Forest Resources**	
活立木总蓄积量 （亿立方米）	Total Standing Stock Volume （100 million cu. m）	117.85
森林面积 （万公顷）	Forest Area （10 000 hectares）	13370
森林蓄积量 （亿立方米）	Stock Volume of the Forest （100 million cu. m）	101.37
森林覆盖率 （％）	Forest-coverage Rate （％）	13.92
水利资源	**Water Resources**	
大陆	Land	
地表水资源总量 （亿立方米）	Surface Water Volume （100 million cu. m）	28124
地表径流	Surface Runoff	27115
＃冰川融水量	Melt-Water Volume of Glaciers	560
地下(浅层)水量	Shallow Ground Water Volume	8287
水力资源蕴藏量 （亿千瓦）	Hydropower Resources （100 million kw）	6.76
＃可开发量	Developable Resources	3.79
内陆水域总面积 （万公顷）	Inland Water Area （10 000 hectares）	1747
＃可养殖面积	Cultivatable Area	675
＃已养殖面积	Cultivated Area	467
海洋	Sea	
海洋能源理论蕴藏量 （亿千瓦）	Theoretical Sea-energy Reserves （100 million kw）	6.3
海岸带面积 （万平方公里）	Coastal Area （10 000 sq. km）	28
滩涂面积 （万平方公里）	Sea-beach Area （10 000 sq. km）	2.08
海水可养殖面积 （万公顷）	Cultivatable Area in Marine Areas （10 000 hectares）	260.01
＃已养殖面积 （万公顷）	Cultivated Area （10 000 hectares）	71.6
浅海滩涂可养殖面积 （万公顷）	Cultivable Area in Shallow Sea and Sea-beaches （10 000 hectares）	242.0
＃已养殖面积 （万公顷）	Cultivated Area （10 000 hectares）	55.6
矿产资源(保有储量) （亿吨）	**Mineral Resources（Ensured Reserves）** （100 million ton）	
煤	Coal	10070.7
铁矿石	Iron Ore	458.9
磷矿石	Phosphate Ore	132.7
钾盐	Sylvite	4.6
盐	Salt	4048.2

注：1. 自然资源部分未包括台湾省。
2. 土地、水利资源为以前清查数，有待进一步勘测。
3. 森林资源为 1989-1993 年调查数。

a)Figures on natural resources do not include those of Taiwan Province.

b)Figures on land and water resources in this table were obtained from surveys in pervious years. The figures are subject to further verification.

c)Figures on forest resources were taken from the Third Forest Census (1989-1993).

1-4 土 地 状 况
LAND CHARACTERISTICS

项 目	Item	面 积 Area	占总面积（%） Percentage to Total Area
总面积 （万平方公里）	**Total Land Area (10 000 sq. km)**	**960**	**100.00**
按地形分： （万平方公里）	**By Topographic Feature (10 000 sq. km)**		
山地	Mountains	320	33.33
高原	Plateaus	250	26.04
盆地	Basins	180	18.75
平原	Plains	115	11.98
丘陵	Hills	95	9.90
按地高分： （万平方公里）	**By Altitude (10 000 sq. km)**		
500 米以下	Under 500m	241.7	25.18
500-1000 米	500-1000m	162.5	16.93
1000-2000 米	1000-2000m	239.9	24.99
2000-3000 米	2000-3000m	67.6	7.04
3000 米以上	Above 3000m	248.3	25.86
按特征分： （万公顷）	**By Land Use (10 000 hectares)**		
耕地	Cultivated Land	9497	9.89
森林	Forests	13370	13.93
内陆水域面积	Water Area in Land	1747	1.82
草地	Area of Grassland	40000	41.67
#可利用草地	Useable Area	31333	32.64
其他	Others	31386	32.69

注：本表数字多为过去清查数。其中耕地面积偏小，有待进一步核查。

a) Most figures in this table were obtained from surveys in previous years. The figure of cultivated land is underestimated, and is subject to further verification.

1-5 主要山脉基本情况
MAIN MOUNTAIN RANGES

名 称	Mountain Range	山峰高程（米） Height of Mountain Peak (m)	雪线高程（米） Height of Snow Line (m)	冰川面积（平方公里） Glacier Area (sq. km)
阿尔泰山	Altay Mountains	4374	3000——3200	287
天山	Tianshan Mountains	7435	3600——4400	9548
祁连山	Qilian Mountains	5826	4300——5240	2063
帕米尔	Pamirs	7579		2258
昆仑山	Kunlun Mountains			11639
喀喇昆仑山	Karakorum Mountain	8611	5100——5400	3265
唐古拉山	Tanggula Mountains	6137		2082
羌塘高原	Qiangtang Plateau	6596		3566
念青塘古拉山	Nyainqentanglha Mountain	7111	4500——5700	7536
横断山	Hengduan Mountains	7556	4600——5500	1456
喜玛拉雅山	The Himalayas	8848	4300——6200	11055
冈底斯山	Gangdise Mountains	7095	5800——6000	2188

1-6 主要河流基本情况
MAJOR RIVERS

名称	River	流域面积（平方公里） Drainage Area (sq. km)	河长（公里） Length (km)	年径流量（亿立方米） Annual Flow (100 million cu. m)
长江	Changjiang River (Yangtze River)	1808500	6300	9513
黄河	Huanghe River (Yellow River)	752443	5464	661
松花江	Songhuajiang River	557180	2308	762
辽河	Liaohe River	228960	1390	148
珠江	Zhujiang River (Pear River)	453690	2214	3338
海河	Haihe River	263631	1090	228
淮河	Huaihe River	269283	1000	622

1-7 河流流域面积
DRAINAGE AREA OF RIVERS

流域名称	River	流域面积（平方公里） Drainage Area (sq. km)	占外流河、内陆河流域面积合计 Percentage to Total(%)
合计	**Total Exotic Streams and Inland Rivers**	**9559370**	**100.00**
外流河	**Out-flowing Rivers**	**6114728**	**63.97**
黑龙江及绥芬河	Heilongjiang River and Suifenhe River	875342	9.16
辽河、鸭绿江及沿海诸河	Liaohe, Yalujiang and Related Coastal Rivers	345207	3.61
海滦河	Haihe River and Luanhe River	318161	3.33
黄河	Huanghe River (Yellow River)	752443	7.87
淮河及山东沿海诸河	Huaihe and Related Coastal Rivers in Shandong Province	329211	3.44
长江	Changjiang River (Yangtze River)	1808500	18.92
浙闽台诸河	Rivers in Zhejiang, Fujian and Taiwan Provinces	239803	2.51
珠江及沿海诸河	Zhujiang River (Pear River) and Related Coastal River	580640	6.07
元江及澜仓江	Yuanjiang River and Lancang River	240652	2.52
怒江及滇西诸河	Nujiang River and West Yunnan Rivers	157156	1.64
雅鲁藏布江及藏南诸河	Yarlung Zangbo River and Southern Tibet Rivers	396258	4.15
藏西诸河	Western Tibet Rivers	57340	0.60
额尔齐斯河	Ertix River	50000	0.52
内陆河	**Inland Rivers**	**3408659**	**35.66**
内蒙内陆河	Rivers in Inner Mongolia	300067	3.14
河西内陆河	Rivers in Huanghe Upper Reach Area	488301	5.11
准噶尔内陆河	Rivers in Zhunger Basin	316530	3.31
中亚细亚内陆河	Rivers in Central Asia	93130	0.97
塔里木内陆河	Rivers in Tarim Basin	1074810	11.24
青海内陆河	Rivers in Qinghai Province	316285	3.31
羌唐内陆河	Rivers in Qiangtang	721182	7.54
松花江、黄河、藏南闭流区	Blind Drainage Areas of Songhua River, Huanghe River and Southern Tibet	90353	0.95

注：本表所列面积系水利部门量算初步汇总数，有待进一步核实。

a) Figures in the table are obtained from preliminary measurements and tabulated data by water conservancy departments, and are subject to further verification.

1-8 全国内陆水面面积
INLAND WATER AREA

单位：千公顷 (1 000 hectares)

水域 Water Area	总水面 Total Water Area	可养殖水面 Cultivatable Area	已养殖水面 Cultivated Area	尚可利用水面 Utilizable Area
总计 Total	**17471**	**6749**	**4669**	**2080**
池塘 Pool	1922	1922	1858	64
湖泊 Lake	7524	2151	824	1327
水库 Reservoir	2302	1884	1516	368
河沟 Brook	5278	766	347	419
其他 Others	445	26	124	

注：已养殖水面中其他养殖面积是指工厂化养殖和非养殖水面中的网箱养殖等面积。
a)Other cultivated area refer to factory cultivated and box cultivated area.

1-9 海区海域及渔场面积
SEA AREA AND AREAS OF FISHING GROUND

名称 Sea	海域总面积（千公顷）Sea Area (1 000 hectares)	大陆架渔场面积（千公顷）Area of Fishing Ground of Continental Shelf (1 000 hectares)	深度（米）Depth (m)	
			平均 Average	最大 Maximum
总计 Total	**472700**	**280000**		
渤海 Bohai Sea	7700	7700	18	70
黄海 Huanghai Sea	38000	35300	44	140
东海 Donghai Sea	77000	54900	370	2719
南海 Nanhai Sea	350000	182100	1212	5559

1-10 浅海滩涂海湾可养殖面积
SEASHORE LAND AREA FOR CULTIVATION

单位：千公顷 (1 000 hectares)

地区 Region	海水可养殖面积 Cultivatable Marine Area	浅海 Shallow Sea	滩涂 Sea-beach	港湾 Harbor
全国 National Total	**2600.11**	**1622.56**	**797.00**	**180.55**
北京 Beijing	0.44		0.44	
天津 Tianjin	18.49	10.00	8.49	
河北 Hebei	111.37	49.66	61.70	
辽宁 Liaoning	725.84	590.44	92.45	42.95
上海 Shanghai	3.22		3.22	
江苏 Jiangsu	139.00	7.87	130.96	0.17
浙江 Zhejiang	101.46	36.30	57.39	7.77
福建 Fujian	184.94	77.39	100.76	6.79
山东 Shandong	358.21	131.68	173.41	53.12
广东 Guangdong	835.67	664.00	120.00	51.67
广西 Guangxi	31.95	6.78	22.09	3.08
海南 Hainan	89.52	48.43	26.09	15.00

1-11 主要城市平均气温（1998年）

MONTHLY AVERAGE TEMPERATURE OF MAJOR CITIES (1998)

单位：摄氏度 (℃)

城市 City		1月 Jan.	2月 Feb.	3月 Mar.	4月 Apr.	5月 May	6月 June	7月 July	8月 Aug.	9月 Sept.	10月 Oct.	11月 Nov.	12月 Dec.	年平均 Annual Average
北京	Beijing	−3.9	2.4	7.6	15.0	19.9	23.6	26.5	25.1	22.2	14.8	4.0	0.1	13.1
天津	Tianjin	−4.3	1.5	7.5	15.5	20.2	24.4	27.0	25.6	23.0	15.3	5.2	−0.6	13.4
石家庄	Shijiazhuang	−1.7	4.0	9.2	16.2	20.7	26.9	28.1	26.8	24.4	16.4	7.4	2.0	15.0
太原	Taiyuan	−5.9	0.9	5.6	15.6	17.7	22.6	24.2	22.7	19.0	11.8	4.9	−1.2	11.5
呼和浩特	Hohhot	−11.8	−3.2	2.3	13.3	15.4	21.3	22.8	20.3	17.6	8.4	−0.1	−6.6	8.3
沈阳	Shenyang	−11.8	−2.7	3.9	14.1	18.2	21.7	24.6	23.2	19.4	12.7	−0.7	−5.8	9.7
大连	Dalian	−4.0	1.1	5.6	10.6	16.2	19.1	23.1	24.0	21.9	16.8	6.0	1.5	11.8
长春	Changchun	−16.2	−5.1	1.1	13.1	17.1	21.0	23.3	21.5	17.4	10.4	−5.6	−9.8	7.4
哈尔滨	Harbin	−18.8	−7.9	0.2	11.8	17.3	20.9	23.7	21.3	16.3	8.9	−8.5	−19.0	5.5
上海	Shanghai	4.7	7.6	9.6	17.2	20.4	23.8	29.5	29.8	24.4	20.6	16.1	9.4	17.8
南京	Nanjing	2.3	6.6	9.1	17.9	20.5	24.2	29.5	28.6	23.6	18.9	13.2	6.0	16.7
杭州	Hangzhou	4.1	8.2	10.1	19.2	21.7	24.4	29.7	29.5	23.5	20.2	15.1	8.6	17.9
合肥	Hefei	2.0	6.8	9.5	18.5	20.9	25.1	29.7	28.5	24.5	19.1	14.2	6.2	17.1
福州	Fuzhou	11.0	12.4	13.9	22.1	23.9	26.6	29.8	29.7	26.1	23.8	19.2	14.8	21.1
南昌	Nanchang	4.4	9.4	10.5	21.1	23.4	24.9	29.3	30.1	25.2	21.4	16.3	9.6	18.8
济南	Jinan	−0.5	4.5	9.5	17.8	20.8	26.5	28.2	26.6	25.5	18.6	10.6	3.7	16.0
青岛	Qingdao	−0.2	3.0	6.1	11.5	16.1	19.4	25.6	25.4	23.5	18.5	11.1	4.1	13.7
郑州	Zhengzhou	0.2	5.2	8.9	17.0	19.7	26.0	27.7	26.1	23.7	17.4	9.8	3.8	15.5
武汉	Wuhan	3.2	8.1	10.4	20.0	22.1	26.2	29.9	29.7	25.4	20.1	15.2	7.6	18.2
长沙	Changsha	3.6	8.8	10.2	20.7	22.0	24.9	29.4	30.0	24.1	19.7	15.2	8.5	18.1
广州	Guangzhou	13.2	15.2	18.8	24.4	25.9	27.5	28.8	29.4	27.2	25.4	21.4	16.9	22.8
南宁	Nanning	12.9	15.2	18.0	25.3	26.8	27.8	28.8	29.7	28.3	25.5	20.8	17.4	23.0
海口	Haikou	19.7	20.4	23.5	26.6	28.0	29.8	29.4	29.2	27.9	26.6	24.0	19.0	25.4
桂林	Guilin	6.7	10.6	12.5	21.9	23.3	25.8	28.1	29.3	26.5	23.2	17.8	13.0	19.9
重庆	Chongqing	8.0	10.2	13.3	23.1	23.5	24.9	28.5	27.1	24.6	20.7	16.3	10.4	19.2
成都	Chengdu	6.1	8.8	11.3	21.3	21.5	24.1	26.2	25.0	22.7	18.5	14.7	8.4	17.4
贵阳	Guiyang	4.2	7.9	10.8	19.7	24.7	25.9	24.3	28.7	21.4	17.9	13.4	8.8	17.3
昆明	Kunming	10.4	12.1	15.7	17.6	20.8	20.4	20.4	20.4	19.4	16.7	13.6	10.6	16.5
拉萨	Lhasa	−0.2	2.6	4.3	8.0	14.0	18.2	16.0	14.9	14.0	11.5	5.1	−0.3	9.0
西安	Xi'an	−0.2	5.6	8.4	17.5	19.0	26.4	27.0	24.9	22.5	15.6	9.7	4.0	15.0
兰州	Lanzhou	−5.6	2.3	5.8	16.4	17.5	22.7	23.4	21.1	18.7	11.2	4.5	−1.0	11.4
西宁	Xining	−10.1	−1.8	1.1	11.5	12.5	15.7	17.1	15.6	12.8	6.3	0.2	−5.0	6.3
银川	Yinchuan	−7.9	0.2	4.2	15.2	16.3	22.5	23.8	21.5	18.6	10.4	4.4	−2.8	10.5
乌鲁木齐	Urumqi	−13.5	−5.8	−1.7	9.7	15.1	23.2	23.6	17.6	17.6	8.9	1.0	−7.7	7.8

1-12 主要城市平均相对湿度（1998 年）
AVERAGE RELATIVE HUMIDITY OF MAJOR CITIES (1998)

单位：%　　　　(%)

城市	City	1月 Jan.	2月 Feb.	3月 Mar.	4月 Apr.	5月 May	6月 June	7月 July	8月 Aug.	9月 Sept.	10月 Oct.	11月 Nov.	12月 Dec.	年平均 Annual Average
北　京	Beijing	43	45	51	68	61	71	79	75	72	65	64	51	62
天　津	Tianjin	61	61	57	68	63	71	80	79	73	69	67	68	68
石家庄	Shijiazhuang	55	51	52	71	65	61	73	70	63	63	60	60	62
太　原	Taiyuan	49	49	52	54	57	60	75	73	66	63	50	47	58
呼和浩特	Hohhot	60	64	50	50	50	48	65	66	60	61	54	56	57
沈　阳	Shenyang	57	50	45	54	60	71	81	79	72	68	60	63	63
大　连	Dalian	53	53	54	75	67	82	87	82	74	64	62	56	67
长　春	Changchun	62	44	44	45	53	67	82	83	71	65	48	65	61
哈尔滨	Harbin	74	65	56	46	49	66	77	83	74	69	69	77	67
上　海	Shanghai	75	77	81	80	80	81	78	74	77	75	70	71	77
南　京	Nanjing	77	76	81	78	79	79	80	80	76	76	74	80	78
杭　州	Hangzhou	79	77	83	76	81	82	75	73	78	76	73	76	77
合　肥	Hefei	80	76	79	77	78	77	79	81	71	70	68	76	76
福　州	Fuzhou	80	83	85	79	83	83	76	74	73	70	71	72	77
南　昌	Nanchang	84	79	86	80	82	88	81	77	75	68	73	72	79
济　南	Jinan	53	55	49	61	64	57	76	77	57	57	54	59	60
青　岛	Qingdao	63	71	74	86	79	88	87	85	74	65	66	67	75
郑　州	Zhengzhou	60	58	66	73	73	64	82	83	70	64	61	62	68
武　汉	Wuhan	78	75	79	74	78	78	79	74	70	69	72	76	75
长　沙	Changsha	87	82	87	76	83	89	78	74	83	77	80	81	81
广　州	Guangzhou	79	84	84	81	86	87	82	79	78	65	67	64	78
南　宁	Nanning	81	81	84	76	78	86	83	77	71	65	68	66	76
海　口	Haikou	88	88	85	83	83	81	81	81	84	77	81	81	83
桂　林	Guilin	77	78	81	79	81	87	82	73	68	57	63	57	74
重　庆	Chongqing	79	82	75	67	75	85	82	84	80	80	82	84	80
成　都	Chengdu	74	80	77	67	77	80	85	85	82	82	81	86	80
贵　阳	Guiyang	83	78	80	68	77	82	82	76	71	68	69	71	75
昆　明	Kunming	60	56	51	60	61	79	84	79	67	72	72	68	67
拉　萨	Lhasa	28	32	36	47	40	45	66	73	61	54	42	29	46
西　安	Xi’an	61	58	69	72	74	58	74	82	72	74	65	64	69
兰　州	Lanzhou	51	47	52	42	52	47	57	64	55	62	52	50	53
西　宁	Xining	57	51	61	47	65	68	73	75	71	69	48	49	61
银　川	Yinchuan	51	55	60	47	59	53	67	67	62	61	55	61	58
乌鲁木齐	Urumqi	80	77	75	55	52	44	49	48	46	53	68	80	61

1-13 主要城市降水量（1998年）

MONTHLY PRECIPITATION OF MAJOR CITIES (1998)

单位：毫米 (millimeters)

城市	City	1月 Jan.	2月 Feb.	3月 Mar.	4月 Apr.	5月 May	6月 June	7月 July	8月 Aug.	9月 Sept.	10月 Oct.	11月 Nov.	12月 Dec.	全年 Annual Total
北京	Beijing	1.3	26.3	4.3	54.7	61.5	142.9	247.9	114.4	4.7	61.8	11.3	0.6	731.7
天津	Tianjin	0.7	11.0	4.8	74.9	80.1	47.8	146.3	93.3	7.0	31.0	3.7	0.0	500.6
石家庄	Shijiazhuang	12.3	17.4	18.2	33.6	74.4	8.5	79.4	66.9	3.8	56.2	0.7	3.3	374.7
太原	Taiyuan	6.2	5.6	15.5	6.4	55.2	28.1	175.6	55.3	10.8	14.2			372.9
呼和浩特	Hohhot	6.6	14.5	3.6	55.6	68.9	49.7	195.6	115.0	33.9	18.8		0.0	562.2
沈阳	Shenyang	3.5	2.6	24.1	41.0	73.2	76.4	282.0	239.8	52.0	33.1	11.7	18.2	857.6
大连	Dalian	1.9	15.6	23.4	16.9	57.1	52.3	142.3	375.9	92.6	29.5	9.5	1.8	818.8
长春	Changchun	2.9	4.6	11.9	11.3	60.5	125.5	134.3	186.8	25.7	37.9	14.3	7.6	623.3
哈尔滨	Harbin	2.2	3.4	20.4	5.2	39.0	97.6	87.9	249.5	90.7	42.6	16.0	4.9	659.4
上海	Shanghai	196.1	61.8	111.1	79.4	65.3	149.7	127.6	112.8	127.1	44.3	17.5	44.2	1136.9
南京	Nanjing	112.8	32.1	134.6	130.5	112.5	222.0	285.5	109.4	23.9	41.7	10.4	23.6	1239.0
杭州	Hangzhou	206.5	98.5	233.8	138.0	155.8	176.2	192.8	44.5	185.0	30.7	25.0	51.6	1538.4
合肥	Hefei	82.8	53.4	116.2	200.5	149.9	125.7	111.6	230.9	5.4	17.0	1.9	27.7	1123.0
福州	Fuzhou	123.2	210.6	193.3	69.8	154.5	137.4	35.5	15.0	91.7	149.3	26.4	21.8	1328.5
南昌	Nanchang	279.7	104.7	267.3	136.6	245.7	539.0	456.5	55.2	85.2	132.5	29.2	12.6	2344.2
济南	Jinan	2.3	20.7	18.8	40.0	91.2	40.0	140.2	386.9	8.7	1.2	0.0	6.5	772.5
青岛	Qingdao	15.3	35.7	33.5	68.7	117.2	50.5	121.0	319.2	36.1	50.7	2.1	6.0	856.0
郑州	Zhengzhou	9.9	24.0	64.3	39.1	167.6	29.4	248.8	186.3	0.6	7.4	0.5	3.9	781.8
武汉	Wuhan	68.8	41.3	124.0	319.3	195.4	95.0	758.4	14.5	25.5	49.0	14.0	34.0	1739.2
长沙	Changsha	154.5	109.2	142.8	197.9	216.3	518.8	230.5	36.4	116.3	59.2	22.6	17.8	1822.3
广州	Guangzhou	73.2	112.0	40.8	245.3	305.9	369.8	223.1	120.7	164.8	48.3	22.4	9.8	1736.1
南宁	Nanning	56.2	16.6	61.5	94.6	139.4	308.9	376.7	136.3	28.7	15.2	5.3	34.6	1274.0
海口	Haikou	17.9	27.1	18.1	69.6	129.1	181.3	196.0	512.0	155.0	206.1	33.6	21.7	1567.5
桂林	Guilin	89.9	105.6	191.4	181.3	327.8	766.7	297.4	73.8	20.3	44.6	27.4	17.2	2143.4
重庆	Chongqing	11.4	28.8	1.5	194.1	188.3	337.1	198.5	282.9	116.9	99.5	4.8	34.2	1498.0
成都	Chengdu	2.7	17.2	15.3	41.9	71.2	122.8	320.1	166.7	110.8	10.5	9.4	17.0	905.6
贵阳	Guiyang	36.6	11.1	19.5	34.7	169.3	258.9	226.4	183.7	24.0	205.6	27.3	29.1	1226.1
昆明	Kunming	11.2	4.4	18.4	38.6	73.5	474.9	332.1	122.6	34.7	27.2	38.8	17.4	1193.8
拉萨	Lhasa		0.1	19.3	14.3	11.3	85.7	144.6	226.2	63.2	16.2		0.0	580.9
西安	Xi'an	9.4	0.4	34.7	64.4	110.8	5.3	155.7	141.9	31.5	44.9	0.8	0.7	600.5
兰州	Lanzhou	1.9	0.0	8.5	27.4	54.5	33.7	74.7	86.2	8.9	23.4		0.0	319.2
西宁	Xining	4.0	0.5	23.0	30.4	82.3	79.6	79.8	105.9	25.8	28.4		0.6	460.3
银川	Yinchuan	1.0	0.0	7.8	4.7	75.8	9.2	31.7	25.7	21.3	20.5		0.0	197.7
乌鲁木齐	Urumqi	6.8	10.8	18.0	56.1	126.1	9.1	73.9	56.1	18.5	9.0	14.6	20.2	419.2

1-14 主要城市日照时数（1998年）

MONTHLY SUNSHINE HOURS OF MAJOR CITIES (1998)

单位：小时 (Hours)

城市	City	1月 Jan.	2月 Feb.	3月 Mar.	4月 Apr.	5月 May	6月 June	7月 July	8月 Aug.	9月 Sept.	10月 Oct.	11月 Nov.	12月 Dec.	全年 Annual Total
北京	Beijing	174.4	194.3	207.8	175.8	272.7	196.1	193.0	246.4	204.7	183.7	172.0	199.8	2420.7
天津	Tianjin	154.2	152.6	196.0	183.8	244.1	207.9	170.1	204.5	210.6	169.3	150.6	163.2	2206.9
石家庄	Shijiazhuang	143.1	152.9	140.8	166.0	196.6	185.4	122.6	213.1	187.5	149.1	151.6	101.3	1910.0
太原	Taiyuan	170.5	167.4	171.9	223.3	242.5	265.1	226.4	251.2	244.5	184.3	200.4	180.9	2528.4
呼和浩特	Hohhot	144.1	132.1	186.0	231.5	267.1	258.3	246.7	271.2	253.2	236.9	213.1	203.2	2643.4
沈阳	Shenyang	165.5	170.7	253.0	243.9	254.2	196.3	151.9	178.0	214.9	204.1	111.7	151.0	2295.2
大连	Dalian	185.6	178.9	225.6	195.0	242.6	200.1	127.1	200.0	257.2	201.0	169.4	195.3	2377.8
长春	Changchun	194.8	212.8	265.7	260.7	287.9	269.6	181.1	198.5	209.2	206.7	161.4	173.7	2622.1
哈尔滨	Harbin	152.9	188.9	249.8	221.6	274.8	249.4	213.2	173.4	210.4	175.8	135.2	143.3	2388.7
上海	Shanghai	100.4	112.9	93.7	159.1	135.2	97.9	226.1	218.2	174.6	156.0	126.8	119.3	1720.2
南京	Nanjing	107.3	114.0	108.1	178.9	154.7	187.5	258.3	234.8	205.6	206.8	199.7	156.5	2112.2
杭州	Hangzhou	104.5	104.2	89.9	156.3	131.3	118.6	221.7	245.7	173.2	144.4	153.4	103.7	1746.9
合肥	Hefei	103.3	117.1	116.4	160.4	166.2	160.7	226.4	201.6	190.5	184.9	193.4	136.0	1956.9
福州	Fuzhou	64.2	61.7	79.3	134.2	60.4	70.5	181.7	214.9	133.7	133.6	112.8	83.6	1330.6
南昌	Nanchang	40.4	98.2	49.0	171.2	176.6	79.8	210.3	354.5	211.6	194.9	134.6	139.7	1860.8
济南	Jinan	147.2	152.5	176.6	200.6	199.6	241.9	163.9	198.9	245.6	169.5	180.6	152.0	2228.9
青岛	Qingdao	161.9	151.6	155.6	137.4	187.7	148.2	152.4	165.5	243.6	208.6	189.5	184.8	2086.8
郑州	Zhengzhou	131.0	133.8	126.3	171.7	165.6	233.9	155.5	154.4	203.4	149.2	175.3	140.2	1940.3
武汉	Wuhan	82.6	130.8	94.5	190.5	184.9	157.3	217.4	231.3	210.9	198.4	178.7	142.3	2019.6
长沙	Changsha	15.4	78.5	41.3	144.9	128.8	50.9	203.8	259.1	149.9	174.3	105.7	95.5	1448.1
广州	Guangzhou	57.6	44.7	62.7	100.9	71.9	88.5	182.3	189.8	166.2	181.2	161.8	161.8	1469.4
南宁	Nanning	26.6	37.1	38.9	146.1	115.2	76.4	157.2	237.3	191.1	191.8	138.1	97.0	1452.8
海口	Haikou	68.0	95.3	142.0	156.8	177.6	218.2	218.2	251.1	157.3	190.5	111.7	99.6	1886.3
桂林	Guilin	28.1	54.7	53.2	106.6	128.9	54.1	134.5	260.1	236.3	192.7	137.4	104.6	1491.2
重庆	Chongqing	9.2	21.2	60.3	202.9	123.8	70.8	113.5	108.2	134.0	47.0	47.0	4.0	941.9
成都	Chengdu	43.1	37.8	53.9	168.0	91.2	120.9	104.7	112.7	93.6	23.1	72.2	40.0	961.2
贵阳	Guiyang	2.5	48.3	57.7	147.6	111.8	30.4	64.0	141.5	152.6	130.8	87.1	83.6	1057.9
昆明	Kunming	241.8	215.4	249.8	227.0	237.2	104.3	47.8	107.7	168.6	155.3	186.8	189.4	2131.1
拉萨	Lhasa	252.4	224.6	219.5	228.1	272.9	244.7	159.8	156.7	216.5	277.6	245.5	252.6	2750.9
西安	Xi'an	73.1	103.7	91.0	156.1	150.9	218.0	160.2	176.7	170.2	95.5	129.1	61.3	1585.8
兰州	Lanzhou	177.6	188.0	178.5	249.8	216.6	267.3	223.8	227.3	217.5	195.7	210.0	187.6	2539.7
西宁	Xining	196.0	171.1	171.7	263.1	197.7	260.2	199.4	193.3	191.1	210.2	227.7	198.4	2479.9
银川	Yinchuan	200.6	154.1	162.4	211.3	244.9	284.5	160.4	251.8	237.0	255.4	226.5	189.2	2578.1
乌鲁木齐	Urumqi	41.0	78.1	109.4	214.7	270.8	286.4	289.5	290.8	251.5	235.6	102.6	47.2	2217.6

主 要 统 计 指 标 解 释

森林面积 指生长着乔木和竹林，郁闭度在0．3以上（不包括0．3）的林地面积，即有林地面积。它是反映森林资源总面积的重要指标。森林面积包括天然林面积和人工林面积，不包括灌木林地和疏林地面积。

森林覆盖率 通常是指森林面积占土地总面积之比，是反映一个国家或地区森林资源和绿化水平的重要指标。国家规定在计算森林覆盖率时，森林面积还包括灌木林面积、农田林网树占地面积以及四旁树木的覆盖面积。计算公式为：

$$\text{森林覆盖率（\%）}=\frac{\text{森林面积}}{\text{土地总面积}}\times 100\%$$

本《年鉴》内所列森林覆盖率是按有林地面积计算的。

活立木总蓄积量 指全部土地上树木蓄积的总量，包括森林蓄积、疏林蓄积、散生木蓄积和四旁树蓄积。

森林蓄积量 指森林面积上生长着的林木树干材积总量，是反映一个国家或地区森林资源总规模和水平的重要指标。

草地面积 指牧区和农区用于放牧牲畜或割草，植被盖度在5%以上的草原、草坡、草山等面积。包括天然的和人工种植或改良的草地面积。

内陆水域总面积 指江、河、池塘、湖泊、塘堰、水库等各种流水或蓄水的水面占地面积。

矿产保有储量 指探明的矿产储量（包括工业储量和远景储量）扣除已开采部分和地下损失量后的年末实有储量，是反映国家矿产资源现状的重要指标。

Explanatory Notes on Main Statistical Indicators

Forest Area refers to the area of forest land where trees and bamboo grow with canopy density above 0.3, including land of natural woods and planted woods, but excluding bush land and thin forest land. It reflects the total areas of afforestation.

Forest Coverage-rate refers to the ratio of area of afforested land to total land area. This indicator shows the forest resources and afforestation progress of a country or a region. According to regulations of the government, in addition to afforested land, the area of bush forest, the area of forest land inside farm land and the area of trees planted by the side of farm houses and along the roads, rivers and fields should also be included in the area of afforested land in the calculation of the forest coverage-rate. The formula for calculating forest coverage-rate is as follows:

$$\text{Forestry Coverage-rate}(\%) = \frac{\text{Area of Afforested Land}}{\text{Area of Total Land}} \times 100\%$$

Total Standing Stock Volume refers to the total stock volume of trees growing in land, including trees in forest, tress in sparse forest, scattered trees and trees planted by the side of farm houses and along the roads, rivers and fields.

Stock Volume of Forest refers to total stock volume of wood growing in forest area, which shows the total size and level of forest resources of a country or a region.

Grass Land refers to prairies, grasslands on the slopes, and grass-mountains in pastoral and agricultural areas used for herding and grass growing with vegetation coverage above 5%, including natural, planted or improved grasslands.

Inland Water Area refers to water area of rivers, lakes, ponds, reservoir, etc.

Ensured Mineral Reserves refer to the actual mineral reserves, which equal to the proven mineral reserves (including industrial reserves and prospective reserves) minus extracted parts and underground losses. This indicator shows the current condition of the mineral resources of a country.

二 综 合

GENERAL SURVEY

简要说明

一、本篇包括国民经济综合资料和民族自治地方社会经济发展情况等内容。

二、国民经济综合资料中的“各部门机构数”，除地质勘探机构数由国土资源部提供、运输机构数由铁道部、交通部和民航管理局提供的以外，均来自本年鉴各篇；国民经济总量、速度、结构、比例和效益指标的数据也均来自本年鉴各篇。

三、民族自治地方及少数民族统计资料由两部分组成：

一是以地域为主体进行的统计调查。根据国家民委和国家统计局联合布置的民族自治地方国民经济和社会发展主要指标综合报表制度，由有民族自治地方的20省、自治区民委和统计局共同组织实施。统计范围是民族自治区、自治州、自治县辖区内的全部单位，全国汇总时不进行重复计算。另外，全国民族自治地方卫生情况由卫生部提供。民族自治地方行政区划资料是根据民政部编辑的《年度行政区划简册》汇总整理的。

二是以民族成分为主体进行的统计调查，主要反映少数民族社会发展情况。其中全国少数民族教职员工、学生数据由教育部提供；全国少数民族优秀运动员、教练员数据由国家体育总局提供；全国少数民族文字出版物数据由新闻出版署提供。

四、1992年国家统计局与国家工商行政管理局联合制定了《关于经济类型划分的暂行规定》，它对于反映我国的所有制结构及其变化情况发挥了积极的作用，但这一规定已不适应我国现阶段的经济情况。为了更好地贯彻落实党的十五大精神，全面反映以公有制为主体，多种所有制经济共同发展，调整和完善所有制结构的进展情况，为各级党政领导和有关部门进行决策和管理提供依据，1998年国家统计局和国家工商行政管理局以我国工商行政管理部门对企业登记注册的实际类型为基础，共同制定了《关于划分企业登记注册类型的规定》，并从1998年年报开始执行此规定。

BRIEF INTRODUCTION

I. This chapter covers the summary data on the national economy and data on the social and economic development of the minority national autonomous areas.

II. In the summary data on the national economy, the data on "the number of grassroots units in various sectors" are extracted from the concerned data in other chapters in this yearbook with the exception that the number of geological survey and prospecting teams is provided by the Ministry of Land and Resources; the number of transport grassroots units are provided by the Ministry of Railways, Ministry of Communication and the Civil Aviation Administration of China.

III. Data on the minority nationality autonomous areas and the minority nationalities are composed of two parts:

(1) The data collected from the surveys mainly on the areas. A statistical reporting scheme on the economic and social development in the minority nationality autonomous areas has been assigned jointly by the State Ethnic Affairs Commission and the National Bureau of Statistics and implemented by the ethnic affairs commissions and the statistical bureaus of 20 provinces and autonomous regions. The statistical coverage includes all the units under the jurisdiction of the minority nationality autonomous regions, autonomous prefectures and autonomous counties. There is no duplicated computation in the national tabulation. In addition, the data on the public health of the minority nationality autonomous areas are provided by the Ministry of Public Health. The data on the divisions of administrative areas of the minority nationality autonomous areas are tabulated and prepared in accordance with the "Annual Concise Edition of the Divisions of Administrative Areas" edited by the Ministry of Civil Affairs.

(2) The data collected from the surveys mainly on the minority nationalities. They chiefly show the social development of the minority nationalities. Among them, the data on the students and teaching staff of the minority nationalities are provided by the

Ministry of Education; the data on the excellent athletes and coaches are provided by the State Sports Administration; and the data on the publications of the minority nationality languages are provided by the Press and Publication Administration.

IV. In 1992, the National Bureau of Statistics (then State Statistical Bureau) and the State Industry and Commerce Administration jointly formulated Interim Regulation of the Classification of Economic Ownership, which played an positive role in reflecting the ownership structure and its change in China. However, this classification was no long appropriate to the economic situation of China. In order to give a full reflection of the current economic structure where the public ownership retains the dominant position while developing diversified forms of ownership in the light of the spirit of the 15th National Congress of the Chinese Communist Party, and to better depict the progress of the adjustment and improvement of the ownership structure, the National Bureau of Statistics and the State Industry and Commerce Administration jointly developed in 1998 the Regulation on the Classification of the Registration Status of Enterprises, which was put into effect and used in compiling the annual statistics of 1998.

2-1 各部门机构数
GRASSROOTS UNITS IN VARIOUS SECTORS

部门	Sector	机构数 Grassroots Units 1997	1998	1998年比上年增长 % Increase Rate in 1998 over 1997
农村基层单位	**Rural Grassroots Units**			
基层组织 （万个）	Basic Units （10 000 units）			
乡政府	Township Governments	2.63	2.64	0.4
镇政府	Town Governments	1.84	1.91	3.8
村民委员会	Village Committees	73.94	74.00	0.1
乡村户数	Numbers of Rural Households	23406	23693	1.2
国营农场	**State-Owned Farms**	**0.21**	**0.21**	**0.0**
乡镇企业 （万个）	Township Enterprises （10 000 units）	2014.9	2003.9	−0.5
工业企业 （万个）	**Industrial Enterprises （10 000 units）**	**792.29**	**797.46**	**0.7**
#国有及国有控股工业	State-owned and State Holding Majority Shares	11.00	6.47	−41.2
#集体工业	Collective Owned	177.23	179.78	1.4
城乡个体工业	Urban and Rural Private	597.47	603.38	1.0
其他工业	Others	7.73	8.57	10.9
建筑业企业 （个）	**Construction Enterprises and Units （unit）**	**95956**	**90926**	**−5.2**
国有企业	Construction Enterprises	9650	9458	−2.0
城镇集体企业	Affiliated Construction Units	29872	26970	−9.7
农村建筑队	Rural Construction Teams	51939	45292	−12.8
地质勘探 （个）	**Geological Survey and Prospecting （unit）**			
地勘单位	Geological Survey Teams	966	935	−3.2
固体矿产地质普查勘查单位	Mineral Prospecting Teams	571	570	−0.2
区域地质调查单位	Regional Geological Survey Teams	41	39	−4.9
石油地质调查单位	Petroleum Geological Survey Teams	39	38	−2.6
海洋地质调查单位	Ocean Geological Survey Teams	3	3	0.0
水文、工程环境地质勘查单位	Hydrological and Engineering Geological Survey Teams	138	127	−8.0
地球物理、化学勘查单位	Geophysical-Chemical Prospecting Teams	83	81	−2.4
地质工程技术服务单位	External Geological Teams	91	77	−15.4
运输邮电业 （个）	**Establishments of Transportation, Postal and Telecommunications Services （unit）**	**88930**		
铁路	Railways	128	72	−43.8
公路	Highways	7562		
水运	Waterways	1513		
港口	Ports	387		
民航	Civil Aviation	26	50	92.3
管道	Pipelines	41	46	12.2
邮电局所	Post and Telecommunications Offices	79273	102225	29.0

2-1 **续表** 1 continued

部门 Sector		机构数 Grassroots Units		1998年比上年增长 % Increase Rate in 1998 over 1997
		1997	1998	
卫生 (个)	**Health Care** (unit)	**315033**	**314097**	**-0.3**
#医院、卫生院	Urban and Township Hospitals	67911	67081	-1.2
疗养院	Sanatoriums	506	503	-0.6
门诊部、所	Clinics	229474	229349	-0.1
专科防治所、站	Specialized Prevention & Treatment Stations	1893	1889	-0.2
卫生防疫站	Sanitation and antiepidemic Stations	4012	4018	0.1
妇幼保健所、站	Maternity and Childcare Centers	2748	2724	-0.9
社会福利 (个)	**Social Welfare Establishments** (unit)			
社会福利事业单位	Social Welfare Institutions	42385	54029	27.5
#优抚休、疗养院	Convalescent Homes and Sanatoriums	913	924	1.2
福利院	Social Welfare Homes	20183	22129	9.6
光荣院	Homes for Disabled Veterans	467	466	-0.2
敬老院	Nursing Homes	19519	18612	-4.6
社会福利企业单位 (个)	Social Welfare Enterprises	55509	50514	-9.0
教育事业	**Education**			
普通高等学校 (所)	Regular Institutions of Higher Education	1020	1022	0.2
中等学校 (万所)	Secondary Schools (10 000 units)	9.28	9.21	-0.8
#普通中学	Regular Secondary Schools	7.86	7.79	-0.9
小学 (万所)	Primary Schools (10 000 units)	62.90	61.00	-3.0
幼儿园 (万所)	Kindergartens (10 000 units)	18.25	18.14	-0.6
艺术事业 (个)	**Art Institutions** (unit)	**4610**	**4581**	**-0.6**
艺术表演团体	Art Performance Troupes	2663	2652	-0.4
话剧、儿童剧、滑稽剧团	Drama, Children's Plays and Comedy Troupes	93	88	-5.4
歌剧、舞剧、歌舞剧团	Opera Troupes, Ballet and Song and Dance Drama Ensembles	59	65	10.2
文工团、文宣团、乌兰牧骑	Cultural and Performance Troupes and Ulanmuchi (Equestrian art) Troupes	432	424	-1.9
戏曲剧团	Traditional Opera Troupes	1573	1562	-0.7
曲艺、杂技、木偶、皮影团	Chinese Folk Art, Acrobatic, Puppet Show and Shadow Play Troupes	204	210	2.9
艺术表演场所	Art Show Centers	1947	1929	-0.9
#剧场、影剧院	Theaters	1911	1893	-0.9
艺术创作机构	Art Creation Institutions	416	401	-3.6
艺术研究机构	Art Research Institutions	174	171	-1.7
艺术展览机构	Art Exhibition Institutions	39	41	5.1
演出公司	Performance Companies	217	234	7.8
图书馆 (个)	**Libraries** (unit)	**2661**	**2731**	**2.6**
群众文化事业 (个)	**Mass Cultural Establishments** (unit)	**45449**	**45834**	**0.8**
群众艺术馆	Mass Art Centers	385	386	0.3
文化馆	Cultural Centers	2901	2901	0.0
文化站	Cultural Stations	42163	42547	0.9
#乡镇文化站	Township Cultural Centers	37917	38911	2.6

2-1 续表 2 continued

部门 Sector		机构数 Grassroots Units		1998年比上年增长 % Increase Rate in 1998 over 1997
		1997	1998	
出版、发行事业 (个)	**Publishing and Distribution Establishments (unit)**	**14710**	**14501**	**-1.4**
出版社	Publishing Houses	528	530	0.4
书刊印刷厂	Printing Houses	363	346	-4.7
书店	Book Stores	13819	13625	-1.4
文物事业 (个)	**Cultural Relic Establishments (unit)**	**3426**	**3481**	**1.6**
博物馆	Museums	1282	1339	4.4
文物机构	Cultural Relic Agencies	2021	2028	0.3
文物商店	Cultural Relic Shops	123	122	-0.8
广播电视 (座)	**Broadcasting and Television Stations (unit)**			
广播电台	Radio Stations	1363	298	
电视台	Television Stations	923	347	
县、市有线广播站	Rediffusion Stations in Counties and Cities	2055	1403	
科学研究(县以上国有单位) (个)	**Scientific Research Institutions (state-owned units at and above county level) (unit)**	**5819**	**5778**	**-0.7**
自然科学和技术领域	Natural Sciences and Technology	5097	5076	-0.4
社会、人文科学领域	Social Sciences and the Humanities	305	298	-2.3
科学技术情报和文献机构	Scientific and Technical Information and Literature Institutions	417	404	-3.1
金融、保险业 (个)	**Banking and Insurance (unit)**	**171601**	**126452**	
银行系统合计	Sub-total of Banking System	163641	117707	
保险系统合计	Sub-total of Insurance System	7960	8745	9.9

注:(1)1998年广播电台、电视台只包括省、地(市)级,不包括县级。

(2)1998年仅包括县有线广播站。

(3)银行系统机构数据统计范围有所调整,与上年不可比。

a) Broadcasting and Television Staions in 1998 only. Cover provinces and prefectures excluding counties.

b) Rediffusion Stations in Counties and Cities in 1998 only refer to the counties data.

c) The Statistical ranges on banking system have been adjusted, is not comparable with the past year.

2-2 国民经济和社会发展总量与速度指标

指　　标		Item	1985
人口与就业		**Population and Employment**	
人口	**（万人）**	**Population　(10 000 persons)**	
年底总人口		Year-end Population	105851
市镇人口		Urban	25094
乡村人口		Rural	80757
男性人口		Male	54725
女性人口		Female	51126
就业	**（万人）**	**Employment　(10 000 persons)**	
从业人员数		Employment	49873
#职工人数		Staff and Workers	12358
城镇登记失业人数		Registered Unemployed in Urban Areas	238.5
宏观经济		**Macroeconomic Indicator**	
国民核算	**（亿元）**	**National Accounting　(100 million yuan)**	
国民生产总值		Gross National Product	8989
国内生产总值		Gross Domestic Product	8964
第一产业		Primary Industry	2542
第二产业		Secondary Industry	3867
第三产业		Tertiary Industry	2556
支出法国内生产总值		Gross Domestic Expenditures	8792
#最终消费		Total Consumption	5773
居民消费		Resident Consumption	4589
政府消费		Public Consumption	1184
资本形成总额		Total Investment	3386
固定资本形成		Fixed Assets	2641
存货增加		Stock	745
固定资产投资	**（亿元）**	**Investment in Fixed Assets　(100 million yuan)**	
全社会固定资产投资总额		Total Investment in Fixed Assets	2543.2
#国有单位		State-Owned Units	1680.5
集体单位		Collective-Owned Units	327.5
个体经济		Individuals	535.2
财政	**（亿元）**	**Public Finance　(100 million yuan)**	
国家财政收入		Government Revenue	2004.8
中　央		Central Government	769.6
地　方		Local Governments	1235.2
国家财政支出		Government Expenditures	2004.3
中　央		Central Government	795.3
地　方		Local Governments	1209.0
物价总指数	**（上年=100）**	**Price Indices　(preceding year=100)**	
商品零售价格总指数		General Retail Price Index	108.8
居民消费价格总指数		General Consumer Price Index	109.3
农产品收购价格总指数		General Farm and Sideline Products Purchasing Price Index	108.6
利用外资	**（亿美元）**	**Utilization of Foreign Capital　(USD 100 000 000)**	
签订利用外资协议额		Amount of Foreign Capital for Utilization Through Signed Contracts or Agreements	98.7
实际利用外资额		Amount of Foreign Capital Actually Utilized	46.5
能源生产与消费	**（万吨标准煤）**	**Production and Consumption of Energy　(10 000 tons of SCE)**	
能源生产总量		Total Energy Production	85546
能源消费总量		Total Energy Consumption	76682
产　　业		**Industry**	

PRINCIPAL AGGREGATE INDICATORS ON NATIONAL ECONOMIC AND SOCIAL DEVELOPMENT AND THEIR RELATED INDICES AND GROWTH RATES

总量指标 Aggregate Data				速度指标(%) Indices and Growth Rates						
				指数 Index (1998 比以下各年) (1998 as percentage of the following years)				平均增长速度 Average Annual Growth Rate		
1990	1995	1997	1998	1985	1990	1995	1997	1986-1990	1991-1995	1991-1998
114333	121121	123626	124810	117.9	109.2	103.0	101.0	1.6	1.2	1.1
30191	35174	36989	37942	151.2	125.7	107.9	102.6	3.8	3.1	2.9
84142	85947	86637	86868	107.6	103.2	101.1	100.3	0.8	0.4	0.4
58904	61808	63131	63629	116.3	108.0	102.9	100.8	1.5	1.0	1.0
55429	59313	60495	61181	119.7	110.4	103.1	101.1	1.6	1.4	1.2
63909	67947	69600	69957	140.3	109.5	103.0	100.5	5.1	1.2	1.1
14059	14908	14668	12337							
383.2	519.6	570.0	571.0	239.4	149.0	109.9	100.2	9.9	6.3	5.1
18598	57495	73143	78018	324.4	221.8	128.4	107.8	7.9	11.6	10.5
18548	58478	74463	79396	330.8	226.6	128.5	107.8	7.9	12.0	10.8
5017	11993	14211	14600	169.3	138.0	112.6	103.5	4.2	4.2	4.1
7717	28538	37223	38692	463.3	301.5	135.3	109.2	9.0	17.4	14.8
5814	17947	23029	26104	318.6	203.6	126.7	107.6	9.4	10.0	9.3
18320	58511	74894	79853							
11365	33635	43579	46406							
9113	26945	34855	36921							
2252	6691	8725	9485							
6444	23877	28458	30396							
4732	20301	25154	28181							
1712	3577	3304	2215							
4517.0	20019.3	24941.1	28406.2	1116.9	628.9	141.9	113.9	12.2	34.7	25.8
2986.3	10898.2	13091.7	15369.3	914.6	514.7	141.0	117.4	12.2	29.6	22.7
529.5	3289.4	3850.9	4192.2	1280.1	791.7	127.4	108.9	10.1	44.1	29.5
1001.2	2560.2	3429.4	3744.4	699.6	374.0	146.3	109.2	13.3	20.7	17.9
2937.1	6242.2	8651.1	9876.0	492.6	336.2	158.2	114.2	7.9	16.3	16.4
992.4	3256.6	4226.9	4892.0	635.7	492.9	150.2	115.7	5.2	26.8	22.1
1944.7	2985.6	4424.2	4984.0	403.5	256.3	166.9	112.7	9.5	9.0	12.5
3083.6	6823.7	9233.6	10798.2	538.8	350.2	158.2	116.9	9.0	17.2	17.0
1004.5	1995.4	2532.5	3125.6	393.0	311.2	156.6	123.4	4.8	14.7	15.2
2079.1	4828.3	6701.1	7672.6	634.6	369.0	158.9	114.5	11.5	18.4	17.7
102.1	114.8	100.8	97.4	289.5	178.6	104.2	97.4			
103.1	117.1	102.8	99.2	334.4	202.4	110.4	99.2			
97.4	119.9	95.5	92.0	289.7	176.5	91.6	92.0			
120.9	1032.1	610.6	632.0	640.3	522.7	61.2	103.5	4.1	53.6	23.0
102.9	481.3	644.1	585.6	1259.4	569.1	121.7	90.9	17.2	36.1	24.3
103922	129034	132410	124000	145.0	119.3	96.1	93.6	4.0	4.4	2.2
98703	131176	138173	136000	177.4	137.8	103.7	98.4	5.2	5.9	4.1

2-2 **续表** 1

指　标		Item	1985
农业		**Agriculture**	
耕地面积	（千公顷）	Cultivated Areas (1 000 hectares)	96846
农林牧渔业劳动力	（万人）	Number of Persons Engaged in Farming, Forestry, Animal Husbandry and Fishery (10 000 persons)	30352
农林牧渔业总产值	（亿元）	Gross Output Value of Farming Forestry, Animal Husbandry and Fishery (100 million yuan)	3619.5
主要农产品产量	（万吨）	Output of Major Farm Products (10 000 tons)	
粮　食		Grain	37911
棉　花		Cotton	414.7
油　料		Oil-bearing Crops	1578.4
甘　蔗		Sugar Cane	5154.9
甜　菜		Beet Roots	891.9
茶　叶		Tea	43.2
水　果		Fruits	1163.9
肉　类		Meat	
水产品		Aquatic Products	705.2
工业		**Industry**	
工业总产值	（亿元）	Gross industrial Output Value (100 million yuan)	9717
主要工业产品产量		Output of Major Industrial Products	
布	（亿米）	Cloth (100 million m)	146.7
机制纸及纸板	（万吨）	Machine-Made Paper and Paperboards (10 000 tons)	911
糖	（万吨）	Sugar (10 000 tons)	451
家用电冰箱	（万台）	Household Refrigerators (10 000 units)	145
彩色电视机	（万台）	Color Television Sets (10 000 units)	435
家用洗衣机	（万台）	Household Washing Machines (10 000 units)	887
房间空气调节器	（万台）	Room Air-conditioning (10 000 units)	
照相机	（万架）	Cameras (10 000 units)	179
原　煤	（亿吨）	Coal (100 million tons)	8.7
原　油	（万吨）	Crude Oil (10 000 tons)	12490
发电量	（亿千瓦小时）	Electricity (100 million kwh)	4107
钢	（万吨）	Steel (10 000 tons)	4679
成品钢材	（万吨）	Steel Products (10 000 tons)	3693
水　泥	（万吨）	Cement (10 000 tons)	14595
国有及限额以上非国有工业企业财务指标		Principal Financial Item of Industrial Enterprises of State Ownership and Above Designated Size	
固定资产原价	（亿元）	Original Value of Fixed Assets (100 million yuan)	6926
固定资产净值年平均余额	（亿元）	Annual Average Balance of Net Value of Fixed Assets (100 million yuan)	4725
利润总额	（亿元）	Profits (100 million yuan)	
建筑业		**Construction**	
建筑业企业人数	（万人）	Number of Employed Persons (10 000 persons)	1701
建筑业总产值	（亿元）	Gross Output Value (100 million yuan)	985.1
施工房屋面积	（万平方米）	Floor Space of Buildings Under Construction (10 000 sq. m)	35492
竣工房屋面积	（万平方米）	Floor Space of Buildings Completed (10 000 sq. m)	17073
交通运输		**Transportation**	
货运量	（万吨）	Freight Traffic (10 000 tons)	745763
铁　路		Railways	130709
公　路		Highways	538062
水　运		Waterways	63322
管　道		Pipelines	13650
空　运		Civil Aviation	20
客运量	（万人）	Passenger Traffic (10 000 persons)	620206
铁　路		Railways	112110
公　路		Highways	476486
水　运		Waterways	30863

continued

总量指标 Aggregate Data				速度指标(%) Indices and Growth Rates						
				指数 Index (1998 比以下各年) (1998 as percentage of the following years)				平均增长速度 Average Annual Growth Rate		
1990	1995	1997	1998	1985	1990	1995	1997	1986-1990	1991-1995	1991-1998
95673	94971									
33336	32335	32435	32626	107.5	97.9	100.9	100.6	1.9		
7662.1	20340.9	23764.0	24516.7	223.1	176.9	123.5	106.0	4.8	7.4	7.4
44624	46662	49417	51230	135.1	114.8	109.8	103.7	3.3	0.9	1.7
450.8	476.8	460.3	450.1	108.5	99.8	94.4	97.8	1.7	1.1	0.0
1613.2	2250.3	2157.4	2313.9	146.6	143.4	102.8	107.3	0.4	6.9	4.6
5762.0	6541.7	7889.7	8343.8	161.9	144.8	127.5	105.8	2.3	2.6	4.7
1452.5	1398.4	1496.8	1446.6	162.2	99.6	103.4	96.6	10.2		
54.0	58.9	61.3	66.5	153.9	123.1	112.9	108.5	4.6	1.8	2.6
1874.4	4214.6	5089.3	5452.9	468.5	290.9	129.4	107.1	10.0	17.6	14.3
		5268.8	5723.8				108.6			
1237.0	2517.2	3601.8	3906.5	554.0	315.8	155.2	108.5	11.9	15.3	15.5
23924	91894	113733	119048	738.2	397.5	146.0	110.8	13.2	22.2	18.8
188.8	260.2	248.8	241.0	164.3	127.6	92.6	96.9	5.2	6.6	3.1
1372	2812	2733	2126	233.4	155.0	75.6	77.8	8.5	15.4	5.6
582	559	703	826	183.1	141.9	147.8	117.5	5.2		4.5
463	919	1044	1060	731.0	228.9	115.3	101.5	26.1	14.7	10.9
1033	2058	2711	3497	803.9	338.5	169.9	129.0	18.9	14.8	16.5
663	948	1254	1207	136.1	182.1	127.3	96.3		7.4	7.8
	683	974	1157			169.4	118.8			
213	3326	4687	5522	3084.9	2592.5	166.0	117.8	3.5	73.3	50.2
10.8	13.6	13.7	12.5	143.7	115.7	91.9	91.2	4.4	4.7	1.8
13831	15005	16074	16100	128.9	116.4	107.3	100.2	2.1	1.6	1.9
6212	10070	11356	11670	284.1	187.9	115.9	102.8	8.6	10.1	8.2
6635	9536	10894	11559	247.0	174.2	121.2	106.1	7.2	7.5	7.2
5153	8980	9979	10738	290.8	208.4	119.6	107.6	6.9	11.7	9.6
20971	47561	51174	53600	367.2	255.6	112.7	104.7	7.5	17.8	12.4
14390	44989	59570	64832	936.1	450.5	144.1	108.8	15.7	25.6	20.7
10139	32287	39779	44137	934.1	435.3	136.7	111.0	16.5	26.1	20.2
560	1635	1703	1458		260.4	89.2	85.6		23.9	12.7
1717	2512	2805	2779	163.4	161.9	110.6	99.1	0.2	7.9	6.2
1947.6	9505.0	12462.6	13740.7	1394.9	705.5	144.6	110.3	14.6	37.3	27.7
37923	89863	128680	137594	387.7	362.8	153.1	106.9	1.3	18.8	17.5
19553	35666	62244	65683	384.7	335.9	184.2	105.5	2.7	12.8	16.4
970602	1234810	1275802	1264361	169.5	130.3	102.4	99.1	5.4	4.9	3.4
150681	165855	169734	161243	123.4	107.0	97.2	95.0	2.9	1.9	0.9
724040	940387	976536	976004	181.4	134.8	103.8	99.9	6.1	5.4	3.8
80094	113194	113406	109555	173.0	136.8	96.8	96.6	4.8	7.2	4.0
15750	15274	16002	17419	127.6	110.6	114.0	108.9	2.9		1.3
37	101	125	140	700.0	378.4	138.6	112.0	13.1	22.2	18.1
772682	1172596	1325364	1377252	222.1	178.2	117.5	103.9	4.5	8.7	7.5
95712	102745	92578	93620	83.5	97.8	91.1	101.1		1.4	
648085	1040810	1204583	1257332	263.9	194.0	120.8	104.4	6.3	9.9	8.6
27225	23924	22573	20545	66.6	75.5	85.9	91.0			

2-2 续表 2

指标		Item	1985
空运		Civil Aviation	747
沿海主要港口货物吞吐量	（万吨）	Volume of Freight Handled at Major Coastal Ports (10 000 tons)	31154
邮电通信业		**Postal and Telecommunications Services**	
邮电业务总量	（亿元）	Total Business Revenue (100 million yuan)	56.39
函件	（亿件）	Number of Letters Delivered (10 000 pieces)	46.8
报刊期发数	（万份）	Number of Newspapers and Magazines Distributed (10 000 copies)	30172
局用交换机容量	（万门）	Capacity of Office Telephone Exchanges (10 000 lines)	613
中央国有		Central State-owned	337
地方国有		Local State-owned	277
电话机	（万部）	Number of Telephone Sets (10 000 units)	626
中央国有		Central State-owned	476
地方国有		Local State-owned	150
国内商业		**Domestic Trade**	
社会消费品零售总额	（亿元）	Total Retail Sales of Consumer Goods (100 million yuan)	3801
对外经济贸易		**Foreign Trade**	
进出口总额	（亿美元）	Total Exports and Imports (USD 100 million)	696.0
进口额		Imports	422.5
出口额		Exports	273.5
国际旅游		**International Tourism**	
来华旅游人数	（万人）	Number of Tourists from Abroad (10 000 persons)	1783
旅游外汇收入	（亿美元）	Foreign Exchange Earnings from Tourism (USD 100 million)	12.5
金融保险		**Finance and Insurance**	
金融机构各项存款	（亿元）	Deposits of National Banking System (100 million yuan)	
金融机构各项贷款	（亿元）	Loans of National Banking System (100 million yuan)	
中资保险公司保险金额	（亿元）	Amount Insured Chinese-funded Insurance Companies (100 million yuan)	
中资保险公司保费	（亿元）	Insurance Premium Chinese-funded Insurance Companies (100 million yuan)	
中资保险公司赔款及给付	（亿元）	Amount Reparations Chinese-funded Insurance Companies (100 million yuan)	
教育、科技、文化		**Education, Science and Technology and Culture**	
教育		**Education**	
专任教师数	（万人）	Full-time Teachers (10 000 persons)	
普通高等学校		Institutions of Higher Education	34.4
中等学校		Secondary Schools	296.7
小学		Primary Schools	537.7
在校学生数	（万人）	Students Enrollment (10 000 persons)	
普通高等学校		Institutions of Higher Education	170.3
中等学校		Secondary Schools	5092.6
小学		Primary Schools	13370
教育经费支出	（亿元）	Government Expenditures on Education (100 million yuan)	
科技		**Science and Technology**	
科学家、工程师数	（万人）	Number of Scientists and Engineers (10 000 persons)	
研究与发展经费支出	（亿元）	Expenditures on Research and Development (100 million yuan)	
技术市场成交额	（万元）	Volume of Transaction in Technical Markets (10 000 yuan)	
文化		**Culture**	
出版数量		Publications	
图书	（亿册.张）	Number of Books Published (100 million copies)	66.7
杂志	（亿册）	Number of Magazines Issued (100 million copies)	25.6
报纸	（亿份）	Number of Newspapers Issue (100 million copies)	199.8
故事影片产量	（部）	Production of Feature Films (film)	127
电视节目制作时间	（小时）	Time for TV Programs Production (hours)	38056
家庭、生活、环境		**Family, People's Livelihood and Environment**	

continued

总量指标 Aggregate Data				速度指标(%) Indices and Growth Rates						
				指数 Index (1998 比以下各年) (1998 as percentage of the following years)				平均增长速度 Average Annual Growth Rate		
1990	1995	1997	1998	1985	1990	1995	1997	1986-1990	1991-1995	1991-1998
1660	5117	5630	5755	770.4	346.7	112.5	102.2	17.3	25.3	16.8
48321	80166	90822	92237	296.1	190.9	115.1	101.6	9.2	10.7	8.4
155.54	988.85	1773.29	2431.21	4311.4	1563.1	245.9	137.1	22.5	44.8	41.0
54.9	79.6	68.6	65.5	140.0	119.3	82.3	95.5	3.2	7.7	2.2
20078	21689	21875	22989	76.2	114.5	106.0	105.1		1.6	1.7
1232	7204	11269	13824	2255.1	1122.1	191.9	122.7	15.0	42.4	35.3
826	5456	8407	9951	2952.8	1204.7	182.4	118.4	19.6	45.9	36.5
406	1747	2862	3872	1397.8	953.7	221.6	135.3	7.9	33.9	32.6
1233	5762	10111	13123	2096.3	1064.3	227.8	129.8	14.5	36.1	34.4
1026	4346	6745	7963	1672.9	776.1	183.2	118.1	16.6	33.5	29.2
205	1152	2043	2774	1849.3	1353.2	240.8	135.8	6.4	41.2	38.5
7250	20620	27299	29153	264.8	225.2	135.7	109.6	3.3	10.7	10.7
11544	2808.6	3250.6	3239.3	465.4	280.6	115.3	99.7	10.6	19.5	13.8
533.5	1320.8	1423.7	1401.7	331.8	262.7	106.1	98.5	4.8	19.9	12.8
620.9	1487.8	1827.9	1837.6	671.9	296.0	123.5	100.5	17.8	19.1	14.5
2746	4639	5759	6348	356.0	231.2	136.8	110.2	9.0	11.1	11.0
22.2	87.3	120.7	126.0	1008.0	567.6	144.3	104.4	12.2	31.5	24.2
		82390	95698				116.2			
		74914	86524				115.5			
			72526							
			1256							
			532							
39.5	40.1	40.5	40.7	118.3	103.0	101.5	100.5	2.8	0.3	0.4
349.2	388.3	418.6	431.2	145.3	123.5	111.0	103.0	3.3	2.1	2.7
558.2	566.4	579.4	581.9	108.2	104.2	102.7	100.4	0.8	0.3	0.5
206.3	290.6	317.4	340.9	200.2	165.2	117.3	107.4	3.9	7.1	6.5
5105.4	6191.5	6995.2	7340.7	144.1	143.8	118.6	104.9	0.1	3.9	4.6
12241	13195	13995	13953.8	104.4	114.0	105.8	99.7		1.5	1.7
	1878	2532								
	155.4	166.6	149.0			95.9	89.4			
125.4	349.0	481.9	511.3		407.7	146.5	106.1		22.7	19.2
750969	2683447	3513718	4358228		580.3	162.4	124.0		29.0	24.6
56.4	63.2	73.1	72.4	108.5	128.4	114.6	99.0		2.3	3.2
17.9	23.4	24.4	25.4	99.2	141.9	108.5	104.1		5.5	4.5
160.5	178.9	186.5	196.0	98.1	122.1	109.6	105.1		2.2	2.5
134	146	88	82	64.6	61.2	56.2	93.2	1.1	1.7	
91572	383513	636437	725699	1906.9	792.5	189.2	114.0	19.2	33.2	29.5

2-2 续表 3

指标		Item	1985
家庭		**Family**	
家庭总户数	(万户)	Total Number of Households (10 000 households)	23804
城镇居民平均每户家庭人口	(人)	Average Household Size in Urban Areas (person)	3.9
农村居民平均每户家庭人口	(人)	Average Household Size in Rural Areas (person)	5.1
婚姻		**Marriages and Divorces**	
结婚数	(万对)	Number of Marriages (10 000 couples)	831.3
离婚数	(万对)	Number of Divorces (10 000 couples)	45.8
居住		**Housing**	
城市居民人均使用面积	(平方米)	Per Capita Gross Floor Space of Urban Residents (sq. m)	
城市居民人均居住面积	(平方米)	Per Capita Net Floor Space of Urban Residents (sq. m)	5.2
农村居民人均居住面积	(平方米)	Per Capita Net Floor Space of Rural Residents (sq. m)	14.7
生活		**People's Livelihood**	
城镇居民人均可支配收入	(元)	Per Capita Annual Disposable Income of Urban Households (yuan)	739
农村居民人均纯收入	(元)	Per Capita Net Income of Rural Residents (yuan)	398
城乡储蓄存款余额	(亿元)	Outstanding Amount of Saving Deposits in Urban and Rural Areas (100 million yuan)	1622.6
工资和福利		**Wages and Welfare**	
工资总额	(亿元)	Total Wages (100 million yuan)	1383
职工平均工资	(元)	Average Wage of Staff and Workers (yuan)	1148
职工保险福利费	(亿元)	Insurance and Welfare Funds for Staff and Workers (100 million yuan)	331.6
离休、退休、退职职工人数	(万人)	Number of Retired & Resigned Staff and Workers (10 000 persons)	1637
离休、退休、退职费	(亿元)	Pensions for Retired Staff and Workers (100 million yuan)	145.6
卫生		**Health Care**	
医院、卫生院	(个)	Number of Hospitals	59614
医生	(万人)	Number of Doctors (10 000 persons)	141.3
医院、卫生院床位数	(万张)	Number of Hospital Beds (10 000 units)	222.9
市政建设		**City Construction**	
自来水供应量	(亿吨)	Volume of Tap Water Supply (100 million tons)	128.0
下水道长度	(公里)	Length of Sewer Pipelines (km)	31556
城市煤气和天然气供气量	(万立方米)	Volume of Coal Gas and Natural Gas Supply in Urban Areas (10 000 cu. m)	411853
公共汽(电)车总数	(辆)	Total Number of Public Buses and Trolley Buses (unit)	45155
铺装道路长度	(公里)	Length of Paved Roads (km)	38282
绿地面积	(公顷)	Areas of Green Land (hectare)	159291
环境、灾害		**Environment and Disaster**	
污染治理项目本年完成投资额	(亿元)	Actual Investment in Implementation of the Project for Pollution Treatment in the Year (100 million yuan)	22.2
环境污染与破坏事故次数	(起)	Number of Pollution Accidents (times)	2716
环境污染直接经济损失	(万元)	Losses Converted into Cash (10 000 yuan)	
环境污染事故赔罚款金额	(万元)	Amount of Reparations and Fines (10 000 yuan)	
火灾发生数	(起)	Number of Fire Disasters	34996
火灾损失	(万元)	Fire Loss (10 000 yuan)	28422
交通事故发生数	(起)	Number of Traffic Accidents	97573
交通事故损失	(万元)	Loss of Traffic Accidents (10 000 yuan)	6599

注:1.本表总量指标中的价值量指标除邮电业务总量指标外均按当年价格计算。
2.本表速度指标中,国民生产总值、国内生产总值及三次产业、物价指数、农林牧渔业总产值、工业总产值、邮电业务总量、社会消费品零售总额、城乡居民收入和平均工资指标均按可比价格计算。
3.邮电业务总量按 1990 年不变价格计算。
4.1998 年职工人数为在岗人数,1997 年及以前为全部职工人数,故不可比。

continued

总量指标 Aggregate Data				速度指标(%) Indices and Growth Rates						
				指数 Index (1998 比以下各年) (1998 as percentage of the following years)				平均增长速度 Average Annual Growth Rate		
1990	1995	1997	1998	1985	1990	1995	1997	1986-1990	1991-1995	1991-1998
27738	31676	32890	33297	139.9	120.0	105.1	101.2	3.1	2.7	2.3
3.5	3.2	3.2	3.2	82.1	91.4	100.0	100.0			
4.8	4.5	4.4	4.3	84.3	89.6	95.6	97.7			
951.1	929.7	909.1	886.7	106.7	93.2	95.4	97.5	2.7		
80.0	105.5	119.8	119.0	259.8	148.8	112.8	99.3	11.8	5.7	5.1
9.9	11.8	13.0	13.6		137.4	115.3	104.6		3.6	4.0
6.7	8.1	8.8	9.3	178.8	138.8	114.8	105.7	5.2	3.9	4.2
17.8	21.0	22.4	23.7	161.2	133.1	112.9	105.8	3.9	3.4	3.6
1510	4283	5160	5425	205.7	166.6	113.6	105.8	4.3	7.9	6.6
686	1578	2090	2162	169.8	146.8	119.1	104.4	3.0	4.3	4.9
7034.2	29662.3	46279.8	53407.5	3291.5	759.3	180.1	115.4	34.1	33.4	28.8
2951	8100	9405	9297	672.2	315.0	114.8	98.9	16.4	22.4	15.4
2140	5500	6470	7479	168.3	149.3	112.5	107.2	2.4	5.8	10.5
937.9	2361.3	3043.5	3360.7	1013.5	358.3	142.3	110.4	23.1	20.3	17.3
2301	3094	3351	3594	219.5	156.2	116.2	107.3	7.0	6.1	5.7
396.2	1305.6	1790.8	2073.7	1424.2	523.4	158.8	115.8	22.2	26.9	23.0
62454	67807	67911	67081	112.5	107.4	98.9	98.8	0.9	1.7	0.9
176.3	191.8	198.5	200.0	141.5	113.4	104.3	100.8	4.5	1.7	1.6
262.4	283.6	290.3	291.4	130.7	111.1	102.8	100.4	3.3	1.6	1.3
382.3	496.6	476.8	470.5	367.6	123.1	94.7	98.7	24.5	5.4	2.6
57787	110293	119739	125943	399.1	217.9	114.2	105.2	12.9	13.8	10.2
2389354	1940248	1931945	2363826	573.9	98.9	121.8	122.4	42.1		
62215	136821	169121	189002	418.6	303.8	138.1	111.8	6.6	17.1	14.9
94820	130308	138610	145163	379.2	153.1	111.4	104.7	19.9	6.6	5.5
474613	678310	682238	745654	468.1	157.1	109.9	109.3	24.4	7.4	5.8
45.4	98.7	116.4	122.0	549.5	268.7	123.6	104.8	15.4	16.8	13.2
3462	1966	1992	1422	52.4	41.1	72.3	71.4	5.0		
	9938	8366	19844			199.7	237.2			
	4260	3051	2111			49.6	69.2			
57302	37136	140280	141305	403.8	246.6	380.5	100.7	10.4		11.9
51182	107777	154141	143995	506.6	281.3	133.6	93.4	12.5	16.1	13.8
250244	271843	304217	346129	354.7	138.3	127.3	113.8	20.7	1.7	4.1
35362	152267	184616	192951	2923.9	545.6	126.7	104.5	39.9	33.9	23.6

a) The data in value terms in the table are calculated at current prices.

b) The indices and growth rates of the follow indicators are calculated at comparable prices: GNP, GDP, price indices, gross output value of farming, forestry, animal husbandry and fishery, gross output value of industry, gross output value of construction enterprises, business volume of post and telecommunications total retail sales, per capita income of urban and rural residents, wages and welfare. retail sales, per capita income of urban and rural residents, wages and welfare.

c) Figures on postal and telecommunication services before 1990 were calculated at 1980 constant prices, and those since 1991 were calculated at constant prices.

d) 1998 figures on workers and staff refer to fully employed workers and staff, while figures for previous years refer to total workers and staff. Therefore, they are not comparable.

2-3 国民经济和社会发展结构指标
STRUCTURAL INDICATORS ON NATIONAL ECONOMIC AND SOCIAL DEVELOPMENT

单位：%　　　　　　(%)

指　标	Item	1985	1990	1995	1998
人口与就业	**Population and Employment**				
人口	**Population**				
城乡结构	Urban and Rural Structure				
城镇	Urban	23.7	26.4	29.0	30.4
乡村	Rural	76.3	73.6	71.0	69.6
性别结构	Sexual Structure				
男	Male	51.7	51.5	51.0	51.0
女	Female	48.3	48.5	49.0	49.0
就业	**Employment**				
产业结构	Industrial Structure				
第一产业	Primary Industry	62.4	60.1	52.2	49.8
第二产业	Secondary Industry	20.9	21.4	23.0	23.5
第三产业	Tertiary Industry	16.7	18.5	24.8	26.7
宏观经济	**Macro Economy**				
国民核算	**National Accounting**				
国内生产总值产业结构	Industrial Structure				
第一产业	Primary Industry	28.4	27.1	20.5	18.4
第二产业	Secondary Industry	43.1	41.6	48.8	48.7
第三产业	Tertiary Industry	28.5	31.3	30.7	32.9
投资	**Investment**				
全社会固定资产投资结构	Structure of Total Investment in Fixed Assets				
基本建设	Capital Construction	42.2	37.7	37.0	42.0
更新改造	Innovation	17.7	18.4	16.5	15.9
房地产开发	Real Estate Development	—	5.6	15.7	12.7
其他投资	Other Investment	40.1	38.3	30.8	29.4
资金来源结构	Structure of Funded Sources				
国家预算内资金	State Budgetary Appropriation	16.0	8.7	3.0	4.2
国内贷款	Domestic Loans	20.1	19.6	20.5	19.3
利用外资	Foreign Investment	3.6	6.3	11.2	9.1
自筹和其他投资	Fundraising	60.3	65.4	65.3	67.4
财政	**Government Finance**				
财政收入结构	Structure of Government Revenue				
中央	Central Government	38.4	33.8	52.2	49.5
地方	Local Governments	61.6	66.2	47.8	50.5
财政支出结构	Structure of Government Expenditures				
中央	Central Government	39.7	32.6	29.2	28.9
地方	Local Governments	60.3	67.4	70.8	71.1
利用外资	**Utilization of Foreign Capital**				
实际利用外资结构	Structure of Foreign Capital Actually Utilized				
对外借款	Loans from Abroad	57.8	63.5	21.5	18.8
外商直接投资	Direct Investment by Foreign Entrepreneurs	35.7	33.9	77.9	77.6
外商其他投资	Other Investment by Foreign Entrepreneurs	6.4	2.6	0.6	3.6
能源生产与消费	**Energy Production and Consumption**				
能源生产总量结构	Structure of Total Energy Production				
原煤	Coal	72.8	74.2	75.3	72.0
原油	Petroleum crude Oil	20.9	19.0	16.6	18.5
天然气	Natural Gas	2.0	2.0	1.9	2.4
水电	Hydropower	4.3	4.8	6.2	7.1
能源消费总量结构	Structure of Total Energy Consumption				
煤炭	Coal	75.8	76.2	74.6	71.6
石油	Petroleum Oil	17.1	16.6	17.5	19.8
天然气	Natural Gas	2.2	2.1	1.8	2.1
水电	Hydropower	4.9	5.1	6.1	6.5

2-3 **续表** 1 continued

单位：% (%)

指标	Item	1985	1990	1995	1998
产业	**Industrial**				
农业	**Agriculture**				
农林牧渔业产值结构	Structure of Gross Output Value				
农业	Farming	69.3	64.7	58.4	58.1
林业	Forestry	5.2	4.3	3.5	3.5
牧业	Animal Husbandry	22.1	25.7	29.7	28.5
渔业	Fishery	3.5	5.4	8.4	9.9
工业	**Industry**				
全部工业总产值结构	Structure of Gross Output Value of Industry				
轻工业	Light Industry	47.1	49.4	47.3	49.3
重工业	Heavy Industry	52.9	50.6	52.7	50.7
建筑业	**Construction**				
建筑业总产值结构	Structure of Gross Output Value of Construction Enterprises				
土木工程建筑业	Civil Engineering Construction			86.8	87.7
线路管理设备安装业	Line and Equipment Installation			11.0	9.2
建筑物装修装饰业	Building Decoration			2.2	3.1
运输业	**Transportation**				
货运量结构	Structure of Freight Traffic				
按运输方式分	By Means of Transportation				
铁路	Railways	17.5	15.5	13.4	12.8
公路	Highways	72.1	74.6	76.2	77.2
水运	Waterways	8.5	8.3	9.2	8.7
民用航空	Civil Aviation	...	...	0.01	0.01
管道输油(气)	Pipelines	1.8	1.6	1.2	1.4
国内商业	**Domestic Trade**				
社会消费品零售总额构成	Composition of Retail Sales of Consumer Goods				
市	Cities	49.3	53.6	60.0	61.1
县	Counties	19.4	18.4	14.2	12.6
县以下	Below Counties	31.3	28.0	25.8	26.3
对外经济贸易	**Foreign Trade**				
出口商品结构	Structure of Exports				
初级产品	Primary Goods	50.6	25.6	14.4	11.2
工业制成品	Manufactured Goods	49.4	74.4	85.6	88.8
进口商品结构	Structure of Imports				
初级产品	Primary Goods	12.5	18.5	18.5	16.4
工业制成品	Manufactured Goods	87.5	81.5	81.5	83.6
国际旅游	**International Tourism**				
来华旅游人数结构	Structure of Tourists				
外国人	Foreigners	7.7	6.4	12.7	11.2
华侨	Overseas Chinese	0.5	0.3	0.2	0.2
港澳台同胞	Compatriots form Hong Kong, Macao and Taiwan	91.8	93.3	87.1	88.6
金融保险业	**Finance and Insurance**				
金融机构资金来源结构	Structure of Sources of Funds in State Banks				
各项存款	Deposits				86.7
金融债券	Bonds				0.1
对国际金融机构负债	Debt from International Financial Institutions				0.2
货币流通量	Currency in Circulation				10.1
其他	Others				3.0
金融机构资金运用结构	Structure of Fund Uses in State Banks				
各项贷款	Loans				78.4
有价证券及投资	Securities and Investment				7.3
在国际金融机构资产	Capital in International Financial Institutions				0.4
金银占款	Purchase of Gold and Silver				...
外汇占款	Purchase of Foreign Exchanges				12.4
财政借款	Government Debt				1.4
教育、科技、文化	**Education, Science and Culture**				
教育	**Education**				
在校学生结构	Structure of Student Enrollment				
大学生	College and University Students	0.9	1.2	1.5	1.6
中学生	Secondary School Students	27.3	29.1	31.5	33.9
小学生	Primary School Students	71.8	69.7	67.1	64.5

2-3 **续表** 2 continued

单位：%　　　　　　　　　　　　　　　　　　　　　　　　　　　　　　(%)

指　标	Item	1985	1990	1995	1998
专任教师结构	Full-time Teachers by Type				
大学	College and Universities	4.0	4.2	4.0	3.9
中学	Secondary Schools	34.2	36.9	39.0	40.9
小学	Primary Schools	61.9	59.0	56.9	55.2
科技	**Science and Technology**				
科技经费收入结构	Structure of Funding for Scientific and Technological Expenditure				
#自筹资金	Fundraising			44.2	50.8
银行贷款	Loans from Banks			13.2	13.3
科技经费内部支出结构	Structure of Internal Expenditures on Scientific and Technological Activities				
#劳务费	#Service Fees			21.0	20.9
固定资产购建	Purchases of Fixed Assets			28.5	27.0
#研究与发展经费支出	#Research and Development Expenses			41.3	48.8
生活、环境	**Family, People's Livelihood and Environment**				
生活	**People's Livelihood**				
城镇居民消费结构	Consumption Structure of Urban Residents				
食品类	Food	52.2	54.2	49.9	44.5
衣着类	Clothing	14.6	13.4	13.5	11.1
用品及其他	Articles for Daily Use and Others	28.4	27.6	29.5	35.0
居住	Residence	4.8	4.8	7.1	9.4
农村居民消费结构	Consumption Structure of Rural Residents				
食品类	Food	57.8	58.8	58.6	53.4
衣着类	Clothing	9.7	7.8	6.9	6.2
用品及其他	Articles for Daily Use and Others	14.2	16.1	20.6	25.3
居住	Residence	18.2	17.3	13.9	15.1
福利	**Social Welfare**				
职工保险福利费结构	Structure of Insurance Contribution and Welfare Funds of Stuff and Workers				
国有单位	State-owned Units	82.5	82.9	83.9	83.2
城镇集体单位	Urban Collective Owned Units	17.1	16.3	12.5	9.7
其他单位	Others	0.4	0.8	3.7	7.0
离退休人员结构	Structure of Retired Staff and Workers				
国有单位	State-owned Units	71.2	75.7	77.6	77.4
城镇集体单位	Urban Collective Owned Units	28.5	24.6	20.1	16.8
其他单位	Others	0.3	0.5	2.3	5.7
卫生	**Health Care**				
医生结构	Doctors by Type				
中医	Doctors of Traditional Chinese Medicine	23.8	20.9	18.7	17.0
西医师	Doctors of Western Medicine	42.6	60.0	61.8	62.4
西医士	Paramedics of Western Medicine	33.5	18.8	19.0	20.1
医院床位结构	Hospital Beds by Area				
市医院	Hospitals at City Level	43.2	52.9	61.3	64.2
县医院	Hospitals at County Level	56.8	47.1	38.7	35.8
环境、灾害	**Environment and Disasters**				
治理污染资金使用结构	Uses of Funds in Pollution Treatment				
治理废水	Waste Water Treatment	44.6	47.6	46.2	58.7
治理废气	Waste Gas Treatment	32.4	32.6	33.6	26.5
治理固体废物	Solid Wastes Treatment	9.0	11.2	14.2	7.1
治理噪声	Noise Abatement	2.3	2.6	2.2	0.6
其他	Others	11.7	6.0	3.8	7.1
火灾事故损失额结构	Structure of Fire Losses Converted into Cash				
特大	Extraordinarily Serious Fires	41.4	35.1	35.8	20.0
重大	Serious Fires	33.4	27.8	38.3	16.6
一般	Ordinary Fires	25.2	37.2	25.9	63.4
交通事故损失额结构	Structure of Losses of Traffic Accidents Converted into Cash				
特大	Extraordinarily Serious Accidents	18.0	12.5	11.8	10.6
重大	Serious Accidents	14.6	19.8	22.0	20.8
一般	Ordinary Accidents	67.4	67.7	66.2	68.8

2-4 国民经济和社会发展比例和效益指标
INDICATORS ON PROPORTIONS AND EFFICIENCY IN NATIONAL ECONOMIC AND SOCIAL DEVELOPMENT

指标	Item	1985	1990	1995	1998
人口与就业	**Population and Employment**				
人口	**Population**				
出生率 (‰)	Birth Rate (‰)	21.04	21.06	17.12	16.03
死亡率 (‰)	Death Rate (‰)	6.78	6.67	6.57	6.50
自然增长率 (‰)	Natural Growth Rate (‰)	14.26	14.39	10.55	9.53
就业	**Employment**				
就业者负担人口	Dependency Ratio	1.12	0.79	0.78	0.78
三次产业从业者比例 (以第一产业为100)	Employment Ratio by Type of Industry (Employment in primary industry=100)				
第一产业	Primary Industry	100	100	100	100
第二产业	Secondary Industry	33.5	35.5	44.1	47.2
第三产业	Tertiary Industry	26.8	30.8	47.5	53.6
城镇失业率 (%)	Unemployment Rate in Urban Areas (%)	1.8	2.5	2.9	3.1
宏观经济	**Macro Economy**				
国民核算	**National Accounting**				
三次产业增加值比例 (以第一产业为100)	Ratio of Value-added by Type of Industry (Value added in primary industry=100)				
第一产业	Primary Industry	100	100	100	100
第二产业	Secondary Industry	152.1	153.8	238.0	265.0
第三产业	Tertiary Industry	100.6	115.9	149.6	178.8
全社会劳动生产率 (元/人)	Overall Labor Productivity (yuan/person)	1797	2902	8606	11349
第一产业	Primary Industry	817	1306	3381	4191
第二产业	Secondary Industry	3711	5652	18261	23535
第三产业	Tertiary Industry	3061	4915	10651	13975
人均国内生产总值 (元)	Per Capita GDP (yuan)	853	1634	4854	6392
固定资产投资	**Investment in Fixed Assets**				
全社会固定资产投资相当于国内生产总值比例 (%)	Proportion of Investment in fixed Assets to GDP (%)	20.2	24.4	34.2	35.8
全社会房屋建筑面积竣工率 (%)	Rate of Total Floor Space of Buildings Completed in Construction (%)	82.0	78.6	67.7	69.5
基本建设固定资产交付使用率 (%)	Rate of Fixed Assets Completed in Capital Construction and Put into Use (%)	68.2	80.0	63.7	71.3
基本建设项目建成投产率 (%)	Rate of Projects Completed in Capital Construction and Put into Use (%)	50.7	53.8	57.0	55.1
财政	**Finance**				
国家财政收入相当于国内生产总值比例 (%)	Proportion of Government Revenue to GDP (%)	22.4	15.8	10.7	12.4
国家财政支出相当于国内生产总值比例 (%)	Proportion of Government Expenditures to GDP (%)	22.4	16.6	11.7	13.6
地方收入相当于中央财政收入比例 (%)	Proportion of Local Government Revenue to Central Government Revenue (%)	160.5	196.0	91.7	101.9
地方支出相当于中央财政支出比例 (%)	Proportion of Local Government Expenditure to Central Government Expenditure (%)	152	207	242	245
预算外资金收入相当于国家财政收入比例 (%)	Proportion of Extra-budgetary Receipt to Government Revenue (%)	76.32	92.22	38.60	
物价指数	**Price Index**				
工农商品综合比价(1978=100)	Overall Industrial and Farm Products Price Parity Index (use 1978=100 index)	66.6	62.8	52.0	59.7
利用外资	**Utilization of Foreign Capital**				
实际利用外资额相当于签订利用外资额比例 (%)	Proportion of Foreign Capital Actually Used to Total Amount of Foreign Capital for Utilization by Signed Contracts or Agreements (%)	47.1	85.1	46.6	92.7
能源生产与消费	**Production and Consumption of Energy**				
能源生产弹性系数	Elasticity Ratio of Energy Production	0.73	0.58	0.83	—
能源消费弹性系数	Elasticity Ratio of Energy Consumption	0.60	0.47	0.66	—
每万元国内生产总值消耗的能源 (吨)	Energy Consumption per 10 000 yuan GDP (ton)	8.6	5.2	2.2	1.7

2-4 **续表** 1 continued

指　　标	Item	1985	1990	1995	1998
产　　业	**Industries**				
农业	**Agriculture**				
人均耕地面积　（公顷）	Per Capita Cultivated Land　(hectare)	0.09	0.08	0.08	
农业从业者人均耕地面积　（公顷）	Cultivated Land per Agricultural Laborer(hectare)	0.33	0.29	0.29	
每公顷耕地农业机械总动力　（千瓦）	Total Power of Agricultural Machinery per Hectare of Cultivated Land　(kw)	2.09	3.00	3.80	
每公顷耕地用电量　（千瓦小时）	Electric Power Consumption per hectare of Cultivated Land　(kwh)	510	883	1743	
每公顷耕地化肥施用量　（公斤）	Chemical Fertilizer Consumption per Hectare of Cultivated Land　(kg)	178	271	378	
每公顷耕地生产的农业产值　（元）	Agricultural Output Value per Hectare of Cultivated Land　(yuan)	2510	5178	12514	
农业从业者人均农产品产量　（公斤）	Output of Farm Products per Agricultural Laborer　(kg)				
粮食	Grain	1222	1357	1435	1575
棉花	Cotton	13.4	13.7	14.7	13.8
油料	Oil-bearing Crops	50.9	49.1	69.2	71.1
肉类	Meat				177.7
水产品	Aquatic Products	22.7	37.6	77.4	120.1
每公顷播种面积农产品产量　（公斤）	Output of Farm Crops per Hectare of Sown Area　(kg)				
粮食	Grain	3483	3933	4240	4502
棉花	Cotton	810	810	879	1009
油料	Oil-bearing Crops	1338	1480	1572	1791
工业企业效益	**Economic Efficiency of Industry**				
总资产贡献率　（%）	Ratio of Total Assets to Industrial Output Value (%)			9.19	7.12
资产负债率　（%）	Assets-Liability Ratio　(%)			65.31	63.74
成本费用利润率　（%）	Ratio of Profits to Industrial Cost　(%)			3.21	2.35
流动资产周转次数　（次/年）	Number of Times of Annual of Turnover Circulating Funds　(times/year)			1.58	1.41
全员劳动生产率　（元/人.年）	Overall Labor Productivity(yuan/person-year)			18477	31347
建筑业	**Construction**				
技术装备率　（元/人）	Value of Machinery per Laborer(yuan/person)		2467	4264	5127
产值利税率　（%）	Ratio of Per-tax Profits to Gross Output Value(%)		5.42	4.18	4.20
全员劳动生产率　（总产值元/人）（按总产值计算）	Overall Labor Productivity　(yuan/person) (in terms of gross output value per employee)		13109	38680	48255
交通运输业	**Transportation**				
客运量弹性系数	Elasticity of Passenger Traffic	1.26	—	0.69	0.50
货运量弹性系数	Elasticity of Freight Traffic	0.30	—	0.44	—
铁路网密度　（公里/万平方公里）	Railway Density　(km/1 sq. km)	54	56	57	60
公路网密度　（公里/万平方公里）	Highway Density　(km/1 sq. km)	982	1071	1205	1332
铁路货运密度　（吨/公里）	Railway Freight Traffic Density　(ton/km)	25088	28217	30376	27994
公路货运密度　（吨/公里）	Highway Freight Traffic Density　(ton/km)	5709	7041	8128	7634
平均每一沿海港口泊位货物吞吐量　（万吨）	Cargo Handled at Seaports per Berth　(10 000 tons)	84	50	63	70
邮电通信业	**Postal and Telecommunications Services**				
邮电业务总量弹性系数	Elasticity of Postal and Telecommunications Services	1.35	33.15	4.16	4.76
全国电话普及率　（部/百人）	Access to Telephones, National　(set/100 persons)	0.60	1.11	4.66	10.53
城市电话普及率　（部/百人）	Access to Telephones, Urban　(set/100 persons)	3.20	6.40	15.79	27.70
国内商业	**Domestic Trade**				
批零和餐饮业人均消费品零售额（元）	Per Capita Retail Sales of Consumer Goods　(yuan)	17681	25852	50213	61765
对外经济贸易	**Foreign Trade**				
进出口总额相当于国内生产总值比例　（%）	Proportion of Total Imports & Exports to GDP　(%)	23.1	30.0	40.2	33.8
国际旅游	**International Tourism**				
每一来华游客花费　（美元）	Expenditure per International Tourist in China　(USD)	70	81	188	198
金融保险	**Finance and Insurance**				

2-4 续表 2 continued

指标	Item	1985	1990	1995	1998
金融机构存款相当于国内生产总值比例 (%)	Bank Deposits as Percentage of GDP (%)				120.6
金融机构贷款相当于国内生产总值比例 (%)	Bank Loans as Percentage of GDP (%)				109.0
国家银行现金支出相当于收入比例 (%)	Proportion of Cash Outlay to Cash Receipt in State Banking System (%)	103.6	101.7	100.6	100.5
教育、科技、文化	**Education, Science and Technology and Culture**				
教育	**Education**				
学龄儿童入学率 (%)	Rate of School-age Children Enrollment (%)	96.0	97.8	98.5	98.9
小学升学率 (%)	Rate of Graduates of Primary Schools Entering Junior Secondary Schools (%)	68.4	74.6	90.8	94.3
初中升学率 (%)	Rate of Graduates of Junior Secondary Schools Entering Senior Secondary Schools (%)	41.7	40.6	48.3	50.7
学校教师负担系数 (%)	Student-teacher Ratio (in percentage) (%)				
高等学校	Colleges and Universities	5.0	5.2	7.2	8.4
中等学校	Secondary Schools	17.2	14.6	15.9	17.0
小学学校	Primary Schools	24.9	21.9	23.3	23.9
科技	**Science and Technology**				
研究与开发经费支出相当于国内生产总值比例 (%)	R&D Expenditures as Percentage of GDP (%)		0.71	0.60	0.69
文化	**Culture**				
每百万人有电影放映单位 (个)	Number of Film Projection Teams per Million Persons	173	128	78	55
每百万人有艺术表演团体 (个)	Number of Troupes per Million Persons	3.13	2.45	2.21	2.12
每百万人有公共图书馆 (个)	Number of Public Libraries per Million Persons	2.21	2.21	2.16	2.19
每百万人有博物馆 (个)	Number of Museums per Million Persons	0.67	0.89	0.99	1.07
家庭、生活、环境	**Family, People's Livelihood and Environment**				
家庭	**Family**				
负担少儿系数 (%)	Dependency Ratio of Children (%)	43.73	41.52	40.16	35.61
负担老年系数 (%)	Dependency Ratio of the Aged (%)	8.33	8.37	10.06	10.89
婚姻	**Marriages and Divorces**				
离婚率 (‰)	Divorce Rate (‰)	0.88	1.38	1.75	1.92
生活	**People's Livelihood**				
城镇与农村居民收入增长率比例 (1978=100)	Proportion of Growth Rate of Annual Income of Urban Residents to the Growth Rate of Annual Net Income of Rural Residents (1978=100)	0.60	0.64	0.76	0.72
福利	**Welfare**				
职工保险福利相当于工资总额比例 (%)	Insurance & Welfare Funds of Staff and Workers as Percentage of Total Wages (%)	24.0	31.8	29.2	36.1
离退休退职相当于在职人数比例 (%)	Proportion of the Number of Workers Who Have Retired or Resigned to the Number of Employed Ones (%)	13.2	16.4	20.8	29.1
卫生	**Health Care**				
每万人医院数 (个)	Number of Hospitals per 10 000 Persons (unit)	0.56	0.55	0.56	0.54
每万人医生数 (人)	Number of Doctors per 10 000 Persons (unit)	13.3	15.4	15.8	16.0
每万人医院床位数 (张)	Number of Hospital Beds per 10 000 Persons (unit)	21.1	23.0	23.4	23.3
医院病床使用率 (%)	Utilization Rate of Hospital Beds (%)	82.7	80.9	66.9	60.2
市政建设	**City Construction**				
城市自来水普及率 (%)	Percentage of Households with Access to Tap Water (%)	81.0	89.2	93.0	96.0
城市用气普及率 (%)	Percentage of Households with Access to Tap Gas (%)	22.4	42.2	70.0	78.8
每万人绿地面积 (公顷)	Public Green Areas per 10 000 Persons (hectare)	13.7	32.2	36.7	37.5
环境、灾害	**Environment and Disasters**				
平均每起火灾损失 (元)	Average Loss of per Fire Disaster (yuan)	8121	8932	29022	10190
平均每起交通事故损失 (元)	Average Loss of per Traffic Accident (yuan)	676	1413	5601	5575
平均每起环境污染事故直接经济损失 (元)	Average Loss per Pollution Accident (yuan)			50549	139548

注：1.“＊”负担少儿和老年系数为1987年数。
2.预算外资金收入自1993年开始不含国有企业和主管部门收入。

a)Figures of dependency ratio of children and the aged with (＊) were data in 1987.
b)Since 1993, data on extrabudgetary receipt excluded the revenue of state-owned enterprises and their responsible departments.

2-5 平均每天主要社会经济活动

SELECTED INDICATORS ON AVERAGE DAILY SOCIAL AND ECONOMIC ACTIVITIES

指标	Item	1985	1990	1995	1998
每天创造的财富	**Daily Production**				
国内生产总值 (亿元)	Gross Domestic Product (100 million yuan)	24.6	50.8	160.2	217.5
第一产业	Primary Industry	7.0	13.7	32.9	40.0
第二产业	Secondary Industry	10.6	21.1	78.2	106.0
#工业	Industry	9.4	18.8	67.7	91.6
建筑业	Construction	1.1	2.4	10.5	14.4
第三产业	Tertiary Industry	7.0	15.9	49.2	71.5
#运输邮电业	Transportation, Postal & Telecommunications Services	1.1	3.1	8.4	13.8
商业	Commerce	2.4	3.9	13.5	18.1
财政收入 (亿元)	Government Revenue (100 million yuan)	5.5	8.0	17.1	27.1
财政支出 (亿元)	Government Expenditures (100 million yuan)	5.5	8.4	18.7	29.6
粮食 (万吨)	Grain (10 000 tons)	103.9	122.3	127.8	140.4
棉花 (万吨)	Cotton (10 000 tons)	1.1	1.2	1.3	1.2
油料 (万吨)	Oil-bearing Crops (10 000 tons)	4.3	4.4	6.2	6.3
肉类 (万吨)	Meat (10 000 tons)				15.7
水产品 (万吨)	Aquatic Products (10 000 tons)	1.9	3.4	6.9	10.7
布 (万米)	Cloth (10 000 m)	4019	5173	7129	6603
原煤 (万吨)	Coal (10 000 tons)	238.4	295.9	372.6	342.5
发电量 (亿千瓦小时)	Electricity (100 000 000 kwh)	11.3	17.0	27.6	32.0
原油 (万吨)	Crude Oil (10 000 tons)	34.2	37.9	41.1	44.1
钢 (万吨)	Steel (10 000 tons)	12.8	18.2	26.1	31.7
成品钢材 (万吨)	Steel Products (10 000 tons)	10.1	14.1	24.6	29.4
水泥 (万吨)	Cement (10 000 tons)	40.0	57.5	130.3	146.8
每天消费量	**Daily National Consumption**				
最终消费 (亿元)	Final Consumption Expenditure (100 million yuan)	15.8	31.1	92.2	127.1
居民消费	Resident Consumption	12.6	25.0	73.8	101.2
农民	Peasants Consumption	8.0	14.1	36.3	48.4
非农业居民	Non-agricultural Residents' Consumption	4.6	10.9	37.5	52.8
政府消费	Government Consumption Expenditure	3.2	6.2	18.3	26.0
能源消费量 (万吨标准煤)	Energy Consumption (10 000 tons of SCE)	210.1	270.4	359.4	372.6
社会消费品零售总额 (亿元)	Total Retail Sales of Consumer Goods (100 million yuan)	10.4	19.9	56.5	79.9
每天其他经济活动	**Other Daily Economic Activities**				
资本形成总额 (亿元)	Gross Capital Formation (100 million yuan)	9.3	17.7	65.4	83.3
固定资产形成	Fixed Capital Formation	7.2	13.0	55.6	77.2
存货增加	Changes in Stock	2.0	4.7	9.8	6.1
城镇新建住宅面积 (万平方米)	Residential Buildings Completed in Urban Areas (10 000 sq. m)	51.5	47.4	102.7	130.7
农民个人新建住宅面积 (万平方米)	Private Residential Buildings Completed in Rural Areas (10 000 sq. m)	190.5	185.8	181.5	211.0
货运量 (万吨)	Freight Traffic (10 000 tons)	2043	2659	3383	3464
客运量 (万人)	Passenger Traffic (10 000 persons)	1699	2117	3213	3773
沿海主要港口货物吞吐量 (万吨)	Cargo Handled at Principal Seaports (10 000 tons)	85.4	132.4	219.6	252.7
邮电业务总量 (万元)	Business Volume of Postal and Telecommunications Services (10 000 yuan)	1545	4261	27092	66608
交换机容量 (万门)	Capacity of Telephone Exchanges (10 000 lines)	1.7	3.4	19.7	37.9
进出口总额 (亿美元)	Total Imports and Exports (USD 100 million)	1.9	3.2	7.7	8.9
出口总额	Total Exports	1.2	1.5	3.6	3.8
进口总额	Total Imports	0.7	1.7	4.1	5.0
实际利用外资额 (亿美元)	Foreign Capital Actually Used (USD 100 million)	0.1	0.3	1.3	1.6
来华旅游人数 (万人)	Number of Tourists from Abroad (10 000 persons)	4.9	7.5	12.7	17.4
居民储蓄额 (亿元)	Outstanding Amount of Savings Deposit (100 million yuan)	1.1	5.2	22.3	20.9
每天人口变动和婚姻	**Daily Population Changes and Marriages**				
出生 (万人)	Births (10 000)	6.1	6.5	5.7	5.5
死亡 (万人)	Deaths (10 000)	2.0	2.1	2.1	2.2
结婚 (万对)	Marriages (10 000 couples)	2.3	2.6	2.5	2.4
离婚 (对)	Divorces (couples)	1255	2192	2891	3261

注：1. 本表价值指标除邮电业务总量按1990年不变价格计算外，其余均按当年价格计算。

2. "城镇新建住宅面积"从1990年起包括城镇及工矿区个人新建住宅面积。

a) Figures in value terms in this table are at current prices, except that on the business transaction of postAnd telecommunications service which is at 1990 constant prices. And telecommunications service which is at 1990 constant prices.

b) Since 1990, residential buildings completed in urban areas included private residential buildings completed in towns, cities, industrial and mining areas.

2-6 人均主要工农业产品产量
PER CAPITA OUTPUT OF MAJOR INDUSTRIAL AND AGRICULTURAL PRODUCTS

年份 Year	粮食（公斤） Grain (kg)	棉花（公斤） Cotton (kg)	油料（公斤） Oil-bearing Crops (kg)	糖料（公斤） Sugar Crops (kg)	茶叶（公斤） Tea (kg)	水果（公斤） Fruits (kg)	猪牛羊肉（公斤） Pork, Beef and Mutton (kg)	水产品（公斤） Aquatic Products (kg)
1952	288.13	2.29	7.37	13.35	0.14	4.29		2.94
1957	306.01	2.57	6.58	18.66	0.18	5.09		4.89
1962	240.32	1.13	3.01	5.68	0.11	4.07		3.42
1965	272.00	2.93	5.07	21.50	0.14	4.53		4.17
1970	293.24	2.78	4.61	19.01	0.17	4.58		3.89
1975	310.48	2.60	4.93	20.89	0.23	5.87		4.81
1978	318.74	2.27	5.46	24.91	0.28	6.87		4.87
1980	326.69	2.76	7.84	29.67	0.31	6.92		4.59
1985	360.70	3.95	15.02	57.53	0.41	11.07		6.71
1987	371.74	3.92	14.09	51.20	0.47	15.39		8.81
1988	357.72	3.77	11.98	56.17	0.49	15.12		9.63
1989	364.32	3.39	11.58	51.88	0.48	16.38		10.30
1990	393.10	3.97	14.21	63.55	0.48	16.51		10.90
1991	378.26	4.93	14.24	73.16	0.47	18.91		11.74
1992	379.97	3.87	14.09	75.61	0.48	20.95		13.37
1993	387.37	3.17	15.31	64.70	0.51	25.55		15.47
1994	373.46	3.64	16.69	61.63	0.49	29.36		17.98
1995	387.28	3.96	18.67	64.96	0.49	34.98		20.89
1996	414.39	3.45	18.16	68.66	0.49	38.21	30.35	23.10
1997	401.74	3.74	17.54	76.31	0.50	41.37	34.55	29.28
1998	412.42	3.62	18.63	78.82	0.54	43.90	37.02	31.45

2-6 **续表** continued

年 份 Year	布 （米） Cloth (m)	机制纸及纸板 （公斤）(kg) Machine-made Paper and Paperboard	纱 （公斤） Yarn (kg)	原 煤 （吨） Coal (ton)	原 油 （公斤） Crude Oil (kg)	发电量 （千瓦小时） Electricity (kwh)	钢 （公斤） Steel (kg)	水 泥 （公斤） Cement (kg)
1952	6.73	0.65	1.15	0.12	0.77	12.83	2.37	5.03
1957	7.92	1.43	1.32	0.21	2.29	30.28	8.39	10.76
1962	3.80	1.68	0.82	0.33	8.64	68.79	10.02	9.01
1965	8.78	2.42	1.82	0.32	15.81	94.52	17.10	22.85
1970	11.18	2.95	2.51	0.43	37.46	141.63	21.74	31.47
1975	10.26	3.72	2.30	0.53	84.09	213.66	26.08	50.48
1978	11.54	4.59	2.49	0.65	108.82	268.36	33.24	68.23
1980	13.73	5.45	2.98	0.63	107.98	306.35	37.83	81.39
1985	13.96	8.67	3.36	0.83	118.83	390.76	44.52	138.86
1987	15.96	10.53	4.03	0.86	123.74	458.75	51.92	171.81
1988	17.06	11.53	4.23	0.89	124.41	494.90	53.95	190.75
1989	16.92	11.92	4.26	0.94	123.04	522.78	55.05	187.99
1990	16.63	12.08	4.07	0.95	121.84	547.22	58.45	184.74
1991	15.79	12.85	4.00	0.94	122.52	588.77	61.70	219.51
1992	16.37	14.81	4.31	0.96	121.97	647.18	69.47	264.57
1993	17.23	16.24	4.26	0.98	123.25	712.34	76.00	312.18
1994	17.73	17.94	4.11	1.04	122.57	778.72	77.70	353.39
1995	21.59	23.34	4.50	1.13	124.54	835.81	79.15	394.74
1996	17.17	21.67	4.21	1.15	129.22	888.10	83.15	403.42
1997	20.23	22.22	4.55	1.12	130.68	923.16	88.57	416.02
1998	19.40	17.11	4.36	1.01	129.61	939.48	93.05	431.50

2-7 民族自治地方行政区划（1998）
ADMINISTRATIVE DIVISION OF MINORITY NATIONALITY AUTONOMOUS AREAS（1998）

单位：个　　(unit)

省级单位名称 Provinces and Autonomous Regions	地级 Number of Prefectures	#地级市 Cities at Prefectural Level	县级 Number of Counties	#县级市 Cities at County Level	省级单位名称 Provinces and Autonomous Regions	地级 Number of Prefectures	#地级市 Cities at Prefectural Level	县级 Number of Counties	#县级市 Cities at County Level
全　国 National Total	**77**	**19**	**642**	**72**	海　南 Hainan			6	
河　北 Hebei			6		重　庆 Chongqing			5	
内蒙古 Inner Mongolia	12	4	85	16	四　川 Sichuan	3		50	1
辽　宁 Liaoning			8		贵　州 Guizhou	3		46	4
吉　林 Jilin	1		11	6	云　南 Yunnan	8		79	8
黑龙江 Heilongjiang	1				西　藏 Tibet	7	1	77	1
浙　江 Zhejiang			1		甘　肃 Gansu	2		21	2
湖　北 Hubei	1		10	2	青　海 Qinghai	6		35	2
湖　南 Hunan	1		15	1	宁　夏 Ningxia	4	3	17	2
广　东 Guangdong			3		新　疆 Xinjiang	15	2	85	17
广　西 Guangxi	14	9	81	10					

2-8 民族自治地方自然资源
NATURAL RESOURCES IN MINORITY NATIONALITY AUTONOMOUS AREAS

项目 Item		1998	占全国% Percentage to National Total
总面积　（万平方公里）	**Total Area　(10 000 sq. km)**	**610.62**	**63.6**
牧区、半农半牧区草原面积　（万公顷）	Area of Grasslands in Pastoral and Semipastoral Areas　(10 000 hectares)	30000.00	75.0
森林面积　（万公顷）	Area of Forest　(10 000 hectares)	5648.00	42.2
森林蓄积量　（亿立方米）	Stock Volume of the Forest(100 million cu. m)	52.49	51.8
水力资源蕴藏量　（亿千瓦）	Hydropower Resources　(100 million kw)	4.46	66.0

注：除总面积外，其它资源为以前清查数，有待进一步勘测。

a) Figures in the table, except total area, were obtained from surveys in previous years, and is subject to further verification.

2-9 民族自治地方人口
POPULATION IN MINORITY NATIONALITY AUTONOMOUS AREAS

（1998年底） （End of 1998）

地 区 Region	总人口（万人） Total Population in Minority Areas (10 000 persons)	#少数民族人口 Minority Population	少数民族人口占自治地方总人口比重（%） Minority Population as Percentage to Total Population in Minority Areas (%)	地 区 Region	总人口（万人） Total Population in Minority Areas (10 000 persons)	#少数民族人口 Minority Population	少数民族人口占自治地方总人口比重（%） Minority Population as Percentage to Total Population in Minority Areas (%)
全 国 National Total	**16607.91**	**7577.45**	**45.63**	海 南 Hainan	147.50	73.70	49.97
河 北 Hebei	189.40	107.90	56.97	重 庆 Chongqing	287.36	154.94	53.92
内蒙古 Inner Mongolia	2344.80	482.20	20.56	四 川 Sichuan	589.98	320.52	54.33
辽 宁 Liaoning	334.40	158.80	47.49	贵 州 Guizhou	1457.17	822.61	56.45
吉 林 Jilin	330.13	117.28	35.53	云 南 Yunnan	2036.74	1099.63	53.99
黑龙江 Heilongjiang	24.60	5.60	22.76	西 藏 Tibet	245.39	238.00	96.99
浙 江 Zhejiang	17.50	1.80	10.29	甘 肃 Gansu	305.42	168.93	55.31
湖 北 Hubei	441.91	208.68	47.22	青 海 Qinghai	301.74	176.34	58.44
湖 南 Hunan	549.60	387.80	70.56	宁 夏 Ningxia	536.57	185.82	34.63
广 东 Guangdong	45.30	16.60	36.64	新 疆 Xinjiang	1747.40	1073.30	61.42
广 西 Guangxi	4675.00	1777.00	38.01				

2-10 全国少数民族分布的主要地区

GEOGRAPHIC DISTRIBUTION OF MINORITY NATIONALITIES

人口数为 1990 年人口普查资料。

Figures of population are obtained from the Population Census in 1990.

民族	Nationality	分布的主要地区	Main Geographic Distribution	人口数(人) Population (person)
蒙古族	Mongolian	内蒙古、辽宁、吉林、河北、黑龙江、新疆	Inner Mongolia, Liaoning, Jilin, Hebei, Heilongjiang and Xinjiang	4802407
回族	Hui	宁夏、甘肃、河南、新疆、青海、云南、河北、山东、安徽、辽宁、北京、内蒙古、天津、黑龙江、陕西、贵州、吉林、江苏、四川	Ningxia, Gansu, Henan, Xinjiang, Qinghai, Yunnan, Hebei, Shandong, Anhui, Liaoning, Beijing, Inner Mongolia, Tianjin, Heilongjiang, Shaanxi, Guizhou, Jilin, Jiangsu and Sichuan	8612001
藏族	Tibetan	西藏、四川、青海、甘肃、云南	Tibet, Sichuan, Qinghai, Gansu and Yunnan	4593072
维吾尔族	Uygur	新疆	Xinjiang	7207024
苗族	Miao	贵州、湖南、云南、广西、重庆湖北、四川	Guizhou, Hunan, Yunnan, Guangxi, Chongqing, Hubei and Sichuan	7383622
彝族	Yi	云南、四川、贵州	Yunnan, Sichuan and Guizhou	6578524
壮族	Zhuang	广西、云南、广东	Guangxi Yunnan and Guangdong	15555820
布依族	Bouyei	贵州	Guizhou	2548294
朝鲜族	Korean	吉林、黑龙江、辽宁	Jilin, Heilongjiang and Liaoning	1923361
满族	Man	辽宁、河北、黑龙江、吉林、内蒙古、北京	Liaoning, Hebei, Heilongjiang, Jilin, Inner Mongolia and Beijing	9846776
侗族	Dong	贵州、湖南、广西	Guizhou, Hunan and Guangxi	2508624
瑶族	Yao	广西、湖南、云南、广东	Guangxi, Hunan, Yunnan and Guangdong	2137033
白族	Bai	云南、贵州、湖南	Yunnan, Guizhou and Hunan	1598052
土家族	Tujia	湖南、湖北、重庆、贵州	Hunan, Hubei, Chongqing and Guizhou	5725049
哈尼族	Hani	云南	Yunnan	1254800
哈萨克族	Kazak	新疆	Xinjiang	1110758
傣族	Dai	云南	Yunnan	1025402
黎族	Li	海南	Hainan	1112498
傈僳族	Lisu	云南、四川	Yunnan and Sichuan	574589
佤族	Va	云南	Yunnan	351980
畲族	She	福建、浙江、江西、广东	Fujian, Zhejiang, Jiangxi and Guangdong	634700
高山族	Gaoshan	台湾、福建	Taiwan and Fujian	2877
拉祜族	Lahu	云南	Yunnan	411545
水族	Shui	贵州、广西	Guizhou and Guangxi	347116
东乡族	Dongxiang	甘肃、新疆	Gansu and Xinjiang	373669
纳西族	Naxi	云南	Yunnan	277750
景颇族	Jingpo	云南	Yunnan	119276
柯尔克孜族	Kirgiz	新疆	Xinjiang	143537
土族	Tu	青海、甘肃	Qinghai and Gansu	192568
达斡尔族	Daur	内蒙古、黑龙江	Inner Mongolia and Heilongjiang	121463
仫佬族	Mulam	广西	Guangxi	160648
羌族	Qiang	四川	Sichuan	198303
布朗族	Blang	云南	Yunnan	82398
撒拉族	Salar	青海	Qinghai	87546
毛南族	Maonan	广西	Guangxi	72370
仡佬族	Gelo	贵州	Guizhou	438192
锡伯族	Xibe	辽宁、新疆	Liaoning and Xinjiang	172932
阿昌族	Achang	云南	Yunnan	27718
普米族	Primi	云南	Yunnan	29721
塔吉克族	Tajik	新疆	Xinjiang	33223
怒族	Nu	云南	Yunnan	27190
乌孜别克族	Uzbek	新疆	Xinjiang	14763
俄罗斯族	Russian	新疆、黑龙江	Xinjiang and Heilongjiang	13500
鄂温克族	Ewenki	内蒙古 Inner Mongolia	26379	
德昂族	Deang	云南	Yunnan	15461
保安族	Baoan	甘肃	Gansu	11683
裕固族	Yugur	甘肃	Gansu	12293
京族	Jing	广西	Guangxi	18749
塔塔尔族	Tatar	新疆	Xinjiang	5064
独龙族	Derung	云南	Yunnan	5825
鄂伦春族	Oroqen	黑龙江、内蒙古	Heilongjiang and Inner Mongolia	7004
赫哲族	Hezhen	黑龙江	Heilongjiang	4254
门巴族	Monba	西藏	Tibet	7498
珞巴族	Lhoba	西藏	Tibet	2322
基诺族	Jino	云南	Yunnan	18022

2-11 民族自治地方国民经济主要指标
MAIN ECONOMIC INDICATORS OF MINORITY NATIONALITY AUTONOMOUS AREAS

指标	Item	1978	1985	1990	1997	1998
一、民族自治地方社会经济	**Ⅰ. Economic and Social Performance of Minority Nationality Autonomous Areas**					
工农业总产值（亿元）	**Gross Output Value of Agriculture and Industry (100 million yuan)**	**367.7**	**1208.3**	**2272.9**	**8231.3**	**8522.7**
农业总产值	Gross Output Value of Agriculture	155.6	436.6	977.8	3077.5	3210.1
工业总产值	Gross Output Value of Industry	212.1	771.7	1295.1	5153.8	5312.6
国有单位固定资产投资（亿元）	**Construction Investment of State-owned Units (100 million yuan)**		**161.9**	**259.4**	**1198.4**	**1399.0**
农业	**Agriculture**					
耕地面积（万公顷）	Cultivated Area (10 000 hectares)	1640	1747	1767	2070	1872
灌溉面积（万公顷）	Irrigated Area (10 000 hectares)	601	686	764	880	899
粮食产量（万吨）	Grain Yield (10 000 tons)	3124	4006	5373	6641	7150
棉花产量（万吨）	Cotton Yield (10 000 tons)	6	19	47	116	141
大牲畜（万头）	Large Domestic Animals (10 000 heads)	3807	4749	5286	5637	5565
羊（万只）	Goats and Sheep (10 000 heads)	9580	9757	11362	12690	12844
猪（万头）	Hogs (10 000 heads)	3260	4533	5665	7518	7047
工　业	**Industry**					
钢产量（万吨）	Steel Output (10 000 tons)	128.5	232.5	368.3	664.0	633.0
生铁产量（万吨）	Pig Iron Output (10 000 tons)	168.2	258.1	417.0	841.3	702.0
原煤产量（万吨）	Coal Output (10 000 tons)	6081	8597	12077	19038	17570
原油产量（万吨）	Crude Oil Output (10 000 tons)	1578	1805	1265	2003	2047
发电量（亿千瓦小时）	Electric Power (100 million kwh)	174	389	1739	1230	1357
木材产量（万立方米）	Timber Output (10 000 cu. m)	1212	1826	1761	1894	1637
棉布产量（亿米）	Cloth Output (100 million m)	3.7	5.4	7.4	6.9	5.3
运输邮电	**Transportation, Postal and Telecommunications Services**					
铁路营业里程（万公里）	Length of Railways in Operation (10 000 km)	0.90	1.25	1.31	1.69	1.71
公路里程（万公里）	Length of Highways (10 000 km)	20.80	25.41	29.37	36.49	37.64
邮路总长度（万公里）	Total Length of Postal Routes (10 000 km)	95	90	88	100	114
商　业	**Domestic Trade**					
社会商品零售总额（亿元）	Total Retail Sales (100 million yuan)	150.80	411.60	780.57	2063.72	2332.10
国内纯购进总额（亿元）	Total Amount Final Domestic Purchases (100 million yuan)	103.3	237.7	610.6	2471.0	1392.4
二、民族自治地方文化教育卫生	**Ⅱ. Culture, Education and Health Care of Minority Nationality Autonomous Areas**					
在校学生数（万人）	Number of Students Enrollment (10 000 persons)					
高等学校	Institutions of Higher Education	5.6	10.4	13.6	20.5	22.1
中等学校	Secondary Schools	682.0	573.3	609.6	819.2	867.8
小学校	Primary Schools	1705.2	1836.9	1852.9	2061.8	2030.7
专任教师（万人）	Number of Full-time Teachers (10 000 persons)					
高等学校	Institutions of Higher Education	1.5	2.2	2.8	2.9	3.0
中等学校	Secondary Schools	37.7	33.5	41.5	52.3	52.8
小学校	Primary Schools		60.0	84.8	88.6	87.8
出版物	**Number of Publications**					
图书（万册）	Books (10 000 copies)	14279.4	35906.9	30166.3	45876.7	48507.5
杂志（万册）	Magazines (10 000 copies)	1306.4	7818.8	7866.4	7824.4	7509.9
报纸（万份）	Newspapers (10 000 copies)	28271.3	76847.2	79119.6	116203.9	108276.7
卫　生	**Public Health**					
卫生机构（万个）	Number of Health Institutions (10 000units)	2.39	3.04	3.20	1.61	1.67
卫生机构床位（万张）	Number of Beds in Hospitals & Sanatoriums (10 000 beds)	25.35	31.41	35.94	37.89	39.18
卫生技术人员（万人）	Number of Medical Personnel (10 000 person)	27.94	42.37	48.87	47.58	49.87

注：1. 工农业总产值按当年价格计算。
2. 1998 年国内纯购进总额为限额以上数据，与往年不可比。

a) The data of the gross output value of agriculture and industry are at the current prices.
b) Total Amount Final Domestic Purchases refer to the data above designed size. It is not comparable with the data of past years.

2-12 民族自治地方国民经济主要指标发展速度
GROWTH RATES OF MAIN ECONOMIC INDICATORS IN MINORITY NATIONALITY AUTONOMOUS AREAS

指标	Item	1998为各年% 1998 as Percentage of the Following Year			平均每年增长% Average Annual Increase Rate(%)	
		1985	1990	1997	1979-1998	1986-1998
一、民族自治地方社会经济	**Ⅰ. Economic and Social Performance of Minority Nationality Autonomous Areas**					
工农业总产值	**Gross Output Value of Agriculture and Industry**	**384.27**	**238.56**	**107.90**	**10.00**	**11.48**
农业总产值	Gross Output Value of Agriculture	232.01	171.50	106.91	6.23	6.97
工业总产值	Gross Output Value of Industry	526.16	290.34	108.35	12.63	14.25
国有单位固定资产投资	**Construction Investment of State-owned Units**	**864.11**	**539.32**	**116.74**	**9.89**	**23.45**
农业	**Agriculture**					
耕地面积	Cultivated Area	107.16	105.94	90.43	0.23	0.72
灌溉面积	Irrigated Area	131.09	117.71	102.19	2.18	2.06
粮食产量	Grain Yield	178.49	138.08	107.68	6.05	3.64
棉花产量	Cotton Yield	742.63	300.21	121.64	19.86	14.73
大牲畜	Large Domestic Animals	117.18	105.27	98.72	2.17	0.64
羊	Goats and Sheep	131.64	113.04	101.21	3.09	1.54
猪	Hogs	155.46	124.39	93.73	4.56	2.77
工业	**Industry**					
钢产量	Steel Output	272.17	171.82	95.30	9.64	7.00
生铁产量	Pig Iron Output	271.87	168.27	67.41	10.07	6.72
原煤产量	Coal Output	204.37	145.48	92.29	7.03	4.80
原油产量	Crude Oil Output	113.42	161.83	102.21	−6.86	6.20
发电量	Electric Power	348.79	183.60	110.31	13.69	7.89
木材产量	Timber Output	89.66	92.97	86.44	−0.72	−0.91
棉布产量	Cloth Output	98.15	71.62	76.81	6.50	−4.09
运输邮电	**Transportation, Postal and Telecommunications Services**					
铁路营业里程	Length of Railways in Operation	136.80	130.53	101.18	0.94	3.39
公路里程	Length of Highways	147.23	127.37	102.52	2.94	3.15
邮路总长度	Total Length of Postal Routes	126.11	128.98	113.50	−0.45	3.23
商业	**Domestic Trade**					
社会商品零售总额	Total Retail Sales	566.59	298.77	113.00	13.65	14.66
国内纯购进总额	Total Amount Final Domestic Purchases					
二、民族自治地方文化教育卫生	**Ⅱ. Culture, Education and Health Care of Minority Nationality Autonomous Areas**					
在校学生数	Number of Students Enrollment					
高等学校	Institutions of Higher Education	212.50	162.50	107.80	5.51	6.26
中等学校	Secondary Schools	151.37	142.36	105.93	1.24	4.51
小学校	Primary Schools	110.55	109.60	98.49	0.17	1.15
专任教师	Number of Full-time Teachers					
高等学校	Institutions of Higher Education	136.36	107.14	103.45	4.94	0.87
中等学校	Secondary Schools	157.61	127.23	100.96	4.38	3.06
小学校	Primary Schools	146.33	103.54	99.10	7.16	0.44
出版物	**Number of Publications**					
图书	Books	135.09	160.80	105.73	−3.42	6.12
杂志	Magazines	96.05	95.47	95.98	0.12	−0.58
报纸	Newspapers	140.90	136.85	93.18	0.58	4.00
卫生	**Public Health**					
卫生机构	Number of Health Institutions	54.93	52.19	103.73	1.03	−7.81
卫生机构床位	Number of Beds in Hospitals & Sanatoriums	124.74	109.02	103.40	2.73	1.08
卫生技术人员	Number of Medical Personnel	117.70	102.05	104.81	2.90	0.25

注：工农业总产值发展速度按可比价格计算。

a) Indices of gross output value of agriculture and industry at constant price.

主 要 统 计 指 标 解 释

可比价格　指计算各种总量指标所采用的扣除了价格变动因素的价格，可进行不同时期总量指标的对比。按可比价格计算总量指标有两种方法：一种是直接用产品产量乘某一年的不变价格计算；另一种是用价格指数进行伸缩。

不变价格　指以同类产品某年的平均价格作为固定价格，用于计算各年的产品价值。按不变价格计算的产品价值消除了价格变动因素，不同时期对比可以反映生产的发展速度。新中国成立后，随着工农业产品价格水平的变化，国家统计局先后五次制定了全国统一的工业产品不变价格和农业产品不变价格。从 1949 年到 1957 年使用 1952 年工（农）业产品不变价格，从 1957 年到 1971 年使用 1957 年不变价格，从 1971 年到 1981 年使用 1970 年不变价格，从 1981 年到 1990 年使用 1980 年不变价格，从 1991 年开始使用 1990 年不变价格。

平均增长速度　我国计算平均增长速度有两种方法：一种是习惯上经常使用的“水平法”，又称几何平均法，是以间隔期最后一年的水平同基期水平对比来计算平均每年增长（或下降）速度；另一种是“累计法”，又称代数平均法或方程法，是以间隔期内各年水平的总和同基期水平对比来计算平均每年增长（或下降）速度。

在一般正常情况下，两种方法计算的平均每年增长速度比较接近；但在经济发展不平衡、出现大起大落时，两种方法计算的结果差别较大。

本《年鉴》内所列的平均增长速度，除固定资产投资用“累计法”计算外，其余均用“水平法”计算。从某年到某年平均增长速度的年份，均不包括基期年在内。如建国四十三年的平均增长速度是以 1949 年为基期计算的，则写为 1950－1992 年平均增长速度，其余类推。

各个计划时期　年鉴中各个“时期”代表的年份如下：恢复时期为 1950 年到 1952 年；第一个五年计划时期（简称一五时期）为 1953 年到 1957 年；第二个五年计划时期（简称二五时期）为 1958 年到 1962 年；第三个五年计划时期（简称三五时期）为 1966 年到 1970 年；第四个五年计划时期（简称四五时期）为 1971 年到 1975 年；第五个五年计划时期（简称五五时期）为 1976 年到 1980 年；第六个五年计划时期（简称六五时期）为 1981 年到 1985 年；第七个五年计划时期（简称七五时期）为 1986 年到 1990 年；第八个五年计划时期（简称八五时期）为 1991 年到 1995 年；第九个五年计划时期（简称九五时期）为 1996 年到 2000 年。

企业（单位）登记注册类型　是以在工商行政管理机关登记注册的各类企业为划分对象，以工商行政管理部门对企业登记注册的类型为依据，将企业登记注册类型分为内资企业、港澳台商投资企业和外商投资企业三大类。内资企业包括国有企业、集体企业、股份合作企业、联营企业、有限责任公司、股份有限公司、私营公司和其他企业；港澳台商投资企业和外商投资企业分别包括合资经营企业、合作经营企业、独资经营企业和股份有限公司。对不在工商行政管理部门进行登记注册的行政机关、事业单位和社会团体，主要按其经费来源和管理方式进行划分。

国有企业　指企业全部资产归国家所有，并按《中华人民共和国企业法人登记管理条例》规定登记注册的非公司制的经济组织。不包括有限责任公司中的国有独资公司。

集体企业　指企业资产归集体所有，并按《中华人民共和国企业法人登记管理条例》规定登记注册的经济组织。

股份合作企业　指以合作制为基础，由企业职工共同出资入股，吸收一定比例的社会资产投资组建，实行自主经营，自负盈亏，共同劳动，民主管理，按劳分配与按股分红相结合的一种集体经济组织。

联营企业　指两个及两个以上相同或不同所有制性质的企业法人或事业单位法人，按自愿、平等、互利的原则，共同投资组成的经济组织。联营企业包括国有联营企业、集体联营企业、国有与集体联营企业和其他联营企业。

有限责任公司 指根据《中华人民共和国公司登记管理条例》规定登记注册，由两个以上、五十个以下的股东共同出资，每个股东以其所认缴的出资额对公司承担有限责任，公司以其全部资产对其债务承担责任的经济组织。有限责任公司包括国有独资公司以及其他有限责任公司。

⑴国有独资公司：指国家授权的投资机构或者国家授权的部门单独投资设立的有限责任公司。

⑵其他有限责任公司：指国有独资公司以外的有限责任公司。

股份有限公司 指根据《中华人民共和国公司登记管理条例》规定登记注册，其全部注册资本由等额股份构成并通过发行股票筹集资本，股东以其认购的股份对公司承担有限责任，公司以其全部资产对其债务承担责任的经济组织。

私营企业 指由自然人投资设立或由自然人控股，以雇佣劳动为基础的营利性经济组织。包括按照《公司法》、《合伙企业法》、《私营企业暂行条例》规定登记注册的私营有限责任公司、私营股份有限公司、私营合伙企业和私营独资企业。

⑴私营独资企业：指按《私营企业暂行条例》的规定，由一名自然人投资经营，以雇佣劳动为基础，投资者对企业债务承担无限责任的企业。

⑵私营合伙企业：指按《合伙企业法》或《私营企业暂行条例》的规定，由两个以上自然人按照协议共同投资、共同经营、共负盈亏，以雇佣劳动为基础，对债务承担无限责任的企业。

⑶私营有限责任公司：指按《公司法》、《私营企业暂行条例》的规定，由两个以上自然人投资或由单个自然人控股的有限责任公司。

⑷私营股份有限公司：指按《公司法》的规定，由五个以上自然人投资，或由单个自然人控股的股份有限公司。

其他内资企业 指上述企业之外的其他内资经济组织。

与港澳台商合资经营企业 指港澳台地区投资者与内地企业依照《中华人民共和国中外合资经营企业法》及有关法律的规定，按合同规定的比例投资设立、分享利润和分担风险的企业。

与港澳台商合作经营企业 指港澳台地区投资者与内地企业依照《中华人民共和国中外合作经营企业法》及有关法律的规定，依照合作合同的约定进行投资或提供条件设立、分配利润和分担风险的企业。

港澳台商独资经营企业 指依照《中华人民共和国外资企业法》及有关法律的规定，在内地由港澳台地区投资者全额投资设立的企业。

港澳台商投资股份有限公司 指根据国家有关规定，经外经贸部依法批准设立，其中港、澳、台商的股本占公司注册资本的比例达25%以上的股份有限公司。凡其中港、澳、台商的股本占公司注册资本的比例小于25%的，属于内资企业中的股份有限公司。

中外合资经营企业 指外国企业或外国人与中国内地企业依照《中华人民共和国中外合资经营企业法》及有关法律的规定，按合同规定的比例投资设立、分享利润和分担风险的企业。

中外合作经营企业 指外国企业或外国人与中国内地企业依照《中华人民共和国中外合作经营企业法》及有关法律的规定，依照合作合同的约定进行投资或提供条件设立、分配利润和分担风险的企业。

外资企业 指依照《中华人民共和国外资企业法》及有关法律的规定，在中国内地由外国投资者全额投资设立的企业。

外商投资股份有限公司 指根据国家有关规定，经外经贸部依法批准设立，其中外资的股本占公司注册资本的比例达25%以上的股份有限公司。凡其中外资股本占公司注册资本的比例小于25%的，属于内资企业中的股份有限公司。

行政机关、事业单位和社会团体 参照企业登记注册类型，主要按其经费来源和管理方式划分。具体规定如下：

⑴行政机关：包括国家机关和政党机关，原则上均列为“国有”。但有特殊规定的，如供销社等，则列为“集体”。

⑵事业单位：包括经国家机构编制部门和有关业务主管部门批准成立的各类事业单位，不包括实行企业化管理的事业单位。事业单位的划分办法如下：

①由国家财政预算拨款或列入财政预算外资金管理以及经费主要来源于国有主管部门或国有上级单位的事业单位，列为“国有”。

②经费主要来源于集体单位的事业单位，列为“集体”。

③公民个人（或个人合伙）开办的事业单位，列为“私营”。

④上述以外的其他事业单位，如果其经费来源不明确，按管理方式进行归类。

⑶社会团体：包括经民政部门批准成立以及未纳入社会团体管理条例范围的工会、妇联等各类社会团体。社会团体的划分办法如下：

①未纳入民政部社会团体管理条例范围的工会、妇联、共青团、青联、工商联、科协、侨联等社会团体，国家拨款设立的基金会或基金管理组织以及经费主要来源于国有业务主管部门或国有上级单位的社会团体，列为“国有”。

②经费主要来源于集体单位的社会团体，列为“集体”。

③公民个人（或个人合伙）开办的社会团体，列为“私营”。

④上述以外的其他社会团体，如果其经费来源不明确，按管理方式进行归类。

Explanatory Notes on Main Statistical Indicators

Comparable Prices refer to prices that are used to remove the factors of price change in calculating economic aggregates, so as to facilitate comparison of aggregates over time. Two methods are used for calculating economic aggregates at comparable prices: 1. Multiplying the output of products by their constant prices of certain year; 2. Deflation of data at current prices by relevant price index.

Constant Price refers to the average price of a given product in certain year, which is used for comparison of output value over time. As the output value at constant prices removes the factor of price changes, it reflects the trend of production development over time. Since 1949, with the changes in general price level, the State Statistical Bureau has issued nationally unified constant prices five times: the 1952 constant prices for 1949 – 1957; the 1957 constant prices for 1957 – 1971; the 1970 constant prices for 1971 – 1981; the 1980 constant prices for 1981 – 1990; and the 1990 constant prices have been used since 1991.

Average Annual Growth Rate Two methods for calculating average annual growth rate are applied in China, one is often called "level approach" or the method of calculating geometric average, which is derived by comparing the level of the last year of the interval with that of the beginning year; the other is called "accumulative approach" or algebraic average or equation method, which is derived by the summation of the actual figure of each year in the interval divided by the figure in the base year.

Usually the results calculated by the two methods are fairly close, but they differed sharply when uneven economic development occurred with striking fluctuations in growth.

The average annual growth rates listed in this statistical yearbook are calculated by "level approach" except for the growth rate of investment in fixed assets. The base years are not listed when the years are listed for average annual growth rates. For instance, the average annual growth rate of 43 years since 1949 is listed as average annual growth rate of 1950 – 1992 without listing the base year 1949. And the analogy of this is also the same for the rest of the years.

Various Planning Periods The conventional division of "time period" in this yearbook is as follows: Economic Rehabilitation Period, 1950 – 1952; The first five-year plan period, 1953 – 1957; the second five-year plan period, 1958 – 1962; the third five-year plan period, 1966 – 1970; the fourth five-year plan period, 1971 – 1975; the fifth five-year plan period, 1976 – 1980; the sixth five-year plan period, 1981 – 1985; the seventh five-year plan period, 1986 – 1990; the eighth five-year plan period, 1991 – 1995; and the ninth five-year plan period, 1996 – 2000.

Registration Status of Enterprises Enterprises are classified into 3 categories, namely domestic-funded enterprises, enterprises with investment from Hong Kong, Macao and Taiwan, and enterprises with foreign investment, in the light of the registration status of an enterprise in industrial and commercial administration agencies. Domestic-funded enterprises include state-owned enterprises, collective-owned enterprises, cooperative enterprises, joint ownership enterprises, limited liability corporations, share-holding corporations Ltd., private enterprises and other enterprises. Included in the enterprises with investment from Hong Kong, Macao and Taiwan and enterprises with foreign investment are joint-venture enterprises, cooperative enterprises, sole investment enterprises and share-holding corporations Ltd. For government agencies, institutions and social organizations which are not requested to be registered in industrial and commercial administration agencies, they are classified mainly by their sources of funds and way of management.

State-owned Enterprises refer to non-corporation economic units where the entire assets are owned by the state and which have registered in accordance with the Regulation of the People's Republic of China on the Management of Registration of Corporate Enterprises. Excluded from this category are sole state-funded corporations in the limited liability corporations.

Collective-owned Enterprises refer to economic units where the assets are owned collectively and which have registered in accordance with the Regulation of the People's Republic of China on the Management of Registration of Corporate Enterprises.

Cooperative Enterprises refer to a form of collective economic units (enterprises) where capitals come mainly from employees as their shares, with certain proportion of capital from the outside, where production is organized on the basis of independent operation, independent accounting for profits and losses, joint work, democratic management, and a distribution system that integrates remuneration according to work with dividend according to capital share.

Joint Ownership Enterprises refer to economic units established by two or more corporate enterprises or corporate institutions of the same or different ownership, through joint investment on the basis of equality, voluntary participation and mutual benefits. They include state joint ownership enterprises, collective joint ownership enterprises, joint state-collective enterprises, other joint ownership enterprises.

Limited Liability Corporations refer to economic units established with investment from 2 – 50 investors and registered in accordance with the Regulation of the People's Republic of China on the Management of Registration of Corporations, each investor bearing limited liability to the corporation depending on its share of investment, and the corporation bearing liability to its debt to the maximum of its total assets. Limited liability corporations include exclusive state-funded limited liability corporations and other limited liability corporations.

(1) Exclusive state-funded Corporations refer to limited liability corporations established with exclusive investment from investment institutions or departments authorized by the state.

(2) Other Limited Liability Corporations refer to limited liability corporations other than exclusive state-funded corporations.

Share-holding Corporations Ltd. refer to economic units registered in accordance with the Regulation of the People's Republic of China on the Management of Registration of Corporations, with total registered capitals divided into equal shares and raised through issuing stocks. Each investor bears limited liability to the corporation depending on the holding of shares, and the corporation bears liability to its debt to the maximum of its total assets.

Private Enterprises refer to profit-making economic units invested and established by natural persons, or controlled by natural persons using employed labour. Included in this category are private limited liability corporations, private share-holding corporations Ltd., private partnership enterprises and private-funded enterprises registered in accordance with the Corporation Law, Partnership Enterprises Law and Interim Regulations on Private Enterprises.

(1) Private-funded enterprises: refer to enterprises registered in accordance with the Interim Regulations on Private Enterprises, invested and operated by a single natural person using employed labour and bearing unlimited liability to the debt of the enterprise.

(2) Private partnership enterprises: refer to enterprises registered in accordance with the Partnership Enterprise Law or Interim Regulations on Private Enterprises, jointly invested and operated by two or more natural persons using employed labour and bearing unlimited liability to the debt of the enterprise.

(3) Private limited liability corporations: refer to limited liability corporations registered in accordance with the Corporation Law and Interim Regulations on Private Enterprises, jointly invested by two or more natural persons or exclusively invested by a single natural person.

(4) Private share-holding corporations Ltd.: refer to share-holding corporations registered in accordance with the Corporation Law, jointly invested by five or more natural persons or exclusively invested by a single natural person.

Other Domestic-funded Enterprises refer to domestic-funded economic units other than those mentioned above.

Joint-venture Enterprises with Funds from Hong Kong, Macao and Taiwan refer to enterprises jointly established by investors from Hong Kong, Macao and Taiwan with enterprises in the mainland of China in accordance with the Law of the People's Republic of China on Sino-foreign Joint Venture Enterprises and other relevant laws, where the share of investment, profits and risks is stipulated in the contract.

Cooperative Enterprises with Funds from Hong Kong, Macao and Taiwan refer to enterprises jointly established by investors from Hong Kong, Macao and Taiwan with enterprises in the mainland of China in accordance with the Law of the People's Republic of China on Sino-foreign Cooperative Enterprises and other relevant laws, where the investment or provision of facilities, and the share of profits and risks is stipulated in the cooperative contract.

Enterprises with Sole (exclusive) Investment from Hong Kong, Macao and Taiwan refer to enterprises established in the mainland of China with exclusive investment from investors from Hong Kong, Macao and Taiwan in accordance with the Law of the People's Republic of China on Foreign-Funded Enterprises and other relevant laws.

Share-holding Corporations Ltd. with Investment from Hong Kong, Macao and Taiwan refer to share-holding corporations Ltd. established with the approval from the Ministry of Foreign Trade and Economic Relations in line with relevant state regulations, where the share of investment from Hong Kong, Macao or Taiwan businessmen exceeds 25% of the total registered capital of the corporation. In case the share of investment from Hong Kong, Macao or Taiwan is less than 25% of the total registered capital, the enterprise is to be classified as domestic-funded share-holding corporation Ltd.

Joint-venture Enterprises with Foreign Investment refer to enterprises jointly established by foreign enterprises or foreigners with enterprises in the mainland of China in accordance with the Law of the People's Republic of China on Sino-foreign Joint Venture Enterprises and other relevant laws, where the share of investment, profits and risks is stipulated in the contract.

Cooperation Enterprises with Foreign Investment refer to enterprises jointly established by foreign enterprises or foreigners with enterprises in the mainland of China in accordance with the Law of the People's Republic of China on Sino-foreign Cooperative Enterprises and other relevant laws, where the investment or provision of facilities, and the share of profits and risks is stipulated in the cooperative contract.

Enterprises with Sole (exclusive) Foreign Investment refer to enterprises established in the mainland of China with exclusive investment from foreign investors in accordance with the Law of the People's Republic of China on Foreign-Funded Enterprises and other relevant laws.

Share-holding Corporations Ltd. with Foreign Investment refer to share-holding corporations Ltd. established with the approval from the Ministry of Foreign Trade and Economic Relations in line with relevant state regulations, where the share of investment from foreign investors exceeds 25% of the total registered capital of the corporation. In case the share of foreign investment is less than 25% of the total registered capital, the enterprise is to be classified as domestic-funded share-holding corporation Ltd.

Government Agencies, Institutions and Social Organizations are classified into following categories by source of funds and way of management taking reference of the registration status of enterprises:

(1) Government agencies: include state and party agencies, classified in principle as "state-owned". There are exceptions, such as supply and marketing cooperatives which are classified as "collective".

(2) Institutions: include institutions of various types established with the approval by organization and staffing departments of the government, but exclude institutions where enterprise management system is introduced. Institutions are further classified as follows:

(a) Institutions whose main budget is listed in the government budget appropriations or extra-budget funds, or allocated from the budget of their competent government agencies. Such institutions are classified as "state-owned".

(b) Institutions whose budget mainly comes from collective units. Such institutions are classified as "collective".

(c) Institutions other than those mentioned above whose source of budget is not clear. Such institutions are classified by way of management.

(3) Social organizations: include social organizations established with the approval from the Ministry of Civil Affairs, and organizations that are not covered by social organization management regulations such as trade unions, women's federations etc.. Social organizations are further classified as follows:

(a) Social organizations that are not covered by social organization management regulations of the Ministry of Civil

Affairs such as trade unions, women's federations, communist youth leagues, youth associations, industrial and commerce associations, scientists associations, overseas Chinese associations, etc., foundations and fund management organizations established with funds from the state, and social organizations whose funds mainly come from the budget of their competent government agencies. Such institutions are classified as "state-owned".

(b) Social organizations whose budget mainly comes from collective units. Such institutions are classified as "collective".

(c) Social organizations established by individual or a group of citizens, which are classified as "private".

(d) Social organizations other than those mentioned above whose source of budget is not clear. Such organizations are classified by way of management.

三 国民经济核算

NATIONAL ACCOUNTS

简要说明

国民经济核算资料主要包括国内生产总值、投入产出表、资金流量表及国际收支概况四个部分。

一、国内生产总值

国内生产总值及其产业构成的资料，是由国家统计局国民经济核算司根据不同产业部门的特点和资料来源情况并采用不同的方法计算的。有的部门以生产法计算的增加值为准，有的部门以收入法计算的增加值为准，最后将各产业部门增加值求和得到国内生产总值，这一结果是国内生产总值的标准数据。按支出法计算的国内生产总值等于最终消费、资本形成总额、货物和服务净出口之和，它与按上述方法计算的国内生产总值不相等，两者的差额称为统计误差。为了避免在应用时产生混乱，国家统计局国民经济核算司对生产法、收入法和支出法国内生产总值及增长指数的名称作了如下规定：按生产法和按收入法计算的国内生产总值简称为国内生产总值；按生产法和按收入法计算的国内生产总值的增长指数简称为国内生产总值增长指数；按支出法计算的国内生产总值称为支出法国内生产总值。国民生产总值是在上述国内生产总值标准数据的基础上加上来自国外的净要素收入求得的。

本年鉴公布的国民经济核算资料，最后一年数据不是最终数，还会发生变动；如果遇到普查年，在能够获得更为详细的基础资料的情况下，国内生产总值的历史数据也会发生变动。1995 年，根据第一次全国第三产业普查结果，对国内生产总值的历史数据做了调整，年鉴中的数据是调整以后的数据。表中所列分地区的数据来自各省、自治区、直辖市统计局的国民经济核算资料，各地区数据相加不等于全国总计。

二、投入产出表

本篇所列中国 1997 年投入产出表是由国家统计局国民经济核算司编制的。中国 1997 年投入产出表为现价价值型表式，在总表上仍继续采用 1992 年的产品部门×产品部门的对称型表式（参见 17x17 的浓缩表）。中国 1997 年投入产出表具有以下几个方面的特点和变化：

1.从表式上看，中国 1997 年投入产出表保留了物质生产部门和非物质生产部门的划分，以满足新旧两种核算体系历史数据的转换和投入产出表序列表的可比性。

2.在指标设置上，为了保证我国国民经济核算体系的内在一致性，中国 1997 年投入产出表根据国民核算的总体要求，对有关指标的名称和概念做了进一步的修订与规范。如用“政府消费”取代“社会消费”，用“存货增加”取代“库存增加”，用“最终消费”取代“总消费”等。各部门的名称也与我国新国民经济行业分类中的相应名称保持一致，整个表式更加规范标准，从而大大增强了我国国民经济核算体系各部分之间的协调统一。

3.从编表规模上看，中国 1997 年投入产出表的规模及部门分类，是根据我国经济发展和宏观经济分析的需要，参照我国新的国民经济行业分类（《国民经济行业分类与代码 GB/T4754－94》）制定的。它既与我国现行的核算和统计口径具有完全的可比性，同时又保持了与中国 1992 年投入产出表一级分类水平上的基本可比性。中国 1997 年投入产出表的规模为 124 个产品部门，比 1992 年增加了 5 个部门。需要指出的是，这是在我国新国民经济行业分类的基础上，根据 1997 年投入产出表的部门分类原则加以确定的，而不是在 1992 年投入产出表部门分类基础上的一种简单的增减变化。在这124个部门中，农业5个部门；工业84个部门，其中：采掘业8个部门，制造业72个部门，废品废料1个部门，电力、煤气和水的生产供应业3个部门；建筑业1个部门；运输业由于按物质和非物质分组共有10个部门；仓储业1个部门；邮电业2个部门；商业、饮食业2个部门，其他服务业19个部门。

中国1997年投入产出表是国家统计局正式编制的第五张投入产出表，前四张表分别是1987年表、1990年表、1992年表和1995年表。为了便于读者了解投入产出表的基本构架，更好地利用它分析国民经济运行态势，现对投入产出表作一简要的介绍。

投入产出表也称部门联系平衡表或产业关联表，它是根据国民经济各部门生产中的投入来源和使用去向纵横交叉组成的一张棋盘式平衡表，是中国新国民经济核算体系的重要组成部分。它可以用来揭示部门间经济技术的相互依存、相互制约的数量关系。

投入产出表由三部分组成，我们称为第I、II、III象限。

第I象限是由名称相同、排列次序相同、数目一致的若干个产品部门纵横交叉而成的中间产品矩阵，其主栏为中间投入，宾栏为中间使用。矩阵中的每个数字都具有双重含义：从横行的方向反映产出部门的产品或服务提供给各投入部门作为中间使用的数量；从纵列的方向反映投入部门在生产过程中消耗各产出部门的产品或服务的数量。这一部分充分揭示了国民经济各部门之间相互依存、相互制约的技术经济联系，反映了国民经济各部门之间相互依赖、相互提供劳动对象以供生产和消耗的过程，是投入产出表的核心。

第II象限是第I象限在水平方向上的延伸，主栏和第I象限的部门分组相同；宾栏是最终消费、资本形成总额、净出口等各种最终使用。这一部分反映各生产部门的产品或服务用于各种最终使用的数量和构成。第II象限描述了已退出或暂时退出本期生产的产品和服务的过程，体现了国内生产总值经过分配和再分配后的最终使用。

第I象限和第II象限组成的横表，反映国民经济各部门的产品或服务的使用去向，即各部门的中间使用和最终使用数量。

第III象限是第I象限在垂直方向上的延伸，主栏包括固定资产折旧、劳动者报酬、生产税净额、营业盈余等各种最初投入；宾栏的部门分组与第I象限相同。这一部分反映各产品部门的增加值（即最初投入）的构成情况，体现了国内生产总值的初次分配。

第I象限和第III象限组成的竖表，反映国民经济各部门在生产经营活动中的各种投入来源及产品价值构成，即各部门的中间投入和增加值的数量。

投入产出表三大部分相互连接，从总量和结构上全面、系统地反映国民经济各部门从生产到最终使用这一完整的实物运动过程中的密切联系。

三、资金流量表

本篇所列1992年至1996年中国资金流量表，是对1998年本年鉴中正式公布的1992年至1995年中国资金流量表的一种修订和延伸，是由国家统计局国民经济核算司和中国人民银行调查统计司共同编制的。这是第二次正式公布。

我国资金流量表表式与国际上通用的表式相似，是机构部门×交易项目的矩阵表式。主栏为交易项目，主要反映分配方式和融资工具；宾栏按机构部门分类。机构部门分类是根据机构单位具有的基本特征所进行的部门分类。资金流量表把参与资金活动的主体分为非金融企业、金融机构、一般政府、住户和国外五个部门。每一部门下设资金来源与资金运用两栏。现行的资金流量表分为两大部分，上半部分为实物交易部分，由国家统计局国民经济核算司编制；下半部分为金融交易部分，由中国人民银行调查统计司编制。

资金流量表的实物交易部分采用宏观资料分解法编制。基本思路是：在国民核算的基础上，充分利用现有专业统计及财政、金融、税务、外汇收支、工商等经济部门统计资料、专业调查资料，进行整理、分解、调整、审核，尔后进行组装与平衡。

资金流量表金融交易部分的资料主要是以银行、非银行金融机构的会计报表为基础，辅之以典型调查、推算来编制。主要借助于以下资料：各金融机构的会计业务状况表、信贷收支统计表、损益表、利润分配表、对外业务统计表、有价证券的发行与转让、国际收支平衡表及货币流通量统计等。

四、国际收支平衡表（国际收支概况）

本篇所列国际收支平衡表（国际收支概况）由国家外汇管理局国际收支司编制。

我国自1980年开始着手建立国际收支统计制度。其概念、原则和框架取自于国际货币基金组织编写的《国际收支手册》第四版，同时也根据我国当时实行计划经济的实际情况作了适当调整。编制国际收支平衡表所需的资料主要来源于原有的各个专业部委的有关业务统计，国家外汇管理局不再作专门的调查。这一制度实行了18年，基本上反映了我国的国际收支状况。但是，随着经济的发展，原有的国际收支统计制度也逐渐显露出其缺陷。具体表现为：原有的国际收支统计制度与新的国际收支统计标准，即《国际收支手册》第五版不衔接；原有的国际收支统计制度还保留了一定的计划经济时期的特色，与现行的社会主义市场经济体制不相适应；原有的国际收支统计资料来源缺口较大，导致国际收支表误差与遗漏过大。为此，国家外汇管理局对原有的国际收支统计制度进行了重大改革：一是引入了新的数据采集方法，即采用了交易主体申报制，将直接申报与间接申报、逐笔申报与定期申报有机地结合起来，并在1996年1月1日实施了《国际收支统计申报办法》；二是自1997年开始，我国采纳国际货币基金组织编写的《国际收支统计手册》（第五版），并按其要求编制国际收支平衡表。

BRIEF INTRODUCTION

Statistics on national accounts include mainly four components, namely, gross domestic product, input-output table, flow of fund table and balance of payment.

I. Gross Domestic Product

The data on GDP and its industrial composition are calculated by the Department of National Economic Accounting, National Bureau of Statistics (NBS) with various approaches in the light of the features of various sectors and the data sources. The value added in some sectors is calculated with the production approach. The value added in other sectors is calculated with the income approach. Finally, the GDP is the result of the sum of the value added of various sectors. This is the standard data of GDP. The GDP calculated with the expenditure approach equals to the sum of final consumption, total capital formation and the net export of goods and services. However, the GDP data obtained with expenditure approach is not equal to the standard data of GDP calculated with the method mentioned above. The difference between the two figures is called statistical discrepancy. To avoid confusion in use the concerned indicators, the following names of the indicators are stipulated by the Department of National Economic Accounting, NBS: (1) The GDP calculated with the production approach and the income approach is simply called GDP; (2) The index of GDP calculated with the production approach and the income approach is simply called the index of GDP; (3) The GDP calculated by expenditure approach is called GDP calculated with expenditure approach. The gross national product can be calculated as the sum of the standard data of GDP and the net factor income from abroad.

The data on the national accounts of the latest year published in this statistical yearbook are not final and are subject to changes. When it happens to be a census year, the data of GDP of the past years may also be revised. In 1995, the GDP figures of the past years were adjusted in accordance with the result of the first tertiary industry census. The data published in this yearbook are the adjusted data. The regional data in the table are prepared according to the data of national accounts provided by the statistical bureaus of the provinces, autonomous regions and municipalities directly under the central government. The sum of the regional data is not equal to the national total.

II. Input-output Table

The 1997 Input-output Table of China included in this chapter is compiled by the Department of National Accounts of the National Bureau of Statistics. Expressed in value terms at current prices, the 1997 Input-output Table of China still takes the metric form of product-by-product sectors as was in the 1992 Input-output table (please refer to the condensed table of 17×17 sectors). Features and changes of the 1997 input-output table is summarized as follows.

1) In terms of the layout of the table, the 1997 Input-output Table of China has maintained the division of material production sectors vs. non-material production sectors, in order to facilitate the conversion of national accounts statistics compiled under the old and the new accounting system and to keep the comparability of time series of input-output data.

2) In terms of indicators selected for the table, nomenclature and concepts of indicators in the 1997 input-output Table of China were revised and standardized in the light of the requirements of the national accounts system, in order to ensure the internal consistency of the Chinese national accounts system. For instance, "government consumption" is used to replace "social consumption", and "final consumption" is used to replace "aggregate consumption". Names of industries and sectors are kept consistent with corresponding nomenclature in the new national accounts system of China. As a result, the layout of the Table is standardized and various components of the national accounts system become more harmonized and coordinated.

3) In terms of the size of the table, the size and classification of the 1997 Input-output Table is designed in line with the new industrial classification of China Industrial Classification and Codes of the National Economy, GB/T4754－94 , in order to meet the needs of China's economic development and the macroeconomic analysis. It is, on the one hand, fully compatible with the current accounting and statistics coverage, and on the other hand, basically comparable with the main category classification of the 1992 Input-output Table. The 1997 Input-output Table has 124 industries, or 5 industries

more than the 1992 table. It is worth mentioning that the industries are designed in line with the principles of the industrial classification of the 1997 Input-output Table, rather than a simple change in the number of industries out from the 1992 Input-output Table. Among the 124 industries, there are 5 industries for agriculture, 8 industries for mining and quarrying, 72 industries for manufacturing, 1 industry for wastes and residuals, 3 industries for the production and supply of power, gas and water, 1 industries for construction, 10 industries for the material and non-material sectors of transportation, 1 industry for storage, 2 industries for post and telecommunications, 2 industries for trade and catering service, and 19 industries for other services.

The 1997 Input-output Table of China is the fifth input-output table compiled by the National Bureau of Statistics, the four preceding ones being the input-output tables of 1987, 1990, 1992 and 1995. To facilitate readers in understanding the basic framework of the input-output table in order to make better use of it for the analysis of the performance of the national economy, a brief introduction of the input-output table is given in the following paragraphs.

Reflecting the sources of the input into, and the utilization of the output from production by various industries of the national economy, the input-output table constitutes an important part of the new national economic accounting system of China. It is used to reveal, in quantitative terms, the inter-related and mutually dependent economic and technological relations between industries.

The input-output table consists of three parts, normally called Quadrant I, Quadrant II and Quadrant III.

Quadrant I is composed of a matrix of intermediate products with identical names and order in rows and columns. The rows represent the intermediate input, while the columns represent intermediate uses. Figures in each cell has double meaning: vertically it represents the amount of product or service that the industry in question produces for each input industry as intermediate use, and horizontally it represents the volume of goods or services that the industry consumes in the production process. It is core of the input-output table that adequately reflects the inter-related and mutually dependent economic and technological relations between different industries of the national economy.

Quadrant II is the vertical extension of Quadrant I. It has the same row headings with Quadrant I, and its column headings consist of various components of final use such as final consumption, gross capital formation and net exports. This part of the input-output table describes the quantity and structure of goods and services produced by different industries that are allocated to final uses, representing the distribution and redistribution of the gross national product beyond the production process.

Quadrant I and Quadrant II together represent the uses of goods and services produced by industries, i.e. the quantity of intermediate use and final use.

Quadrant III is the horizontal extension of Quadrant I. It has the same column headings with Quadrant I and its row headings consists of primary input such as depreciation of fixed capital, compensation of labour, net taxes of production and operating surplus. This part of the input-output table illustrates the composition of value-added (i.e. the primary input) of various industries, representing the primary distribution of the gross national product).

Quadrant I and Quadrant III together represent the source of input of industries in the production process and the value component of their products, i.e. the quantity of intermediate input and value-added.

Inter-connected with each other, the 3 quadrants of the input-output table comprehensively and systematically reflect the relations (both the aggregate and the structure) between different industries from production to final use.

III. Flow of Fund Table

Published for the second time, the flow of fund tables of China for the years 1992 – 1996 in this chapter are results of revision and extension of the flow of fund tables for years 1992 – 1995 as published in the 1998 edition of Statistical Yearbook of China. They were compiled jointly by the National Accounts Department of the National Bureau of Statistics and the Survey and Statistics Department of the People's Bank of China.

Similar to internationally accepted format, the flow of fund table of China constitutes a matrix of institutional sectors by transactions. Items of transactions are expressed as row headings representing forms of distribution and methods of financing. Institutional sectors are shown as column headings, grouped by the characteristics of the transactors. There are 5 groups of institutional sectors in the flow of fund table, namely, non-financial corporations, financial institutions, general governments, households, and the rest of the world. Under each sector there are 2 headings: source of fund and utilization of fund. The current flow of fund table is composed of two parts: the first part is the physical (real) transaction compiled by the National Accounts Department of the National Bureau of Statistics, and second part is the financial transactions compiled by the Survey and Statistics Department of the People's Bank of China.

The physical (real) transaction part of the table is compiled by disaggregating macroeconomic data. On the basis of the national accounts, statistics collected by the National Bureau of Statistics on various subject areas are used in conjunction with available statistics on public finance, banking, taxes, foreign exchanges and business administration, and with data from special surveys. The process involves tabulation, disaggregation, adjustment, verification and consolidation of data from different sources.

The financial transaction part of the table is compiled mainly using accounting data of banks and other financial institutions, supplemented by special surveys and estimation. Data used include accounting and business reports of financial institutions, statistics on credits and loans, profits and losses statements, profits distribution reports, statistics on the financial transactions with the rest of the world, statistics on the issue and transfer of securities, balance of payment statistics, statistics on the circulation of currencies, etc.

IV. Balance of Payment Table

The balance of payment table in this chapter was compiled by the Balance of Payment Department of the State Administration of Foreign Exchanges.

Efforts on establishing China's balance of payment statistics started in 1980. The concepts, principles and framework of statistics on balance of payment were mainly taken from the 4th edition of the Manual on Balance of Payment by the International Monetary Fund (IMF), with certain modifications that took into consideration of the planned economic system prevailing at that time in China. Data required for the compilation of balance of payment statistics mainly came from statistics of different ministries concerned, without taking special surveys. In existence for 18 years, this system of could reflect the basic situation of balance of payment in China. However, shortcomings of the system became more and more evident along with the development of the economic system in China. For instance, the old system is inconsistent with the criteria of the new balance of payment statistics as are set in the 5th edition of the Manual on Balance of Payment, and it maintained some characters of a planned economy, which could not meet the requirements of the current socialist market economic system. In addition, the gap in the sources of data has led to large errors and omission of the figures in the balance of payment statistics. Therefore, the State Administration of Foreign Exchanges initiated important changes to the old system of balance of payment statistics. Firstly, new data collection approach was introduced featuring the reporting of transactors. This new approach, embodied in the Reporting System for Balance of Payment Statistics which became effective from 1 January 1996, integrates direct reporting with indirect reporting, and case-by-case reporting with regular reporting. Secondly, the methodology and standards in the 5th edition of the Manual on Balance of Payment were fully adopted in compiling balance of payment statistics since 1997.

3-1 国内生产总值

GROSS DOMESTIC PRODUCT

本表按当年价格计算。

Data in value terms in this table are calculated at current prices.

单位：亿元 (100 million yuan)

年 份 Year	国民生产总值 Gross National Product	国内生产总值 Gross Domestic Product	第一产业 Primary Industry	第二产业 Secondary Industry	工业 Industry	建筑业 Construction	第三产业 Tertiary Industry	交通运输仓储邮电通信业 Transportation, Post and Telecommunications	#批发和零售贸易餐饮业 Wholesale, Retail & Catering Trade	人均国内生产总值（元） Per Capita GDP (yuan)
1952	679.0	679.0	342.9	141.8	119.8	22.0	194.3	29.0	80.3	119
1953	824.0	824.0	378.0	192.5	163.5	29.0	253.5	35.0	115.5	142
1954	859.0	859.0	392.0	211.7	184.7	27.0	255.3	38.0	120.3	144
1955	910.0	910.0	421.0	222.2	191.2	31.0	266.8	39.0	119.8	150
1956	1028.0	1028.0	443.9	280.7	224.7	56.0	303.4	46.0	131.4	165
1957	1068.0	1068.0	430.0	317.0	271.0	46.0	321.0	49.0	133.0	168
1958	1307.0	1307.0	445.9	483.5	414.5	69.0	377.6	71.0	136.6	200
1959	1439.0	1439.0	383.8	615.5	538.5	77.0	439.7	94.0	145.7	216
1960	1457.0	1457.0	340.7	648.2	568.2	80.0	468.1	104.0	133.1	218
1961	1220.0	1220.0	441.1	388.9	362.1	26.8	390.0	69.2	110.8	185
1962	1149.3	1149.3	453.1	359.3	325.4	33.9	336.9	57.4	80.5	173
1963	1233.3	1233.3	497.5	407.6	365.6	42.0	328.2	55.0	76.1	181
1964	1454.0	1454.0	559.0	513.5	461.1	52.4	381.5	58.4	94.0	208
1965	1716.1	1716.1	651.1	602.2	546.5	55.7	462.8	77.4	118.3	240
1966	1868.0	1868.0	702.2	709.5	648.6	60.9	456.3	85.1	148.1	254
1967	1773.9	1773.9	714.2	602.8	544.9	57.9	456.9	72.3	153.5	235
1968	1723.1	1723.1	726.3	537.3	490.3	47.0	459.5	70.5	138.9	222
1969	1937.9	1937.9	736.2	689.1	626.1	63.0	512.6	84.9	163.6	243
1970	2252.7	2252.7	793.3	912.2	828.1	84.1	547.2	100.2	178.1	275
1971	2426.4	2426.4	826.3	1022.8	926.6	96.2	577.3	108.4	178.3	288
1972	2518.1	2518.1	827.4	1084.2	989.9	94.3	606.5	118.0	194.3	292
1973	2720.9	2720.9	907.5	1173.0	1072.5	100.5	640.4	125.5	211.0	309
1974	2789.9	2789.9	945.2	1192.0	1083.6	108.4	652.7	126.1	206.6	310
1975	2997.3	2997.3	971.1	1370.5	1244.9	125.6	655.7	141.6	175.8	327
1976	2943.7	2943.7	967.0	1337.2	1204.6	132.6	639.5	139.6	147.2	316
1977	3201.9	3201.9	942.1	1509.1	1372.4	136.7	750.7	156.9	213.8	339
1978	3624.1	3624.1	1018.4	1745.2	1607.0	138.2	860.5	172.8	265.5	379
1979	4038.2	4038.2	1258.9	1913.5	1769.7	143.8	865.8	184.2	220.2	417
1980	4517.8	4517.8	1359.4	2192.0	1996.5	195.5	966.4	205.0	213.6	460
1981	4860.3	4862.4	1545.6	2255.5	2048.4	207.1	1061.3	211.1	255.7	489
1982	5301.8	5294.7	1761.6	2383.0	2162.3	220.7	1150.1	236.7	198.6	525
1983	5957.4	5934.5	1960.8	2646.2	2375.6	270.6	1327.5	264.9	231.4	580
1984	7206.7	7171.0	2295.5	3105.7	2789.0	316.7	1769.8	327.1	412.4	692
1985	8989.1	8964.4	2541.6	3866.6	3448.7	417.9	2556.2	406.9	878.4	853
1986	10201.4	10202.2	2763.9	4492.7	3967.0	525.7	2945.6	475.6	943.2	956
1987	11954.5	11962.5	3204.3	5251.6	4585.8	665.8	3506.6	544.9	1159.3	1104
1988	14922.3	14928.3	3831.0	6587.2	5777.2	810.0	4510.1	661.0	1618.0	1355
1989	16917.8	16909.2	4228.0	7278.0	6484.0	794.0	5403.2	786.0	1687.0	1512
1990	18598.4	18547.9	5017.0	7717.4	6858.0	859.4	5813.5	1147.5	1419.7	1634
1991	21662.5	21617.8	5288.6	9102.2	8087.1	1015.1	7227.0	1409.7	2087.0	1879
1992	26651.9	26638.1	5800.0	11699.5	10284.5	1415.0	9138.6	1681.8	2735.0	2287
1993	34560.5	34634.4	6882.1	16428.5	14143.8	2284.7	11323.8	2123.2	3090.7	2939
1994	46670.0	46759.4	9457.2	22372.2	19359.6	3012.6	14930.0	2685.9	4050.4	3923
1995	57494.9	58478.1	11993.0	28537.9	24718.3	3819.6	17947.2	3054.7	4932.3	4854
1996	66850.5	67884.6	13844.2	33612.9	29082.6	4530.5	20427.5	3494.0	5560.3	5576
1997	73142.7	74462.6	14211.2	37222.7	32412.1	4810.6	23028.7	3797.2	6159.9	6053
1998	78017.8	79395.7	14599.6	38691.8	33429.8	5262.0	26104.3	5029.3	6609.6	6392

注：1980 年以后一、二、三产业之和与国民生产总值的差额为国外净要素收入。

a) Since 1980, the difference between the total of primary, secondary & tertiary industries and the gross national product has been the net factor income from abroad.

3-2 国内生产总值构成
COMPOSITION OF GROSS DOMESTIC PRODUCT

本表按当年价格计算。

Data in value terms in this table are calculated at current prices.

单位：% (%)

年份 Year	国内生产总值 Gross Domestic Product	第一产业 Primary Industry	第二产业 Secondary Industry	工业 Industry	建筑业 Construction	第三产业 Tertiary Industry	#交通运输仓储邮电通信业 Transportation, Post and Telecommunications	#批发和零售贸易餐饮业 Wholesale, Retail & Catering Trade
1952	100.0	50.5	20.9	17.6	3.2	28.6	4.3	11.8
1953	100.0	45.9	23.4	19.8	3.5	30.8	4.2	14.0
1954	100.0	45.6	24.6	21.5	3.1	29.7	4.4	14.0
1955	100.0	46.3	24.4	21.0	3.4	29.3	4.3	13.2
1956	100.0	43.2	27.3	21.9	5.4	29.5	4.5	12.8
1957	100.0	40.3	29.7	25.4	4.3	30.1	4.6	12.5
1958	100.0	34.1	37.0	31.7	5.3	28.9	5.4	10.5
1959	100.0	26.7	42.8	37.4	5.4	30.6	6.5	10.1
1960	100.0	23.4	44.5	39.0	5.5	32.1	7.1	9.1
1961	100.0	36.2	31.9	29.7	2.2	32.0	5.7	9.1
1962	100.0	39.4	31.3	28.3	2.9	29.3	5.0	7.0
1963	100.0	40.3	33.0	29.6	3.4	26.6	4.5	6.2
1964	100.0	38.4	35.3	31.7	3.6	26.2	4.0	6.5
1965	100.0	37.9	35.1	31.8	3.2	27.0	4.5	6.9
1966	100.0	37.6	38.0	34.7	3.3	24.4	4.6	7.9
1967	100.0	40.3	34.0	30.7	3.3	25.8	4.1	8.7
1968	100.0	42.2	31.2	28.5	2.7	26.7	4.1	8.1
1969	100.0	38.0	35.6	32.3	3.3	26.5	4.4	8.4
1970	100.0	35.2	40.5	36.8	3.7	24.3	4.4	7.9
1971	100.0	34.1	42.2	38.2	4.0	23.8	4.5	7.3
1972	100.0	32.9	43.1	39.3	3.7	24.1	4.7	7.7
1973	100.0	33.4	43.1	39.4	3.7	23.5	4.6	7.8
1974	100.0	33.9	42.7	38.8	3.9	23.4	4.5	7.4
1975	100.0	32.4	45.7	41.5	4.2	21.9	4.7	5.9
1976	100.0	32.8	45.4	40.9	4.5	21.7	4.7	5.0
1977	100.0	29.4	47.1	42.9	4.3	23.4	4.9	6.7
1978	100.0	28.1	48.2	44.3	3.8	23.7	4.8	7.3
1979	100.0	31.2	47.4	43.8	3.6	21.4	4.6	5.5
1980	100.0	30.1	48.5	44.2	4.3	21.4	4.5	4.7
1981	100.0	31.8	46.4	42.1	4.3	21.8	4.3	5.3
1982	100.0	33.3	45.0	40.8	4.2	21.7	4.5	3.8
1983	100.0	33.0	44.6	40.0	4.6	22.4	4.5	3.9
1984	100.0	32.0	43.3	38.9	4.4	24.7	4.6	5.8
1985	100.0	28.4	43.1	38.5	4.7	28.5	4.5	9.8
1986	100.0	27.1	44.0	38.9	5.2	28.9	4.7	9.2
1987	100.0	26.8	43.9	38.3	5.6	29.3	4.6	9.7
1988	100.0	25.7	44.1	38.7	5.4	30.2	4.4	10.8
1989	100.0	25.0	43.0	38.3	4.7	32.0	4.6	10.0
1990	100.0	27.1	41.6	37.0	4.6	31.3	6.2	7.7
1991	100.0	24.5	42.1	37.4	4.7	33.4	6.5	9.7
1992	100.0	21.8	43.9	38.6	5.3	34.3	6.3	10.3
1993	100.0	19.9	47.4	40.8	6.6	32.7	6.1	8.9
1994	100.0	20.2	47.9	41.4	6.4	31.9	5.7	8.7
1995	100.0	20.5	48.8	42.3	6.5	30.7	5.2	8.4
1996	100.0	20.4	49.5	42.8	6.7	30.1	5.1	8.2
1997	100.0	19.1	50.0	43.5	6.5	30.9	5.1	8.3
1998	100.0	18.4	48.7	42.1	6.6	32.9	6.3	8.3

3-3 国内生产总值指数

INDICES OF GROSS DOMESTIC PRODUCT

本表按可比价格计算。

The indices in this table are calculated at comparable prices.

（上年＝100） (preceding year＝100)

年 份 Year	国民生产总值 Gross National Product	国内生产总值 Gross Domestic Product	第一产业 Primary Industry	第二产业 Secondary Industry	工 业 Industry	建筑业 Construction	第三产业 Tertiary Industry	#交通运输仓储邮电通信业 Transportation, Post and Telecommunications	#批发和零售贸易餐饮业 Wholesale, Retail & Catering Trade	人均国内生产总值 Per Capita GDP
1953	115.6	115.6	101.9	135.8	135.7	136.4	127.3	124.1	138.0	113.1
1954	104.2	104.2	101.7	115.7	119.3	96.7	99.4	110.8	101.8	101.8
1955	106.8	106.8	107.9	107.6	106.6	113.8	104.6	102.5	99.9	104.5
1956	115.0	115.0	104.7	134.5	128.6	170.0	114.1	121.8	108.5	112.7
1957	105.1	105.1	103.1	108.0	111.4	92.9	104.8	107.2	98.9	102.4
1958	121.3	121.3	100.4	152.9	153.4	150.0	117.9	146.7	103.6	118.3
1959	108.8	108.8	84.1	125.8	129.1	105.7	115.2	131.0	105.9	106.7
1960	99.7	99.7	83.6	105.6	106.1	101.4	104.8	110.4	91.2	99.5
1961	72.7	72.7	101.4	57.9	61.0	34.6	74.3	65.0	73.0	73.4
1962	94.4	94.4	104.5	89.2	86.7	123.8	90.8	81.1	96.0	93.6
1963	110.2	110.2	111.3	114.5	113.3	125.9	104.4	98.4	108.2	107.5
1964	118.3	118.3	112.9	125.6	125.6	125.6	115.5	105.4	113.2	115.5
1965	117.0	117.0	109.7	124.2	125.8	110.6	115.8	134.5	99.5	114.3
1966	110.7	110.7	107.2	122.4	123.8	109.4	98.2	110.3	120.4	107.7
1967	94.3	94.3	101.9	85.7	84.9	95.0	100.5	86.0	104.1	91.9
1968	95.9	95.9	98.4	90.8	91.8	81.1	100.6	97.7	90.7	93.4
1969	116.9	116.9	100.8	133.1	133.0	134.5	113.3	122.7	119.2	113.7
1970	119.4	119.4	107.7	134.8	135.2	130.4	107.1	116.8	109.4	116.1
1971	107.0	107.0	101.9	112.3	112.3	112.1	105.8	108.3	99.9	104.1
1972	103.8	103.8	99.1	106.7	107.6	97.9	105.0	109.6	108.8	101.2
1973	107.9	107.9	109.0	108.3	108.8	103.4	105.5	106.3	109.0	105.4
1974	102.3	102.3	104.1	101.4	101.0	106.2	101.6	100.3	98.0	100.2
1975	108.7	108.7	102.0	115.8	116.0	113.8	104.9	111.4	99.9	106.8
1976	98.4	98.4	98.2	97.5	96.9	104.3	100.4	98.4	96.3	96.9
1977	107.6	107.6	97.8	113.3	114.4	101.7	109.5	112.6	113.4	106.2
1978	111.7	111.7	104.1	115.0	116.4	99.4	113.7	108.9	123.1	110.2
1979	107.6	107.6	106.1	108.2	108.7	102.0	107.8	107.7	108.8	106.1
1980	107.8	107.8	98.5	113.6	112.7	126.7	105.9	105.7	98.7	106.5
1981	105.2	105.2	107.0	101.9	101.7	103.2	110.4	101.9	130.0	103.9
1982	109.3	109.1	111.5	105.6	105.8	103.4	113.0	111.7	103.9	107.5
1983	111.1	110.9	108.3	110.4	109.7	117.1	115.2	110.0	121.9	109.3
1984	115.3	115.2	112.9	114.5	114.9	110.9	119.4	115.0	121.5	113.7
1985	113.2	113.5	101.8	118.6	118.2	122.2	118.3	113.5	128.9	111.9
1986	108.5	108.8	103.3	110.2	109.6	115.9	112.1	112.8	110.6	107.2
1987	111.5	111.6	104.7	113.7	113.2	117.9	114.4	110.0	113.5	109.8
1988	111.3	111.3	102.5	114.5	115.3	108.0	113.2	113.3	114.3	109.5
1989	104.2	104.1	103.1	103.8	105.1	91.6	105.4	104.7	91.7	102.5
1990	104.2	103.8	107.3	103.2	103.4	101.2	102.3	108.6	95.2	102.3
1991	109.1	109.2	102.4	113.9	114.4	109.6	108.8	111.2	104.5	107.7
1992	114.1	114.2	104.7	121.2	121.2	121.0	112.4	110.5	113.1	112.8
1993	113.1	113.5	104.7	119.9	120.1	118.0	110.7	112.4	106.6	112.2
1994	112.6	112.6	104.0	118.4	118.9	113.7	109.6	109.5	107.7	111.4
1995	109.0	110.5	105.0	113.9	114.0	112.4	108.4	112.0	105.9	109.3
1996	109.8	109.6	105.1	112.1	112.5	108.5	107.9	111.4	105.4	108.4
1997	108.5	108.8	103.5	110.5	111.3	102.6	109.1	110.8	108.5	107.7
1998	107.8	107.8	103.5	109.2	108.9	111.8	107.6	108.0	107.7	106.7

3-4 国内生产总值指数

INDICES OF GROSS DOMESTIC PRODUCT

本表按可比价格计算。

The indices in this table are calculated at comparable prices.

(1978 年=100)　　(1978=100)

年份 Year	国民生产总值 Gross National Product	国内生产总值 Gross Domestic Product	第一产业 Primary Industry	第二产业 Secondary Industry	工业 Industry	建筑业 Construction	第三产业 Tertiary Industry	#交通运输仓储邮电通信业 Transportation, Post and Telecommunications	#批发和零售贸易餐饮业 Wholesale, Retail & Catering Trade	人均国内生产总值 Per Capita GDP
1978	100.0	100.0	100.0	100.0	100	100	100.0	100.0	100.0	100.0
1979	107.6	107.6	106.1	108.2	108.7	102.0	107.8	107.7	108.8	106.1
1980	116.0	116.0	104.6	122.9	122.4	129.2	114.2	113.8	107.4	113.0
1981	122.0	122.1	111.9	125.2	124.5	133.3	126.2	116.0	139.6	117.5
1982	133.3	133.1	124.8	132.1	131.7	137.9	142.6	129.5	145.1	126.2
1983	148.2	147.6	135.1	145.8	144.5	161.4	164.3	142.5	176.8	137.9
1984	170.9	170.0	152.6	166.9	166.0	179.0	196.1	163.8	214.8	156.8
1985	193.5	192.9	155.4	197.9	196.2	218.7	231.9	185.9	276.8	175.5
1986	209.9	210.0	160.5	218.2	215.2	253.4	260.0	209.7	306.1	188.2
1987	234.1	234.3	168.1	248.1	243.6	298.7	297.4	230.7	347.3	206.6
1988	260.5	260.7	172.3	284.1	280.8	322.5	336.7	261.5	396.9	226.3
1989	271.5	271.3	177.6	294.8	295.0	295.3	354.8	273.8	363.8	231.9
1990	283.0	281.7	190.7	304.1	304.9	298.8	363.0	297.2	346.5	237.3
1991	308.8	307.6	195.2	346.3	348.8	327.4	395.0	330.5	362.1	255.6
1992	352.2	351.4	204.4	419.5	422.6	396.2	444.0	365.2	409.4	288.4
1993	398.4	398.8	214.0	502.8	507.5	467.5	491.3	410.5	436.4	323.6
1994	448.7	449.3	222.6	595.2	603.5	531.5	538.3	449.5	469.9	360.4
1995	489.1	496.5	233.7	677.7	688.2	597.4	583.4	503.4	497.6	394.0
1996	536.8	544.1	245.6	759.8	774.3	648.2	629.4	561.1	524.3	427.1
1997	582.4	592.0	254.2	839.6	861.8	665.1	686.7	621.7	568.9	460.0
1998	627.8	638.2	263.1	916.8	938.5	743.6	738.9	671.4	612.7	490.8

3-5 第三产业增加值

VALUE-ADDED OF THE TERTIARY INDUSTRY

本表按当年价格计算。

Data in value terms in this table are calculated at current prices.

单位：亿元 (100 million yuan)

行 业	Sector	1991	1992	1993	1994	1995	1996	1997
总　计	**Total**	**7227.0**	**9138.6**	**11323.8**	**14930.0**	**17947.2**	**20427.5**	**23028.7**
农、林、牧、渔服务业	Farming, Forestry, Animal Husbandry and Fishery	53.6	66.6	76.5	101.3	115.8	129.6	177.3
地质勘查业水利管理业	Geological Prospecting and Water Conservancy	76.8	98.0	134.5	191.2	253.3	280.2	302.3
交通运输、仓储及邮电通信业	Transport, Storage, Post and Telecommunications	1409.7	1681.8	2123.2	2685.9	3054.7	3494	3797.2
交通运输和仓储业	Transport and Storage	1261.7	1488.0	1823.5	2204.3	2378.0	2626.6	2689.6
邮电通信业	Post and Telecommunications	148.0	193.8	299.7	481.6	676.7	867.4	1107.6
批发和零售贸易餐饮业	Wholesale and Retail Trade and Catering Services	2087.0	2735.0	3090.7	4050.4	4932.3	5560.3	6159.9
金融、保险业	Banking and Insurance	1288.1	1601.0	2057.0	2767.2	3482.8	4017.4	4534.6
房地产业	Real Estate	368.2	521.1	640.7	870.3	1058.6	1149.3	1258.8
社会服务业	Social Services	447.3	599.7	899.2	1200.5	1546.4	1717.7	2177.9
卫生体育和社会福利业	Health Care, Sports and Social Welfare	215.2	264.0	333.7	433.8	483.2	564.2	617.1
教育、文化艺术和广播电影电视业	Education, Culture and Arts, Radio, Film and Television	454.9	547.7	709.9	977.6	1124.5	1354.9	1573.2
科学研究和综合技术服务业	Scientific Research and Polytechnical Services	97.5	125.0	151.8	213.4	277.1	335.7	434.1
国家机关、政党机关和社会团体	Government Agencies, Parties and Social Organizations	662.1	809.7	986.4	1279.1	1438.0	1615.3	1763.9
其他行业	Others	66.6	89.0	120.2	159.3	180.5	208.9	232.4

3-6 第三产业增加值构成

COMPOSITION OF VALUE-ADDED OF THE TERTIARY INDUSTRY

本表按当年价格计算。

Data in value terms in this table are calculated at current prices.

单位：% (%)

行业	Sector	1991	1992	1993	1994	1995	1996	1997
总计	**Total**	**100.0**	**100.0**	**100.0**	**100.0**	**100.0**	**100.0**	**100.0**
农、林、牧、渔服务业	Farming, Forestry, Animal Husbandry and Fishery	0.7	0.7	0.7	0.7	0.6	0.6	0.8
地质勘查业水利管理业	Geological Prospecting and Water Conservancy	1.1	1.1	1.2	1.3	1.4	1.4	1.3
交通运输、仓储及邮电通信业	Transport, Storage, Post and Telecommunications	19.5	18.4	18.7	18.0	17.0	17.1	16.5
交通运输和仓储业	Transport and Storage	17.5	16.3	16.1	14.8	13.2	12.9	11.7
邮电通信业	Post and Telecommunications	2.0	2.1	2.6	3.2	3.8	4.2	4.8
批发和零售贸易餐饮业	Wholesale and Retail Trade and Catering Services	28.9	29.9	27.3	27.1	27.5	27.2	26.7
金融、保险业	Banking and Insurance	17.8	17.5	18.2	18.5	19.4	19.7	19.7
房地产业	Real Estate Trade	5.1	5.7	5.7	5.8	5.9	5.6	5.5
社会服务业	Social Services	6.2	6.6	7.9	8.0	8.6	8.4	9.5
卫生体育和社会福利业	Health Care, Sports and Social Welfare	3.0	2.9	2.9	2.9	2.7	2.8	2.7
教育、文化艺术和广播电影电视业	Education, Culture and Arts, Radio, Film and Television	6.3	6.0	6.3	6.5	6.3	6.6	6.8
科学研究和综合技术服务业	Scientific Research and Polytechnical Services	1.3	1.4	1.3	1.4	1.5	1.6	1.9
国家机关、政党机关和社会团体	Government Agencies, Parties and Social Organizations	9.2	8.9	8.7	8.6	8.0	7.9	7.7
其他行业	Others	0.9	1.0	1.1	1.1	1.0	1.0	1.0

3-7 第三产业增加值指数

INDICES OF VALUE-ADDED OF THE TERTIARY INDUSTRY

本表按可比价格计算。

The indices in this table are calculated at comparable prices.

（上年＝100） (preceding year＝100)

行业	Sector	1991	1992	1993	1994	1995	1996	1997
总　计	**Total**	**108.8**	**112.4**	**110.7**	**109.6**	**108.4**	**107.9**	**109.1**
农、林、牧、渔服务业	Farming, Forestry, Animal Husbandry and Fishery	110.7	110.4	102.2	110.3	108.7	105.8	132.5
地质勘查业水利管理业	Geological Prospecting and Water Conservancy	110.9	115.1	111.2	116.3	105.4	105.1	104.3
交通运输、仓储及邮电通信业	Transport, Storage, Post and Telecommunications	111.2	110.5	112.4	109.5	112.1	111.4	110.8
交通运输和仓储业	Transport and Storage	108.6	107.9	105.9	107.1	105.0	103.8	105.3
邮电通信业	Post and Telecommunications	135.5	130.3	153.3	120.1	139.0	134.1	123.1
批发和零售贸易餐饮业	Wholesale and Retail Trade and Catering Services	104.5	113.1	106.6	107.7	105.9	105.4	108.5
金融、保险业	Banking and Insurance	102.3	108.0	110.9	109.4	108.5	107.5	108.5
房地产业	Real Estate	112.0	134.7	110.8	112.0	112.4	104.0	104.1
社会服务业	Social Services	126.8	119.3	118.9	108.3	105.8	105.0	107.9
卫生体育和社会福利业	Health Care, Sports and Social Welfare	114.9	109.4	111.8	108.2	106.4	110.3	108.1
教育、文化艺术和广播电影电视业	Education, Culture and Arts, Radio, Film and Television	107.8	108.0	114.9	115.0	108.0	113.9	114.8
科学研究和综合技术服务业	Scientific Research and Poly-technical Services	112.0	115.3	106.9	117.9	110.5	114.0	112.1
国家机关、政党机关和社会团体	Government Agencies, Parties and Social Organizations	114.5	108.6	107.7	108.3	106.0	106.2	107.0
其他行业	Others	114.8	119.5	117.9	110.6	108.6	109.5	110.2

3-8 各地区国内生产总值和指数

GROSS DOMESTIC PRODUCT AND ITS INDICES BY REGION

本表绝对数按当年价格计算，指数按可比价格计算。

Absolute figures in this table are calculated at current prices while indices are calculated at comparable prices.

地区 Region	国内生产总值（亿元）Gross Domestic Product (100 million yuan)				指数（上年=100）Indices (preceding year=100)			
	1995	1996	1997	1998	1995	1996	1997	1998
北京 Beijing	1394.89	1615.73	1810.09	2011.31	112.4	109.2	109.6	109.8
天津 Tianjin	920.11	1102.40	1240.40	1336.38	114.9	114.3	112.1	109.3
河北 Hebei	2849.52	3452.97	3953.78	4256.01	113.9	113.5	112.5	110.7
山西 Shanxi	1092.48	1308.01	1480.13	1601.11	111.1	111.0	110.5	109.0
内蒙古 Inner Mongolia	832.88	984.78	1094.52	1192.29	109.1	112.7	109.7	109.6
辽宁 Liaoning	2793.37	3157.69	3490.06	3881.73	107.1	108.6	108.9	108.3
吉林 Jilin	1129.20	1337.16	1446.91	1557.78	109.7	113.7	109.2	109.0
黑龙江 Heilongjiang	2014.53	2402.58	2708.46	2832.84	109.6	110.5	110.0	108.3
上海 Shanghai	2462.57	2902.20	3360.21	3688.20	114.1	113.0	112.7	110.1
江苏 Jiangsu	5155.25	6004.21	6680.34	7199.95	115.4	112.2	112.0	111.0
浙江 Zhejiang	3524.79	4146.06	4638.24	4987.50	116.7	112.7	111.1	110.1
安徽 Anhui	2003.58	2339.25	2669.95	2805.45	114.3	114.4	112.7	108.5
福建 Fujian	2160.52	2583.83	3000.36	3330.18	115.2	115.4	114.5	111.4
江西 Jiangxi	1205.11	1517.26	1715.18	1851.98	114.5	113.4	111.5	108.2
山东 Shandong	5002.34	5960.42	6650.02	7162.20	114.2	112.2	111.2	110.8
河南 Henan	3002.74	3661.18	4079.26	4356.60	114.8	113.9	110.4	108.7
湖北 Hubei	2391.42	2970.20	3450.24	3704.21	114.6	113.2	113.0	110.3
湖南 Hunan	2195.70	2647.16	2993.00	3211.40	110.9	112.2	110.8	109.1
广东 Guangdong	5381.72	6519.14	7315.51	7919.12	114.9	110.7	110.6	110.2
广西 Guangxi	1497.56	1697.90	1817.25	1903.04	111.4	108.3	108.0	109.1
海南 Hainan	364.17	389.53	409.86	438.92	104.3	104.8	106.4	108.3
重庆 Chongqing		1179.09	1350.10	1429.26		111.2	111.0	108.4
四川 Sichuan	3534.00	2985.15	3320.11	3580.26	110.0	110.1	110.2	109.1
贵州 Guizhou	630.07	713.70	792.98	841.88	107.5	108.9	109.0	108.5
云南 Yunnan	1206.68	1491.62	1644.23	1793.90	111.2	110.4	109.4	108.0
西藏 Tibet	55.98	64.76	76.98	91.18	117.9	113.2	111.5	110.2
陕西 Shaanxi	1000.03	1175.38	1326.04	1381.53	109.0	110.2	110.0	109.1
甘肃 Gansu	553.35	714.18	781.34	869.75	109.9	111.5	108.5	109.2
青海 Qinghai	165.31	183.57	202.05	220.16	108.0	108.6	109.0	109.0
宁夏 Ningxia	169.75	193.62	210.92	227.46	109.0	118.1	107.6	108.5
新疆 Xinjiang	825.11	912.15	1050.14	1116.67	109.0	106.4	111.0	107.3

3-9 各地区国内生产总值（1998年）

GROSS DOMESTIC PRODUCT BY REGION (1998)

本表绝对数按当年价格计算，指数按可比价格计算。

Absolute figures in this table are calculated at current prices while indices are calculated at comparable prices.

单位：亿元　　　　(100 million yuan)

地区 Region	国内生产总值（亿元） Gross Domestic Product (100 million yuan)	第一产业 Primary Industry	第二产业 Secondary Industry	工业 Industry	建筑业 Construction	第三产业 Tertiary Industry	农林牧渔服务业 Farming, Forestry, Husbadry and Fishery Services	地质勘查业水利管理业 Geological Prospecting and Water Conservancy
北京 Beijing	2011.31	86.56	786.85	610.66	176.19	1137.90	1.94	4.50
天津 Tianjin	1336.38	74.03	660.00	587.83	72.17	602.35	0.33	6.49
河北 Hebei	4256.01	790.60	2084.33	1822.05	262.28	1381.08	6.16	17.18
山西 Shanxi	1601.11	207.26	856.13	745.47	110.66	537.72	5.35	9.30
内蒙古 Inner Mongolia	1192.29	341.62	479.53	399.42	80.11	371.14	3.78	4.26
辽宁 Liaoning	3881.73	531.46	1855.22	1664.05	191.17	1495.05	11.17	8.17
吉林 Jilin	1557.78	429.50	597.29	504.12	93.17	530.99	2.84	3.61
黑龙江 Heilongjiang	2832.84	463.05	1506.76	1332.00	174.76	863.03	8.64	11.41
上海 Shanghai	3688.20	78.50	1847.20	1646.70	200.50	1762.50	3.64	6.67
江苏 Jiangsu	7199.95	1016.27	3640.10	3157.69	482.41	2543.58	30.89	19.08
浙江 Zhejiang	4987.50	631.31	2709.08	2445.43	263.65	1647.11	6.26	6.30
安徽 Anhui	2805.45	739.70	1253.53	1112.97	140.56	812.22	4.13	8.87
福建 Fujian	3330.18	610.04	1444.73	1208.75	235.98	1275.41	5.85	5.61
江西 Jiangxi	1851.98	450.44	740.33	609.26	131.07	661.21	6.70	6.80
山东 Shandong	7162.20	1215.81	3457.03	3052.44	404.59	2489.36	10.80	11.73
河南 Henan	4356.60	1071.39	2012.74	1742.18	270.56	1272.47	4.16	22.51
湖北 Hubei	3704.21	748.22	1752.91	1579.26	173.65	1203.08	4.64	7.65
湖南 Hunan	3211.40	828.31	1294.17	1117.61	176.56	1088.92	7.08	10.99
广东 Guangdong	7919.12	1004.92	3991.97	3463.12	528.85	2922.23	16.30	24.10
广西 Guangxi	1903.04	574.25	678.19	569.90	108.29	650.60	4.01	4.00
海南 Hainan	438.92	164.00	90.63	55.70	34.93	184.29	0.80	2.07
重庆 Chongqing	1429.26	298.67	585.38	480.88	104.50	545.21	4.42	2.11
四川 Sichuan	3580.26	941.24	1527.07	1272.41	254.66	1111.95	11.18	9.42
贵州 Guizhou	841.88	264.89	326.03	273.16	52.87	250.96	2.01	2.03
云南 Yunnan	1793.90	408.43	828.37	699.46	128.91	557.10	6.43	6.08
西藏 Tibet	91.18	31.31	20.24	9.02	11.22	39.63	1.91	0.98
陕西 Shaanxi	1381.53	283.49	567.66	445.35	122.31	530.38	5.49	9.90
甘肃 Gansu	869.75	202.21	382.00	311.80	70.20	285.54	3.97	7.80
青海 Qinghai	220.16	41.63	88.42	63.44	24.98	90.11	1.31	3.08
宁夏 Ningxia	227.46	48.69	94.01	76.07	17.94	84.76	1.10	2.10
新疆 Xinjiang	1116.67	291.05	430.73	300.00	130.73	394.89	4.58	10.35

3-9 **续表**

单位：亿元

地区 Region	交通运输仓储和邮电通信业 Transportation, Storage, Postal and Telecommunications Services	批发零售贸易和餐饮业 Wholesale, Retail Trade and Catering Services	金融、保险业 Banking and Insurance	房地产业 Real Estate Trade	社会服务业 Social Services	卫生体育和社会福利业 Health Care, Sports and Social Welfare	教育、文化艺术和广播电影电视业 Education, Culture, Arts, Radio, Film and Television	科学研究和综合技术服务事业 Scientific Research and Polytechnical Services
北 京 Beijing	154.45	207.33	246.87	277.64	135.79	30.58	110.67	80.83
天 津 Tianjin	133.16	127.29	120.17	114.88	81.21	14.05	35.70	16.00
河 北 Hebei	313.40	386.96	202.98	204.22	79.43	32.42	79.38	14.54
山 西 Shanxi	123.80	122.94	101.59	96.84	34.67	13.99	37.28	5.93
内蒙古 Inner Mongolia	106.05	95.49	27.58	22.75	34.24	14.06	28.20	4.69
辽 宁 Liaoning	271.96	533.15	164.40	123.78	187.70	58.63	90.52	31.71
吉 林 Jilin	109.37	130.80	52.49	62.26	38.15	21.82	44.53	25.78
黑龙江 Heilongjiang	160.06	246.57	109.18	115.32	68.71	34.55	58.08	13.52
上 海 Shanghai	244.42	412.04	459.63	512.21	160.45	43.51	89.93	48.55
江 苏 Jiangsu	435.77	724.85	376.04	381.81	210.39	71.82	150.64	23.74
浙 江 Zhejiang	321.75	665.80	157.94	172.19	147.16	52.44	78.16	10.90
安 徽 Anhui	152.29	258.60	83.42	85.10	75.74	26.75	63.47	5.89
福 建 Fujian	347.25	332.59	157.32	172.48	115.16	33.80	77.27	8.69
江 西 Jiangxi	145.40	143.54	97.40	100.50	43.28	17.71	51.03	5.41
山 东 Shandong	442.20	665.33	411.89	429.88	115.07	87.45	145.25	21.39
河 南 Henan	299.63	316.81	132.57	139.76	84.79	53.93	84.23	12.36
湖 北 Hubei	195.56	373.04	161.84	180.14	101.58	58.00	80.53	21.61
湖 南 Hunan	216.49	291.73	119.22	125.62	47.05	48.19	97.97	12.07
广 东 Guangdong	688.83	827.16	271.07	268.20	331.55	71.44	146.15	23.38
广 西 Guangxi	125.04	243.50	52.06	31.22	47.25	25.59	55.27	4.49
海 南 Hainan	35.03	60.90	29.20	30.14	20.22	4.22	12.19	1.30
重 庆 Chongqing	78.93	138.43	68.31	73.84	79.98	18.42	43.30	20.01
四 川 Sichuan	196.27	328.46	204.49	144.45	101.21	43.01	74.22	15.85
贵 州 Guizhou	25.04	69.97	40.86	36.45	27.02	13.80	26.83	2.86
云 南 Yunnan	88.90	170.15	88.86	89.84	33.66	29.20	51.25	8.60
西 藏 Tibet	5.08	11.13	0.67	1.69	1.94	2.95	5.02	0.89
陕 西 Shaanxi	115.42	94.63	76.57	53.14	47.88	22.08	56.97	14.02
甘 肃 Gansu	39.32	99.23	41.64	50.55	11.41	8.81	15.98	6.33
青 海 Qinghai	13.67	18.79	18.37	18.57	3.15	3.14	8.66	1.26
宁 夏 Ningxia	16.11	19.64	17.85	16.52	4.16	3.03	6.76	1.06
新 疆 Xinjiang	92.03	103.34	49.19	50.20	28.14	11.82	37.95	4.52

continued

(100 million yuan)

国家机关、政党机关和社会团体 Government Agencies, Party Agencies and Social Organizations	其他行业 Others	构成% Composition 第一产业 Primary Industry	第二产业 Secondary Industry	第三产业 Tertiary Industry	指数 Indices 1997=100 国内生产总值 Gross Domestic Product	第一产业 Primary Industry	第二产业 Secondary Industry	第三产业 Tertiary Industry	人均国内生产总值（元）Per Capita GDP (yuan)
51.83	14.09	4.3	39.1	56.6	109.8	101.5	109.6	110.8	18482
27.10	2.93	5.5	49.4	45.1	109.3	106.7	107.4	113.0	14808
128.13	42.15	18.6	49.0	32.5	110.7	106.2	112.2	110.6	6525
63.91	3.12	12.9	53.5	33.6	109.0	110.5	110.2	106.4	5040
35.72	9.51	28.7	40.2	31.1	109.6	106.2	110.0	112.0	5068
84.05	11.61	13.7	47.8	38.5	108.3	113.0	107.6	107.9	9333
48.49	14.22	27.6	38.3	34.1	109.0	113.3	107.6	108.0	5916
72.05	21.17	16.3	53.2	30.5	108.3	100.0	110.0	111.5	7544
48.63	7.05	2.1	50.1	47.8	110.1	102.2	108.2	114.3	28253
188.28	19.65	14.1	50.6	35.3	111.0	102.1	112.0	112.9	10021
93.05	9.45	12.7	54.3	33.0	110.1	103.2	110.8	111.5	11247
47.02	2.66	26.4	44.7	29.0	108.5	102.6	109.3	111.7	4576
79.01	8.24	18.3	43.4	38.3	111.4	105.0	113.9	111.0	10369
62.03	18.25	24.3	40.0	35.7	108.2	96.2	113.1	112.5	4484
187.77	110.20	17.0	48.3	34.8	110.8	105.6	112.0	111.6	8120
116.89	10.38	24.6	46.2	29.2	108.7	107.0	109.2	109.4	4712
100.69	5.16	20.2	47.3	32.5	110.3	100.2	113.1	112.8	6300
139.39	16.67	25.8	40.3	33.9	109.1	100.9	112.6	111.0	4953
145.77	16.52	12.7	50.4	36.9	110.2	103.9	112.2	108.7	11143
60.13	13.64	30.2	35.6	34.2	109.1	105.8	114.1	106.4	4076
9.29	0.27	37.4	20.6	42.0	108.3	108.3	109.0	108.0	6022
48.48	0.72	20.9	41.0	38.1	108.4	102.4	107.1	114.3	4684
90.60	11.05	26.3	42.7	31.1	109.1	104.1	112.0	108.9	4339
25.63	6.76	31.5	38.7	29.8	108.5	101.5	111.9	110.5	2342
40.47	4.81	22.8	46.2	31.1	108.0	103.0	109.5	109.6	4355
7.59	0.17	34.3	22.2	43.5	110.2	101.7	116.8	115.6	3716
48.64	38.17	20.5	41.1	38.4	109.1	107.9	112.4	105.1	3834
16.46	7.02	23.2	43.9	32.8	109.2	105.1	109.4	111.2	3456
14.30	1.20	18.9	40.2	40.9	109.0	103.5	111.2	109.0	4367
7.52	3.18	21.4	41.3	37.3	108.5	109.8	107.7	108.9	4270
39.49	3.53	26.1	38.6	35.4	107.3	107.2	106.7	108.1	6229

3-10 各地区国内生产总值项目结构(1998年)

STRUCTURE OF GROSS DOMESTIC PRODUCT BY REGION (1998)

本表按当年价格计算。

Data in value terms are calculated at current prices.

地区 Region	国内生产总值(亿元) Gross Domestic Product (100 million yuan)	劳动者报酬 Compensation of Laborers	固定资产折旧 Depreciation of Fixed Assets	生产税净额 Net Taxes on Production	营业盈余 Operating Surplus
北京 Beijing	2011.31	979.90	384.94	274.07	372.40
天津 Tianjin	1336.38	708.79	209.05	184.15	234.39
河北 Hebei	4256.01	2253.94	568.08	442.10	991.89
山西 Shanxi	1601.11	817.33	200.09	221.32	362.37
内蒙古 Inner Mongolia	1192.29	783.40	166.54	101.72	140.63
辽宁 Liaoning	3881.73	1974.25	616.74	423.51	867.23
吉林 Jilin	1557.78	978.74	251.39	179.31	148.34
黑龙江 Heilongjiang	2832.84	1357.37	411.97	495.69	567.81
上海 Shanghai	3688.20	1279.41	489.77	798.64	1120.38
江苏 Jiangsu	7199.95	3664.08	1034.88	866.25	1634.74
浙江 Zhejiang	4987.50	2349.89	487.00	574.80	1575.81
安徽 Anhui	2805.45	1486.85	368.75	400.25	549.60
福建 Fujian	3330.18	1718.09	397.48	337.64	876.97
江西 Jiangxi	1851.98	1152.11	251.60	186.70	261.57
山东 Shandong	7162.20	3262.63	1317.45	977.66	1604.46
河南 Henan	4356.60	2653.74	597.37	485.73	619.76
湖北 Hubei	3704.21	2260.41	613.56	483.91	346.33
湖南 Hunan	3211.40	2032.01	415.79	387.73	375.87
广东 Guangdong	7919.12	4224.82	1251.72	1276.98	1165.60
广西 Guangxi	1903.04	1292.33	188.03	197.86	224.82
海南 Hainan	438.92	260.06	68.01	50.51	60.34
重庆 Chongqing	1429.26	809.23	207.25	194.82	217.96
四川 Sichuan	3580.26	2098.74	574.33	418.13	489.06
贵州 Guizhou	841.88	553.68	98.53	143.35	46.32
云南 Yunnan	1793.90	806.15	215.43	477.53	294.79
西藏 Tibet	91.18	56.50	27.87	4.32	2.49
陕西 Shaanxi	1381.53	792.08	197.14	194.58	197.73
甘肃 Gansu	869.75	456.83	108.19	135.06	169.67
青海 Qinghai	220.16	137.45	34.95	20.66	27.10
宁夏 Ningxia	227.46	136.27	37.46	35.69	18.04
新疆 Xinjiang	1116.67	651.87	189.88	121.68	153.24

3-11 支出法国内生产总值

GROSS DOMESTIC PRODUCT BY EXPENDITURE APPROACH

本表按当年价格计算。

Data in value terms in this table are calculated at current prices.

年份 Year	支出法国内生产总值（亿元）Gross Domestic Product by Expenditure Approach (100 million yuan)	最终消费 Final Consumption Expenditure	资本形成总额 Gross Capital Formation	货物和服务净出口 Net Export of Goods and Services	资本形成率（投资率）(%) Capital Formation Rate (%)	最终消费率（消费率）(%) Final Consumption Rate (%)
1978	3605.6	2239.1	1377.9	−11.4	38.0	61.8
1979	4073.9	2619.4	1474.2	−19.7	36.5	64.9
1980	4551.3	2976.1	1590.0	−14.8	35.2	65.9
1981	4901.4	3309.1	1581.0	11.3	32.5	68.1
1982	5489.2	3637.9	1760.2	91.1	33.2	68.7
1983	6076.3	4020.5	2005.0	50.8	33.8	67.7
1984	7164.4	4694.5	2468.6	1.3	34.4	65.5
1985	8792.1	5773.0	3386.0	−366.9	37.8	64.4
1986	10132.8	6542.0	3846.0	−255.2	37.7	64.1
1987	11784.0	7451.2	4322.0	10.8	36.1	62.3
1988	14704.0	9360.1	5495.0	−151.1	36.8	62.7
1989	16466.0	10556.5	6095.0	−185.5	36.0	62.4
1990	18319.5	11365.2	6444.0	510.3	34.7	61.3
1991	21280.4	13145.9	7517.0	617.5	34.8	60.8
1992	25863.6	15952.1	9636.0	275.5	36.2	59.9
1993	34500.6	20182.1	14998.0	−679.5	43.3	58.3
1994	46690.7	26796.0	19260.6	634.1	41.2	57.3
1995	58510.5	33635.0	23877.0	998.5	40.8	57.5
1996	68330.4	40003.9	26867.2	1459.3	39.6	58.9
1997	74894.3	43579.4	28457.6	2857.2	38.2	58.5
1998	79853.3	46405.9	30396.0	3051.5	38.1	58.4

注：支出法国内生产总值不等于国内生产总值是由于计算误差的影响。

a) The gross domestic production by expenditure approach is not equal to gross domestic product due to statistical discrepancies.

3-12 支出法国内生产总值结构

STRUCTURE OF GROSS DOMESTIC PRODUCT BY EXPENDITURE APPROACH

本表按当年价格计算。

Data in value terms in this table are calculated at current prices.

年份	最终消费 Final Consumption Expenditure								资本形成总额 Gross Capital Formation			
	绝对数（亿元） Absolute Figure (100 million yuan)				比重 Proportion				绝对数（亿元） Absolute Figure (100million yuan)		比重（资本形成总额＝100） Proportion (Gross Capital Formation＝100)	
					最终消费＝100 Final Consumption Expenditure＝100		居民消费＝100 Household Consumption＝100					
Year	居民消费 Household Consumption Expenditure	农村居民 Rural Households	城镇居民 Urban Households	政府消费 Government Consumption Expenditure	居民消费 Household Consumption Expenditure	政府消费 Government Consumption Expenditure	农村居民 Rural Households	城镇居民 Urban Households	固定资本形成总额 Gross Fixed Capital Formation	存货增加 Changes in Inventories	固定资本形成总额 Gross Fixed Capital Formation	存货增加 Changes in Inventories
1978	1759.1	1092.4	666.7	480.0	78.6	21.4	62.1	37.9	1073.9	304.0	77.9	22.1
1979	2005.4	1259.7	745.7	614.0	76.6	23.4	62.8	37.2	1151.2	323.0	78.1	21.9
1980	2317.1	1427.3	889.8	659.0	77.9	22.1	61.6	38.4	1318.0	272.0	82.9	17.1
1981	2604.1	1630.8	973.3	705.0	78.7	21.3	62.6	37.4	1253.0	328.0	79.3	20.7
1982	2867.9	1826.5	1041.4	770.0	78.8	21.2	63.7	36.3	1493.2	267.0	84.8	15.2
1983	3182.5	2063.4	1119.1	838.0	79.2	20.8	64.8	35.2	1709.0	296.0	85.2	14.8
1984	3674.5	2385.7	1288.8	1020.0	78.3	21.7	64.9	35.1	2125.6	343.0	86.1	13.9
1985	4589.0	2921.5	1667.5	1184.0	79.5	20.5	63.7	36.3	2641.0	745.0	78.0	22.0
1986	5175.0	3210.0	1965.0	1367.0	79.1	20.9	62.0	38.0	3098.0	748.0	80.6	19.4
1987	5961.2	3630.1	2331.1	1490.0	80.0	20.0	60.9	39.1	3742.0	580.0	86.6	13.4
1988	7633.1	4473.2	3159.9	1727.0	81.5	18.5	58.6	41.4	4624.0	871.0	84.1	15.9
1989	8523.5	4919.8	3603.7	2033.0	80.7	19.3	57.7	42.3	4339.0	1756.0	71.2	28.8
1990	9113.2	5129.1	3984.1	2252.0	80.2	19.8	56.3	43.7	4732.0	1712.0	73.4	26.6
1991	10315.9	5639.8	4676.1	2830.0	78.5	21.5	54.7	45.3	5940.0	1577.0	79.0	21.0
1992	12459.8	6571.6	5888.2	3492.3	78.1	21.9	52.7	47.3	8317.0	1319.0	86.3	13.7
1993	15682.4	7867.2	7815.2	4499.7	77.7	22.3	50.2	49.8	12980.0	2018.0	86.5	13.5
1994	20809.8	10308.3	10501.5	5986.2	77.7	22.3	49.5	50.5	16856.3	2404.3	87.5	12.5
1995	26944.5	13247.1	13697.4	6690.5	80.1	19.9	49.2	50.8	20300.5	3576.5	85.0	15.0
1996	32152.3	16398.0	15754.3	7851.6	80.4	19.6	51.0	49.0	23336.1	3531.1	86.9	13.1
1997	34854.6	17436.8	17417.7	8724.8	80.0	20.0	50.0	50.0	25154.2	3303.4	88.4	11.6
1998	36921.1	17667.3	19253.9	9484.8	79.6	20.4	47.9	52.1	28180.8	2215.1	92.7	7.3

3-13 各地区支出法国内生产总值（1998 年）
GROSS DOMESTIC PRODUCT BY EXPENDITURE APPROACH BY REGION (1998)

本表按当年价格计算。
Data in value terms in this table are calculated at current prices.

地区 Region		支出法国内生产总值（亿元） Gross Domestic Product by Expenditure Approach (100 million yuan)	最终消费 Final Consumption Expenditure	资本形成总额 Gross Capital Formation	货物和服务净出口 Net Export of Goods and Services	资本形成率（投资率）(%) Capital Formation Rate (%)	最终消费率（消费率）(%) Final Consumption Rate (%)
北　京	Beijing	2046.31	809.82	1396.40	−159.91	68.2	39.6
天　津	Tianjin	1336.38	622.72	729.69	−16.03	54.6	46.6
河　北	Hebei	4256.01	1819.19	2059.17	377.65	48.4	42.7
山　西	Shanxi	1596.12	791.29	770.69	34.14	48.3	49.6
内蒙古	Inner Mongolia	1169.11	663.98	525.13	−20.00	44.9	56.8
辽　宁	Liaoning	3881.73	2128.05	1225.99	527.69	31.6	54.8
吉　林	Jilin	1571.22	969.22	613.91	−11.91	39.1	61.7
黑龙江	Heilongjiang	2832.84	1624.25	1097.35	111.24	38.7	57.3
上　海	Shanghai	3688.20	1526.28	1975.94	185.98	53.6	41.4
江　苏	Jiangsu	7172.45	3161.88	3321.44	689.13	46.3	44.1
浙　江	Zhejiang	4976.17	2172.29	2482.45	321.43	49.9	43.7
安　徽	Anhui	2805.45	1690.36	1117.86	−2.77	39.8	60.3
福　建	Fujian	3330.18	1717.34	1577.67	35.17	47.4	51.6
江　西	Jiangxi	1797.35	1102.40	702.45	−7.50	39.1	61.3
山　东	Shandong	7162.20	3533.34	3463.15	165.71	48.4	49.3
河　南	Henan	4356.60	2235.11	1870.67	250.82	42.9	51.3
湖　北	Hubei	3621.37	1941.16	1659.35	20.86	45.8	53.6
湖　南	Hunan	3211.40	2062.84	1132.06	16.50	35.3	64.2
广　东	Guangdong	7919.12	4375.41	3051.96	491.75	38.5	55.3
广　西	Guangxi	1903.04	1308.67	650.55	−56.18	34.2	68.8
海　南	Hainan	436.85	238.98	202.71	−4.84	46.4	54.7
重　庆	Chongqing	1429.26	862.15	599.06	−31.95	41.9	60.3
四　川	Sichuan	3580.26	2153.81	1425.84	0.61	39.8	60.2
贵　州	Guizhou	875.19	685.14	369.01	−178.96	42.2	78.3
云　南	Yunnan	1793.90	1089.92	770.13	−66.15	42.9	60.8
西　藏	Tibet	98.10	52.94	35.77	9.39	36.5	54.0
陕　西	Shaanxi	1381.53	899.85	641.76	−160.08	46.5	65.1
甘　肃	Gansu	869.75	528.10	369.48	−27.83	42.5	60.7
青　海	Qinghai	224.38	139.25	129.45	−44.32	57.7	62.1
宁　夏	Ningxia	227.63	141.45	127.51	−41.33	56.0	62.1
新　疆	Xinjiang	1116.67	677.19	685.84	−246.36	61.4	60.6

3-14 各地区资本形成总额及构成(1998年)

GROSS CAPITAL FORMATION AND IT'S COMPOSITION BY REGION (1998)

本表按当年价格计算。

Data in value terms in this table are calculated at current prices.

地区 Region		资本形成总额(亿元) Gross Capital Formation (100 million yuan)	固定资本形成总额 Gross Fixed Capital Formation	存货增加 Changes in Inventories	资本形成总额=100 Total=100 固定资本形成总额 Gross Fixed Capital Formation	存货增加 Changes in Inventories
北京	Beijing	1396.40	1171.90	224.50	83.9	16.1
天津	Tianjin	729.69	640.15	89.54	87.7	12.3
河北	Hebei	2059.17	1665.10	394.07	80.9	19.1
山西	Shanxi	770.69	562.00	208.69	72.9	27.1
内蒙古	Inner Mongolia	525.13	350.20	174.93	66.7	33.3
辽宁	Liaoning	1225.99	1069.57	156.42	87.2	12.8
吉林	Jilin	613.91	442.28	171.63	72.0	28.0
黑龙江	Heilongjiang	1097.35	865.34	232.01	78.9	21.1
上海	Shanghai	1975.94	1804.81	171.13	91.3	8.7
江苏	Jiangsu	3321.44	2642.29	679.15	79.6	20.4
浙江	Zhejiang	2482.45	1848.00	634.45	74.4	25.6
安徽	Anhui	1117.86	822.73	295.13	73.6	26.4
福建	Fujian	1577.67	1145.35	432.32	72.6	27.4
江西	Jiangxi	702.45	520.82	181.63	74.1	25.9
山东	Shandong	3463.15	2347.02	1116.13	67.8	32.2
河南	Henan	1870.67	1414.85	455.82	75.6	24.4
湖北	Hubei	1659.35	1238.90	420.45	74.7	25.3
湖南	Hunan	1132.06	846.37	285.69	74.8	25.2
广东	Guangdong	3051.96	2651.24	400.72	86.9	13.1
广西	Guangxi	650.55	573.10	77.45	88.1	11.9
海南	Hainan	202.71	173.48	29.23	85.6	14.4
重庆	Chongqing	599.06	516.31	82.75	86.2	13.8
四川	Sichuan	1425.84	1185.21	240.63	83.1	16.9
贵州	Guizhou	369.01	339.60	29.41	92.0	8.0
云南	Yunnan	770.13	689.35	80.78	89.5	10.5
西藏	Tibet	35.77	30.46	5.31	85.2	14.8
陕西	Shaanxi	641.76	573.49	68.27	89.4	10.6
甘肃	Gansu	369.48	239.25	130.23	64.8	35.2
青海	Qinghai	129.45	116.38	13.07	89.9	10.1
宁夏	Ningxia	127.51	108.65	18.86	85.2	14.8
新疆	Xinjiang	685.84	543.78	142.06	79.3	20.7

3-15 各地区最终消费及构成(1998年)

FINAL CONSUMPTION EXPENDITURE AND IT'S COMPOSITION BY REGION(1998)

本表按当年价格计算。

Data in value terms in this table are calculated at current prices.

地区 Region	最终消费(亿元) Final Consumption Expenditure (100 million yuan)	居民消费 Household Consumption	农村居民 Rural Households	城镇居民 Urban Households	政府消费 Government Consumption	最终消费=100 Final Consumption Expenditure=100 居民消费 Household Consumption	政府消费 Government Consumption	居民消费=100 Household Consumption Expenditure=100 农村居民 Rural Households	城镇居民 Urban Households
北京 Beijing	809.82	563.62	109.26	454.36	246.20	69.6	30.4	19.4	80.6
天津 Tianjin	622.72	470.08	111.56	358.52	152.64	75.5	24.5	23.7	76.3
河北 Hebei	1819.19	1415.78	876.35	539.43	403.41	77.8	22.2	61.9	38.1
山西 Shanxi	791.29	579.34	262.59	316.75	211.95	73.2	26.8	45.3	54.7
内蒙古 Inner Mongolia	663.98	503.68	243.82	259.86	160.30	75.9	24.1	48.4	51.6
辽宁 Liaoning	2128.05	1578.49	462.27	1116.22	549.56	74.2	25.8	29.3	70.7
吉林 Jilin	969.22	794.43	234.53	559.90	174.79	82.0	18.0	29.5	70.5
黑龙江 Heilongjiang	1624.25	1232.41	340.12	892.29	391.84	75.9	24.1	27.6	72.4
上海 Shanghai	1526.28	1201.84	202.23	999.61	324.44	78.7	21.3	16.8	83.2
江苏 Jiangsu	3161.88	2513.52	1370.53	1142.99	648.36	79.5	20.5	54.5	45.5
浙江 Zhejiang	2172.29	1678.15	1002.03	676.12	494.14	77.3	22.7	59.7	40.3
安徽 Anhui	1690.36	1453.35	920.87	532.48	237.01	86.0	14.0	63.4	36.6
福建 Fujian	1717.34	1284.42	884.42	400.00	432.92	74.8	25.2	68.9	31.1
江西 Jiangxi	1102.40	823.03	516.98	306.05	279.37	74.7	25.3	62.8	37.2
山东 Shandong	3533.34	2554.64	1301.15	1253.49	978.70	72.3	27.7	50.9	49.1
河南 Henan	2235.11	1727.81	1073.08	654.73	507.30	77.3	22.7	62.1	37.9
湖北 Hubei	1941.16	1593.62	766.08	827.54	347.54	82.1	17.9	48.1	51.9
湖南 Hunan	2062.84	1601.83	1009.06	592.77	461.01	77.7	22.3	63.0	37.0
广东 Guangdong	4375.41	3330.07	1415.08	1914.99	1045.34	76.1	23.9	42.5	57.5
广西 Guangxi	1308.67	952.63	560.99	391.64	356.04	72.8	27.2	58.9	41.1
海南 Hainan	238.98	186.75	103.03	83.72	52.23	78.1	21.9	55.2	44.8
重庆 Chongqing	862.15	678.54	333.41	345.13	183.61	78.7	21.3	49.1	50.9
四川 Sichuan	2153.81	1758.19	1081.09	677.10	395.62	81.6	18.4	61.5	38.5
贵州 Guizhou	685.14	548.69	334.68	214.01	136.45	80.1	19.9	61.0	39.0
云南 Yunnan	1089.92	847.89	547.60	300.29	242.03	77.8	22.2	64.6	35.4
西藏 Tibet	52.94	38.06	19.78	18.28	14.88	71.9	28.1	52.0	48.0
陕西 Shaanxi	899.85	667.32	335.22	332.10	232.53	74.2	25.8	50.2	49.8
甘肃 Gansu	528.10	405.76	194.33	211.43	122.34	76.8	23.2	47.9	52.1
青海 Qinghai	139.25	103.21	42.00	61.21	36.04	74.1	25.9	40.7	59.3
宁夏 Ningxia	141.45	103.72	49.43	54.29	37.73	73.3	26.7	47.7	52.3
新疆 Xinjiang	677.19	492.09	167.34	324.75	185.10	72.7	27.3	34.0	66.0

3-16 居民消费水平

HOUSEHOLD CONSUMPTION

本表绝对数按当年价格计算，指数按可比价格计算。

Absolute figures in this table are calculated at current prices, while indices are calculated at comparable prices.

年份 地区 Year Region	绝对数(元) Value (yuan)			城乡消费水平对比(农村居民=1) Urban/Rural Consumption Ratio (Agricultural Households=1)	指数(上年=100) Index(Preceding year=100)			指数(1978年=100) Index (1978=100)		
	全国居民 All Households	农村居民 Rural Households	城镇居民 Urban Households		全国居民 All Households	农村居民 Rural Households	城镇居民 Urban Households	全国居民 All Households	农村居民 Rural Households	城镇居民 Urban House holds
1978	184	138	405	2.9	104.1	104.3	103.3	100.0	100.0	100.0
1980	236	178	496	2.8	108.7	108.8	106.3	115.8	115.5	111.9
1985	437	347	802	2.3	113.1	114.1	108.2	181.3	194.4	147.5
1987	550	417	1089	2.6	105.6	104.3	108.7	200.0	207.9	172.0
1988	693	508	1431	2.8	107.4	106.0	108.9	214.9	220.4	187.3
1989	762	553	1568	2.8	99.5	99.2	98.4	213.8	218.8	184.4
1990	803	571	1686	3.0	103.4	100.3	107.5	221.0	219.5	198.1
1991	896	621	1925	3.1	108.3	106.7	109.3	239.4	234.2	216.6
1992	1070	718	2356	3.3	112.9	109.8	115.4	270.3	257.2	249.9
1993	1331	855	3027	3.5	108.1	106.1	108.9	292.2	272.8	272.1
1994	1746	1118	3891	3.5	104.3	104.6	101.7	304.8	285.3	276.7
1995	2236	1434	4874	3.4	107.5	108.2	104.6	327.7	308.7	289.5
1996	2641	1768	5430	3.1	109.1	114.0	102.5	357.5	351.9	296.7
1997	2834	1876	5796	3.1	104.2	103.3	103.5	372.4	363.6	307.0
1998	2972	1895	6182	3.3	105.5	102.0	107.7	393.1	370.9	330.5
北京 Beijing	5178	3032	6240	2.1	110.1	111.5	109.3			
天津 Tianjin	5209	2905	6916	2.4	107.3	109.3	106.5			
河北 Hebei	2163	1642	4463	2.7	102.2	102.0	101.2			
山西 Shanxi	1835	1120	3902	3.5	92.5	91.1	92.8			
内蒙古 Inner Mongolia	2141	1572	3242	2.1	101.5	103.8	98.5			
辽宁 Liaoning	3795	2048	5869	2.9	106.5	109.9	103.6			
吉林 Jilin	3015	1582	4857	3.1	104.8	100.6	106.3			
黑龙江 Heilongjiang	3276	1650	5248	3.2	101.2	97.2	102.8			
上海 Shanghai	9202	5654	10541	1.9	105.8	104.3	105.7			
江苏 Jiangsu	3498	2603	5951	2.3	105.0	100.5	111.1			
浙江 Zhejiang	3784	2824	7630	2.7	103.3	103.7	100.4			
安徽 Anhui	2370	1845	4675	2.5	107.1	106.2	107.1			
福建 Fujian	3934	3388	6115	1.8	103.1	102.2	104.6			
江西 Jiangxi	1973	1599	3267	2.0	101.6	101.4	101.6			
山东 Shandong	2899	1998	5450	2.7	109.1	108.6	109.8			
河南 Henan	1862	1401	4038	2.9	103.3	102.7	103.0			
湖北 Hubei	2706	1791	5129	2.9	110.8	108.2	112.6			
湖南 Hunan	2471	1921	4813	2.5	104.3	105.6	100.8			
广东 Guangdong	4686	2893	8642	3.0	105.1	101.7	107.4			
广西 Guangxi	2040	1457	4788	3.3	105.2	106.3	102.7			
海南 Hainan	2562	1890	4555	2.4	105.3	106.2	102.9			
重庆 Chongqing	2224	1363	5711	4.2	101.7	96.6	104.9			
四川 Sichuan	2121	1578	4702	3.0	105.1	103.6	105.9			
贵州 Guizhou	1511	1072	4197	3.9	100.5	99.7	101.5			
云南 Yunnan	2059	1555	5032	3.2	101.8	101.9	101.0			
西藏 Tibet	1551	981	4169	4.2	101.5	100.4	99.8			
陕西 Shaanxi	1852	1175	4428	3.8	102.6	100.4	103.7			
甘肃 Gansu	1612	962	4263	4.4	99.4	98.8	97.9			
青海 Qinghai	2047	1185	4087	3.4	103.0	101.7	104.1			
宁夏 Ningxia	1947	1290	3633	2.8	104.8	103.4	104.4			
新疆 Xinjiang	2745	1872	3614	1.9	104.6	102.3	106.2			

注：城乡消费水平对比，没有剔除城乡价格不可比的因素。

a) The effect of price differentials between urban and rural areas has not been removed in the calculation of the urban/rural consumption ratio.

3-17 1997年投入产出基本流量表(中间使用部分)

INTERMEDIATE USE PART OF 1997 INPUT-OUTPUT TABLE

按当年生产者价格计算。

Data are calculated at producers' prices of 1997.

单位：万元 (10 000 yuan)

产出 Output / 投入 Input	农业 Agriculture	采掘业 Mining and Quarrying	食品制造业 Foodstuff	纺织、缝纫及皮革产品制造业 Textile, Sewing Leather and Furs Products	其他制造业 Other Manufacturing
总投入合计 Total Input	**2467738270**	**682838868**	**1379259480**	**1536656291**	**988489196**
中间投入合计 Intermediate Input	**993579881**	**325964021**	**996685504**	**1085302657**	**640568658**
农业 Agriculture	396414564	6753449	592278406	137666918	51213343
采掘业 Mining and Quarrying	5122761	51898111	6380668	4045186	16266598
食品制造业 Foodstuff	163689773	191925	176615658	24248491	934903
纺织、缝纫及皮革产品制造业 Textile, Sewing, Leather and Furs Products	7062773	5863728	3189422	620343104	72095977
其他制造业 Other Manufacturing	10432601	10502142	38991151	19049500	216505938
电力及蒸汽、热水生产和供应业 Production and Supply of Electric Power, Steam and Hot Water	18051925	33354671	10945713	9326376	24130956
炼焦、煤气及石油加工业 Coking, Gas and Petroleum Refining	20885014	15266757	3113433	2501435	5278754
化学工业 Chemical Industry	182571715	33235768	34839616	117685598	76413553
建筑材料及其他非金属矿物制品业 Building Materials and Non-metal Mineral Products	6277253	8134999	9373850	2036512	8239447
金属产品制造业 Metal Products	7687931	26667884	10584825	4819703	46239875
机械设备制造业 Machinery and Equipment	39471234	59779086	11623574	19674373	24403729
建筑业 Construction	4895378	1516818	738831	941214	865350
运输邮电业 Transportation, Post and Telecommunications	29381504	29603387	17229144	20160132	20853894
商业饮食业 Commerce and Catering Trade	44749115	20863882	55569896	79770959	55357565
公用事业及居民服务业 Public Utilities and Resident Services	10840313	7743486	16125803	11002027	10329154
金融保险业 Banking and Insurance	11571235	8368065	7557319	10650633	8499569
其他服务业 Other Services	34474793	6219863	1528194	1380496	2940054
增加值合计 Total Value-added	**1474158389**	**356874847**	**382573976**	**451353634**	**347920538**
固定资产折旧 Depreciation of Fixed Assets	58478624	72877256	51828057	64965718	36528235
劳动者报酬 Compensation for Laborers	1297866225	164994796	106048349	211200058	143197829
生产税净额 Net Taxes on Production	43299701	36350709	130726305	74665356	39134275
营业盈余 Operating Surplus	74513839	82652086	93971266	100522502	129060199

3-17 续表

单位：万元

产出 Output / 投入 Input	电力及蒸汽、热水生产和供应业 Production and Supply of Electric Power, Steam and Hot Water	炼焦、煤气及石油加工业 Coking, Gas and Petroleum Refining	化学工业 Chemical Industry	建筑材料及其他非金属矿物制品业 Building Materials and Non-metal Mineral Products	金属产品制造业 Metal Products
总投入合计 Total Input	**390870932**	**323768889**	**1521223318**	**880740341**	**1275830441**
中间投入合计 Intermediate Input	**222059399**	**251745451**	**1112677172**	**602490074**	**1001123755**
农业 Agriculture	51305	2718	70640536	2581797	443628
采掘业 Mining and Quarrying	78238173	172388837	71797598	99670894	129303458
食品制造业 Foodstuff	0	0	19289439	707111	0
纺织、缝纫及皮革产品制造业 Textile, Sewing, Leather and Furs Products	1505898	917781	61609214	12518847	5703814
其他制造业 Other Manufacturing	5010745	2399853	34361838	53811290	58425816
电力及蒸汽、热水生产和供应业 Production and Supply of Electric Power, Steam and Hot Water	13598109	7079884	58203870	38573062	57854812
炼焦、煤气及石油加工业 Coking, Gas and Petroleum Refining	20557376	16058214	28896925	24633005	33042549
化学工业 Chemical Industry	2902498	6893300	555770509	50489989	29071590
建筑材料及其他非金属矿物制品业 Building Materials and Non-metal Mineral Products	3052154	2849851	15117664	124852452	30538890
金属产品制造业 Metal Products	2706624	2045116	19987104	46925595	455363008
机械设备制造业 Machinery and Equipment	45732940	12704276	38150855	39265783	59548599
建筑业 Construction	1075704	389015	1339359	666566	1098549
运输邮电业 Transportation, Post and Telecommunications	12703217	9305732	35215896	37019075	48712328
商业饮食业 Commerce and Catering Trade	20691642	12316083	64729858	50321984	45640526
公用事业及居民服务业 Public Utilities and Resident Services	4415652	2438155	18070902	7434117	13874408
金融保险业 Banking and Insurance	7921285	3243073	16277187	11514461	28508888
其他服务业 Other Services	1896077	713563	3218419	1504046	3992891
增加值合计 Total Value-added	**168811533**	**72023438**	**408546146**	**278250267**	**274706686**
固定资产折旧 Depreciation of Fixed Assets	52266510	11335498	64668858	43365113	48632516
劳动者报酬 Compensation for Laborers	43157930	17370679	153247439	132487768	133875031
生产税净额 Net Taxes on Production	29789023	29001619	93640344	47189717	57201113
营业盈余 Operating Surplus	43598070	14315643	96989505	55207668	34998026

continued

(10 000 yuan)

机械设备制造业 Machinery and Equipment	建筑业 Construction	运输邮电业 Transportation, Post and Telecommunications	商业饮食业 Commerce and Catering Trade	公用事业及居民服务业 Public Utilities & Resident Services	金融保险业 Banking and Insurance	其他服务业 Other Services	中间使用合计 Total Intermediate Use
2554661165	**1738550000**	**702518988**	**1329884624**	**750052036**	**359527594**	**1101812765**	**19984423198**
1834454980	**1238801716**	**310172915**	**686269332**	**384949125**	**140077043**	**587094386**	**12414016070**
875315	7205916	1118948	58360957	4659856	0	10952886	1341220542
20645249	45569022	4337178	1858675	4742384	186323	8439528	720890641
38948	1111060	4075490	96841607	18468674	63250	6410176	512686505
20053558	5719699	4596317	19050991	16409509	882525	13062994	870586152
59765654	45385786	13314636	55545324	41983492	14378581	70030078	749894426
27992011	12196314	11545180	11359936	7779265	1923039	18800136	362715260
18238412	49763935	55855803	17974247	16499593	1264137	10029573	339859161
185402266	36365739	10800055	24436824	23199088	884679	83174962	1454137751
53777058	470557996	2939769	10705524	12589720	521580	12407522	773972241
389246636	212944230	4277992	6403251	6872678	620376	12321067	1255713893
844938571	140187605	100318614	110455448	82780958	17494969	71357340	1717887955
2995832	1009024	13627191	5782602	19641877	6649847	39617771	102850928
49682751	63731679	31162287	32875777	30843304	13210983	74254670	555945761
94564317	83150850	14735582	119136632	28056895	7848952	51525299	849030037
31127368	35029107	21634071	67182871	48376740	40787831	61506544	407918551
27547703	10713548	11069380	42664605	14758693	31206357	17343504	269415503
7563331	18160205	4764423	5634060	7286398	2153614	25860338	129290763
720206185	**499748284**	**392346072**	**643615292**	**365102910**	**219450551**	**514718379**	**7570407128**
88604517	28690858	114626379	64858122	131508242	17104352	80883082	1031221936
308573793	345785917	153853757	321946894	152813573	65690138	401924944	4154035120
115688652	40737779	32174314	135072381	27587615	83106187	9125821	1024490911
207339222	84533731	91691622	121737895	53193481	53549874	22784532	1360659161

3-18 1997年投入产出基本流量表(最终使用部分)

按当年生产者价格计算。

单位：万元

投入 Input \ 产出 Output	最终使用 Final Use 最终消费 Final Consumption Expenditure 居民最终消费 Household Consumption Expenditure 农村居民 Rural Households	城镇居民 Urban Households	小计 Subtotal	政府消费 Government Consumption Expenditure	合计 Total Consumption
总投入合计 Total Input					
中间投入合计 Intermediate Input	**1779830032**	**1798065939**	**3577895971**	**872487000**	**4450382971**
农业 Agriculture	674130843	361961254	1036092098	0	1036092098
采掘业 Mining and Quarrying	6138184	3007182	9145366	0	9145366
食品制造业 Foodstuff	366244745	393341447	759586192	0	759586192
纺织、缝纫及皮革产品制造业 Textile, Sewing, Leather and Furs Products	110645779	195326315	305972095	0	305972095
其他制造业 Other Manufacturing	44153584	76940094	121093678	0	121093678
电力及蒸汽、热水生产和供应业 Production and Supply of Electric Power, Steam and Hot Water	15895237	26089395	41984632	0	41984632
炼焦、煤气及石油加工业 Coking, Gas and Petroleum Refining	2269435	10576133	12845569	0	12845569
化学工业 Chemical Industry	60829418	42448785	103278203	0	103278203
建筑材料及其他非金属矿物制品业 Building Materials and Non-metal Mineral Products	14793749	38089725	52883473	0	52883473
金属产品制造业 Metal Products	13869797	15822500	29692297	0	29692297
机械设备制造业 Machinery and Equipment	104040367	124996296	229036664	0	229036664
建筑业 Construction	0	0	0	0	0
运输邮电业 Transportation, Post and Telecommunications	39141860	56224582	95366441	0	95366441
商业饮食业 Commerce and Catering Trade	128830599	167443520	296274119	0	296274119
公用事业及居民服务业 Public Utilities and Resident Services	109197277	111076537	220273814	62713302	282987116
金融保险业 Banking and Insurance	36146033	56292939	92438972	0	92438972
其他服务业 Other Services	53503124	118429235	171932359	809773698	981706057

FINAL USE PART OF 1997 INPUT-OUTPUT TABLE

Data are calculated at producers' prices of 1997.

(10 000 yuan)

最终使用 Final Use					进口	其他	总产出
资本形成总额 Capital Formation			出口 Export	最终使用合计 Total of Final Use	Import	Other	Total Output
固定资本形成总额 Gross Fixed Capital Formation	存货增加 Changes in Inventories	小计 Subtotal					
2515420000	**330343000**	**2845763000**	**1654320470**	**8950466441**	**−1275906926**	**−104152388**	**19984423198**
59378801	46961203	106340004	40826491	1183258592	−39995466	−16745398	2467738270
0	2242245	2242245	38977123	50364734	−76851189	−11565319	682838868
0	54047531	54047531	73314640	886948362	−47064338	26688951	1379259480
0	81797562	81797562	386757136	774526793	−120511130	12054476	1536656291
19704801	19478767	39183568	137955460	298232705	−68740729	9102794	988489196
0	0	0	3819525	45804158	−19061	−17629425	390870932
0	7152581	7152581	17794962	37793112	−39453298	−14430086	323768889
0	41999368	41999368	151436832	296714403	−211301615	−18327222	1521223318
0	31936965	31936965	29951517	114771955	−10622186	2618332	880740341
17033648	−13589271	3444377	113542023	146678698	−115661444	−10900706	1275830441
687379636	29259230	716638866	387611187	1333286717	−479324204	−17189303	2554661165
1674730279	0	1674730279	2446030	1677176308	−5011599	−36465638	1738550000
5835807	3678789	9514596	58539278	163420316	−10949344	−5897745	702518988
32670029	25378030	58048059	128929687	483251864	−4311791	1914513	1329884624
18687000	0	18687000	75518244	377192360	−36720736	1661861	750052036
0	0	0	1692410	94131382	−4407419	388128	359527594
0	0	0	5207925	986913982	−4961378	−9430603	1101812765

3-19 投入产出直接消耗系数表（1997年）

产出 Output / 投入 Input	农业 Agriculture	采掘业 Mining and Quarrying	食品制造业 Foodstuff	纺织、缝纫及皮革产品制造业 Textile,Sewing Leather and Furs Products	其他制造业 Other Manufacturing
总投入合计 Total Input	**1.0000000**	**1.0000000**	**1.0000000**	**1.0000000**	**1.0000000**
中间投入合计 Intermediate Input	**0.4026277**	**0.4773659**	**0.7226236**	**0.7062755**	**0.6480280**
农业 Agriculture	0.1606388	0.0098903	0.4294177	0.0895886	0.0518097
采掘业 Mining and Quarrying	0.0020759	0.0760035	0.0046262	0.0026325	0.0164560
食品制造业 Foodstuff	0.0663319	0.0002811	0.1280511	0.0157800	0.0009458
纺织、缝纫及皮革产品制造业 Textile, Sewing, Leather and Furs Products	0.0028620	0.0085873	0.0023124	0.4036967	0.0729355
其他制造业 Other Manufacturing	0.0042276	0.0153801	0.0282696	0.0123967	0.2190271
电力及蒸汽、热水生产和供应业 Production and Supply of Electric Power, Steam and Hot Water	0.0073152	0.0488471	0.0079359	0.0060693	0.0244120
炼焦、煤气及石油加工业 Coking, Gas and Petroleum Refining	0.0084632	0.0223578	0.0022573	0.0016278	0.0053402
化学工业 Chemical Industry	0.0739834	0.0486729	0.0252597	0.0765855	0.0773034
建筑材料及其他非金属矿物制品业 Building Materials and Non-metal Mineral Products	0.0025437	0.0119135	0.0067963	0.0013253	0.0083354
金属产品制造业 Metal Products	0.0031154	0.0390544	0.0076743	0.0031365	0.0467783
机械设备制造业 Machinery and Equipment	0.0159949	0.0875449	0.0084274	0.0128034	0.0246879
建筑业 Construction	0.0019838	0.0022213	0.0005357	0.0006125	0.0008754
运输邮电业 Transportation, Post and Telecommunications	0.0119062	0.0433534	0.0124916	0.0131195	0.0210967
商业饮食业 Commerce and Catering Trade	0.0181337	0.0305546	0.0402897	0.0519120	0.0560022
公用事业及居民服务业 Public Utilities and Resident Services	0.0043928	0.0113401	0.0116916	0.0071597	0.0104494
金融保险业 Banking and Insurance	0.0046890	0.0122548	0.0054793	0.0069310	0.0085985
其他服务业 Other Services	0.0139702	0.0091088	0.0011080	0.0008984	0.0029743
增加值合计 Total Value-added	**0.5973723**	**0.5226341**	**0.2773764**	**0.2937245**	**0.3519720**
固定资产折旧 Depreciation of Fixed Assets	0.0236973	0.1067269	0.0375767	0.0422773	0.0369536
劳动者报酬 Compensation for Laborers	0.5259335	0.2416306	0.0768879	0.1374413	0.1448653
生产税净额 Net Taxes on Production	0.0175463	0.0532347	0.0947801	0.0485895	0.0395900
营业盈余 Operating Surplus	0.0301952	0.1210419	0.0681317	0.0654164	0.1305631

DIRECT INPUT COEFFICIENT OF INPUT-OUTPUT TABLE (1997)

电力及蒸汽、热水生产和供应业 Production and Supply of Electric Power, Steam and Hot Water	炼焦、煤气及石油加工业 Coking, Gas and Petroleum Refining	化学工业 Chemical Industry	建筑材料及其他非金属矿物制品业 Builing Materials and Non-metal Mineral Products	金属产品制造业 Metal Products	机械设备制造业 Machinery and Equipment	建筑业 Construction
1.0000000	**1.0000000**	**1.0000000**	**1.0000000**	**1.0000000**	**1.0000000**	**1.0000000**
0.5681144	**0.7775468**	**0.7314358**	**0.6840723**	**0.7846840**	**0.7180815**	**0.7125488**
0.0001313	0.0000084	0.0464367	0.0029314	0.0003477	0.0003426	0.0041448
0.2001637	0.5324441	0.0471973	0.1131672	0.1013485	0.0080814	0.0262109
0.0000000	0.0000000	0.0126802	0.0008029	0.0000000	0.0000152	0.0006391
0.0038527	0.0028347	0.0404998	0.0142140	0.0044707	0.0078498	0.0032899
0.0128194	0.0074122	0.0225883	0.0610978	0.0457943	0.0233947	0.0261055
0.0347893	0.0218671	0.0382612	0.0437962	0.0453468	0.0109572	0.0070152
0.0525938	0.0495978	0.0189958	0.0279685	0.0258989	0.0071393	0.0286238
0.0074257	0.0212908	0.3653445	0.0573268	0.0227864	0.0725741	0.0209173
0.0078086	0.0088021	0.0099378	0.1417585	0.0239365	0.0210506	0.2706612
0.0069246	0.0063166	0.0131388	0.0532797	0.3569150	0.1523672	0.1224838
0.1170027	0.0392387	0.0250791	0.0445827	0.0466744	0.3307439	0.0806348
0.0027521	0.0012015	0.0008804	0.0007568	0.0008610	0.0011727	0.0005804
0.0324998	0.0287419	0.0231497	0.0420318	0.0381809	0.0194479	0.0366579
0.0529373	0.0380397	0.0425512	0.0571360	0.0357732	0.0370164	0.0478277
0.0112970	0.0075305	0.0118792	0.0084408	0.0108748	0.0121845	0.0201485
0.0202657	0.0100166	0.0107001	0.0130736	0.0223454	0.0107833	0.0061623
0.0048509	0.0022039	0.0021157	0.0017077	0.0031296	0.0029606	0.0104456
0.4318856	**0.2224532**	**0.2685642**	**0.3159277**	**0.2153160**	**0.2819185**	**0.2874512**
0.1337181	0.0350111	0.0425111	0.0492371	0.0381183	0.0346835	0.0165028
0.1104148	0.0536515	0.1007396	0.1504277	0.1049317	0.1207885	0.1988933
0.0762119	0.0895751	0.0615559	0.0535796	0.0448344	0.0452853	0.0234320
0.1115408	0.0442156	0.0637576	0.0626833	0.0274316	0.0811611	0.0486231

3-19 **续表** continued

产 出 Output / 投 入 Input	运输邮电业 Transportation, Post and Telecommunications	商业饮食业 Commerce and Catering Trade	公用事业及居民服务业 Public Utilities and Resident Services	金融保险业 Banking and Insurance	其他服务业 Other Services
总投入合计 Total Input	**1.0000000**	**1.0000000**	**1.0000000**	**1.0000000**	**1.0000000**
中间投入合计 Intermediate Input	**0.4415153**	**0.5160367**	**0.5132299**	**0.3896142**	**0.5328441**
农 业 Agriculture	0.0015928	0.0438842	0.0062127	0.0000000	0.0099408
采掘业 Mining and Quarrying	0.0061738	0.0013976	0.0063227	0.0005182	0.0076597
食品制造业 Foodstuff	0.0058013	0.0728196	0.0246232	0.0001759	0.0058178
纺织、缝纫及皮革产品制造业 Textile, Sewing, Leather and Furs Products	0.0065426	0.0143253	0.0218778	0.0024547	0.0118559
其他制造业 Other Manufacturing	0.0189527	0.0417670	0.0559741	0.0399930	0.0635590
电力及蒸汽、热水生产和供应业 Production and Supply of Electric Power, Steam and Hot Water	0.0164340	0.0085420	0.0103716	0.0053488	0.0170629
炼焦、煤气及石油加工业 Coking, Gas and Petroleum Refining	0.0795079	0.0135156	0.0219979	0.0035161	0.0091028
化学工业 Chemical Industry	0.0153733	0.0183751	0.0309300	0.0024607	0.0754892
建筑材料及其他非金属矿物制品业 Building Materials and Non-metal Mineral Products	0.0041846	0.0080500	0.0167851	0.0014507	0.0112610
金属产品制造业 Metal Products	0.0060895	0.0048149	0.0091629	0.0017255	0.0111825
机械设备制造业 Machinery and Equipment	0.1427984	0.0830564	0.1103670	0.0486610	0.0647636
建筑业 Construction	0.0193976	0.0043482	0.0261874	0.0184961	0.0359569
运输邮电业 Transportation, Post and Telecommunications	0.0443579	0.0247208	0.0411216	0.0367454	0.0673932
商业饮食业 Commerce and Catering Trade	0.0209754	0.0895842	0.0374066	0.0218313	0.0467641
公用事业及居民服务业 Public Utilities and Resident Services	0.0307950	0.0505178	0.0644978	0.1134484	0.0558230
金融保险业 Banking and Insurance	0.0157567	0.0320814	0.0196769	0.0867982	0.0157409
其他服务业 Other Services	0.0067819	0.0042365	0.0097145	0.0059901	0.0234707
增加值合计 Total Value-added	**0.5584847**	**0.4839633**	**0.4867701**	**0.6103858**	**0.4671559**
固定资产折旧 Depreciation of Fixed Assets	0.1631648	0.0487697	0.1753322	0.0475745	0.0734091
劳动者报酬 Compensation for Laborers	0.2190030	0.2420863	0.2037373	0.1827124	0.3647852
生产税净额 Net Taxes on Production	0.0457985	0.1015670	0.0367809	0.2311538	0.0082826
营业盈余 Operating Surplus	0.1305184	0.0915402	0.0709197	0.1489451	0.0206791

3-20 投入产出完全消耗系数表（1997年）

TOTAL INPUT COEFFICIENTS OF INPUT-OUTPUT TABLE (1997)

产　出 Output / 投　入 Input	农　业 Agriculture	采掘业 Mining and Quarrying	食品制造业 Foodstuff	纺织、缝纫及皮革产品制造业 Textile, Sewing Leather and Furs Products	其他制造业 Other Manufacturing
农　业 Agriculture	0.2637992	0.0439736	0.6417691	0.2447338	0.1413611
采掘业 Mining and Quarrying	0.0402350	0.1620645	0.0493851	0.0533891	0.0941056
食品制造业 Foodstuff	0.1048177	0.0155109	0.2082444	0.0668050	0.0322586
纺织、缝纫及皮革产品制造业 Textile, Sewing, Leather and Furs Products	0.0279523	0.0452378	0.0354919	0.7137695	0.1912631
其他制造业 Other Manufacturing	0.0312424	0.0607627	0.0732780	0.0624677	0.3260199
电力及蒸汽、热水生产和供应业 Production and Supply of Electric Power, Steam and Hot Water	0.0262071	0.0821687	0.0335099	0.0364646	0.0647083
炼焦、煤气及石油加工业 Coking, Gas and Petroleum Refining	0.0242809	0.0517360	0.0245600	0.0248168	0.0347221
化学工业 Chemical Industry	0.1802896	0.1532671	0.1630155	0.2755285	0.2455304
建筑材料及其他非金属矿物制品业 Building Materials and Non-metal Mineral Products	0.0141050	0.0342418	0.0229673	0.0175181	0.0313613
金属产品制造业 Metal Products	0.0380975	0.1412369	0.0562844	0.0553091	0.1510592
机械设备制造业 Machinery and Equipment	0.0760616	0.2301838	0.0902848	0.1100796	0.1456266
建筑业 Construction	0.0055613	0.0076601	0.0056814	0.0057510	0.0064900
运输邮电业 Transportation, Post and Telecommunications	0.0342579	0.0816880	0.0451192	0.0522869	0.0654869
商业饮食业 Commerce and Catering Trade	0.0544698	0.0833907	0.0963845	0.1391373	0.1352811
公用事业及居民服务业 Public Utilities and Resident Services	0.0200673	0.0361045	0.0349331	0.0363334	0.0409253
金融保险业 Banking and Insurance	0.0164847	0.0331132	0.0230525	0.0299465	0.0336722
其他服务业 Other Services	0.0204824	0.0153535	0.0136190	0.0087910	0.0107884

3-20 **续表**

产　出 Output / 投　入 Input	电力及蒸汽、热水生产和供应业 Production and Supply of Electric Power, Steam and Hot Water	炼焦、煤气及石油加工业 Coking, Gas and Petroleum Refining	化学工业 Chemical Industry	建筑材料及其他非金属矿物制品业 Building Materials and Non-metal Mineral Products	金属产品制造业 Metal Products
农　业 Agriculture	0.0324796	0.0407908	0.1483512	0.0549643	0.0459445
采掘业 Mining and Quarrying	0.3090029	0.6786512	0.1605432	0.2436206	0.2756783
食品制造业 Foodstuff	0.0160575	0.0175746	0.0509644	0.0232602	0.0201654
纺织、缝纫及皮革产品制造业 Textile, Sewing, Leather and Furs Products	0.0377092	0.0443316	0.1383676	0.0748429	0.0578417
其他制造业 Other Manufacturing	0.0614135	0.0627464	0.0875420	0.1414980	0.1424805
电力及蒸汽、热水生产和供应业 Production and Supply of Electric Power, Steam and Hot Water	0.0734606	0.0811756	0.0921420	0.0955236	0.1146250
炼焦、煤气及石油加工业 Coking, Gas and Petroleum Refining	0.0854043	0.0934892	0.0593320	0.0698408	0.0793817
化学工业 Chemical Industry	0.1053286	0.1521871	0.6733935	0.2039703	0.1608742
建筑材料及其他非金属矿物制品业 Building Materials and Non-metal Mineral Products	0.0326798	0.0384012	0.0368996	0.1898010	0.0675359
金属产品制造业 Metal Products	0.1148322	0.1238348	0.1006939	0.1846480	0.6577748
机械设备制造业 Machinery and Equipment	0.2939370	0.2335203	0.1675827	0.2107191	0.2497265
建筑业 Construction	0.0087875	0.0082980	0.0073430	0.0074309	0.0089337
运输邮电业 Transportation, Post and Telecommunications	0.0777225	0.0916315	0.0760634	0.0984839	0.1110217
商业饮食业 Commerce and Catering Trade	0.1127009	0.1108959	0.1285860	0.1376981	0.1275358
公用事业及居民服务业 Public Utilities and Resident Services	0.0404884	0.0409218	0.0468917	0.0421856	0.0522655
金融保险业 Banking and Insurance	0.0444627	0.0389110	0.0394506	0.0425756	0.0634293
其他服务业 Other Services	0.0124548	0.0133905	0.0110571	0.0100120	0.0133529

continued

机械设备制造业 Machinery and Equipment	建筑业 Construction	运输邮电业 Transportation, Post and Telecommunications	商业饮食业 Commerce and Catering Trade	公用事业及居民服务业 Public Utilities & Resident Services	金融保险业 Banking and Insurance	其他服务业 Other Services
0.0486593	0.0500341	0.0317881	0.1374388	0.0625975	0.0242635	0.0605956
0.1267431	0.1772352	0.1046078	0.0537821	0.0762873	0.0365138	0.0763700
0.0214903	0.0222810	0.0195834	0.1118701	0.0480536	0.0134209	0.0280987
0.0655481	0.0556122	0.0389344	0.0576657	0.0755249	0.0313751	0.0640665
0.1074419	0.1163593	0.0635424	0.0968962	0.1181215	0.0880928	0.1285922
0.0657581	0.0657548	0.0440483	0.0329544	0.0398698	0.0228712	0.0488637
0.0485828	0.0753888	0.1074129	0.0358898	0.0493497	0.0224395	0.0396591
0.2556968	0.1625328	0.1033483	0.1150167	0.1402236	0.0605400	0.2047217
0.0639880	0.3436842	0.0305298	0.0287711	0.0483084	0.0224817	0.0445853
0.4164735	0.3126108	0.1055156	0.0806642	0.1081638	0.0605050	0.1018267
0.6213684	0.2707979	0.3003297	0.2107208	0.2620953	0.1536108	0.2052665
0.0080110	0.0079335	0.0250304	0.0108118	0.0332323	0.0269605	0.0438533
0.0806027	0.1013294	0.0800949	0.0587538	0.0801906	0.0663310	0.1087387
0.1266873	0.1372092	0.0712703	0.1466140	0.0968076	0.0608019	0.1080644
0.0506447	0.0564471	0.0557550	0.0816133	0.0950479	0.1472556	0.0877643
0.0460164	0.0391578	0.0352364	0.0541120	0.0417080	0.1087199	0.0382993
0.0116239	0.0189549	0.0125182	0.0110264	0.0164116	0.0112732	0.0307001

3-21 资金流量表(实物交易,1992年)

单位：亿元

机构部门 Institutional Sector		非金融企业部门 Non-financial Enterprises		金融机构部门 Financial Institutions		政府部门 Governments	
交易项目	Transaction	运用 Utilization	来源 Source	运用 Utilization	来源 Source	运用 Utilization	来源 Source
1.净出口	Net Exports						
2.增加值	Value Added		15489.24		984.86		2444.00
3.劳动者报酬	Compensation of Laborers	7128.40		222.00		1572.00	
(1)工资及工资性收入	Wages and Related Income						
(2)单位社会保险付款	Employer's Contribution of Social Securities						
4.生产税净额	Taxes on Production, Net	2804.93		188.40		107.30	3495.32
(1)生产税	Taxes on Production						
(2)生产补贴	Subsidies to Production						
5.财产收入	Income from Properties	2029.06	936.65	2331.17	2373.85	201.33	79.58
(1)利息	Interest	2024.84	935.29	2327.51	2373.25	201.33	79.58
(2)红利	Dividend	4.22	0.00	0.00	0.60	0.00	0.00
(3)土地租金	Rent on Land Use						
(4)其他	Others		1.36	3.66			
6.初次分配总收入	Total Income from Primary Distribution		4463.50		617.14		4138.27
7.经常转移	Current Transfer	1265.72	89.72	488.65	144.35	743.38	1670.04
(1)收入税	Taxes on Income	673.10		343.60		25.60	1047.01
(2)社会保险付款	Payment to Social Security					321.91	365.80
(3)社会补助	Allowances	54.90		0.70		394.00	
(4)其他	Others	537.72	89.72	144.35	144.35	1.87	257.23
8.可支配总收入	Total Disposable Income		3287.50		272.84		5064.93
9.最终消费	Final Consumption Expenditure					3492.30	
(1)居民消费	Household Consumption						
(2)政府消费	Government Consumption					3492.30	
10.总储蓄	Savings		3287.50		272.84		1572.63
11.资本转移	Capital Transfer		985.80		0.80	986.60	
(1)投资性补助	Investment Allowances						
(2)其他	Other						
12.资本形成总额	Gross Capital Formation	7549.46		42.57		595.98	
(1)固定资本形成总额	Gross Fixed Capital Formation	6456.46		42.57		595.98	
(2)存货增加	Changes in Inventories	1093.00					
13.其他非金融资产获得减处置							
14.净金融投资	Net Financial Investment	−3276.16		231.07		−9.95	
15.统计误差	Statistical Discrepancy	−66.34		−171.87		−644.75	
16.净金融投资	Financial Investment, Net	−3342.50		59.20		−654.70	

FLOW OF FUNDS TABLE(PHYSICAL TRANSACTION, 1992)

(100 million yuan)

住户部门 Households		国内合计 Total of Domestic Sectors		国外部门 Rest of the World		合计 Total	
运用 Utilization	来源 Source	运用 Utilization	来源 Source	运用 Utilization	来源 Source	运用 Utilization	来源 Source
					−275.50		−275.50
	7720.00		26638.10				26638.10
7037.20	15959.60	15959.60	15959.60			15959.60	15959.60
394.69		3495.32	3495.32			3495.32	3495.32
6.15	1191.37	4567.71	4581.45	308.56	294.83	4876.27	4876.27
6.15	1186.66	4559.83	4574.78	308.56	293.61	4868.39	4868.39
0.00	2.40	4.22	3.01	0.00	1.21	4.22	4.22
	2.31	3.66	3.66			3.66	3.66
	17432.93		26651.83				26651.83
662.08	1319.42	3159.83	3223.53	66.51	2.81	3226.34	3226.34
4.71		1047.01	1047.01			1047.01	1047.01
365.80	321.91	687.71	687.71			687.71	687.71
	449.60	449.60	449.60			449.60	449.60
291.57	547.91	975.51	1039.21	66.51	2.81	1042.02	1042.02
	18090.27		26715.53				26715.53
12459.80		15952.10				15952.10	
12459.80		12459.80				12459.80	
		3492.30				3492.30	
	5630.47		10763.43		−352.93		10410.50
		986.60	986.60			986.60	986.60
1447.99		9636.00				9636.00	
1221.99		8317.00				8317.00	
226.00		1319.00				1319.00	
4182.48		1127.43		−352.93		774.50	
108.62		−774.33		−0.17		−774.50	
4291.10		353.10		−353.10		0.00	

3-22 资金流量表(实物交易,1993年)

单位：亿元

机构部门 Institutional Sector		非金融企业部门 Non-financial Enterprises		金融机构部门 Financial Institutions		政府部门 Governments	
交易项目 Transaction		运　用 Utilization	来　源 Source	运　用 Utilization	来　源 Source	运　用 Utilization	来　源 Source
1.净出口	Net Exports						
2.增加值	Value Added		21092.00		1254.50		3173.00
3.劳动者报酬	Compensation of Laborers	8920.70		309.90		2037.10	
(1)工资及工资性收入	Wages and Related Income						
(2)单位社会保险付款	Employer's Contribution of Social Securities						
4.生产税净额	Taxes on Production, Net	4118.54		184.40		127.90	4979.50
(1)生产税	Taxes on Production						
(2)生产补贴	Subsidies to Production						
5.财产收入	Income from Properties	3038.50	1370.09	3384.71	3363.24	296.74	124.23
(1)利息	Interest	3015.72	1368.46	3379.72	3361.34	296.74	124.23
(2)红利	Dividend	22.78	0.00	0.00	1.91	0.00	0.00
(3)土地租金	Rent on Land Use						
(4)其他	Others		1.63	4.99			
6.初次分配总收入	Total Income from Primary Distribution		6384.35		738.73		5814.99
7.经常转移	Current Transfer	1304.37	114.97	599.57	259.37	875.34	1720.68
(1)收入税	Taxes on Income	530.00		339.20		20.60	917.05
(2)社会保险付款	Payment to Social Security					472.88	508.22
(3)社会补助	Allowances	66.40		1.00		376.10	
(4)其他	Others	707.97	114.97	259.37	259.37	5.76	295.41
8.可支配总收入	Total Disposable Income		5194.95		398.53		6660.32
9.最终消费	Final Consumption Expenditure					4499.70	
(1)居民消费	Household Consumption						
(2)政府消费	Government Consumption					4499.70	
10.总储蓄	Savings		5194.95		398.53		2160.62
11.资本转移	Capital Transfer		1344.59		1.00	1345.59	
(1)投资性补助	Investment Allowances						
(2)其他	Other						
12.资本形成总额	Gross Capital Formation	12199.40		80.50		954.80	
(1)固定资本形成总额	Gross Fixed Capital Formation	10468.40		80.50		954.80	
(2)存货增加	Changes in Inventories	1731.00					
13.其他非金融资产获得减处置							
14.净金融投资	Net Financial Investment	−5659.86		319.03		−139.77	
15.统计误差	Statistical Discrepancy	−12.55		30.55		−87.53	
16.净金融投资	Financial Investment, Net	−5672.41		349.58		−227.30	

FLOW OF FUNDS TABLE(PHYSICAL TRANSACTION, 1993)

(100 million yuan)

住户部门 Households		国内合计 Total of Domestic Sectors		国外部门 Rest of the World		合计 Total	
运 用 Utilization	来 源 Source	运 用 Utilization	来 源 Source	运 用 Utilization	来 源 Source	运 用 Utilization	来 源 Source
					679.50		679.50
	9114.90		34634.40				34634.40
8365.90	19633.60	19633.60	19633.60			19633.60	19633.60
548.65		4979.49	4979.50			4979.49	4979.50
11.78	1800.25	6731.73	6657.81	252.95	326.87	6984.68	6984.68
11.78	1789.26	6703.96	6643.29	252.95	313.62	6956.91	6956.91
0.00	7.62	22.78	9.53	0.00	13.25	22.78	22.78
	3.36	4.99	4.99			4.99	4.99
	21622.42		34560.48				34560.48
953.92	1705.71	3733.20	3800.73	74.33	6.80	3807.53	3807.53
27.25		917.05	917.05			917.05	917.05
508.22	472.88	981.10	981.10			981.10	981.10
	443.50	443.50	443.50			443.50	443.50
418.45	789.33	1391.55	1459.08	74.33	6.80	1465.88	1465.88
	22374.21		34628.01				34628.01
15682.40		20182.10				20182.10	
15682.40		15682.40				15682.40	
		4499.70				4499.70	
	6691.81		14445.91		685.90		15131.81
		1345.59	1345.59			1345.59	1345.59
1763.30		14998.00				14998.00	
1476.30		12980.00				12980.00	
287.00		2018.00				2018.00	
4928.51		−552.09		685.90		133.81	
-36.46		−105.99		−27.82		−133.81	
4892.05		−658.08		658.08		0.00	

3-23 资金流量表(实物交易,1994年)

单位：亿元

机构部门 Institutional Sector 交易项目 Transaction		非金融企业部门 Non-financial Enterprises 运用 Utilization	非金融企业部门 来源 Source	金融机构部门 Financial Institutions 运用 Utilization	金融机构部门 来源 Source	政府部门 Governments 运用 Utilization	政府部门 来源 Source
1.净出口	Net Exports						
2.增加值	Value Added		27724.50		1527.30		4442.20
3.劳动者报酬	Compensation of Laborers	11527.10		433.90		2794.60	
(1)工资及工资性收入	Wages and Related Income						
(2)单位社会保险付款	Employer's Contribution of Social Securities						
4.生产税净额	Taxes on Production, Net	5145.78		398.74		172.40	6378.62
(1)生产税	Taxes on Production						
(2)生产补贴	Subsidies to Production						
5.财产收入	Income from Properties	4514.27	1941.87	5099.48	5094.09	454.89	189.47
(1)利息	Interest	4448.95	1939.48	5095.37	5087.93	454.89	189.47
(2)红利	Dividend	65.32	0.09	0.00	6.17	0.00	0.00
(3)土地租金	Rent on Land Use						
(4)其他	Others		2.31	4.11			
6.初次分配总收入	Total Income from Primary Distribution		8479.23		689.28		7588.40
7.经常转移	Current Transfer	1606.84	197.39	516.35	252.79	1097.35	1936.80
(1)收入税	Taxes on Income	506.45		260.56			842.01
(2)社会保险付款	Payment to Social Security					665.75	716.61
(3)社会补助	Allowances	84.00		3.00		416.60	
(4)其他	Others	1016.39	197.39	252.79	252.79	15.00	378.18
8.可支配总收入	Total Disposable Income		7069.78		425.72		8427.85
9.最终消费	Final Consumption Expenditure					5986.20	
(1)居民消费	Household Consumption						
(2)政府消费	Government Consumption					5986.20	
10.总储蓄	Savings		7069.78		425.72		2441.65
11.资本转移	Capital Transfer		1462.36		11.10	1473.46	
(1)投资性补助	Investment Allowances						
(2)其他	Other						
12.资本形成总额	Gross Capital Formation	15361.57		148.86		1339.71	
(1)固定资本形成总额	Gross Fixed Capital Formation	13397.17		148.86		1339.71	
(2)存货增加	Changes in Inventories	1964.40					
13.其他非金融资产获得减处置							
14.净金融投资	Net Financial Investment	−6829.43		287.96		−371.52	
15.统计误差	Statistical Discrepancy	146.46		−393.19		322.25	
16.净金融投资	Financial Investment, Net	−6682.97		−105.23		−49.27	

FLOW OF FUNDS TABLE(PHYSICAL TRANSACTION, 1994)

(100 million yuan)

住户部门 Households		国内合计 Total of Domestic Sectors		国外部门 Rest of the World		合计 Total	
运　用 Utilization	来　源 Source	运　用 Utilization	来　源 Source	运　用 Utilization	来　源 Source	运　用 Utilization	来　源 Source
					−634.10		−634.10
	13065.40		46759.40				46759.40
11889.50	26645.10	26645.10	26645.10			26645.10	26645.10
661.70		6378.62	6378.62			6378.62	6378.62
20.15	2774.07	10088.78	9999.50	494.55	583.83	10583.33	10583.33
20.15	2747.59	10019.36	9964.47	494.46	549.36	10513.82	10513.82
0.00	24.67	65.32	30.93	0.09	34.47	65.40	65.40
	1.80	4.11	4.11			4.11	4.11
	29913.22		46670.12				46670.12
1189.33	2138.12	4409.87	4525.10	152.55	37.32	4562.42	4562.42
75.00		842.01	842.01			842.01	842.01
716.61	665.75	1382.36	1382.36			1382.36	1382.36
	503.60	503.60	503.60			503.60	503.60
397.72	968.77	1681.90	1797.13	152.55	37.32	1834.45	1834.45
	30862.01		46785.35				46785.35
20809.77		26795.97				26795.97	
20809.77		20809.77				20809.77	
		5986.20				5986.20	
	10052.24		19989.38		−660.05		19329.33
		1473.46	1473.46			1473.46	1473.46
2410.46		19260.60				19260.60	
1970.56		16856.30				16856.30	
439.90		2404.30				2404.30	
7641.78		728.78		−660.05		68.73	
−142.27		−66.74		−1.99		−68.73	
7499.51		662.04		−662.04		0.00	

3-24 资金流量表(实物交易,1995年)

单位：亿元

机构部门 Institutional Sector	非金融企业部门 Non-financial Enterprises		金融机构部门 Financial Institutions		政府部门 Governments	
交易项目 Transaction	运　用 Utilization	来　源 Source	运　用 Utilization	来　源 Source	运　用 Utilization	来　源 Source
1.净出口　Net Exports						
2.增加值　Value Added		36025.00		1574.67		5089.34
3.劳动者报酬　Compensation of Laborers	15002.60		585.95		3624.47	
(1)工资及工资性收入　Wages and Related Income						
(2)单位社会保险付款　Employer's Contribution of Social Securities						
4.生产税净额　Taxes on Production, Net	6706.85		174.81		164.36	7777.82
(1)生产税　Taxes on Production						
(2)生产补贴　Subsidies to Production						
5.财产收入　Income from Properties	5312.89	1866.35	5091.72	4973.91	532.01	159.03
(1)利息　Interest	4443.20	1863.34	5086.77	4966.20	532.01	159.03
(2)红利　Dividend	869.69	0.08	0.00	7.71	0.00	0.00
(3)土地租金　Rent on Land Use						
(4)其他　Others		2.93	4.95			
6.初次分配总收入　Total Income from Primary Distribution		10869.02		696.10		8705.35
7.经常转移　Current Transfer	1874.67	193.61	521.55	256.33	1370.13	2169.40
(1)收入税　Taxes on Income	478.26		261.12			870.88
(2)社会保险付款　Payment to Social Security					858.37	970.74
(3)社会补助　Allowances	126.80		4.10		509.10	
(4)其他　Others	1269.61	193.61	256.33	256.33	2.66	327.78
8.可支配总收入　Total Disposable Income		9187.96		430.88		9504.62
9.最终消费　Final Consumption Expenditure					6690.50	
(1)居民消费　Household Consumption						
(2)政府消费　Government Consumption					6690.50	
10.总储蓄　Savings		9187.96		430.88		2814.12
11.资本转移　Capital Transfer		1601.18		10.23	1611.41	
(1)投资性补助　Investment Allowances						
(2)其他　Other						
12.资本形成总额　Gross Capital Formation	19036.05		177.39		1596.62	
(1)固定资本形成总额　Gross Fixed Capital Formation	15966.25		177.39		1596.62	
(2)存货增加　Changes in Inventories	3069.80					
13.其他非金融资产获得减处置						
14.净金融投资　Net Financial Investment	−8246.91		263.72		−393.91	
15.统计误差　Statistical Discrepancy	167.44		−472.06		305.28	
16.净金融投资　Financial Investment, Net	−8079.47		−208.34		−88.63	

FLOW OF FUNDS TABLE(PHYSICAL TRANSACTION, 1995)

(100 million yuan)

住户部门 Households		国内合计 Total of Domestic Sectors		国外部门 Rest of the World		合计 Total	
运用 Utilization	来源 Source	运用 Utilization	来源 Source	运用 Utilization	来源 Source	运用 Utilization	来源 Source
					−998.50		−998.50
	15789.09		58478.10				58478.10
14446.98	33660.00	33660.00	33660.00			33660.00	33660.00
731.80		7777.82	7777.82			7777.82	7777.82
16.94	2971.04	10953.56	9970.34	433.48	1416.71	11387.04	11387.04
16.94	2938.19	10078.92	9926.76	433.40	585.56	10512.32	10512.32
0.00	30.83	869.69	38.63	0.08	831.15	869.77	869.77
	2.02	4.95	4.95			4.95	4.95
1468.02	2734.79	5234.37	5354.13	152.48	32.72	5386.85	5386.85
131.50		870.88	870.88			870.88	870.88
970.74	858.37	1829.11	1829.11			1829.11	1829.11
365.78	1236.42	1894.38	2014.14	152.48	32.72	2046.86	2046.86
26944.45		33634.95				33634.95	
26944.45		26944.45				26944.45	
3066.94		23877.00				23877.00	
2560.24		20300.50				20300.50	
506.70		3576.50				3576.50	
8479.80		102.69		−135.04		−32.35	
33.44		34.11		−1.76		32.35	
8513.24		136.80		−136.80		0.00	

3-25 资金流量表(实物交易,1996年)

单位：亿元

机构部门 Institutional Sector 交易项目 Transaction		非金融企业部门 Non-financial Enterprises		金融机构部门 Financial Institutions		政府部门 Governments	
		运 用 Utilization	来 源 Source	运 用 Utilization	来 源 Source	运 用 Utilization	来 源 Source
1.净出口	Net Exports						
2.增加值	Value Added		40885.40		1909.20		5513.80
3.劳动者报酬	Compensation of Laborers	17336.50		668.00		4684.00	
(1)工资及工资性收入	Wages and Related Income						
(2)单位社会保险付款	Employer's Contribution of Social Securities						
4.生产税净额	Taxes on Production, Net	8654.47		397.80		60.08	10095.63
(1)生产税	Taxes on Production						
(2)生产补贴	Subsidies to Production						
5.财产收入	Income from Properties	6355.56	2202.55	6115.70	6053.34	658.95	175.07
(1)利息	Interest	5339.50	2196.06	6082.07	6044.33	658.95	175.07
(2)红利	Dividend	1016.06	0.58	0.00	9.01	0.00	0.00
(3)土地租金	Rent on Land Use						
(4)其他	Others		5.91	33.63			
6.初次分配总收入	Total Income from Primary Distribution		10741.42		781.05		10381.47
7.经常转移	Current Transfer	2461.12	214.01	500.81	318.07	1653.99	2765.35
(1)收入税	Taxes on Income	830.51		182.00			1205.70
(2)社会保险付款	Payment to Social Security					1055.10	1207.00
(3)社会补助	Allowances	78.60		0.74		592.38	
(4)其他	Others	1552.01	214.01	318.07	318.07	6.51	352.65
8.可支配总收入	Total Disposable Income		8494.31		598.31		11492.83
9.最终消费	Final Consumption Expenditure					7851.60	
(1)居民消费	Household Consumption						
(2)政府消费	Government Consumption					7851.60	
10.总储蓄	Savings		8494.31		598.31		3641.23
11.资本转移	Capital Transfer		2109.21		2.98	2112.19	
(1)投资性补助	Investment Allowances						
(2)其他	Other						
12.资本形成总额	Gross Capital Formation	20613.59		181.12		1851.49	
(1)固定资本形成总额	Gross Fixed Capital Formation	18092.29		181.12		1851.49	
(2)存货增加	Changes in Inventories	2521.30					
13.其他非金融资产获得减处置							
14.净金融投资	Net Financial Investment	−10010.07		420.17		−322.45	
15.统计误差	Statistical Discrepancy	−1957.69		1660.98		−81.39	
16.净金融投资	Financial Investment, Net	−11967.76		2081.14		−403.84	

FLOW OF FUNDS TABLE(PHYSICAL TRANSACTION, 1996)

(100 million yuan)

住户部门 Households		国内合计 Total of Domestic Sectors		国外部门 Rest of the World		合计 Total	
运用 Utilization	来源 Source	运用 Utilization	来源 Source	运用 Utilization	来源 Source	运用 Utilization	来源 Source
					－1459.30		－1459.22
	19576.20		67884.60				67884.60
16591.00	39279.50	39279.50	39279.50			39279.50	39279.50
983.28		10095.63	10095.63			10095.63	10095.63
24.13	3689.34	13154.34	12120.30	608.43	1642.47	13762.77	13762.77
24.13	3625.58	12104.65	12041.04	607.85	671.45	12712.50	12712.50
0.00	36.04	1016.06	45.63	0.58	971.02	1016.64	1016.64
	27.72	33.63	33.63			33.63	33.63
	44946.63		66850.56				66850.56
1838.70	3334.98	6454.62	6632.41	197.75	19.96	6652.37	6652.37
193.19		1205.70	1205.70			1205.70	1205.70
1207.00	1055.10	2262.10	2262.10			2262.10	2262.10
	671.72	671.72	671.72			671.72	671.72
438.51	1608.16	2315.10	2492.89	197.75	19.96	2512.85	2512.85
	46442.91		67028.35				67028.35
32152.25		40003.85				40003.85	
32152.25		32152.25				32152.25	
		7851.60				7851.60	
	14290.66		27024.50		－603.05		26421.45
		2112.19	2112.19			2112.19	2112.19
4220.97		26867.17				26867.17	
3211.17		23336.07				23336.07	
1009.80		3531.10				3531.10	
10069.69		157.33		－603.05		－445.72	
832.71		454.60		－8.88		445.72	
10902.39		611.93		－611.93		0.00	

3-26 资金流量表(金融交易,1992年)

单位：亿元

机构部门 Institutional Sector 交易项目 Transaction	非金融企业部门 Non-financial Enterprises		金融机构部门 Financial Institutions		政府部门 Governments	
	运用 Utilization	来源 Source	运用 Utilization	来源 Source	运用 Utilization	来源 Source
净金融投资 Net Financial Investment	−3342.50		59.20		−654.70	
资金运用合计 Total Utilization	3533.70		6193.40		23.90	
资金来源合计 Total Sources		6876.20		6134.20		678.60
通货 Currency in Circulation	222.80		34.20	1162.10	48.00	
存款 Savings Deposits	3348.90			5964.70	−78.10	
贷款 Loans		5363.90	5695.00			173.30
证券 Securities	107.80	807.20	199.70	10.90		334.80
保险准备金 Reserves for Insurance Business	19.30			71.80		
结算资金 Settlement Funds	−146.20			−146.20		
金融机构往来 Flow Between Financial Institutions						
准备金 Reserve Funds						
库存现金 Cash						
中央银行贷款 Loans from the Central Bank						
其他(净) Other(net)	−1264.00			−1264.00		
国际资本往来 Flow of International Capitals	1245.10	1161.30	381.50	334.90	54.00	170.50
国际储备资产 Assets in International Serves			−117.00			
国际收支错误与遗漏 Errors and Omission of Balance of Payment		−456.20				

3-27 资金流量表(金融交易,1993年)

单位：亿元

机构部门 Institutional Sector 交易项目 Transaction	非金融企业部门 Non-financial Enterprises		金融机构部门 Financial Institutions		政府部门 Governments	
	运用 Utilization	来源 Source	运用 Utilization	来源 Source	运用 Utilization	来源 Source
净金融投资 Net Financial Investment	−5672.41		349.58		−227.30	
资金运用合计 Total Utilization	3447.30		12800.89		668.27	
资金来源合计 Total Sources		9119.71		12451.31		895.57
通货 Currency in Circulation	324.02		30.15	1528.70	41.51	
存款 Savings Deposits	2558.99			6478.43	550.33	
贷款 Loans		7063.06	7573.55			340.98
证券 Securities		283.10	140.75	78.00	−0.80	276.72
保险准备金 Reserves for Insurance Business	26.37			87.93		
结算资金 Settlement Funds	−232.86			−232.86		
金融机构往来 Flow Between Financial Institutions			52.60	52.60		
准备金 Reserve Funds			1574.52	1574.52		
库存现金 Cash			221.76	194.10		
中央银行贷款 Loans from the Central Bank			2917.12	2917.12		
其他(净) Other(net)	−539.66			−539.66		
国际资本往来 Flow of International Capitals	1310.44	2338.46	188.61	312.43	77.23	277.87
国际储备资产 Assets in International Serves			101.83			
国际收支错误与遗漏 Errors and Omission of Balance of Payment		−564.91				

FLOW OF FUNDS TABLE(FINANCIAL TRANSACTION, 1992)

(100 million yuan)

住户部门 Households		国内合计 Total of Domestic Sectors		国外部门 Rest of the World		合计 Total	
运 用 Utilization	来 源 Source	运 用 Utilization	来 源 Source	运 用 Utilization	来 源 Source	运 用 Utilization	来 源 Source
4291.10		353.10		−353.10		0.00	
4448.90		14199.90		1210.50		15410.40	
	157.80		13846.80		1563.60		15410.40
857.10		1162.10	1162.10			1162.10	1162.10
2693.90		5964.70	5964.70			5964.70	5964.70
	157.80	5695.00	5695.00			5695.00	5695.00
845.40		1152.90	1152.90			1152.90	1152.90
52.50		71.80	71.80			71.80	71.80
		−146.20	−146.20			−146.20	−146.20
		−1264.00	−1264.00			−1264.00	−1264.00
		1680.60	1666.70	1666.70	1680.60	3347.30	3347.30
		−117.00			−117.00	−117.00	−117.00
			−456.20	−456.20		−456.20	−456.20

FLOW OF FUNDS TABLE(FINANCIAL TRANSACTION, 1993)

(100 million yuan)

住户部门 Households		国内合计 Total of Domestic Sectors		国外部门 Rest of the World		合计 Total	
运 用 Utilization	来 源 Source	运 用 Utilization	来 源 Source	运 用 Utilization	来 源 Source	运 用 Utilization	来 源 Source
4892.05		−658.08		658.08		0.00	
5061.56		21978.02		2363.85		24341.87	
	169.51		22636.10		1705.77		24341.87
1133.02		1528.70	1528.70			1528.70	1528.70
3369.11		6478.43	6478.43			6478.43	6478.43
	169.51	7573.55	7573.55			7573.55	7573.55
497.87		637.82	637.82			637.82	637.82
61.56		87.93	87.93			87.93	87.93
		−232.86	−232.86			−232.86	−232.86
		52.60	52.60			52.60	52.60
		1574.52	1574.52			1574.52	1574.52
		221.76	194.10		27.66	221.76	221.76
		2917.12	2917.12			2917.12	2917.12
		−539.66	−539.66			−539.66	−539.66
		1576.28	2928.76	2928.76	1576.28	4505.04	4505.04
		101.83			101.83	101.83	101.83
			−564.91	−564.91		−564.91	−564.91

3-28 资金流量表(金融交易,1994年)

单位：亿元

机构部门 Institutional Sector / 交易项目 Transaction		非金融企业部门 Non-financial Enterprises		金融机构部门 Financial Institutions		政府部门 Governments	
		运用 Utilization	来源 Source	运用 Utilization	来源 Source	运用 Utilization	来源 Source
净金融投资	Net Financial Investment	−6682.97		−105.23		−49.27	
资金运用合计	Total Utilization	5727.14		16541.22		1384.85	
资金来源合计	Total Sources		12410.11		16646.45		1434.12
通货	Currency in Circulation	305.34		37.95	1424.00	13.96	
存款	Savings Deposits	4424.18			11776.92	1182.88	
贷款	Loans		8802.85	9174.66			104.99
证券	Securities		94.63	1123.68	776.00	19.36	745.66
保险准备金	Reserves for Insurance Business	68.75			125.22		
结算资金	Settlement Funds	−646.59			−646.59		
金融机构往来	Flow Between Financial Institutions			26.15	26.15		
准备金	Reserve Funds			2062.28	2062.28		
库存现金	Cash			29.03	26.96		
中央银行贷款	Loans from the Central Bank			859.29	859.29		
其他(净)	Other(net)	−170.99			−170.99		
国际资本往来	Flow of International Capitals	1746.45	4355.04	597.17	387.21	168.65	583.47
国际储备资产	Assets in International Serves			2631.01			
国际收支错误与遗漏	Errors and Omission of Balance of Payment		−842.41				

3-29 资金流量表(金融交易,1995年)

单位：亿元

机构部门 Institutional Sector / 交易项目 Transaction		非金融企业部门 Non-financial Enterprises		金融机构部门 Financial Institutions		政府部门 Governments	
		运用 Utilization	来源 Source	运用 Utilization	来源 Source	运用 Utilization	来源 Source
净金融投资	Net Financial Investment	−8079.47		−208.34		−88.63	
资金运用合计	Total Utilization	4888.97		17193.53		1283.78	
资金来源合计	Total Sources		12968.44		17401.87		1372.41
通货	Currency in Circulation	127.94		15.93	596.74	5.85	
存款	Savings Deposits	4518.38			13414.00	1172.96	
贷款	Loans		9696.32	9946.40			−105.00
证券	Securities	−1.55	−2.02	1460.48	1050.57	−4.43	1013.90
保险准备金	Reserves for Insurance Business	47.15			137.84		
结算资金	Settlement Funds	729.28			729.28		
金融机构往来	Flow Between Financial Institutions			−37.67	−37.67		
准备金	Reserve Funds			2280.02	2280.02		
库存现金	Cash			61.06	59.39		
中央银行贷款	Loans from the Central Bank			888.58	888.58		
其他(净)	Other(net)	−2146.35			−2146.35		
国际资本往来	Flow of International Capitals	1614.12	4761.48	701.32	429.47	109.40	463.51
国际储备资产	Assets in International Serves			1877.41			
国际收支错误与遗漏	Errors and Omission of Balance of Payment		−1487.34				

FLOW OF FUNDS TABLE(FINANCIAL TRANSACTION, 1994)

(100 million yuan)

住户部门 Households		国内合计 Total of Domestic Sectors		国外部门 Rest of the World		合计 Total	
运 用 Utilization	来 源 Source	运 用 Utilization	来 源 Source	运 用 Utilization	来 源 Source	运 用 Utilization	来 源 Source
7499.51		662.04		−662.04		0.00	
7766.33		31419.54		4483.31		35902.85	
	266.82		30757.50		5145.35		35902.85
1066.75		1424.00	1424.00			1424.00	1424.00
6169.86		11776.92	11776.92			11776.92	11776.92
	266.82	9174.66	9174.66			9174.66	9174.66
473.25		1616.29	1616.29			1616.29	1616.29
56.47		125.22	125.22			125.22	125.22
		−646.59	−646.59			−646.59	−646.59
		26.15	26.15			26.15	26.15
		2062.28	2062.28			2062.28	2062.28
		29.03	26.96		2.07	29.03	29.03
		859.29	859.29			859.29	859.29
		−170.99	−170.99			−170.99	−170.99
		2512.27	5325.72	5325.72	2512.27	7837.99	7837.99
		2631.01			2631.01	2631.01	2631.01
			−842.41	−842.41		−842.41	−842.41

FLOW OF FUNDS TABLE(FINANCIAL TRANSACTION, 1995)

(100 million yuan)

住户部门 Households		国内合计 Total of Domestic Sectors		国外部门 Rest of the World		合计 Total	
运 用 Utilization	来 源 Source	运 用 Utilization	来 源 Source	运 用 Utilization	来 源 Source	运 用 Utilization	来 源 Source
8513.24		136.80		−136.80		0.00	
8868.32		32234.60		4167.12		36401.72	
	355.08		32097.80		4303.92		36401.72
447.02		596.74	596.74			596.74	596.74
7722.66		13414.00	13414.00			13414.00	13414.00
	355.08	9946.40	9946.40			9946.40	9946.40
607.95		2062.45	2062.45			2062.45	2062.45
90.69		137.84	137.84			137.84	137.84
		729.28	729.28			729.28	729.28
		−37.67	−37.67			−37.67	−37.67
		2280.02	2280.02			2280.02	2280.02
		61.06	59.39		1.67	61.06	61.06
		888.58	888.58			888.58	888.58
		−2146.35	−2146.35			−2146.35	−2146.35
		2424.84	5654.46	5654.46	2424.84	8079.30	8079.30
		1877.41			1877.41	1877.41	1877.41
			−1487.34	−1487.34		−1487.34	−1487.34

3-30 资金流量表(金融交易,1996年)

单位：亿元

机构部门 Institutional Sector		非金融企业部门 Non-financial Enterprises		金融机构部门 Financial Institutions		政府部门 Governments	
交易项目 Transaction		运用 Utilization	来源 Source	运用 Utilization	来源 Source	运用 Utilization	来源 Source
净金融投资	Net Financial Investment	－11967.76		2081.14		－403.84	
资金运用合计	Total Utilization	7730.71		27207.57		1578.00	
资金来源合计	Total Sources		19698.47		25126.43		1981.84
通货	Currency in Circulation	89.48		34.78	916.67	9.28	
存款	Savings Deposits	6745.74			16720.53	1459.55	
贷款	Loans		15041.26	15130.59			
证券	Securities	4.88	380.80	1143.62	603.97		1564.30
保险准备金	Reserves for Insurance Business	69.75			197.03		
结算资金	Settlement Funds	595.14	498.36	498.36	595.14		
金融机构往来	Flow Between Financial Institutions			－506.27	－168.43		
准备金	Reserve Funds			3670.19	4696.10		
库存现金	Cash			－38.87	－48.52		
中央银行贷款	Loans from the Central Bank			3817.06	3863.47		
其他(净)	Other(net)	－1416.35			－2661.41		
国际资本往来	Flow of International Capitals	1642.47	5071.65	826.59	411.88	109.17	417.54
国际储备资产	Assets in International Serves			2631.52			
国际收支错误与遗漏	Errors and Omission of Balance of Payment		－1293.60				

FLOW OF FUNDS TABLE(FINANCIAL TRANSACTION, 1996)

(100 million yuan)

住户部门 Households		国内合计 Total of Domestic Sectors		国外部门 Rest of the World		合计 Total	
运 用 Utilization	来 源 Source	运 用 Utilization	来 源 Source	运 用 Utilization	来 源 Source	运 用 Utilization	来 源 Source
10902.39		611.93		−611.93		0.00	
10991.72		47508.00		4607.47		52115.47	
	89.33		46896.07		5219.40		52115.47
783.13		916.67	916.67			916.67	916.67
8515.24		16720.53	16720.53			16720.53	16720.53
	89.33	15130.59	15130.59			15130.59	15130.59
1566.07		2714.17	2549.07			2714.17	2549.07
127.28		197.03	197.03			197.03	197.03
		1093.50	1093.50			1093.50	1093.50
		−506.27	−168.43			−506.27	−168.43
		3670.19	4696.10			3670.19	4696.10
		−38.87	−48.52		9.65	−38.87	−38.87
		3817.06	3863.47			3817.06	3863.47
		−1416.35	−2661.41			−1416.35	−2661.41
		2578.23	5901.07	5901.07	2578.23	8479.30	8479.30
		2631.52			2631.52	2631.52	2631.52
			−1293.60	−1293.60		−1293.60	−1293.60

3-31 国际收支平衡表(1998年)
BALANCE OF PAYMENTS(1998)

单位：万美元 (USD 10 000)

项目	Item	差额 Balance	贷方 Credit	借方 Debit
经常项目	**Current Account**	**2932351**	**21783386**	**18851035**
货物	Goods	4661352	18352915	13691563
出口	Exports	18352915	18352915	0
进口	Imports	−13691563	0	13691563
服务	Service	−492474	2405993	2898467
运输	Transportation	−661026	246442	907468
旅游	Tourism	339630	1260174	920544
通讯服务	Communication Service	61143	81891	20748
建筑服务	Construction Service	−52561	59412	111973
保险服务	Insurance Service	−137371	38441	175812
金融服务	Financial Service	−13647	2696	16343
计算机和信息服务	Computer and Information Service	−19946	13350	33296
专有权利使用费和特许费	Fee for Patent or Royalty	−35697	6269	41966
咨询	Consultation	−24017	51797	75814
广告、宣传	Advertisement and Publicity	−5405	21096	26500
电影、音像	Movies and Audio-video Products	−2366	1536	3903
其他商业服务	Other Commercial Service	77644	621228	543584
别处未提及的政府服务	Government Service not Elsewhere Classified	−18855	1661	20517
收益	Income and Profit	−1664371	558414	2222785
职工报酬	Compensation of Staff and Workers	−10740	9653	20392
投资收益	Profit from Investment	−1653631	548761	2202392
经常转移	Current Transfer	427845	466065	38220
各级政府	Governments	9066	18298	9232
其他部门	Other Departments	418778	447767	28988
资本和金融账户	**Capital and Finance Account**	**−632144**	**8932679**	**9564823**
资本账户	Capital Account	−4683	0	4683
金融账户	Financial Account	−627461	8932679	9560140
直接投资	Direct Investments	4111808	4564499	452692
我国在外直接投资	Chinese Direct Investments Abroad	−263381	18224	281605
外国在华直接投资	Foreign Direct Investments in China	4375189	4546275	171086
证券投资	Securities	−373264	189925	563189
资产	Assets	−383001	3505	386506
股本证券	Capital Securities	9737	186420	176683
债务证券	Debt Securities	−4366004	4178255	8544259
负债	Liabilities	−3504078	763076	4267155
股本证券	Capital Securities	−2209184	0	2209184
债务证券	Debt Securities	−141135	25250	166385
其他投资	Other Investments	63849	162605	98756
资产	Assets	−1217609	575221	1792830
贸易信贷	Trade Credit	−861926	3415179	4277105
贷款	Loans	0	0	0
货币和存款	Currencies and Deposits	−326718	2545046	2871764
其他资产	Other Assets	−528764	17588	546352
负债	Liabilities	−6444	852545	858988
贸易信贷	Trade Credit	−1657607	0	0
贷款	Loans	−642600	0	642600
货币和存款	Currencies and Deposits	0	0	0
其他负债	Other Liabilities	−7400	0	7400
净误差与遗漏	**Net Error and Omission**	**−128300**	**0**	**128300**
储备资产变动	**Change in Reserve Assets**			
货币黄金	Gold Reserves	−506900	0	506900
外汇	Foreign Exchange	0	0	0
特别提款权	SDR (Special Drawing Rights)			
在基金组织的储备头寸	China's Reserve in IMF (International Monetary Fund)			

注：1. 本表贸易数据来自海关统计。
2. 本表直接投资贷方数据来自经贸部统计和间接申报中的“与土地有关的土地批租和租赁”;借方数据来自间接申报统计。
3. 本表其余数据来自间接申报统计。

a) Trade data in the table are from customs statistics.
b) Credit data on direct investment in the table are from statistics and from "Approved Leasing of Land" in indirect reporting, both collected by the Ministry of Foreign Trade and Economic Cooperation, and debit data are from indirect reporting.
c) Other data in the table are from indirect reporting.

主要统计指标解释

国内生产总值（GDP） 指一个国家（或地区）所有常住单位在一定时期内生产活动的最终成果。国内生产总值有三种表现形态，即价值形态、收入形态和产品形态。从价值形态看，它是所有常住单位在一定时期内生产的全部货物和服务价值超过同期中间投入的全部非固定资产货物和服务价值的差额，即所有常住单位的增加值之和；从收入形态看，它是所有常住单位在一定时期内创造并分配给常住单位和非常住单位的初次收入分配之和；从产品形态看，它是所有常住单位在一定时期内最终使用的货物和服务价值与货物和服务净出口价值之和。在实际核算中，国内生产总值有三种计算方法，即生产法、收入法和支出法。三种方法分别从不同的方面反映国内生产总值及其构成。

国民生产总值（GNP） 指一个国家（或地区）所有常住单位在一定时期内收入初次分配的最终结果。一国常住单位从事生产活动所创造的增加值在初次分配中主要分配给该国的常住单位，但也有一部分以生产税及进口税（扣除生产和进口补贴）、劳动者报酬和财产收入等形式分配给非常住单位；同时，国外生产所创造的增加值也有一部分以生产税及进口税（扣除生产和进口补贴）、劳动者报酬和财产收入等形式分配给该国的常住单位，从而产生了国民生产总值的概念。它等于国内生产总值加上来自国外的初次分配收入净额。与国内生产总值不同，国民生产总值是个收入概念，而国内生产总值是个生产概念。

三次产业 是根据社会生产活动历史发展的顺序对产业结构的划分，产品直接取自自然界的部门称为第一产业，对初级产品进行再加工的部门称为第二产业，为生产和消费提供各种服务的部门称为第三产业。它是世界上较为通用的产业结构分类，但各国的划分不尽一致。我国的三次产业划分是：

第一产业：农业（包括种植业、林业、牧业和渔业）。

第二产业：工业（包括采掘业，制造业，电力、煤气及水的生产和供应业）和建筑业。

第三产业：除第一、第二产业以外的其他各业。由于第三产业包括的行业多、范围广，根据我国的实际情况，第三产业可分为两大部分：一是流通部门，二是服务部门。具体又可分为四个层次：

第一层次：流通部门，包括交通运输、仓储及邮电通信业，批发和零售贸易、餐饮业。

第二层次：为生产和生活服务的部门，包括金融、保险业，地质勘查业、水利管理业，房地产业，社会服务业，农、林、牧、渔服务业，交通运输辅助业，综合技术服务业等。

第三层次：为提高科学文化水平和居民素质服务的部门，包括教育、文化艺术及广播电影电视业，卫生、体育和社会福利业，科学研究业等。

第四层次：为社会公共需要服务的部门，包括国家机关、政党机关和社会团体以及军队、警察等。

支出法国内生产总值 指一个国家（或地区）所有常住单位在一定时期内用于最终消费、资本形成总额，以及货物和服务的净出口总额，它反映本期生产的国内生产总值的使用及构成。

最终消费 指常住单位在一定时期内对于货物和服务的全部最终消费支出，也就是常住单位为满足物质、文化和精神生活的需要，从本国经济领土和国外购买的货物和服务的支出；不包括非常住单位在本国经济领土内的消费支出。最终消费分为居民消费和政府消费。

居民消费 指常住住户对货物和服务的全部最终消费支出。居民消费按市场价格计算，即按居民支付的购买者价格计算。购买者价格是购买者取得货物所支付的价格，包括购买者支付的运输和商业费用。居民消费除了直接以货币形式购买货物和服务的消费之外，还包括以其他方式获得的货物和服务的消费支出，即所谓的虚拟消费支出。居民虚拟消费支出包括以下几种类型：单位以实物报酬及实物转移的形式提供给劳动者的货物和服务；住户生产并由本住户消费了的货物和服务，其中的服务仅指住户的自有住房服务；金融机构提供的金融媒介服务；保险公司提供的保险服务。

政府消费 指政府部门为全社会提供公共服务的消费支出和免费或以较低价格向住户提供的货物和服务的净支出。前者等于政府服务的产出价值减去政府单位所获得的经营收入的价值，政府服务的产出价值等于它的经常性业务支出加上固定资产折旧；后者等于政府部门免费或以较低价格向住户提供的货物和服务的市场价值减去向住户收取的价值。

资本形成总额 指常住单位在一定时期内获得的减去处置的固定资产加存货的变动，包括固定资本形成总额和存货增加。

固定资本形成总额 指常住单位购置、转入和自产自用的固定资产，扣除固定资产的销售和转出后的价值，分有形固定资产形成总额和无形固定资产形成总额。有形固定资产形成总额包括一定时期内完成的建筑工程、安装工程和设备工器具购置（减处置）价值，以及土地改良、新增役、种、奶、毛、娱乐用牲畜和新增经济林木价值。无形固定资产形成总额包括矿藏的勘探、计算机软件、娱乐和文学艺术品原件等获得减处置。

存货增加 指常住单位存货实物量变动的市场价值，即期末价值减期初价值的差额。存货增加可以是正值，也可以是负值；正值表示存货上升，负值表示存货下降。它包括生产单位购进的原材料、燃料和储备物资等存货，以及生产单位生产的产成品、在制品等存货等。

货物和服务净出口 指货物和服务出口减货物和服务进口的差额。出口包括常住单位向非常住单位出售或无偿转让的各种货物和服务的价值；进口包括常住单位从非常住单位购买或无偿得到的各种货物和服务的价值。由于服务活动的提供与使用同时发生，因此服务的进出口业务并不发生出入境现象，一般把常住单位从国外得到的服务作为进口，非常住单位从本国得到的服务作为出口。货物的出口和进口都按离岸价格计算。

劳动者报酬 指劳动者从事生产活动所获得的全部报酬。包括劳动者获得的工资、奖金和津贴，包括货币形式和实物形式的；还包括劳动者所享受的公费医疗和医药卫生费、上下班交通补贴和单位支付的社会保险费等。对于个体经济来说，其所有者所获得的劳动报酬和经营利润不易区分，这两部分统一作为劳动者报酬处理。

生产税净额 指生产税减生产补贴后的余额。生产税指政府对生产单位生产、销售和从事经营活动以及因从事生产活动使用某些生产要素（如固定资产、土地、劳动力）所征收的各种税、附加费和规费。生产补贴与生产税相反，指政府对生产单位的单方面收入转移，因此视为负生产税，包括政策亏损补贴、粮食系统价格补贴、外贸企业出口退税收入等。

固定资产折旧 指为弥补固定资产损耗按照核定的固定资产折旧率提取的固定资产折旧，或按国民经济核算统一规定的折旧率虚拟计算的固定资产折旧。它反映了固定资产在当期生产中的转移价值。各类企业和企业化管理的事业单位的固定资产折旧是指实际计提并计入成本费中的折旧费；不计提折旧的政府机关、非企业化管理的事业单位和居民住房的固定资产折旧是按照统一规定的折旧率和固定资产原值计算其虚拟折旧。原则上，固定资产折旧应按固定资产的重置价值计算，但是目前我国尚不具备对全社会固定资产进行重估价的基础，所以暂时只能采用上述办法。

营业盈余 指常住单位创造的增加值扣除劳动者报酬、生产税净额和固定资产折旧后的余额。它相当于企业的营业利润加上生产补贴，但要扣除从利润中开支的工资和福利等。

直接消耗系数 指某一个部门生产单位总产出需要直接消耗各部门产品和服务的数量，也称为投入系数。它反映该部门与其他部门之间直接的技术经济联系和直接依赖关系。

完全消耗系数 指增加某一个部门单位总产出需要完全消耗各部门产品和服务的数量。完全消耗系数等于直接消耗系数和全部间接消耗系数之和，它是全面揭示国民经济各部门之间技术经济的全部联系和相互依赖关系的主要指标。

机构单位 指能以自己的名义拥有资产、发生负债、从事经济活动并与其他实体进行交易的经济实体。根据机构单位在生产、消费、融资活动中所起的不同作用，资金流量核算中区分了如下四类机构单位：非金融企业、金融机构、政府单位、住户。

机构部门 将相同性质的机构单位归并在一起，就形成机构部门。资金流量核算中区分了如下几类机构部门：非金融企业部门、金融机构部门、政府部门、住户部门。

非金融企业与非金融企业部门 非金融企业指主要从事市场货物生产和提供非金融市场服务的常住企业，它主要包括各类法人企业。所有非金融企业归并在一起，就形成非金融企业部门。

金融机构与金融机构部门 金融机构指主要从事金融中介以及与金融中介密切相关的辅助金融活动的常住单位，它主要包括中央银行、商业银行和政策性银行、非银行信贷机构和保险公司。所有金融机构归并在一起，就形成金融机构部门。

政府单位与政府部门 政府单位指在我国境内通过政治程序建立的、在一特定区域内对其他机构单位拥有立法、司法和行政权的法律实体及其附属单位。政府单位的主要职能是利用征税和其他方式获得的资金向社会和公众提供公共服务。通过转移支付，对社会收入和财产进行再分配。它主要包括各种行政单位和事业单位。所有政府单位归并在一起，就形成政府部门。

住户与住户部门 住户指共享同一生活设施、部分或全部收入和财产集中使用、共同消费住房、食品和其他消费品与消费服务的常住个人或个人群体。所有住户归并在一起，就形成住户部门。

初次分配总收入 指增加值经对劳动者报酬、生产税及财产收入分配后得到的收支余额。

经常转移 包括收入税、社会保险付款、社会补助和其他经常转移。

可支配总收入 指各机构部门在初次分配总收入基础上通过经常转移后所获得的收入。这部分收入用于最终消费和储蓄。

总储蓄 指可支配总收入扣除最终消费后的余额。

资本转移 指一个部门无偿地向另一个部门支付用于资本形成的资金，是一种不从对方获取任何对应物作为回报的交易。资本转移具有不同于经常转移的两个特征，一是转移的目的是用于投资，而不是用于消费；二是资产所有权的转移，而不仅仅是使用权的转移。资本转移包括投资性补助和其他资产转移，根据我国目前的实际情况，投资性补助是指财政投资性拨款，即财政拨款中用于基本建设、更新改造和其他固定资产投资的部分。

净金融投资 指总储蓄加资本转移收入减资本转移支出减资本形成总额后的余额。

通货 指以现金形式存在于市场流通领域中的货币，包括辅币和纸币。

存款 指以各种形式存在的所有存款，包括活期、定期、住户储蓄存款及财政存款、外汇存款和其他存款。

贷款 指金融机构向非金融部门提供的各种形式的所有贷款，包括短期贷款、中长期贷款、财政贷款、外汇贷款和其他贷款。

证券 包括债券和股票。

保险准备金 指对人寿保险准备金和养恤基金的净权益、保险费预付款和未结索赔准备金。

结算资金 指银行的汇兑在途资金。

金融机构往来 指各机构之间的资金往来，包括同业存放款和同业拆借款。

准备金 指各金融机构在中央银行的存款及缴存中央银行的法定准备金。

中央银行贷款 指中央银行向各金融机构的贷款。

经常项目 包括货物、服务、收益及经常性转移。

货物 指通过我国海关进出口的货物，以海关进出口统计资料为基础，并根据国际收支统计口径的要求，出口、进口都以商品所有权变化为原则进行调整。出口和进口金额均按离岸价格统计。

服务 包括运输、旅游、通讯、建筑、保险、国际金融服务、计算机和信息服务、专有权力使用费和特许费、各种商业服务、个人文化娱乐服务以及政府服务。

收益 包括职工报酬和投资收益。投资收益包括直接投资、证券投资和其它投资的收益和支出以及直接投资收益的再投资。

经常转移 包括所有非资本转移的单方面转让，如侨汇、工人汇款、无偿捐赠、赔偿等项目。

资本项目 包括移民转移、债务减免等资本性转移。

金融项目 包括直接投资、证券投资和其它投资。

直接投资 指外国、港澳台地区在我国和我国在外国、港澳台地区以独资、合资、合作及合作勘探开发方式进行的投资。

证券投资 指外国、港澳台地区购买（或我国买回）我国（包括地方政府和企业）发行的股票、债券等有价证券和我国（政府、企业、私人）买卖外国、港澳台地区发行的股票、债券等有价证券。

其它投资 包括外国提供给我国和我国提供给外国的贸易信贷、贷款、货币和存款以及其它资产。

储备资产增减额 指我国在黄金储备、外汇储备、在国际货币基金组织的储备头寸、特别提款权、使用基金信贷等方面本年末与上年末余额之间的差额。储备资产增加用负号表示。

Explanatory Notes on Main Statistical Indicators

Gross Domestic Product (GDP) refers to the final products of all resident units in a country(or a region)during a certain period of time. Gross domestic product is expressed in three different forms, i. e. value, income, and products respectively. The form of value refers to the total value of all products and services produced by all resident units during a certain period of time minus total value of intimidate input of materials and services of the nature of non-fixed assets or the summation of the value-added of all resident units; the form of income includes all the income created by all resident units and distributed primarily to all resident and non-resident units; the form of products refers to the value of all final goods and services for final use by all resident units plus the value of net exports of goods and services during a given period of time. In the practice of national accounting, gross domestic product is calculated with three approaches, i. e. production approach, income approach, and expenditure approach, which reflect gross domestic product and its composition from different aspects.

Gross National Product (GNP) refers to the final result of the primary distribution of the income created by all the resident units of a country (or a region) during a certain period of time. The value-added created by the resident units of a country engaged in production activities is mainly distributed to the resident units of that country while a part of it is distributed to the non-resident units in the form of production tax and import duties (minus subsidies to production and import), remuneration for the labourers and property income. At the meantime, a part of the value-added created abroad is distributed to the resident units of the country in the form of production tax and import duties (minus subsidies to production and import), remuneration for the labourers and property income. Thus the concept of gross national product is formed, which equals to gross domestic product plus net overseas income from the primary distribution. Unlike gross domestic product which is a concept of production, gross national product is a concept of income.

Three Industries Industry structure has been classified according to the historical sequence of development. Primary industry refers to extraction of natural resources; secondary industry involves processing of primary products; and tertiary industry provides services of various kinds for production and consumption. The above classification is universal although it varies to some extent form country to country. Industry in China comprises:

Primary industry: agriculture(including farming, forestry, animal husbandry and fishery).

Secondary industry: industry(including mining and quarrying, manufacturing, production and supply of electricity, water and gas)and construction.

Tertiary industry: all other industries not included in primary or secondary industry.

Due to the fact that tertiary industry involves in a large variety of industries in China, it is divided into two sectors: circulation sector and service sector and further into four levels:

The first level: circulation sector, including transportation, storage, postal and telecommunications, wholesale and retail trade, and catering trade.

The second level: service sector providing services for production and consumption, including banking, insurance, geological survey, water conservancy management, real estates, service for residents, service for agriculture, forestry, animal husbandry, fishery, subsidiary services for transportation and communications, comprehensive technical services, etc.

The third level: service sector for upgrading scientific, educational and cultural level of the people, including education, culture and arts, broadcasting, movies, television, public health, sports, social welfare and scientific research, etc.

The fourth level: sector providing services for public needs, including government agencies, political parties, social organizations, military and police service.

GDP Calculated with Expenditure Approach refers to total expenditure on final consumption, total capital formation and net export of goods and services by resident units of a country in a certain period of time. It reflects the composition of GDP by its use.

Final Consumption refers to the total expenditure of resident units on final consumption of goods and services in a certain period, namely the expenditure of the resident units for purchases of goods and services from domestic economic territory and abroad to meet the requirements of material, cultural and spiritual life. It excludes the expenditure of non-resident units on consumption in the economic territory of the country. The final consumption is classified into household consumption and government consumption.

Households consumption refers to the total expenditure of resident households on the final consumption of goods and services. The households consumption is calculated at market prices, namely the purchaser's prices which the households pay; the purchasers' prices of goods are the prices the households pay when they obtain the goods, including the transport and commercial expenses paid by the households. In addition to the consumption of goods and services bought by the households directly with money, the expenditure on goods and services obtained by the households in other ways, i.e. the so-called imputed expenditure on consumption, is also included in the households consumption. The imputation expenditure of the households on consumption includes the following types: (a) the goods and services provided to the households by the units in the form of payment in kind and transfer in kind; (b) the goods and services produced and consumed by the households themselves, in which the services refer only to the services provided by the residential buildings owned by the households; (c) the services of financial intermediary provided by the financial institutions; (d) the insurance services provided by the insurance companies.

Government Consumption refers to the expenditure on the consumption of the public services provided by the government to the whole society and the net expenditure on the goods and services provided by the government to the households at free charge or lower prices. The former equals to the output value of the government services minus the value of operating income obtained by the government departments. (The output value of the government services equals to its current operating expenditure plus depreciation of fixed assets). The latter equals to the market value of the goods and services provided by the government free of charge or at low prices to the households minus the value received by the government from the households.

Total Capital Formation refers to the fixed assets acquired minus those disposed and the change in inventory, including the total fixed assets formation and the increase in inventory.

Total Fixed Capital Formation refers to the value of fixed assets purchased, transferred in by the resident units and those produced and used by themselves deducting the value of fixed assets sold and transferred out. It can be classified into total tangible assets formation and total intangible assets formation. The total tangible assets formation include the value of the construction projects, installation projects completed and the equipment, apparatus and instruments purchased as well as the value of land improved, the value of draught animals, breeding stock, milk, wool and recreational animals and the newly increased economic forest in a certain period. The total intangible assets formation includes the prospecting of minerals, the acquisition of computer software, the originals of recreational works and works of literature and arts minus the disposal of them.

Increase in Inventory refers to the market value of the change in inventory, i.e. the difference of value between the beginning and the end of the period. The increase in inventory can be positive or negative. A positive value indicates the increase in inventory while a negative value indicates the decrease in stock. The inventory includes the raw materials, fuels and reserve materials purchased by the production units as well as the inventory of finished products, semi-finished products, work-in-progress, etc.

Net Export of Goods and Services refers to the difference of the exports of goods and services minus the imports of goods and services. The imports include the value of various goods and services sold or gratuitously transferred by the resident units to the non-resident units. The imports include the value of various goods and services purchased or gratuitously acquired by the resident units from the non-resident units. Because the provision of services and the use of them happen simultaneously, the import and export of services do not appear to have the phenomena of crossing the border of the country. The acquisition of services by the resident units from abroad is usually treated as import while the acquisition of services by non-resident units in this country is usually treated as export. The export and import of goods are calculated at FOB.

Labourers' Remuneration refers to the whole payment earned by the labourers from the productive activities they are engaged in. It includes wages, bonuses and allowances the labourers earned in monetary form and in kind. It also includes the free medical services provided to the labourers and the medicine expenses, traffic subsidies and social insurance fee paid by the labourers' working units for them. As the individual economy is concerned, since the labourers' remuneration is not easily distinguished from the operating profit, both are treated as labourers remuneration.

Net Taxes on Production refers to the residual of the taxes on production minus the subsidies on production. The taxes on production refers to the various taxes, extra charges and fees levied on the production units on their production, sale and business activities as well as on some factors of production, such as fixed assets, land and labour force, used in the production activities they are engaged in. In contrast to the taxes on production, the subsidies on production refer to the unilateral transfer of part of the government's revenue to the production units and is therefore regarded as negative taxes on production. They include subsidies on the loss due to implementation of government policies, price subsidies to the grain institutions, foreign trade corporations' receipts from drawback, etc.

Depreciation of Fixed Assets refers to the depreciation of fixed assets drawn in accordance with the stipulated depreciation rate for the purpose of compensating the wear loss of the fixed assets or the depreciation of fixed assets calculated in a fictitious way in accordance with the stipulated unified depreciation rate in the national economic accounting system. It reflects the value of transfer of the fixed assets in the production of the current period. The depreciation of fixed assets in various enterprises and institutions managed as enterprises refers to the depreciation expenses actually drawn and calculated as part of the cost. In government agencies and institutions not managed as enterprises which do not draw the depreciation expenses, as well as for the houses of residents, the depreciation of fixed assets is the imputed depreciation, which is calculated in accordance with the stipulated unified depreciation rate. In principle, the depreciation of fixed assets should be calculated on the basis of the re-purchased value of the fixed assets. However, there is no actual condition to re-evaluate all the fixed assets in China. Therefore, the above-mentioned methods are temporarily adopted at present.

Operating Surplus refers to the balance of the value added created by the resident units deducting the labourers' remuneration, net taxes on production and the depreciation of fixed assets. It is equivalent to the business profit of the enterprises plus subsidies on production, but the wages and welfare expenses paid from the profits should be deducted.

Direct Input Coefficient refers to the volume of products and services of all sectors consumed directly by a certain sector's productive units, which are needed for their total output. It is also named as technical coefficient. It represents the direct technical-economical ties and direct interdependence between the sector and other sectors.

Total Input Coefficient refers to the volume of products and services of all sectors needed for a certain sectors productive units to increase their total output. Total input coefficient is equal to the sum of direct input coefficient and total indirect input coefficient. It is a major indicator to disclose the technical-economical ties and interdependence between sectors of the national economy.

Institutional Units refer to economic entities that are in a position to own assets and incur liabilities in their own name, and to engage in economic activities and conduct transactions with other entities. Depending on their role in production, consumption and financing, 4 groups of institutional units are identified in the flow of fund tables, namely, non-financial corporations, financial institutions, governments and households.

Institutional Sectors refer groups of institutional units that are classified by their nature. Following groups (or institutional sectors) are identified in the flow of fund accounts: the sector of non-financial corporations, the sector of financial institutions, the sector of governments and the sector of households.

Non-Financial Corporations and the Sector of Non-Financial Corporations Non-financial corporations refer to resident corporations that are engaged in the production of goods and the provision of non financial services in the market, mainly covering corporate enterprises of various types. All non-financial corporations make up the sector of non-financial corporations.

Financial Institutions and the Sector of Financial Institutions Financial institutions refer to resident institutions that are engaged in the financial services or auxiliary financial activities, mainly covering central banks, commercial banks, policy-related banks, non-banking credit institutions and insurance companies. All financial institutions make up the sector of financial institutions.

Government Units and the Sector of Governments Government units refer to legal entities and their auxiliary units within the territory of China that are established through political process and are empowered with legislative, administrative or judicial rights over other institutional units in a given region. The main function of government units is to acquire funds through taxation or other means, to provide public services to the society and households, and to conduct redistribution of income and properties of the society through transfer payment. Government units cover mainly administrative and institutional units of various types. All government units make up the sector of governments.

Households and the Sector of Households Households refer to resident individuals or groups of resident individuals who share common living facilities, pool together entire or part of their income and properties at their common disposal, and share their housing, food and other consumer goods and services. All households make up the sector of households.

Total Income of Primary Distribution refers to the net sum of value-added minus compensation for labours, production taxes and net property income.

Current Transfers include 4 parts: income tax, payment to social securities, social allowances and other current transfers.

Total Disposable Income refers to income received by institutional sectors on the basis of total income of primary distribution and through current transfers. This is the income that is used for final consumption and savings.

Total Savings is the difference between total disposable income and the final consumption.

Capital Transfer refers to the free payment from one sector to another sector for capital formation, and is a transaction that seeks no return from the recipient.

The capital transfer differs from the current transfer in 2 aspects. Firstly, the objective of the transfer is investment rather than consumption. Secondly, capital transfer features the transfer of the ownership of the capital rather than the utilization right of the capital. Capital transfer includes investment subsidies and other capital transfers. Under the current situation in China, investment subsidies refer to investment allocations from government finance, i. e. the financial allocations that are used for capital construction, updating and transformation projects and other investment in fixed assets.

Net Financial Investment refers to total savings plus the net income from capital transfer minus the gross capital formation.

Currency in Circulation refers to currency that is in circulation in the market, including notes and fractional currency.

Savings Deposit refers to deposits of all types, including current deposit, fixed deposit, household savings deposit, government deposit, foreign exchange deposit and other deposits.

Loans refer to loans of all forms provided by financial institutions to non-financial sectors, including short-term loans, medium and long-term loans, government loans, foreign exchange loans and other loans.

Securities include bonds and stocks.

Insurance Reserve Funds refer to reserve fund for life insurance, the net pension fund, advance payment of premium and non-claimed reserves.

Settlement Fund refers to bank fund that is in the process of remittance.

Transactions Between Financial Institutions refer to flow of capital between financial institutions, including inter-bank deposits and loans.

Reserve Funds refer to savings of financial institutions in the central bank and designated reserves to the central bank.

Loans from the Central Bank refer to loans from the central bank to financial institutions.

Current Account includes goods, services, earnings and current transfers.

Goods refer to imported or exported goods through Chinese customs. Figures in the Yearbook are based on customs statistics, adjusted in line with the concepts and definitions of the balance of payment statistics and with the change in the ownership of commodities. Statistics on both exports and imports are valued at f.o.b. prices.

Services include transportation, tourism, communications, construction, insurance, international financial services, computer and information service, royalty for patent, trademarks and other special rights, commercial services, personal cultural and recreational services and government services.

Earnings include compensation of employees and earnings from investment (including earnings from and expenses on direct investment, security investment and other investment, as well as reinvestment of earnings from direct investment).

Current Transfers include all non-capital one-way transfers, such as remittance from overseas Chinese, remittance from overseas labours, grants, donations and reparations.

Capital Account includes capital transfers such as immigration transfer, reduction or exemption of debts, etc..

Financial Account includes direct investment, security investment and other investments.

Direct Investment refers to investment, made in forms of exclusive investment, joint investment, contracted operation and cooperative development, by foreign investors or investors from Hong Kong, Macao and Taiwan in China, or by Chinese investors in foreign countries or in Hong Kong, Macao and Taiwan.

Security Investment refers to the purchase of stocks and securities issued by central and local governments and enterprises in China by institutions or individuals of foreign countries or from Hong Kong, Macao and Taiwan (and the re-purchase by Chinese institutions), and the purchase and selling of stocks and securities issued in foreign countries and in Hong Kong, Macao and Taiwan by Chinese governments, enterprises and individuals.

Other Investment includes trade credits, loans, currency, savings and other assets, provided by foreign countries to China and by China to foreign countries.

Reserve Assets, Net Increase refers to the net balance between the end of the reference year and the end of the previous year, in the gold reserve, foreign exchange reserve, reserve and special drawing rights in the International Monetary Fund, and the use of the Fund's credits. The increase in the reserve assets is expressed as a negative figure.

四 人 口

POPULATION

简要说明

一、本篇资料反映我国1998年及历年人口方面的基本情况，包括全国及31个省、自治区、直辖市的主要人口统计数据，如：全国历年人口总数、市镇总人口、乡村总人口、1998年各地区总人口、出生率、死亡率、自然增长率、人口负担系数、家庭户规模及人口受教育程度等。另外，我们还对建国以来进行的四次人口普查主要数据进行了比较。

二、本篇的12张表均由国家统计局人口和社会科技统计司整理提供。其中表4-1、4-2中1982-1989年数据是根据1982年、1990年两次人口普查数据调整的；1990年以后的数据是根据人口变动抽样调查数据推算的；其余年份数据为户籍统计数。表4-4为四次人口普查主要数据。表4-5至4-12中的数据均为1998年人口变动抽样调查数据。

三、1998年人口变动情况抽样调查是以全国为总体，采取分层、等距、整群概率抽样方法，在全国31个省、自治区、直辖市调查了852个县（市、区）、3174个乡（镇、街道）、5095个调查小区，共124万人。

本部分表4-5至4-12中的绝对数为样本数，全国抽样比为1．01‰。

BRIEF INTRODUCTION

I. The data in this chapter show the basic conditions of China's population in 1998 and the previous years, including the main data of population statistics of the whole nation and 31 provinces, autonomous regions and municipalities directly under the central government, such as the national population total, urban population total and rural population total over the years, the population total, birth rate, mortality, natural growth rate, dependency ratio, household size and the educational level of the urban households in 1998 by region, etc. In addition, a comparison is made among the main data of the four population censuses undertaken after the founding of the People's Republic of China.

II. The 12 tables in this chapter are prepared and provided by the Department of Population, Social and Science Statistics of the National Bureau of Statistics. Among them, the figures of 1982 – 1989 in Tables 4 – 1, 4 – 2 have been adjusted in accordance with the data of the population censuses of 1982 and 1990. The data after 1990 are estimated on the basis of the data collected from the sample surveys on population changes. The data of other years are data collected from the residence registration. The Table 4 – 4 covers the main data of the four population censuses. The data in Tables from 4 – 5 to 4 – 12 are obtained from the sample survey on population changes in 1998.

III. A stratified, systematic and cluster probability sampling scheme was used in the sample survey on population changes in 1998, with the whole country as the universe. In 31 provinces, autonomous regions and municipalities directly under the central government, 1.24million persons in 5094 enumeration areas in 3174 townships (towns, sub-districts) in 852 counties (cities, districts) were enumerated in the sample survey.

The absolute figures in tables from 4 – 5 to 4 – 12 in this part are figures of the sample. The national sampling fraction was 1.01‰.

4-1 人口数及构成
POPULATION AND ITS COMPOSITION

本表各年人口包括中国人民解放军现役军人数据，未包括香港特别行政区、台湾省和澳门地区的人口数据。
Data in this table include the military personnel, but exclude the population of Hong Kong, Macao and Taiwan.

单位：万人 (10 000 persons)

年份 Year	年底总人口 Total Population (year-end)	按性别分 By Sex				按城乡分 By Residence			
		男 Male		女 Female		市镇总人口 Urban		乡村总人口 Rural	
		人口数 Population	比重（%） Proportion	人口数 Population	比重（%） Proportion	人口数 Population	比重（%） Proportion	人口数 Population	比重（%） Proportion
1952	57482	29833	51.90	27649	48.10	7163	12.46	50319	87.54
1957	64653	33469	51.77	31184	48.23	9949	15.39	54704	84.61
1962	67295	34517	51.29	32778	48.71	11659	17.33	55636	82.67
1965	72538	37128	51.18	35410	48.82	13045	17.98	59493	82.02
1970	82992	42686	51.43	40306	48.57	14424	17.38	68568	82.62
1975	92420	47564	51.47	44856	48.53	16030	17.34	76390	82.66
1978	96259	49567	51.49	46692	48.51	17245	17.92	79014	82.08
1980	98705	50785	51.45	47920	48.55	19140	19.39	79565	80.61
1985	105851	54725	51.70	51126	48.30	25094	23.71	80757	76.29
1986	107507	55581	51.70	51926	48.30	26366	24.52	81141	75.48
1987	109300	56290	51.50	53010	48.50	27674	25.32	81626	74.68
1988	111026	57201	51.52	53825	48.48	28661	25.81	82365	74.19
1989	112704	58099	51.55	54605	48.45	29540	26.21	83164	73.79
1990	114333	58904	51.52	55429	48.48	30191	26.41	84142	73.59
1991	115823	59466	51.34	56357	48.66	30543	26.37	85280	73.63
1992	117171	59811	51.05	57360	48.95	32372	27.63	84799	72.37
1993	118517	60472	51.02	58045	48.98	33351	28.14	85166	71.86
1994	119850	61246	51.10	58604	48.90	34301	28.62	85549	71.38
1995	121121	61808	51.03	59313	48.97	35174	29.04	85947	70.96
1996	122389	62200	50.82	60189	49.18	35950	29.37	86439	70.63
1997	123626	63131	51.07	60495	48.93	36989	29.92	86637	70.08
1998	124810	63629	50.98	61181	49.02	37942	30.40	86868	69.60

注：1985—1989年数据是根据1982年、1990年两次人口普查数据调整的，1990年以后数据是人口变动抽样调查调整数，其余年份数据为户籍统计数（下表同）。

a)Data in 1985-1989 were adjusted on the basis of the 1982 and 1990 National Population Censuses. Since 1990, data have been estimated on the basis of the annual National Sample Surveys on Population Changes. Data of other years were taken from the annual reports of the Ministry of Public Security. (The next table is the same.)

4-2 人口出生率、死亡率、自然增长率

BIRTH RATE, DEATH RATE AND NATURAL GROWTH RATE OF POPULATION

单位:‰ (‰)

年份 Year	全国 National			市镇 City			县 County		
	出生率 Birth Rate	死亡率 Death Rate	自然增长率 Natural Growth Rate	出生率 Birth Rate	死亡率 Death Rate	自然增长率 Natural Growth Rate	出生率 Birth Rate	死亡率 Death Rate	自然增长率 Natural Growth Rate
1952	37.00	17.00	20.00						
1957	34.03	10.80	23.23	44.48	8.47	36.01	32.81	11.07	21.74
1962	37.01	10.02	26.99	35.46	8.28	27.18	37.27	10.32	26.95
1965	37.88	9.50	28.38	26.59	5.69	20.90	39.53	10.06	29.47
1970	33.43	7.60	25.83						
1975	23.01	7.32	15.69	14.71	5.39	9.32	24.17	7.59	16.58
1978	18.25	6.25	12.00	13.56	5.12	8.44	18.91	6.42	12.49
1980	18.21	6.34	11.87	14.17	5.48	8.69	18.82	6.47	12.35
1985	21.04	6.78	14.26						
1986	22.43	6.86	15.57						
1987	23.33	6.72	16.61						
1988	22.37	6.64	15.73						
1989	21.58	6.54	15.04	16.73	5.78	10.95	23.27	6.81	16.46
1990	21.06	6.67	14.39	16.14	5.71	10.43	22.80	7.01	15.79
1991	19.68	6.70	12.98	15.49	5.50	9.99	21.17	7.13	14.04
1992	18.24	6.64	11.60	15.47	5.77	9.70	19.09	6.91	12.18
1993	18.09	6.64	11.45	15.37	5.99	9.38	19.06	6.89	12.17
1994	17.70	6.49	11.21	15.13	5.53	9.60	18.84	6.80	12.04
1995	17.12	6.57	10.55	14.76	5.53	9.23	18.08	6.99	11.09
1996	16.98	6.56	10.42	14.47	5.65	8.82	18.02	6.94	11.08
1997	16.57	6.51	10.06	14.52	5.58	8.94	17.43	6.90	10.53
1998	16.03	6.50	9.53	13.67	5.31	8.36	17.05	7.01	10.04

4-3 各地区总人口和出生率、死亡率、自然增长率（1998年）
TOTAL POPULATION AND BIRTH RATE, DEATH RATE AND NATURAL GROWTH RATE BY REGION (1998)

地 区 Region	年底总人口（万人）Total Population (year-end) (10 000 persons)	出生率 Birth Rate (‰)	死亡率 Death Rate (‰)	自然增长率 Natural Growth Rate (‰)
全 国 National Total or Average	**124810**	**16.03**	**6.50**	**9.53**
北 京 Beijing	1246	6.00	5.30	0.70
天 津 Tianjin	957	9.89	6.49	3.40
河 北 Hebei	6569	13.01	6.18	6.83
山 西 Shanxi	3172	16.09	6.17	9.92
内蒙古 Inner Mongolia	2345	14.40	6.17	8.23
辽 宁 Liaoning	4157	11.39	6.81	4.58
吉 林 Jilin	2644	11.81	5.76	6.05
黑龙江 Heilongjiang	3773	11.68	5.32	6.36
上 海 Shanghai	1464	5.20	7.00	−1.80
江 苏 Jiangsu	7182	10.97	6.84	4.13
浙 江 Zhejiang	4456	11.15	6.33	4.82
安 徽 Anhui	6184	15.74	6.54	9.20
福 建 Fujian	3299	11.53	6.20	5.33
江 西 Jiangxi	4191	16.85	7.05	9.80
山 东 Shandong	8838	11.58	6.12	5.46
河 南 Henan	9315	14.17	6.37	7.80
湖 北 Hubei	5907	12.58	6.70	5.88
湖 南 Hunan	6502	12.31	7.10	5.21
广 东 Guangdong	7143	16.51	5.61	10.90
广 西 Guangxi	4675	15.87	6.86	9.01
海 南 Hainan	753	18.48	5.56	12.92
重 庆 Chongqing	3060	13.19	7.68	5.51
四 川 Sichuan	8493	14.62	7.14	7.48
贵 州 Guizhou	3658	22.02	7.76	14.26
云 南 Yunnan	4144	20.01	7.91	12.10
西 藏 Tibet	252	23.70	7.80	15.90
陕 西 Shaanxi	3596	13.56	6.43	7.13
甘 肃 Gansu	2519	16.45	6.41	10.04
青 海 Qinghai	503	21.26	6.78	14.48
宁 夏 Ningxia	538	18.19	5.11	13.08
新 疆 Xinjiang	1747	19.74	6.93	12.81

注：1. 全国总人口包括现役军人数，分地区数字中未包括。
2. 全国数据未包括香港特别行政区、台湾省和澳门地区的人口数据。
3. 全国数据根据抽样误差和调查误差进行了修正。

a) The military personnel were included in the national total population, but excluded in the regional total population.
b) The national total population excluded the population of Hong Kong, Macao and Taiwan.
c) The national total population was adjusted for the sampling error and investigation error.

4-4 各地区户数、人口数、性别比和户规模

本表是 1998 年人口变动抽样调查数据，抽样比为 1.01‰。

地区 Region		户数(户) Number of Households (household)			人		
					合计		
		合计 Total	家庭户 Family Household	集体户 Non-family Household	合计 Total	男 Male	女 Female
全国	**National Total**	**341957**	**341190**	**767**	**1243377**	**632422**	**610955**
北京	Beijing	4012	4002	10	12620	6429	6191
天津	Tianjin	2872	2868	4	9665	4847	4818
河北	Hebei	18204	18197	6	66315	33572	32743
山西	Shanxi	8745	8735	10	32032	16393	15639
内蒙古	Inner Mongolia	6774	6759	16	23681	12098	11583
辽宁	Liaoning	12831	12824	6	41979	21041	20938
吉林	Jilin	7796	7796	1	26698	13611	13087
黑龙江	Heilongjiang	11134	11124	10	38093	19491	18602
上海	Shanghai	4809	4785	25	14735	7293	7442
江苏	Jiangsu	21130	21087	44	72533	35955	36578
浙江	Zhejiang	14106	14095	11	44974	23086	21887
安徽	Anhui	17065	17043	21	62445	32095	30351
福建	Fujian	8962	8867	96	33244	16696	16547
江西	Jiangxi	10974	10956	18	42323	21575	20748
山东	Shandong	27419	27327	92	89110	44674	44436
河南	Henan	24317	24313	4	93917	48128	45789
湖北	Hubei	16527	16438	89	59540	30426	29115
湖南	Hunan	18421	18394	27	65659	33915	31743
广东	Guangdong	17060	16899	162	71700	36255	35445
广西	Guangxi	11226	11221	5	47231	24283	22948
海南	Hainan	1671	1660	11	7580	3969	3611
重庆	Chongqing	9216	9214	2	30904	15813	15092
四川	Sichuan	24590	24572	18	85751	43385	42366
贵州	Guizhou	8881	8863	18	36690	19282	17408
云南	Yunnan	10539	10511	27	41995	21239	20756
西藏	Tibet	480	480		2540	1258	1283
陕西	Shaanxi	9300	9287	14	35942	18404	17538
甘肃	Gansu	6134	6131	3	25465	13042	12423
青海	Qinghai	1167	1166	1	5072	2543	2529
宁夏	Ningxia	1313	1312	1	5410	2746	2664
新疆	Xinjiang	4281	4267	15	17536	8880	8656

HOUSEHOLD, POPULATION AND SEX RATIO BY REGION

Data in this table are obtained from the Sample Survey on Population Changes in 1998. The sampling fraction is 1.01‰.

口 数 (人) Population (person)							平均家庭户规模 (人/户) Average Family Size (person/household)
Total	家庭户 Family Household			集体户 Non-family Household			
性别比 Sex Ratio	小 计 Sub-total	男 Male	女 Female	小 计 Sub-total	男 Male	女 Female	
103.51	**1237293**	**628780**	**608513**	**6084**	**3642**	**2443**	**3.63**
103.84	12144	6069	6075	476	360	116	3.03
100.60	9645	4837	4809	20	10	9	3.36
102.53	66274	33532	32743	41	41		3.64
104.82	31944	16328	15616	89	65	23	3.66
104.45	23610	12049	11561	71	49	22	3.49
100.49	41961	21031	20930	18	9	8	3.27
104.00	26696	13609	13086	2	1	1	3.42
104.78	38038	19445	18593	55	46	10	3.42
97.99	14627	7211	7416	108	82	26	3.06
98.30	72329	35816	36513	204	139	66	3.43
105.48	44887	23041	21846	86	45	41	3.18
105.75	62295	31992	30303	150	103	47	3.66
100.90	32712	16430	16282	532	267	266	3.69
103.98	42212	21494	20719	110	81	29	3.85
100.53	88689	44427	44262	420	247	174	3.25
105.11	93872	48100	45772	46	29	17	3.86
104.50	58917	30026	28891	623	399	224	3.58
106.84	65250	33677	31573	409	238	171	3.55
102.28	70152	35494	34658	1547	760	787	4.15
105.81	47187	24253	22934	44	29	14	4.21
109.91	7523	3930	3593	57	39	18	4.53
104.78	30895	15806	15090	9	7	2	3.35
102.41	85294	43131	42163	457	254	203	3.47
110.77	36557	19179	17378	133	103	29	4.12
102.32	41874	21157	20718	121	82	39	3.98
98.05	2540	1258	1283				5.29
104.94	35852	18346	17507	90	58	32	3.86
104.99	25450	13033	12416	15	9	6	4.15
100.58	5069	2541	2528	3	2	1	4.35
103.08	5399	2741	2658	11	5	6	4.12
102.59	17396	8798	8599	139	82	57	4.08

4-5 四次全国人口普查人口基本情况（年中数）

BASIC STATISTICS ON NATIONAL POPULATION CENSUS IN 1953,1964,1982 AND 1990 (MIDDLE OF YEAR)

本表未包括港澳台和中国人民解放军现役军人数据。

Data in this table excluded the military personnel as well as the population of Hong Kong, Macao and Taiwan.

单位:万人 (10 000 persons)

指标	Item	1953	1964	1982	1990
总人口	**Total Population**	**58260**	**69122**	**100391**	**113051**
男	Male	30179	35479	51528	58182
女	Female	28081	33643	48863	54869
育龄妇女(15-49岁)	Women at Childbearing Age (Age 15-49)	13314	15161	24849	30635
总户数 (万户)	**Total Number of Households**	**13411**	**15671**	**22115**	**27862**
家庭户 (万户)	Family Households			22008	27691
集体户 (万户)	Non-family Households			107	171
各年龄组人口	**Population by Age**				
0-6岁	Age 0-6	11700	13542	13456	15548
7-14岁	Age 7-14	8884	14525	20269	15752
劳动年龄人口	Population within Working Age	29983	34149	55087	67903
男60、女55岁以上人口	Males Aged 60 and Females Aged 55 and Over	5170	5407	9304	11684
民族人口	**Nationality Population**	**58260**	**69122**	**100391**	**113051**
汉族	Han Nationality	54728	65130	93667	103919
少数民族	Minority Nationalities	3532	3992	6724	9132
15岁及以上人口	**Marital Status of Population Aged 15 and Over**			**66548**	**81751**
未婚	Unmarried			19012	20541
有配偶	Married			42376	55737
丧偶	Widowed			4764	4989
离婚	Divorced			396	484
6岁及以上人口	**Population Aged 6 and Over by Educational Level**		**55542**	**88979**	**99409**
大学本科	University		287	604	614
大学专科	Three Years College				962
中专	Specialized Secondary School				1728
高中	Senior Secondary School		912	6653	7260
初中	Junior Secondary School		3235	17820	26339
小学	Primary School		19582	35534	42021
不识字或识字很少	Illiterate and Semi-Illiterate		31526	28368	20485
在业人口	**Employed Population**			**52150**	**64724**
不在业人口	**Unemployed Population**			**14516**	**17026**
市镇县人口	**Population of Cities, Towns and Counties**	**58260**	**69122**	**100391**	**113051**
市	City			14525	21122
镇	Town	7726	9455	6106	8492
县	County	50534	59667	79760	83437

注:1.劳动年龄人口指男16-59岁,女16-54岁人口。

2.各年龄组人口中缺15岁人口和年龄不详人口数,加总不等于总人口。

3.1964年分文化程度人口是7岁及以上文化程度人口。不识字或识字很少人口中包括不在校儿童，未包括475万文化程度不详人口。

a)Working age range refers to 16-59 years for men and 16-54 years for women.

b)Population by age: The sum of the population of the age groups is not equal to the total population, because the population aged 15 is not shown and there is population whose true age is unknown.

c)Population by educational level: Data in 1964 refer to population aged 7 and over. Illiterate and semi-illiterate population includes children not in school. The data exclude 4.75 million persons whose education levels are unknown.

4-6 分地区、分性别的各种户口状况人口

RESIDENCE STATUS OF POPULATION BY REGION AND BY SEX

本表是 1998 年人口变动抽样调查数据，抽样比为 1.01‰。

Data in this table are obtained from the Sample Survey on Population Changes in 1998. The sampling fraction is 1.01‰.

单位：人 (person)

地区 Region	合计 Total			住本调查小区户口在本乡、镇、街道 Population with Residence Registered in this Township, Town or Subdistrict and Actually Residing in this Enumeration Area		
	小计 Sub-total	男 Male	女 Female	小计 Sub-total	男 Male	女 Female
全 国 National Total	**1243377**	**632422**	**610955**	**1174151**	**598480**	**575671**
北 京 Beijing	12620	6429	6191	10609	5431	5178
天 津 Tianjin	9665	4847	4818	8795	4430	4365
河 北 Hebei	66315	33572	32743	62757	31694	31063
山 西 Shanxi	32032	16393	15639	29880	15321	14560
内蒙古 Inner Mongolia	23681	12098	11583	21789	11164	10626
辽 宁 Liaoning	41979	21041	20938	39311	19744	19567
吉 林 Jilin	26698	13611	13087	25663	13102	12560
黑龙江 Heilongjiang	38093	19491	18602	35696	18291	17404
上 海 Shanghai	14735	7293	7442	12626	6284	6342
江 苏 Jiangsu	72533	35955	36578	67136	33352	33784
浙 江 Zhejiang	44974	23086	21887	42519	21982	20537
安 徽 Anhui	62445	32095	30351	60047	30974	29072
福 建 Fujian	33244	16696	16547	29886	15058	14828
江 西 Jiangxi	42323	21575	20748	39638	20268	19370
山 东 Shandong	89110	44674	44436	83911	41944	41967
河 南 Henan	93917	48128	45789	91820	46999	44821
湖 北 Hubei	59540	30426	29115	55174	28237	26937
湖 南 Hunan	65659	33915	31743	62807	32466	30341
广 东 Guangdong	71700	36255	35445	65965	33601	32364
广 西 Guangxi	47231	24283	22948	45945	23689	22256
海 南 Hainan	7580	3969	3611	7168	3768	3400
重 庆 Chongqing	30904	15813	15092	29412	15116	14295
四 川 Sichuan	85751	43385	42366	81785	41574	40211
贵 州 Guizhou	36690	19282	17408	35685	18784	16901
云 南 Yunnan	41995	21239	20756	40134	20311	19824
西 藏 Tibet	2540	1258	1283	2465	1220	1244
陕 西 Shaanxi	35942	18404	17538	34269	17557	16712
甘 肃 Gansu	25465	13042	12423	25033	12835	12198
青 海 Qinghai	5072	2543	2529	4832	2435	2397
宁 夏 Ningxia	5410	2746	2664	5233	2663	2570
新 疆 Xinjiang	17536	8880	8656	16161	8185	7976

4-6 **续表** continued

单位：人 (person)

地区 Region	住本调查小区半年以上户口在外乡、镇、街道 Population with Residence Registered in Other Township Town or Subdistrict, but Having Actually Resided in This Enumeration Area for More Than Half Year			住本调查小区不满半年离开户口登记地半年以上 Population Having Left Place of Residence Registration More Than Half Year and Having Resided in This Enumeration Area for Less Than Half Year			住本调查小区户口待定 Population with Residence Registration in This Enumeration Area Not Yet Settled		
	小计 Sub-total	男 Male	女 Female	小计 Sub-total	男 Male	女 Female	小计 Sub-total	男 Male	女 Female
全 国 National Total	**58966**	**28749**	**30217**	**3404**	**1710**	**1694**	**6856**	**3483**	**3374**
北 京 Beijing	1838	921	918	140	61	79	33	17	17
天 津 Tianjin	794	381	413	25	15	10	50	21	29
河 北 Hebei	3161	1662	1499	173	94	79	224	122	102
山 西 Shanxi	1823	912	912	84	38	45	245	122	122
内蒙古 Inner Mongolia	1638	807	831	85	44	41	169	84	85
辽 宁 Liaoning	2413	1171	1242	99	51	48	156	75	81
吉 林 Jilin	883	427	456	49	27	22	103	54	49
黑龙江 Heilongjiang	2035	1015	1020	158	78	80	204	107	97
上 海 Shanghai	1891	890	1001	131	76	55	86	42	45
江 苏 Jiangsu	4588	2171	2417	133	75	58	676	357	319
浙 江 Zhejiang	2160	959	1201	63	27	35	232	118	114
安 徽 Anhui	1977	909	1068	109	54	56	312	157	155
福 建 Fujian	2751	1333	1418	279	144	135	328	161	166
江 西 Jiangxi	2022	982	1040	81	39	42	581	285	296
山 东 Shandong	4856	2575	2281	158	76	82	184	78	106
河 南 Henan	1666	900	766	167	89	78	264	141	124
湖 北 Hubei	4053	2032	2020	124	62	62	189	94	95
湖 南 Hunan	2472	1283	1188	61	23	39	319	143	176
广 东 Guangdong	4636	2085	2551	374	190	184	724	378	346
广 西 Guangxi	1037	467	570	87	41	46	161	86	75
海 南 Hainan	285	133	152	32	14	18	95	53	42
重 庆 Chongqing	1251	581	670	39	14	26	202	102	101
四 川 Sichuan	3275	1461	1814	368	165	203	323	185	138
贵 州 Guizhou	690	332	357	32	20	12	283	146	137
云 南 Yunnan	1538	751	787	128	84	44	195	93	102
西 藏 Tibet	58	29	29	1	1		16	7	10
陕 西 Shaanxi	1325	677	648	114	52	63	234	118	116
甘 肃 Gansu	306	144	162	25	13	12	101	50	52
青 海 Qinghai	160	72	88	15	7	8	65	29	35
宁 夏 Ningxia	142	67	74	3	1	1	32	14	18
新 疆 Xinjiang	1242	617	625	66	35	31	67	43	24

4-7 各地区人口年龄构成和负担系数

AGE COMPOSITION AND DEPENDENCY RATIO OF POPULATION BY REGION

本表是 1998 年人口变动抽样调查数据，抽样比为 1.01‰。

Data in this table are obtained from the Sample Survey on Population Changes in 1998. The sampling fraction is 1.01‰.

地区 Region	人口数（人）Population 合计 Total	0-14 岁 Age 0-14	15-64 岁 Age 15-64	65 岁及以上 Age 65 and Over	总负担系数（%）Dependency Ratio (%)	负担少儿系数 Children Dependency Ratio	负担老年系数 The Aged Dependency Ratio
全　国　National Total	**1243377**	**302230**	**848749**	**92398**	**46.50**	**35.61**	**10.89**
北　京　Beijing	12620	1986	9498	1136	32.87	20.90	11.96
天　津　Tianjin	9665	1949	6852	864	41.05	28.44	12.62
河　北　Hebei	66315	16096	45767	4452	44.90	35.17	9.73
山　西　Shanxi	32032	8687	21298	2047	50.40	40.79	9.61
内蒙古　Inner Mongolia	23681	5454	16925	1302	39.91	32.22	7.69
辽　宁　Liaoning	41979	7770	31041	3168	35.24	25.03	10.21
吉　林　Jilin	26698	5176	19729	1793	35.32	26.23	9.09
黑龙江　Heilongjiang	38093	7835	28297	1962	34.62	27.69	6.93
上　海　Shanghai	14735	2100	10707	1928	37.62	19.61	18.01
江　苏　Jiangsu	72533	15587	50266	6681	44.30	31.01	13.29
浙　江　Zhejiang	44974	8517	32401	4056	38.80	26.29	12.52
安　徽　Anhui	62445	16534	41108	4804	51.91	40.22	11.69
福　建　Fujian	33244	8909	21755	2581	52.81	40.95	11.86
江　西　Jiangxi	42323	11599	27880	2844	51.80	41.60	10.20
山　东　Shandong	89110	19560	62116	7433	43.46	31.49	11.97
河　南　Henan	93917	24669	62624	6624	49.97	39.39	10.58
湖　北　Hubei	59540	14429	40864	4246	45.70	35.31	10.39
湖　南　Hunan	65659	15724	44848	5086	46.40	35.06	11.34
广　东　Guangdong	71700	20567	45598	5535	57.24	45.10	12.14
广　西　Guangxi	47231	12954	30727	3550	53.71	42.16	11.55
海　南　Hainan	7580	2264	4850	465	56.27	46.68	9.59
重　庆　Chongqing	30904	7028	21266	2610	45.33	33.05	12.28
四　川　Sichuan	85751	19318	59364	7070	44.45	32.54	11.91
贵　州　Guizhou	36690	10392	24204	2093	51.58	42.93	8.65
云　南　Yunnan	41995	11347	27967	2681	50.16	40.57	9.59
西　藏　Tibet	2540	811	1589	140	59.91	51.06	8.84
陕　西　Shaanxi	35942	9759	23777	2406	51.16	41.04	10.12
甘　肃　Gansu	25465	6921	17064	1480	49.23	40.56	8.67
青　海　Qinghai	5072	1411	3401	259	49.13	41.50	7.63
宁　夏　Ningxia	5410	1612	3578	219	51.18	45.05	6.13
新　疆　Xinjiang	17536	5267	11389	880	53.97	46.24	7.72

注：总负担系数是指 0-14 岁和 65 岁及以上人口占 15-64 岁人口的比重，0-14 岁人口为少年儿童人口，65 岁及以上人口为老年人口。

a) The dependency ratio refers to the proportion of the number of people aged 0-14 and 65 and over to the number of people aged 15-64. The children refers to the people aged 0-14, and the aged refers to the people aged 65 and over.

4-8 各地区按性别和受教育程度分的人口

本表是1998年人口变动抽样调查数据，抽样比为1.01‰。

单位：人

地区 Region	6岁及6岁以上人口 Population Aged 6 and Over			不识字或识字很少 Illiterate			小学
	合计 Total	男 Male	女 Female	小计 Sub-total	男 Male	女 Female	小计 Sub-total
全国 National Total	**1150370**	**581911**	**568460**	**157746**	**47074**	**110672**	**457703**
北京 Beijing	12110	6162	5948	705	157	547	2376
天津 Tianjin	9052	4515	4537	845	229	616	2863
河北 Hebei	61877	31220	30657	6529	1925	4604	22925
山西 Shanxi	28893	14793	14101	2661	911	1750	10692
内蒙古 Inner Mongolia	21992	11246	10746	3028	1016	2012	7530
辽宁 Liaoning	39459	19698	19760	3016	844	2172	13028
吉林 Jilin	25150	12795	12355	2013	673	1339	9099
黑龙江 Heilongjiang	35879	18353	17526	2986	1062	1923	12772
上海 Shanghai	14208	7028	7180	1298	271	1027	3025
江苏 Jiangsu	68018	33452	34566	11472	2922	8550	23540
浙江 Zhejiang	42094	21493	20601	6160	1867	4292	16646
安徽 Anhui	57065	29134	27931	9805	3230	6575	24061
福建 Fujian	30783	15346	15436	4858	1276	3582	13609
江西 Jiangxi	38957	19691	19265	4354	1097	3257	17897
山东 Shandong	83863	41827	42036	15952	4386	11566	29424
河南 Henan	87137	44269	42868	10493	3157	7335	32120
湖北 Hubei	55536	28198	27338	7080	2173	4907	21260
湖南 Hunan	61738	31800	29938	5685	1460	4225	27514
广东 Guangdong	64468	32161	32307	5677	1330	4347	27257
广西 Guangxi	43613	22281	21332	5072	1353	3719	21014
海南 Hainan	6825	3537	3288	864	252	612	2700
重庆 Chongqing	28251	14334	13918	3847	1170	2677	13354
四川 Sichuan	78925	39718	39207	10889	3378	7512	36041
贵州 Guizhou	32938	17329	15610	8227	2484	5743	14626
云南 Yunnan	37686	18961	18726	8336	2843	5493	18431
西藏 Tibet	2287	1132	1155	1123	463	660	975
陕西 Shaanxi	33174	16885	16289	4468	1456	3012	13938
甘肃 Gansu	23149	11784	11365	5714	1905	3809	8860
青海 Qinghai	4553	2282	2271	1813	675	1138	1439
宁夏 Ningxia	4841	2456	2386	1101	362	739	1587
新疆 Xinjiang	15849	8031	7817	1676	745	930	7099

POPULATION BY SEX, EDUCATIONAL LEVEL AND REGION

Data in this table are obtained from the Sample Survey on Population Changes in 1998. The sampling fraction is 1.01‰.

(person)

Primary School		初中 Junior Secondary School			高中 Senior Secondary School			大专以上 College and Higher Level		
男 Male	女 Female	小计 Sub-total	男 Male	女 Female	小计 Sub-total	男 Male	女 Female	小计 Sub-total	男 Male	女 Female
228997	**228707**	**380066**	**215343**	**164723**	**122741**	**70340**	**52401**	**32114**	**20158**	**11956**
1199	1177	4061	2221	1839	3057	1510	1547	1911	1074	837
1398	1465	3284	1796	1488	1540	791	749	520	301	219
11271	11654	23806	13129	10677	6920	3879	3041	1698	1016	682
5298	5394	11634	6379	5255	3154	1733	1420	753	471	282
3793	3736	7499	4252	3246	3042	1650	1391	894	534	360
6315	6713	16598	8806	7792	4920	2623	2297	1897	1110	787
4480	4619	8757	4775	3983	4017	2126	1892	1264	742	522
6272	6500	13973	7601	6372	4779	2584	2194	1369	833	536
1499	1526	4967	2596	2372	3511	1787	1724	1407	875	531
11735	11806	22266	12460	9806	8681	4968	3713	2058	1367	691
8727	7919	13466	7537	5929	4620	2573	2047	1202	789	414
11559	12502	17945	11018	6926	4231	2642	1589	1024	686	338
6575	7034	8671	5234	3437	3019	1813	1206	625	447	178
8446	9452	12441	7376	5065	3610	2319	1291	655	454	201
14629	14794	29484	17146	12338	7707	4791	2916	1297	874	422
15755	16365	34154	19152	15002	8492	5087	3404	1879	1118	761
10422	10838	18431	10514	7916	7094	4007	3086	1671	1081	590
13791	13723	20849	11807	9042	6466	3930	2536	1224	811	412
13033	14224	21595	11763	9832	7544	4501	3043	2395	1534	861
10514	10500	13948	8187	5760	3147	1952	1195	433	275	158
1345	1356	2321	1328	994	739	467	272	201	145	56
6845	6509	8455	4867	3588	2241	1243	997	355	209	146
18628	17413	22849	12522	10327	7338	3991	3346	1807	1198	609
8336	6289	7507	4913	2594	1985	1207	778	593	389	205
9660	8771	8387	4995	3393	2108	1190	918	424	273	151
566	409	160	85	76	26	18	8	3	1	1
6997	6941	10159	5733	4426	3747	2162	1585	863	537	325
4645	4215	5845	3535	2310	2254	1380	875	476	319	157
835	604	820	511	309	339	177	163	141	85	56
854	733	1462	840	622	522	292	230	170	108	62
3574	3524	4274	2265	2009	1894	946	947	907	500	407

4-9 各地区分性别的 15 岁及 15 岁以上文盲半文盲人口

ILLITERATE AND SEMI-ILLITERATE POPULATION AGED 15 AND OVER BY SEX AND REGION

本表是 1998 年人口变动抽样调查数据，抽样比为 1.01‰。

Data in this table are obtained from the Sample Survey on Population Changes in 1998. The sampling fraction is 1.01‰.

单位：人、%

(person, %)

地区 Region		15 岁及 15 岁以上人口 Population Aged 15 and Over			文盲、半文盲人口 Illiterate and Semi-illiterate			文盲半文盲占 15 岁及以上比例 % to Total Aged 15 & over		
		合计 Total	男 Male	女 Female	小计 Sub-total	男 Male	女 Female	小计 Sub-total	男 Male	女 Female
全国	**National Total**	**941147**	**472749**	**468398**	**148522**	**42603**	**105918**	**15.78**	**9.01**	**22.61**
北京	Beijing	10635	5403	5231	693	151	541	6.51	2.80	10.35
天津	Tianjin	7716	3831	3886	804	209	595	10.43	5.46	15.32
河北	Hebei	50219	25152	25066	6027	1653	4374	12.00	6.57	17.45
山西	Shanxi	23346	11899	11447	2445	795	1651	10.47	6.68	14.42
内蒙古	Inner Mongolia	18227	9288	8939	2885	949	1936	15.83	10.22	21.66
辽宁	Liaoning	34209	17052	17156	2794	735	2059	8.17	4.31	12.00
吉林	Jilin	21522	10929	10593	1814	576	1239	8.43	5.27	11.69
黑龙江	Heilongjiang	30258	15414	14844	2683	891	1793	8.87	5.78	12.08
上海	Shanghai	12635	6219	6417	1287	265	1022	10.19	4.26	15.93
江苏	Jiangsu	56947	27653	29294	11153	2784	8369	19.59	10.07	28.57
浙江	Zhejiang	36457	18494	17963	5968	1767	4200	16.37	9.56	23.38
安徽	Anhui	45911	23202	22709	9426	3035	6391	20.53	13.08	28.14
福建	Fujian	24335	12026	12309	4550	1114	3436	18.70	9.26	27.91
江西	Jiangxi	30724	15356	15368	4143	990	3153	13.48	6.45	20.52
山东	Shandong	69550	34424	35126	15337	4099	11238	22.05	11.91	31.99
河南	Henan	69248	34755	34494	9996	2929	7067	14.44	8.43	20.49
湖北	Hubei	45111	22863	22248	6840	2043	4797	15.16	8.94	21.56
湖南	Hunan	49934	25644	24290	5457	1346	4111	10.93	5.25	16.92
广东	Guangdong	51133	25163	25970	4731	857	3873	9.25	3.41	14.92
广西	Guangxi	34277	17379	16898	4565	1110	3455	13.32	6.39	20.45
海南	Hainan	5316	2726	2590	758	201	557	14.27	7.38	21.52
重庆	Chongqing	23876	12038	11838	3688	1092	2596	15.45	9.07	21.93
四川	Sichuan	66433	33208	33226	10427	3128	7300	15.70	9.42	21.97
贵州	Guizhou	26298	13781	12517	7621	2266	5355	28.98	16.44	42.78
云南	Yunnan	30648	15373	15275	7809	2589	5220	25.48	16.84	34.17
西藏	Tibet	1729	844	885	1037	423	614	59.97	50.09	69.41
陕西	Shaanxi	26183	13256	12928	4324	1385	2939	16.52	10.45	22.74
甘肃	Gansu	18544	9411	9132	5313	1744	3569	28.65	18.53	39.08
青海	Qinghai	3660	1839	1821	1571	570	1001	42.92	31.00	54.95
宁夏	Ningxia	3798	1921	1877	971	311	659	25.56	16.20	35.14
新疆	Xinjiang	12269	6206	6063	1403	596	807	11.44	9.61	13.31

注：本表"文盲、半文盲人口"指 15 岁及 15 岁以上不识字及识字很少人口。

a) Illiterate and semi-illiterate population in this table refers to the population aged 15 and over, who are unable or very difficult to read.

4-10 各地区按性别和婚姻状况分的人口

MARITAL STATUS OF POPULATION BY SEX AND REGION

本表是1998年人口变动抽样调查数据，抽样比为1.01‰。

Data in this table are obtained from the Sample Survey on Population Changes in 1998. The sampling fraction is 1.01‰.

单位：人 (person)

地区 Region		15岁及以上人口 Population Aged 15 and Over			未婚 Never Married	
		合计 Total	男 Male	女 Female	小计 Sub-total	男 Male	女 Female
全国	**National Total**	**941147**	**472749**	**468398**	**181927**	**107919**	**74008**
北京	Beijing	10635	5403	5231	2059	1186	873
天津	Tianjin	7716	3831	3886	1216	685	531
河北	Hebei	50219	25152	25066	9478	5393	4084
山西	Shanxi	23346	11899	11447	4329	2660	1669
内蒙古	Inner Mongolia	18227	9288	8939	3687	2151	1536
辽宁	Liaoning	34209	17052	17156	5901	3350	2551
吉林	Jilin	21522	10929	10593	3974	2305	1669
黑龙江	Heilongjiang	30258	15414	14844	5574	3203	2371
上海	Shanghai	12635	6219	6417	2077	1216	861
江苏	Jiangsu	56947	27653	29294	8459	4898	3560
浙江	Zhejiang	36457	18494	17963	7171	4398	2773
安徽	Anhui	45911	23202	22709	8491	5075	3416
福建	Fujian	24335	12026	12309	5029	2942	2087
江西	Jiangxi	30724	15356	15368	5913	3556	2357
山东	Shandong	69550	34424	35126	12577	7066	5511
河南	Henan	69248	34755	34494	14165	8207	5959
湖北	Hubei	45111	22863	22248	8161	4930	3232
湖南	Hunan	49934	25644	24290	10058	6374	3684
广东	Guangdong	51133	25163	25970	12189	6920	5269
广西	Guangxi	34277	17379	16898	9196	5579	3617
海南	Hainan	5316	2726	2590	1538	911	627
重庆	Chongqing	23876	12038	11838	3582	2362	1220
四川	Sichuan	66433	33208	33226	10909	6760	4150
贵州	Guizhou	26298	13781	12517	6389	3992	2397
云南	Yunnan	30648	15373	15275	6337	3792	2546
西藏	Tibet	1729	844	885	494	253	240
陕西	Shaanxi	26183	13256	12928	4784	2885	1899
甘肃	Gansu	18544	9411	9132	3553	2160	1393
青海	Qinghai	3660	1839	1821	811	480	331
宁夏	Ningxia	3798	1921	1877	841	481	360
新疆	Xinjiang	12269	6206	6063	2985	1750	1235

4-10 **续表** 1 continued

单位：人 (person)

地 区 Region		初婚有配偶 First Married			再婚有配偶 Re-married		
		小计 Sub-total	男 Male	女 Female	小计 Sub-Total	男 Male	女 Female
全 国	**National Total**	**676211**	**333994**	**342217**	**17567**	**8056**	**9510**
北 京	Beijing	7718	3902	3817	213	105	108
天 津	Tianjin	5865	2913	2952	133	61	72
河 北	Hebei	37055	18383	18672	710	309	400
山 西	Shanxi	17066	8489	8577	503	201	302
内蒙古	Inner Mongolia	13217	6604	6613	312	140	172
辽 宁	Liaoning	25240	12499	12740	713	345	369
吉 林	Jilin	15708	7832	7876	375	177	197
黑龙江	Heilongjiang	22214	11104	11111	729	347	381
上 海	Shanghai	9276	4588	4688	262	125	137
江 苏	Jiangsu	43449	21165	22284	767	321	447
浙 江	Zhejiang	25947	12976	12971	638	258	380
安 徽	Anhui	33577	16692	16885	586	251	335
福 建	Fujian	16916	8312	8604	363	145	218
江 西	Jiangxi	22115	10863	11252	550	256	294
山 东	Shandong	50899	25279	25621	1446	592	853
河 南	Henan	49853	24673	25181	873	354	519
湖 北	Hubei	32875	16350	16525	801	390	411
湖 南	Hunan	35258	17396	17863	1053	491	562
广 东	Guangdong	34787	17041	17746	576	257	319
广 西	Guangxi	21965	10723	11243	429	209	220
海 南	Hainan	3397	1692	1705	62	30	32
重 庆	Chongqing	17579	8604	8975	641	281	360
四 川	Sichuan	49349	24074	25275	1437	638	799
贵 州	Guizhou	17901	8871	9030	325	186	139
云 南	Yunnan	21191	10401	10789	825	434	391
西 藏	Tibet	1073	544	530	7	1	5
陕 西	Shaanxi	19118	9448	9670	411	193	218
甘 肃	Gansu	13545	6671	6874	245	114	131
青 海	Qinghai	2438	1202	1236	103	53	51
宁 夏	Ningxia	2720	1346	1374	61	31	30
新 疆	Xinjiang	6899	3358	3541	1419	760	659

4-10 **续表** 2 continued

单位：人 (person)

地区 Region	离婚 Divorced 小计 Sub-total	男 Male	女 Female	丧偶 Widowed 小计 Sub-total	男 Male	女 Female
全 国 National Total	**8402**	**5296**	**3106**	**57040**	**17483**	**39558**
北 京 Beijing	142	69	74	502	142	360
天 津 Tianjin	66	40	26	437	132	304
河 北 Hebei	309	220	89	2667	846	1821
山 西 Shanxi	192	143	49	1256	406	851
内蒙古 Inner Mongolia	169	111	58	842	282	560
辽 宁 Liaoning	479	269	210	1876	590	1286
吉 林 Jilin	356	209	147	1109	406	704
黑龙江 Heilongjiang	398	255	143	1344	505	838
上 海 Shanghai	193	102	91	826	187	639
江 苏 Jiangsu	379	253	126	3892	1015	2877
浙 江 Zhejiang	353	234	119	2348	627	1721
安 徽 Anhui	335	251	83	2923	932	1990
福 建 Fujian	199	137	62	1829	490	1339
江 西 Jiangxi	195	135	59	1952	546	1406
山 东 Shandong	341	259	82	4287	1227	3060
河 南 Henan	417	274	143	3941	1248	2693
湖 北 Hubei	357	216	141	2916	977	1939
湖 南 Hunan	480	337	143	3085	1047	2038
广 东 Guangdong	276	179	97	3305	766	2539
广 西 Guangxi	256	163	93	2431	706	1724
海 南 Hainan	30	22	8	289	72	217
重 庆 Chongqing	325	197	127	1749	594	1155
四 川 Sichuan	734	402	332	4005	1334	2670
贵 州 Guizhou	190	148	42	1493	584	909
云 南 Yunnan	322	169	153	1973	577	1396
西 藏 Tibet	37	8	29	119	38	81
陕 西 Shaanxi	224	155	69	1647	575	1072
甘 肃 Gansu	153	102	51	1048	365	683
青 海 Qinghai	88	35	53	220	70	150
宁 夏 Ningxia	29	17	13	147	46	101
新 疆 Xinjiang	383	188	195	584	150	433

4-11 各地区家庭户类型
NUMBER AND SIZE OF FAMILY HOUSEHOLDS BY REGION

本表是1998年人口变动抽样调查数据，抽样比为1.01‰。

Data in this table are obtained from the Sample Survey on Population Changes in 1998. The sampling fraction is 1.01‰.

单位：户 (household)

地区	Region	户数合计 Total Number of Households	一人户 One Person	二人户 Two Persons	三人户 Three Persons	四人户 Four Persons	五人户 Five Persons	六人户 Six Persons	七人户 Seven Persons	八人户 Eight Persons	九人户 Nine Persons	十人及以上户 Ten Persons and Over
全国	**National Total**	**341190**	**20090**	**50833**	**101810**	**88428**	**46254**	**20913**	**7636**	**3056**	**1109**	**1062**
北京	Beijing	4002	397	831	1719	635	273	89	29	18	3	9
天津	Tianjin	2868	130	457	1190	623	323	105	30	7	2	1
河北	Hebei	18197	787	2514	5492	5342	2505	1058	340	104	34	21
山西	Shanxi	8735	514	1243	2329	2545	1251	578	188	65	10	12
内蒙古	Inner Mongolia	6759	285	1056	2329	1831	824	309	84	29	8	4
辽宁	Liaoning	12824	792	2266	5159	2814	1197	386	126	60	15	9
吉林	Jilin	7796	308	1158	3218	1859	810	279	98	45	11	10
黑龙江	Heilongjiang	11124	301	1807	4627	2642	1122	422	125	52	18	7
上海	Shanghai	4785	428	1026	2019	710	433	122	29	15	2	1
江苏	Jiangsu	21087	1278	3748	7226	4532	2786	1034	328	102	29	24
浙江	Zhejiang	14095	1490	2559	4912	3184	1252	483	127	56	19	11
安徽	Anhui	17043	927	2341	4716	5014	2501	1038	354	106	28	16
福建	Fujian	8867	674	1252	2222	2368	1365	597	246	78	34	31
江西	Jiangxi	10956	508	1330	2785	3283	1658	849	327	125	53	38
山东	Shandong	27327	1871	5410	9587	6637	2645	866	241	55	16	—
河南	Henan	24313	1048	2887	5960	7297	4253	1892	635	232	65	44
湖北	Hubei	16438	886	2439	4928	4602	2235	910	280	104	27	26
湖南	Hunan	18394	1056	2845	5273	5476	2364	968	274	82	27	29
广东	Guangdong	16899	1176	1948	3368	4073	2942	1756	770	395	175	295
广西	Guangxi	11221	635	1140	2096	2904	2157	1253	591	250	101	94
海南	Hainan	1660	87	138	272	386	317	222	127	60	23	28
重庆	Chongqing	9214	734	1567	3172	2225	910	367	142	55	24	19
四川	Sichuan	24572	1919	4228	7639	5751	2809	1327	506	225	100	67
贵州	Guizhou	8863	343	904	2009	2383	1648	909	368	195	60	44
云南	Yunnan	10511	553	1165	2222	3195	1789	961	364	160	57	45
西藏	Tibet	480	21	30	68	111	71	51	33	32	23	40
陕西	Shaanxi	9287	407	1193	2299	2568	1633	786	279	79	23	20
甘肃	Gansu	6131	213	545	1302	1888	1122	649	246	91	39	36
青海	Qinghai	1166	41	109	251	298	206	124	69	36	17	15
宁夏	Ningxia	1312	34	129	340	350	233	125	60	26	10	6
新疆	Xinjiang	4267	244	567	1079	903	623	398	219	114	58	61

4-12 各地区 15-49 岁妇女活产和存活子女状况

LIVE BIRTHS AND SURVIVING CHILDREN OF WOMEN AGED 15-49 BY REGION

本表是 1998 年人口变动抽样调查数据，抽样比为 1.01‰。

Data in this table are obtained from the Sample Survey on Population Changes in 1998. The sampling fraction is 1.01‰.

单位：人 (person)

地区 Region		15-49 岁妇女人数 Number of Women Aged 15-49	活产子女人数 Number of Live Births	男 Male	女 Female	存活子女人数 Number of Surviving Children	男 Male	女 Female	妇女平均活产子女数 Average Number of Live Births per Women	妇女平均存活子女数 Average Number of Surviving Children per Women
全 国	**National Total**	**343359**	**474292**	**249121**	**225171**	**449254**	**236857**	**212397**	**1.38**	**1.31**
北 京	Beijing	3766	3122	1606	1515	3104	1595	1509	0.83	0.82
天 津	Tianjin	2727	3081	1617	1465	2891	1520	1371	1.13	1.06
河 北	Hebei	18730	24279	12668	11611	24148	12600	11548	1.30	1.29
山 西	Shanxi	8718	13366	7007	6359	13183	6902	6281	1.53	1.51
内蒙古	Inner Mongolia	6932	9500	4940	4560	9267	4808	4460	1.37	1.34
辽 宁	Liaoning	12536	14095	7183	6912	13010	6628	6383	1.12	1.04
吉 林	Jilin	8052	8583	4439	4144	8460	4406	4054	1.07	1.05
黑龙江	Heilongjiang	11649	13757	7130	6627	13606	7046	6560	1.18	1.17
上 海	Shanghai	4152	3579	1795	1784	3515	1772	1744	0.86	0.85
江 苏	Jiangsu	20439	24492	13007	11485	24073	12776	11297	1.20	1.18
浙 江	Zhejiang	12944	16339	8530	7809	15109	8063	7046	1.26	1.17
安 徽	Anhui	16407	23352	12506	10847	23052	12338	10715	1.42	1.41
福 建	Fujian	9163	13850	7345	6505	13585	7212	6374	1.51	1.48
江 西	Jiangxi	11567	19484	10306	9177	17921	9541	8380	1.68	1.55
山 东	Shandong	25271	31298	16435	14863	30942	16238	14704	1.24	1.22
河 南	Henan	25629	35751	19159	16592	35405	18950	16455	1.39	1.38
湖 北	Hubei	16350	21750	11425	10325	21321	11189	10132	1.33	1.30
湖 南	Hunan	17684	24704	12995	11709	23725	12509	11216	1.40	1.34
广 东	Guangdong	19103	32185	16824	15361	27295	14625	12670	1.68	1.43
广 西	Guangxi	12186	17431	9289	8141	17092	9121	7972	1.43	1.40
海 南	Hainan	1970	3136	1690	1446	3096	1671	1424	1.59	1.57
重 庆	Chongqing	8419	10487	5659	4828	10165	5487	4677	1.25	1.21
四 川	Sichuan	23771	29170	15461	13709	28440	15077	13363	1.23	1.20
贵 州	Guizhou	9313	14652	7709	6943	13992	7431	6561	1.57	1.50
云 南	Yunnan	11343	25472	12994	12478	16685	8582	8103	2.25	1.47
西 藏	Tibet	666	1113	570	543	1030	523	507	1.67	1.55
陕 西	Shaanxi	9445	14215	7449	6765	13997	7327	6670	1.50	1.48
甘 肃	Gansu	6799	10202	5325	4877	10060	5257	4803	1.50	1.48
青 海	Qinghai	1372	2024	1029	994	1936	983	953	1.47	1.41
宁 夏	Ningxia	1499	2358	1215	1143	2308	1192	1116	1.57	1.54
新 疆	Xinjiang	4755	7465	3812	3653	6840	3490	3350	1.57	1.44

主要统计指标解释

人口数 指一定时点、一定地区范围内的有生命的个人的总和。

年度统计的年末人口数指每年12月31日24时的人口数。年度统计的全国人口总数内未包括台湾省和港澳同胞以及海外华侨人数。

市镇总人口和乡村总人口 一般是按常住人口划分的。

市镇总人口 指市、镇辖区的全部人口。

乡村总人口 指县（不含镇）的全部人口。

市 指经国家批准成立“市”建制的城市。

镇 指经省、自治区、直辖市批准的镇。1963年以前为常住人口在2000人以上，非农业人口占50%以上的。1964年起改为常住人口在3000人以上，非农业人口占70%以上；或常住人口在2500人以上，不满3000人，非农业人口占85%以上的。1984年后又调整为凡县级地方国家机关所在地；或总人口在20000人以下的乡，乡政府驻地非农业人口超过2000人的；或总人口在20000人以上的乡，乡政府驻地非农业人口占全乡人口10%以上；或少数民族地区、人口稀少的边远地区、山区和小型工矿区、小港口、风景旅游、边境口岸等地，非农业人口虽不足2000人，都可建镇。

出生率（又称粗出生率） 指在一定时期内（通常为一年）平均每千人所出生的人数的比率，一般用千分率表示。计算公式为：

$$出生率 = \frac{年出生人数}{年平均人数} \times 1000‰$$

式中：出生人数指活产婴儿，即胎儿脱离母体时（不管怀孕月数），有过呼吸或其他生命现象。年平均人数指年初、年底人口数的平均数，也可用年中人口数代替。

死亡率（又称粗死亡率） 指在一定时期内（通常为一年）一定地区的死亡人数与同期平均人数（或期中人数）之比，一般用千分率表示。计算公式为：

$$死亡率 = \frac{年死亡人数}{年平均人数} \times 1000‰$$

人口自然增长率 指在一定时期内（通常为一年）人口自然增加数（出生人数减死亡人数）与该时期内平均人数（或期中人数）之比，一般用千分率表示。计算公式为：

$$人口自然增长率 = \frac{本年出生人数 - 本年死亡人数}{年平均人数} \times 1000‰$$

$$= 人口出生率 - 人口死亡率$$

在业人口（又称就业人口） 指十五周岁及十五周岁以上人口中从事一定的社会劳动并取得劳动报酬或经营收入的人口。

不在业人口 指十五周岁及十五周岁以上人口中未从事社会劳动的人口，包括在校学生、料理家务、待升学、市镇待业、离退休、退职、丧失劳动能力等非在业人口。

总负担系数 指被抚养人口与15－64岁人口的比例。被抚养人口指0－14岁和65岁及以上人口。计算公式为：总负担系数＝被抚养人口÷15－64岁人口×100%

负担老年系数 指老年人口与15－64岁人口的比例。老年人口指65岁及以上人口。计算公式为：负担老年系数＝老年人口÷15－64岁人口×100%

负担少年系数 指少年儿童人口与15－64岁人口的比例。少年儿童人口指0－14岁人口。计算公式为：负担少年系数＝少年儿童人口÷15－64岁人口×100%

Explanatory Notes on Main Statistical Indicators

Total Population refers to the total number of people alive at a certain point of time within a given area.

The annual statistics on total population is taken at midnight, the 31st of December, not including residents in Taiwan province, Chinese compatriots in Hong Kong and Macao and overseas Chinese.

Urban Population and Rural Population are classified, in general, with the permanent population.

Urban Population refers to the population living in areas under the jurisdiction of cities or towns.

Rural Population refers to the population of counties excluding those living in towns.

City refers to cities established with the approval of the central government.

Town refers to towns established with the approval of the governments of province, autonomous region, or municipality directly under the central government. Prior to 1963, a town was defined as an area with more than 2000 permanent residents, of which 50% or more were non-agricultural population. A revision of the definition was made in 1964. By the new definition, a town was an area with more than 3000 permanent residents, of which 70% or more were non-agricultural population or an area with more than 2500, but lower than 3000 permanent residents, of which 85% or more were non-agricultural population. Further adjustment was made in 1984: a town is defined as: (1) an area being the location of county-level government agency, or (2) a township with a total population less than 20000, where the non-agricultural population of the location of a township government exceeds 2000; or (3) a township with a total population more than 20000, where the proportion of the non-agricultural population to the total population of the location of a township government is greater than 10%; or (4) a remote area, mountainous area, small-sized mining area, small harbor, tourism area, or border area with non-agricultural population less than 2000.

Birth Rate or (Crude Birth Rate) refers to the ratio of the number of births to the average population during a certain period of time(usually a year), which is often expressed in ‰. The following formula is used:

$$\text{Birth Rate} = \frac{\text{Number of Births}}{\text{Average Number of Population}} \times 1000‰$$

Number of births refers to live births, i.e. the births when babies had showed any vital phenomena regardless of the length of pregnancy.

Annual Average Number of Population is the average of the number of population at the beginning of the year and that at the end of the year. Sometimes it is substituted for with the mid-year population.

Death Rate(or Crude Death Rate) refers to the ratio of the number of deaths to the average population(or mid-year population)during a certain period of time(usually a year), which is often expressed in ‰. The following formula is used:

$$\text{Death Rate} = \frac{\text{Number of Deaths}}{\text{Annual Average Number of Population}} \times 1000‰$$

Natural Growth Rate of Population refers to the ratio of natural increase in population(number of births minus number of deaths)in a certain period of time(usually a year)to the average population(or mid-year population)of the same period, which is often expressed in ‰. The following formulas are applied:

$$\text{Natural Growth of Population} = \frac{\text{Number of Births} - \text{Number of Deaths}}{\text{Average Number of Population}} \times 1000‰$$

$$\text{Natural Growth Rate of Population} = \text{Birth Rate} - \text{Death Rate}$$

Employed Population refers to population aged 15 or over engaging in social labour which generates income.

Unemployed Population refers to population aged 15 or over not engaging in any social labour which generates income, including students enrolled in schools, house wives, students waiting for entering schools with higher level, urban job seekers, retirees, job quitters, disabled, etc.

Total Dependency Ratio refers to the ratio of number of dependents to the total population aged 15 – 64, the number of dependents being population aged 0 – 14 and population aged 65 and over. The total dependency ratio is calculated as follows:

$$\text{Total Dependency Ratio} = \frac{\text{Number of dependents}}{\text{Population aged 15 - 64}} \times 100\%$$

The Aged Dependency Ratio refers to the ratio of the number of the aged population to the total population aged 15 – 64, the aged being population aged 65 and over. The aged dependency ratio is calculated as follows:

$$\text{The Aged Dependency Ratio} = \frac{\text{Number of the aged population}}{\text{Population aged 15 - 64}} \times 100\%$$

The Juvenile and Children Dependency Ratio refers to the ratio of the number of the juvenile and children to the total population aged 15 – 64, the juvenile and children being population aged 0 – 14. The juvenile and children dependency ratio is calculated as follows:

$$\text{The Juvenile and Children Dependency Ratio} = \frac{\text{Number of juvenile and children}}{\text{Population aged 15 - 64}} \times 100\%$$

五　从业人员和职工工资

EMPLOYMENT AND WAGES

简要说明

一、本篇资料反映我国劳动经济方面的基本情况，包括31个省、自治区、直辖市的主要劳动统计数据。如：经济活动人口数，从业人员及职工人数，城乡私营企业和个体从业人数，城镇登记失业人数，职工工资总额，平均工资及指数变化情况等。

二、本篇资料来源主要有以下三个方面：

1. 就业基本情况及分组资料（5-1至5-13表），城镇新就业人数、在岗职工工资总额等资料（5-17至5-23表），从业人员、城镇失业人员受教育程度等分组资料（5-24至5-33表），根据国家统计局《劳动综合统计报表制度》、《人口变动抽样调查方案》、《城镇劳动力调查制度》及《乡村社会经济调查方案》搜集汇总的资料，由国家统计局人口和社会科技统计司整理提供。

2. 城镇登记失业人数、职业介绍服务机构及劳动力交流情况（5-24表、5-25表），根据劳动和社会保障部的《培训、就业统计报表制度》搜集汇总的资料，由劳动和社会保障部提供。

3. 私营企业及个体从业人员（5-14至5-16表），根据国家工商行政管理局的城乡私营企业基本情况统计表及城乡个体工商业基本情况统计表搜集汇总的资料，由国家工商行政管理局提供。

三、统计范围和调查方法

1. 统计范围：《劳动综合统计报表制度》的调查范围为全部独立核算单位；《人口变动抽样调查方案》的调查范围为全国人口；《城镇劳动力调查制度》的调查范围为全国的城镇人口，具体指设区的市所辖的区、不设区的市所辖的街道以及不设区的市所辖镇的居委会和县辖镇的居委会范围内的15岁及15岁以上人口；《乡村社会经济调查方案》的调查范围为全国乡镇以下农村地区；《培训、就业统计报表制度》的调查范围为全国的城镇人口；私营企业及个体从业人员统计范围为全社会。

2. 调查方法：劳动综合统计采用全面调查方法，由各级统计部门逐级上报；城镇劳动力情况调查和人口变动情况抽样调查，采取多阶段、分层、整群抽样方法；乡村劳动力调查采取多阶段、对称等距抽样方法；培训、就业统计及私营企业和个体从业人员统计利用行政登记资料加工整理。

四、自1989年始，国家统计局与劳动和社会保障部联合出版《中国劳动统计年鉴》，提供了比本篇更为详细的资料。

BRIEF INTRODUCTION

I. The data in this chapter show the basic conditions of China's labour economy, including the main data of labour statistics of the whole country and 31 provinces, autonomous regions and municipalities under the direct leadership of the central government, such as the economically active population, number of the employed persons and staff and workers, number of persons employed in the urban and rural private enterprises and self-employed persons in industry and commerce, number of registered unemployed persons in urban areas, total wages and average wages of the staff and workers and the changes in index, etc.

II. There are three main sources for the data published in this chapter:

(1) Data on basic conditions of employment (tables 5 – 1 to 5 – 13), new-employed persons in urban areas and total wage bill of fully employed workers and staff (tables 5 – 17 to 5 – 23), detailed tables on the educational level etc. of employed and urban unemployed persons (tables 5 – 24 to 5 – 33) are collected and tabulated in accordance with the Comprehensive Labour Statistics Reporting System, Sample Survey on the Change of Population, Urban Labour Force Survey, and Rural Social and Economic Survey of the National Bureau of Statistics. They are prepared and provided by the Department of Population, Social and Science Statistics, NBS.

(2) Data on the number of registered unemployed persons in the urban areas , the employment services and the exchanges of labour force (tables 5 – 24 and 5 – 25) are collected in line with the Statistical Reporting System on Training and Employment and provided by the Ministry of Labour and Social Insurance.

(3) Data on the number of persons employed in the urban and rural private enterprises and self-employed persons in industry and commerce (tables 5 – 14 to 5 – 16) are collected through Statistical Reports on Basic Conditions of Urban and Rural Private Enterprises and Statistical Reports on Basic Conditions of Urban and Rural Individual Industrial and Commercial Business and provided by the State Administration for Industry and Commerce.

III. Coverage of statistics and survey methods:

(1) Coverage of statistics: The Comprehensive Labour Statistics Reporting System covers all independent accounting units. The Sample Survey on the Change of Population covers total population of China. The Urban Labour Force Survey covers population aged 15 and over in the urban areas, i. e. the areas under the jurisdiction of districts in the cities or streets in other cities where there are no districts, or neighborhood committees in towns in cities or counties. The Rural Social and Economic Survey covers all rural areas below township level in China. The Statistical Reporting System on Training and Employment covers all urban population of China. The Statistical Reports on Basic Conditions of Urban and Rural Private Enterprises and on Basic Conditions of Urban and Rural Individual Industrial and Commercial Business cover the whole society.

(2) Survey methodology: A complete enumeration and reporting from lower levels to higher levels is used in the Comprehensive Labour Statistics Reporting System. A multi-stage stratified cluster sampling scheme is used in the Urban Labour Force Survey and in the Sample Survey on the Population Changes. The Rural Social and Economic Survey adopts a multi-state balanced systematic sampling scheme. Statistics on training, employment, private enterprises and self-employed business are collected compiled on basis of administrative records.

IV. Since 1989, "China Labour Statistical Yearbook" has been jointly published by the National Bureau of Statistics and the Ministry of Labour and Social Insurance, which provides more detailed data than those in this chapter.

5-1 就业基本情况

EMPLOYMENT

项　目	Item	1994	1995	1996	1997	1998
从业人员合计　（万人）	**Total Number of Employed Persons (10 000 persons)**	**67199**	**67947**	**68850**	**69600**	**69957**
第一产业	Primary Industry	36489	35468	34769	34730	34838
第二产业	Secondary Industry	15254	15628	16180	16495	16440
第三产业	Tertiary Industry	15456	16851	17901	18375	18679
从业人员构成（合计＝100）	**Composition of Employed Persons (total＝100)**					
第一产业	Primary Industry	54.3	52.2	50.5	49.9	49.8
第二产业	Secondary Industry	22.7	23.0	23.5	23.7	23.5
第三产业	Tertiary Industry	23.0	24.8	26.0	26.4	26.7
按城乡分从业人员（万人）	**Number of Employed Persons by Urban and Rural Areas (10 000 persons)**					
城镇从业人员	Urban Employed Persons	18413	19093	19815	20207	20678
#国有单位	State-owned Units	11214	11261	11244	11044	9058
城镇集体单位	Urban Collective Owned Units	3285	3147	3016	2883	1963
股份合作单位	Share Holding Units	—	—	—	—	136
联营单位	Joint Owned Units	52	53	49	43	48
有限责任公司	Limited Liability Corporations	—	—	—	—	484
股份有限公司	Share-holding Corporations Ltd.	292	317	363	468	410
私营企业	Private Enterprises	332	485	620	750	973
港澳台商投资单位	Units Funded by Entrepreneurs from Hong Kong, Macao & Taiwan	211	272	265	281	294
外商投资单位	Foreign Funded Units	195	241	275	300	293
个体	Self-employed Individuals	1225	1560	1709	1919	2259
乡村从业人员	Rural Employed Persons	48786	48854	49035	49393	49279
#乡镇企业	Township and Village Enterprises	12017	12862	13508	13050	12537
私营企业	Private Enterprises	316	471	551	600	737
个体	Self-employed Individuals	2551	3054	3308	3522	3855
职工人数　（万人）	**Number of Staff and Workers (10 000 persons)**	**14849**	**14908**	**14845**	**14668**	**12337**
国有单位	State-owned Units	10890	10955	10949	10766	8809
城镇集体单位	Urban Collective Owned Units	3211	3076	2954	2817	1900
其他单位	Units of Other Types of Ownership	747	877	942	1085	1628
女职工人数（万人）	**Number of Female Staff & Workers (10 000 persons)**	**5646**	**5755**	**5745**	**5687**	**4678**
城镇登记失业人数（万人）	**Number of Registered Unemployed Persons in Urban Areas (10 000 persons)**	**476**	**520**	**553**	**570**	**571**
城镇登记失业率　（%）	**Registered Unemployment Rate in Urban Areas (%)**	**2.8**	**2.9**	**3.0**	**3.1**	**3.1**

注：1. 1990年以后，经济活动人口、从业人员总计、城镇和乡村从业人员小计资料根据人口变动情况抽样调查调整，因此分地区、分经济类型、分行业的资料相加不等于总计（下表同）。

2. 1998年城镇单位从业人员、职工人数统计口径有调整，详见本篇末指标解释。

a) Since 1990 data on economically active population, the total employed persons and the sub-total of employed persons in urban and rural areas have been adjusted in accordance with the data obtained from the sample surveys on population changes. As a result, the sum of the data by region, by ownership or by sector are not equal to the total. The same as in the following tables.

b) Statistical coverage of staff and workers employed in urban units was adjusted. Please refer to the explanatory notes at the end of this chapter.

5-2 按三次产业分的从业人员(年底数)

NUMBER OF EMPLOYED PERSONS BY TYPE OF INDUSTRY(END OF YEAR)

年 份 Year	经济活动人口(万人) Economically Active Population (10000 persons)	从业人员(万人) Total (10 000 persons)				构成(合计 total=100) Composition in Percentage		
			第一产业 Primary Industry	第二产业 Secondary Industry	第三产业 Tertiary Industry	第一产业 Primary Industry	第二产业 Secondary Industry	第三产业 Tertiary Industry
1952	21106	20729	17316	1528	1885	83.5	7.4	9.1
1957	23971	23771	19300	2115	2356	81.2	8.9	9.9
1962		25910	21259	2033	2618	82.0	7.8	10.1
1965		28670	23372	2376	2922	81.5	8.3	10.2
1970		34432	27786	3479	3167	80.7	10.1	9.2
1975		38168	29415	5075	3678	77.1	13.3	9.6
1978	40682	40152	28318	6945	4890	70.5	17.3	12.2
1980	42903	42361	29122	7707	5532	68.7	18.2	13.1
1985	50112	49873	31130	10384	8359	62.4	20.8	16.8
1986	51546	51282	31254	11216	8811	60.9	21.9	17.2
1987	53060	52783	31663	11726	9395	60.0	22.2	17.8
1988	54630	54334	32249	12152	9936	59.3	22.4	18.3
1989	55707	55329	33225	11976	10129	60.1	21.6	18.3
1990	64483	63909	38428	13654	11828	60.1	21.4	18.5
1991	65399	64799	38685	13867	12247	59.7	21.4	18.9
1992	66184	65554	38349	14226	12979	58.5	21.7	19.8
1993	67033	66373	37434	14868	14071	56.4	22.4	21.2
1994	67879	67199	36489	15254	15456	54.3	22.7	23.0
1995	68737	67947	35468	15628	16851	52.2	23.0	24.8
1996	69665	68850	34769	16180	17901	50.5	23.5	26.0
1997	70580	69600	34730	16495	18375	49.9	23.7	26.4
1998	71407	69957	34838	16440	18679	49.8	23.5	26.7

5-3 各地区按三次产业分的从业人员（1998 年底）

NUMBER OF EMPLOYED PERSONS BY TYPE OF INDUSTRY AND REGION (END OF 1998)

地区 Region	从业人员（万人） Number of Employed Persons (10 000 persons)	第一产业 Primary Industry	第二产业 Secondary Industry	第三产业 Tertiary Industry	构成 Composition in Percentage (合计 total=100) 第一产业 Primary Industry	第二产业 Secondary Industry	第三产业 Tertiary Industry
全　国 National Total	**69957.0**	**34838.0**	**16440.0**	**18679.0**	**49.8**	**23.5**	**26.7**
北　京 Beijing	624.3	71.2	220.5	332.5	11.4	35.3	53.3
天　津 Tianjin	427.0	80.9	177.2	168.8	18.9	41.5	39.5
河　北 Hebei	3382.9	1649.7	884.0	848.8	48.8	26.1	25.1
山　西 Shanxi	1429.0	644.4	373.1	411.3	45.1	26.1	28.8
内蒙古 Inner Mongolia	1006.8	542.6	179.7	284.4	53.9	17.8	28.2
辽　宁 Liaoning	1818.2	668.3	523.9	625.9	36.8	28.8	34.4
吉　林 Jilin	1127.4	543.9	235.4	347.9	48.2	20.9	30.9
黑龙江 Heilongjiang	1723.0	831.7	386.7	504.4	48.3	22.4	29.3
上　海 Shanghai	670.0	80.0	293.0	297.3	11.9	43.7	44.4
江　苏 Jiangsu	3635.0	1555.7	1104.6	974.5	42.8	30.4	26.8
浙　江 Zhejiang	2651.1	1109.1	785.1	757.0	41.8	29.6	28.6
安　徽 Anhui	3311.0	2007.3	510.4	793.2	60.6	15.4	24.0
福　建 Fujian	1621.9	787.5	330.6	504.0	48.6	20.4	31.1
江　西 Jiangxi	1971.3	1098.6	303.8	569.0	55.7	15.4	28.9
山　东 Shandong	4657.2	2498.9	1097.4	1060.7	53.7	23.6	22.8
河　南 Henan	4999.6	2952.0	957.8	1089.8	59.0	19.2	21.8
湖　北 Hubei	2616.3	1284.7	511.3	820.3	49.1	19.5	31.4
湖　南 Hunan	3498.5	2100.9	508.8	888.9	60.1	14.5	25.4
广　东 Guangdong	3737.4	1530.5	1004.4	1202.4	41.0	26.9	32.2
广　西 Guangxi	2470.9	1623.0	265.5	582.5	65.7	10.7	23.6
海　南 Hainan	320.8	197.7	32.7	90.4	61.6	10.2	28.2
重　庆 Chongqing	1645.1	948.0	253.9	443.2	57.6	15.4	26.9
四　川 Sichuan	4534.7	2824.4	643.6	1066.6	62.3	14.2	23.5
贵　州 Guizhou	1946.3	1394.2	180.0	372.1	71.6	9.2	19.1
云　南 Yunnan	2270.3	1684.4	215.2	371.0	74.2	9.5	16.3
西　藏 Tibet	118.4	90.3	6.7	21.5	76.3	5.7	18.2
陕　西 Shaanxi	1802.0	1055.2	300.1	446.7	58.6	16.7	24.8
甘　肃 Gansu	1175.6	692.5	177.9	305.0	58.9	15.1	25.9
青　海 Qinghai	230.4	141.1	34.9	54.1	61.2	15.1	23.5
宁　夏 Ningxia	259.5	152.3	45.9	61.2	58.7	17.7	23.6
新　疆 Xinjiang	678.3	391.3	105.0	182.2	57.7	15.5	26.9

5-4 按城乡分的从业人员

（年底）单位：万人

年份地区 Year Region		合计 Total	城镇						
			小计 Sub-total	#国有单位 State-owned Units	#集体单位 Collective-owned Units	#股份合作单位 Share Holding Units	#联营单位 Joint-owned Units	#有限责任公司 Limited Liability Corporations	#股份有限公司 Share Holding Corparations Ltd.
1952		20729	2486	1580	23				
1957		23771	3205	2451	650				
1962		25910	4537	3309	1012				
1965		28670	5136	3738	1227				
1970		34432	6312	4792	1424				
1975		38168	8222	6426	1772				
1978		40152	9514	7451	2048				
1980		42361	10525	8019	2425				
1985		49873	12808	8990	3324		38		
1987		52783	13783	9654	3488		50		
1988		54334	14267	9984	3527		63		
1989		55329	14390	10108	3502		82		
1990		63909	16616	10346	3549		96		
1991		64799	16977	10664	3628		49		
1992		65554	17241	10889	3621		56		
1993		66373	17589	10920	3393		66		164
1994		67199	18413	11214	3285		52		292
1995		67947	19093	11261	3147		53		317
1996		68850	19815	11244	3016		49		363
1997		69600	20207	11044	2883		44		468
1998		69957	20678	9058	1963	136	48	484	410
北京	Beijing	624.3	463.3	308.1	51.0	6.9	5.2	19.1	18.5
天津	Tianjin	427.0	253.9	137.7	36.3	1.3	0.9	9.7	6.3
河北	Hebei	3382.9	746.9	467.8	78.4	6.1	0.9	22.3	11.7
山西	Shanxi	1429.0	459.3	299.7	60.7	4.4	0.4	28.7	8.2
内蒙古	Inner Mongolia	1006.8	399.8	232.8	38.0	2.9	0.8	18.1	6.9
辽宁	Liaoning	1818.2	884.9	487.8	138.5	6.3	1.2	21.9	17.4
吉林	Jilin	1127.4	511.0	291.7	57.1	1.2	0.2	6.6	16.0
黑龙江	Heilongjiang	1723.0	818.6	479.6	97.9	4.1	0.8	18.7	18.4
上海	Shanghai	670.0	446.8	238.6	47.3	3.2	2.8	16.7	24.5
江苏	Jiangsu	3635.0	899.1	480.6	165.4	14.4	7.0	33.5	21.4
浙江	Zhejiang	2651.1	554.5	245.2	93.8	14.8	3.2	26.6	22.2
安徽	Anhui	3311.0	593.5	308.4	84.7	6.8	0.8	18.3	17.7
福建	Fujian	1621.9	421.6	192.9	43.0	4.5	3.5	7.7	7.2
江西	Jiangxi	1971.3	429.9	261.8	41.7	3.2	0.2	15.4	2.1
山东	Shandong	4657.2	1061.4	612.1	134.8	12.5	3.1	20.3	34.5
河南	Henan	4999.6	932.4	494.8	162.4	6.9	1.4	61.1	29.8
湖北	Hubei	2616.3	845.8	468.0	86.3	3.9	2.5	14.7	27.4
湖南	Hunan	3498.5	711.6	392.2	70.6	2.9	0.7	6.7	9.8
广东	Guangdong	3737.4	1104.4	474.7	138.7	7.3	7.2	26.3	30.7
广西	Guangxi	2470.9	402.8	254.2	35.3	1.4	0.9	13.3	7.5
海南	Hainan	320.8	110.5	71.6	5.0	0.2	0.6	1.1	2.6
重庆	Chongqing	1645.1	328.1	175.5	41.5	2.8	0.4	7.4	9.0
四川	Sichuan	4534.7	705.2	421.0	93.8	5.2	1.0	27.5	30.8
贵州	Guizhou	1946.3	263.7	173.1	24.4	1.2	0.7	8.4	3.7
云南	Yunnan	2270.3	361.7	250.6	33.5	3.1	0.3	5.1	7.9
西藏	Tibet	118.4	20.9	16.6	1.3		0.2		0.1
陕西	Shaanxi	1802.0	446.3	280.1	37.7	3.2	0.4	13.8	9.3
甘肃	Gansu	1175.6	268.9	184.8	29.1	2.9	0.1	6.2	2.5
青海	Qinghai	230.4	68.1	49.7	6.4	0.3		0.5	0.2
宁夏	Ningxia	259.5	78.3	54.5	6.1	1.3	0.2	3.0	2.0
新疆	Xinjiang	678.3	334.5	251.9	22.6	0.9	0.4	5.6	4.0

NUMBER OF EMPLOYED PERSONS BY RESIDENCE IN URBAN AND RURAL AREAS

(year-end) (10 000 persons)

Urban Area				乡　　村 Rural Area			
#私营企业 Private Enterprises	# 港澳台商投资单位 Economic Units Funded by Entrepreneurs from Hong Kong, Macao and Taiwan	#外商投资单位 Foreign Funded Economic Units	#个　体 Self-employed individuals	小　计 Sub-total	#乡镇企业 Township and Village Enterprises	#私营企业 Private Enterprises	#个　体 Self-employed Individuals
57	4	62	614	47293	9265	113	1491
68	69	96	692	47822	9609	116	1616
98	83	138	740	48313	10625	134	1728
186	155	133	930	48784	12345	187	2010
332	211	195	1225	48786	12017	316	2551
485	272	241	1560	48854	12862	471	3054
620	265	275	1709	49035	13508	551	3308
750	281	300	1919	49393	13050	600	3522
973	294	293	2259	49279	12537	737	3855
4.6	13.1	21.2	15.5	161.0	92.4	4.0	19.2
19.2	8.0	18.2	16.1	173.0	115.4	9.3	19.0
36.9	6.2	7.3	108.7	2635.9	750.6	111.6	550.8
24.8	2.0	1.1	29.2	969.7	318.2	16.9	78.9
23.0	2.3	1.7	73.2	606.9	368.0	5.9	48.8
57.8	9.5	19.9	123.6	933.2	425.9	29.0	94.6
26.9	2.0	5.5	103.6	616.3	239.9	7.0	80.8
30.0	4.4	3.8	160.6	904.3	144.8	10.6	131.9
52.5	16.9	35.5	8.8	223.2	145.2	41.6	13.9
59.3	20.1	26.4	70.6	2735.9	837.4	74.4	211.1
57.2	15.5	11.0	64.6	2096.5	788.1	95.7	203.2
26.2	2.1	3.4	125.0	2717.5	566.7	16.3	179.4
28.9	47.6	35.9	49.7	1200.3	510.4	20.6	61.5
23.6	3.3	2.4	75.9	1541.4	303.2	15.4	93.3
78.5	11.0	28.0	125.9	3595.8	1198.5	63.8	514.7
25.8	9.2	6.2	134.6	4067.2	768.8	29.4	237.5
44.2	4.7	4.6	189.0	1770.5	629.8	32.5	277.4
36.9	2.8	3.4	185.6	2786.9	877.2	16.9	280.3
126.4	99.0	38.7	154.9	2632.9	1172.7	50.4	139.6
16.5	2.8	4.9	65.9	2068.2	369.4	6.2	80.2
13.7	1.7	1.5	12.3	210.3	25.4	1.3	9.1
27.3	2.0	2.0	60.0	1317.0	135.6	10.2	68.5
37.9	2.6	3.8	80.7	3829.5	571.1	23.0	150.8
16.1	0.6	1.3	34.1	1682.7	122.0	4.8	29.6
16.5	1.8	1.3	41.5	1908.6	395.3	9.4	86.8
0.3			2.4	97.5		0.1	2.9
30.0	1.1	1.7	69.0	1355.8	380.9	17.4	94.3
12.5	0.4	0.8	29.0	906.7	143.2	5.2	61.3
3.2	0.2		7.6	162.4	21.7	1.6	4.5
4.3	0.4	1.0	5.6	181.2	47.7	3.0	9.6
11.7	0.9	0.6	35.9	343.9	71.3	3.0	21.3

5-5 分行业从业人员

（年底）单位：万人

年份 地区 Year Region	合计 Total	农、林、牧、渔业 Farming, Forestry, Animal Husbandry and Fishery	采掘业 Mining and Quarrying	制造业 Manufacturing	电力、煤气及水的生产和供应业 Production and Supply of Electricity Gas and Water	建筑业 Construction	地质勘查业水利管理业 Geological Prospecting and Water Conservancy
1978	40152	28318	652	5332	107	854	178
1980	42361	29122	697	5899	118	993	188
1985	49873	31130	795	7412	142	2035	197
1986	51282	31254	809	8019	152	2236	197
1987	52783	31663	819	8359	164	2384	200
1988	54334	32249	832	8652	177	2491	204
1989	55329	33225	842	8547	180	2407	199
1990	63909	34117	882	8624	192	2424	197
1991	64799	34956	905	8839	203	2482	199
1992	65554	34795	898	9106	215	2660	202
1993	66373	33966	932	9295	240	3050	144
1994	67199	33386	915	9613	246	3188	139
1995	67947	33018	932	9803	258	3322	135
1996	68850	32910	902	9763	273	3408	129
1997	69600	33095	868	9612	283	3449	129
1998	69957	33232	721	8319	283	3327	116
北京 Beijing	624.3	71.2	3.3	146.1	4.2	66.9	1.7
天津 Tianjin	427.0	80.9	9.1	139.4	3.5	25.2	1.8
河北 Hebei	3382.9	1649.7	37.2	598.4	14.1	234.3	8.4
山西 Shanxi	1429.0	644.4	60.6	226.7	10.8	75.0	3.3
内蒙古 Inner Mongolia	1006.8	542.6	34.9	96.9	8.5	39.4	3.7
辽宁 Liaoning	1818.2	668.3	42.3	356.4	19.2	106.0	7.1
吉林 Jilin	1127.4	543.9	39.7	144.9	8.7	42.1	2.8
黑龙江 Heilongjiang	1723.0	831.7	95.9	206.1	14.2	70.5	6.8
上海 Shanghai	670.0	80.0	0.1	258.4	6.5	28.0	1.0
江苏 Jiangsu	3635.0	1555.7	22.2	787.3	13.0	282.1	6.0
浙江 Zhejiang	2651.1	1109.1	3.5	625.1	9.2	147.3	2.0
安徽 Anhui	3311.0	2007.3	32.3	297.2	8.2	172.7	5.2
福建 Fujian	1621.9	787.5	6.9	274.1	7.4	42.2	1.8
江西 Jiangxi	1971.3	1098.6	18.1	203.1	9.1	73.5	3.2
山东 Shandong	4657.2	2498.9	69.4	690.0	19.4	318.6	5.1
河南 Henan	4999.6	2952.0	55.7	562.6	20.8	318.7	5.3
湖北 Hubei	2616.3	1284.7	15.4	350.2	12.2	133.5	8.1
湖南 Hunan	3498.5	2100.9	19.8	337.8	10.3	140.9	5.2
广东 Guangdong	3737.4	1530.5	9.4	716.7	18.3	260.0	4.6
广西 Guangxi	2470.9	1623.0	8.1	152.1	7.7	97.6	3.0
海南 Hainan	320.8	197.7	2.3	15.9	2.2	12.3	0.5
重庆 Chongqing	1645.1	948.0	13.4	144.8	5.4	90.3	1.1
四川 Sichuan	4534.7	2824.4	31.4	361.1	14.4	236.7	6.5
贵州 Guizhou	1946.3	1394.2	11.6	117.2	4.9	46.3	1.7
云南 Yunnan	2270.3	1684.4	12.2	124.3	7.1	71.6	2.9
西藏 Tibet	118.4	90.3	0.4	3.0	0.6	2.7	0.3
陕西 Shaanxi	1802.0	1055.2	18.3	180.9	7.8	93.1	4.8
甘肃 Gansu	1175.6	692.5	17.0	101.9	6.7	52.3	4.5
青海 Qinghai	230.4	141.1	2.9	20.9	1.3	9.8	2.6
宁夏 Ningxia	259.5	152.3	7.2	23.5	1.9	13.3	1.7
新疆 Xinjiang	678.3	391.3	20.4	55.5	5.2	23.9	3.6

NUMBER OF EMPLOYED PERSONS BY SECTOR

(year-end) (10 000 persons)

交通运输仓储和邮电通信业 Transport, Storage, Post & Telecommunications	批发零售贸易和餐饮业 Wholesale and Retail Trade & Catering Services	金融、保险业 Banking and Insurance	房地产业 Real Estate Trade	社会服务业 Social Services	卫生体育和社会福利业 Health Care, Sports & Social Welfare	教育、文化艺术和广播电影电视业 Education, Culture and Art, Radio, Film and Television	科学研究和综合技术服务业 Scientific Research and Polytechnical Services	国家机关、政党机关和社会团体 Government Agencies, Party Agencies and Social Organizations	其他 Others
750	1140	76	31	179	363	1093	92	467	521
805	1363	99	37	276	389	1147	113	527	588
1279	2306	138	36	401	467	1273	144	799	1319
1376	2413	152	38	466	482	1324	152	873	1338
1453	2576	170	39	501	496	1375	158	925	1502
1521	2743	194	42	534	508	1403	161	971	1655
1522	2770	205	43	550	518	1426	165	1022	1709
1566	2839	218	44	594	536	1457	173	1079	1798
1617	2998	234	48	604	553	1497	179	1136	1910
1674	3209	248	54	643	565	1520	183	1148	2313
1688	3459	270	66	543	416	1210	173	1030	3740
1864	3921	264	74	626	434	1436	178	1033	4155
1942	4292	276	80	703	444	1476	182	1042	4484
2013	4511	292	84	747	458	1513	183	1093	4563
2062	4795	308	87	810	471	1557	186	1093	4862
2000	4645	314	94	868	478	1573	178	1097	5118
31.0	75.5	7.3	9.4	56.6	13.8	43.1	30.3	31.0	32.8
25.5	53.8	4.1	2.2	17.2	6.7	21.0	5.1	11.7	19.7
129.1	265.3	16.2	2.3	33.0	20.3	87.0	5.0	63.8	218.4
79.5	114.6	9.6	1.2	16.9	13.0	47.4	4.0	40.0	81.8
38.8	86.8	8.0	1.6	21.0	10.4	37.2	3.0	29.2	44.7
90.7	211.1	16.3	8.0	53.0	23.4	60.2	9.2	40.4	106.5
48.3	122.8	9.7	3.7	29.8	14.6	43.5	5.1	25.8	41.8
67.5	191.2	11.8	5.3	46.3	18.7	53.9	5.3	39.3	58.3
30.3	91.7	6.6	7.4	38.1	15.7	32.8	8.6	14.5	50.6
144.4	272.8	16.4	5.9	41.9	29.4	86.4	8.3	44.5	318.5
92.5	223.2	14.5	3.7	32.4	20.7	49.7	4.6	34.5	279.2
88.9	222.2	9.6	2.1	36.7	16.1	63.5	3.9	40.2	304.8
57.0	122.7	8.4	3.1	22.1	11.3	46.3	3.0	29.6	198.7
46.4	118.6	8.3	1.5	18.6	12.9	47.7	3.5	35.0	273.3
149.5	343.1	20.9	4.3	46.2	33.0	113.9	6.4	77.0	261.3
148.9	306.4	20.3	3.5	41.3	29.1	102.5	7.4	78.6	346.5
99.0	268.8	14.9	3.5	48.5	26.5	73.7	7.3	53.7	216.3
92.3	245.9	14.5	2.2	40.6	22.2	73.6	5.5	52.6	334.3
129.3	364.6	28.6	10.3	69.5	31.6	91.5	7.0	68.0	397.4
54.9	128.1	8.7	1.7	20.4	13.8	61.3	3.6	35.0	252.0
11.2	28.9	2.3	1.0	8.8	3.0	9.4	1.3	7.9	16.1
35.7	107.2	5.2	1.4	15.6	8.8	32.2	4.8	20.1	211.1
82.9	225.1	15.4	2.8	31.8	25.7	83.7	10.5	59.1	523.1
29.5	72.7	5.0	1.0	12.1	8.8	35.3	2.0	26.8	177.2
55.4	94.3	7.5	1.1	16.4	12.5	48.2	6.1	38.4	88.2
3.4	4.1	0.6		1.1	1.4	3.0	0.3	5.1	2.2
64.2	127.4	9.0	1.2	21.6	13.1	49.3	9.2	35.6	111.3
32.8	67.0	5.4	0.8	11.0	7.5	29.2	3.1	22.3	121.4
8.4	13.9	1.7	0.2	3.0	2.3	6.4	0.8	6.1	8.7
9.7	16.7	1.8	0.3	2.9	2.4	8.0	0.8	6.2	10.7
22.8	58.1	4.9	0.9	13.0	9.0	32.4	2.7	24.5	10.3

5-6 分行业职工人数

（年底）单位：万人

年份地区 Year Region		合计 Total	农、林、牧、渔业 Farming, Forestry, Animal Husbandry and Fishery	采掘业 Mining and Quarrying	制造业 Manufacturing	电力、煤气及水的生产和供应业 Production and Supply of Electricity Gas and Water	建筑业 Construction	地质勘查业水利管理业 Geological Prospecting and Water Conservancy
	1978	9499	830	652	3595	107	623	178
	1980	10444	788	697	3947	118	710	188
	1985	12358	777	795	4620	142	900	197
	1986	12809	784	809	4820	152	922	197
	1987	13214	792	819	4988	164	946	200
	1988	13608	789	832	5149	177	955	204
	1989	13742	782	842	5206	180	900	199
	1990	14059	780	882	5304	192	896	197
	1991	14508	769	905	5443	203	940	199
	1992	14792	758	898	5508	215	995	202
	1993	14849	708	925	5469	232	1153	144
	1994	14849	680	904	5434	244	1072	137
	1995	14908	660	914	5439	257	1053	134
	1996	14845	617	886	5293	272	1035	128
	1997	14668	612	851	5083	282	1004	128
	1998	12337	546	702	3769	281	846	115
北　京	Beijing	418.8	3.4	3.3	103.8	4.1	52.6	1.7
天　津	Tianjin	209.7	1.4	8.6	83.0	3.4	14.0	1.7
河　北	Hebei	587.7	11.8	36.8	181.9	14.1	39.8	8.4
山　西	Shanxi	391.8	4.4	60.3	104.5	10.8	23.3	3.3
内蒙古	Inner Mongolia	298.9	28.8	33.8	65.2	8.5	19.0	3.7
辽　宁	Liaoning	689.8	33.6	41.9	246.2	19.1	53.2	7.1
吉　林	Jilin	374.1	17.3	39.0	108.9	8.7	22.4	2.8
黑龙江	Heilongjiang	607.3	55.4	95.3	145.2	14.1	45.9	6.8
上　海	Shanghai	348.5	2.9	0.1	142.8	6.4	17.5	0.9
江　苏	Jiangsu	752.8	23.2	22.1	292.4	12.9	32.9	6.0
浙　江	Zhejiang	421.9	6.1	3.4	141.3	9.1	42.5	2.0
安　徽	Anhui	427.6	13.4	31.6	125.0	8.2	26.0	5.2
福　建	Fujian	334.5	9.9	6.6	129.1	7.4	25.2	1.8
江　西	Jiangxi	322.5	23.1	16.5	91.2	9.1	16.1	3.2
山　东	Shandong	836.8	9.8	69.2	303.1	19.3	33.4	5.1
河　南	Henan	748.1	10.2	55.1	221.8	20.7	56.8	5.2
湖　北	Hubei	597.9	46.2	13.4	187.2	12.1	30.4	8.0
湖　南	Hunan	475.1	33.4	18.8	123.9	10.2	25.7	5.1
广　东	Guangdong	809.9	21.2	8.3	279.2	18.1	68.4	4.5
广　西	Guangxi	307.8	17.4	7.4	78.7	7.7	17.9	2.9
海　南	Hainan	83.3	26.5	1.7	9.0	2.1	3.9	0.5
重　庆	Chongqing	236.6	3.8	13.0	77.2	5.3	19.3	1.1
四　川	Sichuan	572.8	11.9	30.0	165.7	14.3	51.0	6.5
贵　州	Guizhou	207.0	5.1	10.7	54.5	4.9	19.3	1.7
云　南	Yunnan	295.1	21.1	11.5	64.8	7.0	22.9	2.9
西　藏	Tibet	16.3	0.7	0.4	1.1	0.5	1.0	0.3
陕　西	Shaanxi	335.3	6.8	17.3	104.7	7.8	22.1	4.8
甘　肃	Gansu	221.8	8.4	16.6	66.0	6.7	13.9	4.4
青　海	Qinghai	56.2	2.8	2.9	13.2	1.3	5.7	2.5
宁　夏	Ningxia	67.4	5.6	7.1	16.2	1.9	5.0	1.6
新　疆	Xinjiang	283.3	80.2	18.9	42.2	5.2	19.2	3.5

注：1998年为在岗职工数(以下各表同)。

NUMBER OF STAFF AND WORKERS BY SECTOR

(year-end)　(10 000 persons)

交通运输仓储和邮电通信业 Transport, Storage, Post & Telecommunications	批发零售贸易和餐饮业 Wholesale and Retail Trade & Catering Services	金融、保险业 Banking and Insurance	房地产业 Real Estate Trade	社会服务业 Social Services	卫生体育和社会福利业 Health Care, Sports & Social Welfare	教育、文化艺术和广播电影电视业 Education, Culture and Art, Radio, Film and Television	科学研究和综合技术服务业 Scientific Research and Polytechnical Services	国家机关、政党机关和社会团体 Government Agencies, Party Agencies and Social Organizations	其他 Others
669	1079	65	31	166	247	736	92	430	
714	1239	89	37	218	287	817	105	490	
823	1518	126	36	271	342	962	131	718	
846	1544	138	38	289	354	1008	137	770	
860	1578	154	39	304	365	1059	142	805	
874	1643	174	42	318	375	1091	144	843	
874	1675	184	43	327	382	1117	147	885	
895	1715	195	44	344	392	1143	152	929	
916	1786	208	48	369	410	1181	156	974	
921	1844	223	54	386	421	1212	159	996	
826	1796	239	66	422	416	1205	166	1030	55
835	1833	261	72	447	428	1249	174	1017	63
824	1828	273	77	449	438	1291	178	1027	66
830	1807	288	82	458	451	1345	176	1075	103
824	1774	298	84	480	464	1403	179	1080	125
701	1256	301	89	451	469	1451	168	1084	108
19. 3	48. 3	7. 2	8. 4	48. 5	13. 5	41. 6	26. 9	30. 6	5. 6
13. 9	21. 7	3. 7	2. 0	10. 6	6. 6	20. 3	4. 8	11. 4	2. 5
30. 6	60. 6	15. 8	2. 3	17. 2	20. 2	77. 0	4. 9	63. 6	2. 9
23. 2	38. 0	9. 2	1. 2	11. 2	12. 9	42. 0	3. 9	39. 7	4. 0
19. 8	23. 1	7. 9	1. 6	8. 2	10. 4	34. 1	3. 0	29. 1	2. 8
43. 1	56. 5	16. 2	7. 6	30. 3	23. 0	57. 1	8. 9	39. 5	6. 5
24. 7	34. 3	9. 1	3. 7	14. 0	14. 5	41. 0	5. 0	25. 5	3. 4
35. 5	51. 2	11. 1	5. 1	22. 9	18. 6	50. 3	5. 2	38. 9	5. 8
23. 5	40. 1	6. 0	6. 0	27. 8	14. 4	30. 7	7. 9	13. 2	8. 4
47. 7	97. 4	15. 7	5. 6	25. 2	28. 6	84. 7	8. 1	43. 9	6. 3
24. 3	47. 8	13. 8	3. 4	18. 3	20. 1	48. 4	4. 4	33. 7	3. 4
23. 4	52. 4	9. 2	2. 1	14. 5	15. 7	55. 9	3. 8	39. 5	1. 6
15. 4	25. 6	8. 3	2. 9	11. 3	11. 1	44. 6	2. 9	29. 2	3. 2
18. 7	32. 7	8. 1	1. 5	6. 4	12. 7	43. 4	3. 4	34. 7	1. 7
34. 6	89. 7	19. 8	4, 2	23. 9	32. 6	101. 0	6. 2	76. 7	8. 1
37. 2	86. 6	19. 7	3. 5	21. 7	28. 7	90. 0	7. 3	78. 1	5. 4
37. 4	69. 8	14. 6	3. 4	18. 3	26. 3	66. 6	7. 1	53. 3	3. 7
27. 9	48. 7	12. 9	2. 1	12. 9	21. 9	69. 5	5. 4	52. 3	4. 5
50. 0	86. 0	27. 9	10. 1	34. 9	31. 2	85. 1	6. 9	67. 7	10. 3
17. 9	30. 8	8. 5	1. 6	10. 4	13. 7	52. 8	3. 5	34. 6	1. 8
3. 9	6. 3	2. 3	1. 0	4. 2	3. 0	8. 8	1. 3	7. 9	0. 8
17. 0	23. 0	4. 9	1. 4	6. 0	8. 7	30. 9	4. 6	19. 8	0. 4
28. 1	58. 8	14. 2	2. 7	13. 5	25. 2	79. 4	10. 4	58. 5	2. 5
10. 0	19. 4	4. 9	1. 0	4. 7	8. 6	32. 3	2. 0	26. 1	1. 9
17. 9	29. 2	7. 4	1. 0	8. 4	12. 2	46. 3	3. 7	37. 5	1. 3
1. 6	1. 0	0. 6	...	0. 6	1. 2	2. 4	0. 3	4. 7	0. 1
21. 8	29. 3	8. 1	1. 2	9. 0	13. 0	42. 8	9. 1	35. 2	2. 3
12. 7	20. 3	5. 3	0. 8	5. 9	7. 5	25. 8	3. 1	22. 2	2. 3
3. 7	4. 5	1. 6	0. 2	1. 7	2. 3	6. 2	0. 8	6. 1	0. 7
3. 1	5. 2	1. 8	0. 3	1. 9	2. 4	7. 9	0. 8	6. 1	0. 7
13. 0	18. 0	4. 9	0. 8	6. 7	8. 9	32. 2	2. 7	24. 4	2. 6

a)Data in 1998 are on-post staff and workers figures (The same as in the following tables).

5-7 分登记注册类型和细行业职工人数（1998年底）

NUMBER OF STAFF AND WORKERS BY STATUS OF REGISTRATION AND SECTOR IN DETAIL(END OF 1998)

单位：万人 (10 000 persons)

项 目	Item	合 计 Total	国有单位 State-owned Units	城镇集体单位 Urban Collective-owned Units	其他单位 Units of Other Types of Ownership
全国总计	**National Total**	**12336.6**	**8809.3**	**1899.6**	**1627.6**
按企、事业和机关分组	**Grouped by Enterprises, Institutions and Agencies**				
企业	Enterprises	8612.1	5220.4	1765.9	1625.9
事业	Institutions	2676.4	2546.3	128.3	1.7
机关	Agencies & Organizations	1048.1	1042.6	5.5	
按国民经济行业分组	Grouped by Sector				
农、林、牧、渔业	**Farming, Forestry, Animal Husbandry and Fishery**	**545.8**	**524.7**	**16.0**	**5.1**
农业	Farming	302.0	296.5	2.9	2.5
林业	Forestry	82.6	81.7	0.8	0.2
畜牧业	Animal Husbandry	40.3	38.2	0.9	1.1
渔业	Fishery	12.9	11.2	0.7	0.9
农、林、牧、渔服务业	Services	108.0	97.1	10.6	0.3
采掘业	**Mining and Quarrying**	**701.6**	**596.1**	**48.5**	**57.0**
制造业	**Manufacturing**	**3768.8**	**1882.8**	**742.4**	**1143.6**
电力、煤气及水的生产和供应业	**Production and Supply of Electricity, Gas and Water**	**281.2**	**242.0**	**10.5**	**28.7**
建筑业	**Construction**	**846.2**	**444.2**	**310.5**	**91.5**
土木工程建筑业	Civil Engineering	735.4	381.9	275.5	78.0
线路管道和设备安装业	Circuit, Pipelines and Equipment Installation	92.7	57.7	27.4	7.6
装修装饰业	Buildings Fitting up and Decoration	18.0	4.6	7.6	5.8
地质勘查业水利管理业	**Geological Prospecting and Water Conservancy**	**115.4**	**113.2**	**2.1**	**0.1**
地质勘查业	Geological Prospecting	55.7	55.0	0.7	…
水利管理业	Water Conservancy	59.7	58.2	1.4	0.1
交通运输、仓储及邮电通信业	**Transport, Storage, Post and Telecommunications**	**701.0**	**584.0**	**79.3**	**37.7**
铁路运输业	Railway Transport	193.4	181.8	6.2	5.4
公路运输业	Highway Transport	139.5	94.0	31.7	13.8
管道运输业	Pipeline Transport	3.3	3.0	0.2	0.1
水上运输业	Water Way Transport	51.3	26.6	20.0	4.8
航空运输业	Air Transport	11.2	9.7	…	1.5
交通运输辅助业	Transport Supporting and Auxiliary Services	147.8	126.0	15.7	6.1
其他交通运输业	Other Transport	2.0	1.0	0.6	0.4
仓储业	Storage	37.3	33.5	2.2	1.6
邮电通信业	Post and Telecommunications	115.1	108.4	2.8	3.9
批发和零售贸易餐饮业	**Wholesale and Retail Trade & Catering Services**	**1256.2**	**693.8**	**413.5**	**148.9**
食品、饮料、烟草和家庭日用品批发业	Wholesale Trade of Food, Beverages, Tobacco and Household Goods	404.2	279.5	93.1	31.6
能源、材料和机械电子设备批发业	Wholesale Trade of Energy, Materials and Electronic Equipment	168.1	113.0	36.4	18.7
其他批发业	Other Wholesale Trade	101.3	40.0	55.6	5.7
零售业	Retail Trade	513.2	228.4	211.4	73.4
商业经纪与代理业	Commercial Brokerage and Agencies	5.0	3.6	0.4	0.9
餐饮业	Catering Services	64.4	29.3	16.6	18.5
金融、保险业	**Finance and Insurance**	**300.6**	**207.8**	**70.9**	**21.9**
金融业	Finance	281.2	192.7	70.8	17.6

5-7 续表 continued

单位：万人 (10 000 persons)

项目	Item	合计 Total	国有单位 State-owned Units	城镇集体单位 Urban Collective-owned Units	其他单位 Units of Other Types of Ownership
保险业	Insurance	19.5	15.1	…	4.3
房地产业	**Real Estate Trade**	**88.9**	**62.8**	**6.8**	**19.3**
房地产开发与经营业	Real Estate Development and Operation	43.0	25.2	4.6	13.2
房地产管理业	Real Estate Management	43.7	35.9	2.0	5.9
房地产代理与经纪业	Real Estate Brokerage and Agencies	2.1	1.7	0.2	0.2
社会服务业	**Social Services**	**450.9**	**321.7**	**68.2**	**61.0**
公共设施服务业	Public Facilities Services	197.3	172.5	16.0	8.8
居民服务业	Resident Services	36.3	17.7	15.9	2.7
旅馆业	Hotels	125.6	77.5	15.6	32.4
租赁服务业	leasing Services	2.1	1.0	0.6	0.5
旅游业	Tourism	12.2	8.8	0.8	2.6
娱乐服务业	Recreational Services	7.4	2.0	1.0	4.4
信息、咨询服务业	Information and Consultancy Services	22.8	15.3	3.2	4.3
计算机应用服务业	Computer Application Services	5.6	1.8	0.8	2.9
其他社会服务业	Other Social Services	41.7	25.0	14.3	2.4
卫生体育和社会福利业	**Health Care, Sporting and Social Welfare**	**469.4**	**410.4**	**58.0**	**1.0**
卫生	Health Care	443.3	385.9	56.8	0.6
体育	Sports	8.1	7.7	…	0.3
社会福利保障业	Social Welfare	18.0	16.8	1.2	…
教育、文化艺术及广播电影电视业	**Education, Culture and Arts, Radio, Film and Television**	**1451.1**	**1408.2**	**41.4**	**1.5**
教育	Education	1345.3	1306.6	37.9	0.8
#普通高等学校	Regular Institution of Higher Education	109.8	109.7	…	0.1
普通中学	Regular Secondary Schools	446.4	442.7	3.5	0.2
小学校	Primary Schools	601.7	571.9	29.7	0.2
文化艺术业	Culture and Arts	60.1	57.3	2.4	0.4
广播电影电视业	Radio, Film and Television	45.8	44.3	1.1	0.3
科学研究和综合技术服务业	**Scientific Research and Polytechnical Services**	**168.2**	**155.3**	**6.5**	**6.4**
科学研究业	Scientific Research	77.6	77.1	0.2	0.2
自然科学研究	Natural Science Research	62.0	61.7	0.2	0.1
社会科学研究	Social Science Research	3.2	3.2	…	…
其他科学研究	Other Science Research	12.3	12.2	…	0.1
综合技术服务业	Polytechnical Services	90.6	78.1	6.2	6.2
#气象	Meteorology	5.3	5.3	…	…
地震	Seismology	1.5	1.5	…	…
测绘	Survey and Mapping	4.0	3.9	0.1	…
技术监督	Technological Supervision	14.9	14.4	0.3	0.2
海洋环境	Oceanic Environment	0.6	0.6	…	…
环境保护	Environmental Protection	6.9	6.7	0.2	0.1
技术推广和科技交流服务业	Technology Application & Dissemination as well as Science & Technology Exchange Services	9.2	6.4	2.1	0.7
工程设计业	Engineering Design	30.3	28.5	0.8	0.9
其他综合技术服务业	Other Polytechnical Services	17.8	10.8	2.7	4.4
国家机关、政党机关和社会团体	**Government Agencies, Party Agencies and Social Organizations**	**1083.7**	**1078.5**	**5.2**	
#国家机关	Government Agencies	1014.1	1010.3	3.8	
政党机关	Party Agencies	51.0	51.0	…	
其他	**Others**	**107.6**	**83.8**	**19.8**	**4.0**
#企业管理机构	Enterprise Management Organizations	54.6	38.8	14.1	1.7

5-8 国有单位分行业职工人数

（年底）单位：万人

年份地区 Year Region		合计 Total	农、林、牧、渔业 Farming, Forestry, Animal Husbandry and Fishery	采掘业 Mining and Quarrying	制造业 Manufacturing	电力、煤气及水的生产和供应业 Production and Supply of Electricity Gas and Water	建筑业 Construction	地质勘查业水利管理业 Geological Prospecting and Water Conservancy
	1978	7451	774	588	2449	102	447	177
	1980	8019	740	621	2601	112	475	187
	1985	8990	726	706	2975	134	545	196
	1986	9333	736	715	3096	144	557	196
	1987	9654	744	722	3209	155	566	200
	1988	9983	743	735	3327	167	568	204
	1989	10109	736	757	3344	172	541	199
	1990	10346	737	786	3395	183	538	194
	1991	10664	727	797	3482	193	557	196
	1992	10889	717	792	3526	203	577	199
	1993	10920	672	834	3444	220	663	142
	1994	10890	653	820	3321	230	629	135
	1995	10955	634	834	3326	237	605	132
	1996	10949	592	809	3218	250	595	126
	1997	10766	588	772	3011	257	577	125
	1998	8809	525	596	1883	242	444	113
北京	Beijing	298.4	2.9	3.3	61.2	4.1	32.5	1.6
天津	Tianjin	134.2	1.4	8.6	37.2	2.5	7.6	1.7
河北	Hebei	455.9	11.5	33.9	106.4	12.7	24.9	8.3
山西	Shanxi	288.1	4.1	45.4	54.6	9.5	16.6	3.3
内蒙古	Inner Mongolia	228.5	27.7	30.9	25.3	7.4	9.7	3.7
辽宁	Liaoning	479.6	32.4	35.2	130.0	15.4	25.2	6.9
吉林	Jilin	286.4	16.9	36.6	58.9	8.2	13.1	2.8
黑龙江	Heilongjiang	460.7	52.5	80.0	76.7	12.8	22.8	6.5
上海	Shanghai	222.4	2.8	0.1	70.6	4.8	9.9	0.9
江苏	Jiangsu	471.5	22.4	17.5	124.3	10.7	18.1	5.7
浙江	Zhejiang	239.3	5.6	3.0	49.1	7.6	7.2	1.9
安徽	Anhui	296.3	12.8	25.1	61.5	7.7	14.1	5.0
福建	Fujian	187.8	9.5	5.8	27.3	5.9	10.0	1.7
江西	Jiangxi	254.9	22.8	15.3	54.3	8.1	7.9	3.2
山东	Shandong	595.1	8.9	62.8	152.5	18.2	18.1	5.1
河南	Henan	485.1	9.1	31.4	103.2	18.0	31.5	5.1
湖北	Hubei	455.8	44.0	12.0	108.7	10.2	20.5	8.0
湖南	Hunan	381.5	32.2	18.1	82.3	9.5	13.2	4.9
广东	Guangdong	464.3	20.4	7.4	71.5	14.5	24.2	4.3
广西	Guangxi	242.6	17.2	6.8	48.1	7.2	7.7	2.9
海南	Hainan	70.7	26.2	1.7	4.9	1.4	2.3	0.5
重庆	Chongqing	172.2	2.9	11.7	49.2	4.0	8.6	1.1
四川	Sichuan	409.9	9.2	24.6	86.7	10.6	28.4	6.3
贵州	Guizhou	167.1	5.0	10.4	34.1	4.8	11.7	1.7
云南	Yunnan	245.2	20.7	10.3	44.4	5.7	15.2	2.9
西藏	Tibet	14.9	0.7	0.3	0.6	0.5	0.5	0.3
陕西	Shaanxi	269.7	6.4	15.8	69.8	7.0	15.3	4.8
甘肃	Gansu	179.8	8.1	15.1	45.0	5.3	8.2	4.4
青海	Qinghai	48.8	2.8	2.8	10.2	1.3	3.7	2.5
宁夏	Ningxia	53.6	5.6	6.2	8.5	1.6	3.0	1.6
新疆	Xinjiang	248.8	80.1	18.0	26.0	4.6	12.4	3.5

NUMBER OF STAFF AND WORKERS IN STATE-OWNED UNITS BY SECTOR

(year-end) (10 000 persons)

交通运输仓储和邮电通信业 Transport, Storage, Post & Telecommunications	批发零售贸易和餐饮业 Wholesale and Retail Trade & Catering Services	金融、保险业 Banking and Insurance	房地产业 Real Estate Trade	社会服务业 Social Services	卫生体育和社会福利业 Health Care, Sports & Social Welfare	教育、文化艺术和广播电影电视业 Education, Culture and Art, Radio, Film and Television	科学研究和综合技术服务业 Scientific Research and Polytechnical Services	国家机关、政党机关和社会团体 Government Agencies, Party Agencies and Social Organizations	其他 Others
465	907	42	28	107	183	674	91	417	
498	1005	63	33	130	217	757	104	476	
585	800	93	32	181	272	925	129	691	
604	824	101	34	193	283	973	135	742	
618	851	113	34	203	296	1025	140	778	
636	900	128	37	214	306	1059	142	817	
640	923	136	38	221	314	1086	144	859	
660	947	145	40	236	323	1112	148	903	
682	993	154	43	251	340	1151	151	946	
693	1037	166	48	269	356	1183	153	969	
664	1014	182	55	293	356	1180	153	1014	34
677	1054	196	59	308	368	1227	165	1007	40
677	1061	203	61	315	379	1265	167	1019	42
684	1055	208	63	329	390	1322	166	1068	74
681	1037	210	64	345	402	1362	167	1074	95
584	694	208	63	322	410	1408	155	1079	84
17.6	24.9	4.9	4.9	31.6	12.5	40.7	20.9	30.6	4.3
10.7	9.7	2.7	1.5	7.5	6.3	19.9	3.7	11.3	2.0
27.8	37.5	10.4	2.1	14.9	18.8	76.5	4.9	63.3	2.1
20.3	20.1	6.3	0.9	8.1	10.7	41.6	3.7	39.6	3.3
18.0	15.0	6.0	1.5	6.5	8.9	34.1	3.0	29.0	1.9
34.8	30.4	11.2	6.2	21.2	20.6	56.5	8.5	39.5	5.6
21.4	21.8	5.8	2.9	11.0	13.2	40.9	4.9	25.4	2.7
32.1	32.9	8.5	4.1	16.5	17.7	50.1	4.8	38.7	3.7
19.0	18.5	4.6	3.7	18.2	12.1	30.4	7.3	13.2	6.3
34.2	47.3	10.9	4.1	18.1	19.6	82.2	7.8	43.2	5.3
18.2	21.4	8.6	2.3	11.0	16.0	47.8	4.1	33.6	2.3
15.4	27.4	6.5	1.8	8.5	10.8	55.5	3.7	39.2	1.4
11.9	14.7	5.9	1.0	7.2	8.2	44.4	2.7	29.0	2.5
16.4	20.0	6.0	1.3	4.8	12.0	43.4	3.4	34.5	1.4
30.4	48.1	13.3	3.3	19.2	27.2	99.7	6.0	76.5	5.8
31.8	48.9	12.4	2.2	16.2	27.5	58.3	7.2	77.9	4.3
31.2	39.6	10.5	2.5	14.6	24.9	66.2	7.0	53.1	2.8
22.4	29.5	8.2	1.9	10.6	18.1	69.3	5.4	51.9	4.0
36.9	46.0	18.6	5.6	19.8	29.8	84.1	6.3	67.2	7.7
15.5	17.1	5.9	1.0	7.5	13.6	52.7	3.4	34.5	1.4
3.4	4.5	1.8	0.5	2.4	2.6	8.7	1.3	7.8	0.8
13.0	11.8	3.3	1.1	5.0	6.5	30.8	3.2	19.7	0.2
22.4	29.8	9.3	2.2	11.2	19.5	79.1	10.3	58.2	2.2
9.2	12.7	3.7	0.4	3.5	8.4	32.2	1.9	26.1	1.4
16.7	16.9	5.4	0.8	5.9	12.1	46.2	3.5	37.3	1.1
1.6	0.8	0.6	0.0	0.5	1.2	2.4	0.3	4.7	0.1
20.6	17.4	5.7	1.0	6.7	11.5	42.4	8.9	35.0	1.4
11.9	11.8	4.2	0.8	5.0	7.1	25.8	2.9	22.1	2.2
3.6	3.2	1.3	0.2	1.3	2.2	6.2	0.8	5.9	0.7
3.1	3.1	1.4	0.2	1.6	2.4	7.9	0.7	6.1	0.6
12.5	10.8	4.1	0.7	5.9	8.7	32.2	2.6	24.3	2.3

5-9 城镇集体单位分行业职工人数

（年底）单位：万人

年份地区 Year Region		合计 Total	农、林、牧、渔业 Farming, Forestry, Animal Husbandry and Fishery	采掘业 Mining and Quarrying	制造业 Manufacturing	电力、煤气及水的生产和供应业 Production and Supply of Electricity Gas and Water	建筑业 Construction	地质勘查业水利管理业 Geological Prospecting and Water Conservancy
	1978	2048	56	64	1146	5	176	0.5
	1980	2425	48	76	1346	6	235	1.0
	1985	3324	51	89	1608	8	354	1.0
	1986	3421	48	93	1680	8	364	0.7
	1987	3488	47	96	1724	8	379	0.3
	1988	3527	45	96	1745	9	385	0.2
	1989	3502	45	84	1754	7	357	0.4
	1990	3549	42	95	1773	8	357	3.3
	1991	3628	41	107	1782	9	380	3.4
	1992	3621	39	105	1747	10	414	3.2
	1993	3393	34	89	1595	8	479	2.1
	1994	3211	24	81	1515	9	427	2.0
	1995	3076	23	77	1417	9	427	2.0
	1996	2954	22	72	1346	11	412	2.0
	1997	2817	20	72	1244	11	393	3.0
	1998	1900	16	49	742	11	311	2.0
北京	Beijing	45.7	0.1	0.1	12.6	0.1	11.9	...
天津	Tianjin	33.1	...	...	15.0	0.1	3.4	...
河北	Hebei	77.2	0.3	0.8	33.7	0.3	12.2	0.1
山西	Shanxi	59.2	0.2	5.5	22.8	0.6	5.0	...
内蒙古	Inner Mongolia	37.7	0.5	2.1	14.4	0.2	8.0	...
辽宁	Liaoning	134.8	0.9	6.5	62.3	1.7	25.6	0.1
吉林	Jilin	56.4	0.4	2.0	28.6	0.2	7.1	...
黑龙江	Heilongjiang	96.7	2.5	9.2	37.3	0.5	19.7	0.3
上海	Shanghai	40.1	...		14.4	0.3	2.8	...
江苏	Jiangsu	161.8	0.7	1.1	75.2	0.7	12.6	0.2
浙江	Zhejiang	91.5	0.4	0.2	33.7	0.3	22.7	0.1
安徽	Anhui	82.9	0.5	4.6	28.4	0.1	10.4	0.2
福建	Fujian	41.4	0.1	0.2	13.2	0.5	10.5	...
江西	Jiangxi	40.9	0.3	0.9	14.9	0.1	7.3	...
山东	Shandong	132.7	0.7	4.6	63.0	0.3	12.7	...
河南	Henan	149.2	0.9	2.1	45.0	0.3	20.2	0.1
湖北	Hubei	84.7	1.1	0.8	38.0	0.1	9.0	0.1
湖南	Hunan	68.2	1.2	0.4	23.4	0.2	11.9	0.2
广东	Guangdong	137.4	0.5	0.6	54.7	1.3	31.8	0.2
广西	Guangxi	34.7	0.1	0.4	11.4	0.1	6.3	...
海南	Hainan	4.9	0.1	...	0.7	0.1	1.4	...
重庆	Chongqing	40.9	1.0	0.7	14.5	0.1	7.9	...
四川	Sichuan	91.8	2.7	2.0	28.5	0.3	18.9	0.2
贵州	Guizhou	24.0	...	0.2	7.8	0.1	6.5	...
云南	Yunnan	30.5	0.3	0.7	10.7	0.5	4.4	...
西藏	Tibet	1.2	...	0.1	0.4	...	0.4	...
陕西	Shaanxi	36.5	0.4	0.4	14.1	...	6.1	...
甘肃	Gansu	28.6	0.1	1.1	11.6	1.2	4.6	...
青海	Qinghai	6.3	...	...	2.4	...	2.0	...
宁夏	Ningxia	6.0	...	0.9	2.1	0.1	1.0	...
新疆	Xinjiang	22.3	0.1	0.5	7.7	0.1	6.1	...

NUMBER OF STAFF AND WORKERS IN URBAN COLLECTIVE-OWNED UNITS BY SECTOR

(year-end) (10 000 persons)

交通运输仓储和邮电通信业 Transport, Storage, Post & Telecommunications	批发零售贸易和餐饮业 Wholesale and Retail Trade & Catering Services	金融、保险业 Banking and Insurance	房地产业 Real Estate Trade	社会服务业 Social Services	卫生体育和社会福利业 Health Care, Sports & Social Welfare	教育、文化艺术和广播电影电视业 Education, Culture and Art, Radio, Film and Television	科学研究和综合技术服务业 Scientific Research and Polytechnical Services	国家机关、政党机关和社会团体 Government Agencies, Party Agencies and Social Organizations	其他 Others
204	172	23	3	59	64	62	1	13	
216	234	26	4	88	70	60	1	14	
237	716	33	4	87	70	37	2	27	
241	718	37	4	91	71	35	2	28	
241	722	41	5	93	69	34	2	27	
237	738	45	4	94	69	32	2	26	
232	748	49	4	94	68	32	3	26	
232	762	51	4	93	69	32	3	26	
232	786	54	5	98	70	30	4	28	
226	796	57	4	96	65	28	5	27	
154	744	55	5	101	60	24	9	15	20
149	716	62	6	102	59	21	7	9	22
138	693	67	6	94	59	26	8	8	23
134	667	73	7	86	60	22	7	7	27
125	637	76	7	87	62	40	8	6	27
79	414	71	7	68	58	41	7	5	20
1.0	10.1	0.8	0.3	4.7	0.9	0.6	1.8	...	0.6
1.8	8.3	0.5	0.1	2.2	0.3	0.3	0.6	0.1	0.4
2.1	18.7	4.5	...	1.7	1.4	0.4	0.0	0.3	0.8
1.6	14.2	2.5	0.1	2.9	2.2	0.5	0.2	0.1	0.8
1.2	5.6	2.0	0.1	1.5	1.5	0.1	...	...	0.7
4.5	18.5	3.7	0.4	6.8	2.2	0.5	0.3	...	0.9
3.2	8.0	2.7	...	2.1	1.2	0.1	0.1	0.1	0.5
2.8	12.9	1.9	0.7	5.4	0.9	0.2	0.3	0.2	2.1
2.1	12.8	0.4	0.5	2.5	2.2	0.2	0.1	...	1.7
10.2	38.9	3.4	0.8	4.8	9.0	2.4	0.1	0.7	1.0
3.8	16.9	3.7	0.3	3.4	4.1	0.6	0.2	0.1	0.9
6.5	19.1	2.5	0.1	4.7	5.0	0.4	...	0.3	0.2
2.5	7.4	1.7	0.3	1.5	2.8	0.1	0.1	0.2	0.3
1.9	11.4	1.8	...	1.2	0.7	0.0	...	0.2	0.1
3.0	31.1	5.3	0.3	2.6	5.4	1.2	0.1	0.2	2.2
4.5	31.5	6.3	0.3	3.8	1.2	31.7	0.1	0.2	1.1
4.9	22.8	2.9	0.1	2.2	1.3	0.3	...	0.2	0.8
4.6	16.6	3.8	...	1.1	3.8	0.2	0.1	0.4	0.5
5.2	26.4	6.2	1.3	4.8	1.1	0.7	0.3	0.6	1.7
1.8	10.7	2.2	0.2	0.9	0.1	0.1	0.1	0.1	0.3
0.1	1.3	0.4	0.1	0.2	0.4	...	...	...	...
2.9	8.6	0.7	0.1	0.6	2.2	0.1	1.4	0.1	0.2
4.1	22.4	4.4	0.1	1.5	5.8	0.2	...	0.4	0.2
0.6	5.9	1.0	0.2	1.0	0.2	0.1	...	...	0.4
0.8	9.5	1.7	0.1	1.4	0.1	0.1	0.2	0.2	0.2
...	0.1	0.0	...	0.1	...	...	...	...	...
0.6	8.8	1.9	0.1	1.0	1.4	0.3	0.1	0.2	0.9
0.8	6.6	1.1	...	0.7	0.4	...	0.2	0.1	0.1
...	1.1	0.2	...	0.3	0.1	...	...	0.1	...
...	1.5	0.3	...	0.1	...	...	...	...	0.1
0.2	5.8	0.7	0.1	0.6	0.2	...	...	0.1	0.2

5-10 其他单位分行业职工人数
NUMBER OF STAFF AND WORKERS IN UNITS OF OTHER TYPES OF OWNERSHIP BY SECTOR

（年底）单位:万人　　　　(year-end) (10 000 persons)

登记注册类型及行业	Registration Status and Sector	1994	1995	1996	1997	1998
总　计	**Total**	**747.40**	**876.95**	**941.67**	**1085.53**	**1627.63**
按登记注册类型分组	**Grouped by Registration Status**					
股份合作单位	Share Holding Units					132.77
联营单位	Joint-owned Units	51.27	51.71	48.51	42.61	46.17
有限责任公司	Limited Liability Corporations					474.68
股份有限公司	Share-holding Corporations Ltd.	287.49	311.65	357.28	460.15	401.35
其他	Others	8.97	10.78	8.84	17.53	8.43
港澳台商投资单位	Funded by Entrepreneurs form Hong Kong, Macao and Taiwan	208.35	267.34	259.10	274.85	284.29
外商投资单位	Foreign Funded	191.32	235.47	267.94	290.39	279.94
按国民经济行业分组	**Grouped by Economic Sector**					
农、林、牧、渔业	Farming, Forestry, Animal Husbandry and Fishery	2.58	3.16	3.87	4.14	5.06
采掘业	Mining and Quarrying	3.24	3.97	4.34	6.79	56.96
制造业	Manufacturing	598.08	696.02	728.37	826.71	1143.57
电力、煤气及水的生产和供应业	Production and Supply of Electricity, Gas and Water	5.95	10.25	10.71	13.83	28.68
建筑业	Construction	16.27	20.96	28.20	33.72	91.49
地质勘查、水利管理业	Geological Prospecting and Water Conservancy	0.05	0.08	0.05	0.05	0.10
交通运输、仓储及邮电通信业	Transport, Storage, Post and Telecommunications	8.98	9.67	11.78	17.09	37.73
批发和零售贸易餐饮业	Wholesale and Retail Trade & Catering Services	62.92	74.42	84.95	100.06	148.88
金融、保险业	Banking and Insurance	2.30	3.80	7.72	12.48	21.90
房地产业	Real Estate Trade	7.22	9.32	11.21	12.80	19.26
社会服务业	Social Services	36.61	39.70	44.13	48.89	61.02
卫生体育和社会福利业	Health Care, Sports and Social Welfare	0.37	0.41	0.51	0.53	0.98
教育、文化艺术和广播电影电视业	Education, Culture and Arts, Radio, Film and Television	0.66	0.89	1.15	1.25	1.52
科学研究和综合技术服务业	Scientific Research and Polytechnical Services	1.41	2.90	3.24	4.60	6.43
其他	Others	0.75	1.40	1.43	2.59	4.04

5-11 分行业女职工人数

NUMBER OF FEMALE STAFF AND WORKERS BY SECTOR

(年底) 单位：万人 (year-end) (10 000 persons)

行 业	Sector	1992	1993	1994	1995	1996	1997	1998
总　计	**Total**	**5586**	**5542**	**5646**	**5755**	**5745**	**5687**	**4678**
农、林、牧、渔业	Farming, Forestry, Animal Husbandry and Fishery	280	264	254	248	232	231	204
采掘业	Mining and Quarrying	231	229	226	237	231	221	180
制造业	Manufacturing	2439	2418	2426	2458	2366	2263	1636
电力、煤气及水的生产和供应业	Production and Supply of Electricity, Gas and Water	71	71	75	81	86	90	90
建筑业	Construction	209	204	201	204	205	201	156
地质勘查业水利管理业	Geological Prospecting and Water Conservancy	35	35	34	33	32	32	29
交通运输、仓储及邮电通信业	Transport, Storage, Post and Telecommunications	203	209	217	218	224	227	194
批发和零售贸易餐饮业	Wholesale and Retail Trade and Catering Services	874	799	840	847	846	830	580
金融、保险业	Banking and Insurance	83	92	103	109	118	123	125
房地产业	Real Estate Trade	17	22	24	26	28	29	30
社会服务业	Social Services	182	191	207	209	216	224	209
卫生体育和社会福利业	Health Care, Sports and Social Welfare	227	226	235	244	253	261	265
教育、文化艺术和广播电影电视业	Education, Culture and Arts, Radio, Film and Television	465	476	495	522	559	591	625
科学研究和综合技术服务业	Scientific Research and Polytechnical Services	55	56	59	60	60	61	57
国家机关、政党机关和社会团体	Government Agencies, Party Agencies and Social Organizations	215	233	227	232	251	252	255
其他	Others		20	23	25	39	51	42

5-12 分登记注册类型和细行业全部女职工人数（1998年底）

NUMBER OF FEMALE STAFF AND WORKERS BY REGISTRATION STATUS AND SECTOR IN DETAIL(END OF 1998)

单位：万人 (10 000 persons)

项目	Item	合计 Total	国有单位 State-owned Units	城镇集体单位 Urban Collective-owned Units	其他单位 Units of Other Types of Ownership
全国总计	**National Total**	**4677.8**	**3181.6**	**795.6**	**700.6**
按企、事业和机关分组	**Grouped by Enterprises, Institutions and Agencies**				
企业	Enterprises	3296.3	1861.0	735.6	699.8
事业	Institutions	1135.2	1076.3	58.2	0.8
机关	Agencies Organizations	246.3	244.4	1.9	
按国民经济行业分组	Grouped by Sector				
农、林、牧、渔业	**Farming, Forestry, Animal Husbandry and Fishery**	**204.1**	**198.4**	**4.4**	**1.4**
农业	Farming	122.5	120.6	1.2	0.7
林业	Forestry	31.9	31.5	0.4	0.1
畜牧业	Animal Husbandry	15.6	14.9	0.3	0.4
渔业	Fishery	3.5	3.2	0.2	0.1
农、林、牧、渔服务业	Services	30.6	28.2	2.3	0.1
采掘业	**Mining and Quarrying**	**180.1**	**149.3**	**18.2**	**12.6**
制造业	**Manufacturing**	**1636.0**	**740.8**	**371.3**	**523.9**
电力、煤气及水的生产和供应业	**Production and Supply of Electricity, Gas and Water**	**90.0**	**77.5**	**3.3**	**9.2**
建筑业	**Construction**	**156.2**	**89.9**	**53.5**	**12.8**
土木工程建筑业	Civil Engineering	130.9	75.8	44.7	10.4
线路管道和设备安装业	Circuit, Pipelines and Equipment Installation	21.9	13.1	7.4	1.4
装修装饰业	Buildings Fitting up and Decoration	3.4	1.0	1.5	0.9
地质勘查业水利管理业	**Geological Prospecting and Water Conservancy**	**29.0**	**28.3**	**0.6**	**…**
地质勘查业	Geological Prospecting	14.2	13.9	0.3	…
水利管理业	Water Conservancy	14.8	14.4	0.3	…
交通运输、仓储及邮电通信业	**Transport, Storage, Post and Telecommunications**	**194.3**	**158.8**	**24.7**	**10.8**
铁路运输业	Railway Transport	43.6	38.7	3.7	1.2
公路运输业	Highway Transport	42.9	30.3	8.6	4.0
管道运输业	Pipeline Transport	1.1	0.9	0.1	…
水上运输业	Water Way Transport	10.4	4.1	5.4	0.9
航空运输业	Air Transport	3.6	3.2	…	0.4
交通运输辅助业	Transport Supporting and Auxiliary Services	37.7	31.7	4.6	1.5
其他交通运输业	Other Transport	0.5	0.3	0.1	0.1
仓储业	Storage	13.0	11.8	0.8	0.4
邮电通信业	Post and Telecommunications	41.4	37.9	1.4	2.1
批发和零售贸易餐饮业	**Wholesale and Retail Trade & Catering Services**	**579.9**	**308.2**	**191.5**	**80.2**
食品、饮料、烟草和家庭日用品批发业	Wholesale Trade of Food, Beverages, Tobacco and Household Goods	172.0	114.4	42.4	15.1
能源、材料和机械电子设备批发业	Wholesale Trade of Energy, Materials and Electronic Equipment	62.4	40.0	15.6	6.9
其他批发业	Other Wholesale Trade	42.0	16.9	22.6	2.5
零售业	Retail Trade	265.3	119.0	101.1	45.2
商业经纪与代理业	Commercial Brokerage and Agencies	1.6	1.2	0.2	0.2
餐饮业	Catering Services	36.6	16.6	9.7	10.3
金融、保险业	**Finance and Insurance**	**125.2**	**84.6**	**29.9**	**10.7**
金融业	Finance	118.2	79.4	29.9	8.9

5-12 **续表** continued

单位：万人 (10 000 persons)

项目	Item	合计 Total	国有单位 State-owned Units	城镇集体单位 Urban Collective-owned Units	其他单位 Units of Other Types of Ownership
保险业	Insurance	7.0	5.2	…	1.8
房地产业	**Real Estate Trade**	**30.2**	**21.8**	**2.2**	**6.2**
房地产开发与经营业	Real Estate Development and Operation	14.0	8.4	1.4	4.2
房地产管理业	Real Estate Management	15.3	12.7	0.7	2.0
房地产代理与经纪业	Real Estate Brokerage and Agencies	0.9	0.7	0.1	0.1
社会服务业	**Social Services**	**208.7**	**145.8**	**34.8**	**28.1**
公共设施服务业	Public Facilities Services	85.9	75.9	7.4	2.6
居民服务业	Resident Services	18.0	8.4	8.3	1.3
旅馆业	Hotels	70.3	43.3	9.9	17.1
租赁服务业	Leasing Services	0.8	0.3	0.3	0.2
旅游业	Tourism	5.6	4.0	0.5	1.1
娱乐服务业	Recreational Services	3.7	0.9	0.5	2.3
信息、咨询服务业	Information and Consultancy Services	8.7	5.8	1.2	1.6
计算机应用服务业	Computer Application Services	1.8	0.6	0.3	0.9
其他社会服务业	Other Social Services	13.8	6.6	6.4	0.9
卫生体育和社会福利业	**Health Care, Sporting and Social Welfare**	**264.8**	**234.8**	**29.5**	**0.5**
卫生	Health Care	254.0	224.9	28.8	0.4
体育	Sports	2.8	2.6	…	0.1
社会福利保障业	Social Welfare	8.0	7.3	0.6	…
教育、文化艺术及广播电影电视业	**Education, Culture and Arts, Radio, Film and Television**	**625.3**	**605.9**	**18.7**	**0.7**
教育	Education	585.1	567.4	17.4	0.4
#普通高等学校	Regular Institution of Higher Education	43.5	43.4	…	…
普通中学	Regular Secondary Schools	172.2	170.7	1.4	0.1
小学校	Primary Schools	281.1	268.2	12.8	0.1
文化艺术业	Culture and Arts	24.5	23.4	0.9	0.2
广播电影电视业	Radio, Film and Television	15.6	15.1	0.4	0.1
科学研究和综合技术服务业	**Scientific Research and Polytechnical Services**	**56.9**	**52.7**	**2.2**	**2.0**
科学研究业	Scientific Research	27.0	26.8	0.1	0.1
自然科学研究	Natural Science Research	21.6	21.4	0.1	…
社会科学研究	Social Science Research	1.1	1.1	…	…
其他科学研究	Other Science Research	4.3	4.2	…	…
综合技术服务业	Polytechnical Services	30.0	25.9	2.1	2.0
#气象	Meteorology	1.9	1.8	…	…
地震	Seismology	0.4	0.4	…	…
测绘	Survey and Mapping	1.2	1.2	…	…
技术监督	Technological Supervision	4.8	4.7	0.1	…
海洋环境	Oceanic Environment	0.1	0.1		…
环境保护	Environmental Protection	2.7	2.6	0.1	…
技术推广和科技交流服务业	Technology Application & Dissemination, Science & Technology Exchange Services	3.2	2.2	0.7	0.2
工程设计业	Engineering Design	9.9	9.3	0.3	0.3
其他综合技术服务业	Other Polytechnical Services	5.7	3.5	0.8	1.4
国家机关、政党机关和社会团体	**Government Agencies, Party Agencies and Social Organizations**	**255.1**	**253.0**	**2.1**	
#国家机关	Government Agencies	236.5	235.3	1.2	
政党机关	Party Agencies	10.8	10.8	…	
其他	**Others**	**42.0**	**31.9**	**8.7**	**1.4**
#企业管理机构	Enterprise Management Organizations	19.2	12.7	5.8	0.7

5-13 分登记注册类型和细行业女职工占全部职工比重（1998年底）

PROPORTION OF FEMALE STAFF AND WORKERS BY REGISTRATION STATUS AND SECTOR IN DETAIL(END OF 1998)

以全部职工为100。

Total Number of Staff and Workers＝100.

单位：％ (％)

项　目	Item	合　计 Total	国有单位 State-owned Units	城镇集体单位 Urban Collective-owned Units	其他单位 Units of Other Types of Ownership
全国总计	**National Total**	**37.9**	**36.1**	**41.9**	**43.0**
按企、事业和机关分组	**Grouped by Enterprises, Institutions and Agencies**				
企业	Enterprises	38.3	35.6	41.7	43.0
事业	Institutions	42.4	42.3	45.3	45.9
机关	Agencies & Organizations	23.5	23.4	34.6	
按国民经济行业分组	Grouped by Sector				
农、林、牧、渔业	**Farming, Forestry, Animal Husbandry and Fishery**	**37.4**	**37.8**	**27.7**	**26.7**
农业	Farming	40.6	40.7	40.0	26.8
林业	Forestry	38.6	38.6	49.8	32.5
畜牧业	Animal Husbandry	38.7	39.0	34.1	31.5
渔业	Fishery	27.4	28.2	29.5	16.0
农、林、牧、渔服务业	Services	28.3	29.0	22.0	36.1
采掘业	**Mining and Quarrying**	**25.7**	**25.0**	**37.5**	**22.1**
制造业	**Manufacturing**	**43.4**	**39.3**	**50.0**	**45.8**
电力、煤气及水的生产和供应业	**Production and Supply of Electricity, Gas and Water**	**32.0**	**32.0**	**31.7**	**32.2**
建筑业	**Construction**	**18.5**	**20.2**	**17.2**	**14.0**
土木工程建筑业	Civil Engineering	17.8	19.8	16.2	13.3
线路管道和设备安装业	Circuit, Pipelines and Equipment Installation	23.6	22.7	26.9	18.9
装修装饰业	Buildings Fitting up and Decoration	18.9	21.9	19.2	16.1
地质勘查业水利管理业	**Geological Prospecting and Water Conservancy**	**25.1**	**25.0**	**31.5**	**19.8**
地质勘查业	Geological Prospecting	25.5	25.2	50.8	19.4
水利管理业	Water Conservancy	24.7	24.8	22.3	20.2
交通运输、仓储及邮电通信业	**Transport, Storage, Post and Telecommunications**	**27.7**	**27.2**	**31.1**	**28.7**
铁路运输业	Railway Transport	22.6	21.3	59.5	22.5
公路运输业	Highway Transport	30.7	32.2	27.0	29.2
管道运输业	Pipeline Transport	32.1	31.1	46.7	32.0
水上运输业	Water Way Transport	20.3	15.4	27.2	19.3
航空运输业	Air Transport	32.3	33.1	39.9	27.3
交通运输辅助业	Transport Supporting and Auxiliary Services	25.5	25.1	29.3	24.2
其他交通运输业	Other Transport	26.6	25.2	21.0	40.1
仓储业	Storage	34.8	35.1	36.0	26.9
邮电通信业	Post and Telecommunications	36.0	35.0	49.8	53.6
批发和零售贸易餐饮业	**Wholesale and Retail Trade & Catering Services**	**46.2**	**44.4**	**46.3**	**53.8**
食品、饮料、烟草和家庭日用品批发业	Wholesale Trade of Food, Beverages, Tobacco and Household Goods	42.5	40.9	45.5	47.9
能源、材料和机械电子设备批发业	Wholesale Trade of Energy, Materials and Electronic Equipment	37.1	35.4	42.8	36.6
其他批发业	Other Wholesale Trade	41.4	42.3	40.7	42.9
零售业	Retail Trade	51.7	52.1	47.8	61.7
商业经纪与代理业	Commercial Brokerage and Agencies	32.4	33.9	47.9	20.1
餐饮业	Catering Services	56.8	56.8	58.1	55.6
金融、保险业	**Finance and Insurance**	**41.6**	**40.7**	**42.2**	**48.7**

5-13 **续表** continued

单位：%　　　　　　　　　　　　　　　　　　　　　　　　　　　　　　　　(%)

项　目	Item	合　计 Total	国有单位 State-owned Units	城镇集体单位 Urban Collective-owned Units	其他单位 Units of Other Types of Ownership
金融业	Finance	42.0	41.2	42.2	50.6
保险业	Insurance	35.8	34.2	41.7	41.3
房地产业	**Real Estate Trade**	**34.0**	**34.7**	**32.5**	**32.2**
房地产开发与经营业	Real Estate Development and Operation	32.6	33.4	30.6	31.7
房地产管理业	Real Estate Management	35.0	35.3	35.1	33.1
房地产代理与经纪业	Real Estate Brokerage and Agencies	40.3	39.2	48.6	40.6
社会服务业	**Social Services**	**46.3**	**45.3**	**51.0**	**46.0**
公共设施服务业	Public Facilities Services	43.5	44.0	46.6	29.1
居民服务业	Resident Services	49.7	47.3	52.5	49.6
旅馆业	Hotels	56.0	55.8	63.4	52.9
租赁服务业	leasing Services	36.7	34.4	45.3	31.0
旅游业	Tourism	45.4	44.8	55.2	44.3
娱乐服务业	Recreational Services	50.9	46.7	51.7	52.6
信息、咨询服务业	Information and Consultancy Services	38.1	38.1	38.4	37.8
计算机应用服务业	Computer Application Services	33.1	35.8	34.9	30.8
其他社会服务业	Other Social Services	33.2	26.2	44.6	37.2
卫生体育和社会福利业	**Health Care, Sporting and Social Welfare**	**56.4**	**57.2**	**50.8**	**52.4**
卫生	Health Care	57.3	58.3	50.7	60.8
体育	Sports	34.1	34.1	51.7	33.4
社会福利保障业	Social Welfare	44.4	43.6	54.4	69.1
教育、文化艺术及广播电影电视业	**Education, Culture and Arts, Radio, Film and Television**	**43.1**	**43.0**	**45.1**	**47.5**
教育	Education	43.5	43.4	45.9	51.4
#普通高等学校	Regular Institution of Higher Education	39.6	39.6	29.9	36.4
普通中学	Regular Secondary Schools	38.6	38.6	40.4	51.8
小学校	Primary Schools	46.7	46.9	43.1	54.2
文化艺术业	Culture and Arts	40.8	40.9	39.0	43.1
广播电影电视业	Radio, Film and Television	34.2	34.2	32.2	43.8
科学研究和综合技术服务业	**Scientific Research and Polytechnical Services**	**33.8**	**33.9**	**33.9**	**31.8**
科学研究业	Scientific Research	34.8	34.7	40.8	38.8
自然科学研究	Natural Science Research	34.7	34.7	41.7	38.2
社会科学研究	Social Science Research	34.7	34.7	26.6	40.0
其他科学研究	Other Science Research	34.8	34.8	41.7	40.0
综合技术服务业	Polytechnical Services	33.1	33.1	33.7	31.6
#气象	Meteorology	34.8	34.7	49.5	36.8
地震	Seismology	27.3	27.3	42.9	…
测绘	Survey and Mapping	29.6	29.5	36.8	…
技术监督	Technological Supervision	32.4	32.5	36.3	24.8
海洋环境	Oceanic Environment	16.8	16.8		20.0
环境保护	Environmental Protection	39.0	38.8	47.4	28.0
技术推广和科技交流服务业	Technology Application & Dissemination, Science & Technology Exchange Services	34.5	34.8	33.6	34.6
工程设计业	Engineering Design	32.8	32.7	36.3	31.9
其他综合技术服务业	Other Polytechnical Services	32.2	32.7	31.2	31.4
国家机关、政党机关和社会团体	**Government Agencies, Party Agencies and Social Organizations**	**23.5**	**23.5**	**40.2**	
#国家机关	Government Agencies	23.3	23.3	30.8	
政党机关	Party Agencies	21.3	21.3	78.7	
其他	**Others**	**39.0**	**38.1**	**43.8**	**35.2**
#企业管理机构	Enterprise Management Organizations	35.3	32.8	41.5	39.5

5-14 城镇私营企业和个体分行业从业人数

NUMBER OF EMPLOYED PERSONS IN URBAN PRIVATE ENTERPRISES AND SELF-EMPLOYED INDIVIDUALS BY SECTOR

（年底）单位：万人　　　　(year-end) (10 000 persons)

年份 Year	合计 Total	农、林、牧、渔业 Farming, Forestry, Animal Husbandry and Fishery	采掘业 Mining and Quarrying	制造业 Manufacturing	电力、煤气及水的生产和供应业 Production and Supply of Electricity Gas and Water	建筑业 Construction	地质勘查业水利管理业 Geological Prospecting and Water Conservancy
1978	15.0			3.0		1.0	
1980	81.4	0.2		9.5		0.4	
1985	450.1	1.9		51.4		5.1	
1986	483.1	1.9		60.0		5.1	
1987	568.8	1.7		74.3		6.5	
1988	659.3	4.2		90.3		9.7	
1989	648.2	2.6		84.5		4.9	
1990	670.5	0.6		91.3		4.6	
1991	759.5	0.4		128.0		7.8	0.1
1992	837.9			129.6		5.9	
1993	1115.7		6.7	167.3	8.1	10.8	
1994	1557.4	5.4		271.8		17.9	
1995	2045.0	13.4	10.2	339.0		28.1	
1996	2328.8	17.7	10.3	400.1		33.9	
1997	2669.0	31.8	10.8	450.6		38.8	
1998	3231.9	43.4	13.9	563.9		55.2	

5-14 **续表** continued

（年底）单位：万人　　　　(year-end) (10 000 persons)

年份 Year	交通运输仓储和邮电通信业 Transport, Storage, Post & Telecommunications	批发零售贸易和餐饮业 Wholesale & Retail Trade and Catering Services	社会服务业 Social Services	卫生体育和社会福利业 Health Care, Sports and Social Welfare	教育、文化艺术和广播电影电视业 Education, Culture and Arts, Radio, Film and Television	科学研究和综合技术服务业 Scientific Research and Polytechnical Services	其他 Others
1978	1.0	9.0	1.0				
1980	0.8	57.1	13.0	0.4			
1985	22.3	325.0	40.9	2.8	0.7		
1986	24.4	336.7	50.6	3.1	1.2	0.1	
1987	30.6	390.7	58.6	4.0	2.3	0.1	
1988	39.5	442.9	65.6	4.1	2.8	0.2	
1989	34.1	443.1	71.7	3.9	3.1	0.3	
1990	36.4	431.2	94.3	7.0	3.9	1.2	
1991	46.1	489.0	78.2	4.2	4.9	0.8	
1992	47.5	550.7	90.9			2.7	10.6
1993	62.3	714.9	120.8		5.0	7.0	12.8
1994	95.7	973.5	167.2				26.0
1995	111.0	1265.8	241.9				35.6
1996	131.8	1419.1	274.5				41.4
1997	153.6	1617.7	315.7				50.1
1998	190.3	1896.2	397.2				71.8

5-15 各地区私营企业从业人员(1998年底)

NUMBER OF EMPLOYED PERSONS IN PRIVATE ENTERPRISES BY REGION (END OF 1998)

单位：万户、万人 (10 000 enterprises, 10 000 persons)

地区 Region	合计 Total			城镇 Urban Areas			乡村 Rural Areas		
	户数 Number of Enterprises	从业人数 Number of Employed Persons	#投资者 Employers	户数 Number of Enterprises	从业人数 Number of Employed Persons	#投资者 Employers	户数 Number of Enterprises	从业人数 Number of Employed Persons	#投资者 Employers
全国 National Total	**120.1**	**1709.1**	**263.8**	**75.5**	**972.6**	**176.0**	**44.6**	**736.5**	**87.9**
北京 Beijing	0.8	8.6	0.9	0.5	4.6	0.6	0.3	4.0	0.4
天津 Tianjin	2.5	28.5	5.6	1.8	19.2	4.0	0.7	9.3	1.6
河北 Hebei	7.1	148.5	15.7	2.1	36.9	4.8	5.0	111.6	11.0
山西 Shanxi	2.5	41.6	6.5	1.7	24.8	4.4	0.8	16.9	2.1
内蒙古 Inner Mongolia	1.8	29.0	5.1	1.5	23.0	4.3	0.3	5.9	0.8
辽宁 Liaoning	6.1	86.8	10.8	4.4	57.8	8.4	1.6	29.0	2.3
吉林 Jilin	2.5	33.9	3.8	1.9	26.9	3.1	0.6	7.0	0.7
黑龙江 Heilongjiang	3.3	40.6	6.1	2.4	30.0	5.0	0.9	10.6	1.2
上海 Shanghai	9.5	94.0	18.9	5.5	52.5	11.4	4.0	41.6	7.5
江苏 Jiangsu	10.8	133.7	20.2	5.0	59.3	10.7	5.7	74.4	9.5
浙江 Zhejiang	10.0	152.9	19.4	4.2	57.2	8.8	5.8	95.7	10.6
安徽 Anhui	2.9	42.6	7.1	1.9	26.2	4.9	0.9	16.3	2.2
福建 Fujian	3.5	49.4	8.5	2.3	28.9	5.3	1.2	20.6	3.2
江西 Jiangxi	2.2	39.0	5.6	1.4	23.6	3.6	0.8	15.4	2.0
山东 Shandong	9.8	142.2	21.0	5.9	78.5	13.3	3.9	63.8	7.7
河南 Henan	4.1	55.3	10.8	2.4	25.8	6.8	1.6	29.4	4.0
湖北 Hubei	4.9	76.7	11.1	3.2	44.2	7.5	1.6	32.5	3.5
湖南 Hunan	2.6	53.8	8.0	1.8	36.9	5.4	0.8	16.9	2.6
广东 Guangdong	14.1	176.8	30.9	10.9	126.4	25.2	3.3	50.4	5.7
广西 Guangxi	1.6	22.7	3.9	1.2	16.5	3.1	0.4	6.2	0.8
海南 Hainan	1.7	15.1	4.2	1.6	13.7	3.9	0.1	1.3	0.3
重庆 Chongqing	2.3	37.5	5.6	1.8	27.3	4.6	0.5	10.2	1.1
四川 Sichuan	3.8	60.9	10.1	2.5	37.9	7.6	1.4	23.0	2.6
贵州 Guizhou	1.6	20.9	4.5	1.4	16.1	3.9	0.2	4.8	0.6
云南 Yunnan	1.4	25.9	3.0	1.0	16.5	2.3	0.4	9.4	0.7
西藏 Tibet	...	0.4	...	...	0.3	...	...	0.1	...
陕西 Shaanxi	3.4	47.4	8.0	2.5	30.0	6.1	1.0	17.4	1.9
甘肃 Gansu	1.2	17.7	3.2	0.9	12.5	2.5	0.3	5.2	0.7
青海 Qinghai	0.4	4.8	0.9	0.3	3.2	0.7	0.1	1.6	0.1
宁夏 Ningxia	0.5	7.3	1.1	0.4	4.3	0.9	0.1	3.0	0.3
新疆 Xinjiang	1.3	14.7	3.5	1.0	11.7	3.0	0.2	3.0	0.5

5-16 各地区个体从业人员（1998年底）
NUMBER OF SELF-EMPLOYED INDIVIDUALS BY REGION (END OF 1998)

单位：万户、万人　　(10 000 households, 10 000 persons)

地区 Region	合计 Total		城镇 Urban Areas		乡村 Rural Areas	
	户数 Number of Households	从业人数 Number of Employed Individuals	户数 Number of Households	从业人数 Number of Employed Individuals	户数 Number of Households	从业人数 Number of Employed Individuals
全国 National Total	**3120.2**	**6114.4**	**1177.0**	**2259.3**	**1943.2**	**3855.1**
北京 Beijing	24.6	34.7	10.8	15.5	13.8	19.2
天津 Tianjin	24.8	35.1	12.9	16.1	12.0	19.0
河北 Hebei	276.6	659.5	49.7	108.7	226.9	550.8
山西 Shanxi	61.0	108.1	16.4	29.2	44.6	78.9
内蒙古 Inner Mongolia	62.9	122.0	38.8	73.2	24.1	48.8
辽宁 Liaoning	127.1	218.3	72.0	123.6	55.1	94.6
吉林 Jilin	119.4	184.4	65.2	103.6	54.3	80.8
黑龙江 Heilongjiang	145.9	292.6	83.8	160.6	62.1	131.9
上海 Shanghai	17.7	22.7	6.8	8.8	10.9	13.9
江苏 Jiangsu	155.7	281.7	38.6	70.6	117.1	211.1
浙江 Zhejiang	158.4	267.8	41.1	64.6	117.3	203.2
安徽 Anhui	133.5	304.4	54.8	125.0	78.8	179.4
福建 Fujian	54.6	111.2	25.7	49.7	28.9	61.5
江西 Jiangxi	67.7	169.2	30.6	75.9	37.1	93.3
山东 Shandong	288.1	640.6	56.7	125.9	231.4	514.7
河南 Henan	198.4	372.1	71.8	134.6	126.6	237.5
湖北 Hubei	209.4	466.4	82.2	189.0	127.2	277.4
湖南 Hunan	193.7	465.8	79.8	185.6	114.0	280.3
广东 Guangdong	150.5	294.6	79.5	154.9	70.9	139.6
广西 Guangxi	104.2	146.1	44.3	65.9	59.9	80.2
海南 Hainan	11.6	21.5	6.3	12.3	5.3	9.1
重庆 Chongqing	59.7	128.5	25.8	60.0	33.8	68.5
四川 Sichuan	168.6	231.6	57.5	80.7	111.1	150.8
贵州 Guizhou	43.2	63.6	21.3	34.1	21.9	29.6
云南 Yunnan	76.1	128.3	23.2	41.5	52.8	86.8
西藏 Tibet	3.9	5.4	1.8	2.4	2.1	2.9
陕西 Shaanxi	76.5	163.2	31.2	69.0	45.3	94.3
甘肃 Gansu	49.7	90.3	15.5	29.0	34.3	61.3
青海 Qinghai	8.3	12.1	5.2	7.6	3.1	4.5
宁夏 Ningxia	9.7	15.2	3.7	5.6	6.0	9.6
新疆 Xinjiang	38.7	57.2	24.3	35.9	14.5	21.3

5-17 职工工资总额和指数

TOTAL WAGES OF STAFF AND WORKERS AND RELATED INDEX

年份 地区 Year Region	工资总额（亿元） Total Wages (100 million yuan) 合计 Total	 国有单位 State-owned Units	 城镇集体单位 Urban Collective-owned Units	 其他单位 Units of Other Types of Ownership	指数（上年=100） Index (Preceding year=100) 合计 Total	 国有单位 State-owned Units	 城镇集体单位 Urban Collective-owned Units	 其他单位 Units of Other Types of Ownership
1978	568.9	468.7	100.2		110.5	110.1	112.5	
1980	772.4	627.9	144.5		119.4	118.6	123.3	
1985	1383.0	1064.8	312.3	5.9	122.0	121.6	123.0	163.9
1986	1659.7	1288.5	362.8	8.4	120.0	121.0	116.2	142.4
1987	1881.1	1459.3	409.1	12.6	113.3	113.3	112.8	151.2
1988	2316.2	1807.1	487.6	21.5	123.1	123.8	119.2	169.3
1989	2618.5	2050.2	534.4	33.9	113.1	113.5	109.6	157.7
1990	2951.1	2324.1	581.0	46.0	112.7	113.4	108.7	135.7
1991	3323.9	2594.9	658.6	70.4	112.6	111.7	113.4	153.0
1992	3939.2	3090.4	743.2	105.6	118.5	119.1	112.8	150.0
1993	4916.2	3812.7	849.9	253.6	124.8	123.4	114.4	240.2
1994	6656.4	5177.4	1023.3	455.6	135.4	135.8	120.4	179.7
1995	8100.0	6080.2	1182.0	637.8	121.7	117.4	115.5	140.0
1996	9080.0	6792.7	1241.0	761.4	112.1	111.7	105.0	119.4
1997	9405.3	7211.0	1253.4	940.8	103.6	106.2	101.0	123.6
1998	9296.5	6812.5	1021.6	1462.4	100.2	95.8	83.1	156.9
北京 Beijing	530.3	378.6	39.5	112.2	104.0	99.6	74.7	145.5
天津 Tianjin	218.0	142.3	22.5	53.1	99.5	90.6	86.8	147.0
河北 Hebei	375.6	303.7	34.9	37.0	98.4	95.5	80.3	185.6
山西 Shanxi	222.7	172.8	20.2	29.6	93.5	83.3	79.3	570.1
内蒙古 Inner Mongolia	174.7	137.5	16.2	21.0	94.9	87.3	77.8	370.3
辽宁 Liaoning	504.5	372.8	68.7	63.0	94.5	93.1	75.7	146.1
吉林 Jilin	246.6	196.8	26.8	22.9	91.4	90.6	76.9	130.3
黑龙江 Heilongjiang	377.8	301.3	38.6	37.9	99.7	95.7	91.6	174.5
上海 Shanghai	491.0	317.9	39.6	133.5	98.5	91.9	77.9	131.1
江苏 Jiangsu	628.5	422.3	99.5	106.7	101.2	96.4	82.5	170.6
浙江 Zhejiang	414.2	252.2	72.9	89.1	104.4	101.4	74.1	179.7
安徽 Anhui	262.8	197.2	34.6	30.9	97.8	94.6	81.8	172.8
福建 Fujian	282.1	162.4	27.2	92.5	108.0	102.3	93.5	126.1
江西 Jiangxi	173.9	140.0	15.2	18.7	91.2	85.7	70.9	325.1
山东 Shandong	575.4	444.4	61.6	69.4	100.4	99.9	78.9	138.8
河南 Henan	431.0	299.8	63.4	67.9	100.0	89.8	96.6	215.6
湖北 Hubei	387.8	311.8	40.5	35.5	101.1	99.8	91.3	132.3
湖南 Hunan	311.9	259.9	34.1	17.9	101.1	99.8	86.3	209.5
广东 Guangdong	890.7	523.7	104.3	262.7	104.5	97.9	87.4	132.9
广西 Guangxi	190.2	150.7	16.7	22.9	103.7	97.4	91.4	220.0
海南 Hainan	52.3	42.6	2.5	7.2	91.4	91.2	76.0	100.3
重庆 Chongqing	154.1	117.6	20.1	16.3	100.0	98.4	84.7	151.2
四川 Sichuan	378.6	290.7	42.4	45.4	101.5	98.2	84.1	170.0
贵州 Guizhou	118.2	96.4	10.3	11.5	99.8	92.3	96.3	341.2
云南 Yunnan	226.1	193.1	18.7	14.2	103.6	101.6	89.4	195.7
西藏 Tibet	17.9	17.1	0.6	0.2	105.4	104.4	120.0	200.0
陕西 Shaanxi	204.5	171.0	13.9	19.6	101.8	95.6	86.3	335.6
甘肃 Gansu	152.8	129.7	15.3	7.9	100.6	97.2	93.8	360.5
青海 Qinghai	46.2	42.9	2.6	0.7	101.1	100.2	100.3	234.8
宁夏 Ningxia	46.7	37.9	3.4	5.4	104.9	100.7	77.8	218.2
新疆 Xinjiang	209.6	185.2	14.7	9.6	100.2	97.8	89.9	267.2

注:1998 年工资总额为在岗职工工资总额,1998 年指数按可比口径计算。(以下各表同)

a)1998 data on total wages refer to wages of fully employed staff and workers, and the 1998 index was calculate comparable coverage. (Similarlly in the following tables). comparable coverage. (Similarlly in the following tables).

5-18 分行业职工平均工资

单位：元

年份 地区 Year Region		合计 Total	农、林、牧、渔业 Farming, Forestry, Animal Husbandry and Fishery	采掘业 Mining and Quarrying	制造业 Manufacturing	电力、煤气及水的生产和供应业 Production and Supply of Electricity Gas and Water	建筑业 Construction	地质勘查业水利管理业 Geological Prospecting and Water Conservancy
1978		615	470	676	597	850	714	708
1980		762	616	854	752	1035	855	895
1985		1148	878	1324	1112	1239	1362	1406
1986		1329	1048	1569	1275	1497	1536	1604
1987		1459	1143	1663	1418	1677	1684	1768
1988		1747	1280	1964	1710	1971	1959	2025
1989		1935	1389	2378	1900	2241	2166	2199
1990		2140	1541	2718	2073	2656	2384	2465
1991		2340	1652	2942	2289	2922	2649	2707
1992		2711	1828	3209	2635	3392	3066	3222
1993		3371	2042	3711	3348	4319	3779	3717
1994		4538	2819	4679	4283	6155	4894	5450
1995		5500	3522	5757	5169	7843	5785	5962
1996		6210	4050	6482	5642	8816	6249	6581
1997		6470	4311	6833	5933	9649	6655	7160
1998		7479	4528	7242	7064	10478	7456	7951
北　京	Beijing	12451	8606	10177	11370	15082	10989	11738
天　津	Tianjin	9946	7540	13557	9053	12715	10865	12664
河　北	Hebei	6302	3918	7546	5850	9846	6172	9846
山　西	Shanxi	5641	4232	6962	4879	8331	6291	4922
内蒙古	Inner Mongolia	5792	3998	5781	5127	9925	5760	5729
辽　宁	Liaoning	7161	3624	7296	6794	10454	6767	9760
吉　林	Jilin	6551	3950	5584	6510	10517	5914	5431
黑龙江	Heilongjiang	6238	4378	5425	5498	9783	6053	10568
上　海	Shanghai	13580	10404	16243	12944	17579	13533	14175
江　苏	Jiangsu	8256	5747	8320	7398	12929	8298	8252
浙　江	Zhejiang	9759	8212	7838	8321	14520	10101	9776
安　徽	Anhui	6117	4738	7459	5592	8470	6244	6287
福　建	Fujian	8531	5029	6209	8220	12166	8897	7678
江　西	Jiangxi	5384	3358	4832	5197	6588	5401	5909
山　东	Shandong	6854	5890	9936	5679	10199	6543	6879
河　南	Henan	5781	4160	7372	5148	8283	5376	5699
湖　北	Hubei	6436	4079	6942	6175	9181	7272	6876
湖　南	Hunan	6558	4000	5321	6108	9697	6599	6420
广　东	Guangdong	11032	5847	7567	10337	14458	9725	8937
广　西	Guangxi	6208	4085	5581	6153	9299	6886	5563
海　南	Hainan	6248	3190	7294	7380	9935	5564	7872
重　庆	Chongqing	6433	4713	6587	6392	9102	6354	7709
四　川	Sichuan	6577	4733	6351	6488	8982	6713	9104
贵　州	Guizhou	5775	4114	5820	6193	9891	6044	5402
云　南	Yunnan	7667	5121	6547	8126	10570	7615	7392
西　藏	Tibet	10987	9864	9796	5612	9109	8179	14798
陕　西	Shaanxi	6029	4509	6229	5586	9236	5946	5651
甘　肃	Gansu	6809	5199	9002	6567	10326	6568	6885
青　海	Qinghai	8011	6131	8670	5880	11702	7150	15220
宁　夏	Ningxia	6822	4315	8631	6362	11308	6055	9606
新　疆	Xinjiang	7121	4819	13435	6708	9390	6474	7037

AVERAGE WAGE OF STAFF AND WORKERS BY SECTOR

(yuan)

交通运输仓储和邮电通信业 Transport, Storage, Post & Telecommunications	批发零售贸易和餐饮业 Wholesale and Retail Trade & Catering Services	金融、保险业 Banking and Insurance	房地产业 Real Estate Trade	社会服务业 Social Services	卫生体育和社会福利业 Health Care, Sports & Social Welfare	教育、文化艺术和广播电影电视业 Education, Culture and Art, Radio, Film and Television	科学研究和综合技术服务业 Scientific Research and Polytechnical Services	国家机关、政党机关和社会团体 Government Agencies, Party Agencies and Social Organizations	其他 Others
694	551	610	548	392	573	545	669	655	
832	692	720	694	475	718	700	851	800	
1275	1007	1154	1028	777	1124	1166	1272	1127	
1476	1148	1353	1216	980	1343	1330	1492	1356	
1621	1270	1458	1327	1085	1446	1409	1620	1468	
1941	1556	1739	1715	1719	1752	1747	1931	1707	
2197	1660	1867	1925	1926	1959	1883	2118	1874	
2426	1818	2097	2243	2170	2209	2117	2403	2113	
2686	1981	2255	2507	2431	2370	2243	2573	2275	
3114	2204	2829	3106	2844	2812	2715	3115	2768	
4273	2679	3740	4320	3588	3413	3278	3904	3505	3371
5690	3537	6712	6288	5026	5126	4923	6162	4962	5213
6948	4248	7376	7330	5982	5860	5435	6846	5526	6295
7870	4661	8406	8337	6778	6790	6144	8048	6340	7184
8600	4845	9734	9190	7553	7599	6759	9049	6981	6838
9808	5865	10633	10302	8333	8493	7474	10241	7773	8481
13132	11584	21240	15938	13328	14632	12893	13557	12448	17603
13140	8086	14344	11760	8964	10782	9627	10872	10808	9781
8179	4249	8654	6947	6418	6845	6083	7886	6548	6299
8968	3326	7253	6218	4415	5511	5316	6602	5338	5544
8846	3977	8091	7068	5147	6489	5961	6799	6145	6795
9683	5553	10244	7678	6811	7852	7578	8934	8086	6515
8570	5025	9187	7662	6642	7139	6794	8402	7155	6708
9163	5224	10501	7564	5997	7328	7213	8598	7250	5717
15833	12099	23785	17000	12115	15117	14317	15386	15151	9826
9582	6328	11393	10899	9263	10034	9391	11986	10812	8637
11151	7984	12770	12171	10008	12704	10638	12797	11391	10184
6360	4437	8262	7008	5369	7142	6587	8390	7043	8411
11226	6948	12759	11352	8606	8751	8204	10889	8890	10178
8200	4106	7658	5231	4900	6143	5566	5664	5897	4453
9325	4469	9609	7827	6756	8140	7571	8943	7579	6551
8236	4053	8218	6359	5482	6526	5684	8210	6073	6346
8247	4537	8489	7744	6433	7228	6948	9111	7229	8451
8458	5361	9535	7653	6599	8221	6812	8654	7058	8436
15219	9150	15480	14741	13527	12079	10600	15521	11627	12080
9111	4702	7956	6825	6770	7482	5363	8240	6299	7042
11613	5146	11739	9374	7190	8929	7402	7315	7885	7446
6763	4673	9984	6886	6205	7126	6122	7791	6959	6441
7948	4602	9560	7631	6390	7375	5958	8870	7059	6471
7838	4774	7255	6537	5314	5347	4698	7320	5225	6669
9281	6932	9068	8564	7125	8496	7483	9347	7560	8875
12116	7977	17998	12125	9181	12557	11458	13892	12002	9555
9576	4155	7877	5786	5451	6074	5821	9153	5558	4856
9126	4484	7574	7688	5756	6716	6482	7459	6634	7698
11165	4945	11361	10019	5537	9204	8948	10665	8595	9250
9684	5161	9588	7327	5285	7127	6415	7946	6647	7804
10151	6490	11562	9650	6806	7834	7420	8815	7624	8109

5-19 职工平均工资及指数

AVERAGE WAGE OF STAFF AND WORKERS AND RELATED INDICES

年份 地区 Year Region	平均货币工资（元） Average Money Wage (yuan)				指数（上年=100）Indices (preceding year=100) 货币工资 Average Money Wage				实际工资 Average Real Wage			
	合计 Total	国有单位 State-owned Units	城镇集体单位 Urban Collective owned Units	其他单位 Units of Other Types of Ownership	合计 Total	国有单位 State-owned Units	城镇集体单位 Urban Collective owned Units	其他单位 Units of Other Types of Ownership	合计 Total	国有单位 State-owned Units	城镇集体单位 Urban Collective owned Units	其他单位 Units of Other Types of Ownership
1978	615	644	506		100.0	100.0	100.0		106.0	106.2	105.1	
1980	762	803	623		114.1	113.9	114.9		106.1	106.0	106.9	
1985	1148	1213	967	1436	117.9	117.3	119.2	137.0	105.3	104.8	106.6	122.5
1986	1329	1414	1092	1629	115.8	116.6	112.9	113.4	108.2	108.9	105.5	106.0
1987	1459	1546	1207	1879	109.8	109.3	110.5	115.3	100.9	100.5	101.6	106.0
1988	1747	1853	1426	2382	119.7	119.9	118.1	126.8	99.2	99.3	97.9	105.0
1989	1935	2055	1557	2707	110.8	110.9	109.2	113.6	95.2	95.4	93.9	97.7
1990	2140	2284	1681	2987	110.6	111.1	108.0	110.3	109.2	109.7	106.6	108.9
1991	2340	2477	1866	3468	109.3	108.5	111.0	116.1	104.0	103.2	105.6	110.5
1992	2711	2878	2109	3966	115.9	116.2	113.0	114.4	106.7	107.0	104.1	105.3
1993	3371	3532	2592	4966	124.3	122.7	122.9	125.2	107.1	105.7	105.9	107.9
1994	4538	4797	3245	6303	134.6	135.8	125.2	126.9	107.7	108.7	100.2	101.5
1995	5500	5625	3931	7463	121.2	117.3	121.1	118.4	103.8	100.4	103.7	101.4
1996	6210	6280	4302	8261	112.9	111.6	109.4	110.7	103.8	102.6	100.6	101.7
1997	6470	6747	4512	8789	104.2	107.4	104.9	106.4	101.1	104.2	101.7	103.2
1998	7479	7668	5331	8972	106.6	106.1	102.5	97.7	107.2	106.7	103.1	98.3
北 京 Beijing	12451	12348	8567	15332	109.4	106.6	106.1	102.5	106.8	104.1	103.6	100.1
天 津 Tianjin	9946	10237	6121	12257	109.2	106.8	103.6	111.2	109.7	107.3	104.1	111.8
河 北 Hebei	6302	6592	4360	6695	104.7	103.7	102.5	104.4	106.1	105.1	103.9	105.8
山 西 Shanxi	5641	5935	3431	6651	99.5	97.7	93.9	113.4	100.8	99.0	95.1	114.9
内蒙古 Inner Mongolia	5792	5979	4184	6367	105.8	103.7	103.8	126.8	106.5	104.4	104.5	127.7
辽 宁 Liaoning	7161	7604	4972	8285	107.7	106.7	103.3	101.6	107.9	106.9	103.5	101.8
吉 林 Jilin	6551	6814	4778	7309	101.5	101.8	98.1	90.0	102.2	102.5	98.8	90.6
黑龙江 Heilongjiang	6238	6536	4074	7598	109.5	108.1	112.6	97.3	108.5	107.1	111.6	96.4
上 海 Shanghai	13580	13746	9344	15188	109.8	108.8	110.3	103.1	109.8	108.8	110.3	103.1
江 苏 Jiangsu	8256	8872	6033	8867	108	107.7	104.8	101.8	108.0	107.7	104.8	101.8
浙 江 Zhejiang	9759	10480	7882	9760	111.3	114.0	105.2	99.2	110.7	113.4	104.7	98.7
安 徽 Anhui	6117	6628	4166	6323	103	103.6	98.7	94.2	102.7	103.3	98.4	93.9
福 建 Fujian	8531	8682	6662	8999	107.7	108.6	107.5	103.4	107.7	108.6	107.5	103.4
江 西 Jiangxi	5384	5473	3720	7104	93.2	93.2	77.2	86.4	92.3	92.3	76.4	85.5
山 东 Shandong	6854	7469	4558	6346	104.4	105.2	99.3	96.7	104.7	105.5	99.6	97.0
河 南 Henan	5781	6204	4258	5976	103.4	103.0	103.2	108.8	105.6	105.2	105.4	111.1
湖 北 Hubei	6436	6783	4748	6166	108.7	109.1	109.2	99.1	111.0	111.4	111.5	101.2
湖 南 Hunan	6558	6797	5034	7018	108.2	107.7	106.0	108.0	107.7	107.2	105.5	107.5
广 东 Guangdong	11032	11294	7663	12658	107.3	106.0	102.1	107.5	109.2	107.8	103.9	109.4
广 西 Guangxi	6208	6243	4855	7445	106.8	105.6	101.4	111.7	110.0	108.8	104.4	115.0
海 南 Hainan	6248	5970	5020	9750	100.9	101.1	89.1	100.4	103.4	103.6	91.3	102.9
重 庆 Chongqing	6433	6732	4891	6907	104.6	104.9	102.5	92.5	108.5	108.8	106.3	96.0
四 川 Sichuan	6577	7044	4639	6358	109.3	110.5	106.1	95.6	109.5	110.7	106.3	95.8
贵 州 Guizhou	5775	5819	4426	7289	104.3	101.6	110.5	107.0	103.8	101.1	110.0	106.5
云 南 Yunnan	7667	7882	6029	7564	107	107.1	106.8	94.6	104.5	104.6	104.3	92.4
西 藏 Tibet	10987	11462	5382	8709	108.3	108.3	117.3	120.4	109.0	109.0	118.0	121.1
陕 西 Shaanxi	6029	6257	3823	6634	106.1	105.9	100.8	93.2	108.6	108.4	103.2	95.4
甘 肃 Gansu	6809	7129	5233	5892	105.3	106.0	107.1	85.0	106.4	107.1	108.2	85.9
青 海 Qinghai	8011	8511	4249	6187	107.3	106.5	115.0	119.7	106.7	105.9	114.3	119.0
宁 夏 Ningxia	6822	7020	5373	6643	108.1	109.3	104.1	92.1	108.1	109.3	104.1	92.1
新 疆 Xinjiang	7121	7167	6239	7847	104.8	104.5	103.5	104.4	104.9	104.6	103.6	104.5

5-20 分细行业职工平均工资（1998年）

AVERAGE WAGE OF STAFF AND WORKERS BY SECTOR IN DETAIL (1998)

单位：元 (yuan)

项目	Item	合计 Total	国有单位 State-owned Units	城镇集体单位 Urban Collective-owned Units	其他单位 Units of Other Types of Ownership
全国总计	**National Total**	**7479**	**7668**	**5331**	**8972**
按企、事业和机关分组	**Grouped by Enterprises, Institutions and Agencies**				
企业	Enterprises	7405	7644	5264	8970
事业	Institutions	7620	7689	6206	10858
机关	Agencies & Organizations	7740	7746	6675	
按国民经济行业分组	**Grouped by Sector**				
农、林、牧、渔业	**Farming, Forestry, Animal Husbandry and Fishery**	**4528**	**4522**	**4358**	**5685**
农业	Farming	4289	4293	3874	4263
林业	Forestry	4132	4131	3351	8289
畜牧业	Animal Husbandry	4187	4080	5129	7156
渔业	Fishery	6001	5997	4813	7108
农、林、牧、渔服务业	Services	5470	5577	4457	6662
采掘业	**Mining and Quarrying**	**7242**	**7499**	**4567**	**6749**
制造业	**Manufacturing**	**7064**	**6981**	**5016**	**8556**
电力、煤气及水的生产和供应业	**Production and Supply of Electricity, Gas and Water**	**10478**	**10324**	**9470**	**12158**
建筑业	**Construction**	**7456**	**8171**	**5941**	**8983**
土木工程建筑业	Civil Engineering	7092	7780	5668	8619
线路管道和设备安装业	Circuit, Pipelines and Equipment Installation	10162	10684	8531	11777
装修装饰业	Buildings Fitting up and Decoration	8011	8155	6404	10070
地质勘查业水利管理业	**Geological Prospecting and Water Conservancy**	**7951**	**7968**	**7017**	**6909**
地质勘查业	Geological Prospecting	9611	9627	8350	8209
水利管理业	Water Conservancy	6380	6380	6375	5853
交通运输、仓储及邮电通信业	**Transport, Storage, Post and Telecommunications**	**9808**	**10302**	**5163**	**11858**
铁路运输业	Transport Railway	11516	11664	4381	14407
公路运输业	Transport Highway	5522	5584	4818	6702
管道运输业	Transport Pipeline	12894	12906	10785	15673
水上运输业	Transport Water Way	9636	13448	4496	9593
航空运输业	Air Transport	17395	17029	11223	19900
交通运输辅助业	Transport Supporting and Auxiliary Services	9240	9379	5694	15512
其他交通运输业	Other Transport	8808	9979	6466	9527
仓储业	Storage	7262	6861	7239	15821
邮电通信业	Post and Telecommunications	13017	12854	10519	19379
批发和零售贸易餐饮业	**Wholesale and Retail Trade & Catering Services**	**5865**	**6150**	**4517**	**8320**
食品、饮料、烟草和家庭日用品批发业	Wholesale Trade of Food, Beverages, Tobacco and Household Goods	5983	6070	4920	8359
能源、材料和机械电子设备批发业	Wholesale Trade of Energy, Materials and Electronic Equipment	7083	7186	5977	8649
其他批发业	Other Wholesale Trade	5781	7448	4249	9174
零售业	Retail Trade	5229	5461	4097	7815
商业经纪与代理业	Commercial Brokerage and Agencies	11400	10331	5661	18120
餐饮业	Catering Services	6772	6065	5313	9192
金融、保险业	**Finance and Insurance**	**10633**	**10898**	**8144**	**16255**
金融业	Finance	10630	10966	8145	17045
保险业	Insurance	10676	10021	6203	13030

5-20 **续表** continued

单位：元 (yuan)

项目	Item	合计 Total	国有单位 State-owned Units	城镇集体单位 Urban Collective-owned Units	其他单位 Units of Other Types of Ownership
房地产业	**Real Estate Trade**	**10302**	**9441**	**9144**	**13636**
房地产开发与经营业	Real Estate Development and Operation	11083	10125	8540	13852
房地产管理业	Real Estate Management	9595	8996	10697	13098
房地产代理与经纪业	Real Estate Brokerages and Agencies	8962	8593	7732	14818
社会服务业	**Social Services**	**8333**	**8136**	**5990**	**12027**
公共设施服务业	Public Facilities Services	8395	8445	6580	10784
居民服务业	Resident Services	6940	7995	5343	9441
旅馆业	Hotels	7984	7118	5611	11187
租赁服务业	Leasing Services	8415	8543	5850	11478
旅游业	Tourism	8995	8963	6594	9883
娱乐服务业	Recreational Services	9177	8284	6804	10132
信息、咨询服务业	Information and Consultancy Services	11741	10089	9110	20118
计算机应用服务业	Computer Application Services	15385	11692	8138	20050
其他社会服务业	Other Social Services	7210	7498	5524	13799
卫生体育和社会福利业	**Health Care, Sporting and Social Welfare**	**8493**	**8704**	**6883**	**15124**
卫生	Health Care	8471	8692	6899	14451
体育	Sports	10448	10210	7847	16543
社会福利保障业	Social Welfare	8152	8286	6110	14427
教育、文化艺术及广播电影电视业	**Education, Culture and Arts, Radio, Film and Television**	**7474**	**7537**	**5192**	**11687**
教育	Education	7377	7440	5124	11437
#普通高等学校	Regular Institution of Higher Education	9996	9997	6476	10245
普通中学	Regular Secondary Schools	7348	7362	5389	10441
小学校	Primary Schools	6522	6617	4664	11550
文化艺术业	Culture and Arts	9231	9375	5523	11236
广播电影电视业	Radio, Film and Television	7999	7992	6780	12783
科学研究和综合技术服务业	**Scientific Research and Polytechnical Services**	**10241**	**10146**	**8116**	**14847**
科学研究业	Scientific Research	10249	10257	7851	9894
自然科学研究	Natural Science Research	10013	10020	7686	9716
社会科学研究	Social Science Research	9513	9517	8757	5000
其他科学研究	Other Science Research	11632	11652	8206	10249
综合技术服务业	Polytechnical Services	10233	10036	8126	15012
#气象	Meteorology	8296	8302	8500	5925
地震	Seismology	8916	8914	13143	
测绘	Survey and Mapping	9502	9510	9044	
技术监督	Technological Supervision	8997	8995	8331	10248
海洋环境	Oceanic Environment	10069	10066	7500	16250
环境保护	Environmental Protection	7880	7885	6612	12455
技术推广和科技交流服务业	Technology Application &Dissemination as Well as Science Technology Exchange Services	8157	7851	6671	15768
工程设计业	Engineering Design	11985	11829	10768	17994
其他综合技术服务业	Other Polytechnical Services	11104	10434	8502	14502
国家机关、政党机关和社会团体	**Government Agencies, Party Agencies and Social Organizations**	**7773**	**7776**	**7033**	
#国家机关	Government Agencies	7760	7763	6942	
政党机关	Party Agencies	7825	7825	6000	
其他	**Others**	**8481**	**8258**	**7048**	**20393**
#企业管理机构	Enterprise Management Organizations	8107	8392	6630	13894

5-21 其他单位分行业职工平均工资
AVERAGE WAGE OF STAFF AND WORKERS IN UNITS OF OTHER TYPES OF OWNERSHIP BY SECTOR

单位：元 (yuan)

登记注册类型及行业	Registration Status and Sector	1994	1995	1996	1997	1998
总　计	**Total**	**6303**	**7463**	**8261**	**8789**	**8972**
按登记注册类型分组	**Grouped by Registration Status**					
股份合作单位	Share Holding Units					6054
联营单位	Joint-owned Units	4982	6056	6856	7310	8431
有限责任公司	Limited Liability Corporations					7750
股份有限公司	Share-holding Corporations Ltd.	6383	7277	7623	7693	8833
其他	Others	4954	6494	7131	7063	6133
港、澳、台商投资单位	Funded by Entrepreneurs form Hong Kong, Macao & Taiwan	6376	7484	8334	9329	10027
外商投资单位	Foreign Funded	6533	8058	9383	10361	11767
按国民经济行业分组	**Grouped by Economic Sector**					
农、林、牧、渔业	Farming, Forestry, Animal Husbandry and Fishery	5394	6992	7389	7061	5685
采掘业	Mining and Quarrying	4233	5174	5217	5385	6749
制造业	Manufacturing	6096	7245	7945	8376	8556
电力、煤气及水的生产和供应业	Production and Supply of Electricity, Gas and Water	8005	10746	12030	12127	12158
建筑业	Construction	5766	6798	6937	7517	8983
地质勘查、水利管理业	Geological Prospecting and Water Conservancy	4362	5408	6464	5770	6909
交通运输、仓储及邮电通信业	Transport, Storage, Post and Telecommunications	8713	10492	11931	13734	11858
批发和零售贸易餐饮业	Wholesale & Retail Trade and Catering Services	6460	7190	7862	8051	8320
金融、保险业	Banking and Insurance	10400	12949	15818	17970	16255
房地产业	Real Estate Trade	9610	10746	11801	13249	13636
社会服务业	Social Services	8013	9274	10820	11812	12027
卫生体育和社会福利业	Health Care, Sports and Social Welfare	7051	8668	11014	11863	15124
教育、文化艺术和广播电影电视业	Education, Culture and Arts, Radio, Film and Television	8360	8968	10172	10017	11687
科学研究和综合技术服务业	Scientific Research and Polytechnical Services	7882	9678	13358	14370	14847
其他	Others	9691	2850	13508	16423	20393

5-22 国有单位分行业职工平均工资

单位：元

年份 地区 Year Region		合计 Total	农、林、牧、渔业 Farming, Forestry, Animal Husbandry and Fishery	采掘业 Mining and Quarrying	制造业 Manufacturing	电力、煤气及水的生产和供应业 Production and Supply of Electricity Gas and Water	建筑业 Construction	地质勘查业水利管理业 Geological Prospecting and Water Conservancy
	1978	644	482	704	663	873	760	712
	1980	803	628	891	821	1073	924	895
	1985	1213	892	1384	1190	1272	1532	1408
	1986	1414	1062	1638	1382	1518	1731	1607
	1987	1546	1154	1734	1543	1692	1882	1773
	1988	1853	1291	2038	1872	1994	2192	2025
	1989	2055	1401	2449	2081	2248	2419	2199
	1990	2284	1559	2763	2289	2648	2667	2463
	1991	2477	1665	2982	2505	2883	2924	2718
	1992	2878	1845	3239	2889	3354	3406	3235
	1993	3532	2043	3856	3562	4317	4182	3729
	1994	4797	2821	4863	4508	6124	5498	5476
	1995	5625	3527	5944	5352	7734	6512	5987
	1996	6280	4038	6709	5798	8701	6992	6610
	1997	6747	4304	7091	6008	9541	7388	7180
	1998	7668	4522	7499	6981	10324	8171	7968
北京	Beijing	12348	8710	10269	10832	15075	11027	11776
天津	Tianjin	10237	7509	13573	8373	12641	11381	12689
河北	Hebei	6592	3909	7560	6126	9467	6982	9891
山西	Shanxi	5935	4279	7180	4736	8223	6810	4914
内蒙古	Inner Mongolia	5979	4020	5947	4639	9452	6215	5739
辽宁	Liaoning	7604	3545	7976	7406	10206	8001	9867
吉林	Jilin	6814	3944	5673	6902	10595	6527	5464
黑龙江	Heilongjiang	6536	4442	5526	5675	9352	7181	10512
上海	Shanghai	13746	10408	19111	12263	17280	14119	14198
江苏	Jiangsu	8872	5738	8869	7522	13020	9148	8282
浙江	Zhejiang	10480	8095	8029	8271	14219	12234	9801
安徽	Anhui	6628	4735	7903	5820	8701	7638	6337
福建	Fujian	8682	4919	6046	7843	11809	10276	7706
江西	Jiangxi	5473	3359	4880	4944	6501	6518	5909
山东	Shandong	7469	5893	10373	5961	10186	7430	6887
河南	Henan	6204	4179	7619	5349	8116	6000	5725
湖北	Hubei	6783	4109	7140	6698	9182	8345	6896
湖南	Hunan	6797	3979	5353	6327	9410	7684	6405
广东	Guangdong	11294	5730	7528	9883	14218	11300	8923
广西	Guangxi	6243	4077	5591	5871	9204	7794	5568
海南	Hainan	5970	3165	7315	6759	8664	6109	7872
重庆	Chongqing	6732	4801	6776	6542	9146	7268	7756
四川	Sichuan	7044	4971	6735	6959	9535	7968	9234
贵州	Guizhou	5819	4060	5848	6162	10005	6784	5402
云南	Yunnan	7882	5140	6618	8660	10941	8094	7392
西藏	Tibet							
陕西	Shaanxi	6257	4593	6372	5633	9397	6603	5656
甘肃	Gansu	7129	5258	9349	6950	10450	7576	6919
青海	Qinghai	8511	6141	8697	6512	11786	7734	15220
宁夏	Ningxia	7020	4313	8990	6337	11088	6300	9619
新疆	Xinjiang	7167	4819	13733	6614	9330	6386	7044

AVERAGE WAGE OF STAFF AND WORKERS IN STATE-OWNED UNITS BY SECTOR

(yuan)

交通运输仓储和邮电通信业 Transport, Storage, Post & Telecommunications	批发零售贸易和餐饮业 Wholesale and Retail Trade & Catering Services	金融、保险业 Banking and Insurance	房地产业 Real Estate Trade	社会服务业 Social Services	卫生体育和社会福利业 Health Care, Sports & Social Welfare	教育、文化艺术和广播电影电视业 Education, Culture and Art, Radio, Film and Television	科学研究和综合技术服务业 Scientific Research and Polytechnical Services	国家机关、政党机关和社会团体 Government Agencies, Party Agencies and Social Organizations	其他 Others
720	569	650	630	607	605	566	670	661	
902	716	754	758	795	751	722	853	807	
1383	1087	1234	1170	1208	1164	1184	1268	1133	
1610	1268	1427	1364	1417	1376	1344	1494	1361	
1773	1398	1540	1500	1545	1481	1422	1624	1472	
2140	1737	1842	1750	1842	1793	1764	1935	1709	
2423	1851	1960	1992	2028	1999	1899	2123	1875	
2697	2028	2200	2247	2307	2263	2134	2411	2115	
2967	2201	2355	2476	2547	2417	2257	2580	2277	
3452	2478	2967	3082	3008	2883	2732	3130	2774	
4604	2933	3885	4278	3661	3494	3292	3898	3512	3793
6212	3856	7017	5997	5098	5267	4944	6212	4967	5744
7572	4568	7595	6884	5949	6009	5457	6835	5528	6854
8546	4940	8679	7897	6695	6967	6161	7984	6344	7643
9303	5134	10012	8570	7425	7794	6810	8974	6985	6891
10302	6150	10898	9441	8136	8704	7537	10146	7776	8258
13113	12578	19468	14439	12229	14818	12946	13526	12449	14547
13699	9310	13708	11174	8977	10963	9680	11119	10827	9556
8589	4468	8844	6866	6588	6986	6094	7888	6551	6437
9488	3719	7822	6097	4863	5818	5337	6632	5341	5817
9241	4218	8631	7137	5418	6815	5962	6804	6145	7682
10021	5937	10434	7459	6698	8145	7596	9026	8086	6491
9275	5256	10027	7404	6828	7298	6795	8438	7155	6541
9478	5346	10825	7333	6418	7436	7214	8755	7250	6462
16570	13201	22503	16469	12637	15173	14336	15317	15159	7749
10669	6745	11559	10715	9497	10496	9488	11997	10839	8662
11855	8649	12316	12178	10308	13386	10656	12704	11398	10086
7629	4671	8923	7145	6127	8081	6600	8404	7053	8674
11797	7517	12983	9758	8754	8962	8200	10877	8907	8775
8799	4265	7784	5097	5066	6208	5566	5667	5902	4201
9792	4829	10210	7798	6888	8428	7581	9059	7582	6825
8957	4370	8743	5981	5624	6567	6211	8261	6077	6573
8917	4651	8616	6920	6286	7329	6952	9127	7235	9378
9346	5851	9944	7661	6636	8779	6812	8669	7064	8850
15626	9298	15487	13570	13559	12067	10576	15050	11636	11790
9486	5034	8573	7097	6723	7488	5362	8255	6300	7094
11448	5079	12380	8076	6668	9223	7356	7259	7885	7286
7452	5187	10901	6491	6136	7750	6127	8411	6962	7337
8867	5267	10295	7879	6547	8081	5961	8885	7062	6497
7969	5111	7436	6213	5384	5366	4701	7348	5225	7202
9381	8085	9413	8190	7141	8516	7485	9455	7559	8963
12121	8336	17998	12125	9641	12567	11461	13892	12006	9555
9910	4180	8280	5851	5406	6297	5834	9226	5561	5725
9381	4599	8079	7819	5903	6806	6482	7526	6638	7736
11240	5299	12110	10809	5860	9194	8949	10665	8717	9457
9717	5555	10031	7486	5403	7144	6419	8007	6647	8139
10234	6586	12255	9611	6888	7848	7422	8845	7620	8256

5-23 城镇集体单位分行业职工平均工资

单位：元

年份地区 Year Region		合计 Total	农、林、牧、渔业 Farming, Forestry, Animal Husbandry and Fishery	采掘业 Mining and Quarrying	制造业 Manufacturing	电力、煤气及水的生产和供应业 Production and Supply of Electricity Gas and Water	建筑业 Construction	地质勘查业水利管理业 Geological Prospecting and Water Conservancy
	1978	506	304	443	503	333	594	600
	1980	623	458	548	619	333	716	700
	1985	967	725	852	963	667	1101	900
	1986	1092	875	945	1075	875	1232	1286
	1987	1207	979	1016	1180	1250	1380	1333
	1988	1426	1111	1208	1388	1294	1597	1500
	1989	1557	1178	1433	1523	1625	1763	1000
	1990	1681	1238	1844	1622	2133	1935	1212
	1991	1866	1366	1960	1798	2588	2216	1765
	1992	2109	1487	2000	2017	2737	2554	2188
	1993	2592	1887	2327	2469	3539	3182	2843
	1994	3245	2510	2793	3076	5734	3936	3692
	1995	3931	2927	3680	3717	7461	4677	4294
	1996	4302	3814	3968	4007	8324	5092	4784
	1997	4512	3945	4164	4120	9064	5466	6342
	1998	5331	4358	4567	5016	9470	5941	7017
北京	Beijing	8567	6689	4917	7958	15837	9139	8073
天津	Tianjin	6121	7764	7165	5534	8286	8600	9552
河北	Hebei	4360	4248	3396	4107	7625	4841	4419
山西	Shanxi	3431	3392	4852	3091	8066	3930	5130
内蒙古	Inner Mongolia	4184	3381	3205	3583	6408	5325	2685
辽宁	Liaoning	4972	5223	3656	4612	10388	5530	4849
吉林	Jilin	4778	4240	3732	4733	8883	5207	3249
黑龙江	Heilongjiang	4074	2769	4751	3418	11902	4368	11829
上海	Shanghai	9344	10300		7851	18579	12072	15745
江苏	Jiangsu	6033	5981	4778	5708	10509	6888	7530
浙江	Zhejiang	7882	9609	6050	6946	9056	9226	9125
安徽	Anhui	4166	4665	4238	4032	3474	4507	4647
福建	Fujian	6662	7799	5774	5928	10687	7674	5555
江西	Jiangxi	3720	3220	3719	3353	4697	3956	4750
山东	Shandong	4558	5654	5184	4327	5935	5094	6256
河南	Henan	4258	3884	5204	3921	6736	4404	3802
湖北	Hubei	4748	4207	5887	4909	6427	4922	4459
湖南	Hunan	5034	4461	3824	4777	8258	5306	6754
广东	Guangdong	7663	8142	6885	7286	10400	7391	9210
广西	Guangxi	4855	3441	5409	5045	11180	5454	6213
海南	Hainan	5020	2929	4910	5019	4166	4443	0
重庆	Chongqing	4891	4453	3950	5190	4709	5469	3450
四川	Sichuan	4639	3919	4203	4877	6985	5014	4952
贵州	Guizhou	4426	4793	4492	4353	5703	4727	
云南	Yunnan	6029	3343	5687	6217	8592	6656	5045
西藏	Tibet	5382	4722	8731	4108	6956	5705	
陕西	Shaanxi	3823	3203	3483	3595	3566	4381	4414
甘肃	Gansu	5233	3248	5730	5620	9423	4350	3794
青海	Qinghai	4249	5136	7327	2979	3322	5713	
宁夏	Ningxia	5373	4422	6070	4912	13110	5746	5300
新疆	Xinjiang	6239	4660	6554	6034	6452	6459	5467

AVERAGE WAGE OF STAFF AND WORKERS IN URBAN COLLECTIVE-OWNED UNITS BY SECTOR

(yuan)

交通运输仓储和邮电通信业 Transport, Storage, Post & Telecommunications	批发零售贸易和餐饮业 Wholesale and Retail Trade & Catering Services	金融、保险业 Banking and Insurance	房地产业 Real Estate Trade	社会服务业 Social Services	卫生体育和社会福利业 Health Care, Sports & Social Welfare	教育、文化艺术和广播电影电视业 Education, Culture and Art, Radio, Film and Television	科学研究和综合技术服务业 Scientific Research and Polytechnical Services	国家机关、政党机关和社会团体 Government Agencies, Party Agencies and Social Organizations	其他 Others
632	453	526	467	451	484	317	500	455	
676	584	640	638	584	618	433	571	538	
1009	912	945	1050	806	975	779	1052	1046	
1139	1008	1150	1238	1057	1212	945	1286	1227	
1236	1118	1235	1130	1167	1296	1033	1319	1368	
1409	1335	1450	1602	1333	1570	1202	1636	1648	
1575	1417	1597	1967	1521	1774	1352	1710	1860	
1661	1548	1806	1969	1638	1956	1533	1997	2042	
1854	1691	1965	2432	1905	2135	1689	2120	2206	
2070	1827	2428	2763	2082	2416	1987	2392	2565	
2711	2213	3182	4006	2727	2935	2539	3474	3071	2547
3110	2823	5625	5290	3754	4238	3548	4719	4411	4067
3584	3449	6407	6706	4707	4890	4291	6046	5314	4935
3961	3818	6857	6820	5032	5603	4949	7206	5686	5675
4057	3873	7634	7687	5663	6294	4955	7749	6244	5780
5163	4517	8144	9144	5990	6883	5192	8116	7033	7048
8130	8346	7829	10684	8385	11544	9408	9351	8758	9670
6507	5289	13663	11020	6662	7153	7580	8343	7442	9248
3916	3618	7466	6842	4980	4938	4306	5855	5791	5846
4000	2538	5455	5997	3132	4005	3415	5767	4583	4357
4838	3333	6376	5818	3708	4542	5564	4902	5946	5097
5086	4179	8683	6149	5995	4670	4977	6088		6519
3780	3930	7339	5180	4919	5348	6514	6306	7281	6029
4761	3494	8546	8910	4263	5305	6843	6422	7293	4300
8872	8356	18053	15001	9290	14552	11350	10740	12798	14158
5520	5131	9089	9976	7951	9021	6179	9125	9094	7860
7037	6525	12664	10541	8194	10036	9117	11601	9729	9488
3629	3850	6410	5110	3674	5118	4831	6364	5872	7029
6895	4814	10918	9106	6494	7775	8051	8587	6100	7620
3196	3534	6610	4320	3960	5000	4706	4271	5066	5033
4575	3531	7830	6989	4757	6689	6778	6678	6539	5820
3735	3496	7105	6461	4435	5551	4711	5061	4349	5423
4510	3911	7057	4947	6144	5380	6254	6405	5910	5460
4429	4365	8668	6770	5127	5592	6749	7321	6236	5600
7927	6749	11015	11380	9520	10939	11171	17900	10598	9798
4859	3883	6293	6285	5090	6415	5814	7301	5882	5691
5120	4068	7196	6289	6263	6972	6152	7825	8235	9377
4356	3613	7883	5783	5152	5274	4610	6261	6399	5283
3888	3629	7214	5719	4653	4994	4738	7747	6547	6102
6254	3728	6097	5076	4196	4610	3671	6637	5500	4836
8333	5002	7631	6265	5914	6269	6387	7262	7767	7734
4417	4649			7084	9905	3800			
3655	3328	5570	5115	4233	4281	4189	3947	5043	3637
5601	4289	5685	5627	4546	5213	5366	6196	5260	6390
5116	3778	8101	5129	3144	9637	5778		2694	4286
4550	4461	7551		4919	5573	3870	5029	5143	5817
6697	5864	8458	11049	5698	7010	6401	7704	8797	7157

5-24 分地区职业介绍机构基本情况(1998年)

BASIC CONDITIONS OF EMPLOYMENT SERVICES BY REGION(1998)

地区 Region	合计 Total	劳动部门办 Run by Labor Departments	省、自治区、直辖市 Provincial	地、市 Profectural	县、区 County	乡镇、街道 Township and Neighborhood Committee	非劳动部门办 Run by Other Departments	企、事业、机关 Enterprises, Institutions & Organizations	私人 Private
全国 National Total	**35449**	**28717**	**62**	**466**	**3179**	**24959**	**6732**	**3152**	**3106**
北京 Beijing	353	171	26			145	182	163	5
天津 Tianjin	203	92	2		23	67	111	95	16
河北 Hebei	2150	1894	1	11	181	1701	256	110	75
山西 Shanxi	2166	2120	1	11	126	1982	46	23	7
内蒙古 Inner Mongolia	902	796	1	14	99	682	106	72	34
辽宁 Liaoning	1559	1142	1	23	118	1000	417	245	172
吉林 Jilin	1010	938	1	12	60	865	72	27	45
黑龙江 Heilongjiang	1264	1073	1	14	254	804	191	96	54
上海 Shanghai	447	339	3		20	316	108	47	5
江苏 Jiangsu	2144	1966	1	15	129	1821	178	153	15
浙江 Zhejiang	1716	801	1	17	106	677	915	186	662
安徽 Anhui	2214	1791	1	20	128	1642	423	214	205
福建 Fujian	1164	831	1	12	85	733	333	67	253
江西 Jiangxi	2082	1841	1	12	115	1713	241	138	100
山东 Shandong	1718	1497	1	19	153	1324	221	87	131
河南 Henan	1789	1398	1	22	164	1211	391	211	176
湖北 Hubei	1489	1303	1	24	115	1163	186	67	118
湖南 Hunan	1473	1253	1	15	146	1091	220	91	127
广东 Guangdong	1447	1049	1	34	159	855	398	110	283
广西 Guangxi	641	466	5	12	110	339	175	88	63
海南 Hainan	37	28	1	5	17	5	9	5	4
重庆 Chongqing	274	152	1	13	34	104	122	74	46
四川 Sichuan	1765	1184	1	32	190	911	581	369	169
贵州 Guizhou	1048	940	1	10	79	850	108	25	80
云南 Yunnan	1277	1151	1	15	127	1008	126	47	77
西藏 Tibet	6	6		5					
陕西 Shaanxi	1542	1097	1	9	122	965	445	258	105
甘肃 Gansu	738	652		16	72	564	86	37	45
青海 Qinghai	284	271	1	9	44	217	13	7	6
宁夏 Ningxia	210	195	1	2	24	168	15	8	7
新疆 Xinjiang	337	280	2	63	179	36	57	32	21

5-25 分地区劳动部门职业介绍工作情况(1998年底)

SITUATIONS IN EMPLOYMENT SERVICES OF LABOR DEPARTMENTS BY REGION(END OF 1998)

单位:万人次 (10 000 Person time)

地区 Region	求职登记总数 Total Number of Registered Persons	本年求职登记人数 Registered Persons in This Year	农村劳动力 Rural Labor Force	用人登记总数 Total Number of Job Vacancies Registered	本年用人登记总数 Job Vacancies Registered in This Year	介绍成功人数 Number of Persons Actually Employed	失业人员 Former Unemployed	农村劳动力 Rural Labor Force
全　国 National Total	**1863.4**	**1184.3**	**490.3**	**1170.0**	**934.2**	**798.8**	**262.1**	**393.3**
北　京 Beijing	45.6	45.6	16.5	43.2	43.2	26.5	6.9	10.5
天　津 Tianjin	88.6	64.8	0.2	47.3	27.5	12.3	3.8	0.2
河　北 Hebei	64.5	41.8	25.1	43.4	35.4	34.4	6.2	21.3
山　西 Shanxi	32.4	20.2	9.5	23.0	18.5	20.9	5.4	11.4
内蒙古 Inner Mongolia	40.0	23.6	9.9	25.9	23.9	21.7	10.1	9.9
辽　宁 Liaoning	102.4	69.7	15.2	52.3	44.1	40.7	16.8	10.6
吉　林 Jilin	42.2	30.0	9.3	32.9	28.3	28.7	12.5	9.2
黑龙江 Heilongjiang	63.0	29.0	11.0	36.0	29.0	30.0	13.0	4.0
上　海 Shanghai	46.5	30.6	1.8	54.3	37.3	10.9	17.8	1.4
江　苏 Jiangsu	104.7	59.9	19.7	63.6	51.9	46.3	18.1	18.3
浙　江 Zhejiang	194.3	110.1	77.0	121.8	89.2	67.3	12.6	47.8
安　徽 Anhui	56.0	31.2	19.4	33.3	27.9	26.3	6.9	16.9
福　建 Fujian	71.5	49.4	32.2	44.4	38.0	30.9	7.1	19.1
江　西 Jiangxi	47.1	18.0	7.0	18.3	13.0	13.9	6.4	5.3
山　东 Shandong	115.1	72.1	33.5	73.7	58.7	57.7	19.2	32.2
河　南 Henan	99.0	63.1	41.1	68.2	59.6	56.9	9.7	37.9
湖　北 Hubei	87.2	49.5	11.7	52.7	39.5	42.5	18.7	10.8
湖　南 Hunan	109.9	62.7	24.4	58.9	44.1	34.6	9.2	19.2
广　东 Guangdong	138.6	95.0	25.4	78.0	47.7	38.6	12.3	20.3
广　西 Guangxi	40.4	35.5	20.3	28.2	26.3	19.8	5.7	12.8
海　南 Hainan	33.5	22.9	2.8	14.3	11.0	9.3	4.3	3.0
重　庆 Chongqing	19.2	13.9	4.4	12.5	11.5	8.3	4.0	2.5
四　川 Sichuan	40.7	32.2	12.1	32.1	29.9	26.8	11.8	10.7
贵　州 Guizhou	21.0	12.7	6.2	13.2	12.3	10.9	3.4	6.5
云　南 Yunnan	30.4	25.1	17.3	26.1	25.4	24.9	5.8	18.1
西　藏 Tibet	0.4	0.1		0.1				
陕　西 Shaanxi	55.3	29.4	10.0	22.0	16.1	14.9	3.5	7.2
甘　肃 Gansu	16.9	10.6	4.0	11.6	10.7	10.5	4.7	4.0
青　海 Qinghai	17.8	16.8	14.3	16.8	16.7	16.4	1.3	14.2
宁　夏 Ningxia	8.1	4.4	1.9	5.8	4.5	3.6	1.3	1.7
新　疆 Xinjiang	31.2	14.8	7.3	16.6	13.5	12.4	3.8	6.4

5-26 分地区从业人员按受教育程度分组构成

COMPOSITION OF EMPLOYED PERSONS BY EDUCATIONAL LEVEL AND BY REGION

本表及以下各表是1998年人口变动抽样调查数据。

Data in this table and following tables are obtained from the Sample Survey on Population Changes in 1998.

单位:%　　(%)

地区 Region	合计 Total	男 Male	女 Female	不识字 Illiterate and Semi-illiterate	小学 Primary School	初中 Junior Secondary School	高中 Senior Secondary School	大专以上 College & Higher Level
全国 National Total	**100.0**	**53.3**	**46.7**	**11.5**	**34.2**	**38.9**	**11.9**	**3.5**
北京 Beijing	100.0	55.8	44.2	1.5	8.9	39.5	30.8	19.4
天津 Tianjin	100.0	55.6	44.4	4.6	24.8	43.8	19.4	7.5
河北 Hebei	100.0	53.0	47.0	6.9	29.1	47.3	13.0	3.7
山西 Shanxi	100.0	55.6	44.4	6.6	29.3	47.8	12.9	3.4
内蒙古 Inner Mongolia	100.0	55.2	44.8	11.8	28.5	38.7	15.7	5.3
辽宁 Liaoning	100.0	54.5	45.5	3.5	27.3	49.9	13.5	5.8
吉林 Jilin	100.0	55.1	44.9	4.6	32.3	39.3	17.7	6.1
黑龙江 Heilongjiang	100.0	57.7	42.3	4.5	29.5	44.6	16.1	5.3
上海 Shanghai	100.0	54.5	45.5	4.6	14.4	39.5	28.5	12.9
江苏 Jiangsu	100.0	51.2	48.8	14.8	28.0	39.0	14.3	3.9
浙江 Zhejiang	100.0	56.1	43.9	11.0	37.7	36.1	11.6	3.6
安徽 Anhui	100.0	52.9	47.1	16.2	37.7	36.1	7.7	2.3
福建 Fujian	100.0	54.4	45.6	12.8	41.6	30.8	12.0	2.9
江西 Jiangxi	100.0	53.4	46.6	8.6	42.3	36.2	10.7	2.2
山东 Shandong	100.0	52.7	47.3	16.0	29.7	42.0	10.3	2.0
河南 Henan	100.0	51.9	48.1	10.7	28.0	47.7	11.0	2.6
湖北 Hubei	100.0	53.7	46.3	10.4	32.8	38.5	14.5	3.8
湖南 Hunan	100.0	54.6	45.4	7.1	39.3	39.4	11.9	2.4
广东 Guangdong	100.0	52.1	47.9	4.0	34.0	42.4	14.5	5.1
广西 Guangxi	100.0	52.5	47.5	8.6	42.4	39.3	8.5	1.2
海南 Hainan	100.0	53.3	46.7	11.5	29.0	41.6	13.8	4.1
重庆 Chongqing	100.0	52.1	47.9	11.1	45.8	33.8	7.9	1.4
四川 Sichuan	100.0	52.2	47.8	11.9	42.9	33.5	9.0	2.6
贵州 Guizhou	100.0	53.7	46.3	28.1	38.2	25.0	6.6	2.2
云南 Yunnan	100.0	52.0	48.0	21.3	46.5	25.2	5.8	1.2
西藏 Tibet	100.0	51.3	48.7	61.0	33.0	5.1	0.7	0.2
陕西 Shaanxi	100.0	53.7	46.3	11.8	34.7	36.8	13.5	3.2
甘肃 Gansu	100.0	53.0	47.0	26.8	30.8	29.0	10.9	2.4
青海 Qinghai	100.0	52.8	47.2	44.3	25.0	18.7	7.7	4.2
宁夏 Ningxia	100.0	52.9	47.1	24.7	24.7	33.5	12.2	4.9
新疆 Xinjiang	100.0	55.2	44.8	8.5	38.2	31.0	14.0	8.2

5-27 分地区男性从业人员按受教育程度分组构成
COMPOSITION OF MALE EMPLOYED PERSONS BY EDUCATIONAL LEVEL AND BY REGION

单位:%　　　　(%)

地区 Region	合计 Total	不识字 Illiterate and Semi-illiterate	小学 Primary School	初中 Junior Secondary School	高中 Senior Secondary School	大专以上 College & Higher Level
全国 National Total	**100.0**	**7.2**	**31.9**	**43.3**	**13.4**	**4.1**
北京 Beijing	100.0	1.1	9.3	42.5	28.0	19.1
天津 Tianjin	100.0	3.4	23.0	46.9	19.0	7.7
河北 Hebei	100.0	4.6	26.0	51.0	14.3	4.1
山西 Shanxi	100.0	5.1	26.7	50.8	13.5	3.9
内蒙古 Inner Mongolia	100.0	8.0	26.5	43.3	16.5	5.6
辽宁 Liaoning	100.0	2.7	25.1	51.9	14.1	6.2
吉林 Jilin	100.0	3.6	30.1	42.0	17.8	6.4
黑龙江 Heilongjiang	100.0	3.5	27.2	47.3	16.3	5.7
上海 Shanghai	100.0	2.3	14.1	40.2	28.4	15.0
江苏 Jiangsu	100.0	7.9	26.4	44.2	16.5	5.1
浙江 Zhejiang	100.0	7.9	37.9	38.2	11.8	4.2
安徽 Anhui	100.0	11.2	32.3	44.0	9.7	2.9
福建 Fujian	100.0	7.1	37.5	37.7	13.8	3.9
江西 Jiangxi	100.0	4.5	36.3	42.9	13.4	3.0
山东 Shandong	100.0	9.7	27.3	47.7	12.7	2.5
河南 Henan	100.0	6.8	24.5	52.5	13.2	3.0
湖北 Hubei	100.0	6.7	29.8	43.0	15.8	4.6
湖南 Hunan	100.0	3.9	36.6	42.5	14.0	2.9
广东 Guangdong	100.0	2.1	29.3	45.4	16.8	6.4
广西 Guangxi	100.0	4.3	38.9	45.0	10.4	1.4
海南 Hainan	100.0	6.4	25.0	45.7	17.1	5.8
重庆 Chongqing	100.0	7.0	44.4	38.4	8.5	1.7
四川 Sichuan	100.0	7.3	42.8	36.7	9.8	3.3
贵州 Guizhou	100.0	15.4	41.9	32.3	7.7	2.7
云南 Yunnan	100.0	14.7	47.5	30.1	6.3	1.5
西藏 Tibet	100.0	52.0	40.8	6.2	1.0	0.1
陕西 Shaanxi	100.0	7.9	32.2	40.8	15.3	3.8
甘肃 Gansu	100.0	17.6	31.1	35.1	13.1	3.1
青海 Qinghai	100.0	31.9	31.1	24.4	7.9	4.7
宁夏 Ningxia	100.0	15.6	26.3	38.6	13.6	6.0
新疆 Xinjiang	100.0	8.0	37.3	32.9	13.5	8.3

5-28 分地区女性从业人员按受教育程度分组构成
COMPOSITION OF FEMALE EMPLOYED PERSONS BY EDUCATIONAL LEVEL AND BY REGION

单位：%　　　　(%)

地区 Region	合计 Total	不识字 Illiterate and Semi-illiterate	小学 Primary School	初中 Junior Secondary School	高中 Senior Secondary School	大专以上 College & Higher Level
全国 National Total	**100.0**	**16.5**	**36.7**	**33.8**	**10.2**	**2.7**
北京 Beijing	100.0	1.9	8.4	35.7	34.3	19.7
天津 Tianjin	100.0	6.0	27.0	39.9	20.0	7.2
河北 Hebei	100.0	9.5	32.6	43.2	11.5	3.2
山西 Shanxi	100.0	8.4	32.5	44.0	12.2	2.8
内蒙古 Inner Mongolia	100.0	16.5	31.0	32.9	14.7	5.0
辽宁 Liaoning	100.0	4.5	29.9	47.5	12.8	5.3
吉林 Jilin	100.0	5.8	35.0	36.0	17.5	5.7
黑龙江 Heilongjiang	100.0	5.9	32.6	41.0	15.7	4.7
上海 Shanghai	100.0	7.3	14.8	38.7	28.7	10.4
江苏 Jiangsu	100.0	22.1	29.7	33.7	11.9	2.6
浙江 Zhejiang	100.0	14.9	37.5	33.5	11.3	2.8
安徽 Anhui	100.0	21.8	43.8	27.2	5.5	1.6
福建 Fujian	100.0	19.6	46.4	22.4	9.7	1.8
江西 Jiangxi	100.0	13.3	49.1	28.5	7.7	1.4
山东 Shandong	100.0	23.1	32.3	35.5	7.6	1.4
河南 Henan	100.0	14.9	31.7	42.5	8.7	2.1
湖北 Hubei	100.0	14.7	36.2	33.3	12.8	2.9
湖南 Hunan	100.0	10.9	42.4	35.7	9.3	1.7
广东 Guangdong	100.0	6.1	39.1	39.1	12.0	3.7
广西 Guangxi	100.0	13.4	46.4	32.9	6.4	0.9
海南 Hainan	100.0	17.2	33.5	36.9	10.1	2.3
重庆 Chongqing	100.0	15.7	47.3	28.7	7.2	1.2
四川 Sichuan	100.0	16.9	43.0	30.1	8.2	1.8
贵州 Guizhou	100.0	42.9	33.9	16.5	5.2	1.6
云南 Yunnan	100.0	28.6	45.4	20.0	5.2	0.9
西藏 Tibet	100.0	70.4	24.9	4.1	0.5	0.2
陕西 Shaanxi	100.0	16.4	37.5	32.2	11.4	2.4
甘肃 Gansu	100.0	37.3	30.6	22.2	8.3	1.7
青海 Qinghai	100.0	58.2	18.2	12.4	7.6	3.6
宁夏 Ningxia	100.0	34.8	23.0	27.9	10.7	3.6
新疆 Xinjiang	100.0	9.1	39.3	28.7	14.6	8.1

5-29 按年龄分的从业人员受教育程度构成
COMPOSITION OF EDUCATIONAL LEVEL OF EMPLOYED PERSONS BY AGE

单位：%　　　　(%)

年 龄 Age	合 计 Total	不识字 Illiterate and Semi-illiterate	小 学 Primary School	初 中 Junior Secondary School	高 中 Senior Secondary School	大专以上 College & Higher Level
总计 Total	**100.0**	**11.5**	**34.2**	**38.9**	**11.9**	**3.5**
16-19	100.0	2.8	29.2	61.2	6.4	0.3
20-24	100.0	2.9	27.6	52.4	13.7	3.4
25-29	100.0	3.7	30.5	48.9	12.2	4.7
30-34	100.0	4.4	30.6	48.2	12.4	4.4
35-39	100.0	5.7	25.9	41.6	22.6	4.1
40-44	100.0	10.9	36.2	33.6	15.9	3.4
45-49	100.0	16.3	46.6	26.7	7.5	2.9
50-54	100.0	22.0	47.8	20.2	6.6	3.4
55-59	100.0	31.8	44.2	15.1	5.6	3.3
60-64	100.0	46.3	42.3	7.8	2.0	1.5
65岁及以上 65 and Over	100.0	59.5	34.4	4.6	1.0	0.5
男 Male	**100.0**	**7.2**	**31.9**	**43.3**	**13.4**	**4.1**
16-19	100.0	1.8	25.5	66.2	6.3	0.3
20-24	100.0	1.7	24.5	56.5	14.0	3.3
25-29	100.0	1.9	26.2	53.6	13.3	4.9
30-34	100.0	2.0	25.4	53.2	14.0	5.3
35-39	100.0	2.3	19.7	46.9	26.0	5.2
40-44	100.0	5.0	30.7	40.8	19.1	4.4
45-49	100.0	8.3	44.7	33.9	9.3	3.8
50-54	100.0	10.9	49.0	27.1	8.5	4.5
55-59	100.0	18.8	48.4	20.0	8.0	4.8
60-64	100.0	32.1	52.2	10.9	2.7	2.1
65岁及以上 65 and Over	100.0	47.3	44.1	6.6	1.4	0.7
女 Female	**100.0**	**16.5**	**36.7**	**33.8**	**10.2**	**2.7**
16-19	100.0	3.9	33.0	56.3	6.6	0.3
20-24	100.0	4.1	30.7	48.2	13.5	3.5
25-29	100.0	5.5	34.9	43.9	11.1	4.5
30-34	100.0	6.9	36.2	42.9	10.6	3.4
35-39	100.0	9.5	32.8	35.8	19.0	2.9
40-44	100.0	17.5	42.3	25.5	12.3	2.4
45-49	100.0	25.9	48.9	18.1	5.2	1.9
50-54	100.0	36.6	46.2	11.1	4.2	1.9
55-59	100.0	51.8	37.6	7.6	2.0	1.0
60-64	100.0	70.5	25.6	2.6	0.8	0.6
65岁及以上 65 and Over	100.0	81.9	16.5	1.0	0.4	0.2

5-30 按年龄分的城镇失业人员受教育程度构成
COMPOSITION OF EDUCATIONAL LEVEL OF URBAN UNEMPLOYED PERSONS BY AGE

单位:%　　　　(%)

年龄 Age	合计 Total	不识字 Illiterate and Semi-illiterate	小学 Primary School	初中 Junior Secondary School	高中 Senior Secondary School	大专以上 College & Higher Level
总计 Total	**100.0**	**0.7**	**7.8**	**52.0**	**34.8**	**4.7**
16-19	100.0	0.2	4.0	52.5	41.6	1.8
20-24	100.0	0.1	3.2	42.9	42.8	11.0
25-29	100.0	0.3	5.9	58.0	31.1	4.8
30-34	100.0	0.5	7.1	58.8	30.1	3.5
35-39	100.0	0.6	6.9	44.9	44.6	3.0
40-44	100.0	1.5	10.9	55.4	30.3	1.8
45-49	100.0	1.4	22.1	60.5	13.4	2.6
50-54	100.0	3.1	31.0	44.9	18.7	2.4
55-59	100.0	2.8	23.9	42.3	22.5	8.5
60-64	100.0	30.8	30.8	23.1	15.4	
65岁及以上 65 and Over	100.0	6.7	20.0	46.7	13.3	13.3
男 Male	**100.0**	**0.6**	**8.3**	**51.9**	**33.9**	**5.3**
16-19	100.0	0.2	4.6	55.8	38.1	1.3
20-24	100.0	0.1	3.5	43.2	42.5	10.7
25-29	100.0	0.1	7.9	55.8	30.6	5.6
30-34	100.0	0.4	8.5	56.7	29.9	4.6
35-39	100.0	0.5	5.7	47.2	42.4	4.2
40-44	100.0	1.1	8.6	55.7	31.4	3.1
45-49	100.0	1.4	21.2	61.3	12.4	3.7
50-54	100.0	1.7	28.8	45.8	20.8	2.9
55-59	100.0	1.6	25.8	40.3	22.6	9.7
60-64	100.0	33.3	22.2	22.2	22.2	
65岁及以上 **65 and Over**	100.0	7.1	14.3	50.0	14.3	14.3
女 Female	**100.0**	**0.7**	**7.4**	**52.1**	**35.6**	**4.1**
16-19	100.0	0.1	3.2	48.4	45.8	2.5
20-24	100.0	0.1	3.0	42.6	43.0	11.3
25-29	100.0	0.5	4.3	59.6	31.4	4.2
30-34	100.0	0.5	6.1	60.4	30.4	2.6
35-39	100.0	0.7	7.8	43.2	46.2	2.1
40-44	100.0	1.8	12.7	55.2	29.4	0.9
45-49	100.0	1.4	23.0	59.8	14.3	1.6
50-54	100.0	9.3	40.7	40.7	9.3	
55-59	100.0	11.1	11.1	55.6	22.2	
60-64	100.0	25.0	50.0	25.0		
65岁及以上 65 and Over	100.0		100.0			

5-31 按年龄分的城镇失业人员失业原因构成

COMPOSITION OF URBAN UNEMPLOYED PERSONS BY REASON OF UNEMPLOYMENT AND BY AGE

单位:% (%)

年龄 Age	合计 Total	下岗离开单位 Laid-off	毕业后未找到工作 Job-off after Graduation	原单位破产 Work Unit Bankruptcy	辞职、被辞退或合同期满 Resigned, Dismissed	其他 Others
总计 Total	**100.0**	**43.8**	**30.8**	**6.5**	**6.3**	**12.5**
16-19	100.0	1.0	89.4	0.6	0.9	8.1
20-24	100.0	11.6	70.2	1.8	4.2	12.2
25-29	100.0	40.8	24.3	7.4	9.0	18.5
30-34	100.0	60.1	6.3	8.9	9.1	15.5
35-39	100.0	68.1	2.6	9.5	8.2	11.6
40-44	100.0	74.7	1.5	9.1	6.7	8.0
45-49	100.0	77.1	0.7	9.4	4.7	8.1
50-54	100.0	61.2	0.3	18.0	6.1	14.3
55-59	100.0	70.4		11.3	5.6	12.7
60-64	100.0	23.1		15.4	15.4	46.2
65 岁及以上 65 and Over	100.0		13.3		6.7	80.0
男 Male	**100.0**	**40.0**	**33.5**	**6.4**	**7.1**	**13.0**
16-19	100.0	0.8	89.2	0.8	0.9	8.3
20-24	100.0	10.4	71.5	1.7	4.3	12.0
25-29	100.0	38.0	26.6	7.4	9.8	18.2
30-34	100.0	59.0	6.8	7.7	10.7	15.7
35-39	100.0	65.3	2.7	8.6	10.7	12.7
40-44	100.0	69.0	1.6	9.2	9.6	10.6
45-49	100.0	72.4	0.2	11.5	5.5	10.4
50-54	100.0	62.1		18.3	6.3	13.3
55-59	100.0	71.0		9.7	6.5	12.9
60-64	100.0	33.3		22.2	11.1	33.3
65 岁及以上 65 and Over	100.0		14.3		7.1	78.6
女 Female	**100.0**	**47.3**	**28.3**	**6.7**	**5.6**	**12.2**
16-19	100.0	1.2	89.6	0.3	0.8	8.0
20-24	100.0	12.7	68.8	2.0	4.1	12.4
25-29	100.0	42.9	22.5	7.5	8.4	18.7
30-34	100.0	60.9	5.9	9.8	7.9	15.4
35-39	100.0	70.3	2.6	10.1	6.4	10.7
40-44	100.0	78.9	1.5	9.1	4.6	6.0
45-49	100.0	81.6	1.1	7.3	4.1	5.9
50-54	100.0	59.3	1.9	14.8	5.6	18.5
55-59	100.0	66.7		11.1		22.2
60-64	100.0	25.0				75.0
65 岁及以上 65 and Over	100.0					1.0

5-32 按受教育程度分的城镇失业人员失业原因构成

COMPOSITION OF URBAN UNEMPLOYED PERSONS BY REASON OF EMPLOYMENT AND BY EDUCATIONAL LEVEL

单位：%　　(%)

受教育程度 Educational Level		合计 Total	下岗离开单位 Laid-off	毕业后未找到工作 Job-off after Graduation	原单位破产 Work Unit Bankruptcy	辞职、被辞退或合同期满 Resigned, Dismissed	其他 Others
总计	**Total**	**100.0**	**43.8**	**30.8**	**6.5**	**6.3**	**12.5**
不识字	Illiterate and Semi-Illiterate	100.0	34.9	2.3	4.7	4.7	53.5
小学	Primary School	100.0	45.9	14.3	9.1	5.4	25.3
初中	Junior Secondary School	100.0	46.3	27.2	6.6	6.3	13.7
高中	Senior Secondary School	100.0	41.8	37.3	6.1	6.6	8.3
大专及以上	College and Higher Level	100.0	29.7	53.8	5.7	6.3	4.5
男	**Male**	**100.0**	**40.0**	**33.5**	**6.4**	**7.1**	**13.0**
不识字	Illiterate and Semi-Illiterate	100.0	31.4	2.9	11.4	8.6	45.7
小学	Primary School	100.0	41.2	17.1	10.0	7.5	24.2
初中	Junior Secondary School	100.0	41.4	31.2	6.6	6.7	14.1
高中	Senior Secondary School	100.0	38.9	39.2	4.9	7.6	9.4
大专及以上	College and Higher Level	100.0	33.0	48.0	7.2	7.8	3.9
女	**Female**	**100.0**	**47.3**	**28.3**	**6.7**	**5.6**	**12.2**
不识字	Illiterate and Semi-Illiterate	100.0	37.3			3.9	58.8
小学	Primary School	100.0	50.6	11.4	8.2	3.5	26.3
初中	Junior Secondary School	100.0	50.7	23.6	6.6	5.8	13.3
高中	Senior Secondary School	100.0	44.3	35.6	7.0	5.7	7.3
大专及以上	College and Higher Level	100.0	25.8	60.4	3.9	4.6	5.3

5-33 按失业原因分的城镇失业人员受教育程度构成

EDUCATIONAL LEVEL COMPOSITION OF URBAN UNEMPLOYED PERSONS BY UNEMPLOYED REASON

单位：%　　(%)

受教育程度 Educational Level		合计 Total	下岗离开单位 Laid-off	毕业后未找到工作 Job-off after Graduation	原单位破产 Work Unit Bankruptcy	辞职、被辞退或合同期满 Resigned, Dismissed	其他 Others
总计	**Total**	**100.0**	**100.0**	**100.0**	**100.0**	**100.0**	**100.0**
不识字	Illiterate and Semi-Illiterate	0.7	0.5		0.5	0.5	2.8
小学	Primary School	7.8	8.2	3.6	10.9	6.8	15.8
初中	Junior Secondary School	52.0	54.9	46.0	52.3	51.7	56.7
高中	Senior Secondary School	34.8	33.1	42.1	32.2	36.4	23.0
大专及以上	College and Higher Level	4.7	3.2	8.2	4.1	4.7	1.7
男	**Male**	**100.0**	**100.0**	**100.0**	**100.0**	**100.0**	**100.0**
不识字	Illiterate and Semi-Illiterate	0.6	0.4		1.0	0.7	2.0
小学	Primary School	8.3	8.5	4.2	13.0	8.7	15.5
初中	Junior Secondary School	51.9	53.7	48.4	53.6	48.7	56.4
高中	Senior Secondary School	33.9	32.9	39.7	26.3	36.1	24.6
大专及以上	College and Higher Level	5.3	4.4	7.6	6.0	5.8	1.6
女	**Female**	**100.0**	**100.0**	**100.0**	**100.0**	**100.0**	**100.0**
不识字	Illiterate and Semi-Illiterate	0.7	0.6		0.5	3.6	
小学	Primary School	7.4	8.0	3.0	9.1	4.7	16.1
初中	Junior Secondary School	52.1	55.9	43.5	51.1	54.7	57.1
高中	Senior Secondary School	35.6	33.3	44.7	37.4	36.6	21.5
大专及以上	College and Higher Level	4.1	2.3	8.8	2.4	3.4	1.8

主 要 统 计 指 标 解 释

经济活动人口 指在16岁以上，有劳动能力，参加或要求参加社会经济活动的人口；包括从业人员和失业人员。

从业人员 指从事一定社会劳动并取得劳动报酬或经营收入的人员，包括全部职工、再就业的离退休人员、私营业主、个体户主、私营和个体从业人员、乡镇企业从业人员、农村从业人员、其他从业人员（包括民办教师、宗教职业者、现役军人等)。这一指标反映了一定时期内全部劳动力资源的实际利用情况，是研究我国基本国情国力的重要指标。

各单位的从业人员 指在各级国家机关、政党机关、社会团体及企业、事业单位中工作，取得工资或其他形式的劳动报酬的全部人员。包括在岗职工、再就业的离退休人员、民办教师以及在各单位中工作的外方人员和港澳台方人员、兼职人员、借用的外单位人员和第二职业者。不包括离开本单位仍保留劳动关系的职工。各单位的从业人员反映了各单位实际参加生产或工作的全部劳动力。

城镇私营和个体从业人员 城镇私营从业人员指在工商管理部门注册登记，其经营地址设在县城关镇（含城关镇）以上的私营企业从业人员；包括私营企业投资者和雇工。城镇个体从业人员指在工商管理部门注册登记，并持有城镇户口或在城镇长期居住，经批准从事个体工商经营的从业人员；包括个体经营者和在个体工商户劳动的家庭帮工和雇工。

城镇登记失业人员 指有非农业户口，在一定的劳动年龄内，有劳动能力，无业而要求就业，并在当地就业服务机构进行求职登记的人员。

城镇登记失业率 指城镇登记失业人数同城镇从业人数与城镇登记失业人数之和的比。计算公式为：

$$城镇登记失业率=\frac{城镇登记失业人数}{城镇从业人数+城镇登记失业人数}\times 100\%$$

职工 指在国有经济、城镇集体经济、联营经济、股份制经济、外商和港、澳、台投资经济、其他经济单位及其附属机构工作，并由其支付工资的各类人员，不包括返聘的离退休人员、民办教师、在国有经济单位工作的外方人员和港、澳、台人员。(本年鉴职工人数仅包括在岗职工，不包括离开本单位仍保留劳动关系的职工)

在岗职工 指在本单位工作并由单位支付工资的人员，以及有工作岗位，但由于学习、病伤产假等原因暂未工作，仍由单位支付工资的人员。

国有单位职工 指在国有经济单位及其附属机构工作，并由其支付工资的各类人员。

城镇集体单位职工 指在城镇集体经济单位及其管理部门工作，并由其支付工资的各类人员。

其他单位职工 指在联营经济、股份制经济、外商投资经济、港、澳、台投资经济单位工作，并由其支付工资的各类人员。

职工工资总额 指各单位在一定时期内直接支付给本单位全部职工的劳动报酬总额。工资总额的计算原则应以直接支付给职工的全部劳动报酬为根据。各单位支付给职工的劳动报酬以及其他根据有关规定支付的工资，不论是计入成本的还是不计入成本的，不论是按国家规定列入计征奖金税项目的，还是未列入计征奖金税项目的，不论是以货币形式支付的还是以实物形式支付的，均包括在工资总额内。(本年鉴职工工资总额仅包括在岗职工工资总额，不包括离开本单位仍保留劳动关系职工的生活费)

奖金 指支付给职工的超额劳动报酬和增收节支的劳动报酬。

津贴和补贴 指为了补偿职工特殊或额外的劳动消耗和因其他特殊原因支付给职工的津贴，以及为了保证职工工资水平不受物价影响支付给职工的物价补贴。

职工平均工资 指企业、事业、机关单位的职工在一定时期内平均每人所得的货币工资额。它表明一定时期职工工资收入的高低程度，是反映职工工资水平的主要指标。计算公式为：

$$职工平均工资=\frac{报告期实际支付的全部职工工资总额}{报告期全部职工平均人数}$$

职工平均实际工资　指扣除物价变动因素后的职工平均工资。计算公式为：

$$职工平均实际工资=\frac{报告期职工平均工资}{报告期城镇居民消费价格指数}$$

Explanatory Notes on Main Statistical Indicators

Economically Active Population refers to the population aged 16 and over who are capable to work, are participating in or willing to participate in economic activities, including employed persons and unemployed persons.

Employed Persons refers to the persons who are engaged in social labour and receive remuneration payment or earn business income, including: total staff and workers, re-employed retirees, employers of private enterprises, self-employed workers, employees in private enterprises and individual economy, employees in the township enterprises, employed persons in the rural areas, other employed persons (including teachers in the schools run by the local people, people engaged in religious profession and the servicemen, etc.). This indicator reflects the actual utilization of total labour force during a certain period of time and is often used for the research on China's economic situation and national power.

Persons Employed in Various Units refer to all the persons working in government agencies of various levels, political and party organizations, social organizations, enterprises and institutions, and receiving wages or other forms of payment. They include fully-employed staff and workers, re-employed retirees, teachers in schools run by the local people, foreigners and Chinese compatriots from Hong Kong, Macao, and Taiwan working in various units, part-time employees, employees of other units working temporarily at current posts, and employees holding the second job, but exclude staff and workers who have left their working units while keeping their labour contract (employment relation) unchanged. This indicator reflects the total number of laborers actually engaged in production or other operations in various units.

Persons Employed in Private Enterprises and Self-Employed Individuals in Urban Areas Persons employed in private enterprises refer to the persons employed in the private enterprises which have been registered at the departments of industrial and commercial administration and are situated at a county town (i. e. a town where the county government is located) for business operation or at urban areas with the level higher than a county town. The self-employed individuals in urban areas refer to persons who hold the certificates of residence in urban areas or have resided in the urban areas for a long time and have been registered at the departments of industrial and commercial administration and approved to be engaged in individual industrial or commercial business, including self-employed persons as well as helpers and hired labourers who work in the individual households engaged in industrial or commercial business.

Registered Urban Unemployed Persons The registered unemployed persons in urban areas refer to the persons who are registered as permanent residents in the urban areas engaged in non-agricultural activities, aged within the range of working age, capable to labour, unemployed but desirous to be employed and have been registered at the local employment service agencies to apply for a job.

Registered Urban Unemployment Rate Registered unemployment rate in urban areas refers to the ratio of the number of the registered unemployed persons to the sum of the number of employed persons and the registered unemployed persons . The formula is as follows:

Registered urban unemployment rate = number of registered urban unemployed persons ÷ (number of urban employed persons + number of registered urban unemployed persons) × 100%

Staff and Workers refer to the persons who work in(and receive payment therefrom)enterprises and institutions of state ownership, collective ownership, joint ownership, share holding, foreign ownership, and ownership by entrepreneurs from Hong Kong, Macao, and Taiwan, and other types of ownership and their affiliated units, excluding the retired persons invited to work in the units again, teachers in the schools run by the local people and foreigners and persons coming from Hong Kong, Macao and Taiwan and working in the state-owned economic units. (Number of staff and workers in this yearbook include only fully employed staff and workers, excluding those who have left their working units while keeping their labour contract/employment relation unchanged).

Fully Employed Staff and Workers refer to persons who work in, and receive wages from their working units, as well as persons who have their work posts, but are temporarily absent from work for reasons of study or on sick, injury or maternal leave and still receive wages from their working units.

Staff and Workers in State-owned Economic Units refer to the persons who work in the state-owned economic units or their attached units and are listed in their payrolls.

Staff and Workers of Collective Owned Units in Urban Areas refer to the persons who work in collective owned units in urban areas and their administration departments and receive payment therefrom.

Staff and Workers in Units of Other types of Ownership refer to those who work in (and receive payment therefrom) enterprises and institutions of joint ownership, share holding, foreign ownership, and ownership by entrepreneurs from Hong Kong, Macao, and Taiwan.

Total Wages of Staff and Workers refer to the total remuneration payment to staff and workers in various units during a certain period of time. The calculation of total wages is based on the total remuneration payment to the staff and workers. Therefore, all the wages and salaries and other payments to staff and workers are included in the total wages regardless of their sources, category, and forms (in kind or cash). (Total wages of staff and workers in this yearbook include only total wages of fully employed staff and workers, excluding the living allowances distributed to those who have left their working units while keeping their labour contract/employment relation unchanged).

Bonus refers to remuneration payment to workers for extra work and for increasing earnings and practicing economy.

Subsidies and Allowances refer to subsidies paid to staff and workers for compensating special or extra labour and allowances paid to staff and workers to offset the impact of inflation on real wages.

Average Wage of Staff and Workers refers to the average wage in money terms per person during a certain period of time for staff and workers in enterprises, institutions, and government agencies, which reflects the general level of wage income during a certain period of time and is calculated as follows:

$$\text{Average Wage of Staff and Workers} = \frac{\text{Total Wages of Staff and Workers in Reference Period}}{\text{Average Number of Staff and Workers in Reference Period}}$$

Average Real Wage of Staff and Workers refers to average wage of staff and workers after removing the effects of price changes, which is calculated as follows:

$$\text{Average Real Wage of Staff and Workers} = \frac{\text{Average Wage of Staff and Workers in Reference Period}}{\text{Consumer Price Index of Urban Residents in Reference Period}}$$

六　固定资产投资

INVESTMENT IN FIXED ASSETS

简要说明

一、固定资产投资统计的范围包括：基本建设投资，更新改造投资，房地产开发投资，其他固定资产投资；从登记注册类型来看，包括内资、港澳台商投资及外商投资。

二、固定资产投资统计资料来源为：跨省、区项目资料来自国务院各部门，农村集体和农村个人固定资产投资资料由国家统计局农村经济调查总队根据乡村社会经济调查资料整理提供，除此以外固定资产投资统计资料均由国家统计局固定资产投资统计司整理提供。

三、固定资产投资统计的调查方法，除农村集体和农村个人固定资产投资统计采用抽样调查方法外，其他均为全面统计报表。

四、自 1997 年起，除房地产开发投资、农村集体投资、个人投资及城镇和工矿区私人建房投资外，基本建设、更新改造和其他固定资产投资的统计起点由 5 万元提高到 50 万元。为便于比较，对 1996 年的相应数据作了全面调整，括号内的数为原口径数。

BRIEF INTRODUCTION

I. The statistics of the investment in fixed assets cover the investment in capital construction, the investment in innovation, the investment in real estate development, and investment in other fixed assets. In terms of registration status of investors, it includes domestic investment, investment by businessmen from Hong Kong, Macau and Taiwan, and foreign investment.

II. The data sources for the statistics of investment in fixed assets are as follows: The data on the trans-regional projects are provided by the various departments under the State Council. The data on the investment in fixed assets in collective units and by individuals in rural areas are prepared and provided by the Rural Socio-economic Survey Organization, NBS on the basis of the data collected by the survey on the rural social and economic development. The other statistical data on the investment in fixed assets are prepared and provided by the Department of Statistics of Investment in Fixed Assets, NBS.

III. Method of data collection: All the data on the investment in fixed assets are collected by the statistical reporting scheme with the coverage of complete enumeration, with the only exception that the data on the investment in fixed assets in collective units and by individuals in rural areas are collected by sample surveys.

IV. Since 1997, the cut-off point of projects to be covered in the investment statistics are modified from an investment of 50, 000 yuan to 500, 000 yuan in the statistics of investment in capital construction, investment in innovation and other investments, while the cut-off point of projects in the statistics of investment in real estate development, rural collective investment and individual investment remain unchanged. For the convenience of comparison, relevant data of 1996 are adjusted accordingly, and figures in brackets are compiled on the basis of the old coverage.

6-1 全社会固定资产投资
TOTAL INVESTMENT IN FIXED ASSETS

指　　标	Item	1997	1998	1998年比上年增长% Increase Rate in 1998 over 1997(%)
投资总额（亿元）	**Total Investment (100 million yuan)**	**24941.11**	**28406.17**	**13.9**
按经济类型分	Grouped by Ownership			
国有经济	State-Owned Units	13091.72	15369.30	17.4
集体经济	Collective-Owned Units	3850.87	4192.24	8.9
#农　村	Rural	3055.64	3233.31	5.8
个体经济	Individuals	3429.42	3744.37	9.2
#农　村	Rural	2691.16	2681.52	−0.4
联营经济	Joint-Ownership Economic Units	123.12	60.49	−50.9
股份制经济	Share Holding Economic Units	1387.21	1947.01	40.4
外商投资经济	Foreign Funded Economic Units	1955.94	1639.61	−16.2
港澳台投资经济	Economic Units Funded by Entrepreneurs from Hong Kong, Macao and Taiwan	937.14	1334.20	42.4
其他经济	Others	165.68	118.95	−28.2
按管理渠道分	Grouped by Channel of Management			
基本建设	Capital Construction	9917.02	11916.42	20.2
更新改造	Innovation	3921.94	4516.75	15.2
房地产开发	Real Estate Development	3178.37	3614.23	13.7
其他投资	Others	7923.78	8358.76	5.5
按资金来源分	Grouped by Source of Funds			
国家预算内资金	State Budgetary Appropriation	696.74	1197.39	71.9
国内贷款	Domestic Loans	4782.55	5542.89	15.9
利用外资	Foreign Investment	2683.89	2617.03	−2.5
自筹投资	Fundraising	13879.65	14864.19	7.1
其他投资	Others	3216.84	4495.42	39.7
按构成分	Grouped by Use of Funds			
建筑安装工程	Construction and Installation	15614.03	17874.53	14.5
设备工具器具购置	Purchase of Equipment and Instruments	6044.84	6528.53	8.0
其他费用	Others	3282.25	4003.10	22.0
房屋建筑面积(万平方米)	**Floor Space of Buildings (10 000 sq. m)**			
施工面积	Floor Space Under Construction	230490.98	245755.73	6.6
竣工面积	Floor Space Completed	166057.13	170904.75	2.9
#住宅	Residential Buildings	121100.96	127571.61	5.3

注:按资金来源分组为财务拨款数，各项相加不等于投资总额。以下各表相同。

a)Total investment grouped by sources of finance refers to financial appropriation, and the broken-down figures do not add up to the total. The same as in the following tables.

6-2 全社会固定资产投资(按经济类型分)

TOTAL INVESTMENT IN FIXED ASSETS BY OWNERSHIP

指 标 Item	总 计 Total	国有经济 State-owned Units	集体经济 Collective-owned Units	个体经济 Individuals	其他经济 Other Types of Ownership
投资额(亿元) Investment (100 million yuan)					
1980	910.9	745.9	46.0	119.0	
1981	961.0	667.5	115.2	178.3	
1982	1230.4	845.3	174.3	210.8	
1983	1430.1	952.0	156.3	321.8	
1984	1832.9	1185.2	238.7	409.0	
1985	2543.2	1680.5	327.5	535.2	
1986	3120.6	2079.4	391.8	649.4	
1987	3791.7	2448.8	547.0	795.9	
1988	4753.8	3020.0	711.7	1022.1	
1989	4410.4	2808.2	570.0	1032.2	
1990	4517.0	2986.3	529.5	1001.2	
1991	5594.5	3713.8	697.8	1182.9	
1992	8080.1	5498.7	1359.4	1222.0	
1993	13072.3	7925.9	2317.3	1476.2	1352.9
1994	17042.1	9615.0	2758.9	1970.6	2697.6
1995	20019.3	10898.2	3289.4	2560.2	3271.5
1996	(22974.0)	(12056.2)	(3660.6)	(3211.2)	(4046.0)
	22913.5	12006.2	3651.5	3211.2	4044.6
1997	24941.1	13091.7	3850.9	3429.4	4569.1
1998	28406.2	15369.3	4192.2	3744.4	5100.3
增长速度(上年=100) Growth Rate (previous year=100)					
1981	5.5	−10.5	150.4	49.8	
1982	28.0	26.6	51.3	18.2	
1983	16.2	12.6	−10.3	52.7	
1984	28.2	24.5	52.7	27.1	
1985	38.8	41.8	37.2	30.9	
1986	22.7	23.7	19.6	21.3	
1987	21.5	17.8	39.6	22.6	
1988	25.4	23.3	30.1	28.4	
1989	−7.2	−7.0	−19.9	1.0	
1990	2.4	6.3	−7.1	−3.0	
1991	23.9	24.4	31.7	18.1	
1992	44.4	48.1	94.8	3.3	
1993	61.8	44.1	70.5	20.8	
1994	30.4	21.3	19.1	33.5	99.4
1995	17.5	13.3	19.2	29.9	21.3
1996	14.8	10.6	11.3	25.4	23.7
1997	8.8	9.0	5.5	6.8	13.0
1998	13.9	17.4	8.9	9.2	11.6

注:1. 其他经济类型包括联营经济、股份制经济、外商投资经济、港澳台投资经济等国有、集体和个体经济以外的经济成份。
2. 根据1994年房地产快速调查结果，对1990年以来的全社会固定资产投资数据进行了调整。
3. 增长速度未扣除价格因素。

a) Other types of ownership refer to the types of ownership other than state-owned units, collective-owned units and individuals, including joint-owned economic units, share holding economic units, foreign-funded economic units, economic units funded by the enterpreneurs from Hong Kong, Macao and Taiwan, etc.

b) The data of the total investment in fixed assets since 1990 have been adjusted in accordance with the data obtained from the fast survey on the real estates in 1994.

c) The growth rates are calculated without removing the factor of price increase.

6-3 全社会固定资产投资（按资金来源和构成分）
TOTAL INVESTMENT IN FIXED ASSETS BY SOURCE OF FINANCE AND USE OF FUND

年 份 Year	按资金来源分 Grouped by Source of Finance				按构成分 Grouped by Use of Funds		
	国家预算内资金 State Budgetary Appropriation	国内贷款 Domestic Loans	利用外资 Foreign Investment	自筹和其他投资 Fundraising and Others	建筑安装工程 Construction and Installation	设备工具器具购置 Purchase of Equipment and Instruments	其他费用 Others
投资额（亿元） **Investment (100 million yuan)**							
1981	269.76	122.00	36.36	532.89	689.83	223.64	47.54
1982	279.26	176.12	60.51	714.51	871.12	291.41	67.87
1983	339.71	175.50	66.55	848.30	993.32	358.31	78.43
1984	421.00	258.47	70.66	1082.74	1217.58	509.23	106.06
1985	407.80	510.27	91.48	1533.64	1655.46	718.08	169.65
1986	455.62	658.46	137.31	1869.19	2059.66	851.95	208.99
1987	496.64	871.98	181.97	2241.11	2475.65	1038.78	277.26
1988	431.96	977.84	275.31	2968.69	3099.66	1305.37	348.77
1989	366.05	762.98	291.08	2990.28	2994.59	1115.81	300.00
1990	393.03	885.45	284.61	2954.41	3008.72	1165.54	342.74
1991	380.43	1314.73	318.89	3580.44	3647.68	1460.19	486.63
1992	347.46	2214.03	468.66	5049.95	5163.37	2125.14	791.58
1993	483.67	3071.99	954.28	8562.36	8201.21	3315.92	1555.18
1994	529.57	3997.64	1768.95	11530.96	10786.52	4328.26	1928.08
1995	621.05	4198.73	2295.89	13409.19	13173.33	4262.46	2583.48
1996	(629.72)	(4576.53)	(2747.41)	(15465.35)	(15153.41)	(4940.79)	(2879.83)
	625.88	4573.69	2746.60	15412.40	15109.29	4925.98	2878.28
1997	696.74	4782.55	2683.89	17096.49	15614.03	6044.84	3282.25
1998	1197.39	5542.89	2617.03	19359.61	17874.53	6528.53	4003.10
构成（%） **Percentage**							
1981	28.1	12.7	3.8	55.4	71.8	23.3	4.9
1982	22.7	14.3	4.9	58.1	70.8	23.7	5.5
1983	23.8	12.3	4.7	59.2	69.5	25.1	5.4
1984	23.0	14.1	3.9	59.0	66.4	27.8	5.8
1985	16.0	20.1	3.6	60.3	65.1	28.2	6.7
1986	14.6	21.1	4.4	59.9	66.0	27.3	6.7
1987	13.1	23.0	4.8	59.1	65.3	27.4	7.3
1988	9.3	21.0	5.9	63.8	65.2	27.5	7.3
1989	8.3	17.3	6.6	67.8	67.9	25.3	6.8
1990	8.7	19.6	6.3	65.4	66.6	25.8	7.6
1991	6.8	23.5	5.7	64.0	65.2	26.1	8.7
1992	4.3	27.4	5.8	62.5	63.9	26.3	9.8
1993	3.7	23.5	7.3	65.5	62.7	25.4	11.9
1994	3.0	22.4	9.9	64.7	63.3	25.4	11.3
1995	3.0	20.5	11.2	65.3	65.8	21.3	12.9
1996	2.7	19.6	11.8	66.0	66.0	21.5	12.5
1997	2.8	18.9	10.3	67.7	62.6	24.2	13.2
1998	4.2	19.3	9.1	67.4	62.9	23.0	14.1

6-4 按经济类型分的全社会固定资产投资（1998 年）

指标	Item	总计 Total	国有经济 State-owned Units	集体经济 Collective-owned Units	#农村 Rural
投资总额（亿元）	**Total Investment (100 million yuan)**	**28406.17**	**15369.30**	**4192.24**	**3233.31**
按资金来源分	Grouped by Source of Funds				
国家预算内资金	State Appropriations	1197.39	1080.62	92.29	88.86
国内贷款	Domestic Loans	5542.89	3578.07	639.75	442.64
利用外资	Foreign Investment	2617.03	665.89	267.64	239.14
自筹投资	Fundraising	14864.19	7664.69	2390.86	1888.36
其他投资	Others	4495.42	2247.46	907.26	574.30
按构成分	Grouped by Use of Funds				
建筑安装工程	Construction and Installation	17874.53	9594.45	2412.15	1758.05
设备、工具、器具购置	Purchase of Equipment and Instruments	6528.53	3315.78	1346.81	1181.50
其他费用	Others	4003.10	2459.07	433.28	293.76
房屋建筑面积(万平方米)	**Floor Space of Buildings (10 000 sq. m)**				
施工面积	Floor Space Under Construction	245755.73	73605.74	31193.26	19987.41
竣工面积	Floor Space Completed	170904.75	33906.88	22417.16	16874.62
#住宅	Residential Buildings	127571.61	20287.63	6415.84	2923.74
按地区分投资总额(亿元)	**Total Investment by Region (100 million yuan)**				
北京	Beijing	1124.62	721.81	68.46	42.36
天津	Tianjin	571.05	302.25	69.24	56.70
河北	Hebei	1591.76	726.89	482.39	417.29
山西	Shanxi	454.93	329.91	25.03	14.04
内蒙古	Inner Mongolia	316.76	204.24	15.50	9.36
辽宁	Liaoning	1057.70	651.21	119.26	80.08
吉林	Jilin	431.78	262.61	42.95	33.06
黑龙江	Heilongjiang	770.05	610.19	28.85	20.81
上海	Shanghai	1966.38	1088.71	208.07	137.40
江苏	Jiangsu	2450.37	969.44	605.37	485.82
浙江	Zhejiang	1801.74	653.98	423.61	349.71
安徽	Anhui	722.61	330.03	141.98	117.18
福建	Fujian	1053.01	429.62	118.78	85.62
江西	Jiangxi	400.60	243.22	17.36	8.22
山东	Shandong	1935.58	930.43	542.16	470.82
河南	Henan	1289.70	653.14	257.04	225.00
湖北	Hubei	1156.76	627.54	116.41	86.98
湖南	Hunan	796.89	405.30	95.65	80.04
广东	Guangdong	2644.13	1152.40	382.39	220.84
广西	Guangxi	562.32	276.58	62.58	50.47
海南	Hainan	173.37	81.97	18.57	2.61
重庆	Chongqing	492.97	259.55	62.64	45.97
四川	Sichuan	1145.33	666.88	135.56	87.38
贵州	Guizhou	278.41	178.07	19.23	14.35
云南	Yunnan	660.43	438.57	53.84	40.29
西藏	Tibet	41.26	38.57	0.61	0.20
陕西	Shaanxi	517.57	355.57	28.93	21.01
甘肃	Gansu	301.45	216.52	17.71	9.59
青海	Qinghai	108.78	87.19	4.08	2.85
宁夏	Ningxia	106.75	75.90	6.59	3.62
新疆	Xinjiang	514.77	434.59	21.41	13.64
不分地区	Not Classified by Region	966.42	966.42		

TOTAL INVESTMENT IN FIXED ASSETS BY OWNERSHIP (1998)

个体经济 Individuals	#农村 Rural	联营经济 Joint-owned Economic Units	股份制经济 Share Holding Economic Units	外商投资经济 Foreign-funded Economic Units	港澳台投资经济 Economic Units Funded by Entrepreneurs From Hong Kong, Macao and Taiwan	其他经济 Economic Units of Other Types of Ownership
3744.37	**2681.52**	**60.49**	**1947.01**	**1639.61**	**1334.20**	**118.95**
0.24		0.32	17.98	2.15	2.38	1.41
238.89	182.21	17.80	590.43	210.94	252.43	14.58
4.61		0.78	174.92	920.44	579.61	3.14
3177.11	2241.78	34.75	857.29	367.10	308.54	63.85
339.50	257.53	25.08	459.00	136.06	344.17	36.89
3357.33	2365.10	34.20	1001.86	651.22	755.38	67.94
226.42	219.88	11.12	534.00	753.64	304.32	36.44
160.61	96.54	15.17	411.15	234.76	274.50	14.56
112720.47	89099.00	537.18	11830.41	5011.27	9981.48	875.92
105525.30	83864.00	152.87	4339.95	1594.71	2568.00	399.88
95928.17	77031.00	79.51	2811.13	532.82	1361.28	155.23
22.86	19.67	1.94	58.51	80.92	169.60	0.52
21.41	6.87	0.60	41.50	111.16	22.53	2.36
198.21	132.00	3.08	92.50	58.61	25.63	4.45
43.60	32.04	0.73	22.62	26.70	4.14	2.20
57.22	40.99	0.49	34.80	3.41	0.97	0.13
100.33	73.64	1.46	64.29	62.23	41.23	17.69
42.12	28.27	0.58	35.19	21.54	17.20	9.59
66.07	36.43	0.26	44.33	6.59	12.12	1.64
43.15	14.31	10.16	202.63	287.69	118.66	7.31
325.82	271.29	3.47	96.62	353.01	94.60	2.04
341.37	250.22	3.25	245.40	80.99	49.43	3.71
160.98	118.27	1.24	50.64	22.28	13.36	2.10
186.31	111.70	8.82	63.82	77.06	162.40	6.20
111.71	83.62	0.61	9.47	7.66	10.00	0.57
257.18	207.74	1.83	67.09	106.01	29.63	1.25
268.05	193.10	0.81	50.69	21.83	35.03	3.11
160.05	109.95	5.16	116.39	60.59	54.99	15.63
233.18	175.98	0.53	36.52	10.70	13.65	1.36
340.52	232.37	9.11	250.35	139.11	356.79	13.46
155.52	98.05	0.26	22.25	28.76	14.58	1.79
15.36	4.91	1.37	25.12	16.05	9.65	5.28
83.59	46.18	0.61	42.17	15.66	24.55	4.20
184.48	140.81	0.61	115.42	12.93	24.94	4.51
54.96	41.20	0.80	16.22	4.22	4.23	0.68
99.92	79.88	1.51	46.09	8.88	9.79	1.83
1.29		0.49		0.30		
74.14	55.70	0.59	42.24	7.17	6.43	2.50
31.61	24.93	0.26	23.56	5.75	3.88	2.16
6.19	4.19	0.07	8.75	1.05	1.35	0.10
13.49	12.08	0.05	9.40	0.77	0.48	0.07
43.72	35.15	0.22	11.94	0.32	2.36	0.21

6-5 国有经济按各种分组的固定资产投资
INVESTMENT IN FIXED ASSETS OF STATE-OWNED UNITS

指　　标	Item	1990	1995	1996	1997	1998
投资总额（亿元）	**Total Investment (100 million yuan)**	**2986.30**	**10898.24**	**12006.21**	**13091.72**	**15369.30**
按资金来源分	Grouped by Source of Funds					
国家预算内资金	State Budgetary Appropriation	394.27	544.98	553.20	612.72	1080.62
国内贷款	Domestic Loans	704.91	2578.19	2849.31	3008.12	3578.07
利用外资	Foreign Investment	271.80	859.38	810.46	663.11	665.89
自筹投资	Fundraising	1289.58	5307.15	6107.68	6902.89	7664.69
其他投资	Others	325.74	1731.82	1722.31	1865.82	2247.46
按构成分	Grouped by Use of Funds					
建筑安装工程	Construction and Installation	1789.44	6604.61	7245.53	8035.30	9594.45
设备、工具、器具购置	Purchase of Equipment and Instruments	892.09	2750.51	3022.53	3110.54	3315.78
其他费用	Others	304.77	1543.12	1738.16	1945.88	2459.07
按建设性质分	Grouped by Type of Construction					
#新建	New Construction	911.60	3362.17	3874.87	4581.76	5507.37
扩建	Expansion	1161.72	3722.60	4253.80	4464.58	4984.90
改建	Reconstruction	581.25	1986.23	2124.34	2312.94	3058.98
按产业分	Grouped by Type of Industry					
第一产业	Primary Industry	28.65	73.64	107.09	138.92	201.32
第二产业	Secondary Industry	1765.69	4692.72	5102.86	5158.52	4874.79
第三产业	Tertiary Industry	1191.96	6131.88	6796.26	7794.28	10293.19
按国民经济主要行业分	Grouped by Main Sector					
#农业	Agriculture	34.09	93.40	125.55	169.69	237.08
工业	Industry	1747.58	4526.20	4884.73	4958.10	4703.30
#能源工业	Energy	823.88	2025.28	2418.16	2924.00	2862.10
运输邮电业	Transportation, Postal and Telecommunications Services	333.67	2306.54	2748.86	3187.07	4695.28
新增固定资产（亿元）	**Newly Increased Fixed Assets (100 million yuan)**	**2408.45**	**7390.14**	**9031.48**	**10420.60**	**11471.31**
房屋建筑面积（万平方米）	**Floor Space of Buildings (10000 sq. m)**					
施工面积	Floor Space Under Construction	41695	70420	68195	66130	73606
竣工面积	Floor Space Completed	20481	31829	31552	31747	33907
#住宅	Residential Buildings	10189	17714	17850	18017	20288

注：1. 改建投资中含单纯建造生活设施投资。

2. 按国民经济行业分、按建设性质分不含房地产投资，其他统计分组均含。

3. 根据新国民经济核算标准，对第一产业投资进行了调整。

a) The investment in reconstruction includes the investment in construction of facilities simply for theimprovement of residents' life.

b) The investment in the real estate development is not included in the investment grouped by main sector and by type of construction.

c) Data on the investment in primary industry has been adjusted according to the new classification standards of national economic accounting.

6-6 基本建设和更新改造投资
INVESTMENT IN CAPITAL CONSTRUCTION AND INNOVATION

单位：亿元 (100 million yuan)

年份 Year	基本建设投资 Investment in Capital Construction	#国家预算内投资 State Budgetary Appropriation	更新改造投资 Investment in Innovation	#国家预算内投资 State Budgetary Appropriation
1953	90.44	75.49	1.15	
1957	143.32	131.48	7.91	
1958	269.00	216.44	10.06	
1959	349.72	272.07	18.30	
1960	388.69	301.75	27.89	
1961	127.42	93.87	28.64	
1962	71.26	60.25	16.02	
1963	98.16	84.69	18.50	
1964	144.12	123.96	21.77	
1965	179.61	163.09	37.29	
1966	209.42	188.30	45.38	
1967	140.17	124.86	47.55	
1968	113.06	103.79	38.51	
1969	200.83	181.60	46.09	
1970	312.55	272.73	55.53	
1971	340.84	282.77	76.47	
1972	327.98	264.41	84.83	
1973	338.10	282.20	100.02	
1974	347.71	289.76	115.48	
1975	409.32	335.58	135.62	
1976	376.44	310.93	147.50	
1977	382.37	299.23	165.93	
1978	500.99	389.21	167.73	
1979	523.48	396.92	175.88	
1980	558.89	300.11	187.01	
1981	442.91	222.62	195.30	34.88
1982	555.53	232.48	250.37	32.95
1983	594.13	295.97	291.13	36.55
1984	743.15	359.85	309.28	45.57
1985	1074.37	381.18	449.14	19.69
1986	1176.11	417.39	619.21	20.58
1987	1343.10	438.52	758.59	32.35
1988	1574.31	381.66	980.55	27.02
1989	1551.74	323.33	788.78	14.15
1990	1703.81	363.59	830.19	17.56
1991	2115.80	348.45	1023.23	17.36
1992	3012.65	307.87	1461.10	20.11
1993	4615.50	431.76	2195.85	31.31
1994	6436.74	434.57	2918.61	30.60
1995	7403.62	491.67	3299.35	38.32
1996	(8610.84)	(524.38)	(3622.74)	(29.58)
	8570.79	521.11	3615.00	29.31
1997	9917.02	574.51	3921.94	36.48
1998	11916.42	1021.32	4516.75	60.96

注：1980 年及以前年份更新改造投资中含国有经济其他固定资产投资。

a)Before 1981, the data on the investment in innovation included other investments in fixed assets of state-owned economic units.

6-7 按资金来源和隶属关系分的基本建设投资
INVESTMENT IN CAPITAL CONSTRUCTION BY SOURCE OF FUNDS AND ADMINISTRATIVE RELATIONSHIP

单位：亿元 (100 million yuan)

年份地区 Year Region	按资金来源分 By Source of Funds					按隶属关系分 By Administrative Relationship	
	国家预算内资金 State Budgetary Appropriations	国内贷款 Domestic Loans	利用外资 Foreign Investment	自筹资金 Fund-Raising	其他投资 Others	中央项目 Central Government Projects	地方项目 Local Projects
1985	381.18	187.92	73.52	339.99	91.76	575.24	499.13
1986	417.39	200.13	109.54	344.65	104.40	632.52	543.59
1987	438.52	255.46	139.01	382.78	127.33	761.66	581.44
1988	381.66	284.66	218.31	488.75	200.92	873.71	700.60
1989	323.33	293.00	221.45	495.03	218.91	837.71	714.03
1990	363.59	378.62	224.05	529.92	207.62	919.15	784.67
1991	348.45	527.07	239.96	746.73	253.59	1060.44	1055.37
1992	307.87	831.48	334.15	1242.92	296.24	1341.69	1670.96
1993	431.76	1117.55	456.15	1991.25	608.57	1834.90	2780.60
1994	434.57	1583.45	912.03	2820.48	584.48	2430.75	4005.99
1995	491.67	1646.24	1055.42	3121.86	899.98	2970.67	4432.95
1996	(524.38)	(1938.86)	(1235.43)	(3778.83)	(965.00)	(3379.33)	(5231.50)
	521.11	1937.76	1234.84	3752.32	956.86	3376.68	5194.50
1997	574.51	2239.88	1351.92	4432.24	1036.13	3858.22	6058.80
1998	1021.32	2814.36	1445.78	4870.26	1461.22	4122.92	7793.51
北 京 Beijing	86.67	58.65	36.86	221.07	22.87	250.66	164.86
天 津 Tianjin	13.51	53.23	59.62	80.49	20.44	86.06	176.47
河 北 Hebei	24.25	119.73	52.49	239.87	84.71	155.62	388.43
山 西 Shanxi	7.63	89.25	22.63	77.68	45.94	103.30	151.77
内蒙古 Inner Mongolia	15.49	51.49	2.69	54.16	40.46	58.01	114.84
辽 宁 Liaoning	36.37	90.76	49.72	166.85	64.02	164.68	273.39
吉 林 Jilin	9.36	48.24	12.68	67.40	54.10	67.77	132.99
黑龙江 Heilongjiang	18.27	71.57	17.28	137.79	60.23	105.21	203.28
上 海 Shanghai	39.19	176.65	149.73	401.77	62.48	183.23	660.92
江 苏 Jiangsu	32.56	107.06	102.70	340.72	65.02	170.54	542.12
浙 江 Zhejiang	23.85	115.19	86.03	315.20	61.08	181.40	438.06
安 徽 Anhui	15.13	61.86	19.28	102.02	34.51	51.52	199.92
福 建 Fujian	22.12	69.74	120.46	143.89	29.70	69.51	274.13
江 西 Jiangxi	16.49	40.28	16.41	73.65	28.49	39.64	133.38
山 东 Shandong	31.86	147.83	86.70	276.03	77.47	166.07	474.96
河 南 Henan	64.41	125.53	50.85	196.32	78.36	156.29	361.77
湖 北 Hubei	78.12	140.04	19.94	189.22	78.86	251.32	266.34
湖 南 Hunan	24.75	57.45	18.62	125.00	68.68	79.46	227.10
广 东 Guangdong	32.38	156.63	216.11	552.31	64.26	168.50	871.41
广 西 Guangxi	20.90	39.80	29.20	109.13	28.55	29.32	211.21
海 南 Hainan	11.12	24.08	29.10	59.43	10.93	16.33	119.42
重 庆 Chongqing	10.63	58.36	8.64	68.19	46.69	49.91	136.33
四 川 Sichuan	31.32	157.58	33.40	210.95	82.43	173.64	356.53
贵 州 Guizhou	12.03	51.04	4.43	45.61	16.22	29.48	96.52
云 南 Yunnan	19.29	86.25	2.92	140.02	43.71	40.64	257.24
西 藏 Tibet	17.21	2.59	0.14	11.67	5.39	9.70	25.58
陕 西 Shaanxi	39.49	61.49	12.73	88.65	42.37	98.59	152.42
甘 肃 Gansu	25.07	49.86	4.39	51.41	28.26	68.19	88.95
青 海 Qinghai	4.46	30.22	2.82	21.80	16.11	37.66	35.25
宁 夏 Ningxia	4.77	17.09	2.53	20.99	11.23	17.68	40.70
新 疆 Xinjiang	33.19	87.81	10.77	145.35	34.93	185.77	146.32
不分地区 Not Classified by Region	199.42	367.00	163.90	135.62	52.71	857.22	70.92

注：1993 年以后的资金来源为财务拨款数。
a)Since 1993, the source of funds refers to financial appropriation.

6-8 按构成和建设性质分的基本建设投资

INVESTMENT IN CAPITAL CONSTRUCTION BY USE OF FUNDS AND TYPE OF CONSTRUCTION

单位：亿元 (100 million yuan)

年份地区 Year Region	投资额 Total	按构成分 By Use of Funds			按建设性质分 By Type of Construction		
		建筑安装工程 Construction and Installation	设备、工器具购置 Purchase of Equipment and Instruments	其他费用 Others	#新建 New Construction	#扩建 Expansion	#改建 Reconstruction
1985	1074.37	726.71	217.39	130.27	481.42	350.29	171.60
1986	1176.11	770.60	260.34	145.17	549.89	415.01	154.64
1987	1343.10	856.76	325.19	161.15	610.16	507.87	140.52
1988	1574.31	1010.15	372.61	191.55	726.65	566.59	179.30
1989	1551.74	998.73	380.94	172.07	708.49	569.54	159.49
1990	1703.81	1045.37	453.76	204.69	822.96	610.99	175.28
1991	2115.80	1308.83	521.22	285.76	983.06	778.86	230.39
1992	3012.65	1889.39	667.34	455.92	1484.57	1003.45	351.45
1993	4615.50	3018.74	899.55	697.22	2400.13	1472.47	296.78
1994	6436.74	4123.89	1402.84	910.01	3523.90	1898.03	383.41
1995	7403.62	4641.13	1635.04	1127.44	3971.94	2348.01	443.32
1996	(8610.84)	(5345.27)	(1861.15)	(1404.42)	(4600.81)	(2797.68)	(521.42)
	8570.79	5310.07	1857.29	1403.43	4590.02	2782.24	516.56
1997	9917.02	6215.22	2060.60	1641.20	5513.98	3030.69	611.36
1998	11916.42	7695.75	2101.83	2118.84	6765.24	3204.87	1032.42
北京 Beijing	415.52	260.19	71.88	83.45	119.67	224.69	31.27
天津 Tianjin	262.54	164.51	56.68	41.34	153.28	80.24	23.56
河北 Hebei	544.05	362.44	109.33	72.28	330.34	119.83	39.74
山西 Shanxi	255.08	172.77	37.50	44.81	155.20	60.75	15.19
内蒙古 Inner Mongolia	172.85	123.23	24.66	24.96	57.59	66.04	29.38
辽宁 Liaoning	438.07	278.06	93.27	66.74	228.86	131.23	40.35
吉林 Jilin	200.77	141.98	30.16	28.62	98.16	51.25	33.65
黑龙江 Heilongjiang	308.49	227.83	40.77	39.89	163.22	102.25	16.73
上海 Shanghai	844.15	376.55	202.72	264.88	619.67	167.09	34.33
江苏 Jiangsu	712.66	467.42	144.32	100.92	349.88	251.74	89.55
浙江 Zhejiang	619.46	361.17	120.70	137.58	364.64	171.78	58.54
安徽 Anhui	251.44	175.66	39.71	36.07	137.31	82.34	16.27
福建 Fujian	343.63	238.85	51.31	53.48	225.87	89.68	17.08
江西 Jiangxi	173.01	129.55	31.28	12.19	85.38	33.69	46.84
山东 Shandong	641.03	435.99	140.70	64.34	300.27	242.42	28.34
河南 Henan	518.06	337.19	89.38	91.49	283.77	152.48	46.34
湖北 Hubei	517.66	307.93	63.05	146.68	320.53	124.89	29.37
湖南 Hunan	306.56	233.96	25.53	47.07	147.07	79.03	34.18
广东 Guangdong	1039.91	634.53	215.63	189.75	710.49	243.51	46.40
广西 Guangxi	240.53	176.55	37.01	26.96	157.90	49.01	17.59
海南 Hainan	135.74	86.76	26.39	22.59	83.70	24.55	1.96
重庆 Chongqing	186.25	125.67	27.40	33.18	94.24	55.84	24.89
四川 Sichuan	530.17	342.41	81.98	105.78	273.76	139.69	69.49
贵州 Guizhou	125.99	92.43	15.09	18.47	80.77	23.65	9.25
云南 Yunnan	297.88	226.19	23.09	48.61	193.26	53.11	24.75
西藏 Tibet	35.28	30.97	2.54	1.76	18.62	2.76	10.17
陕西 Shaanxi	251.00	182.81	30.14	38.04	158.15	45.74	18.18
甘肃 Gansu	157.14	104.97	27.83	24.34	72.63	54.94	10.58
青海 Qinghai	72.90	55.51	8.80	8.59	36.24	20.52	8.46
宁夏 Ningxia	58.37	42.61	9.25	6.52	25.78	20.40	6.12
新疆 Xinjiang	332.09	252.57	42.30	37.22	160.53	73.30	62.16
不分地区 Not Classified by Region	928.14	546.47	181.42	200.25	558.45	166.43	91.69

6-9 国民经济各行业按建设性质分的基本建设投资（1998年）

INVESTMENT IN CAPITAL CONSTRUCTION BY TYPE OF CONSTRUCTION AND BY SECTOR (1998)

单位：亿元 (100 million yuan)

行业	Sector	投资额 Investment	#新建 New Construction	#扩建 Expansion	#改建 Reconstruction
全国总计	**National Total**	**11916.42**	**6765.24**	**3204.87**	**1032.42**
农、林、牧、渔业	**Farming, Forestry, Animal Husbandry and Fishery**	**225.38**	**156.32**	**40.18**	**18.42**
农业	Farming	101.43	66.18	17.08	12.31
林业	Forestry	67.08	55.85	8.64	1.89
畜牧业	Animal Husbandry	14.69	10.48	3.64	0.17
渔业	Fishery	8.60	6.71	1.38	0.07
农林牧渔服务业	Agricultural Services	33.58	17.10	9.45	3.98
采掘业	**Mining and Quarrying**	**540.52**	**228.45**	**252.30**	**43.59**
煤炭采选业	Coal Mining and Dressing	182.01	123.20	47.78	0.42
石油和天然气开采业	Extraction of Petroleum and Natural Gas	310.13	85.21	181.92	41.83
黑色金属矿采选业	Mining and Dressing of Ferrous Metals	18.72	8.30	8.75	0.11
有色金属矿采选业	Mining and Dressing of Nonferrous Metals	10.00	5.06	3.22	0.16
非金属矿采选业	Mining and Dressing of Nonmetal Minerals	8.10	3.23	3.86	0.38
其他矿采选业	Mining and Dressing of Other Minerals	0.11	0.09	0.02	
木材及竹材采运业	Logging and Transport of Wood and Bamboo	11.46	3.37	6.74	0.69
制造业	**Manufacturing**	**1484.08**	**843.26**	**494.38**	**34.86**
食品加工业	Food Processing	33.09	22.44	6.22	1.35
食品制造业	Food Production	26.99	19.27	5.60	0.75
饮料制造业	Beverages	25.23	17.27	4.54	1.13
烟草加工业	Tobacco	8.95	0.92	4.69	1.66
纺织业	Textiles	23.13	12.45	3.12	1.25
服装及纤维制品制造业	Garments and Other Fiber Products	10.00	5.65	1.91	0.93
皮革毛皮羽绒及制品业	Leather, Furs, Down and Related Products	8.89	7.46	0.70	
木材加工及竹藤棕草制品业	Timber Processing, Bamboo, Cane, Palm Fiber and Straw Products	9.58	6.93	1.46	0.12
家具制造业	Furniture Manufacturing	8.07	7.29	0.30	0.02
造纸及纸制品业	Papermaking and Paper Products	117.02	107.78	4.70	0.15
印刷业、记录媒介的复制	Printing and Record Medium Reproduction	15.47	7.37	5.07	0.42
文教体育用品制造业	Cultural, Educational and Sports Goods	0.97	0.70	0.15	0.02
石油加工及炼焦业	Petroleum Processing and Coking	137.84	38.36	94.69	1.84
化学原料及制品制造业	Raw Chemical Materials and Chemical Products	201.91	99.95	90.86	0.70
医药制造业	Medical and Pharmaceutical Products	30.22	18.39	8.77	0.87
化学纤维制造业	Chemical Fiber	53.02	22.26	30.29	0.09
橡胶制品业	Rubber Products	11.61	8.78	1.79	0.06
塑料制品业	Plastic Products	17.15	13.84	1.94	0.39
非金属矿物制品业	Nonmetal Mineral Products	70.67	42.63	16.91	3.59
黑色金属冶炼及压延加工业	Smelting and Pressing of Ferrous Metals	155.95	44.49	106.04	2.84
有色金属冶炼及压延加工业	Smelting and Pressing of Nonferrous Metals	24.35	8.31	13.17	0.38
金属制品业	Metal Products	19.18	12.83	4.57	0.11
普通机械制造业	Ordinary Machinery	27.83	13.46	4.94	1.38
专用设备制造业	Equipment for Special Purposes	23.42	4.55	9.12	1.26
交通运输设备制造业	Transport Equipment	186.66	135.47	25.52	9.88
电气机械及器材制造业	Electric Equipment and Machinery	34.62	18.87	8.04	1.13
电子及通信设备制造业	Electronic and Telecommunications Equipment	178.05	133.91	35.21	0.76
仪器仪表及文化办公用机械制造业	Instruments, Meters, Cultural and Office Machinery	7.39	3.10	1.82	0.41
其他制造业	Other Manufacturing	16.84	8.51	2.21	1.32
电力、煤气及水的生产和供应业	**Production and Supply of Electric Power, Gas and Water**	**2144.55**	**1497.99**	**525.95**	**81.08**
电力、蒸汽、热水生产和供应业	Production and Supply of Electric Power, Steam and Hot Water	1938.53	1358.35	471.23	74.57
煤气的生产和供应业	Production and Supply of Gas	64.62	51.67	10.08	1.19
自来水的生产和供应业	Production and Supply of Tap Water	141.40	87.97	44.64	5.31
建筑业	**Construction**	**158.28**	**67.75**	**32.32**	**28.95**
土木工程建筑业	Civil Engineering Construction	146.19	65.49	26.33	28.28

6-9 **续表** continued

单位：亿元 (100 million yuan)

行业	Sector	投资额 Investment	#新建 New Construction	#扩建 Expansion	#改建 Reconstruction
线路、管道和设备安装业	Installation of lines, Pipelines and Equipment	11.00	2.15	5.44	0.40
建筑物的装修装饰业	Fitting and Decoration of Buildings	1.09	0.10	0.55	0.27
地质勘查、水利管理业	**Geological Prospecting and Water Conservancy**	**433.16**	**248.05**	**84.22**	**89.95**
地质勘查业	Geological Prospecting	21.43	2.35	12.00	1.50
水利管理业	Water Conservancy	411.73	245.71	72.22	88.45
交通运输、仓储及邮电通信业	**Transportation, Storage, Postal and Telecommunications Services**	**3252.19**	**1927.72**	**690.02**	**437.53**
铁路运输业	Railway Transport	634.40	353.81	142.35	134.44
公路运输业	Highway Transport	1061.19	853.23	60.88	138.39
管道运输业	Pipeline Transport	5.98	3.31	0.04	
水上运输业	Waterway Transport	41.59	10.86	24.62	4.48
航空运输业	Air Transport	170.97	15.08	27.53	0.22
交通运输辅助业	Transport Subsidiary Services	761.79	418.83	181.36	135.81
其他交通运输业	Other Transport	32.60	26.70	1.92	3.81
仓储业	Storage	65.80	29.97	32.70	0.99
邮电通信业	Postal and Telecommunications Services	477.86	215.93	218.62	19.39
批发和零售贸易餐饮业	**Wholesale & Retail Trade and Catering Services**	**295.37**	**168.87**	**80.52**	**18.56**
食品饮料烟草和家庭用品批发业	Wholesale Trade of Food, Beverage, Tobacco and Household Articles	106.11	52.24	35.21	7.30
能源材料和机械电子设备批发业	Wholesale Trade of Energy, Materials and Electronic Equipment	29.38	14.67	7.79	1.67
其他批发业	Other Wholesale Trade	18.85	9.70	6.53	0.53
零售业	Retail Trade	120.93	78.65	28.42	6.62
商业经纪与代理业	Commercial Brokerage and Agencies	6.30	4.72	0.27	0.47
餐饮业	Catering Trade	13.80	8.90	2.30	1.96
金融、保险业	**Banking and Insurance**	**148.28**	**64.39**	**50.47**	**4.66**
金融业	Banking	133.23	57.00	45.49	4.30
保险业	Insurance	15.05	7.39	4.98	0.36
房地产业	**Real Estate**	**186.18**	**121.80**	**14.16**	**9.63**
房地产开发与经营业	Real Estate Development and Operation	125.43	103.44	5.41	5.37
房地产管理业	Real Estate Management	57.37	16.25	8.41	4.05
房地产代理与经纪业	Real Estate Brokerage and Agencies	3.38	2.10	0.33	0.22
社会服务业	**Social Services**	**1123.87**	**723.37**	**248.04**	**129.26**
公共服务业	Public Services	931.32	592.70	205.85	116.75
居民服务业	Resident Services	8.54	4.15	2.89	0.22
旅馆业	Hotels	98.08	62.76	24.28	7.82
租赁服务业	Leasing Services	5.00	4.33	0.63	0.04
旅游业	Tourism	24.92	17.09	4.52	2.83
娱乐服务业	Recreational Services	27.30	24.15	1.87	0.63
信息、咨询服务业	Information and Consultancy Services	3.72	2.79	0.26	0.02
计算机应用服务业	Computer Application Services	2.09	1.94	0.02	
其他社会服务业	Other Social Services	22.89	13.45	7.72	0.96
卫生体育和社会福利业	**Health Care, Sports and Social Welfare**	**184.54**	**67.39**	**77.92**	**12.69**
卫生	Health Care	141.67	38.27	71.32	8.51
体育	Sports	29.71	21.42	3.28	3.53
社会福利保障业	Social Welfare and Social Security	13.16	7.70	3.32	0.66
教育、文化艺术和广播电影电视业	**Education, Culture and Arts, Radio, Film and Television**	**615.56**	**194.09**	**287.04**	**39.89**
教育	Education	487.45	126.63	248.56	31.10
文化艺术业	Culture and Arts	73.57	35.28	23.62	6.39
广播、电影、电视业	Radio, Film and Television	54.54	32.18	14.86	2.40
科学研究和综合技术服务业	**Scientific Research and Polytechnical Services**	**75.82**	**17.93**	**35.09**	**5.63**
科学研究业	Scientific Research	47.28	6.89	25.34	4.17
综合技术服务业	Polytechnical Services	28.54	11.05	9.75	1.46
国家机关、政党机关和社会团体	**Governments, Parties and Social Organizations**	**888.00**	**333.06**	**266.91**	**71.24**
#国家机关	Governments	837.82	312.84	247.11	68.71
政党机关	Parties	34.04	12.89	13.92	1.40
其他行业	**Other Sectors**	**160.63**	**104.81**	**25.35**	**6.47**

注：改建不含单纯建造生活设施投资。

a) Reconstruction excludes construction for human services only, such as schools, medical facilities, housing and etc.

6-10 按国民经济行业分的基本建设投资

单位：亿元

年份地区 Year Region	合计 Total	农、林、牧、渔业 Farming, Forestry, Animal Husbandry and Fishrey	采掘业 Mining and Quarrying	制造业 Manufacturing	电力、煤气及水的生产和供应业 Production and Supply of Electric Power, Gas and Water	建筑业 Construction	地质勘查业水利管理业 Geological Prospecting and Water Conservancy
1985	1074.37	16.71	101.56	223.33	121.60	22.00	26.45
1986	1176.11	15.81	109.11	243.90	178.63	18.53	26.36
1987	1343.10	19.61	129.68	322.80	230.31	15.43	29.82
1988	1574.31	23.10	153.17	385.57	273.84	15.26	29.01
1989	1551.74	20.20	170.68	361.14	290.40	13.84	35.62
1990	1703.81	25.78	204.64	382.03	365.93	10.41	46.21
1991	2115.80	33.46	243.31	477.96	425.94	12.60	59.03
1992	3012.65	43.51	303.22	599.31	555.78	23.25	81.80
1993	4615.50	46.22	351.32	884.52	768.61	115.02	98.38
1994	6436.74	56.77	394.55	1216.33	1150.79	138.35	120.61
1995	7403.62	76.59	437.77	1540.08	1258.49	145.55	165.83
1996	(8610.84)	(111.30)	(498.75)	(1681.22)	(1546.83)	(183.70)	(228.46)
	8570.79	109.40	498.56	1679.71	1545.97	183.36	227.90
1997	9917.02	153.88	648.57	1532.05	1938.89	150.95	277.42
1998	11916.42	225.38	540.52	1484.08	2144.55	158.28	433.16
北京 Beijing	415.52	1.59	0.64	51.88	67.12	7.98	1.63
天津 Tianjin	262.54	0.33	27.60	69.91	41.78	3.24	6.07
河北 Hebei	544.05	9.95	15.85	81.95	116.86	3.25	18.46
山西 Shanxi	255.08	1.38	34.93	10.38	82.39	3.08	5.58
内蒙古 Inner Mongolia	172.85	5.73	32.72	8.52	35.78	1.46	7.83
辽宁 Liaoning	438.07	4.03	23.97	57.37	75.56	8.04	6.66
吉林 Jilin	200.77	0.68	8.04	34.69	42.84	4.13	4.80
黑龙江 Heilongjiang	308.49	11.72	19.93	28.23	63.79	3.44	6.05
上海 Shanghai	844.15	1.38	22.44	235.71	85.68	6.60	5.39
江苏 Jiangsu	712.66	6.63	7.62	144.73	109.90	6.91	26.86
浙江 Zhejiang	619.46	2.97	0.47	66.88	148.70	4.30	38.24
安徽 Anhui	251.44	2.42	19.06	32.40	44.82	8.52	14.64
福建 Fujian	343.63	5.86	0.70	41.34	80.55	3.05	5.68
江西 Jiangxi	173.01	1.88	1.03	13.92	25.57	1.54	11.26
山东 Shandong	641.03	5.34	60.79	101.74	101.87	7.14	10.38
河南 Henan	518.06	8.42	37.33	68.57	96.19	10.04	63.58
湖北 Hubei	517.66	8.83	5.25	64.06	175.03	6.64	12.33
湖南 Hunan	306.56	2.76	1.52	19.08	42.23	2.66	31.77
广东 Guangdong	1039.91	7.71	24.43	150.11	154.70	13.21	42.01
广西 Guangxi	240.53	4.27	4.44	24.28	35.29	2.30	4.85
海南 Hainan	135.74	9.88	0.11	19.23	4.90	5.44	1.01
重庆 Chongqing	186.25	2.46	0.56	13.81	43.23	6.20	3.70
四川 Sichuan	530.17	6.75	15.07	28.53	126.22	9.35	17.80
贵州 Guizhou	125.99	1.02	5.40	14.35	24.11	4.25	2.18
云南 Yunnan	297.88	5.15	4.18	17.52	42.68	1.86	9.63
西藏 Tibet	35.28	1.69		0.58	6.36	11.48	0.87
陕西 Shaanxi	251.00	2.72	11.91	18.40	52.20	6.48	5.07
甘肃 Gansu	157.14	1.84	9.00	25.25	33.74	1.78	9.90
青海 Qinghai	72.90	2.50	9.52	5.94	24.26	0.83	2.76
宁夏 Ningxia	58.37	1.94	2.46	9.91	6.44	0.35	4.72
新疆 Xinjiang	332.09	30.66	78.46	24.81	27.42	2.71	23.51
不分地区 Not Classified by Region	928.14	64.88	55.08		126.33		27.95

INVESTMENT IN CAPITAL CONSTRUCTION BY SECTOR

(100 million yuan)

交通运输仓储和邮电通信业 Transportation, Storage, Postal and Telecommunications Services	批发零售贸易和餐饮业 Wholesale & Retail Trade and Catering Services	金融、保险业 Banking and Insurance	房地产业 Real Estate	社会服务业 Social Services	卫生体育和社会福利业 Health Care, Sports and Social Welfare	教育、文化艺术和广播电影电视业 Education, Culture, Arts, Radio, Film and Television	科学研究和综合技术服务事业 Scientific Research and Polytechnical Services	国家机关、政党机关和社会团体 Governments, Parties and Social Organizations	其他行业 Others
178.10	39.85	7.13	62.32	55.60	23.10	78.12	20.83	49.63	48.08
188.11	34.62	8.20	54.74	55.26	24.85	91.64	25.39	50.27	50.67
195.39	42.10	13.18	35.86	56.71	28.56	96.99	26.44	59.99	40.21
216.29	50.14	18.90	42.88	90.98	31.84	100.32	23.39	74.02	45.61
170.23	41.62	15.59	39.55	72.45	28.30	100.33	21.98	58.33	111.43
211.01	38.92	15.09	15.04	66.64	35.28	102.52	21.03	62.10	101.18
340.18	63.78	18.80	27.89	93.90	32.83	119.39	23.13	87.75	55.85
457.58	136.50	29.55	56.40	154.01	45.56	151.34	31.56	141.65	201.24
901.24	203.45	66.67	140.90	301.73	66.23	204.45	48.65	301.44	116.66
1372.94	254.73	96.06	316.34	417.45	93.66	261.53	52.76	376.58	117.29
1587.53	249.37	125.50	183.19	490.01	105.05	352.69	68.28	474.08	143.60
(1847.12)	(254.61)	(136.24)	(139.82)	(609.10)	(125.02)	(430.29)	(65.78)	(591.64)	(160.98)
1844.62	251.05	135.14	139.64	607.79	122.50	418.31	65.29	580.89	160.70
2197.45	265.00	142.79	146.47	820.36	148.51	529.21	68.17	715.99	181.33
3252.19	295.37	148.28	186.18	1123.87	184.54	615.56	75.82	888.00	160.63
55.32	12.39	10.24	3.21	51.86	9.04	48.28	20.98	62.88	10.49
54.87	7.87	2.69	2.80	24.87	1.60	10.11	2.11	4.78	1.89
140.71	22.26	5.58	7.73	48.11	6.64	25.77	1.41	33.82	5.69
72.75	4.56	4.68	1.58	6.23	2.69	9.00	1.31	11.24	3.29
35.31	4.25	3.43	1.05	7.64	1.77	9.50	0.61	16.96	0.30
125.39	28.58	6.74	5.70	29.17	5.44	17.82	4.00	26.28	13.31
37.93	14.93	2.75	0.35	10.38	1.99	10.50	1.13	23.98	1.64
79.73	10.41	5.01	1.65	10.55	2.69	12.50	1.71	44.86	6.21
104.64	7.46	2.58	88.29	202.16	17.66	38.88	3.50	15.05	6.74
163.90	21.66	10.72	4.67	68.58	13.48	52.88	3.12	56.13	14.87
155.55	17.45	7.88	3.49	80.98	14.59	40.98	1.52	31.72	3.73
52.95	7.61	3.24	2.08	20.43	4.03	10.67	0.83	24.87	2.86
95.46	8.87	4.72	0.99	46.30	6.15	16.88	1.26	24.38	1.46
70.82	4.98	2.09	0.72	12.10	2.42	7.09	0.27	16.89	0.44
166.79	14.48	16.32	2.74	31.45	13.10	35.01	4.15	66.67	3.07
90.24	11.87	6.92	1.11	24.22	6.59	27.66	3.04	58.68	3.61
92.40	12.97	9.59	1.01	30.06	9.75	30.03	3.98	53.88	1.84
83.53	16.75	7.76	0.94	29.49	6.24	26.99	1.89	31.05	1.91
226.92	12.25	5.39	30.46	198.92	18.89	62.45	3.45	78.42	10.58
95.49	3.65	2.74	2.04	19.15	4.44	17.96	1.33	17.91	0.39
45.55	3.06	1.97	4.73	18.84	1.36	5.76	0.35	7.04	6.52
54.70	4.04	1.37	1.70	19.37	2.43	10.86	0.35	14.58	6.89
162.73	10.06	5.90	7.83	49.14	8.93	25.89	3.75	48.16	4.06
42.75	3.04	1.30	0.67	9.43	1.39	5.02	0.30	10.11	0.66
107.76	8.71	4.20	0.93	32.82	6.97	14.70	2.47	37.67	0.66
3.36	0.65	1.57	0.46	1.69	0.65	2.34	0.16	3.22	0.19
80.64	7.29	3.33	0.70	10.91	5.64	17.07	3.31	18.50	6.83
27.49	4.01	3.15	2.10	5.63	1.96	8.42	0.62	17.30	4.94
10.91	1.95	1.54	0.04	3.75	0.65	1.89	0.28	5.86	0.23
18.81	1.32	0.25	0.13	4.79	1.17	2.34	0.19	3.38	0.19
78.97	5.98	2.62	4.30	14.88	4.19	10.32	1.11	21.75	0.41
617.84							1.33		34.72

6-11 按项目规模分的基本建设投资及项目个数

NUMBER OF CAPITAL CONSTRUCTION PROJECTS BY PROJECT SIZE

年份地区 Year Region	项目投资（亿元） Investment in Projects (100 million yuan) 大中型 Large and Medium Sized	小型 Small Sized	施工项目（个） Number of Projects under Construction	# 大中型 Large and Medium Sized	全部建成投产项目(个) Number of Projects Completed and Put into Use	# 大中型 Large and Medium Sized
1985	394.24	627.60	87766	961	44477	121
1986	482.82	640.52	79667	930	45107	102
1987	619.61	666.42	76964	932	40520	119
1988	746.85	714.66	77475	952	41289	121
1989	729.70	686.59	66382	969	35370	95
1990	896.31	702.56	67842	1059	36502	152
1991	1058.23	935.54	77704	1053	41783	148
1992	1322.43	1528.32	90609	1153	50633	158
1993	1946.31	2543.70	90954	1340	51886	186
1994	2738.13	3562.00	88841	1412	49021	224
1995	3196.29	4053.07	88685	1408	50512	238
1996	(3615.88)	(4751.59)	(93997)	(1266)	(55436)	(200)
	3615.88	4714.14	77954	1266	42008	200
1997	4042.57	5634.40	84480	1240	48102	184
1998	4539.21	7192.94	99665	1308	54950	175
北京 Beijing	82.66	332.54	1260	28	415	2
天津 Tianjin	140.64	121.82	624	47	350	18
河北 Hebei	186.10	355.15	5315	57	3251	8
山西 Shanxi	101.53	153.50	2342	15	1076	1
内蒙古 Inner Mongolia	60.20	112.29	2292	46	1402	4
辽宁 Liaoning	164.28	253.49	2062	50	1153	12
吉林 Jilin	59.95	140.82	1373	23	879	1
黑龙江 Heilongjiang	96.51	210.38	2265	31	1604	8
上海 Shanghai	358.12	480.68	1096	33	418	3
江苏 Jiangsu	206.45	505.82	4396	39	2940	9
浙江 Zhejiang	177.39	440.81	5035	48	2568	8
安徽 Anhui	65.92	184.27	3241	28	1659	
福建 Fujian	131.43	210.49	3516	52	1666	4
江西 Jiangxi	38.09	134.51	2895	20	1458	1
山东 Shandong	154.02	482.81	6061	43	3288	7
河南 Henan	211.60	304.85	6767	50	4732	8
湖北 Hubei	186.70	329.17	6492	40	4228	5
湖南 Hunan	75.63	229.88	5421	45	2772	9
广东 Guangdong	394.56	637.40	4800	94	2071	14
广西 Guangxi	52.17	187.80	4351	37	2135	6
海南 Hainan	59.19	70.22	1225	80	678	20
重庆 Chongqing	66.85	118.91	1601	44	723	
四川 Sichuan	140.80	379.26	6208	69	3026	5
贵州 Guizhou	67.70	58.09	2393	30	1330	5
云南 Yunnan	70.13	227.67	5015	38	2756	4
西藏 Tibet	17.87	16.78	738	32	557	1
陕西 Shaanxi	78.66	171.94	2895	26	1353	1
甘肃 Gansu	54.41	102.51	2833	35	1333	
青海 Qinghai	35.00	37.52	1129	12	617	1
宁夏 Ningxia	16.51	41.63	780	6	515	1
新疆 Xinjiang	171.56	159.93	3158	24	1992	4
不分地区 Not Classified by Region	816.57		86	86	5	5

6-12 基本建设房屋建筑面积
FLOOR SPACE OF BUILDINGS THROUGH CAPITAL CONSTRUCTION

单位：万平方米 (10 000 sq. m)

年份地区 Year Region	施工面积 Floor Space of Buildings Under Construction	#住宅 Residential Buildings	竣工面积 Floor Space of Buildings Completed	#住宅 Residential Buildings
1985	37029.20	18893.90	17161.20	9565.10
1986	33086.20	15940.40	16650.50	8915.50
1987	29435.70	11990.10	14359.00	6452.80
1988	28413.79	11334.02	13307.84	6008.99
1989	24744.18	9749.94	11611.55	5064.20
1990	23236.54	9259.90	11245.93	4824.78
1991	27262.61	11309.23	12604.48	5687.92
1992	32709.19	13399.25	15133.72	6919.15
1993	39535.76	15016.40	17070.05	7993.44
1994	42749.88	16981.97	18644.05	8955.12
1995	41948.29	16739.06	19929.32	9249.25
1996	(43661.23)	(17269.40)	(21256.63)	(9824.79)
	42786.07	16974.08	20554.83	9589.36
1997	44206.26	18065.42	21439.12	10091.49
1998	52023.11	24529.90	24685.04	12552.44
北京 Beijing	2328.90	1015.19	684.62	331.23
天津 Tianjin	530.13	184.11	219.66	67.69
河北 Hebei	2657.42	1392.58	1448.12	760.66
山西 Shanxi	1374.89	903.37	573.09	375.75
内蒙古 Inner Mongolia	951.57	519.07	570.85	319.65
辽宁 Liaoning	1673.98	686.11	869.69	438.42
吉林 Jilin	896.64	428.54	530.57	301.40
黑龙江 Heilongjiang	1687.22	760.67	896.44	515.76
上海 Shanghai	2038.96	625.90	599.30	196.55
江苏 Jiangsu	2479.22	796.89	1350.53	497.83
浙江 Zhejiang	2049.01	394.36	888.49	199.89
安徽 Anhui	1286.80	608.85	636.66	321.63
福建 Fujian	1550.63	467.46	634.93	231.51
江西 Jiangxi	1099.52	498.75	490.01	240.81
山东 Shandong	3209.67	1834.22	1575.24	972.46
河南 Henan	2975.07	1386.39	1626.65	779.46
湖北 Hubei	2690.48	1466.33	1478.36	811.91
湖南 Hunan	2431.10	1318.15	1120.61	613.75
广东 Guangdong	3929.76	1469.63	1588.40	638.62
广西 Guangxi	1415.31	686.40	682.33	348.23
海南 Hainan	589.30	233.51	253.25	132.07
重庆 Chongqing	1165.72	617.13	590.15	322.43
四川 Sichuan	3388.70	1908.21	1539.87	912.31
贵州 Guizhou	852.35	456.34	436.42	224.87
云南 Yunnan	1622.02	855.59	815.13	447.39
西藏 Tibet	105.79	40.61	76.82	31.88
陕西 Shaanxi	1575.16	943.29	606.82	366.17
甘肃 Gansu	1204.40	729.36	532.84	339.53
青海 Qinghai	312.21	210.33	166.90	118.32
宁夏 Ningxia	283.03	148.55	176.57	87.17
新疆 Xinjiang	1333.32	807.18	792.59	502.65
不分地区 Not Classified by Region	334.83	136.83	233.13	104.43

6-13 国民经济各行业基本建设新增固定资产

单位：亿元

年份 地区 Year Region		合计 Total	农、林、牧、渔业 Farming, Forestry, Animal Husbandry and Fishrey	采掘业 Mining and Quarrying	制造业 Manufacturing	电力、煤气及水的生产和供应业 Production and Supply of Electric Power, Gas and Water	建筑业 Construction	地质勘查业水利管理业 Geological Prospecting and Water Conservancy
1985		733.16	11.91	68.04	133.16	86.13	14.01	23.69
1986		929.88	11.52	81.58	243.28	102.49	15.63	23.52
1987		959.09	13.55	98.01	221.50	159.70	12.05	23.45
1988		1112.13	16.64	111.15	260.96	179.71	10.91	17.57
1989		1179.03	15.20	169.49	240.59	194.25	12.41	26.48
1990		1362.61	18.09	203.36	295.31	238.78	9.54	30.92
1991		1498.73	22.41	163.33	343.67	317.10	10.01	34.96
1992		1975.00	27.30	195.59	381.85	398.90	20.86	47.91
1993		2758.93	34.83	193.82	588.30	452.20	62.17	54.01
1994		3729.78	34.85	212.79	757.62	667.43	65.50	76.55
1995		4712.67	46.90	285.53	878.89	816.90	67.80	110.14
1996		(6168.14)	(63.08)	(281.64)	(1361.73)	(1029.85)	(100.12)	(109.91)
		6129.65	61.30	281.46	1360.26	1029.04	99.81	109.38
1997		7443.15	82.53	480.14	1407.61	1207.22	125.87	146.28
1998		8499.82	109.64	348.18	1272.65	1774.65	115.17	200.50
北 京	Beijing	300.01	1.03		36.47	58.76	4.61	1.19
天 津	Tianjin	184.01	0.08	10.61	43.93	33.15	1.08	4.97
河 北	Hebei	317.93	7.65	7.94	58.11	49.06	1.91	15.41
山 西	Shanxi	195.32	1.04	43.67	10.05	48.10	3.18	3.11
内蒙古	Inner Mongolia	157.79	4.54	12.79	8.99	63.52	1.14	4.20
辽 宁	Liaoning	336.22	2.24	23.68	63.62	81.56	9.81	2.68
吉 林	Jilin	194.06	0.45	4.87	91.66	27.82	2.09	3.20
黑龙江	Heilongjiang	319.47	10.34	15.94	40.77	90.97	2.93	3.13
上 海	Shanghai	496.26	0.91	2.11	67.88	79.83	12.90	2.65
江 苏	Jiangsu	523.74	2.36	4.85	93.74	102.19	6.57	15.54
浙 江	Zhejiang	395.15	2.27	0.36	61.30	75.99	3.04	15.71
安 徽	Anhui	121.80	1.83	4.48	17.25	17.57	5.18	7.17
福 建	Fujian	231.43	4.11	2.77	24.24	68.64	0.96	1.45
江 西	Jiangxi	129.04	1.27	1.55	11.21	22.89	0.49	3.89
山 东	Shandong	418.43	4.20	38.47	70.89	68.25	4.36	7.58
河 南	Henan	385.75	6.92	17.59	42.59	118.92	7.95	12.88
湖 北	Hubei	404.06	4.98	3.99	94.33	102.57	5.33	7.44
湖 南	Hunan	184.47	1.67	1.38	13.40	36.67	2.08	13.92
广 东	Guangdong	889.01	5.05	1.38	254.50	140.80	17.68	8.79
广 西	Guangxi	166.94	3.84	0.92	13.10	20.77	1.36	1.81
海 南	Hainan	83.56	6.94	0.15	18.61	3.36	0.30	0.77
重 庆	Chongqing	121.35	0.91	0.51	13.37	46.28	0.64	0.66
四 川	Sichuan	491.50	3.61	6.89	27.82	240.14	3.49	7.89
贵 州	Guizhou	71.43	0.67	4.48	8.09	12.43	5.33	1.25
云 南	Yunnan	171.84	3.63	4.22	14.83	39.04	1.15	6.50
西 藏	Tibet	20.02	1.73		0.58	0.89	2.89	0.45
陕 西	Shaanxi	135.75	1.75	6.89	13.30	32.07	1.65	3.59
甘 肃	Gansu	93.27	1.10	2.39	16.31	15.74	1.73	4.30
青 海	Qinghai	48.33	1.24	8.83	4.03	10.05	0.50	1.03
宁 夏	Ningxia	43.05	1.54	9.29	1.94	5.82	0.34	2.98
新 疆	Xinjiang	252.22	12.18	59.08	35.74	13.26	2.49	12.04
不分地区	Not Classified by Region	616.61	7.54	46.12		47.56		22.32

NEWLY INCREASED FIXED ASSETS THROUGH CAPITAL CONSTRUCTION BY SECTOR

(100 million yuan)

交通运输仓储和邮电通信业 Transportation, Storage, Postal and Telecommunications Services	批发零售贸易和餐饮业 Wholesale & Retail Trade and Catering Services	金融、保险业 Banking and Insurance	房地产业 Real Estate	社会服务业 Social Services	卫生体育和社会福利业 Health Care, Sports and Social Welfare	教育、文化艺术和广播电影电视业 Education, Culture, Arts, Radio, Film and Television	科学研究和综合技术服务事业 Scientific Research and Polytechnical Services	国家机关、政党机关和社会团体 Governments, Parties and Social Organizations	其他行业 Others
132.73	24.77	4.54	43.01	36.12	15.49	57.60	13.70	34.40	33.85
140.90	26.76	5.76	50.23	35.54	17.72	73.12	16.80	44.54	40.48
130.74	28.52	9.55	28.34	33.48	21.78	80.56	19.18	46.92	31.78
181.20	38.78	12.97	35.17	40.77	22.03	81.59	17.05	56.00	29.63
129.60	37.41	14.61	38.08	34.97	22.65	81.96	17.46	54.18	89.70
160.23	32.43	12.59	13.28	46.66	40.08	98.25	21.61	57.55	83.93
203.15	48.44	15.61	13.53	77.73	30.11	102.14	19.75	68.16	28.63
261.00	79.18	24.15	30.12	100.33	35.02	120.40	18.79	102.34	131.27
491.22	124.63	42.93	65.41	172.16	42.14	148.84	27.19	195.29	63.81
710.00	162.96	63.86	122.38	228.69	64.90	191.57	35.25	264.38	71.06
1099.05	162.44	76.75	84.06	272.23	69.16	275.97	49.75	355.78	61.33
(1414.87)	(190.09)	(100.10)	(100.65)	(356.06)	(98.65)	(356.06)	(43.86)	(449.13)	(112.34)
1412.52	186.58	99.02	100.47	354.84	96.22	344.37	43.42	438.86	112.10
1809.58	219.70	114.17	100.77	479.43	111.95	418.11	50.00	543.39	146.40
1784.80	256.88	152.56	135.68	826.72	132.22	501.52	57.22	717.21	114.22
18.04	20.25	18.12	1.60	26.78	5.95	38.08	19.18	39.72	10.23
41.35	3.82	1.62	0.62	19.26	2.42	15.90	0.90	3.96	0.33
61.78	14.50	6.22	6.91	26.03	6.07	19.98	0.99	30.30	5.07
53.26	4.28	4.81	0.88	2.59	1.73	6.59	0.89	9.45	1.67
19.19	3.46	3.56	0.96	5.86	1.73	12.62	0.56	14.37	0.31
51.77	13.02	7.86	5.80	22.01	3.09	13.30	3.80	18.91	13.06
11.09	10.74	2.04	0.35	4.81	2.18	10.90	0.66	20.06	1.15
63.78	11.70	3.80	1.86	12.43	2.58	12.02	1.07	43.14	3.01
47.73	10.08	0.17	65.74	156.29	8.64	17.38	3.38	15.82	4.76
79.73	18.08	8.44	3.71	70.71	11.10	42.39	1.94	51.08	11.29
97.80	21.42	8.08	1.81	41.14	7.24	29.33	1.99	25.58	2.10
13.31	5.04	3.46	0.98	14.89	1.98	8.83	0.69	17.72	1.41
55.63	8.47	7.04	0.21	20.84	5.11	14.15	0.73	16.47	0.61
51.94	3.01	2.88	0.68	9.80	1.67	4.72	0.11	12.78	0.15
70.07	11.33	15.26	1.54	22.13	10.46	26.13	2.52	63.28	1.95
51.72	11.92	8.01	0.91	22.56	5.50	23.00	2.91	49.62	2.73
58.59	13.99	8.38	1.10	21.37	6.23	26.85	1.63	45.90	1.40
20.46	17.56	10.16	0.66	17.51	5.32	19.58	1.32	22.07	0.72
98.31	9.97	5.26	21.91	185.20	13.73	51.66	2.08	60.16	12.53
70.53	2.94	2.03	1.71	10.81	3.82	15.63	1.33	16.23	0.12
23.28	1.23	2.38	1.36	11.33	1.02	7.13	0.29	5.25	0.17
14.65	3.81	1.21	1.28	10.27	2.41	8.39	0.17	11.24	5.55
82.30	8.11	5.17	5.94	33.08	5.37	21.50	1.79	36.21	2.17
13.21	3.30	1.57	0.65	5.57	1.13	4.09	0.19	8.84	0.63
23.03	7.10	3.85	0.39	18.14	6.25	13.11	1.72	28.52	0.38
2.17	0.26	1.72	0.34	2.15	0.57	2.86	0.12	3.14	0.15
29.25	4.81	2.53	0.53	8.93	2.03	12.19	2.00	10.50	3.73
20.98	2.18	2.53	1.23	1.53	1.54	8.23	0.98	11.25	1.25
8.00	2.42	2.22	0.04	1.42	0.87	1.73	0.34	5.45	0.15
6.97	1.72	0.19	0.12	4.92	0.96	2.31	0.10	3.49	0.37
56.47	6.33	2.00	3.84	16.37	3.52	10.94	0.84	16.69	0.43
468.42									24.65

6-14 各地区基本建设施工、投产项目个数和新增固定资产

NUMBER OF CAPITAL CONSTRUCTION PROJECTS UNDER CONSTRUCTION AND PUT INTO USE AND NEWLY INCREASED FIXED ASSETS BY REGION

年份 地区 Year Region	施工项目 (个) Number of Projects under Construction (unit)	全部建成投产项目 (个) Number of Projects Completed an Put into Use (unit)	项目建成投产率 (%) Rate of Projects Completed and Put into Use (%)	新增固定资产 (亿元) Newly Increased Fixed Assets (100 million yuan)	固定资产交付使用率 (%) Rate of Fixed Assets Put into Use (%)
1985	87766	44477	50.7	733.16	68.2
1986	79667	45107	56.6	929.88	79.1
1987	76964	40520	52.6	959.08	71.4
1988	77475	41289	53.3	1112.13	70.6
1989	66382	35370	53.3	1179.03	76.1
1990	67842	36502	53.8	1362.61	80.0
1991	77704	41783	53.8	1498.73	70.8
1992	90609	50633	55.9	1975.00	65.6
1993	90954	51886	57.0	2758.93	59.8
1994	88841	49021	55.2	3729.78	57.9
1995	88685	50512	57.0	4712.67	63.7
1996	(93997)	(55436)	(59.0)	(6168.14)	(71.6)
	77954	42008	53.9	6129.65	71.5
1997	84480	48102	56.9	7443.15	75.1
1998	99665	54950	55.1	8499.82	71.3
北京 Beijing	1260	415	32.9	300.01	72.2
天津 Tianjin	624	350	56.1	184.01	70.1
河北 Hebei	5315	3251	61.2	317.93	58.4
山西 Shanxi	2342	1076	45.9	195.32	76.6
内蒙古 Inner Mongolia	2292	1402	61.2	157.79	91.3
辽宁 Liaoning	2062	1153	55.9	336.22	76.8
吉林 Jilin	1373	879	64.0	194.06	96.7
黑龙江 Heilongjiang	2265	1604	70.8	319.47	103.6
上海 Shanghai	1096	418	38.1	496.26	58.8
江苏 Jiangsu	4396	2940	66.9	523.74	73.5
浙江 Zhejiang	5035	2568	51.0	395.15	63.8
安徽 Anhui	3241	1659	51.2	121.80	48.4
福建 Fujian	3516	1666	47.4	231.43	67.3
江西 Jiangxi	2895	1458	50.4	129.04	74.6
山东 Shandong	6061	3288	54.2	418.43	65.3
河南 Henan	6767	4732	69.9	385.75	74.5
湖北 Hubei	6492	4228	65.1	404.06	78.1
湖南 Hunan	5421	2772	51.1	184.47	60.2
广东 Guangdong	4800	2071	43.1	889.01	85.5
广西 Guangxi	4351	2135	49.1	166.94	69.4
海南 Hainan	1225	678	55.3	83.56	61.6
重庆 Chongqing	1601	723	45.2	121.35	65.2
四川 Sichuan	6208	3026	48.7	491.50	92.7
贵州 Guizhou	2393	1330	55.6	71.43	56.7
云南 Yunnan	5015	2756	55.0	171.84	57.7
西藏 Tibet	738	557	75.5	20.02	56.7
陕西 Shaanxi	2895	1353	46.7	135.75	54.1
甘肃 Gansu	2833	1333	47.1	93.27	59.4
青海 Qinghai	1129	617	54.7	48.33	66.3
宁夏 Ningxia	780	515	66.0	43.05	73.8
新疆 Xinjiang	3158	1992	63.1	252.22	75.9
不分地区 Not Classified by Region	86	5	5.8	616.61	66.4

6-15 国民经济各行业基本建设施工、投产项目个数（1998年）

NUMBER OF CAPITAL CONSTRUCTION PROJECTS UNDER CONSTRUCTION AND PUT INTO USE BY SECTOR (1998)

单位：亿元 (100 million yuan)

行业	Sector	施工项目（个） Number of Projects under Construction (unit)	#新开工 Started This Year	全部建成投产项目（个） Number of Projects Completed and Put into Use (unit)	项目建成投产率（%） Rate of Projects Completed & Put into Use (%)
全国总计	**National Total**	**99665**	**65209**	**54950**	**55.1**
农、林、牧、渔业	**Farming, Forestry, Animal Husbandry and Fishery**	**3250**	**2359**	**2004**	**61.7**
农业	Farming	1097	839	759	69.2
林业	Forestry	595	443	366	61.5
畜牧业	Animal Husbandry	333	224	186	55.9
渔业	Fishery	112	75	61	54.5
农林牧渔服务业	Agricultural Services	1113	778	632	56.8
采掘业	**Mining and Quarrying**	**922**	**422**	**334**	**36.2**
煤炭采选业	Coal Mining and Dressing	399	139	99	24.8
石油和天然气开采业	Extraction of Petroleum and Natural Gas	67	30	19	28.4
黑色金属矿采选业	Mining and Dressing of Ferrous Metals	39	18	16	41.0
有色金属矿采选业	Mining and Dressing of Nonferrous Metals	159	92	72	45.3
非金属矿采选业	Mining and Dressing of Nonmetal Minerals	102	60	48	47.1
其他矿采选业	Mining and Dressing of Other Minerals	5	4	5	100.0
木材及竹材采运业	Logging and Transport of Wood and Bamboo	151	79	75	49.7
制造业	**Manufacturing**	**7448**	**4390**	**3818**	**51.3**
食品加工业	Food Processing	624	433	388	62.2
食品制造业	Food Production	313	194	174	55.6
饮料制造业	Beverages	298	196	175	58.7
烟草加工业	Tobacco	157	92	81	51.6
纺织业	Textiles	415	269	261	62.9
服装及纤维制品制造业	Garments and Other Fiber Products	116	82	59	50.9
皮革毛皮羽绒及制品业	Leather, Furs, Down and Related Products	67	48	34	50.7
木材加工及竹藤棕草制品业	Timber Processing, Bamboo, Cane, Palm Fiber and Straw Products	116	72	72	62.1
家具制造业	Furniture Manufacturing	64	42	33	51.6
造纸及纸制品业	Papermaking and Paper Products	196	117	106	54.1
印刷业、记录媒介的复制	Printing and Record Medium Reproduction	219	123	118	53.9
文教体育用品制造业	Cultural, Educational and Sports Goods	23	12	15	65.2
石油加工及炼焦业	Petroleum Processing and Coking	98	44	42	42.9
化学原料及制品制造业	Raw Chemical Materials and Chemical Products	728	428	363	49.9
医药制造业	Medical and Pharmaceutical Products	262	154	95	36.3
化学纤维制造业	Chemical Fiber	56	21	27	48.2
橡胶制品业	Rubber Products	75	35	37	49.3
塑料制品业	Plastic Products	143	88	81	56.6
非金属矿物制品业	Nonmetal Mineral Products	583	349	315	54.0
黑色金属冶炼及压延加工业	Smelting and Pressing of Ferrous Metals	160	76	74	46.2
有色金属冶炼及压延加工业	Smelting and Pressing of Nonferrous Metals	131	65	54	41.2
金属制品业	Metal Products	194	120	114	58.8
普通机械制造业	Ordinary Machinery	470	277	221	47.0
专用设备制造业	Equipment for Special Purposes	464	274	247	53.2
交通运输设备制造业	Transport Equipment	610	312	254	41.6
电气机械及器材制造业	Electric Equipment and Machinery	286	159	132	46.2
电子及通信设备制造业	Electronic and Telecommunications Equipment	323	165	128	39.6
仪器仪表及文化办公用机械制造业	Instruments, Meters, Cultural and Office Machinery	102	60	43	42.2
其他制造业	Other Manufacturing	155	83	75	48.4
电力、煤气及水的生产和供应业	**Production and Supply of Electric Power, Gas and Water**	**5376**	**3094**	**2426**	**45.1**
电力、蒸汽、热水生产和供应业	Production and Supply of Electric Power, Steam and Hot Water	3880	2251	1796	46.3
煤气的生产和供应业	Production and Supply of Gas	299	132	101	33.8
自来水的生产和供应业	Production and Supply of Tap Water	1197	711	529	44.2
建筑业	**Construction**	**1917**	**1268**	**961**	**50.1**
土木工程建筑业	Civil Engineering Construction	1738	1163	874	50.3

6-15 **续表** continued

单位：亿元 (100 million yuan)

行业	Sector	施工项目（个） Number of Projects under Construction (unit)	#新开工 Started This Year	全部建成投产项目（个） Number of Projects Completed and Put into Use (unit)	项目建成投产率（%） Rate of Projects Completed & Put into Use (%)
线路、管道和设备安装业	Installation of lines, Pipelines and Equipment	144	82	69	47.9
建筑物的装修装饰业	Fitting and Decoration of Buildings	35	23	18	51.4
地质勘查、水利管理业	**Geological Prospecting and Water Conservancy**	**2836**	**1812**	**1279**	**45.1**
地质勘查业	Geological Prospecting	381	200	154	40.4
水利管理业	Water Conservancy	2455	1612	1125	45.8
交通运输、仓储及邮电通信业	**Transportation, Storage, Postal and Telecommunications Services**	**11079**	**7323**	**5933**	**53.6**
铁路运输业	Railway Transport	273	127	126	46.2
公路运输业	Highway Transport	3198	2024	1630	51.0
管道运输业	Pipeline Transport	17	12	4	23.5
水上运输业	Waterway Transport	162	62	55	34.0
航空运输业	Air Transport	116	54	31	26.7
交通运输辅助业	Transport Subsidiary Services	2728	1841	1528	56.0
其他交通运输业	Other Transport	65	36	24	36.9
仓储业	Storage	765	565	330	43.1
邮电通信业	Postal and Telecommunications Services	3755	2602	2205	58.7
批发和零售贸易餐饮业	**Wholesale & Retail Trade and Catering Services**	**6260**	**4173**	**3575**	**57.1**
食品饮料烟草和家庭用品批发业	Wholesale Trade of Food, Beverage, Tobacco and Household Articles	2527	1703	1402	55.5
能源材料和机械电子设备批发业	Wholesale Trade of Energy, Materials and Electronic Equipment	861	564	509	59.1
其他批发业	Other Wholesale Trade	494	333	268	54.3
零售业	Retail Trade	2039	1356	1205	59.1
商业经纪与代理业	Commercial Brokerage and Agencies	49	23	25	51.0
餐饮业	Catering Trade	290	194	166	57.2
金融、保险业	**Banking and Insurance**	**3045**	**1884**	**1676**	**55.0**
金融业	Banking	2581	1572	1438	55.7
保险业	Insurance	464	312	238	51.3
房地产业	**Real Estate**	**1265**	**701**	**616**	**48.7**
房地产开发与经营业	Real Estate Development and Operation	606	279	247	40.8
房地产管理业	Real Estate Management	627	404	355	56.6
房地产代理与经纪业	Real Estate Brokerage and Agencies	32	18	14	43.8
社会服务业	**Social Services**	**6823**	**4474**	**3656**	**53.6**
公共服务业	Public Services	4667	3233	2556	54.8
居民服务业	Resident Services	236	137	130	55.1
旅馆业	Hotels	1064	552	548	51.5
租赁服务业	Leasing Services	16	6	8	50.0
旅游业	Tourism	261	157	127	48.7
娱乐服务业	Recreational Services	210	132	98	46.7
信息、咨询服务业	Information and Consultancy Services	52	32	28	53.8
计算机应用服务业	Computer Application Services	18	12	4	22.2
其他社会服务业	Other Social Services	299	213	157	52.5
卫生体育和社会福利业	**Health Care, Sports and Social Welfare**	**5187**	**3253**	**2740**	**52.8**
卫生	Health Care	4307	2756	2298	53.4
体育	Sports	306	158	116	37.9
社会福利保障业	Social Welfare and Social Security	574	339	326	56.8
教育、文化艺术和广播电影电视业	**Education, Culture and Arts, Radio, Film and Television**	**17864**	**12104**	**10967**	**61.4**
教育	Education	15983	11047	10149	63.5
文化艺术业	Culture and Arts	1038	529	449	43.3
广播、电影、电视业	Radio, Film and Television	843	528	369	43.8
科学研究和综合技术服务业	**Scientific Research and Polytechnical Services**	**1491**	**829**	**638**	**42.8**
科学研究业	Scientific Research	735	359	285	38.8
综合技术服务业	Polytechnical Services	756	470	353	46.7
国家机关、政党机关和社会团体	**Governments, Parties and Social Organizations**	**23838**	**16439**	**13772**	**57.8**
#国家机关	Governments	22718	15702	13164	57.9
政党机关	Parties	661	443	354	53.6
其他行业	**Other Sectors**	**1064**	**684**	**555**	**52.2**

6-16 国民经济各行业基本建设投资和新增固定资产（1998 年）

INVESTMENT IN CAPITAL CONSTRUCTION AND NEWLY INCREASED FIXED ASSETS BY SECTOR (1998)

行业	Sector	投资额（亿元）Investment (100 million yuan)	新增固定资产（亿元）Newly Increased Fixed Assets (100 million yuan)	固定资产交付使用率（%）Rate of Fixed Assets Put into Use (%)
全国总计	**National Total**	**11916.42**	**8499.82**	**71.3**
农、林、牧、渔业	**Farming, Forestry, Animal Husbandry and Fishery**	**225.38**	**109.64**	**48.6**
农业	Farming	101.43	55.72	54.9
林业	Forestry	67.08	12.92	19.3
畜牧业	Animal Husbandry	14.69	11.18	76.1
渔业	Fishery	8.60	5.43	63.1
农林牧渔服务业	Agricultural Services	33.58	24.39	72.6
采掘业	**Mining and Quarrying**	**540.52**	**348.18**	**64.4**
煤炭采选业	Coal Mining and Dressing	182.01	83.59	45.9
石油和天然气开采业	Extraction of Petroleum and Natural Gas	310.13	202.41	65.3
黑色金属矿采选业	Mining and Dressing of Ferrous Metals	18.72	38.27	204.4
有色金属矿采选业	Mining and Dressing of Nonferrous Metals	10.00	7.10	71.0
非金属矿采选业	Mining and Dressing of Nonmetal Minerals	8.10	10.58	130.6
其他矿采选业	Mining and Dressing of Other Minerals	0.11	0.11	100.0
木材及竹材采运业	Logging and Transport of Wood and Bamboo	11.46	6.12	53.4
制造业	**Manufacturing**	**1484.08**	**1272.65**	**85.8**
食品加工业	Food Processing	33.09	38.65	116.8
食品制造业	Food Production	26.99	31.51	116.7
饮料制造业	Beverages	25.23	19.37	76.8
烟草加工业	Tobacco	8.95	5.87	65.6
纺织业	Textiles	23.13	20.06	86.7
服装及纤维制品制造业	Garments and Other Fiber Products	10.00	9.46	94.6
皮革毛皮羽绒及制品业	Leather, Furs, Down and Related Products	8.89	8.44	94.9
木材加工及竹藤棕草制品业	Timber Processing, Bamboo, Cane, Palm Fiber and Straw Products	9.58	14.38	150.1
家具制造业	Furniture Manufacturing	8.07	4.18	51.8
造纸及纸制品业	Papermaking and Paper Products	117.02	25.96	22.2
印刷业、记录媒介的复制	Printing and Record Medium Reproduction	15.47	13.48	87.1
文教体育用品制造业	Cultural, Educational and Sports Goods	0.97	0.90	92.8
石油加工及炼焦业	Petroleum Processing and Coking	137.84	147.67	107.1
化学原料及制品制造业	Raw Chemical Materials and Chemical Products	201.91	342.48	169.6
医药制造业	Medical and Pharmaceutical Products	30.22	18.23	60.3
化学纤维制造业	Chemical Fiber	53.02	49.42	93.2
橡胶制品业	Rubber Products	11.61	21.30	183.5
塑料制品业	Plastic Products	17.15	20.07	117.0
非金属矿物制品业	Nonmetal Mineral Products	70.67	77.03	109.0
黑色金属冶炼及压延加工业	Smelting and Pressing of Ferrous Metals	155.95	70.88	45.5
有色金属冶炼及压延加工业	Smelting and Pressing of Nonferrous Metals	24.35	11.33	46.5
金属制品业	Metal Products	19.18	14.62	76.2
普通机械制造业	Ordinary Machinery	27.83	22.77	81.8
专用设备制造业	Equipment for Special Purposes	23.42	39.49	168.6
交通运输设备制造业	Transport Equipment	186.66	109.28	58.5
电气机械及器材制造业	Electric Equipment and Machinery	34.62	26.54	76.7
电子及通信设备制造业	Electronic and Telecommunications Equipment	178.05	84.23	47.3
仪器仪表及文化办公用机械制造业	Instruments, Meters, Cultural and Office Machinery	7.39	5.02	67.9
其他制造业	Other Manufacturing	16.84	20.01	118.8
电力、煤气及水的生产和供应业	**Production and Supply of Electric Power, Gas and Water**	**2144.55**	**1774.65**	**82.8**
电力、蒸汽、热水生产和供应业	Production and Supply of Electric Power, Steam and Hot Water	1938.53	1637.33	84.5
煤气的生产和供应业	Production and Supply of Gas	64.62	56.39	87.3
自来水的生产和供应业	Production and Supply of Tap Water	141.40	80.93	57.2
建筑业	**Construction**	**158.28**	**115.17**	**72.8**
土木工程建筑业	Civil Engineering Construction	146.19	101.46	69.4

6-16 续表 continued

行业	Sector	投资额（亿元） Investment (100 million yuan)	新增固定资产（亿元） Newly Increased Fixed Assets (100 million yuan)	固定资产交付使用率（%） Rate of Fixed Assets Put into Use (%)
线路、管道和设备安装业	Installation of lines, Pipelines and Equipment	11.00	12.02	109.3
建筑物的装修装饰业	Fitting and Decoration of Buildings	1.09	1.69	155.0
地质勘查、水利管理业	**Geological Prospecting and Water Conservancy**	**433.16**	**200.50**	**46.3**
地质勘查业	Geological Prospecting	21.43	21.41	99.9
水利管理业	Water Conservancy	411.73	179.10	43.5
交通运输、仓储及邮电通信业	**Transportation, Storage, Postal and Telecommunications Services**	**3252.19**	**1784.80**	**54.9**
铁路运输业	Railway Transport	634.40	385.56	60.8
公路运输业	Highway Transport	1061.19	518.00	48.8
管道运输业	Pipeline Transport	5.98	11.44	191.3
水上运输业	Waterway Transport	41.59	19.92	47.9
航空运输业	Air Transport	170.97	141.64	82.8
交通运输辅助业	Transport Subsidiary Services	761.79	359.00	47.1
其他交通运输业	Other Transport	32.60	7.13	21.9
仓储业	Storage	65.80	23.97	36.4
邮电通信业	Postal and Telecommunications Services	477.86	318.13	66.6
批发和零售贸易餐饮业	**Wholesale & Retail Trade and Catering Services**	**295.37**	**256.88**	**87.0**
食品饮料烟草和家庭用品批发业	Wholesale Trade of Food, Beverage, Tobacco and Household Articles	106.11	93.54	88.2
能源材料和机械电子设备批发业	Wholesale Trade of Energy, Materials and Electronic Equipment	29.38	30.40	103.5
其他批发业	Other Wholesale Trade	18.85	8.33	44.2
零售业	Retail Trade	120.93	109.10	90.2
商业经纪与代理业	Commercial Brokerage and Agencies	6.30	4.71	74.8
餐饮业	Catering Trade	13.80	10.81	78.3
金融、保险业	**Banking and Insurance**	**148.28**	**152.56**	**102.9**
金融业	Banking	133.23	140.14	105.2
保险业	Insurance	15.05	12.42	82.5
房地产业	**Real Estate**	**186.18**	**135.68**	**72.9**
房地产开发与经营业	Real Estate Development and Operation	125.43	82.97	66.1
房地产管理业	Real Estate Management	57.37	51.44	89.7
房地产代理与经纪业	Real Estate Brokerage and Agencies	3.38	1.26	37.3
社会服务业	**Social Services**	**1123.87**	**826.72**	**73.6**
公共服务业	Public Services	931.32	650.73	69.9
居民服务业	Resident Services	8.54	6.64	77.8
旅馆业	Hotels	98.08	91.99	93.8
租赁服务业	Leasing Services	5.00	15.38	307.6
旅游业	Tourism	24.92	15.85	63.6
娱乐服务业	Recreational Services	27.30	24.59	90.1
信息、咨询服务业	Information and Consultancy Services	3.72	3.00	80.6
计算机应用服务业	Computer Application Services	2.09	1.24	59.3
其他社会服务业	Other Social Services	22.89	17.30	75.6
卫生体育和社会福利业	**Health Care, Sports and Social Welfare**	**184.54**	**132.22**	**71.6**
卫生	Health Care	141.67	106.77	75.4
体育	Sports	29.71	14.87	50.1
社会福利保障业	Social Welfare and Social Security	13.16	10.59	80.5
教育、文化艺术和广播电影电视业	**Education, Culture and Arts, Radio, Film and Television**	**615.56**	**501.52**	**81.5**
教育	Education	487.45	417.43	85.6
文化艺术业	Culture and Arts	73.57	58.59	79.6
广播、电影、电视业	Radio, Film and Television	54.54	25.50	46.8
科学研究和综合技术服务业	**Scientific Research and Polytechnical Services**	**75.82**	**57.22**	**75.5**
科学研究业	Scientific Research	47.28	37.61	79.5
综合技术服务业	Polytechnical Services	28.54	19.61	68.7
国家机关、政党机关和社会团体	**Governments, Parties and Social Organizations**	**888.00**	**717.21**	**80.8**
#国家机关	Governments	837.82	675.86	80.7
政党机关	Parties	34.04	28.86	84.8
其他行业	**Other Sectors**	**160.63**	**114.22**	**71.1**

6-17 基本建设新增主要产品生产能力

NEWLY INCREASED PRODUCTION CAPACITY THROUGH CAPITAL CONSTRUCTION

能力名称 Item	1995	1996	1997	1998
铁矿开采 (万吨/年) Iron-Ore Mining (10 000 tons/year)	11	16	274	402
铁选矿： (万吨/年) Iron-Ore Dressing (10 000 tons/year)				
1. 处理原矿 Crude Ore Dressing				
2. 精矿粉 Concentrate Powdered Ore				
铁矿烧结 (万吨/年) Sintering of Iron-Ore (10 000 tons/year)	212			20
炼焦 (万吨/年) Coking (10 000 tons/year)				
炼铁 (万吨/年) Iron Smelting (10 000 tons/year)	353	35	33	12
炼钢 (万吨/年) Steel-making (10 000 tons/year)	188	72	65	40
初轧 (万吨/年) Rough Rolling (10 000 tons/year)	18	5		
电炉铁合金 (万吨/年) Iron Alloy, Electric Furnace (10 000 tons/year)	1	2	1	2
铜选矿： Copper Ore Dressing				
处理原矿 (万吨/年) Crude Ore Dressing (10 000 tons/year)	1004	31	77	1
铜精矿 (吨/年) Copper Concentrate Ore (ton/year)	170000	4000	28900	
精矿含铜 (吨/年) Copper Content in Concentrate Ore (ton/year)	41226	200	8314	
煤炭开采 (万吨/年) Coal Mining (10 000 tons/year)	2331	1694	3002	969
天然石油开采 (万吨/年) Petroleum Extraction (10 000 tons/year)	742	903	1246	835
硫酸 (万吨/年) Sulfuric Acid (10 000 tons/year)	53	90	75	1
纯碱 (万吨/年) Soda Ash (10 000 tons/year)	20		2	
烧碱 (万吨/年) Caustic Soda (10 000 tons/year)	4	2		
合成氨 (万吨/年) Synthetic Ammonia (10 000 tons/year)	3	40	111	52
化肥 (万吨/年) Chemical Fertilizer (10 000 tons/year)	64	77	195	59
乙烯 (吨/年) Ethylene (ton/year)	140750	260960		350000
塑料 (吨/年) Plastics (ton/year)	4900	24900	124855	540953
轮胎： (万条/年) Tires (10 000 /year)				
内胎 Inner Tube	10			494
外胎 Tire (Cover)	10	300	15	215
发电机组容量 (万千瓦) Capacity of Power Generating Sets (10 000 kw/year)	1442	1741	1398	2194
#火电 Thermal Power	1065	1360	1026	1544
水电 Hydropower	374	373	369	622
其他发电 Other Power	3	9	3	29
汽车制造 (辆/年) Motor Vehicles (unit/year)	227	122349	150200	151510
#载重汽车制造 Trucks	227	11649		210
拖拉机制造 (混合台/年) Tractors (unit/year)	50000			
手扶拖拉机制造(混合台/年) Walking Tractors (unit/year)				
蒸汽锅炉 (台/年) Steam Boilers (unit/year)	33			
蒸汽锅炉蒸发量(小时吨/年) Evaporative Capacity of Steam Boilers (hr. tons/year)	62			
电动机 (万千瓦/年) Electric Motors (10 000 kw/year)				
金属切削机床制造 (台/年) Metal-Cutting Machine Tools (unit/year)	460	50	2000	
金属切削机床制造 (吨/年) Metal-Cutting Machine Tools (ton/year)				
重型机械制造 (吨/年) Heavy-duty Machines (ton/year)				
民用船舶制造 (吨/年) Civilian Ships (ton/year)	300000			
民用船舶制造 (艘/年) Civilian Ships (vessel/year)	2			
胶合板 (万立方米/年) Plywood (10 000 cu. m/year)	9	8	1	19

6-17 **续表** continued

能力名称	Item	1995	1996	1997	1998
水泥 (万吨/年)	Cement (10 000 tons/year)	795	794	1038	601
化学纤维 (吨/年)	Chemical Fiber (ton/year)	92600	112780	183330	159873
棉纺锭 (万锭)	Cotton Spindles (10 000 units)	14	6	10	2
棉布织机 (台)	Cotton Loom (unit)	418	362	1254	216
印染布 (万米/年)	Printed and Dyed Cloth (10 000 m/year)	8			420
毛纺锭 (锭)	Wool Spindles	5040		12800	3000
机制糖	Machine-processed Sugar				
年生产 (万吨)	Annual Production Capacity (10000 tons)	1	9	3	9
日处理原料 (吨)	Raw Materials Processing (ton/day)	1500	7830	2800	7000
卷烟 (万箱/年)	Cigarettes (10 000 cases/year)				
酒 (万吨/年)	Liquors (10 000 tons/year)	17	49		5
糖果 (吨/年)	Candy (ton/year)	1000	11221	8100	42300
奶粉 (吨/年)	Milk Powder (ton/year)	20917		2350	5200
原盐 (万吨/年)	Raw Salt (10 000 tons/year)	13	19	20	2
机制纸及纸板 (万吨/年)	Machine-made Paper and Paperboards (10 000 tons/year)	11	19	31	78
肥皂 (万箱/年)	Soap (10 000 cases/year)				
合成洗涤剂 (万吨/年)	Synthetic Detergent (10 000 tons/year)	1			5
制革 (万张/年)	Tanning (10 000 pcs/year)	299	200		6
皮鞋 (万双/年)	Leather Shoes (10 000 pairs/year)	29	53	218	300
日用搪瓷 (万件/年)	Daily-use Enamelware (10 000 pcs/year)				
日用陶瓷 (万件/年)	Daily-use Ceramics (10 000 pcs/year)	1501	1207	690	800
热水瓶 (万个/年)	Thermos Bottles (10 000 units/year)	4			
灯泡 (万只/年)	Bulbs (10 000 units/year)	3488		2411	
自行车 (万辆/年)	Bicycles (10 000 units/year)	5		50	
缝纫机 (万架/年)	Sewing Machines (10 000 units/year)			24	
手表 (万只/年)	Wristwatches (10 000 units/year)				
电冰箱 (万台/年)	Refrigerators (10 000 units/year)	20			60
电视机 (万台/年)	Television Sets (10 000 set/year)	50			60
录音机 (万台/年)	Tape Recorders (10 000/year)				
洗衣机 (万台/年)	Washing Machines (10 000/year)	20			
新建铁路交付营业里程 (公里)	Length of Newly Built Railways Put into Operation (km)	2387	2171	970	1408
新(扩)建港口码头	Newly Built or Expanded Ports				
年吞吐量 (万吨)	Annual Handling Capacity (10 000 tons)	5830	2537	8374	2398
泊位 (个)	Number of Berths (unit)	131	89	114	95
新建公路 (公里)	Length of New Highways (km)	9450	10179	12203	16205
改建公路 (公里)	Length of Reconstructed Highways (km)	14176	17090	20600	26361
市内电话交换机 (万门)	Local Telephone Exchange (10 000 lines)	336	279	186	266
商业石油库 (万立方米)	Commercial Petroleum Depot (10 000cu. m)	13	10	76	14
物资储备石油库 (万立方米)	Petroleum Tanks in Materials Warehouse System (10 000 cu. m)	48	19	9	5
商业冷藏库 (万吨)	Commercial Freezers (10 000 tons)	154	53	61	3
粮食仓库 (万平方米)	Grain Storehouses (10 000 sq. m)	59	47	104	94
粮食仓库 (万公斤)	Grain Storehouses (10 000 kg)	640442	135718	311683	243331
商业饮食服务	Commercial Food Services				
网点 (处)	Number of Establishments (unit)	4180	3609	2526	2959
网点面积 (万平方米)	Floor Space for services (10 000 sq. m)	581	512	513	545
大专院校学生席位 (个)	Students Capacity of Universities and Colleges	130639	100606	117445	127717
医院病床床位 (个)	Number of Hospital Beds	52123	66737	58835	60937
自来水供水能力 (万吨/日)	Tap Water Supply Capacity(10 000tons/day)	1369	842	886	870

6-18 按资金来源和隶属关系分的更新改造投资

INVESTMENT IN INNOVATION BY SOURCE OF FUNDS AND ADMINISTRATIVE RELATIONSHIP

单位：亿元　　　　(100 million yuan)

年份地区 Year　Region	按资金来源分 Grouped by Source of Funds					按隶属关系分 Grouped by Administrative Relationship	
	国家预算内资金 State Budgetary Appropriations	国内贷款 Domestic Loans	利用外资 Foreign Invest-ments	自筹资金 Fundraising	其他投资 Others	中央项目 Central Government Projects	地方项目 Local Projects
1985	19.69	186.75	5.55	226.08	11.07	104.82	344.32
1986	20.58	249.18	8.34	317.61	23.50	148.67	470.54
1987	32.35	306.23	17.46	366.37	36.17	177.01	581.58
1988	27.02	378.72	26.01	501.18	47.61	211.65	768.90
1989	14.15	233.21	26.73	440.69	74.01	205.99	582.79
1990	17.56	269.55	33.85	455.37	53.87	228.46	601.73
1991	17.36	411.22	36.49	508.62	49.53	279.37	743.86
1992	20.11	604.56	53.15	722.56	60.73	370.46	1090.65
1993	31.31	800.71	84.97	1227.57	106.60	633.31	1562.54
1994	30.60	830.11	212.85	1675.08	151.10	909.26	2009.35
1995	38.32	803.55	321.11	1929.77	157.89	1081.46	2217.89
1996	(29.58)	(831.26)	(353.97)	(2191.19)	(166.72)	(1250.29)	(2372.45)
	29.31	830.45	353.90	2185.05	166.24	1249.49	2365.51
1997	36.48	796.09	272.35	2522.36	185.72	1407.73	2514.20
1998	60.96	845.29	219.29	3019.81	226.19	1739.79	2776.96
北京 Beijing	7.19	49.03	4.37	149.76	18.50	100.34	152.09
天津 Tianjin	0.83	10.36	14.87	67.25	5.79	24.20	95.42
河北 Hebei	4.56	60.16	10.24	184.06	15.31	80.49	212.83
山西 Shanxi	0.14	13.84	3.35	67.42	3.24	33.06	56.35
内蒙古 Inner Mongolia	1.46	8.10	1.05	37.77	2.45	19.87	31.75
辽宁 Liaoning	0.66	51.63	16.07	181.48	4.01	98.36	161.44
吉林 Jilin	3.03	23.51	7.17	48.16	3.82	38.35	44.85
黑龙江 Heilongjiang	0.84	27.85	4.82	178.12	3.38	176.59	42.88
上海 Shanghai	0.82	60.81	41.97	249.66	7.29	74.45	290.56
江苏 Jiangsu	1.99	45.11	23.84	207.56	15.98	103.04	192.97
浙江 Zhejiang	0.61	30.40	4.18	119.67	5.62	50.96	120.20
安徽 Anhui	1.43	28.81	3.83	71.00	5.11	32.64	77.01
福建 Fujian	0.65	33.49	9.90	108.24	7.88	23.39	144.95
江西 Jiangxi	0.24	16.32	3.90	42.47	4.33	18.43	47.72
山东 Shandong	2.87	62.84	14.37	184.08	10.30	87.38	196.11
河南 Henan	1.82	34.92	4.94	114.91	6.49	57.64	107.80
湖北 Hubei	4.00	50.23	7.36	134.82	26.96	80.71	146.32
湖南 Hunan	0.42	29.46	3.41	71.77	4.59	79.40	36.14
广东 Guangdong	3.37	49.46	17.77	230.40	21.72	145.13	181.73
广西 Guangxi	0.72	10.19	4.54	48.86	3.67	26.98	42.74
海南 Hainan	0.07	1.05	0.17	4.42	0.65	0.80	5.48
重庆 Chongqing	1.41	30.76	1.79	46.14	7.48	45.90	43.32
四川 Sichuan	1.54	30.45	5.10	153.81	3.31	91.12	105.03
贵州 Guizhou	0.40	19.03	3.56	36.82	2.07	27.10	35.69
云南 Yunnan	0.65	19.38	1.03	91.58	7.74	50.34	79.79
西藏 Tibet	0.78	0.33		1.53	1.67	1.29	1.77
陕西 Shaanxi	0.43	17.01	1.35	55.47	4.14	32.63	51.34
甘肃 Gansu	1.41	12.22	2.23	42.26	15.69	40.83	35.43
青海 Qinghai	0.37	2.56	0.26	8.97	0.59	3.79	9.89
宁夏 Ningxia	0.61	4.64	0.22	11.83	1.14	10.08	8.40
新疆 Xinjiang	1.12	11.34	1.61	55.46	5.27	57.12	18.97
不分地区 Not Classified by Region	14.52			14.08		27.39	

6-19 按国民经济行业分的更新改造投资（1998 年）

单位：亿元

年份地区 Year Region		合计 Total	农、林、牧、渔业 Farming, Forestry, Animal Husbandry and Fishrey	采掘业 Mining and Quarrying	制造业 Manufacturing	电力、煤气及水的生产和供应业 Production and Supply of Electric Power, Gas and Water	建筑业 Construction	地质勘查业水利管理业 Geological Prospecting and Water Conservancy
1985		449.14	5.56	44.09	289.71	17.25	6.97	0.79
1986		619.21	6.08	50.91	402.78	25.47	8.29	1.79
1987		758.59	7.75	59.71	495.70	29.15	8.92	2.12
1988		980.55	10.67	87.49	646.24	41.24	11.21	1.96
1989		788.78	8.40	87.83	500.12	35.23	7.66	3.34
1990		830.19	7.32	85.49	518.20	43.79	7.69	3.15
1991		1023.23	13.16	92.96	646.29	43.98	8.51	3.53
1992		1461.10	14.77	90.13	920.59	65.96	14.20	5.23
1993		2195.85	17.83	141.69	1298.33	99.31	32.98	7.04
1994		2918.61	19.64	171.02	1606.03	150.99	31.47	5.50
1995		3299.35	18.83	206.67	1775.84	217.64	45.80	8.26
1996		(3622.74)	(23.22)	(228.29)	(1843.01)	(259.21)	(34.17)	(10.35)
		3615.00	22.91	228.09	1839.23	258.93	33.98	10.31
1997		3921.94	27.21	244.37	1866.24	275.43	47.91	25.10
1998		4516.75	27.11	308.78	1797.30	344.52	30.04	33.48
北京	Beijing	252.43	0.34	0.55	44.05	22.41	0.88	15.18
天津	Tianjin	119.62	0.16	6.36	48.35	8.56	1.04	0.15
河北	Hebei	293.31	2.65	15.13	138.71	37.38	1.40	1.76
山西	Shanxi	89.41	0.04	19.87	38.59	5.73	0.73	0.13
内蒙古	Inner Mongolia	51.61	0.01	3.82	24.50	2.57		0.36
辽宁	Liaoning	259.80	1.19	51.17	119.33	5.31	0.97	
吉林	Jilin	83.20	0.07	2.36	51.04	6.68	0.77	0.04
黑龙江	Heilongjiang	219.47	1.00	73.82	59.79	2.32	0.02	
上海	Shanghai	365.01	0.27		161.75	34.68	4.63	1.43
江苏	Jiangsu	296.01	1.19	4.65	131.97	27.03	1.06	0.66
浙江	Zhejiang	171.16	0.28	0.54	64.19	15.06	0.79	0.22
安徽	Anhui	109.65	0.75	9.16	51.02	11.97	0.95	0.39
福建	Fujian	168.34	0.27	1.78	55.64	18.54	0.50	0.06
江西	Jiangxi	66.16	0.52	1.66	29.48	2.31	0.03	0.11
山东	Shandong	283.49	0.15	29.40	145.50	15.33	1.60	3.30
河南	Henan	165.43	0.60	23.06	77.29	14.23	1.57	0.60
湖北	Hubei	227.02	1.03	4.32	117.05	14.89	2.71	0.96
湖南	Hunan	115.54	0.02	1.84	40.52	9.75	0.16	0.15
广东	Guangdong	326.86	0.58	2.64	92.40	14.94	2.41	5.62
广西	Guangxi	69.72	0.35	0.54	27.45	8.85	0.07	0.20
海南	Hainan	6.27	1.03		1.73	0.53		0.13
重庆	Chongqing	89.22		2.83	32.85	6.16	0.04	0.01
四川	Sichuan	196.15	0.04	8.91	59.59	15.94	2.00	0.31
贵州	Guizhou	62.79		2.14	25.56	6.72	0.49	0.03
云南	Yunnan	130.14	0.46	3.18	63.47	6.69	0.86	0.48
西藏	Tibet	3.06	0.17		0.22	0.71	0.20	
陕西	Shaanxi	83.96		5.33	36.35	7.15	0.90	0.04
甘肃	Gansu	76.25	3.27	7.48	31.32	13.83	0.07	0.19
青海	Qinghai	13.67	0.06	2.55	5.83	0.61	0.41	
宁夏	Ningxia	18.47	0.01	3.03	6.01	1.29	0.09	
新疆	Xinjiang	76.09	10.60	14.46	15.75	6.36	2.66	0.99
不分地区	Not Classified by Region	27.39		6.18				

INVESTMENT IN INNOVATION IN 1998 BY SECTOR

(100 million yuan)

交通运输仓储和邮电通信业 Transportation, Storage, Postal and Telecommunications Services	批发零售贸易和餐饮业 Wholesale & Retail Trade and Catering Services	金融、保险业 Banking and Insurance	房地产业 Real Estate	社会服务业 Social Services	卫生体育和社会福利业 Health Care, Sports and Social Welfare	教育、文化艺术和广播电影电视业 Education, Culture, Arts, Radio, Film and Television	科学研究和综合技术服务事业 Scientific Research and Polytechnical Services	国家机关、政党机关和社会团体 Governments, Parties and Social Organizations	其他行业 Others
41.49	10.37	0.97	3.05	17.41	1.78	2.91	2.35	3.24	1.49
55.95	15.93	1.53	5.64	29.11	2.44	4.07	2.33	4.72	2.17
65.63	24.48	1.94	10.45	30.19	2.77	4.20	2.41	9.17	3.94
74.03	32.00	2.66	12.52	35.07	3.33	4.57	2.35	9.16	6.13
65.28	22.46	2.07	8.95	27.49	2.13	4.31	2.35	6.19	4.26
81.32	22.10	1.72	8.54	27.68	3.16	4.65	2.18	7.05	6.14
113.67	27.83	2.11	8.90	34.74	3.22	5.62	2.29	9.22	7.20
192.77	48.12	2.42	13.02	52.93	4.22	6.08	3.16	12.81	14.69
361.47	65.47	3.73	33.80	78.68	6.04	9.37	3.18	21.22	15.73
576.95	101.04	3.63	59.79	120.03	4.47	10.07	5.02	27.38	25.58
680.73	97.30	2.85	56.57	108.50	5.93	15.27	6.29	29.94	22.93
(875.97)	(70.93)	(8.11)	(41.76)	(131.30)	(10.38)	(13.38)	(5.77)	(37.47)	(29.42)
875.19	70.38	8.07	41.75	131.01	10.17	12.98	5.64	36.93	29.42
1050.13	61.06	11.77	56.92	151.47	10.77	17.95	4.85	37.55	33.21
1542.25	52.64	12.86	25.54	189.48	11.64	20.41	5.83	49.86	64.99
117.30	4.63	0.03	0.49	34.19	0.27	1.49	0.80	1.89	7.93
27.15	1.46	0.03	4.74	6.74	0.01	0.99	0.58	4.08	9.22
80.87	2.77	0.16	0.07	6.56	1.53	1.24	0.02	2.44	0.62
18.36	0.31		0.04	5.38	0.01	0.01	0.02	0.07	0.12
18.10	0.04	0.01		1.97	0.09	0.06		0.01	0.09
75.46	1.14	0.25	0.10	3.88		0.13	0.11	0.74	0.02
19.54	0.16			1.81	0.05	0.23	0.02	0.44	
80.85	0.34			0.05	0.02			1.26	
73.05	9.94	0.05	15.68	38.26	0.77	2.77	0.26	13.57	7.89
102.02	2.45			8.06	0.66	1.38	0.43	1.92	12.54
83.27	1.19	0.14		3.96	0.42	0.49	0.19	0.41	0.01
31.22	0.90	0.01	0.03	1.04	0.19	0.22	0.05	1.34	0.42
82.06	0.43	0.30		7.37	0.10	0.37		0.81	0.12
30.40	0.41			0.66	0.10	0.18		0.21	0.10
68.22	5.07	1.23	0.75	7.46	0.76	1.06	0.01	2.45	1.20
36.11	0.60	0.07	0.02	5.30	0.82	2.21	0.54	2.38	0.04
55.23	6.61	5.27	0.01	8.79	0.73	0.82	0.61	3.76	4.22
60.72	0.19	0.01		1.32	0.17	0.21	0.01	0.42	0.06
165.48	3.22	3.59	0.22	20.89	2.47	3.49	1.17	4.70	3.04
28.55	0.81	0.18	0.01	1.71	0.28	0.58	0.07	0.04	0.03
1.89		0.09		0.30	0.37	0.03	0.01	0.16	0.01
41.11	0.41		3.35	1.80	0.07	0.41		0.17	0.02
103.79	0.47			3.44	0.09	0.43	0.32	0.81	0.02
25.23	0.97			1.40	0.04	0.03	0.04	0.04	0.08
36.55	4.58	0.18	0.02	8.54	0.98	0.75	0.29	2.95	0.13
1.21	0.01	0.08		0.24	0.10	0.11		0.01	
27.55	1.68			3.04		0.02	0.19	1.65	0.06
16.16	0.88	0.40		1.73	0.04	0.31	0.01	0.55	0.03
2.32	0.33	0.06		1.13	0.02	0.04	0.02	0.29	
7.52	0.01	0.05		0.24	0.12	0.02	0.03	0.06	
20.71	0.65	0.67	0.01	2.18	0.36	0.35	0.04	0.25	0.05
4.28									16.93

6-20 国民经济各行业按建设性质分的更新改造投资（1998年）
INVESTMENT IN INNOVATION BY TYPE OF CONSTRUCTION AND SECTOR (1998)

单位：亿元 (100 million yuan)

行业	Sector	投资额 Investment	#新建 New Construction	#扩建 Expansion	#改建 Reconstruction
全国总计	**National Total**	**4516.75**	**452.61**	**2324.42**	**1407.51**
农、林、牧、渔业	**Farming, Forestry, Animal Husbandry and Fishery**	**27.11**	**1.61**	**6.00**	**17.00**
农业	Farming	19.31	0.73	2.51	13.89
林业	Forestry	0.99	0.01	0.67	0.25
畜牧业	Animal Husbandry	1.88	0.43	1.16	0.29
渔业	Fishery	2.38	0.17	0.48	1.64
农林牧渔服务业	Agricultural Services	2.55	0.27	1.16	0.92
采掘业	**Mining and Quarrying**	**308.78**	**5.75**	**189.80**	**88.77**
煤炭采选业	Coal Mining and Dressing	93.99	3.07	26.97	54.31
石油和天然气开采业	Extraction of Petroleum and Natural Gas	180.76	0.14	148.87	20.27
黑色金属矿采选业	Mining and Dressing of Ferrous Metals	11.53	0.15	2.19	6.20
有色金属矿采选业	Mining and Dressing of Nonferrous Metals	12.96	1.15	7.63	4.08
非金属矿采选业	Mining and Dressing of Nonmetal Minerals	7.02	1.23	2.74	2.85
其他矿采选业	Mining and Dressing of Other Minerals				
木材及竹材采运业	Logging and Transport of Wood and Bamboo	2.52	0.01	1.40	1.06
制造业	**Manufacturing**	**1797.30**	**146.85**	**902.09**	**644.84**
食品加工业	Food Processing	49.93	3.67	31.41	12.97
食品制造业	Food Production	28.09	4.24	14.20	7.41
饮料制造业	Beverages	84.14	7.32	60.61	13.39
烟草加工业	Tobacco	69.23	0.52	21.28	41.44
纺织业	Textiles	61.97	4.03	23.32	27.96
服装及纤维制品制造业	Garments and Other Fiber Products	12.27	1.14	7.40	2.95
皮革毛皮羽绒及制品业	Leather, Furs, Down and Related Products	4.58	0.27	2.87	0.63
木材加工及竹藤棕草制品业	Timber Processing, Bamboo, Cane, Palm Fiber and Straw Products	13.96	2.87	5.60	4.44
家具制造业	Furniture Manufacturing	4.05	0.55	2.16	0.95
造纸及纸制品业	Papermaking and Paper Products	58.44	2.72	40.64	13.56
印刷业、记录媒介的复制	Printing and Record Medium Reproduction	18.05	0.35	8.74	4.85
文教体育用品制造业	Cultural, Educational and Sports Goods	2.53	0.05	1.66	0.52
石油加工及炼焦业	Petroleum Processing and Coking	105.03	1.47	35.74	66.37
化学原料及制品制造业	Raw Chemical Materials and Chemical Products	280.32	17.64	168.93	81.40
医药制造业	Medical and Pharmaceutical Products	52.01	14.40	22.73	12.10
化学纤维制造业	Chemical Fiber	20.01	2.49	9.43	7.43
橡胶制品业	Rubber Products	29.50	0.65	21.05	6.59
塑料制品业	Plastic Products	30.97	6.27	17.25	5.61
非金属矿物制品业	Nonmetal Mineral Products	103.09	7.85	57.56	33.65
黑色金属冶炼及压延加工业	Smelting and Pressing of Ferrous Metals	242.99	11.81	91.62	137.67
有色金属冶炼及压延加工业	Smelting and Pressing of Nonferrous Metals	61.30	2.21	25.16	30.84
金属制品业	Metal Products	21.62	4.25	10.09	5.56
普通机械制造业	Ordinary Machinery	67.45	4.43	30.21	28.93
专用设备制造业	Equipment for Special Purposes	47.10	4.41	21.49	15.99
交通运输设备制造业	Transport Equipment	150.05	6.93	89.89	40.20
电气机械及器材制造业	Electric Equipment and Machinery	71.37	17.69	31.50	17.79
电子及通信设备制造业	Electronic and Telecommunications Equipment	76.60	13.48	40.84	16.28
仪器仪表及文化办公用机械制造业	Instruments, Meters, Cultural and Office Machinery	8.02	1.52	2.43	2.70
其他制造业	Other Manufacturing	22.64	1.58	6.27	4.67
电力、煤气及水的生产和供应业	**Production and Supply of Electric Power, Gas and Water**	**344.52**	**33.30**	**148.85**	**152.83**
电力、蒸汽、热水生产和供应业	Production and Supply of Electric Power, Steam and Hot Water	294.26	30.38	118.98	136.07
煤气的生产和供应业	Production and Supply of Gas	14.45	0.55	8.32	5.03
自来水的生产和供应业	Production and Supply of Tap Water	35.81	2.37	21.55	11.73
建筑业	**Construction**	**30.04**	**1.37**	**5.77**	**11.21**
土木工程建筑业	Civil Engineering Construction	24.36	1.26	2.77	10.34
线路、管道和设备	Installation of lines, Pipelines and Equipment				

6-20 **续表** continued

单位：亿元 (100 million yuan)

行业	Sector	投资额 Investment	#新建 New Construction	#扩建 Expansion	#改建 Reconstruction
安装业		5.23	0.09	2.99	0.73
建筑物的装修装饰业	Fitting and Decoration of Buildings	0.45	0.01	0.01	0.14
地质勘查、水利管理业	**Geological Prospecting and Water Conservancy**	**33.48**	**0.55**	**7.67**	**23.60**
地质勘查业	Geological Prospecting	2.38		0.05	1.96
水利管理业	Water Conservancy	31.11	0.55	7.63	21.65
交通运输、仓储及邮电通信业	**Transportation, Storage, Postal and Telecommunications Services**	**1542.25**	**197.03**	**937.48**	**304.67**
铁路运输业	Railway Transport	95.06	0.69	9.45	80.79
公路运输业	Highway Transport	126.25	46.31	10.34	38.01
管道运输业	Pipeline Transport	1.64		1.40	0.24
水上运输业	Waterway Transport	9.09	0.74	0.69	4.42
航空运输业	Air Transport	47.10	0.08	4.31	1.20
交通运输辅助业	Transport Subsidiary Services	93.24	4.48	13.82	68.65
其他交通运输业	Other Transport	1.13			0.62
仓储业	Storage	4.12	0.85	1.10	2.15
邮电通信业	Postal and Telecommunications Services	1164.61	143.88	896.36	108.58
批发和零售贸易餐饮业	**Wholesale & Retail Trade and Catering Services**	**52.64**	**7.75**	**17.40**	**23.59**
食品饮料烟草和家庭用品批发业	Wholesale Trade of Food, Beverage, Tobacco and Household Articles	14.56	1.84	6.34	5.00
能源材料和机械电子设备批发业	Wholesale Trade of Energy, Materials and Electronic Equipment	8.09	0.91	2.79	2.98
其他批发业	Other Wholesale Trade	0.74	0.04	0.30	0.30
零售业	Retail Trade	25.80	4.48	7.04	13.57
商业经纪与代理业	Commercial Brokerage and Agencies	0.98	0.18	0.01	0.79
餐饮业	Catering Trade	2.47	0.31	0.92	0.94
金融、保险业	**Banking and Insurance**	**12.86**	**0.07**	**3.22**	**4.10**
金融业	Banking	12.02	0.07	3.01	4.08
保险业	Insurance	0.84		0.21	0.02
房地产业	**Real Estate**	**25.54**	**7.90**	**2.27**	**9.14**
房地产开发与经营业	Real Estate Development and Operation	16.18	5.57	2.24	3.37
房地产管理业	Real Estate Management	9.24	2.33	0.03	5.74
房地产代理与经纪业	Real Estate Brokerage and Agencies	0.12			0.04
社会服务业	**Social Services**	**189.48**	**17.51**	**68.11**	**78.64**
公共服务业	Public Services	165.93	14.10	63.92	64.20
居民服务业	Resident Services	0.55	0.07	0.04	0.29
旅馆业	Hotels	16.49	2.00	2.97	10.72
租赁服务业	Leasing Services	0.67	0.02		0.47
旅游业	Tourism	0.96	0.03	0.30	0.49
娱乐服务业	Recreational Services	1.87		0.33	1.51
信息、咨询服务业	Information and Consultancy Services	0.31		0.22	0.03
计算机应用服务业	Computer Application Services	1.34	1.13	0.01	0.12
其他社会服务业	Other Social Services	1.36	0.16	0.30	0.80
卫生体育和社会福利业	**Health Care, Sports and Social Welfare**	**11.64**	**0.70**	**2.68**	**3.95**
卫生	Health Care	9.73	0.35	2.39	2.72
体育	Sports	1.48	0.33	0.23	0.90
社会福利保障业	Social Welfare and Social Security	0.43	0.02	0.06	0.33
教育、文化艺术和广播电影电视业	**Education, Culture and Arts, Radio, Film and Television**	**20.41**	**3.30**	**7.02**	**5.96**
教育	Education	11.88	1.30	4.83	3.11
文化艺术业	Culture and Arts	2.61	0.03	0.76	1.05
广播、电影、电视业	Radio, Film and Television	5.92	1.97	1.42	1.80
科学研究和综合技术服务业	**Scientific Research and Polytechnical Services**	**5.83**	**0.50**	**2.22**	**1.77**
科学研究业	Scientific Research	3.65	0.10	1.99	0.80
综合技术服务业	Polytechnical Services	2.18	0.40	0.23	0.97
国家机关、政党机关和社会团体	**Governments, Parties and Social Organizations**	**49.86**	**5.01**	**10.93**	**19.80**
#国家机关	Governments	48.96	5.01	10.88	19.09
政党机关	Parties	0.61		0.02	0.51
其他行业	**Other Sectors**	**64.99**	**23.41**	**12.92**	**17.64**

6-21 按国民经济行业分的更新改造新增固定资产

单位：亿元

年份地区 Year Region	合计 Total	农、林、牧、渔业 Farming, Forestry, Animal Husbandry and Fishrey	采掘业 Mining and Quarrying	制造业 Manufacturing	电力、煤气及水的生产和供应业 Production and Supply of Electric Power, Gas and Water	建筑业 Construction	地质勘查业水利管理业 Geological Prospecting and Water Conservancy
1985	316.79	4.30	32.13	196.46	11.95	6.40	0.67
1986	468.58	5.20	38.72	300.45	16.85	7.68	1.54
1987	582.62	6.60	45.23	372.71	24.82	8.20	1.63
1988	690.53	7.73	61.72	453.01	26.72	9.19	1.80
1989	636.88	7.15	67.58	399.22	27.48	7.07	2.50
1990	722.94	7.14	67.81	460.33	33.12	6.69	2.41
1991	858.30	11.43	75.91	542.84	38.30	8.05	3.93
1992	1105.05	12.71	70.87	685.35	49.34	12.82	2.46
1993	1531.93	15.23	110.63	876.43	68.59	27.27	4.28
1994	2192.57	17.12	145.08	1210.46	103.14	18.72	5.00
1995	2524.87	17.37	164.06	1381.19	146.54	29.86	6.38
1996	(3002.69)	(21.10)	(187.10)	(1512.97)	(218.13)	(30.27)	(7.39)
	2995.31	20.87	186.92	1509.36	217.86	30.10	7.34
1997	3250.55	23.36	219.23	1504.22	230.45	41.85	12.83
1998	3690.36	22.51	242.82	1518.86	284.26	24.82	15.42
北京 Beijing	161.65	0.36	0.17	49.30	18.46	0.88	0.79
天津 Tianjin	104.58	0.10	5.75	55.62	5.90	0.86	0.14
河北 Hebei	213.82	2.10	9.68	97.76	33.91	1.60	1.32
山西 Shanxi	67.21	0.01	15.07	31.07	5.71	0.58	0.08
内蒙古 Inner Mongolia	44.45	0.01	3.27	19.81	2.38		0.36
辽宁 Liaoning	222.20	1.02	47.36	104.28	5.21	0.80	
吉林 Jilin	58.21	0.05	1.84	32.19	3.82	0.26	0.04
黑龙江 Heilongjiang	180.01	0.85	64.80	30.17	2.51	0.02	
上海 Shanghai	377.04	0.37		139.15	47.67	3.95	0.93
江苏 Jiangsu	264.41	0.95	4.29	120.65	23.72	0.97	0.70
浙江 Zhejiang	103.25	0.27	0.50	50.29	13.71	0.55	0.20
安徽 Anhui	84.73	0.51	4.79	39.53	6.56	0.68	0.27
福建 Fujian	143.87	0.25	1.30	41.76	13.96	0.51	0.05
江西 Jiangxi	53.39	0.43	1.28	26.45	1.29	0.03	0.17
山东 Shandong	240.48	0.09	20.49	137.79	13.33	1.17	1.17
河南 Henan	124.81	0.44	14.16	58.66	7.60	1.80	0.29
湖北 Hubei	187.61	0.97	4.03	91.38	9.15	2.25	0.92
湖南 Hunan	83.33	0.03	1.12	41.39	6.32	0.24	0.11
广东 Guangdong	274.70	0.51	2.35	75.99	11.22	1.36	5.32
广西 Guangxi	61.95	0.40	0.67	23.96	5.81	0.11	0.13
海南 Hainan	5.53	0.97		1.56	0.11		0.13
重庆 Chongqing	75.93		1.25	31.00	6.63	0.04	0.01
四川 Sichuan	161.60	0.04	4.27	52.23	6.13	1.63	0.24
贵州 Guizhou	49.54		1.41	18.80	3.28	0.53	0.03
云南 Yunnan	101.84	0.57	3.23	59.49	1.83	0.63	0.85
西藏 Tibet	1.22	0.17		0.16	0.19		
陕西 Shaanxi	83.55		4.04	46.13	5.57	0.90	0.04
甘肃 Gansu	59.12	0.80	5.05	16.76	15.44	0.06	0.16
青海 Qinghai	12.32	0.10	1.69	6.57	0.59	0.43	
宁夏 Ningxia	16.17	0.01	2.66	4.56	0.92	0.05	
新疆 Xinjiang	65.22	10.12	12.90	14.39	5.34	1.94	0.97
不分地区 Not Classified by Region	6.60		3.38				

NEWLY INCREASED FIXED ASSETS THROUGH INNOVATION BY SECTOR

(100 million yuan)

交通运输仓储和邮电通信业 Transportation, Storage, Postal and Telecommunications Services	批发零售贸易和餐饮业 Wholesale & Retail Trade and Catering Services	金融、保险业 Banking and Insurance	房地产业 Real Estate	社会服务业 Social Services	卫生体育和社会福利业 Health Care, Sports and Social Welfare	教育、文化艺术和广播电影电视业 Education, Culture, Arts, Radio, Film and Television	科学研究和综合技术服务事业 Scientific Research and Polytechnical Services	国家机关、政党机关和社会团体 Governments, Parties and Social Organizations	其他行业 Others
33.24	7.91	0.77	2.54	11.13	1.67	2.47	1.93	2.33	0.90
45.10	13.03	1.22	4.87	20.11	2.30	3.66	1.76	4.24	1.84
54.77	18.28	1.60	9.29	21.03	2.30	3.02	1.80	8.99	2.37
50.26	23.58	2.09	9.36	25.65	2.49	3.26	1.59	7.63	4.43
49.23	21.34	2.23	8.29	26.31	2.72	3.82	2.12	5.46	4.39
68.48	23.05	1.45	8.16	25.26	3.05	3.53	1.58	5.48	5.41
98.28	21.32	1.85	7.97	26.03	2.86	4.96	1.50	7.12	5.95
154.62	34.44	2.03	9.14	39.88	3.49	5.36	2.81	10.05	9.68
285.30	36.62	2.82	18.31	51.72	4.21	5.40	1.89	14.63	8.58
473.56	50.30	2.47	31.24	91.29	3.95	5.90	3.09	20.09	11.16
563.74	49.92	2.32	38.80	69.34	4.60	11.23	3.00	21.19	15.33
(739.95)	(65.07)	(6.28)	(36.99)	(100.87)	(7.79)	(10.23)	(5.76)	(28.51)	(24.28)
739.21	64.53	6.24	36.98	100.60	7.60	9.82	5.63	27.99	24.26
884.03	36.10	9.15	57.87	137.14	10.31	13.46	5.98	33.81	30.76
1210.86	64.86	12.86	26.41	157.94	10.39	16.39	4.91	42.91	34.15
69.57	3.69	0.03	0.46	9.79	0.13	0.75	0.63	1.77	4.88
18.74	1.04	0.03	5.46	5.62		0.93	0.28	3.69	0.44
54.85	1.89	0.16	0.01	5.50	1.12	1.13	0.02	2.43	0.35
12.73	0.07		0.04	1.64	0.01	0.01		0.07	0.12
16.34	0.05			1.97	0.09	0.05		0.01	0.09
50.08	4.03	0.36	0.13	8.02		0.08	0.11	0.71	0.02
17.52	0.04			1.73	0.05	0.23	0.02	0.43	
80.13	0.22			0.05	0.02			1.25	
64.48	26.76		16.08	51.59	1.13	3.23	0.13	13.90	7.66
88.70	1.38			7.35	0.65	1.30	0.43	1.80	11.51
31.94	1.01	0.14		3.59	0.31	0.42	0.02	0.31	
28.28	0.68	0.01	0.03	1.02	0.18	0.30	0.30	1.19	0.40
77.74	0.14	0.30		6.92	0.07	0.13		0.58	0.17
22.30	0.29			0.59	0.09	0.16		0.20	0.10
49.59	4.16	1.05	0.02	6.05	0.73	0.88	0.01	2.28	1.66
31.76	0.77	0.07	0.02	5.53	0.81	0.35	0.32	2.17	0.04
49.72	7.19	4.44	0.01	8.11	0.66	0.83	0.58	3.21	4.15
32.18	0.15	0.01		1.29	0.14	0.08		0.21	0.04
145.24	2.90	3.48	0.21	14.79	2.31	3.30	1.29	2.54	1.89
27.28	0.92	0.33	0.01	1.68	0.16	0.41	0.07	0.03	
1.80		0.09		0.30	0.37	0.03		0.16	0.01
31.41	0.22		3.92	1.10	0.03	0.17		0.14	0.02
92.11	0.39			3.29	0.09	0.38	0.12	0.65	0.01
23.30	0.61			1.25	0.22	0.05	0.03	0.04	0.01
25.58	2.47	0.36	0.01	3.05	0.38	0.66	0.22	2.10	0.41
0.33	0.01	0.08		0.06	0.10	0.11		0.01	
23.19	1.35			1.86		0.02	0.22	0.11	0.11
15.55	1.36	1.79		1.69	0.04	0.05	0.01	0.35	0.02
2.12	0.37	0.08		0.03	0.01	0.04	0.02	0.27	
7.43	0.02	0.02		0.27	0.12	0.02	0.03	0.07	
15.65	0.66	0.03	0.01	2.22	0.35	0.32	0.04	0.25	0.04
3.22									

6-22 按构成和建设性质分的更新改造投资

INVESTMENT IN INNOVATION BY USE OF FUNDS AND TYPE OF CONSTRUCTION

单位：亿元 (100 million yuan)

年份地区 Year Region	投资额 Total	按构成分 Grouped by Use of Funds			按建设性质分 Grouped by Type of Construction		
		建筑安装工程 Construction and Installation	设备、工器具购置 Purchases of Equipment and Instruments	其他费用 Others	#新建 New Construction	#扩建 Expansion	#改建 Reconstruction
1985	449.14	196.23	224.94	27.97	23.06	194.45	191.16
1986	619.21	267.80	308.58	42.83	36.26	274.59	261.84
1987	758.59	349.18	353.29	56.11	41.22	350.33	313.18
1988	980.55	477.76	430.87	71.92	58.08	462.78	402.41
1989	788.78	377.25	355.89	55.64	38.87	345.54	363.49
1990	830.19	372.91	397.36	59.92	45.62	370.35	364.57
1991	1023.23	426.33	513.35	83.54	42.82	460.91	448.46
1992	1461.10	620.64	715.34	125.12	71.63	659.72	642.35
1993	2195.85	945.27	1070.93	179.65	140.31	1069.26	888.40
1994	2918.61	1258.72	1419.79	240.09	189.95	1486.20	1076.44
1995	3299.35	1343.62	1682.20	273.53	288.19	1640.28	1179.86
1996	(3622.74)	(1396.77)	(1900.50)	(325.47)	(349.02)	(1818.44)	(1190.99)
	3615.00	1394.07	1895.69	325.24	347.03	1816.62	1188.12
1997	3921.94	1540.77	2033.74	347.43	381.82	1947.48	1298.31
1998	4516.75	1681.38	2445.24	390.13	452.61	2324.42	1407.51
北京 Beijing	252.43	105.34	83.75	63.34	43.75	138.05	44.20
天津 Tianjin	119.62	46.32	57.71	15.59	12.70	50.04	53.89
河北 Hebei	293.31	118.68	152.70	21.93	50.03	107.68	113.17
山西 Shanxi	89.41	35.97	44.68	8.77	3.80	44.65	38.38
内蒙古 Inner Mongolia	51.61	24.27	26.32	1.03	1.18	34.03	14.27
辽宁 Liaoning	259.80	117.54	121.15	21.11	8.93	140.74	99.53
吉林 Jilin	83.20	32.51	43.50	7.18	9.22	35.65	37.15
黑龙江 Heilongjiang	219.47	86.84	120.87	11.76	3.92	174.09	28.99
上海 Shanghai	365.01	120.44	202.30	42.27	98.63	76.18	142.52
江苏 Jiangsu	296.01	98.67	174.98	22.36	18.00	170.86	91.18
浙江 Zhejiang	171.16	47.45	109.00	14.71	11.32	106.19	43.92
安徽 Anhui	109.65	41.45	63.39	4.82	11.00	54.84	41.64
福建 Fujian	168.34	55.18	103.59	9.57	19.49	113.88	26.17
江西 Jiangxi	66.16	25.06	37.81	3.30	9.15	21.50	34.06
山东 Shandong	283.49	99.98	156.49	27.02	5.37	159.29	95.86
河南 Henan	165.43	65.11	88.77	11.55	14.18	88.90	53.49
湖北 Hubei	227.02	77.18	133.67	16.17	12.59	119.54	74.87
湖南 Hunan	115.54	33.24	73.34	8.96	2.83	63.68	42.98
广东 Guangdong	326.86	113.87	188.99	24.01	25.66	171.10	63.92
广西 Guangxi	69.72	22.01	43.95	3.76	5.71	40.21	16.29
海南 Hainan	6.27	1.70	4.33	0.25	0.16	3.70	1.09
重庆 Chongqing	89.22	25.44	57.56	6.23	2.56	61.63	18.33
四川 Sichuan	196.15	64.66	119.95	11.54	44.09	114.00	32.59
贵州 Guizhou	62.79	21.44	37.48	3.87	6.72	34.46	18.49
云南 Yunnan	130.14	57.56	61.79	10.79	3.69	76.09	45.24
西藏 Tibet	3.06	0.85	1.77	0.44		0.37	2.43
陕西 Shaanxi	83.96	30.15	47.25	6.57	3.31	56.81	21.43
甘肃 Gansu	76.25	33.53	37.02	5.70	4.10	23.32	46.57
青海 Qinghai	13.67	6.21	6.34	1.13	0.76	5.69	6.29
宁夏 Ningxia	18.47	7.30	10.23	0.94	0.88	9.65	7.50
新疆 Xinjiang	76.09	41.00	32.56	2.53	1.97	23.41	44.77
不分地区 Not Classified by Region	27.39	24.43	2.01	0.94	16.93	4.17	6.28

6-23 国民经济各行业更新改造施工、投产项目个数（1998年）

NUMBER OF INNOVATION PROJECTS UNDER CONSTRUCTION AND PUT INTO USE BY SECTOR (1998)

行业	Sector	施工项目（个）Number of Projects under Construction (unit)	#新开工 Started This Year	全部建成投产项目（个）Number of Projects Completed and Put into Use	项目建成投产率（%）Rate of Projects Completed and Put into Use (%)
全国总计	**National Total**	**51054**	**35945**	**33407**	**65.4**
农、林、牧、渔业	**Farming, Forestry, Animal Husbandry and Fishery**	**1141**	**1013**	**963**	**84.4**
农业	Farming	747	688	652	87.3
林业	Forestry	75	66	65	86.7
畜牧业	Animal Husbandry	63	49	42	66.7
渔业	Fishery	156	131	125	80.1
农林牧渔服务业	Agricultural Services	100	79	79	79.0
采掘业	**Mining and Quarrying**	**2417**	**1361**	**1135**	**47.0**
煤炭采选业	Coal Mining and Dressing	1432	788	562	39.2
石油和天然气开采业	Extraction of Petroleum and Natural Gas	209	131	119	56.9
黑色金属矿采选业	Mining and Dressing of Ferrous Metals	171	91	89	52.0
有色金属矿采选业	Mining and Dressing of Nonferrous Metals	312	163	179	57.4
非金属矿采选业	Mining and Dressing of Nonmetal Minerals	208	138	121	58.2
其他矿采选业	Mining and Dressing of Other Minerals				
木材及竹材采运业	Logging and Transport of Wood and Bamboo	85	50	65	76.5
制造业	**Manufacturing**	**20186**	**12838**	**12067**	**59.8**
食品加工业	Food Processing	1110	836	833	75.0
食品制造业	Food Production	507	376	333	65.7
饮料制造业	Beverages	882	608	543	61.6
烟草加工业	Tobacco	377	151	199	52.8
纺织业	Textiles	998	748	725	72.6
服装及纤维制品制造业	Garments and Other Fiber Products	136	101	102	75.0
皮革毛皮羽绒及制品业	Leather, Furs, Down and Related Products	93	73	66	71.0
木材加工及竹藤棕草制品业	Timber Processing, Bamboo, Cane, Palm Fiber and Straw Products	201	143	131	65.2
家具制造业	Furniture Manufacturing	70	55	48	68.6
造纸及纸制品业	Papermaking and Paper Products	549	376	362	65.9
印刷业、记录媒介的复制	Printing and Record Medium Reproduction	236	153	159	67.4
文教体育用品制造业	Cultural, Educational and Sports Goods	45	21	20	44.4
石油加工及炼焦业	Petroleum Processing and Coking	1061	790	743	70.0
化学原料及制品制造业	Raw Chemical Materials and Chemical Products	2830	1870	1744	61.6
医药制造业	Medical and Pharmaceutical Products	752	469	371	49.3
化学纤维制造业	Chemical Fiber	179	111	113	63.1
橡胶制品业	Rubber Products	197	113	116	58.9
塑料制品业	Plastic Products	353	251	231	65.4
非金属矿物制品业	Nonmetal Mineral Products	1585	1067	1031	65.0
黑色金属冶炼及压延加工业	Smelting and Pressing of Ferrous Metals	1925	1227	1150	59.7
有色金属冶炼及压延加工业	Smelting and Pressing of Nonferrous Metals	999	563	358	35.8
金属制品业	Metal Products	327	213	208	63.6
普通机械制造业	Ordinary Machinery	973	482	433	44.5
专用设备制造业	Equipment for Special Purposes	775	411	402	51.9
交通运输设备制造业	Transport Equipment	1493	831	799	53.5
电气机械及器材制造业	Electric Equipment and Machinery	633	302	326	51.5
电子及通信设备制造业	Electronic and Telecommunications Equipment	486	235	258	53.1
仪器仪表及文化办公用机械制造业	Instruments, Meters, Cultural and Office Machinery	157	79	87	55.4
其他制造业	Other Manufacturing	257	183	176	68.5
电力、煤气及水的生产和供应业	**Production and Supply of Electric Power, Gas and Water**	**6069**	**4615**	**4351**	**71.7**
电力、蒸汽、热水生产和供应业	Production and Supply of Electric Power, Steam and Hot Water	5290	4087	3878	73.3
煤气的生产和供应业	Production and Supply of Gas	165	103	100	60.6
自来水的生产和供应业	Production and Supply of Tap Water	614	425	373	60.7
建筑业	**Construction**	**585**	**406**	**341**	**58.3**
土木工程建筑业	Civil Engineering Construction	478	328	294	61.5

6-23 **续表** continued

行业	Sector	施工项目（个） Number of Projects under Construction (unit)	#新开工 Started This Year	全部建成投产项目（个） Number of Projects Completed and Put into Use	项目建成投产率（%） Rate of Projects Completed and Put into Use (%)
线路、管道和设备安装业	Installation of lines, Pipelines and Equipment	103	75	44	42.7
建筑物的装修装饰业	Fitting and Decoration of Buildings	4	3	3	75.0
地质勘查、水利管理业	**Geological Prospecting and Water Conservancy**	**460**	**347**	**327**	**71.1**
地质勘查业	Geological Prospecting	18	14	14	77.8
水利管理业	Water Conservancy	442	333	313	70.8
交通运输、仓储及邮电通信业	**Transportation, Storage, Postal and Telecommunications Services**	**14066**	**11099**	**10055**	**71.5**
铁路运输业	Railway Transport	2339	1484	1301	55.6
公路运输业	Highway Transport	554	393	353	63.7
管道运输业	Pipeline Transport	59	55	56	94.9
水上运输业	Waterway Transport	121	83	76	62.8
航空运输业	Air Transport	74	53	43	58.1
交通运输辅助业	Transport Subsidiary Services	970	747	705	72.7
其他交通运输业	Other Transport	5	4	2	40.0
仓储业	Storage	88	54	64	72.7
邮电通信业	Postal and Telecommunications Services	9856	8226	7455	75.6
批发和零售贸易餐饮业	**Wholesale & Retail Trade and Catering Services**	**1061**	**723**	**709**	**66.8**
食品饮料烟草和家庭用品批发业	Wholesale Trade of Food, Beverage, Tobacco and Household Articles	395	294	260	65.8
能源材料和机械电子设备批发业	Wholesale Trade of Energy, Materials and Electronic Equipment	166	92	119	71.7
其他批发业	Other Wholesale Trade	29	15	13	44.8
零售业	Retail Trade	392	266	263	67.1
商业经纪与代理业	Commercial Brokerage and Agencies	8	5	4	50.0
餐饮业	Catering Trade	71	51	50	70.4
金融、保险业	**Banking and Insurance**	**122**	**38**	**96**	**78.7**
金融业	Banking	116	35	92	79.3
保险业	Insurance	6	3	4	66.7
房地产业	**Real Estate**	**239**	**114**	**121**	**50.6**
房地产开发与经营业	Real Estate Development and Operation	114	42	49	43.0
房地产管理业	Real Estate Management	123	70	71	57.7
房地产代理与经纪业	Real Estate Brokerage and Agencies	2	2	1	50.0
社会服务业	**Social Services**	**2252**	**1632**	**1640**	**72.8**
公共服务业	Public Services	1876	1411	1408	75.1
居民服务业	Resident Services	26	17	22	84.6
旅馆业	Hotels	223	119	129	57.8
租赁服务业	Leasing Services	4	1	4	100.0
旅游业	Tourism	39	28	28	71.8
娱乐服务业	Recreational Services	27	19	16	59.3
信息、咨询服务业	Information and Consultancy Services	8	4	7	87.5
计算机应用服务业	Computer Application Services	9	6	5	55.6
其他社会服务业	Other Social Services	40	27	21	52.5
卫生体育和社会福利业	**Health Care, Sports and Social Welfare**	**307**	**213**	**212**	**69.1**
卫生	Health Care	269	191	187	69.5
体育	Sports	20	10	9	45.0
社会福利保障业	Social Welfare and Social Security	18	12	16	88.9
教育、文化艺术和广播电影电视业	**Education, Culture and Arts, Radio, Film and Television**	**505**	**325**	**333**	**65.9**
教育	Education	354	224	256	72.3
文化艺术业	Culture and Arts	42	22	20	47.6
广播、电影、电视业	Radio, Film and Television	109	79	57	52.3
科学研究和综合技术服务业	**Scientific Research and Polytechnical Services**	**162**	**104**	**84**	**51.9**
科学研究业	Scientific Research	81	47	40	49.4
综合技术服务业	Polytechnical Services	81	57	44	54.3
国家机关、政党机关和社会团体	**Governments, Parties and Social Organizations**	**1046**	**855**	**721**	**68.9**
#国家机关	Governments	1014	832	698	68.8
政党机关	Parties	9	7	6	66.7
其他行业	**Other Sectors**	**436**	**262**	**252**	**57.8**

6-24 国民经济各行业更新改造投资和新增固定资产（1998年）

INVESTMENT IN INNOVATION AND NEWLY INCREASED FIXED ASSETS BY SECTOR (1998)

行业	Sector	投资额（亿元）Investment (100 million yuan)	新增固定资产（亿元）Newly Increased Fixed Assets (100 million yuan)	固定资产交付使用率（%）Rate of Fixed Assets Put into Use (%)
全国总计	**National Total**	**4516.75**	**3690.36**	**81.7**
农、林、牧、渔业	**Farming, Forestry, Animal Husbandry and Fishery**	**27.11**	**22.51**	**83.0**
农业	Farming	19.31	15.44	80.0
林业	Forestry	0.99	0.88	88.9
畜牧业	Animal Husbandry	1.88	1.44	76.6
渔业	Fishery	2.38	2.23	93.7
农林牧渔服务业	Agricultural Services	2.55	2.51	98.4
采掘业	**Mining and Quarrying**	**308.78**	**242.82**	**78.6**
煤炭采选业	Coal Mining and Dressing	93.99	62.00	66.0
石油和天然气开采业	Extraction of Petroleum and Natural Gas	180.76	156.37	86.5
黑色金属矿采选业	Mining and Dressing of Ferrous Metals	11.53	7.46	64.7
有色金属矿采选业	Mining and Dressing of Nonferrous Metals	12.96	9.85	76.0
非金属矿采选业	Mining and Dressing of Nonmetal Minerals	7.02	4.76	67.8
其他矿采选业	Mining and Dressing of Other Minerals			
木材及竹材采运业	Logging and Transport of Wood and Bamboo	2.52	2.38	94.4
制造业	**Manufacturing**	**1797.30**	**1518.86**	**84.5**
食品加工业	Food Processing	49.93	47.46	95.1
食品制造业	Food Production	28.09	22.31	79.4
饮料制造业	Beverages	84.14	72.03	85.6
烟草加工业	Tobacco	69.23	62.55	90.4
纺织业	Textiles	61.97	62.54	100.9
服装及纤维制品制造业	Garments and Other Fiber Products	12.27	10.30	83.9
皮革毛皮羽绒及制品业	Leather, Furs, Down and Related Products	4.58	4.65	101.5
木材加工及竹藤棕草制品业	Timber Processing, Bamboo, Cane, Palm Fiber and Straw Products	13.96	9.98	71.5
家具制造业	Furniture Manufacturing	4.05	3.67	90.6
造纸及纸制品业	Papermaking and Paper Products	58.44	47.50	81.3
印刷业、记录媒介的复制	Printing and Record Medium Reproduction	18.05	17.95	99.4
文教体育用品制造业	Cultural, Educational and Sports Goods	2.53	1.30	51.4
石油加工及炼焦业	Petroleum Processing and Coking	105.03	110.49	105.2
化学原料及制品制造业	Raw Chemical Materials and Chemical Products	280.32	224.91	80.2
医药制造业	Medical and Pharmaceutical Products	52.01	45.82	88.1
化学纤维制造业	Chemical Fiber	20.01	20.29	101.4
橡胶制品业	Rubber Products	29.50	23.29	78.9
塑料制品业	Plastic Products	30.97	21.57	69.6
非金属矿物制品业	Nonmetal Mineral Products	103.09	95.72	92.9
黑色金属冶炼及压延加工业	Smelting and Pressing of Ferrous Metals	242.99	203.46	83.7
有色金属冶炼及压延加工业	Smelting and Pressing of Nonferrous Metals	61.30	40.16	65.5
金属制品业	Metal Products	21.62	18.86	87.2
普通机械制造业	Ordinary Machinery	67.45	56.88	84.3
专用设备制造业	Equipment for Special Purposes	47.10	38.93	82.7
交通运输设备制造业	Transport Equipment	150.05	92.61	61.7
电气机械及器材制造业	Electric Equipment and Machinery	71.37	65.57	91.9
电子及通信设备制造业	Electronic and Telecommunications Equipment	76.60	72.39	94.5
仪器仪表及文化办公用机械制造业	Instruments, Meters, Cultural and Office Machinery	8.02	6.83	85.2
其他制造业	Other Manufacturing	22.64	18.83	83.2
电力、煤气及水的生产和供应业	**Production and Supply of Electric Power, Gas and Water**	**344.52**	**284.26**	**82.5**
电力、蒸汽、热水生产和供应业	Production and Supply of Electric Power, Steam and Hot Water	294.26	244.03	82.9
煤气的生产和供应业	Production and Supply of Gas	14.45	10.87	75.2
自来水的生产和供应业	Production and Supply of Tap Water	35.81	29.37	82.0
建筑业	**Construction**	**30.04**	**24.82**	**82.6**
土木工程建筑业	Civil Engineering Construction	24.36	19.73	81.0

6-24 **续表** continued

行业	Sector	投资额(亿元) Investment (100 million yuan)	新增固定资产(亿元) Newly Increased Fixed Assets (100 million yuan)	固定资产交付使用率(%) Rate of Fixed Assets Put into Use (%)
线路、管道和设备安装业	Installation of lines, Pipelines and Equipment	5.23	4.79	91.6
建筑物的装修装饰业	Fitting and Decoration of Buildings	0.45	0.31	68.9
地质勘查、水利管理业	**Geological Prospecting and Water Conservancy**	**33.48**	**15.41**	**46.0**
地质勘查业	Geological Prospecting	2.38	1.87	78.6
水利管理业	Water Conservancy	31.11	13.54	43.5
交通运输、仓储及邮电通信业	**Transportation, Storage, Postal and Telecommunications Services**	**1542.25**	**1210.86**	**78.5**
铁路运输业	Railway Transport	95.06	76.65	80.6
公路运输业	Highway Transport	126.25	96.28	76.3
管道运输业	Pipeline Transport	1.64	1.65	100.6
水上运输业	Waterway Transport	9.09	9.40	103.4
航空运输业	Air Transport	47.10	45.70	97.0
交通运输辅助业	Transport Subsidiary Services	93.24	68.61	73.6
其他交通运输业	Other Transport	1.13	1.24	109.7
仓储业	Storage	4.12	4.81	116.7
邮电通信业	Postal and Telecommunications Services	1164.61	906.53	77.8
批发和零售贸易餐饮业	**Wholesale & Retail Trade and Catering Services**	**52.64**	**64.86**	**123.2**
食品饮料烟草和家庭用品批发业	Wholesale Trade of Food, Beverage, Tobacco and Household Articles	14.56	8.64	59.3
能源材料和机械电子设备批发业	Wholesale Trade of Energy, Materials and Electronic Equipment	8.09	12.60	155.7
其他批发业	Other Wholesale Trade	0.74	0.72	97.3
零售业	Retail Trade	25.80	40.19	155.8
商业经纪与代理业	Commercial Brokerage and Agencies	0.98	0.25	25.5
餐饮业	Catering Trade	2.47	2.46	99.6
金融、保险业	**Banking and Insurance**	**12.86**	**12.86**	**100.0**
金融业	Banking	12.02	12.20	101.5
保险业	Insurance	0.84	0.66	78.6
房地产业	**Real Estate**	**25.54**	**26.41**	**103.4**
房地产开发与经营业	Real Estate Development and Operation	16.18	15.74	97.3
房地产管理业	Real Estate Management	9.24	10.63	115.0
房地产代理与经纪业	Real Estate Brokerage and Agencies	0.12	0.04	33.3
社会服务业	**Social Services**	**189.48**	**157.94**	**83.4**
公共服务业	Public Services	165.93	131.96	79.5
居民服务业	Resident Services	0.55	0.66	120.0
旅馆业	Hotels	16.49	18.30	111.0
租赁服务业	Leasing Services	0.67	1.16	173.1
旅游业	Tourism	0.96	0.81	84.4
娱乐服务业	Recreational Services	1.87	1.58	84.5
信息、咨询服务业	Information and Consultancy Services	0.31	0.33	106.5
计算机应用服务业	Computer Application Services	1.34	2.32	173.1
其他社会服务业	Other Social Services	1.36	0.82	60.3
卫生体育和社会福利业	**Health Care, Sports and Social Welfare**	**11.64**	**10.39**	**89.3**
卫生	Health Care	9.73	9.19	94.5
体育	Sports	1.48	0.61	41.2
社会福利保障业	Social Welfare and Social Security	0.43	0.59	137.2
教育、文化艺术和广播电影电视业	**Education, Culture and Arts, Radio, Film and Television**	**20.41**	**16.39**	**80.3**
教育	Education	11.88	11.54	97.1
文化艺术业	Culture and Arts	2.61	1.49	57.1
广播、电影、电视业	Radio, Film and Television	5.92	3.37	56.9
科学研究和综合技术服务业	**Scientific Research and Polytechnical Services**	**5.83**	**4.91**	**84.2**
科学研究业	Scientific Research	3.65	3.34	91.5
综合技术服务业	Polytechnical Services	2.18	1.57	72.0
国家机关、政党机关和社会团体	**Governments, Parties and Social Organizations**	**49.86**	**42.91**	**86.1**
#国家机关	Governments	48.96	42.09	86.0
政党机关	Parties	0.61	0.59	96.7
其他行业	**Other Sectors**	**64.99**	**34.15**	**52.5**

6-25 各地区更新改造施工、投产项目个数和新增固定资产

NUMBER OF INNOVATION PROJECTS UNDER CONSTRUCTION AN PUT INTO USE AND NEWLY INCREASED FIXED ASSETS BY REGION

年份地区 Year Region	施工项目（个）Number of Projects under Construction (unit)	全部建成投产项目（个）Number of Projects Completed (unit)	项目建成投产率（%）Rate of Projects Completed and Put into Use (%)	新增固定资产（亿元）Newly Increased Fixed Assets (100 million yuan)	固定资产交付使用率（%）Rate of Fixed Assets Put into Use (%)
1985	77604	43149	55.6	316.79	70.5
1986	82618	46623	56.4	468.58	75.7
1987	87775	47952	54.6	582.62	76.8
1988	88964	46760	52.6	690.53	70.4
1989	60146	31805	52.6	636.88	80.7
1990	56825	31537	55.5	722.94	87.1
1991	64574	36770	56.9	858.30	83.9
1992	69781	40574	58.1	1105.05	75.6
1993	64670	35932	55.6	1531.93	69.8
1994	59089	33091	56.0	2192.57	75.1
1995	55242	35267	63.8	2524.87	76.5
1996	(57501)	(36534)	(63.5)	(3002.69)	(82.9)
	55235	34580	62.6	2995.31	82.9
1997	51576	33590	65.1	3250.55	82.9
1998	51054	33407	65.4	3690.36	81.7
北　京 Beijing	1812	1109	61.2	161.65	64.0
天　津 Tianjin	1103	795	72.1	104.58	87.4
河　北 Hebei	2779	1962	70.6	213.82	72.9
山　西 Shanxi	1457	702	48.2	67.21	75.2
内蒙古 Inner Mongolia	839	611	72.8	44.45	86.1
辽　宁 Liaoning	2287	1520	66.5	222.20	85.5
吉　林 Jilin	1434	888	61.9	58.21	70.0
黑龙江 Heilongjiang	1347	1095	81.3	180.01	82.0
上　海 Shanghai	2174	1273	58.6	377.04	103.3
江　苏 Jiangsu	3415	2609	76.4	264.41	89.3
浙　江 Zhejiang	2113	1375	65.1	103.25	60.3
安　徽 Anhui	2207	1577	71.5	84.73	77.3
福　建 Fujian	1603	1111	69.3	143.87	85.5
江　西 Jiangxi	1313	765	58.3	53.39	80.7
山　东 Shandong	2562	1701	66.4	240.48	84.8
河　南 Henan	2086	1364	65.4	124.81	75.4
湖　北 Hubei	2961	2123	71.7	187.61	82.6
湖　南 Hunan	1819	1087	59.8	83.33	72.1
广　东 Guangdong	3239	1985	61.3	274.70	84.0
广　西 Guangxi	1679	1048	62.4	61.95	88.9
海　南 Hainan	148	127	85.8	5.53	88.2
重　庆 Chongqing	1261	627	49.7	75.93	85.1
四　川 Sichuan	1992	1260	63.3	161.60	82.4
贵　州 Guizhou	945	510	54.0	49.54	78.9
云　南 Yunnan	1658	828	49.9	101.84	78.3
西　藏 Tibet	30	17	56.7	1.22	39.9
陕　西 Shaanxi	1000	600	60.0	83.55	99.5
甘　肃 Gansu	1491	943	63.2	59.12	77.5
青　海 Qinghai	243	143	58.8	12.32	90.1
宁　夏 Ningxia	211	137	64.9	16.17	87.5
新　疆 Xinjiang	1830	1510	82.5	65.22	85.7
不分地区 Not Classified by Region	16	5	31.3	6.60	24.1

6-26 各地区限额以上更新改造项目个数、投资和新增固定资产（1998 年）

NUMBER OF ABOVE QUOTA INNOVATION PROJECTS, INVESTMENT AND NEWLY INCREASED FIXED BY REGION (1998)

地　区 Region	施工项目（个） Number of Projects under Construction	全部建成投产项目（个） Number of Projects Completed and Put into Use	项目建成投产率（%） Rate of Projects Completed and Put into Use	投资完成额 Investment 绝对数（亿元） Value (100 million yuan)	比重（%） Percent-age	新增固定资产（亿元） Newly Increased Fixed Assets (100 million yuan)	固定资产交付使用率（%） Rate of Fixed Assets Put into Use
全　国　National Total	**1932**	**626**	**32.4**	**1301.33**	**100.0**	**983.70**	**75.6**
北　京　Beijing	114	29	25.4	128.12	9.8	68.58	53.5
天　津　Tianjin	66	33	50.0	44.75	3.4	47.93	107.1
河　北　Hebei	142	56	39.4	112.79	8.7	65.26	57.9
山　西　Shanxi	9	1	11.1	8.66	0.7	5.58	64.5
内蒙古　Inner Mongolia	42	5	11.9	14.63	1.1	7.91	54.1
辽　宁　Liaoning	96	28	29.2	111.30	8.6	110.53	99.3
吉　林　Jilin	43	13	30.2	22.63	1.7	14.03	62.0
黑龙江　Heilongjiang	53	17	32.1	94.04	7.2	59.27	63.0
上　海　Shanghai	350	144	41.1	176.33	13.5	175.46	99.5
江　苏　Jiangsu	66	17	25.8	38.20	2.9	25.18	65.9
浙　江　Zhejiang	42	13	31.0	53.17	4.1	13.86	26.1
安　徽　Anhui	56	20	35.7	23.24	1.8	15.96	68.7
福　建　Fujian	52	19	36.5	21.71	1.7	14.07	64.8
江　西　Jiangxi	12	1	8.3	5.76	0.4	3.91	67.8
山　东　Shandong	77	25	32.5	55.51	4.3	55.11	99.3
河　南　Henan	31	4	12.9	22.33	1.7	9.82	44.0
湖　北　Hubei	58	20	34.5	49.39	3.8	31.14	63.1
湖　南　Hunan	39	7	17.9	7.77	0.6	7.32	94.2
广　东　Guangdong	221	67	30.3	90.40	6.9	68.90	76.2
广　西　Guangxi	43	11	25.6	15.06	1.2	10.66	70.8
海　南　Hainan	8	3	37.5	0.92	0.1	0.82	89.7
重　庆　Chongqing	35	8	22.9	6.94	0.5	8.01	115.4
四　川　Sichuan	52	12	23.1	45.61	3.5	32.63	71.5
贵　州　Guizhou	55	21	38.2	22.40	1.7	15.55	69.4
云　南　Yunnan	70	19	27.1	52.20	4.0	48.05	92.1
西　藏　Tibet	4			1.14	0.1		
陕　西　Shaanxi	50	18	36.0	27.87	2.1	36.59	131.3
甘　肃　Gansu	4			8.05	0.6	11.69	145.1
青　海　Qinghai	9	2	22.2	4.78	0.4	6.09	127.5
宁　夏　Ningxia	3	1	33.3	0.41		0.27	65.5
新　疆　Xinjiang	15	7	46.7	8.16	0.6	7.10	87.0
不分地区　Not Classified by Region	15	5	33.3	27.09	2.1	6.43	23.7

6-27 国民经济各行业更新改造限额以上施工、投产项目个数（1998年）

NUMBER OF ABOVE QUOTA INNOVATION PROJECTS UNDER CONSTRUCTION OR COMPLETED AND PUT INTO USE BY SECTOR (1998)

行业	Sector	施工项目（个）Number of Projects under Construction (unit)	#新开工 Started This Year	全部建成投产项目（个）Number of Projects Completed and Put into Use	项目建成投产率（%）Rate of Projects Completed and Put into Use (%)
全国总计	**National Total**	**1932**	**591**	**626**	**32.4**
农、林、牧、渔业	**Farming, Forestry, Animal Husbandry and Fishery**	**1**	**1**		
农业	Farming				
林业	Forestry				
畜牧业	Animal Husbandry				
渔业	Fishery	1	1		
农林牧渔服务业	Agricultural Services				
采掘业	**Mining and Quarrying**	**38**	**15**	**10**	**26.3**
煤炭采选业	Coal Mining and Dressing	11	3	1	9.1
石油和天然气开采业	Extraction of Petroleum and Natural Gas	11	9	7	63.6
黑色金属矿采选业	Mining and Dressing of Ferrous Metals	4			
有色金属矿采选业	Mining and Dressing of Nonferrous Metals	5	2	2	40.0
非金属矿采选业	Mining and Dressing of Nonmetal Minerals	5	1		
其他矿采选业	Mining and Dressing of Other Minerals				
木材及竹材采运业	Logging and Transport of Wood and Bamboo	2			
制造业	**Manufacturing**	**1360**	**375**	**419**	**30.8**
食品加工业	Food Processing	28	9	14	50.0
食品制造业	Food Production	19	10	6	31.6
饮料制造业	Beverages	65	19	23	35.4
烟草加工业	Tobacco	56	15	20	35.7
纺织业	Textiles	22	8	10	45.5
服装及纤维制品制造业	Garments and Other Fiber Products	5	5	1	20.0
皮革毛皮羽绒及制品业	Leather, Furs, Down and Related Products	3	2	1	33.3
木材加工及竹藤棕草制品业	Timber Processing, Bamboo, Cane, Palm Fiber and Straw Products	13	3	6	46.2
家具制造业	Furniture Manufacturing				
造纸及纸制品业	Papermaking and Paper Products	44	12	9	20.5
印刷业、记录媒介的复制	Printing and Record Medium Reproduction	10	1	5	50.0
文教体育用品制造业	Cultural, Educational and Sports Goods	5	1		
石油加工及炼焦业	Petroleum Processing and Coking	42	12	16	38.1
化学原料及制品制造业	Raw Chemical Materials and Chemical Products	196	60	61	31.1
医药制造业	Medical and Pharmaceutical Products	65	20	17	26.2
化学纤维制造业	Chemical Fiber	23	7	10	43.5
橡胶制品业	Rubber Products	25	9	6	24.0
塑料制品业	Plastic Products	15	6	6	40.0
非金属矿物制品业	Nonmetal Mineral Products	75	13	20	26.7
黑色金属冶炼及压延加工业	Smelting and Pressing of Ferrous Metals	166	41	50	30.1
有色金属冶炼及压延加工业	Smelting and Pressing of Nonferrous Metals	50	8	14	28.0
金属制品业	Metal Products	12	1	5	41.7
普通机械制造业	Ordinary Machinery	70	11	18	25.7
专用设备制造业	Equipment for Special Purposes	44	9	12	27.3
交通运输设备制造业	Transport Equipment	168	52	36	21.4
电气机械及器材制造业	Electric Equipment and Machinery	63	17	23	36.5
电子及通信设备制造业	Electronic and Telecommunications Equipment	51	16	22	43.1
仪器仪表及文化办公用机械制造业	Instruments, Meters, Cultural and Office Machinery	9	2	4	44.4
其他制造业	Other Manufacturing	16	6	4	25.0
电力、煤气及水的生产和供应业	**Production and Supply of Electric Power, Gas and Water**	**139**	**39**	**46**	**33.1**
电力、蒸汽、热水生产和供应业	Production and Supply of Electric Power, Steam and Hot Water	108	33	39	36.1
煤气的生产和供应业	Production and Supply of Gas	8	1	1	12.5
自来水的生产和供应业	Production and Supply of Tap Water	23	5	6	26.1

6-27 **续表** continued

行业	Sector	施工项目（个）Number of Projects under Construction (unit)	#新开工 Started This Year	全部建成投产项目（个）Number of Projects Completed and Put into Use	项目建成投产率（%）Rate of Projects Completed and Put into Use (%)
建筑业	**Construction**	**5**	**1**	**2**	**40.0**
土木工程建筑业	Civil Engineering Construction	5	1	2	40.0
线路、管道和设备安装业	Installation of lines, Pipelines and Equipment				
建筑物的装修装饰业	Fitting and Decoration of Buildings				
地质勘查、水利管理业	**Geological Prospecting and Water Conservancy**	**21**	**11**	**2**	**9.5**
地质勘查业	Geological Prospecting	1	1	1	100.0
水利管理业	Water Conservancy	20	10	1	5.0
交通运输、仓储及邮电通信业	**Transportation, Storage, Postal and Telecommunications Services**	**201**	**108**	**91**	**45.3**
铁路运输业	Railway Transport	25	8	7	28.0
公路运输业	Highway Transport	31	17	11	35.5
管道运输业	Pipeline Transport				
水上运输业	Waterway Transport	2	1		
航空运输业	Air Transport				
交通运输辅助业	Transport Subsidiary Services	38	14	9	23.7
其他交通运输业	Other Transport				
仓储业	Storage	2		2	100.0
邮电通信业	Postal and Telecommunications Services	103	68	62	60.2
批发和零售贸易餐饮业	**Wholesale & Retail Trade and Catering Services**	**24**	**8**	**8**	**33.3**
食品饮料烟草和家庭用品批发业	Wholesale Trade of Food, Beverage, Tobacco and Household Articles	3	2	1	33.3
能源材料和机械电子设备批发业	Wholesale Trade of Energy, Materials and Electronic Equipment	7	2	2	28.6
其他批发业	Other Wholesale Trade				
零售业	Retail Trade	13	4	5	38.5
商业经纪与代理业	Commercial Brokerage and Agencies	1			
餐饮业	Catering Trade				
金融、保险业	**Banking and Insurance**				
金融业	Banking				
保险业	Insurance				
房地产业	**Real Estate**	**12**	**1**	**4**	**33.3**
房地产开发与经营业	Real Estate Development and Operation	12	1	4	33.3
房地产管理业	Real Estate Management				
房地产代理与经纪业	Real Estate Brokerage and Agencies				
社会服务业	**Social Services**	**102**	**26**	**33**	**32.4**
公共服务业	Public Services	84	23	29	34.5
居民服务业	Resident Services				
旅馆业	Hotels	14	1	3	21.4
租赁服务业	Leasing Services				
旅游业	Tourism				
娱乐服务业	Recreational Services	1	1	1	100.0
信息、咨询服务业	Information and Consultancy Services				
计算机应用服务业	Computer Application Services	3	1		
其他社会服务业	Other Social Services				
卫生体育和社会福利业	**Health Care, Sports and Social Welfare**	**3**	**1**	**2**	**66.7**
卫生	Health Care	1		1	100.0
体育	Sports	2	1	1	50.0
社会福利保障业	Social Welfare and Social Security				
教育、文化艺术和广播电影电视业	**Education, Culture and Arts, Radio, Film and Television**	**3**		**1**	**33.3**
教育	Education	2		1	50.0
文化艺术业	Culture and Arts	1			
广播、电影、电视业	Radio, Film and Television				
科学研究和综合技术服务业	**Scientific Research and Polytechnical Services**	**3**		**1**	**33.3**
科学研究业	Scientific Research	2		1	50.0
综合技术服务业	Polytechnical Services	1			
国家机关、政党机关和社会团体	**Governments, Parties and Social Organizations**	**7**	**1**	**3**	**42.9**
#国家机关	Governments	7	1	3	42.9
政党机关	Parties				
其他行业	**Other Sectors**	**13**	**4**	**4**	**30.8**

6-28 更新改造新增主要产品生产能力

NEWLY INCREASED PRODUCTION CAPACITY THROUGH INNOVATION

能力名称	Item	1995	1996	1997	1998
铁矿开采（万吨/年）	Iron-Ore Mining (10 000 tons/year)	145	88	88	173
铁选矿：（万吨/年）	Iron-Ore Dressing (10 000 tons/year)				
1. 处理原矿	Crude Ore Dressing				
2. 精矿粉	Concentrate Powdered Ore				
铁矿烧结（万吨/年）	Sintering of Iron-Ore (10 000 tons/year)	192	164	220	509
炼焦（万吨/年）	Coking (10 000 tons/year)				
炼铁（万吨/年）	Iron Smelting (10 000 tons/year)	411	175	172	429
炼钢（万吨/年）	Steel-making (10 000 tons/year)	420	231	454	154
初轧（万吨/年）	Rough Rolling (10 000 tons/year)	21	15	41	23
电炉铁合金（万吨/年）	Iron Alloy, Electric Furnace (10 000 tons/year)	4	9	5	3
铜选矿：	Copper Ore Dressing				
处理原矿（万吨/年）	Crude Ore Dressing (10 000 tons/year)	18	20		
铜精矿（吨/年）	Copper Concentrate Ore (ton/year)				
精矿含铜（吨/年）	Copper Content in Concentrate Ore (ton/year)			4747	
煤炭开采（万吨/年）	Coal Mining (10 000 tons/year)	477	456	530	680
天然石油开采（万吨/年）	Petroleum Extraction (10 000 tons/year)	71	14	39	76
硫酸（万吨/年）	Sulfuric Acid (10 000 tons/year)	103	155	98	65
纯碱（万吨/年）	Soda Ash (10 000 tons/year)	48	32	47	28
烧碱（万吨/年）	Caustic Soda (10 000 tons/year)	50	52	27	25
合成氨（万吨/年）	Synthetic Ammonia (10 000 tons/year)	141	229	204	180
化肥（万吨/年）	Chemical Fertilizer (10 000 tons/year)	242	280	240	290
乙烯（吨/年）	Ethylene (ton/year)	173500	216446	98000	280740
塑料（吨/年）	Plastics (ton/year)	244023	196100	279765	263180
轮胎：（万条/年）	Tires (10 000 /year)				
内胎	Inner Tube	712	651	448	245
外胎	Tire (Cover)	601	770	826	334
发电机组容量（万千瓦）	Capacity of Power Generating Sets (10 000 kw/year)	221	231	194	323
#火电	Thermal Power	131	209	181	142
水电	Hydropower	63	19	9	105
其他发电	Other Power	27	3	5	77
汽车制造（辆/年）	Motor Vehicles (unit/year)	151211	339174	187092	253460
#载重汽车制造	Trucks	51421	198617	151232	152000
拖拉机制造（混合台/年）	Tractors (unit/year)	128300	253159	225100	302953
手扶拖拉机制造（混合台/年）	Walking Tractors (unit/year)	46000	71659	200000	220000
蒸汽锅炉（台/年）	Steam Boilers (unit/year)	81	18795	530	20
蒸汽锅炉蒸发量（小时吨/年）	Evaporative Capacity of Steam Boilers (hr. tons/year)	120	5757	4074	
电动机（万千瓦/年）	Electric Motors (10 000 kw/year)	454	211	92	85
金属切削机床制造（台/年）	Metal-Cutting Machine Tools (unit/year)	22996	6100	57761	2580
金属切削机床制造（吨/年）	Metal-Cutting Machine Tools (ton/0year)				
重型机械制造（吨/年）	Heavy-duty Machines (ton/year)	25076			
民用船舶制造（吨/年）	Civilian Ships (ton/year)	78	38	56	14
民用船舶制造（艘/年）	Civilian Ships (vessel/year)	26	14	23	6
胶合板（万立方米/年）	Plywood (10 000 cu. m/year)	6	5	60	19
水泥（万吨/年）	Cement (10 000 tons/year)	1247	2152	1529	1191

6-28 **续表** continued

能力名称	Item	1995	1996	1997	1998
化学纤维 (吨/年)	Chemical Fiber (ton/year)	87938	51170	109156	200175
棉纺锭 (万锭)	Cotton Spindles (10 000 units)	52	50	47	32
棉布织机 (台)	Cotton Loom (unit)	7935	3757	4718	19063
印染布 (万米/年)	Printed and Dyed Cloth (10 000 m/year)	15169	20953	13146	12815
毛纺锭 (锭)	Wool Spindles	36644	31974	22580	12392
机制糖	Machine-processed Sugar				
年生产 (万吨)	Annual Production Capacity (10000 tons)	11	34	31	38
日处理原料 (吨)	Raw Materials Processing (ton/day)	10451	25689	22000	29786
卷烟 (万箱/年)	Cigarettes (10 000 cases/year)	249	168	259	288
酒 (万吨/年)	Liquors (10 000 tons/year)	172	239	337	233
糖果 (吨/年)	Candy (ton/year)	20900	81020	18240	5800
奶粉 (吨/年)	Milk Powder (ton/year)	1700	29080	25515	8620
原盐 (万吨/年)	Raw Salt (10 000 tons/year)	74	10	99	33
机制纸及纸板 (万吨/年)	Machine-made Paper and Paperboards (10 000 tons/year)	232	142	96	86
肥皂 (万箱/年)	Soap (10 000 cases/year)	8	3	10	2
合成洗涤剂 (万吨/年)	Synthetic Detergent (10 000 tons/year)	15	11	25	49
制革 (万张/年)	Tanning (10 000 pcs/year)	1337	262	210	490
皮鞋 (万双/年)	Leather Shoes (10 000 pairs/year)	798	411	180	463
日用搪瓷 (万件/年)	Daily-use Enamelware (10 000 pcs/year)	11	1		50
日用陶瓷 (万件/年)	Daily-use Ceramics (10 000 pcs/year)	7854	11405	3014	14202
热水瓶 (万个/年)	Thermos Bottles (10 000 units/year)	1748	200	1340	950
灯泡 (万只/年)	Bulbs (10 000 units/year)	10154	18698	22990	5853
自行车 (万辆/年)	Bicycles (10 000 units/year)	387		80	
缝纫机 (万架/年)	Sewing Machines (10 000 units/year)	6	3		1
手表 (万只/年)	Wristwatches (10 000 units/year)				
电冰箱 (万台/年)	Refrigerators (10 000 units/year)	82	122	220	222
电视机 (万台/年)	Television Sets (10 000 set/year)	252	150	340	80
录音机 (万台/年)	Tape Recorders (10 000/year)	75		8	50
洗衣机 (万台/年)	Washing Machines (10 000/year)	53	92	94	117
新建铁路交付营业里程 (公里)	Length of Newly Built Railways Put into Operation (km)	4			
新(扩)建港口码头	Newly Built or Expanded Ports				
年吞吐量 (万吨)	Annual Handling Capacity (10 000 tons)	621	337	1876	344
泊位 (个)	Number of Berths (unit)	24	20	41	14
新建公路 (公里)	Length of New Highways (km)	294	307	572	822
改建公路 (公里)	Length of Reconstructed Highways (km)	3130	4053	6790	6413
市内电话交换机 (万门)	Local Telephone Exchange (10 000 lines)	1327	1090	1037	1451
商业石油库 (万立方米)	Commercial Petroleum Depot (10 000cu. m)	30	13	0	3
物资储备石油库 (万立方米)	Petroleum Tanks in Materials Warehouse System (10 000 cu. m)	5	7	1	
商业冷藏库 (万吨)	Commercial Freezers (10 000 tons)	5	3	0	57
粮食仓库 (万平方米)	Grain Storehouses (10 000 sq. m)	5	5	9	18
粮食仓库 (万公斤)	Grain Storehouses (10 000 kg)	10222	18110	56079	56048
商业饮食服务	Commercial Food Services				
网点 (处)	Number of Establishments (unit)	522	448	371	239
网点面积 (万平方米)	Floor Space for services (10 000 sq. m)	116	94	62	79
大专院校学生席位 (个)	Students Capacity of Universities and Colleges	120	810		176
医院病床床位 (个)	Number of Hospital Beds	4545	4779	1765	4555
自来水供水能力 (万吨/日)	Tap Water Supply Capacity (10 000tons/day)	200	187	253	197

6-29 按用途分的更新改造投资和房屋建筑面积
INVESTMENT IN INNOVATION BY PURPOSE AND FLOOR SPACE OF BUILDINGS

年份 Year	按用途分的更新改造投资（亿元） Investment in Innovation by Purpose (100 million yuan)							房屋建筑面积（万平方米） Floor Space of Buildings (10 000 sq. m)			
	增产 Increasing Production	节约能源 Energy Saving	其他节约 Other Saving Measures	增加品种 Increasing Product Variety	提高产品质量 Improving Product Quality	三废治理 Environmental Protection	其他 Others	施工面积 Under Construction	#住宅 Residential Buildings	竣工面积 Completed	#住宅 Residential Buildings
1985	160.35	17.37	1.50	61.30	26.58	9.08	172.96	8784.45	2447.56	4596.04	1434.01
1986	211.20	22.75	2.10	97.88	39.16	11.78	234.34	10515.85	3591.34	5741.57	2070.70
1987	273.25	25.90	1.93	108.61	42.82	14.33	291.75	12318.43	4398.89	6330.23	2328.10
1988	394.78	30.55	2.93	140.12	48.38	16.79	347.00	13963.02	4820.65	6930.15	2467.93
1989	303.08	25.25	2.32	119.00	39.38	14.99	284.76	10616.70	3825.33	5403.15	1995.63
1990	291.95	27.28	2.65	130.10	52.00	14.76	311.45	9179.22	3386.48	4738.65	1771.70
1991	359.48	33.49	4.43	165.75	73.48	19.56	367.04	9270.12	3306.25	4793.31	1694.35
1992	496.47	41.38	5.16	225.97	107.66	23.33	561.13	10815.77	3530.70	5208.79	1750.73
1993	797.79	49.57	9.19	334.88	142.04	32.13	830.25	11337.62	3663.37	5282.45	1748.54
1994	1026.45	79.93	14.94	381.76	177.04	45.67	1192.81	11998.32	4373.66	5638.70	2031.18
1995	1222.17	92.86	10.53	409.58	196.93	47.47	1319.82	10691.39	3886.85	5360.98	1991.92
1996	(1301.97)	(80.84)	(14.95)	(434.35)	(201.79)	(61.35)	(1527.49)	(9619.27)	(3449.37)	(4799.24)	(1847.04)
	1299.96	80.66	14.90	433.54	201.20	61.24	1523.49	9580.36	3441.55	4764.94	1840.50
1997	1389.54	102.19	20.34	417.93	214.77	64.63	1712.54	8470.86	3263.66	4409.81	1771.22
1998	1426.53	103.11	32.46	422.79	245.17	71.17	2215.51	7467.81	2990.87	3861.51	1570.83

6-30 城镇集体单位各行业固定资产投资和新增固定资产（1998年）
INVESTMENT IN FIXED ASSETS OF URBAN COLLECTIVE-OWNED UNITS BY SECTOR (1998)

单位：亿元 (100 million yuan)

行业	Sector	投资额 Investment	新增固定资产 Newly Increased Fixed Assets	固定资产交付使用率(%) Rate of Fixed Assets Put into Use
全国总计	**National Total**	**958.93**	**800.02**	**83.4**
农、林、牧、渔业	Farming, Forestry, Animal Husbandry and Fishery	14.90	11.27	75.6
采掘业	Mining and Quarrying	12.11	9.65	79.7
制造业	Manufacturing	243.36	206.75	85.0
电力、煤气及水的生产和供应业	Production and Supply of Electric Power, Gas and Water	14.65	17.34	118.4
建筑业	Construction	18.92	13.36	70.6
地质勘查、水利管理业	Geological Prospecting and Water Conservancy	3.59	1.49	41.5
交通运输、仓储及邮电通信业	Transportation, Storage, Postal and Telecommunications Services	55.95	37.49	67.0
批发和零售贸易餐饮业	Wholesale, Retail Trade and Catering	67.53	57.67	85.4
金融、保险业	Banking and Insurance	28.79	26.52	92.1
房地产业	Real Estate	417.57	352.54	84.4
社会服务业	Social Services	26.68	20.09	75.3
卫生体育和社会福利业	Health Care, Sports and Social Welfare	7.92	6.06	76.5
教育、文化艺术和广播电影电视业	Education, Culture and Arts, Radio, Film and Television	11.15	9.83	88.2
科学研究和综合技术服务业	Scientific Research and Polytechnical Services	0.99	0.36	36.4
国家机关、政党机关和社会团体	Governments, Parties and Social Organizations	14.13	12.67	89.7
其他行业	Other Sectors	20.71	16.94	81.8

6-31 各地区城镇集体单位按构成分的固定资产投资和房屋建筑面积

INVESTMENT IN FIXED ASSETS OF URBAN COLLECTIVE-OWNED UNITS BY USE OF FUNDS AND FLOOR SPACE OF BUILDINGS BY REGION

年份 地区 Year Region	合计(亿元) Total Investment (100 million yuan)	建筑安装工程 Construction and Installation	设备工具器具购置 Purchase of Equipment and Instruments	其他费用 Others	房屋建筑面积(万平方米) Floor Space of Buildings(10 000 sq. m) 施工面积 Under Construction	#住宅 Residential Buildings	竣工面积 Completed	#住宅 Residential Buildings
1985	128.23	71.28	51.20	5.75	5087.10	1606.90	2746.30	896.60
1986	146.39	77.06	61.90	7.43	4963.50	1671.60	2869.40	973.70
1987	181.30	96.25	71.77	13.28	5311.69	1516.91	2959.38	883.56
1988	254.97	131.76	104.57	18.65	5853.96	1528.39	3303.85	900.88
1989	185.63	98.94	72.27	14.41	4323.40	1256.99	2477.70	701.80
1990	163.38	84.81	69.18	9.39	3357.93	1085.76	1970.45	636.17
1991	203.83	106.51	84.84	12.48	3828.53	1110.36	2112.81	639.00
1992	364.49	182.52	159.91	22.05	5412.32	1418.52	2766.74	752.62
1993	686.12	381.97	253.44	50.71	6318.01	2176.48	3342.14	1129.77
1994	770.27	455.89	270.06	44.32	5060.25	1842.81	3086.87	1128.89
1995	921.74	616.06	167.08	138.61	12229.83	7677.71	5459.69	3286.38
1996	(858.31)	(565.92)	(176.52)	(115.87)	(10999.99)	(6650.62)	(5059.03)	(2966.39)
	849.24	560.71	172.91	115.62	10879.67	6615.88	4958.59	2939.13
1997	795.24	543.82	141.18	110.23	10094.11	6277.70	4927.40	3012.26
1998	958.93	654.10	165.31	139.52	11205.85	7085.82	5542.54	3492.10
北京 Beijing	26.10	21.02	2.36	2.72	299.56	210.04	141.71	104.13
天津 Tianjin	12.54	8.93	1.28	2.32	169.14	102.44	64.65	42.44
河北 Hebei	65.10	37.79	22.56	4.74	502.62	227.90	306.08	113.84
山西 Shanxi	10.99	7.08	2.98	0.94	118.83	82.57	48.70	30.69
内蒙古 Inner Mongolia	6.14	5.02	0.60	0.53	77.47	55.02	42.48	28.19
辽宁 Liaoning	39.18	29.68	4.26	5.24	550.88	364.01	310.61	203.10
吉林 Jilin	9.89	6.94	1.98	0.97	69.70	33.13	39.96	24.07
黑龙江 Heilongjiang	8.04	6.54	0.95	0.55	129.56	75.30	61.47	38.80
上海 Shanghai	70.67	51.61	4.19	14.87	977.99	796.17	373.78	324.17
江苏 Jiangsu	119.55	75.84	28.96	14.75	949.40	592.19	636.24	390.95
浙江 Zhejiang	73.90	45.90	14.92	13.08	867.36	480.66	441.74	255.34
安徽 Anhui	24.80	17.72	4.52	2.56	323.93	209.05	179.69	117.36
福建 Fujian	33.16	21.66	5.73	5.76	417.41	258.55	145.82	77.85
江西 Jiangxi	9.14	6.10	2.10	0.95	131.68	82.64	80.71	45.96
山东 Shandong	71.34	45.58	21.55	4.21	792.71	510.27	420.68	278.27
河南 Henan	32.04	19.33	9.41	3.30	343.26	151.29	200.46	85.85
湖北 Hubei	29.43	20.54	5.85	3.04	284.48	160.17	180.62	98.63
湖南 Hunan	15.61	11.37	1.35	2.88	249.91	142.33	117.48	67.35
广东 Guangdong	161.55	117.37	12.61	31.57	2111.20	1446.99	898.40	633.59
广西 Guangxi	12.11	7.75	2.59	1.77	164.32	89.95	82.86	46.06
海南 Hainan	15.96	11.31	0.68	3.97	43.46	26.90	16.75	12.26
重庆 Chongqing	16.67	12.31	2.02	2.34	333.10	219.24	152.71	107.01
四川 Sichuan	48.18	33.25	3.87	11.06	655.41	405.74	286.75	185.46
贵州 Guizhou	4.88	3.48	0.33	1.07	114.15	75.92	36.49	26.21
云南 Yunnan	13.55	8.51	3.51	1.52	133.99	59.65	76.57	28.46
西藏 Tibet	0.41	0.39		0.01	8.28	0.05	1.61	0.05
陕西 Shaanxi	7.92	5.92	0.81	1.19	120.80	60.42	54.01	32.56
甘肃 Gansu	8.12	6.12	1.06	0.95	119.64	79.59	60.58	41.27
青海 Qinghai	1.23	0.96	0.21	0.06	18.34	11.22	9.22	5.76
宁夏 Ningxia	2.97	2.41	0.29	0.27	53.77	36.10	31.79	21.34
新疆 Xinjiang	7.77	5.63	1.80	0.34	73.50	40.33	41.93	25.05

6-32 各地区城镇集体单位按国民经济行业分的固定资产投资（1998年）

单位：亿元

年份地区 Year Region		合计 Total	农、林、牧、渔业 Farming, Forestry, Animal Husbandry and Fishrey	采掘业 Mining and Quarrying	制造业 Manufacturing	电力、煤气及水的生产和供应业 Production and Supply of Electric Power, Gas and Water	建筑业 Construction	地质勘查业水利管理业 Geological Prospecting and Water Conservancy
全国	**National Total**	**958.93**	**14.90**	**12.11**	**243.36**	**14.65**	**18.92**	**3.59**
北京	Beijing	26.10	0.06		4.94		0.27	
天津	Tianjin	12.54			0.35	0.05	0.01	
河北	Hebei	65.10	3.76	1.79	28.52	0.55	2.73	0.22
山西	Shanxi	10.99	0.19	0.29	5.15	0.84	0.11	0.02
内蒙古	Inner Mongolia	6.14	0.04	0.46	1.46	0.01	0.28	
辽宁	Liaoning	39.18	2.54	0.25	4.97	0.01	1.13	
吉林	Jilin	9.89	0.13	0.29	5.32		0.17	0.01
黑龙江	Heilongjiang	8.04	0.01	0.14	1.83		0.66	
上海	Shanghai	70.67	0.47		4.44		0.22	
江苏	Jiangsu	119.55	0.64	0.17	40.80	2.72	1.73	0.66
浙江	Zhejiang	73.90	0.17	0.17	20.06	1.30	0.53	0.02
安徽	Anhui	24.80	0.43	1.05	7.41	0.22	0.35	0.02
福建	Fujian	33.16	0.51	0.18	8.44	1.65	0.27	0.05
江西	Jiangxi	9.14	0.05	0.39	3.01	0.16	0.12	
山东	Shandong	71.34	0.12	3.43	31.51	0.36	1.22	
河南	Henan	32.04	1.43	0.95	14.30	0.25	0.83	0.09
湖北	Hubei	29.43	0.50	0.38	8.74	0.26	0.49	0.01
湖南	Hunan	15.61	0.30	0.15	2.56	0.87	0.53	0.04
广东	Guangdong	161.55	1.18	0.01	19.98	2.65	4.25	2.25
广西	Guangxi	12.11	0.88	0.12	3.49	0.59	0.15	
海南	Hainan	15.96	0.55	0.07	0.53	0.01	0.04	
重庆	Chongqing	16.67	0.24	0.09	3.48	0.05	0.40	
四川	Sichuan	48.18	0.24	0.32	7.92	0.97	0.80	0.05
贵州	Guizhou	4.88	0.03	0.09	1.04	0.02	0.04	0.01
云南	Yunnan	13.55	0.12	0.34	6.42	0.80	0.31	
西藏	Tibet	0.41	0.06		0.21			
陕西	Shaanxi	7.92	0.10	0.29	1.89	0.04	0.33	
甘肃	Gansu	8.12	0.11	0.54	1.62	0.16	0.17	
青海	Qinghai	1.23	0.02		0.39	0.07	0.10	
宁夏	Ningxia	2.97			0.53		0.07	
新疆	Xinjiang	7.77	0.01	0.16	2.05	0.05	0.60	0.13

INVESTMENT IN FIXED ASSETS OF URBAN COLLECTIVE OWNED UNITS BY SECTOR AND BY REGION (1998)

(100 million yuan)

交通运输仓储和邮电通信业 Transportation, Storage, Postal and Telecommunications Services	批发零售贸易和餐饮业 Wholesale & Retail Trade and Catering Services	金融、保险业 Banking and Insurance	房地产业 Real Estate	社会服务业 Social Services	卫生体育和社会福利业 Health Care, Sports and Social Welfare	教育、文化艺术和广播电影电视业 Education, Culture, Arts, Radio, Film and Television	科学研究和综合技术服务事业 Scientific Research and Polytechnical Services	国家机关、政党机关和社会团体 Governments, Parties and Social Organizations	其他行业 Others
55.95	**67.53**	**28.79**	**417.57**	**26.68**	**7.92**	**11.15**	**0.99**	**14.13**	**20.71**
0.14	0.84	0.07	14.39	0.18	0.09	0.13	0.32	0.48	4.20
0.07	0.28	0.55	10.72	0.02		0.27		0.17	0.05
1.68	7.53	2.72	8.51	2.24	0.38	1.70	0.02	1.60	1.15
0.03	0.94	0.57	2.36	0.07	0.05	0.16		0.05	0.16
0.06	0.23	0.26	3.08	0.03	0.03			0.13	0.07
1.62	3.29	1.66	22.44	0.76	0.04	0.18		0.15	0.15
0.04	1.00	0.49	1.95	0.01	0.16	0.22		0.09	
0.03	1.51	0.83	2.05	0.17	0.01			0.66	0.14
0.07	1.08		63.59	0.32	0.10	0.10	0.08	0.12	0.08
6.70	11.35	1.78	44.36	2.26	1.45	2.34		0.74	1.85
2.63	4.91	3.59	32.58	4.80	0.91	1.43	0.05	0.25	0.49
0.47	2.48	0.33	10.44	0.89	0.09	0.19		0.24	0.19
2.09	1.55	0.43	15.43	0.89	0.38	0.30	0.03	0.80	0.16
0.10	0.82	0.37	3.23	0.44	0.05	0.09		0.18	0.13
1.47	3.86	2.65	22.41	1.91	0.18	0.16	0.04	1.24	0.78
0.63	2.94	2.27	4.77	1.03	0.77	0.40	0.05	0.76	0.58
1.14	4.67	1.05	6.59	0.71	0.35	0.28	0.02	1.67	2.56
0.51	3.10	1.65	4.45	0.55	0.14	0.06		0.38	0.33
14.50	3.11	2.36	93.22	5.18	0.41	2.44	0.07	3.50	6.42
1.01	1.38	0.70	2.93	0.37	0.03	0.11		0.13	0.21
12.58	0.15	0.03	1.52	0.14	0.02	0.15		0.12	0.05
1.11	1.29	0.19	8.94	0.40	0.19	0.02		0.13	0.15
6.19	3.45	2.07	22.32	1.24	1.80	0.10	0.30	0.18	0.25
0.05	0.29	0.05	3.07	0.14	0.01			0.01	0.03
0.33	1.42	0.63	1.55	0.95	0.02	0.07		0.27	0.31
0.15	1.13	0.73	2.37	0.48	0.17	0.17		0.03	0.03
0.28	0.61	0.48	3.72	0.23	0.04	0.02		0.07	0.08
0.02	0.24	0.03	2.02	0.06					
0.25	1.87	0.23	2.15	0.13	0.05	0.01			0.11

6-33 城镇和工矿区个人建房

BUILDING CONSTRUCTION BY INDIVIDUALS IN CITIES AND TOWNS AND IN INDUSTRIAL AND MINING AREAS

年份 地区 Year Region	城镇工矿区个数(个) Number of Cities, Towns, Industrial and Mining Areas	建房户数(户) Number of Households with Building Construction (unit)	竣工房屋建筑面积(万平方米) Floor Space of Buildings Completed (10 000 sq. m)	#住宅 Residential Buildings	竣工房屋价值(万元) Value of Buildings Completed (10 000 yuan)	#住宅 Residential Buildings
1985	5941	910362	7081.36	6306.80	567917	493872
1986	7182	1005549	8115.37	7234.80	745623	654192
1987	7110	1061119	9120.19	8294.36	1005133	899614
1988	7845	1108554	10526.83	9433.15	1568475	1401141
1989	8590	945178	8565.38	7822.55	1402278	1260234
1990	8304	775011	7180.55	6492.93	1247034	1103317
1991	8637	773083	7554.40	6808.24	1403230	1250861
1992	9367	919069	9673.43	8586.22	2164663	1897651
1993	10170	1052853	11463.44	9812.95	3385002	2804212
1994	11728	1234606	14098.18	12268.36	4513203	3870038
1995	12189	1279426	15194.84	13333.90	5523894	4770290
1996	13214	1294859	16556.86	14518.78	6552198	5629097
1997	21218	1338976	17570.24	15165.03	7041112	5938633
1998	14943	1552136	20781.49	18227.39	8485630	7272165
北京 Beijing	15	8169	35.25	31.27	22672	18691
天津 Tianjin	83	8343	99.51	89.04	51253	44499
河北 Hebei	808	98452	1390.47	1146.62	636139	514786
山西 Shanxi	426	24011	259.38	229.52	115645	103252
内蒙古 Inner Mongolia	308	27745	289.40	257.54	120851	109102
辽宁 Liaoning	273	27525	256.88	216.31	150148	124145
吉林 Jilin	495	27093	278.72	231.07	134108	106247
黑龙江 Heilongjiang	165	61834	525.10	453.55	272135	216299
上海 Shanghai	23	3961	25.36	25.13	14120	13926
江苏 Jiangsu	724	93620	1139.17	1010.84	492803	419355
浙江 Zhejiang	842	100110	1831.94	1645.92	856050	744775
安徽 Anhui	658	80823	908.72	770.60	392103	320234
福建 Fujian	494	70050	1284.57	1175.60	626212	560415
江西 Jiangxi	594	54106	887.98	767.04	259408	222413
山东 Shandong	1065	102956	1096.19	851.85	471993	360811
河南 Henan	654	167216	1834.98	1576.07	723808	614325
湖北 Hubei	841	74603	1293.79	1178.14	453513	409925
湖南 Hunan	1070	82491	1519.21	1369.48	541658	475592
广东 Guangdong	347	50625	968.04	894.82	481230	443765
广西 Guangxi	738	128069	1718.90	1627.45	551589	516154
海南 Hainan	173	8836	190.32	172.03	104041	94642
重庆 Chongqing	514	32576	390.71	333.15	127740	105632
四川 Sichuan	1545	99739	1048.25	877.98	351699	291576
贵州 Guizhou	591	29911	428.98	376.19	110186	99973
云南 Yunnan	248	19063	303.20	258.24	132648	109028
西藏 Tibet	262	2029	45.46	41.85	12870	11774
陕西 Shaanxi	579	32024	384.48	329.81	154110	120144
甘肃 Gansu	177	16891	142.99	118.51	44054	37114
青海 Qinghai	62	3433	27.87	23.82	11490	7305
宁夏 Ningxia	42	2697	24.22	18.79	8964	6238
新疆 Xinjiang	127	13135	151.45	129.16	60390	50028

6-34 农村个人固定资产投资和建房

INDIVIDUAL INVESTMENT IN FIXED ASSETS AND BUILDING CONSTRUCTION IN RURAL AREAS

年份 地区 Year Region	投资总额（亿元）Total Investment (100 million yuan)	竣工房屋投资 Investment in Buildings Completed		购买生产性固定资产投资 Investment in Purchase of Productive Fixed Assets	施工房屋建筑面积（万平方米）Floor Space of Buildings Under Construction (10 000 sq. m)	竣工房屋建筑面积（万平方米）Floor Space of Buildings Completed (10 000 sq. m)		竣工房屋造价（元/平方米）Cost of Buildings Completed (yuan/sq. m)	
		小计 Subtotal	#住宅 Residential Buildings			总计 Total	#住宅 Residential Buildings	总计 Total	#住宅 Residential Buildings
1985	478.43	350.13	313.15	128.30		78973	69542	44	45
1986	574.82	503.00	388.56	71.82	109622	103225	94468	49	41
1987	695.35	603.17	487.21	92.18	100923	96477	85524	63	57
1988	865.23	741.22	580.97	124.01	92781	89092	80799	83	72
1989	892.03	794.15	641.68	97.88	74906	71026	66134	112	97
1990	876.47	777.14	649.78	99.33	76819	71136	67812	109	96
1991	1042.56	912.48	759.25	130.08	85405	79501	74193	115	102
1992	1005.52	937.51	678.52	68.00	83392	65338	60442	143	112
1993	1137.73	1015.37	760.26	122.36	57432	56012	46129	181	165
1994	1519.24	1315.92	1002.73	203.32	72283	65390	57646	201	174
1995	2007.85	1709.41	1349.85	298.45	78192	73522	66230	233	204
1996	2544.03	2250.87	1766.40	293.16	96115	87277	79531	258	222
1997	2691.16	2405.80	1890.65	285.36	89309	85888	77287	280	245
1998	2681.52	2402.24	1907.23	279.28	89099	83864	77031	286	248
北京 Beijing	19.67	19.09	13.81	0.58	233	233	202	819	684
天津 Tianjin	6.87	6.05	4.41	0.81	123	123	102	492	432
河北 Hebei	132.00	117.29	89.59	14.71	3463	3255	2967	360	302
山西 Shanxi	32.04	27.86	22.49	4.19	831	625	619	446	363
内蒙古 Inner Mongolia	40.99	29.84	17.94	11.15	1382	1216	875	245	205
辽宁 Liaoning	73.64	65.84	52.41	7.80	1888	1888	1721	349	305
吉林 Jilin	28.27	21.93	13.00	6.34	601	376	376	583	346
黑龙江 Heilongjiang	36.43	23.20	14.07	13.23	553	553	452	420	311
上海 Shanghai	14.31	14.25	12.58	0.06	237	237	229	601	549
江苏 Jiangsu	271.29	255.39	220.82	15.90	6772	6614	6139	386	360
浙江 Zhejiang	250.22	232.36	187.02	17.85	5271	5024	4746	463	394
安徽 Anhui	118.27	100.46	80.29	17.81	4673	4478	4228	224	190
福建 Fujian	111.70	108.69	84.40	3.01	2871	2735	2624	397	322
江西 Jiangxi	83.62	75.23	56.30	8.38	3816	3570	3438	211	164
山东 Shandong	207.74	163.95	125.71	43.78	7916	6810	6005	241	209
河南 Henan	193.10	159.72	117.77	33.38	6920	6920	6654	231	177
湖北 Hubei	109.95	104.82	86.76	5.13	5124	5124	4085	205	212
湖南 Hunan	175.98	166.95	147.14	9.03	7864	7490	7115	223	207
广东 Guangdong	232.37	226.74	199.77	5.63	6987	6192	5965	366	335
广西 Guangxi	98.05	91.64	81.30	6.41	4163	3745	3698	245	220
海南 Hainan	4.91	4.51	4.28	0.40	188	188	188	240	228
重庆 Chongqing	46.18	43.57	37.25	2.61	2415	2395	2258	182	165
四川 Sichuan	140.81	133.36	102.19	7.45	6206	6055	5469	220	187
贵州 Guizhou	41.20	37.66	23.07	3.54	1843	1540	1321	245	175
云南 Yunnan	79.88	71.41	41.99	8.47	2207	2004	1685	356	249
西藏 Tibet									
陕西 Shaanxi	55.70	46.36	38.09	9.34	2088	1990	1642	233	232
甘肃 Gansu	24.93	20.60	10.82	4.33	955	975	904	211	120
青海 Qinghai	4.19	2.77	2.02	1.41	198	198	172	140	117
宁夏 Ningxia	12.08	9.66	6.71	2.42	510	510	432	189	155
新疆 Xinjiang	35.15	21.03	13.22	14.12	801	801	720	263	184

6-35 房地产开发企业基本情况（1998年）
BASIC CONDITIONS OF ENTERPRISES FOR REAL ESTATE DEVELOPMENT (1998)

地区 Region		开发公司个数（个）Number of Development Companies (Unit)	#国有经济 State-owned	#集体经济 Collective-owned	#外商投资经济 Foreign Funded	#港澳台投资经济 Funded by Entrepreneurs from Hong Kong, Macao and Taiwan	年平均职工人数（人）Annual Average Number of Staff and Workers (person)
全国	**National Total**	**24378**	**8395**	**5090**	**1204**	**3214**	**825888**
北京	Beijing	462	175	18	54	127	31183
天津	Tianjin	500	193	74	32	51	15081
河北	Hebei	376	209	55	17	27	15224
山西	Shanxi	259	150	48	5	16	12028
内蒙古	Inner Mongolia	212	80	32	4	2	10327
辽宁	Liaoning	1224	448	247	78	111	38155
吉林	Jilin	190	109	11	9	19	9484
黑龙江	Heilongjiang	341	183	34	5	23	18160
上海	Shanghai	2601	801	435	101	206	90457
江苏	Jiangsu	1893	700	541	106	248	58542
浙江	Zhejiang	1761	525	462	51	110	40069
安徽	Anhui	824	295	180	30	67	22160
福建	Fujian	1783	415	276	199	576	35365
江西	Jiangxi	403	192	63	23	55	14001
山东	Shandong	1107	436	299	52	133	45315
河南	Henan	655	271	137	30	66	22711
湖北	Hubei	1000	427	107	63	189	37224
湖南	Hunan	605	271	76	21	83	17322
广东	Guangdong	3936	1196	1231	97	674	124692
广西	Guangxi	538	186	93	35	95	13606
海南	Hainan	127	43	12	11	34	3585
重庆	Chongqing	991	206	143	66	95	50088
四川	Sichuan	1003	258	259	23	71	45440
贵州	Guizhou	361	109	71	27	38	12685
云南	Yunnan	284	152	14	11	20	8527
西藏	Tibet	6	3	1			111
陕西	Shaanxi	323	149	44	14	29	12015
甘肃	Gansu	321	92	73	34	33	8292
青海	Qinghai	63	21	10	1	4	2008
宁夏	Ningxia	95	42	24	3	4	6115
新疆	Xinjiang	134	58	20	2	8	5916

6-36 房地产开发经营情况
REAL ESTATE DEVELOPMENT AND MANAGEMENT

单位:万元　　　　(10 000 yuan)

年份 地区 Year Region	经营总收入 Total Revenue	土地转让收入 Land Transferred	商品房屋销售收入 Commercial Houses Sold	房屋出租收入 Houses Leased	其他收入 Others	经营税金及附加 Business Tax and Extra Charges	营业利润 Operating Surplus
1987			1100967				
1988	1621234	78573	1472164	8826	61671		130408
1989	1795114	74680	1637541	10970	71923		78598
1990	2187081	87145	2018263	22610	59063		179252
1991	2840325	153810	2378597	39221	268697	205551	275239
1992	5285565	427420	4265938	59617	532590	414435	635196
1993	11359074	839281	8637141	106348	1776304	965917	1559223
1994	12881866	959357	10184950	172817	1564742	951029	1674350
1995	17316624	1943981	12582817	257927	2531899	903047	1434087
1996	19687850	1203378	15337647	299899	2846926	927779	179805
1997	22184557	1032847	17552061	387878	3211770	1042143	−103462
1998	30583079	1322454	25155108	493192	3612325	1388134	964443
北京 Beijing	2573182	101477	1908598	41173	521934	121195	−330434
天津 Tianjin	628770	14508	501978	16462	95822	43754	1099
河北 Hebei	406763	8353	344318	2960	51132	17252	−28843
山西 Shanxi	160909	2623	125573	1426	31287	7982	331
内蒙古 Inner Mongolia	135912	3763	119951	386	11812	5279	−3869
辽宁 Liaoning	1270884	16176	1177986	19592	57130	63546	−98976
吉林 Jilin	247987	3123	234354	1171	9339	8787	−8458
黑龙江 Heilongjiang	462264	2409	443668	428	15759	20023	−11506
上海 Shanghai	6741176	301398	4687639	138410	1613729	229597	1332874
江苏 Jiangsu	2012713	52468	1839208	23895	97142	96895	12783
浙江 Zhejiang	2249466	32777	2118908	15999	81782	114221	55037
安徽 Anhui	505641	13181	464519	2495	25446	25549	−6176
福建 Fujian	1253808	56187	1071224	8904	117493	63118	−9401
江西 Jiangxi	162806	6915	144844	2060	8987	8552	−10153
山东 Shandong	975378	34695	889165	4941	46577	46917	62
河南 Henan	361808	13176	291558	12390	44684	15388	−24749
湖北 Hubei	660200	21989	584295	6976	46940	27214	−47100
湖南 Hunan	235162	32816	185932	1804	14610	11235	−13456
广东 Guangdong	6397676	407667	5367828	141608	480573	318466	341324
广西 Guangxi	241573	35028	192719	4960	8866	14103	−25011
海南 Hainan	84271	43713	34358	1130	5070	6485	−35529
重庆 Chongqing	734049	26423	607861	18032	81733	29298	−86616
四川 Sichuan	898636	46044	774352	11844	66396	42203	−2626
贵州 Guizhou	139978	4751	119103	3428	12696	7922	−15741
云南 Yunnan	425458	18783	392008	3079	11588	18659	11261
西藏 Tibet	5413		3674	851	888	151	3904
陕西 Shaanxi	253820	18167	219359	841	15453	8025	−20016
甘肃 Gansu	110814	1032	100804	652	8326	5182	−13220
青海 Qinghai	22794	2766	16983	68	2977	1030	−582
宁夏 Ningxia	71836	46	67441	618	3731	3422	883
新疆 Xinjiang	151932		124900	4609	22423	6684	−2653

6-37 商品房屋销售情况
SELLING OF COMMERCIAL HOUSES

年份 地区 Year Region		实际销售商品房屋面积（万平方米） Floor Space of Commercial Houses Actually Sold (10 000 sq. m)	#住宅 Residential Buildings	个人购买商品住宅（万平方米） Commercial Houses Purchased by Individuals (10 000 sq. m)	商品房屋销售额（万元） Total Sales of Commercial Houses (10 000 yuan)	#住宅 Residential Buildings
1986			1834.95	256.11		
1987		2697.24	2376.72	426.66	1100967	
1988		2927.33	2549.12	722.56	1472164	
1989		2855.36	2491.38	805.49	1637542	
1990		2871.54	2544.61	730.85	2018263	
1991		3025.46	2745.17	926.55	2378597	2075979
1992		4288.86	3812.21	1456.01	4265938	3798493
1993		6687.91	6035.19	2943.39	8637141	7291913
1994		7230.35	6118.03	3344.53	10184950	7305208
1995		7905.94	6787.03	3344.81	12577269	10240705
1996		7900.41	6898.46	3666.82	14271292	11069006
1997		9010.17	7864.30	5233.72	17994763	14075553
1998		12185.33	10827.08	7792.62	25133027	20068676
北　京	Beijing	409.20	376.99	151.89	2143836	1797999
天　津	Tianjin	249.39	233.41	179.16	580120	529614
河　北	Hebei	293.86	272.47	156.62	411690	364213
山　西	Shanxi	124.74	117.86	84.52	123339	113393
内蒙古	Inner Mongolia	115.22	99.72	81.50	115494	91430
辽　宁	Liaoning	664.75	577.20	381.21	1198862	971718
吉　林	Jilin	165.94	143.98	110.70	214569	161814
黑龙江	Heilongjiang	301.99	266.76	218.15	446053	363885
上　海	Shanghai	1141.91	1056.77	785.26	3988177	3197633
江　苏	Jiangsu	1321.40	1176.57	950.62	2100217	1699631
浙　江	Zhejiang	1192.36	1031.00	808.23	2151768	1644769
安　徽	Anhui	405.19	352.89	189.58	453996	351988
福　建	Fujian	515.20	441.67	331.57	1050962	787052
江　西	Jiangxi	186.47	153.33	119.53	138757	91695
山　东	Shandong	698.13	615.21	351.88	921355	764277
河　南	Henan	279.61	262.94	174.01	273192	247047
湖　北	Hubei	437.65	381.61	250.68	705618	469323
湖　南	Hunan	191.87	170.74	147.70	193702	155819
广　东	Guangdong	1538.93	1354.10	1068.72	5302203	4163369
广　西	Guangxi	175.21	159.97	137.77	256323	207145
海　南	Hainan	20.98	18.75	10.06	34358	30857
重　庆	Chongqing	416.82	359.73	261.87	554786	417609
四　川	Sichuan	586.58	528.91	420.24	711498	581473
贵　州	Guizhou	94.93	85.03	62.70	119806	91889
云　南	Yunnan	233.56	205.16	78.66	391440	314109
西　藏	Tibet	3.71	3.61	1.03	3621	3021
陕　西	Shaanxi	182.32	168.01	141.44	235765	201445
甘　肃	Gansu	77.56	70.96	43.20	99637	83962
青　海	Qinghai	12.78	12.30	5.85	16225	15423
宁　夏	Ningxia	63.77	53.49	36.91	77272	56271
新　疆	Xinjiang	83.29	75.97	51.34	118386	98803

6-38 各地区房地产开发建设投资总规模及完成投资（1998 年）

GENERAL SCALE OF AND ACTUALLY COMPLETED INVESTMENT IN REAL ESTATE DEVELOPMENT BY REGION (1998)

单位:亿元 (100 million yuan)

地　区 Region	实际需要总投资 Total Investment Actually Needed	自开始建设至本年底累计完成投资 Accumulative Investment Actually Made Since Starting of Construction up to the End of This Year	#本年完成 Investment Made in This Year	全部建成尚需投资 Further Investment Required for the Completion of Construction
全　国 National Total	**19623.04**	**10515.44**	**3614.23**	**9107.60**
北　京 Beijing	3194.89	1418.60	377.40	1776.29
天　津 Tianjin	425.10	226.16	106.70	198.94
河　北 Hebei	199.28	108.17	61.27	91.11
山　西 Shanxi	108.26	48.69	27.87	59.57
内蒙古 Inner Mongolia	53.54	27.16	22.81	26.38
辽　宁 Liaoning	614.58	384.60	150.38	229.98
吉　林 Jilin	108.02	69.74	36.38	38.28
黑龙江 Heilongjiang	141.28	106.53	58.73	34.75
上　海 Shanghai	3495.81	2172.80	577.12	1323.01
江　苏 Jiangsu	954.56	575.13	300.24	379.43
浙　江 Zhejiang	891.58	570.78	226.69	320.80
安　徽 Anhui	205.34	112.61	57.82	92.73
福　建 Fujian	1309.72	586.73	165.63	722.99
江　西 Jiangxi	101.95	53.73	27.12	48.22
山　东 Shandong	545.46	334.57	131.90	210.89
河　南 Henan	261.09	153.45	58.10	107.64
湖　北 Hubei	722.83	383.55	131.23	339.28
湖　南 Hunan	214.20	105.62	42.12	108.58
广　东 Guangdong	4026.70	2032.26	602.72	1994.44
广　西 Guangxi	257.51	132.52	32.68	124.99
海　南 Hainan	93.73	43.19	10.24	50.54
重　庆 Chongqing	511.95	238.93	97.30	273.02
四　川 Sichuan	393.97	237.35	119.52	156.62
贵　州 Guizhou	87.22	46.03	19.42	41.19
云　南 Yunnan	219.69	133.42	64.73	86.27
西　藏 Tibet	1.58	0.69	0.66	0.89
陕　西 Shaanxi	318.51	112.67	51.35	205.84
甘　肃 Gansu	86.25	47.53	21.27	38.72
青　海 Qinghai	21.79	12.46	8.65	9.33
宁　夏 Ningxia	19.14	13.35	11.30	5.79
新　疆 Xinjiang	37.50	26.41	14.86	11.09

6-39 各地区房地产开发建设房屋建筑面积和造价（1998年）
FLOOR SPACE OF BUILDINGS AND THEIR COST IN REAL ESTATE DEVELOPMENT BY REGION (1998)

地区 Region		施工房屋面积（万平方米） Floor Space of Buildings under Construction (10 000 sq. m)	竣工房屋面积（万平方米） Floor Space of Buildings Completed (10 000 sq. m)	房屋建筑面积竣工率（%） Rate of Floor Space of Buildings Completed(%)	竣工房屋价值（万元） Value of Buildings Completed (10 000 yuan)	竣工房屋造价（元/平方米） Cost of Buildings Completed (yuan/sq. m)
全　国	**National Total**	**50770.14**	**17566.60**	**34.6**	**21391927**	**1218**
北　京	Beijing	3499.06	842.81	24.1	1927910	2287
天　津	Tianjin	1379.77	428.74	31.1	633277	1477
河　北	Hebei	1169.47	480.78	41.1	397584	827
山　西	Shanxi	528.37	205.72	38.9	162817	791
内蒙古	Inner Mongolia	368.46	178.74	48.5	150360	841
辽　宁	Liaoning	2371.68	1007.70	42.5	924671	918
吉　林	Jilin	556.04	281.25	50.6	229109	815
黑龙江	Heilongjiang	907.84	471.35	51.9	381370	809
上　海	Shanghai	5416.10	1565.34	28.9	3936445	2515
江　苏	Jiangsu	3809.78	1824.62	47.9	1718789	942
浙　江	Zhejiang	3420.43	1403.20	41.0	1620532	1155
安　徽	Anhui	1228.58	554.16	45.1	352997	637
福　建	Fujian	2748.79	578.74	21.1	692656	1197
江　西	Jiangxi	679.84	251.93	37.1	191222	759
山　东	Shandong	2396.44	985.06	41.1	781947	794
河　南	Henan	1175.96	392.03	33.3	284124	725
湖　北	Hubei	1857.22	735.68	39.6	846667	1151
湖　南	Hunan	890.74	328.19	36.8	267942	816
广　东	Guangdong	8130.79	2319.09	28.5	3610833	1557
广　西	Guangxi	662.74	240.15	36.2	198957	828
海　南	Hainan	147.64	24.92	16.9	28756	1154
重　庆	Chongqing	2058.35	598.63	29.1	510767	853
四　川	Sichuan	2140.35	756.95	35.4	530641	701
贵　州	Guizhou	478.27	145.91	30.5	107895	739
云　南	Yunnan	767.88	299.70	39.0	352179	1175
西　藏	Tibet	21.36	5.08	23.8	4718	929
陕　西	Shaanxi	957.79	262.60	27.4	223471	851
甘　肃	Gansu	389.74	121.26	31.1	97658	805
青　海	Qinghai	150.13	57.39	38.2	48124	839
宁　夏	Ningxia	207.91	124.60	59.9	84846	681
新　疆	Xinjiang	252.61	94.28	37.3	92663	983

主 要 统 计 指 标 解 释

全社会固定资产投资 固定资产投资是社会固定资产再生产的主要手段。通过建造和购置固定资产的活动，国民经济不断采用先进技术装备，建立新兴部门，进一步调整经济结构和生产力的地区分布，增强经济实力，为改善人民物质文化生活创造物质条件。这对我国的社会主义现代化建设具有重要意义。

固定资产投资额是以货币表现的建造和购置固定资产活动的工作量，它是反映固定资产投资规模、速度、比例关系和使用方向的综合性指标。全社会固定资产投资按登记注册类型可分为国有、集体、股份合作、联营、有限责任公司、股份有限公司、港澳台商、外商、个人投资等。按照我国现行计划管理体制，全社会固定资产投资总额分为基本建设、更新改造、房地产开发投资和其他固定资产投资四个部分。其他固定资产投资中的城乡集体投资包括城镇集体投资和农村集体投资。城乡居民个人投资包括城市、县城、镇、工矿区所辖范围内的个人建房和农村个人建房及购买生产性固定资产的投资。

基本建设投资 基本建设指企业、事业、行政单位以扩大生产能力或工程效益为主要目的的新建、扩建工程及有关工作。其综合范围为总投资50万元以上（含50万元）的基本建设项目。具体包括：(1) 列入中央和各级地方本年基本建设计划的建设项目，以及虽未列入本年基本建设计划，但使用以前年度基建计划内结转投资（包括利用基建库存设备材料）在本年继续施工的建设项目；(2) 本年基本建设计划内投资与更新改造计划内投资结合安排的新建项目和新增生产能力（或工程效益）达到大中型项目标准的扩建项目，以及为改变生产力布局而进行的全厂性迁建项目；(3) 国有单位既未列入基建计划，也未列入更新改造计划的总投资在50万元以上（含50万元）的新建、扩建、恢复项目和为改变生产力布局而进行的全厂性迁建项目，以及行政、事业单位增建业务用房和行政单位增建生活福利设施的项目。

更新改造投资 更新改造指企业、事业单位对原有设施进行固定资产更新和技术改造，以及相应配套的工程和有关工作（不包括大修理和维护工程）。其综合范围为总投资50万元以上（含50万元）的更新改造项目。具体包括：(1) 列入中央和各级地方本年更新改造计划的投资单位（项目）和虽未列入本年更新改造计划，但使用上年更新改造计划内结转的投资在本年继续施工的项目；(2) 本年更新改造计划内投资与基本建设计划内投资结合安排的对企、事业单位原有设施进行技术改造或更新的项目和增建主要生产车间、分厂等其新增生产能力（或工程效益）未达到大中型项目标准的项目，以及由于城市环境保护和安全生产的需要而进行的迁建工程；(3) 国有企、事业单位既未列入基建计划也未列入更新改造计划，总投资在50万元以上（含50万元）的属于改建或更新改造性质的项目，以及由于城市环境保护和安全生产的需要而进行的迁建工程。

房地产开发投资 指房地产开发公司、商品房建设公司及其他房地产开发法人单位和附属于其他法人单位实际从事房地产开发或经营的活动单位统一开发的包括统代建、拆迁还建的住宅、厂房、仓库、饭店、宾馆、度假村、写字楼、办公楼等房屋建筑物和配套的服务设施，土地开发工程（如道路、给水、排水、供电、供热、通讯、平整场地等基础设施工程）的投资；不包括单纯的土地交易活动。

其他固定资产投资 指全社会固定资产投资中未列入基本建设、更新改造和房地产开发投资的建造和购置固定资产的活动。具体包括：

⑴国有单位按规定不纳入基本建设计划和更新改造计划管理，计划总投资（或实际需要总投资）在50万元以上（含50万元）的下列工程：①用油田维护费和石油开发基金进行的油田维护和开发工程；②煤炭、铁矿、森工等采掘采伐业用维简费进行的开拓延伸工程；③交通部门用公路养路费对原有公路、桥梁进行改建的工程；④商业部门用简易建筑费建造的仓库工程。

⑵城镇集体固定资产投资：指所有隶属城市、县城和经国务院及省、自治区、直辖市批准建制的镇所领导的集体单位（乡镇企业局管理的除外）建造和购置固定资产计划总投资（或实际需要总投资）在50万元以上（含50万元）的项目。

⑶除国有、城镇集体以外的其他各种企、事业单位建造和购置固定资产总投资在50万元以上（含50万元）

的、未列入基本建设计划和更新改造计划的项目。

城镇和工矿区私人建房投资和农村个人投资 城镇和工矿区私人建房包括市、县城、镇、工矿区所辖范围内的全部私人建房，不论其房主是否系本地的常住户口均应包括。农村个人投资包括农村个人建房及购置生产性固定资产的投资。

固定资产投资的资金来源 根据固定资产投资的资金来源不同，分为国家预算内资金、国内贷款、利用外资、自筹资金和其他资金来源。

⑴国家预算内资金：指中央财政和地方财政中由国家统筹安排的基本建设拨款和更新改造拨款，以及中央财政安排的专项拨款中用于基本建设的资金和基本建设拨款改贷款的资金等。

⑵国内贷款：指报告期内企、事业单位向银行及非银行金融机构借入的用于固定资产投资的各种国内借款。包括银行利用自有资金及吸收的存款发放的贷款、上级主管部门拨入的国内贷款、国家专项贷款（包括煤代油贷款、劳改煤矿专项贷款等）、地方财政专项资金安排的贷款、国内储备贷款、周转贷款等。

⑶利用外资：指报告期内收到的用于固定资产投资的国外资金，包括统借统还、自借自还的国外贷款，中外合资项目中的外资，以及对外发行债券和股票等。国家统借统还的外资指由我国政府出面同外国政府、团体或金融组织签订贷款协议，并负责偿还本息的国外贷款。

⑷自筹资金：指建设单位报告期内收到的，用于进行固定资产投资的上级主管部门、地方和企、事业单位自筹资金。

⑸其他资金来源：指报告期内收到的除以上各种拨款、借款、自筹资金之外，其他用于固定资产投资的资金。

固定资产投资按国民经济行业分 建设项目归哪个行业，按其建成投产后的主要产品或主要用途及社会经济活动性质来确定。基本建设按建设项目划分国民经济行业，更新改造、国有单位其他固定资产投资及城镇集体投资根据整个企业、事业单位所属的行业来划分。一般情况下，一个建设项目或一个企业、事业单位只能属于一种国民经济行业。为了更准确地反映国民经济各行业之间的比例关系，联合企业（总厂）所属分厂属于不同行业的，原则上按分厂划分行业。

固定资产投资按建设性质分 建设项目的性质一般分为新建、扩建、改建、迁建、恢复。基本建设按建设项目划分建设性质，更新改造、国有单位其他固定资产投资及城镇集体投资按整个企业、事业单位的建设情况确定建设性质。目前基本建设和更新改造是根据我国现行的计划管理体制区分的，所以基本建设和更新改造都可以分别按新建、扩建等划分。

⑴新建：一般是指从无到有、“平地起家”新开始建设的单位。有的单位原有的基础很小，经过建设后其新增加的固定资产价值超过原有固定资产价值（原值）三倍以上的也算新建。

⑵扩建：一般是指为扩大原有产品的生产能力，在厂内或其他地点增建主要生产车间（或主要工程）、独立的生产线或分厂的企业；事业单位和行政单位在原单位增建业务用房（如学校增建教学用房、医院增建门诊部或病房、行政机关增建办公楼等）也作为扩建。

⑶改建：一般是指现有企业、事业单位为了技术进步，提高产品质量，增加花色品种，促进产品升级换代，降低消耗和成本，加强资源综合利用和三废治理、劳保安全等，采用新技术、新工艺、新设备、新材料等对现有设施、工艺条件进行技术改造或更新（包括相应配套的辅助性生产、生活福利设施）。有的企业为充分发挥现有生产能力，进行填平补齐而增建不增加本单位主要产品生产能力的车间等，也属于改建。

固定资产投资按构成分 固定资产投资活动按其工作内容和实现方式分为建筑安装工程，设备、工具、器具购置，其他费用三个部分。

⑴建筑安装工程（建筑安装工作量）：指各种房屋、建筑物的建造工程和各种设备、装置的安装工程。包括各种房屋建造工程，各种用途设备基础和各种工业窑炉的砌筑工程；为施工而进行的各种准备工作和临时工程以及完工后的清理工作等；铁路、道路的铺设，矿井的开凿及石油管道的架设等；水利工程；防空地下建筑等特殊工程；以及各种机械设备的安装工程；为测定安装工程质量，对设备进行的试运工作。在安装工程中，不包括被安装设备本身的价值。

⑵设备、工具、器具购置：指购置或自制达到固定资产标准的设备、工具、器具的价值。固定资产的标准按财务部门规定。新建单位、扩建单位的新建车间按照设计和计划要求购置或自制的全部设备、工具、器具，不论

是否达到固定资产标准均计入“设备、工具、器具购置”中。

⑶其他费用：指在固定资产建造和购置过程中发生的，除建筑安装工程和设备、工具、器具购置以外的各种应摊入固定资产的费用。

基本建设项目按大中小型划分 基本建设划分大中小型项目原则上应按照上级批准的设计任务书或初步设计所确定的总规模或总投资划分，没有正式批准设计任务书或初步设计的，按国家或省、自治区、直辖市年度基本建设投资计划中所列的总规模或总投资划分。上述两条均不具备的，按本年计划施工工程的建设总规模或总投资划分。生产单一产品的工业项目，按产品的设计能力划分；生产多种产品的工业项目，按其主要产品的设计能力划分。品种繁多，难以按生产能力划分的，按全部计划投资额划分。划分标准以国家颁发的《大中小型建设项目划分标准》为依据。国家曾在1953年、1962年、1972年、1977年和1979年先后五次修订《大中小型建设项目划分标准》，因此各历史时期的大中型项目数不完全可比。

施工项目 指报告期内曾进行建筑或安装工程施工活动的建设项目，包括报告期内新开工项目、报告期以前开工跨入报告期继续施工的项目以及报告期施过工并在报告期内全部建成投产或停缓建的项目。

全部建成投产项目 工业项目是指设计文件规定形成生产能力的主体工程及其相应配套的辅助设施全部建成，经负荷试运转，证明具备生产设计规定合格产品的条件，并经过验收鉴定合格或达到竣工验收标准，与生产性工程配套的生活福利设施可以满足近期正常生产的需要，正式移交生产的建设项目。非工业项目是指设计文件规定的主体工程和相应的配套工程全部建成，能够发挥设计规定的全部效益，经验收鉴定合格或达到竣工验收标准，正式移交使用的建设项目。

新增生产能力 指通过固定资产投资活动而增加的设计能力或工程效益，它是用实物形态表示的固定资产投资的成果。新增生产能力的计算，是以能独立发挥生产能力或工程效益的单项工程（或项目）为对象。当单项工程（或项目）建成，经有关部门鉴定合格，正式移交投入生产，即可计算新增生产能力。

新增生产能力或工程效益有以下几种表现形式：

⑴以建设项目或单项工程建成后的年产能力表示，如煤炭开采、石油开采等。

⑵以建设项目或单项工程建成后处理原料的能力表示，如选矿工程的年处理矿石能力、洗煤厂年洗原煤能力等。

⑶以新增的主要设备数量或容量表示，如棉纺锭锭数、发电机组容量等。

⑷以建筑物容积、容量、面积或长度表示，如水库容量、铁路公路里程等。

新增生产能力的数量一般按设计能力计算。设计能力是指设计文件中规定的在正常情况下能够达到的生产能力，而不论投产后的实际产量如何。以设备数量、建筑物容积、面积、长度等表示的新增生产能力（或工程效益），则按建成的实际数量计算。

房屋建筑面积 指从房屋外墙线算起的各层平面面积的总和，包括可供使用的有效面积和房屋结构（如柱、墙）占用的面积。多层建筑按各层（包括地下室）面积总和计算。

住宅建筑面积 指施工和竣工房屋建筑面积中供居住用的房屋建筑面积。

施工面积 指报告期内施工的全部房屋建筑面积。包括本期新开工的面积、上期跨入本期继续施工的房屋面积、上期停缓建在本期恢复施工的房屋面积、本期竣工的房屋面积及本期施工后又停缓建的房屋面积。

竣工面积 指在报告期内房屋建筑按照设计要求已全部完工，达到住人和使用条件，经验收鉴定合格，正式移交使用单位的建筑面积。

房屋建筑面积竣工率 指一定时期内房屋竣工面积占同期房屋施工面积的比率。它是从房屋建筑施工速度的角度反映投资效果和建筑业经济效益的指标。

新增固定资产 指通过投资活动所形成的新的固定资产价值，包括已经建成投入生产或交付使用的工程价值和达到固定资产标准的设备、工具、器具的价值及有关应摊入的费用。它是以价值形式表示的固定资产投资成果的综合性指标，可以综合反映不同时期、不同部门、不同地区的固定资产投资成果。

建设项目投产率 指一定时期内全部建成投入生产项目个数与同期正式施工项目个数的比率。它是从项目建设速度的角度反映投资效果的指标。

固定资产交付使用率 指一定时期新增固定资产与同期完成投资额的比率。它是反映各个时期固定资产动用速度，衡量建设过程中投资效果的一个综合性指标。

Explanatory Notes on Main Statistical Indicators

Total Investment in Fixed Assets in the Whole Country: Investment in fixed assets is the essential means for social reproduction of fixed assets. By means of construction and purchase of fixed assets, more advanced technologies and equipment are adopted in the national economy, and new sectors are established, which promote the adjustment of economic structure and the regional distribution of productive forces and enhance the economic strengths so as to provide the material conditions for improving people's livelihood. This is significant for speeding up the drive of socialist modernization in China.

Amount of investment in fixed assets refers to the volume of activities in construction and purchases of fixed assets in monetary terms. It is a comprehensive indicator which shows the size, pace, proportional relations and use orientation of the investment in fixed assets. Total investment in fixed assets in the whole country includes, by status of registration, the investment by the state-owned units, collective units, share-holding cooperatives, joint ownership units, limited liability corporations, share-holding corporations ltd., as well as investment by individuals, by businessmen from Hong Kong, Macau and Taiwan, and from foreign countries. According to China's current planning management system, the investment in fixed assets in the whole country is classified into the following four parts: investment in capital construction, investment in innovation, investment in real estates development and other investment in fixed assets. The investment by the urban and rural collective units under the category of "other investment in fixed assets" includes the investment by the urban collective units and the investment by the rural collective units. The investment by the individuals in the urban and rural areas includes the investment in personal house building in the areas under the jurisdiction of city, county, town and special industrial and mining areas as well as the investment in personal house building and purchase of productive fixed assets in the rural areas.

Investment in Capital Construction: Capital construction refers to the new construction projects or extension projects and the related work of the enterprises, institutions or administrative units mainly for the purpose of expanding production capacity or improving project efficiency covering only projects each with a total investment of 500,000 yuan and over. It includes: (1) projects listed in the capital construction plan of the current year of the central government and the local governments at various levels as well as the projects, though not listed in the capital construction plan of the current year, but continued to be constructed in this year, using the investment listed in the plan of capital construction of previous years and carried forward to this year (also using the equipment and materials kept in stock of the capital construction); (2) new construction projects arranged both in the plan of capital construction and the plan of innovation; extension projects with the newly increased production capacity (or project efficiency) up to the standard of a large and medium-sized project; and the projects of moving the whole factory to a new site so as to improve the distribution of productive forces; (3) new construction projects, extension projects or restoration projects with the total investment of 500,000 RMB yuan and over by the state-owned units, though listed neither in the plan of capital construction nor in the plan of innovation; the projects in the state-owned units of moving the whole factory to a new site so as to improve the distribution of productive forces; and the projects of building additional business houses by the administrative units and institutions and building welfare facilities by the administrative units.

Investment in Innovation: Innovation refers to the renewal of fixed assets and technological innovation of the original facilities by the enterprises and institutions as well as the corresponding supplementary projects and the related work (excluding major overhaul and maintenance projects) covering only projects each with a total investment of 500,000 yuan and over. It includes: (1) projects listed in the innovation plan of the current year of the central government and the local governments at various levels as well as the projects, though not listed in the innovation plan of the current year, but continued to be constructed in this year, using the investment listed in the plan of innovation of previous years and carried forward to this year; (2) projects of technological innovation or renewal of the original facilities, arranged both in the plan of innovation and in the plan of capital construction; extension projects (main workshops or a branch of the factory) with the newly increased production capacity (or project efficiency) not up to the standard of a large and medium-sized project; and the projects of moving the whole factory to a new site so as to meet the requirements of urban environmental protection or safe production; (3) projects of reconstruction or technological innovation with the total investment of 500, 000 RMB yuan and over by the state-owned units, though listed neither in the plan of capital construction nor in the plan of innovation; the projects in the state-owned units of moving the whole factory to a new site so as to meet the requirements of urban environmental protection or safe production.

Investment in Real Estate Development: It includes the investment by the real estate development companies, commercial buildings construction companies and other real estate development units of various types of ownership in the construction of house buildings, such as residential buildings, factory buildings, warehouses, hotels, guesthouses, holiday villages, office buildings, and the complementary service facilities and land development projects, such as roads, water supply, water drainage, power supply, heating, telecommunications, land leveling and other projects of infrastructure. It excludes the activities in simple land transactions.

Other Investment in Fixed Assets refers to the construction and purchases of fixed assets not listed in the investment in capital construction, investment in innovation and investment in real estate development. It includes:

I. The following projects of the state-owned units with the total planned (or actually needed) investment of 500, 000 yuan and over, which are not included in the plan of capital construction and the plan of innovation: (1) projects of oil fields maintenance and exploitation with the oil fields maintenance funds and petroleum development funds; (2) opening and extending projects with the maintenance funds in coal, ore and other mining enterprises and logging enterprises; (3) project of reconstruction of the original highways and bridges with the highway maintenance funds in the department of communication; (4) projects of construction of warehouses with the funds of simple construction in the commercial department.

II. The investment in fixed assets by urban collective units: refer to projects of construction and purchases of fixed assets with the planned total investment of 500, 000 yuan and over by all collective units in cities and county towns and in townships which are approved by the State Council or provincial governments, excluding investment by collective units under township enterprise administration offices.

III. The projects of construction and purchases of fixed assets by the enterprises or institutions with a registration status other than state or urban collective ownership with the planned total investment of 500, 000 yuan and over, which are not included in the plan of capital construction and the plan of innovation.

Private Investment in House Construction in Urban Areas, Industrial and Mining Areas and Individual Investment in Rural Areas The private house construction in the urban areas and industrial and mining areas includes all the private house construction under the jurisdiction of cities, counties, towns and industrial and mining areas, no matter whether the owner of the house is registered as the permanent resident in the locality or not. The individual investment in the rural areas includes the investment in house construction and purchase of productive fixed assets by the individuals in the rural areas.

Sources of Funds for Investment in Fixed Assets state budgetary appropriation, domestic loans, foreign investment, self-raised funds, and others.

(1)State budgetary appropriation refers to appropriation in the budget of the central and local governments earmarked for capital construction and for innovation projects, and the special appropriation from the budget of the central government for capital construction and for the transfer fund to banks to be issued as loans for capital construction projects.

(2)Domestic loans refer to various funds borrowed by enterprises and institutions from banks and non-bank financial institutions during the reference period for the purpose of investment in fixed assets, including loans issued by banks from their self-owned funds and deposit, loans appropriated by higher responsible authorities, special loans by government (including loan for replacing petroleum with coal, special loan for reform-through-labour coal mines), loans arranged by local government from special funds, domestic reserve loan, and working loan, etc..

(3) Foreign Investment refers to foreign funds received during the reference period for the purpose of investment in fixed assets, including foreign funds borrowed and managed by the government, by individual units, foreign fund in joint venture program, and issue of bonds and stocks at the international financial markets. The foreign funds borrowed and managed by the government refer to foreign loans borrowed by the government from foreign governments, organizations, or financial institutions under official agreements signed by both parties, under which government is responsible for the repayment of both the principal and interests of the foreign loans.

(4) Self-raised funds refer to funds received by construction enterprises from their higher responsible authorities, local governments, or raised by enterprises or institutions themselves for the purpose of investment in fixed assets during the reference period.

(5) Others refer to funds received during the reference period which are not included in the above-mentioned sources.

Investment in Fixed Assets by Sector The classification of construction projects by sector is determined by the major products or the purpose of the projects when they are put into production or use, and by the nature of their social economic activities. The investment in capital construction is classified by construction projects, while investment in innovation, other investment by state-owned units and urban collective units are classified according to the sector which the whole enterprise or institution belongs to. In general, one project or one enterprise or institution can only belong to one sector. In order to reflect more accurately the proportions among various sectors, the branch factories of integrated complex are classified into different sectors according to their economic activities.

Investment in Fixed Assets by Type of Construction The construction projects in general can be classified by the type of construction into new construction, expansion, reconstruction and moving away. In capital construction, the type of construction is determined by the condition of the project. In investment in innovation, in other investment by state-owned units and investment by collective-owned units, the type of construction is determined by the condition of the whole enterprise and restoration. The current distinction between capital construction and innovation is determined by China's current planning and management system. Therefore the projects of capital construction and innovation can all be classified respectively into new construction, expansion, etc.

(1) New construction in general refers to newly constructed units. In the case in which the value of the original fixed assets is quite small, and the value of newly added fixed assets exceeds the original ones by three times, the expansion construction is considered as new construction.

(2) Expansion refers to construction of new major production workshop or independent production line within a factory or in other locations, or construction of a branch factory so as to increase the production capacity of the original products. Newly constructed business houses in institutions and administrative organizations (such as the newly constructed teaching buildings in schools, clinics or bed building in hospitals, and office buildings in administrative agencies, etc.) are also classified as expansion.

(3) Reconstruction refers to technical innovation and transformation of the existing equipment and technical conditions undertaken by enterprises and institutions for the purposes of technological advancement, improvement in product quality, enlarging variety of products, promoting new generation of products, reducing production consumption and cost, promoting comprehensive utilization of resources, strengthening treatment of waste gas, waste water and solid wastes, and safety in production, etc. through application of new technologies and techniques, use of new equipment and new materials (including accessory facilities for production or for living and welfare purposes). Construction of new workshops for improving existing production capacity rather than increasing production capacity is also considered as reconstruction.

Investment in Fixed Assets by Structure refers to the three major parts of investment activities, i.e. construction and installation, purchase of equipment and instrument, and other expenses.

(1) Construction and installation (work volume of construction and installation) refers to the construction of various houses and buildings and installation of various kinds of equipment and instruments, including construction of various houses, equipment foundations and industrial kilns and stoves, preparation works for project construction, and clearing up works post project construction, pavement of railways and roads, drilling of mines and putting up of oil pipes, construction of projects of water conservancy, construction of underground air-raid shelters and construction of other special projects, installation of various machinery equipment, testing operation for pre-testing the quality of installation projects. The value of equipment installed is not included in the value of installation projects.

(2) Purchase of equipment and instruments refers to the total value of equipment, tools, and vessels purchased or self-produced which come up to standards for fixed assets. Equipment, tools and vessels purchased or self-produced for new workshops by newly established or expanded units are categorized as "purchase of equipment and instruments" no matter whether they come up to the standards for fixed assets or not.

(3) Other expenses refer to expenses occurring during the construction or purchase of fixed assets other than construction, installation or purchase of equipment and instruments.

Capital Construction Projects by Size The classification of size of capital construction projects should be determined according to the total scale or total investment set in the approved construction plan by higher responsible authorities or in the tentative design, otherwise according to the total scale or total investment set in the current capital construction plan of the state, provinces, autonomous regions, and municipalities directly under central government. Industrial projects which produce unitary products are classified according to its design capacity of products; projects which produce multi-products are classified by the design capacity of the major product or by the total planned investment. Standards for the Classification of Construction Projects into large, medium-sized and small ones issued by the government are the base for size division of construction projects, which was revised five times in 1958, 1962, 1972, 1977, and 1979 respectively and therefore, data on projects by size are not entirely comparable from year to year.

Projects Under Construction refer to projects having construction and installation activities undertaken in the reference period, including projects started in the reference period, or continued from the previous period, or completed and put into production or suspended in the reference period.

Projects Completed and Put into Use Industrial projects refer to the major projects and accessory facilities completed which result in forming production capacity and have been checked and accepted while the living and welfare facilities have been completed and can ensure normal production and formally put into production. Non-industrial projects refer to the major projects and accessory facilities completed which possess the designed capacity and have been checked, accepted and formally put into production.

Newly Increased Production Capacity refers to the increase of designed capacity and project efficiency through investment in fixed assets, which reflects the accomplishment of investment in fixed assets in kind. The calculation of newly increased production capacity is based on individual project which operates independently and efficiently. When an individual project is completed and checked and accepted and put into production, it is counted as newly increased production capacity.

The newly increased production capacity and project efficiency are usually expressed in one of the following forms:

(1) annual production capacity, such as extraction of coal and petroleum;

(2) raw material processing capacity, such as ore dressing capacity of ore dressing projects, the dressing capacity of a coal washery;

(3) number or capacity of major equipment increased, such as the number of cotton spindles increased and the capacity of generating sets increased;

(4) physical measures of construction, such as volume, capacity, area, and length, for instance, the capacity of reservoirs, the length of railways or highways.

Newly increased production capacity in terms of quantity is calculated in designed capacity in general, which refers to the production capacity of a project under normal conditions designed in construction documents regardless of the actual output.

Floor Space of Buildings Under Construction and Completed refers to total floor space in each story of buildings calculated from the outside line of building walls, including both usable space and the space occupied by constructions like pillars or walls. The floor space of multi-story buildings includes the total floor space of each story (including basement).

Floor Space of Residential Buildings refers to the floor space of the residential buildings under construction and completed among the total space of buildings under construction and completed.

Floor Space Under Construction refers to total floor space of all buildings under construction during the reference period, including floor space of newly started buildings during the reference period, floor space of construction extended from the previous period to the current period, floor space of construction suspended during the previous period and resumed in the current period, floor space of construction completed in the current period, and floor space of construction started and then suspended in the current period.

Floor Space of Buildings Completed refers to the floor space of buildings completed in the reference period, which have come up to the designed standards and have been put into use.

Completion Rate of Floor Space of Buildings refers to the ratio of the floor space of buildings completed in certain period of time to the floor space of buildings under construction in the same period, which reflects the investment result and economic efficiency of the construction industry from the angle of the speed of project construction.

Newly Increased Fixed Assets refer to the newly increased value of fixed assets through investment, including the value of projects completed and put into production, the value of equipment, tools, and vessels considered as fixed assets, as well as the relevant expenses as investment in fixed assets. This is a comprehensive indicator of investment in fixed assets, reflecting the achievements of investment in fixed assets in different periods, different sectors, and different regions.

Rate of Construction Projects Completed and Put into Use refers to the ratio of the number of construction projects completed and put into use in certain period of time to the number of projects under construction in the same period. This reflects the investment efficiency from the angle of the speed of projects construction.

Rate of Projects of Fixed Assets Completed and Put into Operation refers to the ratio of the newly increased fixed assets to the total investment made in the same period. This is a comprehensive indicator, reflecting the speed of the employment of fixed assets and the investment efficiency.

七 能源生产和消费

PRODUCTION AND CONSUMPTION OF ENERGY

简要说明

一、本篇包括的主要内容有：能源生产、消费及品种构成，能源生产和消费弹性系数，综合能源平衡表和主要能源品种的单项平衡表，分行业主要能源品种的消费量，能源加工转换效率及生活用能源消费量等。

二、本篇全国能源平衡表的资料是国家统计局工业交通统计司根据有关资料和调查结果，或利用能源投入产出资料编制的。

三、关于数据口径与计算的说明

1．一次能源生产量与工业统计数字一致。

2．行业分类采用现行统一的国民经济行业分类国家标准。

3．能源生产与消费弹性系数分别以能源生产、消费增长速度与国内生产总值增长速度相比求得。

4．能源平衡表中，进口量和出口量采用海关统计数据。进口量中包括我国轮船、飞机在国外加油量，出口量中包括外国轮船、飞机在我国加油量。电力折算标准煤系数按平均发电煤耗计算。

5．能源加工转换效率表中，电力折算标准煤系数采用等价热值计算。

BRIEF INTRODUCTION

I. The data in this chapter cover mainly the energy production and consumption and their composition, the elasticity ratio of energy production and consumption, the overall balance of energy and the balance by the variety of energy, the consumption of energy by sector and by main variety, efficiency of energy conversion and the consumption of energy for residential use.

II. The national energy balance in this chapter is compiled by the Department of Industrial and Transport Statistics, NBS on the basis of data from surveys and from input-output tables.

III. Coverage and calculation of Data:

(1) The data on the production of primary energy are the same as the concerned data of the industrial statistics.

(2) The state classification of national economic sectors is used in the classification of sectors.

(3) The elasticity ratio of energy production is calculated as the quotient of the growth rate of energy production divided by the growth rate of GDP; and the elasticity ratio of energy consumption is calculated as the quotient of the growth rate of energy consumption divided by the growth rate of GDP.

(4) In the energy balance, the data on the imports and exports are data from the customs statistics. The refueling by Chinese ships and airplanes abroad is included in the imports. The refueling by foreign ships and airplanes in China is included in the exports. The coefficient for conversion of electric power into the standard coal equivalent is calculated according to the average consumption of coal for generating electricity.

(5) In the table on the efficiency of energy conversion, the coefficient for conversion of electric power into the standard coal equivalent is calculated on the basis of heat value equivalent.

7-1 能源生产总量及构成
TOTAL PRODUCTION OF ENERGY AND ITS COMPOSITION

年 份 Year	能源生产总量 (万吨标准煤) Total Energy Production (10 000 tons of SCE)	占能源生产总量的比重(%) As Percentage of Total Energy Production			
		Coal 原 煤	Crude Oil 原 油	Natural Gas 天然气	Hydro-power 水 电
1952	4871	96.7	1.3	...	2.0
1957	9861	94.9	2.1	0.1	2.9
1962	17185	91.4	4.8	0.9	2.9
1965	18824	88.0	8.6	0.8	2.6
1970	30990	81.6	14.1	1.2	3.1
1975	48754	70.6	22.6	2.4	4.4
1978	62770	70.3	23.7	2.9	3.1
1980	63735	69.4	23.8	3.0	3.8
1985	85546	72.8	20.9	2.0	4.3
1986	88124	72.4	21.2	2.1	4.3
1987	91266	72.6	21.0	2.0	4.4
1988	95801	73.1	20.4	2.0	4.5
1989	101639	74.1	19.3	2.0	4.6
1990	103922	74.2	19.0	2.0	4.8
1991	104844	74.1	19.2	2.0	4.7
1992	107256	74.3	18.9	2.0	4.8
1993	111059	74.0	18.7	2.0	5.3
1994	118729	74.6	17.6	1.9	5.9
1995	129034	75.3	16.6	1.9	6.2
1996	132616	75.2	17.0	2.0	5.8
1997	132410	74.1	17.3	2.1	6.5
1998	124000	72.0	18.5	2.4	7.1

注：电力折算标准煤的系数采用当年平均发电煤耗计算。下表同。

a)The coefficient for conversion of electric power into SCE (standard coal equivalent) is calculated on the basic of the data on the average coal consumption in generating electric power in the same year. The same as in the following tables.

7-2 能源消费总量及构成
TOTAL CONSUMPTION OF ENERGY AND ITS COMPOSITION

年 份 Year	能源消费总量 (万吨标准煤) Total Energy Consumption (10 000 tons of SCE)	占能源消费总量的比重(%) As Percentage of Total Energy Consumption			
		Coal 煤 炭	Petroleum 石 油	Natural Gas 天然气	Hydro-power 水 电
1957	9644	92.3	4.6	0.1	3.0
1962	16540	89.2	6.6	0.9	3.2
1965	18901	86.5	10.3	0.9	2.7
1970	29291	80.9	14.7	0.9	3.5
1975	45425	71.9	21.1	2.5	4.6
1978	57144	70.7	22.7	3.2	3.4
1980	60275	72.2	20.7	3.1	4.0
1985	76682	75.8	17.1	2.2	4.9
1986	80850	75.8	17.2	2.3	4.7
1987	86632	76.2	17.0	2.1	4.7
1988	92997	76.2	17.0	2.1	4.7
1989	96934	76.0	17.1	2.0	4.9
1990	98703	76.2	16.6	2.1	5.1
1991	103783	76.1	17.1	2.0	4.8
1992	109170	75.7	17.5	1.9	4.9
1993	115993	74.7	18.2	1.9	5.2
1994	122737	75.0	17.4	1.9	5.7
1995	131176	74.6	17.5	1.8	6.1
1996	138948	74.7	18.0	1.8	5.5
1997	138173	71.5	20.4	1.7	6.2
1998	136000	71.6	19.8	2.1	6.5

注:1998 年能源消费量为估算数。

a)Data on energy consumption in 1998 were estimated figures.

7-3 综合能源平衡表
OVERALL ENERGY BALANCE

单位：万吨标准煤　　　　(10 000 tons of SCE)

项　目	Item	1985	1990	1995	1996	1997
可供消费的能源总量	**Total Energy Available for Consumption**	**77603**	**96138**	**129535**	**134433**	**133724**
一次能源生产量	Primary Energy Output	85546	103922	129034	132616	132410
回收能	Recovery of Energy			2312	1891	467
进口量	Imports	340	1310	5456	6837	9964
出口量(-) Exports (-)		5774	5875	6776	7529	7663
年初年末库存差额	Stock Changes in the Year	−2509	−3219	−491	618	−1453
能源消费总量	**Total Energy Consumption**	**76682**	**98703**	**131176**	**138948**	**138173**
在总量中：Consumption by Sector						
1.农、林、牧、渔、水利业	1. Farming, Forestry, Animal Husbandry, Fishery and Water Conservancy	4045	4852	5505	5717	5905
2.工　业	2. Industry	51068	67578	96191	100322	100080
3.建筑业	3. Construction	1302	1213	1335	1449	1179
4.交通运输和邮电通讯业	4. Transportation, Post and Telecommunications Services	3713	4541	5863	5994	7543
5.商业、饮食、物资供销和仓储业	5. Commerce, Catering Services, Materials Supply, Marketing and Storage	766	1247	2018	2268	2394
6.其他	6. Others	2470	3473	4519	5484	4703
7.生活消费	7. Residential Consumption	13318	15799	15745	17714	16368
在总量中：	Consumption by Usage					
(一) 终端消费	(I)Final Consumption	73586	94289	124252	132731	130585
工业	Industry	48021	63239	89473	94342	92749
(二) 加工转换损失量	(II)Losses in Processing and Transformation	1491	2264	3634	2903	3915
#炼焦	Coking	572	905		919	1297
炼油	Petroleum Refining	110	326		549	626
(三) 损失量	(III)Other Losses	1605	2150	3289	3314	3672
平衡差额	**Balance**	**921**	**−2565**	**−1641**	**−4515**	**−4449**

注：1.村办工业包括在工业中(下同)。

2.电力、热力按等价热值折算，因此加工转换损失量中不包括发电、供热损失量。

3.进口量包括我国飞机、轮船在国外加油量；出口量包括外国飞机、轮船在我国加油量。

a)Data on industry include the data of village-run industry. (The sane as in the following tables).

b)Electric power and heat are converted on the basic of equal caloric value. Therefore, losses in processing and transformation exclude losses in power generation and heating.

c)Data on imports include the petroleum consumed by the Chinese airplanes and ships in refueling abroad. Data on exports include the petroleum consumed by the foreign airplanes and ships in refueling in China.

7-4 煤炭平衡表
COAL BALANCE SHEET

单位：万吨 (10 000 tons)

项　目	Item	1985	1990	1995	1996	1997
可供量	**Total Energy Available for Consumption**	**82776.6**	**102221.0**	**133461.7**	**137211.9**	**133159.0**
生产量	Output	87228.4	107988.3	136073.1	139669.9	137282.0
进口量	Imports	230.7	200.3	163.5	321.7	201.0
出口量(-)	Exports (-)	777.0	1729.0	2861.7	3648.4	3073.0
年初年末库存差额	Stock Changes in the Year	−3905.5	−4238.5	86.8	868.7	−1251.0
消费量	**Total Energy Consumption**	**81603.0**	**105523.0**	**137676.5**	**144734.4**	**139248.0**
在消费量中：	Consumption by Sector					
1. 农、林、牧、渔、水利业	1. Farming, Forestry, Animal Husbandry, Fishery and Water Conservancy	2208.6	2095.2	1856.7	1917.3	1927.0
2. 工　业	2. Industry	58613.3	81090.9	117570.7	123885.9	121671.0
3. 建筑业	3. Construction	531.9	437.6	439.8	446.4	383.0
4. 交通运输和邮电通讯业	4. Transportation, Postal and Telecommunications Services	2307.1	2160.9	1315.1	1175.9	1431.0
5. 商业、饮食、物资供销和仓储业	5. Commerce, Catering Services, Materials Supply, Marketing and Storage	738.2	1058.3	977.4	1074.3	863.0
6. 其他	6. Other	1579.5	1980.4	1986.7	1835.3	735.0
7. 生活消费	7. Residential Consumption	15624.4	16699.7	13530.1	14399.3	12238.0
在消费量中：	Consumption by Usage					
（一）终端消费	(I) Final Consumption	52704.4	60205.9	66156.1	68453.5	61792.0
#工　业	Industry	29715.0	35773.8	46050.3	67604.9	44214.0
（二）中间消费（用于加工转换）	(II) Intermediate Consumption (Consumed in Transformation)	25397.4	41257.8	69487.6	74212.1	77451.0
发　电	Power Generation	16440.7	27204.3	44440.2	48808.6	48979.0
供　热	Heating	1462.3	2995.5	5887.3	6365.7	6245.0
炼　焦	Coking	7303.8	10697.6	18396.4	18455.8	19297.0
制　气	Gas Production	190.6	360.4	763.7	582.0	733.0
（三）洗选损耗	Losses in Coal Washing and Dressing	3501.2	4059.3	2032.8	2068.8	2311.0
平衡差额	**Balance**	**1173.6**	**−3302.0**	**−4214.8**	**−7522.5**	**−6089.0**

注：生产量为原煤产量。
a)Data on output refer to the output of raw coal.

7-5 石油平衡表

PETROLEUM BALANCE

单位：万吨 (10 000 tons)

项　目	Item	1985	1990	1995	1996	1997
可供量	**Total Energy Available for Consumption**	**9193.7**	**11435.0**	**16072.7**	**17656.1**	**19653.8**
生产量	Output	12489.5	13830.6	15005.0	15733.4	16074.1
进口量	Imports	90.0	755.6	3673.2	4536.9	6787.0
出口量(-)	Exports (-)	3630.4	3110.4	2454.5	2696.0	2815.2
年初年末库存差额	Stock Changes in the Year	244.6	−40.8	−151.0	81.8	−392.2
消费量	**Total Energy Consumption**	**9168.8**	**11485.6**	**16064.9**	**17436.2**	**19691.7**
在消费量中：	Consumption by Sector					
1. 农、林、牧、渔、水利业	1. Farming, Forestry, Animal Husbandry, Fishery and Water Conservancy	758.7	1033.6	1203.2	1223.7	1256.3
2. 工　业	2. Industry	6171.4	7321.6	9349.3	10020.2	11304.2
3. 建筑业	3. Construction	292.2	327.3	242.8	257.8	285.3
4. 交通运输和邮电通讯业	4. Transportation, Postal and Telecommunications Services	1176.4	1683.2	2863.6	2937.7	3733.0
5. 商业、饮食、物资供销和仓储业	5. Commerce, Catering Services, Materials Supply, Marketing and Storage	38.1	77.6	333.9	367.9	416.6
6. 其他	6. Other	506.1	757.8	1390.3	1752.3	1758.0
7. 生活消费	7. Residential Consumption	225.9	284.5	682.0	876.6	938.3
在消费量中：	Consumption by Usage					
(一) 终端消费	(I) Final Consumption	7063.3	9304.7	13676.3	15302.3	17051.9
#工　业	Industry	4462.0	5180.4	7095.5	8022.5	8814.1
(二) 中间消费(用于加工转换)	(II) Intermediate Consumption (Consumed in Transformation)	1745.6	1630.4	2230.0	1701.4	2449.7
发　电	Power Generation	1425.5	1234.4	1358.5	1238.6	1662.1
供　热	Heating	285.6	356.3	399.9	404.8	356.5
制　气	Gas Production	34.5	39.7	51.6	58.2	49.2
(三) 炼油损失量	Losses in Petroleum Refining	112.9	295.8	420.1	271.1	382.0
(四) 损失量	Other Losses	247.0	254.7	158.6	161.4	190.1
平衡差额	**Balance**	**24.9**	**−50.6**	**7.8**	**219.9**	**−37.9**

注：1. 生产量为原油产量。
　　2. 进口量包括我国飞机、轮船在国外加油量；出口量包括外国飞机、轮船在我国加油量。

a) Data on output refer to the output of crude oil.

b) Data on imports include the petroleum consumed by the Chinese airplanes and ships in refueling abroad. Data on exports include the petroleum consumed by the foreign airplanes and ships in refueling in China.

7-6 电力平衡表
ELECTRICITY BALANCE SHEET

单位：亿千瓦小时 (100 million kwh)

项　目	Item	1985	1990	1995	1996	1997
可供量	**Total Energy Available for Consumption**	**4117.6**	**6230.4**	**10023.4**	**10764.3**	**11273.6**
生产量	Output	4106.9	6212.0	10077.3	10800.2	11344.7
水　电	Hydropower	923.7	1267.2	1905.8	1879.7	1959.8
火　电	Thermal Power	3183.2	4944.8	8043.2	8777.1	9240.7
核　电	Nuclear Power			128.3	143.4	144.2
进口量	Imports	11.1	19.3	6.4	1.2	0.9
出口量(-)	Exports (-)	0.4	0.9	60.3	37.1	72.0
消费量	**Total Energy Consumption**	**4117.6**	**6230.4**	**10023.4**	**10764.3**	**11284.4**
在消费量中：	Consumption by Sector					
1. 农、林、牧、渔、水利业	1. Farming, Forestry, Animal Husbandry, Fishery and Water Conservancy	317.4	426.8	582.4	618.3	639.8
2. 工　业	2. Industry	3283.4	4873.3	7659.8	8044.7	8395.7
3. 建筑业	3. Construction	71.2	65.0	159.6	181.8	117.4
4. 交通运输和邮电通讯业	4. Transportation, Postal and Telecommunications Services	63.4	105.9	182.3	197.9	255.9
5. 商业、饮食、物资供销和仓储业	5. Commerce, Catering Services, Materials Supply, Marketing and Storage	38.0	76.2	199.5	223.1	265.1
6. 其他	6. Others	121.7	202.4	234.2	365.4	357.4
7. 生活消费	7. Residential Consumption	222.5	480.8	1005.6	1133.1	1253.2
在消费量中：	Consumption by Usage					
(一) 终端消费	(I) Final Consumption	3813.3	5795.8	9278.9	9994.8	10486.0
#工　业	Industry	2979.1	4438.7	6915.3	7275.2	7597.3
(二) 输配电损失量	(II) Losses in Transmission	304.3	434.6	744.5	769.5	798.4

7-7 分行业能源消费总量和主要能源品种消费量（1997 年）

行业	Sector	能源消费总量（万吨标准煤） Total Energy Consumption (10000 tons of SCE)	煤炭消费量（万吨） Coal Consumption (10000 tons)
消费总量	**Total Consumption**	**138173.08**	**139248.26**
农、林、牧、渔业	**Farming, Forestry, Animal Husbandry, Fishery and Water Conservancy**	**5905.40**	**1926.70**
工业	**Industry**	**100080.34**	**121670.79**
采掘业	**Mining and Quarrying**	**10965.38**	**11280.03**
煤炭采选业	Coal Mining and Dressing	5791.18	9582.83
石油和天然气开采业	Petroleum and Natural Gas Extraction	3564.93	836.93
黑色金属矿采选业	Ferrous Metals Mining and Dressing	349.54	69.65
有色金属矿采选业	Nonferrous Metals Mining and Dressing	467.97	143.11
非金属矿采选业	Nonmetal Minerals Mining and Dressing	536.16	449.11
其他矿采选业	Other Minerals Mining and Dressing	42.52	13.52
木材及竹材采运业	Logging and Transport of Wood and Bamboo	213.08	184.88
制造业	**Manufacturing**	**78054.00**	**58801.55**
食品加工业	Food Processing	1833.11	1813.93
食品制造业	Food Production	980.32	913.73
饮料制造业	Beverage Production	772.11	744.62
烟草加工业	Tobacco Processing	257.54	179.36
纺织业	Textile Industry	3079.72	2011.59
服装及其他纤维制品制造	Garments and Other Fiber Products	277.72	134.50
皮革毛皮羽绒及其制品业	Leather, Furs, Down and Related Products	159.45	85.84
木材加工及竹藤棕草制品业	Timber Processing, Bamboo, Cane, Palm Fiber & Straw Products	339.14	297.92
家具制造业	Furniture Manufacturing	161.91	50.68
造纸及纸制品业	Papermaking and Paper Products	1943.44	1934.13
印刷业记录媒介的复制	Printing and Record Medium Reproduction	176.22	65.23
文教体育用品制造业	Cultural, Educational and Sports Articles	79.25	51.96
石油加工及炼焦业	Petroleum Processing and Coking	7388.50	8488.34
化学原料及制品制造业	Raw Chemical Materials and Chemical Products	15702.11	9470.85
医药制造业	Medical and Pharmaceutical Products	835.44	614.86
化学纤维制造业	Chemical Fiber	1434.52	836.75
橡胶制品业	Rubber Products	623.81	388.80
塑料制品业	Plastic Products	684.41	268.89
非金属矿物制品业	Nonmetal Mineral Products	12317.45	12792.07
黑色金属冶炼及压延加工业	Smelting and Pressing of Ferrous Metals	18155.52	12673.31
有色金属冶炼及压延加工业	Smelting and Pressing of Nonferrous Metals	3292.33	1378.30
金属制品业	Metal Products	1045.41	392.55
普通机械制造业	Ordinary Machinery	1558.55	793.13
专用设备制造业	Equipment for Special Purposes	889.40	546.34
交通运输设备制造业	Transportation Equipment	1519.25	819.28
电气机械及器材制造业	Electric Equipment and Machinery	646.68	285.07
电子及通信设备制造业	Electronic and Telecommunications Equipment	492.52	114.71
仪器仪表文化办公用机械	Instruments, Meters, Cultural and Office Machinery	83.15	52.94
其他制造业	Other Manufacturing Industry	1325.02	601.87
电力煤气及水生产供应业	**Electric Power, Gas and Water Production and Supply**	**11060.96**	**51589.21**
电力蒸汽热水生产供应业	Production and Supply of Electric Power, Steam and Hot Water	10076.40	50706.59
煤气的生产和供应业	Production and Supply of Gas	427.07	862.03
自来水的生产和供应业	Production and Supply of Tap Water	557.49	20.59
建筑业	**Construction**	**1178.99**	**382.79**
交通运输、仓储及邮电通信业	**Transportation, Storage, Postal & Telecommunications Services**	**7543.13**	**1431.19**
批发和零售贸易餐饮业	**Wholesale, Retail Trade and Catering Services**	**2394.43**	**863.34**
其他行业	**Others**	**4702.78**	**735.15**
生活消费	**Residential Consumption**	**16368.01**	**12238.30**

注：1. 工业能源消费量中包括村办工业。
2. 工业分行业数字中不包括其他石油制品和其他焦化产品，但工业合计中包括。

CONSUMPTION OF TOTAL ENERGY AND ITS MAIN VARIETIES BY SECTOR (1997)

焦炭消费量（万吨） Coke Consumption (10 000 tons)	原油消费量（万吨） Crude Oil Consumption (10 000 tons)	汽油消费量（万吨） Gasoline Consumption (10 000 tons)	煤油消费量（万吨） Kerosene Consumption (10 000tons)	柴油消费量（万吨） Diesel Oil Consumption (10 000tons)	燃料油消费量（万吨） Fuel Oil Consumption (10 000 tons)	天然气消费量（亿立方米） Natural Gas Consumption (100 million cu. m)	电力消费量（亿千瓦小时） Electricity Consumption (100 million kwh)
10927.00	**17367.19**	**3311.96**	**681.71**	**5291.21**	**3848.18**	**195.44**	**11284.40**
144.66		**176.36**	**1.38**	**1075.69**	**2.88**		**639.77**
10584.30	**17197.77**	**723.05**	**46.65**	**1730.38**	**3222.97**	**168.93**	**8395.66**
183.34	**2465.15**	**124.26**	**4.73**	**273.94**	**233.29**	**59.88**	**900.83**
52.47	1.31	33.13	3.42	34.89	4.92	0.10	380.97
2.59	2451.38	49.27	0.66	185.48	226.56	59.60	314.68
69.51	12.39	5.50	0.04	6.28		0.10	49.31
21.35		6.64	0.43	15.03	0.67		79.88
33.29		10.76	0.15	18.45	1.14	0.08	56.00
3.96		1.88	0.01	3.25			5.36
0.17	0.07	17.08	0.02	10.56			14.63
10297.57	**14673.97**	**569.50**	**41.05**	**735.95**	**2132.30**	**104.42**	**5590.74**
12.72	0.48	27.62	0.62	35.48	19.57	0.45	162.63
12.29	0.91	13.73	0.19	14.01	6.20	0.06	68.59
4.01	0.02	14.25	0.16	8.12	5.29	0.01	48.53
1.60		17.70	0.09	1.71	0.74	0.07	19.09
8.13	0.06	31.48	2.01	35.59	35.01	0.89	344.05
1.70	0.39	9.29	0.19	7.76	5.36		35.93
1.66		5.38	0.15	6.84	0.84		18.09
1.20		5.28	0.61	3.84	1.58		28.40
2.55		3.60	0.05	2.16	0.01		27.22
6.96	0.08	11.13	1.61	19.04	12.84	0.09	167.70
0.98		4.52	3.06	2.06	1.06		27.76
1.69		2.74	0.08	5.37	1.82		11.38
54.39	11229.46	19.57	10.56	36.75	609.12	9.92	182.41
1326.53	1525.42	62.91	6.59	101.10	452.79	76.69	1147.76
1.38	0.01	11.04	0.15	6.54	8.26	0.17	79.83
27.44	489.77	3.43	0.21	5.36	86.11	4.08	111.38
0.62	0.09	8.90	0.09	4.75	5.74	0.01	70.54
6.99		15.24	0.36	21.35	3.67	0.01	97.32
269.03	55.36	63.05	2.01	165.22	299.90	3.06	608.08
7848.71	2.37	35.02	0.75	61.74	421.82	2.44	934.16
212.58	1.12	13.91	0.76	24.53	58.51	0.61	513.52
113.43	0.01	17.63	2.48	21.44	15.71	0.31	140.98
206.92	0.01	62.53	2.76	37.70	14.57	0.21	149.74
84.88	0.08	17.47	0.98	16.50	13.25	0.88	73.93
36.72	0.09	36.48	3.49	35.29	13.58	0.70	201.23
17.03	0.73	26.40	0.46	21.71	12.98	1.07	74.55
1.72	0.01	8.77	0.14	12.48	14.42	1.35	69.72
1.78	1367.50	3.91	0.13	3.12	0.05		16.74
31.93		16.52	0.31	18.39	11.50	1.34	159.48
103.39	**58.65**	**29.29**	**0.87**	**720.49**	**857.38**	**4.63**	**1904.09**
7.25	58.65	22.46	0.65	717.30	805.43	4.52	1760.20
96.05		2.99	0.06	1.49	50.99	0.10	13.22
0.09		3.84	0.16	1.70	0.96	0.01	130.67
12.49	**2.98**	**107.68**	**4.23**	**146.01**	**19.21**	**0.01**	**117.41**
6.47	**164.69**	**1183.16**	**420.10**	**1379.53**	**582.23**	**3.70**	**255.88**
35.20	**0.34**	**211.69**	**8.98**	**146.42**	**6.24**	**0.99**	**265.13**
19.15	**1.41**	**815.80**	**137.71**	**774.00**	**14.65**	**0.59**	**357.40**
124.73		**94.22**	**62.66**	**39.18**		**21.22**	**1253.15**

a) The energy consumption by the industrial sector includes the consumption by village-run industry.
b) The consumption of other petroleum products and other coking products (suchas benzene etc.) is included in the total consumption of the industrial sector, but not included in consump tion of the various industrial branches.

7-8 能源生产弹性系数
ELASTICITY RATIO OF ENERGY PRODUCTION

年 份 Year	能源生产比上年增长％ Growth Rate of Energy Production over Preceding Year (%)	电力生产比上年增长％ Growth Rate of Electricity Production over Preceding Year (%)	国内生产总值比上年增长％ Growth Rate of Gross Domestic Product(GDP) over Preceding Year (%)	能源生产弹性系数 Elasticity Ratio of Energy Production	电力生产弹性系数 Elasticity Ratio of Electricity Production
1984	9.2	7.3	15.2	0.61	0.48
1985	9.9	8.9	13.5	0.73	0.66
1986	3.0	9.5	8.8	0.34	1.08
1987	3.6	10.6	11.6	0.31	0.91
1988	5.0	9.6	11.3	0.44	0.85
1989	6.1	7.3	4.1	1.49	1.78
1990	2.2	6.2	3.8	0.58	1.63
1991	0.9	9.1	9.2	0.10	0.99
1992	2.3	11.3	14.2	0.16	0.80
1993	3.6	15.3	13.5	0.31	1.13
1994	6.9	10.7	12.6	0.55	0.85
1995	8.7	8.6	10.5	0.83	0.82
1996	2.8	7.2	9.6	0.29	0.75
1997	−0.2	5.0	8.8	—	0.57
1998	−6.4	2.9	7.8	—	0.37

注：国内生产总值增长速度按可比价格计算。下表同。
a) The growth rates of GDP are calculated at comparable prices. The same as in the following tables.

7-9 能源消费弹性系数
ELASTICITY RATIO OF ENERGY CONSUMPTION

年 份 Year	能源消费比上年增长％ Growth Rate of Energy Consumption over Preceding Year (%)	电力消费比上年增长％ Growth Rate of Electricity Consumption over Preceding Year (%)	国内生产总值比上年增长％ Growth Rate of Gross Domestic Product(GDP), over Preceding Year (%)	能源消费弹性系数 Elasticity Ratio of Energy Consumption	电力消费弹性系数 Elasticity Ratio of Electricity Consumption
1984	7.4	7.4	15.2	0.49	0.49
1985	8.1	9.0	13.5	0.60	0.67
1986	5.4	9.5	8.8	0.61	1.08
1987	7.2	10.6	11.6	0.62	0.91
1988	7.3	9.7	11.3	0.65	0.86
1989	4.2	7.3	4.1	1.02	1.78
1990	1.8	6.2	3.8	0.47	1.63
1991	5.1	9.2	9.3	0.55	0.99
1992	5.2	11.5	14.2	0.37	0.81
1993	6.3	11.0	13.5	0.21	0.70
1994	5.8	9.9	12.6	0.46	0.79
1995	6.9	8.2	10.5	0.66	0.78
1996	5.9	7.4	9.6	0.62	0.77
1997	−0.6	4.8	8.8	—	0.55
1998	−1.6	2.8	7.8	—	0.36

注：1998 年为估算数。
a)The data in 1998 were estimated figures.

7-10 能源加工转换效率
EFFICIENCY OF ENERGY CONVERSION

单位：%　　　　　　　　　　　　　　　　　　　　　　　　　　(%)

年份 Year	总效率 Total Efficiency	发电及电站供热 Electricity Generation and Heating by Power Stations	炼焦 Coking	炼油 Petroleum Refining
1983	69.93	36.94	91.18	99.16
1984	69.16	36.95	90.08	99.17
1985	68.29	36.85	90.79	99.10
1986	68.32	36.69	90.63	99.04
1987	67.48	36.75	90.46	98.81
1988	66.54	36.34	90.77	98.76
1989	66.51	36.74	90.30	98.57
1990	67.20	37.34	91.28	97.90
1991	65.90	37.60	89.90	98.10
1992	66.00	37.80	92.70	96.80
1993	67.32	39.90	98.05	98.49
1994	65.20	39.35	89.62	97.48
1995	71.05	37.31	91.99	97.67
1996	71.50	38.30	94.07	97.46
1997	69.23	35.89	92.08	97.37

7-11 平均每天各种能源消费量
AVERAGE DAILY ENERGY CONSUMPTION BY VARIETY

能源品种	Item	1985	1990	1995	1996	1997
合计　（万吨标准煤）	**Total　(10 000 tons of SCE)**	**210.1**	**270.4**	**359.4**	**380.7**	**378.6**
煤炭　（万吨）	Coal　(10 000 tons of SCE)	223.6	289.1	377.2	396.5	381.5
焦炭　（万吨）	Coke　(10 000 tons of SCE)	12.8	18.9	29.4	29.6	29.9
原油　（万吨）	Crude Oil　(10 000 tons of SCE)	26.1	32.2	40.8	43.5	47.6
燃料油　（万吨）	Fuel Oil　(10 000 tons of SCE)	7.8	9.2	10.2	9.8	10.5
汽油　（万吨）	Gasoline　(10 000 tons of SCE)	3.8	5.2	8.0	8.7	9.1
煤油　（万吨）	Kerosene　(10 000 tons of SCE)	1.1	1.0	1.4	1.5	1.9
柴油　（万吨）	Diesel Oil　(10 000 tons of SCE)	5.3	7.4	11.8	12.9	14.5
天然气　（亿立方米）	Natural Gas　(100 million cu. m)	0.4	0.4	0.5	0.5	0.5
电力　（亿千瓦小时）	Electricity　(100 million kwh)	11.3	17.1	27.5	29.5	30.9

7-12 分品种生活能源年消费总量

AVERAGE ANNUAL ENERGY CONSUMPTION FOR NON-PRODUCTION PURPOSES BY VARIETY

能源品种	Item	1985	1990	1995	1996	1997
合计 (万吨标准煤)	**Total (10 000 tons of SCE)**	**13318**	**15800**	**15745**	**17714**	**16368**
煤炭 (万吨)	Coal (10 000 tons)	15624	16700	13530	14399	12238
煤油 (万吨)	Kerosene (10 000 tons)	122	105	64	65	63
液化石油气 (万吨)	Liquefied Petroleum Gas (10 000 tons)	91	159	534	703	742
天然气 (亿立方米)	Natural Gas (100 million cu. m)	4	19	19	20	21
煤气 (亿立方米)	Gas (100 million cu. m)	13	29	57	48	60
热力 (万百万千焦)	Heat (10 billion kilo-joule)	5651	8972	12637	16669	16432
电力 (亿千瓦小时)	Electricity (100 million kwh)	223	481	1006	1133	1253

7-13 每人年平均生活用能源

ANNUAL AVERAGE PER CAPITA ENERGY CONSUMPTION FOR NON-PRODUCTION PURPOSE

年份 Year	平均每人生活消费能源 Annual Average Non-productive Consumption per Capita (千克标准煤) (Kg of SCE)	煤炭 (千克) Coal (kg)	电力 (千瓦小时) Electricity (kwh)	煤油 (千克) Kerosene (kg)	液化石油气 (千克) Liquefied Petroleum Gas (kg)	天然气 (立方米) Natural Gas (cu. m)	煤气 (立方米) Gas (cu. m)
1983	106.6	127.7	13.4	1.2	0.6	0.1	1.5
1984	113.5	134.9	15.3	1.4	0.6	0.5	1.5
1985	126.7	148.7	21.2	1.2	0.9	0.4	1.2
1986	127.3	148.3	23.2	1.3	1.1	0.7	1.3
1987	132.1	152.1	26.4	1.2	1.1	0.7	1.6
1988	141.0	159.1	31.2	1.1	1.2	1.4	1.5
1989	139.3	152.4	35.3	1.1	1.4	1.5	2.4
1990	139.2	147.1	42.4	0.9	1.4	1.6	2.5
1991	138.1	142.0	46.9	0.8	1.7	1.6	3.1
1992	133.4	126.1	54.6	0.7	2.0	1.8	4.4
1993	130.6	120.5	61.2	0.6	2.5	1.4	4.5
1994	129.3	109.5	72.7	0.6	3.2	1.7	6.3
1995	130.8	112.3	83.5	0.5	4.4	1.6	4.7
1996	145.5	118.3	93.1	0.5	5.8	1.6	3.9
1997	133.1	99.5	101.8	0.5	6.0	1.7	4.9

注：按年平均人口数计算。

a)Data in the table are calculated with the data on the annual average population in each year.

主要统计指标解释

能源生产总量　指一定时期内全国一次能源生产量的总和，是观察全国能源生产水平、规模、构成和发展速度的总量指标。一次能源生产量包括原煤、原油、天然气、水电、核能及其他动力能（如风能、地热能等）发电量，不包括低热值燃料生产量、生物质能、太阳能等的利用和由一次能源加工转换而成的二次能源产量。

能源消费总量　指一定时期内全国物质生产部门、非物质生产部门和生活消费的各种能源的总和，是观察能源消费水平、构成和增长速度的总量指标。能源消费总量包括原煤和原油及其制品、天然气、电力，不包括低热值燃料、生物质能和太阳能等的利用。能源消费总量分为终端能源消费量、能源加工转换损失量和损失量三部分。

⑴终端能源消费量：指一定时期内全国生产和生活消费的各种能源在扣除了用于加工转换二次能源消费量和损失量以后的数量。

⑵能源加工转换损失量：指一定时期内全国投入加工转换的各种能源数量之和与产出各种能源产品之和的差额，是观察能源在加工转换过程中损失量变化的指标。

⑶能源损失量：指一定时期内能源在输送、分配、储存过程中发生的损失和由客观原因造成的各种损失量，不包括各种气体能源放空、放散量。

能源生产弹性系数　是研究能源生产增长速度与国民经济增长速度之间关系的指标。计算公式为：

$$能源生产弹性系数=\frac{能源生产总量年平均增长速度}{国民经济年平均增长速度}$$

国民经济年平均增长速度，可根据不同的目的或需要，用国民生产总值、国内生产总值等指标来计算，本年鉴是采用国内生产总值指标计算的。

电力生产弹性系数　是研究电力生产增长速度与国民经济增长速度之间关系的指标。一般来说，电力的发展应当快于国民经济的发展，也就是说电力应超前发展。计算公式为：

$$电力生产弹性系数=\frac{电力生产量年平均增长速度}{国民经济年平均增长速度}$$

能源消费弹性系数　是反映能源消费增长速度与国民经济增长速度之间比例关系的指标。计算公式为：

$$能源消费弹性系数=\frac{能源消费量年平均增长速度}{国民经济年平均增长速度}$$

电力消费弹性系数　反映电力消费增长速度与国民经济增长速度之间比例关系的指标。计算公式为：

$$电力消费弹性系数=\frac{电力消费量年平均增长速度}{国民经济年平均增长速度}$$

能源加工转换效率　指一定时期内能源经过加工、转换后，产出的各种能源产品的数量与同期内投入加工转换的各种能源数量的比率。它是观察能源加工转换装置和生产工艺先进与落后、管理水平高低等的重要指标。计算公式为：

$$能源加工转换效率=\frac{能源加工、转换产出量}{能源加工、转换投入量}\times 100\%$$

Explanatory Notes on Main Statistical Indicators

Total Energy Production refers to the total production of primary energy by all energy producing enterprises in the country in a given period of time. It is a comprehensive indicator to show the capacity, scale, composition and development of energy production of the country. The production of primary energy includes that of coal, crude oil, natural gas, hydro-power and electricity generated by nuclear energy and other means such as wind power and geothermal power. However, it excludes the production of fuels of low calorific value, bio-energy, solar energy and the secondary energy converted from the primary energy.

Total Domestic Energy Consumption refers to the total consumption of energy of various kinds by material production sectors, non-material production sectors and households in the country in a given period of time. It is a comprehensive indicator to show the scale, composition and development of energy consumption. The total energy consumption includes that of coal, crude oil and their products, natural gas and electricity, However, it excludes the consumption of fuel of low calorific value, bio-energy and solar energy. Total domestic energy consumption can be divided into three parts:

(1)Final Energy Consumption: It refers to the total energy consumption by material production sectors, non-material production sectors and households in the country(region)in a given period of time, but excludes the consumption in conversion of the primary energy into the secondary energy and the loss in the process of energy conversion.

(2) Loss During the Process of Energy Conversion: It refers to the total input of various kinds of energy for conversion, minus the total output of various kinds of energy in the country in a given period of time. It is an indicator to show the loss that occurs during the process of energy conversion.

(3)Loss: It refers to the total of the loss of energy during the course of energy transport, distribution and storage and the loss caused by any objective reason in a given period of time. The loss of various kinds of gas due to gas discharges and stocktaking is excluded.

Elasticity Ratio of Energy Production is an indicator to show the relationship between the growth rate of energy production and the growth rate of the national economy. The formula is:

$$\text{Elasticity Ratio of Energy Production} = \frac{\text{Average Annual Growth Rate of Energy Production}}{\text{Average Annual Growth Rate of National Economy}}$$

The average annual growth rate of the national economy can be shown by the gross national product, gross domestic product and other indicators, depending upon the purposes or needs. The gross domestic product is used in calculation of the ratio in this chapter.

Elasticity Ratio of Electricity Production is an indicator to show the relationship between the growth rate of electricity production and the growth rate of the national economy. Generally speaking, the growth rate of electricity production should be higher than that of the national economy. Its formula is:

$$\text{Elasticity Ratio of Electricity Production} = \frac{\text{Average Annual Growth Rate of Electricity Production}}{\text{Average Annual Growth Rate of National Economy}}$$

Elasticity Ratio of Energy Consumption is an indicator to show the relationship between the growth rate of energy consumption and the growth rate of the national economy. The formula is:

$$\text{Elasticity Ratio of Energy Consumption} = \frac{\text{Average Annual Growth Rate of Energy Consumption}}{\text{Average Annual Growth Rate of National Economy}}$$

Elasticity Ratio of Electricity Consumption is an indicator to show the relationship between the growth rate of electricity consumption and the growth rate of the national economy. The formula is:

$$\text{Elasticity Ratio of Electricity Consumption} = \frac{\text{Average Annual Growth Rate of Electricity}}{\text{Average Annual Growth Rate of National Economy}}$$

Efficiency of Energy Processing and Conversion refers to the ratio of the total output of energy products of various kinds after processing and conversion and the total input of energy of various kinds for processing and conversion in the same reference period. It is an important indicator to show the current conditions of energy processing and conversion equipment, production technique and management. The formula is:

$$\text{Efficiency of Energy Processing \& Conversion} = \frac{\text{Output of Energy After Processing \& Conversion}}{\text{Input of Energy for Processing \& Conversion}} \times 100\%$$

八 财 政

GOVERNMENT FINANCE

简要说明

一、本篇反映国家财政收支状况，资料来源于财政部门，资料基础为国家财政决算、预算外资金收支决算和有关财务报表。

国家财政决算由中央级决算和地方总决算组成。省（自治区、直辖市）级决算及其所属州、县（市）总决算汇总组成省（自治区、直辖市）总决算；各省（自治区、直辖市）总决算汇总成地方总决算。

中央级决算、省（自治区、直辖市）级决算和县（市）总决算，由同级主管部门汇总的行政事业单位决算、企业财务决算、基本建设财务决算和金库年报、税收年报等组成。

为了保证决算数据的准确和完整，年度终了以前，各级财政总预算之间，财政总预算和部门单位预算之间，部门单位预算和所属单位预算之间，都对上下级之间的全年预算数据进行核对。年终后各级财政部门、国家金库会同预算缴款单位将决算收入数据进行核对一致，填制对帐单办理签证后，分别按系统上报。

为保持决算口径的一致，财政部每年要制定和颁发各省（自治区、直辖市）总决算表格和中央单位决算表格。各级财政部门和中央主管部门也要结合本部门的具体情况下达有关决算表格。决算表格按国家决算的组成，分为各级财政部门适用的总决算表格和各级主管部门、单位预算机关适用的单位决算表格，决算表数据根据总预算或单位预算会计帐簿填报。

有关财政收支方面的资料，主要来源于决算收支总表、决算收入明细表、决算支出明细表和根据这些表的数据进行加工整理的资料。

预算外资金收支决算和有关财务报表的编报与国家决算的编报基本相同。

二、针对历年财政收入、财政支出以及各项财政收支之间由于财政体制、预算编列方法的改变，而存在口径不统一的情况，本年鉴对有关数据进行了调整，使各年之间基本可比。主要调整的项目有：

1．财政收入：将1993年及以前各年的国内外债务收入从财政收入中剔除，不再作为财政收入。将1978－1985年财政价格补贴由冲减财政收入改列财政支出。相应地，“国家财政分项目收入”中取消债务收入一项，“国家财政分部门收入”和“国家财政分经济类型收入”有关项目也进行了调整。

2．财政支出：将1993年及以前各年的国内外债务还本付息支出和利用国外借款安排的基本建设支出从财政支出中剔除，不再作为财政支出。将1978－1985年财政价格补贴由冲减财政收入改列财政支出。相应地，“国家财政分项目支出”、“国家财政分费用类别支出”取消债务支出一项，“国家财政分项目支出”中的基本建设支出不再包括利用国外借款安排的基本建设支出，“国家财政分费用类别支出”中的有关项目也进行了调整。

3．中央财政和地方财政收支：根据上述财政收入和财政支出的调整，中央财政收支也相应进行了调整，地方支出个别年份有所调整。“中央财政和地方财政收支总额”表，反映的是按当年的财政体制划分的中央、地方财政组织的收入和负责安排的支出状况，由于财政体制的变化和企业隶属关系的变化对中央、地方财政收支的影响未作调整。此外，中央与地方财政之间还存在着上解、补助和税收返还的关系。因此，“中央财政和地方财政收支总额”表不反映各级财力情况。

预算外资金从1982年开始建立统计制度，预算外收入和预算外支出项目几经变化。1993年由于实施新的财务通则和会计准则，预算外收支范围又一次作了较大调整，国营企业更新改造资金、大修理基金等不再作为预算外资金，因此1992年以前年度与1993年以后年度的预算外资金收支不可比。

BRIEF INTRODUCTION

I. The data in this chapter show the government revenue and expenditure. The data come from the departments of finance. The data are based on the final state financial accounts, the final accounts of extra-budgetary revenue and expenditure and the concerned financial reports.

The final state financial accounts are composed of the final accounts at the level of central government and the total final accounts at the level of local governments. The total final accounts at the level of local governments are composed of the total final accounts of the governments of provinces, autonomous regions and municipalities directly under the central government. The total final accounts at the provincial (autonomous region, municipality directly under the central government) level are composed of the final accounts at the provincial level and the total final accounts at the level of governments of prefectures and counties (cities).

The final accounts at the central level, at the provincial level and at the county (city) level are respectively composed of the final accounts of the administrative and institutional units, the final financial accounts of enterprises, final financial accounts of capital construction, annual reports on treasury and annual reports on tax revenue, pooled together by the responsible departments at the same level.

In order to ensure the accuracy and completeness of the data of final accounts, the financial departments at different levels should check the budgetary data of the higher and lower levels of the whole year before the end of the year, including the related figures of the total government budgets between different levels, the related figures between the government total budget and the budgets of the departments and the related figures between the budget of the departments and the budgets of the subordinate units. After the end of the year, the financial departments of different levels and the state treasury should check the data of the revenue in the final accounts together with the units which hand over the budget, filled out the accounts checking sheet, made signatures and reported to the higher authorities respectively.

In order to ensure the consistency in the coverage of the final accounts, the Ministry of Finance works out and issues the final accounts forms for the provinces, autonomous regions and municipalities directly under the central government and the final accounts forms for the departments at the central level. The financial departments at various levels and the central government departments should also work out and issue the final accounts forms in the light of the specific conditions of the department to the departments or units at the lower level. The final account forms are designed in accordance with the composition of the state final account and are composed of the total final accounts forms suitable for the financial departments of different levels and the unit final accounts forms suitable for the budgetary agencies of the responsible departments or units. The data for the final accounts are filled out in accordance with the data in the account books of the total budget or unit budget.

The data on the government revenue and expenditure come mainly from the total final accounts table of the revenue and expenditure and the subsidiary table of the final accounts of the revenue and the subsidiary table of the final accounts of the expenditure as well as the data calculated from the above data.

The procedures for the compilation of the extra-budgetary revenue and expenditure and the related financial tables are basically the same as those for the compilation of the state final accounts.

II. Owing to the changes in financial system and in the methods of compiling and listing the items of the budget, the coverage of the government revenue and expenditure and their breakdowns are not consistent over the years. In view of the above situation, the concerned data in this yearbook have been adjusted so as to make them basically comparable over the years. The main adjusted items are as follows:

(1) Government revenue. The revenues from the domestic and foreign debts in 1993 and the previous years are deducted from the government revenue and no longer listed as the component of the government revenue. The financial subsidies for the price adjustment in 1978 – 1985 were listed formerly as an item to eat up part of the government revenue and are now listed as an item of government expenditure. Correspondingly, the original item " revenue from debts" under

the "government revenue by item" is cancelled; and the concerned items in "government revenue by sector" and "government revenue by ownership" have also been adjusted.

(2) Government expenditure. The expenditures for repayment of the principal and interest of the domestic and foreign debts in 1993 and the previous years are deducted from the government expenditure and no longer listed as the component of the government expenditure. The financial subsidies on the price adjustment in 1978-1985 were listed formerly as an item to eat up part of the government revenue and are now listed as an item of government expenditure. Correspondingly, the original item " expenditure for debts" under the "government expenditure by account item " and the "government expenditure by general categories" is canceled; the expenditure for capital construction under the "government expenditure by account item " no longer includes the expenditure for capital construction as a result of the utilization of the foreign loans; the related items under the "government expenditure by general categories" have also been adjusted.

(3) Revenue and expenditure of the central government and local governments. According to the above-mentioned adjustments in the government revenue and expenditure, adjustments are also made in the revenue and expenditure of the central government correspondingly and in the revenue and expenditure of the local governments in a few years. The table on "Total Revenue and Total Expenditure of the Central Government and Local Governments" show the revenues and expenditures of the central government and local governments at the current years. The changes in the financial structure and in the subordinate relationship of the enterprises have the impact on the revenues and expenditures of the central government and local governments. However, no adjustments have been made in the data of the past years. In addition, there are also appropriate adaptations made in the specific conditions in the relationship between the central government and local governments: Sometimes some local governments hand certain amount of their funds over to the central government; Sometimes the central government pays subsidies to the difficult provinces and autonomous regions or send back parts of the tax revenue to the local government. Therefore the table on "Total Revenue and Total Expenditure of the Central Government and Local Governments" does not show the real financial strengths of the governments at different levels.

Data on the extra-budgetary funds have been collected in accordance with the statistical reporting scheme since 1982. Changes have been made in the items in the extra-budgetary revenue and the extra-budgetary expenditure several times. In 1993, new financial general rules and accounting standards were implemented. As a result, significant changes have been made again in the scope of extra-budgetary revenue and extra-budgetary expenditure. The innovation fund and the major repair fund in the state-owned enterprises were no longer listed as the extra-budgetary funds. Therefore the extra-budgetary revenues and the extra-budgetary expenditures in the years before 1993 and since 1993 are incomparable.

8-1 国家财政收支总额及增长速度

TOTAL GOVERNMENT REVENUE AND EXPENDITURES AND THEIR INCREASE RATE

年份 Year	财政收入(亿元) Total Revenue (100 million yuan)	财政支出(亿元) Total Expenditures (100 million yuan)	收支差额(亿元) Balance (100 million yuan)	增长速度(%) Increase Rate(%)	
				财政收入 Total Revenue	财政支出 Total Expenditures
1970	662.90	649.41	13.49	25.8	23.5
1971-1975	3919.71	3917.94	1.77	4.2	4.8
1971	744.73	732.17	12.56	12.3	12.7
1972	766.56	765.86	0.70	2.9	4.6
1973	809.67	808.78	0.89	5.6	5.6
1974	783.14	790.25	−7.11	−3.3	−2.3
1975	815.61	820.88	−5.27	4.1	3.8
1976-1980	5089.61	5282.44	−192.83	7.3	8.4
1976	776.58	806.20	−29.62	−4.8	−1.8
1977	874.46	843.53	30.93	12.6	4.6
1978	1132.26	1122.09	10.17	29.5	33.0
1979	1146.38	1281.79	−135.41	1.2	14.2
1980	1159.93	1228.83	−68.90	1.2	−4.1
1981-1985	7402.75	7483.18	−80.43	11.6	10.3
1981	1175.79	1138.41	37.38	1.4	−7.5
1982	1212.33	1229.98	−17.65	3.1	8.0
1983	1366.95	1409.52	−42.57	12.8	14.6
1984	1642.86	1701.02	−58.16	20.2	20.7
1985	2004.82	2004.25	0.57	22.0	17.8
1986-1990	12280.60	12865.67	−585.07	7.9	9.0
1986	2122.01	2204.91	−82.90	5.8	10.0
1987	2199.35	2262.18	−62.83	3.6	2.6
1988	2357.24	2491.21	−133.97	7.2	10.1
1989	2664.90	2823.78	−158.88	13.1	13.3
1990	2937.10	3083.59	−146.49	10.2	9.2
1991-1995	22442.10	24387.46	−1945.36	16.3	17.2
1991	3149.48	3386.62	−237.14	7.2	9.8
1992	3483.37	3742.20	−258.83	10.6	10.5
1993	4348.95	4642.30	−293.35	24.8	24.1
1994	5218.10	5792.62	−574.52	20.0	24.8
1995	6242.20	6823.72	−581.52	19.6	17.8
1996	7407.99	7937.55	−529.56	18.7	16.3
1997	8651.14	9233.56	−582.42	16.8	16.3
1998	9875.95	10798.18	−922.23	14.2	16.9

注：1. 1985 年及以前，价格补贴冲减财政收入，1985 年以后改列财政支出。为统一口径，本表对 1985 年及以前数字做了调整。

2. 本表不包括国内外债务部分。

a) Government price subsidies were listed as negative revenue items prior to 1986, but they have been listed as expenditure items in government accounts since 1986. For comparison purpose, figures before 1985 were adjusted accordingly.

b) Domestic and foreign debts are excluded in this table.

8-2 国家财政收入占国内生产总值的比重

GOVERNMENT REVENUE AS PERCENTAGE TO GROSS DOMESTIC PRODUCT

年　份 Year	财政收入(亿元) Total Revenue (100 million yuan)	国内生产总值(亿元) Gross Domestic Products (100 million yuan)	财政收入占国内生产总值的比重(%) Percentage of Government Revenue to GDP(%)
1979	1146.38	4038.2	28.4
1980	1159.93	4517.8	25.7
1981	1175.79	4862.4	24.2
1982	1212.33	5294.7	22.9
1983	1366.95	5934.5	23.0
1984	1642.86	7171.0	22.9
1985	2004.82	8964.4	22.4
1986	2122.01	10202.2	20.8
1987	2199.35	11962.5	18.4
1988	2357.24	14928.3	15.8
1989	2664.9	16909.2	15.8
1990	2937.1	18547.9	15.8
1991	3149.48	21617.8	14.6
1992	3483.37	26638.1	13.1
1993	4348.95	34634.4	12.6
1994	5218.1	46759.4	11.2
1995	6242.2	58478.1	10.7
1996	7407.99	67884.6	10.9
1997	8651.14	74462.6	11.6
1998	9875.95	79395.7	12.4

8-3 国家财政分项目收入
GOVERNMENT REVENUE BY SOURCE

单位：亿元 (100 million yuan)

年 份 Year	收入合计 Total Revenue	各项税收 Taxes	企业收入 Revenue from Enterprises	企业亏损补贴 Subsidies to Loss-making Enterprises	能源交通重点建设基金收入 Revenue Raised from Funds for Key Construction Projects in Energy Industry and Transportation	预算调节基金收入 Revenue Raised from Budget Adjustment Fund	教育费附加收入 Revenue from Extra-charges for Education	其他收入 Other Revenue
1970	662.90	281.20	378.97					2.73
1971-1975	3919.71	1741.70	2138.57					39.44
1975	815.61	402.77	400.20					12.64
1976-1980	5089.61	2505.03	2242.67					341.91
1976	776.58	407.96	338.06					30.56
1977	874.46	468.27	402.35					3.84
1978	1132.26	519.28	571.99					40.99
1979	1146.38	537.82	495.03					113.53
1980	1159.93	571.70	435.24					152.99
1981-1985	7402.75	5093.64	1211.19	−507.02	362.24			1242.70
1981	1175.79	629.89	353.68					192.22
1982	1212.33	700.02	296.47					215.84
1983	1366.95	775.59	240.52		93.00			257.84
1984	1642.86	947.35	276.77		122.45			296.29
1985	2004.82	2040.79	43.75	−507.02	146.79			280.51
1986-1990	12280.60	12170.82	277.92	−2325.43	910.44	222.40		1024.45
1986	2122.01	2090.73	42.04	−324.78	157.07			156.95
1987	2199.35	2140.36	42.86	−376.43	180.18			212.38
1988	2357.24	2390.47	51.12	−446.46	185.93			176.18
1989	2664.90	2727.40	63.60	−598.88	202.18	91.19		179.41
1990	2937.10	2821.86	78.30	−578.88	185.08	131.21		299.53
1991-1995	22442.10	21707.30	184.15	−2060.48	534.43	452.48	251.56	1372.66
1991	3149.48	2990.17	74.69	−510.24	188.22	138.53	28.01	240.10
1992	3483.37	3296.91	59.97	−444.96	157.11	117.47	31.72	265.15
1993	4348.95	4255.30	49.49	−411.29	117.72	102.46	44.23	191.04
1994	5218.10	5126.88		−366.22	53.96	59.10	64.20	280.18
1995	6242.20	6038.04		−327.77	17.42	34.92	83.40	396.19
1996	7407.99	6909.82		−337.40	3.78	11.09	96.04	724.66
1997	8651.14	8234.04		−368.49			103.29	682.30
1998	9875.95	9262.80		−333.49			113.34	833.30

注：本表不包括国内外债务收入。

a) Revenue from both domestic and foreign borrowings are excluded in this table.

8-4 各项税收收入
GOVERNMENT TAX REVENUE

单位：亿元 (100 million yuan)

年份 Year	合计 Total	#工商税收 Industrial and Commercial Tax	#关税 Tariffs	#农业各税 Agricultural and Related	#国有企业所得税 Income Tax of State-owned Enterprises	#集体企业所得税 Income Tax of Collective-owned Enterprises
1970	281.20	242.22	7.00	31.98		
1975	402.77	358.32	15.00	29.45		
1978	519.28	462.12	28.76	28.40		
1979	537.82	482.31	26.00	29.51		
1980	571.70	510.50	33.53	27.67		
1981	629.89	547.50	54.04	28.35		
1982	700.02	623.18	47.46	29.38		
1983	775.59	688.75	53.88	32.96		
1984	947.35	809.44	103.07	34.84		
1985	2040.79	1097.47	205.21	42.05	595.84	100.22
1986	2090.73	1202.19	151.62	44.52	595.40	97.00
1987	2140.36	1282.47	142.37	50.81	563.20	101.51
1988	2390.47	1485.72	155.02	73.69	570.93	105.11
1989	2727.40	1760.49	181.54	84.94	583.59	116.84
1990	2821.86	1858.99	159.01	87.86	604.12	111.88
1991	2990.17	1981.11	187.28	90.65	627.59	103.54
1992	3296.91	2244.21	212.75	119.17	624.77	96.01
1993	4255.30	3194.49	256.47	125.74	582.91	95.69
1994	5126.88	3914.22	272.68	231.49	609.75	98.74
1995	6038.04	4589.68	291.83	278.09	759.38	119.06
1996	6909.82	5270.04	301.84	369.46	822.33	146.15
1997	8234.04	6553.89	319.49	397.48	794.43	168.75
1998	9262.80	7625.42	313.04	398.80	743.93	181.61

注：1. 农业各税中包括耕地占用税、农林特产税(1994 年为农业特产税)、农业税、牧业税和契税。

2. 国有企业所得税中 1985-1993 年包括国有企业调节税，1994 年以后包括地方金融企业所得税。

a) The agricultural and retail taxes include the tax on the use of cultivated land, the taxes on special agricultural and forest products (only the tax on special agricultural products in 1994), agricultural tax, animal husbandry and contract tax.

b) During the years 1985 to 1993, the income tax levied on state-owned enterprises included the tax for adjusting income. Since 1994, it has also included the income tax levied on banking institutions.

8-5 国家财政主要支出项目

GOVERNMENT EXPENDITURES BY ACCOUNTING ITEM

单位：亿元 (100 million yuan)

年份 Year	国内基本建设支出 Expenditures for Capital Construction	增拨企业流动资金 Additional Appropriation for Circulating Capital of Enterprises	挖潜改造资金和科技三项费用 Innovation Funds and Science and Technology Promotion Funds	地质勘探费 Geological Prospecting Expenses	工交商部门事业费 Operating Expenses of Industrial, Transportation and Commercial Departments	支援农村生产支出和各项农业事业费 Expenditure for Supporting Agricultural Production and Agricultural Operating Expenses
1970	298.36	31.23	14.78	8.76	6.58	15.91
1971-1975	1575.61	218.67	136.02	61.04	45.79	161.00
1975	326.96	41.84	31.47	14.16	12.76	42.53
1976-1980	1854.09	266.40	289.27	97.61	89.09	345.73
1976	311.25	45.36	34.34	15.96	13.12	46.01
1977	300.88	65.68	39.45	17.26	14.43	50.68
1978	451.92	66.60	63.24	20.15	17.79	76.95
1979	443.68	52.05	71.79	21.67	20.90	89.97
1980	346.36	36.71	80.45	22.57	22.85	82.12
1981-1985	1880.33	83.62	428.22	124.30	141.21	437.19
1981	257.55	22.84	65.30	21.85	23.68	73.68
1982	269.12	23.63	69.02	23.05	23.83	79.88
1983	344.98	12.89	78.71	23.60	27.88	86.66
1984	454.12	9.96	111.77	26.22	30.66	95.93
1985	554.56	14.30	103.42	29.58	35.16	101.04
1986-1990	2641.57	54.58	706.00	162.75	200.58	836.08
1986	596.08	9.94	129.85	30.60	36.56	124.30
1987	521.64	12.06	124.93	30.29	33.13	134.16
1988	494.76	9.59	151.01	32.51	38.95	158.74
1989	481.70	12.09	146.30	33.16	45.01	197.12
1990	547.39	10.90	153.91	36.19	46.93	221.76
1991-1995	3136.39	94.32	1735.39	261.92	396.74	1665.93
1991	559.62	13.08	180.81	38.34	52.41	243.55
1992	555.90	10.63	223.62	44.07	64.58	269.04
1993	591.93	18.48	421.38	49.06	76.22	323.42
1994	639.72	17.33	415.13	64.13	100.77	399.70
1995	789.22	34.80	494.45	66.32	102.76	430.22
1996	907.44	42.93	523.02	68.56	120.41	510.07
1997	1019.50	52.20	643.20	73.37	136.41	560.77
1998	1387.74	42.36	641.18	83.13	121.56	626.02

8-5 **续表** continued

单位：亿元 (100 million yuan)

年 份 Year	文教科学卫生事业费 Operating Expenses for Culture, Education Science & Health Care	抚恤和社会福利救济费 Pensions, Social and Relief Funds	国 防 费 Expenditure for National Defense	行政管理费 Expenditure for Government Administration	价格补贴支出 Price Subsidies
1970	43.65	6.53	145.26	25.27	
1971-1975	341.98	46.99	750.10	176.85	
1975	81.29	12.88	142.46	38.83	
1976-1980	576.68	104.16	867.81	257.45	208.05
1976	85.49	24.07	134.45	41.01	
1977	90.20	18.76	149.04	43.32	
1978	112.66	18.91	167.84	49.09	11.14
1979	132.07	22.11	222.64	57.24	79.02
1980	156.26	20.31	193.84	66.79	117.71
1981-1985	1171.73	123.50	893.74	510.49	1009.13
1981	171.36	21.72	167.97	70.88	159.41
1982	196.96	21.43	176.35	81.60	172.22
1983	223.54	24.04	177.13	102.20	197.37
1984	263.17	25.16	180.76	125.23	218.34
1985	316.70	31.15	191.53	130.58	261.79
1986-1990	2439.40	219.39	1170.15	1133.21	1623.25
1986	379.93	35.58	200.75	168.03	257.48
1987	402.75	37.40	209.62	179.33	294.60
1988	486.10	41.77	218.00	220.89	316.82
1989	553.33	49.60	251.47	261.86	373.55
1990	617.29	55.04	290.31	303.10	380.80
1991-1995	5203.97	419.64	2321.40	2906.06	1674.07
1991	708.00	67.32	330.31	343.60	373.77
1992	792.96	66.45	377.86	424.58	321.64
1993	957.77	75.27	425.80	535.77	299.30
1994	1278.18	95.14	550.71	729.43	314.47
1995	1467.06	115.46	636.72	872.68	364.89
1996	1704.25	128.03	720.06	1040.80	453.91
1997	1903.59	142.14	812.57	1137.16	551.96
1998	2154.38	171.26	934.70	1326.77	712.12

注：行政管理费中包括公检法支出和外交支出。

a) Expenditure for government administration includes the expenditures for public security, procuratorial work and the court of justice and for foreign affairs.

8-6 国家财政分费用类别支出

GOVERNMENT EXPENDITURE BY CATEGORY OF EXPENSES

单位：亿元 (100 million yuan)

年 份 Year	支出合计 Total Expenditures	经济建设费 Economic Construction	社会文教费 Social, Cultural and Educational Development	国防费 National Defense	行政管理费 Government Administration	其他 Others
1970	649.41	392.61	52.22	145.26	32.00	27.32
1971-1975	3917.94	2261.12	426.25	750.10	196.71	283.76
1975	820.88	481.66	103.55	142.46	41.81	51.40
1976-1980	5282.44	3164.28	760.64	867.81	280.06	209.65
1976	806.20	466.22	120.06	134.45	43.38	42.09
1977	843.53	493.73	119.43	149.04	45.18	36.15
1978	1122.09	718.98	146.96	167.84	52.90	35.41
1979	1281.79	769.89	175.18	222.64	63.07	51.01
1980	1228.83	715.46	199.01	193.84	75.53	44.99
1981-1985	7483.18	4196.61	1477.44	893.74	587.41	327.98
1981	1138.41	630.76	211.46	167.97	82.63	45.59
1982	1229.98	675.37	242.98	176.35	90.84	44.44
1983	1409.52	794.75	282.51	177.13	103.08	52.05
1984	1701.02	968.18	332.06	180.76	139.80	80.22
1985	2004.25	1127.55	408.43	191.53	171.06	105.68
1986-1990	12865.67	6230.03	2978.15	1170.15	1520.66	966.68
1986	2204.91	1158.97	485.09	200.75	220.04	140.06
1987	2262.18	1153.47	505.83	209.62	228.20	165.06
1988	2491.21	1258.39	581.18	218.00	271.60	162.04
1989	2823.78	1291.19	668.44	251.47	386.26	226.42
1990	3083.59	1368.01	737.61	290.31	414.56	273.10
1991-1995	24387.46	10125.54	6256.29	2321.40	3355.90	2328.33
1991	3386.62	1428.47	849.65	330.31	414.01	364.18
1992	3742.20	1612.81	970.12	377.86	463.41	318.00
1993	4642.30	1834.79	1178.27	425.80	634.26	569.18
1994	5792.62	2393.69	1501.53	550.71	847.68	499.01
1995	6823.72	2855.78	1756.72	636.72	996.54	577.96
1996	7937.55	3233.78	2080.56	720.06	1185.28	717.87
1997	9233.56	3647.33	2469.38	812.57	1358.85	945.43

注：本表不含国内外债务还本付息支出和用国外借款收入安排的基本建设支出。

a) The expenditure for the payment of the principal and interest of the domestic and foreign debts and the expenditure for capital construction using foreign loans are excluded in this table.

8-7 科学研究支出

EXPENDITURE ON SCIENTIFIC RESEARCH

单位：亿元

(100 million yuan)

年份 Year	合计 Total	科技三项费用 Expense on S&T Promotion	科学事业费 Operating Expenses for Sciences	科研基建费 Expenses for Capital Construction of S&T Institutes	其他科研事业费 Other S&T Operating Expenses
1970	29.96	14.78	1.68	4.05	9.45
1971	37.68	19.95	2.50	4.27	10.96
1972	36.10	18.71	3.44	4.49	9.46
1973	34.59	19.41	5.09	3.07	7.02
1974	34.65	20.59	7.13	3.05	3.88
1975	40.31	24.59	9.49	2.67	3.56
1976	39.25	21.65	10.34	4.17	3.09
1977	41.48	22.35	11.64	3.90	3.59
1978	52.89	25.47	15.46	6.66	5.30
1979	62.29	28.41	18.60	9.40	5.88
1980	64.59	27.57	19.63	11.27	6.12
1981	61.58	24.12	21.45	10.46	5.55
1982	65.29	26.38	22.37	11.17	5.37
1983	79.10	35.51	25.13	11.90	6.56
1984	94.72	42.32	30.09	14.74	7.57
1985	102.59	44.35	32.00	18.83	7.41
1986	112.57	49.63	34.56	20.30	8.08
1987	113.79	50.60	29.50	22.87	10.82
1988	121.12	54.05	35.65	19.70	11.72
1989	127.87	59.13	38.45	17.91	12.38
1990	139.12	63.48	44.44	17.47	13.73
1991	160.69	73.32	54.15	18.40	14.82
1992	189.26	89.41	57.16	24.55	18.14
1993	225.61	106.56	65.59	33.95	19.51
1994	268.25	114.22	87.90	36.06	30.07
1995	302.36	136.02	96.86	38.00	31.48
1996	348.63	155.01	109.66	48.55	35.41
1997	408.86	189.97	127.12	42.74	49.03
1998	438.60	189.90	151.92	47.28	49.50

8-8 国家财政用于农业的支出

GOVERNMENT EXPENDITURE FOR AGRICULTURE

单位：亿元 (100 million yuan)

年 份 Year	农业支出 Total	支援农村生产支出和农林水利气象等部门的事业费 Expenditure for Supporting Agricultural Production and Agricultural Operating Expenses	农业基本建设支出 Expenditure for Capital Construction	农业科技三项费用 Science & Technology Promotion Funds	农村救济费 Rural Relief Funds	其 他 Others
1970	49.40	15.91	22.52		3.14	7.83
1971-1975	401.22	161.00	174.75	0.43	23.75	41.29
1975	98.96	42.53	35.56	0.10	7.42	13.35
1976-1980	693.55	345.87	238.03	5.60	42.82	61.23
1976	110.49	46.01	39.91	0.78	10.48	13.31
1977	108.12	50.68	35.98	0.93	8.40	12.13
1978	150.66	76.95	51.14	1.06	6.88	14.63
1979	174.33	90.11	62.41	1.52	9.80	10.49
1980	149.95	82.12	48.59	1.31	7.26	10.67
1981-1985	658.48	437.19	158.57	8.25	49.51	4.96
1981	110.21	73.68	24.15	1.18	9.08	2.12
1982	120.49	79.88	28.81	1.13	8.60	2.07
1983	132.87	86.66	34.25	1.81	9.38	0.77
1984	141.29	95.93	33.63	2.18	9.55	
1985	153.62	101.04	37.73	1.95	12.90	
1986-1990	1167.77	836.08	247.70	12.96	71.03	
1986	184.20	124.30	43.87	2.70	13.33	
1987	195.72	134.16	46.81	2.28	12.47	
1988	214.07	158.74	39.67	2.39	13.27	
1989	265.94	197.12	50.64	2.48	15.70	
1990	307.84	221.76	66.71	3.11	16.26	
1991-1995						
1991	347.57	243.55	75.49	2.93	25.60	
1992	376.02	269.04	85.00	3.00	18.98	
1993	440.45	323.42	95.00	3.00	19.03	
1994	532.98	399.70	107.00	3.00	23.28	
1995	574.93	430.22	110.00	3.00	31.71	
1996	700.43	510.07	141.51	4.94	43.91	
1997	766.39	560.77	159.78	5.48	40.36	

8-9 国家财政用于抚恤和社会福利支出

GOVERNMENT EXPENDITURE FOR PENSIONS AND SOCIAL WELFARE

单位：亿元　　　　(100 million yuan)

年　份 Year	合　计 Total	抚恤支出 Pension for Handicapped and Bereaved Families	离退休费 Pension for Retires	社会救济福利费 Social Welfare and Relief Funds	救灾支出 Expenses on Disaster Relief	其　他 Others
1952	2.95	1.23		0.66	1.06	
1957	5.29	1.52		1.36	2.41	
1962	8.14	1.73		2.39	4.02	
1965	10.94	2.31		2.92	5.71	
1970	6.53	2.67		3.86		
1975	12.88	3.75		3.47	5.66	
1978	18.91	2.93	2.34	4.62	9.02	
1979	22.11	3.57	2.89	5.41	10.24	
1980	20.31	4.51	3.41	5.36	7.03	
1981	21.72	4.54	3.44	5.08	8.66	
1982	21.43	4.86	3.48	5.45	7.64	
1983	24.04	5.39	3.62	6.58	8.45	
1984	25.16	6.20	3.64	7.92	7.40	
1985	31.15	7.13	4.88	7.71	10.25	1.18
1986	35.58	8.77	5.77	8.69	10.64	1.71
1987	37.40	9.87	6.68	9.04	9.91	1.90
1988	41.77	11.32	7.59	9.73	10.64	2.49
1989	49.60	14.43	8.56	10.80	12.88	2.93
1990	55.04	16.61	9.60	12.07	13.33	3.43
1991	67.32	17.21	10.32	13.18	22.51	4.10
1992	66.45	18.45	12.40	14.36	15.89	5.35
1993	75.27	20.78	14.09	17.01	15.40	7.99
1994	95.14	24.78	20.12	20.55	19.42	10.27
1995	115.46	29.11	22.78	24.19	27.27	12.11
1996	128.03	32.78	10.67	28.98	39.06	16.54
1997	142.14	37.62	13.51	36.57	34.51	19.93
1998	171.26	40.38	16.24	35.29	52.32	27.03

注：1. 1975 年以前离退休费包括在抚恤支出中。

2. 1976—1984 年救灾支出中包括抗震救灾费。

a) Prior to 1975, the pension for the retirees was included in the pension for the handicapped and bereaved families.

b) The relief funds for natural disasters in 1976-1984 included the earthquake relief funds.

8-10 中央财政和地方财政收支总额

TOTAL REVENUE AND EXPENDITURES OF CENTRAL AND LOCAL GOVERNMENTS

单位：亿元 (100 million yuan)

年份 Year	财政收入 Total Revenue	中央 Central Government	地方 Local Governments	财政支出 Total Expenditures	中央 Central Government	地方 Local Governments
1970	662.90	182.95	479.95	649.41	382.37	267.04
1971-1975	3919.71	576.43	3343.28	3919.44	2125.14	1794.30
1975	815.61	96.63	718.98	820.88	409.40	411.48
1976-1980	5089.61	904.32	4185.29	5282.44	2625.34	2657.10
1976	776.58	98.91	677.67	806.20	377.63	428.57
1977	874.46	113.85	760.61	843.53	393.70	449.83
1978	1132.26	175.77	956.49	1122.09	532.12	589.97
1979	1146.38	231.34	915.04	1281.79	655.08	626.71
1980	1159.93	284.45	875.48	1228.83	666.81	562.02
1981-1985	7402.75	2583.02	4819.73	7483.18	3725.64	3757.54
1981	1175.79	311.07	864.72	1138.41	625.65	512.76
1982	1212.33	346.84	865.49	1229.98	651.81	578.17
1983	1366.95	490.01	876.94	1409.52	759.60	649.92
1984	1642.86	665.47	977.39	1701.02	893.33	807.69
1985	2004.82	769.63	1235.19	2004.25	795.25	1209.00
1986-1990	12280.60	4104.41	8176.19	12865.67	4420.27	8445.40
1986	2122.01	778.42	1343.59	2204.91	836.36	1368.55
1987	2199.35	736.29	1463.06	2262.18	845.63	1416.55
1988	2357.24	774.76	1582.48	2491.21	845.04	1646.17
1989	2664.90	822.52	1842.38	2823.78	888.77	1935.01
1990	2937.10	992.42	1944.68	3083.59	1004.47	2079.12
1991-1995	22442.10	9038.39	13403.71	24387.46	7323.13	17064.33
1991	3149.48	938.25	2211.23	3386.62	1090.81	2295.81
1992	3483.37	979.51	2503.86	3742.20	1170.44	2571.76
1993	4348.95	957.51	3391.44	4642.30	1312.06	3330.24
1994	5218.10	2906.50	2311.60	5792.62	1754.43	4038.19
1995	6242.20	3256.62	2985.58	6823.72	1995.39	4828.33
1996	7407.99	3661.07	3746.92	7937.55	2151.27	5786.28
1997	8651.14	4226.92	4424.22	9233.56	2532.5	6701.06
1998	9875.95	4892.00	4983.95	10798.18	3125.60	7672.58

注：1. 中央财政收入和地方财政收入是各级负责组织征收的收入数。
2. 本表中不包括国内外债务收入、债务还本付息支出和利用国外借款收入安排的基本建设支出。

a) The revenue of the central and local governments refers to revenue actually collected by the central and local governments.
b) Revenue in this table does not include revenue from domestic and foreign borrowings, and expenditure does not include the payment of the principal and interest of domestic and foreign de bts and the expenditure for capital construction using foreign loans.

8-11 预算外资金分项目收入
EXTRA-BUDGETARY REVENUE BY ITEM

单位:亿元 (100 million yuan)

年份 Year	合计 Total	行政事业单位收入 Revenue of Administrative and Institutional Units	乡镇自筹、统筹资金 Revenue from Fund-raising Programs of Township Governments	地方财政收入 Revenue of Local Governments	预算外资金相当于预算收入% Extra-budgetary Funds as % of Budgetary Revenue
1996	3893.34	3395.75	272.90	224.69	52.6
1997	2826.00	2414.32	295.78	115.90	32.7

注:从1997年起,预算外资金收入不包括纳入预算内管理的政府性基金(收费)。

a) Since 1997, the extra-budgetary revenues do not include the intra-budgetary government fund (fee).

8-12 预算外资金分项目支出
EXTRA-BUDGETARY EXPENDITURES BY ITEM

单位:亿元 (100 million yuan)

年份 Year	合计 Total	基本建设支出 Capital Construction	专项支出 Special Expenditure	事业行政经费 Operating and Administrative Expenses	乡镇统筹支出 Expenditure by Township Governments	其它支出 Other Expenses
1996	3838.32	1490.23	307.27	1254.36	136.39	650.07
1997	2685.54	502.03	311.59	1280.19	288.69	303.04

注:从1997年起,预算外资金支出不包括纳入预算内管理的政府性基金(收费)。

a)Since 1997, the extra-budgetary expenditures do not include the intra-budgetary government fund(fee).

8-13 分地区财政收入决算总表（1998 年）

FINAL STATEMENT OF GOVERNMENT REVENUE BY REGION (1998)

单位：万元 (10 000 yuan)

地 区 Region	收入合计 Total Revenue	增值税 Value-added Tax	营业税 Operation Tax	企业所得税 Enterprises' Income Tax	外商投资企业和外国企业所得税 Income Tax of Foreign-owned and Foreign-funded Enterprises
地方合计 Total	**49839483**	**9084424**	**13404986**	**5151356**	**1400143**
北 京 Beijing	2294497	375807	1129996	269813	210670
天 津 Tianjin	1013963	189897	307117	127852	75723
河 北 Hebei	2067587	393610	405390	270711	21964
山 西 Shanxi	1041941	248037	230963	89355	2254
内蒙古 Inner Mongolia	776654	118543	171833	49581	4577
辽 宁 Liaoning	2646201	484868	685232	254045	47192
吉 林 Jilin	936374	183132	235117	72173	5914
黑龙江 Heilongjiang	1572703	370320	286915	70352	8853
上 海 Shanghai	3806961	755814	1381028	508818	329437
江 苏 Jiangsu	2965804	790618	748459	314476	81901
浙 江 Zhejiang	1981028	584274	660672	360983	52021
安 徽 Anhui	1591862	232721	284583	176677	5298
福 建 Fujian	1879249	245803	479930	144074	52198
江 西 Jiangxi	971561	123145	250849	69235	4260
山 东 Shandong	3523912	701402	752239	468054	46780
河 南 Henan	2081962	360721	428282	226756	24140
湖 北 Hubei	1689508	293620	340794	152467	14211
湖 南 Hunan	1567662	229763	309621	84430	5245
广 东 Guangdong	6407547	927539	2139745	704950	342312
广 西 Guangxi	1196720	177321	258357	80076	8012
海 南 Hainan	336719	21447	117290	18098	6121
重 庆 Chongqing	711287	119087	194290	42437	12492
四 川 Sichuan	1972882	295746	503646	225418	17990
贵 州 Guizhou	653426	99877	139299	43163	576
云 南 Yunnan	1682347	305672	297639	144691	6451
西 藏 Tibet	36393	5962	14870	9855	4
陕 西 Shaanxi	933309	163378	259652	56160	9330
甘 肃 Gansu	540253	108318	142508	44537	1289
青 海 Qinghai	127718	25319	33788	11939	24
宁 夏 Ningxia	177525	32184	49809	12845	1376
新 疆 Xinjiang	653928	120479	165073	47335	1528

8-13 **续表** continued

单位：万元 (10 000 yuan)

地区 Region	个人所得税 Individual Income Tax	城市建设维护税 Tax on Urban Constuction and Maintenance	农业税 Agriculture Tax	国有企业亏损补贴 Subsidies to Loss-suffering State-owned Enterprises	行政性收费收入 Income from Adiministrative Fees
地方合计 Total	**3381993**	**2919952**	**1760932**	**−2588146**	**1762890**
北　京 Beijing	364938	141241	5847	−631096	39917
天　津 Tianjin	79102	58819	4778	−72900	37039
河　北 Hebei	131852	105025	74204	−49111	149254
山　西 Shanxi	78413	59619	35132	−57482	34676
内蒙古 Inner Mongolia	31381	37363	77640	−22912	38995
辽　宁 Liaoning	175556	176751	55220	−131434	98656
吉　林 Jilin	45457	63115	47813	−40153	64683
黑龙江 Heilongjiang	64305	125590	110278	−44731	25811
上　海 Shanghai	387018	204110	19544	−459426	4875
江　苏 Jiangsu	207337	185826	105518	−91478	12875
浙　江 Zhejiang	169122	161586	52891	−378564	882
安　徽 Anhui	116532	79267	110166	−54108	127035
福　建 Fujian	178494	79661	21757	−7842	51551
江　西 Jiangxi	34239	45675	57267	−4998	59854
山　东 Shandong	166968	226211	96758	−49225	169040
河　南 Henan	88408	122831	96602	−26642	123721
湖　北 Hubei	87933	97437	91847	−98302	135717
湖　南 Hunan	93269	100772	98085	−51774	154579
广　东 Guangdong	477675	243045	96303	−136022	140559
广　西 Guangxi	68122	48476	58575	−13367	65821
海　南 Hainan	33113	10179	5488	−6099	28481
重　庆 Chongqing	44069	40146	57229	−19274	31098
四　川 Sichuan	75678	109312	157744	−18891	67433
贵　州 Guizhou	27359	53896	48673	−14550	20119
云　南 Yunnan	45577	182175	53864	−32289	7076
西　藏 Tibet	2319	1668		−11795	521
陕　西 Shaanxi	31300	56785	47223	−40923	28809
甘　肃 Gansu	14399	41129	26703	−5602	16533
青　海 Qinghai	4490	7338	5184	−4473	5506
宁　夏 Ningxia	6885	9859	9880	−1888	8930
新　疆 Xinjiang	50683	45045	32719	−10795	12844

8-14 分地区财政支出决算总表（1998年）

FINAL STATEMENT OF GOVERNMENT EXPENDITURE BY REGION (1998)

单位：万元　　　　(10 000 yuan)

地区 Region	支出合计 Total Expenditure	基本建设 Expenditure for Capital Construction	挖潜改造支出 Expenditure for Innovation Enterprises	简易建筑费 Expenditure for Simple Construction	地质勘探费 Expenditure for Geological Prospecting	科技三项费用 Expenditure for Science and Technology Promotion	流动资金 Expenditure for Circulating Funds
地方合计 Total	**76725788**	**7782431**	**4194249**	**86834**	**10322**	**733325**	**209031**
北京 Beijing	2806827	325028	192580	1632		21964	9889
天津 Tianjin	1379265	241644	124156	200		15785	
河北 Hebei	3015508	222220	184068	2178	125	37437	
山西 Shanxi	1644083	68401	31726	3413	220	16048	13813
内蒙古 Inner Mongolia	1703133	143054	60571	5118	16	12141	243
辽宁 Liaoning	3902863	468622	361380	1931		63265	
吉林 Jilin	1900966	96331	82493	2239	651	46233	405
黑龙江 Heilongjiang	2594246	185963	173494	9605	1600	27162	
上海 Shanghai	4700472	977652	510596	100		8821	150028
江苏 Jiangsu	4249003	306661	272138	2406	709	49936	1546
浙江 Zhejiang	2868113	158109	194479	1363		40859	50
安徽 Anhui	2420656	237498	156995	1137	111	16131	5025
福建 Fujian	2548663	251028	74942	10118	50	29907	2618
江西 Jiangxi	1752605	125004	68733	2480	299	9580	
山东 Shandong	4878175	318452	310392	5253		62634	2860
河南 Henan	3236255	155002	134486	395		28782	6120
湖北 Hubei	2801215	260606	54096	1904	330	24700	3916
湖南 Hunan	2736416	287451	71543	13634	285	22107	
广东 Guangdong	8256147	1242926	500320	1520		74007	3343
广西 Guangxi	1983609	135215	83181	2730	237	13065	20
海南 Hainan	549066	71157	628	194		1458	
重庆 Chongqing	1257608	152412	48323	708	580	10149	
四川 Sichuan	3209282	273404	211936	4030	607	28058	5773
贵州 Guizhou	1330941	93486	33101	1747	150	9447	2
云南 Yunnan	3280023	422513	134465	1823	1685	22028	888
西藏 Tibet	453225	78810	3701	243	470	2171	
陕西 Shaanxi	1661955	147857	51496	1356	570	16200	1579
甘肃 Gansu	1253382	112520	20756	2391	502	9156	63
青海 Qinghai	440914	29811	7908	896	870	2303	25
宁夏 Ningxia	451239	61890	13575	411	100	3882	825
新疆 Xinjiang	1459933	131704	25991	3679	155	7909	

8-14 续表 1 continued

单位：万元 (10 000 yuan)

地 区 Region	支援农村生产支出 Expenditure for Supporting Agriculture Production	农业综合开发支出 Expenditure for Comprehensive Development of Agriculture	农林水利气象等部门事业费 Expenditure for Operating Expenses of Agriculture, Forestry, Water Conservancy and Meteorology	工业交通部门事业费 Expenditure for Operating Expenses of Departments of Industry & Transportation	流通部门事业费 Expenditure for Operating Expenses of Department of Commerce	文体广播事业费 Expenditure for Operating Expenses of Departments of Culture, Sport & Broadcasting
地方合计 Total	**2059573**	**813811**	**2698450**	**630317**	**121627**	**2253792**
北 京 Beijing	59533	14559	32928	12141	1459	69870
天 津 Tianjin	13499	5399	21089	5320	119	37584
河 北 Hebei	68529	30347	95833	33492	2688	93091
山 西 Shanxi	58561	22659	56770	15042	1287	62709
内蒙古 Inner Mongolia	62369	22401	108893	13758	3632	58680
辽 宁 Liaoning	122704	34611	96791	35147	6272	96216
吉 林 Jilin	33005	19033	120425	27520	11718	53162
黑龙江 Heilongjiang	65648	38760	185970	22283	9103	71227
上 海 Shanghai	63369	24505	36543	35137	1042	97801
江 苏 Jiangsu	114453	67175	126211	27214	3090	143823
浙 江 Zhejiang	84902	34099	112823	51272	508	104565
安 徽 Anhui	65736	43378	95180	16844	3307	58640
福 建 Fujian	70458	26093	88087	31844	5115	86842
江 西 Jiangxi	55336	27550	83979	20038	4440	49622
山 东 Shandong	111017	79364	186817	31640	11175	150517
河 南 Henan	74205	40072	106293	17105	3727	85427
湖 北 Hubei	62786	24077	126654	14778	7413	77079
湖 南 Hunan	67514	28132	125986	20033	5437	79990
广 东 Guangdong	178921	31295	176499	33053	5093	239623
广 西 Guangxi	72177	21604	67894	10759	1144	62032
海 南 Hainan	16738	8083	17974	1037	287	15404
重 庆 Chongqing	21437	24730	35599	4208	1194	28789
四 川 Sichuan	93594	44206	137112	24057	7483	92516
贵 州 Guizhou	51505	14292	56124	11817	2442	42878
云 南 Yunnan	187607	24270	134758	38536	13547	92335
西 藏 Tibet	15715	5590	15252	8236	693	17244
陕 西 Shaanxi	76196	19665	74721	38887	5381	65904
甘 肃 Gansu	34627	11834	59236	8701	650	44678
青 海 Qinghai	10533	5291	22315	7196	544	13925
宁 夏 Ningxia	18539	5051	26966	3145	1168	16166
新 疆 Xinjiang	28360	15686	66728	10077	469	45453

8-14 **续表** 2 continued

单位：万元 (10 000 yuan)

地　区 Region	教育事业费 Expenditure for Operating Expenses of Education	科学事业费 Expenditure for Operating Expenses of Department of Science	卫生经费 Expenditure for Public Health	抚恤和社会福利救济费 Expenditure for Pensions and Relief Funds for Social Welfare	行政事业单位离退休经费 Expenditure for Retired Persons in Administrative Deparment	社会保障补助支出 Expenditure on Subsidies to Social Security Programs	国防支出 Expenditure for National Defence
地方合计 Total	**12147794**	**661102**	**4062282**	**1649243**	**2697722**	**1358639**	**61050**
北　京 Beijing	413122	41058	203863	65350	111790	17992	720
天　津 Tianjin	217416	10703	79824	18727	7203	34532	724
河　北 Hebei	544564	19519	154865	86490	107235	36340	2367
山　西 Shanxi	286971	12477	91866	40166	81126	38142	1942
内蒙古 Inner Mongolia	242189	10935	77091	42065	95654	47355	1406
辽　宁 Liaoning	489366	33926	153708	76079	141919	136787	5943
吉　林 Jilin	278199	16200	83946	55327	111315	91103	650
黑龙江 Heilongjiang	363868	24835	118832	77803	23203	88288	1846
上　海 Shanghai	674601	54840	256268	46502	44176	37921	1678
江　苏 Jiangsu	897309	40101	286312	100153	154400	42634	3812
浙　江 Zhejiang	537890	29894	212943	61073	22915	29537	2330
安　徽 Anhui	392305	12736	104229	54898	112410	35537	1158
福　建 Fujian	459326	23641	138236	47973	55443	27232	4750
江　西 Jiangxi	278510	9344	91530	49983	45174	59565	945
山　东 Shandong	886208	35703	252965	121311	114022	56616	3186
河　南 Henan	578873	19968	144678	66446	155209	33329	1281
湖　北 Hubei	432870	12714	158577	107445	93140	87392	1425
湖　南 Hunan	393270	15885	108167	54354	127501	64851	2331
广　东 Guangdong	1091089	98356	392872	104154	308982	80842	5271
广　西 Guangxi	346385	16301	100306	35584	63490	17095	2840
海　南 Hainan	77749	3343	25579	9644	17816	3854	594
重　庆 Chongqing	177809	8580	69509	38611	65279	39539	
四　川 Sichuan	483056	27921	184660	70210	140243	96323	4785
贵　州 Guizhou	228955	11759	84862	24513	7075	30930	1446
云　南 Yunnan	499317	32027	181365	86461	190138	27055	3396
西　藏 Tibet	51881	1214	24374	9850	8267	4998	516
陕　西 Shaanxi	261610	11454	83964	35931	51292	29051	765
甘　肃 Gansu	193696	10945	64049	20791	48733	18805	1138
青　海 Qinghai	59214	1964	24705	8211	53782	18175	221
宁　夏 Ningxia	58971	3307	19234	7066	16142	8946	358
新　疆 Xinjiang	251205	9452	88903	26072	122648	17873	1226

8-14 **续表** 3 continued

单位：万元 (10 000 yuan)

地区 Region	行政管理费 Expenditure for Government Administration	武装警察部队支出 Expenditure for Armed Police Troops	公检法司支出 Expenditure for Public Security Agency, Procuratorial Agency and Court of Justice	城市维护费 Expenditure for City Maintenance	政策性补贴支出 Expenditure for Price Subsidies	支援不发达地区支出 Expenditure for Supporting Underdeveloped Areas
地方合计 Total	**7069566**	**104632**	**5214287**	**3798936**	**3482210**	**1108018**
北 京 Beijing	131328	75	217862	129960	139233	300
天 津 Tianjin	74896	892	88197	151271	43425	
河 北 Hebei	277567	1318	251808	116651	112187	35793
山 西 Shanxi	222918	1770	106113	67207	74097	32211
内蒙古 Inner Mongolia	198978	2137	103656	63681	112521	51375
辽 宁 Liaoning	244992	2115	261414	264925	149701	10796
吉 林 Jilin	147216	3337	121577	103992	160536	26490
黑龙江 Heilongjiang	200154	5445	172129	116577	226081	26380
上 海 Shanghai	161667		268814	156039	97365	
江 苏 Jiangsu	406197	6860	281524	283535	141373	9808
浙 江 Zhejiang	325330	3212	172913	229724	76966	14047
安 徽 Anhui	233633	1690	138216	104285	168394	35747
福 建 Fujian	236805	5829	170950	97421	90432	15115
江 西 Jiangxi	164336	1484	113425	73440	157794	31366
山 东 Shandong	501269	2627	288817	367382	200655	15437
河 南 Henan	383938		231484	131478	276211	62268
湖 北 Hubei	281223	257	145882	105381	136594	34195
湖 南 Hunan	268840	3293	204246	126030	190108	45023
广 东 Guangdong	607240	31738	700278	419613	173633	35216
广 西 Guangxi	230207	3006	157315	58294	109665	69817
海 南 Hainan	60295	4886	36630	16689	19931	19458
重 庆 Chongqing	119506	2589	103834	112401	50555	30655
四 川 Sichuan	381519	4489	232908	117596	157142	76916
贵 州 Guizhou	184341	1124	101305	56860	44317	75933
云 南 Yunnan	320730	7605	182191	128154	98103	123923
西 藏 Tibet	76567	728	23181	3027	25371	13235
陕 西 Shaanxi	210419	2386	115324	70399	77190	22225
甘 肃 Gansu	149408	579	69165	52761	46877	84687
青 海 Qinghai	52637	779	29814	4969	23528	22173
宁 夏 Ningxia	37233	409	22769	14217	17110	27410
新 疆 Xinjiang	178177	1973	100546	54977	85115	60019

8-15 财政价格补贴

GOVERNMENT EXPENDITURE FOR PRICE SUBSIDIES

单位：亿元 (100 million yuan)

年份 Year	合计 Total	粮棉油价格补贴 Subsidies on Price Increases in Grain, Cotton and Edible Oil	平抑物价等补贴 Subsidies on Curbing Price Increase	肉食价格补贴 Subsidies on Increase in Meat Price	其他价格补贴 Other Price Subsidies
1978	11.14	11.14			
1979	79.20	54.85			24.35
1980	117.71	102.80			14.91
1981	159.41	142.22			17.19
1982	172.22	156.19			16.03
1983	197.37	182.13			15.24
1984	218.34	201.67			16.67
1985	261.79	198.66		33.52	29.61
1986	257.48	169.37		42.24	45.87
1987	294.60	195.43		42.74	56.43
1988	316.82	204.03		40.40	72.39
1989	373.55	262.52		41.29	69.74
1990	380.80	267.61		41.78	71.41
1991	373.77	267.03		42.46	64.28
1992	321.64	224.35		38.54	58.75
1993	299.30	224.75		29.86	44.69
1994	314.47	202.03	41.25	25.41	45.78
1995	364.89	228.91	50.17	24.17	61.64
1996	453.91	311.39	53.38	27.46	61.68
1997	551.96	413.67	43.20	28.25	66.84
1998	712.12	565.04	28.10	26.09	92.89

注：财政价格补贴，1985 年以前冲减财政收入，1986 年以后作为支出项目列于财政支出。

a) The government expenditures for price subsidies were listed as a negative revenue item prior to 1986, but they have been listed as a government expenditure item since 1986.

8-16 国家财政债务收入、支出

GOVERNMENT DEBT FINANCE

单位：亿元　　　　(100 million yuan)

年份 Year	债务收入 Total Debt Incurred	国内债务 Domestic Debts	国外借款 Foreign Borrowing	国内其他债务 Other Domestic Debts	债务支出 Total Payment for the Debts	国内债务还本付息 Payment for the Principal and Interest of Domestic Debts	国外债务还本付息 Payment for the Principal and Interset of Foreign Debts	归还向人民银行借款的利息 Payment of the Interest of Loans from People's Bank
1950	3.02	3.02			0.03	0.03		
1951	8.18	0.01	5.49	2.68	0.42	0.40	0.01	0.01
1952	9.78		9.78		3.92	0.58	0.23	3.11
1953	9.62		9.62		0.91	0.65	0.26	
1954	17.20	8.36	8.84		2.21	0.89	1.32	
1955	22.76	6.19	16.57		6.56	1.58	4.98	
1956	7.24	6.07	1.17		7.22	1.25	5.97	
1957	6.99	6.84	0.15		8.26	2.18	6.08	
1958	7.98	7.98			9.04	1.81	7.23	
1959					9.69	2.58	7.11	
1960					10.46	3.73	6.73	
1961					10.93	4.35	6.58	
1962					10.37	3.95	6.42	
1963					7.58	4.72	2.86	
1964					5.23	4.27	0.96	
1965					6.36	5.66	0.70	
1966					3.91	3.91		
1967					2.01	2.01		
1968					2.00	2.00		
1972					0.50	0.50		
1973					0.50	0.50		
1974					0.50	0.50		
1979	35.31		35.31					
1980	43.01		43.01		28.58		24.40	4.18
1981	121.74	48.66	73.08		62.89		57.89	5.00
1982	83.86	43.83	40.03		55.52		49.62	5.90
1983	79.41	41.58	37.83		42.47		36.56	5.91
1984	77.34	42.53	34.81		28.91		22.74	6.17
1985	89.85	60.61	29.24		39.56		32.59	6.97
1986	138.25	62.51	75.74		50.16	7.98	34.49	7.69
1987	223.55	63.07	106.48	54.00	79.83	23.18	51.96	4.69
1988	270.78	92.17	138.61	40.00	76.75	28.44	42.58	5.73
1989	407.97	56.07	144.06	207.84	72.36	19.30	45.83	7.23
1990	375.45	93.46	178.21	103.78	190.40	113.75	68.21	8.44
1991	461.40	199.30	180.13	81.97	246.80	156.69	80.22	9.89
1992	669.68	395.64	208.91	65.13	438.57	342.42	80.26	15.89
1993	739.22	314.78	357.90	66.54	336.22	224.30	89.22	22.70
1994	1175.25	1028.57	146.68		499.36	364.96	107.17	27.23
1995	1549.76	1510.86	38.90		878.36	779.46	71.69	27.21
1996	1967.28	1847.77	119.51		1311.91	1223.17	60.76	27.98
1997	2476.82	2412.03	64.79		1918.37	1820.40	70.76	27.21
1998	3310.93	3228.77	82.16		2352.92	2245.79	76.60	30.53

注：1. 1981 年国库券收入 48.66 亿元，弥补了 1980 年和 1981 年的预算赤字，未列入当年预算，故 1981 年债务收入中不包括此项数字。
2. 1987 年由财政负责偿还的重点建设债券 54 亿元和 1989 年发行的保值公债 125 亿元未列入当年债务合计中。
3. 国内其他债务 1951 年为向银行借款，1988 年以后为财政专项债券、特种国债等。
4. 1995 年债务支出未包括转作下年债务还本付息支出 4.6 亿元。

a) In 1981, the debt incurred excluded a total of 4.866 billion yuan worth of treasury bill issued in the year to make up the deficits in 1980 and 1981, which was not included in the 1981 government budget.
b) The government bonds issued in 1987 for supporting key construction projects (to be repaid by the Ministry ofc) Other domestic debts in 1951 referred to loan from banks, and in the years after 1988 referred to special
c) Other domestic debts in 1951 referred to loan from banks, and in the years after 1988 referred to special government financial bonds and special treasury bonds, etc.
d) In 1995, the payment for debts did not include an amount of 460 million yuan used for the repayment for the capital and interest, which was carried down to the next year.

8-17 国家外债余额
BALANCE OF FOREIGN DEBTS

债务类型	Type of Debts	1993	1994	1995	1996	1997	1998
总计(亿美元)	**Total (USD 100 million)**	**835.73**	**928.06**	**1065.90**	**1162.75**	**1309.60**	**1460.40**
按债务类型分	**By Type of Debt**						
外国政府贷款	Loans from Foreign Governments	143.15	195.91	220.58	221.64	207.82	224.10
国际金融组织贷款	Loans from International Financial Institutions	104.64	129.39	147.99	167.39	192.12	229.50
国际商业贷款	International Commercial Loans	410.80	473.35	526.27	569.44	647.68	682.20
其他	Others	177.14	129.41	171.06	204.28	261.98	324.60
按偿还期限分	**By Repayment Terms**						
长期债务余额	Balance of Long-term Debts	700.27	823.91	946.74	1021.67	1128.20	1287.00
短期债务余额	Balance of Short-term Debts	135.46	104.15	119.16	141.08	181.40	173.40
构成(%)	**Percentage (%)**	**100.0**	**100.0**	**100.0**	**100.0**	**100.0**	**100.0**
按债务类型分	**By Type of Debt**						
外国政府贷款	Loans from Foreign Governments	17.1	21.1	20.7	19.1	15.9	15.4
国际金融组织贷款	Loans from International Financial Institutions	12.5	14.0	13.9	14.4	14.7	15.7
国际商业贷款	International Commercial Loans	49.2	51.0	49.4	49.0	49.4	46.7
其他	Others	21.2	13.9	16.0	17.5	20.0	22.2
按偿还期限分	**By Repayment Terms**						
长期债务余额	Balance of Long-term Debts	83.8	88.8	88.8	87.9	86.1	88.1
短期债务余额	Balance of Short Term of Debts	16.2	11.2	11.2	12.1	13.9	11.9

8-18 外债风险指标
RISK INDICATORS ON FOREIGN DEBTS

单位：% (%)

年份 Year	偿债率 Debt Service Ratio	负债率 Liability Ratio	债务率 Foreign Debt Ratio
1985	2.7	5.2	56.0
1986	15.4	7.3	72.1
1987	9.0	9.4	77.1
1988	6.5	10.0	87.1
1989	8.3	9.2	86.4
1990	8.7	13.5	91.6
1991	8.5	14.9	91.9
1992	7.1	14.4	87.9
1993	10.2	13.9	96.5
1994	9.1	17.1	78.0
1995	7.6	15.2	72.4
1996	6.0	14.2	67.7
1997	7.3	14.5	63.2
1998	10.9	15.2	70.4

注：1. 偿债率指偿还外债本息与当年贸易和非贸易外汇收入(国际收支口径)之比。
2. 负债率指外债余额与当年国民生产总值之比。
3. 债务率指外债余额与当年贸易和非贸易外汇收入(国际收支口径)之比。

a) Debt service ratio refers to the ratio of the payment of principal and interest of foreign debts to the foreign exchange receipts from foreign trade and non-trade services of the current year.

b) Liability ratio refers to the ratio of the balance of foreign debts to the gross national product of the current year.

c) Foreign debt ratio refers to the ratio of the balance of foreign debts to the foreign exchange receipts from Foreign trade and non-trade services of the current year.

主 要 统 计 指 标 解 释

财政收入 指国家财政参与社会产品分配所取得的收入，是实现国家职能的财力保证。财政收入所包括的内容几经变化，目前主要包括：

(1) 各项税收：包括增值税、营业税、消费税、土地增值税、城市维护建设税、资源税、城市土地使用税、印花税、固定资产投资方向调节税、个人所得税、企业所得税、关税、农牧业税和耕地占用税等。

(2) 专项收入：包括征收排污费收入、征收城市水资源费收入、教育费附加收入等。

(3) 其他收入：包括基本建设贷款归还收入、基本建设收入、捐赠收入等。

(4) 国有企业计划亏损补贴：这项为负收入，冲减财政收入。

财政支出 国家财政将筹集起来的资金进行分配使用，以满足经济建设和各项事业的需要，主要包括：

(1) 基本建设支出：指按国家有关规定，属于基本建设范围内的基本建设有偿使用、拨款、资本金支出以及经国家批准对专项和政策性基建投资贷款，在部门的基建投资额中统筹支付的贴息支出。

(2) 企业挖潜改造资金：指国家预算内拨给的用于企业挖潜、革新和改造方面的资金。包括各部门企业挖潜改造资金和企业挖潜改造贷款资金，为农业服务的县办“五小”企业技术改造补助，挖潜改造贷款利息支出。

(3) 地质勘探费用：指国家预算用于地质勘探单位的勘探工作费用，包括地质勘探管理机构及其事业单位经费、地质勘探经费。

(4) 科技三项费用：指国家预算用于科技支出的费用，包括新产品试制费、中间试验费、重要科学研究补助费。

(5) 支援农村生产支出：指国家财政支援农村集体（户）各项生产的支出。包括对农村举办的小型农田水利和打井、喷灌等的补助费，对农村水土保持措施的补助费，对农村举办的小水电站的补助费，特大抗旱的补助费，农村开荒补助费，扶持乡镇企业资金，农村农技推广和植保补助费，农村草场和畜禽保护补助费，农村造林和林木保护补助费，农村水产补助费，发展粮食生产专项资金。

(6) 农林水利气象等部门的事业费用：指国家财政用于农垦、农场、农业、畜牧、农机、林业、森工、水利、水产、气象、乡镇企业的技术推广、良种推广（示范）、动植物（畜禽、森林）保护、水质监测、勘探设计、资源调查、干部训练等项费用，园艺特产场补助费，中等专业学校经费，飞播牧草试验补助费，营林机构、气象机构经费，渔政费以及农业管理事业费等。

(7) 工业交通商业等部门的事业费：指国家预算支付给工交商各部门用于事业发展的经费，包括勘探设计费、中等专业学校经费、技术学校经费、干部训练费。

(8) 文教科学卫生事业费：指国家预算用于文化、出版、文物、教育、卫生、中医、公费医疗、体育、档案、地震、海洋、通讯、电影电视、计划生育、党政群干部训练、自然科学、社会科学、科协等项事业的经费支出和高技术研究专项经费。主要包括工资、补助工资、福利费、离退休费、助学金、公务费、设备购置费、修缮费、业务费、差额补助费。

(9) 抚恤和社会福利救济费：指国家预算用于抚恤和社会福利救济事业的经费。包括由民政部门开支的烈士家属和牺牲病残人员家属的一次性、定期抚恤金，革命伤残人员的抚恤金，各种伤残补助费，烈军属、复员退伍军人生活补助费，退伍军人安置费，优抚事业单位经费，烈士纪念建筑物管理、维修费，自然灾害救济事业费和特大自然灾害灾后重建补助费等。

(10) 国防支出：指国家预算用于国防建设和保卫国家安全的支出，包括国防费、国防科研事业费、民兵建设以及专项工程支出等。

(11) 行政管理费：包括行政管理支出，党派团体补助支出，外交支出，公安安全支出，司法支出，法院支出，检察院支出和公检法办案费用补助。

（12）价格补贴支出：指经国家批准，由国家财政拨给的政策性补贴支出。主要包括粮食加价款，粮、棉、油差价补贴，棉花收购价外奖励款，副食品风险基金，市镇居民的肉食价格补贴，平抑市价肉食、蔬菜价差补贴等以及经国家批准的教材课本、报刊新闻纸等价格补贴。

中央财政收入和地方财政收入　指按财政体制划分的中央本级收入和地方本级收入。1994年分税制财政体制以后，属于中央财政的收入包括关税、海关代征消费税和增值税，消费税，中央企业所得税，地方银行和外资银行及非银行金融企业所得税，铁道、银行总行、保险总公司等集中缴纳的营业税、所得税、利润和城市维护建设税，增值税的75%部分，海洋石油资源税和证券（印花）税50%部分。属于地方财政的收入包括营业税，地方企业所得税，个人所得税，城镇土地使用税，固定资产投资方向调节税，城镇维护建设税，房产税，车船使用税，印花税，屠宰税，农牧业税，农业特产税，耕地占用税，契税，增值税25%部分，证券交易税（印花税）50%部分和除海洋石油资源税以外的其他资源税。

中央财政支出和地方财政支出　指根据政府在经济和社会活动中的不同职责，划分中央和地方政府的责权，按照政府的责权划分确定的支出。中央财政支出包括国防支出，武装警察部队支出，中央级行政管理费和各项事业费，重点建设支出以及中央政府调整国民经济结构、协调地区发展、实施宏观调控的支出。地方财政支出主要包括地方行政管理和各项事业费，地方统筹的基本建设、技术改造支出，支援农村生产支出，城市维护和建设经费，价格补贴支出等。

预算外资金收支　预算外资金指国家机关、事业单位和社会团体为履行或代行政府职能，依据国家法律、法规和具有法律效力的规章而收取、提取和安排使用的未纳入国家预算管理的各种财政性资金。其范围主要包括：法律、法规规定的行政事业性收费、基金和附加收入等；国务院或省级人民政府及其财政、计划（物价）部门审批的行政事业性收费；国务院及财政部审批建立的基金、附加收入等；主管部门所属单位集中上缴资金；用于乡镇政府开支的乡自筹和乡统筹资金；其他未纳入预算管理的财政性资金。社会保障基金在国家财政尚未建立社会保障预算制度以前，先按预算外资金管理制度进行管理，专款专用。财政部门在银行开设统一的专户，用于预算外资金收入和支出管理。部门和单位的预算外收入必须上缴同级财政专户，支出由同级财政按预算外资金收支计划和单位财务收支计划统筹安排，从财政专户中拨付，实行收支两条线管理。

Explanatory Notes on Main Statistical Indicators

Government Revenue refers to the revenue of the government finance by means of participating in the distribution of the social products, which is the financial resources for ensuring the government to function. The contents of government revenue have been changed several times. Now it includes the following main items:

(1) Various tax revenues, including value added tax, business tax, consumption tax, land value added tax, tax on city maintenance and construction, resources tax, tax on use of urban land, stamp tax, tax on adjustment of the orientation of investment in fixed assets, personal income tax, enterprise income tax, tariff, tax on agriculture and animal husbandry and tax on occupancy of cultivated land, etc.

(2) Special revenues, including revenue collected from imposing fee on sewage treatment, revenue collected from imposing fee on urban water resources, and extra-charges for education, etc.

(3) Other revenues, including revenue from the repayment of capital construction loan, revenue from capital construction projects, and donations and grants.

(4) Planned subsidies for the losses of the state-owned enterprises. This is an item of negative revenue, used to eat up part of the government revenue.

Government Expenditure refers to the distribution and use of the funds the government finance has raised, so as to meet the needs of economic construction and various causes. It includes the following main items:

(1) Expenditure for capital construction: It refers to the non-gratuitous use and appropriation of funds for capital construction in the range of capital construction, outlay of capital as well as the loans on capital construction approved by the government for special purpose or policy purpose and the expenditure with discount paid in an overall way within the amount of the funds appropriated to the departments for capital construction.

(2) Innovation funds of the enterprises: They refer to the funds appropriated from the government budget for the enterprises to tap the latent power, upgrade the technology and carry out innovation, including the innovation fund of the departments, loan of the enterprises for innovation, subsidies on the innovation of the small fertilizer plant, small cement plant, small coal mines, small machinery plant and small steel plant, the expenditure of interest for the loan for innovation.

(3) Geological prospecting expenses: They refer to the expenses appropriated from the government budget to the geological prospecting units for the expenditure of the prospecting work, including the expenditures of the administrative agencies for geological prospecting and their institutional units as well as the geological prospecting expenditure.

(4) expenditures for science and technology promotion: They refer to the expenses appropriated from the government budget for the scientific and technological expenditure, including new products development expenditure, expenditure for intermediate trial and subsidies on important scientific researches.

(5) Expenditure for supporting rural production: It refers to the expenditures appropriated from the government budget for supporting the various expenditures of the rural collective units or households for production, including the subsidies to the small water conservancy projects and well drilling, sprinkling irrigation projects run by the villages; subsidies on the rural water and soil conserving measures; subsidies to the small power stations run by the villages; subsidies to the expenditure for fighting against particularly severe draughts; subsidies on the rural waste land exclamation; fund for supporting the township enterprises; subsidies to the expenditure for popularization of the agricultural technologies and plant protection in the rural areas; subsidies to the expenditure for the protection of grasslands and cattle and fowls; subsidies on afforestation and forest protection in rural areas; subsidies on the rural aquatic products industry; special fund for developing grain production.

(6) Operating expenses of the departments of farming, forestry, water conservancy and meteorology etc.: They refer to the expenses appropriated from the government budget for the expenditures of agricultural exclamation, farms, agriculture, animal husbandry, agricultural machinery, forestry, timber industry, water conservancy, aquatic products industry, meteorology, technology popularization in township enterprises, popularization (demonstration) of improved varieties, plant (cattle and fowls, forest) protection, water quality monitoring, prospecting and designing, resources investigation, cadres training, subsidies to horticulture gardens, expenditure of specialized secondary schools, subsidies on the experiments of sowing herbage seeds by flights, expenditures of afforestation agencies and meteorology agencies, expenses for fishery administration and operating expenses for agricultural administration, etc.

(7) Operating expenses of the departments of industry, transport and commerce: They refer to the expenses appropriated from the government budget to the departments of industry, transport and commerce for the expenditure of business development, including expenses for prospecting and designing, expenditures of specialized secondary schools, expenditures of the technical training schools and expenditures for cadres training, etc.

(8) Operating expenses of the departments of culture, education, science and public health: They refer to the expenses appropriated from the government budget for the expenditures of the causes of culture, publication, cultural relics, education, public health, traditional Chinese medical science, free medical services, sports, archives, earthquake, ocean, communications, broadcasting, film and television, family planning; expenditure for training of cadres of government, party and mass organization; expenditures for natural sciences, social sciences, associations for science and technology and the special expenditure for the high-tech researches. They include mainly wages, extra wages, welfare funds, pension for the retirees, stipend, expenses for official business, expenses for equipment purchases, expenses for repairs, business expenses and subsidies to the units which are unable to support their expenditures by their own earnings.

(9) Pension for the disabled or for the families of the bereaved and relief funds for social welfare: They refer to the funds appropriated from the government budget for the expenditures of pension for the disabled or for the families of the bereaved and relief funds for social welfare, including the lump-sum or regular pension paid by the departments of civil affairs to the members of martyrs families and families of those who died for the public interest, pension to the revolutionary disabled, subsidies for permanent disability of various kinds, subsidies to the military martyrs dependents and the demobilized servicemen, expenditure for settling down the demobilized servicemen, operating expenses of the consoling institutions, expenses for management and repair of the commemorative buildings for the martyrs, the expenses managed by the departments of civil affairs for the retirees and those who have quitted their work, expenses for social relief in rural and urban areas, operating expenses for providing relief to the areas of natural calamity and subsidies on the reconstruction after the particularly severe natural calamities, etc.

(10) Expenditures for national defence: They refer to the funds appropriated from the government budget for the expenditures for building up national defence and safeguarding national security, including expenses of national defence, expenses of scientific researches on national defence, expenses for building up people's militia and expenditure for special projects, etc.

(11) Administrative expenses: They include expenditure for administration, subsidies to the parties and mass organizations, diplomatic expenditure, expenditure for public security, judicial expenditure, law court expenditure, procuratorial expenditure and subsidies to the expenses for treating the cases by the public security departments, procuratorial organs and law courts.

(12) Expenditure for price subsidies: It refers to the expenditure appropriated, with the approval of the government, from the government budget for the policy subsidies to price adjustment, including the fund for the increase of grain prices, the subsidies to the difference between the selling prices and purchasing prices of grains, cotton and edible oil, awards in addition to the purchasing prices of cotton, risk fund for non-staple food, subsidies on the prices of meat and meat products, subsidies on the price difference for curbing the high market prices of meat, meat products and vegetables and the subsidies approved by the government on the prices of textbooks and newsprint of newspapers and periodicals.

Revenue of the central government and revenue of the local governments: In accordance with the classification of the structure of the government finance in 1994 on the basis of the classification of channels for collection of tax revenues, the revenue of the central government and the revenue of the local governments have different coverage. The revenue of the central government includes tariff, consumption tax and value added tax levied by the customs, consumption tax, income tax of the enterprises subordinate to the central government, income taxes of the local banks, foreign-funded banks and non-bank financial institutions, business tax, income tax and profits of railways, head offices of banks, head office of insurance company, which are handed over to the government in a centralized way, tax on city maintenance and construction, 75% of the value added tax, tax on ocean petroleum resources, 50% of the tax on stock dealing (stamp tax). The revenue of the local governments includes business tax, income tax of the enterprises subordinate to the local government, personal income tax, tax on the use of urban land, tax on the adjustment of the investment in fixed assets, tax on town maintenance and construction, tax on real estates, tax on the use of vehicles and ships, stamp tax, slaughter tax, tax on agriculture and animal husbandry, tax on special agricultural products, tax on the occupancy of cultivated land, contract tax, 25% of the value added tax, 50% of the tax on stock dealing (stamp tax) and tax on resources other than the ocean petroleum resources.

Expenditure of the central government and expenditure of the local governments: according to the different functions of the central government and local governments in the economic and social activities, the rights of affairs administration are classified between the central government and local governments; and the classification of the expenditure between the central government and local governments are made on the basis of the classification of the rights of affairs administration between them. The expenditure of the central government includes the expenditure for national defence, expenditure for armed police forces, the administrative expenses and various operating expenses at the level of central government, expenditure for key projects and the expenditure of the central government for adjusting the national economic structure, coordinating the development among different regions and exercising the macro-economic regulation and control. The expenditure of the local governments includes mainly the administrative expenses and various operating expenses at the level of local governments, the expenditure for capital construction and technological innovation with the funds raised by the local government, expenditure for supporting rural production, expenditure for city maintenance and construction and expenditure for price subsidies, etc.

Extra-budgetary revenue and expenditure Extra-budgetary fund refers to financial fund of various types not covered by the regular government budgetary management, which is collected, allocated or arranged by government agencies, institutions and social organizations while performing duties delegated to them or on behalf of the government in accordance with laws, rules and regulations. It mainly covers following items: administrative and institutional fees, funds and extra charges that are stipulated by laws and regulations; administrative and institutional fees approved by the State Council and provincial governments and their financial and planning (price management) departments; funds and extra charges established by the State Council and the Ministry of Finance; funds turned over to competent departments by their subordinate institutions; self-raised and collected funds by township governments for their own expenditure; and other financial funds that are not covered in budgetary management. Social security funds are treated as extra-budget fund and managed for its exclusive use, given the circumstance that separate government budgetary system for social security is yet to be designed. Special accounts are opened by the financial departments in banks for the management of revenue and expenditure of extra-budgetary fund. Extra-budgetary revenue and expenditure is managed separately, namely, revenue of institutions and departments must enter into the special accounts of the financial departments at the same administrative level, and their extra-budgetary expenditure is arranged in line with the extra-budget plans and appropriated from these accounts.

九　物价指数

PRICE INDICES

简要说明

一、本篇价格指数资料，反映生产、流通、消费与投资等环节的价格变动趋势和变动幅度。主要包括居民消费价格指数、商品零售价格指数、农业生产资料价格指数、农产品收购价格指数、工业品出厂价格指数（生产者价格指数)、原材料燃料动力购进价格指数、固定资产投资价格指数。

二、价格指数统计由国家统计局城市社会经济调查总队组织实施，各省、自治区、直辖市城市社会经济调查队及抽选出的市、县城调队依据国家统计局统一制定的价格统计调查制度向基层采集原始数据汇总后上报。

三、编制居民消费、商品零售价格指数资料是采用分层抽样调查方法取得的，即在全国选择不同经济区域和合理分布的地区、以及有代表性的商品作为样本，对市场价格进行经常性的调查，以样本推断总体。目前，我国抽选出的调查市、县226个。编制过程分几个步骤：

1.调查地区和调查点的选择。调查地区按照经济区域和地区合理分布等原则，在全国选出具有代表性的大、中、小城市和县作为国家的调查地区；在此基础上选定经营规模大、商品种类多的商场（包括集市）作为调查点。

2.代表商品和代表规格品的选择。代表商品是选择那些消费量大、价格变动有代表性的商品；代表规格品的确定是根据商品零售资料和3．6万户城市居民、6．7万户农村居民的消费支出记帐资料，按照有关规定筛选的。筛选原则：①与社会生产和人民生活关系密切；②销售数量（金额）大；③市场供应保持稳定；④价格变动趋势有代表性；⑤所选的代表规格品之间差异大。

3.价格调查方式。采用派员直接到调查点登记调查，同时全国聘请近万名辅助调查员协助登记调查。

4.权数的确定。商品零售价格指数的计算权数是根据全社会商品零售额统计确定的，居民消费价格指数的计算权数是根据9万多户城乡居民家庭消费支出构成确定的。

四、工业品价格指数采用重点调查方法统计，固定资产投资价格指数采用重点调查与典型调查相结合的方法。调查范围包括抽中的各种经济类型的工业、建筑业企业及建设单位。

BRIEF INTRODUCTION

I. The data on the price indices in this chapter show the changing trend and the change rates in production, circulation, consumption and investment, etc., including mainly consumer price indices of residents, retail price indices, price indices of agricultural means of production, purchasing price indices of farm products, producers price indices of industrial products, purchasing price indices of raw materials, fuels and power, and price indices of investment in fixed assets.

II. The statistics of price indices is organized by the Urban Socio-economic Survey Organization, NBS. The urban socio-economic survey organizations of the provinces, autonomous regions and municipalities directly under the central government as well as the urban socio-economic survey organizations of the selected cities and counties collect statistical data from the grassroots units in accordance with the scheme of price survey stipulated by the NBS, tabulate them and report them to the higher agencies.

III. The data for calculation of the consumer price indices of residents and the retail price indices in China are collected with the stratified sampling method. Areas distributed in different economic regions are selected as the sample areas and the representative commodities are selected as the sample commodities. Regular surveys are conducted to collect the data on the market prices. The data on the population are estimated on the basis of the sample. At present, 226 cities and counties have been selected for this purpose. Following are major steps in the process of calculation of the price indices:

(1) The selection of the areas and places for survey: Based on such principles as regional economic features and reasonable geographic distribution, representative sample areas for the national survey are selected which include large, medium and small cities and counties. When the sample areas are selected, large-scale shops and markets (including fairs) with great varieties of commodities are selected as the survey places.

(2) The selection of the representative commodities and their specifications or varieties: The representative commodities are the commodities consumed in large quantity and representative in price changes. The representative specifications or varieties are determined according to the data on the retail sales of commodities and the account data of the residents of 36 thousand urban households and 67 thousand rural households, following the related instructions for selection. In principle, only those specifications or varieties of the commodities can be selected: (1) They are closely related to the social production and people's livelihood; (2) They are sold in large quantities (or big values); (3) They are stable in the market supply; (4) The changes of their prices are representative in trend; (5) There is great difference among the specifications or varieties selected.

(3) Survey way: Enumerators are sent to the survey places to take the records of the prices. Nearly 10 thousand assistant enumerators are invited to assist the survey work.

(4) The determination of the weights: The weights for calculation of the retail price indices are determined according to the total retail sales of commodities. The weights for calculation of the consumer price indices are determined according to the composition of the consumption expenditures of more than 90 thousand urban and rural households.

IV. The data for the calculation of the price indices of industrial products are collected by the key unit survey. The data for the calculation of the price indices of the investment in fixed assets are collected by the survey on key units and typical units. The coverage of the survey includes the industrial and construction enterprises and construction units.

9-1 全国各种物价总指数
GENERAL PRICE INDICES

（上年＝100） (preceding year＝100)

年份 Year	商品零售价格指数 General Retail Price Index	居民消费价格指数 General Consumer Price Index	城市居民消费价格指数 Urban Areas	农村居民消费价格指数 Rural Areas	农产品收购价格指数 General Purchasing Price Index of Farm Products	农村工业品零售价格指数 General Rural Retail Price Index of Industrial Products	工农业商品综合比价指数 General Price Parity Index of Industrial and Farm Products
1978	100.7		100.7		103.9	100.0	96.2
1979	102.0		101.9		122.1	100.1	82.0
1980	106.0		107.5		107.1	100.8	94.1
1981	102.4		102.5		105.9	101.0	95.4
1982	101.9		102.0		102.2	101.6	99.4
1983	101.5		102.0		104.4	101.0	96.7
1984	102.8		102.7		104.0	103.1	99.1
1985	108.8	109.3	111.9	107.6	108.6	103.2	95.0
1986	106.0	106.5	107.0	106.1	106.4	103.2	97.0
1987	107.3	107.3	108.8	106.2	112.0	104.8	93.6
1988	118.5	118.8	120.7	117.5	123.0	115.2	93.7
1989	117.8	118.0	116.3	119.3	115.0	118.7	103.2
1990	102.1	103.1	101.3	104.5	97.4	104.6	107.4
1991	102.9	103.4	105.1	102.3	98.0	103.0	105.1
1992	105.4	106.4	108.6	104.7	103.4	103.1	99.7
1993	113.2	114.7	116.1	113.7	113.4	111.8	98.6
1994	121.7	124.1	125.0	123.4	139.9	117.2	83.8
1995	114.8	117.1	116.8	117.5	119.9	114.7	95.7
1996	106.1	108.3	108.8	107.9	104.2	106.2	101.9
1997	100.8	102.8	103.1	102.5	95.5	101.1	105.9
1998	97.4	99.2	99.4	99.0	92.0	97.8	106.3

注：工农业商品综合比价指数是以农产品收购价格指数为100，下表同。

a) The general purchasing price index of farm products is taken as 100 in calculating the general price parity index of industrial and farm products. The same as in the following table.

9-2 全国各种物价总指数
GENERAL PRICE INDICES

(1978年=100) (1978=100)

年份 Year	商品零售价格指数 General Retail Price Index	居民消费价格指数 General Consumer Price Index (1985=100)	城市居民消费价格指数 Urban Areas	农村居民消费价格指数 Rural Areas (1985=100)	农产品收购价格指数 General Purchasing Price Index of Farm Products	农村工业品零售价格指数 General Rural Retail Price Index of Industrial Products	工农业商品综合比价指数 General Price Parity Index of Industrial and Farm Products
1978	100.0		100.0		100.0	100.0	100.0
1979	102.0		101.9		122.1	100.1	82.0
1980	108.1		109.5		130.8	100.9	77.1
1981	110.7		112.2		138.5	101.9	73.6
1982	112.8		114.4		141.5	103.5	73.1
1983	114.5		116.7		147.7	104.5	70.8
1984	117.7		119.9		153.6	107.7	70.1
1985	128.1	100.0	134.2	100.0	166.8	111.1	66.6
1986	135.8	106.5	143.6	106.1	177.5	114.7	64.6
1987	145.7	114.3	156.2	112.7	198.8	120.2	60.5
1988	172.7	135.8	188.5	132.4	244.5	138.5	56.6
1989	203.4	160.2	219.2	157.9	281.2	164.4	58.5
1990	207.7	165.2	222.0	165.1	273.9	172.0	62.8
1991	213.7	170.8	233.3	168.9	268.4	177.2	66.0
1992	225.2	181.7	253.4	176.8	277.5	182.7	65.8
1993	254.9	208.4	294.2	201.0	314.7	204.3	64.9
1994	310.2	258.6	367.8	248.0	440.3	239.4	54.4
1995	356.1	302.8	429.6	291.4	527.9	274.6	52.0
1996	377.8	327.9	467.4	314.4	550.1	291.6	53.0
1997	380.8	337.1	481.9	322.3	525.3	294.8	56.1
1998	370.9	334.4	479.0	319.1	483.3	288.3	59.7

9-3 全国居民消费价格分类指数（1998 年）

CONSUMER PRICE INDICES BY CATEGORY (1998)

（上年＝100） (preceding year＝100)

项　　目	Item	全国 National Indices	城市 Urban Indices	农村 Rural Indices
居民消费价格指数	**General Consumer Price Index**	**99.2**	**99.4**	**99.0**
食品	**Food**	**96.8**	**96.9**	**96.6**
粮食	Grain	96.9	96.9	96.9
细粮	Flour and Rice	96.9	97.0	96.9
粗粮	Coarse Food Grain	97.1	96.7	97.3
淀粉及薯类	Starches and Tubers	105.4	106.7	104.0
干豆类及豆制品	Bean and Its Products	97.3	97.6	97.1
油脂	Oil or Fat	100.0	101.9	98.0
肉禽及其制品	Meal, Poultry and Their Products	90.9	91.6	90.0
蛋	Eggs	100.9	101.4	100.2
水产品	Aquatic Products	93.9	94.2	93.3
菜	Vegetables	99.6	98.6	101.1
鲜菜	Fresh Vegetables	99.9	98.5	102.1
干菜	Dried Vegetables	94.8	97.0	93.6
菜制品	Vegetable Products	101.9	101.6	102.1
调味品	Flavoring	99.5	99.3	99.6
糖	Carbohydrate	96.2	97.5	95.2
食糖	Sugar	92.7	94.2	92.0
糖果	Candy	99.7	99.6	99.8
烟草	Tobacco	98.9	98.5	99.1
酒和饮料	Liquor and Beverages	98.9	98.7	99.1
干鲜瓜果	Dried and Fresh Melons and Fruits	96.2	95.5	97.4
鲜果	Fresh Fruits	96.6	95.9	97.9
干果	Dried Fruits	94.2	93.5	95.3
糕点	Cake	100.8	101.0	100.6
奶及奶制品	Milk and Its Products	100.3	100.9	98.8
其他食品	Other Food	101.7	102.0	101.2
饮食业	Catering Trade	101.1	101.1	101.0
主食	Staple Food	101.3	102.0	99.9
炒菜	Fried Dishes	100.7	100.3	101.5
地方小吃	Local Snack	102.0	101.8	102.3
衣着	**Clothing**	**99.2**	**99.1**	**99.3**
服装	Garments	98.9	98.8	99.0
衣着材料	Clothing Material	98.8	98.6	99.0
棉布	Cotton Cloth	99.9	100.2	99.8
棉花化纤混纺布	Blend Cloth	99.7	98.5	100.1
化纤布	Chemical Fiber Cloth	98.2	96.7	98.8
呢绒	Woolen Fabric	99.7	99.9	99.5
绸缎	Silk	98.9	99.2	98.6

9-3 续表 continued

(上年=100) (preceding year=100)

项目	Item	全国 National Indices	城市 Urban Indices	农村 Rural Indices
毛线	Knitting Wool	98.4	98.9	98.0
鞋袜帽及其他衣着	Footwear, Hats & Other Clothing	100.0	99.9	100.1
鞋	Shoes	99.7	99.5	99.9
袜子	Socks and Stockings	101.4	103.3	99.9
帽子	Hats	101.6	104.3	100.4
其他衣着	Other Clothing	101.2	101.5	101.1
家庭设备及用品	**Household Facilities and Articles**	**98.4**	**98.0**	**98.9**
耐用消费品	Durable Consumer Goods	97.3	96.9	97.8
家具	Furniture	98.2	98.0	98.5
家庭设备	Household Facilities	96.8	96.5	97.3
室内装饰品	Interior Decorations	99.5	99.3	99.7
床上用品	Bed Articles	100.3	100.6	100.1
家庭日用杂品	Daily Use Household Articles	99.9	99.9	99.8
其他日用品	Other Articles for Daily Use	98.0	97.4	98.9
医疗保健用品	**Medicine and Medical Articles**	**102.8**	**102.6**	**102.9**
医疗器具及保健用品	Medical Appliances and Articles	101.3	101.1	101.5
中药材及中成药	Traditional Chinese Medicine	107.5	107.7	107.3
西药	Western Medicine	99.5	99.2	99.8
交通和通讯工具	**Means of Transportation and Communication**	**95.8**	**95.6**	**95.9**
交通工具	Means of Transportation	96.5	96.8	96.3
通讯工具	Means of Communication	93.9	93.7	94.2
娱乐教育文化用品	**Recreation, Education and Culture Articles**	**96.6**	**96.7**	**96.5**
文娱用耐用消费品	Durable Consumer Goods for Recreational Use	91.7	91.4	92.0
教材及参考书	Teaching Materials and Reference Books	102.9	103.9	102.3
文化娱乐用品	Cultural and Recreational Articles	102.4	102.6	102.2
文娱用品	Cultural and Recreational Articles	100.5	100.3	100.6
书报杂志	Newspapers and Magazines	105.2	105.7	104.6
居住	**Residence**	**101.7**	**105.0**	**98.8**
住房	Housing	100.8	106.1	97.5
建筑材料	Building Materials	94.9	94.2	95.1
房租	Rent	115.5	118.6	109.9
水电燃料	Water, Electricity and Fuels	102.6	104.2	100.6
服务项目	**Services**	**110.1**	**109.8**	**110.5**
电讯费	Telecommunication	100.8	101.0	100.3
邮费	Postage	100.8	100.5	101.0
交通费	Traffic	102.9	103.5	102.1
洗理美容费	Bathing and Haircut	106.5	106.5	106.6
文娱费	Recreation	110.5	112.3	106.4
学杂保育费	Tuition and Child Care	116.4	116.1	116.6
修理及其他服务费	Repair and Other Services	103.8	103.6	104.2
医疗保健服务费	Medical and Health Care Services	117.2	120.1	115.4

9-4 全国商品零售价格分类指数（1998年）

RETAIL PRICE INDICES BY CATEGORY OF COMMODITIES (1998)

（上年＝100） (preceding year＝100)

项目	Item	全国 National Indices	城市 Urban Indices	农村 Rural Indices
商品零售价格指数	**General Retail Price Index**	**97.4**	**97.4**	**97.6**
食品	**Food**	**96.8**	**96.9**	**96.6**
粮食	Grain	96.9	96.6	97.1
细粮	Flour and Rice	97.1	97.0	97.3
粗粮	Coarse Food Grain	94.6	92.7	96.3
油脂	Oil or Fat	100.7	102.1	98.4
肉禽蛋	Meal, Poultry and Eggs	92.6	93.0	91.9
水产品	Aquatic Products	94.2	94.5	93.4
鲜菜	Fresh Vegetables	100.3	99.3	102.0
干菜	Dried Vegetables	98.2	98.8	97.4
鲜果	Fresh Fruits	95.7	95.2	96.7
干果	Dried Fruits	94.8	94.3	95.5
其他食品	Other Food	99.2	99.7	98.5
调味品	Condiments	99.3	99.0	99.6
食糖	Sugar	92.8	93.8	91.8
糖果	Candy	99.7	99.5	99.9
糕点	Cake	100.7	100.8	100.5
奶及奶制品	Milk and Its Products	100.0	100.4	98.7
罐头	Canned Food	101.7	102.2	100.8
饮食业	Catering Trade	101.1	101.1	101.1
主食	Staple Food	101.1	101.8	99.8
炒菜	Fried Dishes	100.7	100.5	101.3
地方小吃	Local Snack	102.5	102.4	102.6
饮料烟酒	**Beverages, Tobacco and Liquor**	**98.8**	**98.6**	**99.1**
饮料	Beverages	99.1	98.6	99.9
烟酒	Tobacco and Liquor	98.7	98.5	98.9
服装鞋帽	**Garments, Shoes and Hats**	**99.3**	**99.0**	**99.7**
服装	Garments	98.5	98.2	99.0
鞋	Shoes	99.8	99.6	100.1
其他衣着	Other Clothing	102.0	102.4	101.4
纺织品	**Textiles**	**99.1**	**99.0**	**99.3**
棉布	Cotton Cloth	100.2	100.3	100.0
棉花化纤混纺布	Blend Cloth	99.4	98.8	100.0
化纤布	Chemical Fiber Cloth	97.0	95.6	98.5
呢绒	Woolen Fabric	99.5	99.4	99.7
绸缎	Silk	99.8	99.9	99.5
其他纺织品	Other Textiles	99.6	100.1	98.8
中西药品	**Traditional Chinese and Western Medicines**	**102.8**	**102.8**	**102.7**
中药	Traditional Chinese Medicine	108.1	108.7	107.1
西药	Western Medicine	99.1	98.7	99.8
医疗用品	Medical Articles	101.0	100.8	101.6
化妆品	**Cosmetics**	**100.5**	**100.8**	**99.9**
书报杂志	**Newspapers and Magazines**	**105.1**	**105.7**	**104.2**
文化体育用品	**Cultural and Sports Goods**	**99.0**	**98.3**	**100.4**
文化用品	Cultural Goods	98.4	97.6	100.1
体育用品	Sports Goods	100.8	100.6	101.3
日用品	**Articles for Daily Use**	**99.0**	**98.9**	**99.3**
一般日用品	Ordinary Articles for Daily Use	99.5	99.6	99.3
家具	Furniture	97.9	97.5	98.9
日用杂品	Sundries for Daily Use	99.8	99.7	100.1
家用电器	**Household Appliances**	**93.9**	**93.9**	**93.9**
首饰	**Jewelry**	**90.9**	**90.4**	**92.3**
燃料	**Fuels**	**96.1**	**97.0**	**94.7**
建筑装璜材料	**Building Decoration Materials**	**97.1**	**97.5**	**96.6**
机电产品	**Mechanical and Electrical Products**	**92.3**	**91.6**	**94.9**

9-5 各地区居民消费价格指数和商品零售价格指数
CONSUMER PRICE INDICES AND RETAIL PRICE INDICES OF COMMODITIES BY REGION

（上年＝100） (preceding year＝100)

地　区 Region	居民消费价格指数 Consumer Price Index			商品零售价格指数 Retail Price Index of commodities		
	全省(区、市) Province	城市 Urban Areas	农村 Rural Areas	全省(区、市) Province	城市 Urban Areas	农村 Rural Areas
1994	124.1	125.0	123.4	121.7	120.9	122.9
1995	117.1	116.8	117.5	114.8	113.5	116.4
1996	108.3	108.8	107.9	106.1	105.8	106.4
1997	102.8	103.1	102.5	100.8	100.8	100.7
1998	99.2	99.4	99.0	97.4	97.4	97.6
北　京 Beijing	102.4			98.3		
天　津 Tianjin	99.5			96.6		
河　北 Hebei	98.4	98.7	98.1	97.7	97.9	97.3
山　西 Shanxi	98.6	98.7	98.5	97.0	96.9	97.0
内蒙古 Inner Mongolia	99.3	99.3	99.2	98.1	98.1	98.0
辽　宁 Liaoning	99.3	99.8	98.7	97.6	97.6	97.4
吉　林 Jilin	99.2	99.3	99.0	97.9	97.9	97.7
黑龙江 Heilongjiang	100.4	100.9	99.7	98.4	98.5	98.2
上　海 Shanghai	100.0			95.1		
江　苏 Jiangsu	99.4	100.0	99.0	98.2	98.2	98.1
浙　江 Zhejiang	99.7	100.5	99.3	98.4	98.4	98.4
安　徽 Anhui	100.0	100.3	99.9	98.1	98.4	98.0
福　建 Fujian	99.7	100.0	99.5	98.5	98.3	98.9
江　西 Jiangxi	101.0	101.0	101.0	98.8	98.5	98.9
山　东 Shandong	99.4	99.7	99.0	97.1	97.1	97.2
河　南 Henan	97.5	97.9	97.1	96.6	96.6	96.5
湖　北 Hubei	98.4	97.9	99.0	97.1	96.3	98.0
湖　南 Hunan	100.2	100.5	100.1	97.9	98.3	97.4
广　东 Guangdong	98.2	98.3	98.1	97.0	96.9	97.2
广　西 Guangxi	97.0	97.1	96.8	96.3	96.7	95.9
海　南 Hainan	97.3	97.6	96.6	96.5	96.3	96.8
重　庆 Chongqing	96.4			94.5		
四　川 Sichuan	99.6	99.8	99.5	97.7	97.7	97.6
贵　州 Guizhou	100.1	100.5	99.6	98.9	98.9	98.8
云　南 Yunnan	101.7	102.4	101.1	99.2	98.8	99.6
西　藏 Tibet						
陕　西 Shaanxi	98.4	97.7	99.3	96.2	95.6	97.5
甘　肃 Gansu	99.0	99.0	98.9	98.1	98.0	98.3
青　海 Qinghai	100.7	100.6	101.0	99.6	99.7	99.6
宁　夏 Ningxia	100.0	100.0	99.8	97.5	97.3	97.9
新　疆 Xinjiang	100.2	99.9	100.8	99.7	99.6	99.9

9-6 各地区居民消费价格分类指数

CONSUMER PRICE INDICES BY CATEGORY AND BY REGION

（上年＝100）　　　　(preceding year＝100)

地　区 Region	总指数 General Index	食品 Food	#粮食 Grain	#油脂 Oil or Fat	#肉禽及其制品 Meat and Poultry	#　蛋 Eggs	#水产品 Aquatic Products	#　菜 Vegetables	#酒和饮料 Liquor and Beverages
1994	124.1	131.8	150.7	161.3	141.6	115.0	120.3	133.3	114.1
1995	117.1	122.9	136.8	116.0	126.4	114.6	114.4	127.3	112.3
1996	108.3	107.6	106.5	92.1	104.5	116.5	106.0	119.1	106.1
1997	102.8	99.9	91.1	101.5	105.5	79.3	100.2	100.0	102.3
1998	99.2	96.8	96.9	100.0	90.9	100.9	93.9	99.6	98.9
北　京　Beijing	102.4	97.1	96.4	103.3	93.2	102.6	94.8	94.6	99.0
天　津　Tianjin	99.5	97.7	97.0	104.5	92.6	105.1	100.1	96.1	98.1
河　北　Hebei	98.4	95.7	93.3	101.2	90.0	103.0	95.8	92.5	98.9
山　西　Shanxi	98.6	95.3	94.2	100.6	89.9	102.4	95.5	89.3	100.3
内蒙古　Inner Mongolia	99.3	96.7	95.8	100.7	93.5	99.7	94.2	93.7	99.3
辽　宁　Liaoning	99.3	97.0	96.3	104.6	92.5	100.7	96.0	95.0	99.4
吉　林　Jilin	99.2	97.2	98.2	105.9	94.3	95.4	92.7	94.1	105.1
黑龙江　Heilongjiang	100.4	97.6	99.7	107.0	94.9	93.1	92.6	91.3	99.0
上　海　Shanghai	100.0	97.7	96.4	106.9	91.8	105.2	93.4	110.3	94.9
江　苏　Jiangsu	99.4	97.3	103.9	102.3	89.8	105.4	95.1	101.8	98.7
浙　江　Zhejiang	99.7	98.3	101.3	97.4	91.6	101.8	95.8	110.1	98.5
安　徽　Anhui	100.0	97.8	101.7	101.2	89.5	101.0	96.2	108.2	96.7
福　建　Fujian	99.7	98.3	101.2	97.4	89.1	96.9	93.7	114.7	100.7
江　西　Jiangxi	101.0	99.2	102.9	100.0	91.3	100.5	89.8	113.3	97.9
山　东　Shandong	99.4	96.2	91.7	101.0	88.4	104.0	95.1	98.0	100.1
河　南　Henan	97.5	95.5	92.4	99.4	87.9	104.1	93.9	99.4	97.2
湖　北　Hubei	98.4	96.6	99.9	101.3	89.6	99.9	93.7	98.9	95.5
湖　南　Hunan	100.2	97.1	99.9	93.3	88.3	97.5	94.9	105.5	99.9
广　东　Guangdong	98.2	96.0	96.1	95.2	92.1	96.6	93.3	96.5	99.1
广　西　Guangxi	97.0	94.2	95.0	96.1	89.6	98.1	88.2	95.0	99.8
海　南　Hainan	97.3	95.6	90.9	94.7	91.6	94.0	94.6	99.6	100.4
重　庆　Chongqing	96.4	93.7	93.4	98.6	86.6	96.8	84.4	94.5	107.5
四　川　Sichuan	99.6	95.7	93.6	100.0	89.0	99.7	91.5	97.7	97.4
贵　州　Guizhou	100.1	98.9	93.2	100.1	97.7	101.3	93.6	99.8	100.0
云　南　Yunnan	101.7	99.5	95.2	100.2	98.5	101.7	93.1	95.5	99.3
西　藏　Tibet									
陕　西　Shaanxi	98.4	96.0	93.9	104.3	94.4	104.4	96.0	90.2	100.3
甘　肃　Gansu	99.0	97.0	92.1	104.9	95.0	101.1	96.5	97.1	98.3
青　海　Qinghai	100.7	98.3	97.6	106.7	96.3	101.6	100.1	93.3	101.2
宁　夏　Ningxia	100.0	96.5	93.0	105.8	96.7	103.9	93.7	92.4	97.5
新　疆　Xinjiang	100.2	99.4	96.9	101.4	93.4	98.5	99.6	109.5	100.7

9-6 **续表** continued

(上年=100)　　(preceding year=100)

地　区 Region	#干鲜瓜果 Melons and Fruits	#饮食业 Catering Trade	衣着 Clothing	家用设备及用品 Household Appliances	医疗保健用品 Health Care	交通和通讯工具 Means of Transportation & Communication	娱乐教育文化用品 Recreational, Educational & Cultural Goods	居住 Housing	服务项目 Services
1994	120.6	129.8	117.1	112.0	111.7	107.8	112.5	121.3	125.7
1995	121.2	124.6	114.5	107.0	111.3	99.9	106.4	110.6	120.2
1996	104.5	109.4	107.4	103.8	109.3	98.8	110.4	111.4	116.0
1997	94.4	104.7	103.0	100.7	104.7	97.4	100.9	108.3	116.5
1998	96.2	101.1	99.2	98.4	102.8	95.8	96.6	101.7	110.1
北　京 Beijing	90.8	101.7	105.9	97.5	108.6	99.0	97.8	104.7	121.3
天　津 Tianjin	96.8	99.7	95.7	95.4	94.2	90.1	102.6	104.3	112.5
河　北 Hebei	91.5	100.4	100.1	98.9	101.2	96.5	96.4	100.4	109.0
山　西 Shanxi	91.2	99.6	99.0	98.6	103.4	90.6	101.2	107.8	110.2
内蒙古 Inner Mongolia	92.4	101.1	99.1	98.7	102.6	95.4	97.9	103.4	107.4
辽　宁 Liaoning	97.0	100.0	98.5	97.8	102.6	95.8	96.0	106.0	108.0
吉　林 Jilin	96.8	100.0	98.7	98.7	99.7	95.3	95.9	105.5	107.9
黑龙江 Heilongjiang	99.8	102.4	99.3	98.4	103.0	96.8	95.3	102.9	119.0
上　海 Shanghai	92.5	101.8	93.0	93.1	102.6	94.9	92.8	113.4	114.4
江　苏 Jiangsu	96.4	100.8	99.3	98.7	102.7	96.1	98.5	100.7	108.6
浙　江 Zhejiang	99.5	100.9	100.1	98.5	107.0	95.4	96.5	99.6	106.9
安　徽 Anhui	94.7	100.3	98.6	98.4	103.6	96.3	96.8	102.6	114.4
福　建 Fujian	102.0	100.5	100.1	98.8	103.1	96.1	95.6	104.5	105.3
江　西 Jiangxi	100.8	102.9	99.5	98.6	104.3	94.0	100.4	103.1	112.2
山　东 Shandong	93.1	99.6	98.4	99.0	102.9	94.0	96.2	102.0	119.1
河　南 Henan	92.2	99.1	99.2	98.2	99.6	97.7	93.5	98.2	104.5
湖　北 Hubei	93.4	100.8	96.6	99.2	97.9	95.9	94.9	99.6	107.9
湖　南 Hunan	103.4	99.7	99.3	99.4	101.5	97.1	92.9	100.4	113.4
广　东 Guangdong	97.9	101.4	99.9	98.0	102.2	96.6	97.6	98.1	105.9
广　西 Guangxi	98.7	101.1	98.8	98.1	104.0	93.6	96.9	99.3	104.4
海　南 Hainan	94.0	100.9	98.4	98.4	99.8	89.8	99.0	99.8	102.1
重　庆 Chongqing	90.3	97.4	89.4	96.9	95.8	96.8	94.4	112.4	104.8
四　川 Sichuan	93.5	103.1	100.7	100.0	102.5	96.7	99.0	104.6	109.6
贵　州 Guizhou	95.2	107.1	96.6	100.6	104.4	94.2	97.2	107.2	107.9
云　南 Yunnan	106.6	106.0	102.4	98.5	104.9	96.1	96.5	103.1	118.4
西　藏 Tibet									
陕　西 Shaanxi	83.2	100.3	98.2	97.2	103.9	94.6	94.9	105.5	105.3
甘　肃 Gansu	92.9	100.3	98.6	99.7	101.8	97.9	94.6	102.0	105.6
青　海 Qinghai	95.2	102.2	100.4	99.7	104.6	97.4	98.6	112.5	112.3
宁　夏 Ningxia	91.5	99.8	101.1	98.1	102.8	96.2	94.6	99.5	117.3
新　疆 Xinjiang	99.3	102.8	100.3	98.1	100.1	96.4	97.9	103.6	106.7

9-7 各地区商品零售价格分类指数

RETAIL PRICE INDICES BY CATEGORY OF COMMODITIES BY REGION

（上年＝100）　　(preceding year＝100)

地　区 Region	总指数 General Index	食品 Food	#粮食 Grain	#油脂 Oil or Fat	#肉禽蛋 Meat, Poultry & Eggs	#水产品 Aquatic Products	#鲜菜 Vegetables	#鲜果 Fresh Fruits	#干果 Dried Fruits
1994	121.7	135.2	148.7	161.4	137.2	120.7	138.2	119.4	125.5
1995	114.8	124.7	134.4	116.3	124.2	114.2	129.3	120.4	124.4
1996	106.1	107.7	107.5	92.1	106.4	105.6	118.4	102.8	110.3
1997	100.8	99.8	92.1	101.6	101.3	101.2	99.5	92.1	106.6
1998	97.4	96.8	96.9	100.7	92.6	94.2	100.3	95.7	94.8
北　京 Beijing	98.3	96.9	96.4	103.3	94.4	94.8	94.8	89.5	96.2
天　津 Tianjin	96.6	98.0	94.6	104.2	96.3	97.9	97.5	99.9	89.0
河　北 Hebei	97.7	95.7	93.4	101.2	92.6	96.2	92.4	91.4	93.1
山　西 Shanxi	97.0	94.9	94.1	99.6	93.6	95.8	90.9	91.7	90.1
内蒙古 Inner Mongolia	98.1	96.5	95.8	100.5	94.7	95.1	95.0	91.7	95.0
辽　宁 Liaoning	97.6	97.2	96.3	105.7	94.6	96.1	95.3	98.3	91.8
吉　林 Jilin	97.9	97.0	97.9	105.6	94.8	93.9	94.7	97.2	94.6
黑龙江 Heilongjiang	98.4	97.8	99.1	107.0	94.5	93.0	91.5	100.7	94.2
上　海 Shanghai	95.1	97.2	93.4	106.9	92.1	94.1	111.6	88.5	103.5
江　苏 Jiangsu	98.2	98.2	103.6	102.6	92.5	95.1	102.8	96.0	96.0
浙　江 Zhejiang	98.4	99.0	101.4	99.6	93.4	96.2	110.4	100.5	97.8
安　徽 Anhui	98.1	98.2	101.2	100.9	91.2	96.3	110.7	94.9	94.5
福　建 Fujian	98.5	97.9	100.4	98.5	91.2	93.3	115.6	102.8	92.2
江　西 Jiangxi	98.8	99.4	102.5	100.0	92.9	88.7	117.5	104.6	94.9
山　东 Shandong	97.1	95.5	91.5	101.3	92.8	96.1	99.2	92.5	93.0
河　南 Henan	96.6	95.8	91.9	98.4	92.0	94.1	100.6	91.6	91.0
湖　北 Hubei	97.1	96.6	99.6	100.1	91.3	93.8	100.5	94.6	93.8
湖　南 Hunan	97.9	97.2	99.6	94.6	89.9	95.9	109.4	101.4	96.0
广　东 Guangdong	97.0	96.1	95.7	94.7	92.5	93.4	96.7	98.0	91.9
广　西 Guangxi	96.3	94.2	95.3	95.7	90.9	88.1	94.3	101.0	86.1
海　南 Hainan	96.5	94.6	88.7	93.9	91.4	94.5	100.6	96.5	92.1
重　庆 Chongqing	94.5	91.7	92.5	97.2	86.4	85.2	95.0	90.0	92.9
四　川 Sichuan	97.7	95.2	94.0	99.7	90.3	90.6	99.4	90.7	98.3
贵　州 Guizhou	98.9	98.5	93.3	99.7	98.1	92.9	100.6	95.7	96.6
云　南 Yunnan	99.2	99.1	95.1	99.9	98.8	92.7	96.6	107.8	104.7
西　藏 Tibet									
陕　西 Shaanxi	96.2	94.2	93.7	104.0	96.2	96.3	91.2	79.5	89.9
甘　肃 Gansu	98.1	97.2	91.8	104.6	96.2	95.3	98.3	93.6	96.6
青　海 Qinghai	99.6	98.4	97.9	106.1	96.7	100.9	94.1	94.1	97.2
宁　夏 Ningxia	97.5	96.6	93.1	105.2	97.3	94.5	94.7	92.2	92.1
新　疆 Xinjiang	99.7	99.7	97.2	101.4	93.8	98.4	110.2	101.0	98.3

9-7 **续表** 1 continued

（上年＝100） (preceding year＝100)

地区 Region	#饮食业 Catering Trade	饮料烟酒 Beverages, Tobacco and Liquor	服装鞋帽 Clothing, Shoes and Hats	纺织品 Textiles	中西药品 Traditional Chinese & Western Medicines	化妆品 Cosmetics	书报杂志 Newspapers and Magazines
1994	128.2	111.3	119.6	114.7	111.8	116.4	133.5
1995	123.5	107.8	116.8	115.4	111.5	109.9	115.2
1996	108.6	105.1	108.5	106.4	108.8	105.0	136.9
1997	104.7	101.2	103.5	101.9	104.4	102.3	112.8
1998	101.1	98.8	99.3	99.1	102.8	100.5	105.1
北京 Beijing	101.7	99.3	106.4	99.9	108.6	96.7	105.8
天津 Tianjin	99.7	96.3	96.8	94.6	101.3	95.7	116.2
河北 Hebei	100.8	99.4	100.3	99.9	101.8	100.2	102.7
山西 Shanxi	100.0	98.5	98.7	98.8	103.5	103.0	114.2
内蒙古 Inner Mongolia	101.3	98.4	99.3	99.4	102.7	101.0	104.3
辽宁 Liaoning	99.8	98.5	99.0	98.8	101.9	102.5	103.0
吉林 Jilin	99.7	102.8	99.2	99.3	99.9	101.8	107.0
黑龙江 Heilongjiang	102.4	99.1	99.8	98.4	102.7	100.9	105.5
上海 Shanghai	101.9	95.4	89.6	97.5	102.2	98.7	102.9
江苏 Jiangsu	100.8	98.3	99.6	99.0	102.1	100.2	108.5
浙江 Zhejiang	101.3	98.2	101.2	100.1	106.4	101.5	103.7
安徽 Anhui	100.5	97.3	99.1	99.6	104.4	99.2	104.2
福建 Fujian	100.4	102.3	101.5	99.5	102.7	99.2	103.3
江西 Jiangxi	102.3	99.2	100.0	99.5	103.9	99.8	109.2
山东 Shandong	98.2	99.8	98.0	99.4	103.4	101.0	103.1
河南 Henan	100.7	98.3	99.8	98.5	99.6	99.6	101.0
湖北 Hubei	100.6	97.1	97.6	97.9	98.4	101.2	104.3
湖南 Hunan	99.3	100.1	99.0	99.5	100.5	102.8	99.7
广东 Guangdong	102.2	99.0	100.0	100.1	103.0	100.4	108.6
广西 Guangxi	101.1	99.6	99.9	99.7	104.3	100.6	103.9
海南 Hainan	100.9	98.2	98.3	100.1	99.7	101.4	106.1
重庆 Chongqing	97.2	102.4	88.8	100.3	95.4	100.0	103.9
四川 Sichuan	103.0	98.0	101.5	99.8	102.5	101.4	103.0
贵州 Guizhou	107.3	98.5	97.9	98.7	104.4	104.5	106.9
云南 Yunnan	105.8	100.6	103.4	101.1	104.5	98.9	107.1
西藏 Tibet							
陕西 Shaanxi	100.4	99.1	98.8	97.4	104.2	99.7	101.1
甘肃 Gansu	101.6	98.4	98.1	100.5	100.9	100.4	102.9
青海 Qinghai	102.9	99.6	100.0	100.1	104.3	102.0	102.1
宁夏 Ningxia	100.2	96.4	102.2	98.9	102.9	100.7	104.0
新疆 Xinjiang	102.9	99.4	100.6	100.4	101.4	102.5	106.2

9-7 **续表** 2 continued

(上年=100) (preceding year=100)

地　区 Region	文化体育用品 Cultural and Sports Goods	日用品 Articles for Daily Use	家用电器 Household Appliances	首饰 Jewelry	燃料 Fuels	建筑装璜材料 Building Decoration Materials	机电产品 Mechanical and Electrical Products
1994	109.8	113.9	106.7	110.1	115.1	112.9	100.4
1995	108.9	109.7	100.7	99.4	107.4	105.7	96.6
1996	106.7	105.3	98.7	99.4	105.0	101.2	95.8
1997	101.7	102.3	95.6	97.8	107.3	99.0	95.5
1998	99.0	99.0	93.9	90.9	96.1	97.1	92.3
北　京 Beijing	98.1	100.4	94.7	89.2	100.4	106.2	87.6
天　津 Tianjin	95.3	98.5	91.0	88.5	101.4	98.3	85.9
河　北 Hebei	102.3	99.6	94.8	92.0	97.2	97.6	93.9
山　西 Shanxi	100.7	100.1	93.2	91.6	98.0	96.9	90.4
内蒙古 Inner Mongolia	99.8	99.6	94.6	94.2	99.0	99.2	95.6
辽　宁 Liaoning	97.2	97.8	94.1	90.0	98.7	97.4	93.6
吉　林 Jilin	96.6	99.0	93.4	92.1	99.9	98.1	92.6
黑龙江 Heilongjiang	99.4	99.5	92.5	90.7	101.9	98.2	94.7
上　海 Shanghai	97.1	95.3	89.3	90.0	108.3	94.3	88.1
江　苏 Jiangsu	97.8	99.3	95.7	91.4	95.4	96.5	94.3
浙　江 Zhejiang	99.2	98.8	94.8	90.7	92.3	96.7	92.9
安　徽 Anhui	99.3	99.5	93.6	93.1	94.1	97.6	93.9
福　建 Fujian	100.0	99.5	95.3	91.2	96.7	96.9	94.4
江　西 Jiangxi	100.3	99.5	93.1	93.8	93.6	97.7	92.0
山　东 Shandong	99.1	98.2	94.9	91.3	96.5	97.0	94.3
河　南 Henan	100.1	99.3	92.8	88.9	94.7	95.2	94.4
湖　北 Hubei	99.0	102.5	92.3	92.1	94.7	96.2	94.0
湖　南 Hunan	99.7	99.7	94.3	92.0	96.4	97.8	95.2
广　东 Guangdong	97.0	98.8	94.8	91.6	91.9	95.3	92.9
广　西 Guangxi	99.9	98.9	93.5	90.9	89.6	96.5	91.7
海　南 Hainan	101.4	98.5	95.1	95.2	95.5	96.8	93.6
重　庆 Chongqing	99.7	97.8	91.4	93.5	103.8	97.8	96.0
四　川 Sichuan	101.1	100.6	95.1	91.7	97.2	99.3	94.8
贵　州 Guizhou	101.6	102.2	94.6	91.8	96.7	97.8	96.0
云　南 Yunnan	100.5	98.7	91.7	90.5	94.4	99.8	94.2
西　藏 Tibet							
陕　西 Shaanxi	99.6	99.4	89.9	79.3	97.3	98.6	93.7
甘　肃 Gansu	99.1	100.6	93.9	93.2	98.5	98.0	92.6
青　海 Qinghai	102.2	100.4	93.4	96.3	101.6	101.2	95.4
宁　夏 Ningxia	94.1	99.3	92.1	87.6	96.6	96.2	94.7
新　疆 Xinjiang	101.1	99.8	96.4	91.3	101.6	97.0	95.5

9-8 各地区服务项目价格分类指数

SERVICES PRICE INDICES BY CATEGORY AND BY REGION

（上年＝100） (preceding year＝100)

地区 Region		总指数 General Index	电讯费 Telecommunication	邮费 Postage	交通费 Transportation	洗理美容费 Bathing and Haircut	文娱费 Recreation	学杂保育费 Tuition and Children Care	修理及其他服务费 Repair and Other Services	医疗保健服务费 Medical & Health Care Services
	1994	125.7	114.5	102.7	112.2	130.1	136.1	135.2	117.6	120.2
	1995	120.2	106.0	101.5	111.9	122.3	125.5	129.6	117.2	111.1
	1996	116.0	103.5	109.6	117.0	115.6	122.8	120.0	109.7	112.4
	1997	116.5	118.8	203.5	106.5	110.6	113.8	119.0	108.1	122.9
	1998	110.1	100.8	100.8	102.9	106.5	110.5	116.4	103.8	117.2
北京	Beijing	121.3	100.0	100.0	100.4	106.8	156.9	136.1	103.1	169.1
天津	Tianjin	112.5	100.0	100.0	100.6	100.0	150.0	116.8	100.5	111.9
河北	Hebei	109.0	100.0	101.8	102.4	112.0	113.4	110.4	105.2	119.4
山西	Shanxi	110.2	100.3	100.1	101.5	101.5	102.2	107.1	101.0	183.1
内蒙古	Inner Mongolia	107.4	101.4	100.4	101.4	105.3	107.0	108.3	102.6	133.5
辽宁	Liaoning	108.0	100.0	100.7	107.9	104.1	110.6	109.7	102.5	120.0
吉林	Jilin	107.9	100.9	101.7	102.2	103.6	107.0	114.9	104.3	105.0
黑龙江	Heilongjiang	119.0	99.1	100.1	100.7	105.9	103.3	138.4	102.6	143.0
上海	Shanghai	114.4	113.9	100.0	103.0	100.7	109.7	126.1	110.1	123.5
江苏	Jiangsu	108.6	98.5	100.3	105.6	107.6	107.6	110.4	104.3	121.2
浙江	Zhejiang	106.9	97.7	100.4	103.5	107.1	108.3	113.6	101.6	105.6
安徽	Anhui	114.4	100.3	100.3	105.6	107.1	106.8	125.8	103.0	106.7
福建	Fujian	105.3	101.2	103.7	107.3	104.1	107.1	106.4	105.0	103.5
江西	Jiangxi	112.2	100.1	101.8	102.9	105.4	105.5	113.1	105.6	163.8
山东	Shandong	119.1	100.1	100.6	102.4	106.1	110.4	137.3	105.0	113.8
河南	Henan	104.5	100.2	100.0	103.3	107.1	109.3	105.0	104.1	103.9
湖北	Hubei	107.9	94.4	101.9	101.2	103.8	106.6	114.9	103.6	107.3
湖南	Hunan	113.4	100.1	100.1	99.7	105.2	103.9	123.0	104.8	124.1
广东	Guangdong	105.9	101.5	100.0	102.2	105.5	103.4	110.1	103.5	109.7
广西	Guangxi	104.4	100.1	100.0	106.1	101.4	110.0	105.7	100.4	100.6
海南	Hainan	102.1	99.4	104.2	101.1	107.3	100.1	102.6	99.3	106.3
重庆	Chongqing	104.8	102.9	100.0	100.9	119.7	123.6	101.0	102.4	100.0
四川	Sichuan	109.6	100.2	100.4	105.1	107.9	105.7	110.8	106.0	125.9
贵州	Guizhou	107.9	102.4	103.3	100.4	108.1	101.8	116.9	112.3	109.9
云南	Yunnan	118.4	100.0	100.1	107.7	108.8	113.8	138.4	102.2	101.6
西藏	Tibet									
陕西	Shaanxi	105.3	96.8	100.0	100.9	106.1	111.0	104.6	104.3	117.9
甘肃	Gansu	105.6	99.2	100.0	100.4	110.9	101.3	102.4	101.9	126.7
青海	Qinghai	112.3	101.7	100.0	101.0	107.8	109.3	110.8	103.0	156.2
宁夏	Ningxia	117.3	100.0	100.0	100.5	105.6	108.9	139.1	106.6	118.7
新疆	Xinjiang	106.7	100.3	107.0	102.4	106.8	114.4	109.1	108.7	106.4

9-9 各地区农业生产资料价格分类指数

PRICE INDICES OF AGRICULTURAL MEANS OF PRODUCTION BY CATEGORY AND BY REGION

(上年=100) (preceding year=100)

地区 Region	总指数 General Index	小农具 Small Farm Tools	饲料 Forage	幼禽家畜 Young Livestock & Fowls	半机械化农具 Semi-mechanized Farm Tools	机械化农具 Mechanized Farm Machinery	化学肥料 Chemical Ferti-lizer	农药及农药械 Pestici-de & Its Appli-ances	农机用油 Oil for Farm Machi-nery
1994	121.6	124.4	127.0	138.7	117.8	115.9	124.9	105.9	119.8
1995	127.4	120.0	150.3	130.4	111.0	116.4	135.4	117.4	103.0
1996	108.4	113.2	109.6	102.7	105.5	103.6	110.8	109.5	103.9
1997	99.5	106.9	94.8	132.9	101.4	99.0	92.2	98.6	109.0
1998	94.5	100.1	102.6	86.4	99.6	97.6	91.4	96.4	94.9
北京 Beijing									
天津 Tianjin									
河北 Hebei	98.7	101.2	98.1	95.8	100.2	99.1	94.4	96.0	99.7
山西 Shanxi	95.8	95.5	102.7	100.5	99.9	97.6	90.8	93.1	96.9
内蒙古 Inner Mongolia	98.7	101.6	108.3	103.6	104.2	99.2	95.0	99.4	95.9
辽宁 Liaoning	95.6	98.4	104.6	93.1	101.4	102.5	91.9	98.0	99.3
吉林 Jilin	97.2	105.6	103.5	109.4	104.6	101.6	90.8	100.6	99.9
黑龙江 Heilongjiang	96.0	98.1	106.1	109.0	100.1	97.2	87.5	98.1	98.8
上海 Shanghai									
江苏 Jiangsu	92.5	98.8	108.0	75.6	99.0	95.8	90.9	97.5	93.7
浙江 Zhejiang	92.4	97.4	104.4	76.4	99.4	98.4	90.1	95.8	92.9
安徽 Anhui	94.8	101.0	102.1	86.0	99.2	95.6	90.5	99.1	92.8
福建 Fujian	94.6	100.9	96.8	86.1	98.2	99.0	94.3	93.7	96.2
江西 Jiangxi	95.5	102.2	98.2	93.8	99.0	99.0	92.9	96.1	93.7
山东 Shandong	96.2	101.1	106.7	85.6	99.7	95.5	93.2	96.6	95.0
河南 Henan	94.2	102.7	103.9	82.1	98.5	97.5	93.3	94.4	88.8
湖北 Hubei	91.9	101.1	96.4	84.9	96.1	97.7	89.6	94.7	93.4
湖南 Hunan	89.5	99.2	104.1	65.4	100.1	98.1	89.5	89.7	94.0
广东 Guangdong	94.9	98.0	97.2	86.3	98.0	96.8	94.1	95.6	95.5
广西 Guangxi	92.1	95.6	100.4	74.9	97.5	99.3	92.9	96.8	92.6
海南 Hainan	98.4	89.8	99.6	99.2	100.8	99.9	96.0	97.4	99.2
重庆 Chongqing									
四川 Sichuan	92.9	101.5	97.2	95.5	98.0	99.0	89.7	102.2	89.6
贵州 Guizhou	95.0	98.8	98.6	95.5	94.7	99.4	91.6	95.9	99.0
云南 Yunnan	96.5	105.5	100.3	110.9	99.0	98.9	91.4	99.4	86.1
西藏 Tibet									
陕西 Shaanxi	95.2	102.6	107.5	104.4	101.3	98.2	89.0	99.5	88.3
甘肃 Gansu	96.3	101.6	107.2	108.1	107.7	98.3	87.7	95.8	94.3
青海 Qinghai	100.3	100.8	108.2	98.4	105.2	95.8	94.6	101.7	104.7
宁夏 Ningxia	96.1	97.8	111.3	88.6	96.8	95.3	89.4	97.3	91.5
新疆 Xinjiang	100.8	109.0	104.9	94.0	101.6	97.9	100.4	110.0	104.7

9-10 全国农产品收购价格分类指数

PURCHASING PRICE INDICES OF FARM PRODUCTS BY CATEGORY OF COMMODITIES

(上年=100) (preceding year=100)

年 份 Year	总指数 General Index	粮 食 Grain	小 麦 Wheat	稻 谷 Rice	玉 米 Corn	高 粱 Sorghum	黄 豆 Soybeans	经济作物 Industrial Crops	食用植物油及油料 Edible Vegetable Oil and Oil Bearing Crops	棉 花 Cotton
1978	103.9	100.7	100.0	100.0	100.0	100.0	124.7	107.4	104.3	112.0
1979	122.1	130.5	131.1	130.2	130.0	127.9	124.0	123.4	132.7	125.3
1980	107.1	107.9	107.8	107.8	107.8	107.8	110.5	110.9	105.5	116.2
1981	105.9	109.7	105.2	105.2	105.2	105.2	157.8	106.9	104.9	104.8
1982	102.2	103.8	103.8	100.8	103.8	103.8	103.9	101.6	101.5	101.5
1983	104.4	110.3	110.2	110.2	110.2	110.2	110.2	100.3	100.6	100.2
1984	104.0	112.0	100.6	100.0	100.0	100.0	100.0	101.3	101.2	101.1
1985	108.6	101.8	100.1	102.0	101.9	104.8	102.8	101.5	104.3	97.7
1986	106.4	109.9	104.3	106.3	115.5	128.6	120.2	103.6	104.6	99.5
1987	112.0	108.0	103.4	113.2	104.1	123.4	103.4	103.3	106.0	104.7
1988	123.0	114.6	115.2	119.8	104.7	100.4	109.1	111.3	119.7	108.6
1989	115.0	126.9	121.9	130.7	131.8	120.7	122.8	116.7	119.8	122.7
1990	97.4	93.2	92.0	92.6	97.6	97.6	98.4	111.9	101.1	129.1
1991	98.0	93.8	94.2	95.9	88.2	94.1	99.8	101.6	97.9	102.1
1992	103.4	105.3	110.1	97.4	108.2	106.9	119.5	96.5	95.8	95.0
1993	113.4	116.7	105.4	124.6	119.2	119.1	122.7	112.6	120.7	111.5
1994	139.9	146.6	152.2	154.0	151.3	133.8	114.6	144.4	157.6	160.4
1995	119.9	129.0	133.1	120.8	140.9	143.2	113.1	122.5	103.1	131.5
1996	104.2	105.8	109.2	104.2	95.4	104.9	128.2	105.7	96.6	103.2
1997	95.5	90.2	89.0	88.2	94.2	79.0	100.1	98.0	104.8	99.8
1998	92.0	96.7	95.8	96.7	101.9	108.2	85.2	91.2	97.7	88.8

9-10 续表 1 continued

(上年=100) (preceding year=100)

年 份 Year	麻 Jute and Ambary Hemp	烟 叶 Tobacco	糖 料 Sugarcane and Beetroots	茶 叶 Tea	竹木材 Bamboo and Timber	工业用油漆 Oil and Lacquer for Industrial Use	禽畜产品 Livestock Products, Poultry and Eggs	肉 畜 Livestock for Slaughtering	#肥 猪 Fattened Hogs	禽 蛋 Poultry Eggs
1978	104.4	102.6	102.4	104.6	101.0	110.1	100.5	100.3	100.3	101.7
1979	112.3	107.4	130.8	118.3	115.0	105.6	122.6	124.2	124.4	120.3
1980	112.1	109.9	108.0	105.4	115.8	112.1	103.4	102.7	102.4	100.4
1981	104.5	122.5	109.1	106.6	127.0	99.6	101.1	100.3	100.2	106.7
1982	101.0	101.3	102.6	101.9	105.9	100.7	100.3	100.3	100.1	101.6
1983	98.4	100.5	100.2	99.7	100.2	100.1	100.5	99.9	99.7	107.3
1984	103.5	100.2	103.6	100.1	103.2	101.0	104.1	103.0	102.1	103.7
1985	109.5	102.4	102.1	113.5	155.5	101.6	124.1	122.6	121.1	115.1
1986	117.8	100.2	104.8	114.3	114.9	99.8	103.0	104.5	104.4	112.1
1987	74.1	105.9	110.3	112.6	120.3	103.9	117.9	119.0	118.6	123.7
1988	77.3	107.1	116.1	130.7	136.7	126.9	140.2	149.1	150.6	118.7
1989	115.1	95.5	135.1	92.6	105.2	107.0	110.2	109.6	110.5	115.6
1990	100.2	114.9	107.2	96.1	84.5	91.1	92.3	93.1	92.9	99.9
1991	101.7	100.7	104.5	112.7	102.4	109.5	97.4	97.4	96.6	93.6
1992	110.5	101.6	90.8	111.2	107.3	112.6	106.3	107.3	106.3	100.1
1993	101.9	109.8	100.0	117.3	111.1	83.9	114.2	114.7	114.5	113.3
1994	133.8	113.8	124.6	97.5	111.8	110.5	144.6	152.4	154.6	125.4
1995	131.6	144.3	142.6	120.4	105.1	109.0	115.8	116.2	116.0	113.5
1996	105.5	120.5	118.6	102.2	104.4	103.7	103.3	102.0	102.2	113.2
1997	86.4	89.3	97.6	90.9	98.9	107.0	101.8	107.7	110.1	86.3
1998	54.1	93.9	89.5	100.0	101.1	80.9	86.9	84.9	82.9	94.2

9-10 续表 2 continued

(上年＝100) (preceding year＝100)

年份 Year	#鸡蛋 Chicken Eggs	皮张 Hides and Skins	鬃毛 Bristles	蚕茧蚕丝 Silkworn Cocoons and Silk	干鲜果 Dried and Fresh Fruits	干鲜菜及调味品 Dried and Fresh Vegetables and Condiments	#鲜菜 Fresh Vegetables	药材 Crude Drugs	土副产品 Local Products	水产品 Aquatic Products
1978	100.8	101.5	102.0	100.1	110.4	103.0	100.3	102.7	105.4	102.5
1979	123.2	111.7	108.5	122.0	102.8	109.8	112.2	102.1	103.9	118.2
1980	101.0	112.7	104.7	101.8	106.5	108.5	107.3	102.7	105.2	101.8
1981	106.9	104.5	102.7	100.0	101.7	104.8	107.2	101.2	101.0	100.6
1982	100.5	99.6	99.8	100.6	102.7	100.0	99.3	102.1	101.3	101.0
1983	99.8	97.1	97.6	101.2	108.9	106.8	103.6	106.6	103.2	103.2
1984	101.6	108.0	116.4	100.0	121.0	99.9	98.7	106.3	101.7	109.8
1985	115.8	139.4	169.0	105.5	124.7	122.2	150.4	122.7	108.1	151.3
1986	110.7	117.0	82.1	107.4	108.0	104.8	101.2	77.9	112.9	110.4
1987	126.6	112.6	113.4	124.0	109.2	119.5	126.2	111.8	115.5	122.8
1988	116.5	122.5	134.6	187.8	139.6	122.2	130.9	162.1	119.1	134.3
1989	112.4	101.9	109.9	106.7	90.2	101.3	117.3	70.7	142.5	99.8
1990	102.9	80.9	74.9	96.7	97.5	94.1	96.3	95.5	92.4	98.8
1991	94.2	108.7	97.4	99.7	106.8	112.4	107.8	115.9	105.5	104.7
1992	98.8	117.6	102.8	95.7	92.8	117.3	111.4	114.8	109.9	108.1
1993	110.4	119.1	112.0	104.7	100.5	113.7	122.9	96.8	112.1	122.1
1994	116.6	133.1	132.1	155.5	119.9	124.6	135.1	99.6	120.0	122.0
1995	112.1	114.3	111.6	80.4	113.2	117.8	122.7	118.7	121.6	112.4
1996	114.5	96.5	92.7	86.5	99.5	103.6	102.0	111.6	102.2	103.4
1997	77.6	90.0	94.7	129.1	88.6	92.8	91.6	99.9	101.0	91.7
1998	99.9	87.6	81.5	94.9	94.5	92.5	91.7	106.0	88.4	93.9

9-11 全国农产品收购价格分类指数

PURCHASING PRICE INDICES OF FARM PRODUCTS BY CATEGORY OF COMMODITIES

(1978年＝100) (1978＝100)

年份 Year	总指数 General Index	粮食 Grain	小麦 Wheat	稻谷 Rice	玉米 Corn	高粱 Sorghum	黄豆 Soybeans	经济作物 Industrial Crops	食用植物油及油料 Edible Vegetable Oil and Oil-bearing Crops	棉花 Cotton
1978	100.0	100.0	100.0	100.0	100.0	100.0	100.0	100.0	100.0	100.0
1979	122.1	130.5	131.1	130.2	130.0	127.9	124.0	123.4	132.7	125.3
1980	130.8	140.8	141.3	140.4	140.1	137.9	137.0	136.9	140.0	145.6
1981	138.5	154.5	148.7	147.7	147.4	145.0	216.2	146.3	146.9	152.6
1982	141.5	160.3	154.3	148.8	153.0	150.6	224.7	148.6	149.1	154.9
1983	147.7	176.9	170.1	164.0	168.6	165.9	247.6	149.1	150.0	155.2
1984	153.6	198.1	171.1	164.0	168.6	165.9	247.6	151.0	151.8	156.9
1985	166.8	201.6	171.3	167.3	171.8	173.9	254.5	153.3	158.3	153.3
1986	177.5	221.6	178.6	177.8	198.5	223.6	305.9	158.8	165.6	152.5
1987	198.8	239.3	184.7	201.3	206.6	275.9	316.3	164.0	175.5	159.7
1988	244.5	274.3	212.8	241.2	216.3	277.0	345.1	182.6	210.1	173.4
1989	281.2	348.1	259.4	315.2	285.1	334.4	423.8	213.1	251.7	212.8
1990	273.9	324.4	238.6	291.9	278.3	326.4	417.0	238.4	254.4	274.7
1991	268.4	304.3	224.8	279.9	245.4	307.1	416.2	242.2	249.1	280.5
1992	277.5	320.4	247.5	272.6	265.6	328.3	497.3	233.8	238.6	266.5
1993	314.7	373.9	260.8	339.7	316.6	391.0	610.2	263.2	288.0	297.1
1994	440.3	548.1	396.9	523.1	479.0	523.2	699.3	380.1	453.9	476.5
1995	527.9	707.0	528.3	631.9	674.9	749.2	790.9	465.6	468.0	626.6
1996	550.1	748.0	576.9	658.4	643.9	786.2	1013.9	492.1	452.1	646.7
1997	525.3	674.7	513.4	580.7	606.6	621.1	1014.9	482.3	473.8	645.4
1998	483.3	652.4	491.8	561.5	618.1	672.0	864.7	439.9	462.9	573.1

9-11 **续表** 1 continued

(1978年=100) (1978=100)

年份 Year	麻 Jute and Ambary Hemp	烟叶 Tobacco	糖料 Sugarcane and Beetroots	茶叶 Tea	竹木材 Bamboo and Timber	工业用油漆 Oil and Lacquer for Industrial Use	禽畜产品 Livestock Products, Poultry and Eggs	肉畜 Livestock for Slaughtering	#肥猪 Fattened Hogs	禽蛋 Poultry Eggs
1978	100.0	100.0	100.0	100.0	100.0	100.0	100.0	100.0	100.0	100.0
1979	112.3	107.4	130.8	118.3	115.0	105.6	122.6	124.2	124.4	120.3
1980	125.9	118.0	141.3	124.7	133.2	118.4	126.8	127.6	127.4	120.8
1981	131.6	144.6	154.1	132.9	169.1	117.9	128.2	127.9	127.6	128.9
1982	132.9	146.5	158.1	135.4	179.1	118.7	128.5	128.3	127.8	130.9
1983	130.7	147.2	158.4	135.0	179.5	118.8	129.2	128.2	127.4	140.5
1984	135.3	147.5	164.1	135.2	185.2	120.0	134.5	132.0	130.1	145.7
1985	148.2	151.0	167.6	153.4	288.0	122.0	166.9	161.9	157.5	167.7
1986	174.5	151.3	175.6	175.4	330.9	121.7	171.9	169.2	164.4	188.0
1987	129.3	160.3	193.7	197.5	398.1	126.5	202.7	201.3	195.0	232.5
1988	100.0	171.6	224.9	258.1	544.2	160.5	284.2	300.1	293.7	276.0
1989	115.1	163.9	303.9	239.0	572.5	171.7	313.1	329.0	324.5	319.1
1990	115.3	188.3	325.7	229.7	483.7	156.4	289.0	306.3	301.5	318.8
1991	117.3	189.7	340.4	258.8	495.3	171.3	281.5	298.3	291.2	298.4
1992	129.6	192.7	309.1	287.8	531.5	192.9	299.2	320.1	309.6	298.7
1993	132.0	211.6	309.1	337.6	590.5	161.8	341.7	367.1	354.5	338.4
1994	176.6	240.8	385.1	329.2	660.2	178.8	494.1	559.5	548.1	424.4
1995	232.4	347.5	549.2	396.4	693.9	194.9	572.2	650.1	635.8	481.7
1996	245.2	418.7	651.4	405.1	724.4	202.1	591.1	663.1	649.8	545.3
1997	211.9	373.9	635.8	368.2	716.4	216.2	601.7	714.2	715.4	470.6
1998	114.6	351.1	569.0	368.2	724.3	174.9	522.9	606.4	593.1	443.3

9-11 **续表** 2 continued

(1978年=100) (1978=100)

年份 Year	#鸡蛋 Chicken Eggs	皮张 Hides and Skins	鬃毛 Bristles	蚕茧蚕丝 Silkworn Cocoons and Silk	干鲜果 Dried and Fresh Fruits	干鲜菜及调味品 Dried and Fresh Vegetables and Condiments	#鲜菜 Fresh Vegetables	药材 Crude Drugs	土副产品 Local Products	水产品 Aquatic Products
1978	100.0	100.0	100.0	100.0	100.0	100.0	100.0	100.0	100.0	100.0
1979	123.2	111.7	108.5	122.0	102.8	109.8	112.2	102.1	103.9	118.2
1980	124.4	125.9	113.6	124.2	109.5	119.1	120.4	104.9	109.3	120.3
1981	133.0	131.6	116.7	124.2	111.3	124.9	129.1	106.1	110.4	121.0
1982	133.7	131.0	116.4	124.9	114.3	124.9	128.2	108.3	111.8	122.3
1983	133.4	127.2	113.6	126.4	124.5	133.3	132.8	115.5	115.4	126.2
1984	135.6	137.4	132.3	126.4	150.7	133.2	131.0	122.8	117.4	138.5
1985	157.0	191.5	223.5	133.4	187.9	162.8	197.1	150.6	126.9	209.6
1986	173.8	224.1	183.5	143.3	202.9	170.6	199.5	117.3	143.2	231.4
1987	220.0	252.3	208.1	177.6	221.6	203.9	251.7	131.2	165.4	284.2
1988	256.3	309.1	280.1	333.6	309.3	249.1	329.5	212.7	197.0	381.6
1989	288.1	315.0	307.9	356.0	279.0	252.4	386.5	150.4	280.8	380.9
1990	296.4	254.8	230.6	344.2	272.1	237.5	372.2	143.6	259.5	376.3
1991	279.2	277.0	224.6	343.2	290.6	266.9	401.2	166.4	273.7	394.0
1992	275.9	325.7	230.9	328.4	269.6	313.1	447.0	191.1	300.8	425.9
1993	304.6	388.0	258.6	343.9	271.0	356.0	549.3	184.9	337.2	520.0
1994	355.2	516.4	341.6	534.8	324.9	443.6	742.1	184.2	404.6	635.4
1995	398.2	590.2	381.2	430.0	367.8	522.6	910.6	218.6	492.0	714.2
1996	455.9	569.5	353.4	372.0	366.0	541.4	928.8	244.0	502.8	738.5
1997	353.8	512.6	334.7	480.3	324.3	502.4	850.8	243.8	507.8	677.2
1998	353.4	449.0	272.8	455.8	306.5	464.7	780.2	258.4	448.9	635.9

9-12 分行业工业品出厂价格指数

EX-FACTORY PRICE INDICES OF INDUSTRIAL PRODUCTS BY SECTOR

(上年=100) (preceding year=100)

年份 Year	总指数 General Index	冶金工业 Metallurgical Industry	电力工业 Power Industry	煤炭工业 Coal Industry	石油工业 Petroleum Industry	化学工业 Chemical Industry	机械工业 Machine Buiding Industry	建筑材料工业 Building Materials Industry
1980	100.5	106.2	98.4	106.4	102.1	98.2	97.5	102.5
1981	100.2	101.8	101.6	102.6	99.3	97.2	98.6	101.6
1982	99.8	101.0	98.9	101.9	100.5	99.6	99.3	102.2
1983	99.9	101.3	105.6	101.5	106.3	101.0	99.3	102.7
1984	101.4	103.8	102.1	102.6	112.0	102.4	101.1	102.0
1985	108.7	114.3	103.4	117.6	107.2	102.9	111.8	115.4
1986	103.8	107.4	102.4	96.8	104.6	102.9	102.8	113.7
1987	107.9	107.0	103.1	102.8	104.0	112.2	104.9	105.6
1988	115.0	115.4	101.7	110.6	106.8	120.4	111.8	113.4
1989	118.6	121.0	105.9	112.2	108.4	119.4	121.2	123.6
1990	104.1	110.3	107.4	106.2	107.1	101.6	102.8	99.6
1991	106.2	114.2	116.9	113.1	118.8	102.4	102.8	106.1
1992	106.8	114.2	108.8	116.1	115.3	102.7	106.6	111.1
1993	124.0	157.7	135.9	139.7	171.3	108.3	119.7	142.8
1994	119.5	106.8	139.5	122.2	148.7	115.4	109.5	107.6
1995	114.9	105.5	109.5	111.3	121.2	126.2	106.3	106.4
1996	102.9	97.7	113.1	113.7	104.6	103.4	101.6	104.3
1997	99.7	97.3	114.0	108.0	107.4	95.5	98.1	99.6
1998	95.9	93.1	105.5	96.6	93.0	92.9	97.0	96.6

9-12 **续表** continued

(上年=100) (preceding year=100)

年份 Year	森林工业 Timber Industry	食品工业 Food Industry	纺织工业 Textile Industry	缝纫工业 Tailoring Industry	皮革工业 Leather Industry	造纸工业 Paper Industry	文教艺术用品工业 Cultural, Educational & Handicrafts Articles
1980	104.5	101.2	101.6	100.8	102.4	100.5	101.6
1981	111.3	102.3	99.1	99.9	101.7	100.6	99.0
1982	105.8	103.1	96.5	96.1	99.5	100.3	100.0
1983	100.3	100.8	94.8	95.7	100.9	101.1	99.9
1984	103.2	101.7	96.6	100.4	100.6	99.7	100.4
1985	114.9	105.5	104.3	105.1	112.1	113.7	103.2
1986	107.1	102.5	102.6	100.0	101.7	105.7	99.6
1987	144.9	109.4	108.3	109.6	102.9	112.1	120.0
1988	119.6	116.3	122.3	116.2	114.4	120.7	112.1
1989	115.7	114.3	122.4	118.9	118.3	123.0	111.0
1990	94.6	101.0	107.2	109.1	106.3	102.3	107.3
1991	100.4	103.3	104.1	109.0	109.0	102.9	105.8
1992	105.9	106.2	99.3	100.8	112.8	102.7	102.3
1993	131.8	113.5	103.8	117.9	111.8	108.9	110.6
1994	106.9	123.4	136.8	116.1	121.9	106.6	109.1
1995	99.5	123.4	117.3	116.5	121.7	144.5	111.4
1996	98.2	104.2	96.0	108.2	111.3	116.1	101.5
1997	99.3	99.6	98.0	103.9	98.3	94.5	100.0
1998	95.4	98.6	94.1	97.7	98.3	94.1	94.4

9-13 工业品出厂价格分类指数

EX-FACTORY PRICE INDICES OF INDUSTRIAL PRODUCTS

(上年=100) (preceding year=100)

类别	Item	1992	1993	1994	1995	1996	1997	1998
全部工业品	**Total Industry Products**	**106.8**	**124.0**	**119.5**	**114.9**	**102.9**	**99.7**	**95.9**
生产资料	**Means of Production**	**109.3**	**133.7**	**116.7**	**113.6**	**103.5**	**99.7**	**95.4**
采掘工业	Mining & Quarrying Industry	112.6	146.5	133.1	119.7	108.9	105.5	98.4
原材料工业	Raw Materials Industry	110.2	140.4	117.9	113.6	101.7	100.0	93.4
加工工业	Manufacturing Industry	107.4	122.7	111.1	112.0	104.1	98.1	96.8
生活资料	**Consumer Goods**	**103.2**	**109.6**	**123.8**	**116.9**	**102.1**	**99.6**	**96.9**
食品类	Food	106.4	113.9	123.4	123.2	104.7	100.8	98.9
衣着类	Clothing	100.8	106.2	136.4	115.6	100.5	101.1	96.2
一般日用品	Articles for Daily Use	102.8	108.9	112.3	115.1	102.9	98.3	96.7
耐用消费品	Durable Consumer Goods	101.7	108.8	108.4	105.4	97.7	94.9	94.0

9-14 各地区固定资产投资价格指数
PRICE INDICES OF INVESTMENT IN FIXED ASSETS BY REGION

（上年=100） (preceding year=100)

地区 Region		1997				1998			
		固定资产投资 Investment in Fixed Assets	建筑安装工程 Construction and Installation	设备工、器具 Purchase of Equipment, Tools and Instruments	其他费用 Others	固定资产投资 Investment in Fixed Assets	建筑安装工程 Construction and Installation	设备工、器具 Purchase of Equipment, Tools and Instruments	其他费用 Others
全国	**National Total**	**101.7**	**102.9**	**98.1**	**102.9**	**99.8**	**100.5**	**97.5**	**100.4**
北京	Beijing	102.7	104.9	96.8	100.4	100.8	101.4	100.5	99.5
天津	Tianjin	100.8	101.9	97.3	101.5	98.9	100.2	95.3	100.3
河北	Hebei	101.5	105.0	95.0	101.2	97.8	99.4	94.4	98.5
山西	Shanxi	101.5	101.6	100.1	102.9	98.8	98.4	100.0	99.1
内蒙古	Inner Mongolia	99.7	97.9	98.2	108.7	101.7	102.1	97.8	107.2
辽宁	Liaoning	102.3	102.1	101.0	105.1	99.8	100.2	100.4	97.2
吉林	Jilin	104.4	106.4	101.1	100.7	100.8	101.2	100.1	99.9
黑龙江	Heilongjiang	102.7	103.8	100.2	100.2	100.8	101.6	98.9	100.9
上海	Shanghai	100.5	101.4	97.8	100.8	98.4	98.9	96.1	99.6
江苏	Jiangsu	99.2	100.0	96.6	101.6	98.4	99.1	95.0	102.6
浙江	Zhejiang	99.5	99.8	97.3	100.3	97.6	97.0	95.9	101.6
安徽	Anhui	101.3	101.1	101.6	101.4	100.0	100.3	99.3	99.7
福建	Fujian	101.1	102.2	97.9	99.8	98.0	98.9	94.7	98.6
江西	Jiangxi	101.4	102.4	97.1	106.5	102.1	104.0	98.0	100.9
山东	Shandong	100.4	100.7	98.7	103.5	99.2	100.2	96.0	102.0
河南	Henan	102.9	103.9	101.2	102.2	98.7	98.1	100.0	98.5
湖北	Hubei	102.1	102.3	100.4	104.6	100.5	100.5	100.8	100.1
湖南	Hunan	101.8	102.1	98.9	107.5	102.7	104.2	97.1	105.5
广东	Guangdong								
广西	Guangxi	100.3	100.3	98.2	104.4	99.9	101.4	95.2	100.4
海南	Hainan								
重庆	Chongqing	101.7	103.2	97.6	103.4	98.7	100.0	94.9	99.5
四川	Sichuan	102.2	104.0	96.8	103.4	97.5	97.7	95.8	99.5
贵州	Guizhou	101.4	103.9	96.9	101.3	100.0	102.5	95.9	99.3
云南	Yunnan	105.4	106.7	100.0	110.2	101.8	103.5	97.2	102.5
西藏	Tibet								
陕西	Shaanxi	105.3	108.8	98.0	101.6	101.8	104.8	95.2	97.1
甘肃	Gansu	102.7	104.0	100.1	101.3	100.3	100.9	98.1	101.9
青海	Qinghai	103.0	104.5	97.9	100.6	98.5	99.0	95.9	98.7
宁夏	Ningxia	102.2	104.5	97.5	100.0	102.1	102.9	96.6	108.1
新疆	Xinjiang	103.2	104.7	97.3	107.1	102.0	103.0	96.7	102.7

主 要 统 计 指 标 解 释

商品零售价格指数　是反映城乡商品零售价格变动趋势的一种经济指数。零售物价的调整变动直接影响到城乡居民的生活支出和国家的财政收入，影响居民购买力和市场供需平衡，影响消费与积累的比例。因此，计算零售价格指数，可以从一个侧面对上述经济活动进行观察和分析。

居民消费价格指数　是反映一定时期内城乡居民所购买的生活消费品价格和服务项目价格变动趋势和程度的相对数，是对城市居民消费价格指数和农村居民消费价格指数进行综合汇总计算的结果。利用居民消费价格指数，可以观察和分析消费品的零售价格和服务价格变动对城乡居民实际生活费支出的影响程度。

城市居民消费价格指数　是反映城市居民家庭所购买的生活消费品价格和服务项目价格变动趋势和程度的相对数。城市居民消费价格指数可以观察和分析消费品的零售价格和服务项目价格变动对职工货币工资的影响，作为研究职工生活和确定工资政策的依据。

农村居民消费价格指数　是反映农村居民家庭所购买的生活消费品价格和服务项目价格变动趋势和程度的相对数。农村居民消费价格指数可以观察农村消费品的零售价格和服务项目价格变动对农村居民生活消费支出的影响，直接反映农民生活水平的实际变化情况，为分析和研究农村居民生活问题提供依据。

农产品收购价格指数　是反映国有商业、集体商业、个体商业、外贸部门、国家机关、社会团体等各种经济类型的商业企业和有关部门收购农产品价格的变动趋势和程度的相对数。农产品收购价格指数可以观察和研究农产品收购价格总水平的变化情况，以及对农民货币收入的影响，作为制订和检查农产品价格政策的依据。

农村工业品零售价格指数　是反映农村市场工业品零售价格水平变动趋势和程度的相对数。通过农村工业品零售价格指数，可以观察工业品零售价格变动对农民货币支出的影响。

工业品出厂价格指数　是反映全部工业产品出厂价格总水平的变动趋势和程度的相对数，包括工业企业售给本企业以外所有单位的各种产品和直接售给居民用于生活消费的产品。通过工业品出厂价格指数能观察出厂价格变动对工业总产值的影响。

固定资产投资价格指数　是反映固定资产投资额价格变动趋势和程度的相对数。固定资产投资额是由建筑安装工程投资完成额、设备、工器具购置投资完成额和其他费用投资完成额三部分组成的。编制固定资产投资价格指数应首先分别编制上述三部分投资的价格指数，然后采用加权算术平均法求出固定资产投资价格总指数。

编制固定资产投资价格指数可以准确地反映固定资产投资中涉及的各类商品和取费项目价格变动趋势和变动幅度，消除按现价计算的固定资产投资指标中的价格变动因素，真实地反映固定资产投资的规模、速度、结构和效益，为国家科学地制定、检查固定资产投资计划并提高宏观调控水平，为完善国民经济核算体系提供科学的、可靠的依据。

Explanatory Notes on Main Statistical Indicators

Retail Price Index reflects the general change in retail prices of commodities. The change and adjustment in retail prices directly affect the living expenditure of urban and rural residents, government revenue, purchasing power of residents and the equilibrium of market supply and demand, and the ratio of consumption to accumulation. Therefore, the calculation of retail price index is useful to analyze the changes of the above economic activities.

Consumer Price Index reflects the trend and degree of changes in prices of consumer goods and services purchased by urban and rural residents, and is a composite index derived from the urban consumer price index and the rural consumer price index. Consumer price index can be used to analyze the impact of consumer price change on actual expenditure for living cost of urban and rural residents.

Urban Consumer Price Index reflects the trend and degree of changes in prices of consumer goods and services purchased by urban households. It can be used to observe and analyze the impact of price changes in consumer goods and services on money wages of staff and workers, and provide basis for policy making concerning the living cost and wages of staff and workers.

Rural Consumer Price Index reflects the trend and degree of changes in prices of consumer goods and services purchased by rural households. It can be used to observe the impact of change in retail prices of consumer goods and service prices in rural areas on living expenditure of rural households, and to show the changes in the living standard of peasants. It provides basis for analysis and research on condition of life in rural areas.

Index of Purchasing Prices of Farm Products reflects the trend and degree of changes in purchasing prices of farm products purchased by state-owned, collective-owned, and individual commercial enterprises, foreign trade sectors, government agencies, social organizations and other units of various types of ownership. It is used to observe the impact of change in purchasing prices of farm products on the cash income of peasants, and serves as basis for the formulation and supervision of pricing policies for farm products.

Retail Price Index of Rural Industrial Products reflects the trend and degree of changes in prices of industrial products in rural market and can be used to observe the impact of the price change on farmers money expenditure.

Ex-factory Price Index of Industrial Products reflects the trend and degree of changes in general ex-factory prices of all industrial products, including sales of industrial products by an industrial enterprise to all units outside the enterprise, as well as sales of consumer goods to residents. It can be used to analyze the impact of ex-factory prices on gross industrial output value.

Price Index of Investment in Fixed Assets reflects the trend and degree of changes in prices of investment in fixed assets. The investment in fixed assets consists of three components, namely the investment in construction and installation, the investment in purchases of equipment and instrument, and the investment in other items. Price index of investment in fixed assets is calculated as the weighted arithmetic mean of the price indices of the three components of investment in fixed assets. Removing the factor of price change in the aggregates of investment at current prices, this indicator shows the changes in the prices of commodities and fees involved in the investment of fixed assets, and can be used to observe the actual size, growth, structure, and efficiency of investment in fixed assets and provides reliable and scientific data for government planning, management, decision making, and further improving the current national accounting system.

十 人民生活

PEOPLE'S LIVELIHOOD

简要说明

一、本篇资料反映我国人民生活状况，包括就业、居民收支、住房及主要消费品拥有量、文化、教育、卫生、公用设施等。

二、本篇中有关城镇居民生活状况的数据来源于城市住户调查资料，是对城市居民家庭抽样调查汇总的结果。主要内容包括家庭人口及其构成、家庭现金收支、主要商品购买数量及支出金额、劳动就业状况、居住状况和耐用消费品的拥有量等。

城市住户调查是由国家统计局城市社会经济调查总队组织实施，各省、自治区、直辖市城调队及抽中城市的城调队依据国家统计局统一制定的城市住户调查方案，收集资料并逐级汇总上报。

城市住户调查采用固定样本户进行连续记帐的调查方式，每一调查期为3年，每年轮换三分之一。调查户是按“二阶段”、“划类选点”、“等距抽样”随机抽选的。

第一阶段，在全国范围内划类选点直接抽选调查城市。把全国市县按人口规模划分为特大、大、中、小城市和县城五种类型，然后在此基础上按六大行政区分组。每一行政区内又按城市职工平均工资水平高低排列，再把各城市的职工人数累计起来进行等距抽样，每隔100万职工抽取一个样本城市，作为调查城市。

第二阶段，在抽中的城市内采用多阶段和二相抽样相结合的方法抽取调查户。特大、大城市采用三阶段抽选一相调查样本，即先抽选调查街道，从抽中街道再抽调查居委会、最后从抽中居委会抽选调查户；中小城市及县城采用二阶段抽选一相调查样本，即直接抽选居委会，再从中抽选调查户。第二相样本是在一相样本基础上，采取分层抽选经常性调查户。

按上述办法国家统计局共抽选出调查市、县226个，调查户36000户。

三、有关农村居民生活的统计资料主要来源于国家统计局农村经济调查总队的农村居民住户调查。主要内容包括农村居民家庭基本情况、人均总收入和纯收入、生活消费支出、主要消费品消费量、耐用消费品拥有量等。

农村居民住户调查采取多阶段、随机起点、对称等距的抽样方法。抽样时一般分为省抽县、县抽村、村抽户等几个阶段。各省、自治区、直辖市共抽中857个调查县，占全国总县数的35%左右。

农村居民住户调查的抽样框编制以近三年人均纯收入作为有关标识，按高低顺序排队，再以近三年平均分配人口为辅助资料进行累计，计算抽样距离，采用随机起点、对称等距抽样方法，抽选调查村。村抽选调查户时，则利用全村各户的上年人均纯收入作为有关标识，按高低顺序排队，以家庭常住人口作为辅助资料，逐户累计，计算抽样距离，采用随机起点、对称等距抽样方法抽选调查户。

农村居民住户调查的样本单位包括857个调查县、9000多个调查村、67000多户调查户。农村居民住户调查要求抽样误差不得超过±3%。为保证农村居民住户调查资料的准确性，国家统计局农村经济调查总队为调查户设置了现金和实物两本帐，并聘请了近万名辅助调查员帮助做好记帐工作，及时核实、汇总住户调查资料。

为解决调查户的厌烦情绪及样本老化问题，增强抽样调查网点的代表性，更加准确、及时地反映农村社会经济情况，国家统计局农村经济调查总队对农村住户调查网点实行样本轮换制度，每四年为一个周期。

BRIEF INTRODUCTION

I. The data in this chapter show the conditions of China's people's livelihood, including employment, income and expenditure of the residents, housing condition, possession of the consumer goods, culture, education, health care and public facilities.

II. The data on the livelihood of the urban residents in this chapter come from the data collected by the sample survey on the urban households. The main content of the survey includes the population in the household and its composition, the cash income and expenditure of the household, the quantity of major commodities purchased and the expenditure for them, the employment of the household members, the housing condition and the ownership of the durable consumer goods.

The survey on the urban households is organized by the Urban Socio-economic Survey Organization, NBS. The urban socio-economic survey organizations of the provinces, autonomous regions and municipalities directly under the central government as well as the urban socio-economic survey organizations of the selected cities and counties collect the data in accordance with the survey scheme stipulated by NBS and report them to the higher organization.

The survey on the urban households is conducted in such a way that the selected households by sampling method should keep accounts for successive three years and be interviewed by the enumerators. By a rotation sampling scheme, one third of the old sample households should be replaced by the new sample households every year. The respondent households are selected by the two-stage stratified systematic random sampling scheme.

At the first stage, the cities and counties are firstly classified into 5 categories by their population size, namely the particularly large cities, large cities, medium-sized cities, small cities and counties. Secondly, they are grouped into the 6 administrative regions (northeastern region, north region, eastern region, central region, northwestern region and southwestern region). In each administrative region, the cities and counties are arranged in the order of the average wages of their staff and workers in the urban areas. Thirdly, the number of the staff and workers of the cities are accumulated and the sample cities or counties are selected by a systematic sampling scheme; the sampling interval is one million staff and workers.

At the second stage, the sample households are selected by the multi-stage and two-phase sampling scheme. In the particularly large and large cities, the first phase sample is selected by three-stage sampling method: Firstly, the sample sub-districts are selected; Secondly, the sample residents committees are selected from the sample sub-districts; Thirdly, the sample households are selected from the sample residents committees. In the medium-sized and small cities and counties, the first phase sample is selected by two- stage sampling method: Firstly, the sample residents committees are directly selected; Secondly, the sample households are selected from the sample residents committees. The second phase sample is composed of the sample households which are surveyed in a regular way and these households are selected with stratified sampling method from the households in the first phase sample.

In total, 226 cities and counties and 36,000 households are selected by the National Bureau of Statistician the way mentioned above.

III. The data on the livelihood of the rural residents come mainly from the data collected by the sample survey on the rural households, which is organized by the Rural Socio-economic Survey Organization, NBS. The main content of the survey includes the basic condition of the rural households, the per capita total income and net income, the expenditure for the residential consumption, the consumption of major consumer goods and the quantity of durable consumer goods owned.

The sample survey on the rural households is conducted with a multi-stage balanced systematic sampling scheme with a random start. In the sampling process, the sample counties are selected by the provinces; the sample villages are selected by the sample counties; and the sample households are selected by the sample villages. Totally, 857 sample counties have been selected by the provinces, autonomous regions and municipalities under the leadership of the central government, accounting for about 35% of the total number of counties in the whole country.

In the survey on the rural households, the per capita net income in the recent three years is chosen as the characteristic in the order arrangement in compiling the sampling frame. Secondly, the average population in the recent three years is used as the auxiliary data; the population is accumulated; the sampling interval is determined and the sample villages are selected with the balanced systematic sampling method with a random start. Thirdly, the per capita net income in the previous year is chosen as the characteristic in the order arrangement in compiling the household sampling frame. The resident population is used as the auxiliary data; the population of the households is accumulated; the sampling interval is determined and the sample households are selected with the balanced systematic sampling method with a random start.

In total, more than 67,000 rural households in some 9,000 villages in 857 counties are included in the sample survey on the rural households.

It is required that the sampling error should not exceed ±3%. In order to ensure the accuracy of the data of the survey on the rural households, two accounts are designed for the respondent households by the Rural Socio-economic Survey Organization, NBS, the cash account and the account on goods in kind. Nearly 10 thousand assistant enumerators have been invited to help the households to keep good accounts and check and tabulate the data of the survey.

In order to overcome the boring feeling of the respondent households and solve the problem of aging samples to make the sample more representative of the population and able to reflect the rural social and economic situation more accurately and timely, a rotation sampling scheme is implemented by the Rural Socio-economic Survey Organization, NBS in selecting the rural sample households, with the cycle of complete rotation being 4 years.

10-1 人民物质文化生活提高情况
IMPROVEMENT IN PEOPLE'S MATERIAL AND CULTURAL LIFE

项　　目	Item	1978	1980	1985	1990	1995	1998
就业	**Employment**						
每一农村劳动力负担人数　（人）	Number of Dependents per Rural Laborer　(persons)	2.53	2.26	1.74	1.64	1.56	1.55
每一城镇就业者负担人数　（人）	Number of Dependents per Urban Employee　(persons)	2.06	*1.77	1.81	1.77	1.73	1.75
城镇登记失业率(%)	Urban Unemployment Rate　(%)	5.3	4.9	1.8	2.5	2.9	3.1
收入	**Income of Rural and Urban Residents**						
农村居民家庭人均纯收入　（元）	Annual Per Capita Net Income of Rural Residents　(yuan)	133.6	191.3	397.6	686.3	1577.7	2162.0
农村居民家庭人均纯收入指数(1978=100)	Index of Annual Per Capita Net Income of Rural Residents(1978=100)	100.0	139.0	268.9	311.2	383.7	456.8
城镇居民家庭人均可支配收入　（元）	Annual Per Capita Disposable Income of Urban Residents　(yuan)	343.4	477.6	739.1	1510.2	4283.0	5425.0
城镇居民家庭人均可支配收入指数(1978=100)	Index of Annual Per Capita Disposable Income Urban Residents (1978=100)	100.0	127.0	160.4	198.1	290.3	329.9
职工年平均工资(元)	Annual Average Wages of Staff and Workers(yuan)	615	762	1148	2140	5500	7479
消费水平　（元）	**Annual Per Capita Consumption(yuan)**						
全国居民	Per Capita Consumption of All Residents	184	236	437	803	2236	2973
农民	Agricultural Residents	138	178	347	571	1434	1892
非农业居民	Non-agricultural Residents	405	496	802	1686	4874	6201
储　蓄	**Savings**						
城乡居民年底储蓄存款余额　（亿元）	Balance of Savings Deposit of Rural and Urban Residents(year-end) (100 million yuan)	210.6	399.5	1622.6	7034.2	29662.3	53407.5
平均每人储蓄存款余额　（元）	Per Capita Balance of Saving Deposit　(yuan)	21.88	40.47	153.29	615.24	2448.98	4279.1
住房面积　（平方米）	**Per Capita Floor Space of Residential Buildings　(sq. m)**						
农村平均每人居住	Rural Areas(Net)	8.1	9.4	14.7	17.8	21.0	23.7
城市平均每人使用	Urban Areas(Gross)				9.9	11.8	13.6
城市平均每人居住	Urban Areas(Net)	3.6	3.9	5.2	6.7	8.1	9.3
交通	**Traffic**						
城镇每百户拥有摩托车	Number of Motor Cycles per 100 Households in Urban Areas					6.3	13.2
城市每万人拥有公共车辆	Number of Buses per 10 000 Persons in Cities	3.3	3.5	3.9	4.8	7.3	8.6
城市公用事业	**Public Utilities in Urban Areas**						
自来水普及率　（%）	Rate of Access to Tap Water　(%)	81.0	81.4	81.0	89.2	93.0	96.0
煤气液化气普及率　（%）	Rate of Access to Gas and Liquefied Gas　(%)	13.9	16.8	22.4	42.2	70.0	78.8
每万人拥有绿地　（公顷）	Green Area per 10 000 Persons　(hectare)	10.6	9.6	13.7	32.2	36.7	37.5
文　化	**Culture**						
城镇每百户有彩色电视机　（台）	Number of Color TV Sets per 100 Households in Urban Areas			17.2	59.0	89.8	105.4
农村每百户有电视机(台)	Number of TV sets per 100 Households in Rural Areas		0.4	11.7	44.4	80.7	96.2
每百人每天报纸(份)	Newspapers per 100 Persons per Day	3.66	3.92	5.21	3.87	4.07	4.32
每人每年有图书杂志　（册）	Number of Books and Magazines per Person per Year	4.74	5.82	8.78	6.55	7.19	7.87
教　育	**Education**						
学龄儿童入学率(%)	Enrollment Ratio of School-Age Children　(%)	95.50	93.93	95.95	97.83	98.50	98.90
每万人口中在校大学生数　（人）	Number of University Students per 10 000 Persons　(person)	8.9	11.6	16.1	18.0	24.0	27.3
卫　生	**Public Health**						
每万人有医院、卫生院病床　（张）	Number of Hospital Beds per 10 000 Persons	19.3	20.1	21.1	23.0	23.4	23.3
每万人有医生数(人)	Number of Doctors per 10 000 Persons　(person)	10.7	11.7	13.3	15.4	15.8	16.0

注：1. 带 * 号为 1981 年数。
2. 城市平均每人使用面积和居住面积为建设部统计数字。
a) Figures with (*) are data in 1981.
b) Data on the per capital floor space of residential buildings in urban areas are obtained from the Ministry of Construction.

10-2 全国城乡居民储蓄存款年底余额和年增加额

SAVINGS DEPOSIT IN URBAN AND RURAL AREAS(YEAR-END)

单位：亿元 (100 million yuan)

年份 Year	年底余额 Outstading Amount			年增加额 Increased Amount		
	总计 Total	定期 Fixed Deposits	活期 Current Deposits	总计 Total	定期 Fixed Deposits	活期 Current Deposits
1978	210.60	128.90	81.70	29.00	17.20	11.80
1980	399.50	304.90	94.60	118.50	138.50	−20.00
1985	1622.60	1225.20	397.40	407.90	324.30	83.60
1986	2237.60	1729.20	508.40	615.00	504.00	111.00
1987	3073.30	2356.30	717.00	835.70	627.10	208.60
1988	3801.50	2836.70	964.80	728.20	480.40	247.80
1989	5146.90	4182.10	964.80	1345.40	1345.40	0.00
1990	7034.20	5851.30	1182.90	1887.30	1669.30	218.00
1991	9107.00	7598.70	1508.30	2072.80	1747.40	325.40
1992	11545.40	9288.20	2257.20	2438.40	1689.50	748.90
1993	14762.39	11627.89	3134.50	3216.99	2339.69	877.30
1994	21518.80	16838.60	4680.20	6756.41	5210.71	1545.70
1995	29662.25	23778.24	5884.01	8143.46	6939.50	1203.96
1996	38520.84	30873.20	7647.64	8858.50	7095.00	1763.50
1997	46279.80	36226.74	10053.06	7758.96	5353.30	2405.66
1998	53407.47	41791.57	11615.90	7615.40	5473.70	2141.70

10-3 城乡居民家庭人均收入及指数

PER CAPITA ANNUAL INCOME OF URBAN AND RURAL HOUSEHOLDS AND THE RELATED INDEX

年份 Year	农村居民家庭人均纯收入(元) Per Capital Annual Net Income of Rural Households (yuan)	指数 Index (1978=100)	城镇居民家庭人均可支配收入(元) Per Capital Annual Disposable Income of Urban Households (yuan)	指数 Index (1978=100)
1978	133.6	100.0	343.4	100.0
1980	191.3	139.0	477.6	127.0
1985	397.6	268.9	739.1	160.4
1986	423.8	277.6	899.6	182.5
1987	462.6	292.0	1002.2	186.9
1988	544.9	310.7	1181.4	182.5
1989	601.5	305.7	1375.7	182.8
1990	686.3	311.2	1510.2	198.1
1991	708.6	317.4	1700.6	212.4
1992	784.0	336.2	2026.6	232.9
1993	921.6	346.9	2577.4	255.1
1994	1221.0	364.4	3496.2	276.8
1995	1577.7	383.7	4283.0	290.3
1996	1926.1	418.2	4838.9	301.6
1997	2090.1	437.4	5160.3	311.9
1998	2162.0	456.8	5425.1	329.9

10-4 城镇居民家庭基本情况

BASIC CONDITIONS OF URBAN HOUSEHOLDS

项　　目	Item	1985	1990	1995	1997	1998
调查户数　(户)	**Number of Households Surveyed (household)**	**24338**	**35660**	**35520**	**37890**	**39080**
平均每户家庭人口　(人)	**Average Household Size (person)**	**3.89**	**3.50**	**3.23**	**3.19**	**3.16**
平均每户就业人口　(人)	**Average Number of Employed Persons per Household (persons)**	**2.15**	**1.98**	**1.87**	**1.83**	**1.80**
平均每户就业面　(%)	**Percentage of Employment per Household(%)**	**55.27**	**56.57**	**57.89**	**57.41**	**56.98**
平均每一就业者负担人数(包括就业者本人)(人)	**Number of Persons Supported by Each Employee including the employee himself or herself (person)**	**1.81**	**1.77**	**1.73**	**1.74**	**1.75**
平均每人全部年收入(元)	**Per Capita Annual Income (yuan)**	**748.92**	**1522.79**	**4288.09**	**5188.54**	**5458.34**
#可支配收入	Disposable Income	739.08	1510.16	4283.00	5160.32	5425.05
国有单位职工工资	Wages of Staff & Workers in State-owned Units	455.88	857.59	2590.03	3221.49	3288.71
集体及其它经济类型单位职工工资	Wages of Staff and Workers in Collective-owned Units and Units of Other Type of Ownership	113.52	170.39	400.40	514.21	517.49
职工从工作单位得到的其他收入	Other Income of Staff and Workers from Their Working Units	44.88	99.11	228.67		
个体经营劳动者收入	Income of Individual Laborers	10.20	18.71	90.60	168.17	186.65
被聘用或留用的离退休人员收入	Income of Re-employed Retirees	4.56	15.51	42.86	50.70	57.34
其他就业者收入	Income of Other Employees	1.95	3.79	8.44	11.73	11.79
其他劳动收入	Part-time Income	12.36	22.61	96.91	142.93	174.00
财产性收入	Property Income	3.74	15.60	90.43	124.39	132.87
转移性收入	Transfer Income	65.88	250.01	587.61	756.86	878.99
特别收入	Special Income	35.95	69.46	152.14	198.06	210.50
平均每人消费性支出(元)	**Per Capita Annual Living Expenditures for Consumption (yuan)**	**673.20**	**1278.89**	**3537.57**	**4185.64**	**4331.61**
#食　品	Food	351.72	693.77	1766.02	1942.59	1926.89
衣　着	Clothing	98.04	170.90	479.20	520.91	480.86
家庭设备用品及服务	Household Facilities, Articles and Service	57.87	108.45	296.94	316.89	356.83
医疗保健	Medicine and Medical Service	16.71	25.67	110.11	179.68	205.16
交通通讯	Transportation and Communications	14.39	40.51	171.01	232.90	257.15
娱乐教育文化服务	Recreation, Education & Cultural Service	55.01	112.26	312.71	448.38	499.39
居住	Residence	32.23	60.86	250.18	358.64	408.39
杂项商品与服务	Miscellaneous Commodities and Services	47.23	66.57	151.39	185.65	196.95

注：1. 本表至10-14表为城镇居民家庭收支抽样调查材料。

2. 自1997年起，取消职工从工作单位得到的其他收入项，其值被计入相应的国有、集体单位职工收入中。

a) Data in Tables 5 to 14 are obtained from the sample survey on income and expenditures of urban households.

b) From 1997, other income of staff and workers from their working units was canceled and its value had been divided in the wages of staff and workers in state-owned units or in colle ctive owned units.

10-5 城镇居民家庭基本情况（1998 年）

项　　目	Item	全　国 All Cities and County Towns	按城市规模分（Grouped by Size）#特大城市 Especially Large Cities	#大　城　市 Large Cities	#中等城市 Medium-sized Cities
调查户数　（户）	Number of Households Surveyed　(household)	39080	8000	5350	6750
比重　（%）	Proportion　（%）	100.00	20.47	13.68	17.27
平均每户家庭人口（人）	Average Household Size　(person)	3.16	3.11	3.10	3.14
平均每户就业人口（人）	Average Number of Employees per Household (person)	1.80	1.77	1.73	1.83
平均每户就业面（%）	Percentage of Employed Persons per Household(%)	56.98	56.98	55.70	58.25
平均每一就业者负担人数（包括就业者本人）（人）	Number of Persons Supported by Each Employee (including the employee himself or herself) (person)	1.75	1.76	1.80	1.72
平均每人全部年收入（元）	Per Capita Annual Income　(yuan)	5458.34	6994.69	5544.98	5093.17
平均每人可支配收入（元）	Per Capita Disposable Income　(yuan)	5425.05	6956.37	5511.25	5060.87
平均每人消费性支出（元）	Per Capita Annual Living Expenditure　(yuan)	4331.61	5795.31	4386.17	4030.15

10-6 城镇居民家庭平均每人全年消费性支出及构成（1998 年）

单位：元

项　　目	Item	总平均 Average	最低收入户 lowest Income Households (first decile)	#困难户 Difficult Households (first five percent)
消费性支出	**Total Living Expenditures**	**4331.61**	**2397.60**	**2214.47**
食品	Food	1926.89	1302.84	1205.91
#粮食	Grain	226.79	211.54	207.41
肉禽及其制品	Meat, Poultry and Related Products	431.23	297.18	274.97
蛋类	Eggs	67.06	52.96	51.16
水产品	Aquatic Products	142.46	90.36	81.94
奶及奶制品	Milk and Dairy Products	48.05	22.58	18.09
衣着	Clothing	480.86	200.92	168.16
#服装	Garments	311.01	117.44	97.14
家庭设备用品及服务	Household Facilities, Articles and Services	356.83	95.80	87.76
#耐用消费品	Durable Consumer Goods	201.27	32.29	30.30
医疗保健	Medicine and Medical Services	205.16	115.15	118.51
交通通讯	Transportation and Communications	257.15	96.49	84.08
娱乐教育文化服务	Recreation, Education and Cultural Services	499.39	249.35	223.43
#文娱用耐用消费品	Durable Consumer Goods for Recreational Use	125.99	26.61	25.28
居住	Residence	408.39	262.44	264.38
#住房	Housing	172.96	91.99	100.88
杂项商品	Miscellaneous Commodities	196.95	74.60	62.23

BASIC CONDITIONS OF URBAN HOUSEHOLDS (1998)

of Cities)		按收入等级分 (Grouped by Percentile of Households)							
#小城市 Small Cities	#县 城 County Towns	最低收入户 Lowest Income Households (first decile)	#困难户 Difficult Households (first five percent)	低收入户 Low Income Households (second decile)	中等偏下户 Lower Middle Income Households (second quintile)	中等收入户 Middle Income Households (third quintile)	中等偏上户 Upper Middle Income Households (fourth quintile)	高收入户 High Income Households (ninth decile)	最高收入户 Highest Income Households (tenth decile)
2850	7770	3908	1954	3908	7816	7816	7816	3908	3908
7.29	19.88	10.00	5.00	10.00	20.00	20.00	20.00	20.00	10.00
3.17	3.20	3.51	3.55	3.42	3.29	3.19	3.02	2.90	2.75
1.84	1.82	1.70	1.67	1.80	1.81	1.86	1.82	1.77	1.73
58.14	56.99	48.41	46.90	52.79	55.09	58.24	60.29	61.28	62.92
1.72	1.75	2.07	2.13	1.89	1.82	1.72	1.66	1.63	1.59
5811.07	4620.95	2505.02	2228.78	3329.13	4134.93	5148.81	6404.89	7918.46	11021.49
5768.76	4590.74	2476.75	2198.88	3303.17	4107.26	5118.99	6370.59	7877.69	10962.16
4710.25	3532.56	2397.60	2214.47	2979.27	3503.24	4179.64	4980.88	6003.21	7593.95

PER CAPITA ANNUAL LIVING EXPENDITURE OF URBAN HOUSEHOLDS AND ITS COMPOSITION (1998)

(yuan)

低收入户 Low Income Households (second decile)	中等偏下户 Lower Middle Income Households (second quintile)	中等收入户 Middle Income Households (third quintile)	中等偏上户 Upper Middle Income Households (fourth quintile)	高收入户 High Income Households (ninth decile)	最高收入户 Highest Income Households (tenth decile)
2979.27	**3503.24**	**4179.64**	**4980.88**	**6003.21**	**7593.95**
1554.21	1735.59	1931.48	2139.61	2397.99	2667.16
218.26	222.85	226.95	230.90	237.90	245.57
355.40	397.13	438.75	479.30	527.67	555.64
59.25	64.35	67.72	71.27	76.07	81.71
108.93	126.74	145.11	160.04	181.69	199.42
30.39	40.34	47.73	57.16	70.51	77.57
285.29	366.23	486.46	592.94	717.05	843.33
174.43	226.28	313.38	389.88	479.30	571.44
164.26	206.64	292.06	423.21	588.02	1037.96
73.72	97.72	149.77	239.98	361.23	680.44
132.90	162.39	196.57	241.03	293.44	361.01
146.55	184.99	248.42	308.01	400.04	527.85
310.44	377.26	473.13	590.89	720.78	963.33
40.98	61.87	98.53	158.50	235.23	382.05
286.85	339.26	382.33	446.43	555.09	731.09
92.69	124.54	149.25	192.04	271.94	399.10
98.76	130.88	169.18	238.76	330.80	462.21

10-7 城镇居民家庭平均每人全年购买的主要商品数量
PER CAPITA ANNUAL PURCHASES OF MAJOR COMMODITIES IN URBAN HOUSEHOLDS

项目	Item	1985	1990	1995	1996	1997	1998
粮食（千克）	Grain (kg)	134.76	130.72	97.00	94.68	88.59	86.72
鲜菜（千克）	Fresh Vegetables (kg)	144.36	138.70	116.47	118.51	113.34	113.76
食用植物油（千克）	Edible Vegetable Oil (kg)	5.76	6.40	7.11	7.13	7.20	7.55
猪肉（千克）	Pork (kg)	16.68	18.46	17.24	17.07	15.34	15.88
牛羊肉（千克）	Beef and Mutton (kg)	2.04	3.28	2.44	3.29	3.70	3.34
家禽（千克）	Poultry (kg)	3.24	3.42	3.97	3.97	4.94	4.65
鲜蛋（千克）	Fresh Eggs (kg)	6.84	7.25	9.74	9.64	11.13	10.76
水产品（千克）	Aquatic Products (kg)	7.08	7.69	9.20	9.25	9.30	9.84
食糖（千克）	Sugar (kg)	2.52	2.14	1.68	1.71	1.63	1.76
卷烟（盒）	Cigarettes (pack)	36.12	35.12	28.58	27.70	28.17	27.25
酒（千克）	Liquor (kg)	7.80	9.25	9.93	9.72	9.55	9.68
棉布（米）	Cotton Cloth (m)	2.61	1.33	0.47	0.41	0.36	0.36
化纤布（米）	Chemical Fiber Cloth (m)	1.47	1.46	1.04	1.02	0.85	0.73
呢绒（米）	Woolen Fabric (m)	0.36	0.26	0.19	0.17	0.13	0.08
绸缎（米）	Silk and Satin (m)	0.50	0.41	0.18	0.15	0.09	0.07
皮鞋（双）	Leather Shoes (pair)	0.55	0.61	0.82	0.82	0.77	0.74
煤炭（千克）	Coal (kg)	270.57	206.04	129.52	126.50	134.71	116.93

10-8 城镇居民家庭平均每百户年底耐用消费品拥有量
NUMBER OF MAJOR DURABLE CONSUMER GOODS OWNED PER 100 URBAN HOUSEHOLDS AT YEAR-END

项目	Item	1985	1990	1995	1996	1997	1998
呢大衣（件）	Woolen Coat	116.20	169.98	204.15	207.48	186.85	191.12
毛毯（条）	Woolen Blanket	86.79	123.82	139.75	141.91	139.92	142.07
大衣柜（个）	Wardrobe	102.08	99.85	88.30	87.21	83.42	84.02
沙发（个）	Sofa	131.49	157.30	210.12	213.84	205.37	207.62
写字台（张）	Writing Desk	80.06	87.23	88.14	87.89	85.14	86.28
组合家具（套）	Composite Furniture	4.29	19.29	46.23	49.51	53.38	55.13
沙发床（个）	Soft Bed	5.53	16.45	36.46	39.49	41.62	44.43
自行车（辆）	Bicycle	152.27	188.59	194.26	193.23	179.10	182.05
缝纫机（台）	Sewing Machine	70.82	70.14	63.67	62.65	57.48	56.00
电风扇（台）	Electric Fan	73.91	135.50	167.35	168.07	165.74	168.37
洗衣机（台）	Washing Machine	48.29	78.41	88.97	90.06	89.12	90.57
电冰箱（台）	Refrigerator	6.58	42.33	66.22	69.67	72.98	76.08
彩色电视机（台）	Color Television Set	17.21	59.04	89.79	93.50	100.48	105.43
影碟机（台）	Video Disc Player					7.87	16.02
录音机（台）	Tape Recorder	41.16	69.75	72.83	72.66	57.20	57.63
照相机（架）	Camera	8.52	19.22	30.56	32.13	33.64	36.26

10-9 按收入等级分的城镇居民家庭平均每人全年购买商品数量（1998年）

PER CAPITA ANNUAL PURCHASES OF MAJOR COMMODITIES OF URBAN HOUSEHOLDS BY LEVEL OF INCOME (1998)

项目 Item	总平均 Average	最低收入户 Lowest Income Households	#困难户 Difficult Households	低收入户 Low Income Households	中等偏下户 Lower Middle Income Households	中等收入户 Middle Income Households	中等偏上户 Upper Middle Income Households	高收入户 High Income Households	最高收入户 Highest Income Households
淀粉及薯类（千克） Starches and Tubers (kg)	13.25	12.94	12.71	12.65	12.92	13.05	13.30	13.70	15.18
大豆（千克） Soybeans (kg)	0.35	0.27	0.29	0.31	0.30	0.35	0.39	0.42	0.42
豆腐（千克） Bean Curd (kg)	5.67	5.00	4.85	5.29	5.38	5.60	5.76	6.43	6.93
食用植物油（千克） Edible Vegetable Oil (kg)	7.55	7.13	6.93	7.68	7.67	7.67	7.45	7.59	7.58
食用动物油（千克） Edible Animal Oil (kg)	0.50	0.54	0.55	0.52	0.49	0.49	0.48	0.48	0.49
猪肉（千克） Pork (kg)	15.88	12.43	11.70	13.96	14.98	16.12	17.16	18.32	19.05
牛肉（千克） Beef (kg)	2.10	1.48	1.40	1.76	1.97	2.14	2.30	2.52	2.61
羊肉（千克） Mutton (kg)	1.24	0.78	0.67	0.99	1.16	1.29	1.38	1.55	1.61
家禽（千克） Poultry (kg)	4.65	3.13	3.00	3.86	4.31	4.80	5.08	5.77	5.98
鲜蛋（千克） Fresh Eggs (kg)	10.76	8.25	8.05	9.10	10.03	10.22	10.63	11.18	12.10
鱼（千克） Fish (kg)	4.10	3.03	2.85	3.50	3.85	4.19	4.45	4.82	5.08
虾（千克） Shrimp (kg)	1.03	0.68	0.62	0.81	0.93	1.05	1.14	1.31	1.43
鲜菜（千克） Fresh Vegetables (kg)	113.76	97.82	94.91	104.50	108.78	114.15	118.25	126.24	134.78
食糖（千克） Sugar (kg)	1.76	1.54	1.46	1.71	1.73	1.78	1.77	1.86	1.99
糖果（千克） Candy (kg)	0.58	0.34	0.33	0.44	0.52	0.56	0.67	0.77	0.93
卷烟（盒） Cigarettes (pack)	27.25	21.65	20.52	27.31	27.05	27.73	27.57	28.60	31.79
白酒（千克） Liquor (kg)	2.60	2.14	2.06	2.56	2.68	2.62	2.60	2.79	2.81
果酒（千克） Fruit Wine (kg)	0.13	0.06	0.06	0.08	0.11	0.12	0.16	0.22	0.23
啤酒（千克） Beer (kg)	6.30	3.75	3.37	4.87	5.81	6.41	7.31	8.14	8.13
其他酒（千克） Other Liquor (kg)	0.65	0.43	0.35	0.62	0.73	0.69	0.67	0.70	0.65
鲜瓜果（千克） Fresh Melons and Fruits (kg)	47.86	31.20	28.18	39.11	43.52	48.83	53.96	58.87	63.37
糕点（千克） Cake (kg)	3.08	1.86	1.63	2.42	2.75	3.09	3.62	3.88	4.21
鲜乳品（千克） Fresh Dairy Products (kg)	6.18	2.87	2.17	3.72	4.95	6.17	7.48	9.03	10.66
奶粉（千克） Milk Powder (kg)	0.43	0.24	0.22	0.32	0.40	0.43	0.50	0.59	0.60
酸奶（千克） Sour Milk (kg)	0.64	0.28	0.19	0.34	0.48	0.57	0.80	1.11	1.16
男士服装（件） Men's Clothing (piece)	2.05	1.11	0.96	1.47	1.77	2.11	2.40	2.75	3.03
女士服装（件） Women's Clothing (piece)	2.77	1.46	1.21	1.86	2.30	2.86	3.32	3.75	4.22
儿童服装（件） Children's Clothing (piece)	0.99	0.62	0.55	0.76	0.91	1.01	1.13	1.25	1.27
棉布（米） Cotton Cloth (m)	0.36	0.23	0.19	0.23	0.31	0.35	0.39	0.49	0.64
棉花化纤混纺布（米） Cotton/Chemical Fiber Blend Cloth (m)	0.14	0.08	0.08	0.11	0.13	0.15	0.15	0.19	0.23
化纤布（米） Chemical Fiber Cloth (m)	0.73	0.38	0.32	0.48	0.64	0.75	0.85	1.00	1.12
呢绒（米） Woolen Fabric (m)	0.08	0.03	0.03	0.05	0.06	0.08	0.11	0.12	0.17
绸缎（米） Silk and Satin (m)	0.07	0.03	0.03	0.03	0.05	0.06	0.08	0.10	0.15
毛线（千克） Knitting Wool (kg)	0.19	0.12	0.09	0.14	0.18	0.21	0.22	0.22	0.26
皮鞋（双） Leather Shoes (pair)	0.74	0.42	0.36	0.55	0.66	0.77	0.86	0.96	0.99
布鞋（双） Cloth Shoes (pair)	0.23	0.22	0.21	0.22	0.23	0.22	0.24	0.25	0.26
其他鞋（双） Other Shoes (pair)	1.44	1.05	0.96	1.20	1.35	1.50	1.54	1.69	1.78

10-10 按收入等级分的城镇居民家庭平均每百户年底耐用消费品拥有量(1998年)

NUMBER OF DURABLE CONSUMER GOODS OWNED PER 100 URBAN HOUSEHOLDS AT YEAR-END BY LEVEL OF INCOME (1998)

项目 Item	总平均 Average	最低收入户 Lowest Income Households	#困难户 Difficult Households	低收入户 Low Income Households	中等偏下户 Lower Middle Income Households	中等收入户 Middle Income Households	中等偏上户 Upper Middle Income Households	高收入户 High Income Households	最高收入户 Highest Income Households
毛皮大衣 (件) Fur Coat	55.61	29.73	28.92	37.26	46.88	58.08	64.88	69.53	79.92
呢大衣 (件) Woolen Coat	191.12	139.99	127.52	164.39	177.68	195.21	206.96	216.02	231.10
毛毯 (条) Woolen Blanket	142.07	100.88	97.16	118.37	131.33	144.61	156.57	163.23	173.19
地毯 (平方米) Carpet (sq. m)	126.44	76.48	70.25	94.44	101.81	133.56	141.17	169.00	171.44
组合家具 (套) Composite Furniture (set)	55.13	43.53	44.04	50.93	52.94	56.37	58.76	59.33	61.35
沙发床 (个) Soft Bed	44.43	29.01	27.94	35.25	40.10	45.42	49.53	53.60	56.37
沙发 (个) Sofa	207.62	144.28	141.49	173.16	189.89	207.79	230.45	241.04	261.50
大衣柜 (个) Wardrobe	84.02	76.77	75.58	78.45	81.34	83.64	85.39	89.19	95.05
写字台 (张) Desk	86.28	73.94	72.51	78.37	81.40	87.68	90.80	92.66	98.06
摩托车 (辆) Motorcycle	13.22	6.80	6.69	10.09	12.05	13.75	14.94	17.28	16.59
自行车 (辆) Bicycle	182.05	169.98	162.61	180.22	184.29	189.08	181.47	179.36	181.28
家用汽车 (辆) Automobile	0.25	0.13	0.12	0.28	0.19	0.13	0.22	0.31	0.70
缝纫机 (台) Sewing Machine	56.00	55.53	53.58	56.21	54.86	55.55	55.25	57.80	59.16
洗衣机 (台) Washing Machine	90.57	78.71	76.84	85.31	87.94	92.38	93.46	96.04	98.07
电风扇 (台) Electric Fan	168.37	143.79	139.15	157.46	162.00	171.14	175.28	181.37	184.26
电冰箱 (台) Refrigerator	76.08	56.77	54.14	66.79	71.60	78.18	81.53	85.51	89.15
冰柜 (台) Freezer	4.80	4.13	4.18	3.69	3.95	4.08	4.87	6.91	7.48
彩色电视机 (台) Color TV Set	105.43	87.01	83.64	96.75	100.90	105.89	109.64	115.13	122.54
影碟机 (台) Video Disc Player	16.02	5.32	3.98	7.88	11.73	15.02	20.59	23.69	28.64
录放像机 (台) Video-recorder	21.66	12.31	11.14	17.13	19.63	21.94	25.07	25.71	28.18
家用电脑 (台) Computer	3.78	1.28	0.86	1.71	2.43	3.61	4.04	5.92	8.77
组合音响 (套) Hi-Fi Stereo Component System	17.51	7.41	7.38	11.84	15.12	19.50	19.33	22.28	25.69
录音机 (台) Tape Recorder	57.63	50.59	48.74	52.73	56.61	58.19	60.45	60.66	61.85
摄相机 (架) Pickup Camera	0.90	0.35	0.22	0.36	0.65	0.58	1.31	1.06	2.11
照相机 (架) Camera	36.26	17.86	15.70	26.06	30.74	35.49	42.02	48.34	53.87
钢琴 (架) Piano	1.08	0.55	0.43	0.34	0.77	0.89	1.32	2.09	1.91
中高档乐器 (件) Other Medium and High Grade Musical Instrument	5.69	2.39	1.95	4.07	4.56	5.13	7.11	7.76	9.08
微波炉 (台) Oven	8.49	3.16	2.52	4.57	5.88	7.30	10.64	13.22	16.35
空调器 (台) Air Conditioner	20.01	8.11	7.43	10.49	14.94	18.22	23.88	30.42	36.99
电炊具 (台) Electric Cooking Appliances	95.98	73.11	70.09	79.74	87.81	96.35	103.63	112.45	118.93
淋浴热水器 (台) Shower	43.30	22.49	20.43	30.39	36.45	48.22	49.37	54.17	57.90
排油烟机 (台) Smoke Absorber	45.93	24.95	23.35	33.29	40.20	47.49	52.44	58.47	62.38
吸尘器 (台) Dust Catcher	11.21	4.87	3.61	6.81	8.50	10.79	13.86	15.81	18.33
健身器材 (件) Healthy Equipment	3.03	0.90	0.88	0.83	1.97	2.71	3.78	5.19	6.45
移动电话 (台) Hand Telephone	3.26	0.65	0.62	1.34	1.94	2.58	4.32	5.68	7.22

10-11 各地区城镇居民平均每人全年家庭收入来源（1998年）

PER CAPITA ANNUAL INCOME IN URBAN RESIDENTS BY SOURCE AND BY REGION (1998)

单位：元 (yuan)

地区 Region		可支配收入 Disposable Income	实际收入 Real Income	国有单位职工收入 Income of Staff & Workers in State-owned Units	集体单位职工收入 Income of Staff & Workers in Collective-owned Units	其他经济类型单位职工全部收入 Income of Staff & Workers in Other Types of Ownership	财产性收入 Income from Property	转移收入 Transfer Income
全 国	**National Total**	**5425.05**	**5458.34**	**3288.71**	**363.34**	**154.15**	**132.87**	**1083.04**
北 京	Beijing	8471.98	8520.61	4613.32	356.57	552.40	108.56	2319.76
天 津	Tianjin	7110.54	7126.23	3764.64	162.09	275.99	110.42	2119.11
河 北	Hebei	5084.64	5116.12	3340.51	231.10	40.75	203.26	949.98
山 西	Shanxi	4098.73	4117.79	2584.08	145.51	32.83	101.66	1000.23
内蒙古	Inner Mongolia	4353.02	4389.44	2706.12	160.81	25.83	97.81	833.50
辽 宁	Liaoning	4617.24	4646.41	2500.89	493.72	116.76	45.93	990.60
吉 林	Jilin	4206.64	4223.91	2555.79	290.22	15.47	27.55	901.10
黑龙江	Heilongjiang	4268.50	4291.76	2486.02	189.44	23.78	44.05	1023.17
上 海	Shanghai	8773.10	8825.26	4028.57	373.10	798.45	56.60	2645.48
江 苏	Jiangsu	6017.85	6064.45	3081.54	718.51	167.90	150.55	1609.05
浙 江	Zhejiang	7836.76	7883.77	4288.99	894.37	305.27	230.08	1415.17
安 徽	Anhui	4770.47	4798.76	2911.57	503.24	108.33	76.17	829.74
福 建	Fujian	6485.63	6544.81	3515.01	520.28	214.61	229.16	1206.10
江 西	Jiangxi	4251.42	4274.32	2984.19	193.12	2.49	140.52	738.20
山 东	Shandong	5380.08	5414.17	3994.87	497.26	132.20	118.46	541.76
河 南	Henan	4219.42	4238.49	2783.51	187.37	28.35	196.68	853.29
湖 北	Hubei	4826.36	4849.43	3250.71	297.00	73.74	132.89	789.20
湖 南	Hunan	5434.26	5474.55	4011.08	342.50	38.61	142.58	779.12
广 东	Guangdong	8839.68	8904.83	4861.56	830.21	673.24	383.27	1262.01
广 西	Guangxi	5412.24	5440.55	3596.44	194.88	37.40	330.74	783.24
海 南	Hainan	4852.87	4895.39	3398.58	130.14	36.25	74.55	753.58
重 庆	Chongqing	5466.57	5487.49	4020.30	349.66	141.58	55.64	657.92
四 川	Sichuan	5127.08	5159.97	3424.37	329.43	120.43	165.16	766.56
贵 州	Guizhou	4565.39	4580.48	2870.58	183.74	18.92	53.62	1090.38
云 南	Yunnan	6042.78	6100.26	4226.91	431.19	61.62	126.91	921.21
西 藏	Tibet							
陕 西	Shaanxi	4220.24	4243.76	2581.85	118.15	26.30	213.97	1087.34
甘 肃	Gansu	4009.61	4034.26	2664.06	184.52	5.35	24.95	981.00
青 海	Qinghai	4240.13	4257.50	2708.90	154.16	1.16	34.46	1003.33
宁 夏	Ningxia	4112.41	4146.37	2506.89	174.08	24.56	48.92	948.26
新 疆	Xinjiang	5000.79	5041.67	3798.19	84.11	11.42	44.42	877.43

10-12 各地区城镇居民家庭平均每人全年消费性支出（1998年）
PER CAPITA ANNUAL LIVING EXPENDITURE OF URBAN RESIDENTS BY REGION (1998)

单位：元 (yuan)

地区 Region		消费性支出 Living Expenditure	食品 Food	粮食 Grain	淀粉及薯类 Starches and Tubers	干豆类及豆制品 Beans and Bean Products	油脂类 Oil and Fats	肉禽及制品 Meat, Poultry and Related Products
全国	**National Total**	**4331.61**	**1926.89**	**226.79**	**20.36**	**34.03**	**75.26**	**431.23**
北京	Beijing	6970.83	2865.73	256.95	23.62	41.13	72.49	590.64
天津	Tianjin	5471.01	2383.15	234.32	27.89	47.35	77.98	471.74
河北	Hebei	3834.43	1534.46	220.80	17.18	26.82	94.17	312.97
山西	Shanxi	3267.70	1413.23	297.06	33.62	38.65	78.24	217.22
内蒙古	Inner Mongolia	3105.74	1268.67	209.76	23.55	18.85	49.28	267.38
辽宁	Liaoning	3890.74	1735.23	232.39	25.38	33.56	66.13	376.69
吉林	Jilin	3449.74	1585.49	248.20	30.23	37.38	71.49	336.60
黑龙江	Heilongjiang	3303.15	1437.90	232.41	28.06	31.01	74.15	292.35
上海	Shanghai	6866.41	3467.95	260.77	23.70	64.47	97.75	690.54
江苏	Jiangsu	4889.43	2205.40	214.98	20.38	49.47	78.05	512.57
浙江	Zhejiang	6217.93	2644.41	212.94	15.99	53.15	58.06	483.04
安徽	Anhui	3777.41	1870.79	220.23	15.22	46.64	93.49	431.26
福建	Fujian	5181.45	2684.82	326.79	12.52	30.87	112.45	614.24
江西	Jiangxi	3266.81	1608.78	212.17	11.66	40.67	91.01	394.55
山东	Shandong	4143.96	1642.13	172.23	18.00	24.31	50.28	335.89
河南	Henan	3415.65	1454.99	264.70	23.26	32.23	65.11	282.12
湖北	Hubei	4074.38	1787.72	199.73	18.04	36.96	86.77	358.22
湖南	Hunan	4370.95	1907.62	200.39	11.27	35.70	85.61	430.76
广东	Guangdong	7054.09	3112.52	263.24	12.82	28.50	91.10	895.44
广西	Guangxi	4381.09	2029.32	201.46	10.97	31.65	77.84	698.70
海南	Hainan	3832.44	2109.36	196.98	8.57	10.43	77.91	674.69
重庆	Chongqing	4977.26	2262.19	200.47	24.17	34.91	94.17	506.97
四川	Sichuan	4382.59	1968.61	199.08	20.07	25.16	89.38	498.86
贵州	Guizhou	3799.38	1829.85	206.02	13.50	30.56	72.77	469.52
云南	Yunnan	5032.67	2222.58	246.34	24.13	32.02	58.45	511.57
西藏	Tibet							
陕西	Shaanxi	3538.52	1454.31	218.22	20.96	34.54	71.58	260.05
甘肃	Gansu	3099.36	1432.76	230.77	24.38	22.71	77.13	257.12
青海	Qinghai	3580.47	1625.87	303.82	25.15	11.63	64.71	326.24
宁夏	Ningxia	3379.82	1411.60	226.10	22.85	22.48	81.41	278.07
新疆	Xinjiang	3714.10	1647.07	235.83	18.16	16.16	80.00	419.85

10-12 **续表** 1 continued

单位：元 (yuan)

地区 Region	蛋类 Eggs	水产品类 Aquatic Products	菜类 Vegetables	调味品 Condiments	糖类 Sugar	烟草类 Tobacco	酒和饮料 Liquor and Beverages
全国 National Total	**67.06**	**142.46**	**197.02**	**28.02**	**24.06**	**93.56**	**91.57**
北京 Beijing	78.47	128.24	233.48	56.95	42.81	90.96	180.13
天津 Tianjin	110.10	210.96	191.22	42.93	22.98	105.94	112.89
河北 Hebei	85.83	73.33	169.01	22.01	27.51	70.90	104.48
山西 Shanxi	64.10	29.56	164.50	17.26	17.77	113.46	78.90
内蒙古 Inner Mongolia	43.35	38.17	113.13	20.06	18.21	75.80	67.53
辽宁 Liaoning	70.50	120.23	233.43	28.67	22.89	85.74	95.74
吉林 Jilin	67.98	87.06	185.81	26.80	20.38	61.73	75.94
黑龙江 Heilongjiang	68.90	71.15	166.77	23.77	19.52	59.13	74.84
上海 Shanghai	76.99	532.18	311.61	44.45	42.91	145.41	139.26
江苏 Jiangsu	78.18	238.27	210.21	32.66	24.75	108.00	95.97
浙江 Zhejiang	54.03	405.88	252.11	29.49	26.62	173.44	121.95
安徽 Anhui	89.19	113.56	194.23	28.89	17.88	132.87	129.75
福建 Fujian	73.27	441.30	255.31	32.54	20.95	130.32	156.69
江西 Jiangxi	52.64	98.90	192.21	23.34	17.44	59.35	53.38
山东 Shandong	88.92	101.73	138.88	20.83	19.92	57.55	106.68
河南 Henan	81.06	38.71	145.65	25.12	17.47	85.70	101.39
湖北 Hubei	57.98	95.07	213.15	26.17	22.15	103.76	79.46
湖南 Hunan	53.20	95.16	205.10	20.53	22.16	101.20	65.37
广东 Guangdong	51.20	346.80	292.70	29.54	34.42	73.02	71.45
广西 Guangxi	46.13	127.40	190.15	18.81	24.75	42.66	51.43
海南 Hainan	26.94	272.57	227.29	35.50	20.34	62.69	42.55
重庆 Chongqing	81.47	97.18	219.31	43.79	35.39	117.63	84.83
四川 Sichuan	67.63	57.17	200.52	36.93	33.44	125.21	88.24
贵州 Guizhou	63.79	44.81	205.22	29.82	31.10	133.70	88.49
云南 Yunnan	59.82	76.38	246.95	26.27	22.02	223.50	77.38
西藏 Tibet							
陕西 Shaanxi	53.67	35.58	144.68	25.23	17.23	78.43	62.88
甘肃 Gansu	49.18	37.79	165.63	28.38	20.50	94.43	87.29
青海 Qinghai	50.30	40.64	162.23	24.71	27.49	115.73	123.19
宁夏 Ningxia	39.77	41.18	162.59	22.59	20.54	78.21	60.58
新疆 Xinjiang	50.41	48.55	183.14	20.24	26.93	52.29	67.85

10-12 续表 2 continued

单位：元 (yuan)

地区 Region		干鲜瓜果类 Dried and Fresh Melons and Fruits	坚果及果仁 Nuts and Kernels	糕点类 Cake	奶及奶制品 Milk and Dairy Products	其他食品 Other Food	在外用餐 Dining Out	食品加工服务费 Food Processing Service Fees
全国	**National Total**	**120.73**	**24.27**	**40.39**	**48.05**	**34.28**	**227.01**	**0.74**
北京	Beijing	204.38	52.51	100.45	113.27	100.66	498.12	0.48
天津	Tianjin	162.81	39.30	65.83	73.47	48.83	335.15	1.46
河北	Hebei	107.29	28.20	32.98	45.25	14.74	79.67	1.33
山西	Shanxi	83.41	12.62	29.60	47.46	26.53	62.70	0.58
内蒙古	Inner Mongolia	82.72	17.36	22.54	43.46	28.45	128.01	1.05
辽宁	Liaoning	138.90	29.21	32.08	44.01	16.25	82.82	0.64
吉林	Jilin	121.79	23.52	23.52	37.79	33.60	95.09	0.59
黑龙江	Heilongjiang	109.26	19.69	24.12	37.26	12.30	92.76	0.45
上海	Shanghai	212.18	42.59	102.57	142.73	113.89	423.88	0.05
江苏	Jiangsu	108.09	26.75	44.17	50.48	43.86	266.40	2.16
浙江	Zhejiang	170.43	36.84	54.52	49.16	35.71	410.47	0.57
安徽	Anhui	93.89	19.19	36.35	36.47	15.08	156.44	0.17
福建	Fujian	194.13	17.75	36.33	61.39	13.13	154.75	0.09
江西	Jiangxi	84.84	19.76	27.33	30.16	30.58	168.53	0.27
山东	Shandong	113.42	24.13	55.06	53.59	34.00	225.66	1.04
河南	Henan	86.37	24.23	32.53	32.90	11.37	103.89	1.20
湖北	Hubei	75.68	17.86	33.28	25.18	24.79	312.62	0.86
湖南	Hunan	131.83	20.03	30.40	30.02	40.32	328.23	0.34
广东	Guangdong	174.84	21.55	59.06	48.90	82.47	535.10	0.38
广西	Guangxi	124.39	17.06	28.94	30.55	23.47	282.69	0.26
海南	Hainan	79.52	4.47	34.49	29.09	17.72	287.54	0.06
重庆	Chongqing	132.51	20.69	45.94	83.10	24.23	414.75	0.65
四川	Sichuan	101.98	20.95	33.22	56.06	18.91	294.69	1.12
贵州	Guizhou	110.27	27.65	38.04	42.17	23.48	197.68	1.26
云南	Yunnan	145.50	20.79	51.11	38.32	27.27	334.52	0.24
西藏	Tibet							
陕西	Shaanxi	89.77	26.29	39.68	38.40	23.62	212.45	1.06
甘肃	Gansu	93.82	23.23	21.67	37.96	30.91	128.41	1.45
青海	Qinghai	84.33	18.45	27.00	52.59	23.51	143.55	0.58
宁夏	Ningxia	97.80	24.73	21.78	35.70	25.83	149.15	0.26
新疆	Xinjiang	114.84	25.53	35.34	58.09	26.59	166.71	0.56

10-12 **续表** 3 continued

单位：元 (yuan)

地区 Region	衣着 Clothing	服装 Garments	衣着材料 Clothing Materials	鞋帽袜及其他衣着 Footwear, Hats and Other Clothing	衣着加工服务费 Tailoring and Laundering Service Fees	家庭设备用品及服务 Household Facilities, Articles and Services	耐用消费品 Durable Consumer Goods
全国 National Total	**480.86**	**311.01**	**35.93**	**120.69**	**13.23**	**356.83**	**201.27**
北京 Beijing	713.69	455.87	55.15	178.13	24.55	794.13	517.70
天津 Tianjin	506.64	324.15	40.39	127.46	14.63	705.62	493.02
河北 Hebei	513.80	302.82	59.82	131.61	19.55	343.91	225.80
山西 Shanxi	470.04	309.37	46.89	104.82	8.96	236.39	117.90
内蒙古 Inner Mongolia	474.92	283.80	49.43	125.25	16.45	206.00	103.15
辽宁 Liaoning	565.03	360.69	32.06	158.00	14.27	264.95	141.73
吉林 Jilin	488.10	316.12	32.46	130.40	9.12	214.84	97.43
黑龙江 Heilongjiang	513.68	332.88	30.71	139.73	10.35	200.07	97.28
上海 Shanghai	472.27	303.63	30.75	122.75	15.14	466.84	240.79
江苏 Jiangsu	449.21	284.58	39.60	107.49	17.54	579.34	361.24
浙江 Zhejiang	570.54	370.52	44.05	133.99	21.98	693.21	436.98
安徽 Anhui	421.49	271.52	37.42	99.88	12.67	207.68	87.53
福建 Fujian	465.15	336.69	21.02	90.94	16.50	346.73	192.60
江西 Jiangxi	296.41	174.26	30.71	78.55	12.89	232.75	114.89
山东 Shandong	581.02	343.57	68.15	145.01	24.29	429.45	274.15
河南 Henan	442.34	287.25	42.23	99.02	13.84	280.23	161.15
湖北 Hubei	537.05	370.84	28.06	128.21	9.94	289.34	149.14
湖南 Hunan	458.42	290.44	29.44	124.65	13.88	332.16	158.10
广东 Guangdong	396.65	286.70	7.20	98.95	3.80	515.20	257.70
广西 Guangxi	326.05	221.80	22.67	74.04	7.53	320.56	178.44
海南 Hainan	200.37	148.16	3.26	47.29	1.67	204.35	70.18
重庆 Chongqing	571.69	414.92	10.34	143.23	3.20	461.25	275.97
四川 Sichuan	499.33	353.00	18.42	123.25	4.66	410.40	242.35
贵州 Guizhou	420.65	273.41	20.22	118.04	8.98	337.26	177.69
云南 Yunnan	588.05	433.63	20.90	129.73	3.80	423.85	270.15
西藏 Tibet							
陕西 Shaanxi	377.54	229.56	42.36	91.44	14.19	328.66	183.03
甘肃 Gansu	405.94	236.50	50.36	101.91	17.17	193.17	91.12
青海 Qinghai	415.42	254.68	33.50	108.55	18.70	209.24	102.22
宁夏 Ningxia	514.43	326.00	49.68	121.22	17.53	240.47	120.22
新疆 Xinjiang	567.77	352.16	58.21	136.33	21.08	258.38	122.29

10-12 **续表** 4 continued

单位：元 (yuan)

地　　区 Region	室内装饰品 Room Decorations	床上用品 Bed Articles	家庭日用杂品 Household Articles for Daily Use	家具材料 Furniture Materials	家务服务 Household Services	医疗保健 Medicine and Medical Services	交通和通讯 Transportation and Communications
全　国　National Total	**13.34**	**19.57**	**81.24**	**6.32**	**35.09**	**205.16**	**257.15**
北　京　Beijing	21.33	26.04	173.52	0.82	54.71	347.88	369.54
天　津　Tianjin	21.02	22.68	89.21	1.10	78.59	229.77	258.56
河　北　Hebei	18.29	17.24	60.47	3.29	18.81	225.01	270.09
山　西　Shanxi	13.61	14.54	61.61	6.22	22.52	195.10	137.11
内蒙古　Inner Mongolia	12.54	12.85	52.44	5.88	19.14	178.31	206.91
辽　宁　Liaoning	10.09	16.72	54.86	19.71	21.83	220.32	201.87
吉　林　Jilin	6.63	18.16	62.41	6.04	24.17	179.32	172.65
黑龙江　Heilongjiang	8.53	14.72	52.78	3.51	23.25	245.86	185.78
上　海　Shanghai	9.10	26.91	110.77	2.73	76.55	260.78	384.49
江　苏　Jiangsu	28.00	17.67	101.39	7.39	63.64	164.15	255.65
浙　江　Zhejiang	17.23	33.03	93.32	20.30	92.35	345.44	388.79
安　徽　Anhui	9.88	7.93	62.53	9.20	30.61	120.16	237.16
福　建　Fujian	8.31	24.09	77.35	3.82	40.55	160.08	346.75
江　西　Jiangxi	11.46	13.90	71.06	7.13	14.32	91.97	176.39
山　东　Shandong	22.50	19.14	88.71	3.91	21.04	188.13	255.53
河　南　Henan	11.41	19.69	57.35	4.55	26.08	172.84	193.65
湖　北　Hubei	11.21	12.35	97.24	1.44	17.95	176.26	214.37
湖　南　Hunan	9.29	21.84	104.91	9.53	28.49	183.87	255.79
广　东　Guangdong	11.36	36.06	143.50	10.08	56.50	290.82	640.56
广　西　Guangxi	10.55	20.54	81.26	2.68	27.09	136.90	252.37
海　南　Hainan	8.30	11.30	97.70	0.73	16.14	133.86	265.98
重　庆　Chongqing	16.05	21.20	74.53	3.68	69.80	185.90	337.83
四　川　Sichuan	15.29	19.87	88.56	5.23	39.11	170.34	212.46
贵　州　Guizhou	11.85	16.57	83.37	8.94	38.84	145.43	227.21
云　南　Yunnan	31.37	33.00	59.08	1.56	28.70	215.35	266.48
西　藏　Tibet							
陕　西　Shaanxi	11.20	17.72	71.51	8.91	36.29	222.91	191.76
甘　肃　Gansu	7.24	16.25	63.41	2.53	12.62	199.10	159.60
青　海　Qinghai	12.45	19.43	57.59	2.28	15.27	293.70	197.04
宁　夏　Ningxia	14.22	13.93	56.15	5.01	30.92	245.14	231.51
新　疆　Xinjiang	14.43	17.26	78.75	3.87	21.79	197.04	212.30

10-12 **续表** 5 continued

单位：元 (yuan)

地　　区 Region	交　通 Transportation	通　讯 Communications	娱乐教育文化服务 Recreation, Education and Cultural Services	文娱用耐用消费品 Recreational Durable Consumer Goods	教　育 Education	文化娱乐 Recreation
全　国 National Total	**114.77**	**142.37**	**499.39**	**125.99**	**275.01**	**98.40**
北　京 Beijing	161.12	208.42	964.19	264.66	459.68	239.84
天　津 Tianjin	111.92	146.64	657.77	214.72	309.21	133.84
河　北 Hebei	120.66	149.43	435.98	128.08	248.61	59.30
山　西 Shanxi	66.41	70.71	365.99	111.30	187.94	66.75
内蒙古 Inner Mongolia	111.64	95.27	356.60	61.18	221.70	73.72
辽　宁 Liaoning	86.12	115.75	405.20	87.37	255.26	62.57
吉　林 Jilin	73.81	98.83	336.28	55.21	209.19	71.89
黑龙江 Heilongjiang	73.98	111.80	315.97	60.54	192.54	62.90
上　海 Shanghai	171.10	213.40	843.24	301.95	374.60	166.69
江　苏 Jiangsu	107.82	147.82	530.38	130.99	284.36	115.02
浙　江 Zhejiang	175.34	213.44	771.18	240.63	384.94	145.62
安　徽 Anhui	87.60	149.56	476.45	72.16	327.81	76.48
福　建 Fujian	121.47	225.28	472.05	118.62	271.70	81.74
江　西 Jiangxi	63.98	112.41	328.28	63.08	203.81	61.39
山　东 Shandong	136.42	119.11	531.49	148.08	271.28	112.14
河　南 Henan	85.68	107.98	320.88	66.56	183.57	70.75
湖　北 Hubei	99.20	115.17	521.57	106.77	328.73	86.07
湖　南 Hunan	118.07	137.72	642.68	158.72	387.84	96.11
广　东 Guangdong	313.03	327.53	798.82	186.86	443.80	168.15
广　西 Guangxi	133.24	119.13	561.06	153.56	314.82	92.68
海　南 Hainan	135.28	130.70	396.92	68.62	252.47	75.83
重　庆 Chongqing	148.88	188.95	604.78	144.99	289.77	170.02
四　川 Sichuan	95.57	116.89	546.89	156.80	275.72	114.37
贵　州 Guizhou	98.35	128.86	353.39	94.16	171.32	87.92
云　南 Yunnan	118.54	147.94	588.45	229.99	246.59	111.87
西　藏 Tibet						
陕　西 Shaanxi	80.97	110.79	406.01	88.98	234.07	82.96
甘　肃 Gansu	68.58	91.02	351.27	83.62	187.28	80.36
青　海 Qinghai	92.67	104.37	405.53	74.26	268.11	63.15
宁　夏 Ningxia	93.04	138.47	373.18	132.72	151.00	89.47
新　疆 Xinjiang	94.95	117.35	455.76	114.90	232.82	108.03

10-12 **续表** 6 continued

单位：元 (yuan)

地区 Region	居住 Residence	住房 Housing	水电燃料及其他 Water, Electricity, Fuels and Others	杂项商品和服务 Miscellaneous Commodities and Services	个人消费 Personal Consumption	其他商品 Other Commodities	其他服务 Other Services
全国 National Total	**408.39**	**172.96**	**235.42**	**196.95**	**156.71**	**17.67**	**22.56**
北京 Beijing	528.28	274.69	253.58	387.40	341.78	7.90	37.73
天津 Tianjin	474.71	185.32	289.39	254.79	183.15	21.09	50.55
河北 Hebei	355.64	126.98	228.66	155.53	128.84	7.83	18.86
山西 Shanxi	235.39	81.43	153.96	214.44	183.64	19.05	11.75
内蒙古 Inner Mongolia	246.01	100.89	145.12	168.32	129.77	15.82	22.72
辽宁 Liaoning	346.29	134.26	212.03	151.84	130.23	7.12	14.49
吉林 Jilin	327.85	100.58	227.26	145.21	120.45	10.08	14.68
黑龙江 Heilongjiang	273.48	70.64	202.84	130.41	102.53	9.82	18.06
上海 Shanghai	659.59	203.20	456.39	311.24	235.18	43.96	32.10
江苏 Jiangsu	478.54	221.45	257.10	226.77	163.76	32.63	30.38
浙江 Zhejiang	539.69	247.22	292.47	264.68	218.53	17.29	28.85
安徽 Anhui	300.82	83.92	216.90	142.85	119.95	8.38	14.52
福建 Fujian	482.76	187.54	295.22	223.11	183.08	15.57	24.46
江西 Jiangxi	386.72	215.52	171.20	145.51	106.81	24.98	13.72
山东 Shandong	326.49	140.59	185.90	189.72	146.52	24.25	18.94
河南 Henan	406.54	233.81	172.73	144.19	110.71	8.05	25.43
湖北 Hubei	401.57	167.25	234.32	146.51	113.99	16.48	16.03
湖南 Hunan	411.22	210.83	200.39	179.20	133.51	18.42	27.27
广东 Guangdong	908.10	443.08	465.01	391.43	311.03	42.06	38.34
广西 Guangxi	565.22	298.32	266.90	189.61	143.60	24.43	21.59
海南 Hainan	309.02	101.95	207.07	212.58	125.79	48.08	38.71
重庆 Chongqing	354.66	102.33	252.34	198.96	174.61	12.07	12.27
四川 Sichuan	390.46	161.36	229.10	184.10	155.60	10.14	18.37
贵州 Guizhou	308.62	138.51	170.11	176.97	144.46	21.87	10.64
云南 Yunnan	421.21	223.11	198.10	306.69	255.76	11.54	39.39
西藏 Tibet							
陕西 Shaanxi	395.40	227.76	167.65	161.91	125.05	14.16	22.70
甘肃 Gansu	211.91	58.70	153.21	145.61	112.12	15.27	18.22
青海 Qinghai	229.97	75.83	154.13	203.70	155.54	22.66	25.50
宁夏 Ningxia	208.04	56.64	151.40	155.46	128.00	14.41	13.05
新疆 Xinjiang	208.54	52.06	156.48	167.24	141.38	5.88	19.97

10-13 各地区城镇居民家庭平均每百户年底耐用消费品拥有量（1998年）

NUMBER OF MAJOR DURABLE CONSUMER GOODS OWNED PER 100 URBAN HOUSEHOLDS AT THE YEAR-END BY REGION (1998)

地区 Region	毛皮大衣（件）Fur Coat	呢大衣（件）Woolen Coat	毛毯（条）Woolen Blanket	地毯（平方米）Carpet (sq. m)	组合家具（套）Composite Furniture (sets)	沙发床（个）Soft Bed	沙发（个）Sofa	大衣柜（个）Wardrobe	写字台（张）Desk
全国 National Total	**55.61**	**191.12**	**142.07**	**126.44**	**55.13**	**44.43**	**207.62**	**84.02**	**86.28**
北京 Beijing	92.00	220.00	136.60	165.00	74.20	72.40	166.00	84.60	96.80
天津 Tianjin	72.40	284.20	144.60	118.20	70.60	46.40	126.40	70.20	67.40
河北 Hebei	61.17	186.76	141.28	113.98	67.34	45.59	270.65	82.74	89.44
山西 Shanxi	57.95	176.45	159.71	114.46	62.52	27.91	235.40	67.93	87.04
内蒙古 Inner Mongolia	77.00	190.03	154.52	191.94	55.41	31.09	291.64	65.95	63.54
辽宁 Liaoning	61.35	194.08	103.92	232.60	46.17	45.73	114.08	57.64	58.48
吉林 Jilin	62.03	179.33	94.24	140.76	44.03	32.83	143.53	50.66	48.89
黑龙江 Heilongjiang	70.05	179.24	107.56	198.00	43.66	39.90	155.73	56.08	49.24
上海 Shanghai	25.60	279.20	170.00	220.40	25.40	32.60	117.60	93.20	64.40
江苏 Jiangsu	41.35	254.66	137.96	104.47	38.45	30.36	144.75	90.91	97.93
浙江 Zhejiang	54.76	226.61	168.91	131.36	48.30	24.26	175.92	86.56	100.12
安徽 Anhui	42.84	177.03	125.03	59.18	33.79	19.17	145.13	87.97	103.11
福建 Fujian	36.17	149.49	127.42	37.60	47.09	33.45	162.77	78.92	95.20
江西 Jiangxi	37.46	185.08	143.81	69.58	39.15	42.29	247.29	87.54	106.53
山东 Shandong	60.50	214.71	163.19	158.43	68.23	66.97	311.46	88.09	97.14
河南 Henan	55.08	174.65	113.72	83.24	57.14	43.73	238.52	91.83	92.66
湖北 Hubei	47.43	264.16	141.59	129.80	62.02	38.17	217.04	89.20	104.84
湖南 Hunan	55.39	190.56	149.59	53.00	67.25	34.82	204.31	100.23	107.61
广东 Guangdong	43.13	83.39	175.68	31.24	60.79	65.52	139.01	162.99	123.27
广西 Guangxi	24.53	100.31	114.10	52.34	77.31	40.49	186.34	91.39	94.56
海南 Hainan	35.00	42.30	121.20	9.20	54.20	37.20	82.10	110.20	102.70
重庆 Chongqing	57.00	203.33	157.00	44.33	81.33	26.33	141.00	82.67	80.67
四川 Sichuan	58.96	209.28	158.97	50.86	95.69	55.87	284.60	83.47	100.01
贵州 Guizhou	62.94	193.88	158.12	73.88	50.71	34.59	243.88	94.94	96.24
云南 Yunnan	59.94	128.01	203.38	89.02	53.66	47.98	380.06	90.64	105.45
西藏 Tibet									
陕西 Shaanxi	32.60	172.29	140.91	65.29	51.86	63.30	182.66	75.47	82.36
甘肃 Gansu	70.64	172.21	189.41	76.72	53.32	70.02	278.71	83.09	87.45
青海 Qinghai	66.36	210.00	215.45	209.82	54.36	47.27	355.45	75.27	88.36
宁夏 Ningxia	60.29	180.46	170.86	196.12	44.11	56.10	366.57	81.16	89.55
新疆 Xinjiang	63.45	229.06	212.98	602.36	53.20	90.36	575.83	86.03	80.65

10-13 **续表** 1 continued

地　区 Region	摩托车（辆） Motorcycle	自行车（辆） Bicycle	家用汽车（辆） Automobile	缝纫机（架） Sewing Machine	洗衣机（台） Washing Machine	电风扇（台） Electric Fan	电冰箱（台） Refrigerator	冰柜（台） Freezer	彩色电视机（台） Color TV Set
全　国 National Total	**13.22**	**182.05**	**0.25**	**56.00**	**90.57**	**168.37**	**76.08**	**4.80**	**105.43**
北　京 Beijing	3.80	221.00	1.00	51.40	102.20	145.00	105.40	15.60	133.20
天　津 Tianjin	10.60	226.20	0.00	69.40	96.60	126.80	98.80	19.40	121.20
河　北 Hebei	27.67	245.19	0.31	68.83	92.88	172.08	81.61	10.35	103.73
山　西 Shanxi	14.01	202.93	0.21	62.56	93.65	73.28	69.88	7.34	101.88
内蒙古 Inner Mongolia	19.87	212.22	0.93	37.95	88.26	40.00	63.13	8.07	100.11
辽　宁 Liaoning	5.43	169.05	0.38	46.38	88.72	65.14	76.88	6.65	104.25
吉　林 Jilin	3.49	168.96	0.21	46.75	88.96	52.59	56.92	3.30	94.55
黑龙江 Heilongjiang	5.45	143.80	0.11	44.12	83.11	39.84	55.59	6.74	94.61
上　海 Shanghai	1.40	132.60	0.00	75.80	91.60	229.00	103.00	2.40	128.20
江　苏 Jiangsu	17.08	228.34	0.00	65.44	96.14	259.88	78.61	1.78	105.23
浙　江 Zhejiang	11.46	222.50	0.21	75.35	90.19	271.29	98.76	1.57	121.47
安　徽 Anhui	8.25	162.90	0.10	53.51	87.91	235.63	76.34	1.60	93.61
福　建 Fujian	25.23	176.96	0.48	60.05	90.91	235.12	83.38	1.45	112.12
江　西 Jiangxi	8.39	171.61	0.00	61.44	82.71	247.12	75.34	2.88	95.17
山　东 Shandong	25.19	225.95	0.15	60.15	87.82	196.82	85.83	13.57	106.20
河　南 Henan	12.82	225.33	0.05	62.65	88.58	219.03	68.33	4.74	98.14
湖　北 Hubei	6.66	153.95	0.12	56.38	92.17	229.46	84.33	3.50	99.12
湖　南 Hunan	10.66	138.29	0.00	56.80	95.69	260.12	84.47	2.83	99.92
广　东 Guangdong	42.48	203.73	0.39	75.39	97.05	327.06	78.59	2.12	123.21
广　西 Guangxi	27.51	224.78	0.21	81.27	90.93	308.20	77.94	1.78	104.39
海　南 Hainan	32.10	114.40	0.00	62.70	76.10	184.50	48.30	0.60	103.50
重　庆 Chongqing	1.33	12.33	0.00	45.67	95.00	209.33	98.00	2.00	116.67
四　川 Sichuan	6.58	117.20	0.51	36.38	94.17	192.44	81.93	1.18	110.18
贵　州 Guizhou	5.29	28.00	0.12	43.41	97.76	94.35	81.06	2.35	109.18
云　南 Yunnan	10.72	203.86	0.14	52.50	95.16	31.34	63.86	2.36	104.90
西　藏 Tibet									
陕　西 Shaanxi	4.87	178.36	0.18	57.75	93.25	146.97	70.66	1.66	105.82
甘　肃 Gansu	6.55	182.44	0.33	47.94	87.25	35.84	60.50	2.57	102.83
青　海 Qinghai	8.91	129.09	0.73	36.36	97.64	1.45	66.73	4.73	101.45
宁　夏 Ningxia	10.16	206.74	0.00	44.68	89.69	63.49	67.09	3.31	106.26
新　疆 Xinjiang	7.97	171.39	0.99	42.89	89.92	42.04	76.62	2.17	100.91

10-13 续表 2 continued

地区 Region	影碟机 (台) Video Disc Player	录放像机 (台) Video Recorder	家用电脑 (台) Computer	组合音响(套) Hi-Fi Stereo Component System	录音机 (台) Tape Recorder	摄相机 (台) Pickup Camera	照相机 (架) Camera	钢琴 (架) Piano
全国 National Total	**16.02**	**21.66**	**3.78**	**17.51**	**57.63**	**0.90**	**36.26**	**1.08**
北京 Beijing	20.60	59.80	15.00	22.20	72.80	3.60	95.20	3.00
天津 Tianjin	13.40	35.60	5.80	14.00	81.00	1.60	57.00	1.20
河北 Hebei	12.95	17.71	1.63	12.60	62.24	0.87	36.28	0.80
山西 Shanxi	8.83	14.36	2.55	14.19	52.58	1.19	32.62	1.02
内蒙古 Inner Mongolia	6.38	8.38	1.46	14.23	52.46	0.83	23.08	0.59
辽宁 Liaoning	9.18	21.26	1.85	14.95	60.43	0.71	38.44	1.83
吉林 Jilin	8.47	16.98	1.41	12.33	58.51	0.58	25.62	0.42
黑龙江 Heilongjiang	6.59	16.82	0.86	17.12	53.15	0.93	25.23	0.87
上海 Shanghai	25.00	48.80	13.20	21.00	82.20	2.60	58.40	2.60
江苏 Jiangsu	12.28	24.19	3.46	13.94	56.35	0.50	34.42	0.66
浙江 Zhejiang	26.32	31.01	5.59	17.80	66.86	1.13	46.92	0.68
安徽 Anhui	10.08	13.52	2.06	10.31	50.54	0.21	22.49	0.40
福建 Fujian	22.90	19.88	2.44	21.08	56.34	0.60	32.41	1.34
江西 Jiangxi	10.59	13.39	2.29	14.32	50.08	0.34	27.12	0.76
山东 Shandong	13.78	25.23	3.78	15.81	67.35	1.25	46.76	2.25
河南 Henan	9.45	10.56	1.70	10.71	55.26	0.23	25.47	0.85
湖北 Hubei	15.58	15.77	2.59	17.23	51.40	0.68	35.24	0.76
湖南 Hunan	23.51	22.10	3.90	17.83	43.40	0.80	33.28	1.02
广东 Guangdong	40.32	34.28	12.34	39.89	64.62	1.34	44.63	1.81
广西 Guangxi	26.51	20.58	3.17	21.50	57.00	0.56	33.59	0.73
海南 Hainan	12.10	18.20	1.30	13.70	60.60	0.60	17.70	0.60
重庆 Chongqing	32.00	29.00	5.00	25.00	50.00	1.33	58.67	1.33
四川 Sichuan	25.50	22.29	3.60	21.80	48.95	0.35	39.35	0.76
贵州 Guizhou	22.47	21.53	1.88	19.88	34.71	0.71	28.82	0.35
云南 Yunnan	31.22	26.23	3.28	24.11	60.49	1.67	46.26	1.42
西藏 Tibet								
陕西 Shaanxi	10.38	15.68	1.69	9.24	54.96	0.81	31.44	0.56
甘肃 Gansu	10.74	9.99	3.03	26.24	55.56	0.08	25.13	0.33
青海 Qinghai	10.73	16.73	0.73	16.36	61.27	0.55	38.00	0.36
宁夏 Ningxia	14.48	14.92	1.47	15.24	51.68	0.24	29.21	0.34
新疆 Xinjiang	10.66	21.60	1.13	16.04	72.09	0.71	38.98	0.99

10-13 **续表** 3 continued

地区 Region		其他高中档乐器(件) Other Medium and High Grade Musical Instrument	微波炉(台) Oven	空调器(台) Air Conditioner	电炊具(台) Electric Cooking Appliances	淋浴热水器(个) Shower	排油烟机(台) Smoke Absorber	吸尘器(台) Dust Catcher	健身器材(件) Health Equipment	移动电话(台) Mobile Telephone
全国	**National Total**	**5.69**	**8.49**	**20.01**	**95.98**	**43.30**	**45.93**	**11.21**	**3.03**	**3.26**
北京	Beijing	13.20	37.20	34.00	68.60	65.40	59.40	23.40	6.40	3.00
天津	Tianjin	5.20	15.40	44.80	61.00	56.40	59.00	21.40	3.40	1.20
河北	Hebei	5.51	3.30	16.75	45.53	35.86	44.05	9.75	3.59	1.76
山西	Shanxi	5.62	1.23	3.14	30.53	18.35	41.19	7.18	2.48	0.97
内蒙古	Inner Mongolia	6.32	1.32	0.21	123.45	13.41	30.78	10.33	2.31	1.59
辽宁	Liaoning	6.34	3.97	1.28	81.01	43.30	60.42	23.64	2.32	3.06
吉林	Jilin	4.92	2.48	0.00	119.90	27.31	48.62	14.86	2.59	1.43
黑龙江	Heilongjiang	4.96	1.20	0.40	157.32	14.95	49.57	16.57	3.14	1.90
上海	Shanghai	5.00	62.20	68.20	147.00	53.60	52.60	42.40	3.40	6.00
江苏	Jiangsu	2.44	12.57	25.82	133.86	46.12	51.48	12.82	2.95	2.50
浙江	Zhejiang	6.81	11.82	44.07	102.44	64.08	65.35	16.74	2.38	5.34
安徽	Anhui	3.03	2.36	16.86	67.62	35.54	39.35	5.38	1.65	2.12
福建	Fujian	6.20	9.28	24.25	120.93	92.17	39.12	2.23	4.18	9.11
江西	Jiangxi	5.34	2.46	13.47	73.98	46.95	36.86	4.07	1.69	3.81
山东	Shandong	8.45	6.96	15.21	66.82	41.38	61.61	13.73	4.26	2.70
河南	Henan	3.51	2.02	22.94	39.23	20.48	28.92	4.06	2.24	1.30
湖北	Hubei	5.83	4.13	25.96	79.37	42.06	35.38	5.20	3.37	3.02
湖南	Hunan	8.32	3.94	20.66	55.71	46.95	37.08	3.14	3.13	3.96
广东	Guangdong	5.25	16.98	71.05	95.12	91.08	67.31	5.27	6.29	14.66
广西	Guangxi	4.32	4.80	12.32	135.27	73.24	48.71	2.81	1.33	2.26
海南	Hainan	2.60	3.70	9.00	133.40	48.40	28.80	0.30	4.90	4.50
重庆	Chongqing	10.00	18.00	68.33	81.67	81.33	38.67	8.33	5.33	7.33
四川	Sichuan	8.31	6.09	10.03	124.39	64.30	35.65	4.94	2.55	1.63
贵州	Guizhou	3.41	5.88	1.06	99.06	27.41	39.53	4.59	0.59	0.47
云南	Yunnan	4.62	4.48	0.06	172.39	42.60	57.40	7.55	2.94	4.09
西藏	Tibet									
陕西	Shaanxi	3.78	4.11	18.52	64.93	32.84	43.60	3.79	1.97	0.85
甘肃	Gansu	3.24	1.66	0.00	26.92	19.78	38.23	4.40	1.33	0.75
青海	Qinghai	4.00	0.36	0.00	10.55	12.18	50.73	5.09	2.18	0.36
宁夏	Ningxia	6.83	0.58	0.21	126.01	29.95	40.06	8.71	0.99	1.84
新疆	Xinjiang	8.59	1.46	2.55	92.22	41.58	54.00	17.10	1.42	0.43

10-14 农村居民家庭基本情况

BASIC CONDITIONS OF RURAL HOUSEHOLDS

项　　目	Item	1980	1985	1990	1995	1997	1998
调查户数　　（户）	**Number of Households Surveyed**	**15914**	**66642**	**66960**	**67340**	**67680**	**68300**
调查户人口　　（人）	**Number of Residents Surveyed (person)**						
常住人口	Number of Permanent Residents in the Households Surveyed	88090	341525	321429	301878	294559	293458
平均每户常住人口	Average Number of Permanent Residents per Household	5.54	5.12	4.80	4.48	4.35	4.30
平均每户整半劳力	Average Number of Able-bodied and Semi-ablebodied Laborers per Household	2.45	2.95	2.92	2.88	2.79	2.78
平均每个劳动力负担人口(含本人)	Average Number of Persons Supported by a Laborer (including the laborer himself or herself)	2.26	1.74	1.64	1.56	1.56	1.55
平均每人年收入(元)	**Per Capita Annual Income (yuan)**						
总收入	Total Revenue	216.22	547.31	990.38	2337.87	2999.20	3018.48
纯收入	Net Income	191.33	397.60	686.31	1577.74	2090.13	2161.98
现金收入	Cash Income	113.12	357.39	676.67	1595.56	2131.21	2163.61
按纯收入分组户数占调查户比重(%)	**Percentage of Households Grouped by per Capita Annual Net Income (%)**						
100元以下	Under 100 Yuan	9.80	0.96	0.22	0.22	0.18	0.14
100-200 (元)	Yuan	51.80	11.26	1.80	0.38	0.19	0.14
200-300 (元)	Yuan	25.30	25.61	6.57	0.81	0.34	0.23
300-400 (元)	Yuan	8.60	24.00	11.99	1.55	0.60	0.44
400-500 (元)	Yuan	2.90	15.85	14.37	2.40	0.97	0.75
500-600 (元)	Yuan		9.06	13.99	3.70	1.47	1.17
600-800 (元)	Yuan		8.02	20.83	9.59	4.49	3.76
800-1000 (元)	Yuan	1.60	2.93	12.45	11.58	6.49	6.04
1000-1200 (元)	Yuan		1.89	12.20	26.60	7.59	7.63
1200-1300 (元)	Yuan					4.20	3.95
1300-1500 (元)	Yuan					8.56	8.31
1500-1700 (元)	Yuan		0.26	3.47	17.25	8.17	8.17
1700-2000 (元)	Yuan					11.35	11.43
2000-2500 (元)	Yuan		0.16	2.11	25.92	14.93	14.97
2500-3000 (元)	Yuan					10.35	10.70
3000-3500 (元)	Yuan					6.56	7.08
3500-4000 (元)	Yuan					4.13	4.37
4000-4500 (元)	Yuan					2.68	3.08
4500-5000 (元)	Yuan					1.81	2.10
5000元以上	5000 Yuan and Over					4.94	5.57
平均每人年支出(元)	**Per Capita Annual Expenditure (yuan)**						
总支出	Total Expenditure	195.52	485.51	903.47	2138.33	2536.79	2457.17
家庭经营费用支出	Expenditure for Household Business	24.61	121.39	241.09	621.71	706.27	652.48
生活消费支出	Expenditure for Consumption	162.21	317.42	584.63	1310.36	1617.15	1590.33
其他非生产性支出	Other Nonproductive Expenditures	8.42	9.57	18.80	55.28	45.37	53.35
现金支出	Cash Expenditure	122.93	389.19	741.17	1766.67	2297.30	2316.35
生产费用	Productive Costs	14.05	98.93	183.35	517.06	599.91	565.97
缴纳税金和上交集体承包费支出等	Taxes and Payments to Collective Units	0.24	16.35	33.38	76.96	97.81	98.00
生活消费支出	Expenditure for Consumption	83.83	194.68	374.74	859.43	1126.28	1128.16
储蓄借贷支出	Expenditure for Savings and Credit	15.91	57.96	102.11	220.86	337.55	385.37

注：1. 本表至10-26表为农村住户抽样调查资料。
2. 1997年后纯收入分组户数比重进行了调整。

a) Data in Tables 10-14 to 10-26 are obtained from the sample surveys on rural households.

b) Percentage of households grouped by per capita annual net income has been adjusted since 1997.

10-15 农村居民家庭平均每人总收入和纯收入

PER CAPITA ANNUAL GROSS AND NET INCOME OF RURAL HOUSEHOLDS

单位：元 (yuan)

项目	Item	1978	1980	1985	1990	1995	1997	1998
总收入	**Gross Income**	**151.79**	**216.22**	**547.31**	**990.38**	**2337.87**	**2999.20**	**3018.48**
基本收入	Basic Income	142.27	193.82	517.40	954.59	2231.12	2883.24	2883.39
劳动者报酬收入	Laborers' Remuneration	88.26	106.38	72.15	138.80	353.70	536.56	596.58
集体组织劳动报酬	From Collective Organization	85.25	100.44	17.45	27.02	68.73	105.46	130.63
企业劳动报酬	From Enterprises	3.01	5.94	27.71	54.06	256.63	361.04	356.36
#乡村企业劳动报酬	From Township Enterprises	3.01	5.94	22.15	42.01	111.45	145.22	138.37
其他单位劳动报酬	From Other Units			26.99	57.72	28.34	70.06	109.59
家庭经营收入	Income from Household Business Operation	54.01	87.44	445.25	815.79	1877.42	2346.68	2286.81
转移性和财产性收入	Transfer Income and Property Income	9.52	22.40	29.91	35.79	106.75	115.96	135.09
纯收入	**Net Income**	**133.57**	**191.33**	**397.60**	**686.31**	**1577.74**	**2090.13**	**2161.98**
按收入来源分	**By Source**							
基本收入	Basic Income	124.05	168.93	367.69	657.35	1479.49	1987.27	2039.58
劳动者收入	Laborers' Remuneration	88.26	106.38	71.71	138.80	353.70	514.55	573.58
家庭经营纯收入	Net Income form Household Business	35.79	62.55	295.98	518.55	1125.79	1472.72	1466.00
农业收入	Farming	15.15	21.93	191.46	330.11	775.12	943.01	927.25
林业收入	Forestry			6.16	7.53	13.52	19.37	18.67
牧业收入	Animal Husbandry	12.01	25.71	44.36	86.04	111.76	184.72	167.85
渔业收入	Fishery	1.42		3.59	7.11	15.69	20.98	22.44
手工业收入	Handicraft	5.19	2.87	8.11	10.89	18.97	26.89	28.62
采集、捕猎收入	Gathering and Hunting		5.80	10.13	14.36	21.40	25.02	27.57
工业收入	Industry			2.18	9.15	13.63	24.48	27.32
建筑业收入	Construction			7.41	12.18	34.53	53.47	52.78
运输业收入	Transportation		6.24	8.47	13.45	27.76	46.20	50.24
商业收入	Commerce				10.75	30.21	49.74	54.60
饮食业收入	Catering Services			6.13	1.94	4.05	5.51	7.73
服务业收入	Service Trade			3.25	6.77	17.18	25.33	30.02
其他收入	Others			4.73	8.27	41.97	48.00	50.91
转移性和财产性收入	Transfer Income and Property Income	9.52	22.40	29.91	28.96	98.25	102.86	122.40
按收入性质分	**Grouped by Type of Income**							
生产性纯收入	Productive Income	124.05	168.93	367.69	657.35	1479.49	1987.28	2039.58
第一产业收入	Primary Industry	113.47	149.62	298.28	510.86	996.51	1267.69	1237.44
第二产业收入	Secondary Industry	10.58	19.31	29.47	70.68	287.24	437.78	498.92
第三产业收入	Tertiary Industry			39.95	75.81	195.74	281.81	303.22
非生产性纯收入	Nonproductive Income	9.52	22.40	29.91	28.96	98.25	102.85	122.40

10-16 各地区农村居民家庭平均每人纯收入

PER CAPITA NET INCOME OF RURAL HOUSEHOLDS BY REGION

单位：元 (yuan)

地 区 Region	1978	1980	1985	1990	1995	1996	1997	1998
全 国 National Total	**133.57**	**191.33**	**397.60**	**686.31**	**1220.98**	**1577.74**	**2090.13**	**2161.98**
北 京 Beijing	224.80	290.46	775.08	1297.05	2400.69	3223.65	3661.68	3952.32
天 津 Tianjin	178.40	277.92	564.55	1069.04	1835.71	2406.38	3243.68	3395.70
河 北 Hebei	91.50	175.78	385.23	621.67	1107.25	1668.73	2286.01	2405.32
山 西 Shanxi	101.61	155.78	358.32	603.51	884.20	1208.30	1738.26	1858.60
内蒙古 Inner Mongolia	100.30	181.32	360.41	607.15	969.91	1208.38	1780.19	1981.48
辽 宁 Liaoning	165.20	273.02	467.84	836.17	1423.45	1756.50	2301.48	2579.79
吉 林 Jilin	179.20	236.30	413.74	803.52	1271.63	1609.60	2186.29	2383.60
黑龙江 Heilongjiang	167.90	205.38	397.84	759.86	1393.58	1766.27	2308.29	2253.10
上 海 Shanghai	290.00	397.35	805.92	1907.32	3436.61	4245.61	5277.02	5406.87
江 苏 Jiangsu	152.10	217.94	492.60	959.06	1831.53	2456.86	3269.85	3376.78
浙 江 Zhejiang		219.18	548.60	1099.04	2224.64	2966.19	3684.22	3814.56
安 徽 Anhui	101.70	184.82	369.41	539.16	973.20	1302.82	1808.75	1863.06
福 建 Fujian	134.90	171.74	396.45	764.41	1577.74	2048.59	2785.67	2946.37
江 西 Jiangxi	140.70	180.94	377.31	669.90	1218.19	1537.36	2107.28	2048.00
山 东 Shandong	101.20	194.33	408.12	680.18	1319.73	1715.09	2292.12	2452.83
河 南 Henan	101.40	160.78	329.37	526.95	909.81	1231.97	1733.89	1864.05
湖 北 Hubei	106.50	169.88	421.24	670.80	1172.74	1511.22	2102.23	2172.24
湖 南 Hunan	134.40	219.71	395.26	664.24	1155.00	1425.16	2037.06	2064.85
广 东 Guangdong	182.30	274.37	495.31	1043.03	2181.52	2699.24	3467.69	3527.14
广 西 Guangxi	119.50	173.68	302.96	639.45	1107.02	1446.14	1875.28	1971.90
海 南 Hainan				696.22	1304.52	1519.71	1916.90	2018.31
重 庆 Chongqing							1643.21	1720.46
四 川 Sichuan	116.70	187.90	315.07	557.76	946.33	1158.29	1680.69	1789.17
贵 州 Guizhou	108.00	161.46	287.83	435.14	786.84	1086.62	1298.54	1334.46
云 南 Yunnan	123.90	150.12	338.34	540.86	802.95	1010.97	1375.50	1387.25
西 藏 Tibet			352.97	649.71	975.95	1200.31	1194.51	1231.50
陕 西 Shaanxi	133.00	142.49	295.26	530.80	804.84	962.89	1273.30	1405.59
甘 肃 Gansu	98.40	153.33	255.22	430.98	723.73	880.34	1185.07	1393.05
青 海 Qinghai			342.95	559.78	869.34	1029.77	1320.63	1424.79
宁 夏 Ningxia	115.90	178.06	321.17	578.13	866.97	998.75	1512.50	1721.17
新 疆 Xinjiang	199.17	198.01	394.30	683.47	946.82	1136.45	1504.43	1600.14

10-17 各地区农村居民家庭平均每人按来源分的纯收入（1998年）
PER CAPITA NET INCOME OF RURAL HOUSEHOLDS BY SOURCE AND BY REGION (1998)

单位：元 (yuan)

地区 Region		纯收入 Net Income	基本收入 Basic Income	劳动者报酬 Laborers' Remuneration	家庭经营收入 Income from Household Business Operation	转移性收入 Transfer Income	财产性收入 Property Income
全国	**National Total**	**2161.98**	**2039.58**	**573.58**	**1466.00**	**92.03**	**30.37**
北京	Beijing	3952.32	3645.01	2420.43	1224.58	189.09	118.22
天津	Tianjin	3395.70	3227.68	1640.34	1587.33	91.54	76.48
河北	Hebei	2405.32	2306.91	786.79	1520.13	56.32	42.09
山西	Shanxi	1858.60	1793.69	594.39	1199.29	47.93	16.99
内蒙古	Inner Mongolia	1981.48	1934.16	216.77	1717.39	34.06	13.26
辽宁	Liaoning	2579.79	2482.95	753.05	1729.90	64.60	32.24
吉林	Jilin	2383.60	2330.66	279.95	2050.71	41.09	11.85
黑龙江	Heilongjiang	2253.10	2172.55	235.35	1937.21	57.86	22.70
上海	Shanghai	5406.87	5054.24	3869.37	1184.87	189.44	163.15
江苏	Jiangsu	3376.78	3218.51	1464.10	1754.42	116.03	42.24
浙江	Zhejiang	3814.56	3575.03	1584.95	1990.08	156.14	83.40
安徽	Anhui	1863.06	1768.88	457.17	1311.70	76.83	17.35
福建	Fujian	2946.37	2681.64	900.42	1781.22	225.78	38.96
江西	Jiangxi	2048.00	1941.52	505.44	1436.08	88.02	18.46
山东	Shandong	2452.83	2325.74	722.66	1603.08	78.00	49.09
河南	Henan	1864.05	1783.52	344.34	1439.18	57.91	22.62
湖北	Hubei	2172.24	2048.66	396.18	1652.48	109.65	13.93
湖南	Hunan	2064.85	1996.45	613.10	1383.34	56.27	12.14
广东	Guangdong	3527.14	3246.95	995.49	2251.47	222.56	57.63
广西	Guangxi	1971.90	1848.92	349.17	1499.75	112.46	10.51
海南	Hainan	2018.31	1831.56	52.65	1778.91	136.60	50.16
重庆	Chongqing	1720.46	1513.57	379.60	1133.97	190.54	16.34
四川	Sichuan	1789.17	1677.65	446.46	1231.19	94.16	17.36
贵州	Guizhou	1334.46	1260.67	229.95	1030.72	67.37	6.42
云南	Yunnan	1387.25	1249.46	194.79	1054.67	101.46	36.34
西藏	Tibet	1231.50	1139.12	93.26	1045.86	63.41	28.97
陕西	Shaanxi	1405.59	1304.36	360.23	944.12	68.96	32.27
甘肃	Gansu	1393.05	1321.29	235.87	1085.42	61.62	10.14
青海	Qinghai	1424.79	1392.88	218.20	1174.68	29.15	2.77
宁夏	Ningxia	1721.17	1658.35	383.13	1275.23	33.96	28.86
新疆	Xinjiang	1600.14	1525.13	84.78	1440.35	37.74	37.27

10-18 农村居民家庭平均每人生活消费支出
PER CAPITA LIVING EXPENDITURE OF RURAL HOUSEHOLDS

单位：元 (yuan)

指　　标	Item	1978	1980	1985	1990	1995	1997	1998
生活消费支出	**Living Expenditure**	**116.06**	**162.21**	**317.42**	**584.63**	**1310.36**	**1617.15**	**1590.33**
按消费类别分	**By Category of Consumption**							
食品	Food	78.59	100.19	183.43	343.76	768.19	890.28	849.64
#主食	Staple Food	51.33	60.58	83.24	135.47	316.72	329.01	303.45
副食	Non-Staple Food	24.67	35.27	73.01	146.09	316.40	381.50	364.11
其他食品	Other Food	2.59	4.36	22.56	49.45	102.60	132.03	126.35
衣着	Clothing	14.74	19.99	30.86	45.44	89.79	109.41	98.06
居住	Residence	11.95	22.46	57.90	101.37	182.21	233.23	239.62
家庭设备用品及服务	Household Facilities, Articles and Services			16.25	30.90	68.48	85.41	81.92
医疗保健	Medicines and Medical Services			7.65	19.02	42.48	62.45	68.13
交通通讯	Transportation and Communications	10.78	19.57	5.48	8.42	33.76	53.92	60.68
文教娱乐用品及服务	Cultural, Educational and Recreational Articles and Services			12.45	31.38	102.39	148.18	159.41
其他商品及服务	Other Commodities and Services			3.40	4.34	23.06	34.27	32.87
按消费性质分	**By Source of Consumption**							
货币性消费	**Consumption Paid in Money**	**47.64**	**83.83**	**194.68**	**374.74**	**859.43**	**1126.28**	**1128.16**
食品	Food	18.91	31.13	77.27	155.85	353.22	435.74	428.90
衣着	Clothing	13.12	19.61	30.03	44.03	88.66	108.31	97.04
居住	Residence	6.13	14.13	42.62	81.15	147.86	198.25	199.35
家庭设备用品及服务	Household Facilities, Articles and Services			15.97	30.74	68.08	85.16	81.77
医疗保健	Medicines and Medical Services			7.55	18.98	42.47	62.45	68.13
交通通讯	Transportation and Communications	9.48	18.96	5.48	8.41	33.73	53.92	60.68
文教娱乐用品及服务	Cultural, Educational and Recreational Articles and Services			12.36	31.33	102.35	148.18	159.41
其他商品及服务	Other Commodities and Services			3.40	4.25	23.06	34.27	32.87
实物性消费	**Consumption in kind**	**68.42**	**78.38**	**122.74**	**209.89**	**450.93**	**490.87**	**462.17**
食品	Food	59.68	69.06	106.16	187.91	414.97	454.54	420.74
衣着	Clothing	1.62	0.38	0.83	1.41	1.13	1.10	1.02
居住	Residence	5.82	8.33	15.28	20.22	34.35	34.98	40.27
家庭设备用品及服务	Household Facilities, Articles and Services			0.28	0.16	0.40	0.25	0.15
医疗保健	Medicines and Medical Services			0.10	0.04	0.01		
交通通讯	Transportation and Communications	1.30	0.61	...	0.01	0.03		
文教娱乐用品及服务	Cultural, Educational and Recreational Articles and Services			0.09	0.05	0.04		
其他商品及服务	Other Commodities and Services				0.09			

10-19 各地区农村居民家庭平均每人生活消费支出（1998年）
PER CAPITA LIVING EXPENDITURE OF RURAL HOUSEHOLDS BY REGION (1998)

单位：元 (yuan)

地区	Region	生活消费支出合计 Living Expenditure	食品 Food	衣着 Clothing	居住 Residence	家庭设备及服务 Household Facilities, Articles and Services	医疗保健 Medicines and Medical Services	交通和通讯 Transportation and Communications	文教、娱乐用品及服务 Cultural, Educational and Recreational Articles and Services	其他商品及服务 Other Commodities and Services
全国	**National Total**	**1590.33**	**849.64**	**98.06**	**239.62**	**81.92**	**68.13**	**60.68**	**159.41**	**32.88**
北京	Beijing	2873.20	1215.08	231.51	439.63	213.53	170.96	152.11	374.81	75.60
天津	Tianjin	1976.70	911.39	172.62	333.52	114.24	107.19	82.43	202.49	52.81
河北	Hebei	1298.54	616.90	111.72	212.10	76.95	64.46	60.43	130.45	25.53
山西	Shanxi	1056.45	592.19	114.35	96.38	54.31	47.43	31.88	100.73	19.17
内蒙古	Inner Mongolia	1577.12	867.38	112.17	197.16	65.12	73.91	72.52	163.98	24.88
辽宁	Liaoning	1702.68	898.87	157.63	230.42	77.36	72.74	68.96	158.79	37.92
吉林	Jilin	1471.46	799.69	114.00	233.28	60.27	66.69	42.53	131.84	23.17
黑龙江	Heilongjiang	1464.64	805.33	120.58	225.75	53.72	75.96	50.30	109.84	23.15
上海	Shanghai	4206.89	1775.04	238.58	876.39	369.05	169.85	226.50	462.59	88.89
江苏	Jiangsu	2336.78	1117.01	135.09	399.23	153.79	99.54	132.15	240.03	59.94
浙江	Zhejiang	2890.65	1361.80	164.07	532.51	157.62	157.92	168.98	251.19	96.56
安徽	Anhui	1333.05	732.14	72.30	205.63	65.45	52.11	34.54	139.92	30.95
福建	Fujian	2025.09	1101.64	111.42	265.25	100.04	65.46	115.72	214.17	51.39
江西	Jiangxi	1538.24	899.37	67.08	221.48	66.98	55.17	40.39	160.88	26.90
山东	Shandong	1595.09	804.64	116.37	241.08	92.05	84.64	78.64	156.34	21.33
河南	Henan	1240.30	700.78	85.03	177.59	55.07	50.06	29.72	113.79	28.26
湖北	Hubei	1699.43	918.95	88.88	274.61	84.07	57.91	46.57	205.91	22.53
湖南	Hunan	1889.17	1107.23	91.45	251.73	85.69	61.69	45.90	206.60	38.88
广东	Guangdong	2683.18	1370.70	100.97	423.33	158.82	101.06	143.27	318.17	66.86
广西	Guangxi	1414.76	808.82	51.84	202.17	66.02	48.10	39.49	174.11	24.20
海南	Hainan	1246.12	767.42	51.23	110.56	61.71	35.71	24.02	156.80	38.67
重庆	Chongqing	1343.35	831.08	63.07	178.00	64.52	47.41	34.56	110.16	14.55
四川	Sichuan	1440.77	871.83	78.22	182.27	63.49	53.21	36.20	137.29	18.26
贵州	Guizhou	1094.39	757.55	51.00	104.95	45.81	26.67	19.98	74.24	14.18
云南	Yunnan	1312.31	801.99	60.23	191.78	57.42	53.07	26.66	95.66	25.50
西藏	Tibet	710.26	497.41	85.68	40.30	49.03	13.42	7.93	8.22	8.27
陕西	Shaanxi	1181.38	590.90	79.29	179.56	59.71	64.88	29.32	152.82	24.90
甘肃	Gansu	939.55	556.85	53.42	116.45	41.09	43.36	23.05	90.19	15.16
青海	Qinghai	1117.79	694.62	93.06	146.97	38.16	57.01	25.79	43.44	18.74
宁夏	Ningxia	1327.63	706.56	104.39	203.65	69.82	79.35	49.43	95.81	18.62
新疆	Xinjiang	1450.29	713.34	148.06	200.13	66.73	99.69	74.82	102.16	45.35

10-20 各地区农村居民家庭平均每人生活消费现金支出（1998年）
PER CAPITA LIVING EXPENDITURE IN CASH OF RURAL HOUSEHOLDS BY REGION (1998)

单位：元 (yuan)

地区 Region		生活消费现金支出合计 Living Expenditure in Cash	食品 Food	衣着 Clothing	居住 Residence	家庭设备及服务 Household Facilities, Articles and Services	医疗保健 Medicines and Medical Services	交通和通讯 Transportation and Communications	文教、娱乐用品及服务 Cultural, Educational and Recreational Articles and Services	其他商品及服务 Other Commodities and Services
全国	**National Total**	**1128.16**	**428.90**	**97.04**	**199.35**	**81.77**	**68.13**	**60.68**	**159.41**	**32.88**
北京	Beijing	2676.38	1018.48	231.51	439.42	213.50	170.96	152.11	374.81	75.60
天津	Tianjin	1712.22	659.95	172.06	321.04	114.24	107.19	82.43	202.49	52.81
河北	Hebei	1022.34	341.08	111.44	212.08	76.88	64.46	60.43	130.45	25.53
山西	Shanxi	741.21	280.78	113.98	93.28	53.96	47.43	31.88	100.73	19.17
内蒙古	Inner Mongolia	971.58	318.28	111.93	140.96	65.12	73.91	72.52	163.98	24.88
辽宁	Liaoning	1246.33	488.44	157.00	185.12	77.36	72.74	68.96	158.79	37.92
吉林	Jilin	977.22	435.97	114.00	102.76	60.27	66.69	42.53	131.84	23.17
黑龙江	Heilongjiang	1027.41	436.74	120.58	157.11	53.72	75.96	50.30	109.84	23.15
上海	Shanghai	3762.53	1332.46	238.58	874.62	369.05	169.85	226.50	462.59	88.89
江苏	Jiangsu	1831.32	638.71	132.41	375.54	152.99	99.54	132.15	240.03	59.94
浙江	Zhejiang	2448.73	933.58	164.00	519.01	157.50	157.92	168.98	251.19	96.56
安徽	Anhui	898.95	363.86	71.63	140.65	65.28	52.11	34.54	139.92	30.95
福建	Fujian	1607.26	721.65	111.41	227.43	100.03	65.46	115.72	214.17	51.39
江西	Jiangxi	991.07	396.42	66.35	178.03	66.93	55.17	40.39	160.88	26.90
山东	Shandong	1220.19	442.23	112.15	232.85	92.02	84.64	78.64	156.34	21.33
河南	Henan	764.48	271.23	83.86	132.87	54.69	50.06	29.72	113.79	28.26
湖北	Hubei	989.87	349.76	87.26	136.04	83.87	57.91	46.57	205.91	22.53
湖南	Hunan	1265.12	501.88	91.13	233.35	85.69	61.69	45.90	206.60	38.88
广东	Guangdong	2171.31	887.12	100.24	396.17	158.41	101.06	143.27	318.17	66.86
广西	Guangxi	981.98	395.28	51.84	183.06	65.90	48.10	39.49	174.11	24.20
海南	Hainan	814.14	386.02	51.23	59.98	61.71	35.71	24.02	156.80	38.67
重庆	Chongqing	744.41	286.69	62.99	123.70	64.34	47.41	34.56	110.16	14.55
四川	Sichuan	887.31	357.22	77.83	144.14	63.15	53.21	36.20	137.29	18.26
贵州	Guizhou	545.87	218.42	50.83	95.72	45.81	26.67	19.98	74.24	14.18
云南	Yunnan	805.86	316.08	60.16	171.33	57.40	53.07	26.66	95.66	25.50
西藏	Tibet	472.35	272.16	85.68	27.63	49.03	13.42	7.93	8.22	8.27
陕西	Shaanxi	839.26	272.33	79.05	156.25	59.71	64.88	29.32	152.82	24.90
甘肃	Gansu	506.64	167.87	53.02	72.93	41.07	43.36	23.05	90.19	15.16
青海	Qinghai	567.02	195.70	92.46	95.77	38.11	57.01	25.79	43.44	18.74
宁夏	Ningxia	885.16	278.58	104.39	189.17	69.82	79.35	49.43	95.81	18.62
新疆	Xinjiang	1027.80	315.92	135.35	187.78	66.73	99.69	74.82	102.16	45.35

10-21 各地区农村居民家庭平均每人主要食品消费量（1998 年）

PER CAPITA CONSUMPTION OF MAJOR FOOD IN RURAL HOUSEHOLDS BY REGION (1998)

单位：公斤 (kg)

地区 Region	粮食 Grain	蔬菜 Vegetables	食油 Edible Oil	猪牛羊肉 Pork, Beef and Mutton	家禽 Poultry	蛋类及其制品 Eggs and Related Products	水产品 Aquatic Products	食糖 Sugar	酒 Liquor
全 国 National Total	**249.28**	**108.96**	**6.13**	**13.20**	**2.33**	**4.11**	**3.66**	**1.40**	**6.98**
北 京 Beijing	173.42	89.36	10.29	13.42	1.49	7.92	4.52	2.13	18.12
天 津 Tianjin	216.59	73.80	7.96	10.17	0.85	8.41	6.96	0.83	10.54
河 北 Hebei	209.62	70.87	5.50	6.49	0.38	4.85	1.85	0.71	6.46
山 西 Shanxi	220.50	80.10	4.69	5.01	0.35	3.89	0.34	1.13	1.88
内蒙古 Inner Mongolia	268.02	92.25	3.34	20.27	0.77	3.13	1.25	1.23	9.13
辽 宁 Liaoning	243.67	204.26	7.05	13.71	1.23	7.35	4.70	0.63	9.72
吉 林 Jilin	249.44	96.72	6.74	6.74	1.41	7.92	3.19	0.68	10.98
黑龙江 Heilongjiang	275.40	108.99	5.95	5.68	1.84	6.92	3.09	0.78	12.75
上 海 Shanghai	243.60	80.75	6.80	16.10	5.75	7.89	12.04	2.54	16.18
江 苏 Jiangsu	262.38	110.27	8.26	11.17	4.00	6.69	8.14	2.12	10.23
浙 江 Zhejiang	257.47	72.74	4.10	14.49	4.18	4.55	11.51	2.70	22.40
安 徽 Anhui	245.17	78.76	6.75	7.82	2.98	4.24	3.37	1.61	8.96
福 建 Fujian	266.67	131.18	4.83	13.84	5.76	3.09	9.45	2.42	11.49
江 西 Jiangxi	301.40	154.42	5.87	11.99	2.38	2.82	4.16	1.49	5.95
山 东 Shandong	232.37	114.41	5.65	7.33	2.02	10.33	3.78	1.26	9.94
河 南 Henan	229.67	121.42	4.74	10.77	0.85	6.83	0.73	1.17	3.84
湖 北 Hubei	276.42	160.24	10.50	17.31	1.76	3.78	5.31	1.27	7.04
湖 南 Hunan	300.63	161.76	9.21	18.95	2.96	3.42	4.60	1.44	6.52
广 东 Guangdong	258.38	118.45	6.58	19.52	8.89	2.96	12.74	3.02	3.63
广 西 Guangxi	240.72	120.11	4.45	13.31	5.76	1.12	2.67	1.27	6.03
海 南 Hainan	247.68	57.18	3.18	8.74	4.68	0.91	9.65	1.36	3.55
重 庆 Chongqing	239.45	171.47	5.92	24.89	1.31	4.02	1.19	2.10	6.32
四 川 Sichuan	244.42	136.04	6.06	22.10	1.98	2.65	1.36	1.36	5.70
贵 州 Guizhou	223.85	122.21	4.86	23.06	0.88	1.10	0.29	1.00	4.67
云 南 Yunnan	244.46	113.55	4.76	22.55	1.81	1.75	0.90	1.57	5.12
西 藏 Tibet	232.92	34.39	6.65	13.67	0.01	0.66	0.01	2.48	0.83
陕 西 Shaanxi	228.70	63.45	5.69	6.18	0.24	1.71	0.21	0.85	2.11
甘 肃 Gansu	255.19	35.51	5.29	6.58	0.57	1.48	0.13	0.60	1.51
青 海 Qinghai	253.12	42.04	9.14	16.51	0.12	0.52	0.40	0.89	1.60
宁 夏 Ningxia	259.67	96.58	7.15	10.21	1.34	1.83	0.35	1.48	1.11
新 疆 Xinjiang	254.54	81.15	6.91	10.79	1.16	1.17	0.43	0.46	1.45

10-22 各地区农村居民家庭平均每人主要衣着消费量（1998年）

PER CAPITA CONSUMPTION OF CLOTHING IN RURAL HOUSEHOLDS BY REGION (1998)

地区 Region	棉布（米） Cotton Cloth (m)	化纤布（米） Chemical Fiber Cloth (m)	呢绒（米） Woolen Fabric (m)	绸缎（米） Silk and Satin (m)	毛线及毛线织品（公斤） Knitting Wool and Woolen Knitwear (kg)	胶鞋、球鞋、皮鞋（双） Rubber, Gymshoes and Leather Shoes (pair)
全国 National Total	**0.32**	**1.57**	**0.05**	**0.02**	**0.12**	**0.66**
北京 Beijing	0.96	2.08	0.05	0.02	0.24	0.78
天津 Tianjin	0.96	1.39	0.06	0.14	0.32	0.76
河北 Hebei	0.51	2.31	0.02	0.01	0.15	0.46
山西 Shanxi	0.39	1.96	0.02	0.02	0.12	0.50
内蒙古 Inner Mongolia	0.51	1.90	0.06	0.25	0.12	0.54
辽宁 Liaoning	0.49	1.90	0.06	0.01	0.16	0.84
吉林 Jilin	0.28	1.26	0.01	...	0.17	0.85
黑龙江 Heilongjiang	0.25	1.28	0.03	0.01	0.15	0.74
上海 Shanghai	0.52	1.54	0.11	0.03	0.18	0.68
江苏 Jiangsu	0.28	1.75	0.11	0.01	0.13	0.67
浙江 Zhejiang	0.29	1.84	0.11	0.01	0.13	0.78
安徽 Anhui	0.26	1.34	0.03	0.02	0.12	0.63
福建 Fujian	0.15	0.82	0.04	...	0.07	0.52
江西 Jiangxi	0.12	1.56	0.02	...	0.08	0.70
山东 Shandong	0.73	2.08	0.06	0.01	0.21	0.55
河南 Henan	0.21	1.86	0.02	...	0.15	0.36
湖北 Hubei	0.22	1.39	0.02	0.01	0.12	0.81
湖南 Hunan	0.14	1.68	0.02	...	0.07	0.85
广东 Guangdong	0.13	1.19	0.01	...	0.02	0.61
广西 Guangxi	0.14	1.38	...		0.03	0.52
海南 Hainan	0.19	0.96	...		0.01	0.61
重庆 Chongqing	0.16	1.03	0.03	0.01	0.08	0.84
四川 Sichuan	0.21	1.20	0.02	...	0.07	0.84
贵州 Guizhou	0.35	0.96	0.02	0.01	0.08	1.00
云南 Yunnan	0.22	1.18	0.24	...	0.11	0.69
西藏 Tibet	0.98	0.40	0.18	0.03	0.11	1.23
陕西 Shaanxi	0.39	1.85	0.02	0.02	0.14	0.46
甘肃 Gansu	0.28	1.12	0.03	0.01	0.12	0.38
青海 Qinghai	0.50	1.89	0.04	0.29	0.09	0.78
宁夏 Ningxia	0.21	2.51	0.03	0.01	0.13	0.54
新疆 Xinjiang	0.60	2.14	0.33	0.17	0.20	1.12

10-23 农村居民家庭平均每人主要消费品消费量
PER CAPITA CONSUMPTION OF MAJOR CONSUMER GOODS IN RURAL HOUSEHOLDS

品名	Item	1978	1980	1985	1990	1995	1997	1998
粮食(原粮)(公斤)	Grain (Unprocessed) (kg)	247.83	257.16	257.45	262.08	258.92	250.67	249.28
#细粮 (公斤)	Wheat and Rice (kg)	122.51	162.92	208.83	215.02	210.74	208.89	208.97
蔬菜 (公斤)	Fresh Vegetables (kg)	141.50	127.21	131.13	134.00	104.62	107.21	108.96
食油 (公斤)	Edible Oil (kg)	1.97	2.49	4.04	5.17	5.80	6.16	6.13
猪牛羊肉 (公斤)	Pork, Beef and Mutton (kg)	5.76	7.75	10.97	11.34	11.29	12.72	13.20
家禽 (公斤)	Poultry (kg)	0.25	0.66	1.03	1.26	1.83	2.36	2.33
蛋及制品 (公斤)	Eggs and Related Products (kg)	0.80	1.20	2.05	2.41	3.22	4.08	4.11
鱼虾 (公斤)	Fish and Shrimp (kg)	0.84	1.10	1.64	2.13	3.06	3.38	3.31
食糖 (公斤)	Sugar (kg)	0.73	1.06	1.46	1.50	1.28	1.35	1.40
酒 (公斤)	Liquor (kg)	1.22	1.89	4.37	6.14	6.53	7.13	6.98
棉布 (米)	Cotton Cloth (m)	5.63	4.30	2.54	0.90	0.44	0.38	0.32
化纤布 (米)	Chemical Fiber Cloth (m)	0.41	0.94	2.50	1.74	1.70	1.79	1.57
呢绒 (米)	Woolen Fabric (m)	0.02	0.06	0.14	0.08	0.06	0.05	0.05
绸缎 (米)	Silk and Satin (m)	0.02	0.06	0.07	0.04	0.02	0.03	0.02
毛线及毛线织品 (公斤)	Knitting Wool and Knitwear (kg)	0.02	0.05	0.04	0.07	0.12	0.15	0.12
胶鞋、球鞋、皮鞋 (双)	Rubber Shoes, Gymshoes and Leather Shoes (pair)	0.32	0.51	0.55	0.67	0.69	0.70	0.66

10-24 农村居民家庭平均每百户年底耐用消费品拥有量
NUMBER OF DURABLE CONSUMER GOODS OWNED PER 100 RURAL HOUSEHOLDS AT THE YEAR-END

品名	Item	1978	1980	1985	1990	1995	1997	1998
自行车 (辆)	Bicycle	30.73	36.87	80.64	118.33	147.02	141.95	137.15
缝纫机 (架)	Sewing Machine	19.80	23.31	43.21	55.19	65.74	63.97	65.82
钟 (只)	Clock	24.33	30.95	37.32	49.01	67.94	82.14	79.03
手表 (只)	Wristwatch	27.42	37.58	126.32	172.22	169.09	153.55	154.55
#电子表 (只)	Electronic Watch				23.21	40.44	45.37	51.36
电风扇 (台)	Electric Fan			9.66	41.36	88.96	105.93	111.59
洗衣机 (台)	Washing Machine			1.90	9.12	16.90	21.87	22.81
家用电冰箱 (台)	Refrigerator			0.06	1.22	5.15	8.49	9.25
摩托车 (辆)	Motorcycle				0.89	4.91	10.89	13.52
沙发 (个)	Sofa			13.07	36.98	65.41	79.57	82.53
大衣柜 (个)	Wardrobe			53.37	75.67	84.88	84.22	85.41
写字台 (张)	Desk			38.21	56.08	79.00	81.71	82.71
收音机 (台)	Radio Set	17.44	33.54	54.19	45.15	31.05	28.11	28.19
黑白电视机 (台)	Black and White TV Set			10.94	39.72	63.81	65.12	63.57
彩色电视机 (台)	Color TV Set		0.39	0.80	4.72	16.92	27.32	32.59
收录机 (台)	Radio Cassette Player			4.33	17.83	28.25	32.02	32.36
照相机 (架)	Camera				0.70	1.42	2.06	2.22

10-25 各地区农村居民家庭平均每百户主要耐用消费品拥有量（1998 年底）

NUMBER OF DURABLE CONSUMER GOODS OWNED PER 100 RURAL HOUSEHOLDS BY REGION AT THE END OF 1998

地区 Region		自行车（辆）Bicycle	缝纫机（架）Sewing Machine	手表（只）Watch	#电子表 Electronic Watch	电风扇（台）Electric Fan	洗衣机（台）Washing Machine	电冰箱（台）Refrigerator
全国	**National Total**	**137.15**	**65.82**	**154.55**	**51.36**	**111.59**	**22.81**	**9.25**
北京	Beijing	258.40	72.00	240.53	103.47	148.93	86.80	75.60
天津	Tianjin	229.33	90.17	226.67	95.83	147.17	74.33	44.17
河北	Hebei	201.95	90.21	162.36	62.17	136.79	50.36	16.79
山西	Shanxi	133.14	84.43	118.33	68.24	29.90	33.19	6.00
内蒙古	Inner Mongolia	109.27	77.59	112.05	51.09	6.59	20.95	3.36
辽宁	Liaoning	152.12	75.66	158.15	53.12	38.62	55.08	13.17
吉林	Jilin	121.44	69.25	136.75	50.25	9.63	42.88	4.63
黑龙江	Heilongjiang	105.30	78.50	141.80	51.90	5.15	43.20	3.55
上海	Shanghai	238.50	88.00	239.00	80.67	307.83	65.83	71.67
江苏	Jiangsu	182.94	66.24	171.50	35.82	202.50	42.32	17.15
浙江	Zhejiang	198.26	85.89	244.67	51.48	256.07	23.96	31.89
安徽	Anhui	130.58	63.45	117.48	30.13	153.52	7.23	5.45
福建	Fujian	119.60	75.60	230.23	66.57	171.77	26.86	12.34
江西	Jiangxi	136.53	51.39	145.80	38.57	130.29	2.08	3.39
山东	Shandong	200.26	78.14	156.12	62.67	136.64	13.19	13.52
河南	Henan	153.76	83.21	99.50	46.38	126.10	19.31	5.21
湖北	Hubei	113.81	51.19	117.97	39.25	135.34	14.69	4.25
湖南	Hunan	95.87	40.44	123.39	25.25	133.21	7.78	3.52
广东	Guangdong	207.89	75.35	250.16	79.18	287.03	20.27	11.02
广西	Guangxi	154.68	74.37	140.65	19.57	159.00	2.47	1.65
海南	Hainan	103.06	66.53	118.33	46.25	91.81	3.19	1.94
重庆	Chongqing	23.20	19.07	203.33	57.53	104.73	4.40	3.00
四川	Sichuan	69.63	23.43	176.15	36.63	106.70	15.03	2.70
贵州	Guizhou	16.83	25.22	137.28	49.20	17.63	9.42	0.67
云南	Yunnan	75.46	75.00	151.25	39.25	5.54	11.29	1.50
西藏	Tibet	70.00	44.79	76.88	34.17	0.63	2.71	0.42
陕西	Shaanxi	136.62	68.92	130.95	54.37	53.69	23.83	3.33
甘肃	Gansu	126.63	70.67	175.04	101.58	6.25	16.92	1.17
青海	Qinghai	79.33	52.00	167.17	87.33	0.17	11.67	1.00
宁夏	Ningxia	175.83	70.17	133.83	71.67	13.67	30.83	4.50
新疆	Xinjiang	145.53	67.33	113.80	55.87	11.60	20.60	7.60

10-25 **续表 continued**

地区 Region	摩托车(辆) Motorcycle	收音机(台) Radio	黑白电视机(台) Black and White TV Set	彩色电视机(台) Color TV Set	收录机(台) Radio Cassette Player	照相机(架) Camera
全国 National Total	**13.52**	**28.19**	**63.57**	**32.59**	**32.36**	**2.22**
北京 Beijing	27.60	49.60	41.87	94.40	58.27	23.33
天津 Tianjin	27.17	34.17	43.83	80.17	58.50	8.67
河北 Hebei	23.19	43.86	68.90	45.69	35.62	2.76
山西 Shanxi	11.48	22.38	58.33	37.81	32.29	1.86
内蒙古 Inner Mongolia	16.18	61.95	60.27	33.36	40.05	1.64
辽宁 Liaoning	12.96	33.54	54.97	53.60	34.44	4.07
吉林 Jilin	10.69	25.88	65.00	39.81	35.50	1.69
黑龙江 Heilongjiang	7.50	32.95	67.45	39.05	32.15	2.20
上海 Shanghai	54.83	42.33	68.33	73.67	41.33	8.67
江苏 Jiangsu	21.06	33.06	76.68	38.15	35.71	4.38
浙江 Zhejiang	17.04	23.78	59.85	55.81	33.37	5.19
安徽 Anhui	3.58	27.39	80.68	22.13	28.29	0.90
福建 Fujian	30.74	21.94	55.94	50.00	29.77	3.14
江西 Jiangxi	12.24	24.98	80.41	19.88	28.20	0.94
山东 Shandong	25.62	47.10	71.48	35.79	32.45	2.90
河南 Henan	7.36	38.64	65.90	28.55	24.55	0.95
湖北 Hubei	10.56	16.81	77.22	19.69	22.94	0.91
湖南 Hunan	5.69	10.63	70.94	14.41	20.00	0.84
广东 Guangdong	34.02	36.41	43.95	55.43	48.98	2.03
广西 Guangxi	7.66	15.97	66.80	13.94	26.54	0.52
海南 Hainan	27.22	39.72	16.25	27.78	32.78	1.39
重庆 Chongqing	1.87	7.93	71.13	16.27	21.20	1.13
四川 Sichuan	5.95	13.88	73.13	20.08	27.00	0.80
贵州 Guizhou	3.44	7.68	48.21	9.60	22.86	0.80
云南 Yunnan	3.04	14.63	43.75	24.21	35.33	1.42
西藏 Tibet		33.33	3.96	7.92	36.04	0.42
陕西 Shaanxi	7.21	30.41	58.78	31.58	22.66	1.35
甘肃 Gansu	6.17	28.96	47.33	29.71	43.50	1.08
青海 Qinghai	8.00	33.83	52.17	19.50	53.50	1.83
宁夏 Ningxia	9.83	17.33	51.00	47.17	39.67	1.67
新疆 Xinjiang	17.53	18.07	63.33	25.93	61.00	2.07

10-26 城乡新建住宅面积和居民住房情况

FLOOR SPACE COMPLETED AND HOUSING CONDITIONS OF URBAN AND RURAL RESIDENTS

年 份 Year	城镇新建住宅面积（亿平方米）Floor Space of New Residntial Buildings in Urban Areas (100 million sq. m)	#城镇个人 Constructed by Urban Individuals	农村新建房屋面积（亿平方米）Floor Space of Newly-Built Houses in Rural Areas (100 million sq. m)	城市人均使用面积（平方米）Per Capita Gross Living Space in Urban Areas (sq. m)	城市人均居住面积（平方米）Per Capita Net Living Space in Urban Areas (sq. m)	农村人均居住面积（平方米）Per Capita Net Living Space in Rural Areas (sq. m)
1978	0.38		1.00		3.6	8.1
1980	0.92		5.00		3.9	9.4
1985	1.88	0.63	7.22		5.2	14.7
1986	1.93	0.72	9.84	8.8	6.0	15.3
1987	1.93	0.83	8.84	9.0	6.1	16.0
1988	2.03	0.94	8.45	9.3	6.3	16.6
1989	1.56	0.78	6.76	9.7	6.6	17.2
1990	1.73	0.65	6.91	9.9	6.7	17.8
1991	1.93	0.68	7.54	10.3	6.9	18.5
1992	2.40	0.86	6.19	10.7	7.1	18.9
1993	3.07	0.98	4.81	11.0	7.5	20.7
1994	3.57	1.23	6.18	11.4	7.8	20.2
1995	3.75	1.33	6.99	11.8	8.1	21.0
1996	3.94	1.46	8.28	12.3	8.5	21.7
1997	4.05	1.53	8.06	13.0	8.8	22.4
1998	4.77	1.82	7.99	13.6	9.3	23.7

注：城市平均每人使用面积和居住面积为建设部统计数字。

a) Data on per capita gross and net living space in urban areas are statistics from the ministry of construction.

10-27 农民家庭房屋使用情况

HOUSING CONDITIONS OF RURAL HOUSEHOLDS

本表为农村住户抽样调查资料。

Data in this table are obtained from the sample surveys on rural households.

项 目	Item	1980	1985	1990	1995	1997	1998
本年新建房屋	**Rooms Newly Built Within the Year**						
间数（间/户）	Number of Rooms per Household (room)		0.30	0.19	0.21	0.19	0.17
面积（平方米/人）	Per Capita Floor Space of Houses (sq. m)		1.08	0.82	0.78	0.94	0.83
#砖木结构	Brick and Wood Structure		0.70	0.47	0.37	0.36	0.31
钢筋混凝土结构	Reinforced Concrete Structure		0.09	0.23	0.33	0.50	0.45
房屋价值（元/间）	Value per Room (yuan)		747.43	1906.72	3420.19	4864.24	
每平方米价值（元）	Value per Square Meter (yuan)		40.17	92.32	200.30	221.95	
生活用房面积（平方米/人）	Per Capita Living Floor Space (sq. m)		0.91	0.69	0.68	0.81	0.71
楼房面积（平方米/人）	Per Capita Floor Space of Multi-floor Buildings (sq. m)				0.14	0.18	0.14
年末使用房屋	**Rooms Used at the End of Year**						
间数（间/户）	Number of Rooms per Household (room)	4.06	5.11	5.61	5.14	4.84	4.90
居住面积（平方米/人）	Per Capita Floor Space (sq. m)	9.40	14.70	17.83	21.01	22.45	23.71
#砖木结构	Brick and Wood Structure		7.47	9.84	11.91	11.86	12.16
钢筋混凝土结构	Reinforced Concrete Structures		0.31	1.22	3.10	5.11	5.72
房屋价值（元/间）	Value per Room (yuan)	269.17	465.75	803.06	1864.68	3022.77	3126.44

主要统计指标解释

城镇居民家庭全部收入　指被调查城镇居民家庭全部的实际收入，包括经常或固定得到的收入和一次性收入。不包括周转性收入，如提取银行存款、向亲友借款、收回借出款以及其他各种暂收款。

城镇居民家庭可支配收入　指被调查的城镇居民家庭在支付个人所得税、财产税及其他经常性转移支出后所余下的实际收入。

城镇居民家庭消费性支出　指被调查的城镇居民家庭用于日常生活的全部支出，包括购买商品支出和文化生活、服务等非商品性支出。不包括罚没、丢失款和缴纳的各种税款（如个人所得税、牌照税、房产税等），也不包括个体劳动者生产经营过程中发生的各项费用。

城镇居民家庭购买商品支出　指被调查的城镇居民家庭为自用或赠送亲友而购买商品的全部支出，包括从商店、工厂、饮食业、工作单位食堂、集市以及直接从农民手中购买各种商品的开支。商品支出分为以下八类：食品；衣着；家庭设备用品及服务；医疗保健；交通与通信；娱乐、教育、文化服务；居住；杂项商品和服务。

农村居民家庭纯收入　指农村常住居民家庭总收入中，扣除从事生产和非生产经营费用支出、缴纳税款和上交承包集体任务金额以后剩余的，可直接用于进行生产性、非生产性建设投资、生活消费和积蓄的那一部分收入。它是反映农民家庭实际收入水平的综合性的主要指标。农村居民家庭纯收入包括从事生产性和非生产性的经营收入，取自在外人口寄回带回和国家财政救济、各种补贴等非经营性收入；既包括货币收入，又包括自产自用的实物收入。但不包括向银行、信用社和向亲友借款等属于借贷性的收入。

农村居民家庭生活消费支出　指农村常住居民家庭用于日常生活的全部开支，是反映和研究农民家庭实际生活消费水平高低的重要指标。

全国城乡居民储蓄存款余额　指某一时点城乡居民存入银行及农村信用社的储蓄金额，包括城镇居民储蓄存款和农民个人储蓄存款，不包括居民的手存现金和工矿企业、部队、机关、团体等单位存款。

Explanatory Notes on Main Statistical Indicators

Total Income of Urban Households refers to the total actual income of the sample households, including regular or fixed income and occasional income. The income of a circulating nature such as withdrawal from bank deposits, loans borrowed from relatives or friends, repayment of loans received and various temporary collection of money is excluded.

Disposable Income of Urban Households refers to the income of the sample households which can be used for daily expenses, i. e. . total income minus income tax, property tax and other current transfers.

Expenditure for Consumption of Urban Households refers to total expenditure of the sample households for consumption in daily life, including expenditure for various commodities and expenses for non-commodity items such as culture and service, etc., but excluding fines and confiscation, loss, tax payments (such as income tax, license tax, real estates tax, etc.)and various expenses by individual laborers for business purposes.

Expenditure for Purchases of Commodities of Urban Householdsrefers to total expenses of the sample households for the purchases of commodities, for their own use or as gifts to relatives and friends, from shops, factories, catering trade, canteens, markets and from the peasants. Such expenditure is classified into eight categories: food, clothing, household appliances and services, health care and medical services, transport and communications, recreation, education and cultural services, housing, miscellaneous goods and services.

Net Income of Rural Households refers to the total income of the permanent residents of the rural households during a year after the deduction of the expenses for productive and non-productive business operation, the payment for taxes and the payment for collective units for their contracted tasks, which can then be spent for investments in productive and non-productive construction, for consumption in daily life and for savings deposit. It is a comprehensive indicator to show the actual level of the income of the peasants' household. The net income of the rural households includes not only the income from the productive and non-productive business operation, but also the income from the non-business operation, such as the money remitted or brought back by the members of the household who are in other places, the government relief payment and various subsidies. It includes not only the money income, but also the income in kind. But the income from borrowing from banks, friends and relatives is excluded.

Expenditure of Rural Households for Consumption refers to total expenses of rural households on daily life, including expenses on food, clothing, housing, fuel, articles for daily use, and expenses on cultural life and services. This indicator is used to show the actual consumption level of peasants.

The Savings Deposits of Urban and Rural Residents refers to the total value of savings deposits of urban and rural households in banks and rural credit cooperatives at a given point of time, including the savings deposit of urban residents and the savings deposit of rural residents. The cash in hand by residents and the deposits of organizations such as enterprises, military units, government agencies, institutions, etc. are not included.

十一　城市概况

GENERAL SURVEY OF CITIES

简要说明

本篇资料反映我国城市社会、经济发展和城市建设的规模、速度、效益及综合水平等基本情况，主要内容有四部分：

1．全国城市分布情况；

2．沿海开放城市和经济特区城市社会经济主要指标；

3．省会城市和计划单列市主要经济指标；

4．城市房屋及公用设施指标。

前三部分资料由各省、自治区、直辖市统计局依据国家统计局制定的《市、县社会经济基本情况统计报表制度》收集整理提供。

“城市概况”中的有关城市面积、房屋及公用设施方面的资料均由建设部提供。该资料的收集通过两个渠道：

一是建设部系统统计调查资料，根据建设部制订的《城市建设统计报表制度》收集整理，统计范围是各城市建设系统企事业单位。

二是非建设系统统计调查资料，根据建设部和国家统计局联合制发的《建设系统以外市政公用设施统计报表制度》收集整理，统计范围是全社会非建设部门企事业单位经营和自管的市政公用设施。

BRIEF INTRODUCTION

Data in this chapter show the social and economic development as well as the scale, growth rate, economic efficiency, overall level and other basic conditions of China's cities. The main content is composed of the following four parts:

(1) The distribution of the cities in China;

(2) The main indicators on the social and economic development of the open coastal cities and the cities in special economic zones.

(3) The main indicators on the social and economic development of the provincial capitals and the important cities separately listed in the national plan;

(4) The indicators on the urban residential buildings and public facilities.

The data of the first three parts are prepared and provided by the statistical bureaus of the provinces, autonomous regions and municipalities directly under the central government in accordance with the statistical reporting scheme on the basic social and economical situations of the cities and counties, which is stipulated by the NBS.

Data on the areas, buildings and public facilities of the cities in the "General Survey of Cities" are provided by the Ministry of Construction. The data are collected through two channels:

(1) The data from statistical surveys on units under the system of the Ministry of Construction are collected in accordance with the Statistical Reporting System of Urban Construction, which covers the enterprises and institutions in the system of urban construction.

(2) The data from statistical surveys on units outside the system of construction are collected in accordance with the Statistical Reporting System on Urban Public Facilities Outside the System of Ministry of Construction, which was jointly stipulated and issued by the Ministry of Construction and the National Bureau of Statistics in 1991. The statistical coverage includes the urban public facilities run and managed by the enterprises and institutions outside the system of urban construction.

11-1 全国城市数（1998年）
NUMBER OF CITIES (1998)

单位：个 (number)

地区 Region		合计 Total	按城区非农业人口分组 Grouped by Non-agricultural Population in Urban Districts				
			200 万以上 2 million and Over	100-200 万 1 million-2 million	50-100 万 0.5 million-1 million	20-50 万 0.2 million-0.5 million	20 万以下 Under 0.2 million
全国	**National Total**	**668**	**13**	**24**	**48**	**205**	**378**
北京	Beijing	1	1				
天津	Tianjin	1	1				
河北	Hebei	34		3	2	6	23
山西	Shanxi	22		1	1	5	15
内蒙古	Inner Mongolia	20		1	1	6	12
辽宁	Liaoning	31	2	2	5	8	14
吉林	Jilin	28	1	1		11	15
黑龙江	Heilongjiang	31	1	1	6	10	13
上海	Shanghai	1	1				
江苏	Jiangsu	44	1	1	3	17	22
浙江	Zhejiang	35		1	2	5	27
安徽	Anhui	22		1	3	9	9
福建	Fujian	23		1	1	4	17
江西	Jiangxi	21		1		7	13
山东	Shandong	48		3	5	19	21
河南	Henan	38		2	5	9	22
湖北	Hubei	36	1		3	14	18
湖南	Hunan	29		1	3	8	17
广东	Guangdong	54	1		3	28	22
广西	Guangxi	19			3	2	14
海南	Hainan	9				2	7
重庆	Chongqing	5	1			2	2
四川	Sichuan	31	1			13	17
贵州	Guizhou	13		1	1	2	9
云南	Yunnan	16		1		2	13
西藏	Tibet	2					2
陕西	Shaanxi	13	1			5	7
甘肃	Gansu	14		1		2	11
青海	Qinghai	3			1		2
宁夏	Ningxia	5				2	3
新疆	Xinjiang	19		1		7	11

11-2 沿海开放城市和经济特区城市社会经济指标（1998年）

MAIN SOCIAL AND ECONOMIC INDICATORS OF OPEN COASTAL CITIES AND CITIES IN SPECIAL ECONOMIC ZONES (1998)

指标	Item	沿海开放城市合计 Total of Open Coastal Citis 包括市辖县 Counties Included	不包括市辖县 Counties Excluded	经济特区城市合计 Total of Cities in Special Economic Zones 包括市辖县 Counties Included	不包括市辖县 Counties Excluded
年底人口数 (万人)	**Population (year-end) (10 000 persons)**	**9118.7**	**3517.4**	**728.6**	**393.2**
#非农业人口	Non-agricultural Population	3681.0	2632.5	338.6	269.6
单位从业者人数(万人)	**Number of Employed Persons (10 000 persons)**	**2842.1**	**1501.0**	**380.9**	**226.0**
#职工人数	Staff and Workers	1479.7	1079.7	208.6	192.6
按产业分	Grouped by industry				
第一产业	Primary Industry	670.6	119.7	76.1	9.1
第二产业	Secondary Industry	1116.2	686.4	170.5	120.0
第三产业	Tertiary Industry	1055.3	694.8	134.3	96.9
土地面积(万平方公里)	**Total Area (10 000 sq. km)**	**14.0**	**2.3**	**0.7**	**0.5**
国内生产总值	**Gross Domestic Product**	**14084.0**	**8406.3**	**2393.8**	**2144.9**
第一产业	Primary Industry	1393.1	241.7	95.9	47.5
第二产业	Secondary Industry	6785.3	3952.8	1201.0	1078.0
第三产业	Tertiary Industry	5905.5	4211.8	1096.8	1019.4
农林牧渔业总产值 (当年价格.亿元)	**Gross Agricultural Output Value (at current prices) (100 million yuan)**	**2488.6**		**164.2**	
年末实有耕地面积(万公顷)	**Area of Cultivated Land** (year-end 10 000 hectares)	**424.7**		**10.4**	
主要农产品产量	**Output of Major Agricultural Products**				
猪肉 (万吨)	Pork (10 000 tons)	193.2		15.3	
牛羊肉 (万吨)	Beef and Mutton (10 000 tons)	20.2		0.2	
水果 (万吨)	Fruits (10 000 tons)	693.2		20.0	
水产品 (万吨)	Aquatic Products (10 000 tons)	1259.0		67.3	
国有及年销售收入500万元以上非国有工业企业经济指标(亿元)	**Economic Indicators of State-owned Industrial Enterprises and Non-state-owned Industrial Enterprises with Annual Sales of Over 5 million Yuan (100 million yuan)**				
产品销售收入	Product Sales	15232.1	10784.4	2882.9	2704.8
利税总额	Pre-tax Profits	1268.1	925.5	239.1	234.5
资产总额	Total Assets	18401.2	14164.0	3115.1	2940.3
固定资产原价	Original Value of Fixed Assets	11919.1	9432.6	2032.1	1917.0
每百元资产提供利税 (元)	Pre-tax Profits per 100 Yuan Assets (yuan)	6.9	6.5	7.7	8.0
运输邮电	**Transportation, Postal and Telecommunications Services**				
客运量(发送) (亿人)	Passenger Traffic (100 million persons)	13.0	7.7	1.6	1.5
货运量(发送) (亿吨)	Freight Traffic (100 million tons)	17.3	13.1	1.1	1.0

11-2 **续表** continued

指标 Item	沿海开放城市合计 Total of Open Coastal Citis		经济特区城市合计 Total of Cities in Special Economic Zones	
	包括市辖县 Counties Included	不包括市辖县 Counties Excluded	包括市辖县 Counties Included	不包括市辖县 Counties Excluded
年底邮电局所数 （个） Number of Post and Telecommunications Offices （year-end）	6723	2698	1008	775
邮电业务总量（1990年不变价. 亿元） Revenue of Postal and Telecommunications Services （at 1990 constant prices） （100 million yuan）	474.3	374.4	134.5	111.4
年末电话机数 （万部） Number of Telephone Sets （year-end） （10 000 units）	2128.7	1498.8	265.2	208.1
用电量 （亿千瓦小时） Annual Electricity Consumption （100 million kwh）	**1446.7**	**1101.6**	**219.1**	**199.3**
固定资产投资额（亿元） Total Investment in Fixed Assets （100 million yuan）	**4720.4**	**4040.1**	**808.1**	**778.3**
房地产开发投资额 （亿元） Total Investment in Real Estate Development （100 million yuan）	**1245.6**	**1166.7**	**295.7**	**291.5**
＃住宅 Residential Buildings	720.9	664.0	173.1	170.5
社会消费品零售总额 （亿元） Total Retail Sales of Consumer Goods （100 million yuan）	**5449.9**	**3655.0**	**858.3**	**752.7**
实际利用外资金额 （亿美元） Amount of Foreign Capital Actually Utilized （USD 100 million）	**137.9**	**91.2**	**50.9**	**47.8**
在校学生数 （万人） Student Enrollment （10 000 persons）				
普通高等学校 Number of Regular Institutes of Higher Education （unit）	57.7	56.5	3.4	3.4
中等专业学校 Number of Specialized Secondary Schools （unit）	63.7	54.6	2.8	2.3
普通中学 Number of Regular Secondary Schools （unit）	511.4	197.0	47.0	25.6
小学 Number of Primary Schools （unit）	884.4	294.2	106.0	55.7
成人高等学校 Number of Schools of Higher Education for Aduals （unit）	38.4	36.9	3.4	3.1
成人中等教育学校 Number of Secondary Schools for Adults （unit）	125.8	71.0	2.1	1.9
医院、卫生院数 Number of Hospitals （unit）	**4088**	**1488**	**241**	**174**
医院、卫生院床位数 （万张） Number of Beds in Hospitals （10 000 beds）	**29.5**	**19.2**	**2.2**	**1.9**
医生数 （万人） Number of Doctors （10 000 persons）	**20.2**	**13.8**	**1.7**	**1.4**
在岗职工工资总额 （亿元） Total Wages of Staff and Workers （100 million yuan）	**1576.5**	**1251.4**	**303.6**	**288.9**
年底全国城乡储蓄存款余额 （亿元） Outstanding Amount of Savings Deposit in Urban and Rural Areas （year-end） （100 million yuan）	**9473.8**	**6901.1**	**1613.0**	**1269.6**

注：沿海开放城市系指上海、天津、大连、秦皇岛、青岛、烟台、威海、连云港、南通、宁波、温州、福州、广州、湛江、北海共15个城市。经济特区城市系指深圳、珠海、汕头和厦门4个城市。

a）Open coastal cities refer to following 15 cities：Shanghai，Tianjin，Dalian，Qinhuangdao，Qingdao，Yantai，Weihai，Lianyungang，Nantong，Ningbo，Wenzhou，Fuzhou，Guangzhou，Zhanjiang and Beihai. Cities in special economic zones refer to following 4 cities：Shenzhen，Zhuhai，Shantou and Xiamen.

11-3 省会城市和计划单列市主要经济指标（1998年）

MAIN SOCIAL AND ECONOMIC INDICATORS OF PROVINCIAL CAPITALS AND SEPARATE PLANNING CITIES (1998)

包括市辖县。

Counties under the jurisdiction of city governments are included.

城市名称 City	年底总人口（万人）Total Population (year-end) (10 000)	#非农业人口 Nonagricultural Population	农业总产值（万元）Gross Agricultural Output Value (10 000 yuan)	社会消费品零售总额（万元）Total Retail Sales of Consumer Goods (10 000 yuan)	客运总量（万人）Total Passenger Traffic (10000 persons)
北　京 Beijing	1223.39	733.64	1766139	11952118	12419
天　津 Tianjin	905.09	521.37	1561638	5871198	3204
石家庄 Shijiazhuang	867.27	198.33	2874039	2680216	2534
太　原 Taiyuan	295.69	193.73	254449	1260321	1785
呼和浩特 Hohhot	204.36	88.62	337380	564193	1783
沈　阳 Shenyang	674.86	424.22	1208772	4733462	7673
大　连 Dalian	543.24	265.61	1856700	4106677	10684
长　春 Changchun	686.87	276.73	1920692	2379364	4799
哈尔滨 Harbin	921.83	426.62	2945440	3775823	6556
上　海 Shanghai	1306.58	953.65	2067473	14710338	6139
南　京 Nanjing	532.31	276.23	979644	3823853	13784
杭　州 Hangzhou	611.64	210.52	1367578	3276992	17462
宁　波 Ningbo	535.27	130.48	1363579	3133608	22278
合　肥 Hefei	425.98	132.95	645502	1229958	2042
福　州 Fuzhou	579.82	154.59	2048669	2770234	9148
厦　门 Xiamen	126.59	59.34	340028	1568100	2215
南　昌 Nanchang	415.84	164.98	634982	1199107	3417
济　南 Jinan	553.54	225.79	1544825	2911018	5645
青　岛 Qingdao	699.57	254.31	2386303	2420251	12906
郑　州 Zhengzhou	606.02	203.50	685514	2856600	8591
武　汉 Wuhan	731.79	428.43	1246359	5273168	11241
长　沙 Changsha	576.88	173.69	1132483	2265151	8393
广　州 Guangzhou	674.14	417.38	1540244	9045719	19588
深　圳 Shenzhen	114.60	89.91	298174	4230500	8484
南　宁 Nanning	284.63	114.29	684870	1255174	5026
海　口 Haikou	52.79	43.83	44470	634852	4781
重　庆 Chongqing	3059.69	614.03	4343683	5536961	48935
成　都 Chengdu	997.00	327.29	1919066	4511917	35751
贵　阳 Guiyang	315.72	142.11	347982	895491	14302
昆　明 Kunming	389.58	168.52	663092	1872766	5777
西　安 Xi'an	668.22	271.75	853279	2718469	9223
兰　州 Lanzhou	283.93	153.75	259146	1354030	1720
西　宁 Xining	123.98	69.07	73424	401961	1340
银　川 Yinchuan	94.34	53.00	180608	345179	2374
乌鲁木齐 Urumqi	154.88	128.13	73562	1020337	2272

11-3 **续表** continued

城市名称 City	货运总量 (万吨) Total Freight Traffic (10 000 tons)	地方财政预算内收入 (万元) Budgetary Revenue of Local Governments (10 000 yuan)	城乡居民年底储蓄余额 (万元) Outstanding Amount of Savings Deposit of Urban and Rural Residents (year-end) (10 000 yuan)	在岗职工人数 (万人) Number of Fully-empolyed Staff and Workers (10 000 persons)	在岗职工工资总额 (万元) Total Wages of Fully-empolyed Staff and Workers (10 000 yuan)
北　京 Beijing	30075	2273313	22871883	425.90	5302906
天　津 Tianjin	21496	1013963	10201444	219.10	2179703
石家庄 Shijiazhuang	1899	325400	5941832	101.25	705681
太　原 Taiyuan	11363	184972	3493600	93.21	637304
呼和浩特 Hohhot	3324	92560	1197932	45.50	308097
沈　阳 Shenyang	14822	542011	8094797	147.82	1154614
大　连 Dalian	18348	643524	6889832	102.75	952988
长　春 Changchun	9326	292322	4116987	106.01	834206
哈尔滨 Harbin	7051	419133	5752569	176.85	1167720
上　海 Shanghai	42096	3922200	23729400	361.54	4909915
南　京 Nanjing	10999	507798	5052485	120.21	1281584
杭　州 Hangzhou	11331	368484	6701158	105.42	1112717
宁　波 Ningbo	11808	417575	4596343	67.87	768934
合　肥 Hefei	1703	200472	1381081	49.65	363158
福　州 Fuzhou	8551	425350	4520562	77.60	680682
厦　门 Xiamen	2146	351172	1979284	49.90	610713
南　昌 Nanchang	3247	156419	2357885	65.24	430586
济　南 Jinan	12203	384362	3694563	86.23	718000
青　岛 Qingdao	17024	563131	4591012	104.20	846621
郑　州 Zhengzhou	6838	324939	4545652	88.06	681933
武　汉 Wuhan	14693	507743	4954751	156.18	1289205
长　沙 Changsha	5592	302665	2694266	73.76	559561
广　州 Guangzhou	24076	1321934	18822232	190.68	2801525
深　圳 Shenzhen	4056	1649067	8618800	91.11	1674771
南　宁 Nanning	3470	131583	1883369	43.63	318215
海　口 Haikou	2304	107587	1327041	18.88	181040
重　庆 Chongqing	25243	858046	7245443	239.50	1540831
成　都 Chengdu	16409	537019	6196082	135.78	1119941
贵　阳 Guiyang	3715	167353	1505032	60.81	397801
昆　明 Kunming	17848	467534	3271188	86.97	785872
西　安 Xi'an	9429	350050	4996845	117.31	811972
兰　州 Lanzhou	4272	150415	2339629	68.13	507596
西　宁 Xining	1716	43342	769730	28.96	211720
银　川 Yinchuan	1245	69935	720393	24.63	166222
乌鲁木齐 Urumqi	8025	240083	2072652	56.79	458486

注：本表按当年价格计算。

a)Data in value terms in this table are calculated at current prices.

11-4 城市公用事业基本情况

BASIC STATISTICS ON URBAN PUBLIC UTILITIES

本表1990年以后各项指标按全社会范围计算，1985年按城建部门管理的范围计算。

Data since 1990 have covered the public utilities of all urban units, whereas data in the preceding years only covered the urban units under the city construction department.

项　目	Item	1985	1990	1995	1997	1998
自来水年供水量（亿吨）	**Annual Supply of Tap Water (100 million tons)**	**128.0**	**382.3**	**496.6**	**476.8**	**470.5**
#生活用水量	Water Consumption for Residential use	51.9	100.1	158.1	175.7	181.0
平均每人生活用水（吨）	**Per Capita Water Consumption for Residential use (ton)**	**55.1**	**67.9**	**71.3**	**90.2**	**91.1**
用水普及率（%）	**Percentage of Population with Access to Tap Water (%)**	**81.0**	**89.2**	**93.0**	**95.2**	**96.0**
公共汽(电)车总数（辆）	**Number of Public Transportation Vehicles (Buses and Trolley Buses etc.) (unit)**	**45155**	**62215**	**136821**	**169121**	**189002**
平均每万人拥有（辆）	Number of Public Transportation Vehicles per 10 000 Population (unit)	3.9	4.8	7.3	8.6	8.6
铺装道路长度（公里）	**Length of Paved Roads (km)**	**38282**	**94820**	**130308**	**138610**	**145163**
平均每万人拥有（公里）	Length of Paved Roads per 10 000 Population (km)	3.3	6.4	7.0	7.1	7.3
铺装道路面积（万平方米）	**Area of Paved Roads (10 000 sq. m)**	**35872**	**89160**	**135810**	**152664**	**163993**
每万人拥有（万平方米）	Area of Paved Roads per 10 000 Population (10 000 sq. m)	3.1	6.0	7.3	7.8	8.3
下水道长度（公里）	**Length of Sewer Pipelines (km)**	**31556**	**57787**	**110293**	**119739**	**125943**
平均每万人拥有（公里）	Length of Sewer Pipelines per 10 000 Population (km)	2.7	3.9	6.0	6.1	6.3
人工煤气供气量（万立方米）	**Coal Gas Supply (10 000 cu. m)**	**249754**	**1747065**	**1266894**	**1268944**	**1675571**
#家庭用量	Consumption of Coal Gas for Residential Use	107060	274127	456585	535412	480734
煤气管道长度（公里）	**Length of Gas Pipelines (km)**	**10567**	**16312**	**33890**	**41475**	**42725**
天然气供气量（万立方米）	**Natural Gas Supply (10 000 cu. m)**	**162099**	**642289**	**673354**	**663001**	**688255**
液化气家庭用量（万吨）	**Consumption of Liquefied Gas for Residential use (10 000 tn)**	**54.7**	**142.8**	**370.2**	**437.1**	**547.8**
用气普及率（%）	**Percentage of Population with Access to Gas (%)**	**22.4**	**42.2**	**70.0**	**75.7**	**78.8**
城市绿化	**Afforestation in Cities**					
绿地面积（公顷）	Public Green Areas (hectare)	159291	474613	678310	682238	745654
每万人绿地面积（公顷）	Public Green Areas per 10 000 Population (hectare)	13.7	32.2	36.7	35.0	37.5
公园动物园个数（个）	**Number of Parks and Zoos**	**1026**	**1970**	**3619**	**3813**	**3990**
公园动物园面积（公顷）	**Area of Parks and Zoos (hectare)**	**21896**	**40081**	**72857**	**68933**	**73198**
环境卫生	**Environmental Sanitation**					
清运垃圾（万吨）	Volume of Garbage Disposal (10 000 tons)	4477	6767	10748	10982	11302
清运粪便（万吨）	Volume of Disposal of Excrement and Urine (10 000 tons)	1731	2385	3071	2845	2915
每万人有公厕（座）	Number of Public Lavatories per 10 000 Population	5.8	6.6	6.1	5.6	5.4

注：人均拥有指标按城市人口中非农业人口计算。

a)Data on the public utilities per 10 000 population are based on the non-agricultural population in urban areas.

11-5 各地区城市房屋建筑及住房情况（1998年）

BASIC STATISTICS ON BUILDING CONSTRUCTION AND HOUSING CONDITION IN CITIES BY REGION (1998)

地区 Region	建成区面积（平方公里）Developed Areas (sq. km)	征用土地面积（平方公里）Land Put in Requisition for State Construction Projects (sq. km)	市区人口密度（人/平方公里）Population Density of Urban Districts (persons/sq. km)	年末全市实有房屋建筑面积（万平方米）Total Floor Space of Buildings (year-end) (10 000sq. m)	年末全市实有住宅建筑面积（万平方米）Total Floor Space of Residential Buildings (year-end) (10 000sq. m)	年末全市住房居住面积（万平方米）Total Living Space of Residential Buildings (year-end) (10 000sq. m)	解决缺房户（户）Number of Households with Housing Problems to be Solved
全国 National Total	**21379.56**	**515.54**	**459**	**708528**	**397322**	**198024.61**	**871759**
北京 Beijing	488.28	0.15	2499	25686	13184	6226.66	120438
天津 Tianjin	371.23		1372	14434	7412	3835.66	41546
河北 Hebei	927.24	18.13	1804	27853	14670	7908.66	42025
山西 Shanxi	589.59	16.59	734	19062	10196	5534.86	30114
内蒙古 Inner Mongolia	613.17	2.23	283	13500	7450	3899.40	26361
辽宁 Liaoning	1508.70	8.47	1202	52653	30500	15428.79	86504
吉林 Jilin	749.25	2.89	733	20349	12170	6311.87	50149
黑龙江 Heilongjiang	1289.20	2.28	231	32462	19315	9880.86	67101
上海 Shanghai	549.58	44.86	3295	29211	17416	9265.00	16654
江苏 Jiangsu	1256.18	54.00	2242	45598	23467	11535.42	14320
浙江 Zhejiang	827.54	46.31	1201	34263	21027	10650.51	5517
安徽 Anhui	820.28	21.43	1521	18890	10246	5032.42	43341
福建 Fujian	394.53	12.84	1205	16455	9807	4692.73	17071
江西 Jiangxi	502.37	6.55	434	14232	8460	4454.60	10633
山东 Shandong	1414.77	38.49	615	49337	27818	13859.91	47453
河南 Henan	989.47	20.67	1305	32029	17246	8579.90	37298
湖北 Hubei	1544.06	22.16	421	40510	24146	12951.54	15543
湖南 Hunan	713.08	39.21	877	26226	13689	6905.05	24646
广东 Guangdong	1580.04	64.38	1661	71805	42142	16972.58	27770
广西 Guangxi	557.06	18.60	459	16636	9310	4039.83	13732
海南 Hainan	223.20	5.78	2229	4440	3034	1778.22	11134
重庆 Chongqing	297.95	7.12	584	15226	7346	3790.30	10723
四川 Sichuan	924.50	25.03	526	29229	16090	7992.82	29542
贵州 Guizhou	283.55	7.06	316	7689	4241	2385.02	1810
云南 Yunnan	307.99	14.99	268	10323	5531	2915.18	7130
西藏 Tibet	73.10	0.08	523	875	546	276.50	525
陕西 Shaanxi	466.40	8.18	1483	13492	6938	3685.64	9361
甘肃 Gansu	413.34	4.67	294	9620	51336	2691.38	2913
青海 Qinghai	93.59	0.38	2051	2103	1021	557.88	60
宁夏 Ningxia	114.28	0.25	601	3151	1568	877.22	7007
新疆 Xinjiang	496.24	1.76	25	11207	6200	3099.20	53338

11-6 各地区城市自来水情况（1998年）
BASIC STATISTICS ON TAP WATER SUPPLY IN CITIES BY REGION (1998)

地区 Region		年末自来水生产能力（万吨/日）Production Capacity of Tap Water (year-end) (10 000 tons/day)	年末供水管道长度（公里）Length of Water Supply Pipelines (year-end) (km)	全年供水总量（万吨）Total Annual Volume of Water Supply (10 000tons)	#生活用水 For Residential Use	#生产用水 For Productive Use	用水人口（万人）Number of Residents with Access to Tap Water (10 000)	人均日生活用水量（升）Per Capita Daily Consumption of Tap Water for Residential Use (liter)
全国	**National Total**	**20991.80**	**225361**	**4704732**	**1810355**	**2496452**	**23169.05**	**214.07**
北京	Beijing	472.25	7945	109050	69464	29483	675.26	281.84
天津	Tianjin	311.50	4598	68989	27512	30714	521.10	144.65
河北	Hebei	967.92	8953	211979	68252	117646	1034.84	180.70
山西	Shanxi	361.06	5066	89491	32795	50740	635.90	141.29
内蒙古	Inner Mongolia	2343.38	4053	61843	21585	37240	409.20	144.52
辽宁	Liaoning	1396.15	19926	310190	112268	179014	1694.37	181.53
吉林	Jilin	677.95	5449	149455	36879	96904	689.94	146.45
黑龙江	Heilongjiang	640.43	8252	156159	53530	88218	1011.79	144.95
上海	Shanghai	1397.90	11423	292825	108164	124344	1070.62	276.79
江苏	Jiangsu	1543.64	16545	358999	137663	199055	1387.54	271.82
浙江	Zhejiang	900.41	12018	180329	71808	87644	992.12	198.30
安徽	Anhui	928.69	5731	193767	60793	123773	745.96	223.28
福建	Fujian	596.11	4410	126856	47879	67428	530.65	247.20
江西	Jiangxi	620.66	3673	131986	48529	73563	534.94	248.54
山东	Shandong	1086.82	17152	241117	87916	136726	1595.85	150.93
河南	Henan	901.05	5889	200912	73980	112693	1151.10	176.08
湖北	Hubei	1428.27	12286	355757	136981	206094	1481.30	253.35
湖南	Hunan	1190.71	7160	281917	90819	166659	807.27	308.22
广东	Guangdong	1965.02	19969	420682	213424	186834	1799.51	324.93
广西	Guangxi	614.53	4452	137688	58242	68086	519.82	306.97
海南	Hainan	149.18	1562	26674	16492	5332	168.33	268.42
重庆	Chongqing	306.49	4609	61464	32703	27363	518.41	172.83
四川	Sichuan	850.66	10750	196087	69272	108523	978.11	194.03
贵州	Guizhou	205.30	2669	84002	17279	21473	353.20	134.03
云南	Yunnan	210.10	4545	47328	20497	22851	370.83	151.43
西藏	Tibet	13.80	299	4138	2892	1246	17.49	453.02
陕西	Shaanxi	295.97	3942	76611	37695	32918	526.25	196.25
甘肃	Gansu	293.63	3437	78572	19371	51350	362.34	146.47
青海	Qinghai	57.66	674	13301	5983	7318	87.41	187.53
宁夏	Ningxia	100.27	1111	25562	8036	14450	104.21	211.27
新疆	Xinjiang	272.96	4113	47002	21652	20770	393.39	150.79

11-7 各地区城市煤气、液化石油气、天然气情况（1998年）

BASIC STATISTICS ON SUPPLY OF GAS, LIQUEFIED PETROLEUM GAS AND NATURAL GAS IN CITIES BY REGION (1998)

地区 Region	人工煤气生产能力（万立方米/日）Production Capacity of Coal Gas (10 000 cu. m/day)	输气管道长度（公里）Length of Gas Pipelines (km)		全年供气总量 Total Gas Supply			用气人口（万人）Population with Access to Gas (10 000 persons)		
		人工煤气 Coal Gas	天然气 Natural Gas	人工煤气（万立方米）Coal Gas (10 000 cu. m)	液化石油气（吨）Liquefied Petroleum Gas (ton)	天然气（万立方米）Natural Gas (10 000 cu. m)	人工煤气 Coal Gas	液化石油气 Liquefied Petroleum Gas	天然气 Natural Gas
全　国　National Total	**2731.96**	**42725**	**25429**	**1675571**	**7972547**	**688255**	**3746.26**	**9992.39**	**1908.09**
北　京　Beijing	205.00	1422	2181	68604	168514	32620	132.34	263.08	194.00
天　津　Tianjin	134.50	1476	3471	15780	62283	14002	84.77	119.57	239.42
河　北　Hebei	112.80	2239	431	43062	187065	3111	228.01	447.98	18.72
山　西　Shanxi	190.73	2310	149	51785	24898	1952	245.98	124.31	12.89
内蒙古　Inner Mongolia	16.40	612		7192	41197		63.56	163.27	
辽　宁　Liaoning	197.80	4208	2958	80614	388558	25547	407.54	599.95	344.10
吉　林　Jilin	81.50	1764	619	17565	151205	8726	157.40	313.39	37.96
黑龙江　Heilongjiang	204.00	1905	420	24409	443863	3608	182.84	537.72	39.35
上　海　Shanghai	692.00	6734		191016	178589		554.55	330.18	
江　苏　Jiangsu	164.53	3470		331580	620344		271.07	798.32	
浙　江　Zhejiang	34.00	764		24893	577797		42.04	503.72	
安　徽　Anhui	102.20	1762		30934	352694		159.20	308.41	
福　建　Fujian	10.00	367		4151	267729		24.09	307.26	
江　西　Jiangxi	37.00	1236		38248	60876		113.51	176.08	
山　东　Shandong	126.00	3563	949	41394	247450	78350	300.25	796.18	31.45
河　南　Henan	15.90	1265	2148	442844	120327	53941	105.87	315.43	154.92
湖　北　Hubei	131.00	2019		23858	228296		152.45	791.94	
湖　南　Hunan	38.00	800		73520	194932		66.90	400.93	
广　东　Guangdong	68.00	1391	269	10087	2843608	363	135.77	1268.77	4.91
广　西　Guangxi		149		2553	174073		14.21	344.25	
海　南　Hainan		144		540	74936		16.65	100.40	
重　庆　Chongqing			4448		62188	103817		27.25	278.67
四　川　Sichuan		341	6857		58809	354787	29.62	89.58	478.16
贵　州　Guizhou	34.80	886	6	5887	24858	372	64.50	79.41	1.80
云　南　Yunnan	65.00	1021	26	13114	64886	217	84.89	117.96	8.72
西　藏　Tibet					1070			9.95	
陕　西　Shaanxi	15.00	368	414	10324	49490	2924	41.77	183.90	60.10
甘　肃　Gansu	55.80	279		5685	32245		55.01	75.42	
青　海　Qinghai		17	75	24	9961	1468	2.50	30.55	2.86
宁　夏　Ningxia		202		2843	20958		8.97	61.84	
新　疆　Xinjiang			4		238848	2450		305.39	0.06

11-8 各地区城市集中供热情况（1998年）

BASIC STATISTICS ON HEATING IN CITIES BY REGION (1998)

地区 Region	供应能力 Heating Capacity		供热总量 Volume Supplied		管道长度(公里) Length of Pipelines (km)		供热面积
	蒸汽（吨/小时） Steam (ton/hour)	热水（兆瓦） Hot Water (1 billion kw)	蒸汽（吨） Steam (ton)	热水（万百万千焦） Hot Water (1 billion joule)	蒸汽 Steam	热水 Hot Water	（万平方米） Heated Area (10 000 sq. m)
全国 National Total	**66427**	**71720**	**17463**	**64684**	**6933**	**27375**	**86540.00**
北京 Beijing	2908	3052	1674	8102	345	1855	6477.00
天津 Tianjin	10932	3309		3400		1992	4184.08
河北 Hebei	3660	6552	1705	4218	413	2190	6693.73
山西 Shanxi	3177	4863	728	3937	489	1409	4132.48
内蒙古 Inner Mongolia	1097	4644	83	3796	72	1229	3827.00
辽宁 Liaoning	11653	13317	3325	8374	1370	5313	16446.00
吉林 Jilin	3025	7316	367	7068	237	2792	7487.38
黑龙江 Heilongjiang	4615	11681	1472	11761	476	4095	11729.89
上海 Shanghai							
江苏 Jiangsu	2259		487		213		1295.37
浙江 Zhejiang	1222		381		120		300.60
安徽 Anhui	1915	380	391	20	103	23	196.04
福建 Fujian		25		61		44	1500.00
江西 Jiangxi							
山东 Shandong	9865	6830	2885	5760	1593	2187	9197.65
河南 Henan	2343	857	934	811	390	665	3022.32
湖北 Hubei	750	12	533	26	46	1	438.00
湖南 Hunan	733	49	587	1	51		577.00
广东 Guangdong							
广西 Guangxi							
海南 Hainan							
重庆 Chongqing							
四川 Sichuan							
贵州 Guizhou							
云南 Yunnan							
西藏 Tibet							
陕西 Shaanxi	2203	1077	295	540	430	338	1674.01
甘肃 Gansu	2301	2495	2026	2409	193	1077	3042.94
青海 Qinghai	8	51		34		36	59.00
宁夏 Ningxia	666	1878	244	1808	140	455	1325.30
新疆 Xinjiang	1086	3332	346	2558	252	1674	2933.78

11-9 各地区城市市政工程情况（1998年）
BASIC STATISTICS ON MUNICIPAL ENGINEERING IN CITIES BY REGION(1998)

地区 Region		年末实有铺装道路长度（公里） Length of Paved Roads (year-end) (km)	年末实有铺装道路面积（万平方米） Area of Paved Roads (year-end) (10 000 sq. m)	城市桥梁（座） Number of Bridges (unit)	城市下水道总长度（公里） Length of Sewer Pipelines (km)	城市污水日处理能力（万吨） Daily Disposal Capacity of Sewage (10 000 tons)	城市路灯（盏） Number of Street Lights (unit)
全国	**National Total**	**145163**	**163992.75**	**31496**	**125943.38**	**1583.28**	**3564611**
北京	Beijing	3319	3620.60	638	3968.04	66.60	127651
天津	Tianjin	3358	3737.00	467	6294.00	66.80	86086
河北	Hebei	6178	7191.90	1094	6467.86	67.90	152165
山西	Shanxi	4221	4834.47	732	2424.53	54.95	85140
内蒙古	Inner Mongolia	2620	2691.51	235	2358.55	28.00	53184
辽宁	Liaoning	8904	9459.05	1209	8065.28	76.65	200372
吉林	Jilin	3776	3978.83	418	3362.42	23.96	91824
黑龙江	Heilongjiang	8152	7117.54	567	4529.52	32.00	113088
上海	Shanghai	4770	5401.20	2598	3651.07	111.70	152877
江苏	Jiangsu	9618	11336.17	4247	9574.34	228.88	328270
浙江	Zhejiang	6386	7586.64	4402	6230.32	64.89	210313
安徽	Anhui	5621	6144.21	890	3781.37	19.75	98450
福建	Fujian	3351	3543.61	900	3123.04	44.30	105490
江西	Jiangxi	2827	2874.99	585	1828.54	2.30	57249
山东	Shandong	14555	19219.02	2540	10793.50	150.70	253517
河南	Henan	4519	8168.20	784	5483.44	23.33	144617
湖北	Hubei	11174	12056.49	1867	5993.44	52.03	172991
湖南	Hunan	4579	4504.58	598	3525.48	64.15	79078
广东	Guangdong	12678	15813.78	2221	14326.63	203.03	411700
广西	Guangxi	3551	4045.95	422	2730.03	17.85	94149
海南	Hainan	1335	2051.33	120	1686.67	2.40	44232
重庆	Chongqing	2369	1959.21	578	1750.18	9.00	86985
四川	Sichuan	4881	5482.50	1567	4598.05	13.50	153620
贵州	Guizhou	1553	1378.53	318	1562.56	4.30	29335
云南	Yunnan	2054	2112.34	478	1728.01	50.40	56554
西藏	Tibet	238	242.48	24	206.27		5935
陕西	Shaanxi	2357	2588.28	378	1800.71	28.80	52242
甘肃	Gansu	2398	2458.27	265	1637.93	28.27	
青海	Qinghai	410	463.03	55	203.56		7289
宁夏	Ningxia	720	751.17	74	426.86		19392
新疆	Xinjiang	2691	3179.87	225	1831.18	46.84	53273

11-10 各地区城市公共汽(电)车、出租汽车情况（1998 年）
BASIC STATISTICS ON BUSES，TROLLEY BUSES AND TAXIS IN CITIES BY REGION (1998)

地区 Region	年末实有公共汽(电)车（辆）Number of Public Transportation Vehicles(year-end)				运客总数（万人次）Number of Passengers Carried (10 000 person-times)				出租汽车（辆）Number of Taxis
	合计 Total	公共汽车 Buses	电车 Trolley	地铁 Subways	合计 Total	公共汽车 Buses	电车 Trolley	地铁 Subways	
全国 National Total	**189002**	**184352**	**4093**	**557**	**2916788**	**2662363**	**194990**	**59435**	**754247**
北京 Beijing	9267	8292	538	437	403817	345690	11796	46331	55332
天津 Tianjin	3946	3922		24	57775	57277		498	34150
河北 Hebei	5354	5354			48280	48280			33239
山西 Shanxi	3083	2986	97		45496	40564	4932		22719
内蒙古 Inner Mongolia	1878	1878			17983	17983			25126
辽宁 Liaoning	11059	10010	1049		268340	208569	59771		72684
吉林 Jilin	5924	5786	138		74070	68468	5602		44480
黑龙江 Heilongjiang	7626	7213	413		99237	88797	10440		38779
上海 Shanghai	15378	14764	518		261433	225026	23801	12606	41183
江苏 Jiangsu	12411	12411			157600	157600			34661
浙江 Zhejiang	8020	7868	152		112762	95145	17617		21502
安徽 Anhui	5160	5160			85868	85868			28840
福建 Fujian	3925	3893	32		67079	67079			12632
江西 Jiangxi	3614	3542	72		49626	42907	6719		6577
山东 Shandong	9945	9755	190		126332	118790	7542		42068
河南 Henan	6977	6817	160		62701	57774	4927		43033
湖北 Hubei	13755	13501	254		150850	142182	8668		21606
湖南 Hunan	8214	8214			87567	87567			16976
广东 Guangdong	15663	15533	130		231247	224267	6980		36923
广西 Guangxi	2419	2419			48337	48337			8635
海南 Hainan	2513	2513			8672	8672			4109
重庆 Chongqing	3760	3599	161		64708	54778	9930		9894
四川 Sichuan	6464	6464			94672	94762			17948
贵州 Guizhou	5835	5835			56909	56909			7028
云南 Yunnan	3984	3984			34699	34699			12737
西藏 Tibet	704	704			89	89			1114
陕西 Shaanxi	3623	3508	115		52958	43890	9068		18069
甘肃 Gansu	2245	2171	74		40761	33564	7197		11950
青海 Qinghai	613	613			18133	18133			5408
宁夏 Ningxia	704	704			4954	4954			4124
新疆 Xinjiang	4939	4939			83833	83833			20721

11-11 各地区城市园林绿化情况（1998年）

BASIC STATISTICS ON PARKS, GARDENS AND GREEN AREAS IN CITIES BY REGION(1998)

地区 Region	城市园林绿地面积（公顷） Total Area of Parks, Gardens and Green Areas in Cities (hectare)	#公共绿地 Public Green Areas	公园（个） Number of Parks	公园面积（公顷） Area of Parks (hectare)	年游人量（万人次） Number of Visitors to Parks and Zoos in the Year (10 000 person-times)	全年植树（万株） Number of Trees Planted in the Year (10 000 trees)
全国 National Total	**745654**	**120326.47**	**3990**	**73197.62**	**112559**	**15521.15**
北京 Beijing	18682	4954.00	94	3847.00	8707	207.00
天津 Tianjin	5531	1924.37	157	901.54	4682	78.38
河北 Hebei	20406	4458.31	144	2703.01	3172	753.09
山西 Shanxi	8370	2128.02	92	1504.56	1542	336.38
内蒙古 Inner Mongolia	14896	2614.91	73	2052.06	1111	84.01
辽宁 Liaoning	57232	9040.71	199	4944.31	6028	395.49
吉林 Jilin	21982	4393.72	64	1997.63	1057	278.36
黑龙江 Heilongjiang	31104	7083.83	117	3817.55	4569	345.83
上海 Shanghai	7529	2538.59	94	675.48	9065	515.00
江苏 Jiangsu	54756	8890.72	295	4920.06	6109	2463.96
浙江 Zhejiang	23473	3922.27	300	2009.31	6616	617.86
安徽 Anhui	30915	4573.04	99	3414.81	3793	368.48
福建 Fujian	16096	2587.56	185	2046.11	3191	430.79
江西 Jiangxi	16536	2664.87	102	1704.39	1179	66.79
山东 Shandong	51447	8815.56	309	4720.32	5278	648.41
河南 Henan	19594	5372.02	180	2362.98	4048	741.92
湖北 Hubei	63346	9686.31	205	4379.74	4567	515.09
湖南 Hunan	26378	3117.78	109	2534.25	2461	153.25
广东 Guangdong	106939	12673.64	450	8553.82	14950	4263.13
广西 Guangxi	41216	2954.15	82	2453.61	2805	704.26
海南 Hainan	5481	1387.17	22	795.30	505	181.96
重庆 Chongqing	8864	973.34	50	814.93	641	116.22
四川 Sichuan	44313	3450.43	193	2718.29	6141	359.59
贵州 Guizhou	8298	2163.70	39	1578.25	3231	153.56
云南 Yunnan	8112	2118.27	81	1878.25	2753	164.18
西藏 Tibet	1905	459.58	3	52.36	38	39.22
陕西 Shaanxi	8449	1735.96	87	1160.58	2029	136.17
甘肃 Gansu	4058	1101.51	62	760.09	921	127.62
青海 Qinghai	1246	220.70	10	181.60	247	19.00
宁夏 Ningxia	2712	374.36	16	212.85	345	22.85
新疆 Xinjiang	15743	1958.08	77	1466.58	778	233.30

11-12 各地区城市公共卫生情况（1998年）
BASIC STATISTICS ON URBAN SANITATION IN CITIES BY REGION(1998)

地区 Region		清扫面积（万平方米）Area Under Cleaning Program (10 000 sq. m)	生活垃圾清运量（万吨）Volume of Garbage Disposal (10 000 tons)	粪便清运量（万吨）Volume of Excrement and Urine Disposal (10 000 tons)	环卫机械总数（台）Environmental Sanitation Equipment (unit)	公共厕所（座）Number of Public Lavatories (unit)	#水冲式 Water-Closet
全国	**National Total**	**146827.64**	**11301.81**	**2915.42**	**42975**	**107947**	**48454**
北京	Beijing	4347.00	444.60	272.50	2812	6869	5674
天津	Tianjin	4802.40	2707.70	16.70	652	2736	1572
河北	Hebei	7032.53	547.61	116.85	1755	5579	1554
山西	Shanxi	4284.81	335.20	168.18	1163	3438	844
内蒙古	Inner Mongolia	3503.89	326.77	101.03	1209	3686	329
辽宁	Liaoning	15149.84	872.56	152.30	3266	11152	942
吉林	Jilin	7394.69	612.45	145.86	1825	7056	592
黑龙江	Heilongjiang	8999.23	942.03	233.88	2957	10378	760
上海	Shanghai	3886.00	470.00	217.50	3669	1203	1203
江苏	Jiangsu	7589.46	485.50	302.26	2407	7486	5516
浙江	Zhejiang	5431.31	401.66	120.09	1899	3252	2542
安徽	Anhui	3985.22	308.83	50.34	1089	4728	2220
福建	Fujian	3484.55	219.00	34.32	984	1317	1157
江西	Jiangxi	1916.67	162.68	14.66	495	1889	1038
山东	Shandong	12937.48	647.95	120.46	2896	5169	2969
河南	Henan	7000.05	499.60	70.43	1732	4545	2402
湖北	Hubei	7274.47	713.17	127.62	1783	5291	2957
湖南	Hunan	2443.67	302.96	25.18	1119	2565	1660
广东	Guangdong	1318.66	915.26	134.31	2966	3892	3497
广西	Guangxi	3132.96	198.24	25.64	752	1189	998
海南	Hainan	2163.39	73.31	24.36	2300	412	370
重庆	Chongqing	2348.97	157.92	176.84	488	2902	1529
四川	Sichuan	4478.91	392.42	86.89	1433	3137	2235
贵州	Guizhou	765.74	105.54	10.34	536	1704	791
云南	Yunnan	1700.65	108.40	50.06	728	1361	774
西藏	Tibet	110.26	16.40	8.90	42	54	27
陕西	Shaanxi	2301.51	189.65	36.41	609	1287	635
甘肃	Gansu	1701.03	224.18	37.52	395	961	406
青海	Qinghai	171.42	89.30	7.34	103	233	110
宁夏	Ningxia	789.00	71.14	9.64	242	949	228
新疆	Xinjiang	2513.87	259.78	17.01	739	1527	923

11-13 各地区城市设施水平（1998年）

LEVEL OF PUBLIC FACILITIES IN CITIES BY REGION(1998)

地区 Region	人均房屋使用面积(平方米) Per Capita Gross Living Space (sq. m)	人均居住面积(平方米) Per Capita Net Living Space (sq. m)	城市人口用水普及率(%) Percentage of Population with Access to Tap Water	城市煤气普及率(%) Percentage of Population with Access to Gas	每万人拥有公共汽(电)车辆(标台) Number of Public Buses and Trolley Buses per 10 000 Persons	人均拥有铺装道路面积(平方米) Per Capita Area of Paved Roads (sq. m)	人均公共绿地面积(平方米) Per Capita Public Green Areas (sq. m)	每万人拥有公共厕所(座) Number of Public Lavatories per 10 000 Population
全国 National Total	**13.63**	**9.30**	**95.97**	**78.78**	**8.60**	**8.26**	**6.06**	**5.43**
北京 Beijing	14.83	9.87	100.00	95.40	19.62	5.86	8.00	11.12
天津 Tianjin	12.58	8.06	100.00	93.61	8.20	7.88	4.06	5.77
河北 Hebei	12.86	9.22	99.14	87.36	6.20	9.04	5.61	7.02
山西 Shanxi	11.97	9.26	96.03	69.04	4.94	8.71	3.83	6.19
内蒙古 Inner Mongolia	12.07	8.40	87.31	51.21	3.75	6.08	5.90	8.32
辽宁 Liaoning	11.68	8.13	97.44	87.84	7.66	6.15	5.88	7.25
吉林 Jilin	11.72	8.10	86.19	66.48	6.42	5.20	5.74	9.22
黑龙江 Heilongjiang	11.45	8.00	86.14	69.20	6.24	6.48	6.45	9.45
上海 Shanghai	13.91	10.25	100.00	99.00	19.98	6.04	2.84	1.35
江苏 Jiangsu	14.72	9.85	99.21	92.65	8.73	9.82	7.70	6.49
浙江 Zhejiang	19.86	13.72	99.69	96.49	11.89	13.41	6.93	5.75
安徽 Anhui	11.44	7.80	93.61	68.30	6.57	8.97	6.68	6.91
福建 Fujian	16.96	10.82	97.38	83.29	8.25	8.91	6.50	3.31
江西 Jiangxi	13.31	8.88	92.83	61.41	5.94	6.10	5.65	4.01
山东 Shandong	14.69	10.19	96.62	83.78	7.02	14.28	6.55	3.84
河南 Henan	12.13	8.43	94.25	58.04	6.07	6.21	5.41	4.58
湖北 Hubei	14.29	9.83	97.47	76.66	9.38	9.79	7.86	4.30
湖南 Hunan	13.73	9.91	97.95	71.66	9.83	6.90	4.78	3.93
广东 Guangdong	17.68	9.92	97.12	92.63	7.85	10.39	8.33	2.56
广西 Guangxi	14.24	8.80	98.30	85.92	5.50	9.70	7.08	2.85
海南 Hainan	15.17	11.39	97.71	95.03	15.65	16.65	11.26	3.34
重庆 Chongqing	12.17	8.94	97.58	72.13	8.24	4.62	2.29	6.84
四川 Sichuan	13.61	9.36	96.32	71.93	7.16	6.60	4.16	3.78
贵州 Guizhou	11.09	8.34	95.10	51.38	11.45	4.86	7.63	6.01
云南 Yunnan	13.36	9.91	96.85	75.38	11.60	7.52	7.54	4.85
西藏 Tibet	18.97	12.34	73.26	63.95	26.09	15.58	29.54	3.47
陕西 Shaanxi	10.63	7.99	95.59	61.92	7.22	5.58	3.74	2.78
甘肃 Gansu	11.24	8.30	94.32	41.49	6.53	7.82	3.50	3.06
青海 Qinghai	8.72	6.44	97.85	49.14	8.57	6.34	3.02	3.19
宁夏 Ningxia	11.24	8.74	96.38	72.82	5.63	7.72	3.85	9.76
新疆 Xinjiang	12.46	8.83	98.13	90.25	12.51	9.40	5.79	4.51

主 要 统 计 指 标 解 释

年底自来水生产能力 指年底城建部门管理的自来水厂和自备水源的社会单位取水、净化、送水、出厂输水干管等环节的实际生产能力。

年底供水管道长度 指从送水泵到用户水表之间所有管道的长度。

全年供水总量 指公用自来水厂和自备水源的社会单位全年的供水总量，包括有效供水量及损失水量。

生活用水量 指居民日常生活与公共福利设施的用水量，包括居民、饮食店、旅馆、医院、理发店、浴池、洗衣店、游泳池、商店、学校、机关、部队等单位的用水量。

城市人口用水普及率 指城市用水的非农业人口数（不包括临时人口和流动人口）与城市非农业人口总数之比。计算公式为：

$$\text{用水普及率}=\frac{\text{城市用水的非农业人口数}}{\text{城市非农业人口数}}\times 100\%$$

人工煤气生产能力 指城市煤气厂制气、净化、输送等环节的综合实际生产能力。

输气管道长度 指由压缩机、鼓风机、储气罐的出口到用户煤气表之间的全部管道长度。

全年供气总量 指全年售给各类用户的全部煤气量，包括工业用量、家庭用量和其他用量。

城市用气普及率 指使用煤气（包括人工煤气、液化石油气、天然气）的城市非农业人口数（不包括临时人口和流动人口）与城市非农业人口总数之比。计算公式为：

$$\text{城市煤气普及率}=\frac{\text{城市用气的非农业人口数}}{\text{城市非农业人口总数}}\times 100\%$$

城市供热能力 指热电厂、热力公司和达到标准的集中采暖锅炉房向城市输送的供热源的设计能力，即每小时向城市输送蒸汽、热水的能力。

城市供热总量 指热电厂、热力公司和达到标准的集中采暖锅炉房向城市输送的全部蒸汽、热水量。

城市供热管道长度 指热电厂、热力公司和达到标准的集中采暖锅炉房管理的集中供热热源到用户之间的全部供气、供热水的管道长度。

年底实有铺装道路长度 指除土路外，路面经过铺装宽度在3．5米以上的道路，包括高级、次高级道路和普通道路。

城市桥梁 指城市范围内，修建在河道上的桥梁和道路与道路立交、道路跨越铁路的立交桥及人行天桥。包括永久性桥和半永久性桥，不包括临时性桥、铁路桥、涵洞。

城市下水道总长度 指所有排水总管、干管、支管及暗渠、检查井、连接井进出水口等长度之和。

城市污水日处理能力 指污水处理厂每昼夜处理污水量的设计能力。

年末实有公共汽（电）车 指年底可参加营运的全部车辆数，包括营运车辆数和库存查封未参加营运的车辆。不包括非营运车辆，如架线车、油罐车、工程车、货车及其他专用车辆和借入的客运车辆。

城市园林绿地面积 指城市公共绿地、专用绿地、生产绿地、防护绿地、郊区风景名胜区的全部面积。

公共绿地面积 指供游览休息的各种公园、动物园、植物园、陵园以及花园、游园和供游览休息用的林荫道绿地、广场绿地，不包括一般栽植的行道树及林荫道的面积。

Explanatory Notes on Main Statistical Indicators

Production Capacity of Tap Water at the Year-end refers to the actual comprehensive production capacity of the waterworks administered by the urban construction department and those owned by enterprises or institutions, taking the capacity of the main links, such as water inflow, purification, conveyance and outflow of the trunk pipelines into account.

Length of Water Supply Pipelines at the Year-end refers to the total length of all the pipelines between the water pumps and the users water meters.

Annual Volume of Water Supply refers to the total volume of water supplied by the public water-works and those owned by individual enterprises and institutions during the whole year, including both the effective water supply and loss during the water supply.

Consumption of Water for Residential Use refers to the water consumption of households for daily life and the water consumption of public welfare facilities, including the consumption of restaurants, hotels, hospitals, barber shops, public bathhouses, laundries, swimming pools, shops, schools, institutions, army units and other units.

Percentage of Urban Population with Access to Tap Water refers to the ratio of the urban non-agricultural population(excluding temporary and mobile population) with access to tap water to the total urban non-agricultural population. The formula is:

$$\text{Percentage of Population withAccess to Tap Water} = \frac{\text{Urban Non-agricultural Population with Access to Tap Water}}{\text{Urban Non-agricultural Population}} \times 100\%$$

Production Capacity of Gaswork Gas refers to the actual comprehensive production capacity of the urban gasworks in gas generation, purification and delivery.

Length of Gas Pipelines refers to the total length of pipelines between the outlet of the compressor, blower or gas tank and the gas meters of users.

Volume of Gas Supply refers to the total volume of gas sold to users in a year, including the volume for industrial use, residential use and other uses.

Percentage of Urban Population with Access to Gas refers to the ratio of the urban non-agricultural population with access to gas (including gas, liquefied petroleum gas and natural gas) to the urban non-agricultural population(excluding temporary and mobile population). The formula is:

$$\text{Percentage ofPopulation withAccess to Gas} = \frac{\text{Urban Non-agricultural Population with Access to Gas}}{\text{Urban Non-agricultural Population}} \times 100\%$$

Heating Capacity in Urban Area refers to the capacity of hourly supply of steam and hot water to cities by thermal power plants, heating corporations and centralized heating boiler rooms which meet certain standard.

Heating Volume in Urban Area refers to the total volume of steam and hot water supplied to cities every year by thermal power plants, heating corporations and centralized heating boiler rooms which meet certain standard.

Length of Heating Pipelines refers to the total length of pipelines for centralized supply of steam and hot water from the thermal power plants, heating corporations and centralized heating boiler rooms which meet certain standard to the users.

Length of Paved Roads at the Year-end refers to the length of roads with a paved surface, and with a width of more than 3-5 meters, including high quality, medium quality and ordinary roads.

Urban Bridges refer to bridges over river courses, great separated junctions and overpasses in urban areas. Permanent bridges and semi-permanent bridges are included. Temporary bridges, railway bridges and culverts are excluded.

Length of Urban Sewage Pipes refers to the total length of general drainage, trunks. branch and blind drainage, inspection wells, connection wells, inlets and outlets, etc.

Daily Disposal Capacity of Urban Sewage refers to the designed 24 hour capacity of sewage disposal at the sewage treatment works.

Number of Public Vehicles (Buses and Trolley buses) at the Year-end refers to the total number of operational buses available at the year-end, including the year-end operational vehicles and vehicles in stock. Non-operational vehicles such as stringing cars, tank cars, machine shop cars, trucks and other special vehicles and the borrowed passenger vehicles are excluded.

Length of Routes in Operation refers to the length of designated regular routes in operation, including the length of suburban routes in operation. The length of temporary operational lines is not included.

Area of Urban Gardens and Green Areas refers to the total area of urban public green land, special green land, production green land, protection green land and suburban scenic spots.

Public Green Area refers to green areas of various parks, zoos, botanical gardens, cemeteries, amusement parks, tree-flanked boulevards greenland squares for tourism and relaxing. Areas with trees planted along-side the streets and boulevards are excluded.

十二 农业

AGRICULTURE

简要说明

一、本篇资料反映我国农业生产和农村经济的基本情况，内容主要包括农村劳动力、耕地、农业机械拥有量、农林牧渔业产值、主要农产品产量、水利设施与除涝治碱、农村居民家庭拥有生产性固定资产、国营农场基本情况和乡镇企业基本情况等方面的统计资料。

农业统计范围包括全社会（除军马生产及农业科研机构进行的农业生产以外）的所有农业生产活动内容。如各种专业性农、林、牧、渔场的农业生产活动；国家各级机关、团体、学校、部队进行的农业生产活动；集体所有制的乡、镇、村办农场的农业生产活动；工矿企业经营的农、林、牧、渔业生产活动；以及农村各种经济组织和农户经营的农林牧渔业生产活动和农民家庭兼营的商品性工业生产活动等。

1.农业：包括种植业和其他农业。种植业是指谷物、豆类、薯类、棉、油料、糖料、麻类、烟叶、蔬菜、药材、瓜类和其他农作物的种植，以及茶园、桑园、果园的生产经营。其他农业是指采集野生植物的果实、纤维、树胶、树脂、油料以及柴草、野生药材、菌类等及农民家庭兼营的商品性工业。

2.林业：包括林木的栽培（不包括茶园、桑园和果园的栽培、管理和收获等活动）、林产品的采集和村及村以下合作经济组织、农户的竹木采伐。

3.牧业：包括牲畜饲养和放牧、家禽饲养以及野生动物的捕猎和饲养。

4.渔业：包括水生动物和海藻类植物的养殖和捕捞。

农村社会经济统计范围包括除县城关镇以外所有乡镇的社会经济活动。

二、本篇资料来源及调查方法

1.农村基层组织、乡村劳动力和农业生产基本情况等（12－1至12－7表、12－16至12－18表），由国家统计局农村经济调查总队根据《农林牧渔业综合统计报表制度》、《乡村社会经济调查方案》和《农产量抽样调查制度》的有关资料整理提供。

农林牧渔业综合统计报表是各省、自治区、直辖市统计局上报国家统计局的全面报表，由各级统计部门根据当地实际情况，采取抽样调查、重点调查或全面调查的办法搜集资料；或利用同级业务部门统计资料、国家农产量抽样调查和农村住户抽样调查资料进行加工推算。如农业生产条件中的部分指标及林业生产情况、渔业生产情况等指标取自同级业务部门的统计资料，粮食产量等部分指标来源于《农产量抽样调查制度》。

《农产量抽样调查制度》是国家统计局为取得高质量的粮食产量等相关指标数据，在全国范围内统一抽点调查、推算，并由直属调查队伍实施的抽样调查制度。抽样方法采取多阶段、随机起点、对称等距的抽样方法。一般分为省抽县、县抽村、村抽地块、地块抽样本等几个阶段。抽样框的编制以近三年粮食平均亩产作为有关标识，按高低顺序排队，以近三年粮食平均播种面积作为辅助资料。农产量抽样调查共抽选了1．8万个村、315万多个样本进行实割实测调查，误差系数要求不超过±2%。农产量抽样调查与农村住户调查一样，实行样本轮换制度，四年为一个周期。

《乡村社会经济调查方案》是国家统计局为了解乡镇社会经济基本情况、农村劳动力总量规模和转移情况、以及农村固定资产投资情况等内容而专门设置的统计调查制度。制度规定对乡镇和村基本情况每三年进行一次全面调查；其他内容采用抽样调查方法，调查网点与《农村住户调查方案》基本相同。

2.农村家庭固定资产、经营耕地及农产品出售情况（12－11至12－15表、12－23表、12－24表），由国家统计局农村经济调查总队根据《农村住户调查方案》的有关资料整理提供。《农村住户调查方案》的说明见本年鉴“十、人民生活”部分。

3.国营农场基本情况资料主要取材于农业部农垦局汇总的统计报表。其调查范围涉及全国除西藏外的30个省、自治区、直辖市。统计方法为逐级上报、全面汇总。指标设置及统计口径均与国家统计局一致。

4.灌溉、水库和除涝、治水、治碱情况及各地区水利设施和除涝、治碱面积资料，主要来源于水利部汇总的统计报表。其统计范围包括各省、自治区、直辖市。资料收集以县为基本统计单位，采取逐级汇总上报的方式。有些特殊指标如灌区数、大型水库、跨县的中小型水库，由地区直接统计，上报省水利厅。

5.乡镇企业的有关资料主要来源于农业部乡镇企业局。乡镇企业的统计范围为各省、自治区、直辖市全部乡镇企业，包括乡办、村办、合作办、个人办的各种行业的乡镇企业，有关数据根据乡镇企业财务决算及统计年报汇总资料整理取得。

BRIEF INTRODUCTION

I. The data in this chapter show the basic conditions of agricultural production and rural economy, including mainly rural labour force, cultivated land, quantity of agricultural machinery, output of farming, forestry, animal husbandry and fishery, output of major products, facilities of water conservancy and efforts to eliminate water-logging and combat alkalinity, productive fixed assets owned by the rural households, basic conditions of the state-owned farms and township enterprises.

Statistics on agriculture cover all agricultural production activities except horse raising for military purpose and activities undertaken by agriculture research institutions. Included in agriculture statistics are production activities of farms specializing in crop cultivation, forestry, animal husbandry and fishery; production activities undertaken by government agencies, institutions, schools and military units; production of collective farms run by townships and villages; production activities in crop cultivation, forestry, animal husbandry and fishery undertaken by rural economic units of various types and by rural households, and commercial industrial activities undertaken by rural households as sideline production.

(1) Agriculture: includes crop cultivation and other agricultural activities. Crop cultivation refers to the cultivation of cereals, beans, tuber crops, cotton, oil-bearing crops, sugar crops, hemp, tobacco leaves, vegetables, medicinal herbs, gourds and other farm crops, as well as the operation on tea plantations, mulberry fields and orchards. Other agriculture refers to collection of the seeds, fiber, resin, oil of wild plants; gathering of firewood, wild herbs, mushrooms and fungus; and commercial industrial activities undertaken by rural households as sideline production.

(2) Forestry: includes the planting of trees (excluding the operation on tea plantations, mulberry fields and orchards), collection of forest products and the felling of bamboo and trees by village cooperative units and rural households.

(3) Animal husbandry: includes the raising and grazing of domestic animals and poultry, and the hunting and raising of wild animals.

(4) Fishery: includes cultivation and catching of aquatic animals and seaweed.

The rural social and economic statistics cover all social and economic activities in all townships except that taking place in county towns.

II. Source of data and survey methodology

(1) Data on rural grassroots units, labour force and agricultural production (tables 12-1 to 12-7, tables 12-16 to 12-18) are provided by the Rural Socio-economic Survey Organization, NBS using data from the Comprehensive Statistical Reporting on Farming, Forestry, Animal Husbandry and Fishery, the Rural Social and Economic Survey, and the Sample Survey of Farm Crops.

Comprehensive Statistical Reporting on Farming, Forestry, Animal Husbandry and Fishery is a comprehensive reporting programme reported by provincial statistical bureaus to the National Bureau of Statistics. Data required in this reporting programme are collected by statistical offices at all levels by means of sample surveys, surveys of key units or full enumeration depending on the local circumstances, or estimated by using information from other government agencies at the same level or from the sample survey of farm crops and rural household survey conducted by NBS. For instance, some data on condition of agriculture production and on forestry and fishery are obtained from statistics collected by other government agencies at the same level, while data on crop production are collected from the sample survey of farm crops.

Sample Survey of Farm Crops is a nation-wide survey designed by NBS and implemented by sample survey teams throughout China with unified sample selection and estimation procedure, in order to obtain high quality data on grain production and related statistics. A multi-stage balanced systematic sampling scheme with random start is used. The sampling process is classified into several stages, namely the selection of sample counties by the provinces, the selection of sample villages by the sample counties, the selection of sample plots by the sample villages and the selection of sample cuts from the sample plots. The sampling frame is compiled with the sampling units arranged in the order of the average yield in the recent three years. The average sown area of grain crops in the recent three years is used as the auxiliary data. In total, 18 thousand sample villages and 3.15 million sample cuts have been selected in the sample survey of farm crops to keep the sampling error below 2%. Like the sample survey on rural households, a rotation scheme is used in the sample survey on farm crops with the cycle of a complete rotation being 4 years.

Rural Social and Economic Survey is a special survey designed by the NBS to understand the basic condition of social and economic activities at township level, the size and transfer of total rural labour force and investment in fixed assets in rural areas. Under this survey programme, a complete enumeration is conducted every 3 years to collect information on basic condition of social and economic activities at township and village levels, while sample survey is used to collect information on other items with the same sampling units as in the Rural Household Survey.

(2) Data on the fixed assets, cultivated land and sales of farm products of rural households (tables 12 - 11 to 12 - 15, 12 - 23, 12 - 24) are collected and provided by the Rural Socio-economic Survey Organization, NBS through the Rural Household Survey. A summary of this survey is given in Chapter 10 of this yearbook.

(3) Data on the basic conditions of the state-owned farms come from the statistical reports tabulated by the Bureau of Reclamation, Ministry of Agriculture. The statistical coverage includes 30 provinces, autonomous regions and municipalities directly under the central government; only Tibet is not included.

The data are collected from the grassroots units in accordance with the statistical reporting scheme and tabulated and reported level by level. The content of indicators and calculation methods are the same as those stipulated by the National Bureau of Statistics.

(4) Data on irrigation and reservoirs, the data on the efforts to eliminate water-logging, prevent floods by water control and combat alkalinity as well as the data on the facilities of water conservancy and the area of water-logging eliminated and the improved area of saline-alkaline land come mainly from statistical reports of the Ministry of Water Conservancy. The statistical coverage includes provinces, autonomous regions and municipalities directly under the central government. County is the basic statistical unit. The data are collected from the counties in accordance with the statistical reporting scheme and tabulated and reported level by level. Data on some special indicators such as the number of irrigated areas, large reservoirs and the medium-sized and small reservoirs that cut across counties are collected directly by the prefectures and reported to the water conservancy departments of the provinces.

(5) Data on the township enterprises come mainly from the Bureau of Township Enterprises, Ministry of Agriculture. The statistical coverage of township enterprises includes the township enterprises of all trades in the provinces, autonomous regions and municipalities directly under the central government, including those run by townships, villages, individuals and jointly run by them. The data are collected from the final financial accounts of the township enterprises and the tabulated annual reports.

12-1 农村基层组织和农业基本情况

BASIC CONDITIONS OF RURAL GRASSROOTS UNITS AND AGRICULTURE

指标	Item	1994	1995	1996	1997	1998
乡镇数 (个)	Number of Township and Town Governments	48075	47136	45484	44689	45462
#镇数	Number of Town Governments	16433	17282	17998	18402	19060
村民委员会 (个)	Number of Villagers' Committees	802052	740150	740128	739447	739980
乡村户数 (万户)	Number of Rural Households (10 000 units)	23165.2	23281.5	23437.6	23406.2	23692.7
乡村劳动力 (万人)	Number of Rural Laborers (10 000 persons)	44654.1	45041.8	45288.0	45961.7	46432.2
男	Male	23854.1	24037.4	24154.9	24500.6	24733.1
女	Female	20800.1	21004.4	21133.1	21462.1	21699.2
按行业分乡村劳动力(万人)	Number of Rural Laborers by Sector (10 000 persons)	44654.1	45041.8	45288.0	45961.7	46432.2
农林牧渔业	Farming, Forestry, Animal Husbandry & Fishery	32690.3	32334.5	32260.4	32434.9	32626.4
工业	Industry	3849.5	3970.7	4018.5	4031.3	3928.6
建筑业	Construction	2057.3	2203.6	2304.3	2372.7	2393.5
交通运输业、仓储及邮电通信业	Transportation	908.3	983.0	1027.6	1057.8	1087.9
批发零售贸易业餐饮业	Wholesale, Retail Sale and Catering Trades	1084.3	1170.4	1261.5	1381.5	1461.9
其他非农行业	Other Non-agricultural Trades	4064.5	4379.7	4415.7	4683.9	4933.9
年末实有耕地面积(千公顷)	Cultivated Areas (Year-end) (1 000 hectares)	94906.7	94970.9			
水田	Paddy Fields	24762.9	24850.5			
旱地	Dry Fields	70143.8	70120.4			
年内减少耕地面积(千公顷)	Decrease in Cultivated Area by Cause (1 000 hectares)	708.7	621.1			
#国家基建占地	Capital Construction of the Government	132.6	111.9			
乡村集体占地	Village Collective Construction	80.2	84.9			
农民个人建房占地	Peasant Housing Construction	33.0	31.6			
农业机械总动力 (万千瓦)	Total Agricultural Machinery Power(10 000kw)	33802.5	36118.1	38546.9	42015.6	45208
农用大中型拖拉机 (台)	Number of large and Medium Agricultural Tractors (unit)	693154	671846	670848	689051	725215
农用大中型拖拉机(万千瓦)	Capacity of Large and Medium Agricultural Tractors (10 000 kw)	2463.5	2404.0	2415.1	2486.5	2587.9
小型拖拉机 (万台)	Number of Mini-tractors (10 000 unit)	823.7	864.6	918.9	1048.5	1122.1
小型拖拉机 (万千瓦)	Capacity of Mini-tractors (10 000 kw)	7399.7	7848.0	8385.2	9337.2	10031.5
大中型拖拉机机引农具 (万部)	Number of Large and Medium Tractor Towing Farm Machinery (10 000 unit)	98.0	99.1	105.0	115.7	120.4
小型拖拉机机引农具(万部)	Mini-Tractor Towing Farm Machinery(10000unit)	866.2	958.0	1091.2	1253.0	1448.6
柴油机 (万台)	Number of Diesel Engines (10 000 unit)	471.2	491.2	509.3	546.1	581.6
柴油机 (万千瓦)	Capacity of Diesel Engines (10000 kw)	3731.0	3839.0	3984.9	4292.4	4498.6
农用载重汽车 (辆)	Number of Trucks for Agricultural Use (unit)	747981	793520	836899	875571	901105
农用载重汽车 (万千瓦)	Capacity of Trucks for Agricultural Use(10000 kw)	5719.4	6090.9	6422.7	6575.0	6781.3
渔用机动船 (艘)	Number of Motorized Fishing Boats (unit)	351327	376813	358869	400010	411133
渔用机动船 (万吨)	Loading Capacity of Motorized Fishing Boats (10 000 tons)	446.8	512.5	469.5	586.5	653.0
渔用机动船 (万千瓦)	Capacity of Motorized Fishing Boats(10 000 kw)	831.0	965.6	864.0	1084.0	1174.3
灌溉面积 (千公顷)	Irrigated Area (1 000 hectares)	48759	49281	50381	51239	52296
化肥施用量 (万吨)	Consumption of Chemical Fertilizers(10 000tons)	3317.9	3593.7	3827.9	3980.7	4085.6
乡村办水电站个数 (个)	Number of Hydropower Stations in Rural Areas	48722	40699	37743	36117	33211
乡村办水电站发电能力 (万千瓦)	Generating Capacity of Hydropower Station in Rural Areas (10 000 kw)	503.7	519.5	533.7	562.4	634.8
农村用电量 (亿千瓦小时)	Electricity Consumed in Rural Areas (100 million kwh)	1473.9	1655.7	1812.7	1980.1	2042.1
农作物总播种面积(千公顷)	Total Sown Area (1 000 hectares)	148241	149879	152381	153969	155706
粮食	Grain Crops	109544	110060	112548	112912	113787
谷物	Cereal	87537	89310	92208	91964	92117
#稻谷	Rice	30171	30744	31407	31765	31214
小麦	Wheat	28981	28860	29611	30057	29774
玉米	Corn	21152	22776	24498	23775	25239
豆类	Beans	12736	11232	10543	11164	11671
薯类	Tubers	9270	9519	9798	9785	10000
油料	Oil-bearing Crops	12081	13101	12555	12381	12919
棉花	Cotton	5528	5422	4722	4491	4459
麻类	Fiber Crops	372	376	350	327	224
糖料	Sugar Crops	1755	1820	1846	1923	1984
烟叶	Tobacco	1490	1470	1853	2353	1361
蔬菜	Vegetables	8921	9515	10491	11288	12293
茶园面积 (千公顷)	Area of Tea Plantations (1 000 hectares)	1134.8	1115.3	1103	1076	1057
果园面积 (千公顷)	Area of Orchards (1 000 hectares)	7264	8098	8553	8648	8535

12-2 主要农牧渔业生产情况
OUTPUT OF FARMING, ANIMAL HUSBANDRY AND FISHERY

指　标	Item	1994	1995	1996	1997	1998
农产品产量 （万吨）	Yield of Farm Crops (10 000 tons)					
粮食	Grain	44510	46662	50454	49417	51230
谷物	Cereal	39389.1	41611.6	45127.1	44349.3	45624.7
#稻谷	Rice	17593	18523	19510.3	20073.5	19871.3
小麦	Wheat	9930	10221	11056.9	12328.9	10972.6
玉米	Corn	9928	11199	12747.1	10430.9	13295.4
豆类	Beans	2095.6	1787.5	1790.3	1875.5	2000.6
薯类	Tubers	3025	3263	3536	3192.3	3604.2
油料	Oil-bearing Crops	1989.6	2250.3	2210.6	2157.4	2313.9
#花生	Peanuts	968.2	1023.5	1013.8	964.8	1188.6
油菜籽	Rapeseeds	749.2	977.7	920.1	957.8	830.1
芝麻	Sesame	54.8	58.3	57.5	56.6	65.6
棉花	Cotton	434.1	476.8	420.3	460.3	450.1
麻类	Fiber Crops	74.7	89.7	79.5	74.9	49.5
#黄红麻	Jute and Ambary Hemp	35.5	37.1	36.5	43.0	24.8
甘蔗	Sugarcane	6092.7	6541.7	6687.6	7889.7	8343.8
甜菜	Beetroots	1252.6	1398.4	1672.6	1496.8	1446.6
烟叶	Tobacco	223.8	231.4	323.4	425.1	236.4
#烤烟	Flue-Cured Tobacco	194.0	207.2	294.6	390.8	208.8
蚕茧	Silkworm Cocoons	81.3	80.0	50.8	46.9	52.6
#桑蚕茧	Mulberry Silkworm Cocoons	77.7	76.0	47.1	42.3	47.5
茶叶	Tea	58.8	58.9	59.3	61.3	66.5
水果	Fruits	3499.8	4214.6	4652.8	5089.3	5452.9
农产品单位面积产量(公斤/公顷)	Yield of Farm Crops per Hectare (kg/hectare)					
谷物	Cereal	4500	4659	4894	4823	4953
棉花	Cotton	785	879	890	1025	1009
花生	Peanuts	2564	2687	2804	2592	2943
油菜籽	Rapeseeds	1296	1416	1367	1479	1272
芝麻	Sesames	794	908	969	919	1042
黄红麻	Jute and Ambary Hemp	2020	2534	2491	2649	2677
甘蔗	Sugarcane	57671	58136	56225	60158	59550
甜菜	Beetroots	17936	20132	25483	24475	24806
烤烟	Flue-Cured Tobacco	1491	1584	1750	1809	1737
大牲畜年底头数 （万头）	Number of Large Animals (year-end, 10 000 heads)			13360.6	14541.8	14803.2
#牛	Cattle and Buffaloes			11031.8	12175.7	12435.4
马	Horses			871.5	891.2	898.1
驴	Donkeys			944.4	952.8	955.8
骡	Mules			478.0	480.6	473.9
骆驼	Camels			34.9	35.0	33.5
肉猪出栏头数(万头)	Number of Slaughtered Fattened Hogs (10 000 heads)			41225.1	46483.7	50215.1
猪年底头数 （万头）	Number of Hogs (year-end, 10 000 heads)			36283.6	40034.8	42256.3
羊年底只数 （万只）	Number of Sheep and Goats (year-end, 10 000 heads)			23728.3	25575.7	26903.5
山羊	Goats			12315.8	13480.1	13480.1
绵羊	Sheep			11412.5	12091.9	12716.3
肉类产量 （万吨）	Output of Meat (10 000 tons)			4595.4	5268.8	5723.8
#猪牛羊肉	Pork Beef and Mutton			3694.7	4249.5	4598.2
猪肉	Pork			3158.0	3596.3	3883.7
牛肉	Beef			355.7	440.9	479.9
羊肉	Mutton			181.0	212.8	234.6
奶类 （万吨）	Milk (10 000 tons)	608.9	672.8	735.8	681.1	744.5
#牛奶	Cow Milk	528.8	576.4	629.4	601.1	662.1
绵羊毛 （吨）	Sheep Wool (ton)	254659	277375	298102	255059	276760
山羊毛 （吨）	Goat Wool (ton)	24559	29973	35255	25865	31417
羊绒 （吨）	Cashmere (ton)	7336	8482	9585	8626	9799
禽蛋 （万吨）	Poultry Eggs (10 000 tons)	1479.0	1676.7	1965.2	1895.3	2018.5
水产品总产量(万吨)	Total Aquatic Products (10 000 tons)	2143.1	2517.2	3288.1	3601.8	3906.5
海水产品	Seawater Aquatic Products	1241.5	1439.1	2012.9	2176.4	2356.7
淡水产品	Freshwater Aquatic Products	901.6	10778.1	1275.2	1425.4	1549.8

12-3 农村基层组织情况

BASIC CONDITIONS OF RURAL GRASSROOTS UNITS

年份 地区 Year Region	乡镇数（个） Number of Township and Town Governments	#镇 数 Town Govern-ments	村民委员会（个） Number of Villagers' Committees	乡村户数（万户） Number of Households (10 000 households)	乡村人口数（万人） Rural Population (10 000 persons)	乡村劳动力（万人） Number of Rural Labor-ers (10 000 persons)	男 Male	女 Female
1978	52781		690000	17347.0	80320.0	30638.0	16548.4	14089.6
1980	54183		710000	17673.0	81096.0	31835.9	17379.7	14456.2
1985	91138	7956	940617	19077.0	84419.7	37065.1	20153.2	16911.9
1987	68296	10280	830302	20168.0	85713.1	39000.4	21212.5	17787.9
1988	56002	10609	740375	20859.0	83725.4	40066.7	21727.7	18339.0
1989	55764	11060	746432	21504.0	87831.0	40938.8	22218.3	18720.5
1990	55838	11392	743278	22237.0	89590.3	42009.5	22551.8	19457.7
1991	55542	11882	804153	22566.0	90525.1	43092.5	23121.9	19970.6
1992	48250	14135	806032	22849.0	91154.4	43801.6	23449.9	20351.7
1993	48179	15223	802352	22984.0	91333.5	44255.7	23653.1	20602.6
1994	48075	16433	802052	23165.0	91526.2	44654.1	23854.1	20800.1
1995	47136	17282	740150	23282.0	91674.6	45041.8	24037.4	21004.4
1996	45484	17998	740128	23437.6	91941.0	45288.0	24154.9	21133.1
1997	44689	18402	739447	23406.2	91524.7	45961.7	24500.6	21462.1
1998	45462	19060	739980	23692.7	91960.1	46432.2	24733.1	21699.2
北 京 Beijing	240	120	4044	125.9	364.4	161.0	81.1	79.9
天 津 Tianjin	225	94	3877	112.7	389.7	173.0	92.8	80.2
河 北 Hebei	1972	871	50027	1401.6	5325.6	2635.9	1414.1	1221.8
山 西 Shanxi	1937	528	32365	612.2	2293.1	969.7	538.4	431.3
内蒙古 Inner Mongolia	1554	301	13993	347.7	1405.4	606.9	349.1	257.8
辽 宁 Liaoning	1678	636	16310	663.8	2289.9	933.2	523.3	410.0
吉 林 Jilin	898	445	10121	357.8	1433.0	616.3	360.2	256.1
黑龙江 Heilongjiang	1161	426	14387	437.7	1848.1	904.3	527.1	377.2
上 海 Shanghai	209	201	2895	131.4	373.2	223.2	109.7	113.5
江 苏 Jiangsu	1971	1015	35726	1503.1	5245.2	2735.9	1402.4	1333.5
浙 江 Zhejiang	1832	1006	43108	1073.3	3579.6	2096.5	1136.2	960.3
安 徽 Anhui	1870	898	30558	1256.5	5007.7	2717.5	1447.6	1269.9
福 建 Fujian	980	600	14970	630.2	2669.8	1200.3	647.3	553.0
江 西 Jiangxi	1811	671	20677	720.6	3165.5	1541.5	806.5	735.0
山 东 Shandong	2366	1432	87750	1993.1	7027.2	3595.8	1918.4	1677.4
河 南 Henan	2144	758	48436	1912.1	7739.8	4067.2	2145.2	1921.9
湖 北 Hubei	1388	856	32662	986.4	3975.4	1770.5	932.8	837.7
湖 南 Hunan	2351	989	49849	1441.7	5355.1	2786.9	1513.7	1273.2
广 东 Guangdong	1707	1578	22945	1319.8	5644.6	2632.9	1367.3	1265.6
广 西 Guangxi	1363	703	14816	877.9	3953.3	2068.2	1090.5	977.7
海 南 Hainan	308	202	2633	99.9	476.6	210.3	107.8	102.5
重 庆 Chongqing	1483	653	20647	709.8	2445.1	1317.0	705.1	611.9
四 川 Sichuan	5007	1684	55042	1958.9	6947.0	3829.5	2011.4	1818.1
贵 州 Guizhou	1473	692	25847	708.7	3030.0	1682.7	880.3	802.4
云 南 Yunnan	1574	407	13423	806.4	3389.1	1908.6	985.5	923.1
西 藏 Tibet	914	35	7306	36.7	213.3	97.5	50.4	47.1
陕 西 Shaanxi	1969	853	31969	686.0	2755.2	1355.8	746.0	609.8
甘 肃 Gansu	1535	184	17803	440.3	2009.0	906.7	476.8	429.9
青 海 Qinghai	432	30	4054	67.1	331.1	162.4	83.3	79.1
宁 夏 Ningxia	299	60	2602	81.0	377.8	181.2	95.1	86.1
新 疆 Xinjiang	811	132	9138	192.3	900.5	343.9	187.6	156.3

注：乡村人口数是指户口在乡村的常住人口，本指标是按 1964 年建镇标准划分的，包括后来的新建制镇人口，故本表数字大于人口篇的乡村总人口。

a) Total rural population refers to persons residing and registered in rural areas. This indicator is cal-culated on the basis of the town classification standards of 1964 which includes rural population in what are nestablished towns. Therefore, the popula-tion figures shown here are larger than the rural population shown in established towns. Therefore, the population figures shown here are larger than the rural population shown in Chapter 3.

12-4 乡 村 劳 动 力

RURAL LABOR FORCE BY SECTOR

本表分行业劳动力是按从事的主行业划分的，如以农业为主、兼营商业的，仍作为农林牧渔业劳动力。

The number of laborers by sector in this table is classified by main activity. For example, those engaged primarily in agriculture and secondarily in commerce are classified under farming, forestry, animal husbandry and fishery.

（年底数） 单位：万人 (year-end) (10 000 persons)

年份 地区 Year Region		农林牧渔业 Farming, Forestry, Animal Husbandry and Fishery	工 业 Industry	建 筑 业 Construction	交通运输业、仓储及邮电通信业 Transportation and Storage	批发零售贸易业餐饮业 Wholesale, Retail Sale and Catering Trades	其他非农行业 Other Non-agricultural Trades
	1978	28455.6					
	1980	29808.4					
	1985	30351.5	2741.0	1130.1	434.1	462.6	1945.8
	1987	30870.0	3297.2	1431.3	562.5	606.9	2232.5
	1988	31455.7	3412.8	1525.5	607.3	657.1	2408.3
	1989	32440.5	3255.6	1501.8	614.2	652.4	2474.3
	1990	33336.4	3228.7	1522.8	635.3	693.2	2593.1
	1991	34186.3	3267.9	1533.8	655.0	722.8	2726.7
	1992	34037.0	3468.2	1658.8	706.3	813.7	3117.6
	1993	33258.2	3659.0	1886.8	799.9	948.8	3703.1
	1994	32690.3	3849.5	2057.3	908.3	1084.3	4064.5
	1995	32334.5	3970.7	2203.6	983.0	1170.4	4379.7
	1996	32260.4	4018.5	2304.3	1027.6	1261.5	4415.7
	1997	32434.9	4031.3	2372.7	1057.8	1381.5	4683.9
	1998	32626.4	3928.6	2393.5	1087.9	1461.9	4933.9
北 京	Beijing	67.7	36.6	11.8	10.2	8.7	26.0
天 津	Tianjin	79.4	49.0	9.7	9.5	8.7	16.6
河 北	Hebei	1635.5	380.1	191.5	89.6	126.1	213.1
山 西	Shanxi	639.9	115.2	46.2	52.3	39.2	76.9
内蒙古	Inner Mongolia	512.4	15.5	18.1	10.8	11.5	38.6
辽 宁	Liaoning	633.0	78.1	49.2	33.4	43.8	95.6
吉 林	Jilin	517.0	20.1	17.7	12.3	16.3	32.9
黑龙江	Heilongjiang	760.3	34.3	21.5	15.8	23.8	48.6
上 海	Shanghai	76.3	88.8	8.2	4.5	6.4	39.0
江 苏	Jiangsu	1531.5	462.5	245.7	91.2	95.1	309.9
浙 江	Zhejiang	1102.7	439.9	102.1	64.3	112.3	275.1
安 徽	Anhui	1992.9	148.1	144.2	52.8	78.2	301.3
福 建	Fujian	776.8	128.1	14.5	36.0	51.0	193.9
江 西	Jiangxi	1073.7	91.5	56.2	21.0	29.8	269.3
山 东	Shandong	2487.0	339.2	279.7	106.1	134.5	249.3
河 南	Henan	2940.3	312.6	254.3	98.6	123.1	338.3
湖 北	Hubei	1232.9	122.2	95.7	42.6	69.8	207.3
湖 南	Hunan	2062.9	176.3	111.2	43.8	67.5	325.2
广 东	Guangdong	1508.2	380.0	187.5	72.0	108.3	376.9
广 西	Guangxi	1604.1	61.7	78.0	30.8	44.7	248.9
海 南	Hainan	170.2	5.4	7.4	5.9	7.4	14.0
重 庆	Chongqing	943.7	51.9	68.4	15.8	27.9	209.3
四 川	Sichuan	2811.9	173.4	180.6	49.2	95.8	518.6
贵 州	Guizhou	1388.4	54.1	25.3	16.4	24.7	173.9
云 南	Yunnan	1661.8	50.2	46.3	34.1	30.0	86.2
西 藏	Tibet	89.3	1.6	1.6	1.6	1.4	2.0
陕 西	Shaanxi	1047.4	61.8	68.0	33.3	40.0	105.3
甘 肃	Gansu	683.8	30.8	37.5	18.2	18.7	117.7
青 海	Qinghai	138.2	6.1	3.6	3.9	3.0	7.6
宁 夏	Ningxia	146.6	5.7	8.1	5.9	5.2	9.8
新 疆	Xinjiang	310.7	7.8	3.8	5.9	9.0	6.7

注：工业劳动力中包括村及村以下办的工业的劳动力。

a) The number of industrial laborers includes those working in enterprises at village and lower levels.

12-5 耕 地 面 积
AREA UNDER CULTIVATION

本表实有耕地面积数字偏小，有待进一步核查。

The cultivated area in this table is under-estimated and is subject to further verification.

单位：千公顷　　　　(1 000 hectares)

年份 地区 Year Region	年末实有耕地面积 Cultivated Area (year-end)	水田 Paddy Fields	旱地 Dry Fields	年内减少 Decrease in Cultivated Area in the Year	#国家基建占地 Capital Construction	#乡村集体占地 Village Collective Construction	#农民个人建房占地 Peasant Housing Construction
1978	99389.5	25419.7	73969.8	800.9	144.5		
1980	99305.2	25322.2	73983.0	940.8	97.7		
1985	96846.3	25033.0	71813.3	1597.9	134.3	92.3	97.0
1986	96229.9	25055.1	71174.7	1108.3	109.6	58.5	84.5
1987	95888.7	25104.1	70784.5	817.5	104.6	52.0	57.5
1988	95721.8	25077.7	70644.1	644.7	87.8	37.4	37.6
1989	95656.0	25265.8	70390.2	517.5	70.1	34.6	27.4
1990	95672.9	25518.9	70154.1	467.4	66.3	30.3	36.7
1991	95653.6	25706.5	69947.1	488.0	71.9	33.4	20.5
1992	95425.8	25597.2	69828.6	738.7	131.7	64.1	23.9
1993	95101.4	25028.0	70073.4	732.3	161.0	86.0	24.0
1994	94906.7	24762.9	70143.8	708.7	132.6	80.2	33.0
1995	94970.9	24850.5	70120.4	621.1	111.9	84.9	31.6
北京 Beijing	399.5	23.7	375.8	2.9	1.5		
天津 Tianjin	426.1	48.5	377.7	1.5	1.1	0.2	
河北 Hebei	6517.3	126.5	6390.7	19.4	8.6	2.6	1.5
山西 Shanxi	3645.1	8.8	3636.3	15.4	2.5	2.3	2.2
内蒙古 Inner Mongolia	5491.4	84.3	5407.1	77.5	3.8	12.0	1.0
辽宁 Liaoning	3389.7	468.6	2921.1	27.0	2.7	1.3	0.7
吉林 Jilin	3953.2	425.2	3528.0	19.5	2.9	1.8	0.7
黑龙江 Heilongjiang	8995.3	868.8	8126.5	23.4	5.2	8.9	0.5
上海 Shanghai	290.0	253.9	36.1	4.8	1.7	2.2	0.2
江苏 Jiangsu	4448.3	2669.7	1778.6	23.7	11.7	2.5	1.7
浙江 Zhejiang	1617.8	1344.9	272.9	22.2	7.5	7.5	2.3
安徽 Anhui	4291.1	1857.6	2433.5	13.5	5.6	4.3	2.2
福建 Fujian	1204.0	972.5	231.5	9.5	3.2	0.4	0.3
江西 Jiangxi	2308.4	1946.9	361.6	8.0	3.1	0.6	0.7
山东 Shandong	6696.0	156.7	6539.3	34.4	10.9	10.0	2.7
河南 Henan	6805.8	446.6	6359.2	31.0	4.5	2.0	2.1
湖北 Hubei	3358.0	1780.4	1577.6	21.4	4.2	3.0	0.7
湖南 Hunan	3249.7	2562.9	686.8	18.3	3.5	1.2	0.8
广东 Guangdong	2317.3	1698.7	618.7	35.2	5.0	2.6	0.4
广西 Guangxi	2614.2	1540.3	1073.9	29.0	3.8	0.9	0.5
海南 Hainan	429.2	248.2	181.0	3.9	1.1	0.1	0.1
四川 Sichuan	6189.6	3156.0	3033.6	32.8	7.6	10.0	2.7
贵州 Guizhou	1840.0	768.4	1071.6	7.0	1.9	0.9	0.9
云南 Yunnan	2870.6	958.8	1911.9	35.5	3.2	1.7	1.0
西藏 Tibet	222.1	0.8	221.3	0.4	0.1	...	
陕西 Shaanxi	3393.4	176.0	3217.4	54.0	1.9	1.4	2.6
甘肃 Gansu	3482.5	9.3	3473.2	3.5	0.5	0.3	0.6
青海 Qinghai	589.9	...	589.9	1.2	0.2	...	0.2
宁夏 Ningxia	807.2	170.9	636.3	3.8	0.7	0.1	0.2
新疆 Xinjiang	3128.3	76.7	3051.6	41.6	2.0	4.2	2.3

注：年内减少数包括因各种原因占用的耕地和因灾废弃而实际减少了的耕地。

a) The decrease in cultivated area includes the decrease caused by the occupation of cultivated land for various reasons and the abandoned area caused by natural disasters.

12-6 农、林、牧、渔业总产值及指数

GROSS OUTPUT VALUE OF FARMING, FORESTRY, ANIMAL HUSBANDRY AND FISHERY AND RELATED INDICES

本表绝对数按当年价格计算，指数按可比价格计算。

Data in value terms in this table are calculated at current prices, while the indices are calculated at comparable prices.

年份 地区 Year Region	绝对数（亿元） Gross Output Value of Farming, Forestry, Animal Husbandry and Fishery (100 million yuan)					指数（上年=100） Indices of Gross Output of Farming, Forestry, Animal Husbandry and Fishery (preceding year=100)				
	农林牧渔业总产值 Total	农业 Farming	林业 Forestry	牧业 Animal Husbandry	渔业 Fishery	农林牧渔业总产值 Total	农业 Farming	林业 Forestry	牧业 Animal Husbandry	渔业 Fishery
1978	1397.0	1117.5	48.1	209.3	22.1					
1980	1922.6	1454.1	81.4	354.2	32.9	101.4	99.7	112.2	107.0	107.7
1985	3619.5	2506.4	188.7	798.3	126.1	103.4	99.8	104.5	117.2	118.9
1990	7662.1	4954.3	330.3	1967.0	410.6	107.6	108.0	103.1	107.0	110.0
1991	8157.0	5146.4	367.9	2159.2	483.5	103.7	100.9	108.0	108.8	107.6
1992	9084.7	5588.0	422.6	2460.5	613.6	106.4	104.2	107.7	108.8	115.3
1993	10995.5	6605.1	494.0	3014.4	882.0	107.8	105.2	108.0	110.8	118.4
1994	15750.5	9169.2	611.1	4672.0	1298.2	108.6	103.2	108.9	116.7	120.0
1995	20340.9	11884.6	709.9	6045.0	1701.3	110.9	107.9	105.0	114.8	119.4
1996	22358.2	13539.8	778.0	6020.0	2020.4	109.4	107.8	105.7	111.4	114.0
1997	23764.0	13852.5	817.8	6811.0	2282.7	106.6	104.5	103.3	109.5	111.5
1998	24516.7	14241.9	851.3	7000.7	2422.9	106.0	104.9	102.9	107.4	108.8
北京 Beijing	176.58	89.16	3.23	76.60	7.59	103.4	102.3	89.2	104.5	113.0
天津 Tianjin	156.17	98.83	1.20	38.10	18.05	112.6	108.2	140.1	115.5	127.6
河北 Hebei	1505.94	885.88	27.36	547.60	45.09	107.8	107.4	102.1	108.5	110.4
山西 Shanxi	359.15	249.46	13.34	94.80	1.55	111.5	116.5	89.6	105.2	105.4
内蒙古 Inner Mongolia	534.39	335.32	16.88	177.40	4.79	108.1	110.3	104.9	104.6	122.3
辽宁 Liaoning	969.79	534.71	17.35	269.60	148.13	116.0	124.0	111.2	109.7	109.8
吉林 Jilin	666.47	394.86	8.08	254.10	9.43	117.9	125.7	104.0	108.5	107.3
黑龙江 Heilongjiang	736.34	517.59	17.70	184.50	16.55	100.1	96.1	97.8	109.9	110.3
上海 Shanghai	206.78	89.10	0.84	87.30	29.54	102.4	105.1	139.3	101.9	96.7
江苏 Jiangsu	1849.19	1096.88	24.16	435.50	292.65	104.0	103.0	109.9	104.2	107.2
浙江 Zhejiang	1003.71	522.98	59.46	165.90	255.37	103.8	100.4	96.5	103.6	112.3
安徽 Anhui	1202.27	679.61	58.52	335.70	128.44	102.7	97.2	108.4	109.3	114.3
福建 Fujian	973.39	410.96	78.35	200.20	283.88	106.0	103.4	103.0	108.3	109.6
江西 Jiangxi	734.87	361.54	47.62	238.30	87.41	98.2	92.1	101.0	104.4	105.8
山东 Shandong	2174.54	1219.85	45.91	583.40	325.38	109.9	111.3	96.0	111.6	104.9
河南 Henan	1822.99	1159.55	50.20	597.10	16.13	106.9	105.3	104.7	109.7	114.7
湖北 Hubei	1147.51	688.06	41.29	296.30	121.86	101.1	98.0	114.2	101.7	107.8
湖南 Hunan	1232.75	628.69	48.20	476.29	79.57	102.9	98.6	102.4	108.7	107.1
广东 Guangdong	1614.64	861.98	54.65	350.80	347.21	104.8	103.4	103.6	105.2	108.4
广西 Guangxi	865.91	476.24	37.75	263.96	87.95	105.2	106.5	95.5	102.9	110.1
海南 Hainan	242.54	117.73	42.65	37.70	44.47	108.5	109.2	104.3	107.6	113.5
重庆 Chongqing	434.41	254.94	15.09	150.00	14.38	102.5	101.5	117.2	101.7	112.4
四川 Sichuan	1394.14	823.71	45.87	493.10	31.45	104.4	102.7	103.0	106.6	111.7
贵州 Guizhou	402.29	274.55	15.48	108.10	4.17	100.3	97.3	102.2	107.0	118.9
云南 Yunnan	614.50	381.26	41.77	179.30	12.16	104.5	100.6	105.2	112.6	124.2
西藏 Tibet	42.34	22.43	0.88	19.00	0.03	102.3	104.5	103.2	100.7	188.0
陕西 Shaanxi	479.36	340.87	19.23	115.90	3.35	108.9	109.2	109.8	107.7	105.1
甘肃 Gansu	335.79	252.55	8.78	73.30	1.16	115.9	119.1	98.9	108.9	119.0
青海 Qinghai	60.78	31.42	1.00	28.30	0.07	104.7	103.4	101.8	106.4	83.0
宁夏 Ningxia	78.76	53.81	1.00	22.40	1.55	109.3	109.9	66.8	111.6	119.6
新疆 Xinjiang	498.41	387.36	7.40	100.10	3.54	110.8	111.5	105.7	109.0	101.8

12-7 主要农业机械和农产品加工机械拥有量
AGRICULTURAL MACHINERY AND MACHINERY FOR PROCESSING FARM PRODUCTS

(年底数) (year-end)

年份 地区 Year Region		农业机械总动力(万千瓦) Total Power of Agricultural Machinery (10 000 kw)	农用大中型拖拉机 Large and Medium Agricultural Tractors		小型拖拉机 Mini-Tractors		大中型拖拉机机引农具(部) Number of Large and Medium Tractor Towing Farm Machinery (unit)	小型拖拉机机引农具(部) Number of Mini-Tractor Towing Farm Machinery (unit)
			Number (台) (unit)	Capacity (万千瓦) (10 000 kw)	Number (台) (unit)	Capacity (万千瓦) (10 000 kw)		
1978		11749.9	557358	1756.2	1373000	1172.0	1192000	1454000
1980		14745.7	666823	2369.3	1874000	1615.5	1369000	2191000
1985		20912.5	852357	2743.6	3824000	3367.0	1128000	3202000
1986		22950.0	866463	2807.0	4526000	4003.0	1006000	3830000
1987		24836.0	880952	2876.0	5300000	4713.0	1035000	4134000
1988		26575.0	870187	2896.0	5958000	5319.0	971000	5201000
1989		28067.0	848220	2814.0	6543000	5848.0	991000	6043000
1990		28707.7	813512	2745.5	6981000	6231.4	974000	6488000
1991		29388.6	784466	2682.4	7304000	6528.6	991000	7327000
1992		30308.4	758904	2630.2	7507000	6720.0	1044000	8308000
1993		31816.6	721216	2532.5	7883000	7042.7	1001000	8657000
1994		33802.5	693154	2463.5	8237000	7399.7	980000	8662000
1995		36118.1	671846	2404.0	8646266	7848.0	991220	9579774
1996		38546.9	670848	2415.1	9189200	8385.2	1049900	10911500
1997		42015.6	689051	2486.5	10484813	9337.2	1157316	12530020
1998		45207.7	725215	2587.9	11220551	10031.5	1203687	14485796
北京	Beijing	415.5	12032	56.7	30793	31.5	25184	11616
天津	Tianjin	602.1	8901	40.8	38100	35.5	11300	32900
河北	Hebei	6263.9	45767	182.5	1163353	1105.2	76953	1303028
山西	Shanxi	1505.8	20751	78.2	182658	178.3	39456	189435
内蒙古	Inner Mongolia	1125.2	29451	128.5	382845	397.7	44003	422204
辽宁	Liaoning	1138.1	29733	128.3	136800	128.1	46100	137400
吉林	Jilin	827.5	31390	107.0	310063	288.8	55060	685906
黑龙江	Heilongjiang	1454.5	69905	304.7	633164	583.8	171813	514177
上海	Shanghai	155.7	9037	33.7	10890	9.8	21601	10900
江苏	Jiangsu	2594.8	39844	147.5	838740	744.7	76923	1430795
浙江	Zhejiang	1798.8	6299	17.8	266101	226.4	3880	236854
安徽	Anhui	2546.6	9579	36.6	1401770	1087.4	15535	2684137
福建	Fujian	818.4	3075	10.0	152263	141.2	552	60095
江西	Jiangxi	793.9	7803	26.4	79200	81.2	2600	64084
山东	Shandong	5228.3	113525	365.4	987265	808.3	234678	1460153
河南	Henan	4764.4	58567	196.6	2021500	1703.4	94989	2691000
湖北	Hubei	1325.9	71345	149.5	206044	156.8	43293	377491
湖南	Hunan	1825.6	4975	22.0	199544	180.0	2381	48380
广东	Guangdong	1698.2	6718	21.4	326586	253.0	5267	254962
广西	Guangxi	1263.1	10703	39.4	289051	294.7	8103	321764
海南	Hainan	194.3	2649	8.1	26228	24.1	1402	4501
重庆	Chongqing	506.6	1878	3.1	15600	17.4	200	116500
四川	Sichuan	1468.3	10144	23.5	139800	155.4	5800	109500
贵州	Guizhou	494.0	9613	24.8	54000	52.0	7000	13800
云南	Yunnan	1177.1	10902	42.0	292641	284.3	7482	132182
西藏	Tibet	91.5	2142	8.7	23468	24.7	1124	10428
陕西	Shaanxi	940.3	22479	69.9	214918	231.5	33663	257800
甘肃	Gansu	883.1	12735	50.3	293540	295.6	17905	453964
青海	Qinghai	219.4	2750	11.1	138187	122.0	4568	91564
宁夏	Ningxia	316.2	3620	14.1	132335	127.6	4738	108449
新疆	Xinjiang	770.4	56903	239.4	233104	260.9	140134	249827

12-7 续表 continued

（年底数） (year-end)

年份 地区 Year Region	柴油机 Diesel Engines		农用载重汽车 Trucks for Agricultural Use		渔用机动船 Motorized Fishing Boats		
	Number（台）(unit)	Capacity（万千瓦）(10 000kw)	Number（辆）(unit)	Capacity（万千瓦）(10 000kw)	Number（艘）(unit)	Loading Capacity（万吨）(10 000 tons)	Power（万千瓦）(10 000 kw)
1978	2657000	2523.3	73770	468.2	47176	132.5	213.7
1980	2899000	2719.5	137668	879.5	61022	153.6	258.5
1985	2865000	2567.8	429554	3075.6	172582	217.0	367.2
1986	3043000	2690.0	499164	3581.0	205923	256.0	424.0
1987	3202000	2818.0	550192	3966.0	238628	283.1	486.0
1988	3490000	2998.0	591406	4325.0	265126	301.9	545.0
1989	3867000	3207.0	625116	4634.0	289205	329.8	609.0
1990	4111000	3348.5	624384	4621.0	320927	353.1	696.0
1991	4330000	3447.1	616637	4690.5	329843	388.2	733.4
1992	4377000	3441.6	642356	4851.9	335875	421.5	786.1
1993	4554275	3613.1	690469	5245.8	334656	413.4	804.4
1994	4711516	3731.0	747981	5719.4	351327	446.8	831.0
1995	4912068	3839.0	793520	6090.9	376813	512.5	965.6
1996	5092934	3984.9	836899	6422.7	358869	469.5	864.1
1997	5461235	4292.4	875571	6575.0	398788	584.5	1080.4
1998	5816118	4499.0	901105	6781.3	411133	653.0	1174.3
北京 Beijing	502	1.0	18100	129.3			
天津 Tianjin	27900	23.0	27600	216.8	1322	2.0	4.1
河北 Hebei	1362672	1164.0	92100	753.3	9898	19.0	35.3
山西 Shanxi	12058	14.0	53300	467.4			
内蒙古 Inner Mongolia	103341	85.0	14700	125.5	31		0.1
辽宁 Liaoning	64000	57.0	33200	242.9	32766	36.0	75.7
吉林 Jilin	202049	122.0	8900	74.1	582		0.5
黑龙江 Heilongjiang	139453	117.0	10293	76.2	4233	1.0	4.2
上海 Shanghai	47		1500	9.6	2766	12.0	21.1
江苏 Jiangsu	147246	142.0	29100	172.1	58431	95.0	104.7
浙江 Zhejiang	75794	37.0	28500	187.9	60471	192.0	369.1
安徽 Anhui	239291	191.0	37400	264.4	11657	10.0	10.4
福建 Fujian	54919	38.0	18500	164.5	56165	86.0	133.7
江西 Jiangxi	94588	82.0	25960	193.5	10731	5.0	5.6
山东 Shandong	1421733	1157.0	83100	488.7	42148	48.0	96.2
河南 Henan	455200	418.0	57500	408.3	698	0.0	0.6
湖北 Hubei	142059	126.0	18900	130.4	12616	3.0	6.9
湖南 Hunan	564817	257.0	60100	481.2	9625	2.0	3.9
广东 Guangdong	115977	83.0	70500	459.2	66823	81.0	218.1
广西 Guangxi	146595	82.0	26800	249.2	12224	18.0	42.7
海南 Hainan	43043	22.0	6200	46.1	14217	19.0	38.5
重庆 Chongqing	52700	34.0	21300	158.8	1248	22.0	0.8
四川 Sichuan	216900	142.0	47100	374.1	1213		1.1
贵州 Guizhou	46100	28.0	14000	102.0	205		0.2
云南 Yunnan	37303	21.4	38052	337.4	679		0.6
西藏 Tibet	3065	3.0	5000	40.6			0.0
陕西 Shaanxi	21400	19.0	17200	130.9	59		0.1
甘肃 Gansu	12597	13.0	14000	118.5	14		0.0
青海 Qinghai	2554	2.0	5600	47.8	18		0.1
宁夏 Ningxia	1189	1.0	5000	44.6	9		0.0
新疆 Xinjiang	9026	15.0	11600	86.1	284		0.2

12-8 灌溉面积、农用化肥施用量、农村水电及用电情况

IRRIGATED AREA, CONSUMPTION OF CHEMICAL FERTILIZERS, NUMBER OF HYDROPOWER STATIONS AND ELECTRICITY CONSUMPTION IN RURAL AREAS

年份 地区 Year Region	灌溉面积（千公顷）Irrigated Area (1 000 hectares)	化肥施用量（万吨）Consumption of Chemical Fertilizer (10 000 tons)	氮肥 Nitrogenous Fertilizer	磷肥 Phosphate Fertilizer	钾肥 Potash Fertilizer	复合肥 Compound Fertilizer	乡村办水电站 Hyrdopower Station in Rural Areas: 个数 Number	发电能力（万千瓦）Generating Capacity (10 000 kw)	农村用电量（亿千瓦时）Electricity Consumed in Rural Area (100 million kwh)
1978	44965.3	884.0					82387	228.4	253.1
1980	44888.1	1269.4	934.2	273.3	34.6	27.3	80319	304.1	320.8
1985	44035.9	1775.8	1204.9	310.9	80.4	179.6	55754	380.2	508.9
1990	47403.1	2590.3	1638.4	462.4	147.9	341.6	52387	428.8	844.5
1991	47822.1	2805.1	1726.1	499.6	173.9	405.5	49644	456.9	963.2
1992	48590.1	2930.2	1756.1	515.7	196.0	462.4	48082	478.6	1106.9
1993	48727.9	3151.9	1835.1	575.1	212.3	529.4	45153	481.7	1244.8
1994	48759.1	3317.9	1882.0	600.7	234.8	600.6	48722	503.7	1473.9
1995	49281.2	3593.7	2021.9	632.4	268.5	670.8	40699	520.2	1655.7
1996	50381.4	3827.9	2145.3	658.4	289.6	734.7	37743	533.7	1812.7
1997	51238.5	3980.7	2171.7	689.1	322.0	798.1	36117	562.4	1980.1
1998	52295.6	4085.6	2234.4	682.8	346.3	822.2	33211	634.8	2042.1
北京 Beijing	323.7	19.3	11.9	1.0	0.4	6.0	40	1.7	27.7
天津 Tianjin	351.9	15.3	8.7	2.0	0.7	3.9			33.8
河北 Hebei	4388.1	270.2	151.8	43.8	15.3	59.3	108	2.1	167.4
山西 Shanxi	1068.6	86.1	43.6	20.3	4.1	18.1	126	2.8	50.4
内蒙古 Inner Mongolia	2067.9	72.8	43.8	14.1	2.3	12.7	5	0.1	18.3
辽宁 Liaoning	1335.1	114.1	72.0	12.0	7.2	22.8	61	2.2	87.4
吉林 Jilin	1251.0	112.5	68.6	5.4	7.6	30.9	61	3.7	22.5
黑龙江 Heilongjiang	1815.0	125.9	57.5	31.0	9.8	27.6	17	1.2	25.7
上海 Shanghai	277.5	14.8	11.1	1.3	0.3	2.1			69.5
江苏 Jiangsu	3855.4	333.3	196.7	48.2	14.6	73.8	4	40.0	264.0
浙江 Zhejiang	1385.8	90.8	61.3	12.7	5.4	11.5	2229	81.6	200.9
安徽 Anhui	3100.1	253.8	122.9	43.7	22.8	64.4	596	9.3	39.8
福建 Fujian	932.9	118.1	55.4	16.6	22.6	23.5	3457	78.4	61.0
江西 Jiangxi	1897.0	113.1	54.9	20.8	18.4	19.0	1635	20.6	33.3
山东 Shandong	4780.2	406.5	197.5	57.1	32.4	119.6	31	0.3	168.2
河南 Henan	4513.9	382.8	198.7	88.0	30.4	65.7	486	6.2	121.2
湖北 Hubei	2161.9	270.6	165.3	49.8	15.1	40.5	1028	33.1	56.5
湖南 Hunan	2675.1	179.9	98.7	24.6	29.5	27.2	5086	39.3	42.0
广东 Guangdong	1502.0	169.5	96.9	19.3	34.0	19.4	6052	126.4	274.9
广西 Guangxi	1468.1	155.5	60.3	23.8	34.1	37.3	1250	15.0	27.7
海南 Hainan	176.7	22.4	10.1	1.9	2.6	7.8	105	1.2	1.3
重庆 Chongqing	614.1	71.2	47.2	15.5	2.2	6.2	931	22.1	24.3
四川 Sichuan	2390.5	205.3	123.7	40.3	8.8	32.6	3358	76.3	73.5
贵州 Guizhou	638.4	63.5	38.8	10.7	4.3	9.7	835	13.8	11.8
云南 Yunnan	1349.9	105.2	61.5	17.6	8.8	17.3	2725	28.3	31.5
西藏 Tibet	150.3	4.6	2.4	0.6	1.0	0.6	222	1.2	0.2
陕西 Shaanxi	1302.6	124.0	72.3	17.6	5.9	28.2	2221	7.5	48.0
甘肃 Gansu	963.9	63.2	30.3	17.9	2.2	12.8	199	2.7	27.6
青海 Qinghai	187.4	6.9	3.2	1.2	0.3	2.2	48	1.3	2.1
宁夏 Ningxia	387.1	28.8	21.3	3.1	0.1	4.4			7.3
新疆 Xinjiang	2983.6	85.6	46.1	21.1	3.0	15.3	295	16.7	22.5

12-9 灌溉、水库和除涝、治水、治碱情况

IRRIGATION, RESERVOIRS, FLOOD PREVENTION, WATER AND SOIL CONSERVATION AND IMPROVEMENT OF SALINE-ALKALINE LAND

项　　目	Item	1985	1990	1995	1996	1997
年底灌区数　(处)	Number of Irrigation Areas (year-end)	5281	5363	5562	5608	5579
3.3万公顷以上	33 000 Hectares and Over	71	72	74	75	77
2.0-3.3万公顷	20 000-33 000 Hectares	66	76	99	108	115
灌区有效灌溉面积(万公顷)	Effective Irrigated Areas (10 000 hectares)	2077.7	2123.1	2249.9	2206.2	2249.5
3.3万公顷以上	33 000 Hectares and Over	599.6	604.7	631.4	615.0	640.8
2.0-3.3万公顷	20 000-33 000 Hectares	167.0	189.6	244.4	266.5	286.2
水库　(座)	Number of Reservoirs	83219	83387	84775	84905	84837
大型水库	Large	340	366	387	394	397
中型水库	Medium-sized	2401	2499	2593	2618	2634
小型水库	Small	80478	80522	81795	81893	81806
水库库容量　(亿立方米)	Capacity of Reservoirs (100 million cu. m)	4301	4660	4797	4571	4583
大型水库	Large	3076	3397	3493	3260	3267
中型水库	Medium-sized	661	690	719	724	729
小型水库	Small	564	573	585	587	587
易涝面积　(万公顷)	Total Area Liable to Flooding or Water-logging (10 000 hectares)	2420.7	2446.7	2442.5	2458.2	2458.2
除涝面积　(万公顷)	Flooded or Waterlogged Area Under Control (10 000 hectares)	1858.4	1933.7	2006.5	2027.9	2052.6
占易涝面积比重　(%)	Percentage to Total Area Liable to Flooding or Water-logging (%)	76.8	79.0	82.2	82.5	83.5
水土流失面积(万公顷)	Total Area of Soil Erosion (10 000 hectares)	12920	13600	16300	18266.4	18266.4
治理水土流失面积 (万公顷)	Area of Soil Erosion Under Control (10 000 hectares)	4640	5300	6690	6932.1	7224.2
占流失面积比重　(%)	Percentage to Total Area of Soil Erosion (%)	35.9	39.0	41.0	38.0	39.5
盐碱耕地面积　(万公顷)	Total Area of Saline-Alkaline Land (10 000 hectares)	769.3	753.9	765.6	772.5	772.5
治碱面积　(万公顷)	Improved Area of Saline-Alkaline Land (10 000 hectares)	456.9	499.5	543.4	551.3	561.2
占盐碱耕地面积比重(%)	Percentage to Total Area of Saline-Alkaline Land (%)	59.4	66.3	71.0	71.4	72.6
堤防长度　(万公里)	Total Length of Dikes (10 000 km)	17.7	22.0	24.7	24.8	25.1
堤防保护面积　(万公顷)	Area of Land Protected by Dikes (10 000 hectares)	3106.0	3200.0	3060.9	3268.6	3414.6

注：大型水库库容：1亿立方米以上；中型水库库容：1千万至1亿立方米；小型水库库容：10万至1千万立方米。

a) The capacity of the large reservoirs is over 100 million cubic meters, while that of the medium ones is from 10 million to 100 million cubic meters, and that of the small ones is from 100 000 to 10 million cubic meters.

12-10 各地区水利设施和除涝、治碱面积（1997年）

WATER CONSERVANCY FACILITIES AND AREA WITH FLOOD PREVENTION MEASURES AND IMPROVED AREA OF SALINE-ALKALINE LAND BY REGION (1997)

地区 Region		水库数（座） Number of Reservoirs	水库总库容量（亿立方米） Capacity of Reservoirs (100 million cu. m)	除涝面积（万公顷） Area with Flood Prevention Measures (10 000 hectares)	除涝面积占易涝面积% Percentage to Total Area Liable to Flood	治碱面积（千公顷） Improved Area of Saline-Alkaline Land (1 000 ha)	治碱面积占盐碱地面积% Percentage to Total Area of Saline-Alkaline Land
全国	**National Total**	**84837**	**4583.4**	**2052.6**	**83.5**	**5612.3**	**72.7**
北京	Beijing	84	93.5	15.9	94.6	42.9	92.3
天津	Tianjin	105	26.9	40.4	98.1	213.0	91.3
河北	Hebei	1122	149.4	163.3	87.6	807.5	79.3
山西	Shanxi	757	44.1	8.9	78.7	209.2	61.2
内蒙古	Inner Mongolia	443	74.0	25.7	61.6	291.9	55.3
辽宁	Liaoning	922	306.6	98.0	97.4	329.2	85.6
吉林	Jilin	1324	306.8	100.3	89.5	135.8	49.5
黑龙江	Heilongjiang	568	78.3	299.4	71.1	196.7	34.7
上海	Shanghai			6.5	91.1	29.9	86.7
江苏	Jiangsu	917	189.2	275.6	94.1	668.0	91.4
浙江	Zhejiang	3697	345.5	46.9	88.7	4.1	62.1
安徽	Anhui	4822	185.0	208.7	87.2	98.5	87.4
福建	Fujian	2949	79.2	11.1	52.0	21.6	55.3
江西	Jiangxi	9673	264.5	33.2	70.0		
山东	Shandong	5676	192.0	252.4	85.5	892.9	86.1
河南	Henan	2389	267.3	178.9	84.8	672.8	84.2
湖北	Hubei	5827	502.7	119.1	88.2		
湖南	Hunan	13327	295.2	44.9	85.3		
广东	Guangdong	6439	380.5	49.8	84.9		
广西	Guangxi	4393	225.0	19.7	53.7	97.6	32.7
海南	Hainan	999	93.2	1.0	93.0		
重庆	Chongqing	2725	35.2	1.4			
四川	Sichuan	6616	86.5	8.2	48.0	0.5	19.6
贵州	Guizhou	1907	72.2	4.3	47.1		
云南	Yunnan	4973	78.2	20.7	80.0	3.8	64.8
西藏	Tibet						
陕西	Shaanxi	1069	41.0	13.3	87.0	61.9	74.0
甘肃	Gansu	289	86.1	1.2	36.4	77.2	58.7
青海	Qinghai	145	5.3			9.9	50.1
宁夏	Ningxia	195	18.4			68.9	79.5
新疆	Xinjiang	485	61.3	3.8	60.5	678.5	71.9

12-11 农村居民家庭平均每户生产性固定资产原值(年底数)

ORIGINAL VALUE OF PRODUCTIVE FIXED ASSETS PER RURAL HOUSEHOLD(END OF YEAR)

本表为农村住户抽样调查资料。

Data in this table are obtained from the sample surveys on rural households.

单位:元 (yuan)

年份 地区 Year Region	合计 Total	役畜和产品畜 Draught and Commodity Animals	大中型铁木农具 Large and Medium Wood and Iron Farm Tools	农林牧渔业机械 Machinery of Farming, Animal Husbandry and Fishery	工业机械 Industrial Machinery	运输机械 Transport Machinery	生产用房 Buildings for Productive Purpose	其他 Others
1985	792.53	339.01	48.50	67.65	16.13	112.84	174.33	34.07
1990	1258.06	402.36	70.32	197.07	42.12	215.82	269.92	60.45
1995	2774.27	839.21	153.89	523.92	81.93	444.73	672.01	58.57
1996	3605.07	905.05	200.31	768.25	113.36	608.43	899.87	109.80
1997	3896.56	850.01	207.33	878.28	115.92	636.60	982.06	226.36
1998	3970.81	771.06	213.27	1033.75	125.81	569.36	1000.80	256.76
北京 Beijing	3568.36	123.24	22.22	824.27	10.40	1906.81	404.53	276.89
天津 Tianjin	5855.05	479.45	198.74	1622.29	53.33	807.83	1794.97	898.44
河北 Hebei	5461.74	563.51	212.91	2222.17	230.25	1209.86	816.06	206.98
山西 Shanxi	2903.51	711.09	71.90	713.75	74.82	989.96	233.98	108.00
内蒙古 Inner Mongolia	6956.62	1810.41	358.01	2156.35	68.21	389.90	996.19	1177.55
辽宁 Liaoning	3348.95	742.32	113.30	660.51	36.23	625.82	898.41	272.36
吉林 Jilin	4960.05	1404.43	263.32	1625.24	64.19	393.66	1019.48	189.73
黑龙江 Heilongjiang	5841.51	803.86	458.86	3183.29	38.48	446.69	693.89	216.45
上海 Shanghai	2663.97	65.73	52.35	77.63	191.67	298.17	1375.79	602.63
江苏 Jiangsu	3158.94	168.23	115.99	923.62	153.35	525.97	1133.17	138.61
浙江 Zhejiang	6553.31	244.60	188.72	1220.66	770.57	787.71	2878.55	462.49
安徽 Anhui	3674.22	585.41	276.91	1590.09	58.23	144.51	810.17	208.91
福建 Fujian	2459.13	404.00	196.33	210.88	153.29	390.57	763.15	340.91
江西 Jiangxi	2564.05	669.15	291.25	132.51	56.34	365.32	932.65	116.83
山东 Shandong	4036.86	529.77	202.51	1231.07	53.22	919.56	877.40	223.33
河南 Henan	4007.27	489.39	179.02	1922.14	124.19	611.38	503.17	177.98
湖北 Hubei	2604.21	681.59	176.37	380.70	101.02	240.21	849.29	175.04
湖南 Hunan	2563.06	443.13	268.03	242.96	136.27	372.41	978.86	121.41
广东 Guangdong	2964.17	590.32	206.42	390.36	98.17	589.62	818.07	271.22
广西 Guangxi	2869.05	1005.12	170.44	469.60	149.13	339.43	627.89	107.44
海南 Hainan	4135.86	1782.66	110.10	768.00	36.32	837.92	160.43	440.43
重庆 Chongqing	1914.47	313.53	134.95	53.52	51.27	152.91	1017.76	190.53
四川 Sichuan	3325.13	696.07	180.97	150.35	60.07	319.62	1638.46	279.60
贵州 Guizhou	2670.64	950.14	145.26	42.48	74.67	251.95	1042.87	163.27
云南 Yunnan	4053.64	1121.38	76.39	403.72	94.98	450.75	1733.43	173.01
西藏 Tibet	15067.99	8146.92	157.93	1591.48	245.40	1669.64	2907.60	349.03
陕西 Shaanxi	2845.93	453.89	169.21	689.49	115.52	584.63	628.41	204.77
甘肃 Gansu	3377.53	863.48	331.46	918.48	85.03	359.74	628.95	190.40
青海 Qinghai	7156.92	2070.44	396.36	2647.85	95.95	527.24	824.16	594.93
宁夏 Ningxia	6066.32	1179.43	286.98	1548.71	119.88	1566.41	1265.24	99.67
新疆 Xinjiang	8077.50	2306.38	604.43	2883.24	63.09	821.92	1005.53	392.91

12-12 农村居民家庭平均每百户拥有主要生产性固定资产数量（年底数）

NUMBER OF MAJOR PRODUCTIVE FIXED ASSETS PER 100 RURAL HOUSEHOLDS (END OF YEAR)

本表为农村住户抽样调查资料。

Data in this table are obtained from the sample surveys on rural households.

年份 地区 Year Region	汽车 (辆) Motor Vehicles	大中型拖拉机 (台) Large and Medium Tractors	小型和手扶拖拉机 (台) Mini and Walking Tractors	机动脱粒机 (台) Motorized Threshing Machines	胶轮大车 (辆) Carts with Rubber Tires	胶轮手推车 (辆) Hand Carts with Rubber Tires	农用水泵 (台) Pumps	役畜 (头) Draught Animals	产品畜 (头) Commodity Animals
1985	0.25	0.35	2.71	1.91	5.49	36.86	1.69	57.15	32.12
1990	0.28	0.45	5.30	3.55	7.89	40.17	3.86	57.27	30.91
1995	0.51	0.77	9.93	6.33	9.29	40.27	9.07	55.99	50.72
1996	0.78	0.99	12.46	6.87	8.78	37.57	10.97	54.99	56.26
1997	0.82	1.39	14.26	7.41	8.83	37.38	12.12	55.58	52.72
1998	1.01	1.22	14.34	8.58	8.52	38.45	13.73	48.39	52.20
北京 Beijing	6.13	0.80	17.87	0.40	4.00	63.33	2.93	14.13	12.40
天津 Tianjin	2.50	1.00	24.25	9.18	19.32	30.50	18.85	35.67	15.92
河北 Hebei	1.40	2.21	32.85	10.19	19.20	40.88	26.28	31.99	30.44
山西 Shanxi	2.06	1.48	16.26	1.17	6.52	37.30	2.38	47.50	39.10
内蒙古 Inner Mongolia	1.36	1.77	31.45	3.33	30.34	38.35	22.61	113.80	147.68
辽宁 Liaoning	1.14	2.20	8.41	3.44	28.89	33.33	42.02	45.85	21.48
吉林 Jilin	0.44	1.38	18.18	4.13	38.33	13.44	21.91	70.13	25.50
黑龙江 Heilongjiang	1.15	4.10	35.80	4.88	12.35	11.50	13.45	41.00	78.35
上海 Shanghai	0.83		1.17	11.62		59.50	3.17		39.50
江苏 Jiangsu	0.75	0.33	15.14	24.08	9.45	40.84	8.46	4.81	21.94
浙江 Zhejiang	0.92	0.19	4.93	32.29	1.15	90.64	18.23	6.14	38.12
安徽 Anhui	0.61	0.97	26.81	16.72	2.53	44.15	30.20	31.35	37.92
福建 Fujian	1.16	0.17	3.43	10.06	0.51	37.34	8.17	24.39	46.66
江西 Jiangxi	1.02	0.16	2.38	7.97	5.95	42.15	6.36	61.73	42.57
山东 Shandong	0.67	1.87	3.86	7.40	17.27	75.95	23.62	31.23	15.93
河南 Henan	0.70	2.65	33.18	9.04	5.57	63.14	24.15	31.98	20.77
湖北 Hubei	0.72	1.16	6.03	3.00	6.19	25.00	9.88	50.82	21.43
湖南 Hunan	0.48	0.13	2.79	8.83	1.15	10.31	9.16	29.72	30.14
广东 Guangdong	1.04	0.47	8.50	9.72	2.56	25.65	10.15	39.28	31.48
广西 Guangxi	0.56	0.39	6.43	10.13	1.60	18.01	7.12	72.62	43.12
海南 Hainan	1.67	0.42	7.50	7.78	3.75	10.83	9.31	103.01	95.83
重庆 Chongqing	0.67	0.13	0.23	6.33	0.13	1.20	6.23	20.11	39.20
四川 Sichuan	1.13	0.35	1.51	6.67	1.10	4.45	10.84	31.12	66.84
贵州 Guizhou	0.60	0.45	1.12	1.43	2.68	4.26	1.63	84.17	92.90
云南 Yunnan	0.88	0.42	9.90	5.50	2.08	30.09	2.92	85.00	54.17
西藏 Tibet	3.54	2.71	22.08	6.46	7.71	10.00		417.08	625.42
陕西 Shaanxi	0.53	1.13	14.10	3.67	0.95	70.62	10.44	31.40	41.41
甘肃 Gansu	1.08	2.46	20.50	1.38	1.92	70.29	1.79	89.90	21.58
青海 Qinghai	0.33	2.50	41.42	4.10	7.67	57.83	0.83	120.83	140.83
宁夏 Ningxia	1.67		35.00	1.42	1.17	66.67	4.08	69.00	41.67
新疆 Xinjiang	1.13	3.77	24.20	1.93	28.27	45.93	2.67	101.67	308.93

12-13 各地区农村居民家庭平均每人经营耕地情况（1998年）
PER CAPITA AREA OF CULTIVATED LAND MANAGED BY RURAL HOUSEHOLDS BY REGION (1998)

本表为农村住户抽样调查资料。

Data in this table are obtained from the sample surveys on rural households.

单位：亩 (mu)

地区 Region		经营耕地面积 Area of Cultivated Land Under Management	#承包地 Contracted Land	#自留地 Family Plots	经营山地面积 Hilly Area Under Management	#承包地 Contracted Land	#自留地 Family Polts	#植树造林面积 Afforesded Hilly Area	经营水面面积 Water Area Under Management
全　国	**National Total**	**2.06**	**1.90**	**0.10**	**0.43**	**0.28**	**0.13**	**0.05**	**0.02**
北　京	Beijing	0.85	0.77	0.04	0.06	0.05	0.01	0.02	0.01
天　津	Tianjin	1.60	1.57	0.01					0.04
河　北	Hebei	2.03	1.93	0.08	0.10	0.09		0.06	
山　西	Shanxi	3.05	2.88	0.14	0.08	0.06	0.02	0.02	
内蒙古	Inner Mongolia	6.89	6.57	0.18	0.24	0.19	0.05	0.02	
辽　宁	Liaoning	2.84	2.63	0.19	0.32	0.07	0.24	0.07	0.01
吉　林	Jilin	4.68	4.47	0.17	0.11	0.06	0.03	0.07	0.01
黑龙江	Heilongjiang	8.23	8.03	0.16	0.01	0.01			0.03
上　海	Shanghai	0.97	0.86	0.10					0.01
江　苏	Jiangsu	1.25	1.16	0.08	0.01				0.05
浙　江	Zhejiang	0.90	0.82	0.06	0.61	0.34	0.26	0.07	0.03
安　徽	Anhui	1.49	1.43	0.04	0.43	0.30	0.12	0.02	0.01
福　建	Fujian	0.84	0.74	0.07	1.04	0.47	0.44	0.20	0.02
江　西	Jiangxi	1.32	1.20	0.08	0.67	0.46	0.20	0.07	0.05
山　东	Shandong	1.46	1.41	0.04	0.02	0.01	0.01		
河　南	Henan	1.51	1.38	0.07	0.01				
湖　北	Hubei	1.47	1.36	0.08	0.73	0.37	0.37	0.07	0.03
湖　南	Hunan	1.14	0.99	0.10	0.52	0.25	0.26	0.06	0.04
广　东	Guangdong	0.93	0.82	0.06	0.46	0.22	0.22	0.07	0.10
广　西	Guangxi	1.32	1.05	0.09	0.54	0.29	0.21	0.14	0.02
海　南	Hainan	1.32	1.01	0.16	0.67	0.44	0.12	0.28	0.03
重　庆	Chongqing	1.01	0.92	0.09	0.25	0.07	0.18	0.01	0.01
四　川	Sichuan	1.04	0.92	0.09	0.28	0.09	0.17	0.05	0.01
贵　州	Guizhou	1.09	0.89	0.13	0.33	0.21	0.10	0.03	
云　南	Yunnan	1.70	1.37	0.17	1.11	0.63	0.42	0.07	0.01
西　藏	Tibet	2.20	2.15	0.05					
陕　西	Shaanxi	2.33	2.16	0.10	0.70	0.52	0.16	0.06	
甘　肃	Gansu	2.74	2.47	0.24	0.37	0.28	0.05	0.03	0.01
青　海	Qinghai	2.72	2.30	0.21	6.83	6.83			
宁　夏	Ningxia	3.76	3.37	0.20	0.06	0.05			0.01
新　疆	Xinjiang	4.23	3.86	0.16					

12-14 农作物总播种面积

TOTAL SOWN AREAS OF FARM CROPS

单位：千公顷 (1 000 hectares)

年份 地区 Year Region	农作物总播种面积 Total Sown Area	粮食作物播种面积 Sown Area of Grain Crops	谷物 Cereal	#稻谷 Rice	#小麦 Wheat	#玉米 Corn	豆类 Soybeans
1978	150104	120587		34421	29183	19961	
1980	146379	117234		33879	29228	20353	
1985	143626	108845		32070	29218	17694	
1986	144204	110933		32266	29616	19124	
1987	144957	111268		32193	28798	20212	
1988	144869	110123		31987	28785	19692	
1989	146554	112205		32700	29841	20353	
1990	148362	113466		33064	30753	21401	
1991	149586	112314	94073	32590	30948	21574	9163
1992	149007	110560	92520	32090	30496	21044	8983
1993	147741	110509	88912	30355	30235	20694	12377
1994	148241	109544	87537	30171	28981	21152	12736
1995	149879	110060	89310	30744	28860	22776	11232
1996	152381	112548	92208	31407	29611	24498	10543
1997	153969	112912	91964	31765	30057	23775	11164
1998	155706	113787	92117	31214	29774	25239	11671
北京 Beijing	535.3	422.7	404.3	19.4	171.2	207.7	13.4
天津 Tianjin	578.1	446.6	395.4	54.4	153.4	163.0	48.6
河北 Hebei	9097.7	7305.7	6243.8	153.2	2764.0	2581.0	647.8
山西 Shanxi	4038.0	3296.7	2484.7	6.1	963.4	886.6	466.5
内蒙古 Inner Mongolia	6027.0	5030.7	3404.6	117.8	1092.5	1470.8	1124.7
辽宁 Liaoning	3630.3	3039.2	2656.2	496.0	150.2	1638.0	273.4
吉林 Jilin	4061.6	3567.2	3104.5	459.0	74.5	2421.3	371.6
黑龙江 Heilongjiang	9193.8	8088.9	5275.0	1566.7	961.4	2487.2	2545.6
上海 Shanghai	556.4	352.5	343.8	203.3	103.9	7.3	8.7
江苏 Jiangsu	8058.3	5946.3	5434.7	2369.7	2315.0	473.5	348.9
浙江 Zhejiang	3919.6	2799.5	2436.9	2007.9	255.1	43.8	178.3
安徽 Anhui	8564.2	5991.0	4920.7	2158.3	2095.0	570.3	584.9
福建 Fujian	2918.8	2028.6	1510.8	1387.9	55.0	35.5	140.7
江西 Jiangxi	5804.0	3414.5	3016.2	2900.8	65.8	32.7	237.7
山东 Shandong	11138.0	8132.5	7057.6	157.6	3982.0	2781.9	553.4
河南 Henan	12567.1	9102.0	7783.4	498.4	4964.0	2152.7	727.2
湖北 Hubei	7696.0	4728.1	3959.2	2239.3	1211.2	440.9	339.3
湖南 Hunan	7936.3	5074.8	4395.2	3976.4	144.6	221.8	284.8
广东 Guangdong	5540.2	3529.0	2888.6	2686.0	17.8	156.1	128.3
广西 Guangxi	6293.4	3757.7	3063.2	2433.5	25.5	578.7	349.0
海南 Hainan	937.6	571.2	407.6	388.5		18.6	17.5
重庆 Chongqing	3614.5	2900.6	1921.8	794.7	548.2	526.1	198.3
四川 Sichuan	9714.4	7337.7	5663.6	2167.4	1864.6	1364.8	389.1
贵州 Guizhou	4514.2	3128.6	2165.7	746.8	604.5	728.8	316.9
云南 Yunnan	5225.9	3886.3	3035.0	919.6	706.8	1095.7	508.3
西藏 Tibet	229.4	200.4	187.8	1.1	55.0	3.2	12.5
陕西 Shaanxi	4697.2	4030.1	3158.2	160.0	1610.5	1065.2	472.8
甘肃 Gansu	3767.8	2890.5	2377.9	8.4	1323.5	511.7	162.3
青海 Qinghai	566.9	384.9	289.3		211.9	2.3	58.1
宁夏 Ningxia	1005.3	817.4	618.9	66.5	316.8	143.2	101.1
新疆 Xinjiang	3278.6	1585.6	1512.4	69.1	966.8	428.6	61.0

12-14 **续表** 1 continued

单位：千公顷 (1 000 hectares)

年份 地区 Year Region	薯类 Tubers	油料 Oil-bearing Crops	#花生 Peanuts	#油菜籽 Rapeseeds	棉花 Cotton	麻类 Fiber Crops	#黄红麻 Jute and Ambary Hemp	糖料 Sugar Crops
1978	11796	6222	1768	2599	4867	751	412	879
1980	10153	7928	2339	2844	4920	666	314	922
1985	8572	11800	3319	4494	5141	1231	991	1525
1986	8685	11414	3253	4916	4306	762	345	1470
1987	8867	11180	3022	5267	4844	967	272	1357
1988	9054	10619	2977	4937	5535	735	277	1669
1989	9097	10504	2946	4993	5203	563	286	1529
1990	9121	10900	2907	5503	5588	495	300	1679
1991	9078	11530	2880	6133	6538	453	270	1947
1992	9057	11489	2976	5976	6835	434	277	1906
1993	9220	11142	3379	5300	4985	420	274	1687
1994	9270	12081	3776	5783	5528	372	176	1755
1995	9519	13101	3809	6907	5422	376	147	1820
1996	9798	12555	3616	6734	4722	350	147	1846
1997	9785	12381	3722	6475	4491	327	162	1923
1998	10000	12919	4039	6527	4459	224	93	1984
北京 Beijing	5.0	9.7	9.2		2.1			
天津 Tianjin	2.6	20.1	5.8		6.1	0.2	0.2	
河北 Hebei	414.2	632.4	425.2	34.1	315.7	5.0	4.4	8.0
山西 Shanxi	345.5	351.1	21.5	9.7	65.4	0.5		30.8
内蒙古 Inner Mongolia	501.4	567.4	2.4	155.9	0.9	3.2		117.4
辽宁 Liaoning	109.6	122.4	91.0	0.3	20.5	0.2		17.2
吉林 Jilin	91.1	121.9	27.6			0.4		23.3
黑龙江 Heilongjiang	268.3	208.8	12.5	34.2		35.8		230.6
上海 Shanghai		57.6	1.0	56.6	4.5			1.2
江苏 Jiangsu	162.7	626.8	141.4	468.9	416.2	1.0	0.5	3.8
浙江 Zhejiang	184.3	281.9	11.7	266.6	62.8	2.6	2.4	10.7
安徽 Anhui	485.4	1225.3	238.0	872.1	395.5	22.7	16.9	6.6
福建 Fujian	377.1	119.8	99.8	18.6	0.5	0.6	0.4	32.8
江西 Jiangxi	160.6	947.7	151.8	745.3	108.4	10.3	2.8	38.6
山东 Shandong	521.5	858.8	836.2	18.0	414.0	3.8	3.3	0.8
河南 Henan	591.3	1235.9	791.0	237.2	800.0	31.4	30.3	3.7
湖北 Hubei	429.7	1128.6	121.5	887.0	431.6	24.6	7.9	20.0
湖南 Hunan	394.7	912.5	129.2	776.2	198.7	22.5	0.9	34.8
广东 Guangdong	512.1	356.0	340.6	12.8		1.7	1.7	235.9
广西 Guangxi	345.5	353.9	222.1	120.3	2.1	8.7	7.5	614.0
海南 Hainan	146.2	55.9	50.4			0.8	0.8	72.4
重庆 Chongqing	780.5	192.4	33.5	148.9	1.9	5.3	1.1	2.0
四川 Sichuan	1285.0	835.6	166.3	664.5	139.6	31.1	11.1	30.0
贵州 Guizhou	646.0	448.1	39.6	400.6	3.1	3.5	0.6	13.2
云南 Yunnan	343.0	142.8	37.4	89.1	1.8	3.1	0.1	283.8
西藏 Tibet	0.1	17.0		17.0				
陕西 Shaanxi	399.1	284.7	31.6	136.8	35.2	1.1		2.1
甘肃 Gansu	350.4	333.1	0.6	130.3	33.5	2.6		31.2
青海 Qinghai	37.5	147.8		142.1				
宁夏 Ningxia	97.4	110.9		0.2		0.2		9.0
新疆 Xinjiang	12.2	212.1	0.5	84.1	999.3	1.9		110.8

12-14 **续表** 2 continued

单位：千公顷 (1 000 hectares)

年份 地区 Year Region	#甘蔗 Sugarcane	#甜菜 Beetroots	烟叶 Tobacco	#烤烟 Fluecured Tobacco	蔬菜 Vegetables	茶园面积 Area of Tea Plantations at Year-end	果园面积 Area of Orchards at Year-end
1978	549	331	784	613	3331	1048	1657
1980	479	443	512	397	3163	1041	1783
1985	965	561	1313	1077	4753	1045	2736
1986	950	521	1125	895	5304	1024	3672
1987	859	498	1128	913	5572	1044	4508
1988	924	745	1555	1304	6032	1056	5066
1989	959	569	1798	1503	6290	1065	5372
1990	1009	670	1593	1342	6338	1061	5179
1991	1164	783	1804	1562	6546	1060	5318
1992	1246	660	2093	1849	7031	1084	5818
1993	1088	599	2089	1835	8084	1171	6432
1994	1057	698	1490	1302	8921	1135	7264
1995	1125	695	1470	1309	9515	1115	8098
1996	1189	656	1853	1683	10491	1103	8553
1997	1312	612	2353	2161	11288	1076	8648
1998	1401	583	1361	1200	12293	1057	8535
北　京 Beijing					90.2		60.2
天　津 Tianjin			0.1		94.5		31.5
河　北 Hebei		8.0	5.7	4.3	667.7		1005.0
山　西 Shanxi		30.8	6.3	5.4	200.5		297.0
内蒙古 Inner Mongolia		117.4	5.9	4.0	114.5		72.2
辽　宁 Liaoning		17.2	15.2	13.0	353.2		391.7
吉　林 Jilin		23.3	20.4	12.0	236.7		101.7
黑龙江 Heilongjiang		230.6	58.6	53.6	354.0		59.6
上　海 Shanghai	1.2				107.0		11.4
江　苏 Jiangsu	3.3	0.5	0.3	0.1	733.8	18.9	134.1
浙　江 Zhejiang	10.7		1.3		368.0	127.3	240.6
安　徽 Anhui	5.6	1.0	23.7	23.0	449.1	116.9	88.5
福　建 Fujian	32.8		46.6	45.2	465.3	124.2	568.6
江　西 Jiangxi	38.6		17.1	13.9	491.6	48.2	295.6
山　东 Shandong		0.8	53.2	52.1	1324.5	4.0	819.9
河　南 Henan	3.6		160.5	158.7	934.5	20.9	385.8
湖　北 Hubei	20.0		67.9	48.5	824.4	116.6	226.9
湖　南 Hunan	34.8		90.0	80.3	585.0	75.5	319.5
广　东 Guangdong	235.9		33.5	26.2	992.9	43.4	922.8
广　西 Guangxi	614.0		30.7	16.5	734.7	24.8	712.4
海　南 Hainan	72.4		0.4		147.1	4.8	47.3
重　庆 Chongqing	2.0		56.6	41.7	282.3	23.1	89.0
四　川 Sichuan	29.6	0.4	72.4	46.3	683.4	76.9	240.4
贵　州 Guizhou	13.1		199.0	178.3	314.6	41.9	58.8
云　南 Yunnan	283.5	0.2	322.6	313.2	247.3	159.4	195.2
西　藏 Tibet					7.3	0.3	1.1
陕　西 Shaanxi	0.1	2.0	59.1	54.0	193.1	28.5	663.8
甘　肃 Gansu		31.2	9.4	7.7	166.7	0.9	299.9
青　海 Qinghai			0.1		12.5		5.6
宁　夏 Ningxia		9.0	0.2	0.2	33.9		37.2
新　疆 Xinjiang		110.8	4.3	2.5	82.6		151.8

12-15 主要农产品单位面积产量
YIELD OF MAJOR FARM CROPS PER HECTARE

单位：公斤/公顷 (kg/hectare)

年份 Year	地区 Region	谷物 Cereals	棉花 Cotton	花生 Peanuts	油菜籽 Rapeseeds	芝麻 Sesame	黄红麻 Jute and Ambary Hemp	甘蔗 Sugar-cane	甜菜 Beet-roots	烤烟 Fluecured Tobacco
1978			450	1350	720	510	1320	38505	8175	1725
1980			555	1545	840	330	1755	47565	14250	1815
1985			810	2010	1245	660	2085	53430	15915	1920
1986			825	1815	1200	615	2055	52860	15960	1530
1987			870	2040	1260	600	2085	55140	16350	1785
1988			750	1905	1020	570	1950	53115	17190	1800
1989			735	1815	1095	465	2310	50850	16245	1605
1990			810	2190	1260	705	2415	57120	21660	1680
1991		4206	870	2190	1215	645	1905	58350	20790	1710
1992		4342	660	2000	1281	692	2233	58605	22832	1687
1993		4557	750	2492	1309	747	2449	59012	20124	1654
1994		4500	785	2564	1296	794	2020	57671	17936	1491
1995		4659	879	2687	1416	908	2534	58136	20132	1584
1996		4894	890	2804	1367	969	2491	56225	25483	1750
1997		4823	1025	2592	1479	919	2649	60158	24475	1809
1998		4953	1009	2943	1272	1042	2677	59549	24806	1740
北京	Beijing	5785	856	3020		830				
天津	Tianjin	5146	1030	2554		807	2872			
河北	Hebei	4293	856	2787	1209	749	3053		21460	1931
山西	Shanxi	3747	855	1935	1333	1037			25496	1714
内蒙古	Inner Mongolia	3877	2681	2519	901	718			22075	2343
辽宁	Liaoning	6515	874	2177	1260	641			24264	2017
吉林	Jilin	7630		1624		853			23885	1637
黑龙江	Heilongjiang	4708		1016	943	1009			13450	1550
上海	Shanghai	6119	1058	3192	1143			60294		
江苏	Jiangsu	5921	1110	3459	1370	1460	2783	56556	24206	1678
浙江	Zhejiang	5407	1033	2562	1205	1163	3334	57823		
安徽	Anhui	4623	733	3456	945	1015	2568	39201	25817	2027
福建	Fujian	5048		2268	1011	724	2369	66910		1590
江西	Jiangxi	4796	702	2203	641	616	2350	48323		1148
山东	Shandong	5352	997	3962	2008	1151	2854		3626	2150
河南	Henan	4610	911	3272	1427	929	2438	43668		1936
湖北	Hubei	5674	753	3529	1745	1593	5631	55100		1720
湖南	Hunan	5605	969	1965	1219	1054	2690	54108		1786
广东	Guangdong	5837		2292	791	883	2542	74476		1831
广西	Guangxi	4744	436	1911	940	657	2040	58347		1433
海南	Hainan	4118		1807		729	3676	48865		
重庆	Chongqing	4429	678	1617	1278	651	1467	36231		1381
四川	Sichuan	5307	728	2001	1694	980	1667	54537	6180	1275
贵州	Guizhou	4168	498	1669	1367	571	1986	41677	6250	1638
云南	Yunnan	3809	422	1214	1342	509	1439	56349	15958	1800
西藏	Tibet	4341			1770					
陕西	Shaanxi	3617	649	2199	1285	1117			23166	1578
甘肃	Gansu	3121	1821	1781	1655				41958	2419
青海	Qinghai	3448			1438				21433	
宁夏	Ningxia	4288			1063				34436	2500
新疆	Xinjiang	5386	1401	3967	1465				46330	1758

12-16 主要农产品产量

YIELD OF MAJOR FARM CROPS

单位：万吨　　　　　　　　　　　　　　　　　　　　　　(10 000 tons)

年份　地区 Year　Region	粮食 Grain	谷物 Cereal	#稻谷 Rice	#小麦 Wheat	#玉米 Corn	豆类 Beans	薯类 Tubers	油料 Oil-bearing Crops
1978	30477.0		13693.0	5384.0	5595.0		3174.0	521.8
1980	32056.0		13991.0	5521.0	6260.0		2873.0	769.1
1985	37911.0		16857.0	8581.0	6383.0		2604.0	1578.4
1987	40298.0		17426.0	8590.0	7924.0		2820.0	1527.8
1988	39408.0		16911.0	8543.0	7735.0		2697.0	1320.3
1989	40755.0		18013.0	9081.0	7893.0		2730.0	1295.2
1990	44624.0		18933.0	9823.0	9682.0		2743.0	1613.2
1991	43529.0	39566.3	18381.0	9595.0	9877.0	1247.1	2716.0	1638.3
1992	44265.8	40169.6	18622.2	10158.7	9538.3	1252.0	2844.2	1641.2
1993	45648.8	40517.4	17751.4	10639.0	10270.4	1950.4	3181.1	1803.9
1994	44510.1	39389.1	17593.3	9929.7	9927.5	2095.6	3025.4	1989.6
1995	46661.8	41611.6	18522.6	10220.7	11198.6	1787.5	3262.6	2250.3
1996	50453.5	45127.1	19510.3	11056.9	12747.1	1790.3	3536.0	2210.6
1997	49417.1	44349.3	20073.5	12328.9	10430.9	1875.5	3192.3	2157.4
1998	51229.5	45624.7	19871.3	10972.6	13295.4	2000.6	3604.2	2313.9
北　京 Beijing	239.2	233.9	13.3	96.7	122.6	3.0	2.3	2.8
天　津 Tianjin	210.1	203.5	45.2	76.1	75.5	5.5	1.1	3.8
河　北 Hebei	2917.5	2680.3	99.2	1253.6	1187.2	95.0	142.2	138.8
山　西 Shanxi	1081.5	931.0	4.0	320.9	476.1	61.0	89.5	42.5
内蒙古 Inner Mongolia	1575.4	1319.9	60.3	282.7	839.8	128.5	127.0	90.3
辽　宁 Liaoning	1828.9	1730.4	378.9	61.4	1120.9	52.2	46.3	23.4
吉　林 Jilin	2506.0	2368.6	385.5	10.6	1924.7	88.1	49.3	21.3
黑龙江 Heilongjiang	3008.5	2483.4	925.8	285.2	1199.7	458.6	66.5	16.9
上　海 Shanghai	212.6	210.4	163.0	31.1	4.9	2.2		6.8
江　苏 Jiangsu	3415.1	3218.0	2089.2	759.7	286.2	93.5	103.6	115.6
浙　江 Zhejiang	1435.2	1317.6	1207.8	61.2	14.9	35.7	81.9	35.5
安　徽 Anhui	2591.0	2274.7	1390.2	599.1	226.5	103.5	212.8	176.5
福　建 Fujian	958.1	762.7	728.8	15.4	9.8	26.8	168.6	24.6
江　西 Jiangxi	1555.5	1446.6	1425.6	9.2	8.7	38.1	70.8	84.3
山　东 Shandong	4264.8	3777.4	138.9	2024.5	1553.6	141.6	345.9	335.6
河　南 Henan	4009.6	3587.8	369.7	2073.5	1096.3	127.6	294.3	312.1
湖　北 Hubei	2475.8	2246.5	1633.2	409.3	186.7	68.8	160.4	216.7
湖　南 Hunan	2647.9	2463.6	2345.0	25.7	82.1	50.2	134.1	120.7
广　东 Guangdong	1947.6	1686.2	1614.1	5.1	59.8	24.2	237.2	79.3
广　西 Guangxi	1557.1	1453.1	1290.9	3.5	156.2	40.1	63.9	54.4
海　南 Hainan	210.8	167.9	162.4		5.2	2.6	40.3	9.5
重　庆 Chongqing	1122.5	851.2	515.8	130.6	190.8	21.5	249.8	25.1
四　川 Sichuan	3519.7	3005.9	1643.7	601.1	623.1	74.4	439.4	146.4
贵　州 Guizhou	1100.0	902.6	476.4	108.9	309.0	36.6	160.8	62.2
云　南 Yunnan	1319.5	1156.0	537.5	151.3	418.1	76.5	87.0	17.5
西　藏 Tibet	85.0	81.5	0.5	29.1	1.3	3.4	0.1	3.0
陕　西 Shaanxi	1303.1	1142.4	101.3	504.2	481.1	61.7	99.0	35.5
甘　肃 Gansu	872.0	742.1	5.8	412.6	258.0	41.6	88.3	45.5
青　海 Qinghai	128.2	99.8		79.9	1.8	13.6	14.9	21.0
宁　夏 Ningxia	294.9	265.4	62.9	93.8	99.9	9.1	20.4	8.6
新　疆 Xinjiang	836.6	814.5	56.3	456.6	274.8	15.5	6.6	37.5

12-16 续表

单位：万吨

年份 地区 Year Region	#花生 Peanuts	#油菜籽 Rapeseeds	#芝麻 Sesame	棉花 Cotton	麻类 Fiber Crops	#黄红麻 Jute and Ambary Hemp	甘蔗 Sugarcane	甜菜 Beetroots
1978	237.7	186.8	32.2	216.7	135.1	54.4	2111.6	270.2
1980	360.0	238.4	25.9	270.7	143.6	54.9	2280.7	630.5
1985	666.4	560.7	69.1	414.7	444.8	206.0	5154.9	891.9
1987	617.1	660.5	52.6	424.5	208.4	56.9	4736.3	814.0
1988	569.3	504.4	40.4	414.9	127.0	54.0	4906.4	1281.0
1989	536.3	543.6	33.8	378.8	112.4	66.0	4879.5	924.3
1990	636.8	695.8	46.9	450.8	109.7	72.6	5762.0	1452.5
1991	630.3	743.6	43.5	567.5	88.4	51.3	6789.8	1628.9
1992	595.3	765.3	51.6	450.8	93.8	61.9	7301.1	1506.9
1993	842.1	693.9	56.3	373.9	96.0	67.2	6419.4	1204.8
1994	968.2	749.2	54.8	434.1	74.7	35.5	6092.7	1252.6
1995	1023.5	977.7	58.3	476.8	89.7	37.1	6541.7	1398.4
1996	1013.8	920.1	57.5	420.3	79.5	36.5	6687.6	1672.6
1997	964.8	957.8	56.6	460.3	74.9	43.0	7889.7	1496.8
1998	1188.6	830.1	65.6	450.1	49.5	24.8	8343.8	1446.6
北京 Beijing	2.8			0.2				
天津 Tianjin	1.5		0.1	0.6	0.1	0.1		
河北 Hebei	118.5	4.1	2.2	27.0	1.4	1.3		17.1
山西 Shanxi	4.2	1.3	1.7	5.6				78.6
内蒙古 Inner Mongolia	0.6	14.1	0.4	0.2	0.3			259.2
辽宁 Liaoning	19.8		0.6	1.8				41.6
吉林 Jilin	4.5		0.3		0.1			55.6
黑龙江 Heilongjiang	1.3	3.2	0.1		9.1			310.2
上海 Shanghai	0.3	6.5		0.5			7.1	
江苏 Jiangsu	48.9	64.3	2.4	46.2	0.3	0.2	18.4	1.3
浙江 Zhejiang	3.0	32.1	0.4	6.5	0.8	0.8	61.9	
安徽 Anhui	82.3	82.4	11.6	29.0	5.5	4.3	21.8	2.6
福建 Fujian	22.6	1.9	0.1		0.1	0.1	219.3	
江西 Jiangxi	33.4	47.8	3.1	7.6	1.6	0.7	186.4	
山东 Shandong	331.3	3.6	0.5	41.3	1.0	1.0		0.3
河南 Henan	258.8	33.8	19.1	72.8	7.7	7.4	15.9	
湖北 Hubei	42.9	154.8	18.1	32.5	7.4	4.5	110.0	
湖南 Hunan	25.4	94.6	0.6	19.2	4.2	0.2	188.4	
广东 Guangdong	78.0	1.0	0.2		0.4	0.4	1756.9	
广西 Guangxi	42.4	11.3	0.5	0.1	1.7	1.5	3582.3	
海南 Hainan	9.1		0.4		0.3	0.3	353.7	
重庆 Chongqing	5.4	19.0	0.4	0.1	0.8	0.2	7.3	
四川 Sichuan	33.3	112.6	0.2	10.2	4.3	1.8	161.5	0.2
贵州 Guizhou	6.6	54.8		0.2	0.3	0.1	54.8	
云南 Yunnan	4.5	12.0		0.1	0.2		1597.7	0.4
西藏 Tibet		3.0						
陕西 Shaanxi	6.9	17.6	2.5	2.3	0.1		0.3	4.6
甘肃 Gansu	0.1	21.6		6.1	0.3			130.9
青海 Qinghai		20.4						0.1
宁夏 Ningxia								30.9
新疆 Xinjiang	0.2	12.3		140.0	1.2			513.1

continued

(10 000 tons)

烟叶 Tobacco	#烤烟 Flue-cured Tobacco	蚕茧（吨） Silkworm Cocoons (ton)	#桑蚕茧 Mulberry Silkworm Cocoons	茶叶（吨） Tea (ton)	水果（吨） Fruits (ton)	#苹果 Apples	#柑桔 Citrus	#梨 Pears	#葡萄 Grapes	#香蕉 Bananas
124.2	105.2	228150	173300	268000	6569700	2275150	382700	1516950	103850	85350
84.5	71.7	325750	249800	303700	6792550	2363100	712600	1466300	110000	61300
242.5	207.5	371354	335760	432337	11639456	3614111	1808347	2136766	361409	631017
194.3	163.6	402152	353537	507972	16679158	4263836	3223848	2489040	640878	2029498
273.4	233.7	440804	394397	545417	16661004	4344394	2560013	2721242	792247	1829672
283.0	240.5	488098	434758	534876	18319316	4498920	4561104	2564959	874245	1403736
262.7	225.9	534421	480179	540070	18744222	4319315	4854935	2352753	858525	1455927
303.1	267.0	583656	550541	541581	21761256	4540445	6332543	2497760	915882	1981170
349.9	311.9	692205	659522	559827	24400930	6555836	5160081	2846121	1125102	2450988
345.1	303.6	756667	711622	599941	30112154	9069557	6560974	3217130	1354770	2700680
223.8	194.0	813078	776941	588468	34998152	11129017	6805445	4042932	1522083	2897832
231.4	207.2	800218	759835	588553	42146267	14007662	8224984	4942445	1741707	3125003
323.4	294.6	508312	470942	593386	46528224	17047250	8456587	5806627	1883142	2535591
425.1	390.8	469432	422976	613366	50893223	17218571	10102200	6414831	2032805	2892268
236.4	208.8	525669	475453	665034	54528533	19480719	8590360	7275464	2358219	3518175
1.2	0.8	827	817		6296892	1930339		2388517	404436	
1.1	0.9	4405	4405		1773119	1410718		101843	33393	
1.3	0.9	873			201176	36729		116421	16826	
3.1	2.6	44563	85		2985505	1674628		610898	275557	
4.3	2.0	1822	1		455399	105877		134799	50302	
9.4	8.3	1049			184918	102137		28357	8157	
0.1		85110	85110	12045	1443649	628721	31306	308453	71577	
0.3		104201	104201	113221	2064155	991	1496872	85740	92021	
4.8	4.7	25450	25053	49507	825029	257280	2806	426452	34281	
7.4	7.2	54	54	118911	3430433	218	1464206	72289	27503	659787
2.0	1.6	3766	3766	17469	454628		295719	32784	2551	
11.5	11.2	43145	41886	1561	8396986	5995558		714667	268986	
31.1	30.7	6037	6014	7979	3125976	2226396	10899	202469	153047	
12.0	8.3	14186	14055	56265	1828374	60029	730900	564420	53893	
15.4	14.3	784	778	58496	1090657		899125	24719	13359	
6.6	4.8	20722	20706	38889	4531223		756912	31621		1642127
4.6	2.4	17799	17746	19717	3247332		869857	62381	21662	852923
8.0	5.8	29226	29226	15299	740977	6167	546494	52070	8618	1935
10.7	5.9	92848	92848	50859	2129157	177420	1178350	249712	82611	7374
32.0	29.2	1564	1564	17780	274973	6828	86624	38972	7621	10356
57.3	56.4	7149	7149	77487	680702	79767	81524	145803	11881	107677
9.3	8.5	15543	15543	6288	4307699	3473510	27672	376370	41845	
2.2	1.9	377	377	219	1131716	670039	1522	238237	13782	
0.1	0.1	244	144		156271	125552		6951	5806	
0.7	0.4	3722	3722		1214789	240094		108783	555408	

12-17 主要林产品产量
OUTPUT OF MAJOR FOREST PRODUCTS

单位：吨 (ton)

年份 地区 Year Region		橡胶 Rubber	松脂 Pine Resin	生漆 Lacquer	油桐籽 Tung-oil Seeds	油茶籽 Tea-oil Seeds	核桃 Walnuts
	1978	101600	337600	2200	391150	478900	113000
	1980	112945	420750	2450	303350	490350	118900
	1985	187901	343947	2168	378770	619229	121917
	1986	209709	416287	2874	346227	437746	136335
	1987	237578	522917	3296	341742	518398	147241
	1988	239810	461370	3334	358697	462622	177098
	1989	242766	486837	2951	334757	667245	160054
	1990	264243	435244	2683	350770	523313	149560
	1991	296353	440431	2954	327544	620727	151644
	1992	309348	469331	3350	437154	629112	163862
	1993	326062	580780	3376	421027	487942	192159
	1994	374002	569270	3219	434539	630737	209997
	1995	424025	548133	2976	404929	623128	230867
	1996	402450	580819	3522	407744	696633	237989
	1997	451970	701183	4416	453535	856868	249834
	1998	462344	543156	4577	438680	722846	265121
北京	Beijing						7364
天津	Tianjin						425
河北	Hebei			5			29441
山西	Shanxi						40365
内蒙古	Inner Mongolia						
辽宁	Liaoning						2536
吉林	Jilin						220
黑龙江	Heilongjiang						
上海	Shanghai						
江苏	Jiangsu				20	27	1
浙江	Zhejiang		8557	28	774	26842	5521
安徽	Anhui		8516	96	3320	8364	98
福建	Fujian	203	77966	78	17797	57185	28
江西	Jiangxi		35254		12299	148219	445
山东	Shandong						10403
河南	Henan		1885	201	56422	10980	12248
湖北	Hubei		4771	424	26109	17126	1832
湖南	Hunan		14263	93	43122	295818	2569
广东	Guangdong	25324	123759	50	4922	30712	
广西	Guangxi	1466	210959	21	56554	105275	240
海南	Hainan	280369	3020			4	
重庆	Chongqing		248	492	48976	1008	1543
四川	Sichuan		2127	549	40544	6479	28711
贵州	Guizhou		3346	954	95066	9208	4456
云南	Yunnan	154982	48455	338	21269	4894	57168
西藏	Tibet						
陕西	Shaanxi		30	1223	11046	705	32519
甘肃	Gansu			25	440		18423
青海	Qinghai						116
宁夏	Ningxia						87
新疆	Xinjiang						8362

12-18 牲畜饲养情况

NUMBER OF LIVESTOCK

单位：万头(只) (10 000 heads)

年份 地区 Year Region	大牲畜年底头数 Large Animals (year-end)	牛 Cattle and Buffaloes	马 Horses	驴 Donkeys	骡 Mules	骆驼 Camels
1996	13360.6	11031.8	871.5	944.4	478.0	34.9
1997	14541.8	12175.7	891.2	952.8	480.6	35.0
1998	14803.2	12435.4	898.1	955.8	473.9	33.5
北京 Beijing	18.6	12.5	0.9	2.1	3.1	
天津 Tianjin	30.9	18.3	1.2	8.6	2.9	
河北 Hebei	936.6	664.5	49.0	155.4	67.7	
山西 Shanxi	316.8	227.0	5.6	39.6	44.6	
内蒙古 Inner Mongolia	677.3	375.6	129.8	92.2	66.1	13.6
辽宁 Liaoning	382.1	209.3	40.6	95.2	37.0	
吉林 Jilin	494.8	386.0	71.7	17.1	20.1	
黑龙江 Heilongjiang	549.5	456.6	77.8	8.9	6.3	
上海 Shanghai	6.2	6.2				
江苏 Jiangsu	84.7	70.8	0.9	11.8	1.3	
浙江 Zhejiang	43.5	43.5				
安徽 Anhui	637.9	627.0	2.6	6.6	1.8	
福建 Fujian	117.2	117.1	0.1			
江西 Jiangxi	391.7	391.7				
山东 Shandong	1048.6	911.8	19.5	98.5	18.9	
河南 Henan	1416.8	1300.6	31.9	55.0	29.4	
湖北 Hubei	442.6	439.0	2.1	1.1	0.3	
湖南 Hunan	493.4	489.0	4.0	0.3	0.1	
广东 Guangdong	416.4	416.3	0.1			
广西 Guangxi	786.3	748.2	35.7	0.5	1.9	
海南 Hainan	127.2	127.2				
重庆 Chongqing	152.5	149.2	2.0	0.2	1.1	
四川 Sichuan	1035.2	955.1	66.7	7.0	6.6	
贵州 Guizhou	700.2	630.2	68.3	0.1	1.6	
云南 Yunnan	957.5	773.2	86.4	32.9	58.4	
西藏 Tibet	559.5	508.6	36.4	13.3	1.2	
陕西 Shaanxi	288.0	239.4	1.9	33.2	13.5	
甘肃 Gansu	545.0	330.1	25.0	122.6	65.2	2.1
青海 Qinghai	451.7	394.3	36.9	8.7	10.1	1.7
宁夏 Ningxia	88.0	52.8	1.1	21.8	12.1	0.1
新疆 Xinjiang	606.8	364.3	100.3	123.5	2.8	16.0

12-18 **续表** continued

单位：万头(只)

(10 000 heads)

年份 地区 Year Region	肉猪出栏头数 Slaughtered Fattened Hogs	猪年底头数 Hogs (year-end)	羊年底只数 Sheep and Goats (year-end)	山羊 Goats	绵羊 Sheep
1996	41225.1	36283.6	23728.3	12315.8	11412.5
1997	46483.7	40034.8	25575.7	13480.1	12091.9
1998	50215.1	42256.3	26903.5	14168.3	12716.3
北京 Beijing	374.8	254.5	95.8	45.2	50.6
天津 Tianjin	188.2	127.2	56.1	18.1	38.1
河北 Hebei	2902.6	2332.7	1924.0	958.4	965.6
山西 Shanxi	545.5	510.6	1019.1	463.7	555.4
内蒙古 Inner Mongolia	791.2	816.1	3712.9	1339.8	2373.1
辽宁 Liaoning	1223.9	1039.9	318.1	146.3	171.7
吉林 Jilin	1166.4	855.0	324.1	51.3	272.8
黑龙江 Heilongjiang	1063.1	958.1	462.8	121.5	341.3
上海 Shanghai	460.0	242.8	56.5	45.6	10.9
江苏 Jiangsu	2531.2	1961.9	904.9	860.8	34.1
浙江 Zhejiang	1271.8	1040.6	207.6	101.2	106.4
安徽 Anhui	2239.6	1809.1	671.1	668.3	2.8
福建 Fujian	1365.1	1024.2	91.3	91.3	
江西 Jiangxi	2271.1	1799.6	72.9	72.9	
山东 Shandong	3123.2	2485.9	2322.0	1834.6	487.4
河南 Henan	3592.9	3439.7	2553.1	2365.1	188.0
湖北 Hubei	2492.1	1843.9	144.1	143.1	1.1
湖南 Hunan	5467.3	3492.2	336.6	336.1	0.6
广东 Guangdong	2425.8	1768.7	28.1	28.1	
广西 Guangxi	2424.5	2085.2	239.2	239.2	
海南 Hainan	234.7	256.5	72.8	72.8	
重庆 Chongqing	1720.1	1493.0	129.6	129.3	0.3
四川 Sichuan	5589.8	4793.9	1112.2	723.0	380.3
贵州 Guizhou	1073.8	1593.2	320.5	301.1	19.4
云南 Yunnan	1926.0	2507.9	801.4	705.0	96.5
西藏 Tibet	12.6	21.3	1671.0	575.2	1095.7
陕西 Shaanxi	794.5	731.6	692.1	548.2	143.9
甘肃 Gansu	524.0	567.1	1118.6	279.8	838.9
青海 Qinghai	107.8	113.3	1638.9	260.1	1378.8
宁夏 Ningxia	114.2	121.1	358.9	115.3	243.6
新疆 Xinjiang	197.4	169.8	3447.4	528.1	2919.3

注：畜牧业部分指标根据第一次农业普查结果有所调整(下表同)。

a) Indicators of animal husbandry has been adjusted according to the First Agriculture Census. (The same as in the following tables.)

12-19 畜产品产量
OUTPUT OF LIVESTOCK PRODUCTS

年份 地区 Year Region	肉类产量（万吨）Output of Meat (10000 tons)	#猪牛羊肉 Output of Pork, Beef and Mutton	猪肉 Pork	牛肉 Beef	羊肉 Mutton	奶类（万吨）Milk (10 000 tons)	#牛奶 Cow Milk
1996	4595.4	3694.7	3158.0	355.7	181.0	735.8	629.4
1997	5268.8	4249.9	3596.3	440.9	212.8	681.1	601.1
1998	5723.8	4598.2	3883.7	479.9	234.6	744.5	662.1
北 京 Beijing	44.8	31.2	27.9	2.1	1.2	22.8	22.7
天 津 Tianjin	21.7	17.6	13.9	2.3	1.4	11.7	11.7
河 北 Hebei	376.7	298.9	219.1	58.0	21.8	65.9	55.8
山 西 Shanxi	61.0	55.8	42.8	6.9	6.2	32.5	30.1
内蒙古 Inner Mongolia	129.4	117.9	73.3	17.6	27.0	67.1	63.8
辽 宁 Liaoning	216.6	138.9	112.8	23.4	2.6	19.9	18.5
吉 林 Jilin	223.7	148.1	117.2	28.3	2.6	13.4	12.4
黑龙江 Heilongjiang	142.7	112.2	83.5	25.7	3.0	144.5	142.1
上 海 Shanghai	58.6	26.1	25.3	0.1	0.7	24.6	24.6
江 苏 Jiangsu	296.8	210.2	190.8	5.7	13.8	9.1	12.1
浙 江 Zhejiang	104.0	84.5	81.4	0.9	2.2	8.0	8.0
安 徽 Anhui	288.0	229.4	183.7	34.3	11.5	3.0	3.0
福 建 Fujian	135.2	110.5	107.3	2.0	1.1	6.7	6.4
江 西 Jiangxi	214.7	184.3	176.9	6.7	0.8	4.7	4.7
山 东 Shandong	497.9	347.5	266.6	60.1	20.9	54.0	27.5
河 南 Henan	461.6	402.6	297.9	76.7	28.0	12.3	7.8
湖 北 Hubei	261.0	218.1	202.9	13.2	2.1	4.2	4.2
湖 南 Hunan	422.5	381.8	365.0	11.7	5.1	0.8	0.8
广 东 Guangdong	297.2	192.8	189.3	3.1	0.5	7.5	7.0
广 西 Guangxi	250.8	205.6	194.0	9.5	2.1	1.2	1.2
海 南 Hainan	31.0	22.5	19.9	1.8	0.8	0.1	0.1
重 庆 Chongqing	140.1	126.6	121.6	3.5	1.5	4.7	4.7
四 川 Sichuan	491.8	421.0	390.4	20.0	10.7	27.3	26.7
贵 州 Guizhou	113.3	106.9	97.6	5.9	3.4	0.6	0.6
云 南 Yunnan	177.0	166.2	150.5	10.7	5.1	9.9	9.9
西 藏 Tibet	14.1	14.1	0.7	7.8	5.6	19.6	15.6
陕 西 Shaanxi	84.6	76.5	64.9	6.5	5.1	50.6	28.2
甘 肃 Gansu	55.6	51.6	38.0	6.9	6.8	14.1	13.8
青 海 Qinghai	20.5	20.1	6.8	6.9	6.4	20.5	19.9
宁 夏 Ningxia	15.6	13.3	8.2	2.6	2.4	18.2	18.2
新 疆 Xinjiang	75.2	65.3	13.6	19.2	32.5	65.0	60.0

12-19 **续表** continued

年份 地区 Year Region	绵羊毛（吨） Sheep Wool (ton)	#细羊毛 Fine Wool	#半细羊毛 Semi-Fine Wool	山羊毛（吨） Goat Wool (ton)	羊绒（吨） Cashmere (ton)	禽蛋（万吨） Poultry Eggs (10 000 tons)	蜂蜜（万吨） Honey (10 000 tons)
1996	298102	121020	74099	35255	9585	1965.2	18.4
1997	255059	116054	55683	25865	8626	1895.3	21.1
1998	276759	115752	60725	31416	9799	2018.5	20.7
北京 Beijing	431		22	224	58	17.9	0.2
天津 Tianjin	87		87			22.7	
河北 Hebei	23172	4894	7754	5850	865	319.0	0.8
山西 Shanxi	6943	1504	603	1600	462	37.0	0.3
内蒙古 Inner Mongolia	65955	37416	13954	3381	3876	21.2	0.1
辽宁 Liaoning	7450	3933	3359	858	309	131.6	0.5
吉林 Jilin	19220	17014	1936	206	25	73.1	0.4
黑龙江 Heilongjiang	12921	3956	8965	91	19	71.2	0.3
上海 Shanghai	66		13	84		13.4	
江苏 Jiangsu	1116	1016	54		1	157.1	1.6
浙江 Zhejiang	2194	2194				31.7	5.4
安徽 Anhui	198	8	146	123	21	94.7	0.7
福建 Fujian				3		36.7	0.5
江西 Jiangxi				8		33.7	0.6
山东 Shandong	15615	3303	8627	7818	979	322.0	0.8
河南 Henan	5855	1810	2861	3072	125	229.3	1.5
湖北 Hubei	76	42	33	47		121.6	1.0
湖南 Hunan	8			17		47.3	0.5
广东 Guangdong						29.6	1.0
广西 Guangxi						16.2	0.5
海南 Hainan						1.4	
重庆 Chongqing	14	14				24.5	0.4
四川 Sichuan	3760	296	1131	412	39	80.4	2.1
贵州 Guizhou	255	32	198	8		5.8	0.1
云南 Yunnan	1389	209	906	94		8.7	0.6
西藏 Tibet	8291	136	2633	1060	606	0.2	
陕西 Shaanxi	4179	2844	331	1371	761	39.9	0.3
甘肃 Gansu	15413	5481	1929	1366	348	9.5	0.2
青海 Qinghai	15904	299	4892	559	221	1.4	
宁夏 Ningxia	4100	152	290	491	273	6.5	0.1
新疆 Xinjiang	62147	29199		2674	811	13.3	0.2

12-20 水 产 品 产 量
OUTPUT OF AQUATIC PRODUCTS

单位：千吨 (1 000 tons)

年份 地区 Year Region	水产品总产量 Total Aquatic Products	海水产品 Seawater Aquatic Products	天然生产 Naturally Grown	人工养殖 Artificially Cultured	鱼类 Fish	虾蟹类 Shrimps, Prawns and Crabs	贝类 Shellfish	藻类 Algae	其他 Others
1978	4655.0	3598.0	3145.0	453.0	2564.0	507.0	268.0	259.0	
1980	4497.0	3257.1	2813.0	444.1	2341.2	420.5	233.7	261.7	
1985	7051.5	4197.4	3485.1	712.3	2745.3	706.2	473.0	272.9	
1986	8236.0	4754.0	3896.0	858.0	3094.0	769.0	658.0	233.0	
1987	9554.0	5482.0	4382.0	1100.0	3516.0	840.0	889.0	237.0	
1988	10609.0	6057.0	4633.0	1424.0	3629.0	1033.0	1144.0	251.0	
1989	11517.0	6612.0	5036.0	1576.0	3830.0	1057.0	1375.0	300.0	50.0
1990	12370.0	7133.0	5509.0	1624.0	4232.0	1071.0	1473.0	275.0	82.0
1991	13508.0	8001.0	6096.0	1905.0	4662.0	1194.0	1586.0	400.0	159.0
1992	15571.0	9337.0	6913.0	2424.0	5176.0	1274.0	2044.0	568.0	275.0
1993	18230.0	10760.4	7673.4	3087.0	5573.9	1386.6	2885.9	693.9	220.1
1994	21431.3	12415.0	8958.3	3456.7	6473.7	1708.9	3236.4	745.2	250.8
1995	25171.8	14391.3	10268.4	4123.0	7581.0	1848.0	3927.1	749.1	286.1
1996	32880.9	20128.8	12489.8	7639.0	8235.2	2046.5	8526.8	929.1	391.3
1997	36017.8	21764.2	13853.8	7910.4	9641.5	2257.1	8241.8	979.8	644.0
1998	39065.1	23567.2	14966.8	8600.4	10559.7	2585.8	8700.7	1041.2	679.7
北 京 Beijing	76.4								
天 津 Tianjin	213.8	32.9	29.6	3.2	10.6	11.4	10.5		0.4
河 北 Hebei	693.3	384.9	302.2	82.7	156.1	84.6	119.6		24.7
山 西 Shanxi	22.6								
内蒙古 Inner Mongolia	62.0								
辽 宁 Liaoning	3127.1	2814.1	1606.1	1208.0	855.3	312.5	1137.2	264.1	245.0
吉 林 Jilin	142.0								
黑龙江 Heilongjiang	357.0								
上 海 Shanghai	268.2	122.1	120.8	1.3	68.3	23.3	27.2		3.3
江 苏 Jiangsu	2820.3	882.1	707.8	174.3	458.1	121.5	265.1	9.0	28.4
浙 江 Zhejiang	4227.3	3728.0	3263.1	464.9	2269.5	816.7	615.1	20.0	6.7
安 徽 Anhui	1462.0								
福 建 Fujian	4759.2	4255.2	2054.6	2200.6	1617.5	280.4	1978.6	304.2	74.5
江 西 Jiangxi	1183.5								
山 东 Shandong	6505.1	5665.2	3325.6	2339.6	2258.9	488.6	2369.3	411.7	136.7
河 南 Henan	270.2								
湖 北 Hubei	2183.2								
湖 南 Hunan	1167.8								
广 东 Guangdong	5542.8	3462.0	1954.5	1507.5	1647.1	265.5	1432.3	18.1	99.1
广 西 Guangxi	2175.2	1461.5	887.8	573.6	576.1	140.9	712.4		32.1
海 南 Hainan	597.7	485.0	440.6	44.5	391.1	38.3	32.6	14.1	8.8
重 庆 Chongqing	178.6								
四 川 Sichuan	422.9								
贵 州 Guizhou	50.2								
云 南 Yunnan	138.4								
西 藏 Tibet	1.3								
陕 西 Shaanxi	50.4								
甘 肃 Gansu	11.5								
青 海 Qinghai	1.4								
宁 夏 Ningxia	26.4								
新 疆 Xinjiang	53.4								
中国水产总公司 China Aquatic Company	274.1	274.1	274.1		251.1	2.0	1.0		20.0

12-20 **续表** continued

单位:千吨 (1 000 tons)

年份 地区 Year Region	淡水产品 Freshwater Aquatic Products	天然生产 Naturally Grown	人工养殖 Artificially Cultured	鱼类 Fish	虾蟹类 Shrimps, Prawns and Crabs	贝类 Shellfish	其他 Other
1978	1057.0	295.0	762.0	997.0	37.0	23.0	
1980	1239.9	339.7	900.2	1163.5	51.4	25.0	
1985	2854.1	476.4	2377.7	2764.8	55.4	33.9	
1986	3482.0	538.0	2944.0	3364.0	62.0	56.0	
1987	4072.0	600.0	3472.0	3938.0	81.0	53.0	
1988	4552.0	654.0	3898.0	4408.0	85.0	59.0	
1989	4905.0	735.0	4170.0	4728.0	95.0	73.0	9.0
1990	5237.0	783.0	4454.0	5049.0	94.0	76.0	18.0
1991	5507.0	915.0	4592.0	5304.0	107.0	85.0	11.0
1992	6234.0	901.0	5334.0	5984.0	124.0	105.0	22.0
1993	7469.6	1028.5	6441.1	7105.9	133.3	162.9	67.5
1994	9016.2	1165.9	7850.4	8592.3	202.9	152.7	68.2
1995	10780.5	1372.9	9407.6	10209.4	270.5	207.5	93.1
1996	12752.2	1762.7	10989.5	11778.0	362.8	484.0	127.3
1997	14253.5	1886.4	12367.1	13248.8	477.9	363.8	163.0
1998	15497.9	2283.6	13214.3	14252.2	604.4	458.2	183.1
北京 Beijing	76.4		76.4	76.0	0.3		
天津 Tianjin	180.9	18.9	162.0	176.3	2.4	2.1	
河北 Hebei	308.4	66.1	242.3	290.3	14.7	2.6	0.8
山西 Shanxi	22.6	0.4	22.2	22.5			0.1
内蒙古 Inner Mongolia	62.0	24.5	37.5	60.2	1.8		
辽宁 Liaoning	312.9	27.9	285.0	295.6	11.8		5.5
吉林 Jilin	142.0	49.7	92.3	139.7	0.1	0.4	1.8
黑龙江 Heilongjiang	357.0	73.1	283.9	351.8	5.2		
上海 Shanghai	146.1	6.1	140.0	133.7	10.9	0.6	0.9
江苏 Jiangsu	1938.2	315.7	1622.6	1632.1	202.8	95.9	7.4
浙江 Zhejiang	499.3	73.1	426.2	424.6	16.7	41.0	16.9
安徽 Anhui	1462.0	255.7	1206.3	1257.2	108.8	69.3	26.7
福建 Fujian	504.0	67.4	436.6	443.0	9.2	39.9	11.9
江西 Jiangxi	1183.5	285.2	898.2	1101.9	24.7	44.2	12.7
山东 Shandong	839.9	88.9	750.9	789.6	37.8	9.1	3.3
河南 Henan	270.2	16.6	253.6	260.8	5.4	1.1	2.9
湖北 Hubei	2183.2	439.0	1744.2	2046.9	69.2	50.3	16.8
湖南 Hunan	1167.8	166.8	1000.9	1110.6	14.8	19.5	22.9
广东 Guangdong	2080.7	119.9	1960.8	1936.0	47.2	57.3	40.2
广西 Guangxi	713.7	86.9	626.8	678.8	10.9	20.8	3.2
海南 Hainan	112.6	13.1	99.5	104.6	0.9	1.4	5.7
重庆 Chongqing	178.6	14.9	163.7	176.0	0.5	0.7	1.4
四川 Sichuan	422.9	34.4	388.5	419.6	0.9	0.5	1.8
贵州 Guizhou	50.2	5.2	45.0	49.5	0.5	0.1	0.1
云南 Yunnan	138.4	18.9	119.4	130.7	6.6	1.1	0.1
西藏 Tibet	1.3	1.3		1.3			
陕西 Shaanxi	50.4	1.7	48.7	50.1	0.2		0.1
甘肃 Gansu	11.5	0.4	11.0	11.5			
青海 Qinghai	1.4	0.8	0.6	1.4			
宁夏 Ningxia	26.4	0.5	25.9	26.4			
新疆 Xinjiang	53.4	10.3	43.1	53.4			
中国水产总公司 China Aquatic Compony							

12-21 农村居民家庭平均每户饲养动物及其产品的产量

OUTPUT OF LIVESTOCK, POULTRY, SMALL ANIMALS AND FISHERY PER RURAL HOUSEHOLD

本表为农村住户抽样调查资料。

Data in this table are obtained from the sample surveys on rural households.

单位：公斤 (kg)

年份 地区 Year Region	出售、自宰猪肉 Pork Slaughtered by Peasants Themselves & Sold	出售、自宰羊肉 Mutton Slaughtered by Peasants Themselves & Sold	羊毛 Wool	牛羊奶 Milk	出售、自宰家禽 Poultry Slaughtered by Peasants Themselves & Sold	禽蛋 Poultry	蜂蜜 Honey	蚕茧 Silkworm Cocoons	水产品 Fishery Products
1980	91.44	2.51				11.55	0.25		
1985	111.51	4.38	1.18	10.94	11.24	21.23	0.34	1.80	11.36
1990	111.85	5.57	1.55	13.59	10.58	20.02	0.24	2.86	12.21
1991	123.06	6.15	1.29	15.11	12.00	24.75	0.34	3.15	16.11
1992	125.86	6.02	1.08	15.66	11.40	25.64	0.28	3.34	17.15
1993	134.23	5.19	1.19	14.31	15.40	25.73	0.21	3.60	16.75
1994	131.86	5.08	1.07	13.13	15.48	27.78	0.17	3.90	16.74
1995	132.03	5.47	1.16	13.56	15.98	27.96	0.16	3.69	16.72
1996	145.72	8.53	1.42	16.71	17.28	22.44	0.09	2.54	18.17
1997	144.71	10.06	1.40	18.42	21.20	29.71	0.11	2.52	19.59
1998	143.45	9.63	1.19	17.55	19.47	28.55	0.11	3.02	22.72
北 京 Beijing	52.19	2.96		0.16	6.19	5.59	0.08	23.97	
天 津 Tianjin	209.82	0.12			8.99	32.30		59.59	
河 北 Hebei	77.45	5.64	3.05	17.21	11.28	67.45		0.01	14.96
山 西 Shanxi	47.26	12.23	4.19	7.66	2.63	31.98	0.79	1.04	
内蒙古 Inner Mongolia	118.33	93.64	188.24	44.89	4.45	25.30	0.05		
辽 宁 Liaoning	166.51	2.68	2.78	1.09	26.09	40.14	0.08	7.05	78.26
吉 林 Jilin	52.91	0.70		0.27	9.86	39.89	0.05	0.05	1.47
黑龙江 Heilongjiang	70.14	2.48	2.84	54.08	15.80	47.11	0.08	0.01	9.83
上 海 Shanghai	60.81	2.52			7.14	12.63		10.14	
江 苏 Jiangsu	140.11	3.76		6.50	35.58	45.45	...	7.30	34.44
浙 江 Zhejiang	104.30	2.93	0.06	9.19	10.86	10.42	0.33	22.63	29.59
安 徽 Anhui	131.89	2.70		...	20.36	19.34		8.71	8.89
福 建 Fujian	169.04	0.51		1.19	49.10	24.14	0.01	47.01	
江 西 Jiangxi	252.20	0.21		...	19.15	15.69	0.75	0.15	38.29
山 东 Shandong	123.92	6.00	0.25	5.80	28.59	52.23	0.07	2.91	2.09
河 南 Henan	109.90	6.70	...	0.39	7.82	40.89	0.08	3.67	
湖 北 Hubei	175.16	0.66			16.52	59.13	0.05	1.75	43.19
湖 南 Hunan	263.14	1.27			15.02	14.48	0.01	26.90	
广 东 Guangdong	181.56	0.02		1.20	73.04	6.69	0.15	2.21	154.95
广 西 Guangxi	235.11	3.73		0.01	50.45	4.24	0.05	3.63	19.83
海 南 Hainan	139.62	3.63			45.09	23.31	0.01	79.70	
重 庆 Chongqing	234.17	1.61			12.36	19.02	0.12	10.59	10.87
四 川 Sichuan	238.84	1.75	0.36	1.70	22.96	20.48	0.08	4.55	9.52
贵 州 Guizhou	178.99	2.47	0.60		7.79	9.10	0.05	0.36	1.18
云 南 Yunnan	189.29	4.08	0.35	30.45	13.70	9.35	0.14	1.28	6.49
西 藏 Tibet	22.99	59.69	114.98	359.25	0.83	7.74			
陕 西 Shaanxi	74.04	7.78	10.07	43.26	4.47	13.73	0.04	1.64	0.84
甘 肃 Gansu	79.62	11.54	17.36		4.15	11.14	0.01	0.45	0.01
青 海 Qinghai	70.36	79.43	225.20	145.56	1.22	4.03	0.02	12.36	
宁 夏 Ningxia	77.00	29.54	40.69	538.41	29.64	76.79	0.01	0.74	17.91
新 疆 Xinjiang	10.18	81.22	54.00	42.53	7.39	8.78		1.58	0.48

12-22 农村居民家庭平均每户饲养动物及其产品的出售量

SALES OF LIVESTOCK, POULTRY, SMALL ANIMALS AND FISHERY PER RURAL HOUSEHOLD

本表为农村住户抽样调查资料。

Data in this table are obtained from the sample surveys on rural households.

年份 地区 Year Region	肥猪 (头) Fattened Hogs (head)	菜羊 (只) Mutton Sheep Goat (head)	每百户 (Per100 households) 牛 (头) Cattle (head)	牛肉 (公斤) Beef (kg)	家禽 (只) Poultry (head)	蛋类 (公斤) Poultry Eggs (kg)	羊毛 (公斤) Wool (kg)	牛羊奶 (公斤) Milk (kg)	蚕茧 (公斤) Silk-worm Cocoons (kg)	蜂蜜 (公斤) Honey (kg)	水产品 (公斤) Aquatic Products (kg)
1980	0.99	0.17									
1985	1.02	0.24	1.05		5.13	11.35	0.90	5.64	1.85	0.21	8.94
1986	1.07	0.21	1.14		4.76	11.41	1.21	7.66	1.73	0.33	10.36
1987	1.08	0.23	1.25		4.78	9.86	0.97	8.93	2.04	0.35	11.08
1988	0.93	0.25	1.37		6.01	10.28	1.16	9.08	2.20	0.25	13.07
1989	0.93	0.25	2.00		4.55	9.77	0.83	7.00	2.50	0.22	10.58
1990	0.99	0.33	2.28		4.10	9.06	0.94	8.08	2.80	0.18	9.84
1991	1.06	0.29	2.83		6.04	12.51	0.77	9.01	3.07	0.18	13.79
1992	1.11	0.26	2.49		6.11	13.56	0.69	8.62	3.26	0.15	14.99
1993	1.54	0.26	5.99	25.73	6.43	13.13	0.67	7.78	3.41	0.14	14.07
1994	1.39	0.25	3.74	17.36	6.14	15.23	0.66	8.21	3.75	0.11	13.49
1995	1.11	0.24	3.48	17.32	6.37	15.85	0.76	8.49	3.53	0.12	13.20
1996	1.32	0.39	6.65	20.66	6.37	11.40	1.01	11.28	2.19	0.07	14.45
1997	1.25	0.45	6.99	19.65	7.45	16.36	1.01	12.00	2.35	0.08	15.48
1998	1.08	0.46	4.57	17.80	7.42	15.25	0.79	11.14	2.77	0.08	18.52
北京 Beijing	0.46	0.09	0.80		14.44	6.50				0.20	23.00
天津 Tianjin	2.04	0.01	1.00		5.03	30.10					58.98
河北 Hebei	0.64	0.27	2.36		6.18	52.18	0.26	14.17	0.01		13.63
山西 Shanxi	0.38	0.40	1.81	4.38	1.44	20.15	0.11	5.44	1.04	0.45	
内蒙古 Inner Mongolia	0.50	5.66	32.14	8.14	0.71	12.58	15.53	14.73			…
辽宁 Liaoning	1.29	0.11	1.64	2.70	9.42	14.53	0.27	1.02	5.49	0.07	70.73
吉林 Jilin	0.35	0.04	3.06	3.88	2.35	6.51		0.27	0.05	0.04	0.96
黑龙江 Heilongjiang	0.46	0.10	3.15	0.20	4.97	22.12	0.22	51.02	0.01	0.06	6.07
上海 Shanghai	0.62	0.08	0.00		0.75	0.39					5.62
江苏 Jiangsu	1.34	0.18	0.21		14.57	19.43		6.23	6.82		27.18
浙江 Zhejiang	0.98	0.12	0.40	3.15	5.09	4.85	0.01	8.86	22.32	0.33	29.11
安徽 Anhui	0.93	0.16	9.37	3.23	5.80	4.94			7.69		5.94
福建 Fujian	1.66	0.01	0.46		22.41	17.45		1.16		0.01	34.12
江西 Jiangxi	2.03	0.01	3.43	4.73	6.52	6.48		…	0.14	0.72	30.04
山东 Shandong	0.11	0.28	10.57	0.21	9.76	26.79	0.01	5.64	2.33	0.05	1.22
河南 Henan	0.97	0.36	4.93		2.99	21.58		0.36		0.04	1.40
湖北 Hubei	0.82	0.02	0.52	9.28	4.56	37.13			1.45	0.03	21.80
湖南 Hunan	2.74	0.08	1.23	6.29	4.18	3.98				…	21.82
广东 Guangdong	1.74	0.00	2.89		27.99	1.07		1.10	2.17	0.09	138.13
广西 Guangxi	2.57	0.16	8.77	3.03	13.17	1.22			3.61	0.03	16.11
海南 Hainan	1.11	0.21	7.92	6.67	16.54	22.06				…	72.15
重庆 Chongqing	1.28	0.06	0.89	1.67	4.09	4.07			9.41	0.10	8.22
四川 Sichuan	1.98	0.07	0.81	0.45	12.31	11.41	0.01	0.08	4.38	0.06	7.54
贵州 Guizhou	0.67	0.10	2.42	1.47	2.66	3.78	0.03		0.13	0.03	0.29
云南 Yunnan	0.96	0.18	3.38	0.50	5.34	4.04		29.74	0.85	0.04	4.88
西藏 Tibet	0.02	0.38	2.08	5.00	0.19	1.11	5.29	1.15			
陕西 Shaanxi	0.51	0.47	1.58	4.28	3.15	9.39	0.22	19.00	1.46	0.01	0.82
甘肃 Gansu	0.47	0.43	0.54		0.57	3.37	0.89		0.35	…	
青海 Qinghai	0.28	3.45	23.75	7.50	0.40	1.09	10.88	25.38		0.02	10.53
宁夏 Ningxia	0.78	1.77	11.67	6.50	16.60	69.05	3.57	535.59	0.74		17.85
新疆 Xinjiang	0.07	3.47	14.60	8.93	2.14	4.30	2.23	18.04	1.54		0.48

12-23 主要农产品产量与解放前最高年产量比较

OUTPUT OF MAJOR AGRICULTURAL PRODUCTS IN COMPARISON WITH PEAK YEAR PRIOR TO 1949

产品名称 Item	解放前最高年 Peak Year prior to 1949		指数（以解放前最高年为100） Indices(peak year prior to 1949=100)		
	年份 Year	产量 Output	1949	1952	1998
种植业（万吨）Planting (10 000 tons)	**1936**	**15000.0**	**75.45**	**109.28**	**341.53**
粮食 Grain	1936	5735.0	84.83	119.32	346.49
#稻谷 Rice	1936	2330.0	59.27	77.81	470.93
小麦 Wheat	1936	1010.0		166.83	1316.38
玉米 Corn	1936	1130.0	45.04	84.25	177.04
大豆 Soybeans	1936	635.0	155.12	257.17	567.59
薯类 Tubers	1936	84.9	52.30	153.59	530.15
棉花 Cotton	1933	317.1	39.99	73.04	374.83
花生 Peanuts	1934	190.7	38.49	48.87	435.29
油菜籽 Rapeseeds	1933	99.1	32.90	48.54	66.20
芝麻 Sesame	1945	5.5	34.55	278.18	450.91
黄红麻 Jute and Ambary Hemp	1931	22.1	14.03	28.05	214.93
桑蚕茧 Mulberry Silkworm Cocoons	1932	22.5	18.22	36.44	295.56
茶叶 Tea	1940	565.2	46.74	125.90	10536.09
甘蔗 Sugarcane	1939	32.9	58.05	145.59	75398.18
甜菜 Beetroots	1948	17.9	24.02	124.02	9703.91
烤烟 Flue-cured Tobacco	1926	12.1		97.52	16100.00
苹果 Apples	1926	40.1		51.62	2142.14
柑桔 Citrus	1927	10.3		106.80	3415.53
香蕉 Bananas					
畜牧业（万头.只）Animal Husbandry (10 000 head)					
大牲畜年底头数 Large Animals (year-end)	1935	7151.0	83.93	106.92	207.01
牛 Cattle and Buffaloes	1935	4827.0	91.02	117.26	257.62
马 Horses	1935	649.0	75.12	94.45	138.38
驴 Donkeys	1935	1215.0	78.14	97.17	78.67
骡 Mules	1935	460.0	31.98	35.59	103.02
猪年底头数 Hogs (year-end)	1934	7853.0	73.54	114.31	538.09
羊年底只数 Sheep and Goats (year-end)	1937	6252.0	67.74	98.82	430.32
水产品（万吨）Aquatic Products (10 000 tons)	**1936**	**150.0**	**30.00**	**111.33**	**2604.33**

12-24 受灾面积和成灾面积
AREAS COVERED AND AFFECTED BY NATURAL DISASTER

单位：千公顷 (1 000 hectares)

年份 地区 Year Region	受灾面积 Areas Covered	成灾面积 Areas Affected	成灾面积占受灾面积% Percentage of Disaster Areas Affected to Areas Covered	水灾 Flood		旱灾 Drought	
				受灾面积 Areas Covered	成灾面积 Areas Affected	受灾面积 Areas Covered	成灾面积 Areas Affected
1978	50790	21800	42.9	2850	920	40170	17970
1980	44530	22320	50.1	9150	5030	26110	12490
1985	44370	22710	51.2	14200	8950	22990	10060
1986	47140	23660	50.2	9160	5580	31040	14760
1987	42090	20390	48.4	8690	4100	24920	13030
1988	50870	23940	47.1	11950	6130	32900	15300
1989	46990	24450	52.0	11330	5920	29360	15260
1990	38470	17820	46.3	11800	5600	18180	7810
1991	55470	27810	50.1	24600	14610	24910	10560
1992	51330	25900	50.4	9420	4460	32980	17050
1993	48830	23130	47.4	16390	8610	21100	8660
1994	55040	31380	57.0	17330	10740	30430	17050
1995	45821	22267	48.6	12731	7630	23455	10401
1996	46989	21234	45.2	18145	10855	20151	6247
1997	53429	30309	56.7	11414	5840	33514	20250
1998	50145	25181	50.2	22292	13785	14236	5060
北京 Beijing	78	39	50.0	13	6	30	16
天津 Tianjin	141	66	46.8	50	40	40	26
河北 Hebei	2466	1120	45.4	380	140	1220	436
山西 Shanxi	1675	634	37.9	180	50	1228	320
内蒙古 Inner Mongolia	2295	1750	76.3	1304	1077	509	258
辽宁 Liaoning	384	106	27.6	148	56	140	50
吉林 Jilin	1735	939	54.1	1097	647	141	41
黑龙江 Heilongjiang	3162	2056	65.0	2429	1606	417	233
上海 Shanghai							
江苏 Jiangsu	3614	1583	43.8	443	178	604	133
浙江 Zhejiang	1228	398	32.4	392	185	212	11
安徽 Anhui	5904	2281	38.6	1996	1308	833	230
福建 Fujian	1030	372	36.1	697	237	187	53
江西 Jiangxi	3318	2363	71.2	2416	1936	243	155
山东 Shandong	1541	510	33.1	623	212	679	216
河南 Henan	3124	975	31.2	905	309	1240	281
湖北 Hubei	3243	2018	62.2	2540	1690	154	53
湖南 Hunan	3607	1852	51.3	2130	1413	984	273
广东 Guangdong	701	330	47.1	411	188	203	95
广西 Guangxi	1294	791	61.1	793	548	384	172
海南 Hainan	151	58	38.4	11	10	140	57
重庆 Chongqing	1394	1009	72.4	653	494	521	225
四川 Sichuan	2665	1540	57.8	1282	754	1133	647
贵州 Guizhou	779	359	46.1	225	128	377	118
云南 Yunnan	1138	365	32.1	399	161	641	202
西藏 Tibet	150	30	20.0	48	23	77	
陕西 Shaanxi	1553	718	46.2	408	262	1103	433
甘肃 Gansu	929	549	59.1	170	84	603	265
青海 Qinghai	122	52	42.6	13	3	51	13
宁夏 Ningxia	149	77	51.7	27	22	71	23
新疆 Xinjiang	575	241	41.9	109	27	71	25

12-25 国营农场基本情况
BASIC STATISTICS ON STATE FARMS

（农垦系统）
Data in this table cover those of the land reclamation department.

指　标	Item	1996	1997	1998
农场数　（个）	**Number of Farms**	**2128**	**2115**	**2101**
职工人数　（万人）	**Number of Staff and Workers (10 000 persons)**	**488.3**	**473.1**	**437.5**
耕地面积　（万公顷）	**Cultivated Area (10 000 hectares)**	**470.0**	**4764.2**	**4816.7**
农业机械总动力　（亿瓦）	**Total Power of Agricultural Machinery (100 million watts)**	**107.6**	**109.6**	**112.7**
农业机械拥有量　（台.辆）	**Ownership of Agricultural Machinery (unit)**			
大中型农用拖拉机	Large and Medium Agricultural Tractors	60600	60445	63044
小型及手扶拖拉机	Mini and Walking Agricultural Tractors	184000	194908	194616
农用排灌动力机械	Machinery for Agricultural Drainage and Irrigation	108100	117612	126009
联合收割机	Combine Harvesters	14900	14142	14544
农用载重汽车	Trucks for Agricultural Use	18900	16726	16226
农用化肥施用量　（万吨）	**Consumption of Chemical Fertilizers (10 000 tons)**	**118.0**	**126.1**	**131.1**
农业总产值　（亿元）	**Gross Agricultural Output Value (100 million yuan)**	**650.0**	**698.2**	**680.7**
农作物总播种面积（千公顷）	**Sown Area of Farm Crops (1 000 hectares)**	**4606.0**	**4774.1**	**4885.6**
粮食作物	Grain	3357.0	3503.6	3439.9
棉　花	Cotton	413.5	447.8	510.0
油　料	Oil-bearing Crops	329.6	230.6	304.2
糖　料	Sugar Crops	171.1	180.5	195.1
麻　类	Fiber Crops	1.9	2.5	1.3
年底实有茶园面积	Area of Tea Plantations (year-end)	39.5	38.7	36.9
年底实有桑园面积	Area of Mulberry Plantations (year-end)	1.6	1.3	1.8
年底实有果园面积	Area of Orchards (year-end)	168.4	169.2	175.4
年底实有橡胶园面积	Area of Rubber Plantations (year-end)	377.5	381.7	380.9
主要农产品产量	**Yield of Major Farm Crops**			
粮食作物　（万吨）	Grain (10 000 tons)	1551.3	1692.8	1645.9
棉　花　（万吨）	Cotton (10 000 tons)	50.9	62.2	72.1
油　料　（万吨）	Oil-bearing Crops (10 000 tons)	33.0	34.3	46.5
糖　料　（万吨）	Sugar Crops (10 000 tons)	767.3	933.9	995.7
麻　类　（万吨）	Fiber Crops (10 000 tons)	0.5	0.7	0.6
茶　叶　（万吨）	Tea (10 000 tons)	4.2	4.1	4.4
桑蚕茧　（吨）	Mulberry Silkworm Cocoons (ton)			
水　果　（万吨）	Fruits (10 000 tons)	92.4	111.6	100.4
干　胶　（万吨）	Rubber (10 000 tons)	31.4	34.4	34.7
畜牧业、渔业生产	**Production of Animal Husbandry and Fishery**			
大牲畜年底头数　（万头）	Number of Large Animals (year-end) (10 000 heads)	245.4	245.4	240.6
猪年底头数　（万头）	Number of Hogs (10 000 heads)	444.5	459.0	482.8
羊年底只数　（万只）	Number of Sheep and Goats (10 000 heads)	993.5	1014.6	1069.2
＃绵　羊	Sheep	801.0	811.4	865.7
畜产品产量　（万吨）	**Output of Livestock Products (10 000 tons)**			
猪牛羊肉产量	Pork, Beef and Mutton	57.3	63.7	65.6
＃猪　肉	Pork	45.1	49.1	50.0
牛　奶	Milk	103.9	115.1	113.1
禽　蛋	Poultry Eggs	22.9	24.2	23.2
羊　毛	Sheep Wool	2.1	2.0	2.1
水产品总产量　（万吨）	**Total output of Aquatic Products (10 000 tons)**	**38.3**	**44.2**	**47.8**

12-26 乡镇企业单位数(1998 年)

NUMBER OF TOWNSHIP AND VILLAGE ENTERPRISES(1998)

单位：万个 (10 000 units)

地　区 Region	合　计 Total Enterprises	农　业 Agriculture	工　业 Industry	建筑业 Construction	交通运输业 Transportation	商业饮食服务业及其他 Commerce，Catering Trade and Other Services
全　国 National Total	**2003.9**	**18.9**	**662.0**	**82.1**	**414.8**	**826.1**
北　京 Beijing	7.9	0.1	1.7	0.3	2.8	3.0
天　津 Tianjin	11.6		3.0	0.2	2.9	5.5
河　北 Hebei	85.4	0.5	35.4	3.3	15.6	30.6
山　西 Shanxi	32.3	0.4	8.2	1.5	12.3	9.9
内蒙古 Inner Mongolia	84.1	0.6	16.0	3.5	26.9	37.1
辽　宁 Liaoning	89.7	0.6	26.2	2.1	21.8	39.0
吉　林 Jilin	69.7	0.5	16.3	4.4	18.4	30.1
黑龙江 Heilongjiang	21.6	0.2	8.8	0.9	4.6	7.1
上　海 Shanghai	2.9		2.9			
江　苏 Jiangsu	89.2	0.1	43.3	3.2	11.1	31.5
浙　江 Zhejiang	102.6		62.9	0.5	12.8	26.4
安　徽 Anhui	67.6	0.8	23.4	4.6	12.5	26.3
福　建 Fujian	77.6	1.1	23.8	3.7	14.5	34.5
江　西 Jiangxi	70.1	0.6	25.6	4.8	12.1	27.0
山　东 Shandong	150.8	1.3	54.5	5.6	30.0	67.4
河　南 Henan	86.9	0.6	36.4	3.7	16.1	30.1
湖　北 Hubei	83.8	2.9	29.5	5.1	12.8	33.5
湖　南 Hunan	214.9	3.4	72.7	12.8	41.7	84.3
广　东 Guangdong	140.3	1.5	42.8	7.0	24.1	64.9
广　西 Guangxi	80.6	0.6	18.7	2.3	10.5	48.5
海　南 Hainan	3.4		0.9	0.1	0.5	1.9
重　庆 Chongqing	9.1	0.2	4.2	0.2	1.2	3.3
四　川 Sichuan	121.2	0.9	31.7	3.0	25.0	60.6
贵　州 Guizhou	30.0	0.3	10.0	0.5	5.6	13.6
云　南 Yunnan	114.7	0.8	26.8	2.0	38.2	46.9
西　藏 Tibet						
陕　西 Shaanxi	83.3	0.6	21.5	4.4	23.0	33.8
甘　肃 Gansu	20.1	0.1	5.5	0.7	4.8	9.0
青　海 Qinghai	5.2		1.5	0.1	1.7	1.9
宁　夏 Ningxia	12.2	0.1	2.9	1.2	4.2	3.8
新　疆 Xinjiang	26.9	0.1	5.0	0.5	7.2	14.1

12-27 乡镇企业职工人数(1998年)

NUMBER OF STAFF AND WORKERS EMPLOYED IN TOWNSHIP AND VILLAGE ENTERPRISES(1998)

单位：万人 (10 000 persons)

地区 Region	合计 Total Enterprises	农业 Agriculture	工业 Industry	建筑业 Construction	交通运输业 Transportation	商业饮食服务业及其他 Commerce，Catering Trade and Other Services
全国 National Total	**12536.5**	**273.9**	**7334.2**	**1633.7**	**886.3**	**2408.4**
北京 Beijing	92.4	1.3	54.1	16.4	5.7	14.9
天津 Tianjin	115.4		81.2	6.5	9.8	12.1
河北 Hebei	750.6	11.6	460.1	96.3	51.5	131.1
山西 Shanxi	318.2	5.5	203.4	30.5	37.3	41.5
内蒙古 Inner Mongolia	368.0	13.6	110.2	58.6	60.4	125.2
辽宁 Liaoning	425.9	11.6	236.6	41.3	40.9	95.5
吉林 Jilin	239.9	7.1	93.9	30.8	34.3	73.8
黑龙江 Heilongjiang	144.8	2.3	86.3	13.9	13.0	29.3
上海 Shanghai	145.1		145.1			
江苏 Jiangsu	837.4	3.0	633.8	79.8	24.0	96.8
浙江 Zhejiang	788.2	0.7	677.5	33.2	20.2	56.5
安徽 Anhui	566.6	13.7	312.7	98.7	41.1	100.4
福建 Fujian	510.4	19.6	299.5	50.6	34.5	106.2
江西 Jiangxi	303.2	5.3	171.7	37.9	22.0	66.3
山东 Shandong	1198.5	18.4	712.4	184.0	73.3	210.4
河南 Henan	768.8	12.0	484.5	109.0	46.4	116.9
湖北 Hubei	629.8	39.0	336.1	90.6	36.3	127.8
湖南 Hunan	877.2	41.3	415.1	161.4	69.8	189.6
广东 Guangdong	1172.7	11.6	825.0	88.4	45.7	202.0
广西 Guangxi	369.4	16.8	151.6	36.8	29.9	134.3
海南 Hainan	25.4	2.3	8.7	2.5	2.3	9.6
重庆 Chongqing	135.6	1.9	75.5	41.7	4.8	11.7
四川 Sichuan	571.1	8.2	274.7	112.0	40.1	136.1
贵州 Guizhou	122.0	3.7	70.7	10.9	8.9	27.8
云南 Yunnan	395.3	13.3	138.9	69.1	47.0	127.0
西藏 Tibet						
陕西 Shaanxi	380.9	4.9	167.5	70.4	47.8	90.3
甘肃 Gansu	143.2	2.4	55.6	39.3	17.3	28.6
青海 Qinghai	21.7	0.3	9.6	3.9	3.7	4.2
宁夏 Ningxia	47.7	0.6	16.8	11.0	8.9	10.4
新疆 Xinjiang	71.2	2.0	25.3	8.0	9.5	26.4

12-28 乡镇企业增加值(1998 年)

VALUE-ADDED OF TOWNSHIP AND VILLAGE ENTERPRISES(1998)

单位：亿元 (100 million yuan)

地 区 Region	合 计 Total Enterprises	农 业 Agriculture	工 业 Industry	建筑业 Construction	交通运输业 Transportation	商业饮食服务业及其他 Commerce, Catering Trade and Other Services
全 国 National Total	**22186.5**	**346.2**	**15530.3**	**1781.0**	**1361.4**	**3167.6**
北 京 Beijing	149.8	1.9	85.0	23.9	9.3	29.7
天 津 Tianjin	280.3		194.7	11.7	27.0	46.9
河 北 Hebei	1500.9	9.1	1085.1	93.5	96.1	217.1
山 西 Shanxi	433.8	3.3	304.3	29.0	48.4	48.8
内蒙古 Inner Mongolia	612.0	19.3	192.8	91.1	107.6	200.4
辽 宁 Liaoning	1375.0	27.6	895.2	88.1	112.1	252.0
吉 林 Jilin	378.2	8.1	167.4	43.6	62.0	97.1
黑龙江 Heilongjiang	219.8	5.3	157.2	24.9	9.7	22.7
上 海 Shanghai	482.7		482.7			
江 苏 Jiangsu	1974.6	6.0	1703.4	86.4	32.4	146.4
浙 江 Zhejiang	2118.7	2.1	1929.9	47.8	29.6	109.3
安 徽 Anhui	783.0	21.1	468.6	108.4	60.8	124.1
福 建 Fujian	1090.3	35.4	729.1	71.4	69.2	185.2
江 西 Jiangxi	342.9	3.1	226.4	27.6	28.9	56.9
山 东 Shandong	2049.0	28.8	1735.6	134.0	40.3	110.3
河 南 Henan	1372.4	19.6	998.7	120.7	64.0	169.4
湖 北 Hubei	1287.3	55.5	815.6	134.1	71.7	210.4
湖 南 Hunan	1456.1	49.0	703.1	222.2	145.9	335.9
广 东 Guangdong	1916.0	15.8	1475.0	99.4	70.6	255.2
广 西 Guangxi	435.3	14.5	190.5	40.0	47.2	143.1
海 南 Hainan	30.0	1.3	14.7	2.9	1.8	9.3
重 庆 Chongqing	158.7	0.9	96.4	37.5	7.2	16.7
四 川 Sichuan	654.1	4.2	355.0	93.2	71.4	130.3
贵 州 Guizhou	116.7	4.1	69.1	8.6	11.8	23.1
云 南 Yunnan	352.3	4.9	122.0	55.2	57.0	113.2
西 藏 Tibet						
陕 西 Shaanxi	402.9	2.4	239.1	49.1	46.9	65.4
甘 肃 Gansu	112.8	1.6	48.5	22.6	16.7	23.4
青 海 Qinghai	12.6	0.2	7.1	1.3	1.5	2.5
宁 夏 Ningxia	27.9	0.4	12.3	5.4	4.6	5.2
新 疆 Xinjiang	60.3	0.8	26.0	6.7	9.4	17.4

12-29 各地区乡村企业主要财务和经济效益指标（1998年）

MAIN FINANCIAL INDICATORS AND RATIOS OF ENTERPRISES RUN BY TOWNSHIPS AND VILLAGES BY REGION (1998)

地区 Region	营业收入（亿元） Business Income (100 million yuan)	利润总额（亿元） Total Profits (100 million yuan)	#应交所得税 Income Taxes Payable	实交各种税金（亿元） Taxes Paid (100 million yuan)	利税总额（亿元） Total Pre-tax Profits (100 million yuan)	工资总额（亿元） Total Wages (100 million yuan)
全国 National Total	**38284.0**	**1969.3**	**271.5**	**866.2**	**3147.2**	**2483.0**
北京 Beijing	571.7	28.3	4.5	16.7	44.2	46.6
天津 Tianjin	863.9	69.7	10.2	14.3	92.2	45.0
河北 Hebei	1603.6	128.7	8.2	27.9	158.5	96.9
山西 Shanxi	668.4	36.6	4.8	20.4	71.6	71.8
内蒙古 Inner Mongolia	262.7	22.6	1.2	8.9	32.1	24.8
辽宁 Liaoning	1418.1	95.5	15.3	22.4	132.1	61.6
吉林 Jilin	192.6	21.3	3.0	6.8	32.2	17.3
黑龙江 Heilongjiang	430.4	22.9	1.7	6.8	32.6	23.3
上海 Shanghai	1462.4	67.9	7.2	36.5	113.0	96.1
江苏 Jiangsu	5240.7	151.3	26.5	132.2	331.9	277.2
浙江 Zhejiang	3861.3	159.7	35.2	135.4	333.7	247.4
安徽 Anhui	1235.4	96.4	13.7	26.2	129.6	103.9
福建 Fujian	1520.8	70.9	5.4	34.1	106.0	100.3
江西 Jiangxi	430.4	26.4	1.8	12.3	40.8	38.1
山东 Shandong	4625.1	315.9	64.7	94.1	462.8	218.9
河南 Henan	2032.2	166.5	11.6	32.5	201.4	125.9
湖北 Hubei	2966.2	144.8	19.6	35.1	234.6	163.9
湖南 Hunan	1437.6	75.8	7.1	29.5	116.9	116.7
广东 Guangdong	4232.3	176.0	14.1	91.2	276.0	349.4
广西 Guangxi	519.0	20.3	1.1	12.1	33.3	35.5
海南 Hainan	27.8	2.1	0.2	1.1	3.2	2.4
重庆 Chongqing	332.7	8.2	1.9	10.2	21.5	38.2
四川 Sichuan	830.4	15.8	3.7	22.0	42.1	71.0
贵州 Guizhou	86.7	3.1	0.4	2.9	7.0	9.6
云南 Yunnan	572.7	13.9	3.5	16.5	33.8	38.3
西藏 Tibet						
陕西 Shaanxi	476.8	24.0	2.5	8.8	36.2	31.3
甘肃 Gansu	157.9	10.5	1.5	4.5	17.8	17.1
青海 Qinghai	18.6	0.7	0.1	0.7	1.5	2.3
宁夏 Ningxia	27.5	1.3	0.1	1.2	2.5	2.9
新疆 Xinjiang	77.4	2.2	0.7	3.1	5.4	9.3

12-29 **续表** 1 continued

地区 Region	年末固定资产原值（亿元）Original Value of Fixed Assets (year-end) (100 million yuan)	累计折旧（亿元）Accumulative Total Depreciation (100 million yuan)	固定资产净值平均余额（亿元）Average Balance of Net Value of Fixed Assets (100 million yuan)	流动资产平均余额（亿元）Average Balance of Circulating Funds (100 million yuan)	平均资产总额（亿元）Average Assets (100 million yuan)
全国 National Total	**13467.8**	**3899.9**	**9515.7**	**12958.6**	**24401.9**
北京 Beijing	257.4	80.3	175.6	313.2	545.7
天津 Tianjin	269.7	85.3	182.9	346.7	569.6
河北 Hebei	632.9	194.9	435.5	495.6	953.4
山西 Shanxi	214.9	69.1	144.3	161.5	330.2
内蒙古 Inner Mongolia	81.2	17.4	62.8	58.9	138.6
辽宁 Liaoning	367.5	116.8	248.7	416.5	694.9
吉林 Jilin	118.4	26.9	90.0	86.2	198.9
黑龙江 Heilongjiang	137.7	30.2	96.0	101.6	221.8
上海 Shanghai	661.1	176.6	482.0	910.0	1539.9
江苏 Jiangsu	1930.7	545.2	1382.0	2174.9	3812.0
浙江 Zhejiang	1537.3	400.5	1133.8	1735.8	3171.7
安徽 Anhui	412.6	127.0	284.1	281.1	609.2
福建 Fujian	453.0	119.0	441.5	431.2	800.9
江西 Jiangxi	157.6	42.8	113.3	96.4	205.5
山东 Shandong	1457.5	443.5	1012.0	1377.8	2600.9
河南 Henan	640.2	192.7	445.2	463.4	960.4
湖北 Hubei	547.5	169.9	375.1	456.7	856.7
湖南 Hunan	318.7	94.2	223.0	243.8	476.3
广东 Guangdong	1969.0	592.4	1373.1	1750.7	3518.4
广西 Guangxi	172.5	52.4	118.6	113.0	254.3
海南 Hainan	27.7	4.6	22.1	10.1	31.4
重庆 Chongqing	123.4	36.9	85.0	121.9	228.1
四川 Sichuan	378.5	119.9	257.1	325.5	671.2
贵州 Guizhou	56.6	12.8	43.8	51.8	101.7
云南 Yunnan	239.2	62.7	175.0	183.3	400.3
西藏 Tibet					
陕西 Shaanxi	155.4	45.4	108.5	123.9	249.7
甘肃 Gansu	71.0	17.3	53.2	58.7	119.9
青海 Qinghai	15.0	2.8	11.9	7.6	20.9
宁夏 Ningxia	16.3	5.3	14.6	13.3	30.0
新疆 Xinjiang	55.1	18.0	36.1	47.3	89.5

12-29 **续表** 2 continued

地区 Region	每百元固定资产原值实现利润（元） Profits per 100 Yuan Original Value of Fixed Assets (yuan)	每百元资金实现利润（元） Profits per 100 Yuan of Capital (yuan)	每百元资金实现的利润税金（元） Pre-tax Profits per 100 Yuan of Capital (yuan)	每百元营业收入实现利润（元） Profits per 100 Yuan of Business Income (Yuan)	每百元固定资产原值实现营业收入（元） Business Income per 100 Yuan Original Value of Fixed Assets (yuan)	每百元营业收入占用的流动资金（元） Circulating Funds per 100 Yuan of Business Income (yuan)
全　国　National Total	**14.6**	**8.1**	**12.9**	**5.1**	**284.3**	**33.8**
北　京　Beijing	11.0	5.2	8.1	5.0	222.1	54.8
天　津　Tianjin	25.8	12.2	16.2	8.1	320.3	40.1
河　北　Hebei	20.3	13.5	16.6	8.0	253.5	30.9
山　西　Shanxi	17.0	11.1	21.7	5.5	311.0	24.2
内蒙古　Inner Mongolia	27.8	16.3	23.2	8.6	323.5	22.4
辽　宁　Liaoning	26.0	13.7	19.0	6.7	385.9	29.4
吉　林　Jilin	18.0	10.7	16.2	7.3	247.1	29.5
黑龙江　Heilongjiang	17.9	10.3	14.7	5.3	337.0	23.6
上　海　Shanghai	10.3	4.4	7.3	4.6	221.2	62.2
江　苏　Jiangsu	7.8	4.0	7.7	2.9	271.4	41.5
浙　江　Zhejiang	10.4	5.0	10.5	4.1	251.2	45.0
安　徽　Anhui	20.9	14.2	21.3	7.0	299.4	22.8
福　建　Fujian	15.7	8.9	13.2	4.7	335.7	28.4
江　西　Jiangxi	16.8	12.8	19.9	6.1	273.1	22.4
山　东　Shandong	21.7	12.1	17.8	6.8	317.3	29.8
河　南　Henan	26.0	17.3	21.0	8.2	317.4	22.8
湖　北　Hubei	26.4	16.9	27.4	4.9	541.8	15.4
湖　南　Hunan	23.8	15.9	24.5	5.3	451.1	17.0
广　东　Guangdong	8.9	5.0	7.8	4.2	214.9	41.4
广　西　Guangxi	11.8	8.0	13.1	3.9	300.9	21.8
海　南　Hainan	7.6	6.7	10.2	7.6	100.4	36.3
重　庆　Chongqing	6.6	3.6	9.4	2.5	269.6	36.6
四　川　Sichuan	4.2	2.4	6.3	1.9	219.4	39.2
贵　州　Guizhou	5.5	3.0	6.9	3.6	153.2	59.7
云　南　Yunnan	5.8	3.5	8.4	2.4	239.4	32.0
西　藏　Tibet						
陕　西　Shaanxi	15.4	9.6	14.5	5.0	306.8	26.0
甘　肃　Gansu	14.8	8.8	14.8	6.6	222.4	37.2
青　海　Qinghai	4.7	3.3	7.2	3.8	124.0	40.9
宁　夏　Ningxia	8.0	4.3	8.3	4.7	168.7	48.4
新　疆　Xinjiang	4.0	2.5	6.0	2.8	140.5	61.1

主 要 统 计 指 标 解 释

农林牧渔业总产值 指以货币表现的农、林、牧、渔业全部产品的总量，它反映一定时期内农业生产总规模和总成果。

农业总产值的计算方法通常是按农林牧渔业产品及其副产品的产量分别乘以各自单位产品价格求得；少数生产周期较长，当年没有产品或产品产量不易统计的，则采用间接方法匡算其产值；然后将四业产品产值相加即为农业总产值。

1957年以前的农业总产值中包括了厩肥和农民自给性手工业（如农民自制衣服、鞋、袜，自己从事粮食初步加工等）。1958年及以后的农业总产值，林业中增加了村及村以下竹木采伐产值；牧业中取消了厩肥产值；副业中取消了农民自给性手工业产值，增加了村及村以下办的工业产值；渔业中增加了海洋捕捞水产品产值。1980年及以后的农业总产值，在副业中增加了农民家庭兼营工业商品部分的产值。从1984年起村及村以下工业产值划归工业。从1993年起取消副业，将野生动物的捕猎划入牧业、野生植物采集和农民家庭兼营商品性工业划归农业。

粮食产量 指全社会的产量。包括国有经济经营的、集体统一经营的和农民家庭经营的粮食产量，还包括工矿企业办的农场和其他生产单位的产量。粮食除包括稻谷、小麦、玉米、高粱、谷子及其他杂粮外，还包括薯类和豆类。其产量计算方法，豆类按去豆荚后的干豆计算；薯类（包括甘薯和马铃薯，不包括芋头和木薯）1963年以前按每4公斤鲜薯折1公斤粮食计算，从1964年开始改为按5公斤鲜薯折1公斤粮食计算。城市郊区作为蔬菜的薯类（如马铃薯等）按鲜品计算，并且不作粮食统计。其他粮食一律按脱粒后的原粮计算。

油料产量 指全部油料作物的生产量。包括花生、油菜籽、芝麻、向日葵籽、胡麻籽（亚麻籽）和其他油料。不包括大豆、木本油料和野生油料。花生以带壳干花生计算。

水产品产量 指人工养殖的水产品和天然生长的水产品的捕捞量。包括海水的鱼类、虾蟹类、贝类和藻类以及内陆水域的鱼类、虾蟹类和贝类，不包括淡水生植物。

猪、牛、羊肉产量 指当年出栏并已屠宰、除去头蹄下水后带骨肉（即胴体重）的重量。

期初（末）畜禽存栏头（只）数 指报告期初（末）农村各种合作经济组织和国营农场、农民个人、机关、团体、学校、工矿企业、部队等单位以及城镇居民饲养的大牲畜、猪、羊、家禽等畜禽的存栏数。

耕地面积 指年初可以用来种植农作物、经常进行耕锄的田地，包括熟地、当年新开荒地、连续撂荒未满三年的耕地和当年的休闲地（轮歇地），还包括以种植农作物为主并附带种植桑树、茶树、果树和其他林木的土地，以及沿海、沿湖地区已围垦利用的“海涂”、“湖田”等面积。不包括属于专业性的桑园、茶园、果园、果木苗圃、林地、芦苇地、天然或人工草地面积。

农作物播种面积 指实际播种或移植有农作物的面积。凡是实际种植有农作物的面积，不论种植在耕地上还是种植在非耕地上，均包括在农作物播种面积中。在播种季节基本结束后，因遭灾而重新改种和补种的农作物面积，也包括在内。

有效灌溉面积 指具有一定的水源，地块比较平整，灌溉工程或设备已经配套，在一般年景下当年能够进行正常灌溉的耕地面积。

农用化肥施用量 指本年内实际用于农业生产的化肥数量，包括氮肥、磷肥、钾肥和复合肥。化肥施用量要求按折纯量计算数量。折纯量是指把氮肥、磷肥、钾肥分别按含氮、含五氧化二磷、含氧化钾的百分之一百成份进行折算后的数量。复合肥按其所含主要成分折算。

农业机械总动力 指主要用于农、林、牧、渔业的各种动力机械的动力总和。包括耕作机械、排灌机械、收获机械、农用运输机械、植物保护机械、牧业机械、林业机械、渔业机械和其他农业机械〔内燃机按引擎马力折成瓦（特）计算、电动机按功率折成瓦（特）计算〕。不包括专门用于乡、镇、村、组办工业、基本建设、非农业运输、科学试验和教学等非农业生产方面用的动力机械与作业机械。

农林牧渔业劳动力 指全社会直接参加农林牧渔业生产活动的劳动力。

Explanatory Notes on Main Statistical Indicators

Gross Output Value of Farming, Forestry, Animal Husbandry and Fishery refers to the total volume of products of farming, forestry, animal husbandry and fishery in value terms, which reflects the total scale and total result of agricultural production during a given period of time. Gross output value of agriculture is obtained by first multiplying the output of each product or by-product by its price, resulting in the output value of each single item. For a small number of products, annual output of which is not available or difficult to get due to the long production/growing process involved, the output value is estimated through an indirect approach. The sum of output value of all products of farming, forestry, animal husbandry, and fishery is then equal to the gross output value of agriculture. Prior to 1957, China's gross agricultural output value included barnyard manure and handicraft products for self-consumption (clothes, shoes, stockings, and initial grain processing undertaken by peasants). Since 1958, cutting and felling of bamboo and trees by villages and other cooperative organizations under villages have been included in forestry; value of barnyard manure has been excluded from animal husbandry; self-consumed handicrafts has been excluded from sideline occupations, while the output value of industries run by villages and cooperative organizations under village had been included in sideline occupations and the output value of fish catches by motor fishing boats has been added to fishery. Since 1980, the value of handicraft products made for sale by individuals in households had been added to sideline occupations. Since 1984, industries run by villages and cooperative organizations under villages have been included in the sector of industry. Since 1993, the subdivision of sideline occupations has been canceled, and the hunting of wild animals has been classified into animal husbandry, and the gathering of wild plants and commodity industry run by rural household have been included in farming.

Grain Yield refers to the yield in the whole country including grains produced by state farms, collective units, industrial enterprises and mines. Grain includes rice, wheat, corn, sorghum, millet and other miscellaneous grains as well as tubers and beans. Output of beans refers to dry beans without pods. The output of tubers (sweet potatoes and potatoes, not including taros and cassava) was converted into that of grain at the ratio 4 : 1, i. e. four kilograms of fresh tubers was equivalent to one kilogram of grain up to 1963. Since 1964 the ratio for conversion has been 5 : 1. Tubers supplied as vegetables (such as potatoes) in cities and suburbs are calculated as fresh vegetables and their output is not included in the output of grain. Output of all other grains refers to husked grain.

Yield of Oil-bearing Crops refers to the total yield of oil-bearing crops of various kinds, including peanuts, (dry, in shell) rapeseeds, sesame, sunflower seeds, flax seeds, and other oil-bearing crops. Soybeans, oil-bearing woody plants, and wild oil-bearing crops are not included.

Output of Aquatic Products refers to catches of both artificially cultured and naturally grown aquatic products, including fish, shrimps, crabs and shellfish in sea and inland water as well as seaweed. Freshwater plants are not included.

Output of Pork, Beef, and Mutton refers to the meat of slaughtered hogs, cattle, sheep and goats with head, feet, and offal taken away.

Number of Livestock or Poultry in Stock at Beginning (or End) of Reference Period refers to the total number of large animals, pigs, sheep, fowls, etc. raised by rural cooperative organizations, state farms, rural individuals, government agencies, schools, industrial and mining enterprises, army, and urban residents at the beginning (or end) of the reference period.

Cultivated Area (Area under cultivation) refers to farmland which is plowed constantly for growing crops, including cultivated land, newly cultivated land in the current year, farmland left without cultivation for less than three years and fallow land in the current year, rotation land, rotation land of grass and crops, farmland with some fruit trees, mulberry trees and other trees and cultivated seashore land, lake land, and etc. The land of mulberry fields, tea plantations, orchards, nurseries of young plants, forest land, reed land, natural and man-made grassland and other land are not included in cultivated land.

Sown Area of Crops refers to area of land sown or transplanted with crops regardless of being in cultivated area or non-cultivated area. Area of land re-sown due to natural disasters is also included.

Irrigated Area refers to areas that are effectively irrigated, i.e. level land which has water source and complete sets of irrigation facilities to lift and move adequate water for irrigation purpose under normal conditions.

Consumption of Chemical Fertilizers in Agriculture refers to the quantity of chemical fertilizers applied in agriculture in the year, including nitrogenous fertilizer, phosphate fertilizer, potash fertilizer, and compound fertilizer. The consumption of chemical fertilizers is required in calculation to convert the gross weight into weight containing 100% effective component (e.g. 100% nitrogen content in nitrogenous fertilizer, 100% phosphorous pentoxide contents in phosphate fertilizer, 100% potassium oxide contents in potash fertilizer). Compound fertilizer is converted with its major component.

Total Power of Farm Machinery refers to total mechanical power of machinery used in farming, forestry, animal husbandry, and fishery, including ploughing, irrigation and drainage, harvesting, transport, plant protection, stock breeding, forestry and fishery. The power of internal combustion engines is required to convert horsepower into watts and the power of electric motors is required to be converted into watts. Machinery employed for non-agricultural purposes, such as the machines used in township-run and village-run industry, construction, non-agricultural transport, scientific experiments and teaching, is excluded.

Labour Force Engaged in Farming, Forestry, Animal Husbandry and Fishery refers to the total laborers who are directly engaged in production of farming, forestry, animal husbandry and fishery.

十三 工 业

INDUSTRY

简要说明

一、本篇主要包括以下几部分汇总资料：

1．全部工业企业按经济类型、行业和地区分组的企业单位数和工业总产值（其中工业总产值均按新规定计算）；

2．全部国有及规模以上（规模以上指年产品销售收入在500万元以上的非国有企业）工业企业按地区和行业分组的主要经济指标和经济效益指标，主要包括工业总产值、工业增加值、资本金、流动资产、固定资产、流动负债、长期负债、所有者权益、产品销售收入、销售成本、销售税金及附加、销售利润、利润总额、工业增加率、总资产贡献率、资产负债率、成本费用利润率，流动资产周转次数、全员劳动生产率、产销率；

3．各地区国有及国有控股工业企业主要指标；

4．主要工业产品产量；

5．重点工业企业主要产品生产能力；

二、资料来源：资料由国家统计局工业交通司整理提供。

三、1991－1994年全部工业按各种经济类型分的总产值及指数，根据1995年第三次工业普查数据作了相应调整，与以往年鉴数据有所不同。

四、1998年工业统计范围改为全部国有企业及年产品销售收入500万元以上企业，因此，工业产品产量数据不能按全社会口径范围进行统计。考虑到与历年统计公报、统计年鉴数据相衔接，主要产品产量全国总计是参照上年全社会产量数据和按新统计范围统计的产量情况，并通过与有关部门数据核实，将这些产品调整到全社会口径范围，从而形成分地区数据之和小于全国总计的情况。另外，个别产品由于企业兼并、重组，出现了许多跨地区企业集团，造成重复上报。全国总计数中将重复因素进行了扣除，造成分地区数据之和大于总计的情况。

BRIEF INTRODUCTION

I. Data in this chapter cover the following data:

(1) The number of industrial enterprises and the gross industrial output value of all industrial enterprises classified by ownership, by industrial branch and by region;

(2) Main economic indicators and efficiency indicators of all state-owned industrial enterprises and enterprises above designated size (referring to non-state enterprises each with an annual sales of over 5 million yuan), classified by region and by industrial division, including gross industrial output value, industrial value-added, capital, working capital (circulating assets), fixed assets, liquid liabilities, long-term liabilities, creditors' equity, sales income, sales cost, sales tax and extra-charges, sales profit, total profits, ratio of value-added to gross industrial output value, ratio of profits, taxes and interests to average assets, ratio of debts to assets, ratio of profits to cost and charges, turnover of working capital and overall labour productivity;

(3) Main indicators of the state-owned industrial enterprises and enterprises where the state holds the majority of shares;

(4) Output of key industrial products

(5) Production capacity of main products by key industrial enterprises;

II. Data sources: All data are prepared and provided by the Department of Industrial and Transport Statistics, NBS.

III. Data on the gross output value of all industrial enterprises and the indices by ownership in 1991-1994 have been adjusted in accordance with data from the Third National Industrial Census undertaken in 1995. Such data are therefore somewhat different from those published in the yearbooks of the previous years.

IV. As the coverage of industrial statistics was adjusted in 1998 to cover all state-owned industrial enterprises and enterprises with an annual sales of over 5 million yuan, it is impossible to collect statistics on the output of industrial products of all enterprises. In order to make such statistics comparable with data published in previous statistical communiqués and statistical yearbooks, efforts were made to estimate the national total of output of key industrial products by analyzing national totals of the previous years (with the old coverage) and data collected by new coverage and by verification of figures by relevant departments. As this process was done only at the national level, the result is that the sum of output data by province is smaller than the national totals. On the other hand, a large number of trans-regional enterprise groups were established through the merge and re-organization of enterprises, resulting in duplicated reports of the output of selected products. For such products, there are cases where the sum of output by province is larger than the national total.

13-1 各种经济类型工业企业单位数和总产值
NUMBER OF INDUSTRIAL ENTERPRISES AND GROSS INDUSTRIAL OUTPUT VALUE BY OWNERSHIP

分 类	Item	1994	1995	1996	1997	1998
企业单位数 （万个）	**Number of Industrial Enterprises (10 000 units)**	**1001.71**	**734.15**	**798.65**	**792.29**	**797.46**
在总计中：	Of the Total：					
国有及国有控股企业	State-owned Enterprises (including enterprises with controlling share hold by the state)	10.22	11.80	12.76	11.00	6.47
在总计中：	Of the Total：					
集体企业	Collective-owned Enterprises	186.30	147.50	159.18	177.23	179.78
个体企业	Individual-owned Enterprises	800.74	568.82	621.07	597.47	603.38
其他经济类型企业	Enterprises of Other Types of Ownership	4.45	6.03	7.02	7.73	8.57
#股份制经济	Share-holding Corporations	0.46	0.59	0.83	1.31	1.14
外商及港澳台商投资企业	Enterprises Funded by Foreigners or by Entrepreneurs from Hong Kong, Macao and Taiwan	3.00	5.40	4.43	4.38	6.25
工业总产值 （亿元）	**Gross Industrial Output Value (100 million yuan)**	**70176**	**91894**	**99595**	**113733**	**119048**
在总计中：	Of the Total：					
国有及国有控股企业	State-owned Enterprises (including enterprises with controlling share hold by the state)	26201	31220	36173	35968	33621
在总计中：	Of the Total：					
集体企业	Collective-owned Enterprises	26472	33623	39232	43347	45730
个体企业	Individual-owned Enterprises	7082	11821	15420	20376	20372
其他经济类型企业	Enterprises of Other Types of Ownership	10421	15231	16582	20982	27270
#股份制经济	Share-holding Corporations	2967	2750	3302	4976	9262
外商及港澳台商投资企业	Enterprises Funded by Foreigners or by Entrepreneurs from Hong Kong, Macao and Taiwan	6645	10722	12117	14399	17750

注：1. 工业总产值按当年价格计算。

2. 1991-1994 年工业总产值数据根据 1995 年第三次工业普查数据作相应调整，故与以往年鉴数据不同(12-3 和 12-4 表同)。

3. 1995 年及以前年份国有及国有控股企业为国有工业企业口径。

4. 为了与以往年份可比，1998 年部分经济类型及其数据做了调整。

a) The gross industrial output value is calculated at current prices.

b) Data of the gross industrial output value in 1991-1994 were adjusted in accordance with the data of the 1995 Industrial Census, therefore were different from the data in the previous yearbooks. The same for tables 12-3 and 12-4.

c) Data prior to 1996 on state-owned enterprises and enterprises where the state holds the controlling share refer to state-owned industrial enterprises.

d) Adjustment was made on 1998 data by different types of ownership to make them comparable with data of previous years.

13-2 工业分行业职工人数

NUMBER OF STAFF AND WORKERS IN INDUSTRY BY INDUSTRIAL BRANCH

单位：万人 (10 000 persons)

项目	Item	1994	1995	1996	1997	1998
全国总计	**National Total**	**6580**	**6610**	**6450**	**6215**	**4753**
按登记注册类型分	**Grouped by**					
国有	State-owned	4369	4397	4278	4040	2721
集体	Collective-owned	1604	1503	1429	1327	802
其他	Other Ownership	607	710	743	847	1230
按行业分	**Grouped by Sector**					
采掘业	**Mining and Quarrying**	**904**	**914**	**886**	**851**	**702**
煤炭采选业	Coal Mining and Processing	527	521	505	493	405
石油和天然气开采业	Petroleum and Natural Gas Extraction	117	128	125	116	109
黑色金属矿采选业	Ferrous Metals Mining and Dressing	22	22	21	20	16
有色金属矿采选业	Nonferrous Metals Mining and Dressing	62	62	60	54	40
非金属矿采选业	Nonmetal Minerals Mining and Dressing	62	63	58	54	43
其他矿采选业	Other Minerals Mining and Dressing	3	2	2	1	2
木材及竹材采运业	Logging and Transport of Timber and Bamboo	112	116	114	111	88
制造业	**Manufacturing**	**5432**	**5439**	**5293**	**5082**	**3769**
食品加工业	Food Processing	192	198	198	190	141
食品制造业	Food Production	126	124	119	114	77
饮料制造业	Beverage Production	117	121	121	123	94
烟草加工业	Tobacco Processing	34	33	33	33	30
纺织业	Textile Industry	691	673	634	596	393
服装及其他纤维制品制造	Garments and Other Fiber Products	181	175	168	162	127
皮革毛皮羽绒及其制品业	Leather，Furs，Down and Related Products	92	99	91	85	62
木材加工及竹藤棕草制品业	Timber Processing，Bamboo，Cane，Palm Fiber and Straw Products	77	73	72	67	39
家具制造业	Furniture Manufacturing	35	35	31	30	19
造纸及纸制品业	Papermaking and Paper Products	128	133	128	124	84
印刷业记录媒介的复制	Printing and Record Medium Reproduction	99	97	96	90	69
文教体育用品制造业	Cultural，Educational and Sports Goods	34	39	37	35	30
石油加工及炼焦业	Petroleum Refining and Coking	71	72	76	74	67
化学原料及化学制品制造业	Raw Chemical Materials and Chemical Products	405	412	407	392	304
医药制造业	Medical and Pharmaceutical Products	97	102	102	101	86
化学纤维制造业	Chemical Fiber	45	47	49	50	40
橡胶制品业	Rubber Products	77	77	75	69	52
塑料制品业	Plastic Products	101	109	105	101	73
非金属矿物制品业	Nonmetal Mineral Products	401	425	407	387	284
黑色金属冶炼及压延加工业	Smelting and Pressing of Ferrous Metals	346	346	337	321	256
有色金属冶炼及压延加工业	Smelting and Pressing of Nonferrous Metals	101	101	101	98	84
金属制品业	Metal Products	196	193	181	174	119
普通机械制造业	Ordinary Machinery	442	405	422	403	275
专用设备制造业	Special Purposes Equipment	294	304	280	274	197
交通运输设备制造业	Transport Equipment	345	370	354	346	279
电气机械及器材制造业	Electric Equipment and Machinery	233	244	236	227	170
电子及通信设备制造业	Electronic and Telecommunications	163	172	163	165	134
仪器仪表及文化办公用机械	Instruments，Meters，Cultural and Clerical Machinery	90	86	82	79	53
其他制造业	Other Manufacturing	271	177	129	115	86
电力煤气及水生产供应业	**Production & Supply of Power，Gas & Water**	**244**	**257**	**272**	**282**	**281**
电力蒸汽热水生产供应业	Production and Supply of Power，Steam and Hot Water	191	201	212	220	218
煤气的生产和供应业	Production and Supply of Gas	18	18	18	19	19
自来水的生产和供应业	Production and Supply of Tap Water	35	38	42	43	44

13-3 工 业 总 产 值
GROSS INDUSTRIAL OUTPUT VALUE

本表按当年价格计算。

Data in this table are calculated at current prices.

单位：亿元 (100 million yuan)

年　份 Year	工业总产值 Total Industry	#国有及国有控股企业 State-owned or Controlling Share Hold Industry	#集体企业 Collective-owned Industry	#个体企业 Individual Owned Industry	#其他经济类型企业 Industry of Other Types of Ownership
1952	349	145	11	72	121
1957	704	378	134	6	186
1962	920	808	112		
1965	1402	1263	139		
1970	2117	1855	262		
1975	3207	2601	606		
1978	4237	3289	948		
1980	5154	3916	1213	1	24
1985	9716	6302	3117	180	117
1990	23924	13064	8523	1290	1047
1991	26625	14955	8783	1287	1600
1992	34599	17824	12135	2006	2634
1993	48402	22725	16464	3861	5352
1994	70176	26201	26472	7082	10421
1995	91894	31220	33623	11821	15231
1996	99595	36173	39232	15420	16582
1997	113733	35968	43347	20376	20982
1998	119048	33621	45730	20372	27270

注：1. 1949-1957 年其他经济类型工业为公私合营和私营工业的数字（下表同）。

2. 1995 年及以前年份国有及国有控股企业为国有工业企业口径（下表同）。

3. 为了与以往年份可比，1998 年部分经济类型及其数据做了调整（下表同）。

a) Industry of other types of ownership in 1949-1957 referred to joint state-private enterprises and private enterprises. Similarly in following tables.

b) Data prior to 1996 on state-owned enterprises and enterprises where the state holds the controlling share refer to state-owned industrial enterprises.

c) Adjustment was made on 1998 data by different types of ownership to make them comparable with data of previous years. Similarly in following tables.

13-4 工业总产值指数

INDICES OF GROSS INDUSTRIAL OUTPUT VALUE

本表按可比价格计算。

Data in this table are calculated at comparable prices.

（上年=100） (Preceding year=100)

年份 Year	工业总产值 Total Industry	#国有及国有控股企业 State-owned or Controlling Share Hold Industry	#集体企业 Collective-owned Industry	#个体企业 Individual Owned Industry	#其他经济类型企业 Industry of Other Types of Ownership
1978	113.55	114.44	110.58		
1979	108.81	108.88	108.57		
1980	109.27	105.61	119.24		
1981	104.29	102.53	109.01	234.57	131.60
1982	107.82	107.05	109.54	178.95	127.73
1983	111.19	109.39	115.53	220.59	133.90
1984	116.28	108.92	134.85	197.47	156.81
1985	121.39	112.94	132.69	189.60	139.54
1986	111.67	106.18	117.97	167.57	134.16
1987	117.69	111.30	123.24	156.59	166.39
1988	120.79	112.61	128.16	147.34	161.53
1989	108.54	103.86	110.48	123.77	142.68
1990	107.76	102.96	109.02	121.11	139.33
1991	114.77	108.62	118.40	125.29	150.11
1992	124.70	112.40	133.30	147.00	164.80
1993	127.30	105.70	135.00	166.20	192.50
1994	124.20	106.50	124.90	156.30	174.30
1995	120.30	108.20	115.20	151.50	137.20
1996	116.59	105.13	120.88	120.00	123.77
1997	113.10	101.03	110.21	115.38	130.18
1998	110.75	100.10	109.10	114.70	125.29

13-5 各地区工业企业单位数和工业总产值（1998年）

NUMBER OF INDUSTRIAL ENTERPRISES AND GROSS INDUSTRIAL OUTPUT VALUE BY REGION (1998)

地区 Region	企业单位数总计（个） Total Number of Enterprises (units)	#全部国有及规模以上非国有 All State-owned and Non-state-owned above Designated Size	工业总产值（当年价格、亿元） Gross Industrial Output Value (at current prices, 100 million yuan)	#全部国有及规模以上非国有 All States-owned and Non-state-owned above Designated Size	
				1990年不变价格 at 1990 constant prices	当年价格 at current prices
全　国　National Total	**7974565**	**165080**	**119048.15**	**57574.61**	**67737.14**
北　京　Beijing	27082	4497	2017.02	1762.08	1816.48
天　津　Tianjin	46129	5412	2562.62	1892.80	2062.69
河　北　Hebei	463497	7597	6428.49	2154.78	2719.10
山　西　Shanxi	152833	3925	2318.49	845.16	1106.72
内蒙古　Inner Mongolia	142161	1489	1136.56	410.33	574.63
辽　宁　Liaoning	313630	6249	6674.14	2534.02	3147.86
吉　林　Jilin	182069	2790	1708.20	1060.59	1225.47
黑龙江　Heilongjiang	181298	3524	2688.44	1091.08	1739.73
上　海　Shanghai	50194	9320	5847.75	4864.32	5191.43
江　苏　Jiangsu	516565	17957	13185.70	7174.96	8053.03
浙　江　Zhejiang	706380	13475	11338.19	4780.50	4702.43
安　徽　Anhui	383834	3887	3851.89	1194.89	1480.76
福　建　Fujian	252763	6106	4508.62	1837.77	2037.52
江　西　Jiangxi	296746	3937	1630.92	661.77	819.79
山　东　Shandong	468098	11402	10579.17	5354.66	6398.39
河　南　Henan	691962	10450	5829.66	1309.40	3036.30
湖　北　Hubei	369559	7399	6404.55	2363.82	2733.06
湖　南　Hunan	695361	4554	4074.04	942.70	1287.43
广　东　Guangdong	471344	17980	13574.86	9063.72	9738.56
广　西　Guangxi	233847	3365	1697.68	778.65	928.67
海　南　Hainan	19888	640	254.50	147.96	187.60
重　庆　Chongqing	96036	2000	1241.89	708.86	766.79
四　川　Sichuan	360297	4980	3688.95	1704.97	1918.37
贵　州　Guizhou	242524	2048	795.53	431.24	507.91
云　南　Yunnan	270560	2516	1503.23	656.64	1017.29
西　藏　Tibet	342	342	12.83	6.83	12.83
陕　西　Shaanxi	141856	2685	1295.05	811.93	926.58
甘　肃　Gansu	93686	1641	1081.39	452.72	661.56
青　海　Qinghai	21115	573	181.52	93.27	148.18
宁　夏　Ningxia	30402	520	228.45	130.17	183.20
新　疆　Xinjiang	52507	1820	707.80	352.01	606.78

注：全部国有及规模以上非国有工业系指全部国有工业企业及年销售收入500万元以上非国有工业企业。

a) All state-owned non-state-owned industrial enterprises with an annual sales income of over 5 million yuan.

13-6 全部国有及规模以上工业企业单位数和工业总产值（1998 年）

单位：个、亿元

地区 Region	#国有及国有控股企业 State-owned Enterprises			#集体企业 Collective-owned Enterprises			#股份有限公司 Share Holding Enterprises		
	企业单位数 Number of Enterprises	总产值 Gross Output Value		企业单位数 Number of Enterprises	总产值 Gross Output Value		企业单位数 Number of Enterprises	总产值 Gross Output Value	
		1990年不变价格 At 1990 Constant Prices	当年价格 At Current Prices		1990年不变价格 At 1990 Constant Prices	当年价格 At Current Prices		1990年不变价格 At 1990 Constant Prices	当年价格 At Current Prices
全　国 National Total	**64737**	**26794.56**	**33621.04**	**47745**	**11307.61**	**13179.67**	**4120**	**3873.88**	**4334.46**
北　京 Beijing	2262	1303.81	1324.36	1001	158.94	168.72	49	65.15	62.26
天　津 Tianjin	2018	626.03	761.53	2059	410.55	467.75	19	40.42	40.60
河　北 Hebei	3247	1109.70	1524.72	2667	594.91	680.87	244	111.55	167.29
山　西 Shanxi	2053	500.18	722.25	1186	201.36	223.73	90	50.44	63.60
内蒙古 Inner Mongolia	1080	322.27	481.56	186	30.99	38.90	62	45.07	54.01
辽　宁 Liaoning	3052	1546.50	2100.17	1587	330.39	364.46	124	136.32	134.87
吉　林 Jilin	1850	846.19	988.35	470	81.36	88.88	127	69.44	76.71
黑龙江 Heilongjiang	2524	836.00	1448.78	568	96.80	120.77	91	154.35	202.89
上　海 Shanghai	2602	2400.11	2587.68	2445	477.92	561.71	57	154.82	152.17
江　苏 Jiangsu	3322	2335.87	2653.00	6215	2026.53	2309.94	337	336.87	388.63
浙　江 Zhejiang	2330	1109.52	1245.78	3791	1540.29	1372.98	262	330.09	394.14
安　徽 Anhui	1651	714.84	974.90	1165	195.28	216.95	227	139.91	187.00
福　建 Fujian	1737	555.58	679.04	1174	151.86	173.55	95	106.59	103.75
江　西 Jiangxi	3000	512.19	654.35	593	83.73	93.54	19	12.39	14.89
山　东 Shandong	3272	2076.68	2695.73	4817	1961.33	2206.64	430	418.53	474.47
河　南 Henan	3327	1184.54	1656.96	4639	50.26	866.20	358	144.53	228.34
湖　北 Hubei	3497	1382.58	1647.28	2889	579.45	654.16	407	329.01	358.14
湖　南 Hunan	2569	661.30	907.92	1430	163.29	223.58	120	48.15	58.50
广　东 Guangdong	4415	2201.09	2631.19	4338	1417.61	1480.13	212	595.78	516.77
广　西 Guangxi	2142	516.51	626.03	786	145.74	171.12	72	52.50	66.31
海　南 Hainan	486	108.25	132.37	29	5.29	6.60	23	37.36	39.75
重　庆 Chongqing	1054	496.86	562.35	500	72.01	73.86	113	94.11	103.48
四　川 Sichuan	2372	1104.78	1255.86	1128	208.97	239.75	340	195.64	232.83
贵　州 Guizhou	1556	354.95	423.81	320	39.79	45.40	4	35.82	18.38
云　南 Yunnan	1710	510.61	839.61	545	94.30	115.62	79	50.80	60.96
西　藏 Tibet	223	5.39	10.60	93	0.98	1.22	5	0.79	1.58
陕　西 Shaanxi	1880	637.18	717.40	446	70.32	75.90	80	68.54	62.31
甘　肃 Gansu	1181	347.08	543.38	347	76.53	81.96	31	12.10	15.13
青　海 Qinghai	454	80.18	132.13	33	5.18	5.92	22	7.24	15.84
宁　夏 Ningxia	353	104.39	152.94	75	8.42	10.18	13	10.14	15.26
新　疆 Xinjiang	1518	303.40	539.01	223	27.23	38.66	8	19.45	23.55

NUMBER OF ALL STATE-OWNED INDUSTRIAL ENTERPRISES AND NON-STATE-OWNED INDUSTRIAL ENTERPRISES ABOVE DESIGNATED SIZE AND THEIR OUTPUT VALUE(1998)

(unit) (100 million yuan)

#外商投资企业 Foreign Funded Enterprises			#港澳台商投资企业 Enterprises Funded by Entrepreneurs from Hong Kong, Macao & Taiwan			轻工业 Enterprises of Light Industry			重工业 Enterprises of Heavy Industry		
企业单位数 Number of Enterprises	总产值 Gross Output Value		企业单位数 Number of Enterprises	总产值 Gross Output Value		企业单位数 Number of Enterprises	总产值 Gross Output Value		企业单位数 Number of Enterprises	总产值 Gross Output Value	
	1990年不变价格 At 1990 Constant Prices	当年价格 At Current Prices		1990年不变价格 At 1990 Constant Prices	当年价格 At Current Prices		1990年不变价格 At 1990 Constant Prices	当年价格 At Current Prices		1990年不变价格 At 1990 Constant Prices	当年价格 At Current Prices
10717	8455.16	8458.43	15725	7618.37	8299.47	83738	26314.90	29081.79	81342	31259.71	38655.35
523	490.22	464.01	370	102.94	116.22	2268	463.04	532.31	2229	1299.04	1284.17
702	704.44	646.67	394	187.99	194.55	2786	735.42	763.56	2626	1157.38	1299.14
322	123.49	148.84	286	129.16	154.75	3419	868.67	958.20	4178	1286.11	1760.90
51	17.06	20.43	50	25.49	23.65	1172	142.43	157.24	2753	702.73	949.48
41	12.22	15.94	40	18.71	22.47	680	130.11	165.31	809	280.23	409.32
597	381.22	420.23	248	101.00	125.38	2450	599.11	657.08	3799	1934.91	2490.78
146	156.75	150.58	64	32.27	30.45	1319	297.61	297.95	1471	762.98	927.52
95	46.24	54.55	96	51.19	48.59	1772	332.16	401.83	1752	758.92	1337.90
1804	1900.26	1718.04	1339	792.28	824.79	5143	1939.71	2103.10	4177	2924.61	3088.33
1481	1041.67	1119.66	1418	647.36	709.71	8890	3387.97	3709.65	9067	3786.99	4343.38
858	318.58	319.63	1011	485.83	461.62	8090	2854.48	2676.38	5385	1926.01	2026.06
104	73.01	78.36	96	35.34	28.60	2065	570.48	656.49	1822	624.41	824.27
654	288.15	316.51	2056	897.66	914.45	3771	1122.02	1182.09	2335	715.75	855.43
54	44.84	47.86	81	21.90	25.25	1952	260.90	298.40	1985	400.87	521.39
1031	563.40	638.24	556	211.15	245.29	5875	2658.20	2984.23	5527	2696.45	3414.16
180	36.39	94.23	258	45.38	130.02	4878	544.95	1171.10	5572	764.45	1865.20
128	154.97	146.10	233	104.96	108.39	3581	943.20	1064.29	3818	1420.62	1668.77
80	47.18	66.88	92	21.03	29.91	1936	342.08	495.81	2618	600.62	791.62
1336	1738.29	1639.20	6508	3481.13	3863.63	11095	5490.54	5765.51	6885	3573.18	3973.05
108	61.04	70.76	95	26.18	29.03	1537	357.04	413.61	1828	421.61	515.06
40	14.07	20.24	61	17.95	23.43	341	105.64	125.79	299	42.32	61.81
70	50.90	52.64	57	33.39	30.49	965	278.45	277.56	1035	430.41	489.23
130	74.31	74.04	106	36.79	38.77	2296	873.91	849.32	2684	831.06	1069.05
22	11.94	12.55	25	5.78	5.16	868	163.10	185.66	1180	268.15	322.25
49	26.52	31.65	70	16.10	19.94	1127	316.76	559.93	1389	339.87	457.37
4	0.03	0.04				144	2.55	4.40	198	4.29	8.43
61	51.56	62.06	56	62.20	59.53	1238	301.69	327.10	1447	510.24	599.48
8	4.35	5.88	19	16.49	20.91	705	86.82	100.69	936	365.90	560.87
3	0.63	0.83	11	2.12	2.95	227	13.79	17.31	346	79.48	130.87
14	16.08	15.00	10	2.30	2.52	210	22.49	27.41	310	107.68	155.79
21	5.36	6.83	19	6.27	9.03	938	109.58	152.50	882	242.43	454.28

13-6 **续表** continued

单位：个、亿元 (unit)(100 million yuan)

地区 Region		大型企业 Large Enterprises			中型企业 Medium-sized Enterprises			小型企业 Small Enterprises		
		企业单位数 Number of Enterprises	总产值 Gross Output Value		企业单位数 Number of Enterprises	总产值 Gross Output Value		企业单位数 Number of Enterprises	总产值 Gross Output Value	
			1990年不变价格 At 1990 Constant Prices	当年价格 At Current Prices		1990年不变价格 At 1990 Constant Prices	当年价格 At Current Prices		1990年不变价格 At 1990 Constant Prices	当年价格 At Current Prices
全国	**National Total**	**7558**	**23125.92**	**27977.62**	**15850**	**8665.78**	**9574.72**	**141672**	**25782.91**	**30184.80**
北京	Beijing	253	923.40	954.14	244	94.11	117.89	4000	744.57	744.45
天津	Tianjin	319	976.82	1041.60	482	188.48	200.10	4611	727.50	820.99
河北	Hebei	320	754.45	1082.62	826	300.19	357.73	6451	1100.14	1278.75
山西	Shanxi	133	317.39	487.82	261	117.75	143.41	3531	410.02	475.49
内蒙古	Inner Mongolia	82	171.57	269.67	219	102.13	143.65	1188	136.63	161.31
辽宁	Liaoning	506	1554.36	2060.62	825	270.36	308.63	4918	709.30	778.61
吉林	Jilin	161	678.66	791.19	404	139.35	166.32	2225	242.58	267.96
黑龙江	Heilongjiang	280	711.30	1249.95	491	159.36	189.78	2753	220.42	300.00
上海	Shanghai	651	2674.36	2772.22	779	565.56	555.14	7890	1624.40	1864.07
江苏	Jiangsu	604	2120.77	2426.61	1785	1238.82	1384.38	15568	3815.37	4242.04
浙江	Zhejiang	331	1177.84	1198.71	1098	997.41	915.60	12046	2605.25	2588.12
安徽	Anhui	206	503.22	706.40	564	233.09	257.39	3117	458.58	516.97
福建	Fujian	94	347.06	368.72	259	229.22	247.72	5753	1261.49	1421.08
江西	Jiangxi	97	258.23	331.51	349	137.03	165.00	3491	266.51	323.28
山东	Shandong	715	1934.97	2440.83	1555	806.80	958.77	9132	2612.89	2998.79
河南	Henan	326	756.89	1064.66	809	275.69	439.27	9315	276.82	1532.37
湖北	Hubei	327	944.88	1137.72	609	337.49	365.74	6463	1081.45	1229.60
湖南	Hunan	208	442.52	613.07	495	128.21	160.70	3851	371.97	513.66
广东	Guangdong	751	2747.66	2933.97	1358	1313.27	1235.19	15871	5002.79	5569.40
广西	Guangxi	162	322.58	380.37	416	176.31	206.55	2787	279.76	341.75
海南	Hainan	35	44.04	52.22	89	64.40	82.84	516	39.52	52.54
重庆	Chongqing	130	331.18	362.90	204	104.59	116.33	1666	273.09	287.56
四川	Sichuan	292	900.53	966.66	578	283.24	336.17	4110	521.20	615.54
贵州	Guizhou	100	222.62	266.85	130	47.65	51.67	1818	160.97	189.39
云南	Yunnan	89	326.89	574.18	287	118.35	151.30	2140	211.40	291.81
西藏	Tibet				6	0.40	1.38	336	6.43	11.45
陕西	Shaanxi	189	410.04	446.30	280	83.11	109.60	2216	318.78	370.68
甘肃	Gansu	93	270.10	448.25	163	47.16	58.95	1385	135.46	154.36
青海	Qinghai	29	58.45	104.36	52	10.96	13.36	492	23.86	30.46
宁夏	Ningxia	28	62.19	84.05	63	26.13	39.11	429	41.85	60.04
新疆	Xinjiang	47	180.94	359.46	170	69.16	95.04	1603	101.91	152.28

注：全部国有及规模以上非国有工业系指全部国有及年销售收入500万元以上非国有工业企业(下表同)。

a) All state-owned the non-state-owned industrial enterprises with an annual sales income of over 5 million yuan.

13-7 各地区全部国有及规模以上非国有工业企业主要指标（1998年）

MAIN INDICATORS OF ALL STATE-OWNED INDUSTRIAL ENTERPRISES AND NON-STATE-OWNED INDUSTRIAL ENTERPRISES ABOVE DESIGNATED SIZE BY REGION(1998)

单位：亿元 (100 million yuan)

地区 Region		企业单位数（个） Number of Enterprises	工业总产值 Gross Industrial Output Value	工业增加值 Value Added of Industry	实收资本 Total Capital Hold	流动资产合计 Total Circulating Funds	流动资产年平均余额 Annual Average Balance of Circulating Funds
全　国	**National Total**	**165080**	**67737.14**	**19421.93**	**26676.62**	**46600.87**	**45420.55**
北　京	Beijing	4497	1816.48	524.98	898.46	1636.17	1660.34
天　津	Tianjin	5412	2062.69	451.29	831.13	1416.06	1358.38
河　北	Hebei	7597	2719.10	889.07	1072.87	1809.98	1783.30
山　西	Shanxi	3925	1106.72	399.22	526.32	1051.53	1025.02
内蒙古	Inner Mongolia	1489	574.63	222.62	397.45	561.97	558.24
辽　宁	Liaoning	6249	3147.86	858.03	1484.05	2668.69	2638.38
吉　林	Jilin	2790	1225.47	355.30	595.15	1122.34	1131.49
黑龙江	Heilongjiang	3524	1739.73	777.31	789.47	1533.26	1463.57
上　海	Shanghai	9320	5191.43	1333.19	2470.42	3838.75	3772.67
江　苏	Jiangsu	17957	8053.03	1916.92	2441.76	4355.37	4255.81
浙　江	Zhejiang	13475	4702.43	1098.37	1485.62	2653.61	2540.10
安　徽	Anhui	3887	1480.76	444.96	663.13	1022.19	967.96
福　建	Fujian	6106	2037.52	601.54	881.82	1101.12	1054.48
江　西	Jiangxi	3937	819.79	232.77	314.36	682.73	660.39
山　东	Shandong	11402	6398.39	1888.36	1897.07	3551.04	3394.37
河　南	Henan	10450	3036.30	970.17	1049.08	2079.40	1990.58
湖　北	Hubei	7399	2733.06	898.24	1007.58	1808.37	1714.20
湖　南	Hunan	4554	1287.43	436.31	483.68	923.13	904.56
广　东	Guangdong	17980	9738.56	2444.05	3519.15	5846.30	5825.10
广　西	Guangxi	3365	928.67	276.70	379.18	654.35	630.63
海　南	Hainan	640	187.60	48.67	101.83	140.59	139.38
重　庆	Chongqing	2000	766.79	209.75	434.33	737.17	720.28
四　川	Sichuan	4980	1918.37	593.01	842.69	1697.45	1632.88
贵　州	Guizhou	2048	507.91	181.80	273.57	546.46	531.74
云　南	Yunnan	2516	1017.29	517.51	455.00	763.24	767.35
西　藏	Tibet	342	12.83	7.05	20.02	17.88	10.53
陕　西	Shaanxi	2685	926.58	286.16	436.74	892.61	874.44
甘　肃	Gansu	1641	661.56	207.86	340.08	602.80	585.54
青　海	Qinghai	573	148.18	51.05	114.51	164.22	150.48
宁　夏	Ningxia	520	183.20	57.68	114.75	184.44	176.11
新　疆	Xinjiang	1820	606.78	241.99	355.33	537.67	502.26

13-7 **续表** 1 continued

单位：亿元 (100 million yuan)

地区 Region		固定资产小计 Total Fixed Assets	固定资产原价合计 Original Value of Fixed Assets	固定资产净值年平均余额 Annual Average Balance of Net Value of Fixed Assets	流动负债合计 Total Liquid Liabilities	长期负债合计 Long-term Liabilities	所有者权益合计 Creditors' Equity
全 国	**National Total**	**52577.70**	**64832.05**	**44136.87**	**47773.02**	**20987.01**	**39445.40**
北 京	Beijing	1667.97	2094.64	1337.50	1558.83	710.84	1427.00
天 津	Tianjin	1576.64	1876.95	1273.97	1378.13	705.42	1187.48
河 北	Hebei	2418.28	2887.67	1917.68	1919.53	940.30	1681.71
山 西	Shanxi	1454.32	1831.76	1218.23	974.32	786.97	982.72
内蒙古	Inner Mongolia	912.86	1106.18	685.07	605.07	377.45	576.58
辽 宁	Liaoning	3497.46	4537.00	2988.11	2912.85	1399.70	2283.45
吉 林	Jilin	1487.95	1775.29	1203.62	1329.89	682.73	823.52
黑龙江	Heilongjiang	1851.62	2507.54	1566.74	1646.54	786.53	1160.45
上 海	Shanghai	3431.75	4168.88	2621.63	3521.02	999.85	3783.33
江 苏	Jiangsu	4002.98	4936.57	3488.93	4415.82	1232.55	3434.63
浙 江	Zhejiang	2492.32	2997.82	2142.87	2575.16	744.07	2321.14
安 徽	Anhui	1267.90	1521.96	995.55	1111.36	514.03	883.97
福 建	Fujian	1280.20	1539.99	1092.93	1038.99	349.61	1152.85
江 西	Jiangxi	845.18	1045.70	703.52	796.89	411.29	459.05
山 东	Shandong	3938.35	4951.04	3276.99	3728.76	1534.28	2938.64
河 南	Henan	2414.34	2961.01	1953.89	2156.27	1060.38	1576.01
湖 北	Hubei	2113.90	2666.74	1685.21	1800.68	1043.60	1490.02
湖 南	Hunan	1251.30	1614.36	1083.63	1055.07	618.88	685.98
广 东	Guangdong	5737.86	6968.36	4893.50	5874.02	2034.19	4859.21
广 西	Guangxi	920.86	1088.15	772.17	830.71	325.73	523.18
海 南	Hainan	216.07	241.30	187.12	155.07	142.06	109.37
重 庆	Chongqing	822.29	986.68	635.68	786.24	321.21	527.84
四 川	Sichuan	1881.18	2333.82	1520.18	1674.19	842.19	1367.42
贵 州	Guizhou	552.15	680.27	443.69	557.18	233.83	372.67
云 南	Yunnan	1073.99	1154.96	786.70	753.93	428.76	894.99
西 藏	Tibet	29.85	35.46	18.11	13.66	4.08	35.79
陕 西	Shaanxi	1073.46	1271.42	1682.51	1020.75	488.48	614.55
甘 肃	Gansu	901.21	1142.70	723.95	642.57	463.06	540.40
青 海	Qinghai	303.90	370.13	272.82	193.09	195.06	131.03
宁 夏	Ningxia	249.31	316.47	208.57	181.29	132.27	138.37
新 疆	Xinjiang	910.27	1221.26	755.82	565.17	477.60	482.07

13-7 **续表** 2 continued

单位：亿元 (100 million yuan)

地区 Region	产品销售收入 Sales Revenue	产品销售成本 Cost of Sales	产品销售税金及附加 Sales Tax and Extra Charges	产品销售利润 Sales Profit	利润总额 Total Profits	本年应交增值税 Value Added Tax Payable
全国 National Total	**64148.86**	**52797.54**	**1236.79**	**7493.26**	**1458.11**	**2827.02**
北京 Beijing	1913.21	1568.83	21.83	226.40	53.94	84.83
天津 Tianjin	1942.33	1633.53	19.18	218.44	56.92	73.77
河北 Hebei	2706.81	2254.87	38.15	331.98	97.87	121.94
山西 Shanxi	1017.64	808.21	17.64	139.49	9.21	67.19
内蒙古 Inner Mongolia	567.91	451.62	11.38	78.59	3.22	34.47
辽宁 Liaoning	3090.51	2608.76	54.75	343.80	−16.49	145.47
吉林 Jilin	1136.01	941.83	22.32	138.45	−3.77	58.23
黑龙江 Heilongjiang	1663.66	1285.12	53.02	278.60	82.73	113.87
上海 Shanghai	5196.35	4310.84	59.40	620.91	193.09	222.61
江苏 Jiangsu	7375.45	6314.14	66.08	725.78	151.51	274.03
浙江 Zhejiang	4469.41	3739.80	58.17	515.42	170.94	178.35
安徽 Anhui	1348.30	1073.75	42.82	136.15	−5.84	69.85
福建 Fujian	1860.76	1562.01	37.12	185.50	55.76	66.72
江西 Jiangxi	739.47	610.84	16.12	83.17	−8.43	37.31
山东 Shandong	5923.25	4914.46	87.87	691.81	235.25	252.79
河南 Henan	2774.43	2278.26	56.37	338.48	71.21	117.71
湖北 Hubei	2433.92	1968.29	45.65	303.94	44.71	105.61
湖南 Hunan	1212.79	931.28	75.26	148.40	3.18	73.59
广东 Guangdong	9243.42	7678.84	103.24	970.99	224.89	294.70
广西 Guangxi	878.02	727.98	18.54	90.78	−11.81	49.54
海南 Hainan	175.65	138.18	3.15	18.52	1.93	10.05
重庆 Chongqing	780.91	630.60	20.51	90.96	−19.31	38.12
四川 Sichuan	1838.86	1436.09	42.81	269.30	39.70	91.88
贵州 Guizhou	463.24	349.18	32.23	65.27	1.64	28.38
云南 Yunnan	999.43	630.32	171.25	175.21	68.48	84.03
西藏 Tibet	12.04	7.65	0.37	3.18	1.98	0.65
陕西 Shaanxi	867.48	689.44	20.81	119.75	−11.40	43.90
甘肃 Gansu	615.85	518.81	16.49	67.09	−16.11	33.78
青海 Qinghai	141.03	113.49	2.35	21.35	−8.00	7.79
宁夏 Ningxia	183.50	154.43	2.97	19.08	−2.86	9.15
新疆 Xinjiang	577.19	466.10	18.95	76.46	−6.04	36.71

13-8 全部国有及规模以上非国有工业企业主要指标（1998年）

单位：亿元

行业	Item	企业单位数（个）Number of Enterprises (unit)	工业总产值 Gross Industrial Output Value	工业增加值 Value Added of Industry
全国总计	**National Total**	**165080**	**67737.14**	**19421.93**
按经济类型分	**Grouped by Ownership**			
在总计中：	Of the Total:			
国有及国有控股企业	State-owned Enterprises (including enterprises with controlling share hold by the state)	64737	33621.04	11076.90
在总计中：	**Of the Total**			
集体企业	Collective-owned Enterprises	47745	13179.67	3302.21
股份有限公司	Share-holding Corporations	9487	2343.19	572.49
外商投资企业	Foreign Funded Enterprises	10717	8458.43	1993.36
港澳台商投资企业	Enterprises Funded by Entrepreneurs from Hong Kong, Macao and Taiwan	15725	8299.47	2061.70
按轻重工业分	**Grouped by Light & Heavy Industry**			
轻工业	Light Industry	83738	29081.79	7725.54
以农产品为原料	Using Farm Products as Raw Materials	56377	18399.39	5121.04
以非农产品为原料	Using Non-Farm Products as Raw Materials	27361	10682.40	2604.49
重工业	Heavy Industry	81342	38655.35	11696.39
采掘工业	Mining and Quarrying	7596	4045.09	2128.61
原料工业	Raw Materials Industry	23653	15120.18	4595.30
加工工业	Manufacturing Industry	50093	19490.08	4972.48
按企业规模分：大型企业	**Grouped by Size of Enterprises: Large**	**7558**	**27977.62**	**9166.86**
中型企业	Medium-sized	15850	9574.73	2599.44
小型企业	Small	141672	30184.80	7655.62
按行业分	**Grouped by Sector**			
#煤炭采选业	Coal Mining and Dressing	3202	1299.65	601.55
石油和天然气开采业	Petroleum and Natural Gas Extraction	76	1796.32	1186.41
黑色金属矿采选业	Ferrous Metals Mining and Dressing	577	150.89	54.21
有色金属矿采选业	Nonferrous Metals Mining and Dressing	1416	339.02	111.27
非金属矿采选业	Nonmetal Minerals Mining and Dressing	1849	328.26	110.74
木材及竹材采运业	Logging and Transport of Timber and Bamboo	634	161.27	82.36
食品加工业	Food Processing	11909	3516.00	681.54
食品制造业	Food Manufacturing	5368	1213.97	324.95
饮料制造业	Beverage Manufacturing	3817	1579.86	543.61
烟草加工业	Tobacco Processing	352	1374.73	886.16
纺织业	Textile Industry	11276	4376.27	1017.30
服装及其他纤维制品制造	Garments and Other Fiber Products	6768	2018.07	481.93
皮革毛皮羽绒及其制品业	Leather, Furs, Down and Related Products	3312	1191.93	273.25
木材加工及竹藤棕草制品业	Timber Processing, Bamboo, Cane, Palm Fiber and Straw Products	2487	492.13	112.57
家具制造业	Furniture Manufacturing	1470	294.71	76.66
造纸及纸制品业	Papermaking and Paper Products	4763	1243.97	318.92
印刷业记录媒介的复制	Printing and Record Medium Reproduction	3863	544.19	182.71
文教体育用品制造业	Cultural, Educational and Sports Goods	1785	552.47	141.14
石油加工及炼焦业	Petroleum Processing and Coking	1052	2329.44	528.58
化学原料及制品制造业	Raw Chemical Materials and Chemical Products	11303	4627.83	1103.44
医药制造业	Medical and Pharmaceutical Products	3280	1372.73	432.91
化学纤维制造业	Chemical Fiber	803	826.52	184.62
橡胶制品业	Rubber Products	1785	765.58	203.10
塑料制品业	Plastic Products	6016	1497.83	354.28
非金属矿物制品业	Nonmetal Mineral Products	14496	3204.48	909.14
黑色金属冶炼及压延加工业	Smelting and Pressing of Ferrous Metals	3260	3883.19	982.66
有色金属冶炼及压延加工业	Smelting and Pressing of Nonferrous Metals	2405	1628.73	332.33
金属制品业	Metal Products	8132	2150.68	504.29
普通机械制造业	Ordinary Machinery	9282	2579.80	696.94
专用设备制造业	Special Purpose Equipment	6638	1920.27	485.40
交通运输设备制造业	Transport Equipment	6779	4212.01	1080.28
电气机械及器材制造业	Electric Equipment and Machinery	7544	3628.58	879.57
电子及通信设备制造业	Electronic and Telecommunications Equipment	4166	4893.56	1120.96
仪器仪表文化办公用机械	Instruments, Meters, Cultural and Office Machinery	1821	692.75	168.47
电力蒸汽热水生产供应业	Production and Supply of Electric Power, Steam and Hot Water	4994	3616.81	1875.19
煤气的生产和供应业	Production and Supply of Gas	291	103.25	14.13
自来水的生产和供应业	Production and Supply of Tap Water	2363	269.69	123.86

MAIN INDICATORS OF INDUSTRIAL ENTERPRISES WITH INDEPENDENT ACCOUNTING SYSTEM (1998)

(100 million yuan)

实收资本 Total Capital Hold	资产总计 Total Assets	流动资产合计 Circulating Funds	流动资产年平均余额 Annual Average Balance of Circulating Funds	固定资产小计 Fixed Assets	固定资产原价 Original Value of Fixed Assets	固定资产净值年平均余额 Annual Average Balance of Net Value of Fixed Assets
26676.62	**108821.87**	**46600.87**	**45420.55**	**52577.70**	**64832.05**	**44136.87**
16424.73	74916.27	29559.03	36122.72	38734.11	47913.25	31891.43
2651.88	11275.66	5995.16	5819.38	4332.02	5401.52	3827.16
455.80	1969.94	1067.92	1023.31	756.60	943.61	675.98
4116.88	10951.54	5143.80	4933.52	4748.60	5663.14	4146.42
3421.98	10375.41	4828.07	4738.39	4669.95	5776.56	4167.56
9292.26	35883.63	17398.02	16968.96	14935.64	17961.64	12729.09
5416.87	21923.58	10548.05	10299.17	9326.86	11185.20	7993.58
3875.40	13960.05	6849.97	6669.78	5608.78	6776.44	4735.52
17384.35	72938.24	29202.85	28451.59	37642.06	46870.41	31407.77
2259.78	8521.60	2984.99	2858.59	4906.76	7158.05	4171.48
8041.69	34261.35	10763.87	10666.64	20927.19	25123.34	17312.30
7082.87	30155.28	15453.99	14926.37	11808.11	14589.02	9923.99
13499.14	**59450.19**	**23207.72**	**22762.65**	**30709.70**	**38356.52**	**25190.93**
3677.92	16645.56	7512.18	7312.00	7736.09	9542.42	6521.66
9499.56	32726.11	15880.97	15345.89	14131.92	16933.12	12424.28
897.19	3505.57	1280.51	1206.11	1995.01	2633.06	1715.17
913.34	3348.73	1068.69	1032.02	2095.17	3516.73	1757.15
125.53	352.19	124.35	119.29	141.36	176.04	121.33
121.71	498.46	173.10	171.02	278.66	339.78	227.42
132.20	535.71	217.51	215.07	264.75	336.02	231.15
101.85	425.34	180.51	175.47	204.58	259.72	185.25
708.70	3206.20	1578.62	1546.72	1373.30	1652.58	1212.71
497.92	1566.31	698.58	671.75	711.95	845.04	633.58
667.96	2495.11	1099.39	1055.07	1108.11	1269.60	904.03
276.92	1715.60	841.02	869.22	697.43	739.86	494.96
1330.82	5891.74	2748.73	2683.73	2617.25	3348.54	2345.53
503.84	1581.18	914.67	897.43	521.76	663.38	472.45
245.34	928.51	566.95	555.81	285.50	360.00	265.55
166.43	615.09	270.20	269.50	294.26	345.05	268.07
92.97	298.08	160.62	152.34	109.45	132.52	97.06
489.12	1969.82	816.47	789.88	989.41	1071.91	804.90
251.90	827.00	351.35	335.40	400.30	506.78	340.96
161.07	505.76	285.89	307.72	161.55	199.22	152.85
803.58	3329.07	1001.72	1053.48	2011.62	2407.00	1391.22
1793.85	7781.64	3000.38	2902.39	4072.68	4647.11	3180.79
500.56	2177.96	1160.57	1105.59	767.88	869.24	608.89
434.07	1765.52	551.85	560.88	1007.71	1195.51	796.42
254.62	1089.21	523.06	507.52	460.23	506.50	353.85
539.26	1722.87	811.10	794.39	732.85	933.59	651.63
1543.19	5885.01	2248.56	2175.67	3083.58	3690.55	2641.28
1961.61	8226.36	3029.23	2982.01	4587.45	5417.52	3279.99
608.00	2534.08	1033.01	1002.95	1294.34	1610.86	1077.79
674.03	2364.19	1269.61	1232.97	886.47	1105.59	800.87
1053.20	4436.80	2441.18	2386.33	1620.24	2060.14	1366.27
680.22	3083.44	1691.70	1642.30	1123.31	1453.97	937.55
1579.18	6908.06	3569.29	3550.35	2575.48	3062.94	2113.42
1148.91	4625.13	2647.98	2552.69	1477.23	1844.23	1288.34
1167.21	5283.57	3257.96	3010.80	1472.64	1893.34	1276.11
255.26	885.15	499.22	496.17	297.54	398.39	257.34
2978.00	13399.53	3373.34	3331.00	9099.48	11250.48	8393.05
211.65	496.77	148.08	143.82	322.92	373.85	274.50
456.58	1173.94	254.95	245.52	859.17	1001.54	726.36

13-8 续表

单位：亿元

行业	Item	流动负债合计 Liquid Liabilities	长期负债合计 Long-term Liabilities	所有者权益 Creditors' Equity
全国总计	**National Total**	**47773.02**	**20987.01**	**39445.40**
按经济类型分	**Grouped by Ownership**			
在总计中：	Of the Total:			
国有及国有控股企业	State-owned Enterprises (including enterprises with controlling share hold by the state)	30625.48	17122.90	26759.22
在总计中：	**Of the Total**			
集体企业	Collective-owned Enterprises	6297.19	1326.83	3579.64
股份有限公司	Share-holding Corporations	1062.64	231.14	670.06
外商投资企业	Foreign Funded Enterprises	4770.19	1393.44	4725.62
港澳台商投资企业	Enterprises Funded by Entrepreneurs from Hong Kong, Macao and Taiwan	4737.10	1461.62	4119.22
按轻重工业分	**Grouped by Light & Heavy Industry**			
轻工业	Light Industry	18498.65	4564.03	12609.82
以农产品为原料	Using Farm Products as Raw Materials	11768.71	2821.00	7197.76
以非农产品为原料	Using Non-Farm Products as Raw Materials	6729.94	1743.04	5412.06
重工业	Heavy Industry	29274.37	16422.98	26835.59
采掘工业	Mining and Quarrying	2822.69	2119.56	3559.18
原料工业	Raw Materials Industry	11547.02	9714.36	12764.87
加工工业	Manufacturing Industry	14904.67	4589.07	10511.53
按企业规模分：	**Grouped by Size of Enterprises:**			
大型企业	Large	22462.29	13352.50	23337.89
中型企业	Medium-sized	8613.83	3049.21	4908.67
小型企业	Small	16696.90	4585.30	11198.84
按行业分	**Grouped by Sector**			
#煤炭采选业	Coal Mining and Dressing	1276.17	920.33	1299.15
石油和天然气开采业	Petroleum and Natural Gas Extraction	813.56	934.29	1600.17
黑色金属矿采选业	Ferrous Metals Mining and Dressing	134.07	38.30	178.36
有色金属矿采选业	Nonferrous Metals Mining and Dressing	205.82	105.64	185.56
非金属矿采选业	Nonmetal Minerals Mining and Dressing	234.66	86.06	211.28
木材及竹材采运业	Logging and Transport of Timber and Bamboo	227.21	58.48	137.31
食品加工业	Food Processing	2010.70	382.95	780.82
食品制造业	Food Manufacturing	817.56	187.96	546.18
饮料制造业	Beverage Manufacturing	1203.91	325.40	954.91
烟草加工业	Tobacco Processing	743.99	125.43	843.88
纺织业	Textile Industry	3461.54	960.85	1433.07
服装及其他纤维制品制造	Garments and Other Fiber Products	842.64	99.62	631.89
皮革毛皮羽绒及其制品业	Leather, Furs, Down and Related Products	567.04	65.16	291.26
木材加工及竹藤棕草制品业	Timber Processing, Bamboo, Cane, Palm Fiber and Straw Products	310.12	113.03	187.50
家具制造业	Furniture Manufacturing	157.59	28.76	110.67
造纸及纸制品业	Papermaking and Paper Products	945.66	368.14	645.32
印刷业记录媒介的复制	Printing and Record Medium Reproduction	362.69	110.08	350.56
文教体育用品制造业	Cultural, Educational and Sports Goods	242.56	30.13	230.53
石油加工及炼焦业	Petroleum Processing and Coking	1057.69	957.97	1290.44
化学原料及制品制造业	Raw Chemical Materials and Chemical Products	3219.59	1969.76	2559.57
医药制造业	Medical and Pharmaceutical Products	1063.65	265.47	822.57
化学纤维制造业	Chemical Fiber	648.79	461.50	635.17
橡胶制品业	Rubber Products	548.28	186.18	350.81
塑料制品业	Plastic Products	826.24	231.53	658.05
非金属矿物制品业	Nonmetal Mineral Products	2741.07	1208.46	1892.32
黑色金属冶炼及压延加工业	Smelting and Pressing of Ferrous Metals	3445.99	1388.83	3382.96
有色金属冶炼及压延加工业	Smelting and Pressing of Nonferrous Metals	1154.30	557.61	814.63
金属制品业	Metal Products	1314.64	257.40	782.79
普通机械制造业	Ordinary Machinery	2331.93	530.68	1561.41
专用设备制造业	Special Purpose Equipment	1665.86	364.83	1043.55
交通运输设备制造业	Transport Equipment	3431.02	1021.33	2430.51
电气机械及器材制造业	Electric Equipment and Machinery	2545.01	446.67	1620.92
电子及通信设备制造业	Electronic and Telecommunications Equipment	2715.84	591.93	1961.23
仪器仪表文化办公用机械	Instruments, Meters, Cultural and Office Machinery	463.52	95.76	323.59
电力蒸汽热水生产供应业	Production and Supply of Electric Power, Steam and Hot Water	2952.88	5084.21	5197.43
煤气的生产和供应业	Production and Supply of Gas	146.37	85.76	261.63
自来水的生产和供应业	Production and Supply of Tap Water	243.87	188.67	737.36

continued

(100 million yuan)

产　　品 销售收入 Sales Revenue	产　　品 销售成本 Cost of Sales	产品销售 税金及附加 Sales Tax and Extra Charges	产　　品 销售利润 Sales Profit	利润总额 Total Profits	本年应交 增 值 税 Value Added Tax Payable
64148.86	**52797.54**	**1236.79**	**7493.26**	**1458.11**	**2827.02**
33566.11	27092.45	993.53	4310.97	525.14	1852.36
11596.53	9781.04	111.15	1238.25	394.80	372.37
2047.01	1696.18	17.92	252.01	86.33	78.36
8010.10	6585.25	56.30	864.01	212.54	285.37
7594.50	6438.29	42.34	776.24	206.07	235.69
26649.19	21766.95	785.58	2723.32	574.74	1000.28
16699.06	13556.01	703.16	1664.79	333.10	665.49
9950.14	8210.94	82.43	1058.54	241.64	334.79
37499.67	31030.59	451.21	4769.94	883.36	1826.74
3695.15	2790.21	101.87	676.80	164.54	271.93
15901.76	13518.50	224.09	1755.31	309.20	908.61
17902.76	14721.89	125.25	2337.83	409.63	646.20
28144.50	22561.96	837.01	3663.91	860.29	1550.28
8986.10	7387.76	166.17	1043.07	21.65	406.43
27018.25	22847.82	233.61	2786.29	576.17	870.30
1191.02	886.74	17.43	216.27	−4.26	91.33
1655.66	1272.09	65.45	301.05	138.51	152.14
135.92	102.12	3.68	21.55	3.69	6.51
307.52	234.55	2.94	59.90	16.50	8.71
287.40	216.63	6.32	42.54	7.29	14.26
142.92	88.61	8.65	42.23	0.21	2.87
3180.44	2873.23	13.53	187.25	−28.70	58.23
1119.88	902.74	6.08	111.42	9.22	51.86
1489.89	1000.57	102.18	205.42	69.20	95.40
1328.59	611.96	521.06	183.87	118.64	133.22
3862.90	3440.59	18.59	316.79	−32.33	123.42
1779.10	1539.56	8.50	157.70	41.76	40.33
1081.77	964.14	5.07	81.70	21.21	20.12
443.74	388.60	3.39	35.67	1.90	16.58
266.78	220.42	2.34	31.06	9.90	7.81
1124.94	937.00	7.16	134.40	19.88	50.91
499.83	391.10	3.29	90.12	29.10	27.07
504.44	427.79	2.02	54.40	18.78	11.25
2363.80	1996.41	130.64	194.45	6.40	112.06
4195.22	3447.47	46.25	502.61	40.51	168.23
1264.10	853.65	7.89	238.71	77.44	77.84
779.46	676.90	6.91	81.57	1.69	31.18
692.08	566.40	19.86	77.84	14.45	29.72
1345.00	1144.33	7.42	144.34	37.64	38.96
2866.14	2342.47	28.63	339.26	−11.89	141.45
3868.28	3421.94	23.89	367.47	30.24	171.50
1535.16	1353.85	7.71	144.29	−11.89	56.62
1948.12	1658.88	11.52	201.42	33.97	56.99
2351.68	1877.82	13.41	354.69	36.75	101.62
1714.73	1395.01	9.98	238.16	19.95	63.73
4011.53	3333.72	48.84	511.94	89.78	160.35
3286.15	2604.30	14.54	409.83	85.08	122.65
4499.19	3783.67	10.31	508.15	216.89	112.64
663.68	555.51	2.98	72.46	8.97	17.67
4995.17	4132.44	34.28	694.85	328.38	406.10
150.24	149.55	0.71	−9.78	−6.29	5.46
259.42	193.48	3.08	53.37	17.38	14.14

13-9 按行业分全部国有及规模以上非国有工业企业主要经济效益指标（1998年）

行　业	Branch	工业增加值率（%）Ratio of Value Added to Gross Industrial Output Value（%）	总资产贡献率（%）Ratio of Total Assets to Industrial Output Value（%）
全国总计	**National Total**	**28.67**	**7.12**
按轻重工业分	**Grouped by Light & Heavy Industry**		
轻工业	Light Industry	26.56	8.64
重工业	Heavy Industry	30.26	6.37
按行业分	**Grouped by Sector**		
煤炭采选业	Coal Mining and Dressing	46.29	4.11
石油和天然气开采业	Petroleum and Natural Gas Extraction	66.05	12.46
黑色金属矿采选业	Ferrous Metals Mining and Dressing	35.93	5.20
有色金属矿采选业	Nonferrous Metals Mining and Dressing	32.82	7.84
非金属矿采选业	Nonmetal Minerals Mining and Dressing	33.74	6.97
木材及竹材采运业	Logging and Transport of Timber and Bamboo	51.07	4.44
食品加工业	Food Processing	19.38	4.37
食品制造业	Food Production	26.77	6.39
饮料制造业	Beverage Production	34.41	12.49
烟草加工业	Tobacco Processing	64.46	46.57
纺织业	Textile Industry	23.25	4.33
服装及其他纤维制品制造	Garments and Other Fiber Products	23.88	7.43
皮革毛皮羽绒及其制品业	Leather, Furs, Down and Related Products	22.92	7.10
木材加工及竹藤棕草制品业	Timber Processing, Bamboo, Cane, Palm Fiber and Straw Products	22.87	5.97
家具制造业	Furniture Manufacturing	26.01	8.57
造纸及纸制品业	Papermaking and Paper Products	25.64	6.15
印刷业记录媒介的复制	Printing and Record Medium Reproduction	33.58	9.00
文教体育用品制造业	Cultural, Educational and Sports Goods	25.55	7.46
石油加工及炼焦业	Petroleum Processing and Coking	22.69	9.67
化学原料及制品制造业	Raw Chemical Materials and Chemical Products	23.84	5.65
医药制造业	Medical and Pharmaceutical Products	31.54	9.60
化学纤维制造业	Chemical Fiber	22.34	4.54
橡胶制品业	Rubber Products	26.53	8.15
塑料制品业	Plastic Products	23.65	6.85
非金属矿物制品业	Nonmetal Mineral Products	28.37	5.00
黑色金属冶炼及压延加工业	Smelting and Pressing of Ferrous Metals	25.31	4.53
有色金属冶炼及压延加工业	Smelting and Pressing of Nonferrous Metals	20.40	4.92
金属制品业	Metal Products	23.45	6.46
普通机械制造业	Ordinary Machinery Manufacturing	27.02	5.45
专用设备制造业	For Special Purposes Equipment Manufacturing	25.28	5.10
交通运输设备制造业	Transport Equipment Manufacturing	25.65	6.31
电气机械及器材制造业	Electric Equipment and Machinery	24.24	7.01
电子及通信设备制造业	Electronic and Telecommunications Equipment	22.91	8.09
仪器仪表文化办公用机械	Instruments, Meters, Cultural and Office Machinery	24.32	5.13
电力蒸汽热水生产供应业	Production and Supply of Electric Power, Steam and Hot Water	51.85	7.78
煤气的生产和供应业	Production and Supply of Gas	13.68	0.48
自来水的生产和供应业	Production and Supply of Tap Water	45.93	3.70

MAIN INDICATORS ON ECONOMIC BENEFIT OF INDUSTRIAL ENTERPRISES WITH INDEPENDENT ACCOUNTING SYSTEM BY INDUSTRIAL BRANCH (1998)

资产负债率 (%) Assets-Liability Ratio (%)	流动资产周转次数（次/年） Number of Times of Annual of Turnover Circulating Funds (times/year)	工业成本费用利润率 (%) Ratio of Profits to Industrial Cost (%)	全员劳动生产率（元/人·年） Overall Labor Productivity (yuan/person-year)	产品销售率 (%) Proportion of Products Sold (%)
63.74	**1.41**	**2.35**	**31346.86**	**96.52**
64.84	1.57	2.25	31385.58	95.78
63.20	1.32	2.41	31321.33	97.08
62.94	0.99	−0.35	12958.24	96.23
52.22	1.60	9.69	104278.32	99.60
49.36	1.14	2.84	18352.98	96.88
62.77	1.80	5.55	20163.23	97.08
60.56	1.34	2.62	17564.99	96.88
67.72	0.81	0.16	8498.25	96.39
75.65	2.06	−0.89	33991.64	95.38
65.13	1.67	0.82	31687.07	96.04
61.73	1.41	5.21	47212.44	96.58
50.81	1.53	16.66	303736.45	98.39
75.68	1.44	−0.83	17599.93	95.09
60.04	1.98	2.41	22763.00	96.13
68.63	1.95	2.00	24602.40	95.51
69.52	1.65	0.43	22398.92	95.12
62.87	1.75	3.87	30586.68	95.80
67.15	1.42	1.79	24656.95	95.96
57.61	1.49	6.10	27104.69	96.52
54.42	1.64	3.86	22973.01	96.45
61.24	2.24	0.28	67787.83	98.92
67.11	1.45	0.97	28267.42	95.97
62.23	1.14	6.51	41730.87	94.10
63.68	1.39	0.22	38359.37	96.33
67.79	1.36	2.16	26315.88	95.99
61.81	1.69	2.88	32111.40	95.09
67.77	1.32	−0.41	19966.56	95.36
58.88	1.30	0.78	32909.21	97.79
67.85	1.53	−0.77	29587.70	96.95
66.89	1.58	1.78	28685.07	95.29
64.81	0.99	1.58	20494.57	95.85
66.16	1.04	1.16	19255.32	95.80
64.81	1.13	2.27	32006.39	97.53
64.95	1.29	2.68	36788.89	96.19
62.88	1.49	5.00	60436.75	96.42
63.44	1.34	1.35	26179.42	97.90
61.21	1.50	7.06	87120.88	99.18
47.33	1.04	−3.50	8574.58	100.71
37.19	1.06	6.80	29644.44	97.72

13-10 各地区全部国有及规模以上工业企业主要经济效益指标(1998年)

MAIN INDICATORS ON ECONOMIC BENEFIT OF INDUSTRIAL ENTERPRISES WITH INDEPENDENT ACCOUNTING SYSTEM BY REGION (1998)

地区 Region	工业增加值率(%) Ratio of Value Added to Gross Industrial Output Value (%)	总资产贡献率(%) Ratio of Total Assets to Industrial Output Value (%)	资产负债率(%) Assets-Liability Ratio (%)	流动资产周转次数(次/年) Number of Times of Turnover of Circulating Fund (times/year)	工业成本费用利润率(%) Ratio of Profits to Industrial Cost (%)	全员劳动生产率(元/人·年) Overall Labor Productivity (yuan-person-year)	产品销售率(%) Proportion of Products Sold (%)
全 国 National Total	**28.67**	**7.12**	**63.74**	**1.41**	**2.35**	**31346.86**	**96.52**
北 京 Beijing	28.90	5.81	61.63	1.15	2.81	41686.80	98.02
天 津 Tianjin	21.88	6.35	64.07	1.43	3.00	32066.12	97.94
河 北 Hebei	32.70	7.60	63.13	1.52	3.76	30274.33	97.74
山 西 Shanxi	36.07	5.22	64.33	0.99	0.92	19221.37	96.28
内蒙古 Inner Mongolia	38.74	5.26	63.64	1.02	0.57	22906.09	97.21
辽 宁 Liaoning	27.26	4.86	65.55	1.17	−0.53	24154.85	97.07
吉 林 Jilin	28.99	5.13	70.75	1.00	−0.33	20863.56	94.88
黑龙江 Heilongjiang	44.68	8.85	68.13	1.14	5.33	30726.48	95.83
上 海 Shanghai	25.68	7.10	54.44	1.38	3.80	55525.30	98.08
江 苏 Jiangsu	23.80	7.33	62.25	1.73	2.10	33120.72	95.96
浙 江 Zhejiang	23.36	9.60	58.88	1.76	3.99	34956.03	95.34
安 徽 Anhui	30.05	6.34	64.87	1.39	−0.46	24079.16	96.01
福 建 Fujian	29.52	7.88	56.10	1.76	3.13	38250.11	95.52
江 西 Jiangxi	28.39	5.11	72.48	1.12	−1.13	17490.95	96.20
山 东 Shandong	29.51	8.94	64.34	1.75	4.18	34474.00	96.59
河 南 Henan	31.95	7.42	67.26	1.39	2.66	25491.73	97.17
湖 北 Hubei	32.87	6.75	65.84	1.42	1.90	32732.40	96.43
湖 南 Hunan	33.89	8.49	71.04	1.34	0.28	23387.57	96.96
广 东 Guangdong	25.10	6.92	62.19	1.59	2.52	44551.24	96.52
广 西 Guangxi	29.80	5.71	69.10	1.39	−1.34	25732.75	96.01
海 南 Hainan	25.94	6.58	73.24	1.26	1.08	36393.55	95.21
重 庆 Chongqing	27.35	4.96	68.33	1.08	−2.43	18016.96	97.19
四 川 Sichuan	30.91	6.94	64.95	1.13	2.24	23458.36	94.75
贵 州 Guizhou	35.79	7.14	68.06	0.87	0.38	24922.26	93.95
云 南 Yunnan	50.87	17.48	56.93	1.30	8.82	57645.32	97.67
西 藏 Tibet	54.92	6.22	33.57	1.14		26161.84	87.99
陕 西 Shaanxi	30.88	4.76	71.53	0.99	−1.31	20031.02	95.79
甘 肃 Gansu	31.42	4.24	67.17	1.05	−2.58	22025.35	95.48
青 海 Qinghai	34.45	3.44	74.79	0.94	−5.49	26815.83	95.58
宁 夏 Ningxia	31.48	4.82	69.38	1.04	−1.52	22040.35	95.19
新 疆 Xinjiang	39.88	5.91	68.41	1.15	−1.05	35594.52	97.13

13-11 各地区国有及国有控股工业企业主要经济效益指标（1998年）

MAIN INDICATORS ON ECONOMIC BENEFIT OF STATE-OWNED INDUSTRIAL ENTERPRISES WITH INDEPENDENT ACCOUNTING SYSTEM BY REGION(1998)

地区 Region		工业增加值率(%) Ratio of Value Added to Gross Industrial Output Value(%)	总资产贡献率(%) Ratio of Total Assets to Industrial Output Value (%)	资产负债率(%) Assets-Liability Ratio (%)	流动资产周转次数(次/年) Number of Times of Turnover of Circulating Fund (times/year)	工业成本费用利润率(%) Ratio of Profits to Industrial Cost (%)	全员劳动生产率(元/人·年) Overall Labor Productivity (yuan-person-year)	产品销售率(%) Proportion of Products Sold (%)
全　国	**National Total**	**32.95**	**6.51**	**64.26**	**0.93**	**1.61**	**29053.87**	**97.41**
北　京	Beijing	28.27	6.03	61.10	1.17	3.32	43219.14	99.16
天　津	Tianjin	27.45	4.16	67.89	0.10	−1.46	2582.54	98.45
河　北	Hebei	35.70	6.33	63.35	1.28	2.43	27533.41	98.49
山　西	Shanxi	37.37	4.57	64.43	0.87	0.39	17979.96	97.11
内蒙古	Inner Mongolia	40.18	5.02	63.57	0.96	0.07	22847.78	97.66
辽　宁	Liaoning	28.63	4.60	65.99	1.05	−1.41	23573.74	97.91
吉　林	Jilin	28.64	5.04	71.66	0.97	−0.57	21612.38	95.85
黑龙江	Heilongjiang	47.73	9.01	68.39	1.12	5.85	31681.51	96.35
上　海	Shanghai	29.55	6.90	53.00	1.20	4.19	60099.93	99.23
江　苏	Jiangsu	26.97	6.14	61.37	1.36	1.42	30084.85	97.84
浙　江	Zhejiang	29.73	7.63	57.55	1.38	3.15	39977.13	97.00
安　徽	Anhui	31.92	6.27	63.15	1.26	−0.75	24994.12	96.92
福　建	Fujian	36.10	9.38	58.39	1.47	5.07	42388.13	98.76
江　西	Jiangxi	28.41	4.82	73.37	1.01	−1.79	16580.77	96.55
山　东	Shandong	34.30	7.52	63.39	1.43	2.85	32470.32	97.44
河　南	Henan	33.10	5.70	67.29	1.08	0.44	23159.81	97.75
湖　北	Hubei	34.41	5.48	66.79	1.09	0.87	29669.15	96.76
湖　南	Hunan	35.88	8.24	71.81	1.19	−0.56	23287.34	97.81
广　东	Guangdong	31.02	7.67	61.18	1.30	4.36	59662.68	96.94
广　西	Guangxi	31.13	5.54	69.24	1.23	−1.83	24380.04	96.29
海　南	Hainan	27.22	6.94	74.17	1.13	1.26	33038.86	96.78
重　庆	Chongqing	27.06	4.31	68.86	0.97	−3.81	16875.90	97.82
四　川	Sichuan	32.34	6.54	64.76	0.97	1.97	22603.03	94.34
贵　州	Guizhou	36.55	7.30	68.10	0.83	0.62	24403.82	94.89
云　南	Yunnan	56.08	19.15	55.05	1.27	11.27	66309.23	97.99
西　藏	Tibet	55.09	5.75	33.31	1.05	17.39	28082.62	89.14
陕　西	Shaanxi	30.96	3.99	72.24	0.89	−3.36	17830.87	96.18
甘　肃	Gansu	32.07	3.85	67.20	0.98	−3.74	21635.44	96.82
青　海	Qinghai	34.99	3.46	74.95	0.92	−5.63	27548.35	95.94
宁　夏	Ningxia	31.59	4.72	69.10	1.00	−1.61	22579.27	96.01
新　疆	Xinjiang	41.43	5.83	68.32	1.15	−1.68	36429.70	97.66

13-12 主要工业产品产量
OUTPUT OF MAJOR INDUSTRIAL PRODUCTS

年份 地区 Year Region	化学纤维（万吨） Chemical Fiber (10 000 tons)	纱（万吨） Yarn (10 000 tons)	布（亿米） Cloth (100 million m)	丝（万吨） Silk (10 000 tons)	机制纸及纸板（万吨） Machine-made Paper and Paperboards (10 000 tons)	原盐（万吨） Salt (10 000 tons)	糖（万吨） Sugar (10 000 tons)
1952		65.60	38.30	0.56	37.00	495.00	45.00
1957	0.02	84.40	50.50	0.99	91.00	828.00	86.00
1962	1.36	54.80	25.30	0.47	112.00	994.00	34.00
1965	5.01	130.00	62.80	0.91	173.00	1147.00	146.00
1970	10.09	205.20	91.50	1.67	241.00	1109.00	135.00
1975	15.48	210.80	94.00	2.31	341.00	1481.00	174.00
1978	28.46	238.20	110.30	2.97	439.00	1953.00	227.00
1980	45.03	292.60	134.70	3.54	535.00	1728.00	257.00
1985	94.78	353.50	146.70	4.22	911.00	1479.00	451.00
1987	117.50	436.80	173.00	5.19	1141.00	1764.00	506.00
1988	130.12	465.70	187.90	5.10	1270.00	2264.00	461.00
1989	148.09	476.70	189.20	5.23	1333.00	2829.00	501.00
1990	165.42	462.60	188.80	5.66	1372.00	2023.00	582.00
1991	191.03	460.80	181.70	6.07	1479.00	2410.00	640.00
1992	213.04	501.70	190.70	7.42	1725.00	2838.00	829.00
1993	237.37	501.50	203.00	9.40	1914.00	2943.00	771.00
1994	280.33	489.50	211.30	10.64	2138.00	2996.00	592.00
1995	341.17	542.20	260.18	11.34	2812.30	2977.72	558.64
1996	375.45	512.21	209.10	9.49	2638.20	2903.57	640.20
1997	471.62	559.83	248.79	8.25	2733.20	3082.66	702.58
1998	510.00	542.00	241.00	6.77	2125.63	2242.52	826.00
北京 Beijing	2.21	6.13	2.13		13.07		
天津 Tianjin	8.93	8.13	2.79		25.09	218.67	
河北 Hebei	9.24	34.90	12.96		182.53	325.31	1.02
山西 Shanxi	2.78	6.57	3.05	0.04	46.45		5.80
内蒙古 Inner Mongolia	0.34	1.82	0.72		13.76	148.28	20.12
辽宁 Liaoning	30.49	14.31	4.67	0.20	72.05	190.86	5.14
吉林 Jilin	7.62	5.00	1.09		37.91		3.71
黑龙江 Heilongjiang	16.85	4.78	0.83		42.15		28.22
上海 Shanghai	40.93	13.99	4.32	0.03	45.46		
江苏 Jiangsu	138.26	90.58	31.72	1.45	126.81	110.48	
浙江 Zhejiang	69.57	29.83	10.49	2.62	218.04	6.52	
安徽 Anhui	8.40	23.05	6.40	0.25	49.13	22.50	
福建 Fujian	31.59	10.85	7.28		72.07	50.51	16.95
江西 Jiangxi	6.42	10.80	2.51	0.04	23.39	2.69	9.31
山东 Shandong	32.41	70.15	22.35	0.51	279.08	420.83	0.02
河南 Henan	15.91	47.06	13.23	0.15	249.81	35.37	
湖北 Hubei	7.29	53.65	18.89	0.06	68.89	223.61	0.40
湖南 Hunan	4.65	12.20	3.00		88.27	74.25	10.95
广东 Guangdong	34.21	13.93	8.32	0.10	196.71	21.60	152.85
广西 Guangxi	1.88	7.97	0.97	0.06	73.83	12.50	344.60
海南 Hainan	2.00		0.11		1.29	19.68	27.91
重庆 Chongqing	2.50	4.38	3.99	0.27	19.73	40.16	
四川 Sichuan	5.29	13.15	6.05	0.77	73.19	195.78	9.67
贵州 Guizhou	0.47	1.76	0.61		5.64		0.70
云南 Yunnan	2.30	1.99	0.73	0.08	28.51	47.44	124.30
西藏 Tibet	0.00						
陕西 Shaanxi	2.40	14.05	6.62	0.11	22.64	7.06	
甘肃 Gansu	2.45	1.65	0.35		15.15	5.29	10.93
青海 Qinghai	0.00	0.52	0.23		1.57	39.28	
宁夏 Ningxia	0.39	0.10	0.01		17.81	0.05	3.34
新疆 Xinjiang	2.49	21.43	2.59	0.03	15.60	23.81	46.64

13-12 **续表** 1 continued

年份 地区 Year Region		食用植物油（万吨） Edible Vegetable Oil (10 000 tons)	啤酒（万吨） Beer (10 000 tons)	卷烟（万箱） Cigarettes (10 000 cases)	家用电冰箱（万台） Household Refrigerators (10 000 units)	电风扇（万台） Electric Fans (10 000 units)	家用洗衣机（万台） Household Washing Machines (10 000 units)	彩色电视机（万台） Color Television Sets (10 000 units)
1952		98.00		265.00				
1957		110.00	5.00	446.00	0.16			
1962		76.00	10.00	244.00	0.09			
1965		139.00	9.00	478.00	0.30			
1970		103.00	16.00	783.00	0.52			...
1975		156.00	27.00	992.00	1.80			0.29
1978		177.00	40.00	1182.00	2.80	137.80	0.04	0.38
1980		222.00	69.00	1520.00	4.90	723.70	24.50	3.21
1985		401.00	310.00	2370.00	144.81	3174.60	887.20	435.28
1987		478.00	540.00	2881.00	401.34	3660.70	990.20	672.72
1988		480.00	656.00	3096.00	757.63	4495.50	1046.80	1037.66
1989		496.00	643.00	3195.00	670.79	4991.90	825.43	940.02
1990		544.00	692.00	3298.00	463.06	5799.30	662.68	1033.04
1991		644.00	838.00	3226.00	469.94	6219.10	687.17	1205.06
1992		661.00	1021.00	3285.00	485.76	6837.00	707.93	1333.08
1993		965.00	1192.00	3376.00	596.66	7387.30	895.85	1435.76
1994		723.00	1415.00	3432.00	768.12	8613.50	1094.24	1689.15
1995		1144.50	1568.82	3485.02	918.54	12966.67	948.41	2057.74
1996		946.54	1681.91	3401.92	979.65	10291.68	1074.72	2537.60
1997		893.73	1888.94	3377.42	1044.43	8171.42	1254.48	2711.33
1998		602.48	1987.67	3374.00	1060.00	6724.49	1207.31	3497.00
北京	Beijing	11.97	117.22	16.61	0.25	5.27	6.37	11.13
天津	Tianjin	23.14	6.14	19.50	3.04	0.74	21.49	47.87
河北	Hebei	15.03	116.36	106.00				
山西	Shanxi	2.77	10.89	27.81			36.24	
内蒙古	Inner Mongolia	16.69	39.35	26.50		0.16		3.43
辽宁	Liaoning	31.95	129.12	41.80	8.47	9.18	25.35	170.58
吉林	Jilin	11.21	72.00	57.90	0.70		1.35	166.34
黑龙江	Heilongjiang	35.73	121.08	70.37		0.25		82.00
上海	Shanghai	19.46	29.28	113.88	38.61	85.56	72.55	107.80
江苏	Jiangsu	63.64	75.77	90.30	68.71	631.30	149.36	394.14
浙江	Zhejiang	26.76	149.52	92.24	39.85	381.47	142.83	47.72
安徽	Anhui	28.74	118.84	189.10	120.52	32.98	212.15	45.49
福建	Fujian	13.58	116.58	86.15		2.65		146.89
江西	Jiangxi	10.82	45.48	37.01	27.89	38.96		3.68
山东	Shandong	66.41	232.05	227.09	219.23	208.48	227.15	153.39
河南	Henan	51.04	106.45	275.77	89.33	2.22		55.70
湖北	Hubei	1.44	91.06	205.30		9.18	73.40	4.62
湖南	Hunan	36.13	27.27	237.13	18.26	6.75		
广东	Guangdong	10.66	129.31	160.79	305.94	5182.54	175.28	1176.24
广西	Guangxi	22.16	25.41	87.35	0.07	40.51		2.56
海南	Hainan	0.01	4.98	8.80				0.10
重庆	Chongqing	5.26	51.17	68.70		75.14	16.51	
四川	Sichuan	18.22	78.75	126.54	9.14	11.16		771.47
贵州	Guizhou	6.30	8.62	195.79	7.88			7.01
云南	Yunnan	2.63	14.79	632.99	0.44			
西藏	Tibet							
陕西	Shaanxi	13.07	26.46	118.97	49.61		10.14	97.83
甘肃	Gansu	14.69	20.86	25.26	7.01		37.15	0.29
青海	Qinghai	3.90	0.37	2.00				
宁夏	Ningxia	5.39	5.19	3.00				
新疆	Xinjiang	33.66	17.31	12.01				

13-12 续表 2 continued

年份 地区 Year Region	照相机（万架） Cameras (10 000 units)	原煤（亿吨） Coal (100 million tons)	原油（万吨） Crude Oil (10 000 tons)	天然气（亿立方米） Natural Gas (100 million cu. m)	发电量（亿千瓦小时） Electricity (100 million kwh)	#水电 Hydro-power	生铁（万吨） Pig Iron (10 000 tons)	钢（万吨） Steel (10 000 tons)
1952		0.66	44.00	0.08	73.00	13.00	193.00	135.00
1957	0.01	1.31	146.00	0.70	193.00	48.00	594.00	535.00
1962	2.05	2.20	575.00	12.10	458.00	90.00	805.00	667.00
1965	1.72	2.32	1131.00	11.00	676.00	104.00	1077.00	1223.00
1970	4.04	3.54	3065.00	28.70	1159.00	205.00	1706.00	1779.00
1975	18.49	4.82	7706.00	88.50	1958.00	476.00	2449.00	2390.00
1978	17.89	6.18	10405.00	137.30	2566.00	446.00	3479.00	3178.00
1980	37.28	6.20	10595.00	142.70	3006.00	582.00	3802.00	3712.00
1985	178.97	8.72	12490.00	129.30	4107.00	924.00	4384.00	4679.00
1987	256.70	9.28	13414.00	138.90	4973.00	1000.00	5503.00	5628.00
1988	312.26	9.80	13705.00	142.60	5452.00	1092.00	5704.00	5943.00
1989	245.18	10.54	13764.00	150.49	5848.00	1183.00	5820.00	6159.00
1990	213.22	10.80	13831.00	152.98	6212.00	1267.00	6238.00	6635.00
1991	478.18	10.87	14099.00	160.73	6775.00	1247.00	6765.00	7100.00
1992	526.48	11.16	14210.00	157.88	7539.00	1307.00	7589.00	8094.00
1993	1930.46	11.50	14524.00	167.65	8395.00	1518.00	8739.00	8956.00
1994	2830.02	12.40	14608.00	175.59	9281.00	1674.00	9741.00	9261.00
1995	3326.15	13.61	15004.95	179.47	10070.30	1905.77	10529.27	9535.99
1996	4120.77	13.97	15733.39	201.14	10813.10	1879.66	10722.50	10124.06
1997	4686.89	13.73	16074.14	227.03	11355.53	1959.83	11511.41	10894.17
1998	5521.87	12.50	16100.00	232.79	11670.00	1988.90	11863.67	11559.00
北　京 Beijing	177.73	0.10			144.53	9.23	751.50	803.22
天　津 Tianjin	129.66		691.28	7.59	165.30		179.76	254.94
河　北 Hebei		0.58	536.82	3.73	687.11	7.76	1297.03	1103.86
山　西 Shanxi		3.15		1.04	554.03	6.01	1488.28	420.02
内蒙古 Inner Mongolia		0.78			350.41	1.84	408.74	404.37
辽　宁 Liaoning		0.58	1452.08	15.55	608.08	21.56	1419.04	1406.52
吉　林 Jilin		0.21	397.07	2.12	281.28	39.31	169.58	151.99
黑龙江 Heilongjiang		0.71	5593.81	23.30	423.82	12.65	76.73	79.14
上　海 Shanghai	428.58				483.23		1208.57	1603.75
江　苏 Jiangsu	27.24	0.24	125.82	0.17	754.27	0.29	291.29	520.37
浙　江 Zhejiang	15.45	0.01			492.11	75.90	92.29	147.44
安　徽 Anhui		0.45			308.82	9.91	495.17	405.79
福　建 Fujian	250.79	0.07			321.92	184.81	141.81	113.32
江　西 Jiangxi	17.22	0.21			181.06	60.40	192.43	222.94
山　东 Shandong	44.48	0.90	2731.00	9.18	823.79	0.07	632.22	579.27
河　南 Henan		0.94	587.60	13.20	631.05	13.70	390.31	366.58
湖　北 Hubei		0.13	75.71	0.82	506.14	262.21	720.86	809.60
湖　南 Hunan		0.44			345.69	193.69	286.77	270.58
广　东 Guangdong	4421.62	0.03	1361.43	34.59	1004.37	125.32	181.05	263.69
广　西 Guangxi		0.10	3.15		245.00	146.80	127.07	112.82
海　南 Hainan					35.52	8.58	0.46	0.19
重　庆 Chongqing	0.60	0.26		2.93	158.67	40.14	145.61	163.94
四　川 Sichuan		0.57	22.38	85.66	475.55	252.68	502.82	567.91
贵　州 Guizhou		0.66		0.81	291.76	119.89	106.43	100.28
云　南 Yunnan		0.31	5.04	0.89	264.62	169.98	205.33	176.22
西　藏 Tibet								
陕　西 Shaanxi		0.23	321.07	4.32	245.97	31.20	95.53	52.50
甘　肃 Gansu	8.51	0.23	201.47	0.28	250.00	92.57	152.06	178.44
青　海 Qinghai		0.03	176.13	2.68	100.49	66.55	0.03	43.54
宁　夏 Ningxia		0.16	111.00	0.11	110.63	8.03	5.95	8.30
新　疆 Xinjiang		0.29	1626.54	23.84	158.25	27.84	98.99	104.04

13-12 **续表** 3 continued

年份 地区 Year Region	成品钢材（万吨） Steel Products (10 000 tons)	水泥（万吨） Cement (10000 tons)	平板玻璃（万重量箱） Plate Glass (10 000 weight cases)	木材（万立方米） Timber (10 000 cu. m)	硫酸（万吨） Sulfuric Acid (10000tons)	纯碱（万吨） Soda Ash (10000 tons)	烧碱（万吨） Caustic Soda (10000 tons)
1952	106.00	286.00	198.00	1233.00	19.00	19.20	7.90
1957	415.00	686.00	430.00	2787.00	63.20	50.60	19.80
1962	455.00	600.00	367.00	2375.00	96.80	51.90	29.00
1965	881.00	1634.00	599.00	3978.00	234.00	88.20	55.60
1970	1188.00	2575.00	928.00	3782.00	291.40	107.70	89.20
1975	1622.00	4626.00	1262.00	4703.00	484.70	124.30	128.90
1978	2208.00	6524.00	1784.00	5162.00	661.00	132.90	164.00
1980	2716.00	7986.00	2466.00	5359.00	764.30	161.30	192.30
1985	3693.00	14595.00	4942.00	6323.00	676.40	201.10	235.30
1987	4386.00	18625.00	5803.00	6408.00	983.30	236.30	273.90
1988	4689.00	21014.00	7293.00	6218.00	1111.30	260.90	300.50
1989	4859.00	21029.00	8442.00	5802.00	1153.30	304.20	321.10
1990	5153.00	20971.00	8067.00	5571.00	1196.90	379.50	335.40
1991	5638.00	25261.00	8712.00	5807.00	1332.90	393.60	354.10
1992	6697.00	30822.00	9359.00	6174.00	1408.70	455.00	379.50
1993	7716.00	36788.00	11086.00	6390.00	1336.50	534.90	395.40
1994	8428.00	42118.00	11925.00	6615.00	1536.50	581.40	429.60
1995	8979.80	47560.59	15731.71	6766.86	1811.00	597.71	531.82
1996	9338.02	49118.90	16069.37	6710.27	1883.57	669.29	573.78
1997	9978.93	51173.80	16630.70	6394.79	2036.87	725.76	574.40
1998	10737.80	53600.00	17194.03	5966.20	2171.00	744.00	539.37
北京 Beijing	676.07	763.00	500.31	6.67	7.75		10.28
天津 Tianjin	387.03	183.00	380.68		10.35	65.50	37.03
河北 Hebei	922.39	3887.00	2456.00	50.21	91.83	90.17	29.21
山西 Shanxi	333.63	1394.95	368.27	27.30	57.50	2.35	13.56
内蒙古 Inner Mongolia	342.10	486.80	339.49	488.08	17.49	41.44	15.14
辽宁 Liaoning	1149.18	1663.72	1546.94	163.66	100.01	69.19	32.48
吉林 Jilin	119.87	627.80	119.21	525.69	11.50	2.90	8.00
黑龙江 Heilongjiang	67.23	744.14	334.76	771.04	7.07		14.05
上海 Shanghai	1417.34	330.95	701.45		35.59	4.48	38.22
江苏 Jiangsu	933.63	3856.30	1629.27	61.73	175.82	102.97	58.57
浙江 Zhejiang	258.21	3435.88	678.64	215.61	44.00	11.09	31.82
安徽 Anhui	325.05	1928.70	180.88	281.52	151.11	8.10	8.89
福建 Fujian	187.95	1458.27	520.14	468.93	31.10	7.12	12.89
江西 Jiangxi	179.23	1133.38	268.31	249.68	61.43	0.35	10.51
山东 Shandong	490.62	5411.71	1484.65	169.80	153.26	146.19	77.09
河南 Henan	358.02	3831.00	2165.02	170.13	77.33	38.56	28.41
湖北 Hubei	715.22	2269.92	626.15	127.06	173.57	48.25	15.84
湖南 Hunan	250.75	2338.54	385.95	345.86	116.63	8.58	18.24
广东 Guangdong	318.53	5091.86	612.08	252.65	134.16		15.02
广西 Guangxi	94.48	2008.47	71.68	358.62	61.92	1.87	9.65
海南 Hainan	3.99	223.12		34.07	0.95		
重庆 Chongqing	131.01	1173.59	134.21	36.69	59.58	8.54	6.44
四川 Sichuan	465.87	2462.56	649.52	311.41	183.10	40.73	22.46
贵州 Guizhou	77.28	559.42	45.78	64.30	17.34		2.47
云南 Yunnan	184.12	1558.66	259.97	242.72	157.87	4.92	2.77
西藏 Tibet				22.00			
陕西 Shaanxi	48.93	859.00	165.09	105.78	48.34	0.86	7.42
甘肃 Gansu	124.40	630.00	412.00	47.31	68.03	12.77	5.69
青海 Qinghai	36.25	101.31	80.44	6.66	1.51		1.00
宁夏 Ningxia	9.50	226.48	21.85	4.16	9.76		2.21
新疆 Xinjiang	100.83	715.90	55.29	31.18	6.73	3.03	4.00

13-12 **续表** 4 continued

年份地区 Year Region	农用氮、磷、钾化肥（万吨）Chemical Fertilizer (10000tons)	化学农药（万吨）Chemical Pesticide (10 000 tons)	塑料（万吨）Plastics (10 000 tons)	金属切削机床（万台）Metal-Cutting Machine Tools (10 000 units)	汽车（万辆）Motor Vehicles (10 000 units)	#载重汽车 Trucks	大中型拖拉机（万台）Tractors (10000 units)
1952	3.90	0.20	0.20	1.37			
1957	15.10	6.50	1.30	2.80	0.79	0.62	
1962	46.40	8.80	4.00	2.25	0.97	0.78	0.71
1965	172.60	19.30	9.70	3.96	4.05	2.65	0.96
1970	243.50	32.10	17.60	13.89	8.72	4.71	3.19
1975	524.70	42.20	33.00	17.49	13.98	7.76	7.84
1978	869.30	53.30	67.90	18.32	14.91	9.61	11.35
1980	1232.10	53.70	89.80	13.36	22.23	13.55	9.77
1985	1322.20	21.10	123.40	16.72	43.72	26.90	4.50
1987	1672.20	16.10	152.60	17.22	47.18	29.84	3.71
1988	1740.20	17.90	190.40	19.17	64.47	40.33	4.72
1989	1802.50	20.80	205.80	17.87	58.35	36.34	3.98
1990	1879.70	22.80	227.00	13.45	51.40	28.97	3.94
1991	1979.50	25.50	283.00	16.39	71.42	38.25	5.27
1992	2047.90	28.10	330.80	22.87	106.67	47.67	5.70
1993	1956.30	25.70	359.90	26.20	129.85	59.79	3.77
1994	2272.80	29.00	401.40	20.65	136.69	66.30	4.67
1995	2548.14	41.65	516.87	20.34	145.27	59.60	6.33
1996	2809.04	44.75	576.86	17.74	147.52	62.51	8.37
1997	2820.96	52.67	685.76	18.65	158.25	57.36	8.24
1998	3010.00	55.90	692.58	11.91	163.00	73.56	6.78
北京 Beijing	11.25		73.65	0.19	8.48	4.61	
天津 Tianjin	7.68	1.49	42.61	0.04	15.55	1.72	0.86
河北 Hebei	198.65	4.99	15.12	0.08	1.81	0.64	
山西 Shanxi	135.85	0.27	1.75	0.04	0.12	0.02	
内蒙古 Inner Mongolia	21.12	0.03	2.47	0.01	0.11	0.02	
辽宁 Liaoning	76.84	1.92	71.52	0.90	4.28	1.02	0.02
吉林 Jilin	25.56	0.50	27.06	0.03	23.49	14.46	
黑龙江 Heilongjiang	46.70	0.33	43.39	0.04	7.13	2.01	0.20
上海 Shanghai	12.73	1.06	77.42	1.19	23.64	0.04	1.38
江苏 Jiangsu	170.12	13.95	69.91	2.51	8.98	2.73	0.29
浙江 Zhejiang	71.83	8.04	21.24	2.56	0.88	0.08	0.57
安徽 Anhui	161.96	1.69	3.94	0.09	7.07	2.19	
福建 Fujian	63.51	1.10	6.39	0.04	0.63	0.35	
江西 Jiangxi	52.22	0.75	6.93	0.22	12.20	11.61	0.08
山东 Shandong	312.19	5.69	60.69	1.68	3.43	3.28	1.40
河南 Henan	267.89	4.89	25.60	0.06	1.08	0.98	1.31
湖北 Hubei	226.92	4.52	5.71	0.19	17.93	7.89	0.20
湖南 Hunan	153.73	5.25	12.13	0.07	0.81	0.01	0.11
广东 Guangdong	53.97	0.78	71.09	0.59	1.03	0.49	
广西 Guangxi	48.69	0.75	1.43	0.19	11.67	9.12	
海南 Hainan	24.80				0.25		
重庆 Chongqing	73.40	1.06	0.03	0.08	15.74	7.23	
四川 Sichuan	245.60	1.09	8.95	0.11	1.97	0.98	
贵州 Guizhou	72.82			0.01	0.25	0.11	
云南 Yunnan	163.39	0.11	1.10	0.56	1.09	0.90	
西藏 Tibet							
陕西 Shaanxi	75.31	0.01		0.34	1.64	1.04	
甘肃 Gansu	48.31	0.16	15.43	0.02			
青海 Qinghai	31.79			0.02			
宁夏 Ningxia	46.32		2.21	0.05			
新疆 Xinjiang	53.82	0.01	24.79		0.06	0.04	0.08

注：1. 广东省电子产品录音机、收音机、表等 1994 年的产品产量包括用国外进口零部件组装的产成品产量。
2. 收音机产量 1996 年比 1995 年下降较多，主要是因为广东省部分企业停产或转产。
3. 1998 年糖为机制糖，1998 年以前包括土糖。

a) The output of electronic products such as taperecorders, radios, watches in Guangdong Province in 1994 included those which were assembled with the spare parts imported from abroad.

b) The significant decline of output of radios in 1996 as compared with 1995 was due to the stoppage or change of line products of some enterprises in Guangdong Province.

c) 1998 data on sugar refer to machine-made sugar, while figures for previous years include home-made sugar.

13-13 工业产品产量
OUTPUT OF INDUSTRIAL PRODUCTS

产品名称	Item	1997	1998
化学纤维 (万吨)	Chemical Fiber (10 000 tons)	471.62	510.00
纱 (万吨)	Yarn (10 000 tons)	559.83	542.00
布 (亿米)	Cloth (100 million m)	248.79	241.00
#纯棉布	Pure Cotton Cloth	118.85	85.38
针棉织品折用纱线量(万吨)	Cotton Knitwear (10 000 tons)	80.32	51.61
绒线(毛线) (万吨)	Knitting Wool (10 000 tons)	48.80	30.70
丝 (万吨)	Silk (10 000 tons)	8.25	6.77
呢绒 (万米)	Woolen Piece Goods (10 000 m)	38791.30	26776.72
机制纸及纸板 (万吨)	Machine-made Paper and Paperboard (10 000 tons)	2733.20	2125.63
家用电冰箱 (万台)	Household Refrigerators (10 000)	1044.43	1060.00
家用冷冻箱 (万台)	Household Freezers (10 000)	356.22	361.46
家用洗衣机 (万台)	Household Washing Machines (10 000)	1254.48	1207.31
吸尘器 (万台)	Vacuum Cleaners (10 000)	976.40	519.18
电风扇 (万台)	Electric Fans (10 000)	8171.42	6724.49
房间空气调节器 (万台)	Air Conditioners (10 000)	974.01	1156.87
排油烟机 (万台)	Smoke Absorbers (10 000)	287.59	258.15
日用陶瓷 (亿件)	Household Ceramics (100 million pcs)	115.61	74.96
合成洗涤剂 (万吨)	Synthetic Detergents (10 000 tons)	279.91	280.34
原盐 (万吨)	Salt (10 000 tons)	3082.66	2242.52
糖 (万吨)	Sugar (10 000 tons)	702.58	826.00
卷烟 (万箱)	Cigarettes (10 000 cases)	3377.42	3374.00
罐头 (万吨)	Canned Food (10 000 tons)	254.57	156.46
白酒 (万吨)	Liquor (10 000 tons)	781.79	573.33
啤酒 (万吨)	Beer (10 000 tons)	1888.94	1987.67
食用植物油 (万吨)	Edible Vegetable Oil (10 000 tons)	893.73	602.48
中成药 (万吨)	Traditional Chinese Medicine (10 000 tons)	47.93	34.26
化学原料药 (万吨)	Chemical Medicine (10 000 tons)	44.28	41.55
彩色电视机 (万台)	Color Television Sets (10 000)	2711.33	3497.00
录像机 (万部)	Video Recorders (10 000)	362.83	330.57
组合音响 (万部)	Hi-Fi Stereo Component Players (10 000)	2073.62	989.18
照相机 (万架)	Cameras (10 000)	4686.89	5521.87
农用氮、磷、钾化学肥料总计(折纯) (万吨)	Chemical Fertilizers (10 000 tons)	2820.96	3010.00
#氮肥	Nitrogen Fertilizers	2074.93	2225.67
磷肥	Phosphate Fertilizers	714.56	666.79
化学农药 (万吨)	Chemical Pesticide (10 000 tons)	52.67	55.90
塑料树脂及共聚物 (万吨)	Plastics (10 000 tons)	685.76	692.58
合成橡胶 (万吨)	Synthetic Rubber (10 000 tons)	64.23	58.90
轮胎外胎 (万条)	Tires (10 000)	9598.99	9513.46
矿山设备 (万吨)	Mining Equipment (10 000 tons)	53.22	35.55
化工设备 (万吨)	Equipment for Chemical Industry (10 000 tons)	30.51	16.97
发电设备 (万千瓦)	Power Generating Equipment (10 000 kw)	2405.05	1608.00
金属切削机床 (万台)	Metal-cutting Machine Tools (10 000)	18.65	11.91
#大型机床 (台)	Large Machine Tools	1532.00	942.00
#高精度机床 (台)	High-precision Machine Tools	633.00	508.00
数控机床 (台)	Numerically Controlled Machine Tools	9051.00	7087.00
汽车 (万辆)	Motor Vehicles (10 000)	158.25	163.00
#载货汽车	Trucks	57.36	73.56
客车	Buses	26.56	32.11
轿车	Cars	48.60	50.71
摩托车 (万辆)	Motorcycles (10 000)	1033.42	829.09
自行车 (万辆)	Bicycles (10 000)	2999.29	2312.49
大中型拖拉机 (万台)	Large and Medium Tractors (10 000)	8.24	6.78
内燃机 (万千瓦)	Internal Combustion Engines (10 000 kw)	20641.85	16034.30
铁路客车 (辆)	Railway Passenger Coaches	2535.00	1576.00
铁路货车 (万辆)	Railway Freight Wagons (10 000)	3.12	2.35
载波通信设备 (万部)	Carrier Communication Equipment (10 000 units)	0.95	0.82
移动通信设备 (万部)	Mobile Communication Equipment (10 000 units)	1441.28	2215.20

13-13 **续表** continued

产品名称	Item	1997	1998
电话单机 (万部)	Telephone Sets (10 000)	8653.71	6520.48
传真机 (万部)	Fax Machines (10 000)	162.51	128.69
磁带(折6.30毫米)(亿米)	Tape(converted into 6.30mm) (100 000 000 m)	595.97	360.11
软磁盘 (亿片)	Floppy Disks (100 000 000 pcs)	5.38	4.04
电子计算机 (部)	Computers	2443.00	4237.00
微型电子计算机 (万部)	Micro-computers (10 000)	206.55	291.40
大规模半导体集成电路 (亿块)	Large Semiconductor Integrated Circuit (100 000 000 pcs)	10.30	5.56
复印机械 (万台)	Copying Machines (10 000)	107.75	117.93
原煤 (亿吨)	Coal (100 000 000 tons)	13.73	12.50
原油 (万吨)	Crude Oil (10 000 tons)	16074.14	16100.00
汽油 (万吨)	Gasoline (10 000 tons)	3517.82	3465.40
柴油 (万吨)	Diesel Oil (10 000 tons)	4924.45	4884.11
天然气 (亿立方米)	Natural Gas (100 000 000 cu.m)	227.03	232.79
发电量 (亿千瓦小时)	Electricity (100 000 000 kwh)	11355.53	11670.00
#水电	Hydropower	1959.83	1988.90
生铁 (万吨)	Pig Iron (10 000 tons)	11511.41	11863.67
钢 (万吨)	Steel (10 000 tons)	10894.17	11559.00
成品钢材 (万吨)	Steel Products (10 000 tons)	9978.93	10737.80
#重轨	Heavy Rail	96.40	114.69
普通大型钢材	Ordinary Rolled-steel, Large	130.63	102.90
普通中型钢材	Ordinary Rolled-steel, Medium	422.78	467.79
普通小型钢材	Ordinary Rolled-steel, Small	2530.49	2763.81
优质型钢材	High Quality Section Steel	585.86	638.39
线材	Wire Rod	1953.82	2203.06
特厚钢板	Heavy Steel Plate	52.59	59.24
中厚钢板	Medium Steel Plate	1195.88	1264.19
薄钢板	Steel Sheet	1308.15	1468.34
硅钢片	Silicon Steel Sheet	84.39	82.91
无缝钢管	Seamless Steel Pipe	360.48	346.87
焦炭 (万吨)	Coke (10 000 tons)	13731.17	12805.99
水泥 (万吨)	Cement (10 000 tons)	51173.80	53600.00
平板玻璃 (万重量箱)	Plate Glass (10 000 weight cases)	16630.70	17194.03
木材 (万立方米)	Timber (10 000 cu.m)	6394.79	5966.20
硫酸 (万吨)	Sulfuric Acid (10 000 tons)	2036.87	2171.00
碳酸钠(纯碱) (万吨)	Soda Ash (10 000 tons)	725.76	744.00
氢氧化钠(烧碱) (万吨)	Caustic Soda (10 000 tons)	574.40	539.37
合成氨 (万吨)	Synthetic Ammonia (10 000 tons)	3000.28	3134.20

注：1. 纱包括纯棉纱、棉混纺纱、纯化纤纱，不包括棉线、代用纤维纱和手工纺纱。
2. 布包括纯棉布、棉混纺布、纯化纤布，不包括代用纤维布、手工织布。
3. 针棉织品为折用棉纱量。
4. 农用化肥按有效成分100%计算。
5. 发电设备指500千瓦以上的，包括水轮发电机组、汽轮发电机和燃气轮发电机。
6. 金属切削机床不包括台钻、砂轮机、抛光机。
7. 拖拉机是指14.7千瓦及以上的轮式和履带式拖拉机。用本厂自产的拖拉机装配的推土机，只计推土机产量，不计拖拉机产量。
8. 原煤包括无烟煤、烟煤、褐煤，不包括石煤。
9. 原油包括天然原油和人造原油。
10. 成品钢材已剔除重复加工的钢材。

a) Yarn includes pure and blended cotton yarn, pure chemical-fiber yarn, but excludes cotton thread, substitute fiber yarn and hand-made yarn.
b) Cloth includes pure and blended cotton cloth, pure chemical-fiber cloth and canvas, but excludes substitute fiber cloth, hand-woven cloth and cord fabric.
c) Knitwear refers to cotton yarn substitutes.
d) The output of chemical fertilizers is calculated on the basis of 100 % effective content.
e) Power generating equipment refers to units with a generating capacity of 500 kw and over, including hydroturbine generating units, steam turbine generating units and gas turbine generating units.
f) Metal-cutting machine tools exclude bench drills, grinders and polishing machines.
g) Tractors refer to both wheel and crawler tractors with a haulage capacity of 14.7 kw and over. The tractors which are refitted into bulldozers by the same tractor factories are deducted.
h) Coal includes anthracite, bituminous coal and lignite, but excludes stone coal.
i) Crude oil includes natural and synthetic crue oil.
j) The output of rolled steel final products excludes the steel products reprocessed.

13-14 重点工业企业主要工业产品生产能力(1997年)
PRODUCTION CAPACITY OF MAJOR INDUSTRIAL PRODUCTS OF KEY INDUSTRY ENTERPRISES(1997)

指标	Item	年末能力 Capacity in Year-end
原煤(核定能力) (万吨)	Coal (10 000 tons)	74104.00
原油 (万吨)	Crude Oil (10 000 tons)	16194.17
天然气 (亿立方米)	Natural Gas (100 000 000 cu. m)	173.97
发电设备容量总计(万千瓦)	Power Generating Equipment (10 000 kw)	25423.82
机制糖(年产糖量) (万吨)	Sugar (10 000 tons)	1028.32
白酒 (万吨)	Liquor (10 000 tons)	1196.47
啤酒 (万吨)	Beer (10 000 tons)	2686.54
卷烟综合生产能力(二班) (万箱)	Cigarettes (10 000 cases)	3789.88
化学纤维 (万吨)	Chemical Fiber (10 000 tons)	587.07
胶合板 (万立方米)	Plywood (10 000 cu. m)	127.30
纤维板 (万立方米)	Fiberboard (10 000 cu. m)	132.40
机制纸 (万吨)	Machine-made Paper (10 000 tons)	1926.49
机制纸板 (万吨)	Machine-made Paperboard (10 000 tons)	1582.99
石油加工蒸馏设备能力 (处理万吨)	Petroleum Processing and Distillation Equipment (10 000 tons)	22652.95
硫酸(折100%) (万吨)	Sulfuric Acid (10 000 tons)	2370.71
氢氧化钠(烧碱)(折100%) (万吨)	Caustic Soda (10 000 tons)	662.08
碳酸钠(纯碱) (万吨)	Soda Ash (10 000 tons)	743.67
合成氨 (万吨)	Synthetic Ammonia (10 000 tons)	3864.66
农用氮、磷、钾化学肥料总计(折纯) (万吨)	Chemical Fertilizer (10 000 tons)	3624.20
化学农药原药(折100%) (万吨)	Chemical Pesticide (10 000 tons)	75.73
乙烯 (万吨)	Ethene (10 000 tons)	400.36
塑料树脂及共聚物 (万吨)	Plastics (10 000 tons)	759.92
合成洗涤剂 (万吨)	Synthetic Detergents (10 000 tons)	464.11
水泥 (万吨)	Cement (10 000 tons)	66016.53
平板玻璃 (万重量箱)	Plate Glass (10 000 weight cases)	20303.79
生铁 (万吨)	Pig Iron (10 000 tons)	9357.49
钢 (万吨)	Steel (10 000 tons)	10892.28
钢材轧制能力(轧制量) (万吨)	Steel-rolling Capacity (10 000 tons)	11512.38
铁合金 (万吨)	Iron Alloy (10 000 tons)	339.84
金属切削机床 (万台)	Metal-cutting Machine Tools (10 000)	19.83
大中型拖拉机 (万台)	Large and Medium Tractors (10 000)	10.50
汽车 (万辆)	Motor Vehicles (10 000)	240.00
摩托车 (万辆)	Motorcycles (10 000)	701.12
自行车(按两班生产)(万辆)	Bicycles (10 000)	6274.73
家用洗衣机 (万台)	Household Washing Machines (10 000)	2513.95
家用电冰箱 (万台)	Household Refrigerators (10 000)	2579.57
电风扇 (万台)	Electric Fans (10 000)	13246.33
房间空气调节器 (万台)	Air Conditioners (10 000)	3317.29
微波炉 (万台)	Microwave Ovens (10 000)	867.50
微型电子计算机 (万部)	Microcomputers (10 000)	402.00
彩色电视机 (万部)	Color Television Sets (10 000)	5069.00
影碟机(VCD) (万台)	Video-CD Players (10 000)	1666.00

主 要 统 计 指 标 解 释

工 业 指从事自然资源的开采，对采掘品和农产品进行加工和再加工的物质生产部门。

具体包括：(1) 对自然资源的开采，如采矿、晒盐、森林采伐等（但不包括禽兽捕猎和水产捕捞）；(2) 对农副产品的加工、再加工，如粮油加工、食品加工、轧花、缫丝、纺织、制革等；(3) 对采掘品的加工、再加工，如炼铁、炼钢、化工生产、石油加工、机器制造、木材加工等，以及电力、自来水、煤气的生产和供应等；(4) 对工业品的修理、翻新，如机器设备的修理、交通运输工具（包括小卧车）的修理等。

1984 年以前农村的村及村以下办工业归属农业，1984 年以后划归工业。

工业统计调查单位 工业统计调查单位分为两类：独立核算法人工业企业和工业活动单位。

(1) 独立核算法人工业企业：指从事工业生产经营活动的单位。独立核算法人工业企业应同时具备以下条件：①依法成立，有自己的名称、组织机构和场所，能够承担民事责任；②独立拥有和使用资产，承担负债，有权与其他单位签订合同；③独立核算盈亏，并能够编制资产负债表。

(2) 工业活动单位：指在一个场所从事一种或主要从事一种工业生产活动的经济单位。它包括独立核算工业企业按主营业务活动（即工业生产活动）划分的主营业务活动单位和非工业企业所属的工业生产活动单位（即原非独立核算工业生产单位）。工业活动单位，一般应同时具备以下三个条件：①具有一个场所，从事一种或主要从事一种工业活动；②单独组织工业生产、经营或业务活动；③单独核算收入和支出。

国有经济工业（即过去的全民所有制工业或国营工业） 指生产资料归国家所有的一种经济类型。包括中央和地方各级国家机关、部队、科研机构、学校、人民团体和国有经济企事业单位等举办的国有经济工业。1957 年以前的公私合营和私营工业，后均改造为国营工业，1992 年改为国有工业，这部分工业的资料不单独分列时，均包括在国有工业内。

集体经济工业 指生产资料归公民集体所有的一种经济类型，是社会主义公有制经济的组成部分。包括城乡所有使用集体投资举办的企业，以及部分个人通过集资自愿放弃所有权并依法经工商行政管理机关认定为集体所有制的企业。

其他经济类型工业 指除国有经济、集体经济、城乡个体经济以外的其他经济类型工业企业（单位）。包括私营经济、联营经济、股份制经济（股份有限公司，有限责任公司）；外商投资经济（中外合资经营、中外合作经营、外资企业）；港、澳、台投资经济（与大陆合资经营、与大陆合作经营、港、澳、台独资企业）及其他经济类型的工业。

轻工业 指主要提供生活消费品和制作手工工具的工业。按其所使用的原料不同，可分为两大类：(1) 以农产品为原料的轻工业，是指直接或间接以农产品为基本原料的轻工业。主要包括食品制造、饮料制造、烟草加工、纺织、缝纫、皮革和毛皮制作、造纸以及印刷等工业；(2) 以非农产品为原料的轻工业，是指以工业品为原料的轻工业。主要包括文教体育用品、化学药品制造、合成纤维制造、日用化学制品、日用玻璃制品、日用金属制品、手工工具制造、医疗器械制造、文化和办公用机械制造等工业。

重工业 指为国民经济各部门提供物质技术基础的主要生产资料的工业。按其生产性质和产品用途，可以分为下列三类：(1) 采掘（伐）工业，是指对自然资源的开采，包括石油开采、煤炭开采、金属矿开采、非金属矿开采和木材采伐等工业；(2) 原材料工业，指向国民经济各部门提供基本材料、动力和燃料的工业。包括金属冶炼及加工、炼焦及焦炭化学、化工原料、水泥、人造板以及电力、石油和煤炭加工等工业；(3) 加工工业，是指对工业原材料进行再加工制造的工业。包括装备国民经济各部门的机械设备制造工业、金属结构、水泥制品等工业，以及为农业提供的生产资料如化肥、农药等工业。

根据上述划分原则，修理业中以重工业产品为修理作业对象的划为重工业，反之划为轻工业。

工业总产值 是以货币表现的工业企业在一定时期内生产的已出售或可供出售工业产品总量，它反映一定时期内工业生产的总规模和总水平。包括在本企业内不再进行加工，经检验、包装入库（规定不需包装的产品除外）的成品价值，对外加工费收入，自制半成品、在产品期末期初差额价值。工业总产值采用“工厂法”计算，即以工业企业作为一个整体，按企业工业生产活动的最终成果来计算，企业内部不允许重复计算，不能把企业内部各个车间（分厂）生产的成果相加。但在企业之间、行业之间、地区之间存在着重复计算。

轻重工业总产值的划分也是按“工厂法”计算的，即一个工业企业在正常情况下生产的主要产品的性质属于轻工业，则该企业的全部总产值作为轻工业总产值；一个工业企业生产的主要产品的性质属于重工业，则该企业的全部总产值作为重工业总产值。

工业增加值 指工业行业在报告期内以货币表现的工业生产活动的最终成果。

固定资产原价 指企业在建造、购置、安装、改建、扩建、技术改造某项固定资产时所支出的全部货币总额。它一般包括买价、包装费、运杂费和安装费等。

固定资产净值 指固定资产原价减去历年已提折旧额后的净额。

流动资产 指可以在一年或者超过一年的一个营业周期内变现或者耗用的资产，包括现金及各种存款、短期投资、应收及预付货款、存货等。

总资产贡献率 反映企业全部资产的获利能力，是企业经营业绩和管理水平的集中体现，是评价和考核企业盈利能力的核心指标。计算公式为：

$$总资产贡献率（\%）=\frac{(利润总额+税金总额+利息支出)}{平均资产总额}\times 100\ \%$$

资产负债率 该指标既反映企业经营风险的大小，也反映企业利用债权人提供的资金从事经营活动的能力。计算公式为：

$$资产负债率（\%）=\frac{负债总额}{资产总额}\times 100\ \%$$

工业成本费用利润率 指在一定时期内实现的利润与成本费用之比，是反映工业生产成本及费用投入的经济效益指标，同时也是反映降低成本的经济效益的指标。计算公式为：

$$工业成本费用利润率（\%）=\frac{利润总额}{成本费用总额}\times 100\%$$

工业增加值率 指在一定时期内工业增加值占同期工业总产值的比重，反映降低中间消耗的经济效益。计算公式为：

$$工业增加值率（\%）=\frac{工业增加值（现价）}{工业总产值（现价）}\times 100\%$$

流动资产周转次数 指在一定时期内流动资产完成的周转次数，反映流动资产的周转速度。计算公式为：

$$流动资金周转次数=\frac{产品销售收入}{全部流动资产平均余额}$$

产品销售收入 指企业销售产品的销售收入和提供劳务等主要经营业务取得的收入总额。

产品销售成本 指企业销售产品和提供劳务等主要经营业务的实际成本。

产品销售税金及附加 指企业销售产品和提供工业性劳务等主要经营业务应负担的城市维护建设税、消费税、资源税和教育费附加。

产品销售利润 指企业销售产品和提供工业性劳务等主要经营业务收入扣除其成本、费用、税金后的利润。

利润总额 指企业实现的利润。

应交增值税 指企业在报告期内应交纳的增值税额。

产品销售率 指报告期工业销售产值与同期全部工业总产值之比，是反映工业产品已实现销售的程度，分析工业产销衔接情况，研究工业产品满足社会需求程度的指标。计算公式为：

$$产品销售率（\%）=\frac{工业销售产值}{工业总产值（现价）}\times 100\%$$

全员劳动生产率 指根据产品的价值量指标计算的平均每一个从业人员在单位时间内的产品生产量，是考核企业经济活动的重要指标，是企业生产技术水平、经营管理水平、职工技术熟练程度和劳动积极性的综合表现。

目前我国的全员劳动生产率是将工业企业的工业增加值除以同一时期全部从业人员的平均人数来计算的。计算公式为：

$$全员劳动生产率=\frac{工业增加值}{全部从业人员平均人数}$$

为了使各年度的全员劳动生产率数字可以比较，1990 年以前各年的全员劳动生产率均按指数换算成 1990 年不变价格。

实收资本 指企业实际收到的投资人投入的资本。按投资主体可分为国家资本、集体资本、法人资本、个人资本、港澳台资本和外商资本。

总资产 指企业拥有或控制的全部资产。包括流动资产、长期投资、固定资产、无形及递延资产、其他长期资产、递延税项等，即为企业资产负债表的资产总计项。

(1) 流动资产：指企业可以在一年内或者超过一年的一个生产周期内变现或耗用的资产合计，包括现金及各种存款、短期投资、应收及预付款项、存货等。

(2) 固定资产：指企业固定资产净值、固定资产清理、在建工程、待处理固定资产损失所占用的资金合计。

(3) 无形资产：指企业长期使用而没有实物形态的资产，包括专利权、非专利技术、商标权、著作权、土地使用权、商誉等。

总负债 指企业承担并需要偿还的全部债务。包括流动负债和长期负债、递延税项等，即为企业资产负债表的负债合计项。

(1) 流动负债：指企业在一年内或者超过一年的一个营业周期内需要偿还的债务合计，包括短期借款、应付及预收款项、应付工资、应交税金和应交利润等。

(2) 长期负债：指企业在一年以上或者超过一年的一个生产周期以上需要偿还的债务合计，包括长期借款、应付债务、长期应付款项等。

所有者权益 指企业投资人对企业净资产的所有权。企业净资产等于企业全部资产减去全部负债后的余额，其中包括投资者对企业的最初投入，以及资本公积金、盈余公积金和未分配利润，对股份制企业即为股东权益。

Explanatory Notes on Main Statistical Indicators

Industry refers to the material production sector which is engaged in extraction of natural resources and processing and reprocessing of minerals and agricultural products, including (1) extraction of natural resources, such as mining, salt production, logging (but not including hunting and fishing); (2) processing and reprocessing of farm and sideline produces, such as rice husking, flour milling, wine making, oil pressing, cotton ginning, silk reeling, spinning and weaving, and leather making; (3) manufacture of industrial products, such as steel making, iron smelting, chemicals manufacturing, petroleum processing, machine building, timber processing; water and gas production and electricity generation and supply; (4) repairing of industrial products such as the repairing of machinery and means of transport (including cars).

Prior to 1984, the rural industry run by villages and cooperative organizations under village was classified into agriculture. Since 1984, it has been grouped into industry.

Units of Industrial Statistics and Inquiry: They are classified into two categories (1) corporate industrial enterprises with independent accounting system (2) industrial establishments.

(1) Corporate industrial enterprises with independent accounting system refer to enterprises engaging in industrial production activities, which meet the following requirements: 1. They are established legally, having their own names, organizations, location, able to take civil liability; 2. They possess and use their assets independently, assume liabilities, and are entitled to sign contracts with other units; 3. They are financially independent and compile their own balance sheets.

(2) Industrial establishments refer to economic units which located in one single place and engaged entirely or primarily in one kind of industrial activity, including financially independent industrial enterprises and units engaged in industrial activities under the non-industrial enterprises (or financially dependent). Industrial establishments generally meet the following requirements: ① They have each one location and are engaged in one kind of industrial activity each; ② They operate and manage their industrial production activities separately; ③ They have accounts of income and expenditures separately.

State-owned Industry refers to industrial enterprises where the means of production or income are owned by the state. Joint state-private industries and private industries, which existed before 1957, have been transformed into state industries. Statistics on these enterprises has been included in the state-owned industries since 1957 when separation of data was no longer necessary.

Collective-owned Industry refers to industrial enterprises where the means of production are owned collectively, including urban and rural enterprises invested by collectives and some enterprises which were formerly owned privately but have been registered in industrial and commercial administration agency as collective units through raising fund from the public.

Industry of Other Types of Ownership refers to industrial enterprises (units) of the ownership other than the state-owned economy, collective economy, individual economy. They include the enterprises of private economy, joint-owned economy, share-holding economy (companies limited by shares and companies limited with liabilities.), foreign-funded economy (Sino-foreign joint ventures, Sino-foreign cooperative enterprises and foreign ventures exclusively with their own investment), economy funded by the entrepreneurs from Hong Kong, Macao and Taiwan (joint ventures and cooperative enterprises with the mainland as well as ventures exclusively with their own investment) and other types of ownership.
Light Industry refers to the industry that produces consumer goods and hand tools. It consists of two categories, depending on the materials used:

(1) Industries using farm products as raw materials. These are branches of light industry which directly or indirectly use farm products as basic raw materials, including the manufacture of food and beverages, tobacco processing, textile, clothing, fur and leather manufacturing, paper making, printing, etc.

(2) Industries using non-farm products as raw materials. These are branches of light industry which use manufactured goods as raw materials, including the manufacture of cultural, educational articles and sports goods, chemicals, synthetic fiber, chemical products for daily use, glass products for daily use, metal products for daily use, hand tools, medical apparatus and instruments, and the manufacture of cultural and clerical machinery.

Heavy Industry refers to the industry which produces capital goods, and provides various sectors of the national economy with necessary material and technical basis. It consists of the following three branches according to the purpose of production or the use of products:

(1) Mining, quarrying and logging industry refers to the industry that extracts natural resources, including extraction of petroleum, coal, metal and non-metal ores and logging.

(2) Raw materials industry refers to the industry that provides various sectors of the national economy with raw materials, fuels and power. It includes smelting and processing of metals, coking and coke chemistry, chemical materials and building materials such as cement, plywood, and power, petroleum refining and coal dressing.

(3) Manufacturing industry refers to the industry that processes raw materials. It includes machine-building industry which equips sectors of the national economy, industries of metal structure and cement products, industries producing means of agricultural production, such as chemical fertilizers and pesticides. According to the above principle of classification, the repairing trades which are engaged primarily in repairing products of heavy industry are classified into heavy industry while these engaged in repairing products of light industry are classified into light industry.

Gross Industrial Output Value is the total volume of industrial products sold or available for sale in value terms which reflects the total achievements and overall scale of industrial production during a given period. It includes the value of the finished products, which are not to be further processed in the enterprises and have been inspected, packed and put in storage, the value of industrial services rendered to other units, and the changes in the value of the semi-finished products and products in process between the beginning and closing of the period. The gross industrial output value is calculated with "factory method". No double calculations are to be made within the same enterprise. However, double counting does occur among different enterprises.

Output value of light and heavy industries is also classified with the "factory" method. Under normal conditions, if the major products of an industrial enterprise belong to light industry products, the gross output value of that enterprise is classified wholly into light industry; the same principle applies to heavy industry.

Value-added of Industry refers to the final results of industrial production of the industrial trade in money terms during the reference period.

Original Value of Fixed Assets refers to the original value of all fixed assets owned by industrial enterprises, calculated at the cost paid at the time of purchase, installation, reconstruction, expansion, and technical innovation and transformation of the said assets, which includes expenses on purchase, package, transportation, and installation, etc.

Net Value of Fixed Assets is obtained by deducting depreciation over years from the original value of fixed assets.

Working Capital (Circulating Assets) refers to assets which can be cashed in or spent or consumed in an operating cycle of one year or over one year, which includes cash, various deposits, short term investment, and receivable payments, and advance payments, stock, etc.

Ratio of Profits, Taxes and Interests to Average Assets reflects the profit-making capability of all assets of the enterprise and is a key indicator manifesting the performance and management and evaluating the profit-making potential of the enterprise. It is calculated as follows:

$$\text{Ratio of profits, taxes and interests to average assets (\%)} = \frac{\text{(Total profits + total Taxes + interest payment)}}{\text{average assets}} \times 100\%$$

Ratio of Debts to Assets reflect both the operation risk and the capability of the enterprise in making use of the capital from the creditors. It is calculated as follows:

$$\text{Ratio of debts to assets (\%)} = \frac{\text{Total debts}}{\text{Total assets}} \times 100\%$$

Ratio of Profits to Total Industrial Costs refers to the ratio of profits realized in a given period to the total costs in the same period, which reflects the economic efficiency of input cost and is calculated as follows:

$$\text{Ratio of Profits to Total Industrial Cost (\%)} = \frac{\text{Total Profits}}{\text{Total Costs}} \times 100\%$$

Value-added Rate of Industry refers to the ratio of value added of industry in a given period to the gross output value in the same period, which reflects the economic efficiency of cutting down the intermediate input and is calculated as follows:

$$\text{Value-added Rate of Industry (\%)} = \frac{\text{Value-added of Industry (at current prices)}}{\text{Gross Output Value (at Current Prices)}} \times 100\%$$

Turnover of Working Capital refers to the number of times of turnover of working capital in a given period of time, which reflects the speed of the turnover of working capital and is calculated as follows:

$$\text{Turnover of Working Capital(\%)} = \frac{\text{Sales Revenue of Products}}{\text{Average Balance of Total Working Capital}} \times 100\%$$

Sales Revenue of Industrial Products refers to the revenue from the sales of products by industrial enterprises and the revenue from services provided and etc.

Sales Cost of Industrial Products refers to the actual cost of products of industrial enterprises and industrial services provided, etc..

Tax and Extra Charges on Sales of Products refer to the tax on city maintenance and construction, consumption tax, resources tax and extra charges for education, which should be borne by the enterprises in selling products and providing industrial services.

Sales Profit of Products refers to the profit gained by the enterprises by deducting cost, charges and taxes from the business income of the enterprises obtained in selling products and providing industrial services.

Total Profits refer to the profits gained by the enterprises.

Value-added Tax Payable refers to the amount of the value added tax which should be paid by the enterprises in the reporting period.

Ratio of Sales to Gross Output Value refers to the sales of industrial products to the gross industrial output value during the reference period, and is important in reflecting the linkage between production and sales and the extent of the needs of the society that has been met by the supply of industrial products. It is calculated as follows:

$$\text{Ratio of Sales to Gross Output Value} = \frac{\text{Industrial sales}}{\text{Gross industrial output value (at current prices)}} \times 100\%$$

Overall Labour Productivity of Industrial Enterprises refers to the average output per employed person in industrial enterprises in value terms. At present, the value added and the average number of staff and workers of an industrial enterprises in a given period are used to calculate the overall labour productivity. The formula used is:

$$\text{Overall Labour Productivity} = \frac{\text{Value Added of Industry}}{\text{Average Number of Staff and Workers}}$$

For the purpose of comparison of the overall labour productivity among different years, the data on the overall labour productivity of the years prior to 1990 have been adjusted on the basis of 1990 constant prices.

Capital Obtained refers to capital actually received by the enterprise from investors. It can be further classified by investors as state capital, collective capital, corporate capital, individual capital, capital from Hong Kong, Macau and Taiwan and foreign capital.

Total Assets refer to all assets which are owned or controlled by enterprises, including circulating assets, long term investment, fixed assets, intangible assets and deferred assets, other long term assets, and deferred taxes, etc. The summation of above items is equal to total assets shown in the balance sheets of the enterprises.

(1)Circulating assets (working capital) refer to assets which can be cashed in or spent or consumed in an operating cycle of one year or over one year, including cash, all kinds of deposits, short term investment, receivables, advance payment, stock, etc.

(2)Fixed assets refer to the net value of fixed assets, clearance of fixed assets, project under construction, fixed assets losses in suspense. These are corporations' fund holdings.

(3)Intangible assets refer to the assets without material form used by enterprises over a long time, such as patents, non-patent technologies, trade marks, copyright, land use right, business reputation, etc.

Total Liabilities refer to the debts that enterprises are responsible for repayment, including liquid liabilities, long-term liabilities and deferred taxes, etc. Total liabilities correspond to the summation item of liabilities shown in the balance sheets of the enterprises.

(1)Liquid liabilities (also called quick liabilities or immediate liabilities) refer to enterprises' total debt payable within an operating cycle of one year or over one year, including short term loans, payables and advance payments, wages payable, taxes payable and profit payable, etc.

(2)Long term liabilities refers to total debt payable within an operating cycle of one year or over one year, including long-term loans, payable liabilities, long-term payables, etc.

Creditors' Equity refers to investors' ownership of net assets of the enterprise. It is equal to the total assets of the enterprise minus its total liabilities, including the primary input from investors, capital accumulation fund, surplus accumulation fund and undistributed profit. It is the shareholder's equity in share-holding companies.

十四 建筑业

CONSTRUCTION

简要说明

一、本篇资料反映我国建筑业概况和发展情况。主要包括建筑业企业生产经营情况，指标有企业个数、从业人员数、建筑业总产值、建筑业增加值、房屋建筑面积、机械设备、资产负债、企业总收入、利润税金、劳动生产率、工程质量优良品率、技术装备率、建筑材料消耗等。此外，还包括勘察设计机构和人员情况，农村建筑队主要指标。

二、本篇中的建筑业企业资料由国家统计局固定资产投资司提供。根据建筑业发展的实际情况，建筑业统计范围从 1996 年年报起由原城镇及城镇以上各种经济类型的建筑业企业调整为凡具有建筑业资质等级四级及四级以上的各种经济类型的建筑业企业。为了尽可能全面反映全社会建筑业企业概况，从 1996 年开始，我们在 14－1 表中将“农村建筑队”一栏中的资料调整为建筑业资质等级四级以下的乡、村建筑队数据。勘察设计机构和人员表由建设部提供。资质等级四级以下乡、村建筑队资料由农业部提供。资料来源是分别依据国家统计局制定的《建筑业统计报表制度》、建设部制定的《勘察设计报表制度》及农业部制定的《乡镇企业统计报表制度》规定收集的有关年报资料。

BRIEF INTRODUCTION

I. Data in this chapter show the general situation and the development of the construction in China. They cover mainly the situation of production and management of the enterprises of construction, including the number of employed persons, gross output value and value added of construction, floor space of the buildings, machinery and equipment, assets and liabilities, total revenue of enterprises, profits and taxes, labour productivity, percentage of high quality projects, per capita machinery, consumption of construction materials, etc. They also cover the situation of prospecting and designing institutions and the personnel as well as the main indicators of the rural construction teams.

II. Data on the enterprises of construction in this chapter are provided by the Department of Statistics of Investment in Fixed Assets, NBS. In line with the actual situation of the development of construction, the coverage of construction statistics has been enlarged since 1996 when the annual statistical reports were submitted. The original coverage includes all the construction enterprises of various types of ownership at and above town level. The new coverage includes all the construction enterprises of various types of ownership with qualification criteria at or above Class 8. In order to reflect the operation of construction enterprises of the whole society, 1996 and 1997 data of rural construction teams in table 14-1 are adjusted as township and village construction teams with qualification criteria below Class 4. The data on prospecting and designing institutions and the personnel are provided by the Department of Prospecting and Designing, Ministry of Construction. Data on township and village construction teams with qualification criteria below Class 4 are provided by the Bureau of Township Enterprises, Ministry of Agriculture. The annual data are collected in accordance with the " reporting scheme of construction statistics" stipulated by the National Bureau of Statistics, the " prospecting and designing statistical reporting scheme" stipulated by the Ministry of Construction and the " township enterprises statistical reporting scheme" stipulated by the Ministry of Agriculture.

14-1 建筑业企业概况

MAIN INDICATORS ON CONSTRUCTION ENTERPRISES

年份 Year	总计 Total	#国有 State-owned	#城镇集体 Urban Collective-owned	#农村建筑队 Rural Construction Teams
企业单位数(个) Number of Enterprises				
1980	57404	1996	4608	50800
1985	93750	3385	7765	82600
1986	88771	3608	8977	76186
1987	87474	3788	9837	73849
1988	87224	3798	10336	73090
1989	80106	3927	9179	67000
1990	74145	4275	9052	60818
1991	73094	4638	9187	59269
1992	77857	4985	9551	63321
1993	94582	6363	14130	70486
1994	94942	7251	15196	69842
1995	96935	7531	15348	71017
1996	108555	9109	29044	67191
1997	95956	9650	29872	51939
1998	90926	9458	26970	45292
从业人员(万人) Number of Persons Engaged (10 000 persons)				
1980	982.7	481.8	166.2	334.7
1985	1701.4	576.7	334.8	789.9
1986	1800.6	617.3	376.4	806.9
1987	1852.5	618.2	405.9	828.8
1988	1899.4	623.5	421.3	854.6
1989	1773.4	614.7	390.1	768.6
1990	1716.7	621.0	389.7	706.0
1991	1783.3	638.9	419.4	725.0
1992	1961.2	681.2	476.3	803.6
1993	2156.7	657.1	455.7	926.8
1994	2448.8	818.2	601.9	969.3
1995	2511.9	824.3	631.9	980.4
1996	2992.3	855.9	1171.4	870.4
1997	2804.6	828.6	1148.2	703.1
1998	2778.9	738.4	1008.5	748.9
建筑业总产值(亿元) Gross Output Value (100 million yuan)				
1980	346.98	220.90	66.03	60.05
1985	985.10	474.51	200.59	310.00
1986	1330.80	566.83	241.24	522.73
1987	1603.61	660.11	292.54	650.96
1988	1959.42	776.96	354.69	827.77
1989	2169.48	878.57	404.41	886.50
1990	1947.58	935.19	409.82	602.56
1991	2284.78	1062.48	501.85	720.45
1992	3298.70	1432.13	742.31	1124.26
1993	5498.35	2054.83	1163.85	2060.28
1994	7684.36	3033.66	1519.45	2952.34
1995	9505.00	3670.25	1899.47	3632.60
1996	11579.15	4160.21	3695.67	3296.90
1997	12462.57	4526.52	3925.81	3336.09
1998	13740.69	4571.44	3793.17	3678.70

注：1. 1996年起国有、城镇集体栏内的建筑业企业的统计范围是资质等级四级及四级以上建筑业企业；农村集体建筑队是指资质等级四级以下的乡、村建筑队，因此数据存在着与以前年度不可比因素。

2. 从业人员1993年以前是年末数，1993年起为年平均人数。

a) The statistical coverage of the state-owned and the urban collective-owned construction enterprises since 1996 included the fourth and higher grade construction enterprises. The statisti cal coverage of the rural collective-owned construction teams in 1996 included the township and village construction teams lower thanthe fourth grade. Therefore the data were not entirely comparable with the data of the previous years.

b) The number of persons engaged prior to 1993 refers to the yearend number. Since 1993, it refers to the annual average number.

14-2 建筑业企业主要经济指标（1998年）

指 标	Item	合 计 Total Enterprises
建筑业企业个数 （个）	Number of Construction Enterprises	45634
从业人员 （万人）	Number of Persons Engaged (10 000 persons)	2029.99
自有固定资产原价 （亿元）	Fixed Assets Owned (original value) (100 million yuan)	3380.89
自有固定资产净价 （亿元）	Fixed Assets Owned (net value) (100 million yuan)	2335.86
自有机械设备台数 （万台）	Number of Machinery and Equipment Owned (10 000 set)	583.37
自有机械设备净价 （亿元）	Net Value of Machinery and Equipment Owned (100 million yuan)	1040.72
自有机械设备总功率 （万千瓦）	Total Power of Machinery and Equipment Owned (10 000 kw)	8656.52
建筑业总产值 （亿元）	Gross Output Value of Construction (100 million yuan)	10061.99
建筑业增加值 （亿元）	Value Added of Construction (100 million yuan)	2783.79
#固定资产折旧 （亿元）	Depreciation of Fixed Assets (100 million yuan)	179.57
应付工资 （亿元）	Wages Payable (100 million yuan)	1300.14
应付福利费 （亿元）	Welfare Expenses Payable (100 million yuan)	134.87
工程结算税金及附加 （亿元）	Taxes and Extra Charges on Project Settle Accounts (100 million yuan)	281.23
管理费用中的税金 （亿元）	Taxes in Management Expenses (100 million yuan)	20.70
工程结算利润 （亿元）	Profits of Project Settle Accounts (100 million yuan)	777.56
施工面积 （万平方米）	Floor Space of Buildings Under Construction (10 000 sq. m)	137593.57
竣工面积 （万平方米）	Floor Space of Buildings Completed (10 000 sq. m)	65682.63
利润总额 （亿元）	Total Profits (100 million yuan)	117.33
税金总额 （亿元）	Total Tax (100 million yuan)	301.93
劳动生产率	Overall Labor Productivity	
按总产值计算 （元/人）	In Terms of Gross Output Value (yuan/person)	48255
按增加值计算 （元/人）	In Terms of Value-added (yuan/person)	13350
技术装备率 （元/人）	Value of Machines per Laborer (yuan/person)	5127
动力装备率 （千瓦/人）	Power of Machines per Laborer (kw/person)	4.3
房屋建筑面积竣工率 （%）	Rat of Floor Space of Buildings Completed (%)	47.7
工程质量优良品率 （%）	Rate of High Quality Projects (%)	30.3
产值利润率 （%）	Ratio of Profit to Gross Output Value (%)	1.2
产值利税率 （%）	Ratio of Pre-tax Profit to Gross Output Value (%)	4.2

MAIN ECONOMIC INDICATORS ON CONSTRUCTION ENTERPRISES (1998)

内 资 Domestic Funded	#国有 State-owned	#集体 Collective-owned	港澳台商投资 Funded by Entrepreneurs from Hong Kong, Macao and Taiwan	独资 Solely Owned	外商投资 Foreign Funded	#独资 Solely Owned
44668	9458	26970	629	74	337	23
2015.60	738.36	1008.54	9.29	0.72	5.10	0.34
3341.82	1925.57	1018.38	21.59	1.72	17.48	0.73
2308.30	1281.23	738.85	15.43	1.33	12.12	0.55
577.64	181.83	319.34	3.71	0.23	2.03	0.09
1029.40	518.03	367.43	6.58	0.52	4.74	0.40
8592.24	4343.18	3311.69	40.03	4.38	24.25	1.84
9907.53	4571.44	3793.17	91.94	7.90	62.52	4.77
2744.83	1309.91	1029.86	22.48	1.85	16.48	1.30
176.58	103.57	50.53	1.65	0.12	1.34	0.06
1286.45	546.39	548.39	8.26	0.61	5.43	0.50
133.50	66.11	48.83	0.81	0.06	0.55	0.02
276.87	123.76	109.77	2.65	0.29	1.71	0.15
20.42	7.81	9.73	0.10		0.19	0.01
761.64	388.24	253.07	8.80	0.77	7.12	0.56
136794.21	45866.89	68199.87	391.88	46.51	407.49	11.11
65329.15	17577.40	37517.62	174.82	26.78	178.66	10.04
114.41	6.55	68.72	1.04	0.18	1.87	0.40
297.29	131.57	119.51	2.75	0.30	1.89	0.16
47949	59731	37365	80271	68575	83537	80397
13284	17116	10145	19624	16082	22019	21909
5107	7016	3643	7082	7236	9303	11672
4.3	5.9	3.3	4.3	6.1	4.8	5.4
47.8	38.3	55.0	44.6	57.6	43.8	90.4
30.4	42.7	23.3	19.6	36.6	18.8	31.6
1.2	0.1	1.8	1.1	2.2	3.0	8.5
4.2	3.0	5.0	4.1	6.0	6.0	11.8

14-3 各地区历年建筑业总产值
TOTAL OUTPUT VALUE OF CONSTRUCTION IN VARIOUS YEARS BY REGION

单位：万元 (10 000 yuan)

地 区	Region	1994	1995	1996	1997	1998
全 国	**National Total**	**46533226**	**57937454**	**82822497**	**91264777**	**100619922**
北 京	Beijing	3015335	3706600	4680761	5192363	6230089
天 津	Tianjin	1238873	1583452	1685191	1909999	2111208
河 北	Hebei	2136309	2612875	3363064	3760962	3935044
山 西	Shanxi	1325196	1468445	1568405	1920095	2178150
内蒙古	Inner Mongolia	801084	826458	876393	963852	1017600
辽 宁	Liaoning	3851674	4072948	3976734	4291256	4189831
吉 林	Jilin	1162682	1279957	1358990	1369882	1460359
黑龙江	Heilongjiang	1802635	2055718	2229620	2435310	2739532
上 海	Shanghai	3096794	3914166	4406801	5524161	5859020
江 苏	Jiangsu	3609629	5372145	10140598	10716094	11962007
浙 江	Zhejiang	2212708	3536617	8362780	8773546	9425292
安 徽	Anhui	1145237	1400973	2399465	2359972	2356154
福 建	Fujian	1305249	1661711	2083515	2268855	2446658
江 西	Jiangxi	672653	759825	972574	856436	893804
山 东	Shandong	2064248	2579473	5780205	6479717	7001115
河 南	Henan	1455175	1820659	2715574	2946903	3049638
湖 北	Hubei	1692795	2274060	2844273	3059698	3436527
湖 南	Hunan	1154568	1487927	2783849	2965005	3273222
广 东	Guangdong	4890276	6358305	6240552	6747406	7886723
广 西	Guangxi	849761	928668	1233093	1275627	1344209
海 南	Hainan	222287	175922	151799	279923	308507
重 庆	Chongqing				2440552	2896198
四 川	Sichuan	2884099	3582520	6715859	5206436	5977644
贵 州	Guizhou	486942	538861	660970	767046	831976
云 南	Yunnan	843283	946891	1733649	2189844	2517439
西 藏	Tibet	27730	35846	66122	79519	94455
陕 西	Shaanxi	980260	1065612	1294163	1642493	1879804
甘 肃	Gansu	515297	608068	1037164	1056249	1133752
青 海	Qinghai	164114	204865	277727	309340	355576
宁 夏	Ningxia	186909	202162	253697	334919	393603
新 疆	Xinjiang	739425	875728	928911	1141318	1434787

14-4 各地区历年建筑业增加值

VALUE-ADDED OF CONSTRUCTION IN VARIOUS YEARS BY REGION

单位：万元　　(10 000 yuan)

地 区	Region	1994	1995	1996	1997	1998
全 国	**National Total**	**13221143**	**16686358**	**24056186**	**25405426**	**27837909**
北 京	Beijing	880241	1071808	1348018	1424872	1787588
天 津	Tianjin	364477	463342	510525	508102	580644
河 北	Hebei	622007	753626	1004433	1058799	1026622
山 西	Shanxi	388467	457235	533155	571361	619820
内蒙古	Inner Mongolia	267967	274225	321049	309691	352602
辽 宁	Liaoning	1150259	1257086	1352915	1331824	1271822
吉 林	Jilin	358850	390506	451124	428432	410049
黑龙江	Heilongjiang	553728	642264	675666	720763	796891
上 海	Shanghai	682109	874100	995145	1209914	1311338
江 苏	Jiangsu	905461	1275984	2540378	2620881	2915897
浙 江	Zhejiang	530486	843427	2099332	2212090	2431151
安 徽	Anhui	339063	441310	731606	680801	703797
福 建	Fujian	326032	422848	561023	618988	738348
江 西	Jiangxi	186018	216570	260372	256353	262760
山 东	Shandong	630366	783397	1770885	1894007	2020712
河 南	Henan	408568	585294	849905	795700	875188
湖 北	Hubei	553597	776716	941654	951010	1063379
湖 南	Hunan	340530	430640	804491	836320	876333
广 东	Guangdong	1321791	1853664	1854934	1964243	2230076
广 西	Guangxi	237820	283733	365971	378210	436240
海 南	Hainan	47803	47202	35148	73788	67747
重 庆	Chongqing				677742	783224
四 川	Sichuan	886370	1117663	1985461	1593421	1776678
贵 州	Guizhou	154018	170791	207235	230913	244071
云 南	Yunnan	222159	295731	496463	613405	678146
西 藏	Tibet	9695	13947	31016	33468	41089
陕 西	Shaanxi	312102	339780	440665	508819	509819
甘 肃	Gansu	181481	219400	382693	347624	380112
青 海	Qinghai	61751	75236	92589	97950	117884
宁 夏	Ningxia	58404	64952	89034	110707	120438
新 疆	Xinjiang	239525	283882	323300	345229	407445

14-5 各地区历年建筑业企业利税总额
TOTAL PRE-TAX PROFITS OF CONSTRUCTION ENTERPRISES IN VARIOUS YEARS BY REGION

单位：万元 (10 000 yuan)

地区	Region	1994	1995	1996	1997	1998
全国	**National Total**	**1357508**	**1680417**	**2479508**	**2716661**	**3019269**
北京	Beijing	87774	109524	133026	149558	181706
天津	Tianjin	32826	43858	44817	49575	53204
河北	Hebei	63690	77152	106402	117092	124915
山西	Shanxi	41253	41266	49022	55488	69685
内蒙古	Inner Mongolia	25733	26112	27891	35567	35960
辽宁	Liaoning	115396	121984	122621	135564	132028
吉林	Jilin	36029	38772	42521	43660	46878
黑龙江	Heilongjiang	58371	57034	65909	68615	79214
上海	Shanghai	82223	109877	124981	138251	142681
江苏	Jiangsu	91044	127916	256054	255623	278305
浙江	Zhejiang	65163	89401	232144	254643	281932
安徽	Anhui	34581	41827	74303	71736	79262
福建	Fujian	41467	54273	73709	81560	103386
江西	Jiangxi	18587	23408	28814	31303	33135
山东	Shandong	60645	73787	187394	197489	217180
河南	Henan	39874	51805	83210	86335	92265
湖北	Hubei	45798	69205	89060	107238	113959
湖南	Hunan	34079	46851	84155	92669	96355
广东	Guangdong	155257	204101	209670	218956	270277
广西	Guangxi	23744	29753	39107	45010	49408
海南	Hainan	6520	8938	4507	11267	9391
重庆	Chongqing				73410	84544
四川	Sichuan	81913	102828	193794	158437	171098
贵州	Guizhou	14046	15491	19910	24822	25871
云南	Yunnan	25982	25775	57730	72166	84000
西藏	Tibet	906	1211	2257	1367	2353
陕西	Shaanxi	24716	29648	38311	45563	54032
甘肃	Gansu	16522	18754	41448	38004	40692
青海	Qinghai	5052	6461	8847	9646	11387
宁夏	Ningxia	5654	6225	8518	9729	10696
新疆	Xinjiang	22664	27181	29377	36317	43472

14-6 各地区历年建筑业企业利润总额
TOTAL PROFITS OF CONSTRUCTION ENTERPRISES IN VARIOUS YEARS BY REGION

单位：万元 (10 000 yuan)

地 区	Region	1994	1995	1996	1997	1998
全 国	**National Total**	**725172**	**741983**	**1093504**	**1099170**	**1173285**
北 京	Beijing	94385	77857	88896	104320	123744
天 津	Tianjin	6497	10286	13731	21445	29350
河 北	Hebei	26417	26402	40251	48968	40479
山 西	Shanxi	3606	−54	−2263	−828	−10161
内蒙古	Inner Mongolia	8538	1730	−2282	−5999	3241
辽 宁	Liaoning	63354	18513	28388	−8711	−42535
吉 林	Jilin	14872	6165	−12983	−15110	−16523
黑龙江	Heilongjiang	33767	30573	4700	3122	10870
上 海	Shanghai	79876	85316	81808	126383	130723
江 苏	Jiangsu	62598	80113	142671	113507	138139
浙 江	Zhejiang	35975	59357	165803	170603	194607
安 徽	Anhui	4828	943	29130	10221	774
福 建	Fujian	22312	24957	23532	28436	26052
江 西	Jiangxi	−393	−4437	2569	−1710	−2548
山 东	Shandong	40597	40985	150203	161762	162328
河 南	Henan	14696	20707	40204	26029	21442
湖 北	Hubei	20091	21700	27263	16076	38036
湖 南	Hunan	9445	10494	35440	29655	19488
广 东	Guangdong	128910	190605	143255	131085	153969
广 西	Guangxi	6383	7983	11299	8418	16059
海 南	Hainan	3573	1127	841	4868	295
重 庆	Chongqing				27203	33093
四 川	Sichuan	21899	19470	60582	51222	58555
贵 州	Guizhou	185	−1497	−2880	−286	638
云 南	Yunnan	9484	12004	18013	34195	35929
西 藏	Tibet	444	329	1564	4858	4392
陕 西	Shaanxi	2064	3256	1528	3517	−3552
甘 肃	Gansu	2829	−5403	12741	10906	14455
青 海	Qinghai	−692	−830	−658	−797	−1555
宁 夏	Ningxia	3098	358	−1217	157	−622
新 疆	Xinjiang	5535	2975	−8625	−4347	−5875

14-7 各地区历年建筑业劳动生产率

LABOR PRODUCTIVITY OF CONSTRUCTION ENTERPRISES IN VARIOUS YEARS BY REGION

按建筑业增加值计算。

Calculated in terms of value-added of construction.

单位：元 (yuan)

地 区	Region	1994	1995	1996	1997	1998
全 国	**National Total**	**9144**	**11140**	**11337**	**12089**	**13350**
北 京	Beijing	11998	12969	16344	17736	21203
天 津	Tianjin	10814	16177	18077	17364	19791
河 北	Hebei	7348	9885	9816	10785	10807
山 西	Shanxi	9349	11486	12142	12101	14249
内蒙古	Inner Mongolia	8857	9436	9252	9529	11716
辽 宁	Liaoning	9056	10658	11661	11883	12163
吉 林	Jilin	8248	9997	11780	12059	11988
黑龙江	Heilongjiang	8772	10153	10365	11220	12917
上 海	Shanghai	12842	14967	18331	20666	23038
江 苏	Jiangsu	8008	12808	12045	12683	12904
浙 江	Zhejiang	10038	13386	14748	15863	17059
安 徽	Anhui	8655	11367	9875	10080	10902
福 建	Fujian	9488	12354	12754	12835	17159
江 西	Jiangxi	6730	8140	8049	7566	8749
山 东	Shandong	9519	11720	9725	10889	12026
河 南	Henan	6767	8686	8735	8501	10228
湖 北	Hubei	10513	12862	12308	12499	12869
湖 南	Hunan	9002	10633	10593	10297	10594
广 东	Guangdong	10247	10455	12868	14396	16332
广 西	Guangxi	9080	11129	9468	10578	12537
海 南	Hainan	7544	7374	7663	8198	9463
重 庆	Chongqing				9826	10245
四 川	Sichuan	8099	9636	8849	10331	11163
贵 州	Guizhou	6739	8024	9454	9780	11386
云 南	Yunnan	9130	10582	10842	11432	12717
西 藏	Tibet	9699	13471	19311	19937	23931
陕 西	Shaanxi	10353	11309	10531	10644	11827
甘 肃	Gansu	8461	10421	8202	8207	10728
青 海	Qinghai	7553	10520	6952	10241	12030
宁 夏	Ningxia	7917	6771	9354	10486	10448
新 疆	Xinjiang	9547	11236	11348	11739	13545

14-8 各地区按登记注册类型分的建筑业企业单位数（1998年）
NUMBER OF CONSTRUCTION ENTERPRISES BY REGISTRATION STATUS AND REGION (1998)

单位：个　　　　(unit)

地区 Region	合计 Total	内资企业 Domestic Funded	#国有 State-owned	#集体 Collective-Owned	港澳台商投资企业 Funded by Entrepreneurs from Hong Kong Macao and Taiwan	#港澳台商独资企业 Solely Owned	外商投资企业 Foreign Funded	#外商独资企业 Solely Owned
全国 National Total	**45634**	**44668**	**9458**	**26970**	**629**	**74**	**337**	**23**
北京 Beijing	1481	1351	413	692	80		50	
天津 Tianjin	500	471	158	282	18	1	11	
河北 Hebei	1730	1722	458	1085	4		4	1
山西 Shanxi	829	822	217	494	6	2	1	
内蒙古 Inner Mongolia	814	808	172	312	5	1	1	
辽宁 Liaoning	2366	2299	564	1451	38	1	29	
吉林 Jilin	752	744	359	315	6	1	2	
黑龙江 Heilongjiang	1679	1665	527	777	6	3	8	2
上海 Shanghai	1485	1292	290	491	123		70	
江苏 Jiangsu	3458	3383	559	2285	48		27	
浙江 Zhejiang	3540	3485	351	1583	36	3	19	2
安徽 Anhui	1462	1454	239	970	5	1	3	
福建 Fujian	1638	1562	260	937	52	26	24	8
江西 Jiangxi	1063	1062	237	780			1	
山东 Shandong	4238	4155	714	2718	59	13	24	4
河南 Henan	2008	1987	461	1313	12	2	9	1
湖北 Hubei	1793	1771	418	1167	15	2	7	
湖南 Hunan	1800	1798	315	1374	1	1	1	
广东 Guangdong	2511	2424	651	1463	60	2	27	
广西 Guangxi	929	924	235	621	4		1	
海南 Hainan	248	243	155	72	3		2	1
重庆 Chongqing	1655	1633	169	954	14	3	8	2
四川 Sichuan	2982	2972	417	2056	10	3		
贵州 Guizhou	586	584	159	370	2	2		
云南 Yunnan	1216	1209	156	838	6	1	1	
西藏 Tibet	86	86	40	42				
陕西 Shaanxi	898	896	173	556	2			
甘肃 Gansu	557	549	105	352	5	4	3	1
青海 Qinghai	215	212	79	98	2	1	1	
宁夏 Ningxia	433	428	147	174	2	1	3	1
新疆 Xinjiang	682	677	260	348	5			

14-9 各地区按登记注册类型分的建筑业企业从业人员（1998年）
NUMBER OF STAFF AND WORKERS IN CONSTRUCTION ENTERPRISES BY REGISTRATION STATUS AND REGION(1998)

单位：万人 (10 000 persons)

地 区 Region	合 计 Total	内资企业 Domestic Funded	#国 有 State-owned	#集 体 Collective-Owned	港澳台商投资企业 Funded by Entrepreneurs from Hong Kong Macao and Taiwan	#港澳台商独资企业 Solely Owned	外商投资企业 Foreign Funded	#外商独资企业 Solely Owned
全 国 National Total	**2029.99**	**2015.60**	**738.36**	**1008.54**	**9.29**	**0.72**	**5.10**	**0.34**
北 京 Beijing	74.66	72.95	39.36	24.62	1.23		0.48	
天 津 Tianjin	24.51	24.32	17.22	6.41	0.14		0.04	
河 北 Hebei	87.66	87.57	38.98	41.37	0.06		0.04	
山 西 Shanxi	37.19	37.16	26.40	8.29	0.03	0.01		
内蒙古 Inner Mongolia	25.73	25.66	11.24	7.58	0.04	0.01	0.03	
辽 宁 Liaoning	98.51	97.66	44.54	44.95	0.44		0.41	
吉 林 Jilin	29.77	29.64	20.98	6.86	0.04	0.01	0.08	
黑龙江 Heilongjiang	51.39	51.20	28.11	15.40	0.12	0.01	0.07	0.01
上 海 Shanghai	40.14	38.10	15.06	9.75	1.28		0.75	
江 苏 Jiangsu	212.68	211.33	46.76	145.83	0.88		0.46	
浙 江 Zhejiang	147.62	146.20	20.20	77.76	0.72	0.03	0.71	0.01
安 徽 Anhui	68.38	68.04	22.68	37.43	0.04	0.02	0.29	
福 建 Fujian	47.93	46.56	13.96	23.36	0.85	0.36	0.53	0.27
江 西 Jiangxi	30.65	30.64	14.05	15.91			0.01	
山 东 Shandong	159.10	157.84	37.47	94.74	0.91	0.06	0.34	0.01
河 南 Henan	93.74	93.29	39.39	46.08	0.13	0.01	0.31	
湖 北 Hubei	86.18	85.75	39.85	39.26	0.39	0.01	0.04	
湖 南 Hunan	85.55	85.53	26.02	54.76	0.01	0.01	0.01	
广 东 Guangdong	140.56	138.82	48.16	75.45	1.40	0.06	0.34	
广 西 Guangxi	33.98	33.94	17.61	14.95	0.02		0.02	
海 南 Hainan	10.66	10.65	5.55	4.88			0.01	
重 庆 Chongqing	80.46	80.16	15.57	40.16	0.20	0.01	0.10	
四 川 Sichuan	167.25	167.08	56.69	89.26	0.17	0.06		
贵 州 Guizhou	23.37	23.36	14.29	7.93	0.02	0.02		
云 南 Yunnan	56.11	55.99	17.93	31.52	0.11		0.01	
西 藏 Tibet	1.65	1.65	1.05	0.43				
陕 西 Shaanxi	45.05	45.05	25.45	16.16				
甘 肃 Gansu	30.94	30.92	10.63	15.87	0.01	0.01	0.01	
青 海 Qinghai	8.39	8.38	4.86	2.61	0.01			
宁 夏 Ningxia	8.07	8.04	3.85	2.53	0.01		0.01	
新 疆 Xinjiang	22.14	22.13	14.46	6.42	0.01			

注：从业人员为年平均人数。

a)Number of staff and workers refers to the annual average number.

14-10 各地区建筑业企业技术装备情况

NUMBER AND POWER OF MACHINERY AND EQUIPMENT OWNED BY CONSTRUCTION ENTERPRISES BY REGION

年份 地区 Year Region	自有机械设备总台数（台） Number of Machinery and Equipment Owned	自有机械设备总功率（万千瓦） Total Power of Machinery and Equipment Owned (10 000 kw)	#施工机械功率 Power of Construction Machines	自有机械设备净值（万元） Net Value of Machinery and Equipment Owned (10 000yuan)	技术装备率（元/人） Value of Machines per Laborer (yuan/person)	动力装备率（千瓦/人） Power of Machines per Laborer (kw/person)
1991	2528110	4250.2	2780.6	2722151	2572	4.0
1992	2531578	4431.9	3006.6	3147398	2719	3.8
1993	2608091	4948.9	3349.6	4671699	4105	4.3
1994	2952629	5712.7	4012.5	4981982	3446	4.0
1995	3482784	7056.5	4399.4	6386383	4264	4.7
1996	5649612	9804.8	6448.9	8814352	4154	4.6
1997	5604603	8668.5	6782.4	9938659	4729	4.1
1998	5833748	8656.5	6641.1	10407189	5127	4.3
北京 Beijing	148340	310.8	211.3	342574	4589	4.2
天津 Tianjin	67589	173.0	121.3	206032	8408	7.1
河北 Hebei	310653	485.9	392.0	451216	5147	5.5
山西 Shanxi	97015	210.1	158.5	248232	6674	5.6
内蒙古 Inner Mongolia	74110	145.0	107.4	116358	4523	5.6
辽宁 Liaoning	257944	536.0	392.9	535385	5435	5.4
吉林 Jilin	71687	163.0	107.2	181724	6104	5.5
黑龙江 Heilongjiang	134659	355.4	270.9	338975	6596	6.9
上海 Shanghai	129323	202.2	153.9	381318	9500	5.0
江苏 Jiangsu	599967	677.8	549.7	981911	4617	3.2
浙江 Zhejiang	461451	503.9	413.3	970409	6573	3.4
安徽 Anhui	191244	220.0	172.3	245283	3587	3.2
福建 Fujian	141854	200.2	165.3	268473	5601	4.2
江西 Jiangxi	84339	95.0	65.1	76122	2483	3.1
山东 Shandong	454876	616.0	474.1	653810	4109	3.9
河南 Henan	252796	309.1	228.2	320432	3418	3.3
湖北 Hubei	248060	360.1	271.5	487478	5657	4.2
湖南 Hunan	288779	360.9	290.5	379014	4430	4.2
广东 Guangdong	546708	810.2	637.7	924900	6580	5.8
广西 Guangxi	139054	179.2	131.4	195866	5765	5.3
海南 Hainan	17549	29.8	22.9	39211	3677	2.8
重庆 Chongqing	167391	227.3	182.0	317200	3942	2.8
四川 Sichuan	373736	578.2	455.9	680918	4071	3.5
贵州 Guizhou	46688	75.0	52.4	101698	4351	3.2
云南 Yunnan	162880	233.4	168.2	277664	4949	4.2
西藏 Tibet	3979	13.9	8.2	19498	11852	8.4
陕西 Shaanxi	120332	201.1	147.4	250223	5554	4.5
甘肃 Gansu	105433	127.9	98.7	129389	4182	4.1
青海 Qinghai	29637	52.1	39.8	58161	6934	6.2
宁夏 Ningxia	33069	56.4	43.3	63561	7881	7.0
新疆 Xinjiang	72606	147.6	108.0	164157	7415	6.7

14-11 各地区国有建筑业企业技术装备情况

NUMBER AND POWER OF MACHINERY AND EQUIPMENT OF STATE-OWNED CONSTRUCTION ENTERPRISES BY REGION

年份 地区 Year Region	自有机械设备总台数（台） Number of Machinery and Equipment Owned	自有机械设备总功率（万千瓦） Total Power of Machinery and Equipment Owned (10 000 kw)	#施工机械功率 Power of Construction Machinery	自有机械设备净值（万元） Net Value of Machinery and Equipment Owned (10 000yuan)	技术装备率（元/人） Value of Machinery per Laborer (yuan/person)	动力装备率（千瓦/人） Power of Machinery per Laborer (kw/person)
1991	1519637	3248.9	2036.3	2213621	3465	5.1
1992	1410064	3314.6	2137.4	2464943	3618	4.9
1993	1309360	3323.8	2149.6	2848367	4335	5.1
1994	1476295	3900.2	2555.7	3567576	4361	4.8
1995	1637276	3984.6	2780.5	4161384	5048	4.8
1996	1870826	4213.3	2995.3	4692164	5482	4.9
1997	1865910	4419.9	3222.3	5211213	6289	5.3
1998	1818321	4343.2	3157.3	5180338	7016	5.9
北京 Beijing	69655	181.5	117.5	193079	4906	4.6
天津 Tianjin	36450	111.2	79.0	163854	9516	6.5
河北 Hebei	109072	250.1	186.4	266006	6825	6.4
山西 Shanxi	59115	166.5	123.9	206791	7832	6.3
内蒙古 Inner Mongolia	25744	63.6	46.4	57750	5140	5.7
辽宁 Liaoning	96784	277.2	190.8	287877	6464	6.2
吉林 Jilin	48241	122.8	74.1	144800	6902	5.9
黑龙江 Heilongjiang	69588	247.8	188.2	209106	7439	8.8
上海 Shanghai	49887	118.2	89.3	182205	12101	7.9
江苏 Jiangsu	152297	276.1	206.5	366208	7832	5.9
浙江 Zhejiang	54691	110.8	76.9	184316	9127	5.5
安徽 Anhui	55220	125.6	95.8	139448	6149	5.5
福建 Fujian	31118	78.1	63.9	124996	8953	5.6
江西 Jiangxi	33378	57.7	35.0	44172	3143	4.1
山东 Shandong	92183	214.4	154.2	249898	6669	5.7
河南 Henan	113471	179.5	125.1	202764	5148	4.6
湖北 Hubei	103152	229.1	173.0	366552	9198	5.7
湖南 Hunan	77470	168.8	125.0	185554	7131	6.5
广东 Guangdong	155490	386.7	313.8	399811	8302	8.0
广西 Guangxi	44340	109.2	72.7	123912	7036	6.2
海南 Hainan	10122	19.3	13.8	24882	4485	3.5
重庆 Chongqing	26917	57.1	45.6	83742	5377	3.7
四川 Sichuan	103728	260.8	189.7	325754	5746	4.6
贵州 Guizhou	24029	54.5	35.8	81232	5684	3.8
云南 Yunnan	32049	95.9	62.1	105310	5874	5.3
西藏 Tibet	3149	13.3	7.7	18348	17526	12.7
陕西 Shaanxi	44291	139.3	102.1	187883	7384	5.5
甘肃 Gansu	26859	56.0	40.1	55413	5212	5.3
青海 Qinghai	17034	39.6	29.7	48722	10017	8.1
宁夏 Ningxia	14278	29.2	20.8	35549	9243	7.6
新疆 Xinjiang	38519	103.3	72.5	114403	7911	7.1

14-12 各地区建筑业总产值（1998年）

TOTAL OUTPUT VALUE OF CONSTRUCTION BY REGION (1998)

单位:万元 (10 000 yuan)

地区 Region	建筑业总产值 Total Output Value	建筑工程产值 Output Value of Construction	安装工程产值 Output Value of Installation	房屋、构筑物修理产值 Output Value of Building Repair and Maintenance	非标准设备制造产值 Output Value of Non-Standard Equipment Manufactured
全 国 National Total	**100619922**	**86861600**	**11737546**	**1455735**	**565040**
北 京 Beijing	6230089	5567602	548102	105552	8833
天 津 Tianjin	2111208	1745994	310943	30070	24201
河 北 Hebei	3935044	3413892	464218	32652	24281
山 西 Shanxi	2178150	1913792	249573	11552	3233
内蒙古 Inner Mongolia	1017600	858744	119030	37275	2551
辽 宁 Liaoning	4189831	3306957	753273	96950	32651
吉 林 Jilin	1460359	1187475	248411	16488	7984
黑龙江 Heilongjiang	2739532	2057175	613591	35744	33022
上 海 Shanghai	5859020	4847377	862919	116045	32679
江 苏 Jiangsu	11962007	10553483	1204058	143382	61083
浙 江 Zhejiang	9425292	8265869	997169	119664	42590
安 徽 Anhui	2356154	2038531	266372	42828	8423
福 建 Fujian	2446658	2145533	271215	24798	5112
江 西 Jiangxi	893804	799898	73944	10619	9343
山 东 Shandong	7001115	5658837	1142294	134323	65662
河 南 Henan	3049638	2476419	504959	39233	29028
湖 北 Hubei	3436527	3065607	307029	44874	19017
湖 南 Hunan	3273222	2897782	260474	81074	33891
广 东 Guangdong	7886723	7020020	736585	108694	21424
广 西 Guangxi	1344209	1209187	107673	16568	10781
海 南 Hainan	308507	288249	19119	1044	94
重 庆 Chongqing	2896198	2625029	218412	43262	9495
四 川 Sichuan	5977644	5299939	569361	79842	28502
贵 州 Guizhou	831976	741354	81989	5522	3111
云 南 Yunnan	2517439	2288226	182457	32099	14657
西 藏 Tibet	94455	92058	1921	206	270
陕 西 Shaanxi	1879804	1683338	176820	7949	11697
甘 肃 Gansu	1133752	913203	198576	13726	8246
青 海 Qinghai	355576	297421	52430	3377	2348
宁 夏 Ningxia	393603	332124	55527	5715	237
新 疆 Xinjiang	1434787	1270483	139104	14608	10592

14-13 各地区按登记注册类型分的建筑业总产值（1998 年）
TOTAL OUTPUT VALUE OF CONSTRUCTION BY REGISTRATION STATUS AND REGION (1998)

单位：万元 (10 000 yuan)

地区 Region	合计 Total	内资企业 Domestic Funded	#国有 State-owned	#集体 Collective-Owned	港澳台商投资企业 Funded by Entrepreneurs from Hong Kong Macao and Taiwan	#港澳台商独资企业 Solely Owned	外商投资企业 Foreign Funded	#外商独资企业 Solely Owned
全 国 National Total	**100619922**	**99075254**	**45714427**	**37931650**	**919435**	**79047**	**625233**	**47692**
北 京 Beijing	6230089	6003094	3355704	1398404	95078		131916	
天 津 Tianjin	2111208	2086347	1626931	369341	16573	137	8289	
河 北 Hebei	3935044	3930930	2328895	1323333	2475		1639	340
山 西 Shanxi	2178150	2171734	1819889	246986	6177	3928	240	
内蒙古 Inner Mongolia	1017600	1014352	479044	273839	2332	55	917	
辽 宁 Liaoning	4189831	4126520	2235364	1440436	40974	436	22337	
吉 林 Jilin	1460359	1455068	1126151	242863	1354	138	3938	
黑龙江 Heilongjiang	2739532	2724958	1630531	707596	9655	1770	4919	1720
上 海 Shanghai	5859020	5449980	2290912	921353	266059		142981	
江 苏 Jiangsu	11962007	11785649	3344433	7129629	106223		70135	
浙 江 Zhejiang	9425292	9312533	1747845	4652915	66751	1655	46007	808
安 徽 Anhui	2356154	2345616	1136726	997515	780	306	9758	
福 建 Fujian	2446658	2337318	1156599	778684	55765	29076	53575	41937
江 西 Jiangxi	893804	893725	516007	363590			79	
山 东 Shandong	7001115	6921668	2499730	3269106	49927	4705	29520	2078
河 南 Henan	3049638	3018851	1779032	994268	10130	353	20658	700
湖 北 Hubei	3436527	3427386	2237997	918750	7559	315	1582	
湖 南 Hunan	3273222	3272382	1411141	1691245	690	690	150	
广 东 Guangdong	7886723	7670404	3276792	3224436	149385	28921	66934	
广 西 Guangxi	1344209	1342223	790929	483790	1502		484	
海 南 Hainan	308507	307728	238577	60002	568		210	26
重 庆 Chongqing	2896198	2879719	717583	1342802	9071	213	7408	10
四 川 Sichuan	5977644	5968784	2749146	2505344	8860	2398		
贵 州 Guizhou	831976	830821	618851	178171	1155	1155		
云 南 Yunnan	2517439	2511150	1109416	1085434	5569	64	720	
西 藏 Tibet	94455	94455	81800	12010				
陕 西 Shaanxi	1879804	1879466	1399160	394712	337			
甘 肃 Gansu	1133752	1131088	555304	393991	2198	2181	466	10
青 海 Qinghai	355576	355237	268030	59908	310	200	29	
宁 夏 Ningxia	393603	392680	218301	92242	580	350	343	62
新 疆 Xinjiang	1434787	1433387	967605	378956	1400			

14-14 各地区按行业分的建筑业总产值（1998年）

TOTAL OUTPUT VALUE OF CONSTRUCTION BY BRANCH AND REGION (1998)

单位:万元 (10 000 yuan)

地区 Region	建筑业总产值 Total	土木工程建筑业产值 Output Value of Civil Engineering	#房屋建筑业 Building	#矿山建筑业 Mines	#铁路、隧道、公路、桥梁建筑业 Railways, Tunnels, Highways, and Bridges	线路、管道和设备安装业 Output Value of Pipes, Lines and Equipment Installation	#设备安装业 Equipment Installation	建筑物装修装饰业 Output Value of Building Decoration
全国 National Total	**100619922**	**88276256**	**68426963**	**797688**	**12446434**	**9249205**	**4704997**	**3094460**
北京 Beijing	6230089	5162083	4408967	1821	482233	797517	334656	270489
天津 Tianjin	2111208	1722347	1051504	5817	449309	342263	81396	46598
河北 Hebei	3935044	3530490	2665420	64853	546586	344199	111262	60355
山西 Shanxi	2178150	2029437	801864	70819	933933	139566	51408	9148
内蒙古 Inner Mongolia	1017600	938526	729357	18534	133137	75833	34414	3241
辽宁 Liaoning	4189831	3342888	2168873	64689	701760	734602	446832	112340
吉林 Jilin	1460359	1306803	841193	5200	342882	147394	52950	6162
黑龙江 Heilongjiang	2739532	2034965	1464283	24017	391410	640781	530906	63786
上海 Shanghai	5859020	4728304	3509590		570925	499563	276490	631153
江苏 Jiangsu	11962007	10650303	9394049	43922	642429	918545	607049	393158
浙江 Zhejiang	9425292	8375126	6716566	38736	1039756	657926	290996	392240
安徽 Anhui	2356154	2227984	1537715	172086	353751	92908	21753	35263
福建 Fujian	2446658	2156608	1547758	6555	381036	214056	102810	75994
江西 Jiangxi	893804	875328	789056	223	51339	11292	6478	7185
山东 Shandong	7001115	6068136	5115980	114916	593372	736884	376360	196096
河南 Henan	3049638	2565897	1984246	13470	414237	448979	223350	34763
湖北 Hubei	3436527	3196042	2365268	13449	405478	222451	109202	18033
湖南 Hunan	3273222	3043747	2421717	9120	399352	217575	168146	11900
广东 Guangdong	7886723	6858977	5696296		689489	470514	241397	557231
广西 Guangxi	1344209	1230902	801532	3157	288264	104874	56375	8433
海南 Hainan	308507	295915	204670	2924	81826	7902	5405	4690
重庆 Chongqing	2896198	2706220	2428809	30707	198144	159954	76092	30023
四川 Sichuan	5977644	5428730	4385722	5758	748490	505037	182736	43877
贵州 Guizhou	831976	712629	446134	14952	166491	110644	55184	8703
云南 Yunnan	2517439	2387448	1921128	2555	293902	104178	41097	25812
西藏 Tibet	94455	94455	39399		13392			
陕西 Shaanxi	1879804	1707695	783991	27018	722931	161344	59282	10764
甘肃 Gansu	1133752	952692	802608	31135	66603	174254	77606	6806
青海 Qinghai	355576	302989	165681	2224	43231	48922	21325	3666
宁夏 Ningxia	393603	337098	230182	3161	71615	44193	12938	12312
新疆 Xinjiang	1434787	1305490	1007405	5872	229134	115056	49103	14240

14-15 各地区建筑业增加值（1998年）
VALUE-ADDED OF CONSTRUCTION BY REGION (1998)

单位：万元 (10 000 yuan)

地区	Region	建筑业增加值合计 Total Value-added of Construction	本年提取的固定资产折旧 Depreciation of Fixed Assets of the Year	主营业务应付工资 Wages Payable in Major Business	主营业务应付福利费 Welfare Expenses Payable in Major Business	管理费用中的劳动、待业保险费 Labor and Unemployment Insurance in Management Expenses	工程结算税金及附加 Taxes and Extra Charges on Project Settlement Accounts	工程结算利润 Profits of Project Settlement Accounts	管理费用中的税金 Taxes in Management Enpenses
全国	**National Total**	**27837909**	**1795693**	**13001386**	**1348651**	**897314**	**2812282**	**7775597**	**206987**
北京	Beijing	1787588	95501	772389	72746	48467	172200	616779	9506
天津	Tianjin	580644	50566	212942	23486	38368	49726	202079	3477
河北	Hebei	1026622	66643	438851	42503	43185	115228	310525	9687
山西	Shanxi	619820	49447	236627	27419	38556	62772	198086	6913
内蒙古	Inner Mongolia	352602	19667	158027	18021	15329	32060	105598	3901
辽宁	Liaoning	1271822	95351	558873	66486	47707	124345	371376	7683
吉林	Jilin	410049	30313	174174	21444	20559	44115	116681	2762
黑龙江	Heilongjiang	796891	54528	364029	41864	17316	74485	239941	4729
上海	Shanghai	1311338	88774	534943	53520	43282	136646	448138	6035
江苏	Jiangsu	2915897	150073	1604737	161018	49462	260259	672301	18046
浙江	Zhejiang	2431151	121566	1299085	108560	40434	269827	579574	12105
安徽	Anhui	703797	40517	330813	36546	30761	71354	185899	7908
福建	Fujian	738348	36523	358694	48812	15494	97478	175439	5908
江西	Jiangxi	262760	20057	121352	10368	10368	29492	67481	3643
山东	Shandong	2020712	138862	882993	116003	46934	199339	618741	17841
河南	Henan	875188	55688	402759	34852	37547	84410	252078	7855
湖北	Hubei	1063379	87128	425770	39732	48278	104184	348513	9775
湖南	Hunan	876333	61815	431436	45304	21992	88216	219431	8139
广东	Guangdong	2230076	147417	1032266	95092	49783	256117	635240	14160
广西	Guangxi	436240	33052	203659	19059	23210	45439	107852	3969
海南	Hainan	67747	5987	35869	2571	544	8773	13385	618
重庆	Chongqing	783224	43092	406459	40832	16217	78113	192080	6430
四川	Sichuan	1776678	119938	891863	104602	64313	158388	424864	12709
贵州	Guizhou	244071	16174	116297	12274	10360	24067	63096	1804
云南	Yunnan	678146	51507	298184	32295	33928	75650	178233	8350
西藏	Tibet	41089	3775	15372	710	120	1947	18759	406
陕西	Shaanxi	509819	41807	217192	24826	26903	50269	145058	3763
甘肃	Gansu	380112	19662	184558	15518	20414	36193	99268	4498
青海	Qinghai	117884	10987	53524	8992	6070	10372	26924	1015
宁夏	Ningxia	120438	9108	59905	6342	4521	9655	29867	1040
新疆	Xinjiang	407445	30170	177746	16854	26892	41162	112310	2310

14-16 各地区按登记注册类型分的建筑业增加值（1998 年）

VALUE ADDED OF CONSTRUCTION BY REGISTRATION STATUS AND REGION (1998)

单位：万元　　　　(10 000 yuan)

地区	Region	合计 Total	内资企业 Domestic Funded	#国有 State-owned	#集体 Collective-Owned	港澳台商投资企业 Funded by Entrepreneurs from Hong Kong Macao and Taiwan	#港澳台商独资企业 Solely Owned	外商投资企业 Foreign Funded	#外商独资企业 Solely Owned
全国	**National Total**	**27837909**	**27448328**	**13099101**	**10298565**	**224781**	**18538**	**164800**	**12996**
北京	Beijing	1787588	1733083	1029798	416816	23246		31259	
天津	Tianjin	580644	574875	455598	98382	2937	72	2832	
河北	Hebei	1026622	1025569	587578	360259	515		538	185
山西	Shanxi	619820	618044	507571	84057	1680	1096	96	
内蒙古	Inner Mongolia	352602	351563	166914	97736	567	34	472	
辽宁	Liaoning	1271822	1251870	675984	460992	11686	81	8266	
吉林	Jilin	410049	407856	304387	75869	548	38	1645	
黑龙江	Heilongjiang	796891	792150	471828	205810	2404	150	2337	367
上海	Shanghai	1311338	1229209	560572	219570	50949		31180	
江苏	Jiangsu	2915897	2875264	871284	1691818	27181		13452	
浙江	Zhejiang	2431151	2401957	412724	1207509	16703	470	12491	201
安徽	Anhui	703797	700257	348693	291249	215	90	3326	
福建	Fujian	738348	704030	314136	256736	18659	9787	15658	11602
江西	Jiangxi	262760	262612	157051	101042			148	
山东	Shandong	2020712	1995529	754808	901860	15105	1965	10077	338
河南	Henan	875188	862833	503867	289146	2135	120	10220	177
湖北	Hubei	1063379	1060435	727188	259806	2213	147	731	
湖南	Hunan	876333	876078	377624	460099	190	190	64	
广东	Guangdong	2230076	2175255	970031	859902	37806	2193	17014	
广西	Guangxi	436240	435543	268696	150039	555		142	
海南	Hainan	67747	67481	48678	16883	201		66	−8
重庆	Chongqing	783224	778379	213186	346253	2610	178	2236	51
四川	Sichuan	1776678	1773659	868728	706134	3018	739		
贵州	Guizhou	244071	243771	177901	53932	300	300		
云南	Yunnan	678146	676095	294200	284577	1882	309	169	
西藏	Tibet	41089	41089	33787	6497				
陕西	Shaanxi	509819	509694	367201	116490	125			
甘肃	Gansu	380112	379411	202583	116749	523	483	178	9
青海	Qinghai	117884	117775	89005	19473	79	41	29	
宁夏	Ningxia	120438	120118	66054	31560	147	55	174	74
新疆	Xinjiang	407445	406844	271446	111317	601			

14-17 各地区按登记注册类型分的建筑业企业资本金（1998年）
CAPITAL OF CONSTRUCTION ENTERPRISES BY REGISTRATION STATUS AND REGION (1998)

单位：万元 (10 000 yuan)

地区 Region	合计 Total	内资企业 Domestic Funded	#国有 State-owned	#集体 Collective-Owned	港澳台商投资企业 Funded by Entrepreneurs from Hong Kong Macao and Taiwan	#港澳台商独资企业 Solely Owned	外商投资企业 Foreign Funded	#外商独资企业 Solely Owned
全国 National Total	**22804563**	**22210335**	**9466497**	**8910548**	**359111**	**32326**	**235117**	**9988**
北京 Beijing	1150757	1055025	630765	256312	59225		36507	
天津 Tianjin	480409	469086	358478	86562	8578	115	2745	
河北 Hebei	873154	870723	442928	337197	969		1463	500
山西 Shanxi	391164	389337	305306	58696	1820	466	8	
内蒙古 Inner Mongolia	286519	284776	123506	71978	1295	140	448	
辽宁 Liaoning	1287791	1256453	646465	471356	16580	166	14758	
吉林 Jilin	323388	319081	240743	56859	2876	703	1432	
黑龙江 Heilongjiang	751291	746301	377846	222329	2511	333	2479	911
上海 Shanghai	1284670	1146097	504760	207357	77445		61128	
江苏 Jiangsu	2127943	2082428	644127	1197225	29990		15526	
浙江 Zhejiang	2011757	1974907	293314	970596	20811	880	16039	682
安徽 Anhui	563568	561118	271490	219780	648	100	1801	
福建 Fujian	802462	758727	234916	343532	25229	9682	18506	5727
江西 Jiangxi	265970	265470	141973	115317			500	
山东 Shandong	1423219	1393135	486806	661956	21751	4135	8333	484
河南 Henan	685977	675973	344850	243412	2970	202	7033	117
湖北 Hubei	760424	751554	406948	270158	5567	920	3303	
湖南 Hunan	812325	812175	279203	479898	100	100	50	
广东 Guangdong	1960506	1869106	735365	857718	54122	8117	37278	
广西 Guangxi	450842	447618	254534	163560	2712		512	
海南 Hainan	81004	79834	51331	21573	1088		81	31
重庆 Chongqing	699446	691603	156820	310771	5922	527	1921	198
四川 Sichuan	1420548	1411323	547211	633234	9225	885		
贵州 Guizhou	197306	195390	121250	58117	1916	1916		
云南 Yunnan	514139	511752	171749	248516	2104	1200	282	
西藏 Tibet	33071	33071	26625	5903				
陕西 Shaanxi	368777	368052	221290	111751	725			
甘肃 Gansu	247228	244021	101532	103145	1644	1452	1562	184
青海 Qinghai	84401	84128	57890	16342	173	121	100	
宁夏 Ningxia	148978	147391	77076	35118	266	166	1322	1155
新疆 Xinjiang	315532	314682	209402	74281	849			

14-18 各地区建筑业企业资产（1998年）

ASSETS OF CONSTRUCTION ENTERPRISES BY REGION (1998)

单位:万元 (10 000 yuan)

地 区 Region	资产合计 Total Assets	#流动资产 Circulating Funds	#固定资产 Fixed Assets	#专项工程 Special Projects	#无形及递延资产 Intangible and Deferred Assets
全 国 National Total	**118704232**	**87837465**	**24101300**	**1677521**	**1253793**
北 京 Beijing	8676761	6942611	1017815	140914	56478
天 津 Tianjin	2807996	2103876	541782	25808	12816
河 北 Hebei	3927770	2678804	1076025	61108	37312
山 西 Shanxi	2870513	2043585	685596	67234	9458
内蒙古 Inner Mongolia	1226407	856173	315248	14794	18632
辽 宁 Liaoning	5738421	4072787	1364775	88437	83043
吉 林 Jilin	1879573	1316788	498258	25129	14099
黑龙江 Heilongjiang	3365442	2455168	788661	17883	28348
上 海 Shanghai	6950458	5440050	766743	95457	127616
江 苏 Jiangsu	12110062	9706321	1952590	119840	81585
浙 江 Zhejiang	8238710	6102211	1740141	84530	72750
安 徽 Anhui	2575677	1846627	595601	45431	20968
福 建 Fujian	4100302	3204610	691820	52920	39902
江 西 Jiangxi	1519354	1117830	332435	15864	15850
山 东 Shandong	7819363	5780797	1599546	100677	135437
河 南 Henan	3045080	2070034	805776	63698	29189
湖 北 Hubei	4204998	2789807	1128263	85141	48082
湖 南 Hunan	3193807	2109855	896622	49356	36414
广 东 Guangdong	14724184	11845680	2022505	171312	174402
广 西 Guangxi	2309809	1724316	472557	39891	26285
海 南 Hainan	408934	287122	82647	11739	11011
重 庆 Chongqing	2199814	1472670	632843	23129	20317
四 川 Sichuan	5384321	3535895	1501973	89509	80378
贵 州 Guizhou	1175835	858596	252909	29290	4883
云 南 Yunnan	2210553	1448248	622148	35186	23230
西 藏 Tibet	145362	68571	69347	2467	852
陕 西 Shaanxi	2134602	1435130	593938	51828	17495
甘 肃 Gansu	1203231	802832	337578	22426	7850
青 海 Qinghai	442492	285626	122930	11933	4270
宁 夏 Ningxia	552648	367841	160969	9339	5738
新 疆 Xinjiang	1561752	1067004	431263	25251	9103

14-19 各地区按登记注册类型分的建筑业企业资产（1998年）
ASSETS OF CONSTRUCTION ENTERPRISES BY REGISTRATION STATUS AND REGION (1998)

单位：万元　　　　(10 000 yuan)

地区	Region	合计 Total	内资企业 Domestic Funded	#国有 State-owned	#集体 Collective-Owned	港澳台商投资企业 Funded by Entrepreneurs from Hong Kong Macao and Taiwan	#港澳台商独资企业 Solely Owned	外商投资企业 Foreign Funded	#外商独资企业 Solely Owned
全　国	**National Total**	**118704232**	**116604203**	**62907550**	**36789275**	**1256888**	**112099**	**843141**	**63687**
北　京	Beijing	8676761	8416786	5782428	1369438	130205		129770	
天　津	Tianjin	2807996	2765087	2266650	380886	30847	345	12061	
河　北	Hebei	3927770	3922461	2709539	967117	2940		2369	826
山　西	Shanxi	2870513	2861825	2422166	299282	7679	4994	1009	
内蒙古	Inner Mongolia	1226407	1220004	645641	302199	5706	293	696	
辽　宁	Liaoning	5738421	5653282	3267822	1807038	43392	280	41747	
吉　林	Jilin	1879573	1868899	1478954	284034	5289	569	5384	
黑龙江	Heilongjiang	3365442	3347086	2213800	710189	8497	1692	9858	1264
上　海	Shanghai	6950458	6504161	3184980	1049551	277990		168307	
江　苏	Jiangsu	12110062	11905030	4443918	6108790	119665		85367	
浙　江	Zhejiang	8238710	8106250	1819536	3776379	88249	1482	44210	2322
安　徽	Anhui	2575677	2566957	1548451	795056	1367	140	7353	
福　建	Fujian	4100302	3943248	1566163	1717538	70965	32703	86089	54987
江　西	Jiangxi	1519354	1518644	1011373	472471			710	
山　东	Shandong	7819363	7685505	3101060	3285888	85951	8397	47908	1048
河　南	Henan	3045080	2993485	1937049	785288	11434	1290	40160	1058
湖　北	Hubei	4204998	4185806	3119664	750345	12996	2726	6196	
湖　南	Hunan	3193807	3192808	1710476	1353458	588	588	411	
广　东	Guangdong	14724184	14312995	6742882	5196341	280895	29022	130294	
广　西	Guangxi	2309809	2304530	1568386	561399	3786		1493	
海　南	Hainan	408934	405987	335810	58531	2466		481	39
重　庆	Chongqing	2199814	2170409	776298	838716	13048	644	16358	661
四　川	Sichuan	5384321	5349349	2858984	1823011	34973	16598		
贵　州	Guizhou	1175835	1171968	896369	219084	3867	3867		
云　南	Yunnan	2210553	2203595	1132236	738540	6336	2163	622	
西　藏	Tibet	145362	145362	133430	10306				
陕　西	Shaanxi	2134602	2133422	1678217	346396	1179			
甘　肃	Gansu	1203231	1197074	702315	311827	3940	3688	2217	176
青　海	Qinghai	442492	441702	359031	53028	401	334	389	
宁　夏	Ningxia	552648	550462	317841	122474	506	284	1681	1304
新　疆	Xinjiang	1561752	1560025	1176080	294678	1727			

14-20 各地区建筑业企业负债及所有者权益（1998年）

LIABILITIES AND CREDITORS' EQUITY OF CONSTRUCTION ENTERPRISES BY REGION (1998)

单位：万元 (10 000 yuan)

地 区	Region	负债合计 Total Liabilities	#流动负债 Liquid Liabilities	#长期负债 Long-term Liabilities	所有者权益 Creditors' Equity	#实收资本 Capitals Hold
全 国	**National Total**	**87937979**	**82645562**	**5292417**	**30766253**	**22804563**
北 京	Beijing	6908066	6634870	273195	1768696	1150757
天 津	Tianjin	2163306	2050075	113231	644690	480409
河 北	Hebei	2710203	2543648	166555	1217567	873154
山 西	Shanxi	2285933	2130000	155932	584581	391164
内蒙古	Inner Mongolia	878682	827746	50936	347725	286519
辽 宁	Liaoning	4164045	3918256	245789	1574376	1287791
吉 林	Jilin	1447766	1393176	54591	431806	323388
黑龙江	Heilongjiang	2455464	2331735	123729	909977	751291
上 海	Shanghai	5185788	4970911	214877	1764670	1284670
江 苏	Jiangsu	9314363	9023103	291260	2795699	2127943
浙 江	Zhejiang	5584060	5415139	168922	2654649	2011757
安 徽	Anhui	1944815	1779914	164901	630862	563568
福 建	Fujian	3056660	2922239	134422	1043641	802462
江 西	Jiangxi	1167762	1049499	118262	351593	265970
山 东	Shandong	5817659	5416095	401564	2001704	1423219
河 南	Henan	2147067	1986870	160197	898013	685977
湖 北	Hubei	2941046	2614348	326698	1263952	760424
湖 南	Hunan	2127183	1850786	276397	1066624	812325
广 东	Guangdong	11829029	11143857	685172	2895156	1960506
广 西	Guangxi	1703250	1585500	117750	606560	450842
海 南	Hainan	303662	283494	20169	105272	81004
重 庆	Chongqing	1399348	1293006	106342	800466	699446
四 川	Sichuan	3526888	3244116	282772	1857434	1420548
贵 州	Guizhou	920831	862524	58307	255004	197306
云 南	Yunnan	1530094	1370737	159356	680459	514139
西 藏	Tibet	74447	63382	11065	70914	33071
陕 西	Shaanxi	1599040	1442911	156129	535562	368777
甘 肃	Gansu	849387	786061	63327	353844	247228
青 海	Qinghai	341316	315030	26286	101176	84401
宁 夏	Ningxia	384980	352419	32561	167668	148978
新 疆	Xinjiang	1175839	1044115	131724	385913	315532

14-21 各地区按登记注册类型分的建筑业企业所有者权益（1998年）
CREDITORS' EQUITY OF CONSTRUCTION ENTERPRISES BY REGISTRATION STATUS AND REGION (1998)

单位：万元 (10 000 yuan)

地区 Region	合计 Total	内资企业 Domestic Funded	#国有 State-owned	#集体 Collective-Owned	港澳台商投资企业 Funded by Entrepreneurs from Hong Kong Macao and Taiwan	#港澳台商独资企业 Solely Owned	外商投资企业 Foreign Funded	#外商独资企业 Solely Owned
全国 National Total	**30766253**	**30069384**	**13928102**	**11223417**	**422517**	**38228**	**274352**	**12674**
北京 Beijing	1768696	1663789	1002684	410936	61340		43566	
天津 Tianjin	644690	628157	480914	119425	12657	180	3876	
河北 Hebei	1217567	1214610	655756	448491	1465		1491	543
山西 Shanxi	584581	581316	480396	71317	3371	1496	−107	
内蒙古 Inner Mongolia	347725	346019	161894	85447	1258	80	448	
辽宁 Liaoning	1574376	1536828	818050	562368	19766	166	17782	
吉林 Jilin	431806	426570	329563	68999	3032	305	2204	
黑龙江 Heilongjiang	909977	903388	479074	259297	3944	768	2644	911
上海 Shanghai	1764670	1614267	750479	277829	84345		66058	
江苏 Jiangsu	2795699	2742566	940558	1489403	35042		18091	
浙江 Zhejiang	2654649	2612511	463619	1229029	24747	898	17392	780
安徽 Anhui	630862	628391	304198	248125	577	100	1894	
福建 Fujian	1043641	989244	388649	404093	32215	12539	22182	8942
江西 Jiangxi	351593	351093	204806	135772			500	
山东 Shandong	2001704	1964079	713151	902516	26731	5258	10894	114
河南 Henan	898013	887060	494142	288192	2395	206	8558	−177
湖北 Hubei	1263952	1255394	817277	348922	5679	948	2879	
湖南 Hunan	1066624	1066321	408495	599036	252	252	50	
广东 Guangdong	2895156	2770395	1245842	1086075	77387	9294	47374	
广西 Guangxi	606560	602888	342059	222863	2702		970	
海南 Hainan	105272	104032	71762	26052	1132		108	31
重庆 Chongqing	800466	792247	183114	359340	5942	527	2277	202
四川 Sichuan	1857434	1846640	795499	767349	10794	2350		
贵州 Guizhou	255004	253333	163767	70892	1671	1671		
云南 Yunnan	680459	677508	248895	315955	2667	1578	284	
西藏 Tibet	70914	70914	63381	6338				
陕西 Shaanxi	535562	534884	362136	130514	678			
甘肃 Gansu	353844	352684	160992	131642	−395	−595	1555	174
青海 Qinghai	101176	100917	73616	16515	168	121	92	
宁夏 Ningxia	167668	166233	90855	39328	146	86	1290	1155
新疆 Xinjiang	385913	385104	232479	101356	809			

14-22 各地区按登记注册类型分的建筑业企业负债（1998 年）
LIABILITIES OF CONSTRUCTION ENTERPRISES BY REGISTRATION STATUS AND REGION (1998)

单位：万元　　　　(10 000 yuan)

地区	Region	合计 Total	内资企业 Domestic Funded	#国有 State-owned	#集体 Collective-Owned	港澳台商投资企业 Funded by Entrepreneurs from Hong Kong Macao and Taiwan	#港澳台商独资企业 Solely Owned	外商投资企业 Foreign Funded	#外商独资企业 Solely Owned
全　国	**National Total**	**87937979**	**86534819**	**48979447**	**25565858**	**834371**	**73871**	**568789**	**51013**
北　京	Beijing	6908066	6752997	4779745	958502	68865		86204	
天　津	Tianjin	2163306	2136930	1785736	261461	18190	165	8186	
河　北	Hebei	2710203	2707850	2053783	518626	1475		878	283
山　西	Shanxi	2285933	2280509	1941770	227965	4308	3499	1115	
内蒙古	Inner Mongolia	878682	873985	483747	216752	4449	212	248	
辽　宁	Liaoning	4164045	4116454	2449772	1244670	23626	114	23965	
吉　林	Jilin	1447766	1442329	1149391	215034	2257	264	3180	
黑龙江	Heilongjiang	2455464	2443698	1734725	450892	4553	924	7214	353
上　海	Shanghai	5185788	4889894	2434501	771722	193645		102249	
江　苏	Jiangsu	9314363	9162465	3503360	4619387	84622		67276	
浙　江	Zhejiang	5584060	5493740	1355918	2547350	63502	584	26819	1543
安　徽	Anhui	1944815	1938566	1244252	546931	790	40	5459	
福　建	Fujian	3056660	2954003	1177515	1313444	38750	20165	63907	46045
江　西	Jiangxi	1167762	1167552	806567	336699			210	
山　东	Shandong	5817659	5721425	2387909	2383372	59220	3139	37014	933
河　南	Henan	2147067	2106425	1442906	497095	9040	1083	31602	1235
湖　北	Hubei	2941046	2930412	2302387	401423	7317	1778	3316	
湖　南	Hunan	2127183	2126486	1301980	754421	336	336	361	
广　东	Guangdong	11829029	11542600	5497040	4110266	203508	19728	82921	
广　西	Guangxi	1703250	1701642	1226327	338536	1085		523	
海　南	Hainan	303662	301955	264048	32479	1335		373	8
重　庆	Chongqing	1399348	1378161	593184	479376	7105	116	14081	460
四　川	Sichuan	3526888	3502709	2063484	1055662	24179	14248		
贵　州	Guizhou	920831	918635	732602	148191	2196	2196		
云　南	Yunnan	1530094	1526087	883342	422585	3668	585	339	
西　藏	Tibet	74447	74447	70049	3967				
陕　西	Shaanxi	1599040	1598538	1316081	215882	502			
甘　肃	Gansu	849387	844390	541324	180185	4336	4284	662	2
青　海	Qinghai	341316	340785	285415	36512	233	213	298	
宁　夏	Ningxia	384980	384229	226986	83147	360	197	391	150
新　疆	Xinjiang	1175839	1174921	943600	193322	919			

14-23 各地区建筑业企业总收入（1998年）

TOTAL INCOME OF CONSTRUCTION ENTERPRISES BY REGION (1998)

单位:万元 (10 000 yuan)

地 区 Region	企业总收入 Total Income of Enterprises	工程结算收入 Revenue of Project Settlement Accounts	#工程结算成本 Costs of Project Settlement Accounts	#工程结算利润 Profits of Project Settlement Accounts	其他业务收入 Other Revenue from Business	#其他业务利润 Other Profit from Business
全 国 National Total	**91881080**	**87629687**	**77041808**	**7775597**	**4251393**	**591917**
北 京 Beijing	6173790	5777788	4988808	616779	396002	66191
天 津 Tianjin	2162218	2068649	1816844	202079	93569	11991
河 北 Hebei	3794870	3678604	3252851	310525	116265	11601
山 西 Shanxi	2227672	2112117	1851258	198086	115555	7159
内蒙古 Inner Mongolia	1030623	980542	842885	105598	50081	5916
辽 宁 Liaoning	4266304	4044851	3549129	371376	221454	28050
吉 林 Jilin	1515737	1428193	1267396	116681	87544	10696
黑龙江 Heilongjiang	2692620	2601364	2286939	239941	91256	7674
上 海 Shanghai	5603157	5219506	4634722	448138	383651	58842
江 苏 Jiangsu	8316536	7920898	6988338	672301	395638	53219
浙 江 Zhejiang	7837413	7589193	6739792	579574	248220	38010
安 徽 Anhui	2149686	2051085	1793832	185899	98601	4729
福 建 Fujian	2562121	2488978	2216061	175439	73144	9719
江 西 Jiangxi	800222	767474	670501	67481	32748	4401
山 东 Shandong	6209141	5851813	5033733	618741	357328	35021
河 南 Henan	2820812	2728384	2391896	252078	92428	13097
湖 北 Hubei	3385906	3160974	2708277	348513	224931	40886
湖 南 Hunan	2887205	2776163	2468515	219431	111042	11943
广 东 Guangdong	7881540	7628628	6737271	635240	252912	68057
广 西 Guangxi	1310301	1230586	1077295	107852	79715	11214
海 南 Hainan	230472	228558	206400	13385	1914	893
重 庆 Chongqing	2311719	2239829	1969636	192080	71890	7297
四 川 Sichuan	5248435	5057639	4474387	424864	190796	30240
贵 州 Guizhou	795302	741673	654511	63096	53628	3660
云 南 Yunnan	2431948	2332300	2078416	178233	99648	11886
西 藏 Tibet	99348	97667	76960	18759	1681	285
陕 西 Shaanxi	1850871	1732081	1536753	145058	118790	11031
甘 肃 Gansu	1107455	1067104	931643	99268	40351	4316
青 海 Qinghai	344215	329825	292529	26924	14390	2033
宁 夏 Ningxia	378683	350474	310951	29867	28209	2715
新 疆 Xinjiang	1454758	1346748	1193276	112310	108010	19146

14-24 各地区按登记注册类型分的建筑业企业总收入（1998年）
TOTAL INCOME OF CONSTRUCTION BY REGISTRATION STATUS AND REGION (1998)

单位：万元 (10 000 yuan)

地区 Region	合计 Total	内资企业 Domestic Funded	#国有 State-owned	#集体 Collective-Owned	港澳台商投资企业 Funded by Entrepreneurs from Hong Kong Macao and Taiwan	#港澳台商独资企业 Solely Owned	外商投资企业 Foreign Funded	#外商独资企业 Solely Owned
全国 National Total	**91881080**	**90416423**	**45992916**	**30909516**	**864270**	**69938**	**600386**	**47398**
北京 Beijing	6173790	5953119	3684078	1179593	95210		125461	
天津 Tianjin	2162218	2141857	1723676	335356	12606	137	7756	
河北 Hebei	3794870	3790396	2346716	1192139	3209		1265	340
山西 Shanxi	2227672	2221195	1887017	238944	6237	3998	240	
内蒙古 Inner Mongolia	1030623	1028097	501953	281489	1599	27	928	
辽宁 Liaoning	4266304	4200424	2376219	1419801	43004	383	22875	
吉林 Jilin	1515737	1510376	1181293	241315	1387	171	3974	
黑龙江 Heilongjiang	2692620	2681842	1668706	660684	6171	570	4607	1643
上海 Shanghai	5603157	5200355	2064685	857210	257553		145249	
江苏 Jiangsu	8316536	8175435	2956822	4314298	89478		51623	
浙江 Zhejiang	7837413	7742779	1621413	3793127	53197	1265	41437	500
安徽 Anhui	2149686	2140698	1122118	838610	729	380	8259	
福建 Fujian	2562121	2452004	1216946	852649	57536	25463	52580	42264
江西 Jiangxi	800222	799431	472207	314256			791	
山东 Shandong	6209141	6132369	2473963	2644901	46458	6872	30314	2143
河南 Henan	2820812	2794690	1715925	855781	8669	352	17453	462
湖北 Hubei	3385906	3376661	2331779	788305	7899	315	1346	
湖南 Hunan	2887205	2886173	1328061	1435237	690	690	341	
广东 Guangdong	7881540	7661518	3628922	2851541	144195	22311	75827	
广西 Guangxi	1310301	1308688	816882	438821	1129		484	
海南 Hainan	230472	229710	174118	45315	552		210	26
重庆 Chongqing	2311719	2299857	673889	1006956	5917	195	5945	10
四川 Sichuan	5248435	5239747	2692972	1969836	8688	2026		
贵州 Guizhou	795302	793386	592981	165538	1915	1915		
云南 Yunnan	2431948	2424561	1143107	984667	6744	1816	643	
西藏 Tibet	99348	99348	86388	11735				
陕西 Shaanxi	1850871	1850539	1434833	335364	332			
甘肃 Gansu	1107455	1105891	569478	365150	1098	930	466	10
青海 Qinghai	344215	343991	264622	52964	195	85	29	
宁夏 Ningxia	378683	378131	220690	86331	270	35	281	
新疆 Xinjiang	1454758	1453155	1020459	351603	1603			

14-25 各地区建筑业企业利税总额（1998 年）
TOTAL PRE-TAX PROFITS OF CONSTRUCTION ENTERPRISES BY REGION (1998)

地区 Region	利税总额 合计 (万元) Total Pre-tax Profits (10 000 yuan)	利润总额 Total Profits	工程结算税金及附加 Taxes and Extra Charges on Project Settlement Accounts	管理费用中的税金 Taxes in Management Expenses	产值利税率 Ratio of Pre-tax Profits to Output Value (%)	资产利税率 Ratio of Pre-tax Profits to Assets (%)
全国 National Total	**4192554**	**1173285**	**3019269**	**1.2**	**4.2**	**3.5**
北京 Beijing	305450	123744	181706	2.0	4.9	3.5
天津 Tianjin	82554	29350	53204	1.4	3.9	2.9
河北 Hebei	165395	40479	124915	1.0	4.2	4.2
山西 Shanxi	59524	−10161	69685	−0.5	2.7	2.1
内蒙古 Inner Mongolia	39202	3241	35960	0.3	3.9	3.2
辽宁 Liaoning	89494	−42535	132028	−1.0	2.1	1.6
吉林 Jilin	30354	−16523	46878	−1.1	2.1	1.6
黑龙江 Heilongjiang	90084	10870	79214	0.4	3.3	2.7
上海 Shanghai	273404	130723	142681	2.2	4.7	3.9
江苏 Jiangsu	416444	138139	278305	1.2	3.5	3.4
浙江 Zhejiang	476540	194607	281932	2.1	5.1	5.8
安徽 Anhui	80035	774	79262		3.4	3.1
福建 Fujian	129438	26052	103386	1.1	5.3	3.2
江西 Jiangxi	30587	−2548	33135	−0.3	3.4	2.0
山东 Shandong	379508	162328	217180	2.3	5.4	4.9
河南 Henan	113707	21442	92265	0.7	3.7	3.7
湖北 Hubei	151996	38036	113959	1.1	4.4	3.6
湖南 Hunan	115843	19488	96355	0.6	3.5	3.6
广东 Guangdong	424246	153969	270277	2.0	5.4	2.9
广西 Guangxi	65466	16059	49408	1.2	4.9	2.8
海南 Hainan	9686	295	9391	0.1	3.1	2.4
重庆 Chongqing	117636	33093	84544	1.1	4.1	5.3
四川 Sichuan	229652	58555	171098	1.0	3.8	4.3
贵州 Guizhou	26508	638	25871	0.1	3.2	2.3
云南 Yunnan	119929	35929	84000	1.4	4.8	5.4
西藏 Tibet	6745	4392	2353	4.6	7.1	4.6
陕西 Shaanxi	50480	−3552	54032	−0.2	2.7	2.4
甘肃 Gansu	55147	14455	40692	1.3	4.9	4.6
青海 Qinghai	9832	−1555	11387	−0.4	2.8	2.2
宁夏 Ningxia	10073	−622	10696	−0.2	2.6	1.8
新疆 Xinjiang	37596	−5875	43472	−0.4	2.6	2.4

14-26 各地区按登记注册类型分的建筑业企业税金总额（1998年）
TAX OF CONSTRUCTION ENTERPRISES BY REGISTRATION STATUS AND BY REGION (1998)

单位：万元　　(10 000 yuan)

地区 Region	合计 Total	内资企业 Domestic Funded	#国有 State-owned	#集体 Collective-Owned	港澳台商投资企业 Funded by Entrepreneurs from Hong Kong Macao and Taiwan	#港澳台商独资企业 Solely Owned	外商投资企业 Foreign Funded	#外商独资企业 Solely Owned
全　国 National Total	**3019269**	**2972874**	**1315746**	**1195061**	**27484**	**2980**	**18912**	**1608**
北　京 Beijing	181706	174950	99821	41868	2824		3932	
天　津 Tianjin	53204	52722	37865	13581	246	5	236	
河　北 Hebei	124915	124764	70780	44920	94		57	10
山　西 Shanxi	69685	69508	55083	10999	162	120	15	
内蒙古 Inner Mongolia	35960	35894	17308	10057	40	1	27	
辽　宁 Liaoning	132028	128893	66159	49463	1762	12	1373	
吉　林 Jilin	46878	46599	35041	8180	120	10	160	
黑龙江 Heilongjiang	79214	78831	42125	23625	185	23	198	62
上　海 Shanghai	142681	132241	52028	25968	6676		3764	
江　苏 Jiangsu	278305	273804	83802	158909	3205		1297	
浙　江 Zhejiang	281932	278943	47593	144630	1884	53	1105	28
安　徽 Anhui	79262	78993	34474	36707	27	17	242	
福　建 Fujian	103386	98256	42782	37491	3322	2298	1808	1424
江　西 Jiangxi	33135	33111	16838	15286			24	
山　东 Shandong	217180	214757	77065	101910	1420	166	1002	69
河　南 Henan	92265	90721	49970	31943	252	11	1292	14
湖　北 Hubei	113959	113722	70096	34727	213	10	25	
湖　南 Hunan	96355	96321	35487	56189	21	21	13	
广　东 Guangdong	270277	264105	110161	110803	4078	22	2094	
广　西 Guangxi	49408	49292	23738	23739	101		15	
海　南 Hainan	9391	9361	6464	2590	24		5	1
重　庆 Chongqing	84544	84170	19122	40094	190	7	183	
四　川 Sichuan	171098	170837	73306	76501	260	61		
贵　州 Guizhou	25871	25814	17630	6881	57	57		
云　南 Yunnan	84000	83777	34494	37722	204	53	19	
西　藏 Tibet	2353	2353	1764	545				
陕　西 Shaanxi	54032	54018	36834	14091	15			
甘　肃 Gansu	40692	40646	17115	16920	31	22	15	
青　海 Qinghai	11387	11379	8295	2155	6	2	2	
宁　夏 Ningxia	10696	10670	5296	2926	17	9	8	
新　疆 Xinjiang	43472	43423	27210	13641	49			

14-27 各地区按登记注册类型分的建筑业企业利润总额（1998 年）
TOTAL PROFITS OF CONSTRUCTION ENTERPRISES BY REGISTRATION STATUS AND REGION (1998)

单位：万元　　　　(10 000 yuan)

地 区	Region	合 计 Total	内资企业 Domestic Funded	#国 有 State-owned	#集 体 Collective-Owned	港澳台商投资企业 Funded by Entrepreneurs from Hong Kong Macao and Taiwan	#港澳台商独资企业 Solely Owned	外商投资企业 Foreign Funded	#外商独资企业 Solely Owned
全 国	**National Total**	**1173285**	**1144138**	**65533**	**687249**	**10402**	**1752**	**18746**	**4042**
北 京	Beijing	123744	117715	39923	45326	−189		6217	
天 津	Tianjin	29350	28234	12032	13319	304	5	812	
河 北	Hebei	40479	40283	−423	32675	63		134	43
山 西	Shanxi	−10161	−10348	−15494	3697	241	94	−54	
内蒙古	Inner Mongolia	3241	3218	−4438	3713	24	−24	−1	
辽 宁	Liaoning	−42535	−43950	−44995	−1627	1157	24	258	
吉 林	Jilin	−16523	−16406	−16561	−2669	−137	−39	20	
黑龙江	Heilongjiang	10870	10121	−5919	8640	586	−71	163	−84
上 海	Shanghai	130723	126015	28908	22123	2704		2004	
江 苏	Jiangsu	138139	134683	26957	81460	2928		528	
浙 江	Zhejiang	194607	192603	25183	86065	1013	−61	991	−17
安 徽	Anhui	774	672	−21572	19708	5	27	97	
福 建	Fujian	26052	20384	4125	10394	1285	1140	4382	4310
江 西	Jiangxi	−2548	−2566	−7806	5077			18	
山 东	Shandong	162328	161534	29572	95787	526	149	268	−90
河 南	Henan	21442	21562	−12817	29060	−452	−2	332	−9
湖 北	Hubei	38036	38136	12531	23521	88	10	−188	
湖 南	Hunan	19488	19496	−14064	31085	51	51	−59	
广 东	Guangdong	153969	150213	44872	63761	801	860	2955	
广 西	Guangxi	16059	16041	4240	11521	6		11	
海 南	Hainan	295	381	−176	1041	−68		−19	−31
重 庆	Chongqing	33093	33335	3538	15179	−237	−47	−5	−64
四 川	Sichuan	58555	58635	9794	34554	−81	−134		
贵 州	Guizhou	638	725	−3824	2696	−88	−88		
云 南	Yunnan	35929	35870	−2012	30172	52	94	7	
西 藏	Tibet	4392	4392	3267	1036				
陕 西	Shaanxi	−3552	−3553	−5359	745				
甘 肃	Gansu	14455	14805	−3345	11353	−245	−212	−106	
青 海	Qinghai	−1555	−1555	−1864	238	1	1	−2	
宁 夏	Ningxia	−622	−580	−1867	1690	−26	−24	−16	−16
新 疆	Xinjiang	−5875	−5961	−16874	5908	86			

14-28 各地区按登记注册类型分的建筑业企业工程结算利润（1998 年）
PROFITS OF PROJECT SETTLEMENT ACCOUNTS OF CONSTRUCTION ENTERPRISES BY REGISTRATION STATUS AND REGION (1998)

单位：万元 (10 000 yuan)

地区 Region	合计 Total	内资企业 Domestic Funded	#国有 State-owned	#集体 Collective-Owned	港澳台商投资企业 Funded by Entrepreneurs from Hong Kong Macao and Taiwan	#港澳台商独资企业 Solely Owned	外商投资企业 Foreign Funded	#外商独资企业 Solely Owned
全国 National Total	**7775597**	**7616412**	**3882420**	**2530727**	**88006**	**7659**	**71178**	**5561**
北京 Beijing	616779	588292	337163	123986	11022		17465	
天津 Tianjin	202079	198484	156406	33806	1671	41	1923	
河北 Hebei	310525	309980	187546	100225	305		240	126
山西 Shanxi	198086	196934	165920	21932	1207	848	−54	
内蒙古 Inner Mongolia	105598	105359	53176	30015	206	16	32	
辽宁 Liaoning	371376	361625	200717	123823	6575	43	3176	
吉林 Jilin	116681	116024	88372	19169	154	3	504	
黑龙江 Heilongjiang	239941	237836	143800	60828	1053	6	1051	78
上海 Shanghai	448138	416604	185371	74072	19478		12056	
江苏 Jiangsu	672301	655665	234999	347746	11606		5031	
浙江 Zhejiang	579574	572113	121920	248723	4542	112	2919	54
安徽 Anhui	185899	184954	100150	70170	46	15	899	
福建 Fujian	175439	163605	79537	54188	5516	3443	6318	5211
江西 Jiangxi	67481	67408	41331	24903			73	
山东 Shandong	618741	608687	232702	269415	5722	1040	4331	26
河南 Henan	252078	244956	144837	80317	936	46	6186	97
湖北 Hubei	348513	347338	244132	79807	884	68	290	
湖南 Hunan	219431	219343	101683	109187	83	83	6	
广东 Guangdong	635240	614491	273721	223773	13228	1249	7521	
广西 Guangxi	107852	107686	70603	33310	140		27	
海南 Hainan	13385	13256	9330	3427	132		−3	−31
重庆 Chongqing	192080	190151	64025	71090	912	53	1017	−4
四川 Sichuan	424864	423623	231716	140656	1241	270		
贵州 Guizhou	63096	63026	48141	11169	70	70		
云南 Yunnan	178233	177410	71892	76939	736	191	87	
西藏 Tibet	18759	18759	15128	3164				
陕西 Shaanxi	145058	145000	113052	25277	58			
甘肃 Gansu	99268	99165	51177	30140	57	69	45	4
青海 Qinghai	26924	26900	20110	4465	7	2	17	
宁夏 Ningxia	29867	29809	17038	7039	38	−8	20	
新疆 Xinjiang	112310	111930	76724	27966	381			

14-29 各地区建筑业劳动生产率（1998年）
LABOR PRODUCTIVITY OF CONSTRUCTION BY REGION (1998)

单位:元 (yuan)

地区 Region	按建筑业总产值计算的劳动生产率 Overall Labor Productivity in Terms of Total Output Value	#国有 State-owned	#集体 Collective-owned	按建筑业增加值计算的劳动生产率 Overall Labor Productivity in Terms of Added-Value	#国有 State-owned	#集体 Collective-owned
全国 National Total	**48255**	**59731**	**37365**	**13350**	**17116**	**10145**
北京 Beijing	73896	75106	55171	21203	23048	16445
天津 Tianjin	71958	78450	51180	19791	21969	13633
河北 Hebei	41422	56599	28920	10807	14280	7873
山西 Shanxi	50072	60945	23266	14249	16998	7918
内蒙古 Inner Mongolia	33812	41498	29749	11716	14459	10618
辽宁 Liaoning	40068	48026	30871	12163	14523	9880
吉林 Jilin	42695	48561	30054	11988	13125	9389
黑龙江 Heilongjiang	44407	50562	37589	12917	14631	10933
上海 Shanghai	102933	108755	78290	23038	26612	18657
江苏 Jiangsu	52936	66351	46226	12904	17285	10969
浙江 Zhejiang	66137	90724	61127	17059	21423	15864
安徽 Anhui	36498	52704	28283	10902	16167	8258
福建 Fujian	56860	80866	40587	17159	21963	13382
江西 Jiangxi	29761	37186	23587	8749	11318	6555
山东 Shandong	41668	63023	32693	12026	19030	9019
河南 Henan	35641	47282	25114	10228	13391	7304
湖北 Hubei	41589	58551	24016	12869	19025	6791
湖南 Hunan	39572	56477	31750	10594	15113	8638
广东 Guangdong	57760	68665	45316	16332	20327	12085
广西 Guangxi	38629	47952	29269	12537	16290	9077
海南 Hainan	43091	50229	28119	9463	10248	7912
重庆 Chongqing	37884	45107	34885	10245	13401	8995
四川 Sichuan	37559	50949	29543	11163	16100	8327
贵州 Guizhou	38812	48127	23978	11386	13835	7258
云南 Yunnan	47208	67894	36494	12717	18004	9568
西藏 Tibet	55012	65404	33546	23931	27015	18148
陕西 Shaanxi	43608	62043	23474	11827	16283	6928
甘肃 Gansu	31998	46038	23092	10728	16795	6843
青海 Qinghai	36288	44094	22273	12030	14642	7240
宁夏 Ningxia	34145	40443	23945	10448	12237	8193
新疆 Xinjiang	47698	50860	40819	13545	14268	11991

14-30 各地区建筑业企业工程质量
CONSTRUCTION QUALITY OF CONSTRUCTION ENTERPRISES BY REGION

年份 地区 Year Region	单位工程竣工个数（个） Number of Projects Completed	#优良品 High Quality	单位工程优良品率（%） Percentage of High Quality Projects	房屋建筑竣工面积（万平方米） Floor Space of Buildings Completed (10 000 sq. m)	#优良品 High Quality	房屋建筑竣工面积优良品率（%） Percentage of Floor Space of High Quality Buildings
1991	222304	70024	31.5	19791.7	6374.1	32.2
1992	238909	77895	32.6	23476.9	7828.1	33.3
1993	305041	118443	38.8	28684.8	9000.1	31.4
1994	286884	89346	31.1	32383.3	10429.3	32.2
1995	293698	94783	32.3	35666.3	11906.0	33.4
1996	419246	124436	29.7	60047.9	19935.3	33.2
1997	442604	131337	29.7	62244.0	22489.0	36.1
1998	415501	126069	30.3	65682.6	24353.6	37.1
北　京 Beijing	14418	3082	21.4	2224.9	1087.8	48.9
天　津 Tianjin	7584	1954	25.8	868.0	323.2	37.2
河　北 Hebei	16207	6063	37.4	2922.2	1264.7	43.3
山　西 Shanxi	8910	3957	44.4	776.5	318.0	41.0
内蒙古 Inner Mongolia	5839	1963	33.6	754.1	308.7	40.9
辽　宁 Liaoning	20679	5748	27.8	2275.4	900.2	39.6
吉　林 Jilin	7753	2606	33.6	813.7	281.5	34.6
黑龙江 Heilongjiang	10345	3577	34.6	1532.7	721.4	47.1
上　海 Shanghai	15326	5361	35.0	1695.7	612.9	36.1
江　苏 Jiangsu	46158	15628	33.9	9652.1	4080.8	42.3
浙　江 Zhejiang	32329	7247	22.4	5267.0	2241.3	42.6
安　徽 Anhui	16369	4098	25.0	1858.6	389.8	21.0
福　建 Fujian	13095	2198	16.8	1494.3	273.3	18.3
江　西 Jiangxi	6938	1798	25.9	1035.5	265.4	25.6
山　东 Shandong	36516	10978	30.1	4985.9	1761.7	35.3
河　南 Henan	17120	5879	34.3	2418.4	886.7	36.7
湖　北 Hubei	15059	4574	30.4	2373.9	559.6	23.6
湖　南 Hunan	13053	4308	33.0	2382.3	898.4	37.7
广　东 Guangdong	20685	5785	28.0	5466.0	2081.3	38.1
广　西 Guangxi	8305	2054	24.7	1125.9	257.5	22.9
海　南 Hainan	1487	385	25.9	196.1	58.5	29.9
重　庆 Chongqing	10456	3081	29.5	2837.0	763.1	26.9
四　川 Sichuan	26378	9174	34.8	5017.3	1855.8	37.0
贵　州 Guizhou	4883	1020	20.9	592.4	169.4	28.6
云　南 Yunnan	12592	4144	32.9	1820.3	720.2	39.6
西　藏 Tibet	498	267	53.6	44.8	23.7	52.9
陕　西 Shaanxi	6845	3008	43.9	981.3	474.9	48.4
甘　肃 Gansu	7489	2645	35.3	897.9	307.9	34.3
青　海 Qinghai	1706	725	42.5	190.1	62.1	32.7
宁　夏 Ningxia	2929	524	17.9	302.5	89.1	29.5
新　疆 Xinjiang	7550	2238	29.6	879.7	314.5	35.8

14-31 各地区国有建筑业企业工程质量
CONSTRUCTION QUALITY OF STATE-OWNED CONSTRUCTION ENTERPRISES BY REGION

年份 地区 Year Region		单位工程竣工个数（个） Number of Projects Completed	#优良品 High Quality	单位工程优良品率（%） Percentage of High Quality Projects	房屋建筑竣工面积（万平方米） Floor Space of Buildings Completed (10 000 sq. m)	#优良品 High Quality	房屋建筑竣工面积优良品率（%） Percentage of Floor Space of High Quality Buildings
1991		114741	47602	41. 5	9270. 9	3427. 7	37. 0
1992		119590	51902	43. 4	10660. 2	4142. 3	38. 9
1993		128248	59163	46. 1	12085. 4	4671. 4	38. 7
1994		124918	52651	42. 1	14143. 0	5331. 2	37. 7
1995		132356	58273	44. 0	15182. 4	5937. 9	39. 1
1996		141350	61529	43. 5	17491. 3	7326. 9	41. 9
1997		153417	64685	42. 2	18507. 5	8274. 1	44. 7
1998		140169	59863	42. 7	17577. 4	8049. 2	45. 8
北京	Beijing	4244	1633	38. 5	1057. 3	594. 0	56. 2
天津	Tianjin	3036	1378	45. 4	524. 6	255. 3	48. 7
河北	Hebei	7496	3350	44. 7	985. 1	494. 5	50. 2
山西	Shanxi	5609	3179	56. 7	384. 9	174. 3	45. 3
内蒙古	Inner Mongolia	2074	1142	55. 1	219. 0	98. 2	44. 8
辽宁	Liaoning	7825	2863	36. 6	708. 4	361. 5	51. 0
吉林	Jilin	4992	2089	41. 8	498. 5	192. 2	38. 5
黑龙江	Heilongjiang	5322	2165	40. 7	604. 7	283. 0	46. 8
上海	Shanghai	6071	3411	56. 2	436. 2	198. 1	45. 4
江苏	Jiangsu	12096	4677	38. 7	1747. 4	914. 5	52. 3
浙江	Zhejiang	4352	1207	27. 7	519. 3	213. 9	41. 2
安徽	Anhui	4585	1965	42. 9	331. 0	118. 4	35. 8
福建	Fujian	4064	1158	28. 5	426. 1	100. 6	23. 6
江西	Jiangxi	2888	1048	36. 3	342. 1	137. 4	40. 2
山东	Shandong	9740	4274	43. 9	952. 5	476. 2	50. 0
河南	Henan	6543	2829	43. 2	833. 0	363. 9	43. 7
湖北	Hubei	6144	3391	55. 2	836. 0	269. 5	32. 2
湖南	Hunan	4181	2033	48. 6	530. 7	267. 6	50. 4
广东	Guangdong	6554	2400	36. 6	1558. 5	806. 8	51. 8
广西	Guangxi	3593	1260	35. 1	356. 8	121. 3	34. 0
海南	Hainan	836	260	31. 1	130. 0	43. 1	33. 2
重庆	Chongqing	1747	626	35. 8	335. 8	136. 9	40. 8
四川	Sichuan	8352	3845	46. 0	1150. 4	523. 6	45. 5
贵州	Guizhou	2152	645	30. 0	294. 6	103. 1	35. 0
云南	Yunnan	3323	1507	45. 4	452. 4	242. 1	53. 5
西藏	Tibet	342	169	49. 4	31. 1	15. 4	49. 5
陕西	Shaanxi	3293	2054	62. 4	335. 0	177. 0	52. 8
甘肃	Gansu	2301	1068	46. 4	266. 0	108. 3	40. 7
青海	Qinghai	944	436	46. 2	101. 1	31. 5	31. 1
宁夏	Ningxia	1438	290	20. 2	122. 5	43. 4	35. 4
新疆	Xinjiang	4032	1511	37. 5	506. 6	183. 8	36. 3

14-32 各地区房屋建筑面积

FLOOR SPACE OF BUILDING CONSTRUCTION BY REGION

单位:万平方米 (10 000 sq. m)

年份 地区 Year Region	房屋建筑面积 Floor Space of Building Construction		国有 State-owned		集体 Collective-owned	
	施工面积 Floor Space Under Construction	竣工面积 Floor Space Completed	施工面积 Floor Space Under Construction	竣工面积 Floor Space Completed	施工面积 Floor Space Under Construction	竣工面积 Floor Space Completed
1985	35491.8	17072.7	19295.8	8563.1	16196.0	8509.6
1986	37773.9	18601.0	20266.3	8870.5	17507.6	9730.5
1987	39856.6	19437.9	21153.1	9209.0	18703.5	10228.9
1988	42735.2	19060.7	22297.0	8899.3	20438.2	10161.4
1989	40649.9	19723.4	21399.0	9143.3	19250.9	10580.1
1990	37923.0	19552.5	20303.2	9361.7	17619.7	10190.9
1991	41054.2	20256.3	21395.4	9566.2	19658.8	10690.1
1992	51885.4	24045.5	25896.1	10968.0	25989.3	13077.5
1993	65374.2	28684.8	32118.1	12085.4	32724.1	16379.0
1994	78032.2	32383.3	39445.8	14143.0	37004.4	17674.0
1995	89862.8	35666.3	44562.9	15182.4	41829.5	19262.0
1996	129087.0	60047.9	48372.8	17491.3	74668.4	39827.3
1997	128680.3	62244.0	48830.1	18507.5	70795.3	39859.3
1998	137593.6	65682.6	45866.9	17577.4	68199.9	37517.6
北 京 Beijing	6511.6	2224.9	3272.1	1057.3	1723.5	756.2
天 津 Tianjin	2059.2	868.0	1517.6	524.6	470.9	329.2
河 北 Hebei	5570.6	2922.2	2431.7	985.1	2556.3	1625.3
山 西 Shanxi	1724.9	776.5	1020.2	384.9	523.8	308.5
内蒙古 Inner Mongolia	1334.4	754.1	440.6	219.0	398.8	262.1
辽 宁 Liaoning	4318.7	2275.4	1527.9	708.4	2068.1	1221.6
吉 林 Jilin	1290.3	813.7	887.5	498.5	263.1	213.7
黑龙江 Heilongjiang	2454.4	1532.7	1026.0	604.7	882.7	579.7
上 海 Shanghai	4680.1	1695.7	1355.3	436.2	1054.6	471.7
江 苏 Jiangsu	17423.5	9652.1	3830.6	1747.4	11308.6	6864.4
浙 江 Zhejiang	11830.2	5267.0	1307.5	519.3	6684.6	3042.2
安 徽 Anhui	3596.4	1858.6	1007.2	331.0	2155.4	1269.8
福 建 Fujian	3742.4	1494.3	1421.7	426.1	1631.3	750.3
江 西 Jiangxi	2226.8	1035.5	954.8	342.1	1238.2	676.9
山 东 Shandong	9609.3	4985.9	2322.4	952.5	5717.3	3221.5
河 南 Henan	5061.3	2418.4	2075.4	833.0	2473.9	1360.9
湖 北 Hubei	5309.7	2373.9	2488.8	836.0	2214.4	1279.0
湖 南 Hunan	5067.6	2382.3	1401.6	530.7	3375.4	1702.6
广 东 Guangdong	14740.7	5466.0	4914.8	1558.5	7623.5	3208.8
广 西 Guangxi	2383.6	1125.9	1016.1	356.8	1218.8	705.3
海 南 Hainan	453.0	196.1	355.9	130.0	92.5	64.0
重 庆 Chongqing	5275.7	2837.0	987.5	335.8	2600.1	1560.8
四 川 Sichuan	9623.4	5017.3	3058.8	1150.4	5169.7	3115.7
贵 州 Guizhou	1457.2	592.4	896.4	294.6	487.8	267.4
云 南 Yunnan	3245.6	1820.3	1183.9	452.4	1646.4	1122.5
西 藏 Tibet	55.6	44.8	39.8	31.1	15.3	13.3
陕 西 Shaanxi	2206.9	981.3	928.5	335.0	1040.9	534.5
甘 肃 Gansu	1779.8	897.9	671.8	266.0	743.5	478.9
青 海 Qinghai	428.8	190.1	259.2	101.1	127.7	72.3
宁 夏 Ningxia	469.3	302.5	199.8	122.5	174.3	120.1
新 疆 Xinjiang	1662.4	879.7	1065.7	506.6	518.6	318.5

14-33 各地区建筑业企业主要建筑材料消耗（1998年）

CONSUMPTION OF MAIN CONSTRUCTION MATERIALS OF CONSTRUCTION ENTERPRISES BY REGION (1998)

地 区 Region	材料费用合计（万元） Value of Material (10 000 yuan)	#钢 材 Steel	#木 材 Timber	#水 泥 Cement	实物量 Consumption in Quantity 钢材(万吨) Steel (10 000 tons)	木材(万立方米) Timber (10 000 cu. m)	水泥(万吨) Cement (10 000 tons)
全 国 National Total	**44271642**	**11957289**	**2775782**	**7139599**	**4366.85**	**2808.15**	**22836.33**
北 京 Beijing	3057124	819701	88343	254943	239.50	74.60	704.43
天 津 Tianjin	972096	224288	42961	172052	82.63	30.54	559.59
河 北 Hebei	1469781	389750	51593	163021	143.75	53.69	622.16
山 西 Shanxi	866073	245566	34957	139946	86.58	34.15	462.12
内蒙古 Inner Mongolia	456782	119708	23277	63685	48.44	25.60	206.35
辽 宁 Liaoning	1661175	427751	99589	214237	162.15	91.82	716.30
吉 林 Jilin	502359	111876	26083	71700	39.04	28.05	209.70
黑龙江 Heilongjiang	1483307	260919	53994	185592	87.46	59.67	463.80
上 海 Shanghai	1810548	513694	83094	234814	182.36	64.78	674.17
江 苏 Jiangsu	5243701	1374268	345222	790934	521.33	249.66	2670.25
浙 江 Zhejiang	4423365	1214866	289418	898643	452.45	257.62	2778.87
安 徽 Anhui	1586088	293128	91364	220344	116.89	94.99	727.63
福 建 Fujian	871276	300666	76864	182688	112.99	93.83	483.04
江 西 Jiangxi	412664	146359	31433	137439	68.16	43.55	545.73
山 东 Shandong	2630946	728244	241838	390610	276.39	212.97	1540.37
河 南 Henan	1219896	372239	83912	205411	141.40	77.88	778.26
湖 北 Hubei	1471933	458908	91952	243736	163.37	96.61	776.45
湖 南 Hunan	1254768	371046	97819	258474	134.52	150.75	871.91
广 东 Guangdong	3507460	1119558	341038	638807	401.74	405.71	1781.38
广 西 Guangxi	817105	234503	58637	149400	87.24	96.27	531.18
海 南 Hainan	95756	36284	13817	34953	14.34	15.90	95.90
重 庆 Chongqing	1254151	339652	88145	245426	127.56	89.78	840.30
四 川 Sichuan	3387601	796965	248988	540168	290.52	272.18	1610.59
贵 州 Guizhou	291118	102234	17238	70470	41.93	18.79	212.28
云 南 Yunnan	1089994	367273	43578	197832	131.49	58.08	603.51
西 藏 Tibet	30479	6137	3092	14169	2.12	3.47	16.23
陕 西 Shaanxi	522926	179044	36365	110757	67.71	35.40	358.56
甘 肃 Gansu	711260	174529	36046	78032	62.45	32.92	265.37
青 海 Qinghai	369216	37708	10160	112516	14.03	8.28	368.59
宁 夏 Ningxia	167418	35701	9644	24956	13.08	11.41	86.32
新 疆 Xinjiang	633276	154724	15321	93845	53.25	19.19	275.03

14-34 勘察设计机构和人员数(1998年)

NUMBER OF PROSPECTING AND DESIGNING INSTITUTIONS AND THEIR STAFF AND WORKERS (1998)

地区及部门	Region and Sector	单位数(个) Number of Institutions	年底职工人数(人) Number of Staff & Workers at Year-end	高级职称 Senior Title	中级职称 Middle Title	初级职称 Junior Title	非技术人员 Non-technicians
全国	**National Total**	**12418**	**768576**	**123578**	**242696**	**226654**	**175648**
地方所属单位合计	**Local Institutions-subtotal**	**10446**	**445401**	**64097**	**145962**	**151539**	**83803**
北京	Beijing	220	15303	3090	4801	4176	3236
天津	Tianjin	148	8769	1813	3155	2613	1188
河北	Hebei	394	15987	1878	5410	5756	2943
山西	Shanxi	357	13513	1814	4789	4628	2282
内蒙古	Inner Mongolia	263	13039	1405	3948	4280	3406
辽宁	Liaoning	620	25477	4167	8845	7343	5122
吉林	Jilin	400	17295	2503	5426	5896	3470
黑龙江	Heilongjiang	322	11232	2179	3834	3090	2129
上海	Shanghai	258	17411	3079	5924	4654	3754
江苏	Jiangsu	392	21008	2715	7033	7699	3561
浙江	Zhejiang	548	20647	2669	6820	7842	3316
安徽	Anhui	352	13018	2018	4137	4254	2609
福建	Fujian	369	13491	1714	4528	4873	2376
江西	Jiangxi	400	12118	1600	3822	4518	2178
山东	Shandong	655	27807	3973	9465	9970	4399
河南	Henan	507	19552	2303	6233	6681	4335
湖北	Hubei	518	24147	3813	7864	8508	3962
湖南	Hunan	372	15081	1966	5217	5231	2667
广东	Guangdong	616	29666	4396	9679	10740	4851
广西	Guangxi	376	12265	2038	4554	3735	1938
海南	Hainan	55	1889	242	466	686	495
重庆	Chongqing	242	9373	1583	3258	3244	1288
四川	Sichuan	827	31114	4135	10402	11257	5320
贵州	Guizhou	298	12685	1731	3415	4881	2658
云南	Yunnan	180	8184	891	2823	3324	1146
西藏	Tibet	11	516	42	160	170	144
陕西	Shaanxi	185	7965	1217	2316	2586	1846
甘肃	Gansu	197	11256	1069	2978	3266	3943
青海	Qinghai	81	3293	320	1016	1233	724
宁夏	Ningxia	88	3075	436	985	984	670
新疆	Xinjiang	195	9225	1298	2659	3421	1847

14-34 **续表** continued

地区及部门	Region and Sector	单位数(个) Number of Institutions	年底职工人数(人) Number of Staff & Workers at Year-end	高级职称 Senior Title	中级职称 Middle Title	初级职称 Junior Title	非技术人员 Non-technicians
部门所属单位合计	**Total of Institutions Under Ministries**	**1972**	**323175**	**59481**	**96734**	**75115**	**91845**
教育部	Ministry of Education	55	4070	1584	1349	744	393
国土资源部	Ministry of Land and Resources	144	25559	1631	5039	4845	14044
建设部	Ministry of Construction	91	13534	3244	4241	3461	2588
国家电力公司	China Electric Power Corporation	154	32971	6273	10516	7883	8299
国家煤炭工业局	State Bureau of Coal Industry	88	17883	3547	4541	3053	6742
国家机械工业局	State bureau of Machinery Industry	72	16009	4394	5249	3485	2881
国家冶金工业局	State Bureau of Metallurgical Industry	70	18147	3843	5527	3841	4936
国家石油和化学工业局	State Bureau of Petroleum and Chemical Industry	70	13387	3323	3927	2686	3451
铁道部	Ministry of Railways	217	34952	3741	10476	8642	12093
交通部	Ministry of Communications	52	9876	2075	2737	2430	2634
信息产业部	Ministry of Information Industry	135	18290	2681	5433	5122	5054
水利部	Ministry of Water Conservancy	34	16211	1969	4481	3691	6070
农业部	Ministry of Agriculture	16	1717	296	549	538	334
国家林业局	State Bureau of Forestry	5	744	145	222	167	210
国家国内贸易局	State Bureau of Domestic Trade	9	818	289	308	126	95
国家广播电影电视总局	State Administration of Film, Radio and Television Broadcasting	3	383	141	104	87	51
民航总局	State Administration of Civil Aviation	13	830	163	345	264	58
国家轻工业局	State Bureau of Light Industry	24	5316	1637	1847	1169	663
国家纺织工业局	State Bureau of Textile Industry	14	1610	619	501	288	202
航空总公司	China Aviation Corporation	40	3275	728	1220	690	637
航天总公司	China Aerospace Corporation	19	1295	406	454	283	152
船舶总公司	China Shipbuilding Corporation	39	2813	708	828	766	511
兵器总公司	China Weapon Industry Corporation	70	5087	939	1938	1237	973
国家建材局	State Bureau of Building Materials	50	7836	2005	2509	1490	1832
国家药品监督管理局	State Bureau of Pharmaceutical Inspection and Management	5	1199	314	435	297	153
国家有色工业局	State Bureau of Non-ferrous Metals Industry	103	18709	3349	5491	4093	5776
中国石油天然气集团	China Petroleum and Natural Gas Corporation Group	125	16695	2507	5333	5310	3545
核工业总公司	China Nuclear Industry Corporation	72	10088	1982	2613	2082	3411
石化总公司	China Petrochemical Corporation	94	16610	3052	5975	4933	2650
总后基建营业部	Construction Department of the General Logistics Department of P. L. A.	49	5309	1251	1911	989	1158
国务院非工交部门	Non-industrial and Non-transport Departments of the State Council	40	1952	645	635	423	249

主 要 统 计 指 标 解 释

建筑业统计单位　指从事房屋、构筑物建造和设备安装活动的法人企业。建筑业法人企业应同时具备的条件是：①依法成立，有自己的名称、组织机构和场所，能够承担民事责任；②独立拥有和使用资产，承担负债，有权与其他单位签订合同；③独立核算盈亏，能够编制资产负债表。

建筑业总产值（自行完成施工产值）　是以货币表现的建筑安装企业在一定时期内生产的建筑业产品的总和。建筑业总产值包括：

⑴建筑工程产值：指列入建筑工程预算内的各种工程价值。

⑵设备安装工程产值：指设备安装工程价值，不包括被安装设备本身价值。

⑶房屋、构筑物修理产值：指房屋、构筑物修理所完成的价值，但不包括被修理房屋、构筑物本身的价值和生产设备的修理价值。

⑷非标准设备制造产值：指加工制造没有定型的、非标准的生产设备的加工费和原材料价值，以及附属加工厂为本企业承建工程制作的非标准设备的价值。

建筑业增加值　指建筑业企业在报告期内以货币表现的建筑业生产经营活动的最终成果。目前建筑业增加值采用分配法（收入法）计算，即从收入的角度出发，根据生产要素在生产过程中应得的收入份额计算。具体计算公式为：

建筑业增加值＝本年提取的固定资产折旧＋应付工资＋应付福利费＋管理费用中的劳动待业保险金、税金＋工程结算税金及附加＋工程结算利润

房屋建筑施工面积　指在报告期内施工的全部房屋建筑面积，包括本期新开工的房屋面积、上期施工跨入本期继续施工的房屋面积、上期停缓建在本期恢复施工的房屋面积、本期竣工的房屋面积及本期施工后又停缓建的房屋面积。

房屋建筑竣工面积　指在报告期内房屋建筑按照设计要求全部完工，达到了住人和使用条件，经验收鉴定合格，正式移交使用单位的房屋建筑面积。

自有机械设备年末总台数　指归本企业所有，属于本企业固定资产的生产性机械设备年末总台数。包括施工机械、生产设备、运输设备以及其他设备。

自有机械设备年末总功率　指本企业自有施工机械、生产设备、运输设备以及其他设备等列为在册固定资产的生产性机械设备年末总功率，按设定能力或查定能力计算。包括机械本身的动力和为该机械服务的单独动力设备，如电动机等。计算单位用千瓦，动力换算可按1马力＝0.735千瓦折合成千瓦数。电焊机、变压器、锅炉不计算动力。

工程结算收入　指企业承包工程实现的工程价款结算收入，以及向发包单位收取的除工程价款以外的按规定列作营业收入的各种款项，如临时设施费、劳动保险费、施工机械调迁费等以及向发包单位收取的各种索赔款。

工程结算利润　指已结算工程实现的利润，如亏损以“－”号表示。计算公式为：

工程结算利润＝工程结算收入－工程结算成本－工程结算税金及附加

企业总收入　指与企业生产经营直接有关的各项收入，包括工程结算收入和其他业务收入。计算公式为：

企业总收入＝工程结算收入＋其他业务收入

Explanatory Notes on Main Statistical Indicators

Statistical Unit in Construction refers to corporate enterprise engaged in the construction of buildings and structures and in the installation of equipment. A corporate construction enterprise should meet the following 3 requirements: ①being set up in line with relevant legal basis, having its full name, organization and location, and capable of taking civil liabilities; ②independently possessing and using its assets and assuming its liabilities, and entitled to sign contracts with other institutions; and ③ making independent accounts of its profits and losses, and capable of compiling its own balance sheet.

Gross Output Value of Construction (Output Value of Projects Under Construction) refers to total of construction products, expressed in money terms, completed by construction and installation enterprises during a given period of time. It includes:

(1)Output value of construction projects, that is the value of projects covered by the project budgets;

(2)Output value of installation projects, that is the value of the installation of equipment, (excluding the value of the equipment to be installed);

(3) Output value of repair of buildings and structures, that is the value created through the repairs of buildings or structures, but does not include the value of buildings or structures being repaired and the value of the repair of production equipment;

(4)Output value of manufactured non-standard equipment, that is the value of non-standard production equipment (including raw materials and manufacturing cost) made for the construction project, and the equipment manufactured by subsidiary workshops.

Value-added of Construction refers to the final result of the activities of production and management of construction in monetary terms in the reference period. At present, the value-added of construction is calculated with the income approach. In other words, it is the sum of income of various production factors in the production process. The formula is as follows:

Value-added of construction = depreciation of fixed assets in the year + wages payable + welfare expenses payable + insurance premium and tax for waiting for employment in the administrative expenses + taxes and surcharges on project settlement + profit gained from project settlement.

Floor Space of Buildings Under Construction refers to floor space of buildings under construction during the reference period, including newly started buildings, buildings started earlier and continued during the reference period, and buildings suspended earlier but restarted during the reference period, buildings completed during the reference period, and buildings under construction and then suspended during the reference period.

Floor Space of Buildings Completed refers to the floor space of buildings that are completed in the reference period in accordance with the requirements of the design, up to the standard for putting them into use, and have been checked and accepted by concerned departments as qualified ones.

Total Number of Machinery and Equipment Owned by the End of Year refers to the number of machines and equipment owned by the enterprises, and listed as the fixed assets of the enterprises by the end of the year, including machinery and equipment for construction, production and transportation.

Total Power of Machinery and Equipment Owned by the End of Year refers to the total power of machinery and equipment owned by the enterprises, and listed as the fixed assets of the enterprises by the end of the year, including machinery and equipment for construction, production and transportation. The power of the machinery is calculated on basis of the designed or verified capacity, covering the power of the machinery/equipment and the separate power equipment serving the machinery/equipment(such as electric motors), but excluding welders, transformers and boilers. The unit used for the calculation of power is kilowatt, with horsepower converted to kilowatt by 1 horsepower = 0.735 kilowatt.

Income from Settlement of Projects refers to the income received by the construction enterprise from the contracted project through settlement procedures, and other charges to the contractoree as operational costs in addition to the value of the project, such as temporary facility fee, labour insurance premium, moving cost of construction equipment, as well as various types of claims to the contractee.

Profit from Settlement of Projects refers to profit realized through settled projects. It is calculated with the following formula:

$$\text{Profit from Settlement of Projects} = \text{Income from Settlement of Projects} - \text{Settled Cost} - \text{Settled Taxes and Other Cost}\ ,$$

Total Revenue of Enterprises refers to the sum of income from production and operation of enterprises, including income from settlement of projects and other operational income, namely:

$$\text{Total Revenue of Enterprises} = \text{Income from Settlement of Projects} + \text{Other Operational Income}$$

十五 运输和邮电

TRANSPORTATION, POSTAL AND TELECOMMUNICATIONS SERVICES

简要说明

一、本篇资料反映我国交通运输业和邮电通信业发展的基本状况。

交通运输业资料主要包括：五种运输方式的线路里程、运输设备拥有量、技术质量情况，各种运输方式完成的货物运输量和旅客运输量，铁路运输的固定资产构成及财务主要情况，主要港口码头长度及泊位情况，沿海主要港口货物吞吐量。

邮电通信业资料主要包括：全国邮电局（所）及邮路情况，邮电通信主要电路及设备拥有量，主要的邮电业务完成情况，邮电通信企业主要财务指标，邮电通信发展水平等资料。

二、本篇资料由国家统计局工业交通司负责整理、编辑。有关交通运输资料分别来源于铁道部、交通部、民航总局、公安部、中国石油天然气集团公司、中国石油化工集团公司和各省、自治区、直辖市统计局。邮电通信业资料来源于信息产业部。

三、各部分资料的调查范围及统计单位

1.铁路资料：包括国家铁路运营情况和地方铁路运营情况，不含军用铁路及铁路专用线和专用铁道。国家铁路运营资料来源于各铁路局下属分局及所属运输企业。地方铁路运营概况资料来源于各省地方铁路管理部门，由中国地方铁路协会负责收集。

2.公路、水运、港口资料：公路和水路线路里程为年末通车和通航里程数，不含在建和未正式投入使用的公路和航道，这部分资料由交通部负责收集提供。公路车辆拥有量由公安部交通管理局下属各省厅车管部门提供给各地政府统计部门；船舶拥有量由交通部下属各省厅航务或港务管理部门提供给各地政府统计部门，由统计部门逐级审核、加工、汇总。公路、水路客货运输量资料，按照交通部和国家统计局1992年联合发布的《公路、水路运输全行业统计工作规定》的要求，由交通部和国家统计局分工负责收集整理。公路、水路运输全行业统计以全面调查和非全面调查两种方式进行，统计范围包括在中华人民共和国注册从事公路、水路客、货运输的全部企事业单位和私人（包括个体联户）。沿海、内河主要港口的生产能力及吞吐量，由交通部负责收集。

3.管道运输资料：管道运输统计包括输原油、输成品油、输天然气、输其他气体的管线长度、输送能力及完成的运输量。具体包括：油气田企业直接通向炼油厂、化工厂、电站等用户及装车站、油码头的管道，炼油厂通向用户（包括商业石油公司油库）的成品油气管道，独立核算的管道运输企业通向用户及装车（站）栈桥、油码头的管道。管道运输统计数据主要来源于中国石油天然气集团公司和中国石油化工集团公司所属的管道运输企业，由两家集团公司分别负责收集审核本部门统计数据。

4.民航运输资料：民航运输统计对象为我国境内从事民用航空运输飞行和通用飞行的航空运输企业，包括民航总局直属企业和非民航总局直属企业，不包括外国航空公司。统计范围为各航空公司国内运输、港澳台运输、国际运输的运输航线、运输量及飞机构成和运营情况、通用飞行完成情况等。资料来自国内各航空公司、民航机场，由民航总局负责收集。

5.邮电通信资料：邮电通信包括邮政和电信业务。邮电业务量按业务范围分为国内业务量和国际及港澳业务量（对台业务量统计在港澳中）。按管理体制分为中央国有业务总量和地方国有业务总量。全部资料均为邮电部门经营管理的公众网资料，不含非邮电部门经营管理的公众网和专用网资料。资料来源于各省邮电管理部门以及所属邮电局（所）及邮电通信企业，由信息产业部负责收集。

BRIEF INTRODUCTION

I. Data in this chapter cover mainly the basic conditions of the development of transportation, post and telecommunications in China.

Data of transport cover mainly the length of the routes of five means of transportation, the ownership of the transport equipment, the technological quality, the freight traffic and passenger traffic accomplished by various means of transportation, the composition of the fixed assets and main financial conditions in the railway transport, the length of major ports and the situation of births, and cargo handled at principal sea ports.

Data of post and telecommunications cover mainly the situation of post and telecommunications offices and postal routes, the telephone lines, telegraph lines and the ownership of the telecommunication facilities, the principal postal and telecommunications services rendered, main financial indicators of postal and telecommunications enterprises, and the level of the development of the postal and telecommunications services, etc.

II. Data in this chapter are prepared and edited by the Department of Industrial and Transport Statistics, NBS. Data on transport come from the Ministry of Railways, Ministry of Communications, Civil Aviation Administration of China, Ministry of Public Security, China National Petroleum and Natural Gas Corporation Group, China Petrochemical Corporation Group and statistical bureaus of provinces, autonomous regions and municipalities directly under the central government. Data on posts and telecommunications come from the Ministry of Information Industry.

III. The statistical coverage and statistical units of the various data:

(1) Data on railways cover the operation and management of the national and local railways, not including the railways for military purpose, industrial lines and special railways. The data on the operation and management of the national railways come from the railway sub-bureaus and the transport enterprises subordinate to them . The data on the operation and management of local railways come from the provincial administrative departments of the local railways, and are collected by the China Association of Local Railways.

(2) Data on highways, waterways and ports: The length of highways and waterways refer to the length open to traffic or navigation at the end of the year, not including the highways and waterways under construction but not officially put into use. The data mentioned above are provided by the Ministry of Communications. The data on the ownership of the highway vehicles are provided by the divisions of vehicle management under the provincial departments of public security, subordinate to the Traffic Management Bureau, Ministry of Public Security, to the provincial statistical bureaus. The data on the ownership of ships are provided by the divisions of navigation or ports management under the provincial departments of communications, subordinate to the Ministry of Communications, to the provincial statistical bureaus. The provincial statistical bureaus examined, processed and tabulated the data. The data on the passenger traffic and freight traffic by highways and waterways are collected and prepared separately by the Ministry of Communications and the National Bureau of Statistics in accordance with the "Provisions on the Statistical Work of the Whole Trades of Highway and Waterway Transport", jointly issued by the Ministry of Communications and the National Bureau of Statistics in 1992. The statistical data of the whole trades of highway and waterway transport are collected by the method of complete enumeration and the method of sample survey. Statistical coverage: All the units and individuals (including joint-households) registered in the People's Republic of China and engaged in highway or waterway freight or passenger transport business or those engaged in non-business freight or passenger transport within the boundary of the People's Republic of China, whatever their subordinate relationships and ownership are, are included in the coverage of transport statistics. The Ministry of Communications is responsible for collecting the statistical data on the handling capacity of the seaports and inland river ports and the volume of freight handled.

(3) Data on the pipeline transport: The statistics of pipeline transport cover the length, transport capacity and the volume transported of the petroleum (crude oil) pipelines, petroleum products (refined oil) pipelines, natural gas pipelines and other gas pipelines. The coverage of statistics of pipeline transport includes the pipelines leading directly from the

enterprises of oil fields or gas fields to the users such as refineries, chemical plants, power stations, etc. and to the loading stations and ports or piers, the petroleum products pipelines leading from the refineries to the users (including the oil depots of the commercial oil companies) and the pipelines leading from the enterprises engaged in pipeline transport with independent accounting system to the users and causeways and ports or piers. The data sources of the pipeline transport statistics are mainly the enterprises engaged in the pipeline transport subordinate to the China National Petroleum and Natural Gas Corporation Group and China Petrochemical Corporation Group. The two corporations collect and examine the statistical data from the units subordinate to them respectively.

(4) Data on the civil aviation transport: The statistical units of the civil aviation transport include the enterprises engaged in the civil aviation transport flights and flights for general purpose, including the enterprises directly under the Civil Aviation Administration of China or not under the CAAC, but excluding the foreign companies. The statistical data cover the air lines and transport volume of the domestic transport, the transport between China mainland and Hong Kong, Macao and Taiwan, and the international transport engaged by the air companies as well as the composition of aircraft; the statistical data also cover the data on the operation and performance of the civil aviation. The data are collected from the domestic air companies and civil aviation airports by the Civil Aviation Administration of China.

(5) Data on post and telecommunications: The business volume of post and telecommunications is classified by business area into the domestic volume, the volume between China mainland and Hong Kong, Macao and Taiwan and the international volume. The business volume of post and telecommunications is also classified by administration into the volume accomplished by the enterprises subordinate to the central government and the volume accomplished by the enterprises subordinate to the local governments. All the data are the data of the public network administered by the department of post and telecommunications, excluding the data of the public network and the special network administered by the departments other than post and telecommunications. The data come from the post and telecommunications offices and enterprises of telecommunications subordinate to the provincial departments of posts and telecommunications. The Ministry of Information Industry is responsible for collecting such data.

15-1 各地区交通运输、邮电通信业职工人数（1998年底）

NUMBER OF STAFF AND WORKERS ENGAGED IN TRANSPORTATION, POST AND TELECOMMUNICATIONS BY REGION (END OF 1998)

单位：万人　　　　(10 000 persons)

地区 Region	铁路运输业 Railway Transportation	公路运输业 Highway Transportation	管道运输业 Pipeline Transportation	水上运输业 Waterway Transportation	航空运输业 Air Transportation	交通运输辅助业 Transportation Subsidiary Trades	其他交通运输业 Other Transportation	邮电通信业 Post and Telecommunications
全　国 National Total	**193.4**	**139.5**	**3.3**	**51.3**	**11.2**	**147.8**	**2.0**	**115.1**
北　京 Beijing	6.4	2.7	...		1.2	3.5		4.3
天　津 Tianjin	3.4	2.4		1.0	0.2	3.5	...	1.5
河　北 Hebei	9.8	7.6	...	0.3	0.2	6.6	...	5.2
山　西 Shanxi	11.5	4.0		...	0.2	3.1	0.1	3.4
内蒙古 Inner Mongolia	9.4	2.7			0.1	3.7	...	3.1
辽　宁 Liaoning	13.5	6.7	0.5	1.3	0.8	9.6	0.1	4.9
吉　林 Jilin	10.3	3.5	0.2	0.1	0.3	3.7	0.1	3.7
黑龙江 Heilongjiang	14.6	3.7	0.1	0.6	0.4	5.5	...	6.0
上　海 Shanghai	3.7	3.2	0.1	4.3	0.3	6.0	0.1	4.1
江　苏 Jiangsu	6.6	9.3	1.4	8.8	0.3	12.9	0.3	6.1
浙　江 Zhejiang	3.0	6.3	...	3.7	0.1	5.1	...	5.5
安　徽 Anhui	4.4	7.3		3.4	0.2	4.1	0.1	3.1
福　建 Fujian	3.2	3.2	0.1	1.4	0.5	2.5	0.4	3.6
江　西 Jiangxi	7.1	3.8		1.5	0.2	2.5	0.2	2.4
山　东 Shandong	6.8	9.8	0.4	2.1	0.2	8.5	0.1	5.5
河　南 Henan	12.8	8.6	0.1	0.8	0.1	7.4	...	5.4
湖　北 Hubei	9.1	7.4	0.1	4.8	0.4	9.3	0.1	5.0
湖　南 Hunan	7.6	7.0		2.0	0.2	5.4	...	4.8
广　东 Guangdong	6.2	6.4	...	6.7	1.4	14.7	0.1	12.8
广　西 Guangxi	5.4	3.1		1.4	0.3	4.5	...	2.8
海　南 Hainan	0.2	0.3		0.3	0.4	1.9	...	0.8
重　庆 Chongqing	3.5	2.8		4.1	0.3	3.9	...	2.0
四　川 Sichuan	4.3	8.6	0.2	2.4	0.9	6.0	0.1	5.2
贵　州 Guizhou	3.2	1.9		0.2	0.2	2.1	...	2.0
云　南 Yunnan	6.0	4.7		0.1	0.4	2.8	0.2	3.2
西　藏 Tibet	...	1.0			0.1	0.2	...	0.3
陕　西 Shaanxi	10.4	3.4		...	0.5	3.3	...	3.0
甘　肃 Gansu	5.6	2.2		...	0.3	2.1	...	1.8
青　海 Qinghai	1.4	0.9			...	0.6	...	0.6
宁　夏 Ningxia	1.2	0.6	0.1	...	...	0.5		0.6
新　疆 Xinjiang	3.1	4.4	...		0.5	2.3	...	2.3

15-2 交通运输业基本情况
BASIC CONDITIONS OF TRANSPORTATION

指标	Item	1995	1996	1997	1998
运输线路长度（万公里）	**Length of Transportation Routes (10 000 km)**				
铁路营业里程	Railways in Operation	5.46	5.67	5.76	5.76
#电气化里程	Electrified Railways	0.97	1.01	1.20	1.30
公路	Highways	115.70	118.58	122.64	127.85
内河	Navigable Inland Waterways	11.06	11.08	10.98	11.03
民航	Total Civil Aviation Routes	112.90	116.65	142.50	150.58
#国际航线	International Routes	34.82	38.63	50.44	50.44
管道	Petroleum and Gas Pipelines	1.72	1.93	2.04	2.31
客运量总计（万人）	**Total Passenger Traffic (10 000 persons)**	**1172596**	**1244722**	**1325364**	**1377252**
铁路	Railways	102745	94162	92578	93620
国家	National Railways	102081	93550	91919	92991
地方	Local Railways	664	612	659	629
公路	Highways	1040810	1122110	1204583	1257332
水运	Waterways	23924	22895	22573	20545
民用航空	Civil Aviation	5117	5555	5630	5755
旅客周转量总计（亿人公里）	**Total Passenger-Kilometers (100 million passenger-km)**	**9002**	**9143**	**10019**	**10559**
铁路	Railways	3546	3325	3548	3696
国家	National Railways	3543	3322	3544	3691
地方	Local Railways	3.09	3.36	4.72	5.01
公路	Highways	4603	4909	5541	5943
水运	Waterways	172	161	156	120
民用航空	Civil Aviation	681	748	774	800
货运量总计（万吨）	**Total Freight Traffic (10 000 tons)**	**1234810**	**1296200**	**1275802**	**1264361**
铁路	Railways	165855	168803	169734	161243
国家	National Railways	159346	161678	161880	153208
地方	Local Railways	6509	7125	7854	8035
公路	Highways	940387	983860	976536	976004
水运	Waterways	113194	127430	113406	109555
民用航空	Civil Aviation	101.1	115.0	124.7	140.1
管道	Petroleum and Gas Pipelines	15274	15992	16002	17419
货物周转量总计（亿吨公里）	**Total Freight Ton-kilometers (100 million ton-km)**	**35730**	**36454**	**38212**	**37841**
铁路	Railways	12870	12971	13097	12312
国家	National Railways	12836	12922	13046	12261
地方	Local Railways	34	49	51	51
公路	Highways	4695	5011	5272	5483
水运	Waterways	17552	17863	19235	19406
民用航空	Civil Aviation	22.3	24.9	29.1	33.5
管道	Petroleum and Gas Pipelines	590	585	579	606
民用汽车拥有量（万辆）	Number of Civil Motor Vehicles Owned (10 000 units)	1040.00	1100.08	1219.09	1319.30
载客汽车辆数（万辆）	Number of Buses and Cars (10 000 units)	417.90	488.02	580.56	654.83
载客汽车客位（万客位）	Number of Seats in Buses and Cars (10 000 units)	5213.27	6191.82	7269.93	7621.47
载货汽车辆数（万辆）	Number of Trucks (10 000 units)	585.43	575.03	601.23	627.89
#普通载货汽车	Ordinary Trucks	568.58	558.16	582.45	609.31
载货汽车吨位（万吨）	Trucks Capacity (10 000 tons)	2370.93	2280.62	2287.51	2408.94
#普通载货汽车	Ordinary Trucks	2257.07	2167.10	2167.87	2280.74
其他机动车（万辆）	Number of Other Motor Vehicles (10 000 units)	1494.62	1773.13	2214.83	2770.72
公路部门营运车辆（万辆）	Number of Motor Vehicles Owned by Highway Departments (10 000 units)	27.49	28.81	29.89	31.88
私人汽车拥有量（万辆）	Number of Motor Vehicles Owned by Individuals (10 000 units)	249.96	289.67	358.36	423.65
民用运输船舶拥有量（艘）	Number of Civil Transport Vessels (unit)				
机动船	Motor Vessles	299717	269879	215814	212093
驳船	Barges	57998	56128	49983	48115
帆船	Sailing Boats	7253	4946	6059	3368
私人运输船舶拥有量（艘）	Number of Private-Owned Transport Vessels (unit)				
机动船	Motor Vessles	182060	157370	147415	127130
驳船	Barges	7964	6533	9944	7290
帆船	Sailing Boats	6712	4556	3217	2934
沿海主要港口货物吞吐量（万吨）	Volume of Freight Handled in Major Coastal Ports (10 000 tons)	80166	85152	90822	92237

15-3 各地区运输线路长度（1998年底）

LENGTH OF TRANSPORTATION ROUTES BY REGION (END OF 1998)

单位：公里 (km)

地区 Region	国家铁路 National Railways		内河航道里程 Length of Navigable Inland Waterways	公路里程 Total Length of Highways					
	营业里程 Length of Railways in Operation	正线延展里程 Extention Length of the Trunk Lines			等级路 Express-way and Class I to IV Highway	高速 Express-way	一级 First Class	二级 Second Class	等外路 Highway Below Class IV
全国 National Total	**57584**	**78940**	**110263**	**1278474**	**1069243**	**8733**	**15277**	**125245**	**209231**
北京 Beijing	1069	1737		12498	12038	190	247	1083	460
天津 Tianjin	527	959	90	4335	4252	182	341	965	83
河北 Hebei	3624	6084	75	57263	54601	688	967	7242	2662
山西 Shanxi	2504	3853	170	48560	45744	298	417	7703	2816
内蒙古 Inner Mongolia	5077	6148	952	58430	52867		18	2096	5563
辽宁 Liaoning	3558	4981	508	44483	43716	707	619	7136	767
吉林 Jilin	3474	3823	1271	33812	32133	312	199	2625	1679
黑龙江 Heilongjiang	4948	6596		49766	49098	176	356	3616	668
上海 Shanghai	248	400	2100	4104	4095	91	317	701	9
江苏 Jiangsu	757	1440	23908	27331	25610	401	1942	6138	1721
浙江 Zhejiang	942	1430	10408	38533	34260	344	669	3686	4273
安徽 Anhui	1836	2805	6002	39264	36851	294	152	5548	2413
福建 Fujian	1068	1080	3725	48021	38866	144	317	4007	9155
江西 Jiangxi	2125	3047	4937	36867	24589	212	15	3255	12278
山东 Shandong	2351	3665	1414	64145	63929	913	1838	16110	216
河南 Henan	2355	4456	1104	57172	54556	465	78	7843	2616
湖北 Hubei	2028	2941	7256	52989	38537	428	502	6580	14452
湖南 Hunan	2299	3244	10050	60071	32241	166	191	3353	27830
广东 Guangdong	774	1456	10808	92713	82786	810	4766	10927	9927
广西 Guangxi	2014	2364	4521	51073	43319	439	389	2107	7754
海南 Hainan	219	222	414	16920	12779	302	59	784	4141
重庆 Chongqing	591	591	1754	27210	17516	157	16	1080	9694
四川 Sichuan	2289	2408	6089	81646	56377	328	501	5522	25269
贵州 Guizhou	1648	1711	1899	33604	14137	86	32	505	19467
云南 Yunnan	1855	1933	1324	76957	69783	205	61	1311	7174
西藏 Tibet				22455	10525			568	11930
陕西 Shaanxi	1941	2303	998	42202	35316	212	120	2469	6886
甘肃 Gansu	2322	3279	219	35865	25518	13		2714	10347
青海 Qinghai	1092	1098		17936	14024			1306	3912
宁夏 Ningxia	712	789	397	9487	8876		107	1342	611
新疆 Xinjiang	1341	2098		32762	30304	170	41	4923	2458
不分地区 Not Classified by Region			7870						

15-4 运输线路长度

LENGTH OF TRANSPORTATION ROUTES

(年底数) 单位:万公里　　　(year-end) (10 000 km)

年份 Year	铁路营业里程 Length of Railways in Operation	#电气化里程 Electrified Railways	公路 Length of Highways	内河 Length of Navigable Inland Waterways	民航 Length of Civil Aviation Routes	#国际航线 International Routes	管道 Length of Petroleum and Gas Pipelines
1952	2.29		12.67	9.50	1.31	0.51	
1957	2.67		25.46	14.41	2.64	0.43	…
1962	3.46	0.01	46.35	16.19	3.53	0.44	0.02
1965	3.64	0.01	51.45	15.77	3.94	0.45	0.04
1970	4.10	0.03	63.67	14.84	4.06	0.44	0.12
1975	4.60	0.07	78.36	13.56	8.42	3.71	0.53
1978	4.86	0.10	89.02	13.60	14.89	5.53	0.83
1980	4.99	0.17	88.33	10.85	19.53	8.12	0.87
1985	5.21	0.42	94.24	10.91	27.72	10.60	1.17
1986	5.25	0.44	96.28	10.94	32.43	10.76	1.30
1987	5.26	0.46	98.22	10.98	38.91	14.89	1.38
1988	5.28	0.57	99.96	10.94	37.38	12.83	1.43
1989	5.32	0.64	101.43	10.90	47.19	16.64	1.51
1990	5.34	0.69	102.83	10.92	50.68	16.64	1.59
1991	5.34	0.78	104.11	10.97	55.91	17.74	1.62
1992	5.36	0.84	105.67	10.97	83.66	30.30	1.59
1993	5.38	0.89	108.35	11.02	96.08	27.87	1.64
1994	5.40	0.90	111.78	10.27	104.56	35.19	1.68
1995	5.46	0.97	115.70	11.06	112.90	34.82	1.72
1996	5.67	1.01	118.58	11.08	116.65	38.63	1.93
1997	5.76	1.20	122.64	10.98	142.50	50.44	2.04
1998	5.76	1.30	127.85	11.03	150.58	50.44	2.31

15-5 运输线路质量

QUALITY OF TRANSPORTATION ROUTES

指标 Item	1978	1990	1995	1997	1998
铁路营业里程 (公里) Length of Railways in Operation (km)	**48618**	**53378**	**54616**	**57566**	**57584**
#复线里程 (公里) Double-Tracking Length (km)	7630	13024	16909	19046	19673
复线里程比重 (%) Proportion (%)	15.7	24.4	31.0	33.1	34.2
#自动闭塞里程 (公里) Automatic Blocking Length (km)	5981	10370	12910	17344	21042
自动闭塞里程比重(%) Proportion (%)	12.3	19.4	23.6	29.2	36.5
公路线路里程 (公里) Length of Highways (km)	**890236**	**1028348**	**1157009**	**1226405**	**1278474**
#有路面里程 (公里) Paved Highways (km)	651068	883464	1043390	997496	1190086
有路面里程比重 (%) Proportion (%)	73.1	85.9	90.2	81.3	93.1
内河航道里程 (公里) Length of Navigable Inland Waterways (km)	**135952**	**109192**	**110562**	**109827**	**110263**
#水深一米以上 (公里) Depths of One Meter and Over (km)	57408	60358	64323	64328	66682
水深一米以上比重(%) Proportion (%)	42.2	55.4	58.2	58.6	60.5

15-6 客 运 量

PASSENGER TRAFFIC

单位：万人 (10 000 persons)

年 份 Year	客运量总计 Total	铁 路 Railways	国 家 National Railways	地 方 Local Railways	公 路 Highways	水 运 Waterways	民用航空 Civil Aviation
1952	24518	16352	16352		4559	3605	2
1957	63821	31262	31262		23772	8780	7
1962	122154	75003	74067	936	30737	16397	17
1965	96334	41245	40708	537	43693	11369	27
1970	130056	52455	51646	809	61812	15767	22
1975	192969	70465	69648	817	101350	21015	139
1978	253993	81491	80729	762	149229	23042	231
1980	341785	92204	91246	958	222799	26439	343
1985	620206	112110	110913	1197	476486	30863	747
1986	688212	108579	107358	1221	544259	34377	997
1987	746422	112479	111414	1065	593682	38951	1310
1988	809592	122645	121595	1050	650473	35032	1442
1989	791376	113807	112798	1009	644508	31778	1283
1990	772682	95712	94888	824	648085	27225	1660
1991	806048	95080	94208	872	682681	26109	2178
1992	860855	99693	98788	905	731774	26502	2886
1993	996634	105458	104580	878	860719	27074	3383
1994	1092883	108738	108009	729	953940	26165	4038
1995	1172596	102745	102081	664	1040810	23924	5117
1996	1244722	94162	93550	612	1122110	22895	5555
1997	1325364	92578	91919	659	1204583	22573	5630
1998	1377252	93620	92991	629	1257332	20545	5755

15-7 旅 客 周 转 量

PASSENGER-KILOMETERS

单位：亿人公里 (100 million passenger-km)

年 份 Year	旅客周转量总计 Total	铁 路 Railways	国 家 National Railways	地 方 Local Railways	公 路 Highways	水 运 Waterways	民用航空 Civil Aviation
1952	248	200. 64	200. 64		22. 64	24. 50	0. 24
1957	496	361. 30	361. 30		88. 07	46. 38	0. 80
1962	1085	859. 01	857. 26	1. 75	141. 46	83. 92	1. 17
1965	697	478. 99	477. 81	1. 18	168. 20	47. 37	2. 48
1970	1031	718. 19	715. 94	2. 25	240. 06	71. 01	1. 79
1975	1435	954. 09	952. 59	1. 50	374. 48	90. 59	15. 39
1978	1743	1093. 22	1090. 81	2. 41	521. 30	100. 63	27. 91
1980	2281	1383. 16	1380. 37	2. 79	729. 50	129. 12	39. 56
1985	4437	2416. 14	2412. 51	3. 63	1724. 88	178. 65	116. 72
1986	4897	2586. 71	2583. 11	3. 60	1981. 74	182. 06	146. 31
1987	5411	2843. 06	2840. 00	3. 06	2190. 43	195. 92	182. 05
1988	6209	3260. 31	3257. 31	3. 01	2528. 24	203. 92	216. 95
1989	6075	3037. 41	3034. 38	3. 04	2662. 11	188. 27	186. 79
1990	5628	2612. 63	2610. 10	2. 53	2620. 32	164. 91	230. 48
1991	6178	2828. 10	2824. 84	3. 21	2871. 74	177. 20	301. 32
1992	6949	3152. 24	3148. 29	3. 95	3192. 64	198. 35	406. 12
1993	7858	3483. 30	3479. 38	3. 92	3700. 70	196. 45	477. 60
1994	8591	3636. 05	3632. 81	3. 23	4220. 30	183. 50	551. 58
1995	9002	3545. 70	3542. 61	3. 09	4603. 10	171. 80	681. 30
1996	9143	3325. 37	3322. 01	3. 36	4908. 79	160. 57	747. 84
1997	10019	3548. 25	3543. 53	4. 72	5541. 40	155. 70	773. 52
1998	10559	3695. 98	3690. 97	5. 01	5942. 81	120. 27	800. 24

15-8 货运量

FREIGHT TRAFFIC

单位：万吨　　　　(10 000 tons)

年份 Year	货运量总计 Total	铁路 Railways	国家 National Railways	地方 Local Railways	公路 Highways	水运 Waterways	民用航空 Civil Aviation	管道输油(气)量 Petroleum and Gas Pipelines
1952	31516	13217	13217		13158	5141	0.2	
1957	80365	27421	27421		37505	15438	0.8	
1962	85521	35261	34598	663	32794	17464	1.8	
1965	121083	49100	48358	742	48987	22993	2.7	
1970	150359	68132	66552	1580	56779	25444	3.7	
1975	202478	88955	86746	2209	72499	34987	4.7	6032
1978	248946	110119	107492	2627	85182	43292	6.4	10347
1980	546537	111279	108584	2695	382048	42676	8.9	10525
1985	745763	130709	127516	3193	538062	63322	19.5	13650
1986	853557	135635	132219	3416	620113	82962	22.4	14825
1987	948229	140653	136949	3704	711424	80979	29.9	15143
1988	982195	144948	140553	4395	732315	89281	32.8	15618
1989	988435	151489	146804	4685	733781	87493	31.0	15641
1990	970602	150681	146209	4472	724040	80094	37.0	15750
1991	985793	152893	147898	4995	733907	83370	45.2	15578
1992	1045899	157627	152317	5310	780941	92490	57.5	14783
1993	1115771	162663	156660	6003	840256	97938	69.4	14845
1994	1180273	163093	157155	5938	894914	107091	82.9	15092
1995	1234810	165855	159346	6509	940387	113194	101.1	15274
1996	1296200	168803	161678	7125	983860	127430	115.0	15992
1997	1275802	169734	161880	7854	976536	113406	124.7	16002
1998	1264361	161243	153208	8035	976004	109555	140.1	17419

注：从1979年起，公路运输包括社会车辆完成数量，从1984年起，还包括私营运输完成的数量。

a)Since 1979, the freight traffic by highways has included the quantities transported by trucks of non-highway departments. Since 1984, it has also included the quantities transported by private trucks.

15-9 货物周转量

FREIGHT TON-KILOMETERS

单位：亿吨公里　　　　(100 million ton-km)

年份 Year	货物周转量总计 Total	铁路 Railways	国家 National Railways	地方 Local Railways	公路 Highways	水运 Waterways	民用航空 Civil Aviation	管道输油(气)量 Petroleum and Gas Pipelines
1952	762	601.60	601.60		14.49	145.75	0.02	
1957	1810	1345.90	1345.90		47.98	415.58	0.08	
1962	2236	1721.08	1719.08	2.00	62.13	452.59	0.15	
1965	3464	2698.69	2696.39	2.30	95.06	670.24	0.25	
1970	4566	3495.97	3491.35	4.62	138.05	931.34	0.35	
1975	7296	4255.65	4246.14	9.51	202.65	2574.67	0.60	262
1978	9829	5345.19	5333.46	11.73	274.14	3779.16	0.97	430
1980	12026	5716.87	5707.32	9.55	764.00	5052.76	1.41	491
1985	18365	8125.66	8111.60	14.06	1903.20	7729.30	4.15	603
1986	20148	8764.78	8750.09	14.69	2117.99	8647.87	4.81	612
1987	22228	9471.49	9455.65	15.84	2660.39	9465.06	6.50	625
1988	23825	9877.59	9860.19	17.40	3220.39	10070.38	7.30	650
1989	25591	10394.18	10372.95	21.23	3374.80	11186.80	6.90	629
1990	26207	10622.38	10601.20	21.18	3358.10	11591.90	8.20	627
1991	27986	10972.00	10948.07	23.93	3428.00	12955.40	10.10	621
1992	29218	11575.55	11548.51	27.04	3755.39	13256.20	13.42	617
1993	30510	11954.64	11923.42	31.22	4070.50	13860.80	16.61	608
1994	33261	12457.50	12426.20	31.44	4486.30	15686.60	18.59	612
1995	35730	12870.25	12836.01	34.24	4694.90	17552.20	22.30	590
1996	36454	12970.46	12921.85	48.61	5011.20	17862.50	24.93	585
1997	38212	13097.08	13046.41	50.67	5271.50	19235.00	29.10	579
1998	37841	12312.24	12261.52	50.72	5483.38	19405.80	33.45	606

注：从1979年起，公路运输包括社会车辆完成数量，从1984年起，还包括私营运输完成的数量。

a)Since 1979, the freight traffic by highways has included the volume transported by trucks of non-highway departments. Since 1984, it has also included the volume transported by private trucks.

15-10 旅客运输平均运距
AVERAGE TRANSPORT DISTANCE OF PASSENGERS

单位：公里 (km)

年份 Year	总计 Total	铁路 Railways	公路 Highways	水运 Waterways	民用航空 Civil Aviation
1952	101	123	50	68	1200
1957	78	116	37	53	1143
1962	89	115	46	51	688
1965	72	116	38	42	919
1970	79	137	39	45	814
1975	74	135	37	43	1107
1978	69	134	35	44	1208
1980	67	150	33	49	1153
1985	72	216	36	58	1563
1986	71	238	36	53	1468
1987	72	253	37	50	1390
1988	77	266	39	58	1505
1989	77	267	41	59	1456
1990	73	273	40	61	1388
1991	77	297	42	68	1383
1992	81	316	44	75	1407
1993	79	330	43	73	1412
1994	79	334	44	70	1366
1995	77	345	44	72	1331
1996	73	353	44	70	1346
1997	76	383	46	69	1374
1998	77	395	47	59	1391

15-11 货物运输平均运距
AVERAGE TRANSPORT DISTANCE OF FREIGHT

单位：公里 (km)

年份 Year	总计 Total	铁路 Railways	公路 Highways	水运 Waterways	管道 Petroleum and Gas Pipelines	民用航空 Civil Aviation
1952	242	452	11	284		1188
1957	225	502	13	269		1034
1962	263	488	19	259		836
1965	286	549	19	291		924
1970	304	513	24	366		954
1975	360	478	28	736	434	1292
1978	395	485	32	873	416	1521
1980	220	514	20	1184	467	1573
1985	243	636	31	1216	442	2128
1986	236	646	34	1042	413	2143
1987	234	673	37	1174	413	2183
1988	243	681	44	1128	416	2226
1989	258	686	46	1281	402	2226
1990	270	705	46	1447	398	2218
1991	284	718	46	1554	399	2234
1992	279	734	48	1433	417	2330
1993	274	735	48	1415	409	2393
1994	282	791	50	1465	406	2241
1995	289	807	50	1551	386	2206
1996	281	768	51	1402	366	2168
1997	300	772	54	1696	362	2334
1998	299	764	56	1771	348	2388

15-12 各地区全社会客运量（1998年）

PASSENGER TRAFFIC BY REGION (1998)

单位：万人 (10 000 persons)

地区 Region		合计 Total	国家铁路 National Railways	地方铁路 Local Railways	公路 Highways	水运 Waterways
全国	**National Total**	**1377252**	**92991**	**628.9**	**1257332**	**20545**
北京	Beijing	10573	3869		6704	
天津	Tianjin	3213	1561	0.1	1651	1
河北	Hebei	58506	4745		53761	
山西	Shanxi	27458	2771		24612	75
内蒙古	Inner Mongolia	20347	2795		17552	
辽宁	Liaoning	51079	10381	30.4	40468	200
吉林	Jilin	22326	5849		16431	46
黑龙江	Heilongjiang	47599	10024	112.4	37439	24
上海	Shanghai	5528	2761		1922	845
江苏	Jiangsu	97101	4460		92215	426
浙江	Zhejiang	118129	3248		111847	3034
安徽	Anhui	59182	2611	5.6	55715	850
福建	Fujian	60062	1399		57935	728
江西	Jiangxi	31930	2713		28746	471
山东	Shandong	51878	3410	21.7	47574	872
河南	Henan	74186	3978	235.9	69917	55
湖北	Hubei	55221	2391		51786	1044
湖南	Hunan	79485	4515	28.6	73681	1260
广东	Guangdong	128818	5271	45.2	120810	2692
广西	Guangxi	39031	2110	128.5	36006	786
海南	Hainan	15124	22		14733	369
重庆	Chongqing	48657	1123		44872	2662
四川	Sichuan	128572	3017	20.6	123486	2048
贵州	Guizhou	45274	2048		42793	433
云南	Yunnan	29412	1175		28048	189
西藏	Tibet	71			71	
陕西	Shaanxi	27252	2574		24500	178
甘肃	Gansu	11932	969		10796	167
青海	Qinghai	3151	262		2889	
宁夏	Ningxia	4791	185		4606	
新疆	Xinjiang	14523	757		13766	
不分地区	Not Classified by Region	6845				1090

注：不分地区合计中，包括水运部门直属企业和民航完成数。

a) The freight traffic not classified by region includes that completed by enterprises directly under the departments of waterways and by civil aviation.

15-13 各地区全社会旅客周转量（1998年）

PASSENGER-KILOMETERS BY REGION (1998)

单位：万人公里 (10 000 passenger-km)

地区 Region	合计 Total	国家铁路 National Railways	地方铁路 Local Railways	公路 Highways	水运 Waterways
全国 National Total	**105592975**	**36909700**	**50107**	**59428051**	**1202673**
北京 Beijing	828692	524100		304592	
天津 Tianjin	823196	629700	4	191400	2092
河北 Hebei	6789613	3156700		3632913	
山西 Shanxi	1857239	719100		1137849	290
内蒙古 Inner Mongolia	1710216	705800		1004416	
辽宁 Liaoning	4474811	2858700	1240	1591480	23391
吉林 Jilin	1840903	1161600		678578	725
黑龙江 Heilongjiang	3443228	1559800	18693	1864475	260
上海 Shanghai	645971	306700		300050	39221
江苏 Jiangsu	6703618	1416200		5276194	11224
浙江 Zhejiang	5550091	1092300		4363379	94412
安徽 Anhui	4104001	1663600	283	2424848	15270
福建 Fujian	3217568	611700		2589917	15951
江西 Jiangxi	3339786	1852200		1473780	13806
山东 Shandong	4412826	1845600	2783	2515198	49245
河南 Henan	6503250	3277700	14717	3208770	2063
湖北 Hubei	4317717	1503500		2767527	46690
湖南 Hunan	5991490	3159200	577	2796854	34859
广东 Guangdong	8773184	1581700	897	7062880	127707
广西 Guangxi	3778053	815500	10558	2926285	25710
海南 Hainan	512513	2400		486198	23915
重庆 Chongqing	2060577	361800		1455761	243016
四川 Sichuan	4685592	1119500	355	3535759	29978
贵州 Guizhou	2017612	1011300		999717	6595
云南 Yunnan	1592043	268300		1317957	5786
西藏 Tibet	30235			30235	
陕西 Shaanxi	2645452	1541100		1101180	3172
甘肃 Gansu	2007276	1388300		617470	1506
青海 Qinghai	234469	72900		161569	
宁夏 Ningxia	388225	125700		262525	
新疆 Xinjiang	1925295	577000		1348295	
不分地区 Not Classified by Region	8388233				385789

注：不分地区合计中，包括水运部门直属企业和民航完成数。

a) The freight ton-kilometers not classified by region includes those completed by enterprises directly under thdepartments of waterways and by civil aviation. departments of waterways and by civil aviation.

15-14 各地区全社会货运量（1998 年）

FREIGHT TRAFFIC BY REGION (1998)

单位：万吨 (10 000 tons)

地区 Region		合计 Total	国家铁路 National Railways	地方铁路 Local Railways	公路 Highways	水运 Waterways
全国	**National Total**	**1264361**	**153208**	**8035.0**	**976004**	**109555**
北京	Beijing	30120	2563	66.7	27490	
天津	Tianjin	21489	1749	718.0	18584	438
河北	Hebei	73836	10749	1109.0	61564	414
山西	Shanxi	76017	24784	191.4	50962	80
内蒙古	Inner Mongolia	39893	8491	66.3	31336	
辽宁	Liaoning	78535	12100	382.5	65481	571
吉林	Jilin	28019	5624	127.5	22221	46
黑龙江	Heilongjiang	51071	12085	292.7	38291	402
上海	Shanghai	31026	1152		26352	3522
江苏	Jiangsu	77189	3793	410.7	54328	18657
浙江	Zhejiang	60404	1726	34.6	45338	13305
安徽	Anhui	36184	5069	134.8	27198	3782
福建	Fujian	31425	2325		25400	3700
江西	Jiangxi	22200	2680	92.8	18311	1116
山东	Shandong	79392	9688	652.4	67155	1897
河南	Henan	58131	8829	709.9	48250	342
湖北	Hubei	34750	4041	186.2	28044	2479
湖南	Hunan	49062	4417	44.9	41610	2990
广东	Guangdong	73750	4858	534.2	53788	14570
广西	Guangxi	31624	2649	1670.2	25482	1823
海南	Hainan	6550	286		4166	2098
重庆	Chongqing	25027	1529	85.1	22129	1284
四川	Sichuan	50978	5390	294.7	43697	1596
贵州	Guizhou	12774	3044		9416	314
云南	Yunnan	48053	2643	70.3	45199	141
西藏	Tibet	83			83	
陕西	Shaanxi	30224	3159		27000	65
甘肃	Gansu	21897	2829		19035	33
青海	Qinghai	4333	590		3743	
宁夏	Ningxia	5724	1614	160.1	3950	
新疆	Xinjiang	22694	2751		19943	
不分地区	Not Classified by Region	51907			458	33890

注：不分地区合计中，包括公路和水运部门的直属企业、民航、管道完成数。

a) The freight traffic not classified by region includes that completed by enterprises directly under the departments of highways and waterways, civil aviation and pipelines.

15-15 各地区全社会货物周转量（1998年）

FREIGHT TON-KILOMETERS BY REGION (1998)

单位：亿吨公里　　　　(100 million ton-km)

地　区 Region	合　计 Total	国家铁路 National Railways	地方铁路 Local Railways	公　路 Highways	水　运 Waterways
全　国 National Total	**37840.7**	**12261.5**	**50.7**	**5483.4**	**19405.8**
北　京 Beijing	333.8	255.4	0.0	78.3	
天　津 Tianjin	365.9	229.5	3.5	60.3	72.6
河　北 Hebei	1952.5	1365.6	4.3	501.8	80.8
山　西 Shanxi	762.4	517.1	1.2	244.2	0.03
内蒙古 Inner Mongolia	759.5	572.2	0.0	187.3	
辽　宁 Liaoning	1229.9	900.7	1.0	206.5	121.7
吉　林 Jilin	464.8	385.1	0.3	78.7	0.7
黑龙江 Heilongjiang	844.0	695.3	3.3	140.4	5.1
上　海 Shanghai	206.3	40.3		49.5	116.6
江　苏 Jiangsu	1075.1	344.0	0.7	316.1	414.2
浙　江 Zhejiang	897.9	173.3	0.0	257.1	467.5
安　徽 Anhui	887.2	543.2	0.7	214.2	129.2
福　建 Fujian	674.1	141.9		164.6	367.6
江　西 Jiangxi	569.4	410.5	0.3	129.5	29.1
山　东 Shandong	1238.9	680.2	4.6	367.2	186.9
河　南 Henan	1519.7	1148.0	6.3	355.5	9.9
湖　北 Hubei	830.3	541.9	1.0	192.1	95.3
湖　南 Hunan	969.0	643.1	0.4	256.6	68.9
广　东 Guangdong	935.2	223.4	2.4	325.7	383.6
广　西 Guangxi	647.5	347.9	17.7	190.5	91.4
海　南 Hainan	270.2	1.6		32.4	236.2
重　庆 Chongqing	215.2	102.6	0.3	65.6	46.8
四　川 Sichuan	614.9	389.8	1.0	212.3	11.8
贵　州 Guizhou	330.3	270.4		54.8	5.1
云　南 Yunnan	415.2	140.7	0.4	273.1	1.0
西　藏 Tibet	7.9			7.9	
陕　西 Shaanxi	527.0	415.7		111.1	0.2
甘　肃 Gansu	533.6	432.4		101.1	0.1
青　海 Qinghai	73.6	40.3		33.3	
宁　夏 Ningxia	168.4	119.6	1.1	47.7	
新　疆 Xinjiang	413.4	189.8		223.7	
不分地区 Not Classified by Region	17107.4			4.5	16463.6

注：不分地区合计中，包括公路和水运部门的直属企业、民航、管道完成数。

a) The freight ton-kilometers not classified by region includes those completed by enterprises directly under thdepartments of highways and waterways, and by civil aviation and pipelines. departments of highways and waterways, and by civil aviation and pipelines.

15-16 营业铁路基本情况

BASIC STATISTICS ON RAILWAYS IN OPERATION

项　　目　　Item	1978	1985	1990	1995	1997	1998
营业里程　（公里）Length of Railways in Operation　(km)	**48618**	**52119**	**53378**	**54616**	**57566**	**57584**
正式营业　In Formal Operation	45539	49433	50310	50866	51395	51397
临时营业　In Temporary Operation	3079	2686	3068	3750	6172	6186
正式营业里程比重　（%）Proportion of the Length in Formal Operation	93.7	94.8	94.3	93.1	89.3	89.3
复线里程　（公里）Double-Tracking Length　(km)	**7630**	**9989**	**13024**	**16909**	**19046**	**19673**
占营业里程比重　（%）As Percentage of the Length of Railways in Operation	15.7	19.2	24.4	31.0	33.1	34.2
电气化线路里程　（公里）Length of Electrified Railways　(km)	**1030**	**4151**	**6941**	**9703**	**12027**	**12984**
占营业里程比重　（%）As Percentage of Railways in Operation	2.1	8.0	13.0	17.8	20.9	22.5
内燃机牵引线路里程（公里）Length of Diesel Engine Routes　(km)	**6550**	**10822**	**16097**	**24749**	**30940**	**33974**
占营业里程比重　（%）As Percentage of Railways in Operation	13.5	20.8	30.2	45.3	53.7	59.0
调度集中里程　（公里）Length Under Centralized Traffic Control		**1307**	**1169**	**1226**	**2332**	**2344**
占营业里程比重　（%）As Percentage of Railways in Operation		2.5	2.2	2.2	4.1	4.1
自动闭塞里程　（公里）Automatic Blocking Length　(km)	**5981**	**6921**	**10370**	**12910**	**17344**	**21042**
占营业里程比重　（%）As Percentage of Railways in Operation	12.3	13.3	19.4	23.6	29.2	36.5
半自动闭塞里程　（公里）Semi-automatic Blocking Length　(km)	**34759**	**42625**	**38832**	**40859**	**41175**	**41360**
占营业里程比重　（%）As Percentage of Railways in Operation	71.5	81.8	72.7	74.8	69.4	71.8
无缝线路里程　（公里）Length of Continuous Welded Rail　(km)	**6530**	**10439**	**14644**	**21854**	**24662**	**25979**
占正线里程比重　（%）As Percentage of the Trunk Lines	12.2	16.7	21.7	40.0	42.8	32.9
有电气集中的车站　（个）Number of Stations with Electric Interlocking　(unit)	**1336**	**2320**	**3535**	**4587**	**5095**	**5184**
占营业车站比重　（%）As Percentage of Railways Stations in Operation	27.7	46.9	62.9	73.9	87.5	89.9

15-17 铁路机车年末数

NUMBER OF RAILWAY LOCOMOTIVES(YEAR END)

单位：台　　(unit)

项　　目	Item	1978	1985	1990	1995	1997	1998
国家铁路	**Number of Locomotives Owned by National Railways**	**9854**	**11772**	**13592**	**15146**	**15335**	**15176**
蒸汽机车	Steam Locomotives	7828	7674	6279	4347	2931	2061
#前进型	Qianjin Model	2772	4429	4188	2985	1893	1266
解放型	Jiefang Model	2019	1403	400	28	7	4
建设型	Jianshe Model	1092	1216	1644	1329	1031	789
内燃机车	Diesel Locomotives	1805	3511	5680	8282	9583	10004
#东风 1 型	Dongfeng Model Ⅰ	672	796	888	791		
东风 2 型	Dongfeng Model Ⅱ	130	131	130	120		
东风 4 型	Dongfeng Model Ⅳ	326	955	2351	4362	5211	5745
北　京	Beijing Model	60	285	349	362	361	346
N D 2	N D 2 Model		238	282	281		
N D 5	N D 5 Model		219	415	410	402	400
电力机车	Electric Locomotives	221	587	1633	2517	2821	3111
#韶山 1 型	Shaoshan Model Ⅰ	154	505	816	814	817	814
地方铁路	**Number of Locomotives Owned by Local Railways**	**325**	**368**	**378**	**398**	**412**	**386**
蒸汽机车	Steam Locomotives	211	239	253	260	282	231
内燃机车	Diesel Locomotives	114	129	125	129	130	155

15-18 铁路客货车拥有量
NUMBER OF RAILWAY PASSENGER COACHES AND FREIGHT CARS OWNED

项　　目	Item	1978	1985	1990	1995	1997	1998
客　车　　（辆）	**Passenger Coaches　(coach)**	**14844**	**20872**	**27261**	**32404**	**34346**	**34246**
软卧车	Soft Berth Coaches	435	679	1061	1537	1849	1926
硬卧车	Hard Berth Coaches	2155	2633	4351	7607	9031	9182
软座车	Soft Seat Coaches	78	260	330	574	764	750
硬座车	Hard Seat Coaches	8888	13700	17503	18076	17760	17273
软硬座车	Soft and Hard Seat Coaches	131	114	63	35	28	25
餐　车	Dining Cars	820	1221	1520	1695	1800	1795
行李邮政车	Luggage and Post Cars	1149	1498	1686	1949	2033	2092
公务车	Business Cars	85	87	77	87	74	70
简易及代用客车	Simple and Substitute Cars	528	79	42	9		
其　他	Others	575	601	628	835	1007	1133
货　车　　（辆）	**Freight Cars　(coach)**	**250138**	**300886**	**364966**	**432731**	**437686**	**439326**
按车型分	Grouped by Type of Car						
棚　车	Covered Cars	40054	52667	66668	80437	81385	85373
敞　车	Open Cars	150745	185684	232999	268179	264358	257172
平　车	Flat Cars	20747	18753	18726	27461	31451	30686
毒品车	Hazardous Materials Cars			1229	1580	1568	1578
罐　车	Tank Cars	33045	31837	33646	37119	35579	37191
保温车	Refrigerator Cars	2439	3991	5150	7030	7802	8051
其　他	Others	3108	7944	6548	10925	15543	19275
按载重量分	Grouped by Capacity of Car						
20 吨及以下	20 Tons and Under	1400	1476	949	1458		
25-40 吨	25-40 Tons	44409	21520	8699	8786	4575①	5987①
50 吨	50 Tons	106792	104456	92442	48287	29502	19560
51-59 吨	51-59 Tons	18068	16544	15500	27951		
60 吨	60 Tons	72453	153198	238680	342086	325778	323976
65 吨	65 Tons	3380	1571	6825	3546	72580②	84360②
73 吨及以上	73 Tons and Over	294	306	329	385	5251③	5443③
其他	Others	3342	1815	1542	232		
货车总标记载重量（万吨）	**Total Loading Capacity of Freight Cars　(10 000 tons)**	**1230.2**	**1612.5**	**2055.3**	**2502.9**	**2560.1**	**2614**
平均每辆车标记载重量（吨）	**Average Marked Loading Capacity per Car　(ton)**	**49.8**	**53.9**	**56.6**	**57.9**	**58.5**	**59.5**

注：1997 年起货车按标记载重量统计，分组与以前年份相比有所调整。带①号的数据是载重量 40 吨及以下(含 20 吨及以下)货车。带②号的数据是载重量 61 吨货车。带③号的数据是载重量 70 吨及以上货车。

a)Statistics on freight cars are based on marked loading capacity of cars since 1997, resulting in the adjustment of grouping of cars. Data marked ① refer to cars with a loading capacity of 40 tons and less (including 20 tons and less), data marked ② refer to cars with a loading capacity of 61 tons, and ③ refer to cars with a loading capacity of 70 tons and over. cars with a loading capacity of 70 tons and over.

15-19 铁路运输固定资产情况
FIXED ASSETS OF RAILWAY TRANSPORTATION

单位：亿元 (100 million yuan)

项目	Item	1985	1990	1995	1997	1998
固定资产原值	**Original Value of Fixed Assets**	**791.5**	**1253.9**	**3613.6**	**4498.5**	**4947.2**
#生产用	Fixed Assets for Productive Purpose	714.6	1116.1	3526.0	4427.2	4873.9
#机车车辆	Locomotives, Coaches and Freight Cars	172.1	312.1	776.9	980.0	1103.3
线路	Lines	408.3	545.2	1850.7	2146.6	2292.3
通信线路	Communications Lines	12.4	19.5	43.2	56.4	62.3
通信信号设备	Communications & Signalling Equipment	18.6	35.4	80.8	117.6	135.6
房屋及建筑物	Buildings	56.9	107.4	489.9	653.8	732.0
机械动力设备	Machinery and Power Equipment	28.6	47.7	84.0	98.1	110.1
传导设备	Conduction Equipment	13.5	34.6	72.5	81.8	99.9
非生产用	Fixed Assets for Non-productive Purposes	59.7	106.8			
未使用	Unused Fixed Assets	12.7	24.5	73.2	63.1	65.6
不需用	Non-required Fixed Assets	0.7	1.0	2.1	2.0	1.4
封存及租出的	Sealed-up for Safekeeping and Leased	3.6	4.4	12.3	6.2	6.2
土地	Land	0.3	0.3			
固定资产净值	**Net Value of Fixed Assets**	**589.5**	**889.3**	**2409.4**	**3113.7**	**3457.9**
固定资产折旧	**Depreciation of Fixed Assets**	**202.1**	**364.6**	**1204.1**	**1384.8**	**1489.3**

注：1995 年起生产用固定资产统计口径变更为在用固定资产，原非生产用固定资产和土地包括其中。

a) Since 1995, the fixed assets for productive purposes have changed to be the fixed assets in use, and included land and the fixed assets for non-productive purpose.

15-20 铁路货物运输量(按货类分)
RAILWAY FREIGHT TRAFFIC BY CATEGORY OF CARGO

本表统计范围为国家铁路。

The coverage of this table is national railways, excluding local railways.

项目	Item	1997			1998		
		货运量(万吨) Freight Traffic (10 000 tons)	货物周转量(百万吨公里) Freight Ton-kilometers (million ton-kilometers)	平均运距(公里) Average Transport Distance (km)	货运量(万吨) Freight Traffic (10 000 tons)	货物周转量(百万吨公里) Freight Ton-kilometers (million ton-kilometers)	平均运距(公里) Average Transport Distance (km)
总计	**Total**	**161880**	**1304641**	**806**	**153208**	**1226152**	**800**
煤	Coal	70345	389365	554	64081	354308	553
焦炭	Coke	3991	31605	792	4000	32171	804
石油	Petroleum	7722	65672	850	7873	67843	862
钢铁	Steel and Iron	9896	106549	1077	10088	107546	1066
金属矿石	Metal Ores	11712	56575	483	11905	54553	458
非金属矿石	Nonmetal Ores	8964	52096	581	8398	47554	566
矿建材料	Mineral Building Materials	10002	58161	581	10126	55297	546
水泥	Cement	3898	16734	429	3710	15593	420
木材	Timber	3867	63980	1655	3539	59988	1695
化肥和农药	Chemical Fertilizers and Pesticides	4186	44522	1064	4905	56667	1155
粮食	Grain	7087	102313	1444	5541	79191	1429
棉花	Cotton	143	4061	2840	153	4317	2822
盐	Salt	1099	9012	820	1088	8447	776
其他	Others	18968	303996	1603	17801	282677	1588

15-21 铁路平均每日装车数

DAILY AVERAGE NUMBER OF FREIGHT CAR LOADING

单位：车 (car)

年份 Year	合计 Total	#煤 Coal	#石油 Petroleum	#钢铁 Steel and Iron	#矿物性建筑材料 Mineral Building Materials	#粮食 Grain
1952	12334	3911	116	450	1719	1251
1957	21259	6973	254	709	3740	1217
1962	23893	11145	615	792	1795	1136
1965	32784	11299	1013	1485	4537	1342
1970	42264	14685	2370	1912	5088	1249
1975	51789	17376	3685	2495	7595	1263
1978	62234	21595	3641	3425	9301	1335
1980	61298	21627	3294	3399	8256	1590
1985	67228	25333	3448	3963	7765	2247
1986	68911	25744	3694	4446	7268	2285
1987	70004	25874	3863	4376	7056	2649
1988	70398	26513	3774	4035	7044	2580
1989	72919	28479	3785	4010	6936	2490
1990	72368	29323	3811	4165	5858	2530
1991	72911	29103	3823	4127	5628	2878
1992	74109	29523	3880	4146	5564	2919
1993	76306	30039	4059	4756	5959	3022
1994	75664	30183	3969	4636	5168	3430
1995	76416	30754	4230	4406	4818	2985
1996	76895	32720	4195	4426	4533	2670
1997	76948	31876	4419	4630	4570	3196
1998	72429	28757	4455	4700	4581	2529

15-22 铁路货车平均静载重

AVERAGE STATIC LOAD OF FREIGHT CARS

单位：吨/车 (ton/car)

年份 Year	合计 Total	#煤 Coal	#石油 Petroleum	#钢铁 Steel and Iron	#矿物性建筑材料 Mineral Building Materials	#粮食 Grain
1952	28.9	32.5	27.3	27.8	32.5	32.0
1957	34.7	38.3	35.0	37.2	38.8	39.2
1962	39.0	42.3	39.5	41.4	43.0	40.5
1965	39.8	44.6	40.4	42.6	44.0	43.7
1970	42.5	46.9	42.8	43.5	47.2	45.5
1975	45.4	49.4	44.3	46.3	48.6	47.8
1978	46.9	50.6	46.3	47.5	49.9	50.3
1980	48.0	52.5	46.3	49.0	52.6	54.2
1985	51.6	55.7	46.2	51.9	55.3	54.6
1986	52.2	56.2	46.3	52.8	56.0	55.3
1987	53.2	57.2	46.5	53.6	56.7	56.6
1988	54.1	57.9	46.7	54.2	57.4	57.3
1989	54.8	58.3	46.8	54.6	57.6	57.8
1990	55.0	58.5	47.0	55.0	57.9	58.3
1991	55.2	58.7	46.7	55.6	58.0	58.5
1992	55.8	59.1	47.1	56.4	58.3	58.9
1993	56.1	59.3	47.4	57.1	58.5	59.1
1994	56.6	59.6	47.6	57.8	59.0	59.3
1995	56.8	59.9	47.6	58.2	59.2	59.4
1996	57.1	60.0	47.5	58.5	59.4	59.6
1997	57.3	60.2	48.0	58.6	59.4	59.6
1998	57.6	60.8	48.6	58.9	59.7	59.7

15-23 铁路主要干线客货运输量（1998年）

PASSENGER AND FREIGHT TRAFFIC OF PRINCIPAL TRUNK RAILWAYS (1998)

线路名称 Name	客运量（万人） Passenger Traffic (10 000 persons)	旅客周转量（百万人公里） Passenger-kilometers (million passenger-km)	货运量（万吨） Freight Traffic (10 000 tons)	货物周转量（百万吨公里） Freight Ton-kilometers (million ton-km)
京　沈 Beijing-Shenyang	4365	18883	3431	81436
哈　大 Harbin-Dalian	7252	14495	3086	55846
津　沪 Tianjin-Shanghai	8879	40771	3826	96148
沪　杭 Shanghai-Hangzhou	432	4684	181	6504
京　广 Beijing-Guangzhou	12165	64173	7442	139899
南北同蒲 Datong-Taiyuan-Fenglingdu	864	3756	7977	20281
太焦柳 Taiyuan-Jiaozuo-Liuzhou	1356	6043	7267	52002
京　九 Beijing-Kowloon	1921	12546	654	41569
兰　新 Lanzhou-Urumqi	1302	12971	3455	44418
滨　洲 Harbin-Manzhouli	1593	3219	2567	17609
滨　绥 Harbin-Suifenhe	1032	2229	974	14701
京　包 Beijing-Baotou	1425	4446	3915	42157
石　太 Shijiazhuang-Taiyuan	996	1837	3133	15616
石　德 Shijiazhuang-Dezhou	221	1408	311	10632
浙　赣 Hangzhou-Zhuzhou	2158	17724	1925	34590
陇　海 Lianyungang-Lanzhou	3584	28475	5045	78076
胶　济 Qingdao-Jinan	1147	4250	3058	18433
京　秦 Beijing-Qinhuangdao	95	1705	487	7650
新　石 Xinxiang-Rizhao	262	785	1256	11404
宝　成 Baoji-Chengdu	1423	7710	1009	16144
成　贵 Chengdu-Guiyang	1007	4123	1420	19375
大　秦 Datong-Qinhuangdao	39	119	448	32212
湘　黔 Zhuzhou-Guiying	1017	10036	1412	22131
贵　昆 Guiyang-Kunming	947	3671	1572	12421

15-24 铁路主要站旅客发送量

NUMBER OF PASSENGERS DISPATCHED FROM PRINCIPAL RAILWAY STATIONS

单位：万人 (10 000 persons)

车站名称	Name of Railway Station	1993	1994	1995	1996	1997	1998
哈尔滨	Harbin	1309	1379	1389	1286	1301	1346
沈阳	Shenyang	1666	1673	1503	1399	1280	1217
长春	Changchun	928	991	1040	952	932	925
鞍山	Anshan	375	410	366	854	682	293
本溪	Benxi	1033	1074	977	854	682	599
锦州	Jinzhou	537	556	518	438	401	416
吉林	Jilin	508	513	482	405	400	396
北京	Beijing	2526	2529	2297	1541	1656	1691
北京南	Southern Beijing	687	708	648	566	443	403
天津	Tianjin	950	960	937	876	876	925
石家庄	Shijiazhuang	781	745	680	657	722	732
太原	Taiyuan	791	815	787	700	684	642
郑州	Zhengzhou	972	893	962	992	1095	1170
武昌	Wuchang	713	750	733	719	747	748
洛阳	Luoyang	361	345	318	298	303	318
西安	Xi'an	1056	1075	1037	959	1023	1031
济南	Jinan	170	370	373	549	597	645
徐州	Xuzhou	381	385	281	371	619	653
南京	Nanjing	818	818	768	766	776	787
蚌埠	Bengbu	407	376	360	358	351	358
镇江	Zhenjiang	385	377	342	313	310	309
常州	Changzhou	642	639	604	439	460	465
无锡	Wuxi	870	820	813	743	662	633
苏州	Suzhou	756	725	711	671	636	625
上海	Shanghai	2394	2502	2534	2492	2516	2430
杭州	Hangzhou	880	889	893	815	395	1008
南昌	Nanchang	448	454	461	508	666	747
广州	Guangzhou	1389	1549	1560	1465	1469	1576
深圳	Shenzhen	1014	950	789	812	644	718
柳州	Liuzhou	451	439	413	380	386	366
成都	Chengdu	972	975	903	809	803	845
重庆	Chongqing	511	506	400	440	560	581
贵阳	Guiyang	439	482	511	540	557	571
兰州	Lanzhou	349	366	365	368	387	408
乌鲁木齐	Urumqi	264	293	297	312	352	403

15-25 铁路主要站货物发送量

VOLUME OF FREIGHT DISPATCHED FROM PRINCIPAL RAILWAY STATIONS

单位：万吨 (10 000 tons)

车站名称	Name of Railway Station	1993	1994	1995	1996	1997	1998
七台河	Qitaihe	997	1025	1046	1143	1289	1273
恒山	Hengshan	533	509	543	561	481	386
竣德	Junde	559	519	508	550	584	404
鹤岗	Hegang	805	779	746	649	821	656
双鸭山	Shuangyashan	636	735	643	560	669	621
大官屯	Daguantun	1001	981	861	767	653	643
灵山	Lingshan	1297	1234	1050	1008	910	909
甘井子	Ganjingzi	545	490	438	489	488	502
大连港	Daliangang	543	409	—	—	—	—
本溪	Benxi	448	436	419	410	384	377
阜新	Fuxin	612	532	557	640	686	602
白云鄂博	Baiyun'ebo	809	865	995	939	969	860
石景山南	Southern Shijingshan	261	415	474	419	517	564
古冶	Guye	891	974	822	896	970	837
唐山	Tangshan	458	461	431	406	429	418
沙河驿镇	Shaheyizhen	849	993	994	883	895	920
秦皇岛南	Southern Qinhuangdao	326	292	461	408	331	406
白羊墅	Baiyangshu	993	890	1017	1025	1029	856
云岗	Yungang	626	534	546	573	557	436
云岗西	Western Yungang	1064	1073	1007	1051	1087	839
新高山	Xingaoshan	932	1057	1224	1198	1040	905
介休	Jiexiu	525	509	535	540	504	522
鹤壁北	Northern Hebi	352	300	269	292	289	261
晋城北	Northern Jincheng	1200	1217	1272	1259	1100	1168
长治北	Northern Changzhi	620	674	637	684	947	939
蜜县	Mixian	606	628	654	645	452	370
平顶山东	Eastern Pindingshan	1907	1990	2084	2174	2119	2013
武昌东	Eastern Wuchang	572	576	535	549	553	532
邹县	Zouxian	424	468	475	532	525	650
青龙山	Qinglongshan	410	480	486	470	386	380
茂名	Maoming	412	402	447	415	461	433

15-26 铁路运输主要财务指标
FINANCIAL INDICATORS OF RAILWAY TRANSPORTATION

单位：亿元 (100 million yuan)

指　　标	Item	1985	1990	1995	1997	1998
运输总收入	**Total Transportation Revenue**	**213.9**	**411.1**	**632.1**	**842.1**	**922.1**
客运收入	Revenue from Passenger Traffic	45.5	110.9	201.5	260.9	291.3
货运收入	Revenue from Freight Traffic	157.6	272.1	357.6	460.8	502.7
行李包裹收入	Revenue from Luggage	3.8	8.6	15.8	18.9	25.3
邮运收入	Revenue from Postal Delivery	0.6	1.0	1.9	2.6	2.7
其他收入	Other Revenue	6.5	18.4	55.2	98.9	100.1
运输总成本	**Total Transportation Costs**	**111.5**	**253.9**	**640.6**	**812.3**	**848.4**
工　资	Wages and Salaries	15.7	42.8	139.6	184.8	186.0
材　料	Materials	13.6	32.6	85.5	90.4	89.6
燃　料	Fuel	20.1	38.5	101.1	121.3	105.0
电　力	Electricity	2.4	9.0	32.2	48.3	51.7
折　旧	Depreciation	50.2	108.8	73.7	113.2	123.8
其　他	Other Costs	9.4	22.3	208.5	254.3	292.3
营业外收支净额	**Non-operating Net Revenue or Expenditure**	**10.0**	**24.1**	**33.4**	**43.8**	**50.4**
应缴税金	**Taxes Payable**		**21.6**	**32.3**	**27.4**	**30.1**
实现利润	**Profits**	**64.0**	**113.1**	**−64.1**	**−26.1**	**0.3**

15-27 铁路运输技术经济主要指标
PRINCIPAL ECONOMIC AND TECHNICAL INDICATORS OF RAILWAY TRANSPORTATION

指标	Item	1995	1996	1997	1998
货运机车日产量（万吨公里）	Average Daily Ton-kilometers of Freight Locomotives (10 000 ton-km)	93.1	93.0	94.5	94.5
蒸汽机车	Steam Locomotives	55.2	53.9	50.5	44.3
内燃机车	Diesel Locomotives	104.1	101.7	101.5	98.6
电力机车	Electric Locomotives	101.4	100.3	99.3	99.0
货运机车平均牵引总重(吨)	Average Total Tonnage of Freight Locomotives (ton)	2597	2603	2632	2633
蒸汽机车	Steam Locomotives	2000	1984	1936	1804
内燃机车	Diesel Locomotives	2663	2632	2642	2604
电力机车	Electric Locomotives	2840	2865	2856	2861
货运机车日车公里(公里)	Daily Distance per Freight Locomotive (km)	424	422	428	430
客运机车日车公里(公里)	Daily Distance per Passenger Locomotive (km)	496	491	504	507
蒸汽机车每万吨公里耗煤（公斤）	Coal Consumption of Steam Locomotives (kg/10 000 ton-km)	137.4	141.9	155.6	175.8
内燃机车每万吨公里耗油（公斤）	Oil Consumption of Diesel Locomotives (kg/10 000 ton-km)	24.2	24.6	25.2	26.0
电力机车每万吨公里耗电（千瓦小时）	Electricity Consumption of Electric Locomotives (kwh/10 000 ton-km)	109.4	109.9	111.7	112.7
货物列车出发正点率(%)	Punctuality Rate of Freight Trains at Departure (%)	95.2	95.2	95.5	96.0
货物列车运行正点率(%)	Punctuality Rate of Freight Trains in Running (%)	94.4	94.6	94.6	96.0
旅客列车出发正点率(%)	Punctuality Rate of Passenger Trains at Departure (%)	99.3	99.4	99.3	99.6
旅客列车运行正点率(%)	Punctuality Rate of Passenger Trains in Running (%)	92.7	82.5	93.5	94.4
旅客列车技术速度(公里/小时)	Technical Speed of Passenger Trains (km/hr)	58.3	58.7	62.8	64.2
旅客列车旅行速度(公里/小时)	Travelling Speed of Passenger Trains (km/hr)	49.0	49.5	53.3	54.5
每一旅客列车编成数(辆)	Number of Coaches per Passenger Train (coach)	16.1	16.2	16.2	15.8
客运列车密度 (列/日)	Density of Passenger Trains (train/day)	17.8	17.3	18.5	20.8
客运密度（万人公里/公里）	Density of Passenger Transportation (10 000 passenger-km/km)	649.0	586.1	615.6	641.0
每万名旅客拥有座卧车数(辆)	Number of Coaches per 10 000 Passengers (coach)	0.32	0.32	0.32	0.31
每百万旅客人公里拥有座卧车数 (辆)	Number of Coaches per 1 Million Passengers (coach)	0.09	0.07	0.08	0.08
货物列车技术速度(公里/小时)	Technical Speed of Freight Trains (km/hr)	44.3	44.1	45.3	45.8
货物列车旅行速度(公里/小时)	Running Speed of Freight Trains (km/hr)	30.2	30.4	31.4	31.8
直达货物列车比重 (%)	Proportion of Through Freight Trains (%)	46.5	46.2	45.4	
货物列车密度 (列/日)	Density of Freight Trains (train/day)	39.4	38.0	37.7	35.4
货运密度（万吨公里/公里）	Density of Freight Transportation (10 000ton-km/km)	2350.0	2279.9	2266.3	2129.4
每万吨货运量拥有货车 (辆)	Number of Cars per 10 000 Tons of Freight Traffic (car)	2.72	2.74	2.70	2.87
每百万货物吨公里拥有货车数 (辆)	Number of Freight Cars per 1 000 000 Ton-km (car)	0.34	0.34	0.34	0.36
货车周转时间 (天)	Turnning Around Time of Freight Cars (day)	4.50	4.48	4.57	5.48
一次货物作业时间(小时)	Handling Time of Freight (hour)	17.9	17.8	18.1	22.8
货车中转停留时间(小时)	Transfer Waiting Time per Car (hour)	4.5	4.6	4.6	5.2
货车静载重(准轨) (吨)	Static Load of Freight Cars (Standard Gauge) (ton)	56.8	57.2	57.3	57.6
货车载重力利用率 (%)	Utilization Rate of Loading Capacity of Freight Cars (%)	97.6	98.3	96.5	96.6

15-28 各地区民用运输船舶拥有量

NUMBER OF CIVIL TRANSPORT VESSELS OWNED BY REGION

年份 地区 Year Region	机动船 Motor Vessels				驳船 Barges			帆船 Sailing Boats	
	艘数（艘） Number (unit)	净载重量（吨） Dead Weight Tonnage (ton)	载客量（客位） Passenger Capacity (seat)	拖船功率（千瓦） Drawing Power (kw)	艘数（艘） Number (unit)	净载重量（吨） Dead Weight Tonnage (ton)	载客量（客位） Passenger Capacity (seat)	艘数（艘） Number (unit)	净载重量（吨） Net Loading Capacity (ton)
1980	64307	12789410	545042	1514998	119464	5951401	100312	113031	1204001
1985	260296	20898230	877963	1665030	132682	8670224	99643	82022	758541
1990	325858	29090082	1138937	1750351	82482	9066738	62926	17564	184269
1991	307127	29959203	1169982	1845705	78410	9588216	61526	15057	148500
1992	302313	31225749	1177035	1844101	71255	9437823	46337	13123	141511
1993	307285	34682035	1124114	1734606	65196	8891435	43801	10453	81569
1994	293472	39591864	1065140	1678066	59913	8898065	26335	8270	54921
1995	299717	40940087	979985	1707115	57998	9449652	17722	7253	40298
1996	269879	39774235	988046	1616585	56128	9315335	15148	4946	30938
1997	215814	38749289	1022970	1468612	49983	9064891	13879	6059	26797
1998	212093	38896576	983630	1584601	48115	9019417	14914	3368	23304
北　京 Beijing									
天　津 Tianjin	162	274995	1105	137050	425	43508			
河　北 Hebei	36	307638		4359	20	17200			
山　西 Shanxi	198	3599	990		1	60			
内蒙古 Inner Mongolia									
辽　宁 Liaoning	673	410657	12614	18513	68	18824			
吉　林 Jilin	457	1381	10760	2547	15	2628			
黑龙江 Heilongjiang	221	3657	6869	31977	219	87792			
上　海 Shanghai	2821	574107	19863	73409	1824	242797			
江　苏 Jiangsu	69163	4073841	47798	313340	19212	1941939	6885		
浙　江 Zhejiang	45486	2827761	85363	61235	4716	365782	2594		
安　徽 Anhui	18981	1637950	39116	69199	3997	560085	1340		
福　建 Fujian	3530	1385771	33011	9574	49	10700		23	644
江　西 Jiangxi	4809	294261	15679	16039	362	73680		32	82
山　东 Shandong	4182	896646	14229	99657	7745	972410			
河　南 Henan	3179	355174	2292	6288	431	59271			
湖　北 Hubei	4324	347873	44752	124760	2064	653737			
湖　南 Hunan	8668	361353	65232	24966	718	136037			
广　东 Guangdong	22770	2806052	90634	63530	607	198112			
广　西 Guangxi	8441	847666	63101	11562	223	57085			
海　南 Hainan	279	824489	12919	1176	8	7135		1	250
重　庆 Chongqing	3319	196085	137016	81791	1345	445715	350	377	890
四　川 Sichuan	5812	68446	101125	50183	1680	182737	1215	2293	19829
贵　州 Guizhou	1213	13537	15687	7807	196	34102	2530	245	583
云　南 Yunnan	926	15504	13489	4248	70	15027			
西　藏 Tibet									
陕　西 Shaanxi	913	5260	11148	392	23	1625		285	666
甘　肃 Gansu	192	581	7733	244				112	360
青　海 Qinghai									
宁　夏 Ningxia									
新　疆 Xinjiang									
直属企业 Enterprises Directly Under the Ministry of Communications	1338	20362292	131105	370755	2097	2891429			

15-29 民用汽车拥有量

年份 地区 Year Region	民用汽车总计(万辆) Total Number (10 000 units)	载客汽车 Buses and Cars 辆数(万辆) Number (10 000 units)	客位(万客位) Number of Seats (10 000 seats)	载货汽车 Trucks 辆数(万辆) Number (10 000 units)	#普通载货汽车 Ordinary Trucks	吨位(万吨) Capacity (10 000 tons)	#普通载货汽车 Ordinary Trucks	其他机动车(万辆) Number of Other Motor Vehicles (10 000 units)
1978	135.84	25.90		100.17				
1980	178.29	35.08		129.90				
1985	321.12	79.45	1404.93	223.20		929.25		156.18
1987	408.07	111.46	1800.41	281.21	272.60	1236.62	1176.69	278.22
1988	464.39	130.38	2041.12	317.85	308.89	1349.87	1292.61	334.21
1989	511.32	146.43	2186.37	346.37	336.43	1480.76	1429.46	396.80
1990	551.36	162.19	2372.64	368.48	357.57	1519.40	1460.84	462.33
1991	606.11	185.24	2631.56	398.62	386.67	1633.11	1572.67	557.02
1992	691.74	226.16	3103.63	441.45	427.86	1834.60	1760.37	716.21
1993	817.58	285.98	3940.08	501.00	483.27	2114.27	2006.34	949.38
1994	941.95	349.74	4843.91	560.33	543.86	2396.33	2280.30	1208.89
1995	1040.00	417.90	5213.27	585.43	568.58	2370.93	2257.07	1494.62
1996	1100.08	488.02	6191.82	575.03	558.16	2280.62	2167.10	1773.13
1997	1219.09	580.56	7269.93	601.23	582.45	2287.50	2167.97	2214.83
1998	1319.30	654.83	7621.47	627.89	609.31	2408.94	2280.74	2770.72
北　京 Beijing	89.85	69.03	802.14	19.96	19.61	64.39	60.14	27.26
天　津 Tianjin	40.02	18.52	155.70	20.45	19.83	67.29	62.79	43.78
河　北 Hebei	81.03	35.97	719.45	43.53	41.91	222.50	209.56	179.38
山　西 Shanxi	45.77	18.52	182.03	25.37	25.09	146.13	144.08	77.05
内蒙古 Inner Mongolia	29.19	14.42	121.14	14.23	13.83	60.51	55.33	49.74
辽　宁 Liaoning	66.51	35.82	553.14	29.25	27.93	138.52	129.16	70.87
吉　林 Jilin	33.71	17.73	137.77	14.11	13.94	47.10	46.22	46.20
黑龙江 Heilongjiang	46.20	21.09	421.75	23.50	21.99	103.13	87.94	20.64
上　海 Shanghai	38.69	24.43	226.11	12.31	11.83	39.85	35.92	18.69
江　苏 Jiangsu	56.11	29.52	281.25	25.44	24.61	94.08	90.80	258.41
浙　江 Zhejiang	47.83	20.91	219.53	25.81	25.19	95.62	88.15	123.04
安　徽 Anhui	30.80	14.52	154.47	15.70	15.23	66.93	64.77	52.82
福　建 Fujian	24.81	11.57	121.45	12.95	12.50	38.32	36.79	95.68
江　西 Jiangxi	20.92	8.50	129.60	11.06	11.02	43.75	43.54	55.34
山　东 Shandong	90.04	38.58	308.09	47.33	45.96	135.17	126.96	407.02
河　南 Henan	68.09	34.94	495.93	31.76	30.84	133.09	128.26	158.85
湖　北 Hubei	43.22	21.93	260.98	20.17	19.60	69.60	66.67	90.24
湖　南 Hunan	41.58	18.96	219.70	21.74	21.49	83.04	81.96	72.83
广　东 Guangdong	135.51	62.65	617.76	70.33	68.82	260.47	245.62	527.52
广　西 Guangxi	27.25	13.69	136.10	12.99	12.71	45.44	44.22	96.11
海　南 Hainan	9.06	5.03	47.75	3.81	3.81	14.15	14.12	30.78
重　庆 Chongqing	16.60	8.25	94.87	7.98	7.86	27.98	27.50	14.30
四　川 Sichuan	64.56	34.22	331.90	28.45	27.84	76.82	75.41	85.61
贵　州 Guizhou	19.68	8.25	96.31	11.07	10.88	36.88	35.99	12.94
云　南 Yunnan	52.30	21.71	196.22	29.78	29.34	109.02	107.03	41.62
西　藏 Tibet	3.80	1.81	17.82	1.88	1.83	11.01	10.80	1.01
陕　西 Shaanxi	30.33	14.41	137.80	12.80	12.37	44.72	43.13	51.00
甘　肃 Gansu	19.12	8.74	152.76	9.88	9.69	30.01	29.07	24.26
青　海 Qinghai	7.76	3.63	41.48	3.89	3.78	16.69	16.19	6.19
宁　夏 Ningxia	6.75	2.80	20.25	3.68	3.58	15.44	15.03	6.63
新　疆 Xinjiang	32.21	14.68	220.22	16.68	14.40	71.31	57.59	24.89

注：1. 小轿车包括在载客汽车中。
　　2. 公路部门营运汽车总计中含公路部门直属企业营运汽车。

NUMBER OF CIVIL MOTOR VEHICLES OWNED

公路部门营运汽车 Vehicles Owned by Department of Highway Transportation					私人汽车 Private Vehicles				
合计(万辆)	载客汽车 Buses and Cars		普通载货汽车 Ordinary Trucks		合计(万辆)	载客汽车 Buses and Cars		普通载货汽车 Ordinary Trucks	
Number-Subtotal (10 000 units)	辆数(万辆) Number (10 000 units)	客位(万客位) Number of Seats (1seats)	辆数(万辆) Number (10 000 units)	吨位(万吨) Capacity (10 000 tons)	Number-Subtotal (10 000 units)	辆数(万辆) Number (10 000 units)	客位(万客位) Number of Seats (1seats)	辆数(万辆) Number (10 000 units)	吨位(万吨) Capacity (10 000 tons)
18.50	3.34		14.80						
19.95	4.07		15.88						
27.73	8.32		19.41		28.49	1.93	42.89	26.48	110.41
30.32	9.63	418.13	20.25	119.87	42.29	7.34	119.60	34.43	151.89
30.69	10.16	441.84	19.93	124.11	60.42	15.29	200.69	44.80	194.51
30.85	10.49	457.23	19.73	124.74	73.12	20.28	250.05	52.50	224.32
31.30	10.76	468.92	19.82	127.06	81.62	24.07	277.47	57.30	250.85
31.67	11.53	497.35	19.36	126.54	96.04	30.36	351.66	65.42	281.45
30.87	12.70	528.87	17.59	118.42	118.20	41.87	498.98	75.82	320.16
28.96	12.82	509.56	15.53	108.37	155.77	59.85	740.59	93.18	414.64
27.92	13.05	493.94	14.22	101.21	205.42	78.62	1015.08	122.62	499.32
27.49	13.73	480.61	13.12	94.56	249.96	114.15	1322.63	131.01	537.79
28.81	15.41	499.58	12.74	91.83	289.67	143.04	1615.50	142.07	541.58
29.89	17.01	519.10	12.22	85.09	358.36	191.27	2253.34	161.94	578.45
31.88	19.40	536.43	11.81	79.51	423.65	230.65	2632.77	190.77	716.07
0.31	0.11	5.73	0.19	1.79	40.75	36.01	391.65	4.74	14.58
0.35	0.06	2.31	0.25	2.33	14.88	9.56	91.47	5.22	17.84
1.14	0.60	19.83	0.50	3.84	38.70	22.54	450.84	15.83	79.16
0.81	0.29	8.71	0.52	3.60	17.55	9.47	71.99	8.03	48.04
0.40	0.28	8.57	0.11	0.68	13.90	7.44	48.34	6.33	22.79
1.07	0.49	20.09	0.56	5.13	16.53	11.85	156.44	4.62	25.55
0.67	0.42	13.55	0.25	1.77	11.71	7.86	74.06	3.77	14.49
0.45	0.32	9.77	0.13	1.10	12.88	7.08	134.47	5.69	23.90
0.58	0.06	1.99	0.42	4.21	0.92	0.62	2.12	0.30	0.43
1.90	1.28	37.45	0.61	4.83	8.03	4.47	37.38	3.53	12.55
2.54	1.64	34.18	0.83	3.63	11.68	5.34	56.04	6.32	22.14
1.42	0.71	21.17	0.70	4.22	9.07	5.26	67.84	3.74	19.68
0.92	0.71	14.49	0.20	1.18	5.93	2.09	23.08	3.79	11.10
0.59	0.44	12.76	0.15	0.68	4.30	1.83	27.38	2.46	11.31
3.22	1.64	35.65	1.52	11.35	18.96	11.19	80.32	7.61	19.38
3.20	1.60	44.08	1.58	9.33	22.01	12.84	175.72	9.05	40.59
1.17	0.74	21.53	0.42	2.52	10.14	4.99	50.93	5.08	13.20
1.10	0.92	28.07	0.16	1.08	21.12	9.10	109.80	11.95	41.62
1.95	1.68	43.51	0.20	1.47	59.43	27.27	188.02	31.95	106.12
0.93	0.49	16.82	0.43	1.51	9.72	3.55	44.88	6.11	22.56
0.08	0.08	2.31			2.52	0.67	10.34	1.81	7.04
1.44	0.83	19.23	0.60	2.60	1.92	0.90	12.99	0.96	4.34
2.51	2.12	51.29	0.38	1.91	13.40	1.92	19.22	11.47	28.46
0.34	0.23	7.14	0.11	0.58	8.00	3.54	43.58	4.44	14.80
0.66	0.48	14.64	0.18	1.35	18.57	5.87	48.97	12.65	41.53
0.15	0.02	0.81	0.13	0.94	1.36	0.38	3.64	0.95	5.67
0.51	0.41	12.84	0.10	0.58	10.74	6.51	63.49	4.15	14.46
0.42	0.33	12.28	0.08	0.42	6.30	3.43	54.88	2.86	9.42
0.16	0.07	2.17	0.09	0.56	1.76	0.76	11.57	0.98	4.10
0.11	0.08	3.11	0.03	0.16	2.82	1.32	6.26	1.48	7.61
0.72	0.28	10.35	0.39	4.04	8.07	5.00	75.06	2.90	11.61

a)Cars are included in passenger vehicles.
b)Vehicles owned by department of highway transportation include those vehicles owned by enterprises directlyunder the department of highway transportation.

15-30 各地区私人运输船舶拥有量

NUMBER OF PRIVATE-OWNED TRANSPORT VESSELS BY REGION

年份 地区 Year Region	机动船 Motor Vessels				驳船 Barges			帆船 Sailing Boats	
	艘数（艘） Number	净载重量（吨） Dead Weight Tonnage (ton)	载客量（客位） Passenger Capacity (seat)	拖船功率（千瓦） Drawing Power (kw)	艘数（艘） Number	净载重量（吨） Dead Weight Tonnage (ton)	载客量（客位） Passenger Capacity (seat)	艘数（艘） Number	净载重量（吨） Net Loading Capacity (ton)
1985	133165	2139297	140722	52736	12253	417664	2267	54781	437324
1986	169347	2871841	192835	53772	9971	299853	4706	26147	209416
1987	189581	3490660	222945	75304	12897	299854	12088	18584	164468
1988	217268	4397174	265022	61191	12953	392015	6706	18504	156947
1989	221024	4542693	283113	67449	12032	573692	12692	14521	137353
1990	206589	4257594	283248	70250	10927	586650	3352	13652	125806
1991	200357	4517888	312280	54028	11673	519506	9075	12194	106465
1992	190262	3976814	326587	60481	9192	503787	11622	11453	107498
1993	190820	5961873	302898	85806	9458	636200	3103	7882	57862
1994	198241	7112807	261908	59848	7379	506187	5116	7529	46621
1995	182060	6942745	276555	78867	7964	749329	180	6712	33147
1996	157370	4821091	289402	55129	6533	657652	1240	4556	25178
1997	147415	6714642	347405	115168	9944	879692	1948	3217	20784
1998	127130	6547095	328884	98537	7290	794618	1850	2934	19193
北京 Beijing									
天津 Tianjin	9	162	230	226	2	109			
河北 Hebei									
山西 Shanxi	125	1663	155						
内蒙古 Inner Mongolia									
辽宁 Liaoning	266	14142		561	1	500			
吉林 Jilin	292	1381	2979	1116	3	1600			
黑龙江 Heilongjiang	23	157		3829	15	5756			
上海 Shanghai	1297	71860		389	4	400			
江苏 Jiangsu	33301	2067012	6051	32248	3079	353937			
浙江 Zhejiang	42948	1791466	21800	854	295	10641			
安徽 Anhui	10770	910262	29291	88					
福建 Fujian	1323	115916	16678						
江西 Jiangxi	2457	68091	7798					32	82
山东 Shandong	2205	194100	1577	29578	2835	320831			
河南 Henan									
湖北 Hubei	2254	156442	7855	17616	207	52758			
湖南 Hunan	5647	137578	45333	1760	50	1096			
广东 Guangdong	10037	605270	11104	5486	13	10494			
广西 Guangxi	3785	179417	33873						
海南 Hainan	142	4770	1402					1	250
重庆 Chongqing	2438	144866	39706	595	65	12600		376	876
四川 Sichuan	4939	56925	71154	3442	674	17503		1925	16376
贵州 Guizhou	1105	10500	12472	528	37	5179	1850	203	583
云南 Yunnan	724	9863	2878	221	10	1214			
西藏 Tibet									
陕西 Shaanxi	875	4719	10074					285	666
甘肃 Gansu	168	533	6474					112	360
青海 Qinghai									
宁夏 Ningxia									
新疆 Xinjiang									

15-31 交通部直属水运分货类运输量

WATERWAY FREIGHT TRAFFIC CARRIED BY ENTERPRISES DIRECTLY UNDER MINISTRY OF COMMUNICATIONS BY TYPE OF FREIGHT

项目 Item		1997			1998		
		货运量（万吨） Freight Traffic (10 000tons)	货物周转量（百万吨公里） Freight Ton-kilometers (million ton-km)	平均运距（公里） Average Shipping Distance (km)	货运量（万吨） Freight Traffic (10 000tons)	货物周转量（百万吨公里） Freight Ton-kilometers (million ton-km)	平均运距（公里） Average Shipping Distance (km)
总计	**Total**	**34666**	**1625927**	**4690**	**33890**	**1646364**	**4858**
煤炭	Coal	8573	262670	3064	8119	287655	3543
石油	Petroleum	8305	128785	1551	8251	134084	1625
金属矿石	Metal Ores	5300	251684	4748	5236	273522	5224
钢铁	Steel and Iron	1356	124784	9202	1086	96621	8895
矿建材料	Mineral Building Materials	836	7439	890	840	8746	1041
水泥	Cement	230	10244	4458	254	12647	4985
木材	Timber	194	8143	4191	209	12792	6106
非金属矿石	Nonmetal Ores	1279	83179	6503	1302	66690	5123
化肥和农药	Chemical Fertilizers and Pesticides	886	123333	13914	995	153193	15396
盐	Salt	142	6019	4253	111	2947	2655
粮食	Grain	1948	232027	11913	2042	235413	11530
其他	Others	5617	387621	6901	5445	362054	6650

15-32 沿海主要港口货物吞吐量

VOLUME OF FREIGHT HANDLED IN MAJOR COASTAL PORTS

单位：万吨 (10 000 tons)

港口	Seaport	1980	1985	1990	1995	1997	1998
总计	**Total**	**21731**	**31154**	**48321**	**80166**	**90822**	**92237**
大连	Dalian	3263	4381	4952	6417	7044	7515
营口	Yingkou	24	98	237	1156	1605	1758
秦皇岛	Qinhuangdao	2641	4419	6945	8382	7862	7792
天津	Tianjin	1192	1856	2063	5787	6789	6818
烟台	Yantai	506	689	668	1361	1560	1511
青岛	Qingdao	1708	2611	3034	5103	6916	7018
日照	Rizhao			925	1452	1650	1724
连云港	Lianyungang	739	929	1137	1716	1652	1776
上海	Shanghai	8483	11291	13959	16567	16397	16388
宁波	Ningbo	326	1040	2554	6853	8220	8707
汕头	Shantou	176	201	279	716	884	904
广州	Guangzhou	1210	1772	4163	7299	7518	7863
湛江	Zhanjiang	1075	1231	1557	1885	2050	1844
海口	Haikou	72	170	288	468	486	470
八所	Basuo	278	388	431	275	336	358
三亚	Sanya	38	78	37	42	30	33
其他中型港口	Other Medium-sized Ports			5092	14687	19823	19758

15-33 沿海主要港口码头泊位数（1998年底）

NUMBER OF BERTHS IN MAJOR COASTAL PORTS (END OF 1998)

名 称 Name	总 计 Total			生 产 用 For Productive Use			非 生 产 用 For Nonproductive Use	
	码头长度（米）Length of Quay Line (m)	泊位个数（个）Number of Berths (unit)	#万吨级 10 000 Ton Class	码头长度（米）Length of Quay Line (m)	泊位个数（个）Number of Berths (unit)	#万吨级 10 000 Ton Class	码头长度（米）Length of Quay Line (m)	泊位个数（个）Number of Berths (unit)
总 计 Total	**187261**	**1608**	**468**	**166035**	**1321**	**468**	**21226**	**287**
#大 连 Dalian	17811	71	37	14031	71	37	3780	
营 口 Yingkou	4094	27	14	4013	24	14	81	3
秦皇岛 Qinhuangdao	7735	48	26	6540	28	26	1195	20
天 津 Tianjin	12457	72	48	11433	63	48	1024	9
烟 台 Yantai	5016	31	15	4816	29	15	200	2
青 岛 Qingdao	9971	46	27	9418	43	27	553	3
日 照 Rizhao	3518	25	10	3198	18	10	320	7
连云港 Lianyungang	5522	30	21	5073	26	21	449	4
上 海 Shanghai	23352	234	67	18892	135	67	4460	99
宁 波 Ningbo	7221	62	20	6120	43	20	1101	19
汕 头 Shantou	2745	25	5	2634	21	5	111	4
广 州 Guangzhou	12496	136	27	10549	105	27	1947	31
湛 江 Zhanjiang	6635	41	24	5587	31	24	1048	10
海 口 Haikou	1719	15	2	1719	15	2		
八 所 Basuo	1412	8	4	1412	8	4		
三 亚 Sanya	602	5		602	5			

15-34 内河主要港口码头泊位数（1998年底）

NUMBER OF BERTHS IN MAJOR PORTS OF INLAND RIVERS (END OF 1998)

名 称 Name	总 计 Total			生 产 用 For Productive Ues			非 生 产 用 For Nonproductive Use	
	码头长度（米）Length of Quay Line (m)	泊位个数（个）Number of Berths (unit)	#万吨级 10 000 Ton Class	码头长度（米）Length of Quay Line (m)	泊位个数（个）Number of Berths (unit)	#万吨级 10 000 Ton Class	码头长度（米）Length of Quay Line (m)	泊位个数（个）Number of Berths (unit)
总 计 Total	**405049**	**8575**	**47**	**399538**	**8493**	**47**	**5511**	**82**
#重 庆 Chongqing	12164	179		11715	171		449	8
涪 陵 Fuling	8343	166		8343	166			
万 县 Wanxian	12169	130		11039	121		1130	9
巴 东 Badong	5783	83		5783	83			
宜 昌 Yichang	5777	68		5672	66		105	2
枝 城 Zhicheng	1075	20		899	16		176	4
沙 市 Shashi	3678	66		3533	62		145	4
城陵矶 Chenglingji	752	12		712	11		40	1
武 汉 Wuhan	16840	285		15791	267		1049	18
黄 石 Huangshi	2865	56		2785	54		80	2
武 穴 Wuxue	1543	36		1493	35		50	1
九 江 Jiujiang	3550	66		3420	64		130	2
安 庆 Anqing	1801	21		1727	19		74	2
池 州 Chizhou	655	10		620	9		35	1
铜 陵 Tongling	926	14		865	13		61	1
芜 湖 Wuhu	2535	45		2380	42		155	3
马鞍山 Maanshan	746	14		746	14			
南 京 Nanjing	6488	108	15	5666	94	15	822	14
镇 江 Zhenjiang	4006	89	8	3942	87	8	64	2
泰 州 Taizhou	810	13	1	786	12	1	24	1
江 阴 Jiangyin	724	16	2	724	16	2		
张家港 Zhangjiagang	2786	15	12	2616	13	12	170	2
南 通 Nantong	5736	95	7	5534	92	7	202	3

15-35 民用航空航线及飞机架数
NUMBER OF CIVIL AVIATION ROUTES AND CIVIL AIRCRAFT

指标	Item	1985	1990	1995	1997	1998
民用航空航线条数（条）	**Number of Civil Aviation Routes**	**268**	**437**	**797**	**967**	**1122**
国际航线	International Routes	27	44	85	109	131
地区航线	Regional Routes	8	8	18	7	8
国内航线	Domestic Routes	233	385	694	851	983
民用航空线里程（公里）	**Length of Civil Aviation Routes (km)**	**277217**	**506762**	**1128961**	**1424951**	**1505811**
国际航线	International Routes	105959	166350	348175	504449	504429
地区航线	Regional Routes	10935	10919	29992	9575	7252
国内航线	Domestic Routes	160323	329493	750794	910927	994130
民用航班飞行机场（个）	**Number of Civil Airports**	**82**	**94**	**139**	**141**	**143**
#可降波音737以上机型	Airports Serving Boeing 737 or Larger Aircraft	10	47	81	106	106
民用飞机架数（架）	**Number of Civil Aircraft**	**404**	**421**	**720**	**770**	**801**
#波音747	Boeing 747	6	11	16	18	20
波音737	Boeing 737	15	21	115	141	161
波音707	Boeing 707	10	9	1	1	
波音767	Boeing 767	2	6	17	17	15
MD-82	MD-82	5	25	39	39	39
A310	Airbus A310	2	2	3	3	3
图154	Tupolov 154	2	20	33	32	25
波音757	Boeing 757		9	44	46	48
B-146	B-146		10	14	14	14
安12	Antonov 12	2	2	1	1	
安24	Antonov 24	28	23	5	2	2
运7	Yun 7	13	45	67	58	46
肖特360	Short 360	7	7	2		

注：1. 1985年和1990年民航机场和飞机数为民航总局直属企业数，1996年以后为民航全行业数字(下表同)。
2. 1997年起，民航至香港航线统计在国内航线中，航线里程及运输量统计口径也做同样调整(下表同)。

a) The number of civil airports and aircraft in 1985 and 1990 refers to those owned by enterprises directly under CAAC. Since then, it refers to those owned by all enterprises of civil aviation. The same as in the following table.

b) Since 1997, aviation routes to and from Hong Kong are taken as domestic routes, and adjustment are also made on the length of aviation routes and traffic volume accordingly.

15-36 民用航空运输量及通用飞行时间
CIVIL AVIATION TRAFFIC AND FLYING TIME OF GENERAL AVIATION

指标	Item	1985	1990	1995	1997	1998
客运量（万人）	**Passenger Traffic (10 000 persons)**	**747**	**1660**	**5117**	**5630**	**5755**
国际航线	International Routes	75	114	368	505	526
地区航线	Regional Routes	77	200	330	13	24
国内航线	Domestic Routes	595	1346	4419	5112	5205
旅客周转量（万人公里）	**Passenger-tons (10 000 person-km)**	**1167163**	**2304797**	**6813036**	**7735168**	**8002444**
国际航线	International Routes	381769	516910	1149710	1635499	1754665
地区航线	Regional Routes	79302	211333	376094	10849	19675
国内航线	Domestic Routes	706092	1576554	5287232	6088820	6228104
货(邮)运量（吨）	**Freight Traffic (ton)**	**195059**	**369722**	**1011145**	**1246590**	**1400556**
国际航线	International Routes	37922	81102	229632	291142	314942
地区航线	Regional Routes	22895	49153	78956	1577	3959
国内航线	Domestic Routes	134242	239467	702557	953870	1081655
货邮周转量（万吨公里）	**Freight Ton-kilometers (10 000 ton-km)**	**41513**	**81825**	**222981**	**291024**	**334505**
国际航线	International Routes	21990	43830	115894	156132	180499
地区航线	Regional Routes	3118	6348	10483	134	322
国内航线	Domestic Routes	16405	31647	96604	134759	153684
总周转量（万吨公里）	**Total Air Traffic Ton-kilometers (10 000 ton-km)**	**127102**	**249950**	**714385**	**866771**	**929736**
国际航线	International Routes	50615	82595	201250	278132	311262
地区航线	Regional Routes	9064	22199	38475	942	1788
国内航线	Domestic Routes	67423	145156	474660	587698	616686
通用飞行时间（小时）	**Flying Time of General Aviation (hr)**	**43022**	**34919**	**39485**	**40877**	**42962**
#农林业飞行	Flight for Agriculture and Forestry	14841	22540	16838	16582	19225
航空探矿	Minerals Exploration	5310	2337	1527	2145	100
航空护林	Forest Protection Service	3785	3573	2410	2352	3575
播种造林	Afforestation	6547	4605	1713	1384	2252

15-37 输油(气)管道长度和运输量(1998年底)

LENGTH AND TRAFFIC OF PETROLEUM AND GAS PIPELINES (END OF 1998)

本表是中国石油天然气集团公司和中国石油化工集团公司数据。

Data in this table are provided by China National Petroleum Corporation and China Petro-chemical Corporation.

项目	Item	输油(气)管道里程(公里) Length of Pipelines (km)	输油(气)能力(万吨) Capacity of Pipeline Traffic (10 000 tons)	输油(气)量(万吨或千万立方米) Pipeline Traffic (10 000 tons or 10 million cu. m)	输油(气)周转量(万吨公里或千万立方米公里) Ton-kilometer or Cabic Meter-kilometers (10 000 ton-km or 10 million cu. m-km)
总计	**Total**	**23062.86**	**38967.48**	**17419.41**	**6057630.01**
#输油管	Petroleum Pipelines	11257.81	37263.15	16213.79	5804954.31
输气管	Gas Pipelines	11805.05	1704.33	1205.62	252675.70
输原油管道	**Crude Oil Pipelines**	**9938.00**	**31180.80**	**14655.55**	**5735862.31**
石油管道局	China National Petroleum Pipeline Bureau	2469.89	6200.00	4442.07	3832370.00
大庆石油管理局	Daqing Petroleum Administration Bureau	115.05	1247.00	1290.62	9317.03
新疆石油管理局	Xinjiang Petroleum Administration Bureau	1082.65	1645.00	619.97	136882.98
胜利石油管理局	Shengli Petroleum Administration Bureau	426.50	2135.00	849.45	64274.83
吉林石油集团有限责任公司	Jilin Petroleum Group Corporation Limited	34.71	369.60	270.68	3076.10
华北石油管理局	North China Petroleum Administration Bureau	788.17	1597.00	385.26	62055.76
大港油田集团有限责任公司	Dagang Oil Fields Group Limited Corporation	80.80	1200.00	387.33	7181.66
玉门石油管理局	Yumen Petroleum Administration Bureau	40.02	420.00	141.18	767.07
辽河石油勘探局	Liaohe Petroleum Prospecting Bureau	466.00	1390.00	1095.82	113238.34
青海石油管理局	Qinghai Petroleum Administration Bureau	448.62	261.50	295.18	73322.14
河南石油勘探局	Henan Petroleum Prospecting Bureau	92.70	400.00	153.46	4856.00
茂名石油公司	Maoming Petroleum Co.	165.79	2000.00	720.94	41276.00
长庆石油勘探局	Changqing Petroleum Prospecting Bureau	352.99	375.00	286.12	21759.87
中原石油勘探局	Zhongyuan Petroleum Prospecting Bureau	3.64	69.00	50.04	182.15
西北石油管道建设指挥部	Northeast Petroleum Pipeline Construction Headquarter	476.00	500.00	343.39	163453.64
塔里木石油指挥部	Tarim Petroleum Headquarter	493.94	900.00	351.86	94352.41
鞍山炼油厂	Anshan Refinery	88.00	180.00	105.48	9282.24
锦州石化公司	Jinzhou Petrochemical Corporation	58.00	600.00	333.89	5395.34
锦西炼化总厂	Jinxi Refinery & Petro Chemical Corporation	30.00	300.00	8.30	249.00
大连西太平洋	Dalin West Pacific Corporation Ltd.	11.73	801.70	295.40	1003.75
吉化集团公司	Jilin Petrochemical Group Corporation	150.00	400.00	327.18	49077.00
石化集团管道储运公司	China Petrochemical Corporation Pipeline Transport Company	2062.80	8190.00	1901.93	1042489.00
输成品油管道	**Refined Oil Pipelines**	**1319.81**	**6082.35**	**1558.24**	**69092.00**
燕山石化公司	Yanshan Petrochemical Co.	25.80	469.00	42.39	315.07
天津石油化工公司	Tianjin Petrochemical Co.	66.32	508.00	94.00	1830.00
沧州炼油厂	Cangzhou Refinery	12.90	71.35	3.89	16.34
抚顺石化公司	Fushun Petrochemical Co.	267.60	435.00	157.55	37111.40
锦州石化公司	Jinzhou Petrochemical Co.	84.00	140.00	71.25	2992.50
锦西炼油化工总厂	Jinxi Refinery & Petrochemical Corporation	63.80	382.00	40.94	1182.10
鞍山炼油厂	Anshan Refinery	51.60	512.00	61.03	607.03
大连石化公司	Dalian Petrochemical Co.	10.50	80.00	12.36	84.18
大连西太平洋有限公司	Dalian West Picific Ocean LTD	32.76	434.00	300.36	1362.57
大庆石化总厂	Daqing Petrochemical Corporation	51.54	188.00	115.20	137.32
镇海石化总厂	Zhenhai Petrochemical Corporation	46.40	109.40	33.88	327.27
九江石化总厂	Jiujiang Petrochemical Corporation	23.33	329.50	4.71	20.72
荆门石化总厂	Jingmen Petrochemical Corporation	11.90	56.00	6.88	13.73
武汉石化厂	Wuhan Petrochemical Factory	15.50	349.00	25.07	94.14
安庆石化总厂	Anqing Petrochemical Corporation	2.10	10.50	29.06	24.73

15-37 **续表** continued

项目	Item	输油(气)管道里程(公里) Length of Pipelines (km)	输油(气)能力(万吨) Capacity of Pipeline Traffic (10 000 tons)	输油(气)量(万吨或千万立方米) Pipeline Traffic (10 000 tons or 10 million cu. m)	输油(气)周转量(万吨公里或千万立方米公里) Ton-kilometer or Cabic Meter-kilometers (10 000 ton-km or 10 million cu. m-km)
广州石化总厂	Guangzhou Petrochemical Corporation	50.31	341.80	308.67	940.07
茂名石油化工公司	Maoming Petrochemical Industrial Co.	99.51	363.00	55.50	117.51
兰州炼油化工总厂	Lanzhou Refinery Petrochemical Co.	41.40	700.00	17.48	67.57
齐鲁石油化工公司	Qilu Petrochemical Corporation	3.00	60.00	60.85	182.55
吉化炼油厂	Jihua Refinery	11.00	30.00		
石油部管道局	China National Petroleum Pipeline Bureau	10.81	300.00		
大庆石油管理局	Daqing Petroleum Administration Bureau	35.95	98.00	45.77	887.80
新疆石油管理局	Xinjiang Petroleum Administration Bureau	291.00	96.00	71.40	20777.40
吉林石油集团有限责任公司	Jilin Petroleum Group Corporation Limited	10.78	19.80		
输天然气管道	**Natural Gas Pipelines**	**11532.63**	**1347.05**	**1161.96**	**252308.05**
石油部管道局	Pipeline Bureau of Ministry of Petroleum	361.89	40.00	34.11	12342.00
四川石油管理局	Sichuan Petroleum Administration Bureau	6114.79		728.63	187374.83
大庆石油管理局	Daqing Petroleum Administration Bureau	208.70	195.50	75.72	1725.44
胜利石油管理局	Shengli Petroleum Administration Bureau	142.60	40.00	23.93	3637.36
华北石油管理局	North China Petroleum Administration Bureau	102.93	16.13	17.79	1239.41
辽河石油勘探局	Liaohe Petroleum Prospecting Bureau	816.22	283.00	55.81	986.38
大港油田集团有限责任公司	Dagang Oil Fields Group Limited Corporation	132.07	100.00	26.22	1746.82
中原石油勘探局	Zhongyuan Petroleum Prospecting Bureau	416.61	92.72	48.16	2289.74
滇黔桂石油勘探局	Yunna-Guizhou-Guangxi Petroleum Prospecting Bureau	6.63	72.31	7.25	4.47
江汉石油管理局	Jianghan Petroleum Administration Bureau	68.50	21.30	6.30	27.30
新疆石油管理局	Xinjiang Petroleum Administration Bureau	441.91	83.25	58.58	6999.79
青海石油管理局	Qinghai Petroleum Administration Bureau	362.03	35.00	2.06	711.94
长庆石油勘探局	Changqing Petroleum Prospecting Bureau	893.97	140.11	15.46	2382.66
冀东石油勘探开发公司	Eastern Hebei Petroleum Prospecting and Exploiting Co.	15.10	1.00		
吐哈石油勘探开发指挥部	Turpan-Hami Petroleum Prospecting Headquarters	301.63	60.00	35.41	10602.76
吉林石油集团有限责任公司	Jilin Petroleum Group Limited Corporation	229.05	34.73	4.53	237.15
北京天然气集输公司	Beijing Natural Gas Transport Corporation	918.00	132.00	22.00	20000.00
输其他气体管道	**Other Gas pipelines**	**272.42**	**357.28**	**43.66**	**367.65**
燕山石化公司	Yanshan Petrochemical Co.	3.00	21.00	9.22	27.66
天津石油化工公司	Tianjin Petrochemical Co.	35.00	67.00	5.00	72.00
沧州炼油厂	Cangzhou Refinery	0.50	9.90	0.87	0.44
锦西炼油化工总厂	Jinxi Refinery & Petrochemcial Corporation	56.50	6.00		
金陵石化公司	Jinling Petrochemical Co.	16.00	6.40	4.65	74.40
九江石油化工总厂	Jiujiang Petrochemical Corporation	4.00	50.00	0.98	3.92
镇海石化总厂	Zhenhai Petrochemical Corporation	28.70	62.50	10.52	79.97
武汉石化厂	Wuhan Petroleumical Factory	22.60	16.00	6.18	89.05
兰州炼油化工总厂	Lanzhou Refinery Petrochemical Co.	9.00	40.00	0.10	0.19
荆门炼油厂	Jingmen Refinery	3.00	1.20	1.16	3.48
石家庄炼油厂	Shijiazhuang Refinery	36.50	34.00		
广州石化总厂	Guangzhou Petrochemical Corporation	5.20	3.92		
茂名石油化工公司	Maoming Petrochemical Industrial Co.	21.40	38.02	2.46	3.57
齐鲁石油化工公司	Qilu Petrochemical Corporation	22.00			
大庆石油管理局	Daqing Petroleum Administration Bureau	9.02	1.34	2.52	12.97

注：管道输气量按一千立方米折一吨计算。

a) Gas transport though pipelines is converted from volume to tonnage using the conversion ratio of 100 cubic meters equal to one ton.

15-38 邮电业务基本情况
BASIC CONDITIONS OF POST AND TELECOMMUNICATIONS SERVICES

指　标		Item	1995	1996	1997	1998
邮电业务总量	(亿元)	Business Volume of Post and Telecommunications Service (100 million yuan)	988.85	1342.04	1773.29	2431.21
函件	(亿件)	Number of Letters (100 million pcs)	79.55	78.68	68.55	65.51
包件	(万件)	Number of Parcels (10 000 pcs)	15641.2	14920.0	9715.3	9726.5
邮政快件	(万件)	Pieces of Courier Services (10 000 pcs)	45057.0	44437.5	33247.8	16438.3
特快专递	(万件)	Pieces of Express Mail Services (10 000 pcs)	5562.7	7096.6	6878.9	7331.8
报刊期发数	(万份)	Number of Newspapers and Magazines Circulation (10 000 copies)	21688.6	21157.4	21875.2	22989.3
电报	(万份)	Number of Telegrams (10 000 pcs)	13287.6	9610.7	6580.6	
传真	(份)	Number of Faxes	4423080	5650000	7118000	
长途电话	(万张)	Number of Long-distance Calls	1013966	1273951	1554026	1825941
本地电话年末用户	(万户)	Local Telephone Subscribers of at Year-end (10 000 subscribers)	4070.6	5494.7	7031.0	8742.1
年末市内电话用户	(万户)	Local(Urban) Telephone Subscribers at Year-end (10 000 subscribers)	3263.6	4277.8	5244.4	6259.8
#住宅电话用户		Residential Telephone Subscribers	2358.4	3224.6	4057.2	4911.1
年末无线寻呼电话用户	(万户)	Number of Subscribers of Pageing Service at Year-end (10 000 subscribers)	1739.2	2536.2	2969.0	3908.2
年末移动电话用户	(户)	Number of Mobile Telephones Subscribers at Year-end (subscribers)	3629416	6852752	13232876	23862874
年末农村电话用户	(户)	Number of Rural Telephones Subscribers at Year-end (subscribers)	8070047	12169172	17866341	24822816
邮电局所	(处)	Number of Post & Telecommunications Offices	61898	72496	79273	102225
邮路及农村投递路线总长度	(公里)	Length of Postal Routes and Rural Delivery Routes (km)	5231930	5476991	5766054	6215426
#汽车邮路		#Highway Routes	819412	917151	873688	930622
铁路邮路		Railway Routes	183036	183884	186382	189652
长话电路	(路)	Number of Long-distance Telephone Lines (line)	735545	998287	1146121	1576483
电报电路	(路)	Number of Telegraph Lines (line)	12250	11569	12624	11715
邮电通信工具拥有量		Telecommunications Facilities				
局用交换机容量	(万门)	Capacity of Office Telephone Exchanges (10 000 lines)	7203.59	9291.23	11269.17	13823.66
中央国有		Central State-owned	5456.35	6923.67	8406.80	9951.35
地方国有		Local State-owned	1747.24	2367.56	2862.37	3872.31
电话机(含移动电话)	(万部)	Number of Telephone Sets (10 000 units)	5762.26	7732.03	10111.12	13123.43
中央国有		Central State-owned	4346.32	5537.78	6745.23	7963.28
地方国有		Local State-owned	1152.06	1508.97	2042.61	2773.86

注:1.邮电业务总量按1990年不变价格计算。
2.从1997年起市内电话用户数为城市电话用户，农村电话用户数为乡村电话用户(下表同)。
a)The business volume of post and telecommunications is calculated at 1990 constant prices.
b)Since 1997 figure of local telephone subscribers refers to telephone subscribers in urban areas, and rural telephone subscribers refers to subscribers of townships and village.

15-39 邮电业务量

POSTAL AND TELECOMMUNICATIONS SERVICES

年份 地区 Year Region	邮电业务总量（亿元）Business Volume of Post and Telecommunications (100 million yuan)	邮政业务总量 Business Volume of Post	电信业务总量 Business Volume of Telecommunications	函件（亿件）Number of Letters (100 million pcs)	特快专递（万件）Pieces of Express Mail Services (10 000 pcs)	报刊期发数（万份）Newspapers and Magazines Circulation (10 000 copies)
1978	11.65			28.35		11250
1980	13.34			33.13		16431
1985	29.60			46.78		30172
1986	32.86			49.59		28731
1987	38.84			54.79		31005
1988	54.00			59.77	153.0	27443
1989	64.81			57.28	247.3	17704
1990	81.65			54.87	343.3	20078
1991	204.38	52.75	151.63	52.11	566.7	23277
1992	290.94	63.67	226.57	57.18	959.2	25104
1993	462.71	80.26	382.45	68.70	2156.2	25511
1994	688.19	95.89	592.30	76.50	4019.5	24096
1995	988.85	113.34	875.51	79.55	5562.7	21689
1996	1342.04	133.29	1208.75	78.68	7096.6	21157
1997	1773.29	144.34	1628.95	68.35	6878.9	21875
1998	2431.21	166.28	2264.94	65.51	7331.8	22989
北京 Beijing	129.09	10.69	118.40	5.07	584.9	565
天津 Tianjin	47.57	3.07	44.50	0.94	144.6	612
河北 Hebei	86.37	7.75	78.62	2.57	238.3	776
山西 Shanxi	39.62	3.83	35.79	1.22	90.1	416
内蒙古 Inner Mongolia	24.78	2.90	21.88	0.85	113.4	408
辽宁 Liaoning	124.93	7.28	117.65	2.34	243.2	745
吉林 Jilin	53.85	2.55	51.30	1.04	111.2	1397
黑龙江 Heilongjiang	83.92	7.30	76.62	1.08	298.8	474
上海 Shanghai	134.97	10.13	124.84	4.21	507.9	750
江苏 Jiangsu	167.80	14.22	153.58	5.16	656.5	1762
浙江 Zhejiang	157.88	6.92	150.96	3.32	411.4	1261
安徽 Anhui	57.33	5.54	51.79	1.45	152.2	1237
福建 Fujian	122.86	6.59	116.27	2.95	315.2	623
江西 Jiangxi	39.90	3.95	35.95	1.77	203.8	441
山东 Shandong	133.89	10.46	123.43	3.31	393.2	1147
河南 Henan	103.56	6.68	96.88	1.88	196.7	930
湖北 Hubei	83.52	6.76	76.76	3.70	370.5	1406
湖南 Hunan	76.00	6.66	69.34	2.05	262.2	1297
广东 Guangdong	418.18	12.96	405.22	9.00	921.5	1097
广西 Guangxi	52.66	2.94	49.72	1.81	105.0	509
海南 Hainan	18.47	1.43	17.04	0.33	41.0	453
重庆 Chongqing	33.72	2.66	31.06	1.27	95.6	445
四川 Sichuan	75.85	5.54	70.31	2.60	227.2	1188
贵州 Guizhou	21.21	2.44	18.77	0.83	197.9	243
云南 Yunnan	44.38	2.74	41.64	1.26	75.0	458
西藏 Tibet	1.65	0.24	1.41	0.13	6.4	19
陕西 Shaanxi	39.54	3.68	35.86	1.43	143.8	1334
甘肃 Gansu	20.31	2.70	17.61	0.82	71.4	502
青海 Qinghai	4.73	0.52	4.21	0.30	11.9	74
宁夏 Ningxia	6.66	0.65	6.01	0.17	45.2	52
新疆 Xinjiang	25.06	2.57	22.49	0.66	95.6	371

15-39 续表 1 continued

年份 地区 Year Region	集邮业务（万枚） Philately	长途电话（万 次） Number of Long Distance Telephone Calls (10 000 times)	无线寻呼用户（万户） Number of Subscribers of Pageing Service (10 000 subscribers)	移动电话用户（万户） Number of Mobile Telephone Subscribers (10 000 subscribers)	电子信箱用户（户） Number of Subscribers of E-mail Service (subscriber)	国际互联网络用户（户） Number of Subscribers of Internet Service (subscriber)
1978		18574				
1980		21404				
1985		38254				
1986		42303				
1987		51525	3.09			
1988		64617	9.72	0.32		
1989		78462	23.73	0.98		
1990	71233	116292	43.70	1.83		
1991	123523	172921	87.38	4.75		
1992	167303	287380	222.02	17.69		
1993	210885	506853	561.40	63.93		
1994	236849	757639	1033.00	156.78	2329	
1995	239250	1013966	1739.15	362.94	6068	7213
1996	303436	1273951	2536.20	685.28	10107	35652
1997	451729	1554026	3254.61	1323.29	15246	160157
1998	502850	1825941	3908.16	2386.29	20959	676755
北京 Beijing	46451	71769	23.82	99.37	3845	33002
天津 Tianjin	9773	28796	43.96	47.59	97	14271
河北 Hebei	15466	66027	217.73	91.56	255	16675
山西 Shanxi	7041	35505	68.52	42.14		4136
内蒙古 Inner Mongolia	11158	17429	42.01	25.89	70	1454
辽宁 Liaoning	24367	88136	342.78	128.79	1054	23090
吉林 Jilin	11519	31660	112.56	59.99	124	6316
黑龙江 Heilongjiang	11123	46182	146.03	105.20		11044
上海 Shanghai	15721	70966	78.17	125.97	2100	102404
江苏 Jiangsu	39843	133904	303.95	140.10	3255	69856
浙江 Zhejiang	23183	109989	185.56	150.72	286	37729
安徽 Anhui	28861	43951	147.61	58.30	1112	6573
福建 Fujian	13051	67906	0.13	146.47	1220	30973
江西 Jiangxi	14044	27436	116.54	43.27	39	7711
山东 Shandong	29706	97077	242.28	149.36	1381	39903
河南 Henan	15353	80328	197.95	118.64	248	43153
湖北 Hubei	44841	59929	198.06	83.24	1616	33756
湖南 Hunan	21502	48541	202.69	75.30	1933	13598
广东 Guangdong	19670	412657	370.03	362.69	1721	128323
广西 Guangxi	4526	42261	161.82	50.74	84	10564
海南 Hainan	3166	11723	56.05	19.49	20	9163
重庆 Chongqing	6233	23912	71.24	37.22		5871
四川 Sichuan	14616	63826	195.55	85.21	74	2440
贵州 Guizhou	6506	18043	63.22	18.74	61	972
云南 Yunnan	9480	33784	130.97	43.57	135	4077
西藏 Tibet	1465	2204	1.58	1.15	12	145
陕西 Shaanxi	9957	33053	74.27	37.18	170	13940
甘肃 Gansu	10997	16850	45.65	14.21	47	3183
青海 Qinghai	2252	6110	5.81	3.53		419
宁夏 Ningxia	3609	5990	18.75	5.00		613
新疆 Xinjiang	6412	29999	42.84	15.65		1401

15-39 **续表** 2 continued

年份 地区 Year Region	本地电话年末用户（户）Number of Subscribers of Local Telephone at Year-end (subscribers)	城市电话用户 Number of Urban Telephone Subscribers	#住宅电话 Residential Telephone Subscribers	乡村电话用户 Rural Telephone Subscribers	#住宅电话 Residential Telephone Subscribers	公用电话（户）Public Telephone (Subscribers)
1978	1925440	1191500		733940		11639
1980	2140751	1341715		799036		13981
1985	3120298	2189554	40780	930744	20461	27457
1986	3503831	2505124	73605	998707	36113	29889
1987	3907172	2930412	171676	976760	69139	32713
1988	4726982	3623033	378269	1103949	126929	36555
1989	5680425	4396195	895593	1284230	213362	39911
1990	6850303	5384494	1527202	1465809	306619	46046
1991	8450630	6708301	2390038	1742329	495453	53799
1992	11469112	9205709	4154115	2263403	790089	84111
1993	17331573	14073718	8003821	3257855	1395472	158380
1994	27295250	22467773	14894036	4827477	2748581	386565
1995	40705656	32635609	23584045	8070047	5513709	849835
1996	54947372	42778200	32246248	12169172	9072738	1380419
1997	70310368	52444024	40571583	17866344	14065604	1939393
1998	87420937	62598121	49110805	24822816	20707488	2594898
北 京 Beijing	3132642	2825226	1912082	307416	261220	53575
天 津 Tianjin	1657248	1536488	1226126	120760	104391	37037
河 北 Hebei	4034731	2762731	2196220	1272000	972241	104643
山 西 Shanxi	1550720	1243159	1005761	307561	247793	42241
内蒙古 Inner Mongolia	1254382	1040109	845015	214273	172736	32451
辽 宁 Liaoning	4767833	3663494	2958489	1104339	929676	194727
吉 林 Jilin	2416222	1925546	1606224	490676	433409	57024
黑龙江 Heilongjiang	3410653	2846070	2456378	564583	512432	76423
上 海 Shanghai	4311209	3409720	2515096	901489	657467	59079
江 苏 Jiangsu	7495884	3861072	3114595	3634812	3299062	197649
浙 江 Zhejiang	5023361	2809471	2116484	2213890	1872079	145250
安 徽 Anhui	2744040	1908910	1626184	835130	709311	70466
福 建 Fujian	3474637	2050247	1600507	1424390	1219937	138434
江 西 Jiangxi	1925170	1457639	1179990	467531	394012	58799
山 东 Shandong	5262761	3480208	2800184	1782553	1393240	172993
河 南 Henan	4427626	3159662	2540864	1267964	1082441	138725
湖 北 Hubei	4049359	2827679	2286183	1221680	1031673	162367
湖 南 Hunan	3156375	2252207	1858351	904168	808202	164255
广 东 Guangdong	9584542	6289063	4734330	3295479	2749452	189155
广 西 Guangxi	1666776	1350757	1052838	316019	224355	66882
海 南 Hainan	434038	360038	230593	74000	44295	26128
重 庆 Chongqing	1542516	1214929	933154	327587	276630	37139
四 川 Sichuan	2797403	2266890	1667253	530513	357707	149818
贵 州 Guizhou	798928	705392	560005	93536	65804	28049
云 南 Yunnan	1880992	1506085	1129568	374907	277961	57688
西 藏 Tibet	59166	58867	30261	299	20	3089
陕 西 Shaanxi	1818765	1507041	1144873	311724	237479	51392
甘 肃 Gansu	952254	854756	703621	97498	66674	25190
青 海 Qinghai	222612	207967	160319	14645	5720	6077
宁 夏 Ningxia	374461	335678	266178	38783	33816	10274
新 疆 Xinjiang	1193631	881020	653079	312611	266253	37879

注：邮电业务总量1980年以前按1970年不变价格计算，1981年至1990年按1980年不变价格计算，1990年以后按1990年不变价格计算。

a)The business volume of post and telecommunications in 1980 and previous years was calculated at 1970 constant prices while that in 1981-1990 was calculated in 1980 canstant prices. Since 1990, it has been calculated in 1990 constant prices.

15-40 邮电局所数及邮递线路

POSTAL AND TELECOMMUNICATIONS SERVICES FACILITIES

（年底数） (year-end)

年份 地区 Year Region		邮电局所（处） Number of Post and Telecommunications Offices	信筒信箱（处） Number of Post Boxes	邮路总长度（公里） Length of Postal Routes (km)	#汽车邮路 Highway Routes	#铁路邮路 Railway Routes	农村投递线路（公里） Rural Delivery Routes (km)
1978		49623		596991	572204	150249	4266291
1980		49471	159009	598245	582058	150819	4138879
1985		53107	174678	1416303	663016	182178	3565758
1986		52777	176843	1535898	703542	201919	3506131
1987		52882	179213	1535690	695384	199883	3497911
1988		52881	180085	1557762	681409	199095	3443058
1989		53092	178289	1526073	675352	196178	3389374
1990		53629	181877	1618200	676747	191313	3364861
1991		54006	181939	1603344	685759	185872	3371424
1992		54891	183289	1646931	712367	189359	3374556
1993		57005	187966	1760506	727380	189704	3377769
1994		60447	193902	1781787	757931	187871	3364730
1995		61898	203011	1886082	819412	183036	3345848
1996		72496	217235	2118940	917151	183884	3358051
1997		79273	231337	2363108	873688	186382	3402946
1998		102225	234716	2853942	930622	189652	3361484
北京	Beijing	718	2548	101715	31444	19844	18084
天津	Tianjin	399	1809	54198	8765	5118	15468
河北	Hebei	3597	8584	39080	33583	2683	148140
山西	Shanxi	2821	3721	94144	22436	7232	103623
内蒙古	Inner Mongolia	2815	3471	69261	44286	5936	107262
辽宁	Liaoning	3266	8798	143207	30480	6436	96405
吉林	Jilin	1451	7017	65970	20966	10168	99249
黑龙江	Heilongjiang	2909	10740	122659	36319	17053	112608
上海	Shanghai	849	4185	206335	19672	14699	25131
江苏	Jiangsu	4720	12745	93874	50346	4796	233918
浙江	Zhejiang	3979	15805	91353	28114	4296	113971
安徽	Anhui	3422	6655	52791	24466	2874	137098
福建	Fujian	2249	14411	140781	29127	2548	73755
江西	Jiangxi	3479	10476	60052	37533	5454	121597
山东	Shandong	7991	19190	155314	48191	10162	228420
河南	Henan	8040	10012	87164	41025	4150	179400
湖北	Hubei	3796	13742	69620	38528	6281	181157
湖南	Hunan	15876	21232	87717	43294	3032	227760
广东	Guangdong	6192	17906	137289	59372	6740	159337
广西	Guangxi	1899	6850	62691	39123	4315	109793
海南	Hainan	620	1131	50198	9911		21745
重庆	Chongqing	2954	3627	116139	16915	3067	62452
四川	Sichuan	6750	9146	190729	51287	4287	186881
贵州	Guizhou	2362	2844	68863	21625	6768	69072
云南	Yunnan	2105	4735	126567	39606	5099	166333
西藏	Tibet	241	285	16332	16298		58368
陕西	Shaanxi	2289	5382	91868	22651	8937	125800
甘肃	Gansu	1526	3350	67444	17119	6624	100172
青海	Qinghai	292	705	20683	9898	1101	12619
宁夏	Ningxia	415	793	20660	4438	2498	10135
新疆	Xinjiang	2203	2821	132599	33804	7454	55731

15-41 邮电通信电路及长途电信线路（年底数）

TELECOMMUNICATIONS FACILITIES (YEAR-END)

年份 地区 Year Region	长话业务电路（路） Long Distance Telephone Lines (line)	#缆电路 Optical Cable Lines	#数字电路 Digital Lines	长途光缆线路长度（公里） Length of Long Distance Optical Cable Lines (km)	长途微波线路长度（公里） Length of Long Distance Microwave Lines (km)
1978	18801				13958
1980	22011				13958
1985	37551				17275
1986	44085				18940
1987	53416				20282
1988	68460	2717		493	22320
1989	87139	5670		1851	26338
1990	112437	11453		3334	33626
1991	151779	23613		6490	39282
1992	234276	51352	109300	14388	54418
1993	420323	162861	298045	38666	64368
1994	615809	330359	518915	73290	
1995	735545	484231	677672	106882	79634
1996	998287	754143	965263	130159	71503
1997	1146121	935835	1139476	150754	65013
1998	1576483	1351665	1560201	194100	66518
北　京 Beijing	96437	82352	96205	1626	241
天　津 Tianjin	48116	39330	41974	1252	437
河　北 Hebei	70111	64381	70111	6677	2910
山　西 Shanxi	38323	34456	38319	6656	1731
内蒙古 Inner Mongolia	30569	27320	30559	11416	1338
辽　宁 Liaoning	130914	107922	130908	4537	2721
吉　林 Jilin	53504	45734	53504	4702	2701
黑龙江 Heilongjiang	54941	49699	54844	11265	6077
上　海 Shanghai	84357	73286	84357	1468	152
江　苏 Jiangsu	180319	156488	180319	6351	1842
浙　江 Zhejiang	115036	107395	115036	5374	777
安　徽 Anhui	56645	51456	56645	5545	948
福　建 Fujian	88937	78483	88937	7389	1789
江　西 Jiangxi	45482	33565	45238	4739	4393
山　东 Shandong	98760	89598	98760	4372	1132
河　南 Henan	92054	91274	92054	11142	2692
湖　北 Hubei	92716	73608	83689	7482	2992
湖　南 Hunan	76925	68640	76925	9682	3535
广　东 Guangdong	271932	215764	266668	11489	5984
广　西 Guangxi	41622	39638	41622	11757	2234
海　南 Hainan	18346	15286	18346	1750	1235
重　庆 Chongqing	19297	17943	19293	3495	653
四　川 Sichuan	98855	86555	98738	7140	2267
贵　州 Guizhou	21697	20647	21697	7191	1091
云　南 Yunnan	32454	25323	32356	6111	3081
西　藏 Tibet	5245	2469	5243	1406	
陕　西 Shaanxi	50982	35091	50982	6759	4145
甘　肃 Gansu	30742	24963	30740	8336	2723
青　海 Qinghai	12478	10211	12345	6038	963
宁　夏 Ningxia	10521	9069	10521	1501	1097
新　疆 Xinjiang	29408	24557	28029	9450	2637

15-42 邮电通信设备拥有量

TELECOMMUNICATIONS FACILITIES

（年底数） (year-end)

年份 地区 Year Region	长途自动交换机容量（路端） Capacity of Long-distance Telephone Exchanges (circuit)	本地电话局用交换机容量（万门） Capacity of Local Office Telephone Exchanges (10 000line)	中央国有 Central State-owned	地方国有 Local State-owned	电话机（万部） Number of Telephone (10 000 sets)	中央国有 Central State-owned	地方国有 Local State-owned
1978	1863	405.88	174.94	230.94	368.82	236.40	132.42
1980	1969	443.20	200.29	242.91	418.64	284.07	134.57
1985	11522	613.44	336.54	276.91	625.98	476.11	149.87
1986	20689	672.36	380.49	291.86	705.91	544.14	161.77
1987	42773	773.93	464.50	309.43	805.72	628.28	177.44
1988	62484	887.22	555.84	331.38	941.79	745.10	196.70
1989	103269	1034.69	667.95	366.74	1089.33	868.38	220.95
1990	161370	1231.82	826.05	405.77	1233.16	1026.10	205.23
1991	286325	1492.18	1033.14	459.03	1459.18	1215.68	238.74
1992	521885	1915.06	1355.50	559.56	1863.65	1544.94	301.02
1993	1206091	3040.78	2210.25	830.53	2631.28	2147.51	419.94
1994	2416296	4926.24	3723.39	1202.86	3958.64	3148.11	653.75
1995	3518781	7203.59	5456.35	1747.24	5762.26	4346.32	1152.06
1996	4162009	9291.22	6923.67	2367.56	7732.03	5537.78	1508.97
1997	4368305	11269.18	8406.80	2862.37	10111.12	6745.23	2042.61
1998	4491595	13823.66	9951.35	3872.31	13123.44	7963.29	2773.86
北 京 Beijing	108400	504.05	504.05		522.50	423.14	
天 津 Tianjin	65000	244.76	228.60	16.17	259.58	202.07	9.91
河 北 Hebei	163770	621.11	420.24	200.87	538.37	316.67	130.13
山 西 Shanxi	86820	259.09	208.08	51.01	228.99	160.63	26.22
内蒙古 Inner Mongolia	92200	188.97	188.97		175.96	150.07	
辽 宁 Liaoning	246260	681.79	516.31	165.48	688.10	445.49	113.83
吉 林 Jilin	141024	365.63	279.36	86.28	337.41	224.14	53.28
黑龙江 Heilongjiang	111665	510.56	410.39	100.17	485.90	318.57	62.13
上 海 Shanghai	113000	618.42	618.42		753.41	627.44	
江 苏 Jiangsu	331626	1292.37	772.35	520.02	1300.52	601.22	559.20
浙 江 Zhejiang	243553	834.48	448.94	385.55	901.78	405.31	345.76
安 徽 Anhui	121000	430.42	276.41	154.01	355.54	212.19	85.04
福 建 Fujian	196860	546.95	312.98	233.97	550.56	247.52	156.57
江 西 Jiangxi	136880	322.73	228.62	94.11	247.91	155.95	48.69
山 东 Shandong	311534	854.43	532.45	321.99	812.26	462.53	200.37
河 南 Henan	171450	723.20	521.24	201.96	616.82	395.86	102.32
湖 北 Hubei	175060	601.71	418.18	183.53	533.40	325.64	124.52
湖 南 Hunan	211530	449.65	315.37	134.29	413.33	246.54	91.49
广 东 Guangdong	541150	1393.84	823.65	570.20	1507.88	709.01	436.17
广 西 Guangxi	148120	289.48	216.70	72.78	246.20	162.14	33.32
海 南 Hainan	42420	66.79	53.29	13.50	70.65	42.91	8.25
重 庆 Chongqing	40500	266.21	198.04	68.17	204.36	135.99	31.14
四 川 Sichuan	192670	513.06	403.82	109.23	396.85	253.71	57.94
贵 州 Guizhou	53120	151.51	134.48	17.03	112.70	85.02	8.94
云 南 Yunnan	128094	313.06	242.96	70.10	248.46	165.96	38.92
西 藏 Tibet	7800	14.93	14.93		8.03	6.85	0.03
陕 西 Shaanxi	92380	285.08	221.97	63.11	241.46	169.75	34.53
甘 肃 Gansu	46365	159.28	133.54	25.73	124.85	100.69	9.95
青 海 Qinghai	29820	31.18	29.67	1.51	28.09	23.62	0.94
宁 夏 Ningxia	27290	67.30	55.91	11.39	48.35	39.17	4.19
新 疆 Xinjiang	114234	221.60	221.45	0.15	163.24	147.53	0.06

注：电话交换机容量中不包括用户交换机容量。1990 年以后，电话机总数中含移动电话。

a) The capacity of exchanges in this table excludes the capacity of exchanges owned by users. Since 1990, total number of telephone sets include mobile phones.

15-43 邮电通信水平
LEVEL OF POSTAL AND TELECOMMUNICATIONS SERVICES

指　标　Item	1995	1996	1997	1998
全国邮电通信水平				
National level				
平均每人每年发函件数　(件)	6.61	6.62	5.56	5.27
Annual Average Number of Letters Mailed per Capita				
平均每百人每年订报刊数　(份)	17.96	17.60	17.69	18.42
Annual Average Number of Newspaper and Magazine Subscribed per 100 Persons				
平均每百人拥有电话机部数　(部)	4.66	6.33	8.11	10.53
Number of Telephone Sets Owned per 100 Persons				
农村邮电通信水平				
Rural Level				
设有邮电局、所的乡(镇)比重　(%)	78.1	78.2	78.7	77.6
Percentage of Townships with Post and Telecommunications Offices				
通电话的乡(镇)比重　(%)	96.5	95.7	89.2	92.9
Percentage of Townships with Telephone Communication				
进入长话自动网的乡(镇)比重　(%)	55.1	71.2	81.7	87.5
Percentage of Townships with Connected Autoexchange Net of Long Distance Call				

主要统计指标解释

铁路营业里程 又称营业长度，指办理客货运输业务的铁路正线总长度。凡是全线或部分建成双线及以上的线路，以第一线的实际长度计算；复线、站线、段管线、岔线和特殊用途线以及不计算运费的联络线都不计算营业里程。铁路营业里程是反映铁路运输业基础设施发展水平的重要指标，也是计算客货周转量、运输密度和机车车辆运用效率等指标的基础资料。

铁路正线延展里程 指正线第一线、第二线、第三线和其他正线建筑里程之和，不包括站线、段管线、岔线及特殊用途线的延展里程。它是作为计算铁路线上钢轨、枕木及路基砂石需要量的主要依据。

铁路电气化里程 指在全部铁路营业里程中已安装了供电线路及设备，可以供电力机车牵引列车运行的区段的总里程。

铁路自动闭塞里程 为保证列车安全运行，在一个区间、同一时间内，一般只允许一列列车运行，这种保证列车在这个区间安全间隔运行的技术方法称为“闭塞”。自动闭塞里程是指装有列车自动完成闭塞作用设备的铁路里程。自动闭塞里程占铁路营业里程的比重是反映铁路现代化的重要标志之一。

公路里程 指在一定时期内实际达到《公路工程（WTBZ）技术标准 JTJ01－88》规定的等级公路，并经公路主管部门正式验收交付使用的公路里程数。包括大中城市的郊区公路以及通过小城镇街道部分的公路里程和桥梁、渡口的长度，不包括大中城市的街道、厂矿、林区生产用道和农业生产用道的里程。两条或多条公路共同经由同一路段，只计算一次，不得重复计算里程长度。它是反映公路建设发展规模的重要指标，也是计算运输网密度等指标的基础资料。

内河航道里程 也称内河通航里程，指在一定时期内，能通航运输船舶及排筏的天然河流、湖泊水库、运河及通航渠道的长度。包括全年季节性通航累计三个月以上的航道，不包括仅供零散流放竹、木排的河道。它是反映内河水运网规模、水平和发展情况的主要指标。

民用航空航线里程 指民航运输定期班机飞行的航线长度的总和。航线长度按机场之间的距离计算，通常有两种计算方法：一是将每条航线长度相加称为重复计算航线里程；一是将两线或两条以上航线经过同一区段里程，只计算一次航线长度称为不重复计算航线里程。一般常用的是后者，它能确切反映民航运输网的规模，是表明民航事业为国民经济服务和方便人民生活程度的主要指标。

输油（气）管道长度 也称输油（气）里程，指油品（或天然气）的实际输送距离，一般按输油（气）管道的单线长度计算。若包括复线和备用线长度则称为输油（气）管道延展长度，是指管道铺设的实际长度。我们通常使用的是不包括复线的“输油（气）管道里程”，它是反映管道运输发展规模和水平的主要指标。

货（客）运量 指在一定时期内，各种运输工具实际运送的货物（旅客）数量。它是反映运输业为国民经济和人民生活服务的数量指标，也是制定和检查运输生产计划、研究运输发展规模和速度的重要指标。货运按吨计算，客运按人计算。货物不论运输距离长短、货物类别，均按实际重量统计。旅客不论行程远近或票价多少，均按一人一次客运量统计；半价票、小孩票也按一人统计。

货（客）运密度 指在一定时期内某种运输方式在营运线路的某一区段平均每公里线路通过的货物（旅客）运输周转量。计算公式为：

$$货（客）运密度=\frac{货物（旅客）周转量}{营业线路长度}$$

货（客）运密度是反映交通运输线路上货物（旅客）运输量运输繁忙程度的主要指标，是平衡运输线路运输能力和通过能力，规划线路建设及改造、配备技术设备，研究运输网布局的重要依据。

货物（旅客）周转量 指在一定时期内，由各种运输工具运送的货物（旅客）数量与其相应运输距离的乘积之总和。它是反映运输业生产总成果的重要指标，也是编制和检查运输生产计划，计算运输效率、劳动生产率以及核算运输单位成本的主要基础资料。计算货物周转量通常按发出站与到达站之间的最短距离，也就是计费距离计算。

铁路货车平均静载重 指铁路货车在始发站静止状态下平均每车装载的货物重量，用以分析货车完成装车时车辆载重力的利用情况。计算公式为：

$$货车平均静载重=\frac{货物发送吨数}{装车数}$$

静载重的多少取决于运送货物的性质、种类、车辆的类型和装载技术的高低。根据货车的平均标记载重与静载重进行对比，可以反映货车载重能力的利用程度。计算公式为：

$$货车载重力利用率（\%）=\frac{货车平均静载重}{货车平均标记载重}\times 100\%$$

铁路货运机车日产量 指平均每台货运机车在一昼夜内所完成的总重吨公里数，包括载运货物的重量和车辆本身的自重。它从时间和牵引能力两方面反映了机车运用效率。计算公式为：

$$货运机车平均日产量=\frac{货运总重吨公里数}{货运机车台日数}$$

沿海主要港口货物吞吐量 指由水运进出沿海主要港区范围，并经过装卸的货物数量，包括邮件及办理托运手续的行李、包裹以及补给运输船舶的燃、物料和淡水。货物吞吐量的货种分类及其主要流向流量，反映了港口在国内外物资交流和对外贸易运输中的地位和作用。吞吐量可以分为进口、出口，又可以分为国内贸易和对外贸易。

邮电业务总量 指以货币表现的邮电业生产和服务的总量。邮电业务量按专业分类包括函件、包件、汇票、报刊发行、邮政快件、特快专递、邮政储蓄、集邮、公众电报、用户电报、传真、长途电话、出租电路、市话无线寻呼、移动电话、分组交换数据通信、出租代维等。核算方法为各类产品乘以相应的平均单价（不变价）之和，再加上出租电路和设备、代用户维护电话交换机和线路等的服务收入。它综合反映了一定时期邮电工作的总成果，是研究邮电业务量构成和发展趋势的重要指标。

无线寻呼电话用户 指携带小型寻呼机，接收市话用户通过无线寻呼中心，在规定范围内向其发出声音、数字或文字显示信息的用户。目前在邮电部门办理登记手续的无线寻呼电话用户，每一部寻呼机按一户计算。

移动电话用户 指在邮电部门登记，通过移动电话交换机进入移动电话网、占有移动电话号码的电话用户。用户数量以实际办理登记手续进入邮电部门移动电话网的户数进行计算，一部或一台移动电话统计为一户。

从1997年起，电话用户数和电话机部数分组调整为以用户所在区域划分为“城市电话用户”和“乡村电话用户”，与过去的按市内电话和农村电话划分方法不同。而总用户数、总电话机部数统计方法不变。

⑴城市电话用户：指直辖市、省辖市、地级市、县级市的市区、市郊区及县城（包括县人民政府所在地的县城关区或行政建制相当于县人民政府所在地的镇）范围内接入局用交换机的电话用户数，包括分布在农村地区的独立工矿区、林区、驻军等接入局用交换机的电话用户数。

⑵乡村电话用户：指县城关区以下的集镇和农村接入局用交换机的电话用户数。

⑶住宅电话：指话机装在居民住宅里的电话，包括私人付费、公费和免费三个部分。

⑷私人付费电话：指住宅居民自费安装并自己缴纳通话费的电话。

Explanatory Notes on Main Statistical Indicators

Length of Railways in Operation refers to the total length of the trunk line under passenger and freight transportation. The calculation is based on the actual length of the first line even if this line has a full or partial double track or more tracks, excluding double tracks, station sidings, tracks under the charge of stations, branch lines, special-purpose lines and the non-payable connecting lines. The length of railways in operation is an important indicator to show the development of the infrastructure for the railway transport, and also the essential data to calculate volume of passenger freight transport, traffic density and utilization efficiency of the locomotives and carriages.

Extenuation Length of Trunk Lines refers to the sum of the first, the second, the third lines and other constructed length of the trunk railways, excluding the extenuation length of the station lines, lines under the jurisdiction of depots, sidings and lines for special purpose. It provides important information for the calculation of the needs for rails, sleepers, sand and stone for the construction of railways.

Length of Electrified Railways refers to the length of the section of railways in operation in which the power supply lines and other equipment are installed for the running of electrified locomotives. The proportion of the length of electrified railways to the total length of railways in operation is an important indicator to show the modernization of railways.

Automatic-blocking Length of Railways: Blocking is a spacing technique by which a section of the railway only allows one train to pass at a time, in order to ensure the traffic safety. Automatic blocking length of railways refers to railways installed with equipment to perform automatic blocking of trains, the proportion of automatic-blocking length to the total length of railways in operation is an important indicator to show the modernization of railways.

Length of Highways refers to the length of highways which are built in conformity with the grades specified by the highway engineering standard formulated by the Ministry of Communications, and have been formally checked and accepted by the departments of highways and put into use. The length of highways includes that of the suburb highways at large and medium-sized cities, highways passing through streets at small cities and towns, and also the length of bridges and ferries. It does not include the length of streets in big and medium-sized cities and highways built for the production purpose at factories, mines, forest areas and agricultural areas. If two or more highways go the same section of the way, the length of the section is only calculated for once and no duplication is allowed. The length of highways is an important indicator to show the development of the highway construction and to provide essential information to calculate the transport network density.

Length of Navigable Inland Waterways an indicator reflecting the size and development of inland water network, it refers to the length of the natural rivers, lakes, reservoirs, canals, and ditches open to navigation during a given period, which enables the transport by ships and rafts. It includes the channels open to navigation for over an accumulative 3 months in a year, yet this does not include the river courses which are only used to float odd logs and bamboo rafts.

Length of Civil Aviation Routes refers to the length of all routes for regular civil aviation flights. There are usually two ways to calculate the distance between airports connected by the route length: One is to put the length of all air routes together, called duplicated calculation of the length of the routes; the other is not to allow the duplication in calculation when two or more routes passing the same section of aviation routes. The latter is usually used, as it can precisely show the size of the civil aviation network and indicate the extent of civil aviation serving the national economy and the people.

Length of Oil (Gas) Pipelines used as an indicator to show the development, scale and level of the pipeline transportation, it refers to the actual transport distance of oil(or gas)products, and is in general calculated in the length of single pipe line. If the length of the double pipelines and alternate pipeline are included, it is called the extension length of the oil (gas) pipelines, which indicates the actual length of the pipelines built, excluding double pipelines.

Freight(Passenger) Traffic refers to the volume of freight(passenger) transported with various means. Freight transport is calculated in tons and passenger traffic is calculated in the number of persons. Despite the type of freight and travelling distance, the freight transport is calculated in the actual weight of the goods: and despite the travelling distance and ticket price, the passenger traffic is calculated by the principle that one person can be counted only once in one travel. The passenger who travel with a half-price ticket or a child ticket is also calculated as one person. The freight(passenger) traffic provides a quantitative measure to show how the transport industry serves the national economy and people, and is also an important indicator for planning the transport industry and for studying the development scale and speed of the transport industry.

Freight(Passenger) Traffic Density refers to the freight (passenger) traffic volume carried by a particular means of transportation during a given period through one kilometer of a specific section of transportation route. The formula is as follows:

$$\begin{array}{c}\text{Freight(Passenger)}\\ \text{Traffic Density}\end{array} = \frac{\text{Freight Ton-kilometers (Passenger-kilometers)}}{\text{Length of Route in Operation}}$$

Freight(passenger) traffic density reflects the degree of business of freight(passenger) traffic on transportation routes, and therefore provides important information for balancing transport capability, planning construction and upgrading of transport routes and studying the distribution of transport network.

Freight Ton-kilometers (Passenger-kilometers) refer to the sum of the products of the volume of transported cargo (passengers) multiplying by the transport distance, usually using ton-kilometer and passenger-kilometer as units for measurement. Normally, the shortest distance between the departure station and the destination station (i.e., the payable distance) is the basis to calculate the freight ton-kilometers. This is an important indicator to show the total results of the transport industry, to prepare and examine the transport plan and to measure the efficiency, the labour productivity and the unit cost of transport.

Static Load of Freight Cars refers to the average cargo weight as loaded by each freight car under the static condition at the departure station. It is used to show the utilization extent of the loading capacity of the freight cars. The formula is:

$$\begin{array}{c}\text{Static Load(ton)}\\ \text{of Freight Car}\end{array} = \frac{\text{Tonnage of Goods Dispatched}}{\text{Number of Freight Cars Loaded}}$$

The static load of freight cars is determined by the nature and type of goods loaded, the type of vehicles, and the technique of loading. The difference between the average marked load and the static load of freight cars reflects the utilization of loading capacity of freight cars. For its calculation the following formula is applied:

$$\begin{array}{c}\text{Utilization Rate of Capacity}\\ \text{of Freight Cars(\%)}\end{array} = \frac{\text{Average Static Load}}{\text{Average Marked Load}} \times 100\%$$

Average Daily Haul of Freight Locomotives refers to the average total ton-kilometers accomplished by each freight transport locomotive over day and night. It includes both the weight of the goods carried and the dead weight of the train itself. It is a comprehensive indicator reflecting the locomotive efficiency in terms of both time and the pulling force.

$$\begin{array}{c}\text{Average Daily Haul of Freight}\\ \text{Transport Locomotive}\end{array} = \frac{\text{Total Ton/Kilometers of Freight}}{\text{Daily Number of Freight Transport Locomotive}}$$

Volume of Freight Handled in Major Coastal Ports refers to the volume of cargo passing in and out the harbor area of the major coastal ports and having been loaded and unloaded. The volume includes that of the postal matters, registered luggage and fuels, materials and fresh water as supplies of the ships. The volume of freight handled may be classified as import, export, or as domestic trade and foreign trade. The volume of freight handled by type of cargo and by main flow direction reflects the position and function of the ports in the inflow of Chinese and foreign commodities and in the transportation for foreign trade.

Business Volume of Post and Telecommunications refers to the total amount of post and telecommunications services, expressed in value terms, provided by the post and telecommunications departments for the customers. Post and telecommunication services can be classified as letters, parcels, remittance, issue of newspapers and magazines, fast mail service, express mail service, savings deposits, stamps for collection, public and individual telegraph service, facsimiles, long-distance telephone service, leasing of telephone lines, urban paging service, mobile telephone service, data transfer and transmission, etc. The accounting approach is to multiply the service products of all types with their average unit price (constant price) to get sum of business value, plus income from other services such as leasing of telephone lines and equipment, maintenance of telephone switchboards and lines on behalf of customers. This indicator reflects the overall results of post and telecommunications service during a given period, and is important to study the composition of business service and the development of post and telecommunications service.

Subscribers of Paging Services refer to subscribers who carry small-size pagers and receive audio signals, digital signals or character signals sent out by city telephone through wireless paging center within assigned area. Each pager is counted as a subscriber.

Mobile Telephone Subscribers refer to the persons who own mobile telephone number connected with the mobile telephone communication network and registered by post and telecommunications organization. The number of subscribers is calculated only when the subscribers who have gone through all the register formalities and entered into the mobile telephone network. One mobile telephone is treated as a subscriber.

Since 1997, the classification of telephone subscribers and number of telephones was modified on the basis of physical location of the subscribers as "urban telephone subscribers" and "rural telephone subscribers", which is different from the previous classification of categorizing "local telephones" and "rural telephones", while the definition of total subscribers and total number of telephones remain unchanged.

1. Urban telephone subscribers: refer to telephone subscribers connected to exchanges installed in the urban and suburban districts of cities under the jurisdiction of central and provincial governments, of cities at prefecture or county levels, and in county towns (including towns where the county government is located). They also include subscribers connected to exchanges installed in independent industrial and mining zones, forest zones and military institutions located in rural areas.

2. Rural telephone subscribers: refer to telephone subscribers connected to exchanges installed in small towns and in rural areas.

3. Household telephone subscribers: refer to telephone sets installed in the dwelling units of residents, include 3 types of payment for the service: private payment, public payment and free service.

4. Private-paid telephone subscribers: refer to subscribers who pay for the installation and service of telephones.

十六 国内贸易

DOMESTIC TRADE

简要说明

一、本篇资料反映我国国内市场发展情况和批发零售贸易业、餐饮业商品经营情况。主要内容有批发零售贸易业商品流通，批发零售贸易企业、餐饮企业财务状况，社会消费品零售总额、国内集市贸易等。

二、本篇资料是国家统计局贸易外经司根据批发零售贸易、餐饮业统计报表制度进行搜集和加工整理而得，城乡集市贸易情况由国家工商行政管理局提供。

三、本篇资料的统计范围和调查方法：财务状况报表为限额以上批发、零售贸易业法人企业和餐饮业法人企业。社会消费品零售总额报表为有零售业务的企业、事业单位以及农业生产者。限额以上企业（单位）逐一调查，自下而上逐级汇总上报，采取全面调查的方法；其他资料有的以抽样调查数据推断，有的利用工商、税务等部门的有关资料推算。

四、本篇资料中各地区社会消费品零售总额相加不等于全国总计，原因是全国总计根据相关核算资料和部门资料进行了修正和调整。

BRIEF INTRODUCTION

I. The data in this chapter show the development of China's domestic market and the sales of the commodities in wholesale and retail sale trades as well as catering trade, including mainly the circulation of commodities in the wholesale and retail sale trades, the financial condition of the wholesale, retail and catering trade enterprises, the total sales of the consumer goods in the whole country and the domestic fair trade, etc.

II. Data in this chapter are collected and processed in accordance with the statistical reporting scheme on wholesale and retail sale trades as well as catering trade, stipulated by the Department of Trade and External Economic Relations of the National Bureau of Statistics. Data on the urban and rural fair trade are provided respectively by the State Administration for Industry and Commerce.

III. Statistical coverage and survey methods: Statistics on financial conditions include all corporate enterprises of wholesale, retail and catering trade that are above the designated size. Statistics on retail sales of consumer goods include all enterprises, institutional units and peasants engaged in retail sale business. are The method used in data collection for enterprises (units) above designated size is a complete enumeration, under which all units are covered in the survey and data are reported from lower to higher level statistical offices. For units below the designated size, sample surveys are used, and in some cases, administrative registers from industrial and commercial administration and taxation administration are used in the estimation.

IV. In this chapter, the sum of total retail sales of consumer goods of all provinces is not equal to the national total, as the national total has been adjusted and modified in line with national accounts data and data from other departments.

16-1 国内贸易基本情况
BASIC CONDITIONS OF DOMESTIC TRADE

单位:亿元 (100 million yuan)

指标	Item	1994	1995	1996	1997	1998
法人机构 (个)	**Number of Corporation Units**					
批发零售贸易业	Engaged in Wholesale and Retail Trades	511757	548487	592487		
餐饮业	Engaged in Catering Trade	47578	45201	48240		
从业人员 (人)	**Persons Engaged (person)**					
批发零售贸易业	In Wholesale and Retail Trades	37000908	41515693	44991244		
餐饮业	In Catering Trade	6350650	7100962	7753108		
批发零售贸易业	**Wholesale and Retail Trades**					
商品购进总额 (亿元)	Total Purchases (100 million yuan)	32433.0	36983.6	38549.7	39788.3	24297.4
商品销售总额 (亿元)	Total Sales (100 million yuan)	35161.0	40545.3	42546.9	55168.7	56437.7
商品库存总额 (亿元)	Total Inventory (100 million yuan)	6100.9	6705.5	7227.3	7544.8	3789.7
社会消费品零售总额 (亿元)	**Total Retail sales of consumer Goods (100 million yuan)**	**16264.7**	**20620.0**	**24774.1**	**27298.9**	**29152.5**
按销售单位所在地分	By Location of Establishments					
市	City	9661.2	12376.7	14951.2	16650.4	17825.2
县	County	2407.2	2919.6	3280.0	3500.1	3681.9
县以下	Under County Level	4196.3	5323.7	6542.9	7148.4	7645.4
按行业分	By Sector					
批发零售贸易业	Wholesale and Retail Trades	11039.7	13801.3	16205.1	18108.3	19185.8
餐饮业	Catering Trade	1175.1	1579.2	2024.9	2433.3	2816.4
制造业	Manufacturing	1272.8	1540.7	1775.3	1987.9	2037.6
农业生产者	Farm Producers	2143.7	2777.6	3261.9	3744.9	4088.7
其他	Others	633.4	921.2	1506.9	1024.5	1024.0

注:1. 1998 年批发零售贸易业商品购、销、存总额为限额以上批发零售贸易业数据。
2. 1997 年以后社会消费品零售总额不含居民购买住房(下表同)。

a) Figures of 1998 on purchase, sales and inventory by wholesale and retail trade refer to units above designated size.
b) Data on total retail sales of consumer goods since 1997 exclude purchase of commodity housing by households.

16-2 社会消费品零售总额(按销售单位所在地分)
TOTAL RETAIL SALES OF CONSUMER GOODS BY LOCATION OF RETAILERS

单位：亿元 (100 million yuan)

年份 Year	地区 Region	社会消费品零售总额 Total Retail Sales of Consumer Goods	市 City	县 County	县以下 Under County Level
1952		276.8			
1957		474.2			
1962		604.0			
1965		670.3			
1970		858.0			
1975		1271.1			
1978		1558.6			
1980		2140.0	733.6	399.4	1007.0
1985		4305.0	1874.5	737.2	1693.3
1986		4950.0	2018.0	902.0	2030.0
1987		5820.0	2427.0	1030.0	2363.0
1988		7440.0	3260.8	1264.3	2914.9
1989		8101.4	3666.8	1329.5	3105.1
1990		8300.1	3888.6	1337.4	3074.1
1991		9415.6	4529.8	1491.2	3394.6
1992		10993.7	5470.3	1689.8	3833.6
1993		12462.1	7224.9	2039.5	3197.7
1994		16264.7	9661.2	2407.2	4196.3
1995		20620.0	12376.7	2919.6	5323.7
1996		24774.1	14951.2	3280.0	6542.9
1997		27298.9	16650.4	3500.1	7148.4
1998		29152.5	17825.2	3681.9	7645.4
北京	Beijing	1167.2	905.0	111.6	150.6
天津	Tianjin	587.1	466.4	36.9	83.8
河北	Hebei	1332.6	626.0	249.7	456.9
山西	Shanxi	547.1	318.6	114.9	113.6
内蒙古	Inner Mongolia	399.5	237.7	95.6	66.2
辽宁	Liaoning	1568.7	1286.0	87.0	195.7
吉林	Jilin	680.5	518.9	72.0	89.6
黑龙江	Heilongjiang	949.7	679.9	138.0	131.8
上海	Shanghai	1471.1	1179.2	71.5	220.4
江苏	Jiangsu	2238.0	1353.4	156.2	728.4
浙江	Zhejiang	1909.2	1036.0	183.6	689.6
安徽	Anhui	924.8	430.2	207.1	287.5
福建	Fujian	1132.5	642.4	145.4	344.7
江西	Jiangxi	605.1	278.4	141.6	185.1
山东	Shandong	2127.2	1304.9	204.9	617.4
河南	Henan	1496.2	728.3	325.1	442.8
湖北	Hubei	1481.4	896.1	156.1	429.2
湖南	Hunan	1125.3	556.8	218.0	350.5
广东	Guangdong	3248.6	2143.8	182.7	922.1
广西	Guangxi	734.0	352.3	146.8	234.9
海南	Hainan	147.8	97.2	12.4	38.2
重庆	Chongqing	553.7	304.8	77.7	171.2
四川	Sichuan	1298.6	620.7	218.2	459.7
贵州	Guizhou	289.9	161.3	58.4	70.2
云南	Yunnan	500.2	260.3	119.3	120.6
西藏	Tibet				
陕西	Shaanxi	518.8	337.4	89.7	91.7
甘肃	Gansu	303.7	192.7	50.3	60.7
青海	Qinghai	70.6	42.9	17.2	10.5
宁夏	Ningxia	77.1	49.7	14.3	13.1
新疆	Xinjiang	327.5	197.9	59.9	69.7

注：1. 1992年以前为社会商品零售总额(下表同)。
2. 分地区相加不等于全国,原因是全国数据进行了修正(下表同)。

a) Figures before 1992 refer to retail sales of commodities. Similarly in following tables.
b) The sum of provincial figures do not add up to the national total, as the national total was adjusted. Similarly in following tables.

16-3 社会消费品零售总额(按经济类型分)

TOTAL RETAIL SALES OF CONSUMER GOODS BY OWNERSHIP

单位：亿元　　(100 million yuan)

年份 地区 Year Region		国有单位 State-owned	集体单位 Collective Owned	合营 Joint Owned	个体 Individual	其他 Others
	1952	45.0	50.3	1.1	168.6	11.8
	1957	176.3	195.8	76.0	12.9	13.2
	1962	306.7	256.0		14.3	27.0
	1965	355.5	289.3		12.5	13.0
	1975	708.3	536.0		1.8	25.0
	1978	851.0	674.4		2.1	31.1
	1980	1100.7	954.9	0.4	15.0	69.0
	1985	1740.0	1600.3	12.7	661.0	291.0
	1990	3285.9	2631.0	40.3	1569.6	773.3
	1992	4539.8	3068.2	80.3	2228.0	1077.4
	1993	4676.4	2741.0	36.3	3016.9	1991.5
	1994	5193.9	3375.2	70.4	4626.6	2998.6
	1995	6154.1	3981.6	73.3	6253.8	4157.3
	1996	6745.1	4567.0	125.3	7923.7	5413.0
	1997	6355.9	4768.0	148.6	9512.2	6514.2
	1998	6021.3	4829.9	164.3	10802.2	7334.8
北　京	Beijing	371.3	290.5	36.0	272.0	197.4
天　津	Tianjin	115.7	96.0	6.5	99.2	269.7
河　北	Hebei	296.3	180.3	1.6	655.1	199.3
山　西	Shanxi	126.5	86.0	0.1	189.0	145.5
内蒙古	Inner Mongolia	99.3	51.4	1.2	157.0	90.6
辽　宁	Liaoning	226.9	156.1	0.9	738.5	446.3
吉　林	Jilin	89.2	45.2	0.5	315.6	230.0
黑龙江	Heilongjiang	224.9	99.1	0.1	456.5	169.1
上　海	Shanghai	590.9	417.0	36.8	82.8	343.6
江　苏	Jiangsu	475.9	616.6	10.0	557.2	578.3
浙　江	Zhejiang	228.2	216.3	8.3	894.3	562.1
安　徽	Anhui	196.3	171.5	1.9	315.0	240.1
福　建	Fujian	140.3	181.4	8.4	606.7	195.7
江　西	Jiangxi	138.4	87.3	0.0	213.2	166.2
山　东	Shandong	403.6	400.9	9.2	796.7	516.8
河　南	Henan	284.6	243.2	2.7	709.2	256.5
湖　北	Hubei	285.2	213.6	1.0	521.5	460.1
湖　南	Hunan	197.1	137.0	1.5	507.5	282.2
广　东	Guangdong	653.9	518.9	38.1	1215.7	822.0
广　西	Guangxi	117.5	102.2	0.8	344.7	168.8
海　南	Hainan	27.0	7.0	1.4	65.1	47.3
重　庆	Chongqing	92.0	63.5	0.7	161.0	236.5
四　川	Sichuan	207.8	236.3	1.3	453.2	400.0
贵　州	Guizhou	55.0	37.1	0.3	144.4	53.1
云　南	Yunnan	116.0	84.5	1.2	156.1	142.4
西　藏	Tibet					
陕　西	Shaanxi	138.7	93.9	0.5	139.1	146.6
甘　肃	Gansu	57.1	34.8	0.3	133.6	77.9
青　海	Qinghai	19.8	5.2	0.2	31.5	13.9
宁　夏	Ningxia	21.8	7.0	2.2	20.2	25.9
新　疆	Xinjiang	119.3	19.5	0.2	117.9	70.6

注：1. 合营零售额1952-1957年是公私合营，1980年以后包括各种不同经济类型的合营和中外合营。
2. 个体零售额1952-1957年包括私营。
3. 1993年以后，其他经济包括私营、股份制、外商投资、港澳台投资经济。

a)The retail sales of the joint-owned units in 1952-1958 referred to those of the joint state-private units. Since 1958, it referred to those of the enterprises of various forms of domestic joint ownership and the Sino-foreign joint ventures.
b)The retail sales of the individuals in 1952-1957 included those of the private enterprises.
c)Since 1993, other types of ownership have included private, share holding, foreign funded enterprises and enterprises funded by the entrepreneurs from Hong Kong, Macao and Taiwan. The retail sales to the non-agricultural residents by the agricultural residents have also been included.

16-4 社会消费品零售总额(按行业分)

TOTAL RETAIL SALES OF CONSUMER GOODS BY SECTOR

单位:亿元 (100 million yuan)

年份 地区 Year Region	批发零售贸易业 Wholesale and Retail Sale Trades	餐饮业 Catering Trade	制造业 Manufacturing	农业生产者 Agriculture	其他行业 Others
1952	211.3	14.1	37.9	11.8	1.7
1957	399.5	24.2	33.9	13.2	3.4
1962	502.1	39.1	27.9	27.0	7.9
1965	594.6	31.2	24.2	13.0	7.3
1970	769.3	29.6	27.4	17.0	14.7
1975	1113.9	45.5	61.6	25.0	25.1
1978	1363.7	54.8	73.2	31.1	35.8
1980	1768.0	80.0	165.0	69.0	58.0
1985	3272.2	196.9	400.7	291.0	144.2
1986	3717.8	232.8	457.6	375.0	166.8
1987	4343.5	283.0	537.1	461.0	195.4
1988	5544.6	366.5	686.1	595.0	247.8
1989	6009.5	405.1	720.3	698.0	268.5
1990	6127.4	419.8	699.1	773.3	280.5
1991	6903.9	492.0	788.0	909.8	321.9
1992	7922.2	589.7	939.4	1077.4	465.0
1993	8726.9	800.1	1062.9	1436.2	436.0
1994	11039.7	1175.1	1272.8	2143.7	633.4
1995	13801.3	1579.2	1540.7	2777.6	921.2
1996	16205.1	2024.9	1775.3	3261.9	1506.9
1997	18108.3	2433.3	1987.9	3744.9	1024.5
1998	19185.8	2816.4	2037.6	4088.7	1024.0
北京 Beijing	758.7	95.2	58.8	166.4	88.1
天津 Tianjin	333.4	50.0	26.7	54.2	122.8
河北 Hebei	925.2	116.4	118.4	136.7	35.9
山西 Shanxi	357.7	45.8	34.9	85.3	23.4
内蒙古 Inner Mongolia	259.0	34.3	32.3	59.3	14.6
辽宁 Liaoning	1123.9	159.5	52.7	206.2	26.4
吉林 Jilin	426.3	62.0	24.9	151.7	15.6
黑龙江 Heilongjiang	734.1	77.2	36.9	87.2	14.3
上海 Shanghai	1189.8	92.8	42.0	138.2	8.3
江苏 Jiangsu	1540.5	175.6	184.5	289.0	48.4
浙江 Zhejiang	1319.3	134.4	129.8	242.9	82.8
安徽 Anhui	588.9	77.9	82.3	151.2	24.5
福建 Fujian	806.1	123.7	54.9	89.3	58.5
江西 Jiangxi	366.4	48.7	45.5	131.7	12.8
山东 Shandong	1328.4	198.8	272.3	224.6	103.1
河南 Henan	941.4	169.2	195.7	142.8	47.1
湖北 Hubei	916.6	141.2	89.9	266.7	67.0
湖南 Hunan	718.8	97.9	67.0	208.2	33.4
广东 Guangdong	2141.3	470.9	169.2	368.7	98.5
广西 Guangxi	469.7	80.6	51.4	110.1	22.2
海南 Hainan	84.4	18.9	3.4	34.1	7.0
重庆 Chongqing	298.2	43.7	36.3	164.9	10.6
四川 Sichuan	749.3	155.8	89.6	250.6	53.3
贵州 Guizhou	193.7	24.7	17.5	41.2	12.8
云南 Yunnan	332.0	50.5	24.6	81.3	11.8
西藏 Tibet					
陕西 Shaanxi	321.2	48.7	49.7	86.4	12.8
甘肃 Gansu	188.0	35.5	18.7	50.9	10.6
青海 Qinghai	47.2	9.0	4.1	8.9	1.4
宁夏 Ningxia	46.7	7.0	4.1	18.1	1.2
新疆 Xinjiang	206.9	27.8	23.7	50.1	19.0

16-5 批发零售贸易业商品购、销、存总额(1998年,按行业分)

TOTAL PURCHASES, SALES AND INVENTORY OF WHOLESALE AND RETAIL TRADE BY SECTOR(1998)

单位：亿元　　　　(100 million yuan)

指　标　Item	购进总额 Total Purchases	销售总额 Total Sales	限额以上 Above Designated Size	限额以下 Below Designated Size	年末库存总额 Inventory (year-end)
总　计 Total	**24297.4**	**56437.7**	**27146.8**	**29290.9**	**3789.7**
食品、饮料、烟草批发业 Wholesale of Food, Beverages and Tobaccos	5107.9	8583.2	5919.5	2663.7	870.1
粮食、食用油批发业 Wholesale of Grains and Edible Oil	818.5	2061.3	850.3	1211.0	402.2
烟草及其制品批发业 Whole of Tobaccos	3067.3	3972.8	3612.9	359.9	306.6
棉、麻、土畜产品批发业 Wholesale of Cotton, Ambery and Animal Products	861.4	990.9	809.3	181.6	521.6
纺织品、服装和鞋帽批发业 Wholesale of Textiles, Garments, Shoes and Hats	1315.1	2192.9	1553.3	639.6	93.3
日用百货批发业 Wholesale of Daily Consumer Goods	623.0	1246.1	723.3	522.8	93.2
日用杂品批发业 Wholesale of Daily Sundry Articles	95.2	252.6	107.1	145.5	15.2
五金、交电、化工批发业 Wholesale of Hardware, Transport, Electric and Chemical Products	1057.9	1949.9	1180.6	769.3	102.3
药品及医疗器械批发业 Wholesale of Medicines and Medical Appliances	744.5	1202.6	853.7	348.9	158.1
能源批发业 Wholesale of Energy Products	2534.6	3643.7	2781.5	862.2	157.1
#石油及制品批发业 Wholesale of Petroleum and Related Products	2132.1	2896.4	2317.8	578.6	115.4
煤炭及制品批发业 Wholesale of Coal and Related Products	334.8	627.4	394.0	233.4	30.2
化工材料批发业 Wholesale of Chemical Materials	671.5	1108.3	718.2	390.1	67.2
木材批发业 Wholesale of Timber	50.4	184.4	58.9	125.5	8.2
建筑材料批发业 Wholesale of Building Materials	166.8	605.4	184.9	420.5	19.8
矿产品批发业 Wholesale of Mineral Products	67.8	123.2	72.7	50.5	7.5
金属材料批发业 Wholesale of Metal Materials	1813.5	2811.0	1916.3	894.7	187.1
机械、电子设备批发业 Wholesale of Machinery and Electronic Equipment	1487.9	1983.9	1413.6	570.3	131.7
汽车、摩托车及零配件批发业 Wholesale of Motor Vehicles, Motorcycles and	1212.7	1639.6	1262.1	377.5	139.4

16-5 **续表** continued

单位：亿元 (100 million yuan)

指　标 Item	购进总额 Total Purchases	销售总额 Total Sales	限额以上 Above Designated Size	限额以下 Below Designated Size	年末库存总额 Inventory (year-end)
Parts					
#汽车批发业 Wholesale of Motor Vehicles	914.6	1097.5	956.1	141.4	91.8
再生物资回收批发业 Wholesale of Recycled Materials	162.1	330.3	172.3	158.0	25.3
工艺美术批发业 Wholesale of Arts and Handicraft Products	127.7	195.8	156.0	39.9	14.6
图书报刊批发业 Wholesale of Books, Newspapers and Magazines	291.1	369.6	290.5	79.1	41.2
农业生产资料批发业 Wholesale of Means of Agricultural Production	1391.3	2558.9	1510.1	1048.8	217.6
其他类未包括的批发业 Other Wholesale not Classified Elsewhere	533.2	1236.4	725.7	510.8	82.3
食品、饮料、烟草零售业 Retail of Food, Beverages and Tobaccos	589.0	1863.4	674.6	1188.8	140.8
#粮油食品零售业 Retail of Grains and Edible Oil	150.1	556.4	156.9	399.5	78.7
副食品零售业 Retail of Non-staple Food	202.7	637.5	238.7	398.8	29.2
日用百货零售业 Retail of Daily Consumer Goods	2095.6	4043.4	2595.4	1448.0	445.1
#百货零售业 Retail of Consumer Goods	1913.2	3186.0	2382.2	803.8	411.3
文化体育用品零售业 Retail of Cultural and Sports Goods	24.1	88.6	30.9	57.7	5.8
纺织品、服装和鞋帽零售业 Retail of Textiles, Garments, Shoes and Hats	112.0	435.3	133.2	302.1	28.6
日用杂品零售业 Retail of Daily Sundry Articles	29.3	161.7	35.5	126.2	5.8
五金、交电、化工零售业 Retail of Hardware, Transport, Electric and Chemical Products	355.1	855.1	410.8	444.3	80.9
药品及医疗器械零售业 Retail of Medicines and Medical Appliances	158.5	322.8	193.7	129.1	40.7
图书报刊零售业 Retail of Books, Newspapers and Magazines	228.8	336.1	219.2	116.9	40.0
其他零售业 Other Retail Trade	413.5	1158.7	474.8	683.9	55.1
#家具零售业 Retail of Furniture	33.6	99.2	36.3	62.9	2.3
汽车、摩托车及其零配件零售业 Retail of Motor Vehicles, Motorcycles and Parts	156.5	322.4	163.2	159.2	21.9
计算机及软件、办公设备零售业 Retail of Computers, Software and Office Appliances	37.8	105.0	41.2	63.8	5.9

注：购进总额、库存总额不包括限额以下批发零售贸易业数据(下表同)。

a) Figures on total purchase and inventory exclude wholesale and retail trade below the designated size.

16-6 批发零售贸易业商品购、销、存总额(1998年,按地区分)

TOTAL SALES AND INVENTORY IN WHOLESALE AND RETAIL SALE TRADES BY REGION(1998)

单位：亿元 (100 million yuan)

地区 Region		购进总额 Total Goods Purchase	销售总额 Total Sales	限额以上 Above Designated Size	限额以下 Below Designated Size	年末库存总额 Inventory (year-end)
全国	**National Total**	**24297.4**	**56437.7**	**27146.8**	**29290.9**	**3789.7**
北京	Beijing	2518.9	3290.9	2585.8	705.1	482.5
天津	Tianjin	633.7	958.9	695.4	263.5	102.2
河北	Hebei	715.2	2360.9	790.1	1570.8	95.6
山西	Shanxi	242.9	748.9	298.1	450.8	55.0
内蒙古	Inner Mongolia	149.3	487.7	171.3	316.4	32.3
辽宁	Liaoning	1128.6	2958.7	1211.4	1747.3	138.1
吉林	Jilin	215.3	848.8	236.5	612.3	64.3
黑龙江	Heilongjiang	387.6	1412.6	422.2	990.4	129.7
上海	Shanghai	2394.3	3700.3	2850.0	850.3	241.4
江苏	Jiangsu	2315.8	5202.9	2609.7	2593.2	300.2
浙江	Zhejiang	2173.6	5037.5	2357.8	2679.7	205.5
安徽	Anhui	561.0	1520.7	603.2	917.5	117.5
福建	Fujian	833.2	2001.3	920.9	1080.4	76.3
江西	Jiangxi	256.4	885.1	297.3	587.8	44.2
山东	Shandong	1486.1	3535.8	1687.3	1848.5	251.9
河南	Henan	888.2	2253.8	1002.6	1251.2	175.1
湖北	Hubei	808.1	2183.4	965.2	1218.2	169.8
湖南	Hunan	643.1	1816.8	708.0	1108.8	101.4
广东	Guangdong	2243.2	6721.2	2516.0	4205.2	206.0
广西	Guangxi	350.4	1020.4	404.7	615.7	47.6
海南	Hainan	51.2	183.7	60.4	123.3	12.4
重庆	Chongqing	290.4	716.1	336.5	379.6	50.2
四川	Sichuan	666.2	1821.4	746.3	1075.1	113.2
贵州	Guizhou	191.5	581.3	225.1	356.2	45.5
云南	Yunnan	1021.7	1796.6	1235.9	560.7	180.4
西藏	Tibet	9.9	41.8	10.3	31.5	3.9
陕西	Shaanxi	302.5	848.0	352.6	495.4	40.8
甘肃	Gansu	139.9	452.9	151.3	301.6	38.9
青海	Qinghai	32.8	101.3	42.1	59.2	9.4
宁夏	Ningxia	40.3	101.2	48.5	52.7	14.1
新疆	Xinjiang	606.1	846.8	604.3	242.5	244.3

16-7 餐饮业销售情况（1998年）
CATERING TRADE(1998)

单位:亿元 (100 million yuan)

指 标	Item	营业收入 Business Revenue	# 商品零售额 Retail Sales of Commodities
总 计	**Total**	**3080.3**	**2816.4**
按限额标准分	By Size of Enterprises		
限额以上企业	Above Designated Size	470.9	424.3
限额以下企业	Below Designated Size	2609.4	2392.1
按地区分	By Region		
北 京	Beijing	96.5	90.6
天 津	Tianjin	62.8	57.3
河 北	Hebei	143.1	116.2
山 西	Shanxi	45.7	42.1
内蒙古	Inner Mongolia	36.6	34.9
辽 宁	Liaoning	169.2	159.5
吉 林	Jilin	67.5	61.9
黑龙江	Heilongjiang	73.8	60.4
上 海	Shanghai	101.1	92.5
江 苏	Jiangsu	203.3	175.6
浙 江	Zhejiang	136.8	132.7
安 徽	Anhui	82.8	77.8
福 建	Fujian	125.4	123.7
江 西	Jiangxi	54.6	48.7
山 东	Shandong	218.8	198.8
河 南	Henan	177.1	168.6
湖 北	Hubei	164.2	141.2
湖 南	Hunan	108.6	97.9
广 东	Guangdong	486.9	472.1
广 西	Guangxi	83.0	77.5
海 南	Hainan	19.4	18.3
重 庆	Chongqing	45.4	43.7
四 川	Sichuan	161.8	149.3
贵 州	Guizhou	26.8	24.7
云 南	Yunnan	42.5	37.9
西 藏	Tibet	7.7	5.3
陕 西	Shaanxi	55.3	48.7
甘 肃	Gansu	38.6	35.4
青 海	Qinghai	10.8	9.2
宁 夏	Ningxia	7.2	6.9
新 疆	Xinjiang	27.0	25.5

注:分地区商品零售额相加不等于全国,原因是全国数据进行了调整。

a) The sum of provincial figures do not add up to the national total, as the national total was adjusted.

16-8 城乡集市贸易情况
FREE MARKETS IN URBAN AND RURAL AREAS

项　目	Item	1985	1990	1996	1997	1998
集市数(个)	**Number of Free Markets**	**61337**	**72579**	**85391**	**87105**	**95379**
城市	Urban Areas	8013	13106	20832	22352	27698
乡村	Rural Areas	53324	59473	64559	64753	67681
集市贸易成交额(亿元)	**Transaction Value(100 million yuan)**	**632.3**	**2168.2**	**14694.9**	**17424.5**	**19835.5**
城市	Urban Areas	120.7	837.8	7882.5	9468.8	11042.8
乡村	Rural Areas	511.6	1330.4	6812.4	7955.7	8792.7
在集市贸易成交额中	**Of the Transaction Value:**					
#粮油类	#Grain and Oil	49.6	146.8	1141.1	1360.6	1464.8
肉禽蛋类	Meat, Poultry and Eggs	140.1	618.8	2754.0	3338.2	3557.4
水产品类	Aquatic Products	33.2	182.4	1134.7	1386.1	1659.0
蔬菜类	Vegetables	48.8	264.2	1590.0	1944.6	2207.0
干鲜果类	Dried and Fresh Fruits	25.5	183.5	980.4	1106.4	1234.7
农业生产资料类	Agricultural Producer Goods	13.9	23.0			
大牲畜类	Large Domestic Animals	32.6	38.3	123.4	139.5	148.2

注：1. 1985年商品分类数字为乡村集市数，1990年及以后为城乡集市数。

2. 本表资料取自于国家工商行政管理局。

a) The transaction value by category of commodities in 1985 referred to the data of the rural free markets, And since 1990 the figures have referred to the data of the free markets in both rural and urban areas.

b) Data in this table were obtained from the State Administration of Industry and Commerce.

16-9 限额以上批发零售贸易企业资产及负债情况（1998年，按登记注册类型分）

ASSETS AND LIABILITY OF ENTERPRISES ABOVE DESIGNATED SIZE IN WHOLESALE AND RETAIL TRADES BY STATUS OF REGISTRATION (1998)

单位：万元 (10 000 yuan)

指标	Item	资产合计 Total Assets	#流动资产 Circulating Funds	#固定资产 Fixed Asset	负债合计 Total Liabilities	#流动负债 Liquid Liabilities	#长期负债 Long-term Liabilities
总计	**Total**	**182721420**	**122484314**	**39158398**	**146150968**	**128707576**	**16821592**
内资企业	Domestic-Funded Enterprises	179112770	121078170	38055401	143626003	126846131	16159165
国有企业	State-owned Enterprises	118926522	83021553	24248979	96723614	86967004	9275697
集体企业	Collective-owned Enterprises	27652485	18728298	4544959	24234320	19626616	4541378
股份合作企业	Cooperative Enterprises	1903117	1233076	484054	1484652	1349563	133525
联营企业	Joint Ownership Enterprises	2401465	1610498	493244	1782286	1628394	146474
国有联营企业	State Joint Ownership Enterprises	1410254	912423	301773	999403	894466	102411
集体联营企业	Collective Joint Ownership Enterprises	216958	144303	53305	163895	147486	16407
国有与集体联营企业	Joint State-collective Enterprises	292130	189637	65828	226931	213764	9961
其他联营企业	Other Joint Ownership Enterprises	482123	364135	72338	392057	372678	17695
有限责任公司	Limited Liability Corporations	10206723	6851628	2108427	7868039	7153588	657767
国有独资公司	State-funded Corporations	4266079	2906874	759519	3308749	3042042	219630
其他有限责任公司	Other Limited Liability Corporations	5940644	3944754	1348909	4559291	4111545	438137
股份有限公司	Share-holding Corporations Ltd.	17108312	8940953	6021155	10814744	9433098	1378983
私营企业	Private Enterprises	910838	689189	154398	716106	685625	25342
私营独资企业	Private-funded Enterprises	140347	96071	30739	107801	100028	7773
私营合伙企业	Private Partnership Enterprises	28504	20282	5514	19014	18652	361
私营有限责任公司	Private Limited Liability Corporations	630929	496209	88402	501647	482773	13736
私营股份有限公司	Private Share-holding Corporations Ltd.	111058	76626	29743	87645	84173	3472
其他企业	Other Enterprises	3308	2976	185	2243	2243	
港、澳、台商投资企业	Enterprises With Investment from Hong Kong, Macau and Taiwan	1322060	562409	381666	976430	757324	218474
合资经营企业（港或澳、台资）	Joint-venture Enterprises (With Funds from Hong Kong, Macau and Taiwan)	731451	281059	252972	553674	389951	163479
合作经营企业（港或澳、台资）	Cooperative Enterprises (With Funds from Hong Kong, Macau and Taiwan)	429328	172679	87388	325398	273352	51660
港、澳、台商独资经营企业	Enterprises with Sole Investment from Hong Kong, Macau and Taiwan	86555	74694	10788	52128	51882	246
港、澳、台商投资股份有限公司	Share-holding Corporations Ltd. with Investment from Hong Kong, Macau and Taiwan	74726	33978	30519	45229	42139	3090
外商投资企业	Enterprises With Foreign Investment	2286589	843735	721331	1548535	1104121	443952
中外合资经营企业	Joint-venture Enterprises	1787601	582146	560313	1242397	846000	395935
中外合作经营企业	Cooperation Enterprises	250576	102562	109045	161392	121213	40179
外资企业	Enterprises with Sole Foreign Investment	73440	39007	21906	54674	54308	366
外商投资股份有限公司	Share-holding Corporations Ltd. with Foreign Investment	174972	120021	30067	90073	82601	7472

16-10 限额以上批发零售贸易企业资产及负债情况（1998年，按经济组织类型分）

ASSETS AND LIABILITY OF ENTERPRISES ABOVE DESIGNATED SIZE IN WHOLESALE AND RETAIL TRADES BY TYPE OF OWNERSHIP(1998)

单位：万元 (10 000 yuan)

指标	Item	资产合计 Total Assets	#流动资产 Circulating Funds	#固定资产 Fixed Asset	负债合计 Total Liabilities	#流动负债 Liquid Liabilities	#长期负债 Long-term Liabilities
总计	**Total**	**182721420**	**122484314**	**39158398**	**146150968**	**128707576**	**16821592**
独资企业	Solely-owned Enterprises	146879349	101959622	28857371	121172537	106799838	13825459
国有企业	State-owned	118926522	83021553	24248979	96723614	86967004	9275697
集体企业	Collective-owned	27652485	18728298	4544959	24234320	19626616	4541378
私营独资企业	Private-owned	140347	96071	30739	107801	100028	7773
港、澳、台商独资经营企业	Owned by Entrepreneurs from Hong Kong, Macau and Taiwan	86555	74694	10788	52128	51882	246
外资企业	Foreign-owned	73440	39007	21906	54674	54308	366
合作、合伙企业	Cooperation and Partnership Enterprises	5016298	3142073	1179430	3774984	3393417	372199
股份合作企业	Share-holding Cooperative	1903117	1233076	484054	1484652	1349563	133525
国有联营企业	State Joint Ownership	1410254	912423	301773	999403	894466	102411
集体联营企业	Collective Joint Ownership	216958	144303	53305	163895	147486	16407
国有与集体联营企业	Joint State-collective Ownership	292130	189637	65828	226931	213764	9961
其他联营企业	Other Joint Ownership	482123	364135	72339	392058	372678	17694
私营合伙企业	Private Partnership	28504	20282	5514	19014	18652	361
合作经营企业（港或澳、台资）	Cooperative Enterprises with Investment from Hong Kong, Macau and Taiwan	429328	172679	87388	325398	273352	51660
中外合作经营企业	Sino-foreign Cooperative Enterprises	250576	102562	109045	161392	121213	40179
其他企业(内资)	Other enterprises (Domestic Investment)	3308	2976	185	2243	2243	
股份有限公司	Share-holding Corporations Ltd.	17469069	9171577	6111483	11037690	9642010	1393017
股份有限公司（内资）	Share-holding Corporations Ltd. (Domestic Investment)	17108312	8940953	6021155	10814744	9433098	1378983
私营股份有限公司	Private Share-holding Corporations Ltd.	111058	76626	29743	87645	84173	3472
港、澳、台商投资股份有限公司	Share-holding Corporations Ltd. with Investment from Hong Kong, Macau and Taiwan	74726	33978	30519	45229	42139	3090
外商投资股份有限公司	Share-holding Corporations Ltd. with Foreign Investment	174972	120021	30067	90073	82601	7472
有限责任公司	Limited Liability Corporations	13356704	8211042	3010114	10165757	8872311	1230916
国有独资公司	State-owned	4266079	2906874	759519	3308749	3042042	219630
私营有限责任公司	Private	630929	496209	88402	501647	482773	13736
合资经营企业（港或澳、台资）	Joint Venture with Hong Kong, Macau and Taiwan	731451	281059	252972	553674	389951	163479
中外合资经营企业	Sino-foreign Joint Venture	1787601	582146	560313	1242397	846000	395935
其他有限责任公司	Others	5940644	3944754	1348909	4559291	4111545	438137

16-11 限额以上批发零售贸易企业资产及负债情况（1998年，按行业分）

ASSETS AND LIABILITY OF ENTERPRISES ABOVE DESIGNATED SIZE IN WHOLESALE AND RETAIL TRADES BY SECTOR(1998)

单位：万元 (10 000 yuan)

指　标　Item	资产合计 Total Assets	#流动资产 Circula-ting Funds	#固定资产 Fixed Asset	负债合计 Total Liabi-lities	#流动负债 Liquid Liabi-lities	#长期负债 Long-term Liabi-lities
总　计 Total	**182721420**	**122484314**	**39158398**	**146150968**	**128707576**	**16821592**
食品、饮料、烟草批发业 Wholesale of Food, Beverages and Tobaccos	40220866	29713149	7215761	32147565	28572651	3273990
#粮食、食用油批发业 Wholesale of Grains and Edible Oil	15241312	11802922	2262126	14013751	11871439	2114141
烟草及其制品批发业 Whole of Tobaccos	15558546	12018491	2537425	11073195	10428057	428144
棉、麻、土畜产品批发业 Wholesale of Cotton, Ambery and Animal Products	14402234	9633835	1191348	14205409	10551640	3595704
纺织品、服装和鞋帽批发业 Wholesale of Textiles, Garments, Shoes and Hats	9161294	6724336	1382921	7580088	7143712	404022
日用百货批发业 Wholesale of Daily Consumer Goods	4056002	2692935	951080	3287126	3003236	274390
日用杂品批发业 Wholesale of Daily Sundry Articles	804351	549399	178618	728873	681531	45523
五金、交电、化工批发业 Wholesale of Hardware, Transport, Electric and Chemical Products	5409012	3846093	1037715	4762181	4394504	358454
药品及医疗器械批发业 Wholesale of Medicines and Medical Appliances	5455901	4104308	1004404	4443158	4140146	296246
能源批发业 Wholesale of Energy Products	12941396	7763732	3577417	8919620	8117553	754546
#石油及制品批发业 Wholesale of Petroleum and Related Products	9640268	5659927	2667928	6620533	6040643	552771
煤炭及制品批发业 Wholesale of Coal and Related Products	3035609	1912029	877127	2105202	1910712	174088
化工材料批发业 Wholesale of Chemical Materials	4492722	3263662	673455	3566556	3402309	162656
木材批发业 Wholesale of Timber	623650	377959	172893	469532	426674	42859
建筑材料批发业 Wholesale of Building Materials	1520559	1035056	282235	1192841	1120603	62510
矿产品批发业 Wholesale of Mineral Products	643787	497344	63145	628832	569932	58634
金属材料批发业 Wholesale of Metal Materials	13758427	10234705	1646017	11058737	10428898	620517
机械、电子设备批发业 Wholesale of Machinery and Electronic Equipment	8795053	6822535	1137036	7413186	6505881	865830
汽车、摩托车及零配件批发业 Wholesale of Motor Vehicles, Motorcycles and	5968634	4267085	905162	4874452	4331961	537058

16-11 **续表** continued

单位：万元 (10 000 yuan)

指　　标 Item	资产合计 Total Assets	#流动资产 Circula-ting Funds	#固定资产 Fixed Asset	负债合计 Total Liabi-lities	#流动负债 Liquid Liabi-lities	#长期负债 Long-term Liabi-lities
Parts						
#汽车批发业 Wholesale of Motor Vehicles	3865226	2937337	464413	3286084	2830545	453246
再生物资回收批发业 Wholesale of Recycled Materials	753789	494203	176217	639341	595430	43428
工艺美术批发业 Wholesale of Arts and Handicraft Products	911953	606483	181271	770014	697331	47008
图书报刊批发业 Wholesale of Books, Newspapers and Magazines	1070722	766514	229089	703778	679486	24285
农业生产资料批发业 Wholesale of Means of Agricultural Production	8583513	6658957	1464581	7266596	6909828	342704
其他类未包括的批发业 Other Wholesale not Classified Elsewhere	6036374	4504756	724657	4812309	3875318	935833
食品、饮料、烟草零售业 Retail of Food, Beverages and Tobaccos	4582509	2714500	1487099	3775993	3401485	365307
#粮油食品零售业 Retail of Grains and Edible Oil	2180864	1504219	583691	2102240	1869614	225274
副食品零售业 Retail of Non-staple Food	1671350	806841	679304	1223086	1115013	107376
日用百货零售业 Retail of Daily Consumer Goods	23721308	10133757	10486787	16600069	13474903	3099704
#百货零售业 Retail of Consumer Goods	22219704	9300654	9965164	15612890	12613569	2977247
文化体育用品零售业 Retail of Cultural and Sports Goods	164656	90609	60715	119341	97460	20420
纺织品、服装和鞋帽零售业 Retail of Textiles, Garments, Shoes and Hats	1103180	603605	406574	864489	767386	97062
日用杂品零售业 Retail of Daily Sundry Articles	172677	109011	51742	134568	120656	13572
五金、交电、化工零售业 Retail of Hardware, Transport, Electric and Chemical Products	2370888	1364510	779916	1883007	1693004	187403
药品及医疗器械零售业 Retail of Medicines and Medical Appliances	1344055	897583	390098	1031906	974212	56484
图书报刊零售业 Retail of Books, Newspapers and Magazines	1154115	639735	457863	677105	615149	61585
其他零售业 Other Retail Trade	2662450	1464568	903299	1713636	1512160	194280
#家具零售业 Retail of Furniture	77819	35408	20555	47165	44551	2614
汽车、摩托车及其零配件零售业 Retail of Motor Vehicles, Motorcycles and Parts	690795	481406	125606	524628	479626	43656
计算机及软件、办公设备零售业 Retail of Computers, Software and Office Appliances	159864	110861	18588	120136	93861	26179

16-12 限额以上批发零售贸易企业资产及负债情况（1998年，按地区分）

ASSETS AND LIABILITY OF ENTERPRISES ABOVE DESIGNATED SIZE IN WHOLESALE AND RETAIL SALE TRADES BY REGION (1998)

单位：万元 (10 000 yuan)

地区 Region	资产合计 Total Assets	#流动资产 Circulating Funds	#固定资产 Fixed Asset	负债合计 Total Liabilities	#流动负债 Liquid Liabilities	#长期负债 Long-term Liabilities
全国 National Total	**182721420**	**122484314**	**39158398**	**146150968**	**128707576**	**16821592**
北京 Beijing	26005105	17801064	2833878	20057466	15571512	4485954
天津 Tianjin	4920194	3553443	841929	3823364	3617988	205376
河北 Hebei	4724483	3039940	1187884	3962609	3578937	377275
山西 Shanxi	2723639	1668889	873181	2126928	1799619	305725
内蒙古 Inner Mongolia	1308219	869399	337917	1151061	1015388	126146
辽宁 Liaoning	9381423	6265944	2106393	7583848	6983161	600687
吉林 Jilin	2612810	1806684	689194	2602577	2406793	195784
黑龙江 Heilongjiang	4213118	3108881	925604	3814780	3344382	429117
上海 Shanghai	13124653	8121473	2980283	9529088	8052478	1476610
江苏 Jiangsu	13412846	8545207	3710559	10565681	9360532	1205149
浙江 Zhejiang	10772013	7185327	2527435	7612709	6948860	601594
安徽 Anhui	4007521	2860629	903806	3597168	3298366	298801
福建 Fujian	5096906	3469657	962693	3519111	3232086	257046
江西 Jiangxi	1714559	1196601	371457	1589419	1457350	126076
山东 Shandong	13181022	8148776	3561396	10704854	9798634	906220
河南 Henan	6328899	4665273	1265096	5621796	5274517	347279
湖北 Hubei	6993532	4318562	1803451	5895901	4955614	940287
湖南 Hunan	4593410	2793192	1175963	3876533	3481054	395480
广东 Guangdong	16308912	10896911	3338707	12897644	11722561	1096080
广西 Guangxi	2588587	1598133	783424	1969196	1736582	227176
海南 Hainan	510295	278243	172196	430623	362856	67767
重庆 Chongqing	2585481	1750677	631496	2238847	2036445	202402
四川 Sichuan	4977609	3212937	1319182	3868965	3634674	227764
贵州 Guizhou	2047662	1604939	307538	1775504	1695192	80313
云南 Yunnan	8380574	6288162	1442220	6517273	5502365	807645
西藏 Tibet	191008	129041	39788	85114	83376	1738
陕西 Shaanxi	2492188	1671606	573845	2128151	1924545	203606
甘肃 Gansu	1384579	871977	407620	1112576	980620	129795
青海 Qinghai	479972	288017	130288	384390	343518	40872
宁夏 Ningxia	358807	237082	102054	311277	270531	38842
新疆 Xinjiang	5301396	4237649	851920	4796517	4237042	416989

16-13 限额以上餐饮企业资产及负债情况（1998年，按登记注册类型分）

ASSETS AND LIABILITY OF ENTERPRISES ABOVE DESIGNATED SIZE IN CATERING TRADE BY STATUS OF REGISTRATION(1998)

单位：万元 (10 000 yuan)

指标	Item	资产合计 Total Assets	#流动资产 Circulating Funds	#固定资产 Fixed Asset	负债合计 Total Liabilities	#流动负债 Liquid Liabilities	#长期负债 Long-term Liabilities
总计	**Total**	**5783025**	**1519857**	**3269303**	**3758898**	**2837546**	**897148**
内资企业	Domestic-Funded Enterprises	3507138	931727	2040135	2224750	1674448	539220
国有企业	State-owned Enterprises	1737666	455349	1041323	1116686	860622	253592
集体企业	Collective-owned Enterprises	589599	158460	364386	415281	301085	112408
股份合作企业	Cooperative Enterprises	130073	35727	73272	81830	70062	11625
联营企业	Joint Ownership Enterprises	72781	20396	42709	43398	36798	6600
国有联营企业	State Joint Ownership Enterprises	28010	11570	12433	14361	12299	2062
集体联营企业	Collective Joint Ownership Enterprises	12207	1519	10437	6353	3233	3120
国有与集体联营企业	Joint State-collective Enterprises	23003	4964	16944	20524	19106	1418
其他联营企业	Other Joint Ownership Enterprises	9561	2342	2896	2160	2160	
有限责任公司	Limited Liability Corporations	341157	84134	185168	219595	166682	47961
国有独资公司	State-funded Corporations	38370	12032	12018	18064	17557	507
其他有限责任公司	Other Limited Liability Corporations	302787	72103	173150	201531	149124	47454
股份有限公司	Share-holding Corporations Ltd.	382066	96482	212019	213663	125036	87052
私营企业	Private Enterprises	252736	80588	120850	133665	113586	19927
私营独资企业	Private-funded Enterprises	113404	27790	56018	52931	42903	9908
私营合伙企业	Private Partnership Enterprises	19163	6164	10554	10567	8047	2489
私营有限责任公司	Private Limited Liability Corporations	100766	42984	42879	58116	50982	7134
私营股份有限公司	Private Share-holding Corporations Ltd.	19404	3651	11399	12052	11655	396
其他企业	Other Enterprises	1061	591	408	632	577	55
港、澳、台商投资企业	Enterprises With Investment from Hong Kong, Macau and Taiwan	1133497	329174	591445	782542	576964	199663
合资经营企业（港或澳、台资）	Joint-venture Enterprises (With Funds from Hong Kong, Macau and Taiwan)	714909	167568	395928	506761	356333	147078
合作经营企业（港或澳、台资）	Cooperative Enterprises (With Funds from Hong Kong, Macau and Taiwan)	216768	111511	75330	156353	133708	21534
港、澳、台商独资经营企业	Enterprises with Sole Investment from Hong Kong, Macau and Taiwan	157660	44834	85367	90150	66972	21891
港、澳、台商投资股份有限公司	Share-holding Corporations Ltd. with Investment from Hong Kong, Macau and Taiwan	44160	5262	34820	29278	19951	9161
外商投资企业	Enterprises With Foreign Investment	1142390	258957	637724	751606	586133	158265
中外合资经营企业	Joint-venture Enterprises	722193	147707	430483	444517	312773	128342
中外合作经营企业	Cooperation Enterprises	240472	50457	146341	194780	161669	29305
外资企业	Enterprises with Sole Foreign Investment	170331	57528	57825	107282	106664	618
外商投资股份有限公司	Share-holding Corporations Ltd. with Foreign Investment	9394	3265	3075	5028	5028	

16-14 限额以上餐饮企业资产及负债情况（1998年，按经济组织类型分）

ASSETS AND LIABILITY OF ENTERPRISES ABOVE DESIGNATED SIZE IN CATERING TRADE BY TYPE OF OWNERSHIP(1998)

单位：万元 (10 000 yuan)

指标	Item	资产合计 Total Assets	#流动资产 Circulating Funds	#固定资产 Fixed Asset	负债合计 Total Liabilities	#流动负债 Liquid Liabilities	#长期负债 Long-term Liabilities
总计	**Total**	**5783025**	**1519857**	**3269303**	**3758898**	**2837546**	**897148**
独资企业	Solely-owned Enterprises	2768659	743960	1604919	1782330	1378246	398416
国有企业	State-owned	1737666	455349	1041323	1116686	860622	253592
集体企业	Collective-owned	589599	158460	364386	415281	301085	112408
私营独资企业	Private-owned	113404	27790	56018	52931	42903	9908
港、澳、台商独资经营企业	Owned by Entrepreneurs from Hong Kong, Macau and Taiwan	157660	44834	85367	90150	66972	21891
外资企业	Foreign-owned	170331	57528	57825	107282	106664	618
合作、合伙企业	Cooperation and Partnership Enterprises	680318	224846	348612	487559	410861	71608
股份合作企业	Share-holding Cooperative	130073	35727	73272	81830	70062	11625
国有联营企业	State Joint Ownership	28010	11570	12433	14361	12299	2062
集体联营企业	Collective Joint Ownership	12207	1519	10437	6353	3233	3120
国有与集体联营企业	Joint State-collective Ownership	23003	4964	16944	20524	19106	1418
其他联营企业	Other Joint Ownership	9561	2342	2896	2160	2160	
私营合伙企业	Private Partnership	19163	6164	10554	10567	8047	2489
合作经营企业（港或澳、台资）	Cooperative Enterprises with Investment from Hong Kong, Macau and Taiwan	216768	111511	75330	156353	133708	21534
中外合作经营企业	Sino-foreign Cooperative Enterprises	240472	50457	146341	194780	161669	29305
其他企业(内资)	Other enterprises (Domestic Investment)	1061	591	408	632	577	55
股份有限公司	Share-holding Corporations Ltd.	455024	108659	261314	260020	161670	96609
股份有限公司（内资）	Share-holding Corporations Ltd. (Domestic Investment)	382066	96482	212019	213663	125036	87052
私营股份有限公司	Private Share-holding Corporations Ltd.	19404	3651	11399	12052	11655	396
港、澳、台商投资股份有限公司	Share-holding Corporations Ltd. with Investment from Hong Kong, Macau and Taiwan	44160	5262	34820	29278	19951	9161
外商投资股份有限公司	Share-holding Corporations Ltd. with Foreign Investment	9394	3265	3075	5028	5028	
有限责任公司	Limited Liability Corporations	1879024	442393	1054458	1228989	886769	330515
国有独资公司	State-owned	38370	12032	12018	18064	17557	507
私营有限责任公司	Private	100766	42984	42879	58116	50982	7134
合资经营企业（港或澳、台资）	Joint Venture with Hong Kong, Macau and Taiwan	714909	167568	395928	506761	356333	147078
中外合资经营企业	Sino-foreign Joint Venture	722193	147707	430483	444517	312773	128342
其他有限责任公司	Others	302787	72103	173150	201531	149124	47454

16-15 限额以上餐饮企业资产及负债情况（1998年，按地区分）
ASSETS AND LIABILITY OF ENTERPRISES ABOVE DESIGNATED SIZE IN CATERING TRADE BY REGION (1998)

单位：万元　　　　(10 000 yuan)

地区 Region	资产合计 Total Assets	#流动资产 Circulating Funds	#固定资产 Fixed Asset	负债合计 Total Liabilities	#流动负债 Liquid Liabilities	#长期负债 Long-term Liabilities
全国 National Total	**5783025**	**1519857**	**3269303**	**3758898**	**2837546**	**897148**
北京 Beijing	540319	201899	210369	336151	285766	50385
天津 Tianjin	75498	24529	29065	48703	40901	7802
河北 Hebei	79697	20996	47141	53911	41016	12895
山西 Shanxi	28503	7951	14647	15786	10195	5591
内蒙古 Inner Mongolia	42815	10369	28504	26505	19011	6905
辽宁 Liaoning	471252	110866	287115	297795	226279	71516
吉林 Jilin	28928	7423	18886	23197	17221	5976
黑龙江 Heilongjiang	37408	13861	19353	16038	13377	2594
上海 Shanghai	273109	98712	115284	182382	131188	51193
江苏 Jiangsu	560339	118198	326211	325630	228919	96710
浙江 Zhejiang	368432	79860	232036	236892	192430	42168
安徽 Anhui	46768	5200	33494	27519	18831	8688
福建 Fujian	149115	56930	61192	83216	71927	10648
江西 Jiangxi	5733	1704	3432	4115	3001	1111
山东 Shandong	558663	107608	339267	346328	246022	100306
河南 Henan	151811	36591	98812	103827	79588	24239
湖北 Hubei	177896	37122	113936	134467	100165	34302
湖南 Hunan	102147	23354	70478	66413	48754	17659
广东 Guangdong	1277070	361048	714954	945123	750641	176611
广西 Guangxi	118449	29633	81572	68900	48063	20837
海南 Hainan	105475	17183	69421	49108	22377	26732
重庆 Chongqing	83744	19917	49598	45020	31471	13549
四川 Sichuan	171659	48635	101126	112406	96574	14901
贵州 Guizhou	5419	1350	3641	3953	2455	1498
云南 Yunnan	105776	19718	71572	61611	32604	28983
西藏 Tibet						
陕西 Shaanxi	47171	20465	17345	15189	8866	6323
甘肃 Gansu	42082	5819	32434	30205	6719	23486
青海 Qinghai	337	118	149	103	103	
宁夏 Ningxia	4359	1274	2716	3835	2518	1107
新疆 Xinjiang	123052	31525	75556	94573	60564	32434

16-16 限额以上批发零售贸易企业主要财务指标情况（1998年，按登记注册类型分）

MAIN FINANCIAL INDICATORS OF ENTERPRISES ABOVE DESIGNATED SIZE IN WHOLESALE AND RETAIL SALE TRADES BY STATUS OF REGISTRATION (1998)

单位：万元 (10 000 yuan)

指标	Item	商品销售收入 Sales Revenue	商品销售成本 Cost of Sales	经营费用 Management Cost	商品销售税金及附加 Sales Tax and Extra Changes	商品销售利润 Total Profits
总计	**Total**	**232608168**	**210057568**	**9293560**	**706206**	**9506884**
内资企业	Domestic-Funded Enterprises	228942369	206989373	9010789	698394	9310660
国有企业	State-owned Enterprises	153113756	138303448	6147472	532691	6337805
集体企业	Collective-owned Enterprises	32339881	29465223	1110691	56552	880616
股份合作企业	Cooperative Enterprises	3261940	3003995	123897	7859	104009
联营企业	Joint Ownership Enterprises	3674421	3423189	115185	5859	121372
国有联营企业	State Joint Ownership Enterprises	2043509	1889482	69741	3691	75813
集体联营企业	Collective Joint Ownership Enterprises	527099	506615	9987	430	10040
国有与集体联营企业	Joint State-collective Enterprises	671685	637289	16008	1008	15603
其他联营企业	Other Joint Ownership Enterprises	432128	389802	19448	730	19916
有限责任公司	Limited Liability Corporations	15213485	13792023	656425	28527	657331
国有独资公司	State-funded Corporations	5908051	5361151	223474	7484	276012
其他有限责任公司	Other Limited Liability Corporations	9305434	8430871	432950	21043	381319
股份有限公司	Share-holding Corporations Ltd.	19072617	16898215	770818	63314	1149576
私营企业	Private Enterprises	2250332	2088260	85815	3564	59547
私营独资企业	Private-funded Enterprises	388252	358737	13812	790	10393
私营合伙企业	Private Partnership Enterprises	79635	73371	3932	70	2262
私营有限责任公司	Private Limited Liability Corporations	1507746	1405609	58318	2300	38188
私营股份有限公司	Private Share-holding Corporations Ltd.	274699	250543	9753	404	8704
其他企业	Other Enterprises	15938	15020	487	27	404
港、澳、台商投资企业	Enterprises With Investment from Hong Kong, Macau and Taiwan	1289749	1077940	100919	3665	89760
合资经营企业（港或澳、台资）	Joint-venture Enterprises (With Funds from Hong Kong, Macau and Taiwan)	643617	541356	48235	2884	48157
合作经营企业（港或澳、台资）	Cooperative Enterprises (With Funds from Hong Kong, Macau and Taiwan)	459706	377462	42784	537	30415
港、澳、台商独资经营企业	Enterprises with Sole Investment from Hong Kong, Macau and Taiwan	133545	120723	5965	102	6164
港、澳、台商投资股份有限公司	Share-holding Corporations Ltd. with Investment from Hong Kong, Macau and Taiwan	52881	38399	3935	142	5023
外商投资企业	Enterprises With Foreign Investment	2376050	1990255	181852	4147	106465
中外合资经营企业	Joint-venture Enterprises	1748555	1455827	135292	2598	70258
中外合作经营企业	Cooperation Enterprises	351078	283160	38069	696	21831
外资企业	Enterprises with Sole Foreign Investment	90226	79307	2745	194	6550
外商投资股份有限公司	Share-holding Corporations Ltd. with Foreign Investment	186190	171961	5746	659	7824

16-17 限额以上批发零售贸易企业主要财务指标情况（1998年，按经济组织类型分）

MAIN FINANCIAL INDICATORS OF ENTERPRISES ABOVE DESIGNATED SIZE IN WHOLESALE AND RETAIL TRADES BY OWNERSHIP(1998)

单位：万元 (10 000 yuan)

指标	Item	商品销售收入 Sales Revenue	商品销售成本 Cost of Sales	经营费用 Management Cost	商品销售税金及附加 Sales Tax and Extra Changes	商品销售利润 Total Profits
总计	**Total**	**232608168**	**210057568**	**9293560**	**706206**	**9506884**
独资企业	Solely-owned Enterprises	186065660	168327438	7280685	590329	7241528
国有企业	State-owned	153113756	138303448	6147472	532691	6337805
集体企业	Collective-owned	32339881	29465223	1110691	56552	880616
私营独资企业	Private-owned	388252	358737	13812	790	10393
港、澳、台商独资经营企业	Owned by Entrepreneurs from Hong Kong, Macau and Taiwan	133545	120723	5965	102	6164
外资企业	Foreign-owned	90226	79307	2745	194	6550
合作、合伙企业	Cooperation and Partnership Enterprises	7842718	7176196	324353	15049	280294
股份合作企业	Share-holding Cooperative	3261940	3003995	123897	7859	104009
国有联营企业	State Joint Ownership	2043509	1889482	69741	3691	75813
集体联营企业	Collective Joint Ownership	527099	506615	9987	430	10040
国有与集体联营企业	Joint State-collective Ownership	671685	637289	16008	1008	15603
其他联营企业	Other Joint Ownership	432128	389802	19448	730	19916
私营合伙企业	Private Partnership	79635	73371	3932	70	2262
合作经营企业（港或澳、台资）	Cooperative Enterprises with Investment from Hong Kong, Macau and Taiwan	459706	377462	42784	537	30415
中外合作经营企业	Sino-foreign Cooperative Enterprises	351078	283160	38069	696	21831
其他企业（内资）	Other enterprises (Domestic Investment)	15938	15020	487	27	404
股份有限公司	Share-holding Corporations Ltd.	19586387	17359119	790252	64519	1171128
股份有限公司（内资）	Share-holding Corporations Ltd. (Domestic Investment)	19072617	16898215	770818	63314	1149576
私营股份有限公司	Private Share-holding Corporations Ltd.	274699	250543	9753	404	8704
港、澳、台商投资股份有限公司	Share-holding Corporations Ltd. with Investment from Hong Kong, Macau and Taiwan	52881	38399	3935	142	5023
外商投资股份有限公司	Share-holding Corporations Ltd. with Foreign Investment	186190	171961	5746	659	7824
有限责任公司	Limited Liability Corporations	19113403	17194815	898269	36309	813934
国有独资公司	State-owned	5908051	5361151	223474	7484	276012
私营有限责任公司	Private	1507746	1405609	58318	2300	38188
合资经营企业（港或澳、台资）	Joint Venture with Hong Kong, Macau and Taiwan	643617	541356	48235	2884	48157
中外合资经营企业	Sino-foreign Joint Venture	1748555	1455827	135292	2598	70258
其他有限责任公司	Others	9305434	8430871	432950	21043	381319

16-18 限额以上批发零售贸易企业主要财务指标情况（1998年，按行业分）

MAIN FINANCIAL INDICATORS OF ENTERPRISES ABOVE DESIGNATED SIZE IN WHOLESALE AND RETAIL TRADES BY SECTOR (1998)

单位：万元 (10 000 yuan)

指标 Item	商品销售收入 Sales Revenue	商品销售成本 Cost of Sales	经营费用 Management Cost	商品销售税金及附加 Sales Tax and Extra Changes	商品销售利润 Total Profits
总计 Total	**232608168**	**210057568**	**9293560**	**706206**	**9506884**
食品、饮料、烟草批发业 Wholesale of Food, Beverages and Tobaccos	55102998	49572069	2155806	218162	2996606
#粮食、食用油批发业 Wholesale of Grains and Edible Oil	8423949	8005874	533519	18556	−165571
烟草及其制品批发业 Whole of Tobaccos	33708475	29737497	1091889	169611	2645526
棉、麻、土畜产品批发业 Wholesale of Cotton, Ambery and Animal Products	7402708	6947243	261484	11551	145500
纺织品、服装和鞋帽批发业 Wholesale of Textiles, Garments, Shoes and Hats	13087386	11898043	378919	7301	606549
日用百货批发业 Wholesale of Daily Consumer Goods	5366325	4862017	202780	9868	171220
日用杂品批发业 Wholesale of Daily Sundry Articles	1079383	864993	38362	1100	22821
五金、交电、化工批发业 Wholesale of Hardware, Transport, Electric and Chemical Products	7780863	7328751	257105	9319	171521
药品及医疗器械批发业 Wholesale of Medicines and Medical Appliances	7681211	6709879	364401	14918	495591
能源批发业 Wholesale of Energy Products	24604703	22479117	1221247	38236	807043
#石油及制品批发业 Wholesale of Petroleum and Related Products	20182357	18547912	899239	28035	659046
煤炭及制品批发业 Wholesale of Coal and Related Products	3884500	3406676	317989	9363	139537
化工材料批发业 Wholesale of Chemical Materials	6374521	6084735	213438	7100	60598
木材批发业 Wholesale of Timber	407426	374432	28162	1861	2625
建筑材料批发业 Wholesale of Building Materials	1556999	1438887	65825	2037	41195
矿产品批发业 Wholesale of Mineral Products	613826	533066	57420	518	22796
金属材料批发业 Wholesale of Metal Materials	15515938	14777891	370524	14167	230466
机械、电子设备批发业 Wholesale of Machinery and Electronic Equipment	10312489	9709438	239942	10152	281967
汽车、摩托车及零配件批发业 Wholesale of Motor Vehicles, Motorcycles and	10382758	9753282	217768	166463	194727

16-18 **续表** continued

单位：万元 (10 000 yuan)

指　标　Item	商品销售收入 Sales Revenue	商品销售成本 Cost of Sales	经营费用 Management Cost	商品销售税金及附加 Sales Tax and Extra Changes	商品销售利润 Total Profits
Parts					
#汽车批发业 Wholesale of Motor Vehicles	7693868	7175099	158787	154201	162999
再生物资回收批发业 Wholesale of Recycled Materials	1273143	1221925	31301	2511	16524
工艺美术批发业 Wholesale of Arts and Handicraft Products	1301209	1189002	50957	714	59840
图书报刊批发业 Wholesale of Books, Newspapers and Magazines	2617425	1755142	107541	4165	133725
农业生产资料批发业 Wholesale of Means of Agricultural Production	15223421	14298909	489553	10800	396488
其他类未包括的批发业 Other Wholesale not Classified Elsewhere	5002120	4505251	185061	8068	266083
食品、饮料、烟草零售业 Retail of Food, Beverages and Tobaccos	4978496	4461878	349499	15190	112986
#粮油食品零售业 Retail of Grains and Edible Oil	1203479	1148308	100493	3214	－54173
副食品零售业 Retail of Non-staple Food	2448544	2154846	168510	7700	96232
日用百货零售业 Retail of Daily Consumer Goods	23286584	19321527	1370337	108761	1529405
#百货零售业 Retail of Consumer Goods	21605141	17869685	1280301	102720	1444518
文化体育用品零售业 Retail of Cultural and Sports Goods	179956	147718	15341	1392	14137
纺织品、服装和鞋帽零售业 Retail of Textiles, Garments, Shoes and Hats	1057760	894527	79366	5472	74885
日用杂品零售业 Retail of Daily Sundry Articles	160343	139919	11832	630	7504
五金、交电、化工零售业 Retail of Hardware, Transport, Electric and Chemical Products	3085472	2810548	126302	10207	117214
药品及医疗器械零售业 Retail of Medicines and Medical Appliances	1794416	1447445	114468	5360	171598
图书报刊零售业 Retail of Books, Newspapers and Magazines	1703147	1207756	140389	6103	201555
其他零售业 Other Retail Trade	3855100	3469895	163772	15473	167855
#家具零售业 Retail of Furniture	84667	65437	10225	1512	7315
汽车、摩托车及其零配件零售业 Retail of Motor Vehicles, Motorcycles and Parts	1459959	1404571	29245	1768	21862
计算机及软件、办公设备零售业 Retail of Computers, Software and Office Appliances	346429	322848	11157	430	10950

16-19 限额以上批发零售贸易企业主要财务指标情况（1998年，按地区分）

MAIN FINANCIAL INDICATORS OF ENTERPRISES ABOVE DESIGNATED SIZE IN WHOLESALE AND RETAIL TRADES BY REGION (1998)

单位：万元 (10 000 yuan)

地区 Region	商品销售收入 Sales Revenue	商品销售成本 Cost of Sales	经营费用 Management Cost	商品销售税金及附加 Sales Tax and Extra Changes	商品销售利润 Total Profits
全国 National Total	**232608168**	**210057568**	**9293560**	**706206**	**9506884**
北京 Beijing	18855840	16911415	870106	36393	863415
天津 Tianjin	5407030	4989832	235664	6396	160705
河北 Hebei	6983013	6370574	261416	9886	252291
山西 Shanxi	2817486	2491059	139724	16302	128911
内蒙古 Inner Mongolia	1562463	1387866	73112	2933	73202
辽宁 Liaoning	10401335	9700948	446239	17905	179178
吉林 Jilin	2201939	2008897	127366	3906	49587
黑龙江 Heilongjiang	3651794	3290728	188586	9163	149974
上海 Shanghai	19404660	17218795	757949	185460	1039532
江苏 Jiangsu	23188452	20926345	803802	35138	891462
浙江 Zhejiang	20562376	19077162	628318	28876	752293
安徽 Anhui	5443406	4935030	223289	12542	217900
福建 Fujian	8507260	7784180	316118	22028	321600
江西 Jiangxi	2510394	2298179	91505	3979	90272
山东 Shandong	17336826	15759365	704569	35218	643664
河南 Henan	8600254	7806844	341800	16138	376687
湖北 Hubei	7023119	6370236	271982	24921	249980
湖南 Hunan	6211705	5625095	230006	11566	263515
广东 Guangdong	23395906	21283383	841781	42256	906172
广西 Guangxi	3403890	3095788	146645	6880	116959
海南 Hainan	406131	362317	18144	854	18043
重庆 Chongqing	3105825	2799820	157435	6759	108405
四川 Sichuan	6625744	5956358	315713	13242	220315
贵州 Guizhou	2173520	1905890	88839	6157	152186
云南 Yunnan	10906241	9381149	524005	128372	822262
西藏 Tibet	109844	96768	9627	179	2608
陕西 Shaanxi	3916430	3067292	116475	5002	149721
甘肃 Gansu	1373714	1236291	75203	5066	44140
青海 Qinghai	383893	335451	22783	1251	20159
宁夏 Ningxia	419182	375802	19667	1071	19920
新疆 Xinjiang	5718496	5208710	245691	10371	221827

16-20 限额以上餐饮企业主要财务指标情况（1998年，按登记注册类型分）

MAIN FINANCIAL INDICATORS OF ENTERPRISES ABOVE DESIGNATED SIZE IN CATERING TRADE BY STATUS OF REGISTRATION (1998)

单位：万元 (10 000 yuan)

指标	Item	营业收入 Sales Revenue	营业成本 Cost of Sales	营业费用 Management Cost	商品销售税金及附加 Sales Tax and Extra Changes	主营业务利润 Total Profits
总计	**Total**	**3029417**	**1454276**	**1040029**	**149353**	**382771**
内资企业	Domestic-Funded Enterprises	1968859	1001659	629832	95584	240129
国有企业	State-owned Enterprises	911686	464809	288221	42049	116135
集体企业	Collective-owned Enterprises	384531	195658	126371	18572	43081
股份合作企业	Cooperative Enterprises	89045	48908	25746	4235	9845
联营企业	Joint Ownership Enterprises	44705	24530	13033	2232	4910
国有联营企业	State Joint Ownership Enterprises	20662	9823	7244	1038	2557
集体联营企业	Collective Joint Ownership Enterprises	6116	4222	1206	205	484
国有与集体联营企业	Joint State-collective Enterprises	8548	4021	3197	460	870
其他联营企业	Other Joint Ownership Enterprises	9379	6464	1386	530	999
有限责任公司	Limited Liability Corporations	178258	89267	59481	8691	20800
国有独资公司	State-funded Corporations	20341	11458	4811	948	3124
其他有限责任公司	Other Limited Liability Corporations	157917	77809	54670	7743	17676
股份有限公司	Share-holding Corporations Ltd.	148680	61520	53694	6848	26618
私营企业	Private Enterprises	209471	115807	62343	12813	18507
私营独资企业	Private-funded Enterprises	94577	54853	25348	5637	8739
私营合伙企业	Private Partnership Enterprises	13950	7288	5205	853	605
私营有限责任公司	Private Limited Liability Corporations	88999	47203	27098	5716	8982
私营股份有限公司	Private Share-holding Corporations Ltd.	11945	6464	4693	608	181
其他企业	Other Enterprises	2481	1161	944	143	234
港、澳、台商投资企业	Enterprises With Investment from Hong Kong, Macau and Taiwan	431115	192536	170421	22279	45409
合资经营企业（港或澳、台资）	Joint-venture Enterprises (With Funds from Hong Kong, Macau and Taiwan)	212315	91770	85370	10449	24695
合作经营企业（港或澳、台资）	Cooperative Enterprises (With Funds from Hong Kong, Macau and Taiwan)	114409	51226	45282	6022	11440
港、澳、台商独资经营企业	Enterprises with Sole Investment from Hong Kong, Macau and Taiwan	93346	45313	35569	5130	7333
港、澳、台商投资股份有限公司	Share-holding Corporations Ltd. with Investment from Hong Kong, Macau and Taiwan	11045	4227	4199	678	1941
外商投资企业	Enterprises With Foreign Investment	629444	260080	239776	31490	97233
中外合资经营企业	Joint-venture Enterprises	359783	147449	130316	17350	64669
中外合作经营企业	Cooperation Enterprises	112305	42948	48205	5581	14707
外资企业	Enterprises with Sole Foreign Investment	153542	67947	58862	8371	18362
外商投资股份有限公司	Share-holding Corporations Ltd. with Foreign Investment	3814	1736	2394	189	−505

16-21 限额以上餐饮企业主要财务指标情况（1998年,按经济组织类型分）

MAIN FINANCIAL INDICATORS OF ENTERPRISES ABOVE DESIGNATED SIZE IN CATERING TRADE BY OWNERSHIP (1998)

单位：万元 (10 000 yuan)

指 标	Item	营业收入 Sales Revenue	营业成本 Cost of Sales	营业费用 Management Cost	商品销售税金及附加 Sales Tax and Extra Changes	主营业务利润 Total Profits
总 计	**Total**	**3029417**	**1454276**	**1040029**	**149353**	**382771**
独资企业	Solely-owned Enterprises	1637682	828580	534371	79759	193650
国有企业	State-owned	911686	464809	288221	42049	116135
集体企业	Collective-owned	384531	195658	126371	18572	43081
私营独资企业	Private-owned	94577	54853	25348	5637	8739
港、澳、台商独资经营企业	Owned by Entrepreneurs from Hong Kong, Macau and Taiwan	93346	45313	35569	5130	7333
外资企业	Foreign-owned	153542	67947	58862	8371	18362
合作、合伙企业	Cooperation and Partnership Enterprises	376896	176061	138414	19066	41740
股份合作企业	Share-holding Cooperative	89045	48908	25746	4235	9845
国有联营企业	State Joint Ownership	20662	9823	7244	1038	2557
集体联营企业	Collective Joint Ownership	6116	4222	1206	205	484
国有与集体联营企业	Joint State-collective Ownership	8548	4021	3197	460	870
其他联营企业	Other Joint Ownership	9379	6464	1386	530	999
私营合伙企业	Private Partnership	13950	7288	5205	853	605
合作经营企业（港或澳、台资）	Cooperative Enterprises with Investment from Hong Kong, Macau and Taiwan	114409	51226	45282	6022	11440
中外合作经营企业	Sino-foreign Cooperative Enterprises	112305	42948	48205	5581	14707
其他企业(内资)	Other enterprises (Domestic Investment)	2481	1161	944	143	234
股份有限公司	Share-holding Corporations Ltd.	175485	73947	64980	8323	28235
股份有限公司（内资）	Share-holding Corporations Ltd. (Domestic Investment)	148680	61520	53694	6848	26618
私营股份有限公司	Private Share-holding Corporations Ltd.	11945	6464	4693	608	181
港、澳、台商投资股份有限公司	Share-holding Corporations Ltd. with Investment from Hong Kong, Macau and Taiwan	11045	4227	4199	678	1941
外商投资股份有限公司	Share-holding Corporations Ltd. with Foreign Investment	3814	1736	2394	189	−505
有限责任公司	Limited Liability Corporations	839354	375688	302264	42206	119146
国有独资公司	State-owned	20341	11458	4811	948	3124
私营有限责任公司	Private	88999	47203	27098	5716	8982
合资经营企业（港或澳、台资）	Joint Venture with Hong Kong, Macau and Taiwan	212315	91770	85370	10449	24695
中外合资经营企业	Sino-foreign Joint Venture	359783	147449	130316	17350	64669
其他有限责任公司	Others	157917	77809	54670	7743	17676

16-22 限额以上餐饮企业主要财务指标情况
（1998 年，按地区分）
MAIN FINANCIAL INDICATORS OF ENTERPRISES ABOVE DESIGNATED SIZE IN CATERING TRADE BY REGION (1998)

单位：万元 (10 000 yuan)

地 区 Region	营业收入 Sales Revenue	营业成本 Cost of Sales	营业费用 Management Cost	商品销售税金及附加 Sales Tax and Extra Changes	主营业务利润 Total Profits
全 国 National Total	**3029417**	**1454276**	**1040029**	**149353**	**382771**
北 京 Beijing	440347	210253	159078	22269	48747
天 津 Tianjin	70453	37694	23845	3431	5483
河 北 Hebei	36099	20155	9173	1889	4882
山 西 Shanxi	26111	15765	7123	1284	1939
内蒙古 Inner Mongolia	16645	7693	4673	864	3416
辽 宁 Liaoning	162322	79069	55191	8940	19121
吉 林 Jilin	14261	7084	5109	740	1328
黑龙江 Heilongjiang	29505	15491	9910	1995	2109
上 海 Shanghai	191505	91527	66313	7869	22808
江 苏 Jiangsu	241928	111771	81350	11839	36968
浙 江 Zhejiang	196245	95910	58494	10273	31568
安 徽 Anhui	13461	5372	4366	751	2973
福 建 Fujian	112645	57163	32964	8143	14376
江 西 Jiangxi	5231	2871	1320	271	768
山 东 Shandong	204655	97162	61597	10141	35755
河 南 Henan	67460	38099	16999	2845	9517
湖 北 Hubei	74462	39160	24035	3073	8195
湖 南 Hunan	48337	23066	16829	2503	5939
广 东 Guangdong	772952	357841	298704	35534	80873
广 西 Guangxi	41701	20046	15278	1705	4673
海 南 Hainan	23764	6341	7889	1396	8139
重 庆 Chongqing	37185	14919	15455	1792	5019
四 川 Sichuan	79186	37897	28161	4053	9074
贵 州 Guizhou	6211	3489	1307	331	1084
云 南 Yunnan	36592	20256	10691	1628	4018
西 藏 Tibet					
陕 西 Shaanxi	21492	7946	5977	1056	6514
甘 肃 Gansu	7200	2956	3235	326	683
青 海 Qinghai	414	251	33	17	113
宁 夏 Ningxia	5982	3519	1454	317	692
新 疆 Xinjiang	45069	23512	13477	2080	6001

主 要 统 计 指 标 解 释

社会消费品零售总额 指国民经济各行业直接售给城乡居民和社会集团的消费品总额。它是反映各行业通过多种商品流通渠道向居民和社会集团供应的生活消费品总量，是研究人民生活，居民消费品购买力、货币流通等问题的重要指标。社会消费品零售总额包括：⑴售给城乡居民作为生活用的商品和修建房屋用的建筑材料；⑵售给社会集团的各种办公用品和公用消费品；⑶售给机关、团体、学校、部队、企业、事业单位的职工食堂和旅店（招待所）附设专门供本店旅客食用，不对外营业的食堂的各种食品、燃料；企业、单位和国营农场直接售给本单位职工和职工食堂的自己生产的产品；⑷售给部队干部、战士生活用的粮食、副食品、衣着品、日用品、燃料；⑸售给来华的外国人、华侨、港澳台同胞的消费品；⑹居民自费购买的中、西药品、中药材及医疗用品；⑺报社、出版社直接售给居民和社会集团的报纸、图书、杂志，集邮公司出售的新、旧纪念邮票、特种邮票、首日封、集邮册、集邮工具等；⑻旧货寄售商店自购、自销部分的商品；⑼煤气公司、液化石油气站售给居民和社会集团的煤气灶具和罐装液化石油气；⑽农民售给非农业居民和社会集团的商品。不包括售给国民经济各部门企业、事业单位（包括国有经济的农场）生产经营用的各种原材料、燃料、设备、工具等和售给批发零售贸易业、餐饮业作为转卖用的商品，旧货寄售商店受托寄售卖出的商品，服务业的营业收入，邮局出售邮票的收入，自来水、电力、煤气生产（供应）单位的产品供应收入，也不包括农民之间的商品销售。

批发零售贸易业商品购、销、存总额 指各种登记注册类型的批发、零售贸易业（不包括个体）企业（单位）以本企业（单位）为总体的商品购进、销售、库存总额。

商品购进总额 指从本企业（单位）以外的单位和个人购进（包括从境外直接进口）作为转卖或加工后转卖的商品总额。它反映批发零售贸易业从国内、国外市场上购进商品的总量。商品购进总额包括：⑴从工农业生产者购进的商品；⑵从出版社、报社的出版发行部门购进的图书、杂志和报纸；⑶从各种登记注册类型的批发零售贸易企业（单位）购进的商品；⑷从其他单位购进的商品，如从机关、团体、企业等单位购进的剩余物资，从餐饮业、服务业购进的商品，从海关、市场管理部门购进的缉私和没收的商品，从居民手中收购的废旧商品等；⑸从国（境）外直接进口的商品。不包括企业（单位）为自身经营用和未通过买卖行为而收入的商品以及销售退回、商品升溢等。

商品销售总额指对本企业（单位）以外的单位和个人出售（包括对境外直接出口）的商品。它反映批发零售贸易业在国内市场上销售商品以及出口商品的总量。商品销售总额包括：⑴售给城乡居民和社会集团消费用的商品；⑵售给工业、农业、建筑业、运输邮电业、批发零售贸易业、餐饮业、服务业等作为生产、经营使用的商品；⑶售给批发零售贸易业作为转卖或加工后转卖的商品；⑷对国（境）外直接出口的商品。不包括出售本企业（单位）自用的废旧包装用品；未通过买卖行为付出的商品；经本单位介绍，由买卖双方直接结算，本单位只收取手续费的业务；购货退出的商品以及商品损耗和损失等。

批发零售贸易业库存 指报告期末各种登记注册类型的批发零售贸易企业（单位）已取得所有权的商品。它反映批发零售贸易企业（单位）的商品库存情况和对市场商品供应的保证程度。期末库存包括：⑴存放在批发零售贸易业经营单位（如门市部、批发站、经营处）仓库、货场、货柜和货架中的商品；⑵挑选、整理、包装中的商品；⑶已记入购进而尚未运到本单位的商品，即发货单或银行承兑凭证已到而货未到的部分；⑷寄放他处的商品，如因购货方拒绝承付而暂时存放在购货方的商品和已办完加工成品收回手续而未提回的商品；⑸委托其他单位代销（未作销售或调出）尚未售出的商品；⑹代其他单位购进尚未交付的商品。

不包括所有权不属于本单位的商品、拨付除批发零售贸易业以外的其他行业所属独立核算加工厂等加工生产尚未收回成品的商品、代国家物资储备部门保管的商品等。库存总额采用的计算价格是：农副产品采购单位按购进价计算；批发单位按进货价计算；零售单位按核算价格计算，即按什么价格核算就按什么价格计算。

城乡集市贸易成交额 指在农村集市和城市集市上买卖双方（包括农民、非农业居民、机关、团体、工商企业、个体商贩）成交的全部商品总额，是反映集市贸易规模的综合性指标。

Explanatory Notes on Main Statistical Indicators

Total Retail Sales of Consumer Goods refer to the sum of retail sales of consumer goods sold by all sectors of the national economy to urban and rural residents and social groups. This indicator is used to show the supply of consumers goods through various channels to households and institutions, and is very important for the study on people's livelihood, on the purchasing power of consumer goods and on the circulation of money. The retail sales of consumer goods include: (1) commodities sold to urban and rural residents for their daily use and building materials sold to them for the construction or repair of houses; (2) office appliances and supplies sold to institutions; (3) food and fuels sold to canteens of institutions, enterprises, schools, military units and to canteens of hotels and hostels that only serve their guests, and commodities produced by enterprises, institutions or state farms and sold directly to their employees or their canteens; (4) grain and non-staple food, clothing, daily articles and fuels sold to military personnel; (5) consumer goods sold to foreigners, overseas Chinese, and Chinese compatriots from Taiwan, Hong Kong and Macao during their stay in the mainland of China; (6) Chinese and western medicines, herbs and medical facilities purchased by residents; (7) newspapers, books and magazines directly sold to residents and social groups by publishers, new and old commemorative stamps, special stamps, first-day covers, stamp albums and other stamp-collection articles sold by stamp companies; (8) consumer goods purchased and then sold by second-hand shops; (9) stoves and other heating facilities and liquefied gas sold by gas companies to households and institutions; and (10) commodities sold by farmers to non-agricultural residents and social groups. Excluded under this heading are: raw materials, fuels, equipment, tools sold to enterprises, institutions and state farms for production purpose; commodities sold to trade establishments for re-selling; commissioned sales at second-hand shops; operational income of urban public utilities; stamps sold at post offices; income of water, power, gas production and supply establishments from the supply of their products; and sales of commodities among farmers.

Purchase, Sales and Stock of Commodities by Wholesale and Retail Trade refer to the purchase, sales and stock of commodities by wholesale and retail establishments of different status of registration (excluding individual sellers).

Total Purchases of Commodities refer to the total value of purchases of commodities by the establishments from other establishments or individuals (including direct import from abroad) for the purpose of re-selling, either with or without further processing of the commodities purchased. This indicator is used to show the total value of purchases of commodities by wholesale and retail establishments from domestic and overseas markets. The total purchases include: (1) agricultural and industrial products purchased from producers; (2) books, magazines and newspapers purchased from distribution departments of the publishers; (3) commodities purchased from wholesale and retail establishments of different status of registration; (4) commodities purchased from other units, such as surplus materials purchased from government agencies, enterprises or institutions, commodities purchased from catering and service establishments, confiscated goods purchased from customs authorities or market management agencies, second-hand goods and wastes purchased from residents; and (5) commodities directly imported from abroad. Excluded are commodities purchased by establishments (units) for use in their own business operation, commodities obtained without buying or selling procedures, rejected commodities, etc.

Total Sales of Commodities refer to selling of commodities by the establishments to other establishments and individuals (including direct export). This indicator is used to show the total value of sales of commodities at domestic markets and export. The total sales include: (1) commodities sold to urban and rural residents and social groups for their consumption; (2) commodities sold to establishments in industry, agriculture, construction, transportation, post and telecommunications, wholesale and retail trades, catering trade and public utility for their production and operation; (3) commodities sold to wholesale and retail establishments for re-selling, with or without further processing; and (4) commodities for direct export to other countries. Excluded are selling of waste packaging materials used by the establishments (units) themselves, commodities transferred without buying or selling procedures, commission income from brokerage in transactions whose settlement is directly handled by buyers and sellers, rejected commodities in the purchase, loss in commodities, etc.

Commodity Stock of Wholesale and Retail Enterprises refers to total commodities possessed by wholesale and retail enterprises(units) of various types of registration status at the end of the reference period, which reflects the commodity stock level of various wholesale and retail enterprises and the potential for market supply. It includes: (1) commodities located in storage, garages, counters, and shelves of operating units (such as sale stores, wholesale centers, and operating offices) of wholesale and retail enterprises; (2) commodities in the process of selecting, sorting, and packing; (3) commodities not arrived but recorded as purchase in the account, i. e. . commodities not arrived but payment receipts for the commodities from the sellers or the banks arrived; (4) commodities deposited in other places rather than places mentioned above, for instance: commodities in the hold of purchasers temporarily due to the refusal of payment and commodities not taken back after going through the formalities; (5) commodities entrusted to other units to sell but not sold yet; (6) commodities purchased for other units but not delivered yet. Commodities not included as stock are those not owned by the enterprises (units), those allocated to financially independent factories rather than wholesale and retail enterprises for processing but not taken back yet, and finally those put in stock by wholesale and retail enterprises on behalf of the state material reserves units. For the calculation of the value of commodities stock, the value is calculated at purchasing prices in agricultural goods purchasing units and wholesale units, and at the accounting prices in retail units.

Volume of Business (Transaction Value) at Urban and Rural Free Market refers to the value of all goods changed hands between sellers and buyers, including farmers, non-agricultural residents, institutions, organizations, enterprises and private peddlers, at urban and rural free markets. It is a comprehensive indicator used to show the size of the transaction at the free trade markets.

十七 对外经济贸易

FOREIGN TRADE AND ECONOMIC COOPERATION

简要说明

一、本篇资料综合反映中国的对外贸易、利用外资、对外承包工程和劳务合作的历年概况数据，重点反映对外经济贸易的近况。

二、本篇资料是国家统计局贸易外经司根据对外贸易经济合作部、海关总署、国家外汇管理局和国家工商行政管理局的有关资料加工整理的。

三、17－1表综合反映“八五”以来我国对外贸易、利用外资、对外承包工程和劳务合作的总量变化情况。17－2表反映历年人民币对美元、日元、港币的年平均汇价。资料来源于国家外汇管理局，是根据当年国家外汇管理局提供的每日汇价进行加权平均计算而得出的当年年平均汇价。17－3表至17－12表系统反映我国进出口贸易的规模、进出口商品结构、对贸易伙伴国的进出口总额以及各地区三资企业的进出口变化情况。1979年及以前为外贸业务统计数字，来源于对外贸易经济合作部；1980年及以后为海关进出口统计数字，来源于海关总署。17－4表和17－5表的进、出口商品分类按联合国《国际贸易标准分类》(SITC) 统计。17－6表的进、出口商品则按海关合作理事会制定的《商品名称及编码协调制度》(HS) 目录进行分类统计。17－13表至17－16表，17－19表及17－20表反映中国利用外资的总体状况。资料来源于对外贸易经济合作部，是根据对外贸易经济合作部和国家统计局于1996年11月共同制订的《利用外资统计制度》的全面统计资料加工、整理而成。该制度统计范围是指我国境内所有的利用外资单位和部门，以及经批准在我国境内设立的中外合资经营企业、合作经营企业、外资企业、外商投资股份制企业、合作开发项目等具有法人资格的独立核算企业（包括港澳台地区投资企业）。17－17表和17－18表反映各地区外商投资企业注册登记情况，资料来源于国家工商行政管理局，是根据国家工商行政管理局1994年制订的《工商行政管理系统统计报表制度》进行统计、加工、整理而得。凡经工商行政管理机关核准登记，在中华人民共和国境内的中外合资经营企业、中外合作经营企业、外商独资企业、中外股份公司、在华从事经营活动的外国及港澳台地区企业及外国公司在中国境内设立的分支机构均列入统计范围。该表以开业登记、变更登记、注销登记等管理资料为统计依据。17－21表反映历年中国对外承包工程和劳务合作及对外设计咨询的发展状况。资料来源于对外贸易经济合作部，是根据对外贸易经济合作部与国家统计局于1996年7月共同制订的《对外承包工程和劳务合作统计制度》的全面统计资料加工、整理而得。该制度统计单位是经各级对外贸易经济合作部门批准的从事对外承包和劳务合作业务并具有法人地位的对外承包劳务企业。

四、我国对各国（地区）进出口总额表中，出口货物按中华人民共和国关境外最终目的国（地），进口货物按中华人民共和国关境外原产国（地）统计。各地区进出口商品总值分别按境内经营单位所在地和目的地、货源地列示。经营单位所在地是指中华人民共和国关境内进出口企业报关注册的登记地；境内货源地是指出口货物在中华人民共和国关境内的产地或原始发货地；境内目的地则指进口货物在中华人民共和国关境内的消费、使用地或最终运抵地。

BRIEF INTRODUCTION

I. Data in this chapter show the summary data of China's foreign trade, utilization of foreign capital, contracted projects and labour cooperation with the foreign countries or territories over the years, stressing on the recent situation of foreign trade and economic cooperation.

II. Data in this chapter are tabulated and compiled by the Department of Trade and Foreign Economic Relations of the National Bureau of Statistics using data from the Ministry of Foreign Trade and Economic Cooperation, General Customs Administration, State Administration of Foreign Exchange and State Administration on Industry and Commerce.

III. Table 17 – 1 shows the summary data of the total changes in China's foreign trade, utilization of foreign capital, contracted projects and labour cooperation with the foreign countries or territories since the Eighth Five-year Plan Period. Table 17 – 2 shows the average exchange rates of RMB yuan to US dollar, Japanese yen and Hong Kong dollar over the years. The data come from the State Administration of Exchange Control. The annual average exchange rate is calculated as the weighted mean of the daily exchange rates provided by the State Administration of Foreign Exchange in the year. Tables from 17 – 3 to 17 – 12 show systematically the size of China's imports and exports, composition of import and export commodities, China's foreign trade with the related countries and territories, the changes in the import and export of the foreign-funded enterprises by region. The data in the years prior to 1980 were statistical data of foreign trade and come from the Ministry of Foreign Trade and Economic Cooperation. Since 1980, the data have been the statistical data of customs on imports and exports and come from the General Customs Administration. For Table 17 – 4 and 17 – 5, the UN Standard International Trade Classification (SITC) was used for the classification of the import and export commodities. However, the Harmonized Commodity Description and Coding System (HS) stipulated by the Customs Cooperation Council is used in the classification of the import and export commodities as displayed in Table 17 – 6. Tables from 17 – 13 to 17 – 16, Table 17 – 19 and Table 17 – 20 show the overall situation of the utilization of foreign capital in China. Data in these tables come from the Ministry of Foreign Trade and Economic Cooperation and are tabulated in accordance with the Table FCS – 5 and Table FCS – 6 in the "Statistical Scheme on the Utilization of Foreign Capital" designed by the Ministry of Foreign Trade and Economic Cooperation and the National Bureau of Statistics in November of 1996, which are data of complete enumeration. The statistical coverage includes all the units and departments which have utilized foreign capital and all the Sino-foreign joint ventures, Sino-foreign cooperative enterprises, ventures exclusively with foreign investment, foreign-funded stock companies, Sino-foreign cooperative development projects and other corporate enterprises (including the enterprises funded by the entrepreneurs from Hong Kong, Macao and Taiwan) with independent accounting system which have been approved by the Chinese government to set up in the boundary of the People's Republic of China. Tables 17 – 17 and 17 – 18 show the registration of the foreign- funded enterprises in various regions. The data come from the State Administration for Industry and Commerce and are tabulated in accordance with the "Statistical Reporting Scheme in the Administrative System of Administration for Industry and Commerce" stipulated by the State Administration for Industry and Commerce in 1994. The statistical coverage includes all the Sino-foreign joint ventures, Sino-foreign cooperative enterprises, ventures exclusively with foreign investment, Sino-foreign share-holding companies, foreign enterprises and enterprises of Hong Kong, Macao and Taiwan engaged in commercial activities and the branch offices of the foreign companies in China, which have been approved by and registered at the State Administration for Industry and Commerce to set up in the boundary of the People's Republic of China. The data in this table are collected on the basis of the registration on opening business, changes and cancellation. Table 17 – 21 shows the development of the contracted projects, labour services cooperation and design and consultation service with foreign countries over the years in China. The data come from the Ministry of Foreign Trade and Economic Cooperation and are collected with the method of complete enumeration and are tabulated in accordance with the Table CS – 4 in the "Statistical Reporting Scheme on the Contracted Projects and Labour Services Cooperation with Foreign Countries" jointly stipulated by the Ministry of Foreign Trade and Economic Cooperation and the National Bureau of Statistics in July, 1996. The statistical unit in the scheme is the corporate enterprise engaged in contracted projects and labour services cooperation with foreign countries and has been approved by the departments of foreign trade and economic cooperation at various levels.

IV. In the table on China's total imports and exports with related countries and territories, the export commodities are calculated as the countries (or territories) of final destination and the import commodities as the countries (or territories) of origin. The total values of the import and export commodities by region are calculated respectively at the provinces where the import or export corporations are situated and at the provinces of destination or provinces of origin within the boundary of the People's Republic of China. The province where the import or export corporations are situated refers to the province where the import or export corporations have applied to and have been registered at the customs. The province of origin within the boundary of the People's Republic of China refers to the province where the export commodities are produced or originally delivered. The province of destination within the boundary of the People's Republic of China refers to the province where the import commodities are consumed, used or transported to the destination.

17-1 对外经济贸易
FOREIGN TRADE AND ECONOMIC COOPERATION

指 标	Item	1994	1995	1996	1997	1998
进出口总额 (人民币亿元)	**Total Imports and Exports (RMB 100 million yuan)**	**20381.9**	**23499.9**	**24133.8**	**26967.2**	**26854.1**
出口总额	Total Exports	10421.8	12451.8	12576.4	15160.7	15231.7
进口总额	Total Imports	9960.1	11048.1	11557.4	11806.5	11622.4
进出口差额	Balance	461.7	1403.7	1019.0	3354.2	3609.3
进出口总额 (亿美元)	**Total Imports and Exports (USD 100 million)**	**2366.2**	**2808.6**	**2898.8**	**3251.6**	**3239.3**
出口总额	Total Exports	1210.1	1487.8	1510.5	1827.9	1837.6
初级产品	Primary Goods	197.1	214.8	219.3	239.5	206.0
工业制成品	Manufactured Goods	1013.0	1273.0	1291.2	1588.4	1631.6
进口总额	Total Imports	1156.1	1320.8	1388.3	1423.7	1401.7
初级产品	Primary Goods	164.8	244.1	254.4	286.2	229.5
工业制成品	Manufactured Goods	991.3	1076.7	1133.9	1137.5	1172.2
进出口差额	Balance	54.0	167.0	122.2	404.2	435.9
对外签订利用外资协议(合同)项目 (个)	**Number of Projects for Utilization of Foreign Capital in the Signed Agreements & Contracts**	**47646**	**37184**	**24673**	**21138**	**19850**
对外借款	Foreign Loans	97	173	117	137	51
外商直接投资	Foreign Direct Investments	47549	37011	24556	21001	19799
对外签订利用外资协议(合同)金额 (亿美元)	**Total Amount of Foreign Capital to Be Utilized in the Signed Agreements & Contracts (USD 100 million)**	**937.56**	**1032.05**	**816.10**	**610.58**	**632.01**
对外借款	Foreign Loans	106.68	112.88	79.62	58.72	83.85
外商直接投资	Foreign Direct Investments	826.80	912.82	732.77	510.04	521.02
外商其他投资	Other Foreign Investments	4.08	6.35	3.71	41.82	27.14
实际利用外资额 (亿美元)	**Total Amount of Foreign Capital Actually Used (USD 100 million)**	**432.13**	**481.33**	**548.04**	**644.08**	**585.57**
对外借款	Foreign Loans	92.67	103.27	126.69	120.21	110.00
外商直接投资	Foreign Direct Investments	337.67	375.21	417.26	452.57	454.63
外商其他投资	Other Foreign Investments	1.79	2.85	4.09	71.30	20.94
外商投资企业基本情况	**Registered Foreign-funded Enterprises**					
年底登记户数 (户)	Number of Registered Enterprises	206096	233564	240447	235681	227807
投资总额 (亿美元)	Total Investment (USD 100 million)	4907.24	6390.09	7153.22	7534.70	7742.29
注册资本 (亿美元)	Registered Capital (USD 100 million)	3122.75	3991.23	4414.85	4598.14	4672.87
#外方	Capital from Foreign Partners	1963.15	2568.84	2897.96	3029.87	3137.12
对外经济合作 (亿美元)	**Economic Cooperation with Foreign Countries & Territories (USD 100 million)**					
合同金额	Contracted Value	79.88	96.72	102.73	113.56	117.73
#对外承包工程	Contracted Projects	60.28	74.84	77.28	85.16	92.43
对外劳务合作	Labor Services	19.60	21.88	25.45	28.40	23.90
完成营业额	Value of Business Fulfilled	59.78	65.88	76.96	83.83	101.34
#对外承包工程	Contracted Projects	48.83	51.08	58.20	60.36	77.69
对外劳务合作	Labor Services	10.95	14.80	18.76	23.47	22.76

17-2 人民币对主要外币年平均汇价(中间价)

AVERAGE EXCHANGE RATE OF RMB YUAN AGAINST MAIN CONVERTIBLE CURRENCIES (MIDDLE RATE)

单位：人民币.元 (RMB. yuan)

年 份 Year	100美元 100 US Dollars	100日元 100 Japanese Yen	100港元 100 Hong Kong Dollars
1981	170.51	0.7735	30.41
1982	189.26	0.7607	31.15
1983	197.57	0.8318	27.36
1984	232.70	0.9780	29.71
1985	293.67	1.2457	37.57
1986	345.28	2.0694	44.22
1987	372.21	2.5799	47.74
1988	372.21	2.9082	47.70
1989	376.59	2.7360	48.28
1990	478.38	3.3233	61.39
1991	532.27	3.9602	68.45
1992	551.49	4.3608	71.24
1993	576.19	5.2020	74.41
1994	861.87	8.4370	111.53
1995	835.07	8.9225	107.96
1996	831.42	7.6352	107.51
1997	828.98	6.8600	107.09
1998	827.91	6.3488	106.88

17-3 进出口贸易总额

TOTAL IMPORTS AND EXPORTS

本表1979年以前为外贸业务统计数，1980年以后为海关进出口统计数。

Data before 1979 were obtained from the Ministry of Foreign Trade, and the data since 1980 have been obtained from the Customs statistics.

年 份 Year	人民币(亿元) 100 million Yuan				美 元(亿元) USD 100 million			
	进出口总额 Total Imports & Exports	出口总额 Total Exports	进口总额 Total Imports	差 额 Balance	进出口总额 Total Imports & Exports	出口总额 Total Exports	进口总额 Total Imports	差 额 Balance
1952	64.6	27.1	37.5	−10.4	19.4	8.2	11.2	−3.0
1957	104.5	54.5	50.0	4.5	31.0	16.0	15.0	1.0
1962	80.9	47.1	33.8	13.3	26.6	14.9	11.7	3.2
1965	118.4	63.1	55.3	7.8	42.5	22.3	20.2	2.1
1970	112.9	56.8	56.1	0.7	45.9	22.6	23.3	−0.7
1975	290.4	143.0	147.4	−4.4	147.5	72.6	74.9	−2.3
1978	355.0	167.6	187.4	−19.8	206.4	97.5	108.9	−11.4
1980	570.0	271.2	298.8	−27.6	381.4	181.2	200.2	−19.0
1985	2066.7	808.9	1257.8	−448.9	696.0	273.5	422.5	−149.0
1986	2580.4	1082.1	1498.3	−416.2	738.5	309.4	429.1	−119.7
1987	3084.2	1470.0	1614.2	−144.2	826.5	394.4	432.1	−37.7
1988	3821.8	1766.7	2055.1	−288.4	1027.9	475.2	552.7	−77.5
1989	4155.9	1956.0	2199.9	−243.9	1116.8	525.4	591.4	−66.0
1990	5560.1	2985.8	2574.3	411.5	1154.4	620.9	533.5	87.4
1991	7225.8	3827.1	3398.7	428.4	1356.3	718.4	637.9	80.5
1992	9119.6	4676.3	4443.3	233.0	1655.3	849.4	805.9	43.5
1993	11271.0	5284.8	5986.2	−701.4	1957.0	917.4	1039.6	−122.2
1994	20381.9	10421.8	9960.1	461.7	2366.2	1210.1	1156.1	54.0
1995	23499.9	12451.8	11048.1	1403.7	2808.6	1487.8	1320.8	167.0
1996	24133.8	12576.4	11557.4	1019.0	2898.8	1510.5	1388.3	122.2
1997	26967.2	15160.7	11806.5	3354.2	3251.6	1827.9	1423.7	404.2
1998	26854.1	15231.7	11622.4	3609.3	3239.3	1837.6	1401.7	435.9

注：进出口差额负数为入超。

a)A negative balance indicates an unfavourable balance of foreign trade.

17-4 海关历年出口商品分类金额
VALUE OF EXPORTS BY CATEGORY OF COMMODITIES (CUSTOMS STATISTICS)

单位：亿美元 (USD 100 million)

年份 Year	总额 Total	初级产品 Primary Goods	食品及主要供食用的活动物 Food and Live Animals Used Chiefly for Food	饮料及烟类 Beverages and Tobacco	非食用原料 Non-Edible Raw Materials	矿物燃料、润滑油及有关原料 Mineral Fuels, Lubricants and Related Materials	动、植物油脂及蜡 Animal and Vegetable Oils, Fats and Wax
1980	181.19	91.14	29.85	0.78	17.11	42.80	0.60
1981	220.07	102.48	29.24	0.60	19.48	52.28	0.88
1982	223.21	100.50	29.08	0.97	16.53	53.14	0.78
1983	222.26	96.20	28.53	1.04	18.92	46.66	1.05
1984	261.39	119.34	32.32	1.10	24.21	60.27	1.44
1985	273.50	138.28	38.03	1.05	26.53	71.32	1.35
1986	309.42	112.72	44.48	1.19	29.08	36.83	1.14
1987	394.37	132.31	47.81	1.75	36.50	45.44	0.81
1988	475.16	144.06	58.90	2.35	42.57	39.50	0.74
1989	525.38	150.78	61.45	3.14	42.12	43.21	0.86
1990	620.91	158.86	66.09	3.42	35.37	52.37	1.61
1991	718.43	161.45	72.26	5.29	34.86	47.54	1.50
1992	849.40	170.04	83.09	7.20	31.43	46.93	1.39
1993	917.44	166.66	83.99	9.01	30.52	41.09	2.05
1994	1210.06	197.08	100.15	10.02	41.27	40.69	4.95
1995	1487.80	214.85	99.54	13.70	43.75	53.32	4.54
1996	1510.48	219.25	102.31	13.42	40.45	59.31	3.76
1997	1827.92	239.53	110.75	10.49	41.95	69.87	6.47
1998	1837.57	206.00	106.19	9.76	35.17	51.81	3.07

17-4 **续表** continued

单位：亿美元 (USD 100 million)

年份 Year	工业制成品 Manufactured Goods	化学品及有关产品 Chemicals and Related Products	轻纺产品、橡胶制品矿冶产品及其制品 Light and Textile Industrial Products, Rubber Products, Minerals Metallurgical Products	机械及运输设备 Machinery and Transport Equipment	杂项制品 Miscellaneous Products	未分类的其他商品 Products Not Otherwise Classified
1980	90.05	11.20	39.99	8.43	28.36	2.07
1981	117.59	13.42	47.06	10.87	37.25	8.99
1982	122.71	11.96	43.02	12.63	37.05	18.05
1983	126.06	12.51	43.65	12.21	38.04	19.65
1984	142.05	13.64	50.54	14.93	46.97	15.97
1985	135.22	13.58	44.93	7.72	34.86	34.13
1986	196.70	17.33	58.86	10.94	49.48	60.09
1987	262.06	22.35	85.70	17.41	62.73	73.87
1988	331.10	28.97	104.89	27.69	82.68	86.87
1989	374.60	32.01	108.97	38.74	107.55	87.33
1990	462.05	37.30	125.76	55.88	126.86	116.25
1991	556.98	38.18	144.56	71.49	166.20	136.55
1992	679.36	43.48	161.35	132.19	342.34	
1993	750.78	46.23	163.92	152.82	387.81	
1994	1012.98	62.36	232.18	218.95	499.37	0.12
1995	1272.95	90.94	322.40	314.07	545.48	0.06
1996	1291.23	88.77	284.98	353.12	564.24	0.12
1997	1588.39	102.27	344.32	437.09	704.67	0.04
1998	1631.57	103.16	323.83	502.33	702.20	0.05

注：1992 年、1993 年海关统计改用新商品目录，未分类的其他商品已包含在各大类中(下表同)。

a) In 1992 and 1993, a new commodity catalogue has been used in the Customs statistics and the products not otherwise classified in the previous years have been classified and included in different categories of commodities. The same as in the following table.

17-5 海关历年进口商品分类金额
VALUE OF IMPORTS BY CATEGORY OF COMMODITIES (CUSTOMS STATISTICS)

单位：亿美元 (USD 100 million)

年份 Year	总额 Total	初级产品 Primary Goods	食品及主要供食用的活动物 Food and Live Animals Chiefly for Food	饮料及烟类 Beverages and Tobacco	非食用原料 Non-Edible Raw Materials	矿物燃料、润滑油及有关原料 Mineral Fuels, Lubricants and Related Materials	动、植物油脂及蜡 Animal and Vegetable Oils, Fats and Waxes
1980	200.17	69.59	29.27	0.36	35.54	2.03	2.39
1981	220.15	80.44	36.22	2.13	40.27	0.83	0.99
1982	192.85	76.34	42.01	1.30	30.12	1.83	1.08
1983	213.90	58.08	31.22	0.46	24.59	1.11	0.70
1984	274.10	52.08	23.31	1.16	25.42	1.39	0.80
1985	422.52	52.89	15.53	2.06	32.36	1.72	1.22
1986	429.04	56.49	16.25	1.72	31.43	5.04	2.05
1987	432.16	69.15	24.43	2.63	33.21	5.39	3.49
1988	552.75	100.68	34.76	3.46	50.90	7.87	3.69
1989	591.40	117.54	41.92	2.02	48.35	16.50	8.75
1990	533.45	98.53	33.35	1.57	41.07	12.72	9.82
1991	637.91	108.34	27.99	2.00	50.03	21.13	7.19
1992	805.85	132.55	31.46	2.39	57.75	35.70	5.25
1993	1039.59	142.10	22.06	2.45	54.38	58.19	5.02
1994	1156.14	164.86	31.37	0.68	74.37	40.35	18.09
1995	1320.84	244.17	61.32	3.94	101.59	51.27	26.05
1996	1388.33	254.41	56.72	4.97	106.98	68.77	16.97
1997	1423.70	286.20	43.04	3.20	120.06	103.06	16.84
1998	1401.66	229.52	37.93	1.79	107.16	67.73	14.91

17-5 续表 continued

单位：亿美元 (USD 100 million)

年份 Year	工业制成品 Manufactured Goods	化学品及有关产品 Chemicals and Related Products	轻纺产品、橡胶制品矿冶产品及其制品 Light and Textile Industrial Products, Rubber Products, Minerats and Metal lurgical Products	机械及运输设备 Machinery and Transport Equipment	杂项制品 Miscellaneous Products	未分类的其他商品 Products Not Otherwise Classified
1980	130.58	29.09	41.54	51.19	5.42	3.34
1981	139.71	26.06	40.35	58.66	5.58	9.06
1982	116.51	29.36	39.06	32.04	4.86	11.19
1983	155.82	31.83	62.89	39.88	7.82	13.40
1984	222.02	42.37	73.18	72.45	11.82	22.20
1985	369.63	44.69	118.98	162.39	19.02	24.55
1986	372.55	37.71	111.92	167.81	18.77	36.34
1987	363.01	50.08	97.30	146.07	18.78	50.78
1988	452.07	91.39	104.10	166.97	19.82	69.79
1989	473.86	75.56	123.35	182.07	20.73	72.15
1990	434.92	66.48	89.06	168.45	21.03	89.90
1991	529.57	92.77	104.93	196.01	24.39	111.47
1992	673.30	111.57	192.73	313.12	55.88	
1993	897.49	97.04	285.27	450.23	64.95	
1994	991.28	121.30	280.84	514.67	67.68	6.79
1995	1076.67	172.99	287.72	526.42	82.61	6.93
1996	1133.92	181.06	313.91	547.63	84.86	6.46
1997	1137.50	192.97	322.20	527.74	85.50	9.09
1998	1172.14	201.66	310.71	567.68	84.55	7.54

17-6 海关进出口商品分类金额

VALUE OF IMPORTS AND EXPORTS BY CATEGORY OF COMMODITIES (CUSTOMS STATISTICS)

单位：亿美元 (USD 100 million)

商品类别	Categories of Commodities	1997 出口 Exports	1997 进口 Imports	1998 出口 Exports	1998 进口 Imports
总额	**Total Value**	**1827.92**	**1423.70**	**1837.57**	**1401.66**
活动物；动物产品	**Live Animals & Animal Products**	**42.03**	**9.17**	**38.43**	**10.54**
活动物	Live Animals	4.76	0.41	4.41	0.54
肉及食用杂碎	Meat and Edible Haslets	9.70	1.49	8.40	1.43
鱼、甲壳动物、软体动物及其他水生无脊椎动物	Fish; Shellfish; Molluscs and Other Aquatic Invertebrates	18.92	5.44	17.37	6.66
乳品；蛋品；天然蜂蜜；其他食用动物产品	Dairy Products; Eggs; Natural Honey; Other Edible Animal Products	1.65	0.68	1.75	0.89
植物产品	**Vegetables; Fruits and Cereals**	**49.05**	**23.30**	**49.24**	**25.02**
食用蔬菜、根及块茎	Edible Vegetables; Roots and Stem Tubers	15.13	0.74	14.83	0.71
食用水果及坚果；甜瓜或柑桔属水果的果皮	Edible Fruits and Nuts; Muskmelon and Orange Peels	4.64	2.35	4.35	2.42
咖啡、茶、马黛茶及调味香料	Coffee; Tea and Spices	5.53	0.10	5.21	0.20
谷物	Cereals	11.77	8.92	14.98	6.96
含油子仁及果实；杂项子仁及果实；工业用或药用植物；稻草、秸秆及饲料	Oil Seeds and Kernels and Oleaginous Fruits; Other Seeds and Kernels and Fruits; Plants for Industrial and Medicinal Use; Straws and Forage	8.69	9.89	7.51	13.45
动植物油脂及分解产品；精制食用油脂；动植物蜡	**Animal and Vegetable Oils; Fats and Wax; Refined Edible Oils and Fats**	**6.81**	**16.78**	**3.28**	**14.87**
食品、饮料、酒及醋；烟草及代用品的制品	**Food; Beverages; Liquor and Vinegar; Tobacco and Tobacco Substitutes**	**46.55**	**25.64**	**42.86**	**19.52**
肉鱼甲壳和软体动物及其他水生无脊椎动物制品	Meat; Fish and Shellfish Products Mollusks and Other Aquatic Products	13.88	0.08	12.24	0.06
糖及糖食	Sugar and Sugar Products	1.94	2.50	1.83	1.77
谷物、粮食粉、淀粉或乳的制品；糕饼点心	Cereals; Grain; Starches or Milk and Pastry Products	2.71	0.17	2.62	0.15
蔬菜水果坚果或植物其他部分的制品	Products of Vegetables; Fruits and Nuts	10.45	0.18	10.30	0.24
饮料、酒及醋	Beverages; Liquor and Vinegar	4.65	0.68	4.46	0.75
烟草、烟草及烟草代用品的制品	Tobacco; Products of Tobacco and Tobacco Substitutes	6.57	2.54	5.78	1.06
矿产品	**Minerals**	**85.99**	**130.10**	**65.16**	**93.35**
盐；硫磺；泥土及石料；石膏料、石灰及水泥	Salt; Sulphur; Clay and Rock; Plaster Stone; Lime and Cement	14.90	2.11	12.55	2.56
矿砂、矿渣及矿灰	Ore; Slag and Mortar	1.22	24.54	0.80	22.89
矿物燃料、矿物油及蒸馏产品；沥青物质；矿物蜡	Mineral Fuels; Lubricants; Asphalt; Mineral Wax	69.87	103.45	51.81	67.90
化学工业及其相关工业的产品	**Chemicals and Related Products**	**93.93**	**103.02**	**96.49**	**110.44**
有机化学品	Organic Chemicals	33.98	30.61	34.04	34.99
药品	Medicinal and Pharmaceutical Products	6.37	2.43	6.93	3.86
肥料	Fertilizers	2.12	29.95	1.60	25.06
鞣料和染料浸膏；鞣酸及衍生物；染颜料及其他着色料；油漆清漆；油灰及类似胶粘剂；墨水、油墨	Tanning and Dyeing Extracts; Tannic Acid; Coloring and Dyeing Materials; Paint and Lacquer; Putty; Ink and Printing Ink	9.23	10.45	9.71	10.68
精油及香膏；芳香料制品及化妆盥洗品	Essential Oils and Perfumed Materials; Cosmetics	2.66	0.73	3.00	0.86
塑料及其制品；橡胶及其制品	**Plastics and Related Products; Rubber and Related Products**	**58.02**	**114.56**	**61.76**	**115.71**
塑料及其制品	Plastics and Related Products	48.45	101.98	51.63	104.58
橡胶及其制品	Rubber and Related Products	9.57	12.58	10.13	11.13
生皮、皮革、毛皮及制品；鞍具挽具；旅行用品、手提包及类似物品；动物肠线(蚕胶丝除外)制品	**Raw Hides; Leather; Furs and Related Products; Saddle; Travel Articles; Handbags and Similar Containers**	**62.68**	**26.82**	**59.16**	**24.29**
生皮(毛皮除外)及皮革	Raw Hides and Leather	3.55	24.96	3.66	22.53
皮革制品；鞍具挽具；旅行用品、手提包及类似容器；动物肠线制品	Leather Products; Saddle; Travel Articles; Handbags and Similar Containers	55.84	0.27	52.68	0.31
毛皮、人造毛皮及其制品	Furs; Artificial Furs and Related Products	3.29	1.59	2.82	1.45
木及木制品；木炭；软木及软木制品；稻草、秸秆、针茅或其他编结材料制品；篮筐及柳条编结品	**Wood and Wooden Products; Charcoal; Cork and Related Products; Straws; Plaited Products; Baskets and Wickerwork**	**22.04**	**19.89**	**18.32**	**19.81**
木浆及其他纤维状纤维素浆；纸及纸板的废碎品；纸、纸板及其制品	**Paper Pulp and Cellulose Pulp; Paper Waste Paper; Paperboard and Related Products**	**13.24**	**49.81**	**13.44**	**50.10**
木浆及其他纤维状纤维素浆；纸及	Paper Pulp and Cellulose Pulp; Paper				

17-6 **续表** continued

单位：亿美元 (USD 100 million)

商品类别	Categories of Commodities	1997 出口 Exports	1997 进口 Imports	1998 出口 Exports	1998 进口 Imports
纸板的废碎品	and Paper Board Waste	0.12	9.24	0.10	10.95
纸及纸板；纸浆、纸或纸板制品	Paper and Paperboard; Paper Pulp; Paper or Paperboad Products	10.01	34.66	9.90	36.04
纺织原料及纺织制品	**Textile Materials and Products**	**432.24**	**172.15**	**404.92**	**143.93**
蚕丝	Natural Silk	9.47	1.76	7.51	1.39
羊毛、动物细毛或粗毛；马毛纱线及其机织物	Wool; Wool Yarn and Woolen Woven Fabrics	9.92	15.54	7.60	11.76
棉花	Cotton	31.17	37.31	28.10	25.81
其他植物纺织纤维；纸纱线及其机织物	Other Textile Fiber; Yarn and Related Woven Fabrics	4.28	2.59	4.01	2.54
化学纤维长丝	Chemical Fiber; Continuous Filament	8.93	38.72	9.22	33.42
化学纤维短纤	Chemical Fiber; Staple Fiber	27.40	33.25	24.32	28.48
絮胎毡呢及无纺织物；特种纱线；线绳索缆及制品	Wadding; Felt and Adhesive-Bond Fabrics; Special Yarn; Thread; Rope; Cable and Related Products	3.04	4.00	2.89	3.46
地毯及纺织材料的其他铺地制品	Carpets and Related Products	4.56	0.31	4.42	0.22
特种机织物；簇绒织物；花边；装饰毯；装饰带；刺绣品	Special Woven Fabrics; Lace; Embroidery	9.17	5.66	7.77	5.04
浸渍、涂布、包覆或层压纺织物；工业用纺织制品	Coated Textiles; Textile Products for Industrial Use	2.73	10.02	2.16	9.54
针织物及钩编织物	Knitwear and Crocheted Fabrics	8.31	11.99	9.18	11.62
针织或钩编织的服装及衣着附件	Knitted or Crocheted Garments and Clothing Accessories	117.21	2.45	115.45	2.92
非针织或钩编织的服装及衣着附件	Garments Not Knitted or Crocheted	169.20	8.20	155.75	7.38
其他纺织制成品；成套物品；旧衣着旧纺织品；碎织物	Other Textile Products; Secondhand Garments	26.85	0.35	26.54	0.35
鞋、帽、伞、杖、鞭及其零件；已加工的羽毛及其制品；人造花；人发制品	**Footwear; Headgear; Umbrellas; Canes; Whips; Processed Feather; Artificial Flowers; Wigs**	**101.88**	**4.54**	**102.73**	**3.77**
鞋靴、护裾和类似品及其零件	Parts of Footwear; Gaiters	85.41	3.58	83.92	2.91
帽类及其零件	Headgear And Accessories	4.41	0.05	4.79	0.05
雨伞阳伞、手杖、鞭子马鞭及其零件	Umbrellas; Canes; Whips and Accessories	5.03	0.55	6.33	0.41
已加工羽毛、羽绒及其制品；人造花；人发制品	Processed Feathers and Related Products; Artificial Flowers; Wigs	7.03	0.36	7.69	0.40
石料石膏水泥石棉云母及类似材料的制品；陶瓷产品；玻璃及其制品	**Gypsum; Cement; Asbestos; Mica; Ceramic Glass**	**32.40**	**10.46**	**31.84**	**11.48**
石料、石膏、水泥、石棉、云母及类似材料制品	Gypsum; Cement; Asbestos; Mica and Related Products	8.74	2.66	7.78	2.62
陶瓷产品	Ceramics	16.71	1.77	16.64	1.14
玻璃及其制品	Glass and Glassware	6.95	6.03	7.42	7.72
天然或养殖珍珠、宝石或半宝石、贵金属、包贵金属及其制品；仿首饰硬币	**Natural or Cultivated Pearls; Precious or Semi-Precious Stones; Jewelry of Precious Metal or Rolled Precious Metal; Artificial Jewelery; Coins**	**17.87**	**13.78**	**20.95**	**12.35**
贱金属及其制品	**Base Metals and Related Products**	**133.85**	**125.22**	**125.26**	**124.65**
钢铁	Iron and Steel	38.27	60.70	23.74	58.44
钢铁制品	Iron and Steel Products	38.35	19.40	41.92	18.34
铜及其制品	Copper and Related Products	6.58	21.57	6.52	22.28
镍及其制品	Nickel and Related Products	0.46	0.70	0.89	1.04
铝及其制品	Aluminium and Related Products	8.80	15.00	10.09	15.52
铅及其制品	Lead and Related Products	1.35	0.13	1.48	0.14
锌及其制品	Zinc and Related Products	6.88	1.37	4.44	1.58
锡及其制品	Tin and Related Products	2.28	0.62	3.03	0.64
机器、机械器具、电气设备及零件；录音机及放声机、电视图象声音的录制和重放设备及零附件	**Machinery; Electric Equipment and Accessories; Recorders; Videorecorder and Accessories**	**382.70**	**467.58**	**436.29**	**509.09**
车辆、航空器、船舶及有关运输设备	**Locomotives; Vehicles; Aircraft; Ship and Related Transportation Equipment**	**52.73**	**55.54**	**63.96**	**55.90**
铁道及电车道机车、车辆及零件；铁道及电车轨道固定装置及零附件；各种机械(电动)；交通信号设备	Rail Locomotives; Tramcars and Accessories; Fixed Track Equipment; Signal Equipment for Transportation	11.95	1.19	18.21	2.24
车辆及其零件、附件；但铁道及电车道车辆除外	Vehicles and Related Parts and Accessories	21.57	18.96	22.72	20.03
航空器、航天器及零件	Aircraft; Spacecraft and Parts Thereof	2.91	32.35	4.40	31.75
船舶及浮动结构体	Ships and Related Products	16.30	3.04	18.63	1.88
光学、照相、电影、计量、检验、医疗或外科用仪器设备、精密仪器及设备；钟表；乐器；及其零附件	**Optical; Photographic; Film; Measuring and Checking and Medical Instruments and Equipment; Precision Instruments and Equipment; Clocks; Musical Instruments; Related Parts and Accessories**	**63.21**	**46.72**	**65.64**	**49.26**
其他	**Others**	**130.70**	**8.62**	**137.84**	**7.58**

17-7 我国同各国(地区)海关进出口总额

CHINA'S FOREIGN TRADE WITH RELATED COUNTRIES AND TERRITORIES (CUSTOMS STATISTICS)

单位：万美元 (USD 10 000)

国 别 (地区)	Country (Territory)	1997			1998		
		进出口总额 Total	出口总额 Exports	进口总额 Imports	进出口总额 Total	出口总额 Exports	进口总额 Imports
总 计	**Total**	**32516202**	**18279166**	**14237036**	**32392341**	**18375711**	**14016630**
亚洲	**Asia**	**19736260**	**10896583**	**8839677**	**18523504**	**9818040**	**8705464**
#阿富汗	Afghanistan	3308	3247	61	2455	2434	21
巴林	Bahrain	4043	2532	1511	5704	2971	2733
孟加拉国	Bangladesh	75047	69612	5435	68715	66068	2647
文莱	Brunei	3332	3332		915	914	1
缅甸	Myanmar	64353	57012	7341	58090	51886	6204
柬埔寨	Cambodia	12070	7569	4501	16187	11369	4818
塞浦路斯	Cyprus	4377	4257	120	8121	8059	62
朝鲜	Democratic People's Republic of Korea	65629	53468	12161	41302	35571	5731
中国香港	Hong Kong，China	5077312	4378286	699026	4541163	3875321	665842
印度	India	183099	93373	89726	192230	101660	90570
印度尼西亚	Indonesia	451457	184099	267358	362792	117122	245670
伊朗	Iran	103226	49645	53581	121501	65669	55832
伊拉克	Iraq	9320	5898	3422	16453	10467	5986
以色列	Israel	35657	25685	9972	52382	35279	17103
日本	Japan	6083340	3183858	2899482	5789918	2969199	2820719
约旦	Jordan	13498	11166	2332	15981	13568	2413
科威特	Kuwait	17044	9348	7696	23015	11030	11985
老挝	Laos	2875	2293	582	2573	1783	790
黎巴嫩	Lebanon	13003	12994	9	14853	14828	25
澳门	Macao	76480	64195	12285	87044	74748	12296
马来西亚	Malaysia	441692	192185	249507	426432	159635	266797
马尔代夫	Maldives	33	33		59	54	5
蒙古	Mongolia	25193	6368	18825	24329	6254	18075
尼泊尔	Nepal	6774	5808	966	7210	6688	522
阿曼	Oman	136245	1696	134549	74589	3942	70647
巴基斯坦	Pakistan	106834	68923	37911	91276	52376	38900
菲律宾	the Philippines	166645	133961	32684	201311	150116	51195
卡塔尔	Qatar	13309	1494	11815	6134	1621	4513
沙特阿拉伯	Saudi Arabia	168014	85426	82588	169972	89614	80358
新加坡	Singapore	878806	432332	446474	815433	393004	422429
韩国	Republic of Korea	2405655	912687	1492968	2126433	626898	1499535
斯里兰卡	Sri Lanka	25493	24557	936	29858	29279	579
叙利亚	Syria	15452	15130	322	17588	17441	148
泰国	Thailand	351496	150106	201390	356087	114807	241280
土耳其	Turkey	62132	55679	6453	70190	65911	4279
阿联酋	United Arab Emirates	138563	130116	8447	145244	129080	16164
也门共和国	Arab Republic of Yemen	75135	10046	65089	63036	10670	52366
越南	Viet Nam	143684	107974	35710	124579	102843	21736
台湾	Taiwan	198384	339667	1644117	2049917	386956	1662961
非洲	**Africa**	**567300**	**320920**	**246380**	**553587**	**405933**	**147654**
#阿尔及利亚	ALgeria	11298	11296	2	11680	11668	12
安哥拉	Angola	63263	2913	60350	19036	3666	15370
贝宁	Benin	11851	10973	878	15713	15364	349
布隆迪	Burundi	39	39		209	209	
喀麦隆	Cameroon	11093	1255	9838	6757	1892	4865
加那利群岛	Canary Islands	1734	1712	22	1762	1762	
中非	Central Africa	191	83	108	107	106	1
塞卜泰	Ceuta	97	97		134	134	
刚果(布)	Congo(B)	16430	1231	15199	8807	4674	4133
吉布提	Djibouti	1345	1344	1	3092	3091	1
埃及	Egypt	52166	46496	5670	60653	57484	3169
埃塞俄比亚	Ethiopia	5561	5498	63	6875	6827	48

17-7 **续表** 1 continued

单位：万美元 (USD 10 000)

国别（地区）	Country (Territory)	1997 进出口总额 Total	1997 出口总额 Exports	1997 进口总额 Imports	1998 进出口总额 Total	1998 出口总额 Exports	1998 进口总额 Imports
加蓬	Gabon	31906	592	31314	15733	1016	14717
冈比亚	Gambia	4182	4182		5064	5064	
加纳	Ghana	8879	8626	253	12007	11155	852
几内亚	Guinea	7074	3476	3598	3813	3718	95
几内亚(比绍)	Guinea-Bissau	176	72	104	145	145	
科特迪瓦	Cote D'Ivoir	12413	9242	3171	17613	15207	2406
肯尼亚	Kenya	13366	13248	118	11970	11821	149
利比里亚	Liberia	7363	7350	13	2778	2778	
利比亚	Libya	9664	7971	1693	9314	7160	2154
马达加斯加	Madagascar	2993	2673	320	3447	3273	174
马里	Mali	4137	1389	2748	2925	2439	486
毛里塔尼亚	Mauritania	1178	1137	41	1076	955	121
毛里求斯	Mauritius	4815	4801	14	6651	6588	63
摩洛哥	Morocco	16219	11883	4336	25160	16554	8606
莫桑比克	Mozambique	1668	1595	73	1377	1334	43
尼日尔	Niger	216	185	31	741	741	
尼日利亚	Nigeria	32705	31642	1063	38468	35726	2742
留尼汪	Reunion	453	453		448	448	
卢旺达	Rwanda	299	233	66	402	211	191
塞内加尔	Senegal	3413	3370	43	4376	4336	40
塞舌尔	Seychelles	105	105		132	132	
塞拉利昂	Sierra Leone	409	409		441	441	
索马里	Somalia	77	48	29	22	18	4
南非	South Africa	157428	78466	78962	155827	86721	69106
苏丹	Sudan	13384	11083	2301	35105	34958	147
坦桑尼亚	Tanzania	10252	8490	1762	7967	6998	969
多哥	Togo	7705	6925	780	6223	5909	314
突尼斯	Tunisia	9730	7466	2264	12972	8393	4579
乌干达	Uganda	1167	993	174	1091	1078	13
布基纳法索	Burkina Faso	175	157	18	939	513	426
刚果(金)	Congo(J)	3140	2949	191	6324	6100	224
赞比亚	Zambia	3719	1068	2651	2835	2213	622
津巴布韦	Zimbabwe	10278	2819	7459	13273	10486	2787
欧洲	**Europe**	**5474428**	**2898778**	**2575650**	**5973511**	**3342877**	**2630634**
#比利时	Belgium	227940	136112	91828	251951	164110	87841
丹麦	Denmark	71890	37228	34662	77629	45744	31885
英国	United Kingdom	579366	381520	197846	658406	463219	195187
德国	Federal Republic of Germany	1267819	649693	618126	1434755	735392	699363
法国	France	557665	232998	324667	602749	282276	320473
爱尔兰	Ireland	19546	12780	6766	30200	19627	10573
意大利	Italy	469103	223891	245212	485437	257734	227703
卢森堡	Luxembourg	5118	2110	3008	8222	3671	4551
荷兰	Netherlands	547858	440598	107260	599522	516151	83370
希腊	Greece	31465	24804	6661	40642	38594	2048
葡萄牙	Portugal	21084	16616	4468	22756	20060	2696
西班牙	Spain	180066	124541	55525	200410	152388	48022
奥地利	Austria	45497	19985	25512	48339	21141	27198
保加利亚	Bulgaria	4797	3138	1659	4798	4518	280
捷克	Czecho	27844	24993	2851	29195	26590	2605
斯洛伐克	Slovakia	3371	2765	606	3457	3224	233
芬兰	Finland	95778	27074	68704	157847	31855	125992
直布罗陀	Gibraltar	320	196	124	376	376	
匈牙利	Hungary	32234	29662	2572	40986	39705	1281
冰岛	Iceland	1398	471	927	1266	536	730
马耳他	Malta	1790	1758	32	2703	2528	175
挪威	Norway	94672	56817	37855	63450	32996	30454
波兰	Poland	70571	67369	3202	81453	75867	5586
罗马尼亚	Romania	24869	17623	7246	25966	23975	1991
瑞典	Sweden	182598	52849	129749	267455	62826	204629
瑞士	Switzerland	148570	61323	87247	142955	63399	79556

17-7 **续表** 2 continued

单位：万美元 (USD 10 000)

国　别（地区） Country (Territory)	1997			1998		
	进出口总额 Total	出口总额 Exports	进口总额 Imports	进出口总额 Total	出口总额 Exports	进口总额 Imports
南斯拉夫 Yugoslavia	2347	1960	387	3333	2882	451
斯洛文尼亚 Slovenia	2240	1853	387	3608	3412	196
克罗地亚 Croatia	2526	1324	1202	2027	1987	40
马其顿 Macedonia	157	156	1	250	238	12
波黑共和国 Bosnia and Herzegovina	21	21		33	20	13
爱沙尼亚 Estonia	1067	802	265	1468	692	776
拉脱维亚 Latvia	676	556	120	2178	1358	820
立陶宛 Lithuania	1658	1394	264	2408	2369	39
格鲁吉亚 Georgia	408	79	329	773	612	161
亚美尼亚 Armenia	37	37		84	78	6
阿塞拜疆 Azerbajan	1566	147	1419	131	115	16
白俄罗斯 Belorussia	4262	1684	2578	1734	646	1088
哈萨克 Kazakhstan	52741	9463	43278	63554	20468	43086
吉尔吉斯 Kirghizia	10662	7060	3602	19810	17241	2569
摩尔多瓦 Moldavia	114	35	79	70	19	51
俄罗斯 Russia	612376	203806	408570	548123	184037	364086
塔吉克 Tadzhikistan	2023	1105	918	1923	1104	819
土库曼 Turkmenistan	1524	1163	361	1251	1029	222
乌克兰 Ukraine	43527	10104	33423	27505	9011	18494
乌兹别克 Uzbekstan	20292	6153	14139	9024	5788	3236
拉丁美洲 Latin America	**837651**	**460779**	**376872**	**831215**	**532299**	**298916**
#阿根廷 Argentina	118788	46567	72221	127450	55004	72446
巴巴多斯 Barbados	157	157		205	205	
玻利维亚 Bolivia	503	378	125	754	746	8
巴西 Brazil	253338	104440	148898	221867	108556	113310
智利 Chile	97731	56220	41511	104135	61990	42145
哥伦比亚 Colombia	7304	6966	338	10097	9275	822
多米尼加联邦 Commonwealth of Dominica	4499	4495	4	4657	4634	23
古巴 Cuba	25582	15618	9964	22128	12736	9392
库腊索岛 Curacao	1211	1211		1227	1227	
多米尼加共和国 Dominican Republic	3997	3992	5	6191	6158	33
厄瓜多尔 Ecuador	15781	5788	9993	14704	7393	7311
危地马拉 Guatemala	7425	7386	39	9534	9497	37
洪都拉斯 Honduras	4138	4055	83	5958	5861	97
牙买加 Jamaica	3195	3182	13	6425	4632	1793
墨西哥 Mexico	59783	41353	18430	83681	68934	14747
尼加拉瓜 Nicaragua	1395	1394	1	1834	1834	
巴拿马 Panama	101161	101003	158	104875	104756	119
巴拉圭 Paraguay	8575	8508	67	8026	7840	186
秘鲁 Peru	71855	9764	62091	39540	10726	28814
波多黎各 Puerto Rico	2576	2555	21	3629	3595	34
萨尔瓦多 El Salvador	3483	3483		4432	4424	8
苏里南 Surinam	573	564	9	949	850	99
特立尼达和多巴哥 Trinidad and Tobago	1079	1076	3	1671	1671	
乌拉圭 Uruguay	17942	8795	9147	16500	12047	4453
委内瑞拉 Venezuela	15459	11904	3555	18290	17043	1247
北美洲 North America	**5293195**	**3462305**	**1830890**	**5930284**	**4010439**	**1919845**
#加拿大 Canada	391349	190653	200696	436486	212766	223720
美国 United States	4901640	3271506	1630134	5493699	3797587	1696112
大洋洲及太平洋岛屿 Oceanic and Pacific Islands	**607165**	**239800**	**367365**	**580150**	**266123**	**314027**
#澳大利亚 Australia	530382	205621	324761	502976	234167	268809
库克群岛 Cook Islands	14	14		27	27	
斐济 Fiji	2013	1998	15	1785	1385	400
新西兰 New Zealand	63188	28252	34936	68493	27501	40992
诺福克岛 Norfolk Islands	9	9		17	15	2
巴布亚新几内亚 Papua New Guinea	10283	2633	7650	5244	1904	3340
其　他 Others	**203**		**203**	**90**		**90**

17-8 海关出口主要商品数量和金额

MAIN EXPORT COMMODITIES IN VOLUME AND VALUE (CUSTOMS STATISTICS)

单位：万美元　　(USD 10 000)

品名 Item	1997		1998	
	数量 Volume	金额 Value	数量 Volume	金额 Value
活猪 (万头) Live Hogs (10 000 heads)	227	29916	219	28866
活家禽 (万只) Live Poultry (10 000 heads)	5268	11358	4262	9570
鲜冻牛肉 (万吨) Beef (10 000 tons)	3	5386	4	7266
鲜冻猪肉 (万吨) Pork (10 000 tons)	10	19472	10	18082
冻鸡 (万吨) Frozen Chicken (10 000 tons)	30	55720	27	46017
冻家兔肉 (吨) Rabbit Meat Frozen (ton)	29225	6381	15029	2660
鲜蛋 (百万个) Fresh Eggs (million units)	733	2527	578	1875
水产品 (万吨) Aquatic Products (10 000 tons)	72	188771	79	173364
谷物及谷物粉 (万吨) Cereals and Cereals Flour (10 000 tons)	834	131807	889	157618
#大米 (万吨) Rice (10 000 tons)	94	26457	375	92755
玉米 (万吨) Maize (10 000 tons)	662	85895	469	53168
大豆 (万吨) Soybean (10 000 tons)	19	7325	17	6339
花生及花生仁 (万吨) Peanuts (10 000 tons)	17	13852	21	15551
干豆 (万吨) Dried Plusles (10 000 tons)	59	26668	47	21703
蔬菜 (万吨) Vegetables (10 000 tons)	167	147802	201	147289
#鲜蔬菜 (万吨) Fresh Vegetables (10 000 tons)	93	50016	117	50833
桔、柑、橙 (吨) Mandarins and Oranges (ton)	209127	7111	161159	4612
苹果 (吨) Apples (ton)	188443	7751	170329	6456
核桃仁 (吨) Walnut Meat (ton)	12506	3741	9969	2851
栗子 (吨) Chestnut (ton)	31550	6364	38581	6903
白果 (吨) Gingko Nuts (ton)	4049	1575	2586	923
松子仁 (吨) Pinenut Kernels (ton)	1829	2287	4897	4909
食糖 (万吨) Sugar (10 000 tons)	38	13279	46	12321
天然蜂蜜 (吨) Natural Honey (ton)	48217	6538	78678	8307
茶叶 (吨) Tea (ton)	202463	33248	217437	37028
辣椒干 (吨) Dried Chillies (ton)	45932	5712	52983	4810
猪肉罐头 (吨) Canned Pork (ton)	37146	6557	33394	5914
蘑菇罐头 (吨) Canned Mushroom (ton)	143799	14293	137745	13039
啤酒 (吨) Beer (ton)	7193	3418	5573	2629
烤烟 (吨) Flue-cured Tobacco (ton)	69643	16982	85969	16355
猪鬃 (吨) Bristle (ton)	11117	7303	12293	8383
肠衣 (吨) Casings (ton)	46613	36340	42778	33396
填充用羽毛及绒 (吨) Feathers and Dawn for Stuffing (ton)	20845	18663	30232	17074
药材 (吨) Medical Materials (ton)	157675	31796	132764	23417
未硝毛皮 (吨) Raw Fur Skins (ton)	205	1377	220	902
#水貂皮 (吨) Raw Mink Skins (ton)	36	445	32	25
锯材 (立方米) Wood Sawn (cu. m)	387860	19336	254545	11439
棉花 (吨) Cotton (ton)	994	330	44992	5625
生丝 (吨) Raw Silk (ton)	11116	27450	9169	21276
山羊绒 (吨) Cashmere (ton)	2257	15142	2003	10005
兔毛 (吨) Rabbit Hair (ton)	4029	8141	2808	4044
苎麻 (吨) Ramie (ton)	2690	1188	1650	679
天然石墨 (吨) Natural Graphite (ton)	170805	4343	180752	4288
镁矿物 (万吨) Magnesian Ores (10 000 tons)	229	28976	205	24960
氟石 (万吨) Fluorite (10 000 tons)	129	12963	132	12947
重晶石 (万吨) Barite (10 000 tons)	293	9833	177	6868
滑石 (万吨) Talcum (10 000 tons)	98	7670	70	5591

17-8 **续表** 1 continued

单位：万美元 (USD 10 000)

品名 Item	1997 数量 Volume	1997 金额 Value	1998 数量 Volume	1998 金额 Value
铝矿砂 (万吨) Aluminium Ores (10 000 tons)	16	1388	8	711
钨矿砂 (吨) Tungsten Ores (ton)	751	180	190	39
煤 (万吨) Coal (10 000 tons)	3072	113253	3229	106779
焦炭、半焦炭 (万吨) Coke and Semi-coke (10 000 tons)	1058	79096	1146	79839
原油 (万吨) CrudeOil (10 000 tons)	1983	273413	1560	152745
成品油 (万吨) Petroleum Products Refined (10 000 tons)	559	120136	436	73891
石蜡 (万吨) Paraffin Wax (10 000 tons)	36	17896	53	22334
仲钨酸铵 (吨) Tungstates (ton)	14596	7412	12675	5918
氧化锌 (吨) Zinc Oxide and Zinc Peroxide (ton)	55761	4766	57448	4801
食用植物油(含棕榈油)(吨) Edible Vegetable Oil (ton)	822880	54813	309314	22546
糠醛 (吨) Furfural (ton)	38416	3087	56389	4203
合成有机染料 (吨) Synthetic Organic Dyestuffs (ton)	127343	52784	131690	49727
医药品 (吨) Medical and Pharmaceutical Products (ton)	137256	153625	151143	169224
#中式成药 (吨) Medicaments of Chinese Type (ton)	15169	10752	11214	8451
医用敷料 (吨) Pharmaceutical Goods (ton)	47456	24794	48877	25545
洗衣粉 (吨) Detergent (ton)	47965	2430	42082	2126
鞭炮烟花 (吨) Fireworks and Firecrackers (ton)	116621	19750	137432	22131
松香 (吨) Resin and Resin Acids (ton)	204729	15942	254145	13568
轮胎 (万条) Rubber Tyres (10 000 units)	7501	50298	7397	57516
纸及纸板(未切成形)(万吨) Paper and Paperboard in Rolls (10 000 tons)	23	20747	25	21663
棉纱 (吨) Cotton Yarn (ton)	153232	48526	133387	42087
麻纱 (吨) Flax or Ramie Yarn (ton)	24652	10482	21713	9025
棉布 (万米) Cotton Cloth (10 000 m)	302189	307150	272177	268903
麻布 (万米) Flax or Ramie Cloth (10 000 m)	16047	27900	15840	27805
涤棉布 (万米) Polyester Cotton Cloth (10 000 m)	155290	93633	168367	92270
人棉布 (万米) Rayon Cloth (10 000 m)	62938	33348	63393	28458
真丝绸缎 (万米) Silk and Satins (10 000 m)	15310	47975	12110	38268
麻袋 (万条) Gunny Bags (10 000 units)	2027	168	552	230
塑料编织袋 (万条) Bags of PP or PE Strip (10 000 units)	97410	15328	99518	14611
毛毯 (万条) Woolen Blankets (10 000 units)	13	359	14	271
地毯 (万平方米) Carpets (10 000 sq. m)	1944	45548	2354	44165
棉浴巾 (万条) Cotton Bath Towels (10 000 units)	11758	18049	11732	17633
水泥 (万吨) Cement (10 000 tons)	1168	44572	820	29046
平板玻璃 (万平方米) Plate Glass (10 000 sq. m)	3984	9444	3645	9738
玻璃制品 Glass Products		32468		36697
家用陶瓷器 (吨) Porcelain and Pottery Ware for Household Use (ton)	708576	73424	731197	72206
生、镜铁 (万吨) Pig Iron and Spiegeleise (10 000 tons)	554	81431	242	32448
硅铁 (万吨) Ferro-silicon (10 000 tons)	21	12925	27	14537
钢坯及粗锻件 (万吨) Billet and Crude Fougings (10 000 tons)	364	84655	164	35143
钢材 (万吨) Rolled Steel (10 000 tons)	462	193529	357	168698
未锻造铜及合金 (吨) Unwrought Copper and its Alloys (ton)	84265	18834	121415	20558
铜材 (吨) Rolled Copper (ton)	99500	32072	93143	30393
未锻造铝及合金 (吨) Unwrought Alumiunium and its Alloys (ton)	249419	37033	326898	44770
铝材 (吨) Rolled Aluminium (ton)	100326	22025	109354	24272
锌及锌合金 (吨) Zinc and Zinc Alloys (ton)	556931	65168	382894	40231
锡及锡合金 (吨) Tin and Tin Alloys (ton)	41087	20521	53573	26695
锑 (吨) Antimony (ton)	28952	5320	18946	2714
锰 (吨) Manganese (ton)	60143	7157	68804	7568
标准紧固件 (万吨) Nails, Bolts, etc (10 000 tons)	28	29528	34	35030
手用或机用工具 (吨) Hand Tools and Tools for Machines (ton)	377477	88424	404328	93406
搪瓷器 (吨) Enamelware (ton)	51403	8188	54358	8133

17-8 **续表** 2 continued

单位：万美元 (USD 10 000)

品 名 Item		1997 数 量 Volume	1997 金 额 Value	1998 数 量 Volume	1998 金 额 Value
锁 (吨)	Locks (ton)	122367	34225	119275	30577
缝纫机(包括工业用)(万架)	Sewing Machines(Including Industrial Use) (10 000 sets)	409	22355	406	23591
纺织机械	Textile Machinery		14938		16825
电动机及发电机 (万台)	Electric Motors and Generators (10 000 sets)	184783	122479	200488	129022
金属加工机床 (万台)	Machine Tools (10 000 sets)	249	28189	226	23507
轴承 (万套)	Bearings (10 000 units)	77018	36159	83157	38213
静止式变流器 (万个)	Static Converters (10 000 units)	26355	93908	70135	105534
电容器 (吨)	Electrical Capacitors (ton)	18307	37634	18390	39092
半导体器件 (万个)	Semi Conductors (10 000 units)	3115436	47061	4045802	58924
电线电缆 (吨)	Insulated Wire or Cable (ton)	303428	86978	363381	97983
电风扇 (万只)	Fans (10 000 sets)	13165	71669	15185	72974
原电池 (万个)	Primary Cells and Batterices (10 000 units)	841598	39058	908512	41284
蓄电池 (万个)	Electric Accumulators (10 000 units)	30451	32193	36339	45299
有线电话机 (万台)	Line Telephone Sets (10 000 sets)	10013	94804	10686	130413
扬声器 (万个)	Loudspeakers (10 000 units)	88191	59066	91533	66874
收录机及组合音响 (万台)	Sound Recording Apparatus (10 000 sets)	18078	271311	17727	272027
收音机 (万台)	Radio (10 000 sets)	13482	32791	12145	28202
电视机 (万台)	TV Stes (10 000 sets)	906	65485	1020	68665
集装箱 (个)	Containers (unit)	330101	103011	569706	158689
船舶 (艘)	Ships (unit)	18666	161848	30158	173160
汽车和汽车底盘 (辆)	Motor Vehicles and Chassis (unit)	14829	18983	11538	15737
汽车的零件	Parts of Motor Vehicles		44789		53049
自行车 (万辆)	Bicycles (10 000 units)	1439	51262	1761	61177
手电筒 (万个)	Flashlights (10 000 units)	37389	13341	37440	12707
医疗仪器及器械	Medical Instruments and Appliances		30280		32641
照相机 (万只)	Cameras (10 000 sets)	6559	92533	6747	99401
手表 (万只)	Wrist Watches (10 000 units)	83198	98988	85712	98167
日用钟 (万只)	Clocks (10 000 sets)	32122	39426	40132	40160
家俱	Furniture		181872		219026
服装(针织、钩织的除外)	Garments(Excluding Knitwear and Crochet)		1528356		1401929
针织钩织服装	Garments，Knitted or Crocheted		1108745		1084957
皮鞋 (万双)	Leather Shoes (10 000 pairs)	62792	364027	64897	376052
橡胶或塑料底布鞋（包括球鞋） (万双)	Cloth Shoes With Outer of Rubber or Artificial Plastic Materials (including Gym Shoes) (10 000 pairs)	60300	110197	59025	98307
塑料制品 (万吨)	Plastic Articles (10 000 tons)	233	349044	264	382317
玩具	Toys		504216		514246
足球、篮球、排球 (万个)	FootballsBasketballs and Volleyballs (10 000 units)	4276	7886	4691	8011
铅笔	Pencils		6982		5547
伞 (万把)	Umbrellas (10 000 units)	43933	47837	49120	60615
竹编结品 (吨)	Bamboo Products (ton)	58428	11411	50092	8709
藤编结品 (吨)	Rattan Products (ton)	20899	5802	21264	5241
草席及草编结品 (吨)	Straw Mats and Straw Products (ton)	21190	4951	19406	4175
柳编结品 (吨)	Wickerwork (ton)	53175	11328	51576	9152
鬃刷 (万打)	Bristle Brushes (10 000 doz.)	3037	5719	2760	4825
热水瓶 (万个)	Vacuum Flasks (10 000 units)	6379	12587	6916	12930
人造花 (吨)	Artificial Flowers (ton)	142855	48997	144988	50078
机电产品	Mechanical and Electrical Products		5932799		6654327

17-9 海关进口主要商品数量和金额

MAIN IMPORT COMMODITIES IN VOLUME AND VALUE (CUSTOMS STATISTICS)

单位：万美元　　　　(USD 10 000)

品名 Item	1997 数量 Volume	1997 金额 Value	1998 数量 Volume	1998 金额 Value
谷物及谷物粉 (万吨) Cereals and Cereals Flour (10 000 tons)	417	91614	388	71602
#小麦 (万吨) Wheat (10 000 tons)	186	36829	149	27857
大米 (万吨) Rice (10 000 tons)	33	13977	24	12004
玉米 (万吨) Maize (10 000 tons)		22	25	3177
食用植物油 (含棕榈油) (万吨) Edible Vegetable Oil (10 000 tons)	275	150458	206	129877
其他植物油 (万吨) Other Vegetable Oils (10 000 tons)	11	6779	13	8548
食糖 (万吨) Sugar (10 000 tons)	78	22877	51	14516
动物饲料 (吨) Prepared Feeding Stuff (ton)	109087	5912	183456	6122
天然橡胶 (万吨) Natural Rubber (10 000 tons)	43	45760	43	31928
合成橡胶 (万吨) Synthetic Rubber (10 000 tons)	45	46905	51	46552
原木 (万立方米) Logs (10 000 cu. m)	446	67703	482	59909
纸浆 (万吨) Paper Pulp (10 000 tons)	154	74792	220	92368
锯材 (立方米) Wood Sawn (cu. m)	1327736	26781	1678992	34692
棉花(原棉) (万吨) Cotton, not Carded or Combed (10 000 tons)	75	133085	20	33184
羊毛及条 (吨) Wool and Wool Tops (ton)	207203	78945	168606	60300
纺织用合成纤维 (万吨) Synthetic Fibers Suitable for Spinning (10 000 tons)	104	141146	94	102222
#涤纶纤维 (吨) Polyester Fibers (ton)	610180	68179	534571	44323
腈纶纤维 (吨) Polyacryolnitr Fibers (ton)	402612	69020	380380	54159
合成纤维纱线 (吨) Synthetic Fibers, Continuous Filament and Yarn (ton)	746242	147223	714385	132832
#锦纶长丝 (吨) Polyamide FIber Yarn (ton)	65683	18587	68752	17244
涤纶长丝 (吨) Polyester Fiber Yarn (ton)	512222	83416	485195	70570
铁矿砂 (万吨) Iron Ore (10 000 tons)	5511	161484	5177	146776
锰矿砂 (万吨) Manganese Ores (10 000 tons)	132	12375	118	9033
铜矿砂 (万吨) Copper Ores (10 000 tons)	94	42116	118	45831
铬矿砂 (万吨) Chromium Ores (10 000 tons)	89	11078	71	8089
氧化铝 (万吨) Aluminum Oxide (10 000 tons)	109	23866	157	35422
煤 (万吨) Coal (10 000 tons)	200	9562	158	6845
原油 (万吨) Crude Oil (10 000 tons)	3547	545621	2732	327454
成品油 (万吨) Petroleum Products Refined (10 000 tons)	2379	368207	2174	240518
乙二醇 (万吨) Ethylene Glycol (10 000 tons)	20	12915	31	13447
对苯二甲酸 (吨) Telephthalic Acid (ton)	478305	28057	728494	26832
己内酰胺 (吨) Carprolactam (ton)	138662	17381	175850	22118
纯碱 (吨) Soda Ash (ton)	110730	1796	84238	1293
合成有机染料 (吨) Synthetic Organic Dyestuffs (ton)	38407	15335	36832	15410
医药品 (吨) Pharmaceutical Products (ton)	18642	33076	20446	53351
化学肥料(自然吨) (万吨) Chemical Fertilizers, Manufactured (Actual Weight) (10 000 tons)	1649	299491	1387	250565

17-9 **续表** continued

单位：万美元 (USD 10 000)

品 名 Item		1997 数 量 Volume	1997 金 额 Value	1998 数 量 Volume	1998 金 额 Value
#氯化钾	(万吨) Potassium Chloridc (10 000 tons)	463	53216	512	60627
尿素	(万吨) Urea (10 000 tons)	342	61854	12	1722
复合肥	(万吨) Compound Fertilizers (10 000 tons)	749	167782	805	176154
原形聚乙烯	(万吨) Polyethylene in primary Forms (10 000 tons)	228	176938	246	162825
原形聚丙烯	(万吨) Polypropylene in Primary Forms (10 000 tons)	125	94823	154	99147
ABS 树脂	(万吨) ABS Copolyneres (10 000 tons)	103	106404	107	108357
原形聚苯乙烯	(万吨) Polystyrene in Primary Forms (10 000 tons)	159	128641	153	121776
原形聚氯乙烯	(万吨) Polyvinyl Chioride in Primary Forms (10 000 tons)	117	86233	157	101930
聚酯切片	(万吨) Slices or Chips of Polyethylene Terephthalate (10 000 tons)	32	24614	28	19884
农药	(吨) Pesticides (ton)	48584	16571	44173	18614
纸及纸板	(万吨) Paper and Paperboard (10 000 tons)	552	282518	576	302249
钢材	(万吨) Rolled Steel (10 000 tons)	1323	651826	1242	628677
铜及铜合金	(吨) Copper and Copper Alloys (ton)	210877	43371	268399	47325
铜材	(吨) Rolled Copper (ton)	484547	127379	546625	137470
铝及铝合金	(吨) Aluminium and Aluminium Alloys (ton)	288891	36536	306988	39717
铝材	(吨) Rolled Aluminium (ton)	312099	78940	341294	84492
金属加工机床	(台) Machine Tools (set)	101553	158580	79112	139077
锅炉	(台) Boilers (set)	2840	20232	4748	20038
电视机	(万台) TV Sets (10 000 sets)	43	17094	31	13175
显像管	(万只) Cathode-ray TV Picture Tube (10 000 sets)	581	37335	596	46527
制冷压缩机	(万台) Compressors for Refrigerating Equipment (10 000 sets)	220	15682	367	22077
阀门	(万套) Valves (10 000 sets)	5067	32639	3595	30722
自动数据处理设备	(万台) Automatic Data Processing Machines (10 000 sets)	1643	113513	2424	181010
电话电报交换机	(台) Line Telephonic or Telegraphic Switching Apparatus (set)	15112	4759	6485	47028
收录机及组合音响	(万台) Sound Recording Apparatus (10 000 sets)	158	3972	145	3243
汽车和汽车底盘	(辆) Motor Vehicles and Chassis (unit)	48441	71137	39715	82736
#小轿车	(辆) Cars (unit)	31944	27402	18046	27036
卡车	(辆) Trucks (unit)	6855	11632	4373	8815
自卸车	(辆) Dump Trucks (unit)	160	1094	261	1275
装有引擎的底盘	(台) Chassis with Engines (unit)	688	2100	340	1224
汽车的零件	Parts of Motor Vehicles		93266		93499
飞机	(架) Aircraft (unit)	71	257577	81	260279
船舶	(艘) Ships (unit)	1013	25372	968	12163
复印机	(台) Photo or Thermo Copying Apparatus (sets)	16040	1762	20859	2379
医疗仪器及器械	Medical Instruments and Appliances		33759		40181
机电产品	Mechanical and Electrical Products		5934392		6387233

17-10 各地区进出口商品总值(按经营单位所在地分)

IMPORT AND EXPORT VALUE BY LOCATION OF CHINA'S FOREIGN TRADE MANAGING UNITS BY REGION

单位:万美元 (USD 10 000)

地区 Region	1996			1997			1998		
	进出口 Total	出口 Exports	进口 Imports	进出口 Total	出口 Exports	进口 Imports	进出口 Total	出口 Exports	进口 Imports
全国 National Total	**28988030**	**15104753**	**13883277**	**32516202**	**18279166**	**14237036**	**32392341**	**18375711**	**14016630**
北京 Beijing	2931833	811975	2119858	3038852	961103	2077749	3051738	1052334	1999404
天津 Tianjin	954405	465082	489323	1033137	524387	508750	1061389	549879	511510
河北 Hebei	419269	307839	111430	410328	323902	86426	422733	311618	111115
山西 Shanxi	116376	93212	23164	134062	112812	21250	111113	89321	21792
内蒙古 Inner Mongolia	104991	52073	52918	107301	65540	41761	96294	52579	43715
辽宁 Liaoning	1406871	863683	543188	1490552	915645	574907	1274106	805210	468896
吉林 Jilin	210366	97188	113178	185359	93233	92126	165229	74847	90382
黑龙江 Heilongjiang	244748	108039	136709	246456	130872	115584	201972	90879	111093
上海 Shanghai	2713885	1302879	1411006	2979998	1506897	1473101	3134431	1595634	1538797
江苏 Jiangsu	2069761	1159872	909889	2362899	1409624	953275	2634870	1562709	1072161
浙江 Zhejiang	1252851	803918	448933	1424222	1008533	415689	1485383	1086624	398759
安徽 Anhui	222141	131352	90789	237752	154783	82969	225717	148254	77463
福建 Fujian	1551259	838269	712990	1818909	1026480	792429	1716018	995937	720081
江西 Jiangxi	111549	85097	26452	133239	111394	21845	124718	101822	22896
山东 Shandong	1616405	918127	698278	1764399	1096569	667830	1662934	1035931	627003
河南 Henan	196826	123919	72907	189107	128071	61036	173436	118762	54674
湖北 Hubei	286164	152549	133615	320471	192075	128396	283223	170767	112456
湖南 Hunan	186567	135294	51273	189342	144697	44645	178197	128280	49917
广东 Guangdong	10991006	5934099	5056907	113004734	7453952	5550782	12982647	7563971	5418676
广西 Guangxi	202605	126901	75704	286631	227924	58707	240884	180389	60495
海南 Hainan	226286	65849	160437	192684	79901	112783	174580	76498	98082
重庆 Chongqing				166310	75562	90748	103396	51411	51985
四川 Sichuan	373182	175690	197492	182301	127529	54772	209290	117116	92174
贵州 Guizhou	48548	35498	13050	62924	44421	18503	62761	38787	23974
云南 Yunnan	184976	104380	80596	167893	113511	54382	165168	113002	52166
西藏 Tibet	17663	2074	15589	17558	3742	13816	11970	4758	7212
陕西 Shaanxi	174486	108539	65947	173109	122814	50295	205179	117699	87480
甘肃 Gansu	47362	27331	20031	47844	35940	11904	44795	34482	10313
青海 Qinghai	12802	11347	1455	12860	11659	1201	11774	10405	1369
宁夏 Ningxia	18975	15468	3507	22603	18616	3987	23895	21037	2858
新疆 Xinjiang	93872	47210	46662	112366	56978	55388	152501	74769	77732

17-11 各地区进出口商品总值(按境内目的地、货源地分)

IMPORT AND EXPORT VALUE OF COMMODITIES BY PLACES OF DESTINATION OR ORIGIN IN CHINA BY REGION

单位:万美元 (USD 10 000)

地区 Region	1996			1997			1998		
	进出口 Total	出口 Exports	进口 Imports	进出口 Total	出口 Exports	进口 Imports	进出口 Total	出口 Exports	进口 Imports
全国 National Total	**28988030**	**15104753**	**13883277**	**32516202**	**18279166**	**14237036**	**32392341**	**18375711**	**14016630**
北京 Beijing	1492959	506441	986518	1562196	583512	978684	1577756	649414	928342
天津 Tianjin	1015756	468114	547642	1069322	517670	551652	1107733	546529	561204
河北 Hebei	421220	238109	183111	398135	263914	134221	424138	261248	162890
山西 Shanxi	214748	172758	41990	242218	197031	45187	211766	171247	40519
内蒙古 Inner Mongolia	100698	49001	51697	96903	58908	37995	92971	52175	40796
辽宁 Liaoning	1357185	729973	627212	1476852	810721	666131	1376240	762542	613698
吉林 Jilin	247571	108078	139493	246995	142925	104070	220633	110750	109883
黑龙江 Heilongjiang	432983	302789	130194	440225	332020	108205	319505	199776	119729
上海 Shanghai	2789238	1313539	1475699	3036464	1476625	1559839	3117146	1564157	1552989
江苏 Jiangsu	2227704	1195257	1032447	2536961	1443346	1093615	2807841	1593005	1214836
浙江 Zhejiang	1442746	866146	576600	1625110	1074428	550682	1675012	1160580	514432
安徽 Anhui	238926	130541	108385	263659	155780	107879	246305	150673	95632
福建 Fujian	1588079	844497	743582	1925519	1101426	824093	1811944	1071833	740111
江西 Jiangxi	119355	77672	41683	122808	89235	33573	148021	113113	34908
山东 Shandong	1808953	999169	809784	2005922	1181650	824272	1911431	1121043	790388
河南 Henan	247628	140330	107298	239572	143683	95889	210804	133816	76988
湖北 Hubei	309923	141381	168542	320756	169289	151467	319349	160452	158897
湖南 Hunan	199627	132951	66676	205309	147097	58212	202663	133208	69455
广东 Guangdong	11201265	5997150	5204115	13257182	7594779	5662403	13148082	7630246	5517836
广西 Guangxi	241472	138743	102729	248368	166640	81728	238802	160390	78412
海南 Hainan	195222	39959	155263	192517	79209	113308	157208	64233	92975
重庆 Chongqing				147831	52202	95629	108626	48415	60211
四川 Sichuan	392166	179780	212386	216127	134670	81457	239159	121429	117730
贵州 Guizhou	61204	37855	23349	71469	47322	24147	66381	42507	23874
云南 Yunnan	220038	100723	119315	162508	102190	60318	159416	101357	58059
西藏 Tibet	16596	1920	14676	14444	2277	12167	9031	2929	6102
陕西 Shaanxi	182032	98333	83699	170863	102950	67913	211660	109411	102249
甘肃 Gansu	61046	27883	33163	51563	32718	18845	55631	38490	17141
青海 Qinghai	20491	10940	9551	15294	12562	2732	17805	11729	6076
宁夏 Ningxia	22359	16293	6066	27039	21565	5474	30195	23529	6666
新疆 Xinjiang	118840	36928	81912	126071	40821	85250	169087	65485	103602

17-12 各地区外商投资企业进出口商品总值

VALUE OF IMPORT AND EXPORT GOODS OF FOREIGN-FUNDED ENTERPRISES BY REGION

单位:万美元 (USD 10 000)

地区 Region	1996			1997			1998		
	进出口 Total	出口 Exports	进口 Imports	进出口 Total	出口 Exports	进口 Imports	进出口 Total	出口 Exports	进口 Imports
全国 National Total	**13711016**	**6150636**	**7560380**	**15262121**	**7489986**	**7772135**	**15767938**	**8096189**	**7671749**
北京 Beijing	322836	98814	224022	349280	115424	233856	408045	126273	281772
天津 Tianjin	701952	295097	406855	788511	352987	435524	815622	382367	433255
河北 Hebei	143843	54220	89623	119603	63223	56380	132808	72029	60779
山西 Shanxi	17877	12582	5295	17791	11387	6404	18212	10567	7645
内蒙古 Inner Mongolia	15352	7950	7402	15664	9100	6564	9934	5861	4073
辽宁 Liaoning	636981	317894	319087	740097	352803	387294	686648	383276	303372
吉林 Jilin	87094	26049	61045	71559	26059	45500	85086	27875	57211
黑龙江 Heilongjiang	72350	24264	48086	64397	27811	36586	44388	22427	21961
上海 Shanghai	1486777	544661	942116	1659719	700243	959476	1821775	816461	1005314
江苏 Jiangsu	1213710	506971	706739	1418961	670710	748251	1663145	804595	858550
浙江 Zhejiang	473156	202352	270804	470267	246044	224223	470714	268295	202419
安徽 Anhui	68130	15549	52581	64065	20504	43561	61974	26439	35535
福建 Fujian	952403	450087	502316	1054364	529863	524501	1062231	544915	517316
江西 Jiangxi	16049	5920	10129	15124	7840	7284	17530	8659	8871
山东 Shandong	851577	385182	466395	963736	514760	448976	945594	522517	423077
河南 Henan	61985	21802	40183	51126	22717	28409	46833	24677	22156
湖北 Hubei	112809	28523	84286	111280	33007	78273	94529	25428	69101
湖南 Hunan	36201	10780	25421	32857	12211	20646	28326	11504	16822
广东 Guangdong	6096722	3069026	3027696	6951018	3678155	3272863	7091507	3918329	3173178
广西 Guangxi	69871	26412	43459	67659	35135	32524	71293	31925	39368
海南 Hainan	63720	6822	56898	35304	8697	26607	42069	7616	34453
重庆 Chongqing							39097	6905	32192
四川 Sichuan	114119	13118	101001	105855	16993	88862	31360	12476	18884
贵州 Guizhou	6785	4169	2616	9258	6199	3059	6139	4468	1671
云南 Yunnan	25566	4257	21309	22887	4405	18482	14634	3780	10854
西藏 Tibet	6321	235	6086	6186	300	5886	1159	159	1000
陕西 Shaanxi	35845	8427	27418	35676	11743	23933	35211	11082	24129
甘肃 Gansu	6616	2414	4202	6600	3592	3008	6260	3514	2746
青海 Qinghai	911	825	86	300	299	1	605	336	269
宁夏 Ningxia	3747	2088	1659	4510	3162	1348	3652	2935	717
新疆 Xinjiang	9711	4146	5565	8467	4613	3854	11558	8499	3059

17-13 我国利用外资概况
UTILIZATION OF FOREIGN CAPITAL

项目单位：个；金额单位：亿美元　　　　(USD 100 million)

年份 Year	总计 Total		对外借款 Foreign Loans		外商直接投资 Direct Foreign Investments		外商其他投资额 Other Foreign Investments
	项目 Number of Projects	金额 Value	项目 Number of Projects	金额 Value	项目 Number of Projects	金额 Value	
签订利用外资协议(合同)额 Total Amount of Foreign Capital to Be Utilized Through the Signed Agreements and Contracts							
1979-1983	1471	239.78	79	150.62	1392	77.42	11.74
1984	1894	47.91	38	19.16	1856	26.51	2.24
1985	3145	98.67	72	35.34	3073	59.32	4.01
1986	1551	117.37	53	84.07	1498	28.34	4.96
1987	2289	121.36	56	78.17	2233	37.09	6.10
1988	6063	160.04	118	98.13	5945	52.97	8.94
1989	5909	114.79	130	51.85	5779	56.00	6.94
1990	7371	120.86	98	50.99	7273	65.96	3.91
1991	13086	195.83	108	71.61	12978	119.77	4.45
1992	48858	694.39	94	107.03	48764	581.24	6.12
1993	83595	1232.73	158	113.06	83437	1114.36	5.31
1994	47646	937.56	97	106.68	47549	826.80	4.08
1995	37184	1032.05	173	112.88	37011	912.82	6.35
1996	24673	816.10	117	79.62	24556	732.77	3.71
1997	21138	610.58	137	58.72	21001	510.04	41.82
1998	19850	632.01	51	83.85	19799	521.02	27.14
实际利用外资额 Total Amount of Foreign Capital Actually Used							
1979-1983		144.38		117.55		18.02	8.81
1984		27.05		12.86		12.58	1.61
1985		46.47		26.88		16.61	2.98
1986		72.58		50.14		18.74	3.70
1987		84.52		58.05		23.14	3.33
1988		102.26		64.87		31.94	5.45
1989		100.59		62.86		33.92	3.81
1990		102.89		65.34		34.87	2.68
1991		115.54		68.88		43.66	3.00
1992		192.02		79.11		110.07	2.84
1993		389.60		111.89		275.15	2.56
1994		432.13		92.67		337.67	1.79
1995		481.33		103.27		375.21	2.85
1996		548.04		126.69		417.25	4.10
1997		644.08		120.21		452.57	71.30
1998		585.57		110.00		454.63	20.94

17-14 利用外资额(按方式分)
AMOUNT OF UTILIZATION OF FOREIGN CAPITAL AND FOREIGN INVESTMENT

本表为对外贸易经济合作部统计资料,下同。

Data in this table are obtained from the Ministry of Foreign Trade and Economic Cooperation. The same as in the following tables.

项目单位:个　金额单位:万美元　　(USD 10 000)

指标	Item	1997			1998		
		项目 Number of Projects	合同金额 Contract Value	实际使用金额 Used Value	项目 Number of Projects	合同金额 Contract Value	实际使用金额 Used Value
总计	**Total**	**21138**	**6105798**	**6440834**	**19850**	**6320054**	**5855749**
对外借款	**Foreign Loans**	**137**	**587200**	**1202100**	**51**	**838500**	**1100000**
外国政府贷款	Government Loans	137	75400	362200	51	5000	290000
国际金融机构贷款	Loans from International Financial Organizations		373200	163100		285600	300000
出口信贷	Export Loans		108500	129200		190000	184000
外国银行商业贷款	Commercial Loans		30100	306900		257900	226000
对外发行债券	External Bonds			240700		100000	100000
外商直接投资	**Foreign Direct Investments**	**21001**	**5100353**	**4525704**	**19799**	**5210205**	**4546275**
合资经营企业	Joint Ventures Enterprises	9001	2072634	1949540	8107	1728631	1834840
合作经营企业	Cooperative Operation Enterprises	2373	1206610	892996	2003	1165570	971904
外资企业	Foreign Investment Enterprises	9602	1765817	1618753	9673	2175270	1646963
外商投资股份制企业	Foreign Investment Share Enterprises	6	15049	28820	9	132984	70682
合作开发	Cooperative Development	19	40243	35595	7	7750	17886
其他	Others						4000
外商其他投资	**Other Foreign Investment**		**418245**	**713030**		**271349**	**209474**
对外发行股票	Sale Share		207400	565700		62493	62229
国际租赁	International Lease		28864	31282		49556	37337
补偿贸易	Compensation Trade		12383	8997		10033	6480
加工装配	Processing and Assembly		169598	107051		149267	103428

17-15 实际利用外商直接和其他投资额（按国别、地区分）

ACTUALLY USED FOREIGN DIRECT AND OTHER INVESTMENT BY COUNTRY OR TERRITORY

单位：万美元　　(USD 10 000)

国别（地区） Country (Territory)	1997		1998	
	外商直接投资 Foreign Direct Investment	外商其他投资 Foreign Other Investment	外商直接投资 Foreign Direct Investment	外商其他投资 Foreign Other Investment
总计 Total	**4525704**	**713030**	**4546275**	**209474**
亚洲 Asia	**3427589**	**113052**	**3133102**	**109085**
#阿富汗 Afghanistan			212	
孟加拉国 Bangladesh	10		17	
文莱 Brunei	9		183	
缅甸 Myanmar	268		511	
柬埔寨 Cambodia	545		290	80
塞浦路斯 Cyprus	15		425	
朝鲜 Democratic People's Republic of Korea	1185		510	
中国香港 Hong Kong, China	2063200	91911	1850836	89147
印度 India	38		557	
印度尼西亚 Indonesia	7998		6897	
伊朗 Iran	38		56	
伊拉克 Iraq			7	
以色列 Israel	697	6	712	
日本 Japan	432647	6390	340036	4371
约旦 Jordan			12	
科威特 Kuwait	2758		59	
老挝 Laos	39		112	
澳门 Macao	39455	870	42157	1767
马来西亚 Malaysia	38183		34049	8
蒙古 Mongolia	740		103	
尼泊尔 Nepal	10			
阿曼 Oman			878	
巴基斯坦 Pakistan	12		119	
巴勒斯坦 Palestine	1		10	
菲律宾 the Philippines	15563		17927	
沙特阿拉伯 Saudi Arabia			30	
新加坡 Singapore	260641	55	340397	
韩国 Republic of Korea	214238	8525	180320	110
斯里兰卡 Sri Lanka	50			
叙利亚 Syria	7		8	
泰国 Thailand	19400		20538	
土耳其 Turkey	190		99	
阿联酋 United Arab Emirates	559		175	
越南 Viet Nam	154		1414	
台湾 Taiwan	328939	5295	291521	13602
非洲 Africa	**8237**		**15876**	
#博茨瓦纳 Bostswana			23	
布隆迪 Burundi			36	
中非 Central African	222			
埃及 Egypt			14	
加纳 Ghana	378			

17-15 续表 1 continued

单位：万美元 (USD 10 000)

国别（地区）	Country (Territory)	1997 外商直接投资 Foreign Direct Investment	1997 外商其他投资 Foreign Other Investment	1998 外商直接投资 Foreign Direct Investment	1998 外商其他投资 Foreign Other Investment
几内亚	Guinea			39	
几内亚(比绍)	Guinea-Bissan			642	
科特迪瓦	Cote Divoir	340		4	
利比里亚	Liberia	202		20	
利比亚	Libya	492		12	
马达加斯加	Madagascar	422			
毛里求斯	Mauritius	4586		10050	
摩洛哥	Morocco			5	
纳米比亚	Namibia	324		190	
尼日利亚	Nigeria	2		326	
塞内加尔	Senegal	800		350	
塞舌尔	Seychelles	170			
塞拉利昂	Sierra Leone	112		215	
南非	South Africa	131		860	
多哥	Togo	56			
突尼斯	Tunisia			3027	
乌干达	Uganda			15	
莱索托	Lesotho			25	
非洲其他国家	Other African Countries			23	
欧洲	**Europe**	**443899**	**12062**	**430933**	**10000**
#比利时	Belgium	3326		2804	
丹麦	Denmark	1681		6266	
英国	United Kingdom	185756	200	117486	
德国	Federal Republic of Germany	99263	1595	73673	
法国	France	47465	121	71489	
爱尔兰	Ireland	30			
意大利	Italy	21504	307	27457	
卢森堡	Luxembourg	100		1151	
荷兰	Netherlands	41380		71882	
希腊	Greece			30	
葡萄牙	Portugal	489		867	
西班牙	Spain	3881		5383	
阿尔巴尼亚	Albania			1117	
奥地利	Austria	7461		2113	
保加利亚	Bulgaria	154		171	
芬兰	Finland	495		3930	
直布罗陀	Gibraltar	340			
匈牙利	Hungary	567		1073	
冰岛	Iceland	10			
列支敦士登	Liechtenstein	49		63	
马耳他	Malta	28		57	
挪威	Norway	646		2592	
波兰	Poland	94		94	
罗马尼亚	Romania	377		1441	
圣马力诺	San Marino	3			
瑞典	Sweden	4284	9839	13342	10000
瑞士	Switzerland	21567		22882	
白俄罗斯	Belorussia	25		106	
哈萨克	Kazakhstan	8		12	
吉尔吉斯	Kirghizia			6	

17-15 续表 2 continued

单位：万美元 (USD 10 000)

国别（地区） Country (Territory)		1997 外商直接投资 Foreign Direct Investment	1997 外商其他投资 Foreign Other Investment	1998 外商直接投资 Foreign Direct Investment	1998 外商其他投资 Foreign Other Investment
俄罗斯	Russia	1800		1936	
土库曼	Turkmen	68			
乌克兰	Ukraine	65		46	
乌兹别克	Uzbek	11			
南斯拉夫	Yugoslavia	405		645	
捷克	Czecho	498		507	
斯洛伐克	Slovakia	8		180	
马其顿	Macedonia	61			
拉丁美洲	**Latin America**	**198139**	**13**	**456213**	**14**
#安提瓜和巴布达	Antigua and Barbuda			12	
阿根廷	Argentina	181		128	
巴哈马	Bahama	498		8077	
巴巴多斯	Barbados	53		53	
伯利兹	Belize			130	
玻利维亚	Bolivia	1109		510	14
巴西	Brazil	116		2021	
凯曼群岛	Cayman Islands	15844		32423	
智利	Chile	557		483	
哥斯达黎加	Costarica			510	
多米尼加联邦	Commonwealth of Dominica	25			
多米尼加共和国	Republic of Dominica			45	
古巴	Cuba	30			
厄瓜多尔	Ecuador	21		87	
洪都拉斯	Honduras	143		287	
牙买加	Jamiaca	9		55	
墨西哥	Mexico	17		198	
巴拿马	Panama	7547		6990	14
巴拉圭	Paraguay	26		70	
秘鲁	Peru	229		861	
特克斯和凯科斯岛	Turks and Caicos Islands			39	
乌拉圭	Uruguay			14	
委内瑞拉	Venezuela	17		86	
维尔京群岛	Virgin Islands	171717	13	403134	
北美洲	**North America**	**368816**	**22203**	**432943**	**27511**
加拿大	Canada	34412	1	31652	
美国	United States	323915	22202	389844	27511
百慕大	Bermuda	10489		11447	
大洋洲及太平洋岛屿	**Oceanic and Pacific Islands**	**58619**		**53369**	**635**
#澳大利亚	Australia	31374		27197	635
库克群岛	Cook Islands	123		402	
斐济	Fiji			13	
盖比群岛	Gaibi Islands	248			
新西兰	New Zealand	5318		2664	
萨摩亚	Samoan	18438		12654	
马绍尔群岛	Marshall Islands	97		66	
其他	**Others**	**20405**	**565700**	**23839**	**62229**

17-16 实际利用外商直接和其他投资额（按地区分）
ACTUALLY USED FOREIGN DIRECT AND OTHER INVESTMENT BY REGION

单位：万美元 (USD 10 000)

地区 部门 Region Sector	1997		1998	
	外商直接投资 Foreign Direct Investment	外商其他投资 Foreign Other Investment	外商直接投资 Foreign Direct Investment	外商其他投资 Foreign Other Investment
总计 National Total	**4525704**	**713030**	**4546275**	**209474**
省市合计 Regional Total	**4490109**	**147330**	**4528389**	**190760**
北京 Beijing	159286		216800	
天津 Tianjin	251135		211361	
河北 Hebei	110064	244	142868	
山西 Shanxi	26592	301	24451	
内蒙古 Inner Mongolia	7325		9082	
辽宁 Liaoning	220470	16165	219045	21579
吉林 Jilin	40227		40917	
黑龙江 Heilongjiang	73485		52639	
上海 Shanghai	422536		360150	6624
江苏 Jiangsu	543511		663179	
浙江 Zhejiang	150345		131802	2210
安徽 Anhui	43443		27673	
福建 Fujian	419666	44	421211	
江西 Jiangxi	47768	335	46496	
山东 Shandong	249294	28262	220274	52826
河南 Henan	69204		61654	
湖北 Hubei	79019	5847	97294	6355
湖南 Hunan	91702		81816	
广东 Guangdong	1171083	92412	1201994	101166
广西 Guangxi	87986	593	88613	
海南 Hainan	70554		71715	
重庆 Chongqing	38675	3127	43107	
四川 Sichuan	24846		37248	
贵州 Guizhou	4977		4535	
云南 Yunnan	16566		14568	
西藏 Tibet				
陕西 Shaanxi	62816		30010	
甘肃 Gansu	4144		3864	
青海 Qinghai	247			
宁夏 Ningxia	671		1856	
新疆 Xinjiang	2472		2167	
部门合计 Total of the Ministries and Other Departments	**35595**	**565700**	**17886**	**18714**

17-17 按行业分对外签订外商直接投资协议额

AGREEMENT OF FOREIGN DIRECT INVESTMENT BY SECTOR

行业	Sector	项目(个) Number of Projects		金额(万美元) Amount of Capital (USD 10 000)	
		1997	1998	1997	1998
总计	**National Total**	**21001**	**19799**	**5100353**	**5210205**
农、林、牧、渔业	Farming, Forestry, Animal Husbandry and Fishery	814	876	106531	120420
采掘业	Mining and Quarrying	154	168	71682	85223
制造业	Manufacturing	14716	13477	2706457	3082722
电力、煤气及水的生产和供应业	Electric Power, Gas and Water Production and Supply	156	142	365583	196812
建筑业	Construction	455	318	311950	175011
交通运输、仓储及邮电通信业	Transportation, Storage, Postal and Telecommunications Services	279	274	262207	230119
批发和零售贸易餐饮业	Wholesale & Retail Trade and Catering Services	1198	1184	183901	131352
房地产业	Real Estate Management	862	834	622227	664752
社会服务业	Social Services	1400	1634	266888	301193
卫生体育和社会福利业	Health Care, Sports and Social Welfare	38	40	14302	14174
教育、文化艺术和广播电影电视业	Education, Culture and Arts, Radio, Film and Television	34	14	6974	2212
其他行业	Other Sectors	895	669	181651	206215

17-18 按行业分外商实际直接投资额

ACTUALLY USED AMOUNT OF FOREIGN DIRECT INVESTMENT BY SECTOR

单位:万美元 (USD 10 000)

行业	Sector	1997	1998
总计	**National Total**	**4525704**	**4546275**
农、林、牧、渔业	Farming, Forestry, Animal Husbandry and Fishery	62763	62375
采掘业	Mining and Quarrying	94033	57809
制造业	Manufacturing	2811983	2558238
电力、煤气及水的生产和供应业	Electric Power, Gas and Water Production and Supply	207191	310279
建筑业	Construction	143782	206423
交通运输、仓储及邮电通信业	Transportation, Storage, Postal and Telecommunications Services	165513	164513
批发和零售贸易餐饮业	Wholesale & Retail Trade and Catering Services	140187	118149
房地产业	Real Estate Management	516901	641006
社会服务业	Social Services	198802	296315
卫生体育和社会福利业	Health Care, Sports and Social Welfare	19535	9724
教育、文化艺术和广播电影电视业	Education, Culture and Arts, Radio, Film and Television	7403	6830
其他行业	Other Sectors	157611	114614

17-19 年末登记外商投资企业行业分布情况
SECTOR DISTRIBUTION REGISTERED OF FOREIGN-FUNDED ENTERPRISES AT THE END OF YEAR

行业 Sector	企业数(户) Number of Registered Enterprises		投资总额(百万美元) Total Investment (USD million)		注册资本(百万美元) Registered Capital (USD million)		#外方 Capital Invested by Foreign Partner	
	1997	1998	1997	1998	1997	1998	1997	1998
合计 **National Total**	**235681**	**227807**	**753470**	**774229**	**459814**	**467287**	**302987**	**313712**
农、林、牧、渔业 Farming, Forestry, Animal Husbandry and Fishery	7289	5538	12451	918	8811	6528	5197	4645
采掘业 Mining and Quarrying	2115	1506	8586	3208	4647	2407	2844	1661
制造业 Manufacturing	165636	161293	398009	410308	268428	273821	176749	179483
电力、煤气及水的生产和供应业 Electricity, Gas and Water Production and Supply	1314	1349	44565	47459	17873	19489	10330	11314
建筑业 Construction	7112	6696	22192	23716	12633	13131	8204	8755
地质勘查和水利管理业 Geological Prospecting and Water Conservancy	152	129	484	568	325	364	220	235
交通运输、仓储及邮电通信业 Transport, Storage, Post and Telecommunications	3359	3474	25956	3069	12789	14178	7937	9424
批发和零售贸易餐饮业 Wholesale and Retail Trade & Catering Services	14649	14315	27130	25917	18380	17502	12476	12262
金融、保险业 Finance and Insurance	81	77	1357	1777	1283	1665	885	1183
房地产业 Real Estate Trade	13872	13911	150784	156569	75912	77913	54319	57730
社会服务业 Social Services	16369	16023	48994	5034	29986	30928	18945	20330
卫生体育和社会福利业 Health Care, Sporting and Social Welfare	569	532	2903	2859	1813	1721	1259	1266
教育、文化艺术及广播电影电视业 Education, Culture and Arts, Radio, Film and Television	892	802	1835	1672	1314	1198	844	794
科学研究和综合技术服务业 Scientific Research and Polytechnical Services	1136	1042	1565	1702	1178	1244	794	851
其他 Others	1136	1120	6659	8264	4442	5198	1984	3779

17-20 各地区外商投资企业年末登记情况

BASIC INDICATORS OF REGISTERED FOREIGN-FUNDED ENTERPRISES BY REGION AT THE END OF YEAR

地区 Region	企业数(户) Number of Registered Enterprises		投资总额(万美元) Total Investment (USD 10 000)		注册资本(万美元) Registered Capital (USD 10 000)		#外方 Capital Invested by Foreign Partner	
	1997	1998	1997	1998	1997	1998	1997	1998
全国 National Total	**235681**	**227807**	**75347010**	**77422942**	**45981372**	**46728674**	**30298675**	**31371224**
北京 Beijing	10448	9629	3196562	3260834	1695893	1735335	1065996	1099342
天津 Tianjin	9688	9384	2217961	2366252	1387916	1469352	1001051	1074510
河北 Hebei	4924	4403	1602928	1522261	951811	910030	515924	496513
山西 Shanxi	1401	1279	443364	369091	247570	258602	114797	127267
内蒙古 Inner Mongolia	1057	977	231046	217813	164542	150301	79627	76172
辽宁 Liaoning	13404	14136	3787049	4280750	2344799	2542367	1323230	1450157
吉林 Jilin	2990	3049	685892	725301	475665	512480	263334	289900
黑龙江 Heilongjiang	4208	3858	988594	992520	709059	696680	375572	368563
上海 Shanghai	16365	17622	8675361	9176529	4669969	4986774	3120576	3423721
江苏 Jiangsu	22132	21403	6915893	7173029	4051575	4099344	2558492	2704816
浙江 Zhejiang	10648	10106	2709202	2772694	1616049	1632261	933638	961903
安徽 Anhui	3012	2737	901098	871280	606633	585374	311804	315734
福建 Fujian	18342	18071	4741406	4789113	2942377	2958128	2445148	2483582
江西 Jiangxi	2654	2383	576353	565742	402055	388978	240937	237078
山东 Shandong	16817	14204	4289461	3930432	2701686	2499818	1477988	1395792
河南 Henan	4331	4254	1248333	1219357	875196	836356	455691	446671
湖北 Hubei	6176	6041	1707389	1715109	1087378	1081642	625836	631481
湖南 Hunan	2756	2673	745348	780941	463265	480187	268296	296162
广东 Guangdong	59040	57665	21711732	22173596	13378857	13435618	9741784	9918075
广西 Guangxi	3658	3452	1183469	1197218	712066	708138	435078	441813
海南 Hainan	6956	6784	2239091	2280439	1322515	1347394	1064804	1084730
重庆 Chongqing	4508	2155	1001925	662997	722352	459147	369626	288097
四川 Sichuan	1052	3633	226457	962684	176051	665223	107368	327026
贵州 Guizhou	1532	1112	368023	239431	245055	186489	135907	116652
云南 Yunnan	2313	1575	643947	418319	400737	269669	240236	152102
西藏 Tibet	74	74	23882	28449	10963	13814	5167	6569
陕西 Shaanxi	1152	2452	198491	684762	137091	428746	76695	258914
甘肃 Gansu	114	840	24400	182245	18915	119608	10195	66013
青海 Qinghai	401	97	50646	40124	42263	23232	23662	15256
宁夏 Ningxia	622	430	151315	57882	102756	47084	54507	27514
新疆 Xinjiang	2200	597	578015	151932	409191	103586	253599	55668
国家工商行政管理总局 State Administration for Industry and Commercce	706	732	1282378	1613816	909121	1096937	602110	733432

17-21 我国对外承包工程和劳务合作
CONTRACTED PROJECTS AND LABOR COOPERATION WITH FOREIGN COUNTRIES OR TERRITORIES

年份 Year	签订合同的国家(地区)数 (个) Number of Countries or Territories with Contracts Signed	合同数 (份) Number of Contracts	合同金额 (亿美元) Contracted Value (USD 100 million)	完成营业额 (亿美元) Value of Business Fulfilled (USD 100 million)
总 计 Total				
1976-1988	103	7534	105.95	60.91
1989	124	3100	22.12	16.86
1990	122	5175	26.04	18.67
1991	147	8438	36.09	23.63
1992	159	9405	65.85	30.49
1993	158	11605	68.00	45.38
1994	171	17491	79.88	59.78
1995	178	19321	96.72	65.88
1996	178	24891	102.73	76.96
1997	181	28442	113.56	83.83
1998	187	25955	117.73	101.34
对外承包工程 Contracted Projects				
1976-1988		3449	89.00	49.70
1989		776	17.81	14.84
1990		920	21.25	16.44
1991		1171	25.24	19.70
1992		1164	52.50	24.03
1993		1393	51.89	36.68
1994		1702	60.28	48.83
1995		1558	74.84	51.08
1996		1634	77.28	58.20
1997		2085	85.16	60.36
1998		2322	92.43	77.69
对外劳务合作 Labor Cooperation				
1976-1988		4085	16.95	11.21
1989		2324	4.31	2.02
1990		4255	4.78	2.23
1991		7267	10.85	3.93
1992		8241	13.35	6.46
1993		10212	16.11	8.70
1994		15789	19.60	10.95
1995		17397	20.07	13.47
1996		22723	22.80	17.12
1997		25743	25.49	21.65
1998		23191	23.90	22.76
对外设计咨询 Design Consultation				
1995		366	1.81	1.33
1996		534	2.65	1.64
1997		614	2.91	1.82
1998		442	1.40	0.89

主 要 统 计 指 标 解 释

进出口总额 海关进出口总额指实际进出我国国境的货物总金额。包括对外贸易实际进出口货物，来料加工装配进出口货物，国家间、联合国及国际组织无偿援助物资和赠送品，华侨、港澳台同胞和外籍华人捐赠品，租赁期满归承租人所有的租赁货物，进料加工进出口货物，边境地方贸易及边境地区小额贸易进出口货物（边民互市贸易除外），中外合资经营企业、中外合作经营企业、外商独资经营企业进出口货物和公用物品，到、离岸价格在规定限额以上的进出口货样和广告品（无商业价值、无使用价值和免费提供出口的除外），从保税仓库提取在中国境内销售的进口货物，以及其他进出口货物。进出口总额用以观察一个国家在对外贸易方面的总规模。我国规定出口货物按离岸价格统计，进口货物按到岸价格统计。

商品经营单位所在地进出口额 指所在地海关注册登记的有进出口经营权的企业实际进出口额。

商品目的地进口额和商品货源地出口额 目的地进口额是指进口货物的消费、使用或最终抵运地的实际进口额，货源地出口额是指出口货物的产地或原始发货地的实际出口额。

利用外资 指我国各级政府、部门、企业和其他经济组织通过对外借款、吸收外商直接投资以及用其他方式筹措的境外现汇、设备、技术等。

对外借款 是我国利用外资的主要部分。指通过对外正式签订借款协议，从境外筹措的资金，包括外国政府贷款、国际金融组织贷款、外国银行商业贷款、出口信贷以及对外发行债券等。1996 年及以前还包括对外发行股票。

外商直接投资 指外国企业和经济组织或个人（包括华侨、港澳台胞以及我国在境外注册的企业）按我国有关政策、法规，用现汇、实物、技术等在我国境内开办外商独资企业、与我国境内的企业或经济组织共同举办中外合资经营企业、合作经营企业或合作开发资源的投资（包括外商投资收益的再投资）以及经政府有关部门批准的项目投资总额内，企业从境外借入的资金。

外商其他投资 指除对外借款和外商直接投资以外的各种利用外资的形式。包括企业在境内外股票市场公开发行的以外币计价的股票（目前主要是在香港证券市场发行的 H 股和在境内证券市场发行的 B 股）发行价总额，国际租赁进口设备的应付款，补充贸易中外商提供的进口设备、技术、物料的价款，加工装配贸易中外商提供的进口设备、物料的价款。

对外承包工程 指各对外承包公司以招标议标承包方式承揽的下列业务：⑴承包国外工程建设项目，⑵承包我国对外经援项目，⑶承包我国驻外机构的工程建设项目，⑷承包我国境内利用外资进行建设的工程项目，⑸与外国承包公司合营或联合承包工程项目时我国公司分包部分，⑹对外承包兼营的房屋开发业务。对外承包工程的营业额是以货币表现的本期内完成的对外承包工程的工作量，包括以前年度签订的合同和本年度新签订的合同在报告期内完成的工作量。

对外劳务合作 指以收取工资的形式向业主或承包商提供技术和劳动服务的活动。我国对外承包公司在境外开办的合营企业，中国公司同时又提供劳务的，其劳务部分也纳入劳务合作统计。劳务合作营业额按报告期内向雇主提交的结算数（包括工资、加班费和奖金等）统计。

对外设计咨询 指以服务成果向业主收费的技术服务项目。包括承担地形地貌测绘，地质资源勘探与普查，建设区域规划，提供设计文件、图纸、生产工艺技术资料和工程技术经济咨询，工程项目的可行性考察、研究和评估，进行技术指导和培训人员等；也包括承担国（境）内利用外资进行建设的工程项目的上述规定的设计咨询项目的收取外币部分。

Explanatory Notes on Main Statistical Indicators

Total Imports and Exports at Customs refer to the value of commodities imported into and exported from the boundary of China. They include the actual imports and exports through foreign trade, imported and exported goods under the processing and assembling trades and materials, supplies and gifts as aid given gratis between governments and by the United Nations and other international organizations, and contributions donated by overseas Chinese, compatriots in Hong Kong and Macao and Chinese with foreign citizenship, leasing commodities owned by tenant at the expiration of leasing period, the imported and exported commodities processed with imported materials, commodities trading in border areas (excluding mutual exchange goods), the imported and exported commodities and articles for public use of the Sino-foreign joint ventures, cooperative enterprises and ventures exclusively with foreign own investment. Also included are import or export of samples and advertising goods for whose CIF or FOB value are beyond the permitted ceiling (excluding goods of no trading or use value and free commodities for export), imported goods sold in China from bonded warehouses and other imported or exported goods. The indicator of the total imports and exports at customs can be used to observe the total size of external trade in a country. In accordance with the stipulation of the Chinese government, imports are calculated at CIF, while exports are calculated at FOB.

Import-Export Value by Location of China's Foreign Trade Managing Units refers to actual value of imports and exports carried out by corporations which have been registered by the local customhouse and are vested with right to run import export business.

Import Value of Commodities by the Places of their Destination and Export Value of Commodities by the Places of their Origin in China: The former indicator refers to the value of import commodities of the places of their consumption, utilization or the places of their final destination. The latter indicator refers to the value of export commodities of the places of their origin or the places of the commodities dispatched.

Utilization of Foreign Capital refers to remittance, equipment and technology financed from abroad, by loans, foreign direct investment and other forms undertaken by the Chinese governments at all levels, by various departments, enterprises and other economic units.

Foreign Borrowings a major part of China's utilization of foreign capital, it refer to funds borrowed from abroad through formal signing of borrowing agreements with foreign institutions, including loans of foreign governments, loans of international financial institutions, commercial loans of foreign banks, export credit, and funds raised by Chinese bonds (and shares before 1996) issued abroad.

Direct Investment by Foreign Entrepreneurs refers to the investments inside China by foreign enterprises and economic organizations or individuals (including overseas Chinese, compatriots from Hong Kong and Macao, and Chinese enterprises registered abroad), following the relevant policies and laws of China, for the establishment of ventures exclusively with foreign own investment, Sino-foreign joint ventures and cooperative enterprises or for co-operative exploration of resources with enterprises or economic organizations in China. It includes the re-investment of the foreign entrepreneurs with the profits gained from the investment and the funds that enterprises borrow from abroad in the total investment of projects which are approved by the relevant department of the government.

Contracted Projects with Foreign Countries refer to projects undertaken by Chinese contractors (project contracting companies) through bidding process. They include: (1) overseas civil engineering construction projects financed by foreign investors; (2) overseas projects financed by the Chinese government through its foreign aid programs; (3) construction projects of Chinese diplomatic missions, trade offices and other institutions stationed abroad; (4) construction projects in China financed by foreign investment; (5) sub-contracted projects to be taken by Chinese contractors through a joint umbrella project with foreign contractor(s); (7) housing development projects. The business income from international contracted projects is the work volume of contracted projects completed during the reference period, expressed in monetary terms, including completed work on projects signed in previous years.

Service Cooperation with Foreign Countries refers to the activities of providing technology and labour services to employers or contractors in the forms of receiving salaries and wages. Labour services providing by contractual joint ventures of Chinese international contracting corporations should be included in the statistics of service co-operation with foreign countries. The business income of labour service co-operation is the income in the form of wages and salaries, overtime pay, bonuses and other remuneration received from the employers during the reference period.

Overseas Design and Consultation Service refers to projects with charges for technical services from overseas operators. It includes geographic and topographic mapping, geological resource prospecting and survey, planning of construction areas, provision of design documents, blueprints, materials on production process and techniques, as well as engineering, technical and economic consultation, and feasibility study, research and evaluation of projects. Also included under this category are the above-mentioned services of foreign-financed projects in China that are paid in foreign currencies.

十八 旅游

TOURISM

简要说明

一、旅游统计的范围，包括国际旅游和国内旅游。本篇的主要内容有入境国际旅游者（外国人、华侨、港澳和台湾同胞）人数，出境居民人数，国内居民（城镇和农村）旅游人数，有组织接待的旅游人数以及国际、国内旅游收入。

二、本篇资料是国家统计局贸易外经司根据公安部和国家旅游局的资料编制的。资料来源：入境国际旅游人数和出境居民人数来自公安部出、入境管理资料；各地区接待国际旅游者人数、旅行社接待国际旅游者人数、国内旅游人数和国内旅游收入来自国家旅游局；国际旅游外汇收入 1994 年以前由国家统计局贸易外经司根据国际旅游者在华花费外汇券统计资料整理提供；1994 年及以后由国家旅游局整理提供；旅行社、涉外饭店基本情况来自国家旅游局。

三、旅游统计调查方法：国际、国内旅游收入和国内出游人数等指标采取抽样调查方法，其余指标均为全面调查统计取得。

BRIEF INTRODUCTION

I. Tourist statistics cover international and domestic tourism. The contents of this chapter include total number of international tourists received (foreigners, overseas Chinese, Chinese compatriots from Hong Kong, Macao and Taiwan), Chinese residents going abroad, domestic tourists (from urban and from rural areas), tourists participating in organized tours, and income from international and domestic tourism.

II. Statistics in this chapter are compiled by the Department of Trade and Foreign Economic Relations of the National Bureau of Statistics on the basis of data from the Ministry of Public Security and State Tourism Administration. Sources of data are as follows: number of international tourists entering into China and Chinese residents going abroad is provided by the Frontier Administration of the Ministry of Public Security; number of international tourists received by province, number of international tourists received by travel agency, number of domestic tourists and earnings from domestic tourism are provided by the State Tourism Administration; figures on the earnings from international tourism before 1994 are provided by the Department of Trade and Foreign Economic Relations Statistics of the National Bureau of Statistics using data on the expenditure of Foreign Exchange Certificates by international tourists, and since 1994, by the State Tourism Administration; data on basic situation of travel agencies and tourist hotels are provided the State Tourism Administration.

III. Data collection approaches: data on the earnings from international and domestic tourism and domestic tourists are collected from sample surveys, while statistics on other items are from administrative reports.

18-1 旅游事业发展情况
DEVELOPMENT OF TOURISM

指　　标	Item	1994	1995	1996	1997	1998
旅行社总数　（个）	**Total Number of Travel Agencies**	**4382**	**3826**	**4252**	**4986**	**6222**
国际旅行社	International Travel Agencies	983	1025	977	991	1312
国内旅行社	Domestic Travel Agencies	3399	2821	3275	3995	4910
旅行社职工人数（人）	**Number of Staff and Workers of Travel Agencies　(person)**	**77553**	**91592**	**87555**	**94829**	**100448**
国际旅行社	International Travel Agencies	50652	59935	53093	48881	52290
国内旅行社	Domestic Travel Agencies	26901	31657	34462	45948	48158
涉外饭店总数　（个）	**Total Number of Tourist Hotel**	**2995**	**3720**	**4418**	**5201**	**5782**
来华旅游人境人数（万人）	**Total Number of International Tourists Inbound　(10 000 persons)**	**4368.45**	**4638.65**	**5112.75**	**5758.79**	**6347.84**
外国人	Foreigners	518.21	588.67	674.43	742.80	710.77
华　侨	Overseas Chinese	11.52	11.58	15.46	9.90	12.07
港澳同胞	Compatriots from Hong Kong and Macao	3699.70	3885.17	4249.47	4794.33	5407.54
台湾同胞	Compatriots from Taiwan	139.02	153.23	173.39	211.76	217.46
三大旅行社接待来华旅游人数（万人）	**Number of International Tourists Received by Three Major Travel Service　(10 000 persons)**	**165.44**	**162.86**	**171.46**	**189.68**	**167.00**
国际旅行社	China International Travel Service	81.02	84.65	80.80	88.45	77.45
中国旅行社	China Travel Service	61.94	47.74	59.25	66.94	53.79
中国青年旅行社	China Youth Travel Service	22.48	30.47	31.41	34.29	35.76
国内居民出境总人数（万人）	**Total Number of Domestic Resident Outbound　(10 000 persons)**	**610.60**	**713.90**	**758.82**	**817.54**	**842.56**
#因私出境人数	For Private Purpose	164.23	205.39	241.39	243.96	319.02
国内旅游人数（万人）	**Total Number of Domestic Tourists　(10 000 persons)**	**52400**	**62900**	**63900**	**64400**	**69400**
旅游收入	**Income of Tourism**					
国际旅游收入（亿美元）	Earnings from International Tourism (USD 100 million)	72.23	87.33	102.00	120.74	126.02
国内旅游收入（亿元）	Earnings from Domestic Tourism (100 million yuan)	1023.51	1375.70	1638.38	2112.70	2391.18

18-2 各地区旅行社单位数和职工人数（1998年底）
NUMBER OF TRAVEL AGENCIES AND STAFF AND WORKERS BY REGION(END OF 1998)

地区 Region		旅行社数（个） Total Number of Travel Agencies	国际旅行社 International Travel Agencies	国内旅行社 Domestic Travel Agencies	旅行社职工人数（人） Number of Staff and Workers of Travel Agencies	国际旅行社 International Travel Agencies	国内旅行社 Domestic Travel Agencies
全国	**National Total**	**6222**	**1312**	**4910**	**100448**	**52290**	**48158**
北京	Beijing	380	138	242	6974	5994	980
天津	Tianjin	154	18	136	1328	472	856
河北	Hebei	216	29	187	997	287	710
山西	Shanxi	99	22	77	1440	524	916
内蒙古	Inner Mongolia	43	21	22	668	668	
辽宁	Liaoning	227	52	175	1958	1066	892
吉林	Jilin	77	41	36	769	540	229
黑龙江	Heilongjiang	196	49	147	2534	796	1738
上海	Shanghai	371	39	332	8501	2785	5716
江苏	Jiangsu	420	106	314	6024	2597	3427
浙江	Zhejiang	393	46	347	6436	1708	4728
安徽	Anhui	186	39	147	2597	744	1853
福建	Fujian	258	40	218	4371	2766	1605
江西	Jiangxi	161	19	142	627	269	358
山东	Shandong	211	44	167	3545	1311	2234
河南	Henan	208	26	182	3087	703	2384
湖北	Hubei	238	26	212	4276	1787	2489
湖南	Hunan	194	27	167	1854	721	1133
广东	Guangdong	474	205	269	19529	14692	4837
广西	Guangxi	268	56	212	4215	2084	2131
海南	Hainan	201	38	163	1630	746	884
重庆	Chongqing	187	20	167	4156	2495	1661
四川	Sichuan	273	35	238	2312	627	1685
贵州	Guizhou	83	12	71	823	439	384
云南	Yunnan	338	39	299	3899	1361	2538
西藏	Tibet	40	21	19	433	325	108
陕西	Shaanxi	131	22	109	2170	1510	660
甘肃	Gansu	76	29	47	1719	1003	716
青海	Qinghai	21	9	12	219	144	75
宁夏	Ningxia	15	8	7	123	94	29
新疆	Xinjiang	83	36	47	1234	1032	202

18-3 各地区按经济类型分的涉外饭店个数（1998年底）

NUMBER OF TOURIST HOTELS BY OWNERSHIP AND REGIONS(END OF 1998)

单位：个 (unit)

地区 Region		涉外饭店个数 Total Number of Tourist Hotels	国有 State-owned	集体 Collective owned	私营 Private	联营 Joint Owned	股份制 Share Holding	外商投资 Foreign Funded	港澳台投资 Funded by Entrepreneurs from Hong Kong,Macao and Taiwan
全　国	**National Total**	**5782**	**3639**	**859**	**153**	**155**	**282**	**458**	**236**
北　京	Beijing	341	198	50	1	3	12	77	
天　津	Tianjin	88	42	15		3		28	
河　北	Hebei	139	136	1				2	
山　西	Shanxi	65	49	10	1		5		
内蒙古	Inner Mongolia	54	44	5			1	3	1
辽　宁	Liaoning	243	143	27	4	1	13	28	27
吉　林	Jilin	125	91	8	2		3	20	1
黑龙江	Heilongjiang	135	107	13	2		2	10	1
上　海	Shanghai	136	87	10		5	9	11	14
江　苏	Jiangsu	351	256	43	1	3	14	16	18
浙　江	Zhejiang	366	181	71	1	13	69	18	13
安　徽	Anhui	183	134	13		3	13	12	8
福　建	Fujian	187	76	57	4	8	3	23	16
江　西	Jiangxi	75	66	2				3	4
山　东	Shandong	319	246	27	1	6	7	24	8
河　南	Henan	129	60	22	39	1	5		2
湖　北	Hubei	265	193	31	3	2	16	10	10
湖　南	Hunan	169	119	31		3	5	6	5
广　东	Guangdong	1056	554	201	46	68	18	82	87
广　西	Guangxi	190	118	23	1	1	14	23	10
海　南	Hainan	248	88	43	27	21	37	30	2
重　庆	Chongqing	52	44	2	1		3	1	1
四　川	Sichuan	212	141	29	8	3	21	5	5
贵　州	Guizhou	48	45					3	
云　南	Yunnan	234	155	53	3	10	7	5	1
西　藏	Tibet	36	8	26	1		1		
陕　西	Shaanxi	82	61	4	1	1	1	12	2
甘　肃	Gansu	41	39					2	
青　海	Qinghai	13	13						
宁　夏	Ningxia	27	25		1			1	
新　疆	Xinjiang	173	120	42	5		3	3	

18-4 各地区按规模分的涉外饭店个数（1998 年底）

NUMBER OF TOURIST HOTELS BY CAPACITY AND REGIONS(END OF 1998)

单位：个 (unit)

地区 Region		涉外饭店个数 Total Number of Tourist Hotel	客房总数500间以上 with 500 Rooms and Over	客房总数300-499间 with 300-499 Rooms	客房总数200-299间 with 200-299 Rooms	客房总数100-199间 with 100-199 Rooms	客房总数99间以下 with Less than 100 Rooms
全　国	**National Total**	**5782**	**95**	**290**	**498**	**1742**	**3157**
北　京	Beijing	341	22	48	41	94	136
天　津	Tianjin	88	1	4	10	29	44
河　北	Hebei	139	2	6	17	54	60
山　西	Shanxi	65		3	4	28	30
内蒙古	Inner Mongolia	54		2	5	13	34
辽　宁	Liaoning	243	3	12	23	75	130
吉　林	Jilin	125		5	7	34	79
黑龙江	Heilongjiang	135		2	14	43	76
上　海	Shanghai	136	13	20	23	56	24
江　苏	Jiangsu	351	4	15	24	141	167
浙　江	Zhejiang	366	3	10	33	164	156
安　徽	Anhui	183		4	10	65	104
福　建	Fujian	187	1	7	13	40	126
江　西	Jiangxi	75	1	2	12	32	28
山　东	Shandong	319	3	11	27	104	174
河　南	Henan	129	1	2	10	22	94
湖　北	Hubei	265		7	19	79	160
湖　南	Hunan	169		8	14	59	88
广　东	Guangdong	1056	25	52	80	252	647
广　西	Guangxi	190	1	16	23	51	99
海　南	Hainan	248	1	9	17	47	174
重　庆	Chongqing	52		5	10	19	18
四　川	Sichuan	212	1	13	24	83	91
贵　州	Guizhou	48	3	3	2	18	22
云　南	Yunnan	234	3	2	10	35	184
西　藏	Tibet	36	2	1		4	29
陕　西	Shaanxi	82	3	9	8	20	42
甘　肃	Gansu	41	1	5	6	13	16
青　海	Qinghai	13		2	1	2	8
宁　夏	Ningxia	27			1	10	16
新　疆	Xinjiang	173	1	5	10	56	101

18-5 国际旅游外汇收入及构成
FOREIGN EXCHANGE EARNINGS AND IT'S COMPOSITION

单位：百万美元　　(USD 1 million)

指标	Item	1997 数额 Value	1997 比重 Percentage (%)	1998 数额 Value	1998 比重 Percentage (%)
总计	**Total**	**12074**	**100.0**	**12602**	**100.0**
长途交通	Long Distance Transportation	3030	25.1	3185	25.3
民航	Air	2130	17.7	2237	17.8
铁路	Railway	304	2.5	333	2.6
汽车	Highway	270	2.2	327	2.6
轮船	Waterway	326	2.7	288	2.3
游览	Visiting	665	5.5	548	4.3
住宿	Accommodation	1838	15.2	1737	13.8
餐饮	Cater	1587	13.2	1548	12.3
商品销售	Commodity Sale	705	5.8	2591	20.6
娱乐	Entertainment	2438	20.2	810	6.4
邮电通讯	Postal and Communication	473	3.9	502	4.0
市内交通	Local Transportation	446	3.7	442	3.5
其他服务	Other Service	892	7.4	1239	9.8

18-6 接待外国旅游人数（按性别、年龄和职业分）
NUMBER OF FOREIGN TOURISTS BY SEX, AGE AND OCCUPATION

单位：万人　　(10 000 persons)

指标	Item	1990	1995	1997	1998
总　计	**Total**	**174.73**	**588.67**	**742.80**	**710.77**
按性别分	**By Sex**				
男	Male	112.17	404.94	501.39	481.79
女	Female	62.56	183.73	241.41	228.98
按年龄分	**By Age**				
14 岁及以下	14 and Under				24.05
15 至 24 岁	15-24				61.70
25 至 44 岁	25-44				355.91
45 至 64 岁	45-64				229.54
65 岁以上	65 and over				39.57
按职业分	**By Occupation**				
专业技术人员	Technicians	31.50	48.27	59.95	42.64
行政管理人员	Administrators	30.66	45.33	45.04	65.71
商　人	Businessmen	36.96	117.17	131.45	135.33
办事员	Office Clerks		43.09	50.80	43.93
服务人员	Service Clerks		46.86	49.93	33.53
工人、农民	Workers and Farmers	33.34	59.80	51.97	47.87
其他职业人员	Others	23.27	146.06	228.72	291.77
无职业人员	Persons without Occupations	19.00	82.09	124.94	49.99

18-7 接待外国旅游人数（按国别分）

NUMBER OF FOREIGN TOURISTS BY COUNTRY

单位：万人　　(10 000 persons)

国　别	Country	1990	1995	1997	1998
总　计	**Total**	**174.73**	**588.67**	**742.80**	**710.77**
亚洲	**Asia**	**91.52**	**338.26**	**428.17**	**400.06**
#朝鲜	Democratic People's Republic of Korea	2.79	6.64	7.14	6.12
印度	India	1.43	4.50	6.05	6.57
印度尼西亚	Indonesia	2.69	13.28	14.73	10.46
日本	Japan	46.33	130.52	158.17	157.21
马来西亚	Malaysia	3.68	25.18	36.13	30.01
蒙古	Mongolia	1.79	26.19	34.29	26.48
菲律宾	the Philippines	7.89	21.97	27.67	25.65
新加坡	Singapore	7.17	26.15	31.68	31.64
韩国	Republic of Korea		52.95	78.11	63.28
泰国	Thailand	6.79	17.33	16.85	14.43
非洲	**Africa**	**1.17**	**4.08**	**4.91**	**5.43**
欧洲	**Europe**	**44.63**	**159.06**	**201.83**	**181.33**
#英国	United Kingdom	7.89	18.49	22.79	24.29
德国	Federal Republic of Germany	5.62	16.65	18.47	19.19
法国	France	5.07	11.85	13.13	13.80
意大利	Italy	2.63	6.37	6.51	7.25
荷兰	Netherlands	1.38	3.49	5.23	5.89
葡萄牙	Portugal	0.95	2.56	3.58	3.85
瑞典	Sweden	1.05	3.52	3.85	4.06
瑞士	Switzerland	1.15	3.43	3.03	2.84
哈萨克	Kazakhstan		9.92	9.49	9.60
俄罗斯	Russia	10.98	48.93	81.37	69.20
拉丁美洲	**Latin America**	**2.36**	**5.37**	**7.66**	**7.46**
北美洲	**North America**	**28.08**	**64.36**	**79.05**	**87.33**
#加拿大	Canada	4.76	12.88	17.41	19.60
美国	United States	23.32	51.49	61.64	67.73
大洋洲及太平洋岛屿	**Oceanic and Pacific Islands**	**6.35**	**15.85**	**19.35**	**22.48**
#澳大利亚	Australia	5.02	12.94	15.68	18.64
新西兰	New Zealand	1.00	2.29	2.83	3.00
其他	**Others**	**0.62**	**1.69**	**1.83**	**0.68**

注：俄罗斯 1990 年的数据是前苏联的数据。

a) The data of Russia in 1990 referred to the data of former USSR.

18-8 各地区国际旅游外汇收入
FOREIGN EXCHANGE EARNINGS AND IT'S COMPOSITION BY REGION

单位：百万美元 (USD million)

地区 Region	1990	1995	1997	1998
北京 Beijing	658	2182	2248	2384
天津 Tianjin	23	133	180	202
河北 Hebei	5	42	97	100
山西 Shanxi	5	21	37	38
内蒙古 Inner Mongolia	1	91	107	126
辽宁 Liaoning	69	189	260	262
吉林 Jilin	6	41	59	38
黑龙江 Heilongjiang	7	61	105	121
上海 Shanghai	230	939	1317	1218
江苏 Jiangsu	71	260	408	529
浙江 Zhejiang	54	236	345	361
安徽 Anhui	5	31	64	51
福建 Fujian	101	484	614	651
江西 Jiangxi	3	25	45	43
山东 Shandong	36	154	204	220
河南 Henan	6	60	95	101
湖北 Hubei	22	73	170	88
湖南 Hunan	10	65	140	156
广东 Guangdong	713	2393	2801	2942
广西 Guangxi	76	121	178	156
海南 Hainan	27	81	102	96
重庆 Chongqing			105	88
四川 Sichuan	36	125	79	84
贵州 Guizhou	1	29	44	48
云南 Yunnan	16	165	264	261
西藏 Tibet		11	32	33
陕西 Shaanxi	41	139	225	247
甘肃 Gansu	6	21	28	30
青海 Qinghai		2	3	3
宁夏 Ningxia		1	1	1
新疆 Xinjiang	12	74	71	82

注：1990年外汇收入是将当年人民币外汇券收入按当年人民币对美元平均汇价折算。

a)Foreign exchange earnings in 1990 were calculated to the RMB Foreign Exchange Certificate by the average exchange rate of the year.

18-9 各地区接待国际旅游人数
NUMBER OF FOREIGN TOURISTS BY REGION

单位：万人次 (10 000 persons-times)

地 区 Region	1990		1995		1997		1998	
	总 计 Total	#外国人 Foreigners	总 计 Total	#外国人 Foreigners	总 计 Total	#外国人 Foreigners	总 计 Total	#外国人 Foreignes
北 京 Beijing	100.07	63.75	206.87	166.52	229.84	186.86	220.09	178.18
天 津 Tianjin	5.60	3.55	20.06	16.27	28.04	23.10	30.49	25.98
河 北 Hebei	3.19	2.20	16.50	13.59	32.17	27.38	32.69	27.18
山 西 Shanxi	4.68	2.70	7.12	5.15	12.53	8.76	12.51	8.70
内蒙古 Inner Mongolia	1.76	1.30	30.09	29.46	34.84	34.24	36.90	36.46
辽 宁 Liaoning	11.41	7.48	26.38	21.46	38.80	31.07	41.07	31.82
吉 林 Jilin	4.61	2.96	15.61	14.49	20.04	18.09	3.14	11.59
黑龙江 Heilongjiang	5.98	3.38	16.23	13.94	34.19	30.37	38.33	34.09
上 海 Shanghai	89.30	46.06	136.79	107.54	165.35	129.99	152.71	117.55
江 苏 Jiangsu	72.48	21.92	76.77	48.68	101.70	64.26	115.40	69.55
浙 江 Zhejiang	45.58	10.77	67.27	36.65	81.15	45.34	81.96	41.43
安 徽 Anhui	8.47	2.06	14.29	7.28	29.04	11.80	18.42	9.00
福 建 Fujian	70.79	8.78	90.64	22.41	115.05	31.62	121.78	32.68
江 西 Jiangxi	2.50	0.50	7.36	2.34	13.34	3.23	11.49	2.90
山 东 Shandong	12.47	6.89	45.09	30.43	58.50	34.44	60.82	37.18
河 南 Henan	6.95	2.74	21.84	9.12	26.44	13.54	27.47	16.54
湖 北 Hubei	10.04	2.53	27.09	16.83	58.02	35.31	29.56	20.75
湖 南 Hunan	8.52	1.65	17.73	7.18	30.16	12.20	34.86	13.33
广 东 Guangdong	541.48	56.36	620.68	122.07	739.16	134.66	788.65	131.54
广 西 Guangxi	51.83	15.34	41.85	30.74	57.31	34.05	52.33	28.09
海 南 Hainan	18.87	2.46	28.71	5.75	41.28	10.02	39.42	8.71
重 庆 Chongqing					26.12	15.57	16.34	11.62
四 川 Sichuan	19.39	6.29	37.67	24.51	27.13	14.81	29.06	14.78
贵 州 Guizhou	2.41	0.74	13.66	7.79	15.02	7.81	15.13	6.77
云 南 Yunnan	14.82	4.98	59.69	47.38	80.54	58.03	76.09	54.99
西 藏 Tibet			6.78	6.54	8.18	7.30	9.64	8.70
陕 西 Shaanxi	25.88	15.40	44.23	39.73	53.94	43.70	54.05	41.2
甘 肃 Gansu	5.20	3.90	9.09	7.07	11.63	8.40	10.24	6.9
青 海 Qinghai	0.55	0.41	1.33	0.87	1.28	0.94	1.66	0.9
宁 夏 Ningxia	0.20	0.13	0.37	0.28	0.42	0.33	0.51	0.3
新 疆 Xinjiang	7.98	6.43	20.36	18.55	17.25	15.71	16.29	14.1

18-10 三大旅行社接待国际旅游人数

NUMBER OF INTERNATIONAL TOURISTS RECEIVED BY MAJOR TRAVEL SERVICES

单位：万人　　　　(10 000 persons)

年份 Year	合计 Total	国际旅行社 China International Travel Service	中国旅行社 China Travel Service	中国青年旅行社 China Youth Travel Service	占接待人数比重(%) Proportion to total (Total=100) 国际旅行社 China Internationa Travel Service	中国旅行社 China Travel Service	中国青年旅行社 China Youth Travel Service
1978	68.64	12.46	56.18		18.15	81.85	
1984	127.19	39.87	82.58	4.74	31.35	64.93	3.72
1985	129.39	46.88	77.33	5.18	36.23	59.77	4.00
1986	113.36	45.93	59.53	7.90	40.52	52.51	6.97
1987	147.80	50.50	84.77	12.53	34.17	57.35	8.48
1988	177.74	52.62	110.39	14.73	29.60	62.11	8.29
1989	108.07	13.78	84.31	9.98	12.75	78.02	9.23
1990	131.00	11.02	106.46	13.52	8.41	81.27	10.32
1991	170.98	48.79	106.59	15.60	28.54	62.34	9.12
1992	175.91	64.69	96.23	14.99	36.78	54.70	8.52
1993	170.13	74.07	82.02	14.04	43.54	48.21	8.25
1994	165.44	81.02	61.94	22.48	48.97	37.44	13.59
1995	162.86	84.65	47.74	30.47	51.98	29.31	18.71
1996	171.46	80.80	59.25	31.41	47.12	34.56	18.32
1997	189.68	88.45	66.94	34.29	46.63	35.29	18.08
1998	167.00	77.45	53.79	35.76	46.38	32.21	21.41

18-11 国内旅游情况

CONDITIONS OF CIVIL TOURISM

年份 Year	总人次(百万人次) Total (million person-times) 总计 Total	城镇居民 Urban Residents	农村居民 Rural Residents	总花费(百万元) Total Expenditure (million yuan) 总计 Total	城镇居民 Urban Residents	农村居民 Rural Residents	人均花费(元) Per Capita Expenditure (yuan) 总计 Total	城镇居民 Urban Residents	农村居民 Rural esidents
1994	524.00	204.55	319.45	102351	84821	17530	195.33	414.67	54.88
1995	629.00	245.70	383.30	137570	114010	23560	218.71	464.02	61.47
1996	639.50	256.20	383.30	163838	136836	27002	256.20	534.10	70.45
1997	644.00	259.00	385.00	211270	155183	56087	328.06	599.80	145.68
1998	695.00	250.00	445.00	239118	155113	87605	345.00	607.00	197.00

主 要 统 计 指 标 解 释

旅游人数 包括入境国际旅游者人数、出境居民人数和国内旅游者人数。

⑴入境国际旅游者人数：指来中国参观、访问、旅行、探亲、访友、休养、考察、参加会议和从事经济、科技、文化、教育、宗教等活动的外国人、华侨、港澳和台湾同胞的人数。不包括外国在我国的常驻机构，如使领馆、通讯社、企业办事处的工作人员；来我国常住的外国专家、留学生以及在岸逗留不过夜人员。

⑵出境居民人数：指大陆居民因公务活动或私人事务短期出境的人数。公务活动出境居民人数包括在国际交通工具上的中国服务员工，因私出境居民人数不包括在国际交通工具上的中国服务员工。

⑶国内旅游者人数：指我国大陆居民和在我国常住1年以上的外国人、华侨、港澳台同胞离开常住地在境内其他地方的旅游设施内至少停留一夜，最长不超过6个月的人数。

国际旅游（外汇）收入 指入境旅游的外国人、华侨、港澳和台湾同胞在中国大陆旅游过程中发生的一切旅游支出，对于国家来说就是国际旅游（外汇）收入。

国际旅行社 指经营对外招徕并接待外国人、华侨、港澳和台湾同胞来中国、归国或回内地旅游业务的旅行社。

国内旅行社 指负责经营招徕、组团、接待国内旅客的旅游业务，以及不对外招徕，负责经营接待国际旅行社或其它涉外部门组织的外国人、华侨、港澳和台湾同胞来中国、归国或回内地的旅游业务的旅行社。

涉外饭店 指经有关部门批准，允许接待外国人、华侨、港澳和台湾同胞的饭店。

Explanatory Notes on Main Statistical Indicators

Number of Tourists include international tourists entering into China, Chinese residents going abroad and domestic tourists.

(1) International tourists refer to foreigners, overseas Chinese, Chinese compatriots from Hong Kong, Macao and Taiwan coming to China for sightseeing, visits, tours, family reunions, vacations, study tours, conferences and other activities of a business, scientific and technological, cultural, educational and religious nature. It does not include representatives and employees of resident institutions of foreign countries in China such as embassies, consulates, news agencies and offices of foreign companies and organizations, nor does it include long-term foreign experts or students residing in China, or persons in transition without spending a night in China.

(2) Chinese residents going abroad refer to Chinese residents going abroad for short terms for either public business or private purposes. Chinese employees working on international transport carriers are included in those going abroad for public business purpose, not in those for private purpose.

(3) Domestic tourists refer to residents of the mainland of China who stay for one night at least but no more than 6 months at tourist facilities in other places than their permanent residence within the territory of the mainland China, including foreigners, overseas Chinese and Chinese compatriots from Hong Kong, Macao and Taiwan who have resided in China for over one year.

Foreign Exchange Earnings from International Tourism refer to the total expenditures of foreigners, overseas Chinese, Chinese compatriots from Hong Kong, Macao and Taiwan during their stay in the mainland of China, which are earnings of foreign exchange from international tourism from the point of view from China.

International Travel Agencies refer to travel agencies engaged in the promotion, solicitation, organization and reception of tours to the mainland of China by foreigners, overseas Chinese, Chinese compatriots from Hong Kong, Macao and Taiwan.

Domestic Travel Agencies refer to travel agencies engaged in the promotion, solicitation, organization and reception of domestic tourists, and in the reception of foreigners, overseas Chinese, Chinese compatriots from Hong Kong, Macao and Taiwan organized by international travel agencies or other departments concerned, without their own promotion and solicitation programmes.

Tourist Hotels refer to hotels that are able, with the approval of departments concerned, to accommodate foreigners, overseas Chinese, Chinese compatriots from Hong Kong, Macao and Taiwan Province.

十九　金融和保险

BANKING AND INSURANCE

简要说明

一、本篇反映近十年来我国金融保险业发展情况。有以下六个部分：一是银行、保险和农村信用社系统的机构人员，二是银行、农村信用社金融活动情况，三是存贷款利率调整情况，四是直接融资情况，五是中国国际收支状况，六是保险业务情况。

二、各部分资料来源

1．反映金融机构人员情况的表有“19－1 银行保险系统机构、人员数”及“19－8 农村信用社机构、人员数”，这两张表分别由中国人民银行总行和农村信用社人事部门根据有关的行政纪录汇总和填报。

2．反映银行、农村信用社金融活动情况的资料包括：“19－2 国家银行信贷资金平衡表（资金来源）”，“19－3 国家银行信贷资金平衡表（资金运用）”，“19－4 国家银行现金收入”，“19－5 国家银行现金支出”，“19－6 国家银行现金投放回笼差额”，“19－7 黄金和外汇储备”，“19－9 农村信用社存贷款余额”。国家银行信贷资金平衡表及现金收支表的统计范围包括国家开发银行、中国进出口银行、农业发展银行、中国人民银行、中国工商银行、中国农业银行、中国银行、中国建设银行、交通银行、中信实业银行、邮政储蓄机构。中国人民银行总行根据这些政策性银行或商业银行的基层行全面填报、并按各自系统汇总的资料，进行归并和汇总，最后得到国家银行的信贷收支及现金收支表。黄金和外汇储备表中的资料取自于中国人民银行的资产负债表，由该行有关部门提供。农村信用社存贷款余额表中的数据来自该社有关部门的统计汇总资料，基础资料是所有基层信用社填报的统计报表。

3．反映存贷款利率调整情况的有“19－10 主要存款项目利率表”和“19－11 主要贷款项目利率表”，数据来自中国人民银行总行规定的、并对外发布的存贷款利率。

4．反映直接融资情况的“19－12 国内有价证券发行情况”表，资料取自中国证券监督管理委员会编制的《中国证券统计年报》。

5．反映中国国际收支状况的“19－13 国际收支概况表”，资料取自国家外汇管理局编制的“中国国际收支平衡表”。

6．反映保险业务情况的“19－14 保险业务经济技术指标”，数据来自中国人民保险公司的财务决算资料。

BRIEF INTRODUCTION

I. Data in this chapter show the development of China's finance and insurance, including the following 6 parts: (1) The number of the institutions and personnel in the system of banking, insurance and rural credit cooperatives; (2) The financial activities of banks and rural credit cooperatives; (3) The changes of the interest rates of the deposits and loans; (4) The direct finance; (5) The international balance of payments in China; (6) The business of insurance.

II. Sources of data:

(1) Table 19 – 1 and Table 19 – 8 showing the number of banking institutions and personnel are prepared by the personnel departments of the Headquarter of the People's Bank of China and the Rural Credit Cooperatives on the basis of the related administrative registers.

(2) Tables 19 – 2 to 19 – 7 and Table 19 – 9 shows the banking activities of banks and rural credit cooperatives. The statistical coverage of the balance table of the credit funds of the national banks and the tables on the cash revenue and expenditure of the national banks include the State Development Bank, Export and Import Bank of China, Agricultural Development Bank of China, People's Bank of China, Industrial and Commercial Bank of China, Agricultural Bank of China, Bank of China, Construction Bank of China, Bank of Communications, CITIC Industrial Bank and savings deposit agencies of postal offices. The grassroots banks of these policy banks and industrial and commercial banks fill out the questionnaires and report to the higher authorities. The higher authorities tabulate the data level by level. Finally, the Department of Investigation and Statistics of the Head Office of the People's Bank of China tabulate the data and get the national total. The data in the table on the gold and foreign exchange reserves are extracted from the balance sheet of the People's Bank of China and provided by its concerned department. The data in the table on the balances of deposits and loans of rural credit cooperatives come from the summary data of the Rural Credit Cooperatives, which is processed on the basis of the grassroots cooperatives.

(3) Tables 19 – 10 and 19 – 11 show the changes of the interest rates. Data are collected from the interest rates of deposits and loans stipulated and published by the Head Office of the People's Bank of China.

(4) Table 19 – 12 shows the direct fund raising. The data are collected from the "Annual Statistical Report on China's Securities in 1996" compiled by China Securities Regulatory Commission.

(5) Table 19 – 13 shows the international balance of payments is "Balance of Payments" with data collected from "The Balance of Payments in China" compiled by the State Administration of Foreign Exchange.

(6) Table 19 – 14 shows the business of insurance, with data coming from the final financial account of the People's Insurance Company of China.

19-1 银行系统机构、人员数（1998 年底）
NUMBER OF INSTITUTIONS AND PERSONS ENGAGED IN FINANCE SYSTEM (END OF 1998)

项目 Item	合计 Total	#中国人民银行 People's Bank of China	#中国工商银行 Industrial and Commercial Bank of China	#中国农业银行 Agricultural Bank of China	#中国银行 Bank of China	#中国建设银行 Construction Bank of China	#中国进出口银行 Export Import Bank of China	#交通银行 Bank of Communications	#中国农业发展银行 Agricultural Development Bank of China
机构总数（个） Number of Institutions	**117707**	**2290**	**4345**	**58466**	**15227**	**30469**	**12**	**2864**	**2239**
总行(公司) National Headquarters	8	2	1	1	1	1			1
省级分行 Branches at Provincial Level	186	31	30	32	32	31			30
副省级分行 Branches in Separate Planning Cities	53	15		5	13	15			5
地市分行 Branches in Prefectures and Cities at Prefectural Level	1931	318	399	307	304	308			295
县市分行 Branches in Counties	11949	1845	1886	3347	1539	1716			1613
城郊办事处 City Offices	7410		1591	1115	1493	3209			
营业部 Business Offices	3123		209	2188		431			295
分理处、营业所 Small and Local Branches	38502		1	28442	4105	5949			
储蓄所 Savings Deposit Offices	46597			21973	7740	16878			
各类金融院校 Colleges and Schools	132	11	5	97		19			
其　他 Other	3164	68	223	959		1912			
职工人数（人） Number of Staff and Workers	**2000638**	**182326**	**567230**	**524484**	**197547**	**378523**	**337**	**47584**	**51155**
总行(公司) National Headquarters	8099	2410	1005	794	2369	1153			284
省级分行 Branches at Provincial Level	61760	12454	10621	4803	19140	12139			2603
副省级分行 Branches in Separate Planning Cities	18338	5214		554	5193	7214			163
地市分行 Branches in Prefectures and Cities at Prefectural Level	293018	53220	123490	20559	38948	48713			8088
县市分行 Branches in Counties	558348	76663	195866	123344	60779	66828			34782
城郊办事处 City Offices	263455		182951	19548	17875	43043			
营业部 Business Offices	101018		21676	52398		21709			5235
分理处、营业所 Small and Local Branches	310261		10	241433	27393	41380			
储蓄所 Savings Deposit Offices	134030			44057	25850	64091			
各类金融院校	11043	6159	918	2963		1003			
其　他 Other	142190	26206	30693	14031		71250			

19-2 金融机构信贷资金平衡表(资金来源)

CREDIT FUNDS BALANCE SHEET OF STATE BANKS-SOURCES OF FUNDS

(年末余额) 单位:亿元 (year-end) (100 million yuan)

项目	Item	1998
资金来源合计	**All Sources**	**110420.5**
各项存款	Deposits	95697.9
企业存款	Deposits of Enterprises	32486.6
财政存款	Treasury Deposits	2187.9
机关团体存款	Deposits of Government Agencies and Organizations	1285.4
城乡储蓄存款	Urban and Rural Savings Deposits	53407.5
农业存款	Agricultural Deposits	1748.0
信托类存款	Trusted Deposits	2886.4
其他类存款	Other Deposits	1696.2
金融债券	Bonds	56.2
对国际金融机构负债	Liabilities to International Financial Institutions	174.4
货币流通量	Currency in Circulation	11204.2
其　他	Others	3287.9

注:1.金融机构包括人民银行、政策性银行、国有独资商业银行、邮政储蓄机构、其他商业银行、城市合作银行、农村信用社、城市信用社、信托投资公司、租赁公司、财务公司等。

a)Financial Institutions include banks, savings deposit agencies of postal offices, housing saving banks, urban credit cooperative banks, rural credit cooperatives, urban credit banks, financial trust investment agencies and financial companies etc.

19-3 金融机构信贷资金平衡表(资金运用)

CREDIT FUNDS BALANCE SHEET OF STATE BANKS-USES OF FUNDS

(年末余额) 单位:亿元 (year-end) (100 million yuan)

项目	Item	1998
资金运用合计	**All Uses**	**110420.5**
各项贷款	Loans	86524.1
短期贷款	Short-term Loans	60613.2
工业贷款	Industrial Loans	17821.5
商业贷款	Commercial Loans	19752.4
建筑业贷款	Construction Loans	1628.7
农业贷款	Agricultural Loans	4444.2
乡镇企业贷款	Loans to Township Enterprises	5580.0
私营企业及个体贷款	Loans to Private Enterprises and Individuals	471.6
三资企业贷款	Loans to Sino-foreign Joint Venture and Cooperative Enterprises and Foreign-funded Enterprises	2487.5
其他短期贷款	Other Short-term Loans	8427.2
中长期贷款	Medium-term & Long-term Loans	20717.8
信托类贷款	Credit Loans	2521.3
其他类贷款	Other Loans	2671.9
有价证券及投资	Securities & Investment	8112.2
在国际金融机构资产	Assets in International Financial Institutions	461.8
金银占款	Purchase of Gold & Silver	12.0
外汇占款	Purchase of Foreign Exchanges	13728.3
财政借款	Government Debt	1582.1

19-4 金融机构现金收入
CASH INCOME OF FINANCIAL INSTITUTIONS

单位:亿元 (100 million yuan)

项　　目	Item	1998
收入总计	**Total Income**	**203966.50**
商品销售收入	Income from Commodity Sales	25851.26
服务业收入	Income from Service Trade	9970.88
税款收入	Income from Taxes	1194.60
城乡个体经营收入	Income from Urban and Rural Individual Business	8455.97
储蓄存款收入	Income from Savings Deposits	130888.14
其他金融机构收入	Income from Other Financial Institutions	2753.77
居民归还贷款收入	Income from Repayment of Loans by Residents	3353.54
汇兑收入	Income from Remittances	3622.95
有价证券收入	Income from Securities	1663.67
其他收入	Other Income	16211.75
#兑换外币收入	Income from Exchange of Foreign Currencies	128.83

注:1. 本表机构包括中国人民银行、农业发展银行、国有独资商业银行、其他商业银行、城市合作银行、城市信用社、农村信用社。

2. 1998 年现金统计制度做了较大修改,建立了统一的现金收支统计指标体系。

a) Institutions in this table include People's Bank of China, Agricultural Development Bank, state-owned commercial banks, other commercial banks, urban cooperative banks, urban credit cooperatives and rural credit cooperatives.

b) Significant modification was introduced to the cash statistics system in 1998, resulting in the establishmen of standardized statistical indicator system on cash income and expenditure.

19-5 金融机构现金支出
CASH EXPENDITURES OF FINANCIAL INSTITUTIONS

单位:亿元 (100 million yuan)

项　　目	Item	1998
支出合计	**Total**	**204993.1**
工资性支出	Wages	18231.2
农副产品采购支出	Purchases of Agricultural and Sideline Products	9023.8
工矿及其他产品采购支出	Expenditure for Purchases of Industrial and Mineral Products	3733.9
行政企事业管理费支出	Government and Enterprises Overhead	11074.9
城乡个体经营支出	Expenditure for Individual Business	10026.6
储蓄存款支出	Expenditure for Savings Deposits	129307.8
其他金融机构支出	Expenditure for Other Financial Institutions	2278.3
居民提取贷款支出	Expenditure for Loans by Residents	3189.9
汇兑支出	Expenditure for Remittances	2744.4
有价证券支出	Expenditure for Securities	1361.2
其他支出	Other Expenditure	17754.9

注:1. 1998 年现金统计制度做了较大修改,建立了统一的现金收支统计指标体系。

a) Significant modification was introduced to the cash statistics system in 1998, resulting in the establishment of standardized statistical indicator system on cash income and expenditure.

19-6 金融机构现金投放回笼差额
CASH STATISTICS OF FINANCIAL INSTITUTIONS

单位:亿元 (100 million yuan)

年份 Year	现金收入 Cash Income	现金支出 Cash Expenditures	投放 Currency Issuance
1957	516.7	512.2	−4.5
1962	633.2	614.0	−19.2
1965	675.7	686.5	10.8
1970	812.8	799.3	−13.5
1975	1128.2	1134.2	6.0
1978	1336.0	1352.6	16.6
1980	2033.2	2111.7	78.5
1985	5499.1	5694.8	195.7
1986	6613.3	6843.9	230.6
1987	8779.6	9015.7	236.1
1988	12810.5	13490.0	679.5
1989	15057.6	15267.6	210.0
1990	17171.1	17471.4	300.4
1991	21465.1	21998.5	533.4
1992	31248.0	32406.2	1158.2
1993	48883.8	50412.5	1528.7
1994	71247.1	72671.0	1423.9
1995	96725.5	97322.3	596.8
1996	120263.3	121179.9	916.6
1997	141612.6	142988.3	1375.7
1998	203966.5	204993.1	1026.6

注：投放栏中的负数表示现金回笼。

a)The negative amount in currency issuance indicates the amount of cash withdrawn.

19-7 黄金和外汇储备
GOLD AND FOREIGN EXCHANGE RESERVES

年份 Year	黄金储备 (万盎司) Gold Reserve (10 000 Ounces)	国家外汇 (亿美元) Foreign Exchange Reserve (USD 100 million)	年份 Year	黄金储备 (万盎司) Gold Reserve (10 000 Ounces)	国家外汇 (亿美元) Foreign Exchange Reserve (USD 100 million)
1979	1280	8.40	1989	1267	55.50
1980	1280	−12.96	1990	1267	110.93
1981	1267	27.08	1991	1267	217.12
1982	1267	69.86	1992	1267	194.43
1983	1267	89.01	1993	1267	211.99
1984	1267	82.20	1994	1267	516.20
1985	1267	26.44	1995	1267	735.97
1986	1267	20.72	1996	1267	1050.29
1987	1267	29.23	1997	1267	1398.90
1988	1267	33.72	1998	1267	1449.60

19-8 金融机构法定存款利率

NOMINAL INTEREST RATES ON DEPOSITS OF FINANCIAL INSTITUTIONS

单位:年利率% (annual interest rate %)

项 目	Item	1996.8.23 Aug 23 1996	1997.10.23 Oct 23 1997	1998.3.25 Mar 25 1998	1998.7.1 Jul 1 1998	1998.12.7 Dec 7 1998
个人人民币储蓄存款	**Household Deposits**					
活期	Demand	1.98	1.71	1.71	1.44	1.44
定期	Time					
三个月	3 Months	3.33	2.88	2.88	2.79	2.79
半年	6 Months	5.40	4.14	4.14	3.96	3.33
一年	1 Year	7.47	5.67	5.22	4.77	3.78
二年	2 Year	7.92	5.94	5.58	4.86	3.96
三年	3 Year	8.28	6.21	6.21	4.95	4.14
五年	5 Year	9.00	6.66	6.66	5.22	4.50
企业单位	**Enterprises Deposits**					
活期	Demand	1.98	1.71	1.71	1.44	1.44
定期	Time					
三个月	3 Months	3.33	2.88	2.88	2.79	2.79
半年	6 Months	5.40	4.14	4.14	3.96	3.33
一年	1 Year	7.47	5.67	5.22	4.77	3.78
二年	2 Year	7.92	5.94	5.58	4.86	3.96
三年	3 Year	8.28	6.21	6.21	4.95	4.14
五年	5 Year	9.00	6.66	6.66	5.22	4.50
大额可转让定期存单	**CDs**					
1个月	1 months	2.70				
3个月	3 months	3.33	2.88	2.88	2.79	2.79
6个月	6 months	5.40	4.14	4.14	3.96	3.33
9个月	9 months	6.66				
12个月	12 months	7.47	5.67	5.22	4.77	3.78

19-9 金融机构法定贷款利率表

NOMINAL INTEREST RATES ON LOANS OF FINANCIAL INSTITUTIONS

单位:年利率% (annual interest rate %)

项 目	Item	1996.8.23 Aug 23 1996	1997.10.23 Oct 23 1997	1998.3.25 Mar 25 1998	1998.7.1 Jul 1 1998	1998.12.7 Dec 7 1998
流动资金贷款	**Working Capital Loans**					
一般流动资金	Ordinary					
六个月	6 Months	9.18	7.65	7.02	6.57	6.12
一年	1 Year	10.08	8.64	7.92	6.93	6.39
个体工商户贷款	Individuals Enterprise	a)	b)			
固定资产投资贷款	**Fixed Asset Investment Loans**					
技术改造贷款	Technical Innovation	c)	c)	c)	c)	c)
基本建设贷款	Capital Construction					
一年以内及一年	1 Year or Less	10.08	8.64	7.92	6.93	6.39
一年以上至三年	3 Year Less	10.98	9.36	9.00	7.11	6.66
三年以上至五年	5 Years or Less	11.70	9.90	9.72	7.65	7.20
五年以上	More than 5 Years	12.42	10.53	10.35	8.01	7.56

注:1.在10.08%基础上上浮10%。
2.在8.64%基础上上浮10%。
3.与同档次基本建设贷款相同。
a)Can be 10 higher than 10.08%.
b)Can be 10 higher than 8.64%.
c)Same as interest rates on capital construction loans with corresponding maturity.

19-10 国内有价证券分类发行情况（1997年）
INSURANCE OF DOMESTIC SECURITIES (1997)

单位：亿元 (100 million yuan)

种类	Kind	发行额 Total Value of Issued Securities	兑付额 Total Value of Redemption	年末余额 Balance (Year-end)
国债	National Debt	2411.79	1264.29	5508.93
#国库券	Treasury Bonds	2382.44	1192.23	5331.88
财政证券	Fiscal Bonds		65.40	66.54
政策性金融债券	Policy Financial Bonds	1399.50	312.30	3486.90
其他金融债	Other Financial Bonds	32.00		141.90
企业债	Corporate Bonds	255.23	219.81	521.02
国家投资债	Government Investment Bonds			
国家投资公司债	Bonds Issued by Government Investment Company			
股票	Shares	105.65	655.06	

注：股票是指A种股票，股票兑付额是指筹资额。

a) Shares refer to A shares. The figure shown under the column "total value of redemption" for shares refers to the capital raised.

19-11 上市公司数量一览表
SUMMARY FOR NUMBER OF LISTED COMPANIES

单位：个 (unit)

年份 Year	全国合计 National	上交所 Shanghai Stock Exchange	深交所 Shenzhen Stock Exchange	仅发A股公司 A share Only	发A、H股公司 A&H Share	发A、B股公司 A&B Share	仅发B股公司 B Share Only
1990	10	8	2	10	10		
1991	14	8	6	14	14		
1992	53	29	24	53	35		18
1993	183	106	77	183	140	3	34
1994	291	171	120	291	227	6	54
1995	323	188	135	323	242	11	58
1996	530	293	237	530	431	14	69
1997	745	383	362	745	627	17	76
1998	851	438	413	851	727	18	80

19-12 股票发行筹资情况
ISSUING SUMMARY FOR STOCKS

年份 Year	股票发行额（亿股）Amount Issued (billion shares)	A股 A Shares	H股 H Shares	B股 B Shares	股票筹资额（亿元）Raised Capital (billion yuan)	A股 A Shares	H股 H Shares	B股 B Shares	AB股配股筹资 A&B Shares Rights Issued
1991	5.00	5.00			5.00	5.00			
1992	20.75	10.00		10.75	94.09	50.00		44.09	
1993	95.79	42.59	40.41	12.79	375.47	194.83	60.93	38.13	81.58
1994	91.26	10.97	69.89	10.40	326.78	49.62	188.73	38.27	50.16
1995	31.60	5.32	15.38	10.90	150.32	22.68	31.46	33.35	62.83
1996	86.11	38.29	31.77	16.05	425.08	224.45	83.56	47.18	69.89
1997	267.63	105.65	136.88	25.10	1293.82	655.06	360.00	80.76	198.00
1998	105.56	82.80	12.86	9.90	841.52	443.05	37.95	25.55	334.97

19-13 股票交易统计表
TRADING SUMMARY FOR STOCKS

项 目	Item	1992	1993	1994	1995	1996	1997	1998
会员总数	**No. Of Members**	**348**	**907**	**1046**	**1085**	**1066**	**840**	**659**
上市公司数目	No. Of listed Companies	53	183	291	323	530	745	851
上市股票数目	No. Of listed Stocks	72	218	345	381	599	821	931
A股	A Shares	53	177	287	311	514	720	825
B股	B Shares	18	41	58	70	85	101	106
股票总发行股本(亿股)	**Total Issued Capital (100 million share)**	**73.50**	**328.67**	**639.65**	**765.63**	**1110.36**	**1771.22**	**2345.35**
A股	A Shares	61.00	300.18	592.63	704.08	1025.01	1646.13	2203.96
B股	B Shares	12.21	28.49	47.01	61.55	85.34	125.09	141.37
流通股本 (亿股)	**Negotiable Shares (100 million share)**		**81.62**	**185.63**	**234.98**	**345.35**	**560.62**	**740.94**
A股	A Shares		57.14	144.41	178.98	267.07	443.25	607.01
B股	B Shares		24.48	41.22	46.00	78.27	117.37	133.91
股票市价总值 (亿元)	**Total Market Capitalization (100 million yuan)**	**1048**	**3531**	**3691**	**3474**	**9842**	**17529**	**19506**
A股	A Shares	978	3319	3516	3311	9449	17154	19299
B股	B Shares	70	212	175	164	394	375	206
股票流通市值 (亿元)	**Negotiable Market Capitalization (100 million yuan)**		**862**	**969**	**938**	**2867**	**5204**	**5746**
A股	A Shares		683	814	791	2514	4856	5550
B股	B Shares		179	155	147	353	348	196
股票成交金额 (亿元)	**Total Turnover(100 million yuan)**	**681**	**3667**	**8128**	**4036**	**21332**	**30722**	**23544**
A股	A Shares	650	3562	8003	4319	21052	30295	23418
B股	B Shares	31	105	125	78	280	427	127
总成交股数 (亿股)	**Trading Volume(100 million share)**	**37.95**	**234.22**	**2013.34**	**705.47**	**2533.14**	**2560.79**	**2154.11**
A股	A Shares	33.37	216.82	988.02	681.07	2464.93	2471.30	2092.50
B股	B Shares	4.59	17.40	25.32	24.40	68.21	89.49	61.60
深证综合指数	**Shenzhen Composite Index**							
最高	High	312.21	359.44	242.06	169.66	473.02	517.91	441.04
最低	Low	107.08	203.91	96.56	112.63	105.34	305.81	317.10
收盘	Close	241.20	238.27	140.63	113.24	327.45	381.29	343.85
上证综合指数	**Shanghai Composite Index**							
最高	High	1429.01	1558.40	1052.94	926.41	1258.69	1510.18	1422.98
最低	Low	292.76	750.48	325.89	524.43	512.83	870.18	1043.02
收盘	Close	780.39	833.80	647.87	555.29	917.01	1194.10	1146.70

19-14 中资保险公司业务经济技术指标(1998年)
ECONOMIC AND TECHNICAL INDICATORS OF INSURANCE COMPANIES FUNDED WITH CHINESE CAPITAL(1998)

项目	Item	保险金额(亿元) Amount Insured (100 million yuan)	保费(万元) Premium (10 000 yuan)	赔款及给付(万元) Claim and Payment (10 000 yuan)
合计	**Total**	**72526**	**12559687**	**5316788**
财产保险公司	**Property Insurance Conpanles**	**13734**	**5057403**	**2895106**
企业财产险	Enterprise Property Insurance	6022	1126352	634801
家庭财产险	Family Property Insurance	655	121674	73625
机动车辆险	Motor Vehicle Insurance	2275	2809844	1681343
船舶险	Ship Insurance	578	119899	100576
货物运输险	Freight Transport Insurance	1550	385966	165091
卫星及核能险	Satellite and Nuclear Energy Insurance	85	21875	9903
建筑、安装工程保险及责任保险	Construction and Installation Projects Insurance and Related Liability Insurance	260	60304	19256
责任险	Liability Insurance	1493	140397	74833
保证保险	Guarantee Insurance	20	11071	56304
出口信用险	Export Credit Insurance	24	29803	9341
农业险	Agriculture Insurance	78	71472	56304
其他险	Other Insurance	694	158746	13729
人寿保险公司	**Life Insurance Companies**	**58792**	**7502284**	**2421682**
寿险	Life Insurance	5501	6686102	2054477
健康险	Health Insurance	10060	281121	135445
人身意外伤害险	Unforeseen Human Injury Insurance	43231	535061	231760

19-15 保险系统机构、人员数(1998年底)
NUMBER OF INSTITUTIONS AND PERSONS ENGAGED IN INSURANCE SYSTEM (END OF 1998)

项目	Item	机构数(个) Number of Institution	职工人数(人) Employees	#女职工 Female
总计	**Total**	**8745**	**172892**	**58021**
总公司	**National Corporations**	**3**	**962**	**390**
省级分公司	Provincial Branches	71	8244	2667
计划单列市	Branches at Key Cities	20	2518	825
地市级分公司	Prefecture/City Branches	832	33137	10906
地市营业部	Prefecture/City Business Departments	68	1876	714
县级支公司	County Branches	4208	69491	20009
县级营业部	County Business Departments	899	10226	3333
办事处或营业部	Business Offices or Departments	1910	4002	1007
保险院校	Colleges and Schools	6	465	185
其他	Others	47	680	240

主要统计指标解释

信贷资金 指国家银行用于发放贷款的资金。中国人民银行信贷资金的来源有各项存款、对国际金融机构负债、流通中货币、银行自有资金及当年结益等；信贷资金的运用有各项贷款、黄金占款、外汇占款、财政借款及在国际金融机构中的资产等。

存款 指企业、机关、团体或居民根据资金必须收回的原则，把货币资金存入银行或其他信用机构保管并取得一定利息的一种信用活动形式。根据存款对象的不同可划分为企业存款、财政存款、机关团体存款、基本建设存款、城镇储蓄存款、农村存款等科目。它是银行信贷资金的主要来源。

贷款 指银行或其他信用机构根据资金必须归还的原则，按一定利率，为企业、个人等提供资金的一种信用活动形式。我国银行贷款分为流动资金贷款、固定资产贷款、城乡个体工商户贷款以及农业贷款等科目。

保费 又称保险费，指保险人根据保险合同的有关规定，为被保险人取得因约定危险事故发生所造成的经济损失补偿（或给付）权利，付给保险人的代价。包括财产险和人身险储金收入。

中资保险公司 指中国公民、法人或其他组织出资（含外资参股）设立的保险公司。

保险金额 指保险人承担赔偿或者给付保险金责任的最高限额。

保费 指投保人为取得保险人在约定范围内所承担赔偿责任而支付给保险人的费用。

赔款 指保险人根据保险合同的规定，向被保险人支付的赔偿保险责任损失的金额。

给付 包括死伤医疗给付和满期给付。死伤医疗给付是指保险人根据人寿保险及长期健康保险合同的规定，因被保险人在保险期内发生保险责任范围内的保险事故支付给被保险人（或受益人）的金额。满期给付是指被保险人生存期满，保险人按人寿保险合同规定支付给被保险人的满期保险金额。

Explanatory Notes on Main Statistical Indicators

Credit Funds refer to the funds issued as loans by state banks. The sources of credit funds of the People's Bank of China included deposits, liabilities to international financial institutions, currency in circulation, self-owned funds and current retained profits, etc. The credit funds can be used in forms of loans, gold, foreign exchange, government debt and assets in the international financial institutions.

Deposit is a form of credit by which enterprises, institutions, organizations or households can put money into banks and other credit institutions for safekeeping and interest earning under the principle of free withdrawal. According to different depositors, deposits are divided into enterprise deposits, treasury deposits, deposits of government agencies and organizations, capital construction deposits, urban savings deposits, rural deposits and other deposits. Deposits are major sources of the credit funds of banks.

Loan is a form of credit by which banks and other credit institutions provide funds at certain interest rate to enterprises and individuals in the light of the principle of unconditional repayment. Loans from Chinese banks include circulating capital loans, fixed assets loans, loans to urban and rural individuals engaged in industrial and commercial business and agricultural loans.

Premium is the fee paid by the insurant based on a proportion of the benefit he or she may get from the insurance plus the insurance value. It includes the income from the deposit of property insurance and personal insurance.

Insurance Companies Funded with Chinese Capital refer to insurance companies established with capitals from Chinese citizens, corporate institutions or other organizations (including companies with shares from foreign capital)

Amount Insured refers to the maximum that the insurant will get for the claim of the case insured.

Settled Claim is the compensation paid by the insurer to the insurant in accordance with the insurance contract.

Payment includes payment for death, injury or medical treatment and mature payment. Payment for death, injury or medical treatment refers to the money paid to the insurant (or the beneficiary) in accordance with the life or health insurance contract when the insurant encounters accidents within the insured period covered in the contract. Mature payment refers to the mature payment to the insurant in accordance with the life insurance contract at the end of the insured period for the loss which has been checked and found to be in the range of liability of the insurance after an accident has happened to the insured property or to a person who has insured his life. It is further divided into settled and unsettled claim.

二十 教育、科技和文化

EDUCATION，SCIENCE AND CULTURE

简要说明

一、本篇反映我国教育文化事业的发展情况和科学技术活动基本情况。

二、教育部分包括高等教育（大专院校及研究生院）、中等教育（中等专业学校、技工学校、普通中学和职业中学）、初等教育（小学）、幼儿教育、特殊教育（盲聋哑和弱智儿童学校等）和各种类型的各级成人教育（成人高校、成人中等学校和初等学校）等，主要指标有各级各类学校数、在校学生数、招生数、毕业生数、教职工数、教师数等。

教育统计资料主要由国家教育部发展规划司提供，其资料来源是通过教育部制定的教育统计报表制度搜集加工整理而成。另外，技工学校的资料来源于劳动和社会保障部。

三、文化部分主要包括艺术、图书馆、群众文化、文物、广播、电影、电视、新闻出版等文化事业的机构、人员及业务活动情况。

1．艺术事业、图书馆事业、群众文化事业的资料主要来自文化部。

2．文物资料来自国家文物局。

3．广播、电影、电视资料主要来源于广播电影电视总局。

4．新闻出版有关资料主要来自新闻出版署。

上述文化资料都是由各有关部委根据所制定的统计报表制度而搜集整理的。主要有文化、文物统计报表，广播、电影、电视统计报表，新闻出版统计报表。

四、科学技术部分主要包括了我国科技活动的规模、构成、布局和发展状况的资料，收录了全国和省、自治区、直辖市及国务院有关部门的科技统计数据。

全国科技活动基本情况，综合地反映科技机构、大中型工业企业和高等学校三大科技活动主体单位的机构数、人员数和经费收支等情况，根据科技部、教育部、国防科工委和国家统计局科技统计综合年报汇总。

专业技术人员人数由组织部提供，其统计对象和范围是：在事业、国有企业单位中，专职从事专业技术工作的人员以及原评有专业技术职务（职称）而现从事行政管理工作的人员。科技成果、科技奖励、技术市场、开发区高新技术企业的统计数据及登记数，由科技部提供。

科协系统科技活动情况数据，由中国科协提供。

测绘、气象、技术监督等科技服务部门发展情况资料，分别由国家测绘局、中国气象局、国家技术监督局提供。

专利申请受理量和批准量由中国专利局提供。

国家统计局和科技部合作编印了《中国科技统计年鉴》，提供了1991年以来各年度科技活动和发展趋势更为详细的统计资料。

BRIEF INTRODUCTION

I. The data in this chapter show the development of China's education and culture as well as the basic conditions of the activities of China's science and technology.

II. The data on education cover the situations on higher education (universities and colleges as well as college of postgraduates), secondary education (specialized secondary schools, regular secondary schools, vocational secondary schools and technical training schools), primary education (primary schools), kindergartens and special education (universities and colleges for adults, secondary schools for adults and primary schools for adults) etc. The main indicators cover the number of schools of various levels and categories, the number of students enrolled, the number of new students enrolled, the number of graduates, the number of staff and workers, the number of teachers etc.

The statistical data on education are mainly provided by the Department of Planning and Development, Ministry of Education . The data are collected and tabulated in accordance with the reporting scheme on educational statistics stipulated by the Ministry of Education . In addition, the data on the technical training schools are provided by the Ministry of Labour and Social Security.

III. The data on culture cover mainly the situations on institutions, personnel and business activities of arts, libraries, mass culture, cultural relics, broadcasting, films, televisions, news and publication etc..

(1) The data on the causes of arts, libraries, mass culture are provided by the Ministry of Culture.

(2) The data on cultural relics are provided by the State Bureau of Cultural Relics.

(3) The data on broadcasting, film and television are mainly provided by the State Administration of Broadcasting, Film and Television.

(4) The data on news and publication are mainly provided by the State Agency of News and Publication.

The above-mentioned data on culture are collected and tabulated in accordance with the statistical reporting scheme stipulated by the ministries or commission concerned, including mainly the statistical reports on culture and cultural relics, statistical reports on broadcasting, films, televisions, statistical reports on news and publication.

IV. The data on science and technology cover mainly the scale, composition, distribution and development of the scientific and technological activities, including the statistical data of the provinces, autonomous regions and municipalities directly under the central government as well as the departments concerned under the State Council on science and technology.

The table on the basic conditions of the scientific and technological activities show in a summary way the number of institutions and personnel in scientific and technological institutions, large and medium-sized industrial enterprises and universities and colleges, the three main bodies engaged in the scientific and technological activities as well as their income and expenditure. The data are collected and tabulated in accordance with the annual reporting scheme on science and technology statistics of the Ministry of Science and Technology, Ministry of Education, Commission of Science, Technology and Industry for National Defence and the National Bureau of Statistics.

The data on the number of scientific and technological personnel are provided by the Bureau of Deployment, Department of Organization of the Central Committee of the Communist Party of China. The statistical coverage includes the full-time persons engaged in the scientific and technological work and the persons with technical titles but now engaged in administrative or managerial work in the institutions or state-owned enterprises.

The data on scientific and technological results, encouragement and reward on scientific and technological achievements, technical market and the high-tech enterprises in the developed areas are provided by the Ministry of Science and Technology.

The data on the scientific and technological activities of the associations for science and technology are provided by the China Association for Science and Technology.

The data on the development of the mapping, meteorology, technological supervision and other service departments for science and technology are provided separately by the National Bureau of Surveying and Mapping, China Meteorological Administration and State Bureau of Technical Supervision.

The data on the number of patent applications examined and certified are provided by China Patent Office.

"China Statistical Yearbook on Science and Technology" has been jointly compiled and published by the National Bureau of Statistics and the Ministry Science and Technology, which has provided more detailed statistical data on the scientific and technological activities since 1991 and the trend of development.

20-1 教育事业基本情况
BASIC STATISTICS ON EDUCATION

指　标	Item	1985	1990	1995	1997	1998
学校数　(所)	**Number of Schools**					
普通高等学校	Regular Institutions of Higher Education	1016	1075	1054	1020	1022
中等学校	Secondary Schools	104848	100777	95216	92832	92071
#专业学校	Specialized Secondary Schools	3557	3982	4049	4143	4109
普通中学	Regular Secondary Schools	93221	87631	81020	78642	77888
小学	Primary Schools	832309	766072	668685	628840	609626
专任教师(万人)	**Number of Full-time Teachers (10 000 persons)**					
普通高等学校	Regular Institutions of Higher Education	34.4	39.5	40.1	40.5	40.7
中等学校	Secondary Schools	296.7	349.2	388.3	418.6	431.2
#专业学校	Specialized Secondary Schools	17.4	23.4	25.7	27.6	27.9
普通中学	Regular Secondary Schools	265.2	303.3	333.4	358.7	369.7
小学	Primary Schools	537.7	558.2	566.4	579.4	581.9
招生数　(万人)	**New Student Enrollment (10 000 persons)**					
普通高等学校	Regular Institutions of Higher Education	61.9	60.9	92.6	100.0	108.4
中等学校	Secondary Schools	1789.8	1815.8	2354.1	2501.5	2705.4
#专业学校	Specialized Secondary Schools	66.8	73.0	138.1	162.1	166.8
普通中学	Regular Secondary Schools	1606.9	1619.6	2025.9	2128.2	2321.0
小学	Primary Schools	2298.2	2064.0	2531.8	2462.0	2201.4
在校学生(万人)	**Student Enrollment (10 000 persons)**					
普通高等学校	Regular Institutions of Higher Education	170.3	206.3	290.6	317.4	340.9
中等学校	Secondary Schools	5092.6	5105.4	6191.5	6995.2	7340.7
#专业学校	Specialized Secondary Schools	157.1	224.4	372.2	465.4	498.1
普通中学	Regular Secondary Schools	4706.0	4586.0	5371.0	6017.9	6301.0
小学	Primary Schools	13370.2	12241.4	13195.2	13995.4	13953.8
毕业生数(万人)	**Graduates (10 000 persons)**					
普通高等学校	Regular Institutions of Higher Education	31.6	61.4	80.5	82.9	83.0
中等学校	Secondary Schools	1279.1	1497.5	1636.9	1929.8	2124.1
#专业学校	Specialized Secondary Schools	42.9	66.1	83.9	115.7	129.3
普通中学	Regular Secondary Schools	1194.9	1342.1	1429.0	1664.0	1832.0
小学	Primary Schools	1999.9	1863.1	1961.5	1960.1	2117.4
每一教师负担学生数(人)	**Student-teacher Ratio**					
普通高等学校	Regular Institutions of Higher Education	5.0	5.2	7.2	7.8	8.4
中等学校	Secondary Schools	17.2	14.6	15.9	16.7	17.0
小学	Primary Schools	24.9	21.9	23.3	24.2	24.0
全国教育经费支出 (亿元)	**Total National Expenditures on Education (100 million yuan)**			**1878.0**	**2531.7**	
#国家财政性教育经费	Government Expenditures for Education			1411.5	1862.5	
#预算内教育经费	Budgetary Expenditures for Education			1028.4	1357.7	

20-2 各级各类学校数
NUMBER OF SCHOOLS BY LEVEL AND TYPE

单位：所 (unit)

年份 Year	普通高等学校 Regular Institutions of Higher Education	中等学校 Secondary Schools	中等专业学校 Specialized Secondary Schools	中等技术学校 Technical Schools	中等师范学校 Teacher Training Schools	普通中学 Regular Secondary Schools	高中 Senior	初中 Junior	职业中学 Vocational Schools	小学 Primary Schools	幼儿园 Kindergartens	盲、聋哑学校 Schools for the Blind, Deaf and Deaf-mute
1952	201	6059	1710	794	916	4298	1181	3117		526964	6531	
1957	229	12474	1320	728	592	11096	2184	8912		547306	16420	66
1962	610	24756	1514	956	558	19521	4434	15087	3715	668318	17564	261
1965	434	80993	1265	871	394	18102	4112	13990	61626	1681939	19226	266
1970	434	106041	1087	685	402	104954				961131		
1975	387	125718	2213	1326	887	123505	39120	84385		1093317	171749	246
1978	598	165105	2760	1714	1046	162345	49215	113130		949323	163952	292
1980	675	124760	3069	2052	1017	118377	31300	87077	3314	917316	170419	292
1985	1016	104848	3557	2529	1028	93221	17318	75903	8070	832309	172262	350
1986	1054	104936	3782	2741	1041	92967	17111	75856	8187	820846	173376	387
1987	1063	105151	3913	2854	1059	92857	16930	75927	8381	807406	176775	414
1988	1075	104468	4022	2957	1065	91492	16524	74968	8954	793261	171845	446
1989	1075	102732	3984	2940	1044	89575	16050	73525	9173	777244	172634	483
1990	1075	100777	3982	2956	1026	87631	15678	71953	9164	766072	172322	555
1991	1075	99348	3925	2977	948	85851	15243	70608	9572	729158	164465	651
1992	1053	97784	3903	2984	919	84021	14850	69171	9860	712973	172506	754
1993	1065	96744	3964	3046	918	82795	14380	68415	9985	696681	165197	824
1994	1080	96562	3987	3093	894	82358	14242	68116	10217	682588	174657	871
1995	1054	95216	4049	3152	897	81020	13991	67029	10147	668685	180438	933
1996	1032	94115	4099	3206	893	79967	13875	66092	10049	645983	187324	980
1997	1020	92832	4143	3251	892	78642	13880	64762	10047	628840	182485	1015
1998	1022	92071	4109	3234	875	77888	13948	63940	10074	609626	181368	1062

注：中等学校不包括技工学校和工读学校，1962 年以前的中等学校合计数中包括工农中学及预科(以下同)。

a)Secondary schools exclude schools for skilled workers and juvenile delinquents. The total number of secondary schools in 1962 and previous years included secondary schools for workers and peasants, and preparatory classes. The same as in the following tables.

20-3 各级各类学校教职工数

NUMBER OF SCHOOL STAFF AND WORKERS BY LEVEL AND TYPE OF SCHOOL

单位：万人　　　　(10 000 persons)

年份 Year	普通高等学校 Regular Institutions of Higher Education	中等学校 Secondary Schools	中等专业学校 Specialized Secondary Schools	中等技术学校 Technical Schools	中等师范学校 Teacher Training Schools	普通中学 Regular Secondary Schools	职业中学 Vocational Schools	小学 Primary Schools	幼儿园 Kindergartens	盲、聋哑学校 Schools for the Blind, Deaf and Deaf-mute
1952	7.2	26.0	8.1	3.9	4.2	17.6		152.8	1.9	
1957	15.5	53.4	13.6	10.6	3.0	39.4		198.1	10.1	0.1
1962	33.5	77.8	13.7	11.1	2.6	62.2	2.0	262.0	16.1	0.3
1965	33.3	110.5	12.2	10.1	2.1	67.7	30.6	407.5	16.2	0.4
1970	31.2	153.3	7.9	5.6	2.3	145.4		390.9		
1975	40.8	282.1	17.7	12.8	4.5	264.4		554.3	37.8	0.6
1978	51.8	415.4	23.7	17.6	6.1	391.7		562.0	46.9	0.7
1980	63.2	423.6	29.8	22.3	7.5	389.7	4.1	605.4	61.0	0.8
1985	87.1	417.6	40.3	31.3	9.0	355.7	21.6	602.1	79.8	1.1
1986	93.1	437.7	43.6	33.9	9.7	368.9	25.2	606.5	88.1	1.2
1987	96.9	455.3	45.9	35.7	10.2	381.3	28.1	608.5	94.1	1.3
1988	99.4	468.1	47.6	37.0	10.6	389.7	30.8	614.2	97.9	1.4
1989	100.4	473.9	48.2	37.6	10.6	393.1	32.6	619.5	101.2	1.5
1990	100.6	482.6	49.2	38.5	10.7	399.1	34.3	624.0	105.2	1.6
1991	100.9	490.6	49.4	38.8	10.6	405.4	35.8	619.4	106.2	1.9
1992	101.4	499.2	50.3	39.7	10.6	411.3	37.6	619.9	112.1	2.1
1993	102.1	504.1	51.1	40.3	10.8	413.3	39.7	621.8	112.6	2.3
1994	104.0	512.3	51.7	40.7	11.0	419.1	41.5	627.1	114.9	3.3
1995	104.1	525.9	53.0	41.8	11.2	429.5	43.4	632.4	116.0	2.7
1996	103.6	541.9	54.3	43.0	11.3	442.4	45.2	638.6	117.4	2.8
1997	103.2	556.2	55.4	44.0	11.4	454.1	46.7	643.6	117.3	3.0
1998	103.0	564.6	54.7	43.5	11.2	462.1	47.8	644.6	115.8	3.1

20-4 各级各类学校教师数

NUMBER OF TEACHERS BY LEVEL AND TYPE OF SCHOOL

单位：万人　　(10 000 persons)

年份 Year	普通高等学校 Regular Institutions of Higher Education	中等学校 Secondary Schools	中等专业学校 Specialized Secondary Schools	中等技术学校 Technical Schools	中等师范学校 Teacher Training Schools	普通中学 Regular Secondary Schools	高中 Senior	初中 Junior	职业中学 Vocational Schools	小学 Primary Schools	幼儿园 Kindergartens	盲、聋哑学校 Schools for the Blind, Deaf and Deaf-mute
1952	2.7	13.0	3.5	1.5	2.0	9.4	1.3	8.1		143.5	1.4	
1957	7.0	29.4	5.8	4.3	1.5	23.4	4.0	19.4		188.4	5.0	0.1
1962	14.4	47.3	6.1	4.7	1.4	39.9	8.1	31.8	1.3	251.1	7.0	0.2
1965	13.8	70.9	5.5	4.4	1.1	45.7	7.8	37.9	19.7	385.7	6.2	0.3
1970	12.9	121.3	3.9	2.6	1.3	117.4				361.2		
1975	15.6	216.5	7.3	4.8	2.5	209.2	53.0	156.2		520.4	23.7	0.3
1978	20.6	328.1	9.9	6.9	3.0	318.2	74.1	244.1		522.6	27.7	0.4
1980	24.7	317.1	12.8	9.1	3.7	302.0	57.1	244.9	2.3	549.9	41.1	0.5
1985	34.4	296.7	17.4	12.8	4.6	265.2	49.2	216.0	14.1	537.7	55.0	0.7
1986	37.2	311.5	19.3	14.3	5.0	275.8	51.8	223.9	16.4	541.4	60.5	0.7
1987	38.5	326.6	21.0	15.6	5.4	287.0	54.4	232.7	18.5	543.4	65.1	0.8
1988	39.3	338.9	22.5	16.8	5.7	296.0	55.7	240.3	20.3	550.1	67.0	0.9
1989	39.7	342.3	22.9	17.1	5.8	298.0	55.4	242.7	21.4	554.4	70.9	0.9
1990	39.5	349.2	23.4	17.6	5.8	303.3	56.2	247.0	22.4	558.2	75.0	1.1
1991	39.1	355.7	23.2	17.5	5.7	309.0	57.3	251.7	23.5	553.2	76.9	1.2
1992	38.8	362.4	23.5	17.8	5.7	314.1	57.6	256.5	24.8	552.7	81.5	1.3
1993	38.8	366.8	23.9	18.1	5.8	316.7	55.9	260.8	26.2	555.2	83.6	1.5
1994	39.6	375.7	24.7	18.7	6.0	323.4	54.7	268.7	27.7	561.1	86.2	1.6
1995	40.1	388.3	25.7	19.5	6.2	333.4	55.1	278.4	29.2	566.4	87.5	1.8
1996	40.3	404.0	26.7	20.4	6.3	346.5	57.2	289.3	30.8	573.6	88.9	1.9
1997	40.5	418.6	27.6	21.2	6.4	358.7	60.5	298.2	32.2	579.4	88.4	2.0
1998	40.7	431.2	27.9	21.5	6.4	369.7	64.2	305.5	33.6	581.9	87.5	2.1

20-5 各级各类学校在校学生数

NUMBER OF STUDENT ENROLLMENT BY LEVEL AND TYPE OF SCHOOL

单位：万人 (10 000 persons)

年份 Year	普通高等学校 Regular Institutions of Higher Education	中等学校 Secondary Schools	中等专业学校 Specialized Secondary Schools	中等技术学校 Technical Schools	中等师范学校 Teacher Training Schools	普通中学 Regular Secondary Schools	高中 Senior	初中 Junior	职业中学 Vocational School	小学 Primary Schools	幼儿园 Kindergartens	盲、聋哑学校 Schools for the Blind, Deaf and Deaf-mute
1952	19.1	314.5	63.6	29.0	34.5	249.0	26.0	223.0		5110.0	42.4	
1957	44.1	708.1	77.8	48.2	29.6	628.1	90.4	537.7		6428.3	108.8	0.8
1962	83.0	833.5	53.5	35.3	18.2	752.8	133.9	618.9	26.7	6923.9	144.6	1.8
1965	67.4	1431.8	54.7	39.2	15.5	933.8	130.8	803.0	443.3	11620.9	171.3	2.3
1970	4.8	2648.3	6.4	3.2	3.2	2641.9	349.7	2292.2		10528.0		
1975	50.1	4536.8	70.7	40.5	30.2	4466.1	1163.7	3302.4		15094.1	620.0	2.7
1978	85.6	6637.2	88.9	52.9	36.0	6548.3	1553.1	4995.2		14624.0	787.7	3.1
1980	114.4	5677.8	124.3	76.1	48.2	5508.1	969.8	4538.3	45.4	14627.0	1150.8	3.3
1985	170.3	5092.6	157.1	100.9	56.2	4706.0	741.1	3964.8	229.5	13370.2	1479.7	3.8
1986	188.0	5321.6	175.7	114.6	61.1	4889.9	773.4	4116.6	256.0	13182.5	1629.0	4.1
1987	195.9	5403.1	187.4	122.3	65.1	4948.1	773.7	4174.4	267.6	12835.9	1807.8	4.3
1988	206.6	5246.1	205.2	136.8	68.3	4761.5	746.0	4015.5	279.4	12535.8	1854.5	4.5
1989	208.2	5054.0	217.7	149.3	68.5	4554.0	716.1	3837.9	282.3	12373.1	1847.7	4.7
1990	206.3	5105.4	224.4	156.7	67.7	4586.0	717.3	3868.7	295.0	12241.4	1972.2	5.1
1991	204.4	5226.8	227.7	161.6	66.1	4683.5	722.9	3960.6	315.6	12164.2	2209.3	5.6
1992	218.4	5354.4	240.8	174.3	66.6	4770.8	704.9	4065.9	342.8	12201.3	2428.2	6.1
1993	253.6	5383.7	282.0	209.8	72.2	4739.1	656.9	4082.2	362.6	12421.2	2552.5	6.4
1994	279.9	5707.1	319.8	241.4	78.4	4981.7	664.9	4316.7	405.6	12822.6	2630.3	7.2
1995	290.6	6191.5	372.2	287.4	84.8	5371.0	713.2	4657.8	448.3	13195.2	2711.2	8.3
1996	302.1	6635.7	422.8	334.8	88.0	5739.7	769.3	4970.4	473.3	13615.0	2666.3	9.0
1997	317.4	6995.2	465.4	374.3	91.1	6017.9	850.1	5167.8	511.9	13995.4	2519.0	9.5
1998	340.9	7340.7	498.1	406.0	92.1	6301.0	938.0	5363.0	541.6	13953.8	2403.0	9.8

20-6 各级各类学校招生数

NEW STUDENT ENROLLMENT BY LEVEL AND TYPE OF SCHOOL

单位：万人　　(10 000 persons)

年份 Year	普通高等学校 Regular Institutions of Higher Education	中等学校 Secondary Schools	中等专业学校 Specialized Secondary Schools	中等技术学校 Technical Schools	中等师范学校 Teacher Training Schools	普通中学 Regular Secondary Schools	高中 Senior	初中 Junior	职业中学 Vocational Schools	小学 Primary Schools	盲、聋哑学校 Schools for the Blind, Deaf and Deaf-mute
1952	7.9	174.6	35.1	16.9	18.2	138.3	14.1	124.2		1149.3	
1957	10.6	261.6	12.3	6.0	6.3	249.3	32.3	217.0		1249.2	
1962	10.7	298.8	3.9	2.6	1.3	280.0	41.7	238.3	14.9	1586.3	
1965	16.4	673.0	20.8	14.6	6.2	345.7	45.9	299.8	306.5	3296.0	
1970	4.2	1420.7	5.4	2.5	2.9	1415.3	239.0	1176.3		2831.8	
1975	19.1	2478.0	34.4	18.4	16.0	2443.6	633.1	1810.5		3352.1	0.5
1978	40.2	2743.6	44.7	26.8	17.9	2698.9	692.9	2006.0		3315.4	0.6
1980	28.1	2011.8	46.8	25.3	21.5	1934.3	383.4	1550.9	30.7	2942.3	0.6
1985	61.9	1789.8	66.8	45.2	21.6	1606.9	257.5	1349.4	116.1	2298.2	0.7
1986	57.2	1824.4	67.7	45.0	22.7	1643.9	257.3	1386.6	112.8	2258.2	0.9
1987	61.7	1834.2	71.5	48.5	23.0	1649.5	255.2	1394.3	113.2	2094.6	0.9
1988	67.0	1781.9	77.6	54.1	23.6	1584.8	244.3	1340.5	119.5	2123.3	0.9
1989	59.7	1743.3	73.5	50.8	22.7	1551.5	242.1	1309.4	118.3	2151.5	0.9
1990	60.9	1815.8	73.0	50.3	22.7	1619.6	249.8	1369.9	123.2	2064.0	1.0
1991	62.0	1871.0	78.0	55.1	22.9	1655.2	243.8	1411.3	137.8	2072.7	1.2
1992	75.4	1939.8	87.9	63.8	24.1	1699.7	234.7	1465.0	152.1	2183.2	1.3
1993	92.4	1983.7	114.9	86.5	28.4	1707.3	228.3	1479.0	161.5	2353.5	1.2
1994	90.0	2157.6	122.5	93.5	29.1	1859.8	243.4	1616.4	175.3	2537.0	1.4
1995	92.6	2354.1	138.1	107.3	30.8	2025.9	273.6	1752.3	190.1	2531.8	1.7
1996	96.6	2384.2	152.3	120.8	31.6	2042.9	282.2	1760.7	188.9	2524.7	1.8
1997	100.0	2501.5	162.1	129.6	32.5	2128.2	322.6	1805.6	211.2	2462.0	1.8
1998	108.4	2705.4	166.8	134.9	31.9	2321.0	359.6	1961.4	217.6	2201.4	1.7

20-7 各级各类学校毕业生数

NUMBER OF GRADUATES BY LEVEL AND TYPE OF SCHOOL

单位：万人　　　　(10 000 persons)

年份 Year	普通高等学校 Regular Institutions of Higher Education	中等学校 Secondary Schools	中等专业学校 Specialized Secondary Schools						职业中学 Vocational Schools	小学 Primary Schools	盲、聋哑学校 Schools for the Blind, Deaf and Deaf-mute
				中等技术学校 Technical Schools	中等师范学校 Teacher Training Schools	普通中学 Regular Secondary Schools	高中 Senior	初中 Junior			
1952	3.2	28.9	6.8	4.1	2.7	22.1	3.6	18.5		149.0	
1957	5.6	145.2	14.6	9.6	5.0	129.9	18.7	111.2		498.0	
1962	17.7	237.5	30.5	15.9	14.6	202.5	44.1	158.4	4.5	559.0	
1965	18.6	232.5	9.1	7.3	1.8	209.8	36.0	173.8	13.6	667.6	0.2
1970	10.3	689.3	2.8	1.7	1.1	686.5	67.6	618.9		1652.5	
1975	11.9	1519.5	24.8	12.3	12.4	1494.7	447.0	1047.7		1999.4	0.3
1978	16.5	2398.5	23.2	11.9	11.3	2375.3	682.7	1692.6		2287.9	0.3
1980	14.7	1629.9	41.0	20.1	20.9	1581.0	616.2	964.7	7.9	2053.3	0.4
1985	31.6	1279.1	42.9	26.1	16.8	1194.9	196.6	998.3	41.3	1999.9	0.4
1986	39.3	1388.5	49.6	32.1	17.5	1281.0	224.0	1057.0	57.9	2016.1	0.5
1987	53.2	1496.9	57.8	38.9	18.9	1364.1	246.8	1117.3	75.0	2043.0	0.4
1988	55.3	1548.4	59.6	39.2	20.4	1407.8	250.6	1157.2	81.0	1930.3	0.4
1989	57.6	1520.9	59.1	36.5	22.6	1377.5	243.2	1134.3	86.3	1857.1	0.5
1990	61.4	1497.5	66.1	42.8	23.4	1342.1	233.0	1109.1	89.3	1863.1	0.5
1991	61.4	1477.0	74.0	49.6	24.4	1308.5	222.9	1085.5	94.5	1896.7	0.5
1992	60.4	1499.4	74.3	50.7	23.6	1328.4	226.1	1102.3	96.7	1872.4	0.5
1993	57.1	1541.9	73.6	50.7	22.8	1365.9	231.7	1134.2	102.5	1841.5	0.6
1994	63.7	1542.4	72.9	50.4	22.6	1361.9	209.3	1152.6	107.6	1899.6	0.7
1995	80.5	1636.9	83.9	59.4	24.5	1429.0	201.6	1227.4	124.0	1961.5	0.7
1996	83.9	1725.4	101.9	73.8	28.1	1484.0	204.9	1279.0	139.6	1934.1	0.8
1997	82.9	1929.8	115.7	86.3	29.4	1664.0	221.7	1442.4	150.1	1960.1	0.8
1998	83.0	2124.1	129.3	98.7	30.6	1832.0	251.8	1580.2	162.8	2117.4	1.0

20-8 研究生和留学生数
NUMBER OF POSTGRADUATES AND STUDENTS STUDYING ABROAD

单位：人 (person)

年份 Year	研究生数 Number of Postgraduates			各类出国留学人员 Number of Students Studying Abroad	学成回国留学人员 Number of Returned Students
	在学人数 Student Enrollment	招生数 New Student Enrollment	毕业生数 Graduates		
1952	2763	1785	627	231	
1957	3178	334	1723	529	347
1962	6130	1287	1019	114	980
1965	4546	1456	1665	454	199
1975				245	186
1978	10934	10708	9	860	248
1980	21604	3616	476	2124	162
1985	87331	46871	17004	4888	1424
1986	110371	41310	16950	4676	1388
1987	120191	39017	27603	4703	1605
1988	112776	35645	40838	3786	3000
1989	101339	28569	37232	3329	1753
1990	93018	29649	35440	2950	1593
1991	88128	29679	32537	2900	2069
1992	94164	33439	25692	6540	3611
1993	106771	42145	28214	10742	5128
1994	127935	50864	28047	19071	4230
1995	145443	51053	31877	20381	5750
1996	163322	59398	39652	20905	6570
1997	176353	63749	46539	22410	7130
1998	198885	72508	47077	17622	7379

20-9 高等学校分科在校学生数
STUDENT ENROLLMENT IN INSTITUTIONS OF HIGHER EDUCATION BY FIELD OF STUDY

单位：人 (person)

项 目 Item	1997			1998		
	合计 Total	本科 Regular College Course	专科 Specialized Subject (Three Years)	合计 Total	本科 Regular College Course	专科 Specialized Subject (Three Years)
合 计 Total	**3174362**	**1986125**	**1188237**	**3408764**	**2234647**	**1174117**
哲 学 Philosophy	4916	3612	1304	4756	3899	857
经济学 Economics	483446	286001	197445	508404	318598	189806
法 学 Law	118418	73026	45392	136525	87977	48548
教育学 Education	128848	66786	62062	138745	77421	61324
文 学 Literature	412019	194673	217346	453632	230290	223342
历史学 History	48779	27454	21325	50309	30531	19778
理 学 Science	332178	192847	139331	359457	221078	138379
工 学 Engineering	1262734	871281	391453	1354580	966763	387817
农 学 Agriculture	111887	78225	33662	119036	87356	31680
医 学 Medicine	271137	192220	78917	283320	210734	72586

20-10 高等学校分科招生数
NEW STUDENT ENROLLMENT IN INSTITUTIONS OF HIGHER EDUCATION BY FIELD OF STUDY

单位：人 (person)

项 目 Item	1997			1998		
	合计 Total	本科 Regular College Course	专科 Specialized Subject (Three Years)	合计 Total	本科 Regular College Course	专科 Specialized Subject (Three Years)
合 计 Total	**1000393**	**579679**	**420714**	**1083627**	**653135**	**430492**
哲 学 Philosophy	1636	1123	513	1341	1086	255
经济学 Economics	153367	84062	69305	159207	89481	69726
法 学 Law	41527	23280	18247	48102	28725	19377
教育学 Education	46681	21063	25618	50295	24276	26019
文 学 Literature	143080	60460	82620	161862	72676	89186
历史学 History	16329	8242	8087	16383	9154	7229
理 学 Science	110443	59318	51125	120531	67623	52908
工 学 Engineering	380946	251608	129338	412393	280301	132092
农 学 Agriculture	35959	23379	12580	38325	27056	11269
医 学 Medicine	70425	47144	23281	75188	52757	22431

20-11 高等学校分科毕业生数
GRADUATES OF INSTITUTIONS OF HIGHER EDUCATION BY FIELD OF STUDY

单位：人 (person)

项目 Item	1997			1998		
	合计 Total	本科 Regular College Course	专科 Specialized Subject (Three Years)	合计 Total	本科 Regular College Course	专科 Specialized Subject (Three Years)
合计 Total	**829070**	**381647**	**447423**	**829833**	**404666**	**425167**
哲学 Philosophy	1183	682	501	1183	780	403
经济学 Economics	132988	50134	82854	132900	58095	74805
法学 Law	28270	12471	15799	29649	14832	14817
教育学 Education	39595	13751	25844	40716	14611	26105
文学 Literature	116115	36216	79899	119583	38885	80698
历史学 History	14559	5735	8824	14179	5808	8371
理学 Science	90513	39113	51400	92729	40213	52516
工学 Engineering	314418	175439	138979	308574	181890	126684
农学 Agriculture	30190	16559	13631	28941	16525	12416
医学 Medicine	61239	31547	29692	61379	33027	28352

20-12 高等学校分科专任教师数（1998年）
NUMBER OF FULL-TIME TEACHERS BY FIELD OF STUDY IN REGULAR HIGHER EDUCATIONAL INSTITUTIONS (1998)

单位：人 (person)

项目 Item	合计 Total	教授 Professors	副教授 Asso. Prof.	讲师 Lecturers	助教 Assistants	教员 Instructors
合计 Total	**407253**	**36713**	**115897**	**154515**	**78419**	**21709**
哲学 Philosophy	13454	1068	3902	5711	2259	514
经济学 Economics	31772	2241	8030	13206	6698	1597
法学 Law	10702	828	2486	4622	2194	572
教育学 Education	30862	1134	6812	13437	7597	1882
文学 Literature	69075	4142	16732	26657	16526	5018
历史学 History	8083	838	2367	3316	1264	298
理学 Science	77012	7369	25231	28731	12151	3530
工学 Engineering	113425	11771	34990	41025	19819	5820
农学 Agriculture	14972	1721	4554	5320	2633	744
医学 Medicine	37896	5601	10793	12490	7278	1734

20-13 中等专业学校分科学生数（1998 年）

NUMBER OF STUDENTS BY FIELD OF STUDY IN SPECIALIZED SECONDARY SCHOOLS (1998)

单位：人 (person)

项目 Item	1997			1998		
	毕业生数 Graduates	招生数 New Student Enrollment	在校学生数 Student Enrollment	毕业生数 Graduates	招生数 New Student Enrollment	在校学生数 Student Enrollment
合计 Total	**1157055**	**1621110**	**4654158**	**1293115**	**1668262**	**4980752**
工科 Engineering	297580	519395	1527998	356168	544298	1690552
农科 Agriculture	42322	63385	178521	44799	67489	194972
林科 Forestry	9874	14323	40123	10088	14920	45510
医药卫生科 Health	119313	149750	452225	126285	167279	493576
财经 Economics and Finance	192648	220753	677833	212121	198564	656962
管理 Administration	115105	182017	492690	131878	197906	551060
政法 Politics and Law	34932	50712	111950	42376	55160	125135
艺术 Art	28756	62371	167653	37282	72148	200427
体育 Physical Culture	15395	23539	65077	17618	24138	70241
师范 Teacher Training	301130	334865	940088	314500	326360	952317

20-14 中等专业学校分类别专任教师数（1998 年）

FULL-TIME TEACHERS IN SPECIALIZED SECONDARY SCHOOLS BY FIELD OF STUDY (1998)

单位：人 (person)

项目	Item	合计 Total	高级讲师 Senior Lecturers	讲师 Lecturers	助理讲师 Assistant Lecturers	教员 Instructors
合计	**Total**	**278475**	**45177**	**120256**	**100007**	**13035**
中等技术学校	Secondary Technical Schools	215035	36294	95330	74145	9266
工业学校	Industry	84517	14658	37910	28429	3520
农业学校	Agriculture	24499	3675	10099	9486	1239
林业学校	Forestry	4201	817	1904	1368	112
医药学校	Health	32297	6678	14916	9851	852
财经学校	Economics and Finance	34707	5357	15985	12151	1214
政法学校	Politics and Law	7073	916	2890	2774	493
体育学校	Physical Culture	8064	1211	3863	2623	367
艺术学校	Art	10520	1748	4282	3654	836
其他学校	Others	9157	1234	3481	3809	633
中等师范学校	Secondary Teacher Training Schools	63440	8883	24926	25862	3769

20-15 技工学校数和学生数
NUMBER OF TECHNICAL SCHOOLS, STUDENTS, STAFF AND TEACHERS

年份 Year	学校数（所）Schools	在校学生数（万人）Student Enrollment (10 000 persons)	毕业生数（万人）Graduates (10 000 persons)	招生数（万人）New Student Enrollment (10 000 persons)	教职工数（万人）Staff and Teachers (10 000 persons)
1985	3548	74.2	22.6	35.5	21.5
1986	3765	89.2	23.3	39.4	24.4
1987	3952	103.1	26.5	42.3	26.2
1988	3996	116.1	31.1	46.1	28.0
1989	4102	125.8	36.8	47.0	29.6
1990	4184	133.2	41.3	50.6	30.8
1991	4269	142.2	45.4	54.4	32.5
1992	4392	155.6	45.7	60.2	33.6
1993	4477	171.7	49.7	66.4	33.5
1994	4430	187.1	55.7	71.4	34.0
1995	4521	188.6	68.1	74.0	33.7
1996	4467	191.8	68.1	72.7	33.5
1997	4395	193.1	69.9	73.4	31.0
1998	4362	181.3	68.2	59.4	31.0

20-16 各类技工学校情况（1998年）
STATISTICS ON VARIOUS TECHNICAL SCHOOLS (1998)

指标	Item	合计 Total	国务院各部门 Ministries of the State Council	省、自治区、直辖市 Provinces, Autonomous Regions and Municipalities
学校数（所）	Number of Schools	4362	813	3449
在校学生数（万人）	Number of Students (10 000 persons)	181.3	26.4	154.9
#两年制（万人）	Two-year Programs (10 000 persons)	31.9	3.5	28.4
三年制（万人）	Three-year Programs (10 000 persons)	148.3	22.7	125.6
教职工数（万人）	Teachers and Staff (10 000 persons)	31.0	7.4	23.6
#文化技术理论课指导教师（万人）	Classroom Teachers (10 000 persons)	10.8	2.4	8.4
生产实习课指导教师（万人）	Practical Training Teachers (10 000 persons)	3.7	0.9	2.8

20-17 初中毕业生和小学毕业生升学率及小学学龄儿童入学率

PERCENTAGE OF GRADUATES OF JUNIOR SECONDARY SCHOOLS AND PRIMARY SCHOOLS ENTERING HIGHER LEVEL SCHOOLS, PERCENTAGE OF SCHOOL-AGE CHILDREN ENROLLED

年份 Year	初中毕业生升学率 Percentage of Graduates of Junior Secondary Schools Entering Senior Secondary Schools			小学毕业生升学率 Percentage of Graduates of Primary Schools Entering Junior Secondary Schools			小学学龄儿童入学率 Percentage of School-Age Children Enrolled		
	初中毕业生数（万人）Graduates of Junior Secondary Schools (10 000 persons)	高级中等学校招生数（万人）Students Entering Senior Secondary Schools (10 000 persons)	升学率（%）Percentage of Graduates of Junior Secondary Schools Entering Senior Secondary Schools	小学毕业生数（万人）Graduates of Primary Schools (10 000 persons)	初级中等学校招生数（万人）Students Entering Junior Secondary Schools (10 000 persons)	升学率（%）Percentage of Graduates of Primary Schools Entering Junior Secondary Schools	学龄儿童数（万人）School-Age Children (10 000 persons)	已入学学龄儿童数（万人）School-Age Children Enrolled in Schools (10 000 persons)	入学率（%）Enrollment Rate (%)
1952	18.5	31.2	168.6	149.0	143.0	96.0	6642.4	3268.1	49.2
1957	111.2	44.2	39.7	498.0	219.9	44.2	8077.7	4986.6	61.7
1962	158.4	47.5	30.0	559.0	253.3	45.3	10836.0	6082.0	56.1
1965	173.8	121.6	70.0	667.6	550.7	82.5	11603.2	9829.1	84.7
1970	618.9	239.0	38.6	1652.5	1176.3	71.2			
1975	1047.7	633.1	60.4	1999.4	1810.5	90.6	12261.9	11868.5	96.8
1978	1692.6	692.9	40.9	2287.9	2006.0	87.7	12131.3	11585.4	95.5
1980	964.7	442.8	45.9	2053.3	1557.6	75.9	12219.6	11478.2	93.9
1985	998.3	416.2	41.7	1999.9	1367.0	68.4	10362.3	9942.8	96.0
1986	1057.0	429.2	40.6	2016.1	1402.0	69.5	10067.5	9702.1	96.4
1987	1117.3	437.0	39.1	2043.0	1410.9	69.1	9750.9	9477.2	97.2
1988	1157.2	439.6	38.0	1930.3	1359.0	70.4	9623.9	9351.4	97.2
1989	1134.3	434.6	38.3	1857.1	1328.4	71.5	9699.1	9450.7	97.4
1990	1109.1	450.4	40.6	1863.1	1389.2	74.6	9740.7	9529.7	97.8
1991	1085.5	462.9	42.6	1896.7	1435.1	75.7	9806.6	9594.8	97.8
1992	1102.3	478.1	43.4	1872.4	1491.7	79.7	11156.2	10845.5	97.2
1993	1134.2	500.5	44.1	1841.5	1505.6	81.8	11432.0	11170.9	97.7
1994	1166.4	541.1	46.4	1899.6	1644.9	86.6	11949.6	11758.2	98.4
1995	1244.3	601.6	48.3	1961.5	1781.1	90.8	12375.4	12192.5	98.5
1996	1297.8	633.4	48.8	1934.1	1791.4	92.6	12876.5	12723.3	98.8
1997	1463.3	721.6	44.3	1960.1	1836.5	93.7	13346.7	13202.5	98.9
1998	1603.1	812.2	50.7	2117.4	1996.3	94.3	13369.3	13226.8	98.9

注：1. 1952 年的初中升学率高于 100%，是因为当年毕业的初中学生数少于当年高级中等学校的招生人数。

2. 1994 年以后各年的初中毕业生数包括职业初中毕业生数。

a) The percentage of graduates of junior Secondary schools entering senior Secondary schools in 1952 was higher than 100% because the number of students graduated from junior Secondary schools was less than the number of students enrolled in senior Secondary schools.

b) The number of the graduates of junior Secondary schools since 1994 has included the graduates of vocational schools.

20-18 平均每万人口在校学生数和大中小学学生构成
STUDENT ENROLLMENT PER 10 000 POPULATION AND COMPOSITION OF STUDENTS ENROLLED

年份 Year	各级学校在校学生数占全国人口% Students as Percentage of Total Population	平均每万人口中 Number of Students per 10 000 Population			大中小学学生占学生总数(%) Students of Different Level as Percentage of Total Students (%)		
		大学生(人) University and College Students	中学生(人) Secondary School Students	小学生(人) Primary School Students	大学生 University and College Students	中学生 Secondary School Students	小学生 Primary School Students
1952	9.47	3.3	55	889	0.4	5.8	93.9
1957	11.11	6.8	110	994	0.6	9.9	89.5
1965	18.09	9.3	197	1602	0.5	10.9	88.6
1978	22.18	8.9	690	1519	0.4	31.1	68.5
1980	20.69	11.6	575	1482	0.6	27.8	71.6
1985	17.60	16.1	481	1263	0.9	27.3	71.8
1986	17.39	17.5	495	1226	1.0	28.5	70.5
1987	16.87	17.9	494	1174	1.1	29.3	69.6
1988	16.20	18.6	473	1129	1.1	29.2	69.7
1989	15.65	18.5	448	1098	1.2	28.7	70.2
1990	15.35	18.0	447	1071	1.2	29.1	69.7
1991	15.19	17.6	451	1050	1.2	29.7	69.1
1992	15.17	18.6	457	1041	1.2	30.1	68.7
1993	15.24	21.4	454	1048	1.4	29.8	68.8
1994	15.69	23.4	476	1070	1.5	30.3	68.2
1995	16.25	24.0	511	1089	1.5	31.5	67.1
1996	16.95	24.7	542	1112	1.5	32.3	66.2
1997	17.24	25.7	566	1132	1.5	32.8	65.7
1998	17.33	27.3	588	1118	1.6	33.9	64.5

20-19 各级学校教师负担学生数
STUDENT-TEACHER RATIO BY LEVEL OF SCHOOL

年份 Year	高等学校 Institutions of Higher Education		中等学校 Secondary Schools		小学 Primary Schools	
	教师数(万人) Number of Teachers (10 000 persons)	平均每个教师负担学生数(人) Student-Teacher Ratio	教师数(万人) Number of Teachers (10 000 persons)	平均每个教师负担学生数(人) Student-Teacher Ratio	教师数(万人) Number of Teachers (10 000 persons)	平均每个教师负担学生数(人) Student-Teacher Ratio
1952	2.7	7.1	13.0	24.2	143.5	35.6
1957	7.0	6.3	29.4	24.1	188.4	34.1
1965	13.8	4.9	70.9	20.2	385.7	30.1
1978	20.6	4.2	328.1	20.2	522.6	28.0
1980	24.7	4.6	317.1	17.9	549.9	26.6
1985	34.4	5.0	296.7	17.2	537.7	24.9
1986	37.2	5.1	311.5	17.1	541.4	24.3
1987	38.5	5.1	326.6	16.5	543.4	23.6
1988	39.3	5.3	338.9	15.5	550.1	22.8
1989	39.7	5.2	342.3	14.8	554.4	22.3
1990	39.5	5.2	349.2	14.6	558.2	21.9
1991	39.1	5.2	355.7	14.7	553.2	22.0
1992	38.8	5.6	362.4	14.8	552.7	22.1
1993	38.8	6.5	366.8	14.7	555.2	22.4
1994	39.6	7.1	375.7	15.2	561.1	22.9
1995	40.1	7.2	388.3	15.9	566.4	23.3
1996	40.3	7.5	404.0	16.4	573.6	23.7
1997	40.5	7.8	418.6	16.7	579.4	24.2
1998	40.7	8.4	431.2	17.0	581.9	23.9

20-20 各级学校女学生和女教师数
NUMBER OF FEMALE STUDENTS AND TEACHERS BY LEVEL OF SCHOOL

单位：万人 (10 000 persons)

项　　目	Item	1980	1985	1990	1995	1997	1998
女学生数	**Number of Female Students**	**8778. 3**	**8086. 5**	**7880. 8**	**9156. 8**	**9945. 2**	**10186. 3**
高等学校	Institutions of Higher Education	26. 8	51. 1	69. 5	102. 9	118. 5	130. 6
中等专业学校	Specialized Secondary Schools	39. 2	60. 7	102. 0	187. 1	176. 8	272. 7
普通中学	Regular Secondary Schools	2180. 1	1893. 1	1920. 1	2407. 5	2735. 6	2877. 7
职业中学	Vocational Secondary Schools	14. 8	95. 4	133. 7	218. 2	248. 4	259. 7
小　学	Primary Schools	6517. 4	5986. 2	5655. 5	6241. 1	6666. 0	6645. 6
女学生占学生总数的百分比	**Percentage of Female Students to Total Students**	**43. 0**	**43. 4**	**44. 9**	**46. 5**	**46. 7**	**47. 1**
高等学校	Institutions of Higher Education	23. 4	30. 0	33. 7	35. 4	37. 3	38. 3
中等专业学校	Specialized Secondary Schools	31. 5	38. 6	45. 4	50. 3	38. 0	54. 7
普通中学	Regular Secondary Schools	39. 6	40. 2	41. 9	44. 8	45. 5	45. 7
职业中学	Vocational Secondary Schools	32. 6	41. 6	45. 3	48. 7	48. 5	47. 9
小　学	Primary Schools	44. 6	44. 8	46. 2	47. 3	47. 6	47. 6
女教师数	**Number of Female Teachers**	**288. 9**	**305. 6**	**364. 0**	**417. 9**	**455. 7**	**470. 9**
高等学校	Institutions of Higher Education	6. 3	9. 2	11. 5	13. 2	14. 2	14. 8
中等专业学校	Specialized Secondary Schools	3. 4	5. 7	8. 9	10. 7	12. 0	12. 3
普通中学	Regular Secondary Schools	75. 0	74. 4	95. 6	119. 2	136. 9	145. 4
职业中学	Vocational Secondary Schools	0. 3	3. 5	10. 7	10. 8	12. 9	13. 8
小　学	Primary Schools	203. 9	212. 8	240. 9	264. 0	279. 7	284. 6
女教师占教师总数的百分比	**Percentage of Female Teachers to Total Teachers**	**32. 4**	**35. 2**	**38. 4**	**42. 0**	**43. 9**	**44. 7**
高等学校	Institutions of Higher Education	25. 5	26. 7	29. 1	32. 9	35. 1	36. 3
中等专业学校	Specialized Secondary Schools	26. 6	32. 8	38. 0	41. 6	43. 4	44. 0
普通中学	Regular Secondary Schools	24. 8	28. 1	31. 5	35. 8	38. 2	39. 3
职业中学	Vocational Secondary Schools	13. 0	24. 8	31. 5	37. 0	40. 0	41. 1
小　学	Primary Schools	37. 1	39. 6	43. 2	46. 6	48. 3	48. 9

20-21 各级各类成人学校基本情况（1998年）
STUDENT ENROLLMENT IN ADULT SCHOOLS BY LEVEL AND TYPE (1998)

单位:所、万人 (unit,10 000 persons)

项目 Item	学校数 Schools	毕业生数 Graduates	招生数 New Student Enrollment	在校学生数 Student Enrollment	教职工数 Teachers and Staff	#专任教师 Full-time Teachers
总计 Total	**661705**	**9484.10**	**8268.20**	**7496.73**	**117.37**	**50.24**
成人高等学校 Adult Education Schools	**962**	**82.57**	**100.14**	**282.22**	**20.39**	**9.66**
广播电视大学 Radio and TV Universities	45	16.99	17.91	48.44	4.96	2.37
职工、农民高等学院 Schools of Higher Education for Staff, Workers and Peasants	570	9.59	11.69	32.69	8.19	3.99
管理干部学院 Colleges for Management Cadres	153	6.07	7.59	17.23	3.42	1.36
教育学院 Pedagogical Colleges	190	6.62	8.22	21.20	3.69	1.87
独立函授学院 Independent Correspondence Colleges	4	0.42	0.34	1.25	0.13	0.07
普通高等学校办函授部或夜大学、干部专修科 Correspondence Department or Evening Universities Run by Institution of Higher Education		42.88	54.39	161.41		
成人中等学校 Secondary Schools for Adults	**475737**	**8852.99**	**7671.44**	**6675.96**	**77.54**	**34.22**
中等专业学校 Specialized Secondary Schools for Adults	5068	109.93	110.61	305.06	23.16	12.70
广播电视中等专业学校 Radio and TV Specialized Secondary Schools	165	20.82	24.24	74.00	1.92	0.96
干部中等专业学校 Specialized Secondary Schools for Cadres	298	5.19	5.33	14.49	1.56	0.79
职工中等专业学校 Specialized Secondary Schools for Staff	2026	32.15	31.65	88.11	8.89	4.66
农民中等专业学校 Specialized Secondary Schools for Peasants	421	7.63	7.59	20.02	1.89	1.18
函授中等专业学校 Specialized Corrspondence Secondary Schools	71	7.36	5.51	17.40	1.12	0.51
教师进修学校 Teacher Training Schools	2087	16.82	12.16	37.10	7.78	4.63
成人中学 Secondary Schools for Adults	5819	60.65	72.41	77.79	3.36	1.93
职工中学 Secondary Schools for Staff and Workers	1590	23.10	35.01	33.87	1.92	1.05
农民中学 Secondary Schools for Peasants	4229	37.55	37.40	43.92	1.44	0.88
成人技术培训学校 Technical Training Schools for Adults	464850	8682.41	7488.42	6293.11	51.02	19.56
职工技术培训学校 Technical Training Schools for Staff and Workers	9926	480.54	497.21	310.09	9.41	5.60
农民技术培训学校 Technical Training Schools for Peasants	454924	8201.87	6991.21	5983.02	41.61	13.96
成人初等学校 Primary Schools for Adults	**185006**	**548.54**	**496.62**	**538.55**	**19.44**	**6.36**
职工初等学校 Primary Schools for Staff and Workers	1304	12.84	10.68	11.89	0.41	0.17
农民初等学校 Primary Schools for Peasents	183702	535.72	485.94	526.66	19.03	6.19
#扫盲班 Literacy Courses	134169	320.89	270.88	311.09	13.79	4.49

20-22 各地区高等学校分类别学校数（1998年）

NUMBER OF INSTITUTIONS OF HIGHER EDUCATION BY REGION AND TYPE (1998)

单位：所 (unit)

地 区 Region	合计 Total	综合大学 Comprehensive Universities	理工院校 Science and Engineering	农业院校 Agriculture	林业院校 Forestry	医药院校 Medicine
全 国 National Total	**1022**	**72**	**271**	**49**	**10**	**118**
北 京 Beijing	63	3	20	2	1	6
天 津 Tianjin	20	1	6	1		2
河 北 Hebei	46	1	16	3		5
山 西 Shanxi	23	1	4	1		4
内蒙古 Inner Mongolia	19	1	2	2	1	3
辽 宁 Liaoning	61	4	19	3		6
吉 林 Jilin	41	3	14	2	1	4
黑龙江 Heilongjiang	38	4	9	2	1	5
上 海 Shanghai	40	2	16	2		4
江 苏 Jiangsu	66	5	24	1	1	8
浙 江 Zhejiang	32	2	6	1	1	3
安 徽 Anhui	34	1	7	1		4
福 建 Fujian	29	2	4	1	1	2
江 西 Jiangxi	31	5	6	2		6
山 东 Shandong	49	3	14	2		8
河 南 Henan	51	2	14	4		5
湖 北 Hubei	54	3	16	2		6
湖 南 Hunan	47	2	17	1	1	5
广 东 Guangdong	43	10	5	3		5
广 西 Guangxi	28	1	4			4
海 南 Hainan	5	1		1		1
重 庆 Chongqing	22	2	9	2		1
四 川 Sichuan	43	2	12	3		4
贵 州 Guizhou	20	1	1			4
云 南 Yunnan	26	1	3	1	1	3
西 藏 Tibet	4	1		1		1
陕 西 Shaanxi	42	3	17	1	1	3
甘 肃 Gansu	17	1	3	1		2
青 海 Qinghai	6	1				1
宁 夏 Ningxia	5	1		1		1
新 疆 Xinjiang	17	2	3	2		2

20-22 **续表** continued

单位：所 (unit)

地 区 Region		师范院校 Teacher Training	语言院校 Linguistics and Literacy	财经院校 Economics and Finance	政法院校 Politics and Law	体育院校 Physical Culture	艺术院校 Art Institutes	短期职业大学 Short-term Vocational Training
全 国	**National Total**	**229**	**15**	**75**	**25**	**14**	**30**	**101**
北 京	Beijing	3	7	6	4	1	8	1
天 津	Tianjin	3	1	2		1	2	1
河 北	Hebei	12		2	1	1		5
山 西	Shanxi	9		2				2
内蒙古	Inner Mongolia	6		1				3
辽 宁	Liaoning	13	1	4	2	1	2	5
吉 林	Jilin	7		4	1	1	1	3
黑龙江	Heilongjiang	7		4		1		5
上 海	Shanghai	2	1	6	2	1	2	2
江 苏	Jiangsu	9		4	1	1	1	11
浙 江	Zhejiang	8	1	3	1		1	5
安 徽	Anhui	13		4				4
福 建	Fujian	8	1	1	1			8
江 西	Jiangxi	8		2	1			1
山 东	Shandong	13		3	1	1	2	2
河 南	Henan	13		3	1			9
湖 北	Hubei	7		4	2	1	2	9
湖 南	Hunan	11		4	1			5
广 东	Guangdong	6	1	2	1	1	2	6
广 西	Guangxi	9		3		1	1	4
海 南	Hainan	2						
重 庆	Chongqing	4	1	1	1		1	
四 川	Sichuan	12		2		1	1	5
贵 州	Guizhou	10		2				1
云 南	Yunnan	11		1	2		1	1
西 藏	Tibet							
陕 西	Shaanxi	8	1	3	1	1	2	1
甘 肃	Gansu	6		1	1			1
青 海	Qinghai	3						
宁 夏	Ningxia	1						
新 疆	Xinjiang	5		1			1	1

20-23 各地区高等学校教职工数（1998年）

NUMBER OF TEACHERS AND STAFF IN INSTITUTIONS OF HIGHER EDUCATION BY REGION (1998)

单位：人 (person)

地区 Region	教职工总数 Total	校本部教职工 Number of Staff and Workers	专任教师 Full-time Teachers	教辅人员 Auxiliary Teaching Staff	行政人员 Administrative Personnel	工勤人员 Logistics Personnel
全国 National Total	**1029563**	**855728**	**407253**	**126739**	**178069**	**143667**
北京 Beijing	101442	83035	36559	16683	15785	14008
天津 Tianjin	25655	20349	9496	3085	4485	3283
河北 Hebei	41996	35548	16622	4903	7386	6637
山西 Shanxi	22001	19357	8798	2394	4226	3939
内蒙古 Inner Mongolia	16579	14429	7258	2179	2863	2129
辽宁 Liaoning	58078	49310	23394	7198	10810	7908
吉林 Jilin	38977	32587	15531	4744	6621	5691
黑龙江 Heilongjiang	40564	33124	15505	4468	7380	5771
上海 Shanghai	62145	46321	20071	7785	9498	8967
江苏 Jiangsu	72255	59225	28690	8377	12487	9671
浙江 Zhejiang	28327	24006	11816	3363	4809	4018
安徽 Anhui	26600	22955	11573	3019	4562	3801
福建 Fujian	20192	16989	8279	2208	4009	2493
江西 Jiangxi	24237	19270	9577	2476	3892	3325
山东 Shandong	47095	39916	19660	5080	9172	6004
河南 Henan	40843	35087	16963	4968	7275	5881
湖北 Hubei	66905	52754	26148	7750	11125	7731
湖南 Hunan	39636	33212	16475	4275	6544	5918
广东 Guangdong	42683	35144	17053	5907	7920	4264
广西 Guangxi	18597	16175	8043	2130	3580	2422
海南 Hainan	3456	2754	1362	329	534	529
重庆 Chongqing	23667	19653	9498	2837	4191	3127
四川 Sichuan	44876	38219	17228	5939	7840	7212
贵州 Guizhou	13084	12100	5929	1760	2644	1767
云南 Yunnan	18320	16479	8143	2418	3545	2373
西藏 Tibet	1762	1654	834	148	378	294
陕西 Shaanxi	49279	40475	19250	5815	7465	7945
甘肃 Gansu	15826	13356	6505	1880	2383	2588
青海 Qinghai	3399	3289	1678	288	758	565
宁夏 Ningxia	3864	3493	1728	450	718	597
新疆 Xinjiang	17223	15463	7587	1883	3184	2809

20-24 各地区中等专业学校数（1998年）
NUMBER OF SPECIALIZED SECONDARY SCHOOLS BY REGION AND TYPE (1998)

单位：所　　　　　　(unit)

地区	Region	合计 Total	中等技术学校 Technical Secondary Schools	工业学校 Engineering	农业学校 Agriculture	林业学校 Forestry	医药学校 Medicine	财经学校 Economics and Finance	政法学校 Politics and Law	体育学校 Physical Culture	艺术学校 Art	其他学校 Others	中等师范学校 Secondary Teacher Training Schools
全　国	**National Total**	**4109**	**3234**	**1061**	**340**	**53**	**538**	**590**	**147**	**178**	**166**	**161**	**875**
北　京	Beijing	118	98	32	1	1	37	9	4	7	6	1	20
天　津	Tianjin	85	75	25	3	1	8	8	3	5	4	18	10
河　北	Hebei	210	145	41	22	1	21	29	9	10	6	6	65
山　西	Shanxi	128	105	26	14	1	15	22	5	7	11	4	23
内蒙古	Inner Mongolia	108	86	28	12	2	16	15	6	1	4	2	22
辽　宁	Liaoning	170	144	50	12	1	22	19	7	15	11	7	26
吉　林	Jilin	119	95	26	9	3	10	13	4	6	2	22	24
黑龙江	Heilongjiang	115	85	26	10	6	16	16	5	3	2	1	30
上　海	Shanghai	87	85	38	3	1	20	10	3	3	6	1	2
江　苏	Jiangsu	218	182	82	10	1	20	36	5	12	12	4	36
浙　江	Zhejiang	150	121	37	11	2	18	25	8	5	6	9	29
安　徽	Anhui	160	119	49	13	2	21	22	4	3	3	2	41
福　建	Fujian	112	87	26	12	2	15	18	4	3	6	1	25
江　西	Jiangxi	105	79	26	12	2	13	14	5	3	3	1	26
山　东	Shandong	254	194	70	17	1	30	37	8	16	10	5	60
河　南	Henan	185	140	42	6	3	23	33	7	8	15	3	45
湖　北	Hubei	248	214	78	13	5	28	36	9	9	16	20	34
湖　南	Hunan	165	134	51	22	1	16	26	4	5	5	4	31
广　东	Guangdong	253	206	69	12	2	38	38	10	16	13	8	47
广　西	Guangxi	127	98	34	9	3	19	20	4	1	3	5	29
海　南	Hainan	33	25	5	6		4	6	2	1	1		8
重　庆	Chongqing	81	49	18	7		10	7	1	1	2	3	32
四　川	Sichuan	210	139	45	17	1	28	28	4	3	4	9	71
贵　州	Guizhou	109	83	22	15	2	14	19	4	2	2	3	26
云　南	Yunnan	142	114	25	20	2	17	25	5	7	2	11	28
西　藏	Tibet	16	11	1	1		2	3	1	1	1	1	5
陕　西	Shaanxi	114	92	28	12	3	14	16	5	8	4	2	22
甘　肃	Gansu	112	90	26	13	2	14	15	2	10	2	6	22
青　海	Qinghai	35	24	8	2		7	3	2	1	1		11
宁　夏	Ningxia	25	21	5	3	1	3	4	2		1	2	4
新　疆	Xinjiang	115	94	22	21	1	19	18	5	6	2		21

20-25 各地区中等专业学校教职工数（1998年）
NUMBER OF TEACHERS AND STAFF IN SPECIALIZED SECONDARY SCHOOLS BY REGION (1998)

单位：人 (person)

地区 Region	教职工总数 Total	校本部教职工 Number of Teachers and Staff in Central Campus	专任教师 Full-time Teachers	教辅人员 Auxiliary Teaching Staff	行政人员 Administrative Personnel	工勤人员 Logistics Personnel
全国 National Total	**546542**	**514526**	**278475**	**48421**	**101247**	**86383**
北京 Beijing	14253	13369	6334	1538	3070	2427
天津 Tianjin	10616	10284	5443	891	2197	1753
河北 Hebei	28505	27000	14497	2560	4976	4967
山西 Shanxi	18978	18243	9637	1636	3784	3186
内蒙古 Inner Mongolia	15038	14541	7706	1530	2851	2454
辽宁 Liaoning	24387	23338	12282	2407	4613	4036
吉林 Jilin	17261	16149	8770	1548	3283	2548
黑龙江 Heilongjiang	18226	16983	8066	1619	3515	3783
上海 Shanghai	13598	11993	5468	1264	2432	2829
江苏 Jiangsu	29297	27322	15184	2625	5056	4457
浙江 Zhejiang	15991	14911	7947	1526	3044	2394
安徽 Anhui	18163	17265	9632	1616	3299	2718
福建 Fujian	13086	12495	7149	1060	2445	1841
江西 Jiangxi	14512	13376	7576	1215	2384	2201
山东 Shandong	39160	36951	20949	3330	7586	5086
河南 Henan	31380	29149	16669	2573	5523	4384
湖北 Hubei	33776	31877	18536	2977	5885	4479
湖南 Hunan	24989	23311	12406	2342	4673	3890
广东 Guangdong	26558	25752	14730	2408	4854	3760
广西 Guangxi	17701	15853	8808	1524	2619	2902
海南 Hainan	3407	3294	1729	229	663	673
重庆 Chongqing	9955	8663	4615	931	1618	1499
四川 Sichuan	27397	25715	13309	2613	5384	4409
贵州 Guizhou	12444	12123	6864	896	2890	1473
云南 Yunnan	15648	15291	8400	1204	2775	2912
西藏 Tibet	1320	1298	765	49	246	238
陕西 Shaanxi	17769	15781	8033	1637	3381	2730
甘肃 Gansu	12829	12390	6510	1051	2265	2564
青海 Qinghai	3079	3064	1758	228	551	527
宁夏 Ningxia	3017	2894	1509	255	561	569
新疆 Xinjiang	14202	13851	7194	1139	2824	2694

20-26 各地区高等学校和中等专业学校学生数（1998 年）

ENROLLMENT OF INSTITUTIONS OF HIGHER EDUCATION AND SPECIALIZED SECONDARY SCHOOLS BY REGION (1998)

单位：人 (person)

地区 Region	高等学校 Institutions of Higher Education			中等专业学校 Specialized Secondary Schools		
	毕业生数 Number of Graduates	招生数 New Student Enrollment	在校学生数 Student Enrollment	毕业生数 Number of Graduates	招生数 New Student Enrollment	在校学生数 Student Enrollment
全国 National Total	**829833**	**1083627**	**3408764**	**1293115**	**1668262**	**4980752**
北京 Beijing	49322	62264	212984	23078	38003	117965
天津 Tianjin	18342	23678	78651	16872	27427	87233
河北 Hebei	40562	49578	144383	61948	84022	239133
山西 Shanxi	18935	24090	76128	37702	51875	145673
内蒙古 Inner Mongolia	10525	13805	42470	17778	32041	81479
辽宁 Liaoning	47557	60302	199223	37850	45681	155459
吉林 Jilin	29000	37109	117892	33897	40919	150429
黑龙江 Heilongjiang	30055	39881	125140	37557	45327	125718
上海 Shanghai	36203	48845	165123	27272	42914	123838
江苏 Jiangsu	57325	84946	265953	123377	146672	481139
浙江 Zhejiang	24296	36668	113543	45809	56507	167049
安徽 Anhui	26196	35382	104944	44624	73920	169457
福建 Fujian	21457	29114	85147	32856	39318	118304
江西 Jiangxi	22938	28736	94103	41151	49623	145253
山东 Shandong	50208	61284	180795	99483	114956	327031
河南 Henan	39606	50186	146365	82285	122434	332437
湖北 Hubei	49632	65002	210119	110274	119049	403883
湖南 Hunan	37020	50479	156665	65053	88733	259242
广东 Guangdong	49270	60976	185047	75071	84896	279141
广西 Guangxi	18119	25455	77483	31282	47071	152284
海南 Hainan	3504	4324	13532	7224	10398	26757
重庆 Chongqing	22579	25781	83187	20661	34200	91479
四川 Sichuan	36672	49035	151905	71263	91062	254187
贵州 Guizhou	10213	14486	42554	29073	37619	108436
云南 Yunnan	15295	20350	62368	33242	39399	122358
西藏 Tibet	1151	1385	3447	1352	1300	5579
陕西 Shaanxi	34079	44835	148879	32980	42932	131156
甘肃 Gansu	13251	16813	54014	20790	23313	68654
青海 Qinghai	2241	2787	8691	4215	4019	12925
宁夏 Ningxia	3052	3447	11312	4006	5135	14812
新疆 Xinjiang	11228	12604	46717	23090	27497	82262

20-27 各地区普通中学分城乡学校和在校学生数（1998年）

NUMBER OF REGULAR SECONDARY SCHOOLS AND STUDENT ENROLLMENT BY URBAN AND RURAL AREAS AND BY REGION (1998)

地区 Region		学校数（所）Numnber of Regular Secondary Schools (unit)							
		合计 Total	#高中 Senior Secondary Schools	城市 Urban Areas	#高中 Senior Secondary Schools	县镇 Counties and Towns	#高中 Senior Secondary Schools	农村 Rural Areas	#高中 Senior Secondary Schools
全国	**National Total**	**77888**	**13948**	**13940**	**5331**	**19898**	**5896**	**44050**	**2721**
北京	Beijing	752	282	364	199	191	66	197	17
天津	Tianjin	731	198	365	109	158	67	208	22
河北	Hebei	4984	646	699	230	1385	332	2900	84
山西	Shanxi	3292	379	451	162	435	135	2406	82
内蒙古	Inner Mongolia	1731	334	350	140	402	155	979	39
辽宁	Liaoning	2444	452	787	268	374	130	1283	54
吉林	Jilin	1756	285	472	155	644	125	640	5
黑龙江	Heilongjiang	2712	461	796	230	690	174	1226	57
上海	Shanghai	855	332	496	203	317	119	42	10
江苏	Jiangsu	3870	895	584	206	1514	497	1772	192
浙江	Zhejiang	3128	603	478	206	1942	392	708	5
安徽	Anhui	3841	635	480	204	402	186	2959	245
福建	Fujian	1902	427	271	117	857	260	774	50
江西	Jiangxi	2765	471	313	145	883	269	1569	57
山东	Shandong	4635	669	874	279	329	136	3432	254
河南	Henan	6069	643	845	254	1255	252	3969	137
湖北	Hubei	3345	563	990	329	292	112	2063	122
湖南	Hunan	4532	687	626	238	1354	296	2552	153
广东	Guangdong	3879	900	631	323	1049	278	2199	299
广西	Guangxi	3037	415	262	98	594	197	2181	120
海南	Hainan	487	95	38	16	67	41	382	38
重庆	Chongqing	1555	279	482	134	575	134	498	11
四川	Sichuan	4448	784	542	251	1774	499	2132	34
贵州	Guizhou	1881	314	259	94	335	127	1287	93
云南	Yunnan	2245	419	218	110	562	240	1465	69
西藏	Tibet	90	15	18	7	70	8	2	
陕西	Shaanxi	2614	560	578	252	732	228	1304	80
甘肃	Gansu	1666	421	231	133	227	142	1208	146
青海	Qinghai	449	163	64	44	137	86	248	33
宁夏	Ningxia	430	104	55	22	87	47	288	35
新疆	Xinjiang	1763	517	321	173	265	166	1177	35

20-27 **续表** continued

地区 Region	在校学生数（人） Student Enrollment (person) 合计 Total	#高中 Senior Secondary Schools	城市 Urban Areas	#高中 Senior Secondary Schools	县镇 Counties and Towns	#高中 Senior Secondary Schools	农村 Rural Areas	#高中 Senior Secondary Schools
全国 National Total	**63010260**	**9380013**	**12408833**	**3564969**	**18538158**	**4504608**	**32063269**	**1310436**
北京 Beijing	609903	145966	331299	101373	162869	38513	115735	6080
天津 Tianjin	523111	100081	270853	59768	115221	29977	137037	10336
河北 Hebei	4160891	558748	628701	174932	1356250	338277	2175940	45539
山西 Shanxi	1774007	240276	375495	100358	395348	110681	1003164	29237
内蒙古 Inner Mongolia	1178950	207330	335640	92433	387001	100622	456309	14275
辽宁 Liaoning	1884915	367207	780173	192155	350328	143390	754414	31662
吉林 Jilin	1278945	224359	477625	135683	471762	87213	329558	1463
黑龙江 Heilongjiang	2151522	292464	657421	158879	614741	113760	879360	19825
上海 Shanghai	745565	208938	468676	130310	256761	75073	20128	3555
江苏 Jiangsu	3242352	693215	496405	144229	1369536	415439	1376411	133547
浙江 Zhejiang	2176695	433203	449849	150971	1410185	278847	316661	3385
安徽 Anhui	3224086	400982	398528	114530	433860	158942	2391698	127510
福建 Fujian	2200452	253677	273931	70816	1222227	160070	704294	22791
江西 Jiangxi	2348666	286239	292876	94311	934856	171204	1120934	20724
山东 Shandong	5715420	832630	1084967	350864	566236	247627	4064217	234139
河南 Henan	5125128	511275	657841	184681	1219347	267621	3247940	58973
湖北 Hubei	2981559	513461	880974	286798	330291	136268	1770294	90395
湖南 Hunan	3362311	482672	493632	150388	1168982	238370	1699697	93914
广东 Guangdong	4236128	590404	729836	194352	1283509	247082	2222783	148970
广西 Guangxi	2523686	267600	252115	60365	551829	163322	1719742	43913
海南 Hainan	385306	46751	37582	9204	105450	29171	242274	8376
重庆 Chongqing	1083691	160805	338987	68448	460524	86143	284180	6214
四川 Sichuan	2908894	455117	403245	145360	1345233	296757	1160416	13000
贵州 Guizhou	1271014	144419	175753	48403	272830	78975	822431	17041
云南 Yunnan	1521496	178432	155021	52014	479391	110163	887084	16255
西藏 Tibet	39838	7596	13486	4713	26153	2883	199	
陕西 Shaanxi	1835964	303707	437051	114749	665798	162382	733115	26576
甘肃 Gansu	1079819	185946	200807	65490	225878	85626	653134	34830
青海 Qinghai	195037	46846	39256	11654	75269	28282	80512	6910
宁夏 Ningxia	286489	56437	47856	14868	92822	34926	145811	6643
新疆 Xinjiang	958420	183230	222952	81870	187671	67002	547797	34358

20-28 各地区普通中学分城乡招生数和毕业生数（1998年）
NUMBER OF NEW STUDENT ENROLLMENT AND GRADUATES OF REGULAR SECONDARY SCHOOLS BY URBAN AND RURAL AREAS AND REGION (1998)

单位：人 (person)

地区 Region	招生数 New Student Enrollment							
	合计 Total	#高中 Senior Secondary Schools	城市 Urban Areas	#高中 Senior Secondary Schools	县镇 Counties and Towns	#高中 Senior Secondary Schools	农村 Rural Areas	#高中 Senior Secondary Schools
全国 National Total	**23209160**	**3595520**	**4448331**	**1367038**	**6800679**	**1713380**	**11960150**	**515102**
北京 Beijing	207092	52956	108986	36657	57302	14241	40804	2058
天津 Tianjin	197559	37726	89163	22445	42396	11433	66000	3848
河北 Hebei	1498448	216105	223741	69240	488370	127846	786337	19019
山西 Shanxi	628882	91818	131882	39089	137957	41225	359043	11504
内蒙古 Inner Mongolia	422456	76075	118450	34783	136260	36331	167746	4961
辽宁 Liaoning	668295	137745	278473	74706	122209	51577	267613	11462
吉林 Jilin	462562	86612	167818	53244	168394	32842	126350	526
黑龙江 Heilongjiang	816060	113234	246371	61874	229794	43267	339895	8093
上海 Shanghai	259178	80375	161641	52479	90448	26660	7089	1236
江苏 Jiangsu	1176754	259144	177358	54069	501649	154697	497747	50378
浙江 Zhejiang	762306	173769	162036	61343	491809	111174	108461	1252
安徽 Anhui	1165977	152342	145677	44826	155902	59142	864398	48374
福建 Fujian	771552	101835	95864	27779	432355	65012	243333	9044
江西 Jiangxi	848862	102426	103300	32981	340044	61829	405518	7616
山东 Shandong	2012792	318157	370196	133578	207554	94507	1435042	90072
河南 Henan	1896722	187216	233063	67821	447731	96192	1215928	23203
湖北 Hubei	1141185	201544	322837	112453	121353	49401	696995	39690
湖南 Hunan	1266293	191387	183792	59495	437394	93894	645107	37998
广东 Guangdong	1544097	226833	263720	71266	459053	96071	821324	59496
广西 Guangxi	962730	107631	92835	22981	213797	66249	656098	18401
海南 Hainan	145573	17988	13725	3402	38596	11226	93252	3360
重庆 Chongqing	454083	67910	138166	28957	191310	35816	124607	3137
四川 Sichuan	1176141	183622	149198	55769	540900	121961	486043	5892
贵州 Guizhou	498890	53694	66792	17905	101614	29134	330484	6655
云南 Yunnan	563046	65620	54024	19163	172606	40445	336416	6012
西藏 Tibet	15484	3131	5206	2046	10207	1085	71	
陕西 Shaanxi	701076	109972	160928	41133	251168	59063	288980	9776
甘肃 Gansu	404014	69652	70243	24253	81969	31374	251802	14025
青海 Qinghai	72987	16594	14491	4074	27090	10094	31406	2426
宁夏 Ningxia	102830	21105	16682	5505	32820	12938	53328	2662
新疆 Xinjiang	365234	71302	81673	31722	70628	26654	212933	12926

20-28 **续表** continued

单位：人 (person)

地区 Region	毕业生数 Number of Graduates							
	合计 Total	#高中 Senior Secondary Schools	城市 Urban Areas	#高中 Senior Secondary Schools	县镇 Counties and Towns	#高中 Senior Secondary Schools	农村 Rural Areas	#高中 Senior Secondary Schools
全国 National Total	**18319678**	**2517845**	**3828128**	**934769**	**5491114**	**1228499**	**9000436**	**354577**
北京 Beijing	213471	39683	118606	26849	54888	10854	39977	1980
天津 Tianjin	168768	25410	93742	14589	36065	7898	38961	2923
河北 Hebei	1165236	140596	193284	40121	383553	89395	588399	11080
山西 Shanxi	516897	66395	114782	26989	114738	31925	287377	7481
内蒙古 Inner Mongolia	338950	59000	95455	24004	116715	30609	126780	4387
辽宁 Liaoning	686541	108156	269145	51914	127084	46253	290312	9989
吉林 Jilin	427591	69432	159860	39963	158110	28746	109621	723
黑龙江 Heilongjiang	586482	86053	196226	43808	168379	35540	221877	6705
上海 Shanghai	252887	46390	151572	28170	93999	17629	7316	591
江苏 Jiangsu	1056299	176775	170663	35549	452738	105390	432898	35836
浙江 Zhejiang	754930	107132	138321	36460	491422	69745	125187	927
安徽 Anhui	971002	107858	120506	29151	128067	43072	722429	35635
福建 Fujian	587513	55987	80821	17244	323886	34771	182806	3972
江西 Jiangxi	672945	85738	89015	28706	261099	51095	322831	5937
山东 Shandong	1599080	228092	309200	92170	156927	67646	1132953	68276
河南 Henan	1458781	149336	209808	51914	352754	81860	896219	15562
湖北 Hubei	832730	140428	262246	79318	92155	38159	478329	22951
湖南 Hunan	961278	121968	145543	36013	339607	61650	476128	24305
广东 Guangdong	1178665	142876	206584	52172	351279	58287	620802	32417
广西 Guangxi	662952	70988	74847	16454	149961	43607	438144	10927
海南 Hainan	104982	13568	11194	2758	31032	8455	62756	2355
重庆 Chongqing	324230	34959	107564	13684	134316	20199	82350	1076
四川 Sichuan	868089	110464	129973	34315	402354	72759	335762	3390
贵州 Guizhou	341879	43331	50368	13543	80653	24279	210858	5509
云南 Yunnan	401710	58248	48822	15698	136002	36964	216886	5586
西藏 Tibet	11322	1913	4131	1138	7099	775	92	
陕西 Shaanxi	477758	90268	123291	33169	179755	49011	174712	8088
甘肃 Gansu	291067	54794	59400	18502	60672	24722	170995	11570
青海 Qinghai	58703	14707	12423	3688	23333	8600	22947	2419
宁夏 Ningxia	87030	17598	14632	4425	30056	10919	42342	2254
新疆 Xinjiang	259910	49702	66104	22291	52416	17685	141390	9726

20-29 各地区普通中学按城乡和主办部门分的教职工数（1998年）

NUMBER OF STAFF AND FULL-TIME TEACHERS IN REGULAR SECONDARY SCHOOLS BY URBAN AND RURAL AREAS, BY DEPARTMENT AND BY REGION (1998)

单位：人 (person)

地区 Region	教职工数 Number of Teachers and Staff in Regular Secondary Schools						
	合计 Total	按主办部门分 By Departments			按城乡分 By Urban and Rural Areas		
		教育部门办 Schools Run by Educational Departments	其他部门办 Schools Run by Other Departments	集体办 Schools Run by Collective Units	城市 Urban Areas	县镇 Counties and Towns	农村 Rural Area
全国 National Total	**4621252**	**4134663**	**336429**	**100922**	**1171599**	**1428046**	**2021607**
北京 Beijing	71849	65106	3706		41757	17651	12441
天津 Tianjin	52134	47388	3245	117	28356	12521	11257
河北 Hebei	271672	245795	14360	5255	59496	97099	115077
山西 Shanxi	150670	123648	16778	8199	38538	35098	77034
内蒙古 Inner Mongolia	103506	82731	16487	3381	32269	33555	37682
辽宁 Liaoning	175632	153801	14083	6749	68563	35716	71353
吉林 Jilin	121134	101703	16210	2390	47777	46066	27291
黑龙江 Heilongjiang	180066	121727	46094	8694	65651	54345	60070
上海 Shanghai	76703	72779	2114		47385	26930	2388
江苏 Jiangsu	260836	244755	6785	7031	53339	115580	91917
浙江 Zhejiang	151096	146316	1608	838	36174	94426	20496
安徽 Anhui	181060	169567	8867	1633	34369	31721	114970
福建 Fujian	137324	134687	74[illegible]	379	23397	73568	40359
江西 Jiangxi	152710	138511	113[illegible]	2166	26197	61376	65137
山东 Shandong	404824	164409	1753[illegible]	20219	96810	42643	265371
河南 Henan	326566	296422	16099	12344	63819	85327	177420
湖北 Hubei	224362	201582	16945	3574	81711	26596	116055
湖南 Hunan	238565	218271	13336	5325	45852	83743	108970
广东 Guangdong	256390	240995	7682	4486	58017	77818	120555
广西 Guangxi	153328	140458	8641	1725	20163	41387	91778
海南 Hainan	29442	22852	5644	215	3254	8355	17833
重庆 Chongqing	93907	86874	5888	238	33672	39286	20949
四川 Sichuan	249704	232459	15183	1218	42471	119226	88007
贵州 Guizhou	86770	78194	7390	312	16717	22200	47853
云南 Yunnan	116791	109463	6749	58	15197	40795	60799
西藏 Tibet	4469	4368	101		1531	2906	32
陕西 Shaanxi	137332	117011	15992	1972	38077	49854	49401
甘肃 Gansu	80656	68357	10060	1972	18280	18598	43778
青海 Qinghai	18884	16129	2671	13	4403	7581	6900
宁夏 Ningxia	23142	20114	2958	32	4421	7810	10911
新疆 Xinjiang	89728	68191	21150	387	23936	18269	47523

20-29 **续表** continued

单位：人 (person)

地区 Region	合计 Total	教育部门办 Schools Run by Educational Departments	其他部门办 Schools Run by Other Departments	集体办 Schools Run by Collective Units	城市 Urban Areas	县镇 Counties and Towns	农村 Rural Areas
	专任教师数 Number of Full-time Teachers	按主办部门分 By Department			按城乡分 By Urban and Rural Areas		
全 国 National Total	**3697100**	**3351636**	**247462**	**65848**	**865370**	**1121395**	**1710335**
北 京 Beijing	47654	43389	2475		26104	12290	9260
天 津 Tianjin	37223	33766	2423		18906	8863	9454
河 北 Hebei	225655	207319	10476	3745	44304	78363	102988
山 西 Shanxi	120427	100187	12901	5995	28354	26798	65275
内蒙古 Inner Mongolia	77031	63343	11360	1737	22895	24894	29242
辽 宁 Liaoning	138546	122052	10702	4793	53343	26783	58420
吉 林 Jilin	92482	78072	12199	1645	35202	35420	21860
黑龙江 Heilongjiang	138968	96817	32321	7403	48765	41526	48677
上 海 Shanghai	49918	47397	1387		30815	17493	1610
江 苏 Jiangsu	196917	189832	4833	786	35976	88028	72913
浙 江 Zhejiang	125201	122522	1206	25	26745	80198	18258
安 徽 Anhui	149080	141106	6994	294	26857	24001	98222
福 建 Fujian	111986	110400	533	11	17688	60374	33924
江 西 Jiangxi	131131	120731	8931	980	21564	51988	57579
山 东 Shandong	322785	293131	13236	14669	71636	30442	220707
河 南 Henan	276028	251[illegible]	12074	11230	47665	69267	159096
湖 北 Hubei	184391	168[illegible]	13032	1595	63144	21323	99924
湖 南 Hunan	201760	186[illegible]	10546	3323	35058	69978	96724
广 东 Guangdong	208977	199670	5365	2079	43564	63491	101922
广 西 Guangxi	115698	106661	6156	1063	15197	29701	70800
海 南 Hainan	21970	17860	3504	110	2561	5807	13602
重 庆 Chongqing	72333	67169	4409	175	25199	29515	17619
四 川 Sichuan	199357	186718	11369	793	31152	92939	75266
贵 州 Guizhou	72865	66170	5794	280	13175	17574	42116
云 南 Yunnan	92736	87728	4664	22	11111	31069	50556
西 藏 Tibet	3616	3555	61		1196	2391	29
陕 西 Shaanxi	109569	94175	12196	1685	28601	39935	41033
甘 肃 Gansu	67774	58738	7680	1157	14087	14543	39144
青 海 Qinghai	16009	13853	2096	11	3364	6203	6442
宁 夏 Ningxia	19168	16824	2304	7	3488	6083	9597
新 疆 Xinjiang	69845	55375	14235	235	17654	14115	38076

20-30 各地区小学分城乡学校数和在校学生数（1998年）

BASIC STATISTICS ON PRIMARY SCHOOLS BY URBAN AND RURAL AREAS AND BY REGION (1998)

地区 Region	学校数（所）Number of Primary Schools (unit)	城市 Urban Areas	县镇 Counties and Towns	农村 Rural Areas	在校学生数（人）Student Enrollment (person)	城市 Urban Areas	县镇 Counties and Towns	农村 Rural Areas
全国 National Total	**609626**	**32632**	**83842**	**493152**	**139537993**	**18505771**	**26637234**	**94394988**
北京 Beijing	2511	675	631	1205	919531	387172	238496	293863
天津 Tianjin	2841	490	522	1829	826732	330174	190434	306124
河北 Hebei	45343	1695	4242	39406	8954408	918466	1300912	6735030
山西 Shanxi	39249	799	2418	36032	3480413	545907	460068	2474438
内蒙古 Inner Mongolia	11614	617	641	10356	2248434	429692	334987	1483755
辽宁 Liaoning	14084	1357	711	12016	3829655	1114807	450550	2264298
吉林 Jilin	9879	759	1454	7666	2742681	658223	587989	1496469
黑龙江 Heilongjiang	15193	1153	1066	12974	3448558	867881	567302	2013375
上海 Shanghai	1393	584	311	498	972378	540681	305528	126169
江苏 Jiangsu	23213	1708	8281	13224	7518172	910188	2770850	3837134
浙江 Zhejiang	16922	1102	10233	5587	3652326	596652	2350289	705385
安徽 Anhui	26453	1034	1629	23790	6485588	657987	593794	5233807
福建 Fujian	14824	607	3784	10433	4019701	389558	1566354	2063789
江西 Jiangxi	23389	538	6780	16071	4528949	332511	1607691	2588747
山东 Shandong	34480	2313	1205	30962	9513397	1235612	582140	7695645
河南 Henan	41238	1879	5269	34090	12000564	1148446	1939043	8913075
湖北 Hubei	26369	2790	1218	22361	7173374	1382427	502106	5288841
湖南 Hunan	39332	1743	10588	27001	7693542	812532	2332754	4548256
广东 Guangdong	24724	2005	1901	20818	9180153	1380631	1356158	6443364
广西 Guangxi	16182	841	1363	13978	6036176	456215	665080	4914881
海南 Hainan	4249	127	129	3993	1071910	84556	129565	857789
重庆 Chongqing	15737	2655	4572	8510	2884385	662892	977730	1243763
四川 Sichuan	46092	756	3862	41474	8438446	514469	1619185	6304792
贵州 Guizhou	19102	715	1436	16951	5053639	314411	514910	4224318
云南 Yunnan	23249	340	1677	21232	4854469	207536	607335	4039598
西藏 Tibet	814	29	106	679	310220	21819	39751	248650
陕西 Shaanxi	34634	2189	6211	26234	4965813	808110	1333695	2824008
甘肃 Gansu	22634	501	727	21406	3092488	292139	276233	2524116
青海 Qinghai	3465	103	314	3048	486648	77596	89853	319199
宁夏 Ningxia	3580	103	115	3362	652552	77661	81114	493777
新疆 Xinjiang	6837	425	446	5966	2502691	348820	265338	1888533

20-30 续表 continued

地区 Region	毕业生数（人）Number of Graduates (persons)	城市 Urban Areas	县镇 Counties and Towns	农村 Rural Areas	招生数（人）New Student Enrollment (person)	城市 Urban Areas	县镇 Counties and Towns	农村 Rural Areas
全国 National Total	**21174376**	**2942751**	**4087279**	**14144346**	**22013814**	**2765234**	**4148464**	**15100116**
北京 Beijing	156194	70035	39833	46326	100415	46435	24699	29281
天津 Tianjin	166618	68994	27416	70208	115988	42425	28390	45173
河北 Hebei	1326795	136506	193554	996735	1282365	127835	186400	968130
山西 Shanxi	589557	86248	80644	422665	648729	91224	87557	469948
内蒙古 Inner Mongolia	428462	76984	67310	284168	382565	68278	54974	259313
辽宁 Liaoning	555892	202143	62108	291641	512002	141827	60004	310171
吉林 Jilin	407884	105768	91080	211036	369840	85612	80689	203539
黑龙江 Heilongjiang	749160	176514	121989	450657	510911	128615	85834	296462
上海 Shanghai	178771	108484	50816	19471	115209	56484	41843	16882
江苏 Jiangsu	941646	123384	346565	471697	1178570	127789	419036	631745
浙江 Zhejiang	595945	91010	383438	121497	561882	89326	366774	105782
安徽 Anhui	1149519	95259	98925	955335	1207889	107370	112172	988347
福建 Fujian	686294	62808	282563	340923	635019	59547	255079	320393
江西 Jiangxi	803464	61629	281815	460020	817813	60372	291929	465512
山东 Shandong	1739153	225646	105839	1407668	1463441	187478	93882	1182081
河南 Henan	1806681	155031	296462	1355188	2178220	189852	345741	1642627
湖北 Hubei	1037486	216607	73022	747857	1073431	212007	76077	785347
湖南 Hunan	1133295	118583	347021	667691	1005215	112884	300453	591878
广东 Guangdong	1374593	190742	203622	980229	1493285	238444	224006	1030835
广西 Guangxi	928369	69800	115029	743540	843560	68623	94459	680478
海南 Hainan	152847	10902	21010	120935	165948	14939	18645	132364
重庆 Chongqing	418707	113725	121634	183348	441575	97721	154016	189838
四川 Sichuan	1069005	73607	234391	761007	1293404	77597	239642	976165
贵州 Guizhou	612534	41325	68107	503102	839169	52160	83309	703700
云南 Yunnan	618537	30183	80655	507699	757977	31516	92648	633813
西藏 Tibet	24611	3264	6035	15312	60385	3504	5878	51003
陕西 Shaanxi	659976	119250	184004	356722	773138	117751	202252	453135
甘肃 Gansu	383938	42682	38645	302611	546980	45479	47054	454447
青海 Qinghai	63389	9981	13982	39426	91363	12690	15579	63094
宁夏 Ningxia	94010	10727	13135	70148	118279	12005	14394	91880
新疆 Xinjiang	321044	44930	36630	239484	429247	57445	45049	326753

20-31 各地区小学按城乡和主办部门分的教职工数（1998年）
NUMBER OF STAFF AND FULL-TIME TEACHERS IN PRIMARY SCHOOLS BY URBAN AND RURAL AREAS, BY DEPARTMENT AND BY REGION (1998)

单位：人 (person)

地区 Region	教职工数 Number of Teachers and Staff in Primary Schools						
		按主办部门分 By Department			按城乡分 By Urban and Rural Areas		
	合计 Total	教育部门办 Schools Run by Educational Departments	其他部门办 Schools Run by Other Departments	集体办 Schools Run by Collective Units	城市 Urban Areas	县镇 Counties and Towns	农村 Rural Areas
全国 National Total	**6445599**	**5208152**	**358351**	**838508**	**1053898**	**1304321**	**4087380**
北京 Beijing	74916	71741	2438		34280	18229	22407
天津 Tianjin	60500	57458	2505	6	27258	15315	17927
河北 Hebei	326132	262742	13822	46540	50713	55888	219531
山西 Shanxi	191773	128423	19035	43372	33454	26121	132198
内蒙古 Inner Mongolia	154957	116641	17787	19978	27357	24239	103361
辽宁 Liaoning	224535	187433	13226	23330	62245	27232	135058
吉林 Jilin	177032	144179	18381	14237	42347	42475	92210
黑龙江 Heilongjiang	242001	150484	51546	38573	54452	41617	145932
上海 Shanghai	67628	64963	1875		34530	23993	9105
江苏 Jiangsu	317794	300867	7552	8279	51583	120719	145492
浙江 Zhejiang	171694	168471	1544	109	29705	106708	35281
安徽 Anhui	293679	212904	10805	69226	33812	28809	231058
福建 Fujian	195251	192320	1385	157	21247	72373	101631
江西 Jiangxi	242279	181140	11906	48968	18124	84218	139937
山东 Shandong	467987	325312	16067	124507	75292	31313	361382
河南 Henan	456913	327169	16695	111791	58144	76372	322397
湖北 Hubei	313993	209739	17591	85186	74612	23918	215463
湖南 Hunan	323285	270829	14986	36203	43285	99262	180738
广东 Guangdong	404037	361265	9666	25820	69021	60116	274900
广西 Guangxi	228138	201827	10283	13177	23758	35723	168657
海南 Hainan	56521	39492	11127	4678	4314	6995	45212
重庆 Chongqing	136551	122923	5553	7009	39360	43545	53646
四川 Sichuan	374753	328022	12727	32463	31293	85413	258047
贵州 Guizhou	181020	153498	7657	16411	16016	25372	139632
云南 Yunnan	209755	193943	7809	7368	11544	30828	167383
西藏 Tibet	14659	10024	266	4369	1566	3087	10006
陕西 Shaanxi	193177	146305	13844	31097	39204	52130	101843
甘肃 Gansu	137945	106862	8242	22436	15692	14151	108102
青海 Qinghai	29433	24507	2192	2535	3875	6131	19427
宁夏 Ningxia	35039	31581	3153	235	4116	5190	25733
新疆 Xinjiang	142222	115088	26686	448	21699	16839	103684

20-31 续表 continued

单位：人 (person)

地区 Region	专任教师数 Number of Full-time Teachers in Primary Schools						
		按主办部门分 By Department			按城乡分 By Urban and Rural Areas		
	合计 Total	教育部门办 Schools Run by Educational Departments	其他部门办 Schools Run by Other Departments	集体办 Schools Run by Collective Units	城市 Urban Areas	县镇 Counties and Towns	农村 Rural Areas
全国 National Total	**5819390**	**4685769**	**302185**	**802988**	**902269**	**1165518**	**3751603**
北京 Beijing	61802	59253	2034		27490	15093	19219
天津 Tianjin	49420	47084	2085		21110	12625	15685
河北 Hebei	302870	243216	11717	45541	44327	51091	207452
山西 Shanxi	174935	115833	16282	42268	28758	23434	122743
内蒙古 Inner Mongolia	137015	103288	14346	18913	23009	20842	93164
辽宁 Liaoning	192539	159130	10844	22019	51168	23707	117664
吉林 Jilin	151758	122702	15166	13719	34383	34423	82952
黑龙江 Heilongjiang	210954	132819	39827	37408	44485	34910	131559
上海 Shanghai	50236	48265	1433		25504	17003	7729
江苏 Jiangsu	281993	269431	6612	5234	44212	106435	131346
浙江 Zhejiang	156881	154623	1345	86	26606	97856	32419
安徽 Anhui	275393	197744	9584	67485	30979	26606	217808
福建 Fujian	180587	178511	1230	140	19308	65293	95986
江西 Jiangxi	228828	170525	10837	47246	16717	79833	132278
山东 Shandong	435156	298641	14115	120782	65984	28561	340611
河南 Henan	425474	301700	14214	108749	50970	70715	303789
湖北 Hubei	283444	189440	15193	77822	65357	21570	196517
湖南 Hunan	304116	254917	13439	35004	38581	94068	171467
广东 Guangdong	347886	311513	7933	23974	58089	53093	236704
广西 Guangxi	195964	172284	8606	12688	20838	31015	144111
海南 Hainan	49868	35215	9251	4632	3635	5905	40328
重庆 Chongqing	121062	108651	4806	6848	33924	38766	48372
四川 Sichuan	334999	293096	11027	29491	26853	72894	235252
贵州 Guizhou	167823	141508	6905	16155	14402	23487	129934
云南 Yunnan	193900	179666	6639	7311	10065	27737	156098
西藏 Tibet	13908	9304	247	4357	1434	2728	9746
陕西 Shaanxi	175173	131805	12121	30139	33725	47369	94079
甘肃 Gansu	131473	102046	7171	21977	14023	13054	104396
青海 Qinghai	27702	23118	1957	2472	3539	5730	18433
宁夏 Ningxia	32923	29939	2778	163	3709	4820	24394
新疆 Xinjiang	123308	100502	22441	365	19085	14855	89368

20-32 各地区职业中学基本情况（1998 年）

BASIC STATISTICS ON VOCATIONAL SECONDARY SCHOOLS BY REGION (1998)

单位：人 (person)

地 区 Region	学校数（所） Number of Schools	毕业生数 Number of Graduates	招生数 New Student Enrollment	在校学生数 Student Enrollment	教职工数 Number of Staff and Teachers	#专任教师 Full-time Teachers
全 国 National Total	**10074**	**1627733**	**2175700**	**5416128**	**477756**	**335687**
北 京 Beijing	173	33165	39590	113048	12975	7604
天 津 Tianjin	139	22852	28069	75643	7577	4785
河 北 Hebei	474	114501	187611	446580	34286	24544
山 西 Shanxi	373	39467	54762	133688	14225	10000
内蒙古 Inner Mongolia	459	45831	89863	212737	19195	14335
辽 宁 Liaoning	523	66788	75897	207315	20291	13983
吉 林 Jilin	308	59185	65153	154155	13767	9399
黑龙江 Heilongjiang	297	45472	53150	120185	13897	9331
上 海 Shanghai	78	28913	38329	107154	7030	4074
江 苏 Jiangsu	445	86151	80474	229070	33240	23583
浙 江 Zhejiang	552	68227	119280	268744	18457	13549
安 徽 Anhui	750	137368	166297	465209	24746	19287
福 建 Fujian	274	58566	63112	168461	14432	10636
江 西 Jiangxi	348	43871	69109	158397	12381	8219
山 东 Shandong	511	143862	162792	433404	41962	28232
河 南 Henan	722	172320	235607	600968	37724	27617
湖 北 Hubei	409	60015	65219	193247	18820	13770
湖 南 Hunan	619	62095	107118	241389	24960	17724
广 东 Guangdong	442	66825	79054	198146	19110	14816
广 西 Guangxi	314	40602	48657	132618	11447	7560
海 南 Hainan	37	2429	3189	7446	1392	1053
重 庆 Chongqing	204	23840	39701	87677	9954	6402
四 川 Sichuan	405	54167	78017	180012	22126	15083
贵 州 Guizhou	282	27001	32855	78972	7242	5409
云 南 Yunnan	211	31662	50701	102721	9166	6319
西 藏 Tibet	4	2230	3899	4452	81	52
陕 西 Shaanxi	362	47416	84960	168137	13751	8639
甘 肃 Gansu	178	14726	19790	48889	6195	4415
青 海 Qinghai	32	7298	6563	11370	1014	735
宁 夏 Ningxia	28	2850	7051	14836	1186	891
新 疆 Xinjiang	121	18038	19831	51458	5127	3641

20-33 各地区幼儿园基本情况（1998年）
BASIC STATISTICS ON KINDERGARTENS BY REGION (1998)

地区 Region	园数（所） Number of Kindergartens (unit)	班数（个） Number of Classes (unit)	幼儿数（人） Student Enrollment (person)	教职工数（人） Number of Staff and Teachers (person)	#教师 Teachers
全国 National Total	**181368**	**789027**	**24030344**	**1157630**	**875427**
北京 Beijing	2662	9109	245046	30362	13841
天津 Tianjin	905	6819	213083	19295	11528
河北 Hebei	4947	45401	1337126	56413	48870
山西 Shanxi	9681	36400	1027944	49007	40467
内蒙古 Inner Mongolia	1607	15245	381475	20598	14813
辽宁 Liaoning	9899	30576	853886	56463	38981
吉林 Jilin	4653	17573	471483	26602	18218
黑龙江 Heilongjiang	4506	23035	555898	37391	26273
上海 Shanghai	964	8181	252395	26538	16295
江苏 Jiangsu	15888	55257	1689503	91332	74797
浙江 Zhejiang	14068	37270	1059047	58867	46500
安徽 Anhui	2447	28075	1056197	28319	23424
福建 Fujian	12612	28565	837753	49440	41771
江西 Jiangxi	6626	17987	619048	26879	22321
山东 Shandong	41072	73837	1804424	118715	98551
河南 Henan	2763	51998	2041744	31687	20432
湖北 Hubei	3690	27558	902542	43111	31629
湖南 Hunan	4472	33788	748215	43957	37201
广东 Guangdong	10147	59423	2036463	111288	73096
广西 Guangxi	2957	26978	842453	30199	23240
海南 Hainan	516	3595	119878	6426	4321
重庆 Chongqing	5412	18491	613298	25914	20962
四川 Sichuan	11385	52966	1860762	69393	57738
贵州 Guizhou	1229	12711	462084	17077	14008
云南 Yunnan	1500	17508	543729	24563	18272
西藏 Tibet	31	143	4583	343	193
陕西 Shaanxi	1662	26516	697114	20558	14841
甘肃 Gansu	1803	12514	376575	13744	9758
青海 Qinghai	192	2449	70908	2643	1883
宁夏 Ningxia	275	2580	84434	3572	2339
新疆 Xinjiang	797	6479	221254	16934	8864

20-34 各地区特殊教育情况（1998年）

BASIC STATISTICS ON SPECIAL EDUCATION BY REGION (1998)

单位：人 (person)

地 区 Region		学校数(所) Number of Schools (unit)	毕业生数 Number of Graduates	招生数 New Student Enrollment	在校学生数 Student Enrollment	教职工数 Number of Staff and Teachers	#专任教师 Full-time Teachers
全 国	**National Total**	**1535**	**34872**	**49133**	**358372**	**41573**	**29893**
北 京	Beijing	30	1310	858	7567	925	644
天 津	Tianjin	26	536	355	2894	767	540
河 北	Hebei	89	1038	1612	11312	2090	1400
山 西	Shanxi	43	673	993	4580	1169	800
内蒙古	Inner Mongolia	26	180	297	2057	622	468
辽 宁	Liaoning	76	852	955	7592	2641	1871
吉 林	Jilin	56	871	656	8234	2021	1464
黑龙江	Heilongjiang	103	944	1188	7952	2978	2216
上 海	Shanghai	36	778	753	8529	1580	953
江 苏	Jiangsu	127	3753	5276	42450	3969	2954
浙 江	Zhejiang	63	3086	2486	22812	1453	1172
安 徽	Anhui	69	1695	2265	21269	1205	888
福 建	Fujian	86	5305	6914	45984	1337	1079
江 西	Jiangxi	28	898	1132	6126	390	327
山 东	Shandong	143	1847	2717	17030	4858	3091
河 南	Henan	115	1135	2303	12223	2599	1967
湖 北	Hubei	67	835	1217	7767	1516	1155
湖 南	Hunan	56	834	1746	8514	1084	785
广 东	Guangdong	55	2092	3116	31224	1157	934
广 西	Guangxi	43	1101	1950	15601	1636	1256
海 南	Hainan	1	60	192	1544	77	54
重 庆	Chongqing	37	218	385	2325	502	400
四 川	Sichuan	62	1036	1232	10104	1261	987
贵 州	Guizhou	21	644	3000	15500	1696	1087
云 南	Yunnan	17	757	2039	15878	544	403
西 藏	Tibet				41		
陕 西	Shaanxi	32	1918	2274	13070	667	454
甘 肃	Gansu	10	258	842	4003	296	221
青 海	Qinghai	5	60	146	3106	125	86
宁 夏	Ningxia	6	58	104	471	121	74
新 疆	Xinjiang	7	100	130	613	287	163

注：特殊教育指盲、聋、哑和弱智儿童的教育。

a)Special educaation refers to the education for the blind, deaf, deaf-mute and the mentally retarded.

20-35 各地区盲、聋哑学校基本情况（1998年）

BASIC STATISTICS ON SCHOOLS FOR THE BLIND AND DEAF-MUTE BY REGION (1998)

单位：人 (person)

地区 Region		学校数(所) Number of Schools (unit)	毕业生数 Number of Graduates	招生数 New Student Enrollment	在校学生数 Student Enrollment	教职工数 Number of Staff and Teachers	#专任教师 Full-time Teachers
全国	**National Total**	**1062**	**9723**	**16928**	**97649**	**30868**	**21415**
北京	Beijing	7	252	273	1442	420	274
天津	Tianjin	9	153	143	764	449	306
河北	Hebei	75	444	858	4435	1550	1081
山西	Shanxi	29	381	701	2875	962	614
内蒙古	Inner Mongolia	17	83	222	1212	503	358
辽宁	Liaoning	52	527	693	4882	2012	1398
吉林	Jilin	25	267	374	3950	1507	1021
黑龙江	Heilongjiang	66	549	796	4793	2598	1869
上海	Shanghai	18	284	282	1529	864	466
江苏	Jiangsu	72	1008	1255	7910	2654	1759
浙江	Zhejiang	46	628	514	4348	1136	889
安徽	Anhui	56	357	844	5649	1061	766
福建	Fujian	34	475	937	6116	834	620
江西	Jiangxi	21	271	310	1558	300	251
山东	Shandong	117	971	1632	9967	4197	2609
河南	Henan	94	499	1444	7030	2360	1760
湖北	Hubei	64	439	787	4121	1418	1068
湖南	Hunan	53	334	998	3749	1035	740
广东	Guangdong	21	369	631	5472	601	469
广西	Guangxi	18	177	451	2491	691	450
海南	Hainan	1	36	81	438	73	50
重庆	Chongqing	36	95	302	1253	449	362
四川	Sichuan	55	207	451	2573	952	737
贵州	Guizhou	13	98	542	2298	463	296
云南	Yunnan	11	303	553	2354	455	318
西藏	Tibet						
陕西	Shaanxi	27	261	377	1859	578	405
甘肃	Gansu	8	80	238	1191	258	190
青海	Qinghai	5	38	41	456	104	72
宁夏	Ningxia	5	43	82	367	105	62
新疆	Xinjiang	7	94	116	567	279	155

20-36 各地区教育经费来源和支出情况

SOURCES OF EDUCATIONAL FUNDS AND EXPENDITURES FOR EDUCATION BY REGION

单位：万元 (10 000 yuan)

年份 地区 Year Region		合计 Total	国家财政性教育经费 Government Appropriation for Education	#预算内教育经费 Budgetary	社会团体和公民个人办学经费 Funds of Social Organizations and Citizens for Running Schools	社会捐资和集资办学经费 Donations and Fund-Raising for Running Schools	学费和杂费 Tuition and Miscellaneous Fee	其它教育经费 Other Educational Funds
	1991	7315028.2	6178286.0	4597308.1		628209.7	323475.6	185056.9
	1992	8670490.5	7287505.8	5387381.7		696285.2	439319.3	247380.2
	1993	10599374.4	8677618.3	6443914.0	33322.7	701856.1	871476.9	315100.4
	1994	14887812.6	11747395.6	8839794.7	107795.2	974487.1	1469228.1	588906.6
	1995	18779501.1	14115233.3	10283930.0	203671.5	1628414.0	2012422.5	819759.8
	1996	22623393.5	16717045.5	12119133.6	261998.9	1884189.5	2610391.2	1149798.4
	1997	25317325.7	18625416.3	13577262.1	301746.4	1706587.6	3260792.0	1422783.4
北京	Beijing	1170592.6	993224.4	812387.6		38802.2	86901.1	51664.9
天津	Tianjin	433116.8	317481.9	253020.6	13609.4	9817.3	38752.9	53455.3
河北	Hebei	1128000.8	790452.4	545969.3	13892.6	113569.8	176378.0	33708.0
山西	Shanxi	600037.5	425097.3	311602.7	8950.1	83436.6	66693.1	15860.4
内蒙古	Inner Mongolia	424137.7	346110.1	254245.0	2762.3	20483.8	45884.0	8897.5
辽宁	Liaoning	984585.7	791670.6	568890.2	8829.7	9328.1	109510.8	65246.5
吉林	Jilin	608425.4	499038.0	361716.2	5197.8	26938.6	55627.3	21623.7
黑龙江	Heilongjiang	763899.7	629460.9	381330.1	6471.6	24476.9	84400.2	19090.1
上海	Shanghai	1215717.1	1004761.2	750739.2	15777.5	31229.7	105765.7	58183.0
江苏	Jiangsu	1899361.1	1386994.4	967683.7	14482.4	111774.3	258573.5	127536.5
浙江	Zhejiang	1271861.5	837939.4	530877.8	52976.6	103067.6	151315.9	126562.0
安徽	Anhui	806135.2	599017.7	436077.1	4255.5	42196.1	128884.4	31781.5
福建	Fujian	846456.6	610901.3	456441.3	13394.9	86489.3	100889.8	34781.3
江西	Jiangxi	474538.4	377009.9	280759.0	1489.3	9127.2	70443.8	16468.2
山东	Shandong	1633679.0	1245392.9	885092.7	8912.5	118027.6	192999.7	68346.3
河南	Henan	1328712.2	905482.4	649021.1	10355.8	169505.2	194805.3	48563.5
湖北	Hubei	1114861.5	649125.9	475350.9	8128.7	112103.6	213202.2	132301.1
湖南	Hunan	1102095.2	695985.5	474381.0	8075.5	86278.7	206838.7	104916.8
广东	Guangdong	2484290.3	1541211.2	1203770.3	70386.4	257421.3	460063.3	155208.1
广西	Guangxi	686112.0	495397.3	328745.1	5159.0	35827.3	97177.5	52550.9
海南	Hainan	163907.6	116337.1	88907.3	2244.6	15182.5	27430.9	2712.5
重庆	Chongqing	440488.2	317733.1	236401.9	3072.1	34852.0	49791.7	35039.3
四川	Sichuan	1049727.2	794430.4	559890.7	3933.4	55682.0	103609.0	92072.4
贵州	Guizhou	297151.0	253087.9	202517.9	1238.4	8179.9	27981.3	6663.5
云南	Yunnan	753720.6	644560.0	547999.7	4000.3	42874.8	40918.3	21367.2
西藏	Tibet	44793.6	44328.9	44328.9			441.2	23.5
陕西	Shaanxi	605601.0	457507.9	361567.4	8330.2	39757.6	86054.4	13950.9
甘肃	Gansu	349637.6	299450.6	222298.6	553.1	12354.9	28667.5	8611.5
青海	Qinghai	80356.1	70767.6	60891.3	3124.9	1475.2	3552.1	1436.3
宁夏	Ningxia	92069.4	77983.1	58944.8	216.7	1510.1	9645.9	2713.6
新疆	Xinjiang	463257.1	407475.0	265412.7	1925.1	4817.4	37592.5	11447.1

20-37 各类学校教育经费来源和支出情况（1997 年）
SOURCES OF EDUCATIONAL FUNDS AND EXPENDITURES FOR EDUCATION IN VARIOUS SCHOOLS(1997)

单位：万元　　　　　　　　　　　　　　　　　　　　　　　　(10 000 yuan)

学校类别	Type of Schools	合计 Total	国家财政性教育经费 Government Appropriation for Education	#预算内教育经费 Budgetary	社会团体和公民个人办学经费 Funds of Social Organizations and Citizens for Running Schools	社会捐资和集资办学经费 Donations and Fund-Raising for Running Schools	学费和杂费 Tuition and Miscellaneous Fee	其它教育经费 Other Educational Funds
全国总计	**National Total**	**25317326**	**18625416**	**13577262**	**301746**	**1706588**	**3260792**	**1422783**
#中央	Central Government	2800247	2325022	1570773		37922	302549	134755
地方	Local Government	22517079	16300394	12006490	301746	1668666	2958243	1288029
事业性经费支出	Expenditure of Operating Expenses	21419655	16393522	12611303	208814	738727	2909559	1169032
#中央	Central Government	2219083	1801274	1118614		31558	274882	111369
地方	Local Government	19200572	14592248	11492689	208814	707170	2634677	1057663
基建支出	Expenditure for Capital Construction	3897671	2231894	965960	92932	967860	351233	253752
#中央	Central Government	581164	523748	452159		6364	27667	23386
地方	Local Government	3316507	1708146	513801	92932	961496	323566	230366
按学校类别分组	**Grouped by Type of Schools**							
高等学校	Institutions of Higher Education	4362767	3337833	2845701	15648	61805	710775	236706
普通高等学校	Regular Institutions of Higher Education	3904842	3057455	2644494	6682	58471	578857	203377
成人高等学校	Institutions of Higher Education for Adults	457925	280379	201207	8966	3334	131918	33329
中等专业学校	Specialized Secondary Schools	2074311	1307937	1058212	13853	37206	603203	112112
中等技术学校	Tecnical Schools	1352988	864776	718007	7299	13841	414243	52830
中等师范学校	Teacher Training Schools	390301	223883	190199		15856	114583	35979
成人中专学校	Specialized Secondary Schools for Aults	331022	219278	150006	6554	7510	74378	23303
技工学校	Technical Schools	355906	264239	103804		6754	69931	14983
中学	Secondary Schools	7695569	5578057	3778879	133999	732531	837133	413849
普通中学	Regular Secondary Schools	7676303	5564280	3771116	133684	731342	834279	412719
高级中学	Senior Secondary Schools	2150253	1397521	954240	46010	204254	325275	177193
初级中学	Junior Secondary Schools	5526050	4166759	2816875	87674	527088	509004	235526
#农村	Rural	2757947	2047020	1472913		349879	275744	85303
成人中学	Secondary Schools for Adults	19267	13777	7763	316	1190	2854	1131
职业中学	Vocational Schools	926590	590755	410228	24419	47122	184497	79797
小学	Primary Schools	8359049	6387064	4467973	113828	780912	765296	311949
普通小学	Regular Primary Schools	8349661	6378759	4462529	113390	780765	765088	311659
#农村	#Rural Areas	5091529	3841222	2827150		579503	518697	152108
成人小学	Primary Schools for Adults	9388	8305	5443	438	147	209	290
特殊教育学校	Special Education Schools	76027	67692	55807		2439	1843	4053
幼儿园	Kindergartens	341971	220813	191321		15933	75408	29818
其它	Others	1125136	871027	665338		21886	12705	219517
#留学生	Students Studying Abroad	31060	31060	31060				

20-38 全国科技活动基本情况
BASIC STATISTICS ON NATIONAL SCIENTIFIC AND TECHNOLOGICAL ACTIVITIES

指标	Item	1995	1996	1997	1998
科技机构数 （个）	**Number of Scientific Technological Research Institutions**	**24985**	**23610**	**22531**	**22151**
#科研单位	In Research Institutions	7721	7636	7558	7496
大中型工业企业	In Large and Medium Industrial Enterprises	13107	12033	11142	10926
高等院校	In Institutes of Higher Education	3431	3398	3343	3241
科技活动人员数 （万人）	**Number of Persons Engaged in Scientific and Technological Activities（10 000 persons）**	**262.5**	**290.3**	**288.6**	**281.4**
#科学家、工程师	Scientists and Engineers	155.4	168.7	166.6	149.0
科技活动经费筹集总额 （亿元）	**Funding for Scientific and Technological Activities（100 million yuan）**	**962.5**	**1043.2**	**1181.9**	**1289.8**
#自筹资金	Funds Self-raised	425.2	434.4	527.4	655.1
银行贷款	Bank Loans	127.1	149.8	155.2	171.0
科技活动经费内部支出总额 （亿元）	**Expenditures for Scientific and Technological Activities （100 million yuan）**	**845.2**	**930.7**	**1063.0**	**1128.5**
#劳务费	Service Fees	177.1	184.9	209.4	236.2
固定资产购建支出	Purchases of Fixed Assets	241.1	269.1	293.4	304.6
#研究与发展经费支出	Research and Development Expenses	349.0	404.7	481.9	551.1
研究与发展经费支出占国内生产总值比重 （%）	**Proportion of Research and Development Expenses to GDP（%）**	**0.60**	**0.60**	**0.65**	**0.69**

注：本表数据包括建筑业、运输邮电业、农业和地质水利业企事业单位的有关数据。历史数据均按相同口径做了调整。

a)Data in this table include the data of enterprises or institutions of construture, transportation, post and communications, agriculture, geology and water conservancy industy. Data of previous years has been adjusted according to the same standard.

20-39 重大科学技术研究成果和国家科技奖励数
NUMBER OF MAJOR ACHIEVEMENTS IN SCIENTIFIC AND TECHNOLOGICAL RESEARCH AND NATIONAL PRIZES WON

单位:项 (item)

项目	Item	1980	1985	1990	1995	1997	1998
重大科学技术成果	Number of Major Achievements in Science and Technology	2687	10476	26829	31000	30566	28584
获国家发明奖	Number of National Invention Prizes Awarded	109	185	224	131	100	72
获国家科技进步奖	Number of National Scientific and Technological Progress Prizes Awarded		1761	505	607	475	471

20-40 全国县级以上政府部门属研究与开发机构及情报文献机构数、人员数（1998年）

STATE-OWNED RESEARCH AND DEVELOPMENT INSTITUTIONS AND INFORMATION AND LITERATURE INSTITUTIONS AT AND ABOVE COUNTY LEVEL AND PERSONS ENGAGED (1998)

地区 Region		合计 Total Number		自然科学技术领域 Field of Natural Sciences and Technology		
		机构（个） Institutions (unit)	从业人员(人) Employees (person)	机构（个） Institutions (unit)	从业人员(人) Employees (person)	#科技活动人员 S & T Personnel
全国	**National Total**	**5778**	**935159**	**5076**	**895702**	**557910**
北京	Beijing	499	173747	413	161362	104250
天津	Tianjin	156	30206	141	28519	18152
河北	Hebei	144	20140	131	19083	11512
山西	Shanxi	196	19191	166	18114	11774
内蒙古	Inner Mongolia	144	13076	119	12251	8000
辽宁	Liaoning	343	47101	315	45761	30010
吉林	Jilin	173	26485	143	25446	14855
黑龙江	Heilongjiang	242	21735	213	20839	12921
上海	Shanghai	258	72244	226	69123	38912
江苏	Jiangsu	319	47317	292	46272	31401
浙江	Zhejiang	166	15288	149	14731	10050
安徽	Anhui	200	17979	171	17197	11989
福建	Fujian	126	7568	107	6941	5280
江西	Jiangxi	129	16939	115	16321	8335
山东	Shandong	338	32645	305	31308	18852
河南	Henan	198	31429	167	30422	20028
湖北	Hubei	267	43241	243	42145	26875
湖南	Hunan	194	26788	179	26314	14434
广东	Guangdong	298	28334	272	27186	17400
广西	Guangxi	166	15848	139	15205	7618
海南	Hainan	44	3381	37	3286	1831
重庆	Chongqing	73	13310	66	12663	7416
四川	Sichuan	238	80879	197	79176	43234
贵州	Guizhou	117	9701	105	9243	5959
云南	Yunnan	162	14468	143	13841	8953
西藏	Tibet	15	842	13	705	454
陕西	Shaanxi	193	67673	175	66777	45092
甘肃	Gansu	143	20201	126	19260	12486
青海	Qinghai	50	3604	44	3402	2283
宁夏	Ningxia	60	4951	50	4583	1864
新疆	Xinjiang	127	8848	114	8226	5690

20-40 **续表** continued

地　区 Region	社会、人文科学技术领域 Field of Social Sciences and Humanities 机构（个）Institutions (unit)	从业人员（人）Employees (person)	#科技活动人员 S & T Personnel	科技情报和文献机构 Scientific-Technical and Literature Institutions 机构（个）Institutions (unit)	从业人员（人）Employees (person)	#科技活动人员 S & T Personnel
全　国 National Total	**298**	**18390**	**15014**	**404**	**21067**	**15424**
北　京 Beijing	54	4997	4297	32	7388	4707
天　津 Tianjin	4	487	322	11	1200	886
河　北 Hebei	2	634	404	11	423	361
山　西 Shanxi	18	739	554	12	338	307
内蒙古 Inner Mongolia	11	477	289	14	348	275
辽　宁 Liaoning	12	649	532	16	691	575
吉　林 Jilin	19	741	615	11	298	269
黑龙江 Heilongjiang	12	475	381	17	421	355
上　海 Shanghai	20	1207	1002	12	1914	1232
江　苏 Jiangsu	11	404	378	16	641	533
浙　江 Zhejiang	4	220	187	13	337	263
安　徽 Anhui	10	418	368	19	364	316
福　建 Fujian	4	237	212	15	390	350
江　西 Jiangxi	1	258	224	13	360	320
山　东 Shandong	11	583	448	22	754	607
河　南 Henan	14	596	535	17	411	328
湖　北 Hubei	10	521	431	14	575	462
湖　南 Hunan	2	220	162	13	254	206
广　东 Guangdong	11	674	568	15	474	387
广　西 Guangxi	7	276	235	20	367	297
海　南 Hainan	1	17	13	6	78	73
重　庆 Chongqing	2	220	153	5	427	234
四　川 Sichuan	13	794	607	28	909	705
贵　州 Guizhou	2	211	178	10	247	196
云　南 Yunnan	14	451	409	5	176	135
西　藏 Tibet	1	111	87	1	26	25
陕　西 Shaanxi	4	384	290	14	512	399
甘　肃 Gansu	9	645	522	8	296	250
青　海 Qinghai	4	156	127	2	46	35
宁　夏 Ningxia	6	233	197	4	135	104
新　疆 Xinjiang	5	355	287	8	267	232

20-41 全国县级以上政府部门属研究与开发机构及情报文献机构科技经费筹集和支出总额（1998年）

TOTAL FUNDS AND TOTAL EXPENDITURES OF STATE-OWNED RESEARCH AND DEVELOPMENT INSTITUTIONS AND INFORMATION AND LITERATURE INSTITUTIONS AT AND ABOVE COUNTY LEVEL (1998)

单位:万元 (10 000 yuan)

地区 Region	合计 Total		自然科学技术领域 Field of Natural Sciences and Technology			
	经费筹集总额 Funds	经费支出总额 Expenditures	经费筹集总额 Funds	#政府拨款 Government Appropriations	经费支出总额 Expenditures	#基本建设支出 For Capital Construction
全国 National Total	**5407383**	**4801239**	**5206905**	**2307773**	**4610221**	**892492**
北京 Beijing	1686991	1415218	1607056	758133	1340472	303143
天津 Tianjin	133887	138114	128210	48185	131985	21312
河北 Hebei	67893	63254	64717	32002	60132	7597
山西 Shanxi	61872	54978	58979	31073	52266	13384
内蒙古 Inner Mongolia	30216	26662	28311	18318	24824	2373
辽宁 Liaoning	228508	226236	224209	105109	222101	38397
吉林 Jilin	100288	94316	96511	41709	87560	9823
黑龙江 Heilongjiang	67549	78559	64579	34494	75886	7701
上海 Shanghai	542887	440453	516006	164209	416038	63259
江苏 Jiangsu	299744	262177	293016	125186	255902	41620
浙江 Zhejiang	94891	85369	90690	43309	81435	21553
安徽 Anhui	63221	54632	60270	29004	52456	11079
福建 Fujian	36007	32668	33021	17687	29656	5962
江西 Jiangxi	39104	36978	38191	22454	36045	9295
山东 Shandong	150013	138880	144587	56869	133191	26437
河南 Henan	138728	132470	135332	54172	129688	35527
湖北 Hubei	260791	257293	257437	100941	254135	51512
湖南 Hunan	118924	96901	116718	43017	94933	13693
广东 Guangdong	242563	227309	230957	77043	216821	42044
广西 Guangxi	43308	40122	41241	19930	38222	6023
海南 Hainan	12818	10033	12375	7151	9620	2338
重庆 Chongqing	52631	44455	50329	24620	41721	5601
四川 Sichuan	372944	330584	367120	171155	325256	53852
贵州 Guizhou	24333	20522	23284	15241	19545	2956
云南 Yunnan	75105	73947	72342	38647	71379	16511
西藏 Tibet	2771	3108	2100	1910	2439	312
陕西 Shaanxi	327691	298979	325054	147847	296176	57104
甘肃 Gansu	83953	72450	79845	49683	68703	17042
青海 Qinghai	10025	10414	9474	6472	9885	1126
宁夏 Ningxia	10825	9498	9625	5380	8581	1031
新疆 Xinjiang	26902	24660	25324	16824	23171	2886

20-41 **续表** continued

单位:万元 (10 000 yuan)

地区 Region	社会、人文科学技术领域 Field of Social Sciences and Humanities				科技情报和文献机构 Scientific-Technological Information and Literature Institutions			
	经费筹集总额 Funds	#政府拨款 Government Appropriations	经费支出总额 Expenditures	#基本建设支出 Government Appropriations	经费筹集总额 Funds	#政府拨款 Government Appropriations	经费支出总额 Expenditures	#基本建设支出 for Capital Construction
全国 National Total	**77580**	**63696**	**76193**	**14275**	**122898**	**78432**	**114824**	**35521**
北京 Beijing	25675	19013	22629	1440	54260	29592	52117	14930
天津 Tianjin	1379	1253	1942	492	4298	3338	4187	1116
河北 Hebei	2068	2068	2008	65	1109	800	1114	248
山西 Shanxi	2066	1391	1972	180	827	614	741	121
内蒙古 Inner Mongolia	1268	1242	1250	427	637	589	588	73
辽宁 Liaoning	1907	1901	1876	65	2392	1869	2259	230
吉林 Jilin	3018	2681	5927	3648	758	637	829	233
黑龙江 Heilongjiang	1445	1360	1363	110	1525	921	1310	223
上海 Shanghai	7783	7180	7323	2459	19098	13510	17091	7625
江苏 Jiangsu	3037	2075	2961	618	3692	1673	3313	432
浙江 Zhejiang	2127	1937	2073	1203	2075	1474	1862	501
安徽 Anhui	1173	808	1186	138	1779	1479	989	181
福建 Fujian	921	900	772	52	2066	1398	2240	783
江西 Jiangxi	318	288	349	41	595	526	584	113
山东 Shandong	2676	2555	3021	1223	2750	1715	2668	441
河南 Henan	1871	1152	1447	87	1527	1046	1335	251
湖北 Hubei	1663	1517	1622	114	1691	1300	1537	542
湖南 Hunan	1103	745	1018	164	1102	806	950	249
广东 Guangdong	3788	3627	3236	521	7818	5599	7251	4218
广西 Guangxi	749	716	699	59	1317	812	1201	167
海南 Hainan	59	59	59	0	384	349	355	71
重庆 Chongqing	933	500	1224	313	1368	973	1510	616
四川 Sichuan	2026	1810	1915	177	3798	2814	3412	860
贵州 Guizhou	482	475	480	22	567	419	497	25
云南 Yunnan	1606	1577	1492	67	1157	892	1076	472
西藏 Tibet	566	566	566	37	105	105	104	0
陕西 Shaanxi	1290	1229	1583	378	1349	980	1220	120
甘肃 Gansu	2749	1355	2526	100	1359	1099	1221	459
青海 Qinghai	421	415	420	15	130	106	110	5
宁夏 Ningxia	568	555	469	42	632	525	449	161
新疆 Xinjiang	845	746	785	18	733	472	704	55

注：科技经费筹集和支出分别扣除生产性经营收入和支出。

a)Science and technology funds and expenditure excludes income from and expenditure for production activities.

20-42 中国科协系统科技活动情况（1998年）

项目	Item	科协合计 Total Number of Associations for Science & Technology	中国科协 China Associations
机构数（个）	**Number of Associations or Learned Societies**	**394**	**1**
直属单位	Enterprises and Non-profit Organizations Attached to Associations or Learned Societies	961	26
#院校	Universities and Colleges	123	1
人员数（人）	**Personnel (person)**	**17911**	**1400**
机关	Associations	6978	220
#科学家与工程师	Scientists and Engineers	2888	162
直属单位	Enterprises and Non-profit Organizations Attached to Associations or Learned Societies	10933	1180
学会理事	Members of Boards of Directors		
#高级职称	Members with Senior Titles		
学术活动	**Academic Activities**		
国内学术会议	Domestic Academic Meetings		
次数（次）	Number (time)	3263	37
参加人数（人次）	Number of Participants (person-time)	325661	4256
交流论文数（篇）	Number of Papers Presented	59078	2125
国际学术会议	International Meetings Held in China		
次数（次）	Number	120	10
参加人数（人次）	Number of Participants (person-time)	44764	33563
交流论文数（篇）	Number of Papers Presented	5467	118
国际民间科技交流	International Folk Exchange of S&T		
接待来访科技团组（个）	International Group on S&T Received Home (unit)	569	98
接待总人数（人次）	Person Received (person-time)	5889	1411
外派科技团组（个）	Number of Study Tours Sent Aboard (unit)	552	172
外派总人数（人次）	Total People Sent Aboard (person-time)	5309	2080
#访问考察	Number of People Sent for Study Tours	2197	468
外派研修生	Number of Trainees Sent Abroad	976	510
科技培训	**Training Program**		
院校培训人数（人次）	Number of Persons Trained in Universities and Colleges (person-time)	60422	0
培训班培训人数（人次）	Number of Persons Trained in Training Classes (person-time)	654828	8518
科普活动	**Activities for Popular Science**		
讲座次数（次）	Number of Lectures	17006	14
听讲人数（人次）	Number of Participants (person-time)	4077124	2350
展览次数（次）	Number of Exhibitions	7913	19
参观人数（人次）	Number of Participants (person-time)	15995675	1630000
青少年科技竞赛次数（次）	Number of Teenagers Participating in Science and Technology Competitions	1804	3
咨询活动	**Consultative Activities**		
完成合同（项）	Number of Consultative Contracts Completed	55540	49
决策咨询（项）	Number of Consultation for Decision-making	3166	7
合同实现金额（万元）	Revenue from Fulfilment of Consultative Contracts (10 000 yuan)	135020	1169
出版	**Publications**		
科技期刊总数（种）	Number of Academic Journals (kind)	227	8
论文集种数（种）	Number of Collections of Articles (kind)	157	14
发行量（册）	Number of Copies Distributed (copies)	140616	16400
科技报纸种数（种）	Number of Scientific & Technological Newspapers (kind)	91	1

BASIC STATISTICS ON SCIENTIFIC AND TECHNOLOGICAL ACTIVITIES OF CHINA ASSOCIATIONS FOR SCIENCE AND TECHNOLOGY (1998)

省科协 Provincial Associations	地（市）科协 Prefectural (city) Associations	学会合计 Total Number of Learned Societies	全国性学会 National Learned Societies	省学会 Provincial Learned Societies
31	**362**	**3115**	**165**	**2950**
241	694	917	69	848
20	102	77	5	72
6195	**10316**	**28266**	**2800**	**25466**
1317	5441	9940	2183	7757
642	2084			
4878	4875	18326	617	17709
197	3029	12028	2510	9518
34115	287290	916540	204178	712362
12313	44640	378183	138723	239460
35	75	568	208	360
3717	7484	80633	41516	39117
2293	3056	32954	21694	11260
195	276	1651	363	1288
1641	2837	11632	3476	8156
248	132	871	327	544
2326	903	6932	3187	3745
1226	503	2626	873	1753
291	175	231	93	138
28273	32149	70359	46303	24056
194146	452164	900532	260169	640363
1470	15522	13601	843	12758
283641	3791133	2643899	197761	2446138
257	7637	2048	117	1931
2759218	11606457	6354908	1655500	4699408
159	1642	787	22	765
7547	47944	5626	559	5067
356	2803	2406	151	2255
63423	70428	47905	2437	45468
62	157	1798	711	1087
52	91	2297	723	1574
55780	68436	1304524	335709	968815
31	59	89	23	66

20-43 大中型工业企业技术开发基本情况

BASIC STATISTICS ON TECHNICAL DEVELOPMENT OF LARGE AND MEDIUM-SIZED INDUSTRIAL ENTERPRISES

指　　标	Item	1996	1997	1998
有技术开发机构的企业　（个）	Number of Enterprises Having Institutions for Technical Development	8179	7732	7220
占全部企业的比重　（%）	Percentage to Total Number of Enterprises	34.0	32.2	30.6
技术开发机构数　（个）	Institutions for Number of Technical Development	12033	11142	10926
企业技术开发人员总计（万人）	Number of Personnel Engaged in Technical Development in Enterprises (10 000 persons)	145.5	147.4	141.0
#科学家和工程师	Scientists and Engineers	79.6	80.2	63.7
技术开发机构中的人数（万人）	Number of Personnel in Institutions for Technical Development (10 000 persons)	38.5	37.8	41.1
#科学家和工程师	Scientists and Engineers	23.6	23.6	24.0
技术开发经费筹集额　（亿元）	Funds of Technical Development (100 million yuan)	452.6	499.8	556.4
#上级拨款	Appropriations from Higher Authorities	32.0	31.5	44.0
#企业自筹	Funds Self-raised by Enterprises	313.8	348.4	402.5
技术开发经费支出额　（亿元）	Expenditures for Technical Development (100 million yuan)	384.9	438.4	478.7
#开发新产品用款	Expenditure for New Product Development	207.3	224.0	246.5
技术开发经费支出占产品销售收入的比重　（%）	Technical Development Funds as Percentage of Sales Revenue (%)	1.10	1.21	1.28
技术开发项目数　（项）	Number of Projects for Technical Development	81218	83160	91706
#新产品项目	Projects for New Product Development	57158	51405	51763

20-44 高等学校研究与发展人员及经费（1998年）
FUNDS AND PERSONNEL IN INSTITUTIONS OF HIGHER EDUCATION FOR RESEARCH AND DEVELOPMENT (1998)

学科分类	Field of Study	研究与发展人员（人年） Number of Per0sons Engaged in Research and Development (person. year)	#科学家和工程师 Scientists and Engineers	支出总额（万元） Expenditures (10 000 yuan)
合计	**Total**	**168760**	**161024**	**544524**
理、工、农、医学科领域	Basic Sciences	138556	132589	521383
自然科学	Natural Sciences	25180	24095	69344
工程科学	Engineering	63809	61060	391558
医学	Medical Science	37561	35944	35454
农学	Agriculture	63809	11490	25027
人文、社会科学领域	Humanities and Social Sciences	30204	28435	23141

注:研究与发展人员是根据本年度从事研究与发展工作的时间折算成的全时当量(下表同)。

a) Number of persons engaged in research and development is calculated on the basis of full-time equivalent of the time spent on research and development activities during the year. Similarly in following tables.

20-45 高等学校理、工、农、医学科研究与发展机构及人员（1998年）
RESEARCH AND DEVELOPMENT INSTITUTIONS AND PERSONNEL IN THE FIELDS OF BASIC SCIENCES IN UNIVERSITIES AND COLLEGES (1998)

学科分类	Field of Study	机构（个） Number of Institutions	研究与发展人员（人年） Number of Persons Engaged in Research & Development in the Institutions (person. year)	#科学家和工程师 Scientists and Engineers
合计	**Total**	**1487**	**24943**	**23651**
自然科学	Natural Sciences	270	4516	4350
工程科学	Engineering	641	12438	11682
医学	Medical Science	372	5911	5676
农学	Agricultural Sciences	204	2078	1943

20-46 国有企事业单位专业技术人员数

NUMBER OF SCIENTIFIC AND TECHNICAL PERSONNEL IN STATE-OWNED ENTERPRISES AND INSTITUTIONS

(年底数)单位:人 (year-end)(persons)

年份 地区 Year Region	合计 Total	工程技术人员 Engineering	农业技术人员 Agriculture	卫生技术人员 Health Care	科学研究人员 Scientific Research	教学人员 Teaching
1978.6.30	4345000	1571000	294000	1276000	310000	894000
1980	5276000	1862000	311000	1530000	323000	1250000
1985	7817000	3404000	451000	2161000	336000	1465000
1990	10808572	5100773	550954	2719864	291314	2145667
1991	17168413	5024000	463050	2757993	341934	8581436
1992	17596532	5204950	476853	2827599	337146	8749984
1993	18124140	5363632	496279	2916255	333851	9014123
1994	18658689	5535329	519827	2995940	321036	9286557
1995	19133834	5625850	535731	3035335	302879	9634039
1996	19856213	5680795	579157	3130788	303177	10162296
1997	20495006	5719337	611458	3213762	302684	10647765
1998	20913343	5656735	635929	3254958	290537	11075184
北京 Beijing	376516	128973	5784	69508	3698	168553
天津 Tianjin	285719	94286	2573	59941	2350	126569
河北 Hebei	809976	137515	23123	104050	3300	541988
山西 Shanxi	475864	91033	13890	67224	3484	300233
内蒙古 Inner Mongolia	379486	74531	18499	60990	1762	223704
辽宁 Liaoning	830908	226880	26309	150707	5625	421387
吉林 Jilin	537016	113882	22443	92302	3814	304575
黑龙江 Heilongjiang	704590	176209	31968	127156	5808	363449
上海 Shanghai	353265	116306	3290	76651	5159	151859
江苏 Jiangsu	1085899	276462	37852	162140	5597	603848
浙江 Zhejiang	603934	128201	18767	108782	3894	344290
安徽 Anhui	615371	109113	21886	81789	3145	399438
福建 Fujian	497592	88184	14517	54153	3652	337086
江西 Jiangxi	506024	82125	16197	84498	2160	321044
山东 Shandong	1319974	266072	46283	205998	6957	794664
河南 Henan	971868	134735	23837	137468	4594	671234
湖北 Hubei	897957	180646	29778	189382	5282	492869
湖南 Hunan	801004	129508	21468	117215	5135	527678
广东 Guangdong	1025150	189440	15703	165721	4413	649873
广西 Guangxi	615422	120230	22280	99007	3166	370739
海南 Hainan	99033	13914	3624	16157	508	64830
重庆 Chongqing	350590	55907	11291	51672	1128	230592
四川 Sichuan	972827	167966	38955	150071	4988	610847
贵州 Guizhou	412792	63148	23536	65577	2010	258521
云南 Yunnan	557495	88173	35381	91687	3520	338734
西藏 Tibet	27327	2882	1814	7329	307	14995
陕西 Shaanxi	460267	95046	17513	67611	2733	277364
甘肃 Gansu	317550	56589	16464	46607	1731	196159
青海 Qinghai	84861	15691	4954	15729	716	47771
宁夏 Ningxia	106080	20950	6715	17791	636	59988
新疆 Xinjiang	355878	59009	27727	60008	2701	206433

注：分地区数据不含中央属国有企事业单位人数。

a)The regional data exclude the personnel in the state-owned enterprises and institution under the central government.

20-47 全国技术市场成交额
TRANSACTION VALUE IN TECHNICAL MARKET BY REGION

单位:万元 (10 000 yuan)

地　区 Region	1992	1993	1994	1995	1996	1997	1998
全　国 National Total	**1508895**	**2075508**	**2288696**	**2683447**	**3002045**	**3513718**	**4358228**
北　京 Beijing	313066	235497	371821	411681	458152	543192	815591
天　津 Tianjin	50656	63044	95188	121200	133475	150074	200298
河　北 Hebei	38305	67153	68371	84278	97853	115256	139090
山　西 Shanxi	8657	37005	10723	18454	11644	10284	9758
内蒙古 Inner Mongolia	5337	22306		12601	16044	28958	31332
辽　宁 Liaoning	131726	161988	215709	228615	242570	250372	280977
吉　林 Jilin	43174	57236	60485	51217	76492	85793	93167
黑龙江 Heilongjiang	54055	75903	95107	110522	114177	145752	152569
上　海 Shanghai	152458	154427	220927	230409	256499	287568	314060
江　苏 Jiangsu	72260	161456	138057	181563	238126	284473	330684
浙　江 Zhejiang	30830	86663	71966	97768	107293	133232	162275
安　徽 Anhui	27636	22446	11531	21853	24904	29585	39545
福　建 Fujian	13545	33324	25117	30550	46205	57454	69363
江　西 Jiangxi	12271	24905	14176	21555	24929	31058	38332
山　东 Shandong	82955	138207	166977	185946	222509	241583	261922
河　南 Henan	70750	84098	106797	122798	142122	157766	176492
湖　北 Hubei	57661	70550	115265	125912	105576	145733	187596
湖　南 Hunan	50211	77132	94955	105434	140209	161392	220189
广　东 Guangdong	63934	180802	95885	125972	131112	195993	248122
广　西 Guangxi	6305	23986	13543	20622	25181	17293	37021
海　南 Hainan	738	44562			27878	35645	41533
重　庆 Chongqing						60628	92951
四　川 Sichuan	145103	125283	201929	221882	200630	158004	152000
贵　州 Guizhou		11243	582	9561	53397	1150	14071
云　南 Yunnan	12082	26353	11927	39125	1606	54515	127222
西　藏 Tibet		962					
陕　西 Shaanxi	36166	34789	32173	55501	44756	71782	57765
甘　肃 Gansu	21175	27091	21513	25157	24180	26427	28137
青　海 Qinghai	1157	3428	692	1375	7886	12035	2917
宁　夏 Ningxia	1160	2938	1630	1822	2121	2351	2643
新　疆 Xinjiang	5522	20731	18252	20074	24519	18370	30606

20-48 开发区高新技术企业主要经济指标（1998 年）
MAIN ECONOMIC INDICATORS OF HIGH-TECH ENTERPRISES IN DEVELOPMENT AREAS (1998)

开发区 Develop Area		企业数（个） Number of Enterprises	职工人数（人） Number of Staff & Workers (person)	总产值（万元） Gross Output Value (10000 yuan)	总收入（万元） Total Income (10000 yuan)	出口总额（千美元） Exports (1000 US dollars)
全国	**National Total**	**16097**	**1740499**	**43336003**	**48396371**	**8525381**
北京	Beijing	4258	143381	3699551	6874297	652805
天津	Tianjin	1737	77161	1523963	1724637	488895
石家庄	Shijiazhuang	368	31718	423873	633168	309052
保定	Baoding	118	30735	393195	397039	60462
太原	Taiyuan	215	31980	365394	412442	19778
包头	Baotou	133	18017	230517	237926	39416
沈阳	Shenyang	874	47382	871521	1203555	57883
大连	Dalian	731	55642	617712	809384	180253
鞍山	Anshan	100	21899	110029	78756	6353
长春	Changchun	356	51620	1265290	1302557	20165
吉林	Jilin	194	71653	1159939	1050481	77711
哈尔滨	Harbin	317	66416	981580	1042284	183511
大庆	Daqing	127	15946	373677	370368	1255
上海	Shanghai	372	73645	3572858	3724563	977137
南京	Nanjing	207	31767	1647539	1711076	152660
常州	Changzhou	138	21727	437017	426607	107056
无锡	Wuxi	106	26014	1508939	1468172	1156590
苏州	Suzhou	225	53297	1765662	1778668	915262
杭州	Hangzhou	226	15549	959298	962642	37155
合肥	Hefei	112	33786	670340	698162	50983
福州	Fuzhou	105	19689	859069	768769	199022
夏门	Xiamen	56	13382	376699	376575	259326
南昌	Nanchang	70	15240	312943	382131	6223
济南	Ji'nan	203	39798	672012	725362	36877
青岛	Qingdao	122	39917	2130692	2113501	217182
淄博	Zibo	104	43980	485919	495713	61226
潍坊	Weifang	38	15160	259649	286883	26084
威海	Weihai	55	27381	342259	271339	169172
郑州	Zhengzhou	173	18805	722512	759182	36100
洛阳	Luoyang	198	33851	376467	451383	51143
武汉	Wuhan	369	49861	1058696	1305851	104235
襄樊	Xiangfan	51	36410	534199	582218	13952
长沙	Changsha	367	36697	1067790	1193017	80045
株洲	Zhuzhou	82	10993	193066	221446	12899
广州	Guangzhou	413	21019	444231	921358	77946
深圳	Shenzhen	162	29338	2392200	2212100	671000
珠海	Zhuhai	49	5674	204696	182865	37039
惠州	Huizhou	45	24790	858765	751865	250927
中山	Zhongshan	195	34853	1026257	867418	412094
佛山	Foshan	37	7918	391456	404413	122727
南宁	Nanning	112	11937	141478	220773	5519
桂林	Guilin	163	20775	317423	300615	22817
海南	Hainan	32	3676	106253	92707	3768
重庆	Chongqing	149	30432	669389	681415	4730
成都	Chengdu	190	49296	848991	1108197	41902
绵阳	Mianyang	56	43279	2044017	1345639	5272
贵阳	Guiyang	51	21985	164018	172940	10753
昆明	Kunming	78	12958	316584	363524	12214
西安	Xi'an	1032	59117	958822	1416006	49026
宝鸡	Baoji	55	19588	261343	230217	13067
兰州	Lanzhou	255	15831	155505	205314	2433
乌鲁木齐	Urumqi	116	7534	64709	78851	14279

20-49 测绘部门生产完成情况（1998 年）

STATISTICS ON PROJECTS COMPLETED BY SURVEYING AND MAPPING DEPARTMENTS BY REGION (1998)

地区 Region	大地测量 Geodesy		测图合计（幅） Mapping	# 1：10 000-1：50 000	地图印刷（色令） Map Printing (color ream)
	平面控制测量（点） Horizontal Control Survey (point)	高程控制测量（公里） Vertical Control Survey (kilometer)			
全　国 National Total	**1216**	**21783**	**29549**	**3228**	**278039**
北　京 Beijing		2213	3495	219	2276
天　津 Tianjin	22	2077	3433		900
河　北 Hebei	510	1082	1497	103	1583
山　西 Shanxi			256	239	7081
内蒙古 Inner Mongolia			68		10669
辽　宁 Liaoning			2054	156	2371
吉　林 Jilin			101	78	106
黑龙江 Heilongjiang		3780	1888	785	
上　海 Shanghai					
江　苏 Jiangsu			1895	69	8662
浙　江 Zhejiang		1026	991	176	10980
安　徽 Anhui			852		16550
福　建 Fujian		836	2290	115	9072
江　西 Jiangxi	48	150	876	53	440
山　东 Shandong			435	77	12835
河　南 Henan	411	545	508	60	3848
湖　北 Hubei			1012	192	
湖　南 Hunan			1329	336	20118
广　东 Guangdong		3487	475	5	35912
广　西 Guangxi	165	379	1567	293	7873
海　南 Hainan			10		
重　庆 Chongqing					
四　川 Sichuan		4610	1757	135	119496
贵　州 Guizhou					55
云　南 Yunnan		831	420	104	628
西　藏 Tibet					
陕　西 Shaanxi		7			609
甘　肃 Gansu		30	32		39
青　海 Qinghai			794	33	851
宁　夏 Ningxia	60	730	267		154
新　疆 Xinjiang			1247		4931

20-50 各地区测绘资料提供情况（1998 年）

STATISTICS ON OUTPUT OF SURVEYING AND MAPPING MATERIALS BY REGION (1998)

地区 Region	地形图合计（张）Topograghic Maps	# 1:10 000 (scale)	# 1:25 000-1:100 000 (scale)	航空照片（片）Aerial Photograph (piece)	大地成果（点）Geodetic Results (point)	1：100 万以下交通图和挂图（张）Traffic Maps and Wall Maps (scale less than 1:1 000 000)
全国 National Total	**430624**	**182816**	**158060**	**155902**	**55727**	**39470**
北京 Beijing	48175	2373	358		2641	3340
天津 Tianjin	3939	357	203		2535	50
河北 Hebei	13155	9958	3164	1460	798	180
山西 Shanxi	10562	3929	6318	18	774	
内蒙古 Inner Mongolia	20023	5436	13255		2068	1888
辽宁 Liaoning	4810	2892	1582		562	14957
吉林 Jilin	15538	6711	4683	5844	5599	
黑龙江 Heilongjiang	29667	14130	14501	18163	899	2796
上海 Shanghai	22778	2158		168	2800	4602
江苏 Jiangsu	9797	8216	1455	160	729	257
浙江 Zhejiang	15060	10319	4581	2351	1160	312
安徽 Anhui	10540	6980	2156	358	1474	
福建 Fujian	8384	5422	2721	642	1931	
江西 Jiangxi	10652	9143	1378	118	300	114
山东 Shandong	9731	7367	2140	30161	5609	
河南 Henan	5513	1725	3580		1217	300
湖北 Hubei	9492	6821	2479	5200	446	438
湖南 Hunan	17863	13674	3814	651	580	
广东 Guangdong	22805	16442	6031	3765	3294	
广西 Guangxi	17737	13501	3690	4169	4022	
海南 Hainan	7228	5810	1275	189	1246	1468
重庆 Chongqing						
四川 Sichuan	17227	9170	6801	1170	1118	886
贵州 Guizhou	10900	8090	2678	1668	550	420
云南 Yunnan	13545	1838	11505	1962	5739	889
西藏 Tibet	2392	43	2051		482	3038
陕西 Shaanxi	8552	4995	3319	10738	237	166
甘肃 Gansu	5988	1461	4294	230	102	190
青海 Qinghai	9801	1709	7497	859	659	536
宁夏 Ningxia	1758	877	866		153	379
新疆 Xinjiang	8307	1269	6243		1167	1944
国家基础地理信息中心 National Geomatics Center of China	38705		33442	65858	4836	320

20-51 气象台站数和卫星云图接收、使用情况（1998年）

METEOROLOGICAL OBSERVATORIES, STATIONS AND THE RECEPTION USE AND OF SATELLITE CLOUD IMAGES (1998)

地区和单位 Region, City and Units		气象台站总数（个） Number of Meteorological Observatories and Stations (unit)	#气象台 Meteorological Observatories	#气象站 Meteorological Stations	#独立农区气象试验站 Independent Agro-Meteorological Experimental Stations	卫星云图接收站点数（个） Number of Satellite Cloud Images Receiving Stations	#极轨卫星 Polar Orbiting Meteorological Satellites	#同步卫星 Geostationary Meteorological Staellites	使用卫星云图资料单位数（个） Number of Units Using Satellite Cloud Images
全　国	**National Total**	**2615**	**349**	**2206**	**56**	**277**	**45**	**251**	**379**
北　京	Beijing	25	2	22		1		1	
天　津	Tianjin	15	3	12		4	1	3	
河　北	Hebei	147	12	135		7	2	7	12
山　西	Shanxi	117	12	105		7	1	6	4
内蒙古	Inner Mongolia	124	13	105	6	6	3	3	24
辽　宁	Liaoning	62	14	45	3	4	2	3	32
吉　林	Jilin	65	9	53	3	3	1	3	3
黑龙江	Heilongjiang	87	13	72	1	7	2	6	11
上　海	Shanghai	12	1	11		5	1	5	2
江　苏	Jiangsu	79	13	64	2	45	1	44	36
浙　江	Zhejiang	78	11	66		35	1	34	47
安　徽	Anhui	82	16	65	1	19	1	18	21
福　建	Fujian	74	9	62	3	1	1	1	
江　西	Jiangxi	92	12	79	1	3	1	2	10
山　东	Shandong	119	16	102	1	19	1	19	43
河　南	Henan	127	18	106	3	7	1	7	13
湖　北	Hubei	85	13	70	2	9	1	9	53
湖　南	Hunan	103	14	86	3	4	1	3	3
广　东	Guangdong	95	19	75	1	15	3	13	25
广　西	Guangxi	105	11	89	5	5	4	2	
海　南	Hainan					2	1	1	2
重　庆	Chongqing	41	5	36		2		2	
四　川	Sichuan	181	20	159	2	2	1	1	8
贵　州	Guizhou	89	10	78	1	10	1	9	3
云　南	Yunnan	134	18	113	3	3	1	2	
西　藏	Tibet	41	8	32	1	2	2	1	
陕　西	Shaanxi	106	10	93	3	8	1	7	4
甘　肃	Gansu	97	13	80	4	12	1	11	3
青　海	Qinghai	55	9	44	1	5	1	4	1
宁　夏	Ningxia	24	4	19	1	2	2	2	
新　疆	Xinjiang	126	16	106	4	10	4	10	3
大连市	Dalian	8	1	7		1		1	
宁波市	Ningbo	9	1	8		8		8	5
青岛市	Qingdao	7	1	6		1		1	1
厦门市	Xiamen	2	1	1		1		1	5
国家气象中心	National Meteorological Center	1	1						
国家卫星气象中心	National Satellite Meteorological Center					2	1	1	5
气象科学研究院	Chinese Academy of Meteorological Science	1			1				

20-52 农气观测站和农业气象预报台站数（1998 年）

AGRO-METEOROLOGICAL OBSERVATION STATIONS AND FORECAST OBSERVATORIES AND STATIONS (1998)

单位：个 (unit)

地区和单位 Region, City and Units	农气观测站点数 Agro-Meteorological Observation Stations and Sub-stations 开展农气观测站数 Agro-Meteorological Observation Stations	农作物观测点 Agricultural Observation Points	土壤湿度测定点 Soil Moisture Measurement Points	物候观测点 Phenological Observation Points	农业气象预报台站 Agro-Meteorological Forecast Observatories and Stations
全 国 National Total	**1125**	**789**	**821**	**611**	**1208**
北 京 Beijing	7	7	7	7	2
天 津 Tianjin	7	7	7	7	
河 北 Hebei	145	27	143	30	30
山 西 Shanxi	44	35	44	35	33
内蒙古 Inner Mongolia	39	28	39	35	38
辽 宁 Liaoning	45	23	43	22	56
吉 林 Jilin	46	22	46	22	46
黑龙江 Heilongjiang	34	34	34	34	41
上 海 Shanghai	1	1	1	1	10
江 苏 Jiangsu	35	24	32	15	31
浙 江 Zhejiang	11	11			53
安 徽 Anhui	22	22	15	22	22
福 建 Fujian	23	16	1	23	38
江 西 Jiangxi	81	79	2	5	90
山 东 Shandong	57	18	57	16	111
河 南 Henan	117	49	117	30	104
湖 北 Hubei	28	28	25	28	31
湖 南 Hunan	22	22	4	22	30
广 东 Guangdong	25	25	1	25	91
广 西 Guangxi	24	24	13	22	86
海 南 Hainan	6	6		6	1
重庆市 Chongqing	20	20	11	12	16
四 川 Sichuan	63	61	38	53	94
贵 州 Guizhou	18	18	5	18	9
云 南 Yunnan	21	21	7	16	27
西 藏 Tibet	4	4	4		1
陕 西 Shaanxi	37	30	25	20	22
甘 肃 Gansu	22	21	22	21	22
青 海 Qinghai	24	19	24	17	
宁 夏 Ningxia	16	11	16	8	16
新 疆 Xinjiang	62	60	25	36	36
大连市 Dalian	5	2	5	2	6
宁波市 Ningbo	7	7	1		7
青岛市 Qingdao	6	6	6		7
气象科学研究院 Chinese Academy of Meteorological Science Institute	1	1	1	1	1

20-53 地震监测情况（1998年）

SITUATION OF EARTHQUAKE MONITORING (1998)

单位：个 (unit)

地区 Region	地震台数总数 Total Number of Earthquake Stations	基本台 Standard	综合台 Comprehensive	观测台 Monitoring	地方台站 Local	企业台站 Enterprises Managing	强震观测点 Number of Observation for Spot Strong Earthquake	骨干测报点 Number of Main Observation Spots	一般测报点 Number of Normal Observation Spots
全国 National Total	**1264**	**34**	**137**	**215**	**620**	**258**	**255**	**1703**	**6528**
北京 Beijing	29	1	10		8	10		40	59
天津 Tianjin	16		8		4	4		40	32
河北 Hebei	95	1	9	17	48	20		210	1120
山西 Shanxi	138	1	6	8	71	52	12	98	447
内蒙古 Inner Mongolia	65	1	4	16	32	12		61	471
辽宁 Liaoning	43	2	6	10	20	5		123	438
吉林 Jilin	13	1	8		2	2		23	164
黑龙江 Heilongjiang	16	1	1	9	5		142	14	24
上海 Shanghai	14	1	1		12		1	7	
江苏 Jiangsu	51	1	14		21	15	6	58	196
浙江 Zhejiang	18	1	4	1	10	2		3	25
安徽 Anhui	31	1	8	4	12	6		66	169
福建 Fujian	31	1	10	3	16	1		4	106
江西 Jiangxi	9	1	2		6				12
山东 Shandong	53	1	5	18	20	9	1	149	954
河南 Henan	42	1	2	9	18	12		81	347
湖北 Hubei	34	2		7	17	8	3	43	37
湖南 Hunan	30	1		6	15	8		16	20
广东 Guangdong	25	1	4	10	10		10	69	90
广西 Guangxi	28	1	2	6	15	4		66	167
海南 Hainan	14	1	1	2	10			8	1
重庆 Chongqing									
四川 Sichuan	69	1	8	17	31	12	7	130	278
贵州 Guizhou	2	1		1					
云南 Yunnan	98	1	4	23	62	8	12	21	52
西藏 Tibet	8	1		7					
陕西 Shaanxi	39	1	4	10	14	10		49	70
甘肃 Gansu	140	2	5	14	71	48	31	288	1211
青海 Qinghai	25	1	4	2	16	2	9	6	11
宁夏 Ningxia	33	1	2	4	24	2			
新疆 Xinjiang	55	3	5	11	30	6	21	30	27

20-54 国家监督抽查产品质量情况

RESULTS OF SAMPLING CHECK ON PRODUCT QUALITY UNDER STATE SUPERVISION

年份 Year	抽查企业（个） Number of Enterprises Selected	无不合格品企业数（个） Number of Enterprises without Products Unqualified	抽查产品 Products Selected in Sampling		合格产品（种） Number of Products Qualified (kind)	样品合格率（%） Rate of Sample Products Qualified(%)
			（类） Number of Types	（种） Number of Kinds		
1988	2983		181	4031	3072	76.2
1989	3948	2795	180	5437	4092	75.3
1990	2495	1838	131	3457	2657	76.9
1991	2845	2186	138	3902	3122	90.0
1992	6845	4477	231	9007	6312	70.1
1993	8110	5509	281	9915	6980	70.4
1994	4640	3090	164	6036	4216	69.8
1995	5288	3851	185	6713	5061	75.4
1996	6779	5052	217	8318	6420	77.2
1997	5441	4116	187	6590	5162	78.3
1998	5431	4056	176	6770	5269	77.8

20-55 各地区产品质量情况（1998年）

QUALITY OF PRODUCTS BY REGION (1998)

单位：%　　(%)

地　区 Region	产品质量等级品率 Rates of Grade Products			新产品产值率 Rate of New Products	质量损失率 Rate of Loss Due to Bad Quality
	优等品率 Rate of Products with Excellent Quality	一等品率 Rate of Products with First Grade Quality	合格品率 Rate of Products with Qualified Quality		
全　国 National Total	**19.80**	**39.50**	**40.17**	**14.25**	**0.72**
北　京 Beijing	25.78	33.46	40.75	14.03	0.93
天　津 Tianjin	12.35	49.07	35.46	11.11	0.36
河　北 Hebei	28.04	33.92	38.04	7.41	0.49
山　西 Shanxi	9.37	56.05	34.57	3.92	1.70
内蒙古 Inner Mongolia	28.69	26.13	44.58	14.55	1.02
辽　宁 Liaoning	14.12	36.82	48.90	13.55	0.54
吉　林 Jilin	15.23	63.21	21.55	24.16	0.76
黑龙江 Heilongjiang	18.76	46.07	35.18	5.13	1.66
上　海 Shanghai	12.31	53.50	34.20	20.06	0.80
江　苏 Jiangsu	17.10	35.76	46.46	19.29	0.63
浙　江 Zhejiang	19.56	34.80	45.07	9.93	0.90
安　徽 Anhui	18.40	47.14	33.79	15.94	0.59
福　建 Fujian	21.68	42.99	35.06	18.70	0.35
江　西 Jiangxi	1.00	22.54	76.46	9.11	0.86
山　东 Shandong	27.23	40.54	31.01	16.12	0.51
河　南 Henan	21.92	39.41	36.35	8.72	0.29
湖　北 Hubei	28.25	36.69	24.28	9.58	0.53
湖　南 Hunan	28.57	33.92	36.80	14.22	0.95
广　东 Guangdong	39.23	25.03	35.04	29.41	1.30
广　西 Guangxi	19.46	52.14	28.40	31.05	0.72
海　南 Hainan					
重　庆 Chongqing	20.93	33.59	41.19	16.93	1.53
四　川 Sichuan	20.51	29.96	48.98	3.12	0.85
贵　州 Guizhou	2.97	53.73	43.30	20.05	3.86
云　南 Yunnan	0.18	27.88	71.94	3.21	1.00
西　藏 Tibet					
陕　西 Shaanxi	5.16	27.04	67.79	13.52	1.14
甘　肃 Gansu	3.42	32.25	64.33	13.68	0.68
青　海 Qinghai	1.80	22.77	74.90	4.05	0.68
宁　夏 Ningxia					
新　疆 Xinjiang		64.33	33.70	25.79	0.67

注：本资料由73个重点工业城市抽样数据汇总而成。

a)Sampling data in this table are collected from 73 main industrial cities.

20-56 全国产品、商品质量监督检查情况（1998年）

RESULTS OF SAMPLING CHECK ON THE QUALITY OF PRODUCTS AND COMMODITIES UNDER STATE SUPERVISION (1998)

项目	Item	产品质量 Product Quality			商品质量 Commodity Quality	
		监督检验企业数（个）Number of Enterprises Supervised & Checked	有不合格产品企业所占比例（%）Proportion of Enterprises with Products Unqualified	批次合格率（%）Rate of Batch-time Qualified (%)	检查商业企业数（个）Number of Commercial Enterprises	批次合格率（%）Rate of Batch-time Qualified (%)
全国总计	**Total**	**395015**	**21.45**	**79.40**	**397843**	**71.00**
农用产品	**Agricultural Products**	**20425**	**24.64**	**78.42**	**44146**	**71.74**
拖拉机	Tractors	86	22.09	81.73	115	67.65
农用化肥	Chemical Fertilizers	7634	23.24	77.88	15685	75.58
化学农药	Chemical Pesticides	1053	14.43	87.21	8446	80.48
饲料	Forages	7876	30.17	74.54	8156	66.22
农用薄膜	Agricultural Films	587	16.70	86.02	1370	83.49
种子	Seeds	630	16.98	89.58	2562	82.42
加工食品和饮料	**Food and Beverage**	**180720**	**26.26**	**75.64**	**201101**	**75.39**
食用植物油	Edible Vegetable Oil	19916	13.73	86.50	8483	74.16
糕点糖果	Cake	34742	25.26	76.41	21303	75.49
乳制品	Dairy Products	1510	27.95	75.23	3011	85.33
罐头	Canned Food	1698	38.69	66.31	7270	77.40
白酒	White Spirit	31463	26.60	75.32	88430	74.19
啤酒	Beer	1196	14.80	89.09	9879	88.02
冷冻饮料	Frozen Beverage	10376	37.80	65.34	5433	68.81
家用电器	**Household Electric Appliances**	**3863**	**18.43**	**83.16**	**11086**	**68.82**
收录机、音响设备	Radio and Casset Players, Hi-Fi Stereo Component Systems	227	19.38	83.78	1520	67.08
电视机、录像机	TV Sets, Videocorders	120	22.50	81.10	698	88.64
洗衣机	Washing Machines	54	1.85	97.65	213	93.37
电风扇	Electric Fans	216	22.22	83.33	798	60.19
电话机	Telephone Sets	113	28.32	82.11	1443	69.23
冰箱、冷藏冷冻箱	Refrigerators, Freezers	58	5.17	96.30	179	96.68
电热器具	Electric Heating Appliances	578	16.44	87.13	1647	61.16
厨房电器具	Electric Cooking Utensils	452	20.13	83.60	705	65.21
抽油烟机	Smoke Absorbers	80	21.25	81.91	199	86.22
轻工产品	**Light Industry Products**	**36411**	**20.56**	**81.57**	**34641**	**69.19**
纸	Paper	2127	22.10	80.51	419	45.61
纸制品	Paper Products	7868	19.10	82.68	724	55.47
玩具	Toys	472	16.10	83.61	1113	50.28

20-56 **续表** continued

项　目	Item	产品质量 Product Quality 监督检验企业数（个） Number of Enterprises Supervised & Checked	有不合格产品企业所占比例（%） Proportion of Enterprises with Products Unqualified	批次合格率（%） Rate of Batch-time Qualified（%）	商品质量 Commodity Quality 检查商业企业数（个） Number of Commercial Enterprises	批次合格率（%） Rate of Batch-time Qualified（%）
家具	Furniture	5991	28.48	71.73	1418	58.82
铝制品压力锅	Aluminum Products	201	31.34	66.67	397	70.20
眼镜(架、片)	Spectacles (Glass & Frame)	2455	30.47	75.01	5715	65.15
灯泡灯管	Electric Bulbs & Fluorescence Tubes	683	29.78	74.53	1387	49.56
镇流器	Ballast	224	13.84	88.03	150	35.71
电热燃气热水器	Water Heaters	404	15.10	87.28	371	76.44
纺织、鞋类产品	**Textile and Shoes**	**21325**	**15.40**	**86.22**	**16211**	**66.97**
布(印染、色织、坯布)	Cloth	2422	5.62	95.14	306	72.00
毛织品	Wool Fabrics	650	10.77	90.33	1512	72.18
丝麻织品	Silk & Fabrics	406	18.97	81.95	210	65.32
针织品	Knit Goods	1337	17.95	82.65	941	71.30
鞋	Shoes	6836	23.13	77.93	6722	64.51
化工产品	**Chemical Products**	**10627**	**15.39**	**86.35**	**4886**	**67.45**
涂料、油漆	Paint	3551	23.18	80.41	2983	68.99
化学试剂	Chemical Reagent	967	5.89	94.47	367	52.30
建材产品	**Building Raw Materials**	**72485**	**13.68**	**86.70**	**13565**	**61.31**
水泥	Cement	14385	9.14	91.96	3372	72.35
水泥预制构件	Cement Prefabricated Components	16509	9.46	90.14	678	73.92
砖瓦	Bricks & Tiles	27544	15.11	85.09	1436	62.33
油毡油纸	Asphalt Felts & Oilpaper	640	42.66	59.16	728	54.45
平板玻璃	Plate Glass	220	21.36	79.05	166	51.98
水暖管件	Waterpipe	1240	20.24	83.26	1929	60.66
机械、电器产品	**Mechanical and Electrical Products**	**18157**	**14.34**	**86.25**	**28917**	**60.60**
轴承	Bearings	391	11.25	91.70	2743	65.46
阀门、泵	Valves	1927	15.46	84.74	3092	47.41
电线	Electric Wire	3222	22.84	79.45	7796	53.85
低压电器元件	Low-voltage Electric Elements	2178	13.77	84.99	5166	61.79
电动工具	Electric Tools	337	24.93	77.44	1768	59.66
消防器材	Fire-fighting Equipment & Materials	141	12.77	89.66	164	73.61
电动机柴油机	Motors & Diesel Engines	526	7.98	93.33	166	48.88
冶金产品及金属制品	**Metallurgical and Metal Products**	**6872**	**20.39**	**82.68**	**6634**	**57.42**
线材	Wire Rod	2091	21.04	78.37	2277	65.09
型材	Section Steel	1500	30.00	76.94	2645	60.03
其他产品	**Others**	**6870**	**21.75**	**57.24**	**9200**	**73.98**

20-57 三种专利申请受理量

THREE TYPES OF PATENT APPLICATIONS EXAMINED

单位:项 (item)

指　标	Item	1985	1990	1995	1997	1998
申请受理量合计	**Total Applications Examined**	**14372**	**41469**	**83045**	**114208**	**121989**
1. 发　明	Creations and Inventions	8558	10137	21636	33666	35960
国　内	Domestic	4065	5832	10018	12713	13726
职　务	Service	2545	2482	2993	4248	4618
大专院校	Universities and Colleges		509	574	635	794
科研单位	Research Institutions		805	865	1262	1248
工矿企业	Industrial and Mineral Enterprises		816	1086	2239	2480
机关团体	Government Agencies and Organizations		352	468	112	96
非职务	Non-service	1520	3350	7025	8465	9108
国　外	Foreign	4493	4305	11618	20953	22234
职　务	Service	4111	4018	11045	20003	21351
非职务	Non-service	382	287	573	950	883
2. 实用新型	Utility Models	5174	27615	43741	50129	51397
国　内	Domestic	5077	27488	43429	49902	51220
职　务	Service	1711	7424	8727	10775	11289
大专院校	Universities and Colleges		811	771	649	619
科研单位	Research Institutions		1521	1376	1396	1422
工矿企业	Industrial and Mineral Enterprises		3830	4739	8437	9004
机关团体	Government Agencies and Organizations		1262	1841	293	244
非职务	Non-service	3366	20064	34702	39127	39931
国　外	Foreign	97	127	312	227	177
职　务	Service	74	55	190	151	117
非职务	Non-service	23	72	122	76	60
3. 外观设计	Designs	640	3717	17668	30413	34632
国　内	Domestic	269	3265	15433	27456	31287
职　务	Service	77	1713	8193	14995	15971
大专院校	Universities and Colleges		13	18	9	32
科研单位	Research Institutions		64	104	171	191
工矿企业	Industrial and Mineral Enterprises		1310	6031	14793	15695
机关团体	Government Agencies and Organizations		326	2040	22	53
非职务	Non-service	192	1552	7240	12461	15316
国　外	Foreign	371	452	2235	2957	3345
职　务	Service	325	418	2013	2853	3229
非职务	Non-service	46	34	222	104	116

注:1985 年是从 4 月 1 日开始统计的。

a)Data in 1985 referred to the period from April 1 to the end of the year.

20-58 三种专利申请批准量

THREE TYPES OF PATENT APPLICATIONS GRANTED

单位:项 (item)

指标	Item	1985	1990	1995	1997	1998
批准量合计	**Total Applications Certified**	**138**	**22588**	**45064**	**50992**	**67889**
1. 发明	Inventions	40	3838	3393	3494	4733
国内	Domestic	38	1149	1530	1532	1655
职务	Service	32	908	932	912	954
大专院校	Universities and Colleges	18	326	258	256	243
科研单位	Research Institutions	11	331	304	316	337
工矿企业	Industrial and Mineral Enterprises	3	206	205	170	182
机关团体	Government Agencies and Organizations		45	165	170	192
非职务	Non-service	6	241	598	620	701
国外	Foreign	2	2689	1863	1962	3078
职务	Service	1	2496	1748	1889	2949
非职务	Non-service	1	193	115	73	129
2. 实用新型	Utility Models	60	16952	30471	27338	33902
国内	Domestic	56	16744	30195	27185	33717
职务	Service	32	5100	6766	6564	8492
大专院校	Universities and Colleges	21	698	623	511	600
科研单位	Research Institutions	6	1280	1025	962	1276
工矿企业	Industrial and Mineral Enterprises	5	2249	2627	4601	6305
机关团体	Government Agencies and Organizations		873	2491	490	311
非职务	Non-service	24	11644	23429	20621	25225
国外	Foreign	4	208	276	153	185
职务	Service	3	132	154	97	111
非职务	Non-service	1	76	122	56	74
3. 外观设计	Designs	38	1798	11200	20160	29254
国内	Domestic	17	1411	9523	17672	26006
职务	Service	5	751	5344	10556	15000
大专院校	Universities and Colleges		7	10	7	17
科研单位	Research Institutions	2	35	156	194	216
工矿企业	Industrial and Mineral Enterprises	3	598	2554	10239	14742
机关团体	Government Agencies and Organizations		111	2624	116	25
非职务	Non-service	12	660	4179	7116	11006
国外	Foreign	21	387	1677	2488	3248
职务	Service	20	336	1402	2407	3150
非职务	Non-service	1	51	275	81	98

注:1985 年是从 4 月 1 日开始统计的。

a)Data in 1985 referred to the period from April 1 to the end of the year.

20-59 各地区三种专利申请受理和批准量（1998年）
THREE TYPES OF PATENT APPLICATIONS EXAMINED AND GRANTED BY REGION (1998)

单位:项 (item)

地 区 Region		申请受理量合计 Number of Patent Applications Examined	发明 Inventions	实用新型 Utility Models	外观设计 Designs	批准量合计 Number of Patent Applications Granted	发明 Inventions	实用新型 Utility Models	外观设计 Designs
全 国	**National Total**	**87591**	**12660**	**45664**	**29267**	**54994**	**1574**	**29558**	**23862**
北 京	Beijing	6321	1758	3442	1121	3800	309	2522	969
天 津	Tianjin	1485	204	925	356	1042	43	706	293
河 北	Hebei	3295	597	2068	630	2090	56	1402	632
山 西	Shanxi	1070	244	653	173	644	41	438	165
内蒙古	Inner Mongolia	785	125	519	141	523	12	375	136
辽 宁	Liaoning	5643	937	3746	960	3162	131	2339	692
吉 林	Jilin	1960	372	1153	435	1051	43	726	282
黑龙江	Heilongjiang	2695	500	1798	397	1517	54	1192	271
上 海	Shanghai	3419	573	1724	1122	2334	97	1219	1018
江 苏	Jiangsu	5829	768	3499	1562	3787	85	2289	1413
浙 江	Zhejiang	7074	571	3309	3194	4470	47	1967	2456
安 徽	Anhui	1484	231	872	381	933	20	631	282
福 建	Fujian	3393	201	1071	2121	2318	20	689	1609
江 西	Jiangxi	1259	247	664	348	765	20	456	289
山 东	Shandong	7597	890	4270	2437	4127	91	2729	1307
河 南	Henan	3163	505	2087	571	1803	32	1388	383
湖 北	Hubei	2629	494	1710	425	1265	67	921	277
湖 南	Hunan	3225	590	2040	595	1623	70	1261	292
广 东	Guangdong	13473	753	3621	9099	10707	77	1992	8638
广 西	Guangxi	1317	186	753	378	853	19	490	344
海 南	Hainan	468	76	114	278	239	3	48	188
重 庆	Chongqing	1255	160	757	338	612	15	363	234
四 川	Sichuan	3187	580	1669	938	1971	67	1146	758
贵 州	Guizhou	800	184	406	210	418	14	254	150
云 南	Yunnan	1136	163	579	394	832	45	477	310
西 藏	Tibet	14	4	5	5	10	2	1	7
陕 西	Shaanxi	1723	350	1068	305	1129	57	810	262
甘 肃	Gansu	598	144	362	92	349	18	265	66
青 海	Qinghai	137	34	76	27	62	1	47	14
宁 夏	Ningxia	179	53	104	22	96	4	78	14
新 疆	Xinjiang	978	166	600	212	462	14	337	111

20-60 按国别(地区)分的三种专利申请受理量及批准量(1998年)

THREE TYPES OF PATENT APPLICATIONS EXAMINED AND GRANTED BY COUNTRY (TERRITORY) (1998)

单位:项 (item)

国别(地区) Country(Territory)		申请受理量合计 Number of Patent Applications Examined	发明 Inventions	实用新型 Utility Models	外观设计 Designs	批准量合计 Number of Patent Applications Grant	发明 Inventions	实用新型 Utility Models	外观设计 Designs
总计	**Total**	**25756**	**22234**	**177**	**3345**	**6511**	**3078**	**185**	**3248**
日本	Japan	9398	7697	51	1650	2599	926	52	1621
马来西亚	Malaysia	15	9		6	12	1	1	10
新加坡	Singapore	56	25	1	30	54	2	1	51
泰国	Thailand	6	2	1	3	7		1	6
中国香港	Hong Kong, China	915	75	110	730	794	13	63	718
澳门	Macao	15		6	9	3			3
台湾	Taiwan	7727	991	5446	1290	5590	68	4096	1426
南朝鲜	Republic of Korea	1834	1670	35	129	330	149	58	123
塞普路斯	Cyprus	1			1				
斯里兰卡	Sri Lanka	1	1			1			1
印度	India	38	21		17	12	3		9
摩纳哥	Monaco	4	4			1	1		
南非	South Africa	22	20		2	6	6		
联邦德国	Germany	2489	2295	9	185	470	319	1	150
荷兰	Holland	663	540	2	121	183	98	3	82
英国	England	776	691	7	78	243	132	7	104
瑞士	Switzerland	741	650	3	88	287	141	2	144
丹麦	Denmark	176	158		18	37	22	2	13
匈牙利	Hungary	12	12			4	3	1	
奥地利	Austria	103	94		9	42	33		9
比利时	Belgium	82	78		4	35	20		15
法国	France	993	901	1	91	279	142	2	135
挪威	Norway	62	59		3	17	13		4
原苏联	Former Soviet Union	28	26		2				
卢森堡	Luxembourg	6	6			15	12		3
列支敦士登	Liechtenstein	23	23			11	10		1
西班牙	Spain	41	33	2	6	13	10	3	
南斯拉夫	Yugoslavia					1	1		
捷克	Czechoslovakia	2	2			3	2	1	
波兰	Poland	2	2			2	2		
爱尔兰	Ireland	28	26		2	3	3		
芬兰	Finland	275	239	1	35	53	27		26
保加利亚	Bulgaria					2	2		
意大利	Italy	375	290	6	79	138	76	6	56
瑞典	Sweden	488	460		28	91	56		35
以色列	Israel	80	71		9	16	10		6
巴拿马	Panama	16	16			1	1		
巴西	Brazil	31	19		2	2	2		
美国	United States	6396	5675	27	694	1418	783	31	604
加拿大	Canada	187	174	4	9	38	25	5	8
新西兰	New Zealand	22	20	1	1	2	1		1
澳大利亚	Australia	168	139	3	26	58	36	4	18

20-61 按国际专利标准分类的发明、实用新型专利申请量和批准量

TWO TYPES OF PATENT APPLICATIONS EXAMINED AND GRANTED BY INTERNATIONAL PATENT CLASSIFICATIONS AND UTILITY MODELS

单位：项 (item)

分类	Item	1997 申请量 Applica-tions Examined	1997 批准量 Applica-tions Granted	1998 申请量 Applica-tions Examined	1998 批准量 Applica-tions Granted
合计	**Total**	**83016**	**30832**	**75325**	**38635**
A 部(人类生活需要)	**Section A: Personal Use Items**	**20425**	**8283**	**18912**	**9579**
农、林、牧、渔	Agriculture, Forestry, Animal Husbandry and Fishery	2685	942	2581	1266
烘烤、食用面团	Baking and Edible Doughs	209	82	150	93
屠宰、加工	Butchering and Meat Processing	33	17	31	22
食品、食物及处理	Foods or Foodstuffs and their Treatment	1471	203	1239	286
烟类及用品	Tobacco, Cigars and Cigarettes	271	127	288	164
服装	Clothing	577	313	618	382
帽类制品	Headwear	115	50	113	62
鞋类	Footwear	599	363	667	378
男用服饰用品、珠宝	Haberdashery and Jewelry	186	90	206	112
手携及旅行用品	Hand or Traveling Articles	787	447	849	516
刷类用品	Brushware	241	138	241	124
家具、家庭日用品或设备	Furniture, Domestic Articles and Appliances	3909	2357	4644	2700
医学、兽医学、卫生学	Medical or Veterinary Science and Hygiene	7589	2250	5720	2554
救生、消防	Life-saving and Fire-fighting	322	159	239	186
医学、游戏、娱乐活动	Sports, Games, and Recreation	1431	745	1326	734
B 部(作业、运输)	**Section B: Industrial and Transportation**	**16294**	**6754**	**15092**	**8960**
物理或化学的方法或装置	Physical or Chemical Processes or Apparatus	1338	489	1198	658
破碎、研磨、粉碎	Crushing, Pulverizing, or Disintegrating	307	214	306	242
分选、分离	Separation of Solid Materials, Electrostatic Separation	119	86	140	99
离心装置、离心机	Centrifugal Apparatus or Equipment	75	37	46	43
喷射、雾化	Spraying or Atomizing General	335	82	287	167
机械振动的产生和传递	Generation or Transmission of Mechanical Vibrations	17	9	18	4
固体分离、分选	Separating Solids from Solid Wastes	118	58	117	86
清洁	Janitorial	144	62	102	72
固体废料的处理	Disposal of Solid Waste	24	1	21	7
金属加工、冲裁	Mechanical Metal-working and Stamping	531	193	460	268
铸造、粉末冶金	Casting and Powder Metallurgy	273	102	242	140
机床、其他金属加工	Machine Tools	838	394	851	499
磨削、抛光	Grinding and Polishing	284	118	239	144
简单工具	Hand Tools, Portable Power Tools, and Workshop Equipment	469	234	508	427
手工、切割工具、切断	Hand Cutting Tools, Cutting, and Severing	229	100	238	156
木材加工、保存、钉钉机	Wood Preservation and Nailing or Stapling Machines	217	114	235	106
加工水泥、粘土和石料	Cement, Clay or Stone	283	152	219	194
塑料制品的加工	Plastics	605	196	493	171
压力机	Presses	91	55	97	83
纸品制作、纸的加工	Paper Making and Processing Paper	96	37	78	37
叠层产品	Layered Products	271	99	169	108
印刷、打字机、印刷机	Printing, Lining Machines, and Typewriters	501	163	451	115
装订、图册、文件夹	Bookbinding, Albums, and Files	313	174	301	146

20-61 **续表** 1 continued

单位:项 (item)

分类	Item	1997		1998	
		申请量 Applica-tions Examined	批准量 Applica-tions Granted	申请量 Applica-tions Examined	批准量 Applica-tions Granted
绘图具、办公附属用品	Writing or Drafting Devices	730	431	730	427
装饰艺术	Decorative Arts	307	140	302	164
一般车辆	Vehicles in General	1904	884	1842	1050
铁　路	Railways	169	67	156	95
无轨陆用车牌	Land Vehicles other than Rail	1615	621	1575	1069
船舶、船只、有关设备	Ships and Related Equipment	221	81	207	112
飞行器、航空、宇宙航行	Aircraft and Aviation	103	10	94	31
输送、包装、存贮、搬运	Conveying and Packing Inflammatory Materials	3214	1071	2760	1582
卷扬、提升、牵引	Hoisting, Lifting, and Hauling	399	207	452	334
液体的贮运	Opening or Closing Bottles, Jars or Similar Containers	143	68	145	115
鞍具、室内装璜	Saddlery ; Upholstery	11	5	13	9
C 部(化学、冶金)	**Section C: Chemistry and Metallurgy**	**9955**	**1823**	**5029**	**2422**
无机化学	Inorganic Chemistry	394	110	299	157
水、废污水、泥浆的处理	Treatment of Water, Waste Water, Sewage or Sludge	583	225	576	223
玻璃、石棉和渣棉	Glass; Mineral of Slag Wool	265	51	174	112
水泥、陶瓷等、隔音材料	Cement, Concrete, Artifical Stone; Ceramics, Refractories	387	36	317	60
肥料及制造	Fertilizers and Related Products	175	23	152	29
炸药、火柴	Explosives and Matches	26	12	20	7
有机化学	Organic Chemistry	2839	432	713	549
有机高分子化合物	Organic Macromolecular Compounds	1511	204	599	229
染料、涂料、抛光剂等	Dyes, Paints, Polishes, Resins, and Adhesives	811	88	455	110
石油、煤气及炼焦工业	Petroleum, Gas or Coke Industries, Inert Gases	501	138	361	181
动植物油、脂类	Animal or Vegetable Oils, Fats	437	70	144	77
生化、酒、醋、酶、遗传工程	Biochemistry, Beer, Spirits, Wine, Vinegar, Bicrobiology, Benzymology, Mutation or Genetic Engineering	1089	108	460	107
糖或淀粉工业	Sugar Industry	22	8	9	8
大小原皮、毛皮、皮革	Skins, Hides, Pelts, Leather	27	8	26	6
黑色冶金	Metallurgy of Iron	199	77	171	161
冶金学、合金或有色合金	Metallurgy, Ferrous or Nonferrous Alloys	278	122	210	163
金属加工涂料、防腐防锈	Coating Metallic Materials	216	55	178	113
电解电泳方法及设备	Electrolytic or Electrophoretic Processes	139	43	126	113
晶体生长	Crystal Growth	56	13	39	17
D 部(纺织、造纸)	**Section D: Textiles and Papers Making**	**1731**	**681**	**1344**	**810**
线、纤维、纺纱	Natural or Artificial Threads or Fibers, Spinning	242	85	146	105
纺纱、整经或络经	Yarns, Mechanical Finishing of Yarns or Rope	56	9	40	28
织　造	Weaving	135	69	102	97
编带、花边、针织、整理	Braiding, Lace-Making, Knitting	214	95	131	108
缝纫、锈花、簇绒	Sewing, Embroidery, Tufting	124	51	105	66
织物等的处理、洗涤	Treatment of Textiles, Laundering	596	278	604	272
绳、除电缆外的缆绳	Ropes and Cables, other than Electric	18	10	20	15
造纸、纤维素的生产	Paper making, Production of Cellulose	346	84	196	119
E 部(固定建筑物)	**Section E: Fixed Construction**	**5093**	**2458**	**5642**	**3082**
道路、铁路和桥梁的建筑	Construction of Roads, Railways, or Bridges	354	136	502	246
水利工程、基础、运土	Hydraulic Engineering, Foundations, Soil-shifting	400	129	424	211
给水、排水	Water Supply, Sewage	574	331	640	378

20-61 **续表** 2 continued

单位：项 (item)

分类	Item	1997 申请量 Applica-tions Examined	1997 批准量 Applica-tions Granted	1998 申请量 Applica-tions Examined	1998 批准量 Applica-tions Granted
建筑物	Building	1428	654	1434	649
锁、钥匙、门窗、保险箱	Locks, Keys, Windows or Door Fittings; Safes	1062	451	1196	738
一般门、窗、百叶窗、梯子	Doors, Windows, Shutters, or Roller Blinds in General; Ladders	707	503	864	454
钻井、采矿	Well Drilling, Mining	568	254	582	406
F 部(机械工程)	**Section F: Mechanical Engineering**	**10283**	**4668**	**11683**	**6409**
一般机器、发动机、蒸汽机	Machines or Engines in General; Engine Plants in General; Steam Engines	324	115	326	120
内燃机等	Combustion Engines	818	253	807	262
液力机械和其他发动机	Machines or Engines for Liquids	210	47	257	35
液体变容机械、泵	Positive-displacement Machines for Liquids; Pumps for Liquid or Elastic Fluids	905	474	1321	667
液压调节器、液压技术	Fluid-pressure Acuators; Hydrautic or Pneumatics in General	105	50	79	50
工程元件或部件	Engineering Elements or Units; General Measures for Producing and Maintaining Effectives Functioning of Machines or Installations; Thermal Insulation in General	2633	1179	2688	1596
气体或液体的贮藏或分配	Storage or Distribution of Gases or Liquids	148	47	117	84
照　明	Lighting	565	257	677	441
蒸汽的生产	Steam Generation	127	51	105	117
燃烧设备、燃烧技术	Combustion Apparatus; Combustion Processes	542	284	670	401
采暖、炉灶、通风	Stoves, Ranges, Ventilation	2698	1323	3181	1858
制冷气体的液化和固化	Refrigeration or Cooling, Heat Pump Systems	492	209	577	184
干　燥	Drying	114	66	145	105
炉、窑、灶、罐	Furnaces, Kilns, Ovens	127	104	154	107
一般热交换	Heat Exchange in General	315	140	416	272
武　器	Weapons	79	38	84	65
弹药、爆破	Ammunition, Blasting Caps	81	31	79	45
G 部(物理)	**Section G: Physics**	**8934**	**2838**	**8523**	**3893**
测量、测试	Measurements, Testing	2309	994	2172	1518
光学技术	Optics	776	159	681	350
照相术、电影术、电刻术	Photography, Cinematography, Electrography	491	127	613	203
测时技术	Horology	229	132	258	123
控制、调节技术	Controlling, Regulating	316	93	269	164
计算、推算、计数技术	Computing, Calculating, Counting	1869	383	1770	398
核算装置	Measurement Devices	221	79	162	97
信号装置	Signalling	398	234	409	185
教育、密码、显示、广告等	Education, Cryptography, Advertising, Seals	860	417	974	493
乐器、声学	Musical Instruments, Acoustics	294	87	164	122
信息的存储	Information Storage	1065	115	963	201
仪器的零部件	Instrument Details	18	8	51	20
核物理、核工程	Nuclear physics, Nuclear Engineering	88	10	37	19
H 部(电学)	**Section H: Electricity**	**10301**	**3327**	**9100**	**3480**
基本电器元件	Basic Electric Elements	3929	1547	3910	1647
电力的发电、变电或配电	Generation, Conversion, or Distribution of Electric Power	1556	703	1449	856
基本电子电路	Basic Electrionic Circuitry	515	111	475	71
电信技术	Telecommunications Techniques	3591	682	2761	622
其他类不包括的电技术	Electric Techniques Not Otherwise Provided for	710	284	505	284

注：此表不包括外观设计分类。

a)Designs patents are excluded in this table.

20-62 文化艺术、文物事业单位数
NUMBER OF INSTITUTIONS FOR CULTURE, ART AND CULTURAL RELICS

单位：个 (unit)

年 份 Year	电影放映单位 Film Projection Units	艺术表演团体 Art Performance Troupes	艺术表演场所 Art Performance Places	文 化 馆 Cultural Centers	公共图书馆 Public Libraries	博 物 馆 Museums
1949		1000	891	896	55	
1952	2285	2084	1510	2430	83	35
1957	9965	2884	2296	2748	400	72
1962	18483	3320	2249	2514	541	230
1965	20363	3458	2943	2598	562	214
1970	26569	2541	1432	2303	323	182
1975	59661	2836	1464	2598	629	242
1976		2906	1458	2609	768	
1977		2941	1448	2644	851	
1978	115946	3150	1095	2748	1218	349
1979	122121	3482	1255	2892	1651	
1980	125440	3533	1444	2912	1732	365
1981	130827	3483	1415	2893	1787	
1982	143650	3460	1424	2925	1889	
1983	162153	3444	1688	2946	2038	
1984	178387	3397	1684	3016	2217	
1985	182434	3317	1673	2965	2344	711
1986	173857	3195	2036	2993	2406	777
1987	166472	3094	2094	2973	2440	827
1988	161777	2985	2042	2975	2485	903
1989	152300	2850	2011	2955	2512	967
1990	146184	2805	2011	2955	2527	1013
1991	139639	2772	2024	2894	2535	1075
1992	133766	2753	2037	2900	2565	1106
1993	113000	2707	2024	2886	2579	1130
1994	94000	2698	1998	2887	2596	1161
1995	94000	2682	1972	2886	2615	1194
1996	69000	2664	1934	2892	2631	1219
1997	69000	2663	1947	2901	2661	1282
1998	69000	2652	1929	2901	2731	1339

20-63 文化艺术和文物事业机构和人员情况（1998 年）

NUMBER OF INSTITUTIONS AND PERSONNEL IN CULTURE, ART AND CULTURAL RELICS (1998)

机构类别	Catetory of Institution	机构数(个) Number of Institutions	从业人数(人) Number of Persons Engaged (person)
文化事业合计	**Culture**	**337772**	**1767431**
艺术事业	Art Institutions	4581	190928
艺术表演团体	Art Performance Troupes	2652	145998
话剧、儿童剧、滑稽剧团	Drama, Children, Plays and Comedy Troupes	88	7273
歌剧、舞剧、歌舞剧团	Opera, Ballet and Dance Troupes	65	7945
歌舞团、轻音乐团	Song and Dance Troupe, Light Muscic Troupe	286	22196
文工团、文宣队、乌兰牧骑	Cultural and Performance Troupes and Ulanmuchi (equestrain art troupes)	424	12808
戏曲剧团	Local Opera Troupes	1562	83810
#京剧	Local Beijing Opera Troupes	112	10187
曲艺、杂技、木偶、皮影团	Recitation and Ballad Troupes, Acrobatics and Circus Troupes, Puppet Show Troupes and Shadow Play Troupes	210	10268
艺术表演场所	Art Centers	1929	44930
剧场、影剧院	Theaters and Music Halls	1893	44012
书场、曲艺场	Storytelling Places, Recitation and Ballad Places	22	258
杂技、马戏场	Acrobatics, Circus Places	2	68
音乐厅	Concert Halls	12	592
图书馆事业	Libraries	2731	48313
群众文化事业	Mass Culture	45834	129842
群众艺术馆	Mass Art Centers	386	11705
文化馆	Cultural Centers	2901	45026
文化站	Cultural Stations	42547	73111
#乡文化站	Township Cultural Stations	38911	62394
艺术教育事业	Culture and Education	235	20772
其他文化事业	Other Cultural Units	280062	1294470
艺术创作机构	Art Creation Institutions	401	3200
艺术研究机构	Art Research Institutions	171	3146
艺术展览机构	Art Exhibition Institutions	41	1255
#美术馆	#Art Gallery	24	697
文化艺术经纪与代理业	Brokers and Agents for Cultureal and Arts Activities	234	2462
其他	Others	279215	1284407
文物事业合计	**Cultural Relics**	**3496**	**65653**
文物保护管理机构	Agency of Historical Relics Preservation	1910	23832
文物科研机构	Scientific and Research Historical Relics Agency	53	2575
其他文物机构	Other Historical Relics Agency	72	3836
博物馆	Museums	1339	32135
综合性博物馆	Comprehensive Museum	805	16872
专门性博物馆	Special Museum	247	9692
纪念性博物馆	Memorial Museum	287	5571
文物商店	Cultural Relics Agencies	122	3275

20-64 各地区文化艺术、文物事业单位数（1998年）
NUMBER OF INSTITUTIONS FOR CULTURE，ART AND CULTURAL RELICS BY REGION (1998)

单位：个　　(unit)

地区 Region	艺术表演团体 Art Performance Troupes	艺术表演场所 Art Performance Places	文化馆 Cultural Centers	公共图书馆 Public Libraries	博物馆 Museums
全国 National Total	**2652**	**1929**	**2901**	**2731**	**1339**
中央 Central Publishing House	17	6		1	5
地方 Local Publishing House	2635	1923	2901	2730	1334
北京 Beijing	20	23	22	23	26
天津 Tianjin	17	32	18	31	15
河北 Hebei	139	112	168	146	40
山西 Shanxi	161	53	118	120	72
内蒙古 Inner Mongolia	117	31	102	108	21
辽宁 Liaoning	81	72	103	129	30
吉林 Jilin	67	57	95	60	17
黑龙江 Heilongjiang	92	50	118	97	41
上海 Shanghai	29	44	43	32	11
江苏 Jiangsu	132	137	108	99	79
浙江 Zhejiang	82	98	83	82	68
安徽 Anhui	91	104	101	83	35
福建 Fujian	94	79	80	80	76
江西 Jiangxi	80	64	101	104	83
山东 Shandong	118	107	139	131	56
河南 Henan	206	167	195	132	68
湖北 Hubei	104	82	129	101	92
湖南 Hunan	88	93	124	115	68
广东 Guangdong	139	76	117	120	122
广西 Guangxi	118	32	97	173	38
海南 Hainan	22	18	18	19	15
重庆 Chongqing	39	25	43	42	12
四川 Sichuan	100	97	170	129	47
贵州 Guizhou	28	13	85	89	5
云南 Yunnan	131	40	127	148	27
西藏 Tibet	26	18	48	1	2
陕西 Shaanxi	118	110	111	114	67
甘肃 Gansu	78	46	83	91	63
青海 Qinghai	14	2	42	38	12
宁夏 Ningxia	15	17	22	20	3
新疆 Xinjiang	89	24	91	73	23

20-65 艺术表演团体演出情况（1998年）

BASIC STATISTICS ON PERFORMANCE OF ART TROUPES (1998)

种类	Item	演出场数（万场） Number of Performances (10 000 shows)	#到农村演出 Shows in Rural Areas (10 000)	观众人数（万人次） Number of Spectators (10 000 person-times)
总计	**Total**	**42.4**	**26.0**	**53485.6**
国有剧团	Troupes Sponsored by State-owned Units	26.3	14.4	37012.1
集体经营剧团	Troupes Sponsored by Collective Units	15.5	11.8	16473.5
按剧种分：	Art Troupes			
话剧、儿童剧、滑稽剧团	Drama, Children's Play and Comedy Troupes	1.0		1144.5
歌舞剧团	Song and Dance Drama Troupes	4.1	0.9	6046.1
文工团、宣传队、乌兰牧骑	Cultural and Performance Troupes and Ulanmuchi (equestrain art troupes)	3.9	2.2	6416.3
乐团、合唱团	Philharmonic and Chorus Troupes			111.2
戏曲剧团	Local Opera Troupes	25.2	19.3	37033.3
#京剧	Local Beijing Opera Troupes	0.9	0.3	4759.3
曲艺、杂技、木偶、皮影团	Recitation and Ballad Troupes, Acrobatics and Circus Troupes, Puppet Show Troupes, and Shadow Play Troupes	6.6	2.2	2734.2

注：歌舞剧团包括歌剧、舞剧、歌舞剧团、歌舞团和轻音乐团(下表同)。

a)Song and dance drama troupes include opera, dance and light music troupes. The same as in the following table.

20-66 艺术表演团体收支情况（1998年）

INCOME AND EXPENDITURES OF ART TROUPES (1998)

种类	Item	补贴团数（个） Number of Troupes Receiving Government Subsidies (unit)	财政补助收入（万元） Government Subsidies (10 000 yuan)	总收入（万元） Total Income (10 000 yuan)	#演出收入 Income from Performances	总支出（万元） Total Expenditures (10 000 yuan)	经费自给率（%） Total Income/Total Expenditures Ratio (%)
总计	**Total**	**2492**	**139912.8**	**218545.5**	**41730.0**	**223876.5**	**34.5**
国有剧团	Troupes Sponsored by State-owned Units	1854	127059.4	191788.9	32037.8	197061.8	32.1
集体经营剧团	Troupes Sponsored by Collective Units	683	12853.4	26756.6	9692.2	26814.7	51.1
按剧种分：	Art Troupes						
话剧、儿童剧、滑稽剧团	Drama, Children's Play and Comedy Troupes	85	11394.2	18282.8	2546.9	19061.0	34.7
歌舞剧团	Song and Dance Drama Troupes	335	36210.0	6046.1	8415.9	58518.0	30.1
文工团、宣传队、乌兰牧骑	Cultural and Performance Troupes and Ulanmuchi (equestrain art troupes)	404	8740.4	10846.0	1163.6	10872.7	18.4
乐团、合唱团	Philharmonic and Chorus Troupes	15	3927.0	6995.9	1104.7	6397.0	47.1
戏曲剧团	Local Opera Troupes	1472	67524.3	108180.9	22430.0	108157.2	35.9
#京剧	Local Beijing Opera Troupes	112	14372.6	20161.1	2083.2	20729.6	27.3
曲艺、杂技、木偶、皮影团	Recitation and Ballad Troupes, Acrobatics and Circus Troupes, Puppet Show Troupes and Shadow Play Troupes	181	12116.9	21571.9	6068.9	20870.6	42.0

注：本表各项指标仅指文化部系统内的。

a)The data in this table only refer to those under the administration of cultural departments.

20-67 群众艺术馆、文化馆站业务活动及经费情况（1998年）

BASIC STATISTICS ON ACTIVITIES AND EXPENDITURES OF MASS ART CENTERS AND CULTURAL CENTERS (1998)

项　目		Item		总　计 Total	群众艺术馆 Mass Art Centers	文化馆 Cultural Centers	文化站 Cultural Stations
单位数	(个)	Number of Units	(unit)	45834	386	2901	42547
举办展览	(个)	Number of Exhibitions	(unit)	86960	1730	13452	71778
组织文艺活动	(次)	Art Performances and Story-Telling Sessions	(times)	267351	6996	54862	205493
举办训练班		Training Courses					
班　次	(次)	Number of Classes	(times)	125872	5509	26148	94215
结业人次	(万人次)	Number of Persons Completing Courses	(10 000 person-times)	460	16	83	361
群众艺术馆、文化馆负责指导单位		Units Responsible for Guiding Mass Art Centers and Cultural Centers					
农村集镇文化中心	(个)	Cultural Centers in County Towns	(unit)	21994	1260	20734	
文化俱乐部、室	(个)	Cultural Clubs	(unit)	118598	4077	114521	
文化户	(户)	Households Specializing in Cultural Activities	(household)	204773	7997	196776	
群众业余演出团(队)	(个)	Part-time Art Groups	(unit)	30133	1448	28685	
总支出	(万元)	Total Expenditures	(10 000 yuan)	173207	26016	68905	78287
#业务费	(万元)	Professional Expenditures	(10 000 yuan)	21827	4195	8107	9524
修缮费	(万元)	Maintenance Expenses	(10 000 yuan)	10704	1770	3301	5632

注：本表各项指标仅指文化部系统内的。

a)The data in this table only refer to those under the administration of the cultural departments.

20-68 公共图书馆业务活动及经费情况（1998年）

FACILITIES, SERVICES AND EXPENDITURES OF PUBLIC LIBRARIES (1998)

项　目		Item	总　计 Total	#省级公共图书馆 Public Libraries at Provincial Level	#县级公共图书馆 Public Libraries at County Level
总藏量	(万册、件)	Total Collections (10 000 volumes)	38514.1	12232.2	13632.0
书架总长度	(万米)	Total Length of Bookshelves (10 000 m)	872.6	215.8	314.0
发放借书证数	(万个)	Number of Library Cards Distributed (10 000 units)	582.2	86.2	290.0
图书流通情况		Circulation of Books			
总流通人次	(万人次)	Total Number of Circulation (10 000 person- times)	17058.2	1513.8	9869.5
书刊外借册次	(万册次)	Number of Books Borrowed by the Readers (10 000 volume-times)	15422	1160.5	9274.6
为读者服务举办各种活动		Service Activities Provided for Readers			
次　数	(次)	Number of Activities (times)	37067	7823	20888
参加人数	(万人次)	Number of Readers Involved (10 000 person-times)	1379.8	97.5	718.0
总支出	(万元)	Total Expenditures (10 000 yuan)	127032	33904.1	38235.9
#藏量购置费	(万元)	Purchase Expenses (10 000 yuan)	32516.5	11629.6	5328.1
本年新购藏量	(万册)	Number of Books Purchased During the Year (10 000 volumes)	892.3	139.6	411.1
公用房屋		Floor Space of Public Buildings			
建筑面积	(万平方米)	Floor Space of Buildings (10 000 sq. m)	492.5	73.9	255.5
#书　库	(万平方米)	Stack Rooms (10 000 sq. m)	131.7	27.5	60.0
阅览室座席	(万个)	Seating Capacity of Reading Rooms (10 000 seats)	39.9	2.3	26.9

20-69 博物馆、文物机构业务活动及经费情况（1998年）

FACILITIES, SERVICES AND EXPENDITURES OF MUSEUMS AND CULTURAL RELIC AGENCIES (1998)

项　目	Item	文物保护管理机构 Protection and Management Agencies	文物科研机构 Scientific and Research Historical Relics Preservation	其他文物机构 Other Agencies	博物馆 Museums
藏　品（件）	Number of Collections (piece)	1951939	615506	66764	9309135
＃一级品（件）	Grade One (piece)	6057	1211	115	42455
业务活动	Operations				
陈列展览（个）	Number of Displays and Exhibitions				6116
参观人数（万人次）	Number of Visitors (10 000 person-times)				8844
经费支出（万元）	Total Expenditures (10 000 yuan)	72847	9563	47996	115684
＃业务费（万元）	Professional Expenditures (10 000 yuan)	9606	3246	9819	32500
＃考古发掘费（万元）	Archaeology and Excavation Expenses (10 000 yuan)	1407	1698	942	951
修缮费（万元）	Maintenance Expenses (10 000 yuan)	8199		554	11832
增加值（万元）	Value Added (10 000 yuan)	22221	13092	2941	38730

20-70 摄制电影片产量

FILM PRODUCTION

年份 Year	电影故事片厂（个） Number of Feature Film Studios	故事片（部） Feature Films (film)	美术片（本） Cartoons (reel)	科学教育片（本） Popular Science Films (reel)	纪录片（本） Documentary Films (reel)
1952	4	4	2	41	157
1957	11	40	5	84	272
1962	16	34	17	94	133
1965	16	52	21	240	378
1975	15	27	11	214	313
1978	12	46	26	289	202
1980	17	82	32	337	242
1985	20	127	45	357	419
1986	20	134	46	383	417
1987	22	146	45	353	347
1988	22	158	38	344	350
1989	22	136	53	334	259
1990	22	134	51	326	296
1991	22	130	46	351	283
1992	22	170	56	354	307
1993	22	154	47	252	300
1994	22	148	32	182	22
1995	30	146	37	40	111
1996	30	110	58	33	39
1997	31	88	28	34	95
1998	31	82	9	30	54

注：本表电影故事片厂只包括国务院批准的厂。

a) The number of feature film studios in this table only includes those approved by the State Council.

20-71 广播、电视事业发展情况

BASIC STATISTICS ON BROADCASTING AND TELEVISION STATIONS

项目	Item	1997	1998	1998年为1997年% 1998 as Percentage of 1997
职工人数 （人）	Number of Staff and Workers (person)	459687	459700	100.00
广播电台 （座）	Number of Broadcasting Stations (set)	1363	298	
发射台及转播台 （座）	Number of Broadcast Transmission Stations and Relaying Stations (set)	747	748	100.13
发射机功率 （千瓦）	Broadcast Power of Transmitters (kw)	44004.5	44335.6	100.75
县、市有线广播站 （座）	Number of Wire Broadcast Stations in Counties and Cities (set)	2055	1403	
广播人口覆盖率 （%）	Listener Rating (%)	86.2	88.3	102.67
电视台 （座）	Number of Television Stations (set)	923	347	
电视发射及转播台 （座）	Television Transmission Stations and Relaying Stations (set)	41205	41252	100.11
发射机功率 （千瓦）	Power of Trandmitters (kw)	7860.7	7989.5	101.64
电视人口覆盖率 （%）	Viewer Rating (%)	87.6	89.0	101.60

注：(1)1998年广播电台、电视台只包括省、地(市)级，不包括县级。

(2)1998年仅包括县有线广播站。

a)Broadcasting and Television stations in 1998 only cover provinces and prefectures, excluding counties.

b)Rediffusion stations in counties and cities in 1998 only refer to the counties data.

20-72 广播、电视节目制作时间

PRODUCTION OF BROADCASTING AND TV PROGRAMS

单位：小时 (hours)

项目	Item	1985	1990	1995	1997	1998
广播节目制作	Production of Broadcasting Programs	280799	647762	2332164	3195941	337558
#新闻	News Programs	65955	135550	353368	429069	449775
专题	Special Subject Programs	51603	123741	565464	697327	709389
教育	Educational Programs	26336	39590	91240	159753	173706
文艺	Programs of Entertainment	84926	235766	924656	1310405	1377033
服务性	Service Programs	51979	113115	397436	599387	665685
电视节目制作	Production of TV Programs	38056	91572	383513	616437	725699
#新闻	News Programs	7444	28593	80800	116953	127776
专题	Special Subject Programs	4752	15739	81146	97465	109458
教育	Educational Programs	15810	5365	11630	24208	29882
文艺	Programs of Entertainment	6957	22096	109322	225124	267132
服务性	Service Programs	3093	19779	100615	152687	191451

20-73 广播、电视宣传基本情况（1998年）

BASIC STATISTICS ON BROADCASTING AND TELEVISION (1998)

项目	Item	节目套数（套） Number of Programs (set)	平均每日(周)播出时间（小时） Broadcasting Hours Per Day/Week(hour)	自办节目时间（小时） Self-Produced Programs (hour)	新闻节目 News Programs	专题节目	教育节目 Educational Programs	文艺节目 Entertainment Programs	服务性节目
无线广播合计	**All Radio Broadcasting Stations**	**1645**	**16572.0**	**12637.5**	**1681.3**	**2631.3**	**6336.0**	**5263.4**	**2427.9**
中央台和国际台		8	314.5	314.4	85.6	88.7	27.7	87.0	25.4
地方台	Local	1637	16437.5	12323.1	1595.6	2542.6	605.9	5176.4	2402.5
电视播映合计	**All Television Stations**	**1065**	**66959.6**	**48682.8**	**4594.4**	**4804.8**	**1083.2**	**30382.8**	**7817.7**
中央电视台	China Central Television	8	1021.9	1021.9	177.2	318.0	28.8	419.8	78.3
地方台	Local Television	1057	65937.7	47660.9	4417.2	4486.9	1054.4	29963.0	7739.4

注：自办节目时间，无线广播为平均每日，电视播映为平均每周。

a)The data on program hours refer to the number of hours per day for radio broadcasting and the number of hours per week for television broadcasting.

20-74 各地区新闻出版事业机构和人员数（1998 年）

NUMBER OF INSTITUTIONS AND PERSONS ENGAGED IN NEWS AND PUBLISHING UNDERTAKINGS BY REGION (1998)

地区 Region	书刊出版社 Publishing Houses		国家定点书刊印刷厂 Printing Houses		书店 Book Stores	
	机构数(个) Institutions (unit)	从业人员(人) Personnel (person)	机构数(个) Institutions (unit)	从业人员(人) Personnel (person)	机构数(个) Institutions (unit)	从业人员(人) Personnel (person)
全国 National Total	**530**	**44997**	**346**	**170331**	**13625**	**146129**
中央 Central Publishing House	204	20120	45	18598	142	2881
地方 Local Publishing House	326	24877	301	151733	13483	143248
北京 Beijing	10	832	9	4075	189	4210
天津 Tianjin	12	1075	10	4737	118	2087
河北 Hebei	7	748	22	10318	637	7185
山西 Shanxi	7	477	9	3696	457	3694
内蒙古 Inner Mongolia	7	447	5	2573	301	3586
辽宁 Liaoning	17	1066	13	9081	261	6097
吉林 Jilin	14	884	11	3889	222	4266
黑龙江 Heilongjiang	12	699	8	5769	255	5052
上海 Shanghai	35	3566	17	6040	221	4000
江苏 Jiangsu	16	1000	15	7598	961	8975
浙江 Zhejiang	14	760	9	3317	531	5034
安徽 Anhui	9	462	7	3849	611	4273
福建 Fujian	10	654	6	2988	322	3796
江西 Jiangxi	7	364	8	6715	351	4701
山东 Shandong	16	1068	29	13423	1015	10098
河南 Henan	11	701	14	9279	1380	10105
湖北 Hubei	14	1321	19	6665	633	7522
湖南 Hunan	12	1020	13	6920	579	6050
广东 Guangdong	19	1432	16	5952	562	8650
广西 Guangxi	7	663	8	4529	328	4204
海南 Hainan	3	211	2	670	59	1211
重庆 Chongqing	3	437	4	2290	215	3601
四川 Sichuan	17	1234	12	7176	790	7884
贵州 Guizhou	4	426	5	3016	482	2223
云南 Yunnan	8	462	4	2361	556	3669
西藏 Tibet	2	78	2	456	71	210
陕西 Shaanxi	15	1198	9	7603	432	4260
甘肃 Gansu	5	306	6	3365	397	2495
青海 Qinghai	1	110	2	665	180	1171
宁夏 Ningxia	3	122	3	678	90	742
新疆 Xinjiang	9	1054	4	2040	277	2197

20-75 全国图书、杂志和报纸出版情况
NUMBER OF BOOKS, MAGAZINES AND NEWSPAPER PUBLISHED IN CHINA

年份 Year	图 书 Books Published				杂 志 Magazines Publised				报 纸 Newspapers Publised			
	种数（种）Number of Publications (kind)	#新出版 New Publications	印数（亿册、张）Printed Copies (100 million copies)	印张数（亿印张）Printed Sheets (100 million sheets)	种数（种）Number of Publications (kind)	每期平均印数（万册）Average Printed Copies per Issue (10 000 copies)	总印数（亿册）Total Printed Copies (100 million copies)	总印张数（亿印张）Printed Sheets (100 million sheets)	种数（种）Number of News paper Publish-ed (kind)	每期平均印数（万份）Average Printed Copies per Issue (10 000 copies)	总印数（亿份）Total Printed Copies (100 million copies)	总印张数（亿印张）Printed Signatures (100 million sheets)
1952	13692	7940	7.9	17.0	354	1194.7	2.0	2.8	296	737.2	16.1	13.3
1957	27571	18660	12.8	35.0	634	1910.9	3.2	6.9	364	1130.7	24.4	23.8
1962	16548	8305	10.9	30.7	483	1267.3	2.0	4.2	273	1158.9	25.8	22.1
1965	20143	12352	21.7	56.2	790	2882.5	4.4	9.4	343	2476.6	47.4	40.3
1970	4889	3870	17.9	37.0	21	537.1	0.7	3.8	42	1300.9	46.5	50.3
1975	13716	10633	35.8	101.8	476	3657.3	4.4	14.7	180	3203.0	109.7	96.4
1978	14987	11888	37.7	135.4	930	6200.1	7.6	22.7	186	4280.1	127.8	113.5
1980	21621	17660	45.9	195.7	2191	10298.4	11.2	36.7	188	6236.0	140.4	141.7
1985	45603	33743	66.7	282.7	4705	23952.0	25.6	77.3	698	19107.0	199.8	174.0
1986	51789	39426	52.0	220.3	5248	21980.0	24.0	73.0	791	14627.7	193.9	172.2
1987	60213	42854	62.5	261.2	5687	24375.0	25.9	72.7	850	15524.4	204.9	183.2
1988	65961	46774	62.2	269.0	5865	23275.0	25.5	71.2	829	15170.2	207.2	189.7
1989	74973	55475	58.6	243.6	6078	17145.0	18.4	50.7	852	11574.6	156.2	143.6
1990	80224	55254	56.4	232.1	5751	16156.0	17.9	48.1	773	11595.0	160.5	148.7
1991	89615	58467	61.4	266.1	6056	18215.0	20.6	54.4	812	12433.0	176.6	165.6
1992	92148	58169	63.4	280.4	6486	20506.0	23.6	62.7	875	13440.9	189.1	190.8
1993	96761	66313	59.3	282.3	7011	20780.0	23.5	64.2	943	13626.8	192.6	224.4
1994	103836	69779	60.1	297.2	7325	19763.0	22.1	63.9	1015	13148.1	177.9	236.3
1995	101381	59159	63.2	316.8	7583	19794.0	23.4	67.0	1049	12551.2	178.9	257.9
1996	112813	63647	71.6	360.5	7916	19300.0	23.1	68.1	1083	12456.0	179.5	267.0
1997	120106	66585	73.1	364.0	7918	20046.0	24.4	73.3	1077	12863.9	186.5	305.6
1998	130613	74719	72.4	373.6	7999	20928.0	25.4	79.9	1035	12876.0	196.0	357.0

注：1970、1980-1998年为省、自治区、直辖市级以上报纸的数字，其他年份包括地市、县级报纸的数字。

a) The newspapers published in 1970, 1980-1998 refered to the newspapers published at or above provincial level while the data in other years included those published at prefectural and counties level in addition.

20-76 全国图书出版分类构成情况（1998 年）

COMPOSITION OF BOOKS PUBLISHED IN CHINA (1998)

类别	Category	种数（种）Number of Publications	印数（万册）Printed Copies (10 000 copies)	印张（千印张）Printed Sheets (1 000 sheets)
总计	**Total**	**130613**	**723859**	**37361708**
使用"中国标准书号"合计	Publications with "China Standard Book Number"	128249	720645	37109809
马列主义、毛泽东思想	Marxism-Leninism, Mao Zedong Thought	91	76	11871
哲学	Philosophy	1204	925	116848
社会科学总论	General Social Sciences	1271	925	114410
政治、法律	Politics and Law	5446	9035	856231
军事	Military Affairs	376	378	40630
经济	Economics	8224	7802	1007703
文化、科学、教育、体育	Culture, Science, Education and Sports	52129	633769	27575827
语言、文字	Languages	4827	10336	1419081
文学	Literature	14587	14996	1690868
艺术	Arts	8095	12993	603371
历史、地理	History and Geography	3999	4688	394755
自然科学总论	General Natural Sciences	278	238	22181
数理科学、化学	Mathematics and Chemistry	2081	2575	324215
天文学、地球科学	Astronomy and Geology	623	255	20498
生物科学	Biology	439	244	33819
医学、卫生	Medicine and Health Care	5619	4978	712893
农业科学	Agricultural Science	3072	3067	213334
工业技术	Industrial Technology	13591	10950	1667929
交通运输	Transportation	630	732	86764
航空、航天	Aeronautics and Aerospace	63	19	2271
环境科学	Environmental Science	325	212	16983
综合性图书	General Books	1279	1452	177327
不使用"中国标准书号"图书	Publications without "China Standard Book Number"	2364	3214	175391
#年画	New Year's Pictures	224	200	4116

20-79 全国课本出版情况（1998 年）

PUBLICATION OF TEXTBOOKS(1998)

项目	Item	种数（种）Number of Publication (kind)	#新出版 New Publication	总印数（万册）Printed Copies (10 000)	总印张（千印张）Printed Sheets (1 000)	定价总金额（万元）Total Priced Value (10 000 yuan)
总计	**Total**	**20313**	**5717**	**368505**	**18302004**	**1623632**
大专及以上课本	Textbooks for Colleges and Universities	7529	2903	9809	1454596	145251
中专、技校课本	Textbooks for Secondary Technical Schoos	2806	709	7852	924941	81812
中学课本	Textbooks for Secondary Schools	2629	455	120882	8346451	575205
小学课本	Textbooks for Primary Schools	3565	601	221926	6909621	768667
业余教育课本	Textbooks for Spare-time Education	531	256	888	141703	14359
教学用书	Teaching Materials	3253	793	7148	524692	38338

20-77 各地区图书出版情况(1998年)
PUBLICATION OF BOOKS BY REGION(1998)

地　区　Region	种数(种) Number of Publications (kind)	#新出版 New Publications	总印数(万册) Printed Copies (10000)	#新出版 New Publications	总印张(千印张) Printed Sheets (1000)	#新出版 New Publications	定价总金额(万元) Total Priced Value (10000 yuan)	#新出版 New Publications
全　国　National Total	**130613**	**74719**	**723859**	**144630**	**37361708**	**10326515**	**3979655**	**1484407**
中　央　Central Publishing House	47573	30131	103353	41517	8237669	4392582	1157677	713019
地　方　Local Publishing House	83040	44588	620506	103113	29124039	5933933	2821978	771388
北　京　Beijing	2535	1265	6175	1460	401612	120828	47358	17970
天　津　Tianjin	2341	1428	7258	1435	414232	105025	51644	20971
河　北　Hebei	2218	970	40985	4271	1676121	168948	136670	17920
山　西　Shanxi	1617	1080	14034	3329	663569	172483	63754	17371
内蒙古　Inner Mongolia	1583	981	8193	930	438606	98823	42621	15892
辽　宁　Liaoning	5232	2832	24214	4111	1175566	322376	132913	46679
吉　林　Jilin	3242	1831	11026	3198	677801	249248	64056	28697
黑龙江　Heilongjiang	2247	1364	10590	1503	496253	89497	47794	15424
上　海　Shanghai	10708	5086	28376	9078	1865462	767784	218310	102812
江　苏　Jiangsu	4697	2534	42158	15227	2093722	750309	209995	83413
浙　江　Zhejiang	3453	1615	26585	3183	1358787	222277	148852	32933
安　徽　Anhui	2106	1031	36936	1594	1446434	110005	128893	13629
福　建　Fujian	2503	1547	21535	6518	1003778	305967	105547	41765
江　西　Jiangxi	1375	1023	20942	10073	788058	298672	74575	30188
山　东　Shandong	3909	1998	37709	3426	1710361	222710	157749	31150
河　南　Henan	2508	1171	42347	2446	1876873	130699	151701	16337
湖　北　Hubei	3991	1985	35840	5955	1621689	271288	146378	30573
湖　南　Hunan	3242	1592	36373	3356	1539425	193928	135689	23652
广　东　Guangdong	3961	2198	28192	3039	1451609	217543	155242	36783
广　西　Guangxi	2718	1429	28669	4675	1192717	233622	114352	29124
海　南　Hainan	629	446	2941	625	174672	58986	23510	9917
重　庆　Chongqing	1348	648	11689	1473	530549	82679	47131	8808
四　川　Sichuan	4149	2327	31426	2902	1556184	194728	142171	27822
贵　州　Guizhou	1052	554	14690	401	581365	27398	40647	4377
云　南　Yunnan	1618	1099	14194	1764	634350	104020	56083	14151
西　藏　Tibet	154	48	330	59	16275	3440	1751	436
陕　西　Shaanxi	3579	2221	18996	3593	871825	207261	96420	27250
甘　肃　Gansu	1057	725	7871	1456	348716	84305	32554	9215
青　海　Qinghai	501	206	1295	377	66000	22262	6382	3062
宁　夏　Ningxia	389	183	2176	105	117275	9162	9682	1118
新　疆　Xinjiang	2378	1171	6761	1551	334153	87660	31554	11949

20-78 各地区少年儿童读物类图书出版情况（1998 年）

NUMBER OF BOOKS PUBLISHED FOR CHILDREN BY REGION (1998)

地区 Region	种数（种）Number of Publications	印数（万册）Printed Copies (10 000 copies)	印张（千印张）Printed Sheets (1 000 sheets)
全国 National Total	**6293**	**24307**	**805750**
中央 Central Publishing House	1122	4712	148306
地方 Local Publishing House	5171	19595	657444
北京 Beijing	187	204	14811
天津 Tianjin	118	189	6213
河北 Hebei	254	1041	23576
山西 Shanxi	160	263	6732
内蒙古 Inner Mongolia	83	321	10103
辽宁 Liaoning	96	472	13690
吉林 Jilin	162	388	15906
黑龙江 Heilongjiang	86	292	5521
上海 Shanghai	682	1509	69664
江苏 Jiangsu	277	844	30828
浙江 Zhejiang	238	1115	166870
安徽 Anhui	141	494	9974
福建 Fujian	149	1116	17069
江西 Jiangxi	102	312	3529
山东 Shandong	289	1010	20929
河南 Henan	228	614	17958
湖北 Hubei	189	1372	31351
湖南 Hunan	80	1234	32903
广东 Guangdong	182	1022	22343
广西 Guangxi	288	1000	24462
海南 Hainan	37	78	4671
重庆 Chongqing	99	658	11978
四川 Sichuan	241	1405	24860
贵州 Guizhou	46	326	4994
云南 Yunnan	135	361	11973
西藏 Tibet			
陕西 Shaanxi	323	1133	27543
甘肃 Gansu	124	359	6820
青海 Qinghai	40	221	10120
宁夏 Ningxia	9	29	514
新疆 Xinjiang	126	213	9539

20-80 各地区课本出版情况(1998年)
PUBLICATION OF TEXTBOOKS BY REGION(1998)

地 区 Region	种数 (种) Number of Publications (kind)	总印数 (万册) Printed Copies (10 000)	总印张 (千印张) Printed Sheets (1 000)	定价总金额 (万元) Total Priced Value (10 000 yuan)
全 国 National Total	**20313**	**368505**	**18302004**	**1623632**
中 央 Central Publishing House	8188	40804	2428765	252070
地 方 Local Publishing House	12125	327701	15873239	1371562
北 京 Beijing	496	2903	168584	17122
天 津 Tianjin	535	3126	196662	20819
河 北 Hebei	325	24015	1012275	81923
山 西 Shanxi	128	8651	434558	41236
内蒙古 Inner Mongolia	399	5770	300698	23349
辽 宁 Liaoning	762	11134	567183	56704
吉 林 Jilin	726	6265	346440	27366
黑龙江 Heilongjiang	235	6657	321923	23745
上 海 Shanghai	1753	8350	587338	50442
江 苏 Jiangsu	699	16199	846425	72472
浙 江 Zhejiang	532	12314	557243	55971
安 徽 Anhui	175	19505	822106	77903
福 建 Fujian	189	11026	535413	47773
江 西 Jiangxi	83	10839	477878	42523
山 东 Shandong	583	20754	871658	73844
河 南 Henan	255	24312	1246581	98500
湖 北 Hubei	668	17356	858035	78236
湖 南 Hunan	401	22638	976969	79919
广 东 Guangdong	243	16848	904605	86807
广 西 Guangxi	256	14707	657617	56525
海 南 Hainan	2	1707	87974	10619
重 庆 Chongqing	449	6737	342018	28965
四 川 Sichuan	780	15694	818187	64627
贵 州 Guizhou	112	9709	455450	29685
云 南 Yunnan	64	8606	404532	30592
西 藏 Tibet	120	294	14229	1508
陕 西 Shaanxi	380	10756	509027	49961
甘 肃 Gansu	42	5103	239750	19365
青 海 Qinghai	102	701	37730	2759
宁 夏 Ningxia	1	1229	64546	5481
新 疆 Xinjiang	630	3796	209605	14821

20-81 各地区图书发行流转情况（1998 年）

BASIC STATISTICS ON DISRTIBUTION AND CIRCULATION OF BOOKS BY REGION (1998)

单位：万册、万元 (10 000 copies) (10 000 yuan)

地区 Region	图书购进 Purchases		图书销售 Sales		图书库存 Stock	
	册数 Copies	金额 Value	册数 Copies	金额 Value	册数 Copies	金额 Value
全国 National Total	**1687681**	**7829715**	**1657369**	**7478364**	**341757**	**2068802**
中央 Central Publishing House	80338	983128	82140	885837	46259	538895
地方 Local Publishing House	1607343	6846587	1575229	6592527	295498	1529907
北京 Beijing	19151	175248	17873	162860	4151	61739
天津 Tianjin	16236	105282	16882	101547	4195	30407
河北 Hebei	97508	321813	94846	314257	17292	49628
山西 Shanxi	39892	165197	39444	158419	6516	24112
内蒙古 Inner Mongolia	18736	81198	19208	79359	2097	10514
辽宁 Liaoning	48377	245593	47711	234918	9498	63586
吉林 Jilin	25118	118013	24809	114243	4668	22637
黑龙江 Heilongjiang	32954	138792	33234	133247	7762	35941
上海 Shanghai	55052	424509	47160	389831	19326	169269
江苏 Jiangsu	105719	535741	105017	519293	18933	130863
浙江 Zhejiang	62274	343352	57322	315355	13472	95219
安徽 Anhui	82636	295602	81262	284517	9731	49201
福建 Fujian	62021	230907	60635	227712	7494	29025
江西 Jiangxi	58909	198682	58409	193577	8430	37788
山东 Shandong	148260	566383	143154	540590	21916	103258
河南 Henan	164105	518550	159017	499761	21015	66263
湖北 Hubei	53959	276699	49691	266349	16292	74358
湖南 Hunan	91521	338280	90611	326926	11318	56241
广东 Guangdong	69408	363549	76231	385353	19478	95217
广西 Guangxi	52758	223814	53875	221404	10015	52785
海南 Hainan	9529	39934	9720	38647	1936	5822
重庆 Chongqing	29008	120759	28285	113290	5706	23172
四川 Sichuan	82230	349215	77576	321979	17321	90235
贵州 Guizhou	34258	88543	37267	93953	5852	10413
云南 Yunnan	41006	146898	40797	143477	7463	32136
西藏 Tibet	532	2872	502	2698	662	674
陕西 Shaanxi	52466	216827	52184	208351	12888	63817
甘肃 Gansu	24754	98088	24090	89785	2851	18637
青海 Qinghai	1220	10357	1427	10115	840	4183
宁夏 Ningxia	5259	19681	5222	17965	1640	6415
新疆 Xinjiang	22487	86209	21768	82749	4740	16352

20-82 各地区图书纯销售情况(1998 年)
NET SALES OF BOOKS BY REGION(1998)

单位:万元 (10 000 yuan)

地区 Region	总计 Total Sales	对居民和社会集团零售 Retail Sales to Households and Institutions				批发 Wholesale		出口 Export
		合计 Total	市 Cities	县 Counties	县以下 Below Counties	供销社 Supply & Marketing Coops	集体和个体 Collectives and Individuals	
全国 National Total	**3476147**	**2579733**	**1177808**	**688875**	**713050**	**347803**	**540154**	**8457**
中央 Central Publishing House	249732	79632	76365	2442	825	11638	152430	6032
地方 Local Publishing House	3226415	2500101	1101443	686433	712225	336165	387724	2425
北京 Beijing	86870	68049	54949	9923	3177	1028	17788	5
天津 Tianjin	43254	35920	29459	5733	728	32	7149	153
河北 Hebei	163092	157278	42068	57783	57427	924	4890	
山西 Shanxi	82838	75716	20169	16954	38593	2565	4557	
内蒙古 Inner Mongolia	42613	41611	20220	17969	3422	227	775	
辽宁 Liaoning	120141	90545	73461	14262	2822	9468	20127	1
吉林 Jilin	55271	47464	24855	16431	6178	348	7459	
黑龙江 Heilongjiang	65701	58653	36468	18886	3299	1840	5208	
上海 Shanghai	123919	100728	84284	10916	5528	815	21434	942
江苏 Jiangsu	273483	231676	77588	13600	140488	9964	31843	
浙江 Zhejiang	149483	96503	59890	21047	15566	31390	21306	284
安徽 Anhui	152079	110723	34499	32395	43829	7334	33374	648
福建 Fujian	117679	79988	42824	22597	14567	29657	8001	33
江西 Jiangxi	107099	101463	24068	72092	5303	369	5267	
山东 Shandong	272654	230331	81381	53780	95170	2206	40117	
河南 Henan	205778	136623	36759	18515	81349	40906	28249	
湖北 Hubei	122015	70509	30852	17668	21989	26963	24543	
湖南 Hunan	176766	159047	45443	65547	48057	814	16776	129
广东 Guangdong	214410	110847	95947	11838	3062	91799	11764	
广西 Guangxi	72150	46725	26487	13166	7072	14887	10410	128
海南 Hainan	18527	7788	5458	2303	27	6299	4440	
重庆 Chongqing	61947	46454	20667	19329	6458	12214	3279	
四川 Sichuan	157353	108604	39199	41247	28158	32079	16568	102
贵州 Guizhou	47989	37598	10487	16796	10315	492	9899	
云南 Yunnan	78534	73370	16854	28129	28387	1430	3734	
西藏 Tibet	2698	300	300				2398	
陕西 Shaanxi	98828	70657	22074	30917	17666	9889	18282	
甘肃 Gansu	52024	46289	15138	13084	18067	155	5580	
青海 Qinghai	6467	6226	3090	3036	100		241	
宁夏 Ningxia	10656	9596	4987	4372	237	9	1051	
新疆 Xinjiang	44097	42820	21518	16118	5184	62	1215	

20-83 各地区录像制品出版情况(1998 年)
PUBLICATION OF VIDEO PRODUCTS(1998)

地　区　Region	录像带 Videotapes		激光视盘 Laser Video Discs		VCD	
	种数(种) Kind	数量(盒) Volume (cassette)	种数(种) Kind	数量(张) Volume (disk)	种数(种) Kind	数量(张) Volume (disk)
全　国　National Total	**3418**	**1831200**	**15**	**28200**	**5557**	**57707678**
中　央　Central Publishing House	2729	1157207	5	11200	1338	18414601
地　方　Local Publishing House	689	673993	1	17000	4219	39293077
北　京　Beijing	68	110760			92	2718839
天　津　Tianjin	2	10200	6	3000	117	638900
河　北　Hebei	3	4000			125	789000
山　西　Shanxi	14	30500			31	192400
内蒙古　Inner Mongolia	1	3000			4	14500
辽　宁　Liaoning	49	30823			289	1578000
吉　林　Jilin	31	12130			98	357950
黑龙江　Heilongjiang	12	45400			6	490000
上　海　Shanghai	137	55934			253	1497177
江　苏　Jiangsu	15	24200			35	316080
浙　江　Zhejiang	93	74134			26	1194916
安　徽　Anhui	1	5000			31	904000
福　建　Fujian	19	8100			488	9457900
江　西　Jiangxi					122	550000
山　东　Shandong	4	5500			95	573000
河　南　Henan	8	14280			3	94000
湖　北　Hubei	6	15690	3	9000	31	2340000
湖　南　Hunan	66	16734			83	474679
广　东　Guangdong	18	39494			168	10652206
广　西　Guangxi	2	606			271	2020330
海　南　Hainan			1	5000	25	100000
重　庆　Chongqing	7	4553			9	39000
四　川　Sichuan	15	31500			129	982700
贵　州　Guizhou					72	514000
云　南　Yunnan					38	385000
西　藏　Tibet						
陕　西　Shaanxi	74	5755			83	256500
甘　肃　Gansu	7	1600			14	64000
青　海　Qinghai						
宁　夏　Ningxia	1	1500			2	4000
新　疆　Xinjiang	27	122600			39	94000

20-84 各地区录音制品出版情况(1998 年)
PUBLICATION OF AUDIO PRODUCTS BY REGION(1998)

地 区 Region	录音带 Audio-tapes		激光唱片 CDs	
	种数 (种) Kind	数量 (万盒) Volume (10 000 cassettes)	种数 (种) (Kind)	数量 (万张) Volume (10 000 pieces)
全 国 National Total	**6262**	**11234.14**	**1886**	**748.99**
中 央 Central Publishing House	2126	4599.07	600	249.17
地 方 Local Publishing House	4136	6635.07	1286	499.82
北 京 Beijing	316	169.73	13	1.80
天 津 Tianjin	57	27.10	30	8.40
河 北 Hebei	50	70.40	41	11.80
山 西 Shanxi	56	32.90	3	4.00
内蒙古 Inner Mongolia	13	7.00		
辽 宁 Liaoning	97	172.99	31	10.90
吉 林 Jilin	24	8.67		
黑龙江 Heilongjiang	17	5.84		
上 海 Shanghai	1584	3532.57	340	108.31
江 苏 Jiangsu	107	279.58	45	15.74
浙 江 Zhejiang	113	149.77	50	65.36
安 徽 Anhui	49	120.07	6	10.30
福 建 Fujian	37	80.27	32	17.90
江 西 Jiangxi	113	140.27	48	21.58
山 东 Shandong	18	44.15	3	1.00
河 南 Henan	30	29.70	3	0.66
湖 北 Hubei	70	56.86	37	16.96
湖 南 Hunan	217	190.99	29	11.18
广 东 Guangdong	691	1129.41	388	70.97
广 西 Guangxi	81	31.32	61	16.46
海 南 Hainan	16	69.20	14	5.50
重 庆 Chongqing	39	23.38		
四 川 Sichuan	56	96.83	29	26.70
贵 州 Guizhou			76	72.50
云 南 Yunnan	13	7.45	2	0.60
西 藏 Tibet			4	0.90
陕 西 Shaanxi	184	119.27		
甘 肃 Gansu	19	20.13		
青 海 Qinghai	55	17.87	1	0.30
宁 夏 Ningxia	12	0.75		
新 疆 Xinjiang	2	0.60		

20-85 各地区两级定点书刊印刷企业主要产品产量(1998年)

PRODUCTION OF DESIGNATED BOOK PRINTING ENTERPRISES BY REGION(1998)

地 区 Region	机构数(个) Number of Enterprises	书刊排字(万字) Typesetting (10 000 characters)	书刊印刷(万令) Printing of Books (10 000 reams)	胶印印刷(万色令) Off-set Printing (10 000 color-reams)	零件印刷(万千印) Printing of Loose Sheets (10 000 k-prints)	书刊装订(万令) Binding of Books (10 000 reams)
全 国 National Total	1182	1864460	5071	9056	2041	4072
中 央 Central Publishing House	80	277506	470	705	50	275
地 方 Local Publishing House	1102	1586955	4601	8351	1991	3798
北 京 Beijing	166	194092	804	573	412	334
天 津 Tianjin	36	31807	104	285	18	71
河 北 Hebei	81	143509	310	586	59	292
山 西 Shanxi	17	16608	48	110	6	52
内蒙古 Inner Mongolia	17	18478	39	147	14	44
辽 宁 Liaoning	32	94784	195	227	25	177
吉 林 Jilin	23	24937	76	79	4	82
黑龙江 Heilongjiang	21	25697	106	155	34	74
上 海 Shanghai	47	48115	148	484	144	70
江 苏 Jiangsu	63	73398	262	595	372	234
浙 江 Zhejiang	35	39464	77	293	33	83
安 徽 Anhui	39	69252	203	261	83	163
福 建 Fujian	25	32985	109	244	32	97
江 西 Jiangxi	31	43746	128	395	55	110
山 东 Shandong	83	189367	358	844	102	403
河 南 Henan	67	61065	248	590	160	221
湖 北 Hubei	52	62602	206	352	43	225
湖 南 Hunan	41	52168	211	283	28	181
广 东 Guangdong	51	44369	298	422	91	255
广 西 Guangxi	25	45740	140	195	68	128
海 南 Hainan	10	7384	26	43	8	7
重 庆 Chongqing	6	9662	39	82	3	36
四 川 Sichuan	21	29248	97	272	39	94
贵 州 Guizhou	9	18918	32	99	13	38
云 南 Yunnan	23	48479	70	137	38	69
西 藏 Tibet	2	4069	5	16	1	3
陕 西 Shaanxi	26	47903	144	350	33	127
甘 肃 Gansu	10	25393	63	89	11	62
青 海 Qinghai	8	23149	5	37	24	16
宁 夏 Ningxia	8	6503	14	20	5	9
新 疆 Xinjiang	27	54065	35	85	33	42

20-86 各地区国家定点书刊印刷企业主要财务经济指标(1998年)
KEY FINANCIAL INDICATORS OF STATE-DESIGNATED BOOK PRINTING ENTERPRISES BY REGION(1998)

单位:万元 (10 000 yuan)

地区 Region		产品销售收入 Revenue From Sales	产品销售成本 Cost of Sales	产品销售费用 Expenses of Sales	产品销售税金 Taxes From Sales	管理费用 Management Expenses	财务费用 Financial Expenses	利润总额 Total Profit	产成品存货 Stock of Finished Products	工业增加值 Industrial Value-added
全国	**National Total**	**722908**	**535439**	**12236**	**9609**	**151423**	**26267**	**52929**	**122297**	**350464**
中央	Central Publishing House	64951	51400	725	443	23748	843	3828	10135	35049
地方	Local Publishing House	657957	484039	11511	9166	127675	25424	49100	112161	315414
北京	Beijing	14226	11088	156	120	5012	364	388	2326	8121
天津	Tianjin	43842	26150	284	937	4802	354	15449	3563	25276
河北	Hebei	43681	32316	444	1183	11177	638	2343	6823	21507
山西	Shanxi	8559	6290	163	101	2072	744	237	1772	4704
内蒙古	Inner Mongolia	4867	3183	92	33	1589	400	19	1102	2192
辽宁	Liaoning	22874	15641	887	235	6144	2035	541	13406	9663
吉林	Jilin	12870	9383	130	199	2835	425	303	2671	4846
黑龙江	Heilongjiang	13172	10401	383	114	2453	304	247	6236	5075
上海	Shanghai	38475	29084	537	279	9988	1657	984	4842	15531
江苏	Jiangsu	33711	25335	524	267	6362	1335	1915	2939	16458
浙江	Zhejiang	20429	16848	189	91	3506	182	654	1453	7131
安徽	Anhui	9557	6842	88	119	2819	191	314	878	3578
福建	Fujian	15717	11889	186	653	2866	444	802	1451	5254
江西	Jiangxi	22502	15832	259	118	3992	1488	1169	1992	8994
山东	Shandong	53922	44027	1241	360	9830	4304	1477	17438	18585
河南	Henan	28245	20778	591	366	6571	1080	931	5293	13807
湖北	Hubei	23736	17854	295	256	5320	623	2648	2671	11968
湖南	Hunan	25000	18363	472	1580	4460	834	437	3733	16095
广东	Guangdong	44364	32889	1156	730	7683	1582	1915	4485	38333
广西	Guangxi	15724	11741	579	137	2990	889	247	3718	6739
海南	Hainan	3805	3220	31	68	318	2	360	871	1477
重庆	Chongqing	3958	2966	84	76	1766	233	37	1405	2384
四川	Sichuan	34528	26811	1300	278	4661	2117	1039	7579	11598
贵州	Guizhou	5167	3514	62	48	1330	529	74	2098	3499
云南	Yunnan	8908	6659	72	78	2130	370	282	1996	3529
西藏	Tibet	863	615	17	5	156	11	35	285	312
陕西	Shaanxi	86488	60612	882	589	9690	1573	13982	5285	40049
甘肃	Gansu	10113	7798	241	81	2029	316	62	2030	5703
青海	Qinghai	1323	964	47	11	398	25	39	761	482
宁夏	Ningxia	938	815	11	3	323	62	55	133	325
新疆	Xinjiang	6395	4131	109	52	2403	313	114	926	2200

主 要 统 计 指 标 解 释

普通高等学校 指按照国家规定的设置标准和审批程序批准举办，通过国家统一招生考试，招收高中毕业生为主要培养对象，实施高等教育的全日制大学、独立设置的学院和高等专科学校、短期职业大学。

成人高等学校 指按照国家有关规定审批，招收通过全国成人高教统一招生考试的具有高中毕业或同等学历的在职从业人员，利用脱产、半脱产、业余或函授等多种形式对其实施高等学历教育，培养高等教育专科或本科毕业水平的专门人才，修业年限、课程设置和总学时数均按高等学历教育要求付诸实施的学校。包括广播电视大学、职工高等学校、农民高等学校、管理干部学院、教育学院、独立设置的函授学院等。

小学学龄儿童入学率 指调查范围内已入小学学习的学龄儿童占校内外学龄儿童总数（包括弱智儿童在内，但不包括盲聋哑儿童）的比重。计算公式为：

$$小学学龄儿童入学率=\frac{已入学的小学学龄儿童数}{校内外小学学龄儿童总数}\times 100\%$$

独立研究与开发机构 指有明确的任务和研究方向，有一定学术水平的业务骨干和一定数量的研究人员，具有研究、开发、开展学术工作的基本条件，主要进行科学研究与技术开发活动，并且在行政上有独立的组织形式，财务上独立核算盈亏，有权与其他单位签订合同，在银行有单独户头的单位。包括国务院各部门、中国科学院、中国社会科学院和各省、自治区、直辖市以及地（市）以上〔含地（市）〕各部门所属的国有科学研究与技术开发机构。

独立研究与开发机构职工 指在独立研究与开发机构工作，并由其支付工资的人员。包括长期职工、临时职工和招聘人员，不包括编制以外的离休、退休人员和停薪留职人员。

研究与发展经费支出 指用于研究与发展课题活动（基础研究、应用研究、实验发展）的全部实际支出，包括用于研究与发展课题活动的直接支出和间接用于研究与发展活动的支出（如研究院、所管理费，维持研究院、所正常运转的必需费用和与研究发展有关的基本建设支出）。

科学家和工程师 指具有大学本科及以上学历和不具备上述学历但有高、中级职称的人员。

专业技术人员 指已取得科学技术职称，或大学、中专的理、工、农、医科系毕业，以及国民经济各部门从工作实践中提拔，从事理、工、农、医等自然科学技术的研究、教学、生产的专业人员和在机关、企业、事业中从事科学技术业务管理工作的专业人员。

工程技术人员 指在国民经济各行业中从事工程技术工作的自然科学技术专业人员，包括高级工程师、工程师、助理工程师、技术员和未评定职称的技术人员。

农业技术人员 指在国民经济各行业中从事农业技术工作的自然科学技术专业人员，包括高级农艺师、农艺师、助理农艺师、技术员和未评定职称的技术人员。

卫生技术人员 指在国民经济各行业中从事卫生医务工作的自然科学技术专业人员，包括正副主任医师、主治医师、医师、医（护）士和未评定职称的技术人员。

科学研究人员 指在国民经济各行业中从事科学技术活动的自然科学技术专业人员，包括正副研究员、助理研究员、研究实习员、技术员和未评定职称的技术人员。

教学人员 指在国民经济各行业中从事教学活动的专业人员，包括正副教授、讲师、助教、教师和在中学从事教学活动的人员。

发明 是专利法及其实施细则所称的发明，指对有关产品、方法或其改进所提出的新的技术方案。

实用新型 是专利法及其实施细则所称的实用新型，指对产品的形状、构造或者其结合所提出的适于实用的新的技术方案。

外观设计 是专利法及其实施细则所称的外观设计，指对产品的形状、图案、色彩或者其结合所作出的富有美感并适于工业上应用的新设计。

文化事业机构 指从事专业文化工作和为专业文化工作服务的独立建制的单位。不包括这些单位另外举办独立核算的其他机构和各部门的业余文化组织。

艺术表演团体 指从事戏曲、音乐、舞蹈、杂技等专业艺术表演，有独立帐户的单位，不包括半工半艺、半农半艺和民间职业剧团。

电影放映单位 指具有放映机器设备、固定或不固定的放映场所与专职或兼职的放映技术人员，经有关部门登记批准，经常为一定的观众对象放映电影的机构。包括经批准对外开放进行营业，并与电影发行放映管理机构分帐的专用放映单位和军委系统租片单位。

艺术表演观众人数（人次） 指售票、包场演出或民族地区免费演出的艺术表演观众人次数，不包括彩排审查和内部观摩演出的观看人次数。

图书纯销售 指向读者直接销售的图书以及直接向国外出口的图书。

书刊排字 指用手工排字和激光排版生产的、可供印刷的排字产量。

书刊印刷 指铅印和胶印印书。

胶印印刷 指用胶印机完成的单色或多色印刷产品。

零件印刷 指单张小件印品。

Explanatory Notes on Main Statistical Indicators

Regular Institutions of Higher Learning refer to educational establishments set up according to the government evaluation and approval procedures, enrolling graduates from senior secondary schools and providing higher education courses and training for senior professionals. They include full – time universities, colleges, high professional schools and short – term professional universities.

Institutions of Higher Learning for Adults refer to educational establishments, set up in line with relevant rules approved by the government, enrolling staff and workers with senior secondary school or equivalent education, and providing higher education courses in many forms of full-time, part – time, spare – time, or correspondence for adults. Professionals thus trained receive a qualification equivalent to graduates studying regular courses at regular universities, colleges and professional colleges. Institutions of higher learning for adults include Radio and TV universities, schools of high education for staff and workers and peasants, colleges for management cadres, pedagogical colleges, independent correspondence colleges.

Enrollment Rate of Primary School-age Children refers to the proportion of school – age children enrolled at schools to the total number of school – age children both in and outside schools(including retarded children, but excluding blind, deaf and mute children). The formula is:

$$\text{Enrollment Rate of Primary School – age Children} = \frac{\text{Total Primary School – age Children at Schools}}{\text{Total Primary School age Children Both at and Outside Schools}} \times 100\%$$

Independent Research and Development Institutions refer to the state owned institutions which have direct mission and research purpose, a certain number of core member with higher research level and a certain number of research personnel, necessary conditions for R&D activities and engaging in scientific research and technological development. The institutions also have their own independent organization and finance, authority to sign contracts with other units, with their own accounts in banks. Independent research and development institutions include the institutions attached to central government agencies, Chinese Academy of Sciences. Chinese Academy of Social Sciences and the institutions attached to local governments.

Personnel of Independent Research and Development Institutions refers to the persons working in and receiving payment from research and development institutions. It includes regular full – time and temporary staff and workers and employees working on contracts, but excludes retirees and persons leaving their work without payment but still retaining their posts, who are not on the employee list.

Total Expenditure on Research and Development refers to all actual expenditure made for R&D(basic research, applied research and experimental development) in reference period. It includes direct expenditure on R&D and indirect expenditure on R&D(including management and necessary administrative expenses of research institutes, investment in capital construction relating to R&D).

Scientists and Engineers refer to persons who have completed university or higher education or obtained titles of senior and middle-level professional positions.

Natural Scientific and Technical Personnel refers to those professionals holding scientific and technical titles or taking such positions, or being graduated from departments of science, engineering, agriculture and medicine, and/or having been promoted in practice in different sectors of the national economy and working on research, teaching and production technique in the scientific and technological fields such as science, engineering, agriculture and medicine, etc. and the professionals doing administrative work related to science and technology in government agencies, enterprises and institutions.

Engineering Professionals refer to the persons who are engaged in engineering science and technology in different sectors of the national economy, including senior engineers, engineers, assistant engineers, technicians and technical personnel without professional titles.

Agricultural Professionals refer to the persons who are working on the science of agriculture in different sectors of the national economy, including senior agronomists, agronomists, assistant argonomists, technicians and technical personnel without professional titles.

Public Health Professionals refer to the persons who are engaged in medical and health work in different sectors of the national economy, including director doctors and their deputies, doctors in charge, doctors, paramedics, nurses and technical personnel without professional titles.

Scientific Research Personnel refers to those personnel engaged in scientific and technical activities in different sectors of the national economy, including research fellows and their deputies, assistant research fellows, research trainees, technicians and technical personnel without professional titles.

Teaching Personnel refers to those professionals engaged in the teaching in different sectors of the national economy, including professors, associate professors, lecturers, teaching assistants, teachers and teaching personnel in science and technology in middle schools.

Inventions refer to the inventions as specified by the patent law and its detailed rules and regulations for implementation. They refer to the new technical proposals to the products or methods or their modifications.

Utility Models refer to the utility models as specified by the patent law and its detailed rules and regulations for implementation. They refer to the practical and new technical proposals on the shape and structure of the product or the combination of both. Designs refer to the designs as specified by the patent law and its detailed rules and regulation for implementation. They refer to the aesthetics and industry – applicable new designs for the shape, pattern and color of the product, or their combinations.

Cultural Institutions refer to units which have their own organizational system and independent accounting system and specialize in or serve cultural development. They exclude other establishments run by these cultural institutions and amateur cultural groups established by various departments. Art Troupe refers to the troupe which is engaged in drama, opera, music, dance, acrobatics or other art performance, opens independent accounts with banks and has self – supporting accounting system; excluding the troupes which are engaged partly in industrial or agricultural activities, partly in art performance and the professional troupes organized by the people.

Film Projection Units refer to units with film projection equipment, full or part – time projectionists, permanent or non – permanent places, approved by related administrative departments to show films regularly for certain groups of audience, including those film projection units which have been approved to give commercial shows and run business with independent accounting system as well as those film-renting units of the military system.

Number of Spectators at Art Performance refers to the number of attendants at commercial shows, completely booked shows or free shows given in minority national areas, and does not include the number of spectators at rehearsals for examination and internal shows for study.

Net Sales of Books refers to books sold directly to readers and directly exported.

Typesetting of Books refers to the volume of work (characters) of manual or laser typesetting ready for printing.

Printing of Books refers to printing of books by stereotype or offset printing method.

Offset Printing refers to mono or multi color materials printed by offset press.

Small Piece Printing refers to printing of single – sheet products in small quantity.

二十一 体育、卫生、社会福利和其他

SPORTS, PUBLIC HEALTH, SOCIAL WELFARE AND OTHERS

简要说明

一、本篇主要反映体育、卫生、社会福利及其他事业发展情况。

1.体育：包括群众体育和竞技体育，主要内容有体育系统职工、运动员、教练员和裁判员等人数，体育场地数，运动员创世界纪录和获世界冠军情况，体育锻炼达标人数，与国外体育交往次数和人数等。

2.卫生：主要内容为卫生机构、人员、床位数，医院诊疗人次及入院人数，主要疾病死亡原因及构成，传染病的发病及残疾情况等。

3.社会福利：主要包括社会福利事业的机构、人员、社会福利救济、城镇社区服务及农村社会保障网络、婚姻状况等情况。

4.其他：主要包括历届全国人大政协基本情况，全国工会组织情况，司法情况，交通事故、火灾事故情况等。

二、上述资料分别由国家体育总局、卫生部、民政部、总工会、司法部、高检院、公安部等部门提供，都是根据有关部门制定的统计报表制度进行统计、汇总整理而成的。这些统计报表制度包括体育事业统计报表制度，卫生事业统计制度，民政事业统计报表制度，工会统计报表制度，公安统计报表制度等，一般都是逐级汇总上报。

三、环境保护统计资料由国家环保局提供。统计资料是依据国家环保局制定的环境统计报表制度，由各省、自治区、直辖市的环境统计年报汇总整理而成。主要包括：

1.“三废”排放与处理：根据县及县以上有污染的工业企业的数据汇总而成，反映各地区、各工业行业有关“三废”排放与处理的情况。

2.环境管理：反映各地区环境科研、宣教、信访和污染事故等方面的情况，数据由县、地市、省环保部门逐级整理而成。

3.环保系统自身建设：反映地方各级环保部门的基本情况，不包括国家环保局及其直属单位和国务院各有关部门的资料。

BRIEF INTRODUCTION

I. Data in this chapter mainly show the development of sports, public health, social welfare and other undertakings.

1) Sports: The data cover mass sports (sports for all) and athletics sports, including mainly the number of staff and workers in sports departments, number of athletes, coaches and referees, number of stadiums and gymnasiums, number of world records chalked up and world championships won by the Chinese athletes, number of persons who have come up to the "National Physical Training Program Standards" and the international visits of sports delegations.

2) Public health: The data include mainly the number of institutions, personnel, hospital beds, number of patients treated and in-patients, major diseases as the causes of death and the proportion to the total deaths, the incidence of infectious diseases and the disability caused by them.

3) Social welfare: The data include mainly the number of institutions and personnel, social welfare relief, urban welfare facilities, rural network of social security and marital status etc.

4) Others: The data cover mainly the number of deputies of the National People's Congress and the Chinese People's Political Consultative Conferences over the sessions, the organization of trade union, the judicial conditions, basic statistics on traffic accidents and fires.

II. The above-mentioned data are provided by the State Sports Administration, Ministry of Public Health, Ministry of Civil Affairs, All-China Federation of Trade Unions, Ministry of Justice, Supreme People's Procuratorate, Ministry of Public Security etc. The data are collected and tabulated in accordance with the statistical reporting schemes stipulated by the departments concerned, including the statistical reporting schemes on sports, public health, civil administration, organization of trade unions and public security. The data are generally reported to the higher authorities level by level.

III. The statistical data on environmental protection are provided by the State Environment Protection Administration. The statistical data are collected and tabulated by 30 provinces, autonomous regions and municipalities directly under the central government in accordance with the annual environmental statistical reporting scheme stipulated by the State Environment Protection Administration. The environmental statistical data include the following main parts:

(1) The discharge and treatment of waste water, waste gas and solid wastes: The summary data are tabulated from the data of industrial enterprises at county and higher levels, which discharge pollutants. They show various indicators about the discharge and treatment of waste water, waste gas and solid wastes in various regions and various industrial sectors.

(2) The administration of environment: The data show the situation on the scientific research, publicity, letters and visits of complaints related to environmental protection and pollution accidents. The data are tabulated level by level by the departments of environmental protection of counties, prefectures and provinces.

(3) The improvement of the departments of environmental protection: The data show the basic conditions of the local departments of environmental protection, excluding the data on the National Environmental Protection Agency and its directly subordinate units as well as the departments under State Council.

21-1 体委系统职工人数（1998年）
NUMBER OF STAFF AND WORKERS IN SPORTS COMMISSIONS (1998)

单位：人 (person)

人员分类 Category of Personnel	合计 Total	#优秀运动队 Excellent Sports Teams	#体育运动学校 Physical Education and Sports Schools	#重点业余体校 Key Sparetime Sports Schools
总计 Total	**153477**	**35264**	**16136**	**11473**
运动员 Athletes	18547	18547		
专职教练员 Full-Time Coaches	25816	4298	4071	5511
专职文化教师 Full-Time Teachers	12586	659	4930	1622
科技人员 Scientific and Technical Personnel	2007	95	151	
医务人员 Medical Personnel	2144	888	326	138
管理人员 Administrative Personnel	48144	5436	3242	2069
其他 Others	44233	5341	3416	2133

21-1 **续表** continued

单位：人 (person)

人员分类 Category of Personnel	#体育中学 Physical Education Middle Schools	#普通业余体校 Popular Spare-time Sports Schools	#公共体育场馆 Public Stadiums and Gymnasiums	#训练基地 Training Bases
总计 Total	**2702**	**19707**	**16795**	**4268**
运动员 Athletes				
专职教练员 Full-Time Coaches	866	11070		
专职文化教师 Full-Time Teachers	1110	2041		
科技人员 Scientific and Technical Personnel			145	67
医务人员 Medical Personnel	25	114	82	114
管理人员 Administrative Personnel	323	3395	6997	1256
其他 Others	378	3087	9571	2831

21-2 等级运动员、等级裁判员人数（1998年）

NUMBER OF ATHLETES AND REFEREES IN GRADES BY TYPE OF SPORTS (1998)

单位：人 (person)

运动项目	Item	等级运动员 Number of Athletes in Grades	#国际级运动健将 International Master of Sports	#运动健将 Master of Sports	#一级运动员 First Grade Sportsman	等级裁判员 Number of Referees in Grades	#国际裁判 International Referees	#国家级裁判 National Referees	#一级裁判 First Grade Referees
总计	**Total**	**69247**	**97**	**885**	**3485**	**50697**	**8**	**351**	**5074**
#田径	Track and Field	41041	30	153	510	15782		145	663
游泳	Swimming	4287	15	62	374	1243		34	346
跳水	Diving	40	1	12	10	36		12	9
水球	Water Polo	57			19	24			17
举重	Weightlifting	1633		2	71	525			153
体操	Gymnastics	463	1	35	103	692		31	150
艺术体操	Artistic Gymnastics	220		11	29	88		2	35
射击	Shooting	947	5	17	191	428		12	100
射箭	Archery	207	2	10	32	100			70
国际式摔跤	Wrestling	641		3	178	205			93
柔道	Judo	928	3	12	170	302			131
自行车	Cycling	280		33	12	128			51
击剑	Fencing	157		30	41	66			39
赛艇	Rowing	145		11	9	190		8	75
皮划艇	Canoeing	129		25	10	84			42
帆船	Sailing	16		3	3	24			11
帆板	Wind Surfing	19	2	3	2	16			11
冰球	Ice Hockey	40	8	27	4	65			2
速度滑冰	Speed Skating	262			89	117			15
篮球	Basketball	4808	2	25	200	11380	2	2	560
排球	Volleyball	1888		81	78	1791		34	150
足球	Football	2884		55	110	3357			400
乒乓球	Table Tennis	2107	1	36	167	2890		11	355
羽毛球	Badminton	389	8	27	56	742			95
网球	Tennis	160		9	27	334		2	122
手球	Handball	341		21	102	33			14
棒球	Baseball	147		6	19	38			23
垒球	Softball	113		6	12	56	6	1	33
台球	Billiards	6		6		255			48
技巧	Acrobatic Gymnastics	144	2	16	78	60		2	38
国际象棋	International Chess	189		3	30	141			16
中国象棋	Chinese Chess	280		7	43	570			36
围棋	Weiqi	168			23	365			51
桥牌	Bridge	30				93			13
武术	Wu Shu	2310		37	400	1646			246
摩托车	Motorcycling	1		1		124			19
无线电测向	Radio Goniometry	111		1	43	56		1	5
蹼泳	Web Swimming	38		1	4	42			13
航海模型	Model Ship Sailing	156	2	3	38	188			44
航空模型	Model Airplane	336	3	3	54	149			29

21-3 新建体育场地数

NEWLY-BUILT STADIUMS AND GYMNASIUMS

单位：个

项目	Item	1980	1985	1990	1996	1997	1998
总计	**Total**	**709**	**700**	**3681**	**317**	**751**	**307**
#体育场	Stadiums	10	47	27	12	20	11
体育馆	Gymnasiums	9	29	34	10	22	16
游泳馆	Natatoriums		1	4			
室内外游泳池	Indoor and Outdoor Swimming Pools	44	135	105	48	50	32
有固定看台的灯光球场	Illuminated Fields with Fixed Seating	96	137	60	7	6	13

注：从 1996 年起新建体育场地数为部分省(市)汇总数据。

a)Starting from 1996, data on newly-built stadiums and gymnasiums refer to statistics from selected provinces.

21-4 我国运动员创世界纪录情况

WORLD RECORDS CHALKED UP BY CHINESE ATHLETES

单位：项、人、次 (Item, Person, Time)

年份 Year	项数 Number of Events	#女子 Female	人数 Number of Persons	#女子 Female	次数 Number of Times	#女子 Female
1956	1		1		3	
1957	3	1	3	1	3	1
1963	13	7	14	6	20	13
1965	28	12	66	28	41	20
1970	1		1		1	
1975	6	6	7	7	12	12
1978	3	3	6	6	3	3
1980	7		17		15	
1985	5	1	6	1	9	1
1986	7	4	12	4	12	6
1987	22	6	28	6	41	12
1988	33	20	16	13	34	29
1989	36	25	25	14	47	35
1990	14	9	17	10	16	9
1991	31	26	29	24	50	44
1992	42		31 人(persons)4 队(teams)	27	106	102
1993	57	47	38 人(persons)7 队(teams)	28 人(persons)7 队(teams)	124	109
1994	41	39	26 人(persons)4 队(teams)	24 人(persons)4 队(teams)	72	69
1995	13	11	14 人(persons)2 队(teams)	12 人(persons)2 队(teams)	24	22
1996	22	15	17 人(persons)1 队(teams)	13 人(persons)1 队(teams)	30	22
1997	29	24	29 人(persons)2 队(teams)	24 人(persons)2 队(teams)	43	38
1998	31	27	30 人(persons)3 队(teams)	26 人(persons)3 队(teams)	68	64

注：1991 年以前各年的集体项目的队数折合在人数中。

a)The number of teams in the years before 1991 was converted into the number of persons.

21-5 我国运动员分项创世界纪录情况（1998 年）

WORLD RECORDS CHALKED UP BY CHINESE ATHLETES BY EVENT (1998)

单位：项、人、次 (Item, Person, Time)

项目	Item	项数 Number of Events	#女子 Female	人数 Number of Persons	#女子 Female	次数 Number of Times	#女子 Female
总计	**Total**	**31**	**27**	**30**	**26**	**68**	**64**
举重	Weightlifting	22	19	25	22	58	55
蹼泳	Web Swimming	1		1		1	
射击	Shooting	7	7	3	3	8	8
短道速滑	Speed Skating	1	1	1	1	1	1

21-6 我国运动员获得世界冠军情况

WORLD CHAMPIONSHIPS WON BY CHINESE ATHLETES

单位：项、人、个 (Item, Person, Number)

年份 Year	项数 Number of Events	#女子 Female	人数 Number of Persons	#女子 Female	个数 Number of Times	#女子 Female
1959	1		1		1	
1963	4		7		4	
1965	5	2	9	4	5	2
1971	4	2	7	2	4	2
1975	2	1	9	4	2	1
1978	4	2	4	2	4	2
1980	3		3		3	
1985	42	20	70	41	46	23
1986	26	14	56	34	26	14
1987	64	39	72	34	69	41.5
1988	54	36.5	59	30	54	36.5
1989	80	49	83	48	82	50
1990	54	33.5	61	30	54	33.5
1991	88	57.5	86	51	93	61.5
1992	86	69.5	68	52	89	72.5
1993	101	66.5	106	70	103	68.5
1994	79	53.5	86	45	79	53.5
1995	98	49.5	187	86	102	51.5
1996	72	55.0	58	42	75	57.0
1997	87	46.0	96	46	92	50.5
1998	75	49.0	89	59	83	55.0

注：男女混合运动项目，女子按半项和半个计算。

a) Mixed doubles table tennis champions count 0.5 for females.

21-7 我国运动员分项获得世界冠军情况（1998年）
WORLD CHAMPIONSHIPS WON BY CHINESE ATHLETES BY ITEM (1998)

单位：项、人、个 (Item, Person, Number)

项目	Item	项数 Number of Events	#女子 Female	人数 Number of Persons	#女子 Female	个数 Number of Times	#女子 Female
总计	**Total**	**75**	**49**	**89**	**59**	**83**	**55**
#跳水	Diving	3		4		3	
举重	Weightlifting	14	13	7	6	14	3
乒乓球	Table Tennis	1	1	1	1	1	1
技巧	Acrobatic Gymnastics	2	1	5	3	2	1
游泳	Swimming	3	3	2	2	3	3
射击	Shooting	14	8	23	16	14	8
体操	Gymnastics	6	2	4	2	6	2
跳伞	Parachute	1	1	5	5	1	1
航空模型	Model Airplane	2		3		2	
蹼泳	Web Swimming	15	12	7	5	16	12
航海模型	Model Ship Sailing	3		4		4	
国际象棋	International Chess	1	1	4	4	1	1
短道速滑	Short Skating	8	6	7	5	14	12
羽毛球	Badminton	1	1	10	10	1	1
航天模型	Model Aerospace	1		3		1	

注：男女混合运动项目，女子按半项和半个计算。

a) The number of events and times of mixed doubles is counted 0.5 for females.

21-8 我国运动员分项创全国纪录情况（1998年）
NATIONAL RECORDS CHALKED UP BY CHINESE ATHLETES (1998)

单位：项、人、队、次 (Item, Person, Team, Time)

项目	Item	项数 Number of Events	#女子 Female	人数 Number of Persons	#女子 Female	队数 Number of Teams	#女子 Female	次数 Number of Times	#女子 Female
总计	**Total**	**62**	**27**	**39**	**16**	**12**	**7**	**63**	**28**
田径	Track and Field	3	1	3	1			4	2
室内田径	Indoor Track and Field	1		1				1	
短池游泳	Short Pool Swimming	6	1	3	1	3		6	1
举重	Weightlifing	11	3	9	3			11	3
射箭	Archery	10	3	4	1	2	1	10	3
射击	Shooting	15	11	9	6	4	4	15	11
自行车	Cycling	4	3	2	1	1	1	4	3
蹼泳	Web Swimming	2		2				2	
短道速滑	Short Skating	6	3	4	2	2	1	6	3
速度滑冰	Speed Skating	4	2	2	1			4	2

注：人数栏中是指个人单项创全国纪录的运动员人数，队数是集体项目创全国纪录的队数，队中人数未计算在人数中。

a) The number of persons refers to the number of persons who have chalked up the national records in single events. The number of teams refers to the number of teams which have chalked up the national records in the collective events. The number of persons in the teams is excluded in the "number of persons".

21-9 我国与外国体育活动交往情况
VISITS BETWEEN CHINESE AND FOREIGN SPORTS DELEGATIONS

项 目	Item	1985	1990	1995	1997	1998
来我国的体育团体	Foreign Sports Delegations Visiting China					
次数 (次)	Number of Times (time)	466	364	1929	894	921
人数 (人次)	Persons-Times (person-time)	3537	3171	38700	17352	21975
我国派出的体育团体	Chinese Sports Delegations Visiting Foreign Countries					
次数 (次)	Number of Times (time)	476	607	2787	2840	3283
人数 (人次)	Persons-Times (person-time)	5381	5227	18033	17979	22680

注：自1995年起，来华、出访次数、人数包括地方各级体委组办数。

a)The data have included the visits organized by the local sports commissions since 1995.

21-10 群众体育活动情况
ACTIVITIES OF MASS SPORTS

项 目	Item	1985	1990	1995	1997	1998
《国家体育锻炼标准》达标人数 (万人)	Number of Persons Who Have Come up to the State Physical Training Standatds (10 000 persons)	4362	7478	10608	13102	14171
优 秀 级 (万人)	Excellent (10 000 persons)	647	1414	1888	2404	2583
良 好 级 (万人)	Good (10 000 persons)	1553	2746	3586	4432	4868
及 格 级 (万人)	Pass (10 000 persons)	2161	3319	5135	6266	6720
县以上体委举办运动会次数 (次)	Number of Sports Meets Held by Sports Commissions at and Above County Level (time)	26949	30158	24880	26597	26663
参加运动会的运动员人数 (万人)	Number of Athletes Attending Sports Meets (10 000 persons)	742	1076	1345	1415	1313

21-11 卫生机构数
NUMBER OF HEALTH INSTITUTIONS

单位：个

年份 Year	总计 Total	医院、卫生院 Hospitals	#县及县以上医院 At and Above County level	疗养院、所 Sanatoriums	门诊部、所 Clinics	专科防治所、站 Specialized Prevention & Treatment Centers or Stations
1949	3670	2600	2600	30	769	11
1952	38987	3540	3540	270	29050	188
1957	122954	4179	4179	835	102262	626
1962	217985	34379	5300	1266	172708	678
1965	224266	42711	5445	887	170430	822
1970	149823	64822	6030	359	79600	607
1975	151733	62425	7757	297	80739	683
1978	169732	64421	8841	389	94395	887
1980	180553	65450	9478	470	102474	1138
1985	200866	59614	11497	640	126604	1566
1986	203139	59693	11940	638	127575	1635
1987	204960	60429	12348	652	128459	1697
1988	205988	61383	12795	652	128422	1727
1989	206724	61929	13248	651	128112	1747
1990	208734	62454	13489	650	129332	1781
1991	209036	63101	13638	642	128665	1818
1992	204787	61352	13917	639	125873	1845
1993	193586	60784	14713	600	115161	1872
1994	191742	67857	14762	587	105984	1905
1995	190057	67807	14771	582	104406	1895
1996	188803	67964	15056	528	103472	1887
1997	315033	67911	15219	506	229474	1893
1998	314097	67081	15277	503	229349	1889

21-11 续表 continued

单位：个

年份 Year	卫生防疫机构 Sanitation and Antiepidemic Agencies	妇幼保健所、站 Maternity and Child Care Centers	药品检验所、站 Medicines and Chemical Reagent Test Labs	医学科学研究机构 Research Institutes of Medical Science	其他卫生机构 Other Institutions
1949		9	1	3	247
1952	147	2379	12	3	3398
1957	1626	4599	28	38	8761
1962	2208	2636	93	171	3746
1965	2499	2795	131	94	3897
1970	1714	1058	98	72	1493
1975	2912	2025	310	141	2201
1978	2989	2459	844	219	3129
1980	3105	2610	1213	282	3811
1985	3410	2724	1420	323	4565
1986	3475	2775	1534	333	5481
1987	3512	2792	1647	340	5432
1988	3532	2793	1756	332	5391
1989	3591	2796	1854	328	5716
1990	3618	2820	1892	337	5850
1991	3652	2854	1927	335	6042
1992	3673	2841	1953	339	6272
1993	3609	2791	1976	436	6357
1994	3611	2857	1990	437	6514
1995	3629	2832	1995	427	6484
1996	4000	2764	2000	427	5761
1997	4012	2748	2014	426	6049
1998	4018	2724	2020	423	6090

注：1. 1997 年开始，原不列入卫生机构的"个体开业人员"，改称"私人办诊所"后计入门诊部所中。
2. 1995 年以前各年份卫生防疫机构数据仅为卫生防疫站数。

a) "Individual practitioners" that were not included in health institutions before 1997 were reclassified as "private clinics" in 1997, and were included in the number of clinics.

b) Data on sanitation and antiepidemic agencies before 1995 referred only to the number of sanitation and antiepidemic stations.

21-12 卫生机构的人员数

NUMBER OF PERSONS ENGAGED IN HEALTH INSTITUTIONS

单位：万人 (10 000 persons)

年份 Year	总计 Total	卫生技术人员 Medical Technical Personnel	#医生 Doctors	#中医 Doctors of Traditional Chinese Medicine	#西医师 Doctors of Western Medicine	#西医士 Paramedics of Western Medicine	#护师、护士 Senior and Junior Nurses	每千人口医生数(人) Number of Doctors per 1 000 Population (person)
1949	54.1	50.5	36.3	27.6	3.8	4.9	3.3	0.67
1952	81.9	69.0	42.5	30.6	5.2	6.7	6.1	0.74
1957	125.4	103.9	54.7	33.7	7.4	13.6	12.8	0.85
1962	168.5	141.4	68.8	34.4	12.0	22.4	20.0	1.02
1965	187.2	153.2	76.3	32.1	18.9	25.3	23.5	1.05
1970	179.3	145.3	70.2	22.5	22.1	25.6	29.5	0.85
1975	259.4	205.7	87.8	22.9	29.3	35.6	38.0	0.95
1978	310.6	246.4	103.3	25.1	35.9	42.3	40.7	1.07
1980	353.5	279.8	115.3	26.2	44.7	44.4	46.6	1.17
1985	431.3	341.1	141.3	33.6	60.2	47.3	63.7	1.33
1986	444.6	350.7	144.4	34.1	61.9	48.2	68.1	1.34
1987	456.4	360.9	148.2	34.6	64.5	48.7	71.8	1.36
1988	467.8	372.4	161.7	36.2	89.9	35.2	82.9	1.46
1989	478.7	380.9	171.8	37.0	102.3	32.1	92.2	1.52
1990	490.6	389.8	176.3	36.9	105.8	33.1	97.5	1.54
1991	502.5	398.5	178.0	36.3	106.5	34.7	101.2	1.54
1992	514.0	407.4	180.8	36.4	107.9	36.0	104.0	1.54
1993	521.5	411.7	183.2	35.8	111.5	35.1	105.6	1.55
1994	530.7	419.9	188.2	36.1	115.9	35.4	109.4	1.57
1995	537.3	425.7	191.8	35.9	118.6	36.5	112.6	1.58
1996	541.9	431.2	194.1	34.8	120.7	37.5	116.3	1.59
1997	551.6	439.8	198.5	34.6	123.6	39.2	119.8	1.61
1998	553.6	442.4	200.0	34.0	124.7	40.2	121.9	1.60

21-13 卫生机构床位数

NUMBER OF BEDS IN HEALTH INSTITUTIONS

单位：万张 (10 000 units)

年份 Year	总计 Total	医院、卫生院 Hospitals	#县及县以上医院 At and Above County Level	疗养院、所 Sanatoriums	其他卫生机构 Other Health Institutions	每千人口医院、卫生院床位数(张) Number of Hospital Beds per 1 000 Population (unit)
1949	8.5	8.0	8.0	0.4	0.1	0.15
1952	23.1	16.0	16.0	2.0	5.1	0.28
1957	46.2	29.5	29.5	6.9	9.8	0.46
1962	93.3	69.0	57.7	10.5	13.8	1.03
1965	103.3	76.6	62.1	9.8	16.9	1.06
1970	126.2	110.5	71.2	4.8	10.9	1.33
1975	176.4	159.8	94.8	3.7	12.9	1.73
1978	204.2	185.6	109.3	5.1	13.5	1.93
1980	218.4	198.2	119.2	6.8	13.4	2.01
1985	248.7	222.9	148.7	10.6	15.2	2.11
1986	256.3	229.7	155.9	11.1	15.5	2.14
1987	268.5	240.5	164.8	11.9	16.2	2.20
1988	279.5	250.3	173.1	12.2	16.9	2.25
1989	286.7	256.8	179.7	12.3	17.6	2.28
1990	292.5	262.4	184.7	12.3	17.8	2.30
1991	299.2	268.9	190.1	12.5	17.8	2.32
1992	304.9	274.4	195.3	12.5	18.0	2.34
1993	309.9	279.5	201.7	11.9	18.5	2.36
1994	313.4	283.1	205.1	11.8	18.4	2.36
1995	314.1	283.6	205.3	11.6	18.8	2.34
1996	310.0	286.6	208.3	10.9	12.5	2.34
1997	313.5	290.3	210.9	10.4	12.8	2.35
1998	314.3	291.4	212.4	10.2	12.7	2.33

21-14 按市县分的医院床位和专业卫生技术人员

HOSPITAL BEDS AND MEDICAL TECHNICAL PERSONNEL BY CITY AND COUNTY AREAS

年份 Year	医院、卫生院床位（万张） Number of Hospital Beds (10 000 units)		专业卫生技术人员（万人） Number of Medical Technical Personnel (10 000 persons)		#医生 Doctors		#护师、护士 Senior and Junior Nurses	
	市 City	县 County	市 City	县 County	市 City	县 County	市 City	县 County
1952	12.1	3.9	22.5	46.5	8.1	34.3	4.3	1.8
1957	22.1	7.4	38.2	65.7	13.8	40.8	10.0	2.8
1962	43.7	25.3	57.1	84.3	21.4	47.4	15.5	4.5
1965	45.8	30.8	65.2	88.0	26.9	49.4	17.6	5.9
1970	51.0	59.5	59.6	85.7	24.1	46.1	18.0	11.6
1975	63.7	96.1	95.7	110.0	36.7	51.0	24.0	14.0
1980	76.8	121.4	131.3	148.5	52.7	62.6	30.0	16.6
1985	96.2	126.7	167.7	173.4	70.9	70.4	39.2	24.5
1986	103.3	126.4	177.4	173.3	74.9	69.5	42.9	25.2
1987	112.7	127.7	188.2	172.6	79.3	68.9	46.1	25.7
1988	125.5	124.8	202.8	169.6	88.6	73.2	53.7	29.2
1989	133.5	123.3	212.1	168.8	95.0	76.8	59.9	32.2
1990	138.7	123.7	218.5	171.3	97.8	78.5	63.4	34.1
1991	144.8	124.0	226.4	172.1	100.3	77.7	66.6	34.6
1992	152.4	122.0	236.3	171.1	104.3	76.5	69.5	34.5
1993	159.6	119.9	243.3	168.5	107.7	75.5	71.5	34.1
1994	170.7	112.4	258.9	161.0	115.0	73.2	76.2	33.2
1995	174.0	109.7	265.9	159.8	118.4	73.4	79.0	33.5
1996	179.1	107.5	272.2	159.0	120.3	73.8	82.3	34.0
1997	184.2	106.1	279.5	160.3	123.5	75.0	85.3	34.6
1998	187.2	104.2	281.9	160.5	124.2	75.7	87.0	34.9

21-15 医院、卫生院平均每院床位和人员数

AVERAGE NUMBER OF BEDS AND PERSONS ENGAGED PER HOSPITAL

项目	Item	1997			1998		
		床位（张） Beds (unit)	人员（人） Personnel (person)	#卫生技术人员 Medical Technical Personnel	床位（张） Beds (unit)	人员（人） Personnel (person)	#卫生技术人员 Medical Technical Personnel
全国各级各类医院、卫生院	**Total Hospitals**	**42.7**	**61.8**	**49.5**	**43.4**	**63.0**	**50.8**
医院合计	Hospitals	131.5	187.3	145.2	131.1	186.6	145.2
县及县以上医院	Hospitals at County and Higher Levels	138.6	197.5	155.3	139.0	196.9	153.2
其他医院	Other Hospitals	38.4	53.0	41.7	38.8	54.2	42.7
卫生院合计	Township Hospitals	14.5	21.9	19.2	14.7	22.9	20.0
城市街道卫生院	Urban Township Hospitals	12.5	32.2	27.4	11.4	31.1	26.3
农村乡(镇)卫生院	Rural Township Hospitals	14.6	21.8	19.1	14.7	22.8	20.0

21-16 各地区卫生机构、床位、人员数（1998年）

NUMBER OF HEALTH INSTITUTIONS, BEDS AND PERSONS ENGAGED BY REGION (1998)

地区 Region		机构合计（个） Health Institutions (unit)	#医院、卫生院 Hospitals	床位合计（万张） Beds (10 000 units)	#医院、卫生院 Hospital Beds	人员合计（万人） Personnel (10 000 persons)	#卫生技术人员 Medical Technical Personnel	#医生 Doctor
全国	**National Total**	**314097**	**67081**	**314.3**	**291.4**	**553.6**	**442.4**	**200.0**
北京	Beijing	5722	676	6.9	6.7	16.3	11.6	5.2
天津	Tianjin	3190	478	4.0	3.9	8.8	6.8	3.1
河北	Hebei	20071	4503	16.6	14.5	26.7	21.8	10.4
山西	Shanxi	8592	2626	11.0	10.4	18.0	15.1	7.2
内蒙古	Inner Mongolia	7517	1991	6.6	6.2	13.0	10.5	5.2
辽宁	Liaoning	11710	2162	19.6	17.6	30.3	23.1	9.8
吉林	Jilin	6321	1428	9.3	8.7	17.5	13.6	5.9
黑龙江	Heilongjiang	7620	1981	12.0	11.4	22.7	17.5	7.6
上海	Shanghai	5467	473	7.0	6.8	14.8	10.8	5.0
江苏	Jiangsu	13364	2610	17.0	15.9	32.6	25.7	11.6
浙江	Zhejiang	17457	3342	11.1	10.4	19.5	15.6	7.0
安徽	Anhui	7699	2992	12.4	11.5	18.8	15.3	6.8
福建	Fujian	10159	1315	8.9	8.2	11.7	9.7	4.2
江西	Jiangxi	8041	2305	9.2	8.3	14.9	12.1	5.3
山东	Shandong	14642	3170	20.8	19.6	37.2	30.1	13.3
河南	Henan	11774	2999	19.4	18.0	32.6	26.3	10.7
湖北	Hubei	11584	2082	14.4	13.0	30.2	24.0	10.1
湖南	Hunan	17737	3318	14.4	13.4	25.7	21.2	9.3
广东	Guangdong	15435	2373	15.8	14.8	31.4	25.2	10.5
广西	Guangxi	13888	1791	8.5	8.1	15.6	12.5	6.0
海南	Hainan	2598	485	2.1	32.1	4.0	3.2	1.3
重庆	Chongqing	9716	2438	6.6	5.9	10.9	8.9	4.3
四川	Sichuan	31917	7676	19.1	17.0	30.8	25.1	12.7
贵州	Guizhou	9113	1877	5.8	5.4	10.1	8.4	4.4
云南	Yunnan	11867	2137	9.6	8.7	14.7	11.9	5.9
西藏	Tibet	1307	876	0.7	0.6	1.1	0.9	0.5
陕西	Shaanxi	10440	2779	9.5	9.1	16.2	13.1	6.3
甘肃	Gansu	8977	1870	5.8	5.5	9.9	8.2	3.8
青海	Qinghai	1903	591	1.7	1.6	2.6	2.1	1.0
宁夏	Ningxia	1654	382	1.4	1.3	2.8	2.2	1.1
新疆	Xinjiang	6615	1351	7.1	6.6	12.3	9.8	4.3

21-17 卫生机构、床位、人员数（1998年）

NUMBER OF HEALTH INSTITUTIONS, BEDS AND PERSONS ENGAGED BY TYPE OF INSTITUTIONS (1998)

机构类别	Type of Institutions	机构数（个） Health Institu- (unit)	床位数（万张） Beds (10 000 units)	人员合计（万人） Personnel (10 000 persons)	#卫生技术人员 Medical Technical Personnel	#管理人员 Managerial Personnel
总　计	**Total**	**314097**	**314.3**	**553.6**	**442.4**	**43.6**
医院合计	Total Number of Hospitals	16468	217.0	307.3	239.1	25.7
县及县以上	Hospitals at and Above County Level					
医院小计	Subtotal Number of Hospitals	15277	212.4	300.8	234.0	25.1
综合医院	General Hospitals	10768	148.8	212.9	166.4	17.3
中医医院	Hospitals of Chinese Medicine	2444	22.9	34.9	28.2	2.8
医学院校	Hospitals Attached to					
附属医院	Medical Colleges	221	12.7	21.0	16.0	1.8
传染病院	Hospitals for Infectious Diseases	120	2.5	2.8	2.0	0.3
精神病院	Mental Hospitals	481	9.7	7.1	5.0	0.7
结核病院	Tuberculosis Hospitals	100	2.4	2.3	1.6	0.3
妇幼保健院	Hospitals for Maternity and Child Care	467	3.6	6.9	5.4	0.6
妇产医院	Maternity Hospital	47	0.8	1.3	1.0	0.1
儿童医院	Children's Hospitals	37	1.0	1.9	1.4	0.2
麻风病院	Hospitals for Lepers	47	0.9	0.2	0.2	…
职业病院	Hospitals for Occupational Diseases	49	0.7	0.8	0.5	0.1
肿瘤医院	Tumor Hospitals	62	1.6	2.2	1.6	0.2
其他专科医院	Other Sepecialized Hospitals	434	4.6	6.4	4.8	0.6
其他医院	Other Hospitals	1191	4.6	6.4	5.1	0.6
卫生院	Rural Township Hospitals	50613	74.4	115.7	101.4	7.5
疗养院、所	Sanatoriums	503	10.2	4.7	2.3	0.7
门诊部、所	Clinics	229349	2.5	56.0	54.8	0.6
专科防治所、站	Specialized Prevention Stations	1889	2.9	6.0	4.5	0.7
卫生防疫机构	Sanitation and Antiepidemic Stations	4018	0.1	22.2	17.4	2.0
妇幼保健机构	Maternity and Child Care Centers	2724	2.7	8.8	7.3	0.8
药品检验所、室	Medicines and Chemical Reagent Test Labs	2020		2.7	2.0	0.4
医学科学	Research Institutes of Medical Sciences					
研究机构		423	0.1	3.6	1.9	0.4
其他卫生机构	Other Health Care Institutions	6090	4.4	26.6	11.7	4.8

21-18 卫生机构各类人员数
PERSONS ENGAGED IN HEALTH CARE INSTITUTIONS BY TYPE OF OCCUPATION

单位:万人 (10 000 persons)

人员分类	Type of Personnel	1985	1990	1995	1997	1998
总　计	**Total**	**431.3**	**490.6**	**537.3**	**551.6**	**553.6**
卫生技术人员	Medical Technical Personnel	341.1	389.8	425.7	439.8	442.4
其他技术人员	Other Technical Personnel	4.6	8.6	12.1	13.3	14.5
管理人员	Managerial Personnel	35.9	39.7	45.0	44.8	43.6
工勤人员	Logistics Workers	49.7	52.6	54.5	53.7	53.1
卫生技术人员	**Medical Technical Personnel**	**341.1**	**389.8**	**425.7**	**439.8**	**442.4**
中医师	Doctors of Traditional Chinese Medicine	12.0	24.0	26.0	25.8	25.6
西医师	Doctors of Western Medicine	60.2	105.8	118.6	123.6	124.7
中西医结合高级医师	Senior Doctors Who Integrate Traditional Chinese Therapeutics with Western Therapeutics in Practice	0.2	0.5	0.8	1.1	1.1
护师	Senior Nurses	6.8	43.2	63.4	71.3	74.5
中药师	Pharmacists of Chinese Medicine	1.4	6.0	7.9	8.6	8.7
西药师	Pharmacists of Western Medicine	3.3	10.4	13.3	14.6	14.7
检验师	Laboratory Technicians	2.4	8.1	11.0	12.0	12.4
其他技师	Other Technicians	2.1	6.8	9.2	10.4	10.7
中医士	Paramedics of Chinese Medicine	15.0	9.1	7.5	7.2	7.0
西医士	Paramedics of Western Medicine	47.3	33.1	36.5	39.2	40.1
护士	Junior Nurses	56.9	54.3	49.2	48.5	47.4
助产士	Midwives	7.6	5.8	4.9	4.9	4.9
中药剂士	Junior Pharmacists of Chinese Medicine	5.5	7.2	5.7	5.4	5.2
西药剂士	Junior Pharmacists of Western Medicine	9.0	9.0	7.8	8.0	7.9
检验士	Junior Laboratory Technicians	7.5	7.0	5.9	5.9	5.9
其他技士	Other Junior Technicians	5.8	6.0	5.4	5.8	5.2
其他中医	Other Doctors of Chinese Medicine	6.6	3.8	2.3	1.6	1.4
护理员	Assistant Nurses	25.9	12.7	11.8	10.3	9.5
中药剂员	Assistant Pharmacists of Chinese Medicine	8.2	3.8	3.1	2.6	2.5
西药剂员	Assistant Pharmacists of Western Medicine	9.1	4.2	4.0	3.6	3.4
检验员	Assistant Laboratory Technicians	4.7	2.0	2.0	1.9	1.8
其他初级卫生技术人员	Other Junior Medical Technical Personnel	43.6	27.1	29.1	28.3	27.8
平均每千人口有卫生技术人员(人)	**Number of Medical Technical Personnel per 1,000 Population**	**3.2**	**3.4**	**3.5**	**3.6**	**3.6**
#医生	Doctors	1.3	1.5	1.6	1.6	1.6

21-19 医院、卫生院诊疗人次及入院人数（1998年）

NUMBER OF HOSPITAL PATIENTS (1998)

医院类别 Type of Hospital	诊疗人次（亿人次） Total Number of Patients Treated (100 million person-times)	#门、急诊 Out-patients and Emergency Patients	入院人数（万人） Hospital Admissions (10 000 patients)	每百诊次的入院人数（人） Hospital Amissions per 100 Patient-Times (person)	每百门、急诊次的入院人数（人） Hospital Admissions per 100 Out-Patient times and Emergency Patient-Times (person)
医院、卫生院合计 **Total**	**21.25**	**19.95**	**4995**	**2.4**	**2.5**
县及县以上医院合计 Hospitals at and Above County Level	12.02	11.16	3202	2.7	2.9
#卫生部门 Health Departments	8.17	7.84	2538	3.1	3.2
工业及其他部门 Industrial and Other Departments	3.60	3.08	622	1.7	2.0
集体所有制 Collective Owned Units	0.24	0.23	38	1.6	1.7
其他医院 Other Hospitals	0.37	0.35	36	1.0	1.0
卫生院 Rural Township Hospitals	8.86	8.44	1757	2.0	2.1

21-20 县及县以上医院病床使用情况

UTILIZATION OF HOSPITAL BEDS AT AND ABOVE COUNTY LEVEL

医院类别	Type of Hospital	病床周转次数（次） Turnover of Beds (times)	病床工作日（日） Number of Days per Bed in Use in a Year (days)	病床使用率（%） Utilization Rate of Beds	出院者平均住院日（日） Average Hospitalization Period (days)
1985 合计	**Total in 1985**	**18.1**	**301.9**	**82.7**	**15.8**
卫生部门	Health Departments	19.8	320.8	87.9	15.4
工业及其他部门	Industrial and Other Departments	14.2	253.7	69.5	16.5
集体单位	Collective Owned Units	13.9	297.5	81.5	19.4
1990 合计	**Total in 1990**	**17.6**	**295.3**	**80.9**	**15.9**
卫生部门	Health Departments	19.2	312.4	85.6	15.5
工业及其他部门	Industrial and Other Departments	13.8	254.8	69.8	17.0
集体单位	Collective Owned Units	13.8	253.7	69.5	16.9
1995 合计	**Total in 1995**	**15.5**	**244.2**	**66.9**	**14.7**
卫生部门	Health Departments	17.1	256.2	70.2	14.2
工业及其他部门	Industrial and Other Departments	11.8	216.1	59.2	16.7
集体单位	Collective Owned Units	12.4	199.7	54.7	13.9
1996 合计	**Total in 1996**	**15.8**	**236.2**	**64.7**	**14.2**
卫生部门	Health Departments	17.4	247.8	67.9	13.7
工业及其他部门	Industrial and Other Departments	12.0	208.1	57.0	16.0
集体单位	Collective Owned Units	11.4	190.5	52.2	14.8
1997 合计	**Total in 1997**	**15.4**	**225.2**	**61.7**	**13.8**
卫生部门	Health Departments	17.0	237.3	65.0	13.3
工业及其他部门	Industrial and Other Departments	11.6	197.1	54.0	15.6
集体单位	Collective Owned Units	11.1	184.0	50.4	15.7
1998 合计	**Total in 1998**	**15.8**	**219.7**	**60.2**	**13.1**
卫生部门	Health Departments	17.5	230.3	63.1	12.6
工业及其他部门	Industrial and Other Departments	11.7	194.2	53.2	15.1
集体单位	Collective Owned Units	11.7	190.5	52.2	16.0

21-21 城市前十位疾病死亡原因及构成（1998年）

DEATH RATE OF 10 MAJOR DISEASES IN URBAN AREAS (1998)

顺位 No.	疾病死亡原因	Cause of Death	占死亡总人数的% As % of Total Deaths
	十种死因合计	**Total**	**91.93**
1	恶性肿瘤	Malignant Tumour	22.58
2	脑血管病	Cerebrovasular Disease	22.32
3	心脏病	Heart Trouble	17.28
4	呼吸系病	Respiratory Disease	14.08
5	损伤和中毒	Trauma and Toxicosis	6.28
6	消化系病	Digestive Disease	3.02
7	内分泌、营养、代谢及免疫疾病	Internal System, Nutrition, Metabolite and Immunity Disease	2.78
8	泌尿、生殖系病	Urinary Disease	1.51
9	精神病	Mental Disease	1.13
10	神经病	Neuropathy	0.95
	男性十种死因合计	**Male Total**	**92.75**
1	恶性肿瘤	Malignant Tumour	25.33
2	脑血管病	Cerebrovasular Disease	22.02
3	心脏病	Heart Trouble	16.12
4	呼吸系病	Respiratory Disease	13.57
5	损伤和中毒	Trauma and Toxicosis	6.94
6	消化系病	Digestive Disease	3.30
7	内分泌、营养、代谢及免疫疾病	Internal System, Nutrition, Metabolite and Immunity Disease	2.07
8	泌尿、生殖系病	Urinary Disease	1.44
9	精神病	Mental Disease	0.99
10	神经病	Neuropathy	0.97
	女性十种死因合计	**Female Total**	**90.80**
1	脑血管病	Cerebrovasular Disease	22.69
2	恶性肿瘤	Malignant Tumour	19.22
3	心脏病	Heart Trouble	18.69
4	呼吸系病	Respiratory Disease	14.69
5	损伤和中毒	Trauma and Toxicosis	5.48
6	内分泌、营养、代谢及免疫疾病	Internal System, Nutrition, Metabolite and Immunity Disease	3.65
7	消化系病	Digestive Disease	2.69
8	泌尿、生殖系病	Urinary Disease	1.59
9	精神病	Mental Disease	1.29
10	神经病	Neuropathy	0.91

注：统计范围包括北京等35个市全市或部分市区资料。

a) Statistics in the table cover full or partial areas of 35 cities including Beijing.

21-22 农村前十位疾病死亡原因及构成（1998年）
DEATH RATE OF 10 MAJOR DISEASES IN RURAL AREAS (1998)

顺位 No.	疾病死亡原因	Cause of Death	占死亡总人数的% As % of Total Deaths
	十种死因合计	**Total**	**91.43**
1	呼吸系病	Respiratory Disease	22.89
2	脑血管病	Cerebrovasular Disease	18.21
3	恶性肿瘤	Malignant Tumour	17.01
4	心脏病	Heart Trouble	12.90
5	损伤和中毒	Trauma and Toxicosis	11.15
6	消化系病	Digestive Disease	4.00
7	泌尿、生殖系病	Urinary Disease	1.48
8	肺结核	Pulmonary Tuberculosis	1.37
9	新生儿病	Newborn Baby Disease	1.37
10	传染病(肺结核除外)	Infectious Disease (Excluding Pulmonary Tuberculosis)	1.05
	男性十种死因合计	**Male Total**	**92.75**
1	呼吸系病	Respiratory Disease	21.41
2	恶性肿瘤	Malignant Tumour	19.49
3	脑血管病	Cerebrovasular Disease	17.84
4	损伤和中毒	Trauma and Toxicosis	12.31
5	心脏病	Heart Trouble	11.72
6	消化系病	Digestive Disease	4.37
7	肺结核	Pulmonary Tuberculosis	1.58
8	泌尿、生殖系病	Urinary Disease	1.56
9	新生儿病	Newborn Baby Disease	1.36
10	传染病(肺结核除外)	Infectious Disease (Excluding Pulmonary Tuberculosis)	1.11
	女性十种死因合计	**Female Total**	**90.13**
1	呼吸系病	Respiratory Disease	24.72
2	脑血管病	Cerebrovasular Disease	18.68
3	心脏病	Heart Trouble	14.36
4	恶性肿瘤	Malignant Tumour	13.93
5	损伤和中毒	Trauma and Toxicosis	9.72
6	消化系病	Digestive Disease	3.53
7	泌尿、生殖系病	Urinary Disease	1.39
8	新生儿病	Newborn Baby Disease	1.37
9	内分泌、营养、代谢及免疫疾病	Internal System, Nutrition, Metabolite and Immunity Disease	1.32
10	肺结核	Pulmonary Tuberculosis	1.11

注：统计范围包括北京等85个县的资料。

a)Statistics in the table cover 85 counties, including counties in Beijing.

21-23 全国法定报告传染病发病及死亡情况（1998 年）
INCIDENCE AND DEATH FROM INFECTIOUS DISEASES (1998)

病名	Item	发病率(1/10万) Incidence Disease Rate (per 100 000 persons)	死亡率(1/10万) Death Rate (per 100 000 persons)	病死率(%) Mortality Rate per 100 Infectious Disease Patients
总计	**Total**	**194.80**	**0.31**	**0.16**
鼠疫	The Plague	…	…	33.33
霍乱	Cholera	0.95	0.02	1.99
病毒性肝炎	Viral Hepatitis	63.1	0.05	0.08
痢疾	Dysentery	53.21	0.02	0.05
伤寒副伤寒	Typhoid and Paratyphoid Fever	4.59	0.01	0.18
艾滋病	AIDS	…	…	13.04
淋病	Gonorrhea	17.82	…	…
梅毒	Syphills	2.73	…	0.02
脊髓灰质炎	Poliomyelitis	0.01	…	0.83
麻疹	Measles	4.33	0.01	0.22
百日咳	Pertussis	0.58	…	0.13
白喉	Diphtheria	…	…	10.00
流脑	Epidemic Encephalitis	0.29	0.02	5.69
猩红热	Scarlet Fever	1.18	…	0.01
出血热	Hemorrhagic Fever	3.68	0.03	0.73
狂犬病	Hydrophobia	0.02	0.02	87.4
钩端螺旋体病	Leptospirosis	0.93	0.02	2.51
布氏杆菌病	Brucellosis	0.07		
炭疽	Anthrax	0.10	…	3.92
斑疹伤寒	Typhus Fever	0.43	…	0.08
乙脑	Encephalitis B	0.96	0.03	3.25
黑热病	Kala-Azar	0.01		
疟疾	Malaria	2.53	…	0.08
登革热	Dengue Fever	0.01		
新生儿破伤风	Newborn Baby Tetanus	0.30	0.03	9.73
肺结核	Pulmonary Tuberculosis	36.97	0.05	0.13

21-24 历届全国人民代表大会的代表人数

NUMBER OF DEPUTIES TO ALL THE PREVIOUS NATIONAL PEOPLE'S CONGRESSES

单位:人　　　　(person)

项　目	Item	一届 First Congress (1954)	二届 Second Congress (1959)	三届 Third Congress (1964)	四届 Fourth Congress (1975)	五届 Fifth Congress (1978)	六届 Sixth Congress (1983)	七届 Seventh Congress (1988)	八届 Eighth Congress (1993)	九届 Ninth Congress (1998)
代表总数	**Total Number of All Deputies**	**1226**	**1226**	**3040**	**2885**	**3497**	**2978**	**2978**	**2978**	**2979**
在代表总数中										
女代表	Female Deputies	147	150	542	653	742	632	634	626	650
占代表总数%	As Percentage to Total	12.0	12.2	17.8	22.6	21.2	21.2	21.3	21.0	21.8
在代表总数中										
少数民族代表	Deputies from National Minorities	178	179	372	270	381	403	445	439	428
占代表总数%	As Percentage to Total	14.5	14.6	12.2	9.4	10.9	13.5	14.9	14.8	14.4

21-25 历届全国政治协商会议的委员人数

NUMBER OF DEPUTIES TO ALL THE PREVIOUS CHINESE PEOPLE'S POLITICAL CONSULTATIVE CONFERENCES

单位:人　　　　(person)

项　目	Item	一届 First Congress (1954)	二届 Second Congress (1959)	三届 Third Congress (1964)	四届 Fourth Congress (1975)	五届 Fifth Congress (1978)	六届 Sixth Congress (1983)	七届 Seventh Congress (1988)	八届 Eighth Congress (1993)	九届 Ninth Congress (1998)
委员总数	**Total Number of Deputies**	**198**	**729**	**1071**	**1199**	**1988**	**2039**	**2083**	**2093**	**2196**
在委员总数中										
中国共产党代表	Deputies from the Communist Party of China		40	60	61	76	76	90	91	92
占代表总数%	As Percentage to Total		5.5	5.6	5.1	3.8	3.7	4.3	4.3	4.2
在委员总数中										
少数民族代表	Deputies from National Minorities	19	61	78	81	143	185	225	241	258
占代表总数%	As Percentage to Total	9.6	8.4	7.3	6.8	7.2	9.1	10.8	11.5	11.7

21-26 工会组织情况
BASIC STATISTICS ON TRADE UNIONS

年 份 Year	工会基层组织数（万个） Number of Grassroots Unions (10 000 units)	全国已建工会组织的基层单位的职工与会员人数（万人） Membership and Number of Staff and Workers in Grassroots Unions (10 000 persons)				工会专职工作人员人数(万人) Number of Full-time Personnel of Unions(10 000 persons)
		职工人数 Number of Staff and Workers	＃女职工 Female	会员人数 Membership	＃女会员 Female	
1952	20.7	1393.2		1002.3		5.3
1957	16.5	2158.3		1746.7		
1962	16.5	2667.1		1922.0		8.6
1980	37.6	7448.2	2518.6	6116.5		24.3
1981	41.1	8183.0	2902.0	6843.9	2412.8	29.1
1982	43.3	8586.6	3065.9	7331.6	2629.3	32.2
1983	44.7	8845.7	3191.8	7693.4	2771.4	33.7
1984	46.6	9243.9	3370.3	8029.1	2950.3	41.9
1985	46.5	9643.0	3596.7	8525.8	3149.2	38.1
1986	50.2	9949.6	3664.3	8908.5	3309.2	45.9
1987	53.6	10411.8	3900.4	9336.5	3486.9	47.0
1988	56.4	10747.4	4434.9	9628.9	3647.0	47.4
1989	58.9	10998.6	4178.7	9909.2	3777.7	48.8
1990	60.6	11156.9	4291.0	10135.6	3897.7	55.6
1991	61.4	11351.4	4394.8	10389.1	3991.6	58.0
1992	61.7	11223.9	4377.1	10322.5	3974.0	58.0
1993	62.7	11103.8	4359.9	10176.1	3949.6	55.4
1994	58.3	11269.6	4483.2	10202.5	4018.1	56.0
1995	59.3	11321.4	4515.3	10399.6	4116.5	46.8
1996	58.6	11181.4	4500.0	10211.9	4093.1	60.5
1997	51.0	10111.5	4004.8	9131.0	3579.4	57.7
1998	50.4	9716.5	3882.0	8913.4	3546.7	48.4

21-27 律师、公证、调解工作基本情况

BASIC STATISTICS ON LAWYERS, NOTARIZATION AND MEDIATION

项　目		Item	1995	1996	1997	1998
律师工作		**Lawyers**				
律师事务所	(个)	Number of Law Offices	7263	8265	8441	8946
律师工作人员	(人)	Number of Lawyers (persons)	90602	100198	98902	101220
#专职律师	(人)	Full-time Lawyers (persons)	45094	47879	47574	51008
兼职律师	(人)	Part-time Lawyers (persons)	17994	20243	18695	17958
聘请担任常年法律顾问的单位	(处)	Number of Units with Permanent Legal Advisors	234496	223043	232434	235676
民事诉讼代理	(件)	Agent of Civil Cases (cases)	316250	353840	454273	526633
经济诉讼代理	(件)	Agent of Economic Cases (cases)	324909	360224	403337	414229
刑事辩护	(件)	Defender of Criminal Cases (cases)	204382	245877	275188	296668
行政诉讼代理	(件)	Agent of Administrative Action(cases)	18043	19360	29618	35865
非诉讼法律事务	(件)	Agent of Non-Litigious Legal Affairs (cases)	452021	435483	1222239	851433
涉外及涉港澳台法律事务	(件)	Agent of Foreign-related, Hong Kong, Macao & Taiwan Legal Affairs (cases)	20444	27730	24765	21618
解答法律询问	(万件)	Agent of Legal Advisory Services (10 000 cases)	196.0	186.5	425.92	489.86
代写法律事务文书	(万件)	Agent of Legal Documents Written on Behalf of Clients (10 000 cases)	54.4	52.3	95.87	125.86
公证工作		**Notarization**				
公证处	(个)	Number of Notary Offices	3148	3167	3162	3179
公证人员	(人)	Notarial Personnel (persons)	16949	17019	17431	18159
#公证员	(人)	Notaries (persons)	10663	11322	11749	13006
公证员助理	(人)	Assistant Notaries (persons)	2221	1925	1741	1428
办理公证文书	(万件)	Number of Notarized Documents (10 000 cases)	777.4	792.7	982.8	1022.9
人民调解工作		**Number of People's Mediation**				
专职司法助理员	(人)	Number of Full-Time Judicial Assistants (persons)	53922	56173	57029	52875
人民调解委员会	(万个)	Number of People's Mediation Committees (10 000 units)	101.0	100.2	98.5	98.4
调解人员	(万人)	Number of Mediators (10 000 persons)	1025.9	1035.4	1027.4	917.5
调解民间纠纷	(万件)	Number of Civil Disputes Mediated (10 000 cases)	602.8	580.2	554.3	526.7

21-28 国内公证文书分类（1998年）

DOMESTIC NOTARIAL DOCUMENTS BY TYPE (1998)

分类	Item	1997 办证件数(件) Number of Notarial Documents Issued (pieces)	1997 比重(%) Percentage	1998 办证件数(件) Number of Notarial Documents Issued (pieces)	1998 比重(%) Percentage
经济公证	**Notarized Documents on Economic Affairs**				
合计	Total Documents	3479341	100.00	4450009	100.00
购销	Purchases and Sales of Products	103102	2.96	140598	3.16
联营	Joint Business	17347	0.50	9661	0.22
拍卖	Auctions	30846	0.89	35322	0.79
贷款	Loans	538056	15.46	576243	12.95
担保	Guarantees	59047	1.70	87542	1.97
招标、投标	Bidding	32122	0.92	34618	0.78
技术合作	Scientific and Technological Contracts	40616	1.17	11713	0.26
供用电	Supply and Use of Electric Power	69100	1.99	67566	1.52
劳务合同	Labor Contracts	298813	8.59	243226	5.47
建筑工程承包	Construction Project Contracts	24939	0.72	19181	0.43
工商服务业承包	Industrial and Commercial Service Contracts	46474	1.34	46777	1.05
农林牧副渔业承包	Farming, Forestry, Animal Husbandry, Sideline Production and Fishery Contracts	479117	13.77	362713	8.15
乡镇企业承包	Township Enterprise Contracts	16489	0.47	13001	0.29
财产租赁	Property Leases	36684	1.05	37791	0.85
企业租赁	Leases of Enterprise	12109	0.35	13947	0.31
资产经营协议	Asset Business Contracts	5259	0.15	6633	0.14
还款协议	Payment Contracts	36239	1.04	79888	1.80
土地使用权出让、转让	Selling or Transfer of Right of Land Utilisation	31249	0.90	87209	1.96
其他经济合同	Other Business Contracts	678122	19.49	605797	13.61
法人(代表人)资格	Legal Person (agent) Identification	15818	0.45	8747	0.20
法人委托书	Legal Person Trust Deeds	20105	0.58	17811	0.40
公司章程	Corporation Constitutions	2187	0.06	3578	0.08
执行许可证明	Operating Permits	14857	0.43	7836	0.18
提存	Consignation	5187	0.15	8008	0.18
抵押登记	Mortgage Registration	34085	0.98	35504	0.80
公司会议记录	Minutes of Corparation Meetings	13004	0.37	12814	0.29
其他	Others	818368	23.52	1875358	42.14
民事法律关系公证	**Notarized Documents on Civil Legal Relations**				
合计	Total	4520225	100.00	5787900	100.00
收养	Child Adoption	21375	0.47	20216	0.35
解除收养	Adoption Renouncements	3233	0.07	1560	0.03
继承权	Rights of Inheritance	68232	1.51	64576	1.12
遗嘱	Testaments	33750	0.75	38288	0.66
产权	Property Rights	55388	1.23	71535	1.24
亲属关系	Kinship Confirmation	18364	0.41	25136	0.43
死亡	Death Certificates	6718	0.15	7804	0.13
房屋买卖	Purchases and Sales of Houses	322660	7.14	435934	7.53
房屋租赁	House Leases	41997	0.93	42064	0.73
留学协议	Foreign Study Contracts	9138	0.20	7250	0.13
遗赠扶养协议	Donations and Family Fostering	6761	0.15	6958	0.12
委托书	Trust Deeds	44855	0.99	52693	0.91
赠与书	Presentation Documents	63685	1.41	78019	1.35
声明书	Declarations	66613	1.47	79464	1.37
现场监督	Field Supervision	120618	2.67	129887	2.24
签名印鉴属实	Confirmation of Signatures and Seals	23650	0.52	22823	0.39
副本等与原本相符	Confirmation of Copies and Photo-Offset Copies to Originals	9532	0.21	16056	0.28
宅基地使用权	Rights to Housing Site	87917	1.94	37174	0.64
证据保全	Evidence Preservation	8927	0.20	14111	0.24
拆迁协议	Housing Demolition Agreements	129995	2.88	122027	2.10
计划生育	Family Planning	837063	18.52	1588895	27.45
赡养协议	Agreements on Supporting Parents	44326	0.98	47201	0.82
合伙协议	Partnership Agreements	5190	0.11	7904	0.14
夫妻财产协议	Porperty Agreements Between Spouses	144611	3.20	88409	1.53
其他民事协议	Other Civil Agreements	564256	12.48	594436	10.27
其他	Others	1781371	39.41	2187106	37.79

21-29 涉外公证文书分类（1998 年）
FOREIGN-RELATED NOTARIAL DOCUMENTS BY TYPE (1998)

分类	Item	办证件数（件） Number of Notarial Documents Issued (pieces)	比重（%） Percentage	分类	Item	办证件数（件） Number of Notarial Documents Issued (pieces)	比重（%） Percentage
合计	**Total**	**1740219**	**100.00**	公司章程	Corporation Constitutions	2111	0.12
收养	Child Adoption	7614	0.44	其他法律文书	Other Legal Documents	27822	1.60
遗嘱	Testaments	280	0.02	职称	Professional Certificate	14380	0.83
出生	Births	284251	16.33	法人资格	Legal Person Identitification	2714	0.16
死亡	Deaths	11461	0.66				
生存、居住	Survival and Residence	15615	0.90	商标注册	Trademark Registrations	228	0.01
学历	Schooling	164395	9.45	贷款	Loans	1269	0.07
经历	Personal Histories	54244	3.12	担保	Guarantees	2543	0.15
国籍	Nationality	34013	1.95	其他经济合同	Other Business Contracts	7602	0.44
婚姻状况	Marital Status	178443	10.25	副本等与原本相符	Confimation of Copies and Photo－Offset Copies to Originals	256117	14.72
亲属关系	Kinship Confirmation						
继承权	Rights of Inheritance	4165	0.24				
受、未受刑事处分	Criminal Records	212128	12.19	签名印鉴属实		80844	4.65
声明书	Declarations	20446	1.17				
委托书	Trust Deeds	12454	0.72	其他	Other	164714	9.47
营业证书	Certificates	8827	0.48				

21-30 调解民间纠纷分类
NUMBER OF CIVIL DISPUTES MEDIATED BY TYPE

项目	Item	调解纠纷（件） Civil Disputes (cases) 1997	1998	各类纠纷所占比重（%） Percentage 1997	1998
合计	**Total**	**5543166**	**5267194**	**100.00**	**100.00**
婚姻家庭	Family Disputes	2278068	2059543	41.10	39.10
婚姻	Marriages	1031489	952317	18.61	18.08
继承	Rights of Inheritance	308321	274689	5.56	5.22
赡抚扶养	Family Fostering	416121	388352	7.51	7.37
其他	Others	522137	444176	9.42	8.43
房屋、宅基地	Housing and Housing Sites	556670	544742	10.04	10.34
债务	Debts	465281	453866	8.39	8.62
生产经营	Business	570754	539614	10.30	10.24
邻里	Neighbor Disputes	800775	794588	14.45	15.09
损害赔偿	Compensation for Damages	394960	386595	7.13	7.34
其他	Others	476658	488255	8.60	9.27

21-31 劳动争议仲裁委员会受理及处理案件情况(1998年)

项目	Item	合计 Total	国有企业 State-Owned Enterprises	城镇集体企业 Urban Collective Owned Enterprises
上期未结案件数 (件)	**Number of Cases Left Over from Last Period (case)**	**3475**	**1086**	**577**
案件受理情况	**Cases Accepted**			
案件数 (件)	Number of Cases (case)	93649	22195	13579
劳动者当事人数 (人)	Number of Persons Involved (person)	358531	76525	40056
#集体争议案件数	Number of Collective Disputes	6767	1358	798
集体争议劳动者当事人数	Number of Persons Involved in Collective Disputes	251268	54377	26414
用人单位申诉案件数	Number of Cases Appealed by Units	4446	1494	1249
劳动者申诉案件数	Number of Cases Appealed by Labourers	84829	20701	12330
案件处理情况	**Cases settled**			
结案件数 (件)	Number of Cases Settled (case)	92288	21829	13470
处理方式	**by Manners of Settlement**			
仲裁调解	by Mediation	31483	8008	5256
仲裁裁决	by Arbitrition Lawsuit	25389	8422	4917
其他方式	Others	35155	5399	3297
处理结果	**by Result of Settlement**			
用人单位胜诉	Won by Units	11937	4185	2002
劳动者胜诉	Lawsuit Won by Labourers	48650	10873	7220
双方部分胜诉	Lawsuit Partly by Both Parties	27365	6771	4248
不服裁决向法院起诉(件)	**Number of Cases Prosecuted for Refusing to Accept the Result Arbitrated (case)**	**3693**	**1259**	**553**
本期未结案数 (件)	**Number of Cases Dissettled (case)**	**4836**	**1452**	**686**
其他方式调解案件数(件)	**Number of the Arbitrated cases throught Other Forms (case)**	**46838**	**13119**	**7973**
用人单位调解	**Mediated by Units**			
受理争议案件数 (件)	Number of Cases Accepled (case)	43219	27462	9619
调解成功案件数 (件)	Number of Cases Succesful Mediated (case)	34699	21932	7851

LABOUR DISPUTES ACCEPTED AND HANDLED BY LABOUR DISPUTE ARBITRATION COMMITTEES (1998)

乡村集体企业 Rarul Collective Owned Enterprises	外商投资及港澳台投资企业 Foreign Funded and Hong Kong, Macao and Taiwan Chinese Funded Enterprises	私营企业 Private Enterprises	联营及股份制企业 Joint Owned and Share-Holding Enterprises	个体工商户 Individual Economy	机关社团事业单位 State Organs and Institutions	其他 Others
258	**632**	**199**	**115**	**78**	**115**	**22**
12125	22537	10790	4537	1585	1478	444
51285	113761	48130	11998	4115	2152	1441
1121	1893	963	230	111	52	32
37980	85527	33960	5860	2277	645	1049
704	512	229	152	72	46	12
11421	22025	10561	4385	1513	1432	432
11928	22213	10643	4425	1554	1461	439
4041	4495	4630	1659	697	520	108
2126	3560	2312	1274	460	577	97
5761	14158	3701	1492	397	364	234
1915	1710	995	704	110	264	55
5006	14701	6478	2474	964	700	214
5007	5802	3170	1247	480	497	170
363	**312**	**255**	**193**	**99**	**86**	**14**
455	**956**	**346**	**227**	**109**	**132**	**27**
7364	**9161**	**3608**	**2706**	**752**	**377**	**271**
2073	697	567	1851	117	779	64
1716	408	456	1640	85	643	56

21-32 公安机关立案的刑事案件情况
CRIMINAL CASES REGISTERED IN PUBLIC SECURITY ORGANS

案件类别	Category of Cases	立案（起） Number of Cases Registered (case)		构成（%） Composition (%)	
		1997	1998	1997	1998
合计	**Total**	**1613629**	**1986068**	**100.00**	**100.00**
杀人	Homicide	26070	27670	1.62	1.39
伤害	Injury	69071	80862	4.28	4.07
抢劫	Robbery	141514	175116	8.77	8.82
强奸	Rape	40699	40967	2.52	2.06
拐卖人口	Kidnapping and Selling People	6425	6513	0.40	0.33
盗窃	Larceny	1058110	1296988	65.57	65.30
诈骗	Fraud	78284	83080	4.85	4.18
走私	Smuggling	1133	2301	0.07	0.12
伪造贩运假货币	Counterfeiting Bank Notes and Transporting and Selling Them	5422	6654	0.34	0.34
其他	Others	186901	265917	11.58	13.39

注：1998年破获刑事案件1264635起，破案率为63.7%。

a)1,264,635 criminal cases were cracked in 1998. The cracking rate was 63.7%.

21-33 公安机关受理的治安案件分类情况
OFFENSE CASES AGAINST PUBLIC ORDER HANDLED BY PUBLIC SECURITY ORGANS

单位：起 (case)

案件类别	Category of Cases	1997		1998	
		受理 Number of Cases Accepted to be Treated	查处 Number of Cases Investigated and Treated	受理 Number of Cases Accepted to be Treated	查处 Number of Cases Investigated and Treated
合计	**Total**	**3227669**	**3003799**	**3232113**	**2994282**
扰乱工作、公共秩序	Disturbing Work or Public Order	330886	322084	300201	298650
结伙斗殴、寻衅滋事	Gang Fighting or Picking Quarrels and Making Troubles	90233	87341	99050	95560
侮辱妇女及其他流氓活动	Acting Indencently Towards Women	53976	53225	41294	40613
阻碍国家工作人员执行职务	Obstructing the Government Workers to Perform Their Duty	45998	45515	45971	45347
违反枪支管理规定	Violating Regulations on Management of Firearms	35461	35271	26234	26047
违反爆炸物品管理规定	Violating Regulations on Management of Explosives	35114	34857	34912	34473
殴打他人	Beating Other Body	537455	509924	568438	534990
偷窃财物	Robbing Other People of Their Valuables	515110	353804	528818	357360
骗取、抢夺、敲榨勒索财物	Defrauding, Snatching or Extorting and Racketeering Valuables	78257	72385	86537	78943
哄抢公私财物	Making Stirs and Then Robbing Public or Private Valuables	4970	4794	4859	4715
故意损坏公私财物	Intentionally Damaging Public or Private Valuables	49779	48081	53033	50513
伪造倒卖票券、证件	Forging and Fraudulently Selling Bills or Certificates	29700	29428	26119	26017
利用迷信扰乱秩序或骗财	Disturbing Public Order or Defrauding People of Their Valuables by Making Use of Their Superstition	10945	10890	9000	8910
卖淫、嫖娼	Prostitution or Going Whoring	210390	209244	189972	189452
赌博	Gambling	417784	415991	365221	363737
违反户口、居民身份证管理	Violating Regulations on Management of Residence or Identity Cards	217676	216358	268537	267877
其他	Others	563935	554607	583917	571078

21-34 交通事故分类情况（1998 年）
BASIC STATISTICS ON TRAFFIC ACCIDENTS (1998)

类　别	Type	发生数(起) Number of Traffic Accidents (case)	死亡人数(人) Number of Deaths (person)	受伤人数(人) Number of Injuries (person)	损失折款(万元) Losses Coverted into Cash (10 000 yuan)
总计	**Total**	**346129**	**78067**	**222721**	**192951.4**
#重大事故	Extraordinarily Serious	70418	70787	35873	40138.5
特大事故	Serious	2770	7221	7995	20456.1
机动车	Motor-driven Vehicles	317534	66634	202611	188540.0
#汽车	Automobiles	254162	46880	144725	170258.0
摩托车	Motorcycles	40271	12390	40051	9008.5
拖拉机	Tractors	8150	2514	6040	2579.0
非机动车	Non-motor-driven Vehicles	13809	4369	10791	2151.2
#自行车	Bicycles	11350	3698	8846	1657.8
行人乘车人	Pedestrains and Passengers	13035	6020	7910	1583.4

注：损失折款指直接损失（下表同）。

a)Losses converted into cash refer to direct losses (the same as in the following table).

21-35 火灾事故发生情况（1998 年）
BASIC STATISTICS ON FIRES (1998)

项　目	Item	合计 Total	按事故发生程度分 By Serious Degree of Fires		
			特大 Extraordinarily Serious	重大 Serious	一般 Ordinary
发　生（起）	Fires (case)	141305	78	549	140678
死　亡（人）	Deaths (person)	2380	117	595	1668
受　伤（人）	Injuries (person)	4894	237	450	4207
损失折款（万元）	Losses Converted into Cash (10 000 yuan)	143995.2	28844.9	23920.4	91229.9
平均每起事故损失（元）	Average Loss per Fire (yuan)	10190.4	3698059.0	435709.0	6485.0

21-36 各地区交通事故情况（1998 年）

BASIC STATISTICS ON TRAFFIC ACCIDENTS BY REGION(1998)

地 区 Region	合 计 Total				其 中：城 区 Urban Areas		
	发生数（起） Number of Traffic Accidents (case)	死亡人数（人） Number of Deaths (person)	受伤人数（人） Number of Injuries (person)	损失折款（万元） Losses Coverted into Cash (10000 yuan)	发生数（起） Number of Traffic Accidents (case)	死亡人数（人） Number of Deaths (person)	受伤人数（人） Number of Injuries (person)
全 国 National Total	**346129**	**78067**	**222721**	**192951.4**	**128504**	**17410**	**62821**
北 京 Beijing	35779	1487	8469	16454.6	21409	620	3946
天 津 Tianjin	4166	851	2740	3508.2	518	112	314
河 北 Hebei	7948	3166	6488	5059.4	1517	529	1208
山 西 Shanxi	4832	1702	3742	2309.7	1741	414	1275
内蒙古 Inner Mongolia	5267	1281	3228	1614.8	3093	501	1647
辽 宁 Liaoning	16741	2853	8772	9182.0	8767	975	3725
吉 林 Jilin	7922	2265	4074	3720.9	3910	660	1551
黑龙江 Heilongjiang	2823	1523	1889	1250.2	1674	765	1063
上 海 Shanghai	23998	781	6512	15187.8	18436	551	4535
江 苏 Jiangsu	24567	6190	13025	14180.9	7153	1257	2984
浙 江 Zhejiang	28707	5500	17759	24891.1	4778	625	2376
安 徽 Anhui	5887	2706	4715	3303.6	2043	536	1344
福 建 Fujian	19884	3587	15651	10957.0	4541	562	3137
江 西 Jiangxi	4312	1959	2762	2258.1	1187	457	644
山 东 Shandong	21319	6427	14476	9316.3	5034	1177	2799
河 南 Henan	13573	3679	10939	7193.4	3876	725	2995
湖 北 Hubei	10336	3590	8073	5040.1	4578	888	3009
湖 南 Hunan	9971	3271	9868	5999.9	1825	552	1506
广 东 Guangdong	38830	8229	36038	22922.3	12941	1834	11441
广 西 Guangxi	5478	2150	5167	3381.8	1503	427	1022
海 南 Hainan	1501	364	1512	1029.7	633	108	547
重 庆 Chongqing	6286	1035	3698	2082.3	3963	370	1430
四 川 Sichuan	15080	3128	12680	6040.0	4299	653	3404
贵 州 Guizhou	2345	1232	1457	1734.2	816	198	283
云 南 Yunnan	5565	1961	2959	3545.5	741	290	293
西 藏 Tibet	659	242	316	494.5	387	55	130
陕 西 Shaanxi	10232	2166	6875	4019.4	3788	582	2095
甘 肃 Gansu	1816	1252	1289	678.7	510	233	254
青 海 Qinghai	1349	562	1138	695.4	395	130	275
宁 夏 Ningxia	1971	635	1270	950.5	384	103	272
新 疆 Xinjiang	6985	2293	5140	3949.1	2064	521	1317

注：损失折款指直接损失。

a)Losses converted into cash refer to direct losses.

21-37 36 个大中城市交通事故情况（1998 年）

BASIC STATISTICS ON TRAFFIC ACCIDENTS IN 36 MAJOR CITIES(1998)

城市 City	合计 Total				其中：城区 Urban Areas		
	发生数（起） Number of Traffic Accidents (case)	死亡人数（人） Number of Deaths (person)	受伤人数（人） Number of Injuries (person)	损失折款（万元） Losses Coverted into Cash (10 000yuan)	发生数（起） Number of Traffic Accidents (case)	死亡人数（人） Number of Deaths (person)	受伤人数（人） Number of Injuries (person)
合计 Total	**136430**	**17047**	**62592**	**71796.3**	**77570**	**6525**	**28767**
北京 Beijing	35779	1487	8469	16454.6	21409	620	3946
上海 Shanghai	23998	781	6512	15187.8	18436	551	4535
天津 Tianjin	4166	851	2740	3508.2	518	112	314
南京 Nanjing	2539	456	740	1631.9	1211	133	163
杭州 Hangzhou	4755	778	2468	3629.5	959	135	432
合肥 Hefei	876	424	780	860.4	397	111	344
南昌 Nanchang	696	238	268	328.3	409	138	144
福州 Fuzhou	3906	573	2678	2199.9	1590	142	1041
济南 Jinan	928	457	580	248.2	271	110	184
徐州 Xuzhou	1063	360	911	641.0	232	62	213
青岛 Qingdao	5026	915	2465	1599.7	1360	154	251
石家庄 Shijiazhuang	878	195	631	392.4	476	102	383
太原 Taiyuan	1250	248	1079	460.3	739	151	635
包头 Baotou	2071	184	1210	329.9	1607	102	869
沈阳 Shenyang	7149	640	4064	3479.1	4568	215	1949
长春 Changchun	2402	695	766	1225.3	1660	344	398
哈尔滨 Harbin	729	341	482	377.7	478	211	322
大连 Dalian	4191	654	898	2911.2	2042	243	232
鞍山 Anshan	580	228	380	194.2	96	75	41
广州 Guangzhou	7854	1294	7543	4900.6	3318	413	3301
南宁 Nanning	569	300	696	398.1	286	149	284
长沙 Changsha	435	305	403	488.4	145	101	113
武汉 Wuhan	3007	389	1737	1566.9	2497	231	1318
郑州 Zhengzhou	2954	386	2279	1456.0	1290	127	1059
成都 Chengdu	3562	586	2801	1086.2	1983	206	1587
重庆 Chongqing	6286	1035	3698	2082.3	3963	370	1430
渡口 Dukou	165	83	311	40.6	103	59	199
西安 Xi'an	3059	464	1995	1116.0	2291	308	1335
兰州 Lanzhou	499	343	215	178.3	331	152	152
银川 Yinchuan	505	152	381	364.6	187	59	154
昆明 Kunming	1150	353	378	880.9	429	153	136
贵阳 Guiyang	763	207	399	839.8	400	78	186
呼和浩特 Hohhot	807	180	433	227.8	482	93	191
西宁 Xining	354	127	231	79.8	257	95	181
乌鲁木齐 Urumqi	1219	253	890	291.6	949	188	695
拉萨 Lhasa	260	85	81	138.8	201	32	50

注：损失折款指直接损失。

a)Losses converted into cash refer to direct losses.

21-38 各地区火灾事故情况（1998年）

BASIC STATISTICS ON FIRES BY REGION(1998)

地　区　Region	发生数（起）Number of Traffic Accidents (case)	死亡人数（人）Number of Deaths (person)	受伤人数（人）Number of Injuries (person)	直接经济损失（万元）Losses Coverted into Cash (10 000 yuan)	人口火灾发生率（1/10万人）Average Number of Fires per 100 Thousand People
全　国　National Total	**141305**	**2380**	**4894**	**143995.2**	**11.7**
北　京　Beijing	4426	40	101	4180.5	40.5
天　津　Tianjin	3923	16	35	444.9	43.3
河　北　Hebei	3428	74	147	3670.5	5.3
山　西　Shanxi	2121	26	91	2338.9	6.9
内蒙古　Inner Mongolia	2302	21	30	949.2	10.1
辽　宁　Liaoning	13407	113	155	6858.8	32.9
吉　林　Jilin	9109	103	127	4385.2	35.0
黑龙江　Heilongjiang	3519	95	91	11543.3	9.7
上　海　Shanghai	7194	42	114	2224.9	55.1
江　苏　Jiangsu	9854	191	456	7966.0	14.2
浙　江　Zhejiang	13592	158	227	12118.3	30.7
安　徽　Anhui	4786	61	165	4193.6	7.8
福　建　Fujian	4293	77	221	7964.7	13.3
江　西　Jiangxi	2575	39	128	5787.2	6.4
山　东　Shandong	13340	124	284	8011.9	15.1
河　南　Henan	6248	116	232	5138.5	6.7
湖　北　Hubei	5871	77	196	3466.6	10.1
湖　南　Hunan	2913	83	188	6048.6	4.5
广　东　Guangdong	4488	242	347	11611.6	6.4
广　西　Guangxi	2695	96	284	5586.3	5.9
海　南　Hainan	36	1	1	728.6	0.5
重　庆　Chongqing	2602	42	119	1822.4	8.6
四　川　Sichuan	5210	127	253	5128.5	6.3
贵　州　Guizhou	1223	80	82	3174.9	3.5
云　南　Yunnan	3024	121	307	6195.9	7.7
西　藏　Tibet	125	1	24	1207.0	5.1
陕　西　Shaanxi	1545	75	111	3635.6	4.4
甘　肃　Gansu	2090	52	109	2512.5	8.5
青　海　Qinghai	603	5	32	315.8	12.9
宁　夏　Ningxia	2107	16	39	597.2	39.8
新　疆　Xinjiang	2655	60	178	4087.2	15.6

注：全国总计数据包括发生在铁道、交通、军队的火灾情况。

a)The national data include the fires which happen in railways and other transport process.

21-39 全国检察机关直接立案侦查案件情况(1998 年)

CASES UNDER DIRECT INVESTIGATION BY PROCURATOR'S OFFICES(1998 年)

案件分类	Case Item	受案(件) Cases Accepted (Case)	立案合计 Total Number of Cases Registered 件 (Case)	人 (Person)	#大 案(件) Large Cases (Case)	#要 案(人) Key Cases (Person)	结案合计 Total Number of Cases Settled 件 (Case)	人 (Person)
合计	**Total**	**108828**	**35084**	**40162**	**9715**	**1820**	**34081**	**38883**
贪污贿赂案件小计	**Sub-total of Cases on Corruption and Bribery**	**89544**	**30670**	**34405**	**9715**	**1674**	**29661**	**33239**
贪污	Corruption	46219	12909	15199	3657	456	11891	14044
贿赂	Bribery	23046	8759	9255	1847	909	8321	8785
挪用公款	Misappropriation of Public Funds	14977	8283	9056	3885	289	7869	8544
集体私分	Collective Illegal Possession of Public Funds	476	91	147	78	11	84	139
巨额财产来源不明	Unstated Source of Large Properties	262	20	21	19	2	19	19
其他	Others	4564	608	727	229	7	1477	1708
读职案件小计	**Sub-total of Cases on Abuse and Dereliction of Duty**	**19284**	**4414**	**5757**		**146**	**4420**	**5644**
滥用职权	Abuse of Power	1752	376	435		14	270	311
玩忽职守	Dereliction of Duty	3387	1224	1440		73	1483	1690
徇私舞弊	Fraudulent Practice	6571	1288	1500		47	1176	1367
其他	Others	7574	1526	2382		12	1491	2276

21-40 全国检察机关审查批准、决定逮捕犯罪嫌疑人和提起公诉被告人情况(1998 年)

ARRESTS OF CRIMINAL SUSPECTS AND DEFENDANTS UNDER PUBLIC PROSECUTION APPROVED BY PROCURATOR'S OFFICES(1998)

案件分类	Item	批捕、决定逮捕合计 Total of Arrests 件 (Case)	人 (Person)	决定起诉合计 Total of Public Prosecutions 件 (Case)	人 (Person)
合计	**Total**	**403210**	**598101**	**403145**	**584763**
公安、安全、监狱机关提请小计	**Sub-total of Requests by Departments of State and Public Security and Prisons**	**388788**	**582120**	**380445**	**557929**
危害国家安全案	Offences Against State Security	204	532	186	555
危害公共安全案	Offences Against Public Security	23575	26787	27141	30015
破坏社会主义市场经济秩序案	Offences Against Socialist Economic Order	10262	16527	8056	13235
侵犯公民人身、民主权利案	Offences Against Citizens' Personal and Democratic Rights	95697	120320	95503	117687
侵犯财产案	Offences Against Properties	212894	341117	205915	327061
妨害社会管理秩序案	Offences Against Social Management of Order	45984	76540	43520	69177
危害国防利益案	Offences Against National Defense	150	269	96	163
军人违反职责案	Offences on Dereliction of Duty by Servicemen	22	28	28	36
检察机关直接立案侦查案件小计	**Sub-total of Cases Handled by Procuratorates**	**14422**	**15981**	**22700**	**26834**
贪污贿赂案	Offences on Corruption and Bribery	13409	14658	20571	23887
渎职案	Offences on Abuse and Dereliction of Duty	1013	1323	2129	2947

21-41 全国检查机关处理申诉案件情况(1998年)

APPEALS HANDLED BY PROCURATOR'S OFFICES(1998)

单位：件次 (case)

案件分类	Item	受理 Cases Accepted	立案复查 Cases Registered for Reinvestigation	结案 Cases Settled	改变原决定 Original Decision Changed
合计	**Total**	**109376**	**6261**	**3474**	**771**
不服刑事拘留	Appeals Against Criminal Detention	2281	88	52	11
不服不立案	Appeals Against Rejection of the Case	4362	722	443	114
不服逮捕	Appeals Against Arrest	3475	142	92	15
不服不批捕	Appeals Against Rejection of Arrest	1917	268	177	23
不服撤案	Appeals Against Withdrawal of the Case	3057	702	354	65
不服原免于起诉	Appeals Against Original Exemption of Lawsuit	1397	383	230	42
不服刑事判决	Appeals Against Judgment of Criminal Case	3391	1164	662	236
不服劳教	Appeals Against Judgment of Reeducation Through Labor	20472	858	429	25
其他	Other	905	20	33	7

21-42 人民法院刑事一审案件收结案情况（1998年）

FIRST TRIAL CRIMINAL CASES ACCEPTED AND SETTLED BY COURTS(1998)

单位：件 (case)

项 目	Item	收 案 Cases Accepted	结 案 Cases Settled
合 计	**Total**	**482164**	**480374**
危害国家安全罪	Offences Against State Security	213	208
危害公共安全罪	Offences Against Public Security	27635	27490
破坏社会主义市场经济秩序罪	Offences Against Socialist Economic Order	9898	9876
侵犯公民人身权利民主权利罪	Offences Against Citizens' Personal and Democratic Rights	165627	163501
侵犯财产罪	Offences Against Properties	212359	212999
妨害社会管理秩序罪	Offences Against Social Management of Order	46417	46399
危害国防利益罪	Offences Against National Defense	68	65
贪污贿赂罪	Offences on Corruption and Bribery	18604	18468
渎职罪	Offences on Dereliction of Duty	1340	1366
军人违反职责罪	Offences on Dereliction of Duty by Servicemen	3	2

注：结案中含上年旧存。

Note: Cases settled include cases turned over from the previous year.

21-43 人民法院审理一审案件情况
FIRST TRIAL CASES BY COURTS

单位：件 (case)

年份 Year	收案 Cases Accepted	刑事 Criminal	民事 Civil	经济纠纷 Economic Disputes	行政 Administrative	海事海商 Maritime Law and Affairs
1978	447755	146968	300787			
1979	513789	123846	389943			
1980	763535	197856	565679			
1981	906051	232125	673926			
1982	1024160	245219	778941			
1983	1343164	542648	756436	43553	527	
1984	1355460	431357	838307	84813	983	
1985	1319741	246655	846391	225541	916	238
1986	1611282	299720	989409	321220	632	301
1987	1875229	289614	1213219	366110	5940	346
1988	2290624	313306	1455130	513046	8573	569
1989	2913515	392564	1815385	694907	9934	725
1990	2916774	459656	1851897	591462	13006	753
1991	2901685	427840	1880635	566592	25667	951
1992	3051157	422991	1948786	650601	27125	1654
1993	3414845	403267	2089257	892580	27911	1830
1994	3955475	482927	2383764	1051742	35083	1959
1995	4545676	495741	2718533	1275959	52596	2847
1996	5312580	618826	3093995	1515848	79966	3945
1997	5288379	436894	3277572	1478822	90557	4534
1998	5410798	482164	3375069	1450049	98350	5166

注：一审案件指人民法院按照诉讼级别管辖按第一审程序审理的案件。历年经济纠纷数据未包括海事海商案件数。

Note: First trial cases refer to cases accepted by people's courts according to the first trial proceedings. Cases concerning maritime law and affairs over the years were not included in the cases of economic disputes.

21-44 人民法院刑事案件中青少年犯罪情况
JUVENILE DELINQUENCY AMONG CRIMINAL CASES

单位:人 (person)

项目	Item	有罪者 Offenders	#青少年罪犯 Young Offenders	不满18岁 Less Than 18	18岁至25岁 Between 18 to 25	青少年罪犯占有罪者% Proportion to Total
1997年	1997					
刑事罪犯	Offenders of Criminal Cases	526312	199212	30446	168766	37.9
#严重危害社会	Offenders of Severe Offences					
治安罪犯	Against Social Order	272914	117379	19625	97754	43.0
占刑事罪犯%	Proportion to Total Offenders	51.9	58.9	64.5	57.9	
1998年	1998					
刑事罪犯	Offenders of Criminal Cases	528301	208076	33612	174464	39.4

21-45 人民法院民事一审案件收结案情况（1998年）
FIRST TRIAL CIVIL CASES ACCEPTED AND SETTLED BY COURTS(1998)

单位：件 (case)

项目	Item	收案 Cases Accepted	结案 Cases Settled	调解 Mediation	维持 Affirmation of Original Judgement	驳回 Reject	撤诉 With-drawal	其他 Other
合计	**Total**	**3375069**	**3360028**	**1540368**	**1115849**	**22382**	**636731**	**44698**
婚姻家庭	Marriages and Family Affairs	1427482	1427550	710428	420529	4783	282450	9360
继承	Inheritance	14743	14762	5097	6685	113	2597	270
房屋	Housing	140993	139987	36193	64032	2112	35425	2225
土地等不动产	Real Estates(Land etc)	33054	32946	10531	12361	1395	8134	525
相邻关系	Neighbourhood Affairs	23882	23635	6815	10248	594	5758	220
赔偿	Compensation	332708	328626	107339	161379	3921	51451	4536
债	Debts	1300972	1294294	626479	407675	7851	230077	22212
知识产权	Intellectual Rights	1048	1074	245	488	16	244	81
人身权	Personal Rights	9411	9160	2257	4074	269	2319	241
特别程序	Special Proceedings	2514	2377		1435		283	659
其他	Others	88262	85617	34984	26943	1328	17993	4369

注:结案中含上年旧存。

Note: Cases settled include cases turned over from the previous year.

21-46 人民法院经济纠纷一审案件收结案情况（1998年）
FIRST TRIAL CASES OF ECONOMIC DISPUTES ACCEPTED AND SETTLED BY COURTS(1998)

单位：件 (case)

项目	Item	收案 Cases Accepted	结案 Cases Settled	调解 Mediation	维持 Affirmation of Original Judgement	驳回 Reject	撤诉 With-drawal	其他 Other
合计	**Total**	**1455215**	**1456247**	**626741**	**497156**	**9600**	**274692**	**48058**
经济合同	Economic Contracts	1329020	1332932	575391	460925	8439	250860	37317
损害赔偿	Compensation for Damages	4162	4000	886	1684	58	1182	190
经济权属	Economic Rights	865	828	192	322	16	224	74
企业破产	Bankruptcy of Enterprises	7746	6206	171	211	111	237	5476
铁路运输	Railway Transport	1296	1293	477	425	31	315	45
航空运输	Aviation Transport	549	535	183	199	15	114	24
公路运输	Highway Transport	4656	4549	1812	1708	38	864	127
水路运输	Waterway Transport	409	420	129	183	5	78	25
海事海商	Maritime Affairs	4757	4735	1113	1766	59	941	856
其他	Other	101755	100749	46387	29733	828	19877	3924

注：结案中含上年旧存。

Note: Cases settled include cases turned over from the previous year.

21-47 人民法院行政一审案件收结案情况（1998年）
FIRST TRIAL ADMINISTRATIVE CASES ACCEPTED AND SETTLED BY COURTS(1998)

单位：件 (case)

项目	Item	收案 Cases Accepted	结案 Cases Settled	维持 Affirmation of Original Judgement	撤消 Cancel lation	驳回 Reject	撤诉 With-drawal	单独赔偿 Separate Compen-sation	其他 Other
合计	**Total**	**98350**	**98390**	**13036**	**15214**	**10570**	**47817**	**2377**	**9376**
公安	Publice Security	14288	14278	2574	2157	1665	6150	658	1074
工商	Industry and Commerce	2640	2596	336	499	323	1250	66	122
土地	Land	15121	14752	3752	3308	2067	4633	246	746
林业	Forest	2357	2432	565	557	100	1068	63	79
城建	City Construction	6232	6161	1275	891	586	2726	132	551
交通运输	Triffic and Transportation	2645	2482	193	554	214	1315	71	135
税务	Taxe	2069	1939	96	123	140	1466	33	81
其他	Other	52998	53750	4245	7125	5475	29209	1108	6588

注：结案中含上年旧存。

Note: Cases settled include cases turned over from the previous year.

21-48 社会福利事业、企业单位和工作人员数
NUMBER OF SOCIAL WELFARE INSTITUTIONS AND ENTERPRISES AND PERSONS ENGAGED

项目	Item	机构（个） Number of Institutions or Enterprises		工作人员（人） Number of Persons Engaged (person)	
		1997	1998	1997	1998
全国总计	**National Total**	**101347**	**104543**	**2337655**	**2249785**
社会福利事业单位	Social Welfare Institutions	42385	54029	184253	296609
民政部门办	Run by Civil Affairs Departments	2216	14186	64542	177374
社会集体办	Run by Communities	40169	39843	119711	119235
社会福利企业单位	Social Welfare Enterprises	55509	50514	2098497	1953176
民政部门办	Run by Civil Affairs Departments	8024	7527	351354	322522
社会集体办	Run by Communities	47485	42987	1747143	1630654
烈士纪念建筑物管理单位	Administration Agencies for Martyrs Memorial Buildings	737	752	7874	7792
收容遣送单位	Collecting and Repatriation Units	728	742	12965	12088
殡葬事业单位	Funeral and Interment Institutions	1988	2109	34066	37165

21-49 社会福利事业单位基本情况（1998年）
BASIC STATISTICS ON SOCIAL WELFARE INSTITUTIONS (1998)

项目	Item	院数（个） Number of Homes (unit)	工作人员（人） Number of Staff and Workers	床位（张） Number of Beds	年末收养人数（人） Number of Persons Housed (year-end)
全国总计	**Total Social Welfare Institutions**	**42131**	**185059**	**1057536**	**800030**
民政部门办	Run by Civil Affairs Departments	2288	65824	196868	150305
优抚休、疗养院	Convalescent Homes	924	21823	51447	34734
城市福利院	Urban Social Welfare Homes	1364	44001	145421	115571
城镇集体办	Run by Urban Collective Units	20958	68751	489292	374335
光荣院	Homes for Disabled Veterans	193	811	5407	4504
福利院	Social Welfare Homes	20765	67940	483885	369831
农村集体办	Run by Rural Collective Units	18885	50484	371376	275390
光荣院	Homes for Disabled Veterans	273	946	6987	6123
敬老院	Rural Homes for the Elderly	18612	49538	364389	269267

21-50 社会福利救济主要费用情况

BASIC STATISTICS ON SOCIAL WELFARE RELIEF FUNDS

单位:万元　　　　(10 000 yuan)

项　　目	Item	1995	1996	1997	1998
全国总计	**National Total**	**797289**	**930792**	**1077496**	**1180121**
国家支出	Government Funds	375313	411864	461710	496573
集体供给	Collective Funds	421976	518928	615786	683548
优抚对象补助金额	Funds for Family Members of Martyrs and Disabled Veterans	435359	518797	615411	680148
国家支出	Government Funds	240980	266998	293670	323735
集体供给	Collective Funds	194379	251799	321741	356413
困难户得救济金额	Funds for Poor Households	56210	71227	75088	88177
国家支出	Government Funds	26867	36707	36127	41092
集体供给	Collective Funds	29343	34520	38961	47085
社会散居孤老残幼供养金	Funds for Orphans, Disabled, Elderly and Young Persons in Society	160121	185668	196951	209341
国家支出	Government Funds	22277	25393	26545	28702
集体供给	Collective Funds	137844	160275	170406	180639
城乡各种福利院支出	Funds for Urban and Rural Welfare Homes of All Types	145599	155100	190046	202455
光荣院	Homes for the Disabled Veterans	11737	15717	17095	16257
国家支出	Government Funds	10920	14604	15966	15220
集体供给	Collective Funds	817	1113	1129	1037
城乡社会福利院	Social Welfare Homes	133862	139383	172951	186199
国家支出	Government Funds	74269	68162	89402	87824
集体供给	Collective Funds	59593	71221	83549	98375

21-51 享受补助、救济人员情况

PERSONS RECEIVING SUBSIDIES OR RELIEF FUNDS

单位：万人、万户　　　　(10 000 persons 10 000 households)

项　　目	Item	1995	1996	1997	1998
农村贫困户得到救济人数	Number of Persons in Rural Poor Households Receiving Relief Funds	3152.8	3079.2	2602.2	2691.7
农村散居五保户人数	Number of Persons in Rural Households with Livelihood Guaranteed in Five Aspects	249.4	267.5	279.1	282.8
#得到国家定期定量救济人数	Number of Persons Receiving Periodical and Fixed Government Relief Funds	25.4	25.6	21.8	21.7
#得到集体给予补助人数	Number of Persons Receiving Collective Subsidies	209.5	213.0	200.3	200.9
城镇困难户得到救济和补助人数	Number of Persons in Urban Poor Households Receiving Relief Funds and Subsidies	374.9	261.1	268.3	332.2
#得到国家定期定量救济人数	Number of Persons Receiving Periodical and Fixed Government Relief Funds	12.7	20.0	14.0	16.4
精减退职老弱残职工得到救济人数	Number of Laid-Off, Retired, Elderly and Disabled Staff and Workers Receiving Relief Funds	53.8	53.5	53.1	54.9
享受原工资40%救济人数	Persons Receiving 40% of Their Original Wages	23.9	23.6	23.3	24.9
享受定期定量救济人数	Persons Receiving Periodical and Fixed Government Relief Funds	29.9	29.9	29.8	29.9
本年"双扶"户数	Number of Households in the Poor Household Support Program	696.3	672.1	671.5	631.0
#本年脱贫户数	Households Leaving the Poor Household Support Program	193.8	200.4	228.5	235.3

21-52 各地区城镇社区服务设施和农村社会保障网络基本情况（1998 年）
BASIC STATISTICS ON URBAN WELFARE FACILITIES AND RURAL SOCIAL SECURITY NETWORK (1998)

单位：个 (unit)

地 区 Region	城镇社区服务设施数 Number of Urban Welfare Facilities (unit)	农村社会保障网络 Rural Social Security Network		
		建立社会保障网络的乡镇数 Number of Towns with the Network Established (unit)	社会保障基金会 Number of Social Security Foundations (unit)	社会保障基金会资金额(万元) Funds of the Foundations (10 000 yuan)
全 国 National Total	**148042**	**18749**	**151081**	**512753**
北 京 Beijing	1125	178	25	128
天 津 Tianjin	2320	63	64	286
河 北 Hebei	9358	807	1933	6688
山 西 Shanxi	1557	544	1375	6411
内蒙古 Inner Mongolia	4583	528	1317	3400
辽 宁 Liaoning	5209	907	1411	7461
吉 林 Jilin	13949	857	2444	4623
黑龙江 Heilongjiang	5372	726	3378	2705
上 海 Shanghai	12329	176	37	1797
江 苏 Jiangsu	6585	1807	898	5686
浙 江 Zhejiang	11010	732	1101	11369
安 徽 Anhui	9860	552	2264	26090
福 建 Fujian	3642	697	274	5054
江 西 Jiangxi	1824	725	18482	21490
山 东 Shandong	8525	2280	17969	12957
河 南 Henan	1964	1814	15649	76368
湖 北 Hubei	9547	945	6453	13846
湖 南 Hunan	4805	480	22661	162015
广 东 Guangdong	4510	1526	11456	46716
广 西 Guangxi	596	43	1500	5741
海 南 Hainan	976		116	444
重 庆 Chongqing	1518	145	1245	8394
四 川 Sichuan	7386	1066	3764	7365
贵 州 Guizhou	3647	20	11974	37640
云 南 Yunnan	174	84	2528	14322
西 藏 Tibet		14	713	2743
陕 西 Shaanxi	10232	543	6717	5711
甘 肃 Gansu	1982	304	11044	9296
青 海 Qinghai	207	24	88	606
宁 夏 Ningxia	1254	77	220	328
新 疆 Xinjiang	2196	85	1981	5073

21-53 社会福利企业基本情况

BASIC STATISTICS ON SOCIAL WELFARE ENTERPRISES

年份 Year	民政部门办 Enterprises Run by the Civil Affairs Departments				社会办 Enterprises Run by Communities			
	单位（个） Number of Units (unit)	职工（人） Number of Staff and Workers (person)	#残疾职工 Disabled Persons	增加值（亿元） Total Value Added (100 million yuan)	单位（个） Number of Units (unit)	职工（人） Number of Staff and Workers (person)	#残疾职工 Disabled Persons	增加值（亿元） Total Value Added (100 million yuan)
1985	2214	219189	83051	7.0	12554	448829	151250	11.8
1986	2551	236371	89421	8.0	17211	637747	225708	19.6
1987	2976	250329	96605	10.4	24714	875974	337944	35.2
1988	3692	282947	106095	16.4	36701	1180589	875974	65.8
1989	4595	310345	119626	18.9	36864	1192179	494182	85.3
1990	5208	325461	124630	21.0	36517	1245072	512941	99.2
1991	6329	352112	136183	28.9	37889	1342064	565139	137.4
1992	6798	373412	142473	40.0	42985	1528266	635700	224.7
1993	7232	390619	147211	33.2	49649	1672141	695046	260.0
1994	7373	382519	151523	36.9	52805	1800262	757307	315.9
1995	7734	368636	148551	42.7	52503	1845838	790671	351.3
1996	7364	355864	141831	38.9	52033	1811820	794003	394.1
1997	8024	351354	141778	41.7	47485	1747143	767980	314.7
1998	7527	322522	133389	41.3	42987	1630654	722656	312.0

21-54 全国保险福利费用总额

SOCIAL INSURANCE AND WELFARE FUNDS

单位：亿元 (100 million yuan)

年份 Year	合计 Total Funds	国有单位 Funds of State-owned Units	单位支付 Paid by Employer Units	民政部门支付 Paid by Civil Affairs Departments	总后事业单位支付 Paid by Units Under the General Logistics Departments of PLA	城镇集体单位 Funds of Urban Collective Owned Units	其他单位 Funds of Other Ownership Units
1978	78.1	69.1	66.9	2.2		9.0	
1979	107.3	94.9	92.1	2.8		12.4	
1980	136.4	119.3	116.0	3.3		17.1	
1981	154.9	135.7	132.4	3.3		19.2	
1982	180.5	157.0	153.8	3.2		23.5	
1983	212.5	182.7	179.5	3.2		29.8	
1984	257.7	213.4	210.4	3.0		43.4	0.9
1985	327.4	270.5	266.8	3.7		55.7	1.2
1986	413.5	338.8	335.5	3.3		72.6	2.1
1987	501.7	410.7	406.7	4.0		88.0	3.0
1988	655.5	540.0	533.4	6.6		110.8	4.7
1989	768.0	635.6	628.1	7.5		126.4	6.0
1990	937.9	777.3	770.1	7.2		152.8	7.8
1991	1094.7	912.5	904.9	7.6		171.8	10.4
1992	1309.5	1095.8	1086.6	9.2		198.8	14.9
1993	1670.2	1386.5	1374.5	12.0		238.6	45.1
1994	1958.1	1646.2	1628.7	17.5		248.1	63.8
1995	2361.3	1980.4	1961.0	19.4		294.5	86.4
1996	2725.3	2296.6	2276.5	20.1		317.8	110.9
1997	3043.5	2578.8	2554.2	22.7	1.9	336.2	128.5
1998	3360.7	2797.4	2767.7	26.1	3.6	324.4	234.7

注：自 1994 年起，原统计为保险福利费的上下班交通费和洗理卫生费计入工资总额。

a)Subsidies for transportation as well as barber and bath fees have been included in total wages since 1994.

21-55 历年全国离休、退休、退职费
PENSIONS FOR RETIRED AND RESIGNED PERSONS

年份 Year	费用总额（亿元） Total Pensions (100 million yuan)	国有单位 Funds of State-Owned Units	单位支付 Paid by Employer Units	民政部门支付 Paid by Civil Affairs Departments	总后事业单位支付 Paid by Units Under the General Logistics Departments of PLA	城镇集体单位 Funds of Urban Collective Owned Units	其他单位 Funds of Other Ownership Units	平均每人（元） Per Capita Funds (yuan)	国有单位 State-Owned Units
绝对数 **Absolute Figure**									
1980	50.4	43.4	40.1	3.3		7.0		714.0	781.0
1981	62.3	53.3	50.0	3.3		9.0		706.0	774.0
1982	73.1	62.1	58.9	3.2		11.0		709.0	774.0
1983	87.3	74.0	70.8	3.2		13.3		726.0	787.0
1984	106.1	84.6	81.6	3.0		21.2	0.3	766.0	815.0
1985	145.6	116.1	112.4	3.7		29.1	0.4	935.0	1043.0
1986	172.2	140.6	137.3	3.3		31.0	0.6	1001.0	1139.0
1987	208.1	171.9	167.9	4.0		35.3	0.8	1103.0	1261.0
1988	275.1	220.5	213.9	6.6		53.2	1.4	1346.0	1486.0
1989	319.4	258.9	251.4	7.5		59.1	1.4	1478.0	1632.0
1990	396.2	319.7	312.5	7.2		74.7	1.8	1760.0	1907.0
1991	467.5	380.7	373.1	7.6		84.5	2.3	1975.0	2141.0
1992	578.5	474.3	465.1	9.2		100.8	3.4	2300.0	2493.0
1993	759.3	623.2	611.2	12.0		123.9	12.2	2824.0	3029.0
1994	1043.6	875.9	858.4	17.5		146.2	21.5	3656.0	3989.0
1995	1305.6	1093.1	1073.7	19.4		182.4	30.1	4335.0	4701.0
1996	1552.2	1308.2	1288.1	20.1		204.0	40.0	4923.0	5321.0
1997	1790.8	1517.6	1493.0	22.7	1.9	225.2	48.0	5458.0	5890.0
1998	2073.7	1726.0	1696.3	26.1	3.6	229.0	114.8	5972.0	6369.0
增长速度（上年＝100） **Growth Rate (previous year＝100)**									
1981	23.6	22.8	24.7			28.6		−1.1	−0.9
1982	17.3	16.5	17.8	−3.0		22.2		0.4	
1983	19.4	19.2	20.2			20.9		2.4	1.7
1984	21.5	14.3	15.3	−6.3		59.4		5.5	3.6
1985	37.2	37.2	37.7	23.3		37.3	33.3	22.1	8.0
1986	18.3	21.1	22.2	−10.8		6.5	50.0	7.1	9.2
1987	20.8	22.3	22.3	21.2		13.9	33.3	10.2	0.7
1988	32.2	28.3	27.4	65.0		50.7	75.0	22.0	17.8
1989	16.1	17.4	17.5	13.6		11.1		9.8	9.8
1990	24.0	23.5	24.3	−4.0		26.4	28.6	19.1	16.9
1991	18.0	19.1	19.4	5.6		13.1	27.8	12.2	12.3
1992	23.7	24.6	24.7	21.1		19.3	47.8	16.5	16.4
1993	31.3	31.4	31.4	30.4		22.9	258.8	22.8	21.5
1994	37.4	40.5	40.4	45.8		18.0	76.2	29.5	31.7
1995	25.1	24.8	25.1	10.9		24.8	40.0	18.6	17.8
1996	18.9	19.7	20.0	3.6		11.8	32.9	13.6	13.2
1997	15.4	16.0	15.9	12.9		10.4	20.0	10.9	10.7
1998	15.8	13.7	13.6	15.0	89.5	1.7	139.2	9.4	8.1

注：1. 本表数字不包括离休、退休、退职职工的医疗卫生费。

2. 本表 1985-1988 年的数字不包括根据 1985 年有关规定发给离休、退休、退职职工的肉类等价格补贴。

a)Figures in this table exclude medical expenditures of retired and resigned workers and staff.

b)Figures of 1985-1988 in this table exclude subsidies on meat, etc. delivered to retired and resigned workers with relevant regulations issued in 1985. with relevant regulations issued in 1985.

21-56 国有单位离休、退休、退职人员保险福利费
SOCIAL INSURANCE AND WELFARE FUNDS FOR RETIRED AND RESIGNED PERSONS IN STATE-OWNED UNITS

单位：亿元 (100 million yuan)

项目	Item	1995	1996	1997	1998
总计	**Total**	**1276.8**	**1517.8**	**1733.6**	**1942.4**
离休金	Pensions for Retired Veterans	114.0	128.5	152.1	153.7
退休金	Pensions for Retired Persons	807.8	992.5	1183.9	1400.5
退职生活费	Resignation Allowances for Living Expenses	10.7	12.0	17.3	17.0
医疗卫生费	Expenses for Medical Care	203.2	230.0	240.6	246.1
丧葬抚恤救济费	Funeral Expenses and Pensions for Family of the Deceased	18.8	22.8		
交通费补贴	Transportation Subsidies	11.6	12.5		
冬季取暖补贴	Subsidies for Heating in Winter	8.3	8.8		
其他	Other	102.4	111.0	139.6	125.1

21-57 离休、退休、退职人员人数(年底数)
NUMBER OF RETIRED AND RESIGNED PERSONS(YEAR-END)

单位：万人 (10 000 persons)

年份 Year	合计 Total	国有单位 State-owned Units	单位支付 Paid by Employer Units	民政部门支付 Paid by Civil Affairs Department	总后事业单位支付 Paid by Units Under the Generel Logistics Departments of PLA	城镇集体单位 Urban Collective Owned Units	其他单位 Other Ownership Units
1978	314	284	238	46		30	
1980	816	638	591	47		178	
1985	1637	1165	1127	38		467	5
1986	1805	1303	1266	37		496	6
1987	1968	1424	1392	32		538	6
1988	2120	1544	1511	28		568	8
1989	2201	1629	1598	31		562	10
1990	2301	1742	1693	31		566	11
1991	2433	1833	1804	30		588	12
1992	2598	1972	1944	29		609	17
1993	2780	2143	2113	28		596	41
1994	2929	2249	2222	27		619	60
1995	3094	2401	2375	26		621	72
1996	3212	2515	2489	26		616	81
1997	3351	2638	2610	25	3	622	92
1998	3594	2783	2754	25	4	604	204

21-58 分地区离休、退休、退职人员人数（1998 年）
NUMBER OF RETIRED AND RESIGNED PERSONS BY REGION (END OF 1998)

地 区 Region		年末人数（万人） Total Number (year end) (10 000 persons)				国有单位（万人） State-owned Units (10 000 persons)			
		合计 Total	离休人员 Retired Veterans	退休人员 Retired Persons	退职人员 Resigned Persons	合计 Total	离休人员 Retired Veterans	退休人员 Retired Persons	退职人员 Resigned Persons
全 国	**National Total**	**3593.6**	**181.4**	**3326.9**	**85.3**	**2754.0**	**161.2**	**2535.2**	**57.7**
北 京	Beijing	159.3	9.5	144.9	4.7	123.3	8.7	112.5	2.1
天 津	Tianjin	89.2	2.8	84.6	1.8	66.8	2.4	63.4	1.0
河 北	Hebei	147.9	11.7	133.2	3.0	116.5	10.0	104.2	2.3
山 西	Shanxi	96.1	8.0	86.2	1.8	79.5	7.2	71.3	1.0
内蒙古	Inner Mongolia	67.7	4.3	62.3	1.2	51.6	3.7	46.9	0.9
辽 宁	Liaoning	284.6	15.3	261.1	8.2	203.2	13.1	185.6	4.5
吉 林	Jilin	115.9	7.3	106.1	2.4	95.9	6.7	87.2	1.9
黑龙江	Heilongjiang	172.8	10.7	158.6	3.7	152.5	10.1	139.7	2.7
上 海	Shanghai	218.3	4.4	211.7	2.2	145.8	3.7	141.2	0.9
江 苏	Jiangsu	229.7	10.4	211.7	7.7	143.6	8.9	130.8	3.9
浙 江	Zhejiang	119.7	4.3	112.1	3.3	75.6	3.7	69.9	2.0
安 徽	Anhui	120.1	8.2	108.9	3.1	88.9	7.3	79.9	1.7
福 建	Fujian	73.8	2.5	69.2	2.2	56.5	2.0	52.8	1.7
江 西	Jiangxi	82.4	2.8	78.2	1.5	66.4	2.6	62.8	1.1
山 东	Shandong	169.8	15.8	146.3	7.7	122.1	13.2	103.3	5.6
河 南	Henan	159.8	12.2	145.1	2.4	118.4	10.7	106.0	1.7
湖 北	Hubei	154.7	6.2	145.3	3.3	120.2	5.6	112.4	2.2
湖 南	Hunan	150.1	4.2	143.0	2.9	120.6	3.8	114.6	2.2
广 东	Guangdong	180.2	7.1	170.4	2.7	127.0	6.1	118.8	2.0
广 西	Guangxi	76.5	2.6	72.6	1.3	62.6	2.3	59.3	1.0
海 南	Hainan	30.2	0.9	27.4	1.9	26.8	0.7	24.3	1.9
重 庆	Chongqing	83.5	1.5	80.2	1.8	65.2	1.4	62.8	1.0
四 川	Sichuan	190.6	4.4	182.3	3.9	146.7	3.9	140.0	2.7
贵 州	Guizhou	60.1	2.5	56.9	0.7	55.1	2.4	52.1	0.6
云 南	Yunnan	84.8	3.9	79.5	1.4	73.2	3.6	68.3	1.2
西 藏	Tibet	3.6	0.1	3.5		3.4	0.1	3.3	
陕 西	Shaanxi	91.1	5.5	82.7	2.8	78.0	5.1	70.5	2.4
甘 肃	Gansu	56.7	3.1	52.1	1.7	51.0	2.8	46.8	1.4
青 海	Qinghai	18.8	1.0	17.3	0.4	17.2	1.0	15.8	0.4
宁 夏	Ningxia	16.0	1.1	14.5	0.5	14.8	1.0	13.4	0.5
新 疆	Xinjiang	89.8	7.5	79.1	3.2	85.7	7.4	75.2	3.1

注:国有单位中不含由民政部门和总后勤部统计的离休、退休、退职人员人数。

a)The number of retired and resigned persons of the state-owned units excludesthose calculated by the civil affairs department and the General Logistics Department.

21-59 婚姻登记和离婚情况
NUMBER OF MARRIAGES AND DIVORCES

年份 Year	准予登记结婚（对） Registered Marriages (couples)	初婚（人） First Marriages (persons)	再婚（人） Remarriages (persons)	离婚（对） Divorces (couples)	离婚率（‰） Divorce Rate (‰)
1985	8312837	16118979	506695	457938	0.9
1986	8839786	17106622	572950	505675	0.9
1987	9267456	17918352	616560	581484	1.1
1988	8991771	17321736	661806	658551	1.2
1989	9372304	17928312	816296	752914	1.3
1990	9510632	18233452	787812	800037	1.4
1991	9509849	18203226	816472	829449	1.4
1992	9545047	18320957	769137	849611	1.5
1993	9121622	17470092	773152	909195	1.5
1994	9290027	17793306	786748	980980	1.6
1995	9297061	17760657	833465	1055196	1.8
1996	9339615	17817240	861990	1132215	1.8
1997	9090571	17259504	921638	1197759	1.9
1998	8866593	16753749	979437	1190214	1.9

21-60 各地区婚姻登记和离婚情况（1998 年）
NUMBER OF MARRIAGES AND DIVORCES BY REGION (1998)

地区 Region	准予登记结婚（对） Registered Marriages (couples)	初婚（人） First Marriages (persons)	再婚（人） Remarriages (persons)	离婚（对） Divorces (couples)
全国 National Total	**8866593**	**16753749**	**979437**	**1190214**
北京 Beijing	84631	146750	22512	23683
天津 Tianjin	58826	103880	13772	12538
河北 Hebei	439424	817935	60913	52727
山西 Shanxi	188943	360621	17265	21431
内蒙古 Inner Mongolia	166037	316739	15335	32307
辽宁 Liaoning	264684	473115	56253	81571
吉林 Jilin	173430	313443	33417	52676
黑龙江 Heilongjiang	234488	416018	52958	76403
上海 Shanghai	82822	141275	24369	29519
江苏 Jiangsu	521554	1004527	38581	54487
浙江 Zhejiang	386478	738564	34392	39745
安徽 Anhui	530729	1039610	21848	35447
福建 Fujian	247626	481298	13954	19512
江西 Jiangxi	277120	537722	16518	21484
山东 Shandong	719367	1359010	79724	58171
河南 Henan	729809	1404202	55416	69963
湖北 Hubei	399900	763163	36637	48497
湖南 Hunan	415165	780491	49839	57003
广东 Guangdong	589505	1143089	35921	43871
广西 Guangxi	314752	609128	20376	26946
海南 Hainan	40549	79047	2051	3197
重庆 Chongqing	223002	407064	38940	45254
四川 Sichuan	554781	1032551	77011	96538
贵州 Guizhou	289979	566706	13252	27404
云南 Yunnan	318367	607944	28790	33845
西藏 Tibet	6173	11724	622	935
陕西 Shaanxi	213328	406889	19767	34534
甘肃 Gansu	136978	262488	11468	19583
青海 Qinghai	40653	76158	5148	7496
宁夏 Ningxia	37856	73239	2473	5577
新疆 Xinjiang	179637	279359	79915	57870

21-61 各地区环保系统机构和人员基本情况（1998年底）
ENVIRONMENTAL PROTECTION AGENCIES AND PERSONS ENGAGED BY REGION(END OF 1998)

地　区 Region		机构总数（个）Number of Agencies (unit)	人员总数（人）Total Number of Staff & Workers (person)	# 科技人员 Scientific and Technical Personnel	#监测人员 Monitoring Personn	#监理人员 Supervising and Administrative Personnel
全　国	**National Total**	**9937**	**112626**	**54873**	**37467**	**23659**
北　京	Beijing	60	1454	738	500	34
天　津	Tianjin	74	1573	776	615	142
河　北	Hebei	382	7002	3054	1283	947
山　西	Shanxi	483	6757	2829	2297	1181
内蒙古	Inner Mongolia	232	2701	1383	1029	235
辽　宁	Liaoning	481	4666	2451	1215	1418
吉　林	Jilin	302	4176	2702	1431	1373
黑龙江	Heilongjiang	371	3891	1960	1441	945
上　海	Shanghai	82	2005	1090	808	392
江　苏	Jiangsu	967	6553	3780	2177	1480
浙　江	Zhejiang	285	3523	2194	1841	556
安　徽	Anhui	332	3457	1707	1400	563
福　建	Fujian	310	2952	1556	992	659
江　西	Jiangxi	352	2870	1392	994	661
山　东	Shandong	598	9704	5108	2914	2371
河　南	Henan	615	10438	3298	3027	3007
湖　北	Hubei	473	5733	2880	1817	1505
湖　南	Hunan	483	4883	2142	1722	923
广　东	Guangdong	705	6932	3289	1979	1257
广　西	Guangxi	236	2633	1243	1031	357
海　南	Hainan	66	1110	264	339	238
重　庆	Chongqing	134	1454	1214	484	360
四　川	Sichuan	400	3782	2066	1618	589
贵　州	Guizhou	270	1681	1009	546	403
云　南	Yunnan	287	1811	1113	888	169
西　藏	Tibet	21	152	25	41	
陕　西	Shaanxi	390	3824	1288	1375	997
甘　肃	Gansu	241	2058	692	631	479
青　海	Qinghai	62	492	274	173	77
宁　夏	Ningxia	60	600	259	179	94
新　疆	Xinjiang	183	1759	1097	680	247

21-62 县及县以上工业企业"三废"排放及治理情况

DISCHARGE AND TREATMENT OF WASTE WATER, WASTE GAS AND SOLID WASTES BY INDUSTRY ENTERPRISES AT AND ABOVE COUNTY LEVEL

项　目	Item	1995	1997	1998
废水	**Waste Water**			
工业废水排放总量（万吨）	Total Volume of Industrial Waste Water Discharged (10 000 tons)	2218943	1883296	1712355
工业废水排放达标量（万吨）	Volume of Industrial Waste Water up to the Standards for Discharge (10 000 tons)	1228680	1164623	1146769
工业废水排放达标率（%）	Percentage of Industrial Waste Water up to the Standards for Discharge (%)	55.4	61.8	67.0
工业废水处理量（万吨）	Total Volum of Industrial Waste Water Treated (10 000 tons)	2156615	2510913	2624105
工业废水处理率（%）	Percentage of Industrial Waste Water Treated (%)	76.8	84.7	88.2
工业废水处理排放达标量（万吨）	Volume of Treated Industrial Waste Water up to the Standards for Discharge (10 000 tons)	481428	536311	627918
废气	**Waste Gas**			
工业废气排放总量（亿标立方米）	Total Volume of Industrial Waste Gas Emission (100 million cu. m)	107478	113378	110807
工业二氧化硫排放量（万吨）	Volume of Sulphur Dioxide Emission (10 000 tons)	1405	1363	1210
烟尘排放量（万吨）	Volume of Soot Emission (10 000 tons)	838	685	680
工业粉尘排放量（万吨）	Volume of Industrial Dust Emission (10 000 tons)	639	548	506
固体废物	**Solid Wastes**			
工业固体废物产生量（万吨）	Volume of Industrial Solid Wastes Produced (10 000 tons)	64474	65749	63648
工业固体废物综合利用量（万吨）	Volume of Industrial Solid Wastes Utilized (10 000 tons)	28511	30009	30716
工业固体废物综合利用率（%）	Percentage of Industrial Solid Wastes Utilized (%)	42.9	45.6	48.3
工业固体废物贮存量（万吨）	Volume of Industrial Solid Wastes Accumulated (10 000 tons)	24779	27980	25805
工业固体废物处置量（万吨）	Volume of Industrial Solid Wastes Treated (10 000 tons)	14204	10876	9062
工业固体废物排放量（万吨）	Volume of Industrial Solid Wastes Discharged (10 000 tons)	2242	1549	1821
工业固体废物历年贮存占地面积（万平方米）	Areas Occupied by Industrial Solid Wastes Accumulated (10 000 sq. m)	55440	50650	64756
"三废"综合利用产品产值（万元）	Output Value of Products Made from Waste Gas, Waste Water and Solid Wastes (10 000 yuan)	2036052	2084289	2364461
"三废"综合利用产品利润（万元）	Profits Obtained from Use of Waste Gas, Waste Water and Solid Wastes (10 000 yuan)	527223	436455	443037
污染治理	**Pollution Treatment**			
当年安排污染治理项目数（个）	Number of Projects for Pollution Treatment in the Year	21644	8985	14374
污染治理项目本年完成投资额（万元）	Actual Investment in Implementation of the Project for Pollution Treatment in the Year (10 000 yuan)	987376	1164386	1220461
#治理废水	Treatment of Waste Water	455909	727911	716794
治理废气	Treatment of Waste Gas	331560	287234	323814
治理固体废物	Treatment of Solid Wastes	140769	63086	87242
治理噪声	Noise Abatement	21528	8279	7658
治理其他	Others	37611	77876	84953
排污收费及使用	**Fee for Discharging Waste and Fines for Pollution**			
排污费交纳单位（个）	Number of Units Charged levied	368213	563486	652863
排污费征收额（万元）	Amount of Pollution Charges (10 000 yuan)	371280	454336	490192
排污费支出额（万元）	Outlays of Pollution Levy Charges (10 000 yuan)	345812	458200	486142

21-63 各地区工业废水排放及处理情况（1998 年）

DISCHARGE AND TREATMENT OF INDUSTRIAL WASTE WATER BY REGION (1998)

单位：万吨　　(10 000 tons)

地区 Region		汇总工业企业数(个) Number of Industrial Enterprises (unit)	工业废水排放总量 Total Volume of Waste Water Discharged	#工业废水排放达标量 Volume of Industrial Waste Water up to the Discharge Standards	废水治理设施数(套) Number of Facilities for Treatment of Waste Water (set)	工业废水处理量 Volume of Industrial Waste Water Treated	#工业废水处理回用量 Volum of Industrial Waste Water Recovered After Treatment	工业废水处理排放达标量 Volume of Treated Industrial Waste Water up to the Discharge Standards
全　国	**National Total**	**74101**	**2006331**	**1232203**	**56690**	**2772706**	**1891455**	**627918**
北　京	Beijing	1295	34047	27036	790	84280	69197	12236
天　津	Tianjin	2460	19328	15315	862	31037	23363	5308
河　北	Hebei	3132	106431	64640	3349	249835	203468	36450
山　西	Shanxi	2994	47325	20823	1972	95484	78927	11369
内蒙古	Inner Mongolia	1204	24005	10091	499	42854	36166	4354
辽　宁	Liaoning	2605	121941	83690	2384	167269	118229	39664
吉　林	Jilin	1128	38189	22754	801	36689	21964	10179
黑龙江	Heilongjiang	2017	60750	36422	1266	90171	67148	13509
上　海	Shanghai	2189	90020	79356	2194	138925	98435	36752
江　苏	Jiangsu	6816	198423	149806	4135	167305	93983	58772
浙　江	Zhejiang	5236	114690	76288	3867	78569	28222	37470
安　徽	Anhui	1901	61713	45511	1563	133789	104253	25525
福　建	Fujian	3801	52482	29026	2259	51115	22099	18530
江　西	Jiangxi	1215	45716	26587	1375	58311	35943	16193
山　东	Shandong	5861	117172	74570	3812	268262	202848	50719
河　南	Henan	3425	91311	62793	3201	204674	155305	36263
湖　北	Hubei	2488	124177	75597	1991	137542	96634	30268
湖　南	Hunan	3225	131225	74381	2880	142231	70775	46304
广　东	Guangdong	6071	117737	67135	5487	137164	67424	44517
广　西	Guangxi	1787	86887	40349	1935	86276	47809	17747
海　南	Hainan	326	7515	3602	236	4188	1003	2468
重　庆	Chongqing	1324	33794	20703	1058	30041	18000	9679
四　川	Sichuan	3568	102850	51282	3254	122091	84443	24998
贵　州	Guizhou	1922	31113	9098	1056	37305	28146	4149
云　南	Yunnan	1318	43317	13032	1223	62300	47401	5926
西　藏	Tibet	204	2392	293	15	1230		91
陕　西	Shaanxi	1862	34462	19823	1556	46659	31567	11894
甘　肃	Gansu	1323	34026	17743	848	35865	21872	8656
青　海	Qinghai	243	4098	2895	98	2874	1124	1258
宁　夏	Ningxia	225	9723	3227	266	11289	7304	1842
新　疆	Xinjiang	936	19473	8332	458	17081	8401	4829

21-64 工业分行业废水排放及处理情况（1998年）

DISCHARGE AND TREATMENT OF WASTE WATER BY BRANCH OF INDUSTRY (1998)

单位：万吨 (10 000 tons)

行 业 Branch	汇总工业企业数（个）Number of Industrial Enterprises (unit)	工业废水排放总量 Total Volume of Industrial Waste Water Discharged (10 000 tons)	#工业废水排放达标量 Volume of Industrial Waste Water up to the Discharge Standards	废水治理设施数（套）Number of Facilities for Treatment of Waste Water (set)	工业废水处理量 Volume of Industrial Waste Water Treated	#工业废水处理回用量 Volume of Industrial Waste Water Recovered After Treatment	工业废水处理排放达标量 Volume of Treated Industrial Waste Water up to the Discharge Standards
采掘业 Mining and Quarrying	4907	126996	82177	5905	276146	206650	53684
食品、饮料和烟草制造业 Food, Beverage and Tobacco Industry	8798	173722	64594	5379	101812	38243	32725
纺织业 Textile Industry	5477	110128	65517	4066	60462	6849	40173
皮革毛皮羽绒及其制品业 Leather, Furs, Down and Related Products	1085	13702	5196	774	6037	824	3577
造纸及纸制品业 Papermaking & Paper Products	3815	314795	81506	4842	221552	78440	69293
印刷业记录媒介的复制 Printing and Record Medium Reproduction	809	2027	1541	142	617	100	453
石油加工及炼焦业 Petroleum Processing & Coking	820	63275	55766	1347	59055	10084	43525
化学原料及化学制品制造业 Raw Chemical Materials and Chemical Products	6312	383451	244462	8553	708652	537859	120422
医药制造业 Medical and Pharmaceutical Products	1733	31633	18145	1309	10515	1516	5268
化学纤维制造业 Chemical Fiber	302	54538	40187	335	32638	7231	17616
橡胶制品业 Rubber Products	739	10696	8273	350	11941	9034	2567
塑料制品业 Plastic Products	999	4648	4064	262	1983	810	967
非金属矿物制品业 Nonmetal Mineral Products	13094	48374	36081	3484	32430	20403	8817
#水泥制造业 Cement Manufacturing	4335	26830	19693	1125	11831	7880	2546
黑色金属冶炼及压延加工业 Smelting and Pressing of Ferrous Metals	1769	258410	211879	2580	858355	748905	94695
有色金属冶炼及压延加工业 Smelting and Pressing of Nonferrous Metals	1140	34145	23345	1346	59745	43601	11699
金属制品业 Metal Products	4107	9884	7442	3394	9515	4137	4255
机械、电气、电子设备制造业 Machine Building, Electric Machinary, and Electronic Equipment Manufacturing	10253	109317	90040	7554	58373	26061	28705
电力煤气及水生产供应业 Production & Supply of Electric Power, Gas & Water	1623	215909	163431	2127	234715	139480	75525
其他 Other Industries	6315	40340	28555	2940	28162	11224	13952

21-65 各地区工业废气排放及处理情况（1998年）

EMISSION AND TREATMENT OF INDUSTRIAL WASTE GAS BY REGION (1998)

地区	Region	汇总工业企业数（个）Number of Industrial Enterprises (unit)	废气治理设施数(套) Number of Facilities for Treatment of Waste Gas (set)	工业废气排放总量（亿标立方米）Total Volume of Industrial Waste Gas Emission (100 million cu. m)	燃料燃烧过程中废气排放量 Volume of Waste Gas in the Process of Fuel Burning	#经过消烟除尘的 Volume of Gas with Soot & Dust Removed	生产工艺过程中废气排放量 Volume of Waste Gas from the Process of Production	#经过净化处理的 Volume of Gas Purified
全　国	**National Total**	**74101**	**134359**	**121203**	**72985**	**65231**	**48218**	**37194**
北　京	Beijing	1295	4119	3227	1795	1571	1432	1284
天　津	Tianjin	2460	3112	1644	1232	1153	412	313
河　北	Hebei	3132	7615	9506	5115	4698	4391	3751
山　西	Shanxi	2994	5539	6316	4005	3596	2312	1119
内蒙古	Inner Mongolia	1204	3438	4504	3103	2852	1402	1044
辽　宁	Liaoning	2605	7503	8963	5590	4759	3373	2686
吉　林	Jilin	1128	3839	3008	2064	1923	944	482
黑龙江	Heilongjiang	2017	4874	4053	3324	3148	729	598
上　海	Shanghai	2189	4176	4912	2748	2435	2165	1946
江　苏	Jiangsu	6816	9731	7318	5473	5136	1845	1465
浙　江	Zhejiang	5236	8108	5016	3044	2663	1973	1537
安　徽	Anhui	1901	3193	3647	2164	1883	1483	1202
福　建	Fujian	3801	4228	2007	1007	894	1000	780
江　西	Jiangxi	1215	2431	1743	991	767	752	610
山　东	Shandong	5861	9966	9089	5975	5461	3114	2486
河　南	Henan	3425	6906	6618	4119	3829	2499	1963
湖　北	Hubei	2488	4954	5105	2342	2156	2763	2039
湖　南	Hunan	3225	5547	3452	1705	1508	1747	1403
广　东	Guangdong	6071	9814	6344	3784	3355	2559	2312
广　西	Guangxi	1787	4006	4152	1514	1354	2638	2387
海　南	Hainan	326	292	327	209	205	118	114
重　庆	Chongqing	1324	2142	1713	1090	959	622	454
四　川	Sichuan	3568	4527	4606	2507	1892	2099	1312
贵　州	Guizhou	1922	2330	3347	1880	1319	1467	692
云　南	Yunnan	1318	2653	1887	909	764	978	772
西　藏	Tibet	204	20	12	1		11	
陕　西	Shaanxi	1862	3478	2497	1537	1453	960	722
甘　肃	Gansu	1323	2798	2772	1529	1413	1243	933
青　海	Qinghai	243	367	589	213	191	376	250
宁　夏	Ningxia	225	572	1041	769	757	272	120
新　疆	Xinjiang	936	2081	1790	1248	1138	541	418

21-65 **续表** continued

地 区 Region	二氧化硫排放量（吨）Volume of Sulphur Dioxide Emission (ton)	二氧化硫去除量（吨）Volume of Sulphur Dioxide Removed (ton)	工业烟尘排放量（吨）Volume of Industrial Soot Emission (ton)	工业烟尘去除量（吨）Volume of Industrial Soot Removed (ton)	工业粉尘排放量（吨）Volume of Industrial Dust Emission (ton)	工业粉尘去除量（吨）Volume of Industrial Dust Romoved (ton)
全 国 National Total	**15930213**	**4613662**	**11754046**	**100601279**	**13221732**	**37407661**
北 京 Beijing	192917	6107	83408	1814645	95319	767511
天 津 Tianjin	200307	27639	79981	1556146	26287	195599
河 北 Hebei	1211946	147026	792027	7847236	1005809	3197824
山 西 Shanxi	1100349	104626	1314420	4964139	802054	1540593
内蒙古 Inner Mongolia	568503	84959	361786	4597690	202817	618416
辽 宁 Liaoning	751648	573319	751343	8567631	576699	3254510
吉 林 Jilin	211655	31827	361284	5477485	159007	1280348
黑龙江 Heilongjiang	221736	16429	445395	4907276	123719	614422
上 海 Shanghai	390874	31059	107424	2735437	101327	1517721
江 苏 Jiangsu	1215742	167699	518357	7008081	548658	1447367
浙 江 Zhejiang	610347	53325	320485	3365877	717686	1927272
安 徽 Anhui	379063	407573	309938	3191254	584907	1090168
福 建 Fujian	154935	17751	88747	1141872	459218	916914
江 西 Jiangxi	243817	363586	170113	1945204	374213	620047
山 东 Shandong	1760057	236655	785283	7590522	925062	3247328
河 南 Henan	767865	115376	611534	6216364	966134	2300274
湖 北 Hubei	491604	268353	277736	2602826	605267	1632324
湖 南 Hunan	618784	476615	410360	3792629	873777	1505282
广 东 Guangdong	643086	108499	323734	4127142	922148	2257676
广 西 Guangxi	643485	255881	402269	2804431	614233	2073254
海 南 Hainan	20137	1303	20561	235999	28343	111143
重 庆 Chongqing	363784	147914	129130	1213415	222652	289220
四 川 Sichuan	717650	145120	1432735	3094150	704762	1538708
贵 州 Guizhou	851546	77267	473478	2029156	440788	390110
云 南 Yunnan	306644	296254	312453	1451711	207027	1289789
西 藏 Tibet	1435	44	5484	839	17279	473
陕 西 Shaanxi	561252	49709	397458	2774859	447405	546415
甘 肃 Gansu	332082	359037	189330	1603749	162936	727228
青 海 Qinghai	19555	683	59716	313196	83070	24964
宁 夏 Ningxia	186005	10699	82577	1100700	74754	91640
新 疆 Xinjiang	191402	31328	135499	529619	148376	393121

21-66 工业分行业废气排放及处理情况（1998 年）
EMISSION AND TREATMENT OF WASTE GAS BY BRANCH OF INDUSTRY (1998)

行　业 Branch	汇总工业企业数（个）Number of Industrial Enterprises (unit)	废气治理设施数(套) Number of Facilities for Treatment of Waste Gas (set)	工业废气排放总量（亿标立方米）Total Volume of Waste Gas Emission (100 million cu. m)	燃料燃烧过程中废气排放量 Volume of Waste Gas from the Burning Process of Fuels	#经过消烟除尘的 Volume of Gas with Soot and Dust Removed	生产工艺过程中废气排放量 Volume of Waste Gas from the Process of Production	#经过净化处理的 Volume of Gas Purified
采掘业 Mining and Quarrying	4907	11652	4418	2896	2505	1522	1058
食品、饮料和烟草制造业 Food, Beverage and Tobacco Industry	8798	10170	2951	2697	2457	254	228
纺织业 Textile Industry	5477	6829	1500	1367	1226	133	123
皮革毛皮羽绒及其制品业 Leather, Furs, Down and Related Products	1085	861	131	90	71	41	35
造纸及纸制品业 Papermaking & Paper Products	3815	4189	2074	1641	1422	433	214
印刷业记录媒介的复制 Printing and Record Medium Reproduction	809	434	56	35	30	21	17
石油加工及炼焦业 Petroleum Processing & Coking	820	1108	3685	2176	1720	1509	740
化学原料及化学制品制造业 Raw Chemical Materials and Chemical Products	6312	12034	8661	4924	4402	3737	27952
医药制造业 Medical and Pharmaceutical Products	1733	2488	482	385	358	97	62
化学纤维制造业 Chemical Fiber	302	590	2893	808	651	2085	1018
橡胶制品业 Rubber Products	739	1104	439	274	254	165	125
塑料制品业 Plastic Products	999	735	144	69	61	76	52
非金属矿物制品业 Nonmetal Mineral Products	13094	35744	20929	5063	2793	15866	12342
#水泥制造业 Cement Manufacturing	4335	28868	16002	2082	1533	13920	11307
黑色金属冶炼及压延加工业 Smelting and Pressing of Ferrous Metals	1769	6632	18023	5268	3708	12755	11364
有色金属冶炼及压延加工业 Smelting and Pressing of Nonferrous Metals	1140	3065	7409	1181	967	6228	4565
金属制品业 Metal Products	4107	2253	700	280	223	420	271
机械、电气、电子设备制造业 Machine Building, Electric Machinary, and Electronic Equipment Manufacturing	10253	19139	3964	1717	1439	2247	1691
电力煤气及水生产供应业 Production & Supply of Electric Power, Gas & Water	1623	6481	41239	41027	39989	211	136
其他 Other Industries	6315	8842	1494	1087	957	407	358

21-66 **续表** continued

行　业　Branch	工业二氧化硫排放量（吨）Volume of Sulphur Dioxide Emission (ton)	工业二氧化硫去除量（吨）Volume of Sulphur Dioxide Removed (ton)	工业烟尘排放量（吨）Volume of Industrial Soot Emission (ton)	工业烟尘去除量（吨）Volume of Industrial Soot Removed (ton)	工业粉尘排放量（吨）Volume of Industrial Soot Emission (ton)	工业粉尘去除量（吨）Volume of Industrial Dust Removed (ton)
采掘业 Mining and Quarrying	409470	109347	992537	1530311	166574	883741
食品、饮料和烟草制造业 Food, Beverage and Tobacco Industry	464426	50898	304290	1966048	12396	93229
纺织业 Textile Industry	286415	34336	148575	599901	1089	8995
皮革毛皮羽绒及其制品业 Leather, Furs, Down and Related Products	17587	3754	11305	33321	165	75
造纸及纸制品业 Papermaking & Paper Products	359459	31297	259543	1382430	104455	27639
印刷业记录媒介的复制 Printing and Record Medium Reproduction	6953	347	6844	10980	175	53
石油加工及炼焦业 Petroleum Processing & Coking	281262	94911	187479	1367440	86826	70286
化学原料及化学制品制造业 Raw Chemical Materials and Chemical Products	940762	510899	517487	4020725	146162	458403
医药制造业 Medical and Pharmaceutical Products	80620	17502	48536	270887	953	161
化学纤维制造业 Chemical Fiber	141916	26861	58541	856095	13557	9020
橡胶制品业 Rubber Products	64986	10563	28403	185205	435	2928
塑料制品业 Plastic Products	14886	1879	7116	29524	2772	3714
非金属矿物制品业 Nonmetal Mineral Products	2281547	186585	2669604	1724766	11266034	22969612
#水泥制造业 Cement Manufacturing	882733	150884	650354	1362783	10295714	21900357
黑色金属冶炼及压延加工业 Smelting and Pressing of Ferrous Metals	790319	121496	354375	2312672	1025656	10225085
有色金属冶炼及压延加工业 Smelting and Pressing of Nonferrous Metals	700462	2665221	145747	1482204	125707	2027413
金属制品业 Metal Products	64382	6453	42778	64670	86498	3967
机械、电气、电子设备制造业 Machine Building, Electric Machinary, and Electronic Equipment Manufacturing	262635	85665	177597	904968	49548	179479
电力煤气及水生产供应业 Production & Supply of Electric Power, Gas & Water	6967926	626990	3419778	81054187	62491	178901
其他 Other Industries	1727253	28479	2268428	804771	70817	264961

21-67 各地区工业固体废物产生及处理利用情况（1998年）

DISCHARGE，TREATMENT AND UTILIZATION OF INDUSTRIAL SOLID WASTES BY REGION（1998）

地区 Region	汇总工业企业数（个）Number of Industrial Enterprises（unit）	工业固体废物产生量（万吨）Volume of Industrial Solid Wastes Produced（10 000 tons）	#危险废物产生量 Dangerous Wastes	工业固体废物综合利用量（万吨）Volume of Industrial Solid Wastes Utilized in a Comprehensive Way（10 000 tons）	工业固体废物贮存量（万吨）Volume of Industrial Solid Wastes Accumulated（10 000 tons）	工业固体废物处置量（万吨）Volume of Industrial Solid Wastes Treated（10 000 tons）
全　国　National Total	**74101**	**80043**	**974**	**33387**	**27545**	**10527**
北　京　Beijing	1295	1234	4	950	265	14
天　津　Tianjin	2460	472	8	561	7	46
河　北　Hebei	3132	7242	75	2817	2004	1598
山　西　Shanxi	2994	6564	13	1400	1112	1810
内蒙古　Inner Mongolia	1204	3302	50	653	2416	577
辽　宁　Liaoning	2605	7330	40	2598	3392	787
吉　林　Jilin	1128	1650	21	743	853	45
黑龙江　Heilongjiang	2017	3048	4	1866	447	789
上　海　Shanghai	2189	1252	25	1165	168	65
江　苏　Jiangsu	6816	2886	106	2213	439	84
浙　江　Zhejiang	5236	1365	11	951	233	119
安　徽　Anhui	1901	3047	96	1780	638	537
福　建　Fujian	3801	1086	3	543	368	115
江　西　Jiangxi	1215	4447	2	585	3711	37
山　东　Shandong	5861	5100	71	3778	1124	325
河　南　Henan	3425	3367	14	1536	1279	723
湖　北　Hubei	2488	2221	18	1275	720	95
湖　南　Hunan	3225	2726	38	918	662	233
广　东　Guangdong	6071	1772	59	980	317	225
广　西　Guangxi	1787	2130	22	920	592	202
海　南　Hainan	326	72		31	41	
重　庆　Chongqing	1324	1368	39	598	275	79
四　川　Sichuan	3568	4120	46	1665	1491	159
贵　州　Guizhou	1922	3698	91	808	681	1033
云　南　Yunnan	1318	2888	69	721	1039	245
西　藏　Tibet	204	10			9	
陕　西　Shaanxi	1862	2537	3	395	1529	388
甘　肃　Gansu	1323	1707	20	404	1130	42
青　海　Qinghai	243	305		58	224	2
宁　夏　Ningxia	225	413		188	168	95
新　疆　Xinjiang	936	684	26	288	210	58

21-67 **续表** continued

地区 Region	工业固体废物排放量（万吨） Volume of Industrial Solid Wastes Discharged (10 000 tons)	#危险废物排放量 Dangerouse Wastes	工业固体废物历年贮存量（万吨） Total Volume of Industrial Solid Wastes Accumulated Over the Years (10 000 tons)	工业固体废物占地面积（万平方米） Areas Occupied by Industrial Solid Wastes (10 000 sq. m)	"三废"综合利用产品产值（万元） Output Value of Products Made from Comprehensive Utilization of Waste Gas, Waste Water & Solid Wastes (10 000 yuan)	"三废"综合利用产品利润（万元） Profits Obtained from Comprehensive Utilization Waste Water & Solid Wastes (10 000 yuan)
全 国 National Total	**7048**	**46**	**678817**	**65412**	**2675207**	**528320**
北 京 Beijing	152		11475	1582	36920	13281
天 津 Tianjin	1		1130	729	22195	1178
河 北 Hebei	269		67453	4342	80101	17420
山 西 Shanxi	1725	1	28624	2360	41392	8066
内蒙古 Inner Mongolia	115		25611	3966	28327	6309
辽 宁 Liaoning	437		135135	5235	211182	66108
吉 林 Jilin	21		18433	2007	91663	22191
黑龙江 Heilongjiang	1		24539	2501	98834	23276
上 海 Shanghai			331	62	80135	47295
江 苏 Jiangsu	19		9807	2532	159380	33427
浙 江 Zhejiang	32		6437	1033	91022	23935
安 徽 Anhui	47		23856	2178	68398	21988
福 建 Fujian	85		4513	12875	73131	20857
江 西 Jiangxi	134		55699	3451	30610	6998
山 东 Shandong	11		32082	3320	254605	48971
河 南 Henan	60		24123	2150	136506	22249
湖 北 Hubei	52		12425	1717	79770	19384
湖 南 Hunan	300	1	44652	2140	501867	19315
广 东 Guangdong	121		22026	1720	111972	22684
广 西 Guangxi	245		7315	1014	107168	6651
海 南 Hainan			2106	316	3583	361
重 庆 Chongqing	41		7212	735	48945	9714
四 川 Sichuan	998		27038	745	126115	27581
贵 州 Guizhou	1188	40	20469	733	34070	6792
云 南 Yunnan	571	1	21581	1580	52159	9286
西 藏 Tibet			28	2	100	100
陕 西 Shaanxi	191		15573	1035	13903	3235
甘 肃 Gansu	95	1	19827	2135	39802	6114
青 海 Qinghai	3		1707	136	1345	319
宁 夏 Ningxia	32		2761	747	13187	7216
新 疆 Xinjiang	104		4849	333	36820	6019

21-68 工业分行业工业固体废物产生及处理利用情况（1998年）

PRODUCTION, TREATMENT AND UTILIZATION OF INDUSTRIAL SOLID WASTES BY BRANCH OF INDUSTRY (1998)

地 区 Region	汇总工业企业数（个）Number of Industrial Enterprises (unit)	工业固体废物产生量（万吨）Volume of Industrial Solid Wastes Produced (10 000 tons)	#危险废物产生量 Dangerous Wastes	工业固体废物综合利用量（万吨）Volume of Industrial Solid Wastes Utilized (10 000 tons)	工业固体废物贮存量（万吨）Volume of Industrial Wastes Accumulated (10 000 tons)	工业固体废物处置量（万吨）Volume of Industrial Solid Wastes Treated (10 000 tons)
采掘业 Mining and Quarrying	4907	40823	193	8156	16723	6178
食品、饮料和烟草制造业 Food, Beverage and Tobacco Industry	8798	2152	1	1915	73	122
纺织业 Textile Industry	5477	435	1	383	1	41
皮革毛皮羽绒及其制品业 Leather, Furs, Down and Related Products	1085	59	1	46	3	5
造纸及纸制品业 Papermaking & Paper Products	3815	620	6	466	52	79
印刷业记录媒介的复制 Printing and Record Medium Reproduction	809	64		56	5	2
石油加工及炼焦业 Petroleum Processing & Coking	820	726	35	369	152	192
化学原料及化学制品制造业 Raw Chemical Materials and Chemical Products	6312	4886	618	3448	1047	618
医药制造业 Medical and Pharmaceutical Products	1733	191	5	163	7	15
化学纤维制造业 Chemical Fiber	302	255	6	194	48	15
橡胶制品业 Rubber Products	739	87		77	1	8
塑料制品业 Plastic Products	999	29		25		3
非金属矿物制品业 Nonmetal Mineral Products	13094	1467	1	1346	60	123
#水泥制造业 Cement Manufacturing	4335	570		542	24	34
黑色金属冶炼及压延加工业 Smelting and Pressing of Ferrous Metals	1769	11022	37	7312	3104	700
有色金属冶炼及压延加工业 Smelting and Pressing of Nonferrous Metals	1140	2421	56	647	1452	287
金属制品业 Metal Products	4107	90	2	68	2	11
机械、电气、电子设备制造业 Machine Building, Electric Machinary, and Electronic Equipment Manufacturing	10253	1022	11	806	41	165
电力煤气及水生产供应业 Production & Supply of Electric Power, Gas & Water	1623	11923		7547	4538	1900
其他 Other Industries	6315	1910	1	361	237	47

21-68 **续表** continued

地　区　　Region	工业固体废物排放量（万吨）Volume of Industrial Solid Wastes Discharged (10 000 tons)	#危险废物排放量 Dangerouse Wastes	工业固体废物历年贮存量（万吨）Total Volume of Industrial Solid Wastes Accumulated (10 000 tons)	工业固体废物占地面积（万平方米）Areas Occupied by Industrial Solid Wastes (10 000 sq. m)	"三废"综合利用产品产值（万元）Output Value of Products Made from Comprehensive Utilization of Waste Gas, Waste Water & Solid Wastes (10 000 yuan)	"三废"综合利用产品利润（万元）Profits Obtained from Comprehensive Utilization of Waste Water & Solid Wastes (10 000 yuan)
采掘业 Mining and Quarrying	5962	21	481523	18174	208988	51996
食品、饮料和烟草制造业 Food, Beverage and Tobacco Industry	56		1907	394	280205	49839
纺织业 Textile Industry	10		8	6	17397	3641
皮革毛皮羽绒及其制品业 Leather, Furs, Down and Related Products	5		10	5	3020	1577
造纸及纸制品业 Papermaking & Paper Products	28		438	98	112122	23532
印刷业记录媒介的复制 Printing and Record Medium Reproduction	1		22	1	775	505
石油加工及炼焦业 Petroleum Processing & Coking	20	1	14668	1187	135135	31949
化学原料及化学制品制造业 Raw Chemical Materials and Chemical Products	114	2	9588	2952	398605	85789
医药制造业 Medical and Pharmaceutical Products	5		400	16	19873	4859
化学纤维制造业 Chemical Fiber	6		805	111	24212	3746
橡胶制品业 Rubber Products	1		19	2	8252	1610
塑料制品业 Plastic Products	1				3553	765
非金属矿物制品业 Nonmetal Mineral Products	128		1866	98	334717	53994
#水泥制造业 Cement Manufacturing	9		146	18	236572	37729
黑色金属冶炼及压延加工业 Smelting and Pressing of Ferrous Metals	226	1	56724	3306	346080	109971
有色金属冶炼及压延加工业 Smelting and Pressing of Nonferrous Metals	83	20	28709	4045	561519	60603
金属制品业 Metal Products	9		128	14	11116	2599
机械、电气、电子设备制造业 Machine Building, Electric Machinary, and Electronic Equipment Manufacturing	26		1375	130	67768	23395
电力煤气及水生产供应业 Production & Supply of Electric Power, Gas & Water	57		75648	34348	122306	10647
其他 Other Industries	389		4980	526	19565	7303

21-69 各地区环境污染与破坏事故情况（1998年）

POLLUTION ACCIDENTS BY REGION (1998)

地区 Region	环境污染与破坏事故次数（次）Number of Pollution Accidents (times)	按事故类型分（次）Pollution Accidents by Type (times)					污染直接经济损失（万元）Losses Coverted into Cash (10 000 yuan)	污染事故赔、罚款总额（万元）Amount of Reparations and Fines (10 000 yuan)
		水污染 Water Pollution	大气污染 Air Pollution	固体废物污染 Solid Wastes Polluion	噪声与振动危害 Noise and Vibration Pollution	其他 Others		
全国 National Total	**1422**	**788**	**464**	**52**	**74**	**35**	**19843.7**	**2111.2**
北京 Beijing								
天津 Tianjin	4	3	1				9.0	4.5
河北 Hebei	27	10	15		2		40.8	9.9
山西 Shanxi	23	11	11	1			103.2	36.8
内蒙古 Inner Mongolia	22	7	4	1	4	6	8922.5	121.8
辽宁 Liaoning	175	88	47	8	31	1	204.0	234.0
吉林 Jilin	15	5	6		4		17.5	21.0
黑龙江 Heilongjiang	1			1			3.1	
上海 Shanghai								
江苏 Jiangsu	103	55	42	3	1		8418.4	241.8
浙江 Zhejiang	178	123	44	7	1	3	237.3	213.1
安徽 Anhui	51	29	20		2		62.3	59.3
福建 Fujian								
江西 Jiangxi	113	81	30			2	177.3	167.8
山东 Shandong								
河南 Henan	49	13	30			6	54.3	49.8
湖北 Hubei	29	10	17	1		1	171.0	58.6
湖南 Hunan								
广东 Guangdong	135	72	35	1	26	1	127.8	133.4
广西 Guangxi	197	114	69	13	1		287.5	214.8
海南 Hainan	5	5					6.5	1.5
重庆 Chongqing	46	26	13	2		5	142.5	111.2
四川 Sichuan	83	41	30	2	1	2	612.9	237.5
贵州 Guizhou	75	42	27	5		1	75.4	72.2
云南 Yunnan								
西藏 Tibet								
陕西 Shaanxi								
甘肃 Gansu	65	44	9	7		5	124.8	102.4
青海 Qinghai	13	2	10		1		5.2	6.4
宁夏 Ningxia	1		1				0.4	
新疆 Xinjiang	12	7	3			2	40.1	13.6

21-70 各地区生活污染物排放情况(1998年)

DISCHARGE OF POLLUTANTS FROM DAILY LIFE BY REGION(1998)

地区 Region	生活污水排放量(万吨) Volume of Waste Water Discharged From Daily Life (10 000 tons)	生活污水中化学需氧量排放量(吨) Absorption of Oxygen by Waste Water From Daily Life (ton)	生活二氧化硫排放量(吨) Emission of Sulfur Dioxide From Daily Life (ton)	生活烟尘排放量(吨) Emission of Dust from Daily Life (ton)
全　国 National Total	**1947776**	**6950015**	**4969773**	**2765598**
北　京 Beijing	53307	138423	112198	37586
天　津 Tianjin	22556	175554	29550	16790
河　北 Hebei	53912	235387	191038	240328
山　西 Shanxi	52871	169977	319598	512995
内蒙古 Inner Mongolia	20728	130964	159489	208286
辽　宁 Liaoning	96352	370781	240257	139654
吉　林 Jilin	52464	257559	72242	95664
黑龙江 Heilongjiang	56507	333727	78389	97804
上　海 Shanghai	118028	269138	97995	48926
江　苏 Jiangsu	111239	402951	38850	15411
浙　江 Zhejiang	67920	270760	35150	17621
安　徽 Anhui	71688	283923	44474	32516
福　建 Fujian	41947	153405	10018	10456
江　西 Jiangxi	49641	279226	60825	8369
山　东 Shandong	116979	489559	498827	133894
河　南 Henan	94270	307769	235035	36541
湖　北 Hubei	114348	356399	77241	44248
湖　南 Hunan	94280	261968	103332	39541
广　东 Guangdong	316432	588511	35692	17846
广　西 Guangxi	71255	244014	57382	33348
海　南 Hainan	15514	57748	260	23
重　庆 Chongqing	24652	133399	316659	143801
四　川 Sichuan	72562	310980	690014	359382
贵　州 Guizhou	32834	166487	1076400	198375
云　南 Yunnan	28943	124331	53440	42237
西　藏 Tibet	4067	36150		
陕　西 Shaanxi	35861	156696	98884	40331
甘　肃 Gansu	15501	82450	51367	38640
青　海 Qinghai	9143	36573	11760	17430
宁　夏 Ningxia	3916	32519	29238	17985
新　疆 Xinjiang	28059	92687	144169	119570

21-71 各地区工业污染治理项目及投资情况(1998年)
INVESTMENT IN ANTI-INDUSTRIAL POLLUTION PROJECTS(1998)

地区 Region	汇总工业企业数(个) Number of Industrial Enterprises	施工项目数(个) Projects Under Construction	治理废水 Treatment of Waste Water	治理废气 Treatment of Waste Gas	治理固体废物 Treatment of Solid Wastes	治理噪声 Treatment of Noise Pollution	治理其他 Treatment of Other Pollution
全 国 National Total	**10523**	**14374**	**7376**	**5153**	**628**	**551**	**666**
北 京 Beijing	141	209	64	88	7	16	34
天 津 Tianjin	304	488	94	303	13	59	19
河 北 Hebei	488	611	272	295	20	16	8
山 西 Shanxi	409	650	282	272	52	15	29
内蒙古 Inner Mongolia	95	132	46	64	12	5	5
辽 宁 Liaoning	263	384	163	150	22	16	33
吉 林 Jilin	182	248	77	130	11	22	8
黑龙江 Heilongjiang	232	304	90	169	14	19	12
上 海 Shanghai	291	451	182	181	13	31	44
江 苏 Jiangsu	1481	2524	1789	521	32	58	124
浙 江 Zhejiang	933	1072	805	190	27	27	23
安 徽 Anhui	474	625	357	214	16	15	23
福 建 Fujian	835	1053	521	436	42	29	25
江 西 Jiangxi	127	177	57	82	22	4	12
山 东 Shandong	681	852	511	255	30	23	33
河 南 Henan	545	545	332	179	7	14	13
湖 北 Hubei	333	488	187	211	29	25	36
湖 南 Hunan	381	501	191	223	57	16	14
广 东 Guangdong	646	797	499	200	21	43	34
广 西 Guangxi	247	344	175	119	27	9	14
海 南 Hainan	28	29	22	7			
重 庆 Chongqing	169	220	73	95	17	13	22
四 川 Sichuan	335	435	166	169	43	22	35
贵 州 Guizhou	89	151	62	62	16	2	9
云 南 Yunnan	244	331	116	160	26	18	11
西 藏 Tibet							
陕 西 Shaanxi	245	323	121	139	31	16	16
甘 肃 Gansu	180	232	68	130	9	7	18
青 海 Qinghai	9	9	3	5		1	
宁 夏 Ningxia	41	66	22	28	7	5	4
新 疆 Xinjiang	95	123	29	76	5	5	8

21-71 **续表** continued

地区 Region	污染治理项目本年完成投资（万元） Investment Completed in Anti-pollution Projects (10000 yuan)	治理废水 Treatment of Waste Water	治理废气 Treatment of Waste Gas	治理固体废物 Treatment of Solid Waste	治理噪声 Treatment of Noise Pollution	治理其他 Treatment of Other Pollution	本年竣工项目数（个） Number of Projects Completed
全 国 National Total	**1220461**	**716794**	**323814**	**87242**	**7658**	**84953**	**10746**
北 京 Beijing	35738	7745	18578	3704	105	5607	191
天 津 Tianjin	25340	11956	10717	213	1109	1345	323
河 北 Hebei	49414	31447	13714	3587	516	150	435
山 西 Shanxi	34086	14709	13854	4143	95	1285	369
内蒙古 Inner Mongolia	18493	3254	12263	2743	16	216	124
辽 宁 Liaoning	56133	25994	19093	4770	137	6139	333
吉 林 Jilin	14957	5679	8190	489	102	496	183
黑龙江 Heilongjiang	59930	39565	12584	7382	158	241	277
上 海 Shanghai	62810	19639	35640	457	461	6613	352
江 苏 Jiangsu	233256	180029	31250	13829	592	7556	1897
浙 江 Zhejiang	69036	53953	9513	1904	261	3405	815
安 徽 Anhui	31226	19489	8745	1021	210	1761	315
福 建 Fujian	28686	14379	8610	4180	484	1033	569
江 西 Jiangxi	9053	1181	1979	959	12	4923	159
山 东 Shandong	172747	137957	19945	4342	1052	9451	676
河 南 Henan	54608	30915	15231	6494	90	1879	460
湖 北 Hubei	35754	14151	7741	1934	306	11622	386
湖 南 Hunan	16631	6395	6459	3210	416	152	440
广 东 Guangdong	47325	32268	11119	1566	621	1751	571
广 西 Guangxi	17150	9604	3670	1486	142	2249	284
海 南 Hainan	1435	1281	154				28
重 庆 Chongqing	9892	4469	3136	2031	66	190	191
四 川 Sichuan	25419	11964	6334	6577	178	366	393
贵 州 Guizhou	13060	1755	9241	1915	23	126	121
云 南 Yunnan	20245	10891	7844	1089	55	366	210
西 藏 Tibet							
陕 西 Shaanxi	24238	10702	11925	499	100	1013	264
甘 肃 Gansu	21333	8945	7994	655	150	3588	207
青 海 Qinghai	804	393	333		78		8
宁 夏 Ningxia	5929	1017	2397	1136	46	1333	54
新 疆 Xinjiang	25734	5070	5563	4926	79	10096	111

21-72 各地区自然保护工作基本情况（1997 年）

BASIC SITUATION OF NATURAL PROTECTION WORK BY REGION (1997)

地 区 Region	自然保护区个数（个） Number of Nature Reserves	保护区面积（公倾） Area of Nature Reserves	保护区面积占辖区面积比 Percentage of Nature Reserves in the Region	珍稀濒危动物繁殖场（个） Number of Farms To Breed Rare and Dying out Animals	珍稀植物引种栽培场（个） Cultivatal Farms of Rare Plants	生态示范区个数（个） Number of Demonstration Zone of Ecology
全 国 National Total	**926**	**76979015**	**7.64**	**1015**	**72**	**130**
北 京 Beijing	9	41990	2.50	4	2	2
天 津 Tianjin	6	109859	9.21			1
河 北 Hebei	8	103774	0.55			4
山 西 Shanxi	11	108216	0.69			
内蒙古 Inner Mongolia	35	4053453	3.43			4
辽 宁 Liaoning	41	2023800	6.53	3		7
吉 林 Jilin	35	1863941	9.95	22	11	4
黑龙江 Heilongjiang	89	2514122	5.54	58	20	22
上 海 Shanghai	1	45	0.01			
江 苏 Jiangsu	18	500976	4.77	9	3	7
浙 江 Zhejiang	21	99429	0.98	3	1	6
安 徽 Anhui	16	251215	1.82	6	1	8
福 建 Fujian	28	141313	0.95			9
江 西 Jiangxi	38	230055	1.37		3	4
山 东 Shandong	14	314326	1.91	1	1	6
河 南 Henan	19	216722	1.29	10		5
湖 北 Hubei	27	543441	2.92	2	2	4
湖 南 Hunan	50	656447	3.10	5	3	6
广 东 Guangdong	38	573583	2.56	6	5	5
广 西 Guangxi	67	1565704	6.48	846		3
海 南 Hainan	72	2680208	4.70	15	4	1
重 庆 Chongqing	6	51322	0.62	3		2
四 川 Sichuan	50	2824819	5.78	3	1	9
贵 州 Guizhou	29	287139	1.60	3	5	1
云 南 Yunnan	108	1953605	4.96	1	4	3
西 藏 Tibet	13	32583832	27.20			1
陕 西 Shaanxi	12	309895	1.50	2		2
甘 肃 Gansu	34	4976642	10.95	2		1
青 海 Qinghai	4	5022490	6.97	1	1	1
宁 夏 Ningxia	8	124336	2.40	10	5	1
新 疆 Xinjiang	19	10252316	6.18			1

主 要 统 计 指 标 解 释

等级运动员人数 指经考核正式批准授予等级运动员称号的人数。运动员等级分为国际级运动健将、运动健将、一级运动员、二级运动员、三级运动员、少年级运动员。

等级裁判员人数 指经考核正式批准授予等级裁判员称号的人数。裁判员等级分为国际裁判、国家级裁判、一级裁判、二级裁判、三级裁判。

体育场 指有400米跑道（中心含足球场），有固定道牙，跑道6条以上，并有固定看台的室外田径场地。体育场按看台容纳观众人数分为：甲级25000人以上，乙级15000－25000人，丙级5000－15000人，丁级5000人以下。

体育馆 指有固定看台，可供篮球、排球、羽毛球、乒乓球、体操等项目训练比赛活动用的室内运动场地。体育馆按看台容纳观众人数分为：甲级6000人以上，乙级4000－6000人，丙级2000－4000人，丁级2000人以下。

医院 指设有固定床位，能收容病人住院并能为病人提供医疗、护理服务的医疗机构，包括县及县以上医院、农村乡卫生院和其他医院三部分。医院按所属性质不同分为卫生部门、工业及其他部门和集体经济单位三类。县及县以上医院按业务性质不同分为综合医院和专科医院。

卫生技术人员 指卫生事业机构支付工资的全部职工中现任职务为卫生技术工作的专业人员，包括中医师、西医师、中西医结合高级医师、护师、中药师、西药师、检验师、其他技师、中医士、西医士、护士、助产士、中药剂士、西药剂士、检验士、其他技士、其他中医、护理员、中药剂员、西药剂员、检验员和其他初级卫生技术人员。

医生 指经卫生部门审查合格，从事医疗工作的专业人员。分为中医医生和西医医生。包括卫生技术人员中的中医师、西医师、中西医结合高级医师、中医士、西医士和其他中医。

社会福利事业单位 指集中收养社会孤老、残、幼的机构，包括由民政部门管理的社会福利院、儿童福利院、精神病人福利院和城镇集体举办的福利院及农村集体举办的敬老院。

社会福利事业单位收养人数 包括民政部门管理和城镇、农村集体举办的社会福利事业单位中收养的老人、少年儿童、缺乏生活自理能力的残疾人员和精神病人。

社会福利企业单位 指以安置城镇有一定劳动能力的盲、聋、哑和肢体残疾人员就业为目的，享受国家减免税待遇的国有或集体企业。包括福利工厂、福利商业和服务业、假肢厂和安置农场等单位。

农村五保户 指农村中既无劳动能力，又无经济来源的老、弱、孤、残的农民，其生活由集体供养，实行保吃、保穿、保住、保医、保葬（孤儿保教），简称“五保”。享受五保待遇的家庭叫五保户。

双扶户 包括被扶持的优抚户和贫困户。主要是对具有一定劳动能力且生活困难的两户给予一定的救济金以扶持其通过生产自救达到脱贫的目的。

律师 指受聘参加法律顾问处工作，担任法律顾问、刑（民）事代理人、刑事辩护人，办理非诉讼事件、解答法律询问，代写法律事务文书等主要从事律师业务的专职法律工作者和兼职律师。

公证人员 指在国家公证机关依法办理公证事务的司法人员，包括公证员、助理公证员和在公证处工作的其他人员。

办理公证文书 指公证处在一定时期内办结的公证文书件数。公证文书按司法部规定或批准的格式制作，包括国内公证和涉外公证两部分。国内公证分为经济合同公证和民事法律关系公证两大类。

调解人员 指在人民调解委员会担负调解民间一般民事纠纷和轻微违法行为引起纠纷的工作人员，包括调解委员会的委员和调解小组的调解员。

调解民间纠纷　指调解委员会依照法律规定，根据自愿原则，用说服教育的方法调解民间发生的有关民事权利和义务的争执，促成当事双方达到协议和谅解，解决纠纷。包括婚姻家庭纠纷，财产权益纠纷等，不包括法院受理调解的民事案件数。

受理劳动争议案件数　指劳动争议仲裁委员会根据国家有关规定，对劳动争议当事人的申请予以审查，符合受理条件而正式立案、准备处理的劳动争议案件数。

立案　指检察机关对犯罪线索进行初步调查后，认为存在职务犯罪事实并需要追究刑事责任时，依法决定作为刑事案件进行侦查的诉讼活动，是追究犯罪的开始。

大案　贪污贿赂犯罪案件指贪污、贿赂数额在5万元以上，挪用公款案在10万元以上，其他案件在50万元以上。渎职犯罪大案一般为直接经济损失5万元以上，死亡1人以上或者重伤3人以上的案件；或虽然没有造成经济损失和伤亡，但犯罪情节恶劣或造成严重后果的案件。

要案　指县、处级以上干部的犯罪案件。

决定逮捕　指检察机关对直接受理、自行侦查的案件，认为需要逮捕犯罪嫌疑人时，依据法律作出的逮捕决定。

批准逮捕　指检察机关对公安机关、国家安全机关、监狱管理机关提出逮捕的犯罪嫌疑人进行审查，根据事实，依法作出逮捕决定。

决定起诉　指检察机关对公安机关、国家安全机关、监狱管理机关和检察机关内设机构反贪污贿赂部门移送起诉的刑事犯罪嫌疑人进行审查，根据事实，依法向人民法院提起公诉。

离休、退休、退职人员　指正式办理了离休、退休、退职手续，并享受相应的离休、退休、退职待遇的人员。

保险福利费用　指企业、事业、机关单位在工资以外实际支付给职工和离休、退休、退职人员个人以及用于集体的劳动保险和福利费用。

（1）职工保险福利费用包括：

①医疗卫生费：指实行公费医疗企业的职工及其供养的直系亲属的医疗费、医务经费、职工因工负伤就医路费以及住院伙食补助费等；卫生部门开支的事业及机关单位职工的公费医疗经费；未参加公费医疗的企业、事业和机关单位职工的医药费。

②文体宣传费：指企业、事业和机关单位实际支付的文体宣传费，不包括学习费。

③集体福利事业补贴费：指对职工浴室、理发室、洗衣房、哺乳室、托儿所等集体福利设施各项支出与收入相抵后的差额补助费。

④集体福利设施费：指按照国家规定开支的集体福利设施费用，如职工食堂炊事用具的购置费、修理费、职工宿舍的修缮费用。不包括由企业、事业、机关单位自筹经费开支的职工福利设施的基本建设费用。

⑤其他：指上述费用以外，单位支付给职工的保险福利费。

（2）离休、退休、退职人员保险福利费用包括：

①离休金：指发给离休人员的工资和按1982年国务院发布的"关于老干部离职休养制度的几项规定"，发给符合规定的离休干部相当于1－2个月标准工资的生活补贴及以后增发的生活补贴费。

②退休金：指按照国家有关规定发给退休人员的退休费及以后增发的生活补贴费。

③退职生活费：指按照1978年国务院《关于工人退休、退职的暂行办法》规定，定期发给退职人员的生活费及以后增发的生活补贴费。

④其他：指上述费用以外，单位支付给离休、退休、退职人员的保险福利费。

工业废水排放量　指经过企业厂区所有排放口排到企业外部的工业废水量。包括生产废水、外排的直接冷却水、超标排放的矿井地下水和与工业废水混排的厂区生活污水，不包括外排的间接冷却水（清污不分流的间接冷却水应计算在内）。

工业废水排放达标量　指各项指标都达到国家或地方排放标准的外排工业废水量，包括未经处理外排达标和经过处理后外排达标两部分（国家排放标准见GB8978－88）。

工业废水处理量　指报告期内各种水治理设施实际处理的工业废水量，包括处理后外排和处理后回用的工业废水量和虽经处理但未达到国家或地方排放标准的废水量。如车间和厂排放口均有治理设施，并对同一废水分级处理时，不应重复计算工业废水处理量。

工业废气排放量 指企业厂区内燃料燃烧和生产工艺过程中产生的各种排入空气的含有污染物的气体总量，按标准状态〔273K，101325Pa〕计算。

工业二氧化硫排放量 指企业在燃料燃烧和生产工艺过程中排入大气的二氧化硫数量。

烟尘排放量 指企业厂区内燃料燃烧产生的烟气中夹带的颗粒物数量。

工业粉尘排放量 指企业在生产工艺过程中排放的颗粒物重量，如钢铁企业的耐火材料粉尘、焦化企业的筛焦系统粉尘、烧结机的粉尘、石灰窑的粉尘、建材企业的水泥粉尘等。不包括电厂排入大气的烟尘。

工业固体废物产生量 指企业在生产过程中产生的固体状、半固体状和高浓度液体状废弃物的总量，包括危险废物、冶炼废渣、粉煤灰、炉渣、煤矸石、尾矿、放射性废物和其他废物等；不包括矿山开采的剥离废石和掘进废石（煤矸石和呈酸性或碱性的废石除外）。酸性或碱性废石指采掘的废石其流经水、雨淋水的 pH 值小于 4 或 pH 值大于 10．5 者。

危险废物 指列入国家危险废物名录或根据国家规定的危险废物鉴别标准和鉴别方法认定的，具有爆炸性、易燃性、易氧化性、毒性、腐蚀性、易传染疾病等危险特性之一的废物。

工业固体废物综合利用量 指通过回收、加工、循环、交换等方式，从固体废物中提取或者使其转化为可以利用的资源、能源和其他原材料的固体废物量（包括当年利用往年的工业固体废物累计贮存量），如用作农业肥料、生产建筑材料、筑路等。综合利用量由原产生固体废物的单位统计。

工业固体废物贮存量 指以综合利用或处置为目的，将固体废物暂时贮存或堆存在专设的贮存设施或专设的集中堆存场所内的数量。专设的固体废物贮存场所或贮存设施必须有防扩散、防流失、防渗漏、防止污染大气、水体的措施。

工业固体废物处置量 指将固体废物焚烧或者最终置于符合环境保护规定要求的场所，并不再回取的工业固体废物量（包括当年处置往年的工业固体废物累计贮存量）。处置方法有填埋（其中危险废物应安全填埋）、焚烧、专业贮存场（库）封场处理、深层灌注、回填矿井等。

工业固体废物排放量 指将所产生的固体废物排到固体废物污染防治设施、场所以外的数量，不包括矿山开采的剥离废石和掘进废石（煤矸石和呈酸性或碱性的废石除外）。

“三废”综合利用产品产值 指利用“三废”（废液、废气、废渣）作为主要原料生产的产品价值（现行价）；已经销售或准备销售的应计算产品价值，留作生产自用的不应计算产品价值。

“三废”综合利用产品利润 指利用“三废”（废液、废气、废渣）生产的产品，销售后所得到的利润。

环境污染与破坏事故 指由于违反环境保护法规的经济、社会活动与行为，以及意外因素的影响或不可抗拒的自然灾害等原因，致使环境受到污染，国家重点保护的野生动植物、自然保护区受到破坏，人体健康受到危害，社会经济和人民财产受到损失，造成不良社会影响的突发性事件。

Explanatory Notes on Main Statistical Indicators

Number of Athletes in Grades refers to the number of athletes who have been given titles through examination. The titles of athletes include international masters of sports, masters of sports, first-grade, second-grade and third-grade sportsmen and young athletes.

Number of Referees in Grades refers to the number of referees who have been given titles after examination. They are classified as international referees, national referees and referees of the first, second and third grades.

Stadiums refer to stadiums for track and field events with six lane 400-meter tracks around soccer fields, permanent track marks and permanent bleachers. Stadiums are classified according to seating capacity. They include: Class A stadiums seating 25000 people each. Class B stadiums seating 15000 to 25000 people each. Class C stadiums seating 5000 to 15000 people each, and Class D stadiums seating fewer than 5000 people.

Gymnasiums refer to indoor sports grounds with permanent seats in which basketball, volleyball. badminton, table tennis and gymnastics competitions can be held. Gymnasiums are classified according to seating capacity. They include Class A gymnasiums seating over 6000 people. Class B gymnasiums seating 4000 to 6000 people. Class C gymnasiums seating 2000 to 4000 people, and Class D gymnasiums seating fewer than 2000 people.

Hospitals refer to medical institutions with permanent hospital beds, which are able to take in patients and provide them with medical and nursing services. Hospitals are classified into three categories: hospitals at or above the county level, hospitals of rural townships, and other hospitals. According to their ownership, hospitals can be classified into three categories: hospitals under the public health departments, hospitals under industrial and other departments and collective-owned hospitals. Hospitals at or above county level are divided into comprehensive and specialized hospitals.

Medical Technical Personnel refers to all medical staff and workers employed by medical institutions, including doctors of Chinese and Western medicine, senior doctors who integrate traditional Chinese therapeutics with Western therapeutics in practice, senior nurses, pharmacists of Chinese and Western medicine, laboratory specialists, other specialists, paramedics of Chinese and Western medicine, nurses, midwives, druggists in Chinese and Western medicine, laboratory technicians, other technicians, other practitioners of Chinese medicine, nursing attendants, pharmacological workers of Chinese and Western medicine, laboratory workers, and other primary medical personnel.

Doctors refer to qualified professional medical workers approved to practice by public health departments. They are classified into doctors of Chinese medicine, doctors of Western medicine, senior doctors who integrate traditional Chinese therapeutics with Western therapeutics in practice, paramedics of Chinese medicine and Western medicine, and other specialists of Chinese medicine.

Social Welfare Institutions refer to institutions taking care of old people without children, handicapped people and orphans. They include social welfare institutions run by civil affairs departments, children welfare institutions, social welfare institutions for mental patients, and collective-owned old people's homes in rural areas.

Number of People Taken in by Social Welfare Institutions refers to the number of old people, children, totally dependent handicapped people and mental patients taken in by social welfare institutions run by civil affairs departments and those run by collective units in urban and rural areas.

Social Welfare Enterprises are collective owned enterprises which employ the blind, deaf-mute, and other handicapped people who are able to work in cities and towns and enjoy exemption from state taxes, including welfare plants, welfare commercial services, artificial limb plants and farms, etc.

Rural Households with Livelihood Guaranteed in Five Aspects refer to the households in which there are old people without child, orphans and handicapped people who are unable to work and without financial resources in rural areas. They are taken care of by the collective units and their food, clothing, housing, medical care, funeral expenses (or schooling for orphans) are guaranteed to be provided for.

Households in the Poor Household Support Program refer to the households of martyrs and disabled servicemen, and poor households, who are able to work but in poor conditions, receiving government or collective relief funds. In this way, the households can get to work and make themselves break away from poverty.

Lawyers are legal workers who are employed full time by legal counseling firms to act as legal advisers, agents in criminal or civil lawsuits, or defenders in criminal lawsuits, or to handle non-litigious legal affairs, to advise on matters of law or to write legal papers for others. Both full-time and part-time lawyers are included.

Notary Personnel refers to judicial workers of the state notary offices handling notarization work according to law. They include notaries, assistant notaries, and other people working for notary offices.

Notarized Documents refer to the documents settled by notary offices in a year. The notary documents are drawn up in accordance with the regulations of the Ministry of Justice, including domestic documents and foreign-related documents. Domestic documents are divided into two major categories, documents on economic contracts and documents on civil legal relations.

Mediators refer to workers on people's mediation committees responsible for mediating in civil disputes and cases of slight infraction of the law. They include members of the mediation committees and mediators of mediation groups.

Mediation of Civil Disputes refers to mediation committees' work in mediating in civil disputes concerning civil rights and duties through persuasion and education in accordance with the provisions of law on a voluntary basis, so as to solve disputes by helping the parties involved come to an agreement and understanding. These disputes include divorce cases and disputes over property ownership, but exclude the civil cases to be handled by the court.

Number of Labour Dispute Cases Accepted refers to the number of cases of labour dispute submitted that, after being reviewed by the labour dispute arbitration committees in line with the relevant state regulations, are accepted and registered for treatment.

Acceptance of Case refers to the decision made by the procurator's office to confirm the act of crime after initial investigation and to start legal proceedings of the case as criminal case.

Large Case In case of corruption and bribery, it refers to the case involves a bribery of over 50,000 yuan, or a misappropriation of over 100,000, or other cases involving 500,000 yuan. In case of offence on dereliction of duty, it refers to the case that causes an economic loss of over 50,000, loss of one life, or severe injury of 3 persons; or a case that displays extremely disgusting behavior of the offender or results in grave aftermath.

Key Case refers to a case committed by government officials with a ranking of division director or county administrator.

Decision on Arrest refers to decision made by procurator's office, in accordance with laws, to arrest the suspect(s) in the cases that are accepted and to be investigated by procurator's office.

Approval for Arrest refers to the decision made by procurator's office, in accordance with laws and relevant facts, to approve the arrest of the suspect(s) that is proposed by the public security departments, state security departments or authority of prisons .

Decision on Prosecution refers to the decision made by procurator's office, in accordance with laws and relevant facts, to institute proceedings to the people's court against the suspect(s) of criminal cases handed over by the public security departments, state security departments or authority of prisons, or by the anti-corruption departments within the procurator's office .

Retired or Resigned Personnel refers to the persons who have formally gone through the formalities for their retirement or quitting work and enjoy the corresponding treatments.

Insurance and Welfare Funds refers to labour insurance and welfare fund paid by enterprises, organizations and institutions to their staff and workers as well as retired and resigned persons in addition to their wages and salaries.

(1) Insurance and Welfare Funds for Staff and Workers include:

①Medical Care Allowance: It refers to the cost of medical care of staff and workers and their dependent family members who are covered by the medicare system of enterprises, travelling expenses of injured employees to hospital and their per diem subsidies during hospitalization, cost of medical care of employees who are covered by the medicare system of institutions and organizations, as well as cost of medicine of employees of enterprises and institutions who are not covered by the medicare system.

② Expenses for Recreational, Sports and Publicity Activities: They refer to actual payment made by enterprises and institutions in recreational, sports and publicity activities, excluding training cost.

③Subsidies to Collective Welfare Undertakings: They refer to subsidies to the operation of welfare undertakings that can not fully cover their cost, such as public bath rooms, barbershops, laundries, nurseries and kindergartens.

④Expenses for Collective Welfare Facilities: They refer to expenses for collective welfare facilities that are spent in line with state regulations, such as the purchase and repair of cooking utensils for canteens, and repair of living quarters of staff and workers, but excluding the expenses for welfare projects that are constructed with self-raised funds.

⑤Others: They refer to their insurance and welfare funds paid to staff and workers.

(2) Insurance and Welfare Funds for Retired and Resigned Staff and Workers

①Pensions for retired veteran cadres: They refer to pensions, other subsidies, and additional allowances paid to retired in line with relevant government documents.

②Pensions for Retirement: They refer to living allowance, other subsidies and additional allowances paid to retired staff and workers in line with the relevant government documents.

③Resignation Allowances for Living Expenses: They refer to living allowance, and additional allowances subsidies paid to resigned staff and workers in line with relevant government instructions.

④Others: They refer to other expenses, including moving and settlement allowance, allowance for difficult families, book and newspaper allowance, subsidy for non-staple foods, housing subsidy, water and electricity subsidy, special allowance for staff and workers of national minorities, travelling cost for senior retired staff, etc.

Volume of Industrial Waste Water Discharged refers to the volume of industrial waste water discharged, through all outlets, to the outside of industrial enterprises, including waste water produced, direct-cooling water, underground water from mines that does not meet the standard of discharge, and the domestic sewage mixed up with industrial waste water when discharged, but excluding discharged indirect-cooling water.

Volume of Waste Water up to the Standard for Discharge refers to the volume of discharged industrial waste water that, with or without treatment, has come up to the national or local standards for discharge.

Volume of Treated Industrial Waste Water refers to the volume of industrial waste water after being treated and purified through various water treatment facilities in the reference period, including the volume discharged or recovered after being treated. The volume of waste water that fails to meet the national or local standards after treatment is also included. If there are treatment facilities both at the outlets of workshops and at the outlets of the factory, and the same volume of waste water has been treated twice, duplication should be avoided in the calculation of the volume of treated industrial waste water.

Volume of Waste Industrial Gas Emission refers to waste gas emitted from burning of fuels and from production process in the area of the factory, and is measured by 10000 standard cubic meters each year under normal condition.

Volume of Industrial Sulphur Dioxide Discharged refers to the volume of sulphur dioxide discharged to the air in the process of fuel burning or in the production process.

Volume of Industrial Soot Discharged refers to the volume of solid soot in the smoke discharged in the process of fuel burning in the area of the factory.

Industrial Dust Discharged refers to the total weight of solid dust discharged by industrial enterprises in the production process, such as dust of refractory materials from iron plants, dust from coke-screening system or from sintering machines of coking plants, dust from lime kilns, cement dust from building material enterprises, etc., but excluding smoke and dust discharged by power plants.

Volume of Industrial Solid Wastes Produced refers to the total volume of solid, semi-solid or high concentration liquid residue produced by industrial enterprises in their production process, including dangerous wastes, residues from melting, slag, powdered coal ash, gangue, chemical residues, tailings, radioactive residues and other residues, but excluding stripped or dug stones in mining (except gangue and acid or alkali stones which are stones washed or soaked by water with a pH value smaller than 4 or larger than 10.5)

Dangerous Wastes refers to the wastes which are listed by the government as the dangerous wastes or the wastes which are explosive, inflammable, oxidizable, poisonous, corrosive or liable to cause infectious diseases or have other dangerous characteristics specified in accordance with the standards or methods stipulated by the government for identifying the dangerous wastes.

Volume of Industrial Solid Wastes Utilized in a Comprehensive Way refers to the volume of solid wastes from which useful materials can be extracted or which can be changed to be utilizable resources, energy or other materials, including the volume of industrial solid wastes stored up in the previous years and utilized in the current year, such as the solid wastes utilized as fertilizers, building materials, for making roads or for other purpose. Statistical data on utilization of industrial solid wastes are collected by solid wastes producing units.

Volume of Industrial Stored up Solid Wastes refers to the volume of industrial solid wastes temporarily stored up or piled with special facilities or piled in the special sites for the purpose of utilization or treatment in future. The special facilities or special sites for storing up solid wastes should have the measures against spreading or being washed away to other places, permeating the soil or causing air pollution or water contamination.

Volume of Industrial Solid Wastes Treated refers to solid wastes disposed of in a non-recoverable place that meet the requirement of environmental protection, such as burying (The dangerous wastes should be buried safely), burning, piling in designated sites, pouring water into the deep strata, filling of old mines, etc. (including treatment of solid wastes piled up in the previous years).

Volume of Industrial Solid Wastes Discharged refers to the volume of industrial solid wastes produced and discharged at the places outside the special facilities or special sites for preventing against pollution, excluding stripped or dug stones in mining (except gangue and acid or alkali waste stones).

Output Value of Products Made from Utilization of Waste Gas, Waste Water and Industrial Solid Wastes refers to the value of products (calculated at current prices) made by industrial enterprises using recovered waste water, waste gas or solid wastes as main raw materials. Only the value of the products which have been sold or are ready to be sold should be included. The value of the products which will be used in the production of the enterprises should not be included.

Profit Obtained from Utilization of Waste Gas, Waste Water and Industrial Solid Wastes refers to profit obtained from selling or own-consumption of products made by industrial enterprises using recovered waste water, waste gas or solid wastes as main raw materials.

Accidents of Environment Pollution and Destruction refer to sudden accidents, due to economic and social behavior or activities in contrast with environment protection legislation, unexpected factors or irresistible natural disasters, that cause the pollution of environment, the destruction of natural protection zones, wild plants and animals, the danger to the health of people, and the loss in the property of the society and people.

二十二　香港特别行政区主要社会经济指标

MAIN SOCIAL AND ECONOMIC INDICATORS OF HONG KONG SPECIAL ADMINISTRATIVE REGION

简要说明

一、本章资料反映香港特别行政区主要社会、经济发展情况。内容包括：土地、人口、就业、国民经济核算、工业、能源、建筑、交通、对外贸易、财政金融、教育、房屋、卫生、社会保障等方面。

二、本章涉及的1996年及以前数据均指原列名为“香港地区”的数据。

三、本章由香港特别行政区政府统计处提供所有数据，国家统计局国际统计信息中心负责整理、编辑。

四、在统计工作方面，按中华人民共和国“香港特别行政区基本法”的有关原则，香港特别行政区保留其单独运作的统计系统，并负责编制和发布反映香港特别行政区情况的统计数据。由于香港和内地在使用统计名词及概念方面会有所不同，读者在比较两地数据时，请参考以下资料：

(1) 本章内的“《中国统计年鉴》与香港特别行政区统计刊物中使用的指标对照表”列出两地概念相近但名称不同的词汇。

(2) 本章末的“主要统计指标解释”，载有一些重要概念的解释。

五、香港特别行政区是单独的关税地区，香港与内地之间的贸易，亦需办理进出口报关。在贸易统计方面，香港特别行政区对外贸易统计数据亦包括香港特别行政区与内地的贸易。

六、在外汇统计及与之有关的各方面，港币是香港特别行政区的法定货币，因此，除港币以外的货币（包括人民币）均视作外币。

七、更详细的统计资料及有关的技术细节，可参阅香港特别行政区政府统计处出版的《香港统计月刊》、《香港统计年刊》及各专题统计出版物。

八、本章节表中的符号使用说明：“—”表示不适用；“N. A.”表示没有数字。

BRIEF INTRODUCTION

I. Data in this chapter show main social and economic developments of the Hong Kong Special Administrative Region, including data on land, population, employment, national accounts, industry, energy, construction, transportation, external trade, finance and banking, education, housing, health and social security.

II. Data of 1996 and previous years in this chapter refer to data of the former Hong Kong region.

III. All data in this chapter are provided by the Census and Statistics Department, the Government of the Hong Kong Special Administrative Region, and further tabulated or edited by the International Statistical Information Centre, National Bureau of Statistics.

IV. According to the Basic Law of the Hong Kong Special Administrative Region of the People's Republic of China, Hong Kong Special Administrative Region maintains its independent statistical system, and compiles and disseminates statistics on the Region. As Hong Kong and the mainland of China use different statistical concepts, definitions and terminologies, users are advised to make reference of the following materials when using and comparing data of the mainland of China and the Hong Kong Special Administrative Region:

1. A Comparison of Common Statistical Terms Used in China statistical Yearbook and publications Compiled by the Census and Statistics Department, the Government of Hong Kong Special Administrative Region, which listed similar statistical concepts using different terms.

2. The Explanatory Note at the end of this chapter which gives explanation on important statistical indicators.

V. As Hong Kong is a separate custom territory, trade between Hong Kong and the mainland of China needs customs declaration procedures. In terms of trade statistics, data on Hong Kong's imports and exports include Hong Kong's trade with the mainland of China.

VI. As HK dollar is the legal tender in the Hong Kong Special Administrative Region, all other currencies (including Renminbi) are regarded as foreign currencies in compiling foreign exchange statistics and related statistics.

VII. For more detailed statistics and technical details, users are advised to read Hong Kong Monthly Digest of Statistics, Hong Kong Annual Digest of Statistics and other publications compiled by the Census and Statistics Department, the Government of the Hong Kong Special Administrative Region.

VIII. Notations used in this chapter:

"—" indicates that the data not available. "N. A." indicates no data.

22-1 主要统计指标概览
SUMMARY OF KEY STATISTICS

项目	Item	1990	1995	1996	1997	1998
人口及生命事件	**Population and Vital Events**					
年中人口估计 (人)	Mid-year Population Estimate (person)	5704500	6156100	6311000	6502100	6687200
粗出生率 (‰)	Crude Birth Rate (‰)	12.0	11.2	10.1	9.1	7.9
粗死亡率 (‰)	Crude Death Rate (‰)	5.2	5.1	5.1	4.9	4.8*
劳工	**Labour**					
劳动人口 (千人)	Labour Force (thousands)	2748.1	3000.7	3093.8	3216	3358.6
劳动人口参与率 (%)	Labour Force Participation Rate (%)	63.2	62.0	61.8	61.8	62.0
失业率 (%)	Unemployment Rate (%)	1.3	3.2	2.8	2.2	4.9
就业不足率 (%)	Underemployment Rate (%)	0.9	2.1	1.7	1.2	2.5
就业人数 (人)	Number of Persons Engaged in (person)					
(i) 制造业	(i) Manufacturing	715597	375766	325068	288887	245457
(ii) 批发、零售、进出口贸易、饮食及酒店业	(ii) Wholesale, Retail and Import/Export Trades, Restaurants and Hotels	829591	1018198	1056136	1003072	913070
(iii) 运输、仓库及通讯业	(iii) Transport, Storage and Communications	132792	172174	181516	178104	168619
(iv) 金融、保险、地产及商用服务业	(iv) Financing, Insurance, Real Estate and Business Services	276621	378244	395903	410979	390454
实际工资指数 (1992年9月=100)	Real Wage Index (September 1992=100)	100.1	101.6	102.8	104.5	104.4
对外贸易、外来投资	**External Trade and Inward Investment**					
港产品出口 (百万港元)	Domestic Exports (HK$ million)	225875	231657	212160	211410	188454
转口 (百万港元)	Re-exports (HK$ million)	413999	1112470	1185758	1244539	1159195
进口 (百万港元)	Imports (HK$ million)	642530	1491121	1535582	1615090	1429092
贸易价格比率指数 (1990=100)	Terms of Trade Index (1990=100)	100.0	98.7	99.7	100.4	101.6
工业生产	**Industrial Production**					
工业生产指数(1986=100)	Industrial Production Index(1986=100)	122.8	126.2	121.5	120.6	110.1
工业电力耗用 (兆焦耳)	Industrial Electricity Consumption (terajoules)	24934	20222	19934	18965	14849
工业煤气耗用 (兆焦耳)	Industrial Gas Consumption (terajoules)	583	978	918	911	888
经销贸易业、运输业、服务业	**Distributive Trades, Transport Services and Other Services**					
增加价值 (百万港元)	Value Added (HK$ million)					
批发业	Wholesale	9484	15418	16100	15760	
零售业	Retail	20484	34257	38491	38409	
进出口贸易业	Import/Export	87979	201050	222922	232828	
运输及有关服务	Transport and Related Services	37004	65763	70444	71596	
仓库、通讯、财务(银行除外)及商用服务业	Storage, Communications, Financing (Except Banking) and Business Services	32017	70402	81476	100836	
土地、楼宇、建筑	**Land, Building and Construction**					
建筑工程完成名义总值 (百万港元)	Construction Output in Nominal Terms (HK$ million)	61308	99807	116290	131500	133316
获批准可动工兴建私人居住单位 (个)	Private Residential Flats with Consent to Commence Work (number)	27365	19750	22113	40962	33843
送达土地注册处登记的文件涉及的价值 (百万港元)	Consideration of Documents Received for Registration in the Land Registry (HK$ million)					
楼宇及地段买卖合约	Agreements for Sale and Purchase of Building Units and Land	108370	283226	517767	937806	364612
楼宇转让契约	Assignments of Building Units Registry	108527	309475	412420	790408	348352

22-1 续表 1 continued

项目	Item	1990	1995	1996	1997	1998
地段转让契约	Assignments of Land	21420	49656	38098	93750	24311
运输、通讯、旅游	**Transport, Communications and Tourism**					
进出香港货运车辆 (辆)	Inward/Outward Movement of Goods Vehicle (vehicle)	4733529	7999576	8191994	8543130	8543123
进出香港货物	Inward and Outward Movements of Cargo					
总卸下 (千吨)	Total Discharged (thousand tonnes)	60757	119651	119689	127223	126414
总装上 (千吨)	Total Loaded (thousand tonnes)	29968	73316	75272	80913	78999
领牌车辆 (辆)	Motor Vehicles Licensed (vehicle)	370160	466068	475115	500228	500673
电话线 (条)	Telephone Lines (line)	2446989	3254325	3401928	3624255	3708000
访港旅客 (人)	Visitor Arrivals (person)	6580850	10199994	11702735	10406261	9574711
酒店入住率 (%)	Hotel Room Occupancy Rate (%)	79	85	88	76	76
政府收支、货币、金融 (百万港元)	**Public Accounts Money and Finance** (HK$ million)					
总政府收入①	Total Government Revenue①	89524	180045	208358	218226	216115
总政府开支及证券投资①	Total Government Expenditure and Equity Investments①	85557	183158	182680	194360	239356
货币供应(定义三)**	Money Supply (definition 3)**					
港币②	Hong Kong Dollar②	571215	1278288	1520461	1670379	1826233
外币③	Foreign Currency③	716813	1085675	1091176	1156238	1296102
总计	Total	1288028	2363963	2611636	2825609	3122335
在港使用的贷款及垫款**	Loans and Advances for Use in Hong Kong**	689368	1398193	1637191	2037278	1957815
港币汇率指数④ (贸易总值加权) *(1983年11月=100)	Effective Exchange Rate Indices for the Hong Kong Dollar④ (trade-weighted)(November 1983=100)	107.9	121.8	125.0	130.3	137.5
消费物价指数 (1994年10月至1995年9月=100)	**Consumer Price Indices** (Oct. 94-Sept. 95 =100)					
综合消费物价指数	Composite Consumer Price	64.8	101.9	108.3	114.7	117.9
甲类消费物价指数	Consumer Price Index(A)	65.4	101.8	107.9	114.1	117.0
乙类消费物价指数	Consumer Price Index(B)	64.9	101.9	108.4	114.7	117.9
丙类消费物价指数⑧	Consumer Price Index(C)⑧	63.6	102.0	108.7	115.3	118.9
房屋	**Housing**					
新落成房屋委员会租住单位① (个)	Housing Authority Rental Flats Completed① (number)	32619	14559	14946	17917	9759
新落成居者有其屋计划的居住单位①(个)	Home Ownership Scheme Residential Units Completed① (number)	9802	14868	13188	12040	3320
教育	**Education**					
日校小学学生人数 (人)	Enrolment in Primary Day School (person)	524919	467718	466507	461911	476802
日校中学学生人数 (人)	Enrolment in Secondary Day School (person)	431381	459845	465658	458118	455872
教资会资助院校学生人数 (人)	Enrolment in UGC-funded Institutions (person)	57824	75557	85550	86202	84538
医疗卫生	**Medical and Health**					
死亡登记人数 (人)	Registered Deaths (person)	29201	30894	32049	32079	32680*
死于心脏病人数 (人)	Deaths from Heart Diseases (person)	4976	4886	4844	4843	4896*
死于癌症人数 (人)	Deaths from Cancer (person)	8669	9680	10134	10373	10567*
婴儿死亡率(按每千名出生登记活产婴儿计算)	Infant Mortality Rates (per 1 000 Registered Live Births)	5.9	4.4	4.0	4.0	3.2*
社会福利	**Social Welfare**					
综合社会保障援助①	Comprehensive Social Security Assistance①					
个案数目⑤ (个)	Number of Cases⑤ (case)	66675	136201	166720	195645	232819
发放款项 (百万港元)	Amount (HK$ million)	960.1	4831.1	7127.8	9441.3	13028.7
公共福利金①	Social Security Allowances①					
个案数目⑤ (个)	Number of Cases⑤ (case)	444517	498166	510091	517865	526742
发放款项 (百万港元)	Amount (HK$ million)	2159.8	3682.7	4041.6	4420.2	4737.2
交通意外伤亡援助①	Traffic Accident Victims Assistance①					
获批个案数目 (个)	Number of Cases Authorized for	5310	5102	5558	5655	5809

22-1 **续表** 2 continued

项目	Item	1990	1995	1996	1997	1998
	Payment (case)					
发放款项 （百万港元）	Amount (HK$ million)	49.9	110.7	122.8	137.4	164.8
治安	**Law and Order**					
举报罪案合计 （件）	Overall Reported Crime (case)	88300	91886	79050	67367	71962
暴力罪案总计 （件）	Total Violent Crime (case)	18820	17087	15191	13749	14682
被捕人数总计 （人）	Total Persons Arrested (person)	44013	53098	47157	41714	40422
国内生产总值⑥	**Gross Domestic Product (GDP)⑥**					
以固定(1990年)价格计算	At Constant (1990) Market Prices					
支出法国内生产总值 年增长率 （%）	Expenditure-based GDP Annual Growth Rate (%)	+3.4	+3.9	+4.5	+5.3#	−5.1#
国内生产总值(百万港元)	Total GDP (HK$ million)	582549	755832	789753	831319#	788677#
按人口平均计算的国内生产总值（港元）	Per Capita GDP (HK$)	102121	122778	125139	127854#	117938#
以现价计算	At Current Market Prices					
支出法国内生产总值 年增长率 （%）	Expenditure-based GDP Annual Growth Rate (%)	+11.2	+6.6	+10.7	+12.8#	−4.1#
国内生产总值(百万港元)	Total GDP (HK$ million)	582549	1077145	1191890	1344104#	1289192
按人口平均计算的国内生产总值（港元）	Per Capita GDP (HK$)	102121	174972	188859	206718#	192785#
生产法国内生产总值 （百万港元）	Production-based GDP (HK$ million)	589060	1069089	1192656	1341184#	
国民生产总值⑦	**Gross National Product (GNP)⑦**					
以现价计算的国民生产总值 （百万港元）	GNP at Current Market Price (HK$ million)		1097656	1192890	1344104#	
按人口平均计算的国民生产总值 （港元）	Per Capita GNP (HK$)		178304	188889	207870#	
对外要素收入流动净值总计 （百万港元）	Total Net External Factor Income Flows (HK$ million)		20511	14511	188	7486

注释：①数字是以相应的财政年度为根据。例如1996年的数字代表1996至1997财政年度数字。

②所列数字已包括外币掉期存款。

③所列数字已扣除外币掉期存款。《中华人民共和国香港特别行政区基本法》说明，港币是香港特别行政区的法定货币。外币指港币以外的其他货币，因而人民币亦视作外币。

④数字是电汇或现钞收市中间兑换价年内平均数。

⑤于财政年度终结时的数字。

⑥香港特别行政区出版物中称为“本地生产总值”。

⑦香港特别行政区出版物中称为“本地居民生产总值”。

⑧前称恒生消费物价指数。

* 临时数字。

** 日后会作出修订。

\# 估计数字在日后得到更多资料时会作出修订。

Notes: ①Figures are for the corresponding financial year. For example figures for 1996 would represent the figures for financial year 1996/97.

②Figures are adjusted to include foreign currency swap deposits.

③Figures are adjusted to exclude foreign currency swap deposits. Hong Kong dollar is the legal tender in the Hong Kong Special Administrative Region, as stated in "The Basic Law of the Hong Kong Special Administrative Region of the People'sRepublic of China". Foreign currency refers to any currency other than the Hong Kong currency. Accordingly Chinese Renminbi is also treated as foreign currency.

④Figures are based on average of the closing middle market telegraphic transfer rates or notes rates for the year.

⑤Figures are as at end of the financial year.

⑥The Chinese term used in the publications of the Hong Kong Special Administrative Region is "本地生产总值".

⑦The Chinese term used in the publications of the Hong Kong Special Administrative Region is "本地居民生产总值".

⑧Formerly known as Hang Seng Consumer Price Index.

* Provisional figure.

** Subject to revision later on.

\# The estimates are subject to revisions later on as more data become available.

22-2 按区议会分区划分的香港地区面积
AREA OF HONG KONG BY DISTRICT BOARD DISTRICT

单位：平方公里 (sq. km)

区议会分区	District Board District	1990	1995	1996	1997	1998
香港岛	**Hong Kong Island**					
中西区	Central and Western	12.37	12.46	12.49	12.52	12.52
湾仔	Wan Chai	9.94	9.99	10.01	10.02	10.02
东区	Eastern	18.60	18.75	18.80	18.81	18.81
南区	Southern	38.96	38.95	38.95	38.95	38.95
小计	Sub-total	79.87	80.15	80.25	80.30	80.30
九龙及新九龙	**Kowloon and New Kowloon**					
九龙城	Kowloon City	9.65	9.97	9.97	9.97	9.97
观塘	Kwun Tong	11.00	11.05	11.05	11.05	11.05
旺角	Mong Kok	1.46	—	—	—	—
深水土步	Sham Shui Po	7.80	9.40	9.42	9.47	9.48
黄大仙	Wong Tai Sin	9.35	9.36	9.36	9.36	9.36
油尖	Yau Tsim	3.36	—	—	—	—
油尖旺①	Yau Tsim Mong①	—	6.73	6.80	6.85	6.85
小计	Sub-total	42.62	46.51	46.60	46.70	46.71
新界	**New Territories**					
离岛	Islands	163.27	173.20	174.38	174.83	174.89
北区	North	136.78	136.85	137.31	137.31	137.31
西贡	Sai Kung	134.15	134.63	135.06	135.41	135.71
沙田	Sha Tin	69.16	69.38	69.38	69.38	69.38
大埔	Tai Po	147.17	147.40	147.42	147.42	147.42
荃湾	Tsuen Wan	59.78	60.47	60.64	60.67	60.70
葵青	Kwai Tsing	21.00	21.76	21.76	21.78	21.82
屯门	Tuen Mun	82.85	83.46	83.55	83.68	83.96
元朗	Yuen Long	138.13	138.13	138.43	138.43	138.43
小计	Sub-total	952.29	965.28	967.93	968.91	969.62
总计	**Total**	**1074.78**	**1091.94**	**1094.78**	**1095.91**	**1096.63**

注释：1993 年以前的数字是当年 12 月的数据，而 1993 年至 1996 年的数字是当年 3 月底的数据。

1997 年的数字是 6 月份的数据。1998 年的数字则是 5 月份的数据。

①旺角区与油尖区于 1994 年 10 月 1 日合并成油尖旺区。

Notes: Figures before 1993 are as at December of the year and figures from 1993 to 1996 are as at end-March of the year.

Figures for 1997 are as at June of the year. Figures for 1998 are as at May of the year.

①Mongkok District amalgamated with Yau Tsim District and became Yau Tsim Mong District on 1.10.1994.

22-3 土地利用

LAND USAGE

单位：平方公里 (sq. km)

类 别	Class	1990	1995	1996	1997	1998
已发展土地	**Developed Lands**					
商业	Commercial	1	2	2	2	2
住宅①	Residential①	39	42	43	43	44
租住公共屋村②	Public Rental Housing②	9	12	14	14	14
工业③	Industrial③	9	11	11	11	11
游憩用地	Open Space	14	16	16	16	17
政府、团体和社区设施	Government, Institution and Community Facilities	16	18	18	19	20
空置发展区④	Vacant Development Land④	34	41	43	41	39
道路/铁路⑤	Roads/Railways⑤	22	27	27	29	31
临时房屋区	Temporary Housing Areas	2	1	1	1	1
未建设土地⑥	**Non-built-up Lands⑥**					
林地⑦	Woodlands⑦	220	220	220	220	220
草地和灌木地⑧	Grass and Scrub⑧	519	519	519	519	519
荒地、沼泽和红树林⑨	Badlands, Swamp and Mangrove⑨	44	44	44	44	44
耕地⑩	Arable⑩	69	63	62	62	61
鱼塘⑪	Fish Ponds⑪	17	16	15	15	14
临时搭建物/牧场	Temporary Structures/ Livestock Farms	13	12	12	12	11
水塘	Reservoir	26	26	26	26	26
其他用途	Other Uses	21	22	22	22	23
总计	**Total**	**1075**	**1092**	**1095**	**1096**	**1097**

注释：①包括所有住宅区(租住公共屋村和临时房屋区除外)。由1992年起，数字亦不包括居屋计划/私人参建居屋计划屋苑。
②由1992年起，数字包括居屋计划/私人参建居屋计划屋苑。
③包括仓库和储存库。
④包括正在进行建筑工程的土地。
⑤包括行车天桥和铁路用地。
⑥包括根据郊野公园条例划定为郊野公园及特别用途的土地，面积达414.7平方公里,作为保护野生动植物及康乐用地。
⑦天然和人工植林地。
⑧天然草地和灌木地。
⑨全无草木的土地或花岗岩地，包括沿岸咸水沼泽和红树地。
⑩可耕地，包括耕作中和休耕的果园和农园。
⑪饲养淡水鱼和半咸淡水鱼，不包括沿岸海鱼养殖场。
⑫包括坟场、火葬场、铁场和石矿场等。

Notes: ①Include all residential areas except public rental housing estates and temporary housing areas. Starting from 1992, figures exclude Home Ownership Scheme(HOS)/ Private Sector Participation Scheme(PSPS) area is also excluded.
②Figures include HOS/PSPS from 1992 onwards.
③Include warehouse and storage.
④Include land with construction in progress.
⑤Include flyovers and railway lands.
⑥Within these are 414.7 sq. km of country parks and special areas designated under the Country Parks Ordinance for protection of vegetation and wild life and for recreation.
⑦Natural and established woodlands.
⑧Natural grass and scrubland.
⑨Land stripped of cover, or denuded granite country including coastal brackish swamp and mangrove.
⑩Cultivable lands, including orchards and market gardens, under cultivation and fallow.
⑪Fresh and brackish water fish farming excluding coastal marine fish farms.
⑫Include cemetery, crematorium, mine and quarry etc.

22-4 人口主要指标
MAIN INDICATORS OF POPULATION

项 目	Item	1990	1995	1996	1997	1998
年中人口估计 (万人)	Mid-year Population Estimate (10 000 persons)	570.5	615.6	631.1	650.2	668.7
粗出生率 (‰)	Crude Birth Rate (‰)	12.0	11.2	10.1	9.1	7.9
粗死亡率 (‰)	Crude Death Rate (‰)	5.2	5.1	5.1	4.9	4.8①
婴儿死亡率 (‰)	Infant Mortality Rate (‰)	6.2	4.6	4.1	3.9	3.2①
自然增长率 (‰)	Rate of Natural Increase (‰)	6.8	6.1	4.9	4.2	3.1①
总和生育率②③	Total Fertility Rate②③	1272	1295	1185	1112	981
登记结婚数 (对)	Registered Marriages (couple)	47168	38786	37045	37593	31673
获颁发离婚令数 (对)	Divorce Decrees (couple)	5551	9404	9473	10492	13129
出生时平均预期寿命 (岁)	Expectation of Life at Birth (years)					
男	Male	74.6	76.0	76.3	76.8	76.9①
女	Female	80.3	81.5	81.8	82.2	82.3①

注释：①临时数字。
②按每千名15岁至49岁女性人口计算。
③此数字是以没有包括女性外籍家庭佣工的人口作分母编制。

Notes: ①Provisional figures.
②Per 1000 women aged 15-49.
③These figures have been compiled using a population denominator which has excluded female foreign domestic helpers.

22-5 劳动人口及失业状况
LABOUR FORCE AND UNEMPLOYMENT

项 目	Item	1990	1995	1996	1997	1998
劳动人口数目(万人)	Labour Force (10 000 persons)	274.8	300.1	309.4	321.6	335.9
男	Male	174.8	184.0	188.7	196.2	204.0
女	Female	100.0	116.0	120.7	125.4	131.9
就业人数 (万人)	Employed Persons (10 000 persons)	271.2	290.5	300.8	314.5	320.1
失业人数 (万人)	Unemployed Persons (10 000 persons)	3.7	9.6	8.6	7.1	15.8
失业率 (%)	Unemployed Rate (%)	1.3	3.2	2.8	2.2	4.7

22-6 按行业划分的就业人数
NUMBER OF EMPLOYED PERSONS BY INDUSTRY

单位：人 (person)

行业	Industry	1990	1995	1996	1997	1998
制造业	Manufacturing	751000	534600	482100	443900	391900
建筑业	Construction	226000	229300	269600	306200	319500
批发、零售、进出口贸易、饮食及酒店业	Wholesale, Retail and Import/Export Trades, Restaurants and Hotels	703200	824900	887400	952200	973900
运输、仓库及通讯业	Transport, Storage and Communications	268400	327700	331800	346400	363300
金融、保险、地产及商用服务业	Financing, Insurance, Real Estate and Business Services	208600	341700	353600	399500	419000
社区、社会及个人服务业	Community, Social and Personal Services	511800	609800	649500	666500	705300
其他	Others	42700	37100	33800	30000	28200
总计	**Total**	**2711500**	**2905100**	**3007700**	**3144700**	**3201000**

注释：有关就业统计数字，可分别按「综合住户统计调查」及「就业及空缺按季统计调查」的结果编制。此两套数字用于反映有关就业情况时，各有优点和局限。上表载列了「综合住户统计调查」的估计数字，是由于其包括的就业人口范围较全面。再者，个别人士，包括有多过一份工作的职位持有者，都只计算一次。但「综合住户统计调查」的就业估计数字有一个主要局限，就是被访者有困难准确地提供其本身所属行业的资料，尤以制造业员工为甚。随着香港制造业机构将部分工序移往中国内地，这些机构在香港的传统运作模式已有改变。就一些已将大部分工序移往中国内地的机构而言，他们应归类为进出口贸易业。不过，由于有关机构的员工，尤其是技师及技工级等员工，未必全部都能清楚理解这个统计分类上的改变，有些被访者仍认为他们是属于制造业而非进出口贸易业，因而使「综合住户统计调查」的有关制造业估计就业人数有高估的现象。

Note: Employment statistics are compiled separately based on the General Household Survey (GHS) and the Quarterly Survey of Employment and Vacancies. Each source has its own merits and limitations in reflecting the employment situation. The GHS estimates are presented here because the omission in terms of coverage of the employed population is negligible. Besides, individual persons, including multiple job holders, are counted only once. However, a major limitation of the GHS estimates is that the respondents might not have reported accurately the industry to which they belong, especially for workers in the manufacturing sector. With the relocation of some production processes to the mainland of China, there is a change in the mode of operation of the traditional manufacturing establishments in Hong Kong. As a result, some of these establishments are more appropriately classified as import/export establishments if the majority of the production activities are carried out in the mainland of China. However, this change in statistical classification may not be readily recognized by all the employed persons, particularly the technicians and craftsmen, of the establishments concerned. Hence, the GHS employment estimate in respect of the manufacturing sector will be overstated to the extent that some respondents mistakenly regard themselves as still being engaged in the manufacturing sector instead of the import/export trades.

22-7 按主要经济行业类别划分督导级及以下雇员①的工资指数
WAGE INDICES FOR EMPLOYEES UP TO SUPERVISORY LEVEL① BY MAJOR ECONOMIC SECTOR

主要经济行业类别	Major Economic Sector	工资指数 (1992年9月=100) Wage Index (September 1992=100)					1998年9月平均薪金(港元) Average Monthly Salaries in Sep. 1998(HK$)
		1990	1995	1996	1997	1998	
名义工资指数	**Nominal Wage Index**						
制造业	Manufacturing	82.1	125.6	135.0	142.2	143.3	9716
批发、零售、进出口贸易、饮食及酒店业	Wholesale, Retail and Import/Export Trades, Restaurants and Hotels	83.2	129.9	136.4	147.0	148.9	11833
运输服务业	Transport Services	78.5	130.8	139.9	149.7	156.2	13818
金融、保险、地产及商用服务业	Financing, Insurance, Real Estate and Business Services	82.1	132.1	143.2	153.8	160.4	11480
个人服务业	Personal Services	82.8	132.8	141.0	149.0	154.6	7008
所有选定行业②	All Selected Industries②	82.1	129.3	137.6	147.3	150.6	11384
实际工资指数	**Real Wage Index**						
制造业	Manufacturing	100.1	98.6	100.8	100.8	99.3	—
批发、零售、进出口贸易、饮食及酒店业	Wholesale, Retail and Import/Export Trades, Restaurants and Hotels	101.5	102.0	101.9	104.2	103.2	—
运输服务业	Transport Services	95.7	102.7	104.5	106.2	108.2	—
金融、保险、地产及商用服务业	Financing, Insurance, Real Estate and Business Services	100.1	103.8	106.9	109.1	111.1	—
个人服务业	Personal Services	101.0	104.4	105.3	105.7	107.1	—
所有选定行业②	All Selected Industries②	100.1	101.6	102.8	104.5	104.4	—

注释：指有关年度9月份的数字。

①督导级及以下雇员是指下列雇员。

- 督导级及技术员级人员
- 文员级及秘书级人员
- 技工
- 操作工
- 服务人员
- 其他非生产级工人经理级人员与专业雇员则不包括在内。

②指劳工收入统计调查内工资统计所涵盖的所有行业，包括上表所列的所有行业类别以及电力及燃气业。

"—"不适用。

Notes: Figures refer to September of the year.

①Employees up to supervisory level refer to the following workers

- supervisory and technical workers
- clerical and secretarial workers
- craftsmen
- operatives
- service workers
- miscellaneous non-production workers The managerial and professional employees are excluded.

②Figures refer to all industries covered in the wage enquiry of the Labour Earnings Survey, including all the sectors listed in the above table and the electricity and gas sector.

"—"Not applicable.

22-8 按主要经济行业类别划分的经理级与专业雇员薪金指数
SALARY INDICES FOR MANAGERIAL AND PROFESSIONAL EMPLOYEES BY MAJOR ECONOMIC SECTOR

主要经济行业类别	Major Economic Sector	(1995 年 6 月＝100) (June 1995＝100)				
		1990	1995	1996	1997	1998
名义薪金指数(甲)	**Nominal Salary Index(A)**					
制造业、电力及燃气业	Manufacturing, Electricity and Gas	64.1	100.0	106.8	110.5	120.8
楼宇建筑、建筑及有关行业	Building and Construction and Related Trades	58.3	100.0	108.3	118.4	124.2
批发、零售及进出口贸易业	Wholesale, Retail and Import/Export Trades	61.9	100.0	108.4	117.6	124.0
运输、仓库及通讯业	Transport, Storage and Communications	61.0	100.0	108.5	114.7	118.8
金融及保险业	Financial Institutions and Insurance	61.4	100.0	106.7	114.3	119.9
以上全部行业类别	All Sectors above	61.1	100.0	107.9	116.3	122.3
实际薪金指数(甲)	**Real Salary Index(A)**					
制造业、电力及燃气业	Manufacturing, Electricity and Gas	103.4	100.0	100.2	97.9	102.7
楼宇建筑、建筑及有关行业	Building and Construction and Related Trades	94.0	100.0	101.6	104.9	105.6
批发、零售及进出口贸易业	Wholesale, Retail and Import/Export Trades	99.9	100.0	101.7	104.2	105.5
运输、仓库及通讯业	Transport, Storage and Communications	98.4	100.0	101.8	101.6	101.0
金融及保险业	Financial Institutions and Insurance	99.1	100.0	100.1	101.3	101.9
以上全部行业类别	All Sectors above	98.5	100.0	101.2	103.0	104.0
名义薪金指数(乙)	**Nominal Salary Index(B)**					
制造业、电力及燃气业	Manufacturing, Electricity and Gas	54.7	100.0	111.0	120.0	132.6
楼宇建筑、建筑及有关行业	Building and Construction and Related Trades	48.2	100.0	109.4	120.8	129.4
批发、零售及进出口贸易业	Wholesale, Retail and Import/Export Trades	51.8	100.0	110.2	120.6	128.4
运输、仓库及通讯业	Transport, Storage and Communications	53.0	100.0	110.3	120.8	129.7
金融及保险业	Financial Institutions and Insurance	50.7	100.0	110.3	121.1	130.0
以上全部行业类别	All Sectors above	51.0	100.0	110.1	120.7	129.3
实际薪金指数(乙)	**Real Salary Index(B)**					
制造业、电力及燃气业	Manufacturing, Electricity and Gas	88.2	100.0	104.1	106.3	112.8
楼宇建筑、建筑及有关行业	Building and Construction and Related Trades	77.8	100.0	102.7	107.0	110.1
批发、零售及进出口贸易业	Wholesale, Retail and Import/Export Trades	83.5	100.0	103.4	106.8	109.2
运输、仓库及通讯业	Transport, Storage and Communications	85.4	100.0	103.5	107.0	110.3
金融及保险业	Financial Institutions and Insurance	81.7	100.0	103.5	107.3	110.5
以上全部行业类别	All Sectors above	82.3	100.0	103.3	106.9	110.0

注释：指有关年度 6 月份的数字。
从 1996 年 6 月开始，指数基期由 1983 年 6 月改为 1995 年 6 月，为方便比较，1995 年以前的薪金指数经以拼接方法重新编制。

Notes: Figures refer to June of the year.
As from June 1996, the base period of the salary indices has been changed from June 1983 to June 1995. To facilitate comparison, salary indices prior to 1995 have been re-compiled using the splicing method.

22-9 国内生产总值
GROSS DOMESTIC PRODUCT

年份 Year	国内生产总值① Gross Domestic Product (GDP)		国内生产总值与上年比较的实际增长%② GDP Real Growth Rate over the Preceding Year% ②	人均国内生产总值 Per Capita GDP	
	(亿港元) (HK$ 100 million)	(亿美元) (US$ 100 million)		(港元) (HK$)	(美元) (US$)
1988	4550	583	8.0	80855	10358
1989	5239	672	2.6	92128	11811
1990	5825	748	3.4	102121	13111
1991	6685	860	5.1	116223	14956
1992	7793	1007	6.3	134357	17357
1993	8975	1160	6.1	152087	19660
1994	10109	1308	5.4	167493	21674
1995	10771	1392	3.9	174972	22618
1996	11919	1541	4.5	188859	24419
1997③	13441	1736	5.3	206718	26701
1998③	12892	1665	−5.1	192785	24892

注：①香港特别行政区出版物中称为"本地生产总值"。

②增长率是按固定(1990年)价格计算的国内生产总值计算而得。

③估计数字在日后得到更多资料时会作出修订。

Notes: ①The Chinese term used in the publications of the Hong Kong Special Administrative Region is "本地生产总值".

②The growth rates are calculated based on GDP at constant (1990) market prices.

③The estimates are subject to revisions later on as more data become available.

22-10 支出法国内生产总值①
GROSS DOMESTIC PRODUCT (EXPENDITURE-BASED ESTIMATES)①

单位：百万港元 (HK$ million)

国内生产总值组成部份	GDP Components	1990	1995	1996	1997	1998*
以现价计算	**At Current Market Prices**					
私人消费开支②	Private Consumption Expenditure②	330459	654496	722098	801787	773146
政府消费开支②	Government Consumption Expenditure②	43283	94236	104385	114161	120683
国内固定资本形成总额	Gross Domestic Fixed Capital Formation	153776	329578	372327	472803	412078
存货增减	Changes in Inventories	5728	45656	9762	2789	－20838
货物出口(离岸价)	Exports of Goods(f. o. b.)	639874	1344127	1397917	1455949	1347649
减:货物进口(到岸价)	Less:Imports of Goods(c. i. f.)	645200	1495706	1539851	1619468	1432423
服务输出	Exports of Services	142321	265635	296188	295768	264637
减:服务输入	Less:Imports of Services	87692	160877	170936	179685	175740
支出法国内生产总值	Expenditure-based GDP	582549	1077145	1191890	1344104	1289192
按人口平均计算的国内生产总值（港元）	Per Capita GDP (Hk$)	102121	174972	188859	206718	192785
以固定(1990年)价格计算	**At Constant(1990) Market Prices**					
私人消费开支②	Private Consumption Expenditure②	330459	450450	471766	503424	469056
政府消费开支②	Government Consumption Expenditure②	43283	57857	60162	61603	62058
本地固定资本形成总额	Gross Domestic Fixed Capital Formation	153776	243800	270146	312247	293058
存货增减	Changes in Inventories	5728	40103	9608	4654	－20740
货物出口(离岸价)	Exports of Goods(f. o. b.)	639874	1262522	1322954	1404124	1343716
减:货物进口(到岸价)	Less:Imports of Goods(c. i. f.)	645200	1371848	1430864	1533705	1424031
服务输出	Exports of Services	142321	198751	218000	215751	201358
减:服务输入	Less:Imports of Services	87692	125803	132019	136779	135798
支出法国内生产总值	Expenditure-based GDP	582549	755832	789753	831319	788677
按人口平均计算的国内生产总值（港元）	Per Capita GDP (HK$)	102121	122778	125139	127854	117938

注释：①香港特别行政区出版物中称为"本地生产总值开支估计"。

②由于医院管理局的成立，前补助医院所属统计分类有所改变。由1992年开始，前补助医院的消费开支由私人消费开支转归政府消费开支。

*估计数字在日后得到更多资料时会作出修订。

Notes: ①The Chinese term used in the publications of the Hong Kong Special Administrative Region is"本地生产总值开支估计".

②With the establishment of the Hospital Authority, there is a change in statistical classification for ex-subvented hospitals. Consumption expenditure of ex-subvented hospitals, which was previously included in private consumption expenditure, is included in government consumption expenditure as from 1992.

*The estimates are subject to revisions later on as more data become available.

22-11 生产法国内生产总值①

GROSS DOMESTIC PRODUCT (PRODUCTION-BASED ESTIMATES)①

单位：百万港元 (HK$ million)

经济活动	Economic Activity	1990	1995	1996	1997*
农业及渔业	**Agriculture and Fishing**	**1432**	**1453**	**1444**	**1464**
工业	**Industry**	**141394**	**163426**	**175127**	**184788**
采矿及采石业	Mining and Quarrying	210	317	311	273
制造业	Manufacturing	98352	84770	82769	82156
电力、燃气及水务业	Electricity, Gas and Water	12612	23578	26989	29220
建筑业	Construction	30220	54761	65058	73139
服务业	**Services**	**416620**	**851235**	**953642**	**1069930**
批发、零售、进出口贸易、饮食及酒店业	Wholesale, Retail and Import/Export Trades, Restaurants and Hotels	140722	270520	301277	328258
运输、仓库及通讯业	Transport, Storage and Communications	52927	102199	111087	116551
金融、保险、地产及商用服务业	Financing, Insurance, Real Estate and Business Services	113127	247985	284119	333338
社区、社会及个人服务业	Community, Social and Personal Services	81328	175956	198967	218423
楼宇业权	Ownership of Premises	59257	134933	147547	163477
非直接计算的金融中介服务调整	Adjustment for Financial Intermediation Services Indirectly Measured	−30741	−80358	−89356	−90117
以要素成本计算的国内生产总值(生产法)	**Gross Domestic Product at Factor Cost** (Production-based Estimates)	559446	1016115	1192656	1256182
生产及进口税	**Taxes on Production and Imports**	**29614**	**52974**	**62443**	**85002**
以现价计算的国内生产总值(生产法)	**Gross Domestic Product at Market Prices** (Production-based Estimates)	589060	1069089	1192656	1341184
以现价计算的国内生产总值(支出法)	**Gross Domestic Product at Market Prices** (Expenditure-based Estimates)	582549	1077145	1191890	1344104
统计差额	**Statistical Discrepancy**	**1.1%**	**−0.7%**	**0.1%**	**−0.2%**

注释：①香港特别行政区出版物中称为"本地生产总值生产估计"。

* 估计数字在日后得到更多资料时会作出修订。

Notes: ①The Chinese term used in the publications of the Hong Kong Special Administrative Region is "本地生产总值生产估计".

* The estimates are subject to revisions later on as more data become available.

22-12 工业生产指数
INDICES OF INDUSTRIAL PRODUCTION

(1986 年=100)　　(1986=100)

工业组别/ 组别内选定工业	Industry Group/ Selected Component Industry	1990	1995	1996	1997	1998
所有制造业	**All Manufacturing Industries**	**122.8**	**126.2**	**121.5**	**120.6**	**110.1**
食品、饮品及烟草制品业	Food, Beverages and Tobacco	142.0	160.5	159.0	158.3	143.9
服装制品业(鞋类除外)	Wearing Apparel, Except Footwear	113.0	114.6	109.7	105.6	99.2
纺织制品业(包括针织)	Textiles(Including Knitting)	114.5	110.8	103.8	106.4	95.1
纸品及印刷业①	Paper Products and Printing①	181.5	272.9	264.2	269.7	248.8
化学产品、橡胶制品、塑胶制品及非金属矿产制品业	Chemical, Rubber, Plastic and Non-metallic Mineral Products	89.8	63.0	63.1	63.9	55.5
塑胶制品业	Plastic Products	76.3	37.6	36.2	34.1	27.4
基本金属及金属制品业	Basic Metals and Fabricated Metal Products,	113.0	93.5	85.2	80.4	72.3
金属制品业(机械及设备除外)	Fabricated Metal Products, Except Machinery and Equipment	110.5	90.1	81.1	76.8	63.1
电器及电子制品、机械、专业设备及光学用品制造业	Electrical and Electronic Products, Machinery, Professional Equipment and Optical Goods	148.8	179.5	170.3	166.0	154.7
电器及电子制品制造业	Consumer Electrical and Electronic Products	132.5	116.1	103.4	93.4	81.0
机械、设备、仪器及零件制造业	Machinery, Equipment, Apparatus, Parts and Components	164.0	274.3	274.6	294.2	298.7
其他产品制造业	Miscellaneous Manufacturing Industries	104.3	80.7	82.6	84.3	74.4

注释：由 1992 年第一季开始，工业生产指数的工业组别及组别内选定工业，是根据香港标准行业分类(HSIC)组成。较早时期的工业生产指数亦经过重新编制，方便与 1992 年及以后的统计数字作比较。

①由 1996 年开始，纸品及印刷业的数字亦包括了从事出版而不负责自行印刷的机构。

Notes: The industry groups and selected component industries for the indices are in terms of the Hong Kong Standard Industrial Classification (HSIC) as from the first quarter of 1992. Indices of earlier periods have been recompiled to facilitate comparison with the statistics from 1992 onwards.

①As from 1996, the paper products and printing industry also included establishments engaged in publishing without printing.

22-13 制造业指标(1997 年)

单位：百万港元(另有注明除外)

主要行业组别	Major Industry Group	机构单位数(个) Number of Establishments (unit)	从业人员(人) Number of② Persons Engaged (person)	雇员薪酬① Compensation of Employees
所有制造行业	**All Manufacturing Industries**	**24925**	**289961**	**44540**
食品制造业	Food	709	18361	2670
饮品制造业	Beverage Industries	19	3866	930
烟草制造业	Tobacco Manufactures	4	1113	340
服装制品业(鞋类除外)	Wearing Apparel, Except Footwear	2412	51099	5450
皮革制造及皮革制品业(鞋类及服装制品除外)	Leather and Leather Products Except Footwear and Wearing Apparel	121	758	110
鞋类制造业(橡胶、塑胶及木质鞋类除外)	Footwear, Except Rubber, Plastic and Wooden Footwear	75	295	20
纺织制品业	Textiles	2586	39622	5570
木材及水松制品业(家具除外)	Wood and Cork Products, Except Furniture	329	1194	120
家具及固定装置制造业(金属家具除外)	Furniture and Fixtures, Except Primarily of Metal	321	849	80
纸张及纸品制造业	Paper and Paper Products	856	7233	1030
印刷、出版及有关行业	Printing Publishing and Allied Industries	4967	43730	8430
化学品及化学产品制造业	Chemicals and Chemical Products	508	6016	1100
石油及煤产品制造业	Products of Petroleum and Coal	4	108	50
橡胶制品业	Rubber Products	71	438	50
塑胶制品业	Plastic Products	1539	9465	1160
非金属矿产制品业	Non-metallic Mineral Products, Except Products of Petroleum and Coal	227	4261	860
基本金属制造业	Basic Metal Industries	111	1895	410
金属制品业(机械及设备除外)	Fabricated Metal Products, Except Machinery and Equipment	2806	15636	1970
办公室、会计及计算器材制造业	Office, Accounting and Computing Machinery	198	9992	1820
收音机、电视机及通讯设备与器材制造业	Radio, Television and Communications Equipment and Apparatus	65	1454	250
电子零件制造业	Electronic Parts and Components	177	15083	2610
家庭电器用具及电子玩具制造业	Electrical Appliances and Houseware and Electronic Toys	129	1934	290
其他机械、设备、仪器及零件制造业	Machinery, Equipment, Apparatus, Parts and Components, n. e. c.	3354	22704	3460
运输设备制造业	Transport Equipment	517	9617	2460
专业和科学、量度和及控制设备制造业	Professional and Scientific, Measuring and Controlling Equipment, n. e. c.	622	9199	1490
其他产品制造业	Manufacturing Industries, n. e. c.	2201	14038	1800

注:①"雇员"指为一间机械单位工作并支取薪金的人士。

②"从业人员"指一间机械单位的在职东主、在职股东及无酬家属帮工加雇员。

MAIN INDICATORS OF MANUFACTURING INDUSTRIES (1997)

(HK $ million) (unless otherwise specified)

原料、物料及工业加工与服务的购买 Purchases of Materials, Supplies & Industrial Work/Services	其他开支 Other Expenses	销货、工业加工及服务收益 Sales of Goods, Industrial Work & Industrial Services	其他收益 Other Receipts	生产总值 Gross Output	增加价值 Value Added	固定资产的买卖净值 Gross Additions to Fixed Assets
155410	**34380**	**325330**	**5270**	**263910**	**80050**	**10690**
6710	1750	16000	340	13140	4830	960
1640	1190	4830	60	4590	1820	180
1360	550	4000	60	3550	1290	50
23750	4580	42900	530	35980	9090	230
400	100	1000		690	200	10
20		50		50	20	
25760	4540	41300	870	38600	9320	470
460	120	1040		760	190	
120	50	340		300	130	
3700	700	6540	80	5930	1660	190
14990	6020	33510	1120	33840	13400	2100
4380	1250	8560	180	7620	2080	60
140	30	280	10	290	120	
120	30	290		250	90	
3460	790	8530	110	6420	2250	260
5610	1500	9870	300	9560	2760	320
6260	300	10810	30	6950	790	190
5820	1270	11320	190	10020	3100	240
12270	2210	27840	220	18220	4000	1390
500	180	2580	50	1240	600	700
10590	2090	29780	150	18880	6910	1320
1120	310	2990	100	2050	640	50
8500	2140	24910	340	16390	6120	520
1570	510	5160	260	5330	3330	1190
7500	1190	18340	150	11130	2570	80
8640	960	12550	90	12120	2760	170

Notes: ①Employees refer to persons who works or and receive pay from an establishment.

②Persons engaged equal working proprietors, active partners and unpaid family workers, plus employees of an establishment.

22-14 电力、煤气、水消费量
ELECTRICITY, GAS AND WATER CONSUMPTION

用　途	Use	1990	1995	1996	1997	1998
电力　（兆焦耳）	**Electricity　（Terajoules）**					
住宅	Domestic	19037	27063	29194	28937	32793
商业	Commercial	41582	59908	64465	67849	73857
工业	Industrial	24934	20222	19934	18965	18489
街灯	Street lighting	248	284	287	322	307
出口往中国内地	Export to the Mainland of China	6470	5340	1910	2014	2197
总计	Total	92271	112817	115790	118088	127643
煤气　（兆焦耳）	**Gas　（Terajoules）**					
住宅	Domestic	7596	11408	11986	12465	12519
商业	Commercial	6877	9586	10085	10529	10536
工业	Industrial	583	978	918	911	888
总计	Total	15056	21972	22989	23906	23943
水　（百万立方米）	**Water　（Million Cubic Meters）**	**873**	**919**	**928**	**913**	**916**

22-15　按楼宇种类划分的新落成私人楼宇
PRIVATE BUILDINGS NEWLY COMPLETED BY TYPE OF BUILDING

年份 Year	住宅楼宇 Residential		商住两用楼宇 Residential/Commercial			商业楼宇 Commercial	
	楼宇数目（栋）Number of Blocks	可用楼面面积（千平方米）Usable Floor Area (1000 sq. m.)	楼宇数目（栋）Number of Blocks	可用楼面面积（千平方米）Usable Floor Area (1000 sq. m.) 住宅 Residential	非住宅 Non-residential	楼宇数目（栋）Number of Blocks	可用楼面面积（千平方米）Usable Floor Area (1000 sq. m.)
1990	457	761	130	606	94	50	284
1994	862	832	120	374	129	80	617
1995	670	553	109	302	66	60	479
1996	608	429	97	302	67	65	353
1997	328	416	81	180	90	57	451
1998	453	536	59	294	80	61	792

22-15　**续表**　continued

年份 Year	工业楼宇 Industrial		其他用途楼宇 Others			总计 Total		
	楼宇数目（栋）Number of Blocks	可用楼面面积（千平方米）Usable Floor Area (1000 sq. m.)	楼宇数目（栋）Number of Blocks	可用楼面面积（千平方米）Usable Floor Area (1000 sq. m.) 住宅 Residential	非住宅 Non-residential	楼宇数目（栋）Number of Blocks	可用楼面面积（千平方米）Usable Floor Area (1000 sq. m.) 住宅 Residential	非住宅 Non-residential
1990	60	660	148	0	388	845	1367	1426
1994	41	406	174	50	488	1277	1255	1640
1995	63	427	156	30	305	1058	885	1277
1996	51	426	165	38	218	986	769	1065
1997	43	392	295	116	204	804	712	1137
1998	45	399	189	45	380	807	875	1652

22-16 按楼宇种类划分的获批准可动工兴建私人楼宇
PRIVATE BUILDINGS WITH CONSENT TO COMMENCE WORK BY TYPE OF BUILDING

年份 Year	住宅楼宇 Residential		商住两用楼宇 Residential/Commercial			商业楼宇 Commercial	
	楼宇数目（栋） Number of Blocks	可用楼面面积（千平方米） Usable Floor Area (1000 sq. m.)	楼宇数目（栋） Number of Blocks	可用楼面面积（千平方米） Usable Floor Area (1000 sq. m.) 住宅 Residential	非住宅 Non-residential	楼宇数目（栋） Number of Blocks	可用楼面面积（千平方米） Usable Floor Area (1000 sq. m.)
1990	412	704	128	391	72	106	1000
1994	853	367	87	115	85	82	327
1995	255	226	219	359	135	78	539
1996	778	532	174	419	94	84	912
1997	712	1107	148	502	99	72	500
1998	869	937	107	471	70	37	326

22-16 **续表** continued

年份 Year	工业楼宇 Industrial		其他用途楼宇 Others			总计 Total		
	楼宇数目（栋） Number of Blocks	可用楼面面积（千平方米） Usable Floor Area (1000 sq. m.)	楼宇数目（栋） Number of Blocks	可用楼面面积（千平方米） Usable Floor Area (1000 sq. m.) 住宅 Residential	非住宅 Non-residential	楼宇数目（栋） Number of Blocks	可用楼面面积（千平方米） Usable Floor Area (1000 sq. m.) 住宅 Residential	非住宅 Non-residential
1990	85	1049	212	0	610	943	1095	2731
1994	76	752	163	32	259	1261	513	1423
1995	67	457	150	103	159	769	688	1290
1996	45	530	166	107	376	1247	1058	1912
1997	41	462	189	23	259	1162	1631	1320
1998	35	69	180	64	201	1228	1472	667

22-17 房地产业指标(1)(1997年)

单位：百万港元(另有注明除外)

主要行业组别	Major Industry Group	机构单位数(个) Number of Establishments (unit)	就业人数(人) Number of Persons Directly Engaged (person)	雇员薪酬及付予只供应劳工的分判承建商费用 Compensation of Employees & Payments to Labour-only Sub-contractors
(甲)屋宇建造及土木工程	**(A)Building and Civil Engineering**			
机构单位	Establishments			
新建造工程	New Construction Works			
地盘开拓及地基工程	Pre-erection Works at Construction Sites	243	8090	2792
建筑物上盖建造及土木工程	Architectural and Civil Engineering Works at Construction Sites	738	43305	24758
其他新建造工程	Miscellaneous New Construction Works	815	7016	1752
装饰、修葺及保养工程	Decoration Repair and Maintenance	8081	38994	7142
专门行业	Special Trades			
兴建工程及一般整理工程	Erection and General Finishing	2569	16628	6273
电器及机械装设工程	Electrical and Mechanical Finishing	5936	45170	12699
燃气及水务系统装设工程	Gas and Water Fitting	591	5137	1240
其他工程	Miscellaneous	677	4118	979
总计	**Total**	**19649**	**168457**	**57636**

22-18 房地产业指标(2)(1997年)

单位：百万港元(另有注明除外)

行业组别/行业	Industry Group/Industry	机构单位数(个) Number of Establishments (unit)	就业人数(人) Number of Persons Directly Engaged (person)	雇员薪酬 Compensation of Employees
(乙)建筑设计、测量及工程策划机构单位	**(B)Architectural Surveying and Project** Engineering Establishments			
建筑设计服务	Architectural Design	385	4306	1350
地产测量、估价及顾问服务	Real Estate Surveying, Valuation and Consultancy	532	4315	1349
结构工程服务	Structural Engineering	32	391	113
建筑物设备工程服务	Building Services Engineering	79	1659	565
土木及地质勘探工程服务	Civil and Geotechnical Engineering	77	2604	874
建筑设计及结构工程服务	Architectural Design and Structural Engineering	39	1390	509
与建造及地产活动有关的建筑、测量及工程策划服务的综合服务	Combination of Preceding Services	184	4467	2174
总计	**Total**	**1327**	**19131**	**6934**
(丙)地产发展、租赁、经纪及保养管理服务机构单位	**(C)Real Estate Development, Leasing, Brokerage and** Maintenance Management Establishments			
地产发展兼/或租赁	Real Estate Development and/or Leasing	4911	13123	2367
地产保养管理服务	Real Estate Maintenance Management	474	38324	4602
地产经纪及代理	Real Estate Brokerage and Agency	2520	21086	4777
总计	**Total**	**7905**	**72534**	**11746**

MAIN INDICATORS OF BUILDING, CONSTRUCTION AND REAL ESTATE SECTORS(1) (1997)

(HK $ million) (unless otherwise specified)

材料物料的消耗、燃料、电力及用水费用及维修保养服务 Consumption of Materials & Supplies; Fuels, Electricity & Water, & Maintenance Services	连工包料的分判承建商费用 Value of Subcontract Work Rendered by Fee Sub-contractors	杂项营运开支 Miscellaneous Operating Expenses	建筑工程总值 Gross Value of Construction Work Performed	其他业务收益 Other Business Receipts	增加价值 Value Added	盈余总额 Gross Surplus	固定资产的买卖净值 Gross Additions to Fixed Assets
3371	3425	1473	11253	402	3431	594	177
20727	76904	10432	132771	4584	29504	4534	504
1222	1464	547	5303	64	2154	382	165
6554	12802	3070	29874	1772	9282	2077	255
5068	2405	2112	16481	827	7917	1451	124
13540	9152	6228	40930	4710	16686	4021	364
962	598	201	3176	35	1459	210	58
1126	527	401	3054	230	1234	250	26
52571	**107278**	**24464**	**242843**	**12624**	**71667**	**13519**	**1674**

MAIN INDICATOKS OF BUILDING, CONSTRUCTLON AND REAL ESTATE SECTORS(2)(1997)

(HK $ million)(unless otherwise specified)

杂项物料的消耗、燃料、电力及用水费用及维修保养服务 Consumption of Sundry Supplies; Fuels, Electricity & Water, &Maintenance Services	设计与顾问费用支出 Payments for Commission Work	杂项营运开支 Miscel-laneous Operating Expenses	服务收入(乙)/服务及租项收入(丙) Services Income For(B)/Services and Rental Income for(C)	其他业务收益(乙)/地产发展计划的毛利(丙) Other Business Receipts for(B)/Gross Margin of Real Estate Development Projects for (C)	增加价值 Value Added	盈余总额 Gross Surplus	固定资产的买卖净值 Gross Additions to Fixed Assets
78	670	530	2802	163	1697	336	62
52	309	493	2417	214	1788	427	128
4	27	28	183	2	127	13	2
20	99	144	893	16	648	80	16
86	294	177	1620	21	1085	210	−17
20	94	136	817	26	593	83	13
44	1136	764	4435	74	2552	391	41
305	**2629**	**2273**	**13168**	**514**	**8491**	**1541**	**246**
2343		18687	35959	79517	107417	78973	23354
4865		3573	13444		5552	1041	21
302		4025	9638		6096	1468	851
7509		**26285**	**59041**	**79517**	**119066**	**81483**	**24226**

22-19 按类型划分的永久性屋宇单位数量(3月底的数字)

NUMBER OF PERMANENT QUARTERS BY TYPE (AS AT END MARCH OF THE YEAR)

年份 Year	总计 Total	公营租住单位① Public Rental Flats①	补助出售单位① Subsidized Sale Flats①	私人住宅单位② Private Residential Flats②
1990	1681100	648800	115400	916900
1994	1900100	684800	182400	1032900
1995	1952100	691300	187200	1073600
1996	2004900	708200	211300	1085400
1997	2021800	703400	224000	1094400
1998	2060100	708000	239300	1112800

注释：①香港特别行政区政府以优惠条件提供土地及拨款，以便兴建单元住宅，并以低于市场价格的定价，出租或出售给有需要的家庭。家庭入息低于指定入息限额的家庭，即有资格申请这些单位。公营租住单位所采用的入息限额，是较各类补助出售单位所用的为低。

②由私人发展商建造的单元住宅。

Notes：①Units built on land and finance provided by the SAR Government on concessionary terms for letting or sale to the needy households at below market rent or price. Households with household income belowthe specified income limits are eligible to apply for these units. The income limit for public rental flats is lower than the limit(s) for various kinds of subsidized sale flats.

②Units built for residential purposes by the private sector developers.

22-20 按居处租住权划分的家庭住户数目

DOMESTIC HOUSEHOLDS BY TENURE OF ACCOMMODATION

单位：户 (Households)

项　目	Item	1981	1986	1991	1996
总计①	**Total①**	**1237643**	**1445689**	**1580072**	**1853248**
自置	Owner-occupier	345026	506926	673067	824184
全租	Sole Tenant	545158	657818	719954	842236
合租	Co-tenant	68910	85274	63683	62733
二房东	Main Tenant	48634	24353	12209	9205
三房客	Sub-tenant	145382	73570	41505	28424
免租	Rent Free	30534	31486	16969	22631
由雇主提供	Provided by Employer	53999	66262	52685	63835

注释：①数字不包括住在船上的家庭住户。

Note：①Figures exclude domestic households living on board vessels.

22-21 运输业指标(1997)

INDICATORS OF TRANSPORT INDUSTRIES (1997)

单位：百万港元(另有注明除外) (HK$ million) (unless otherwise specified)

主要行业组别/就业人数 Major Industry Group/ Number of Persons Engaged	机构单位数（个） Number of Establishments (unit)	就业人数（人） Number of Persons Engaged (person)	雇员人数（人） Number of Employees (person)	雇员薪酬 Compensation of Employees	营运开支 Operating Expenses	业务收益及其他收入 Business Receipts and Other Income	固定资产的买卖净值 Gross Additions to Fixed Assets	增加价值 Value Added	楼宇面积（千平方米） Floor Area (thousand sq. m.)
陆路客运业 Land Passenger Transport									
< 5	17026	19041	932	63	3039	4321	647	2779	6
5 - 9	164	1010	806	81	239	399	116	254	2
10 - 19	29	409	360	44	99	149	15	54	1
20 - 49	79	2153	2122	274	442	826	95	452	11
50 - 99	41	2460	2441	303	400	792	322	432	18
100 - 199	13	1870	1800	229	297	622	69	332	6
200 - 499	2	617	617	**	**	**	**	**	**
≥ 500	8	30079	30079	**	**	**	**	**	**
小计 Sub-total	17362	57638	39157	7683	8808	24205	10170	17292	1784
陆路货运业 Land Freight Transport									
< 5	9081	12713	5050	695	2989	4775	310	2193	56
5 - 9	1636	8998	7473	1071	1930	3511	350	1782	75
10 - 19	660	7417	6800	966	1702	3063	115	1530	75
20 - 49	84	2513	2450	355	652	1090	38	468	17
50 - 99	12	828	827	163	343	545	13	210	7
100 - 199	5	625	624	122	161	349	5	197	10
200 - 499	3	881	881	172	416	808	28	349	4
小计 Sub-total	11482	33974	24105	3544	8193	14143	859	6729	245
陆路运输辅助服务业 Supporting Services to Land Transport									
< 5	73	114	84	8	45	61	2	20	92
5 - 9	39	260	245	32	137	204	34	79	225
10 - 19	12	145	145	15	86	186	16	101	126
20 - 49	6	162	162	22	92	141	12	50	119
50 - 99	3	225	224	31	183	244	6	60	208
100 - 199	7	984	984	146	462	632	1	170	284
200 - 499	9	2537	2537	417	1718	2438	21	1364	571
≥ 500	3	2469	2469	310	1538	1931	52	397	1048
小计 Sub-total	151	6895	6850	980	4260	5836	144	2241	2674
远洋及沿岸海上运输业 Ocean and Coastal Water Transport									
< 5	213	382	363	79	563	750	−78	214	9
5 - 9	99	629	625	163	573	751	22	164	10
10 - 19	75	983	983	368	948	1341	25	382	16
20 - 49	48	1403	1401	295	1201	1668	58	431	16
50 - 99	17	1139	1139	328	203	492	7	257	12
100 - 199	22	2747	2747	707	1033	1900	274	830	33
200 - 499	15	3842	3842	1120	4789	6937	172	1858	352
≥ 500	4	5052	5052	1829	3934	10616	697	7718	943
小计 Sub-total	493	16176	16151	4885	13243	24455	1178	11854	1391

22-21 **续表** continued

单位：百万港元(另有注明除外)　　(HK $ million) (unless otherwise specified)

主要行业组别/就业人数 Major Industry Group/ Number of Persons Engaged	机构单位数（个） Number of Establishments (unit)	就业人数（人） Number of Persons Engaged (person)	雇员人数（人） Number of Employees (person)	雇员薪酬 Compensation of Employees	营运开支 Operating Expenses	业务收益及其他收入 Business Receipts and Other Income	固定资产的买卖净值 Gross Additions to Fixed Assets	增加价值 Value Added	楼宇面积（千平方米） Floor Area (thousand sq. m.)
港内海上运输业 Inland Water Transport									
＜5	650	1149	668	81	581	732	1	203	12
5 - 9	160	876	823	132	373	593	—11	284	1
10 - 19	47	532	497	88	221	376	17	163	2
20 - 49	26	874	859	186	400	712	52	334	4
50 - 99	5	342	342	64	414	519	12	112	1
100 - 199	2	273	273	* *	* *	* *	* *	* *	* *
200 - 499	3	748	748	165	156	556	23	420	20
≥ 500	1	1302	1302	* *	* *	* *	* *	* *	* *
小计 Sub-total	894	6096	5513	1039	2883	5015	440	2151	102
海上运输辅助服务业 Supporting Services to Water Transport									
＜5	2111	3358	1183	168	1985	2524	103	670	27
5 - 9	657	3758	3006	535	1541	2292	150	823	101
10 - 19	255	3366	3248	576	1240	2064	221	811	293
20 - 49	100	2769	2753	609	1034	1877	106	931	95
50 - 99	24	1517	1517	346	953	1473	86	557	115
100 - 199	9	1108	1108	* *	* *	* *	* *	* *	* *
200 - 499	2	466	466	* *	* *	* *	* *	* *	* *
小计 Sub-total	3517	16341	13281	2558	7409	11409	674	4341	814
空运业 Air Transport									
＜5	12	20	20	8	44	52	5	7	0
5 - 9	14	81	81	41	23	42	2	20	2
10 - 19	8	132	132	39	34	75	35	38	2
20 - 49	14	460	460	117	51	152	12	101	5
50 - 99	8	493	493	250	1169	1533	85	345	6
100 - 199	8	1061	1061	325	112	530	10	417	16
200 - 499	4	1580	1580	426	88	548	2	460	7
≥ 500	6	22035	22035	8865	22255	42808	2560	15491	421
小计 Sub-total	74	25862	25862	10071	23776	45740	2710	16880	460
其他与运输有关的服务业 Services Incidental to Transport									
＜5	2878	6816	6128	1132	15823	16765	—1	955	85
5 - 9	648	4265	4202	742	9699	10541	52	861	65
10 - 19	500	6358	6353	1140	16525	18021	163	1522	94
20 - 49	225	6682	6681	1362	16664	18341	59	1660	145
50 - 99	85	5662	5662	1123	14275	15628	123	1483	147
100 - 199	28	3652	3652	808	11226	12470	25	1186	102
200 - 499	24	5808	5808	1120	18528	20457	222	1798	102
≥ 500	3	2825	2825	500	4400	5081	24	645	50
小计 Sub-total	4391	42068	41311	7927	107140	117304	669	10110	791
总计 Total	**38005**	**205050**	**172229**	**38686**	**175711**	**248106**	**16843**	**71596**	**8260**

注释：* * 为使个别公司所提供的资料得以保密，数据不予公布。

Notes：* * Data are not released in order to safeguard confidentiality of information provided by individual

22-22 进出香港的飞机、船只、车辆及火车
INWARD AND OUTWARD MOVEMENTS OF AIRCRAFT, VESSELS, MOTOR VEHICLES AND TRAINS

项目	Item	1990	1995	1996	1997	1998
飞机 （班次）	**Aircraft (numbers)**					
抵港	Arrivals	52886	75053	79401	82573	81616
离港	Departures	52896	75065	79396	82581	81607
总计	Total	105782	150118	158797	165154	163223
远洋轮船①②	**Ocean Vessels①②**					
抵港	Arrivals					
船次	Numbers	18847	41154	41056	43294	40734
千净注册吨	NRT (thousands)	112325	171364	182377	199048	208079
离港	Departures					
船次	Numbers	18824	41605	41076	43297	41046
千净注册吨	NRT (thousands)	112158	172489	182064	198344	207738
内河轮船②	**River Vessels②**					
客轮往/来自珠江口岸	Passenger Ferries To/From Pearl River Ports					
抵港	Arrivals					
船次	Numbers	11758	22990	23840	25630	25290
千净注册吨	NRT (thousands)	1956	3855	4066	4157	3891
离港	Departures					
船次	Numbers	11758	23010	23840	25630	25290
千净注册吨	NRT (thousands)	1953	3868	4063	4159	3891
客轮往/来自澳门	Passenger Ferries To/From Macau					
抵港	Arrivals					
船次	Numbers	36544	41480	41430	40590	39710
千净注册吨	NRT (thousands)	7442	5947	6123	6057	5600
离港	Departures					
船次	Numbers	36558	41480	41420	40590	39720
千净注册吨	NRT (thousands)	7443	5946	6122	6057	5601
内河货船	River Cargo Vessels					
抵港	Arrivals					
船次	Numbers	54141	109270	112190	122760	124610
千净注册吨	NRT (thousands)	10235	34683	36889	40866	43626
离港	Departures					
船次	Numbers	54262	108780	112010	122670	124400
千净注册吨	NRT (thousands)	10239	33721	37211	41833	44414
车辆(数量)③	**Motor Vehicles (numbers)③**					
货运车辆	Goods Vehicles					
抵港	Arrivals	2367336	3996632	4097242	4277992	4269251
离港	Departures	2366193	4002944	4094752	4265138	4273872
总计	Total	4733529	7999576	8191994	8543130	8543123
客运车辆	Passenger Vehicles					
抵港	Arrivals	99608	229443	358386	481324	613339
离港	Departures	103728	236677	361864	486455	616268
总计	Total	203336	466120	720250	967779	1229605
火车	**Trains**					
货运火车(满载货物车卡)	Cargo Trains(no. of laden wagon)					
抵港	Arrivals	77176	49765	36499	30536	24000
离港	Departures	18249	14825	13682	10991	8900
总计	Total	95425	64590	50181	41527	32900
客运火车 （班次）	Passenger Trains (numbers)					
抵港	Arrivals	1595	1868	1878	2108	2376
离港	Departures	1595	1868	1877	2108	2376
总计	Total	3190	3736	3755	4216	4752

注释：NRT ＝ 净注册吨

①数字不包括快艇及游艇。

②自 1993 年开始，远洋轮船的定义已修订为于河运贸易范围以外操作的船只，而内河轮船 F 的定义则已修订为于河运贸易范围以内操作的船只。

③落马洲于 1989 年 12 月开放给货运车辆及 1991 年 8 月开放给客运车辆。

Notes：NRT = net registered tons.

①Figures exclude yachts and pleasure craft.

②Starting from 1993 ocean vessels have been redefined as all vessels operating beyond the river trade limits whereas river vessels have been redefined as all vessels operating exclusively within the river trade limits.

③Traffic at Lok Ma Chau commenced in December 1989 for goods vehicles and in August 1991 for passenger vehicles.

22-23 进出香港货物

INWARD AND OUTWARD MOVEMENTS OF CARGO

单位:千吨 (1000 tonnes)

项　目	Item	1990	1995	1996	1997	1998
卸下	**Discharged**					
空运	By Air	353	685	734	840	775
海运①	By Ocean①	46242	87048	86694	91950	90104
河运①	By River①	6026	14723	14235	15563	16747
道路运输	By Road	6287	16198	17343	18333	18465
铁路运输②	By Rail②	1850	997	684	537	324
总计	Total	60757	119651	119689	127223	126414
装上	**Loaded**					
空运	By Air	449	772	830	947	854
海运①	By Ocean①	19766	40127	39145	41351	37378
河运①	By River①	3262	14009	17226	20365	22941
道路运输	By Road	6125	18092	17817	18075	17688
铁路运输②	By Rail②	367	316	255	175	138
总计	Total	29968	73316	75272	80913	78999
私家车②	**Private Cars②**	**28926**	**23257**	**22203**	**43054**	**33487**
摩托车（包括机动三轮车）	**Motor Cycles(Including Motor Tricycles)**	**3279**	**3666**	**3769**	**3893**	**3132**
出租车	**Taxis**					
市区	Urban	3334	1342	1744	1908	1039
新界	New Territories	546	292	275	358	199
大屿山	Lantau	0	4	3	10	3
公共巴士③	**Public Buses③**					
中巴(11)	China Motor Bus(11)					
单层	Single Deck	0	0	0	0	0
双层	Double Deck	36	7	30	26	14
九巴	Kowloon Motor Bus					
单层	Single Deck	68	23	3	10	0
双层	Double Deck	50	256	279	546	0
新大屿山巴士	New Lantao Bus					
单层	Single Deck	10	3	1	10	7
双层	Double Deck	0	0	0	0	0
城巴④	Citybus④					
单层	Single Deck	—	22	10	25	105
双层	Double Deck	—	109	80	172	371

注释：①自 1993 年开始，海运的定义已修订为于河运贸易范围以外操作的船只运输，而河运的定义则已修订为于河运贸易范围以内操作的船只运输。

②数字不包括家畜。

Notes：①Starting from 1993, ocean has been redefined to refer to transport by all vessels operating beyond the river trade limits whereas river has been redefined to refer to transport by all vessels operating exclusively within the river trade limits.

②Figures exclude livestock.

22-24 新增机动车辆登记数①

NEW REGISTRATION OF MOTOR VEHICLES①

单位：辆　　　　(Number of Vehicles)

种　类	Type	1990	1995	1996	1997	1998
龙运巴士⑤	Long Win Bus⑤					
单层	Single Deck	—	—	—	0	3
双层	Double Deck	—	—	—	22	138
新巴(11)	New World First Bus(11)					
单层	Single Deck	—	—	—	—	62
双层	Double Deck	—	—	—	—	825
其他公共巴士	Other Public Buses					
单层	Single Deck	336	639	753	608	549
双层	Double Deck	49	30	6	88	12
私家巴士③	**Private Buses③**					
单层	Single Deck	47	52	65	53	51
双层	Double Deck	3	17	6	24	32
公共小巴⑥	**Public Light Buses⑥**	**549**	**297**	**219**	**232**	**175**
私家小巴⑥	**Private Light Buses⑥**	**198**	**252**	**110**	**143**	**132**
货车	**Goods Vehicles**					
轻型⑦	Light⑦	10855	4791	4543	7036	5552
中型⑧	Medium⑧	3434	2571	2329	2877	1724
重型⑨	Heavy⑨	155	228	315	427	239
特别用途车辆⑩	**Special Purpose Vehicles⑩**	**70**	**26**	**53**	**71**	**59**
政府车辆(不包括军用车辆)	**Government Vehicles(Excluding Military Vehicles)**					
摩托车	Motor Cycles	439	218	181	297	227
其他车辆	Other Vehicles	1112	418	492	917	905
总计	**Total**	**53496**	**38520**	**37469**	**62807**	**49387**

注释：①车辆登记是指由香港特别行政区政府运输署编配车辆登记号码(车牌)，并将车辆予以适当分类。一部车通常只需登记一次。新登记车辆数字指该年内所登记的车辆数目。

②私家车指只用作运载司机及不超过7名乘客的汽车,但不包括摩托车或出租车。

③巴士指运载16名以上乘客的汽车。

④由1993年9月1日起计。

⑤由1997年6月1日开办。

⑥小巴指许可车辆总重不超过4公吨为运载不超过16名乘客的汽车。

⑦轻型货车指许可车辆总重不超过5.5公吨的货车。

⑧中型货车指许可车辆总重超过5.5公吨而不超过24公吨的货车。

⑨重型货车指许可车辆总重超过24公吨而不超过38公吨的货车。

⑩特别用途车辆指主要在道路上作并非属运载货物、司机或乘客的用途的汽车，如洗街车。

⑪中巴服务及新巴服务分别在1998年9月1日停办及开办。

Notes：①Motor vehicle registration, which is normally a one-off matter, means giving the vehicle a registration mark and putting it into its appropriate class by the Transport Department, the Government of HKSAR. Figures on new registrations refer to registrations during the year.

②Private car means a motor vehicle for use solely for the carriage of a driver and not more than 7 passengers, but does not include motor cycle or taxi.

③Bus means a motor vehicle for the carriage of more than 16 passengers.

④Starting from 1. 9. 1993.

⑤Started operation from 1. 6. 1997.

⑥Light bus means a motor vehicle having a permitted gross vehicle not exceeding 4 tonnes for use solely for the carriage of a driver and not more than 16 passengers.

⑦Light goods vehicle means a goods vehicle having a permitted gross vehicle weight not exceeding 5. 5 tonnes.

⑧Medium goods vehicle means a goods vehicle having a permitted gross vehicle weight exceeding 5. 5 tonnes but not exceeding 24 tonnes.

⑨Heavy goods vehicle means a goods vehicle having a permitted gross vehicle weight exceeding 24 tonnes but not exceeding 38 tonnes.

⑩Special purpose vehicle means a motor vehicle primarily for a use other than the carriage on a road of goods, the driver or passengers, e. g. road sweeper.

⑪China Motor Bus Co. Ltd closed operation and New World First Bus Services Ltd started operation on 1. 9. 1998.

22-25 年底时领牌车辆数①

LICENSED MOTOR VEHICLES AS AT END OF THE YEAR①

单位：辆　　　　(Number of Vehicles)

种　类	Type	1990	1995	1996	1997	1998
私家车②	**Private Cars②**	**197852**	**285467**	**293381**	**314833**	**318137**
摩托车（包括机动三轮车）	**Motor Cycles(Including Motor Tricycles)**	**16628**	**21031**	**22650**	**23511**	**23343**
出租车	**Taxis**					
市区	Urban	14584	15256	15108	15161	15200
新界	New Territories	2436	2545	2641	2707	2803
大屿山	Lantau	40	40	40	50	50
公共巴士③	**Public Buses③**					
中巴⑪	China Motor Bus⑪					
单层	Single Deck	3	29	29	29	—
双层	Double Deck	958	776	814	787	—
九巴	Kowloon Motor Bus					
单层	Single Deck	167	305	277	278	275
双层	Double Deck	2718	3172	3304	3556	3713
新大屿山巴士	New Lantao Bus					
单层	Single Deck	46	69	69	77	82
双层	Double Deck	12	0	0	0	0
城巴④	Citybus④					
单层	Single Deck	—	22	32	57	157
双层	Double Deck	—	338	358	504	780
龙运巴士⑤	Long Win Bus⑤					
单层	Single Deck	—	—	—	0	3
双层	Double Deck	—	—	—	22	157
新巴⑪	New World First Bus⑪					
单层	Single Deck	—	—	—	—	56
双层	Double Deck	—	—	—	—	647
其他公共巴士	Other Public Buses					
单层	Single Deck	3191	4225	4807	5116	5295
双层	Double Deck	214	242	241	233	231
私家巴士③	**Private Buses③**					
单层	Single Deck	159	247	294	323	345
双层	Double Deck	21	66	65	81	78
公共小巴⑥	**Public Light Buses⑥**	**4336**	**4328**	**4313**	**4335**	**4343**
私家小巴⑥	**Private Light Buses⑥**	**2410**	**2422**	**2303**	**2230**	**2158**
货车	**Goods Vehicles**					
轻型⑦	Light⑦	91868	81313	79162	78876	75899

22-25 **续表** continued

单位：辆 (Number of Vehicles)

种 类	Type	1990	1995	1996	1997	1998
中型⑧	Medium⑧	24907	34865	35611	36968	36551
重型⑨	Heavy⑨	758	1750	2018	2435	2601
特别用途车辆⑩	**Special Purpose Vehicles⑩**	**212**	**277**	**316**	**370**	**406**
政府车辆(不包括军用车辆)	**Government Vehicles(Excluding Military Vehicles)**					
摩托车	Motor Cycles	1259	1322	1207	1308	1238
其他车辆	Other Vehicles	5381	5961	6075	6381	6125
总计	**Total**	**370160**	**466068**	**475115**	**500228**	**500673**

注释：①车辆登记是指由香港特别行政区政府运输署编配车辆登记号码(车牌)，并将车辆予以适当分类。一部车通常只需登记一次。新登记车辆数字指该年内所登记的车辆数目。

②私家车指只用作运载司机及不超过 7 名乘客的汽车,但不包括摩托车或出租车。

③巴士指运载 16 名以上乘客的汽车。

④由 1993 年 9 月 1 日起计。

⑤由 1997 年 6 月 1 日开办。

⑥小巴指许可车辆总重不超过 4 公吨为运载不超过 16 名乘客的汽车。

⑦轻型货车指许可车辆总重不超过 5.5 公吨的货车。

⑧中型货车指许可车辆总重超过 5.5 公吨而不超过 24 公吨的货车。

⑨重型货车指许可车辆总重超过 24 公吨而不超过 38 公吨的货车。

⑩特别用途车辆指主要在道路上作并非属运载货物、司机或乘客的用途的汽车，如洗街车。

⑪中巴服务及新巴服务分别在 1998 年 9 月 1 日停办及开办。

Notes: ①Motor vehicle registration, which is normally a one-off matter, means giving the vehicle a registration mark and putting it into its appropriate class by the Transport Department, the Government of HKSAR. Figures on new registrations refer to registrations during the year.

②Private car means a motor vehicle for use solely for the carriage of a driver and not more than 7 passengers, but does not include motor cycle or taxi.

③Bus means a motor vehicle for the carriage of more than 16 passengers.

④Starting from 1. 9. 1993.

⑤Started operation from 1. 6. 1997.

⑥Light bus means a motor vehicle having a permitted gross vehicle not exceeding 4 tonnes for use solely for the carriage of a driver and not more than 16 passengers.

⑦Light goods vehicle means a goods vehicle having a permitted gross vehicle weight not exceeding 5. 5 tonnes.

⑧Medium goods vehicle means a goods vehicle having a permitted gross vehicle weight exceeding 5. 5 tonnes but not exceeding 24 tonnes.

⑨Heavy goods vehicle means a goods vehicle having a permitted gross vehicle weight exceeding 24 tonnes but not exceeding 38 tonnes.

⑩Special purpose vehicle means a motor vehicle primarily for a use other than the carriage on a road of goods, the driver or passengers, e. g. road sweeper.

⑪China Motor Bus Co. Ltd closed operation and New World First Bus Services Ltd started operation on 1. 9. 1998.

22-26 通讯服务
COMMUNICATIONS SERVICES

项　目	Item	1990	1995	1996	1997	1998
邮递服务	**Postal Services**					
信件邮件（百万件物品）	Letter Mail (million articles)	868	1165	1175	1273	1257
包裹　（千件）	Parcels (thousands)	1996	1869	1677	1425	1125
电话服务①	**Telephone Services①**					
（千条操作线路）	**(thousand working lines)**					
住宅	Residential	1626	1966	2028	2098	2159
商用	Business	821	1288	1374	1526	1549
总计	Total	2447	3254	3402	3624	3708
图文传真①（千条操作线路）	**FAX① (thousand working lines)**	**107**	**273**	**308**	**343**	**360**
对外电话通讯量②	**Extend Telephone Traffic Volume②**					
（千分钟）	**(thousand minutes)**					
拨出	Outgoing	694504	1668283	1737513	1738236	1718519
拨入	Incoming	612863	1540767	1844556	2120480	1957619
对外专用电报通讯量	**Extend Telex Traffic Volume**					
（千分钟）	**(thousand minutes)**					
发出	Outgoing	26682	17706	15637	8652	6119
收到	Incoming	31300	14330	11652	8724	5758
转递	Transit	25765	11003	9697	10976	7713
本港电报机电讯（千分钟）	**Internal Telex Traffic (thousand minutes)**	**27196**	**20643**	**18641**	**17148**	**13131**
电报　（千件）	**Public Telegram Traffic (thousand messages)**					
发出	Outgoing	393	89	72	52	37
收到	Incoming	407	76	49	34	20
本港电报　（千件）	**Inland Telegram (thousand messages)**	**8**	**12**	**14**	**11**	**9**
公共无线电传呼接收机①（户）	**Public Radio Paging Receivers① (numbers)**	**711420**	**1323741**	**1089904**	**932854**	**571800**
公共流动无线电话用户系统①（户）	**Public Mobile Radio Telephone Subscriber Units① (numbers)**	**133912**	**687600**	**1210680**	**2085600**	**2858100**

注释：①数字为该年年底数字。
　　②包括图文传真及数据。

Notes: ①Figures are as at end of the year.
　　②Including facsimile and data.

22-27 批发、零售、进出口贸易、饮食业及酒店业指标(1997)
INDICATORS OF WHOLESALE, RETAIL AND IMPORT AND EXPORT TRADES, RESTAURANTS AND HOTELS INDUSTRIES (1997)

单位：百万港元(另有注明除外)　　(HK $ million)(unless otherwise specified)

主要行业组别 Major Industry Group	机构单位数(个) Number of Establishments (unit)	就业人数(人) Number of Persons Engaged (person)	雇员人数(人) Number of Employees (person)	雇员薪酬 Compensation of Employees	营运开支 Operating Expenses	供销售的货品的购货总值 Total Value of Purchases of Goods for Sale
所有机构单位(政府及非牟利机构除外) All Establishments (Except Government and Non-profit Institutions)						
批发业 Wholesale	22482	75029	54371	8311	11107	165263
零售业 Retail	53502	244255	170658	22467	51105	196684
进出口贸易业 Import/Export	97994	515515	468953	103055	210264	1963486
饮食业 Restaurants	10201	204088	194522	23077	22313	24339
酒店及旅舍业 Hotels and Boarding Houses	1111	35738	34780	6446	8667	2123
小计 Sub-total	185291	1074625	923284	163357	303458	2351895
政府及非牟利机构 Government and Non-profit Institutions						
批发及零售业 Wholesale and Retail Trades	6	633	633	102	42	78
饮食及旅舍业 Restaurants and Boarding Houses	24	1204	1204	198	139	32
小计 Sub-total	30	1837	1837	299	180	111
总计 Total	**185321**	**1076462**	**925121**	**163657**	**303638**	**2352006**

22-27 续表 continued

单位：百万港元(另有注明除外)　　(HK $ million)(unless otherwise specified)

主要行业组别 Major Industry Group	存货变动 Changes in Stocks	销售及其他收益 Sales and Other Receipts	毛　利 Gross Margin	增加价值 Value Added	固定资产的买卖净值 Gross Additions to Fixed Assets	楼宇面积(千平方米) Floor Area (thousand sq. m.)
所有机构单位(政府及非牟利机构除外) All Establishments (Except Government and Non-profit Institutions)						
批发业 Wholesale	775	190701	25678	15760	2066	1816
零售业 Retail	2689	283341	87136	38409	4105	5160
进出口贸易业 Import/Export	4861	2387898	404294	232828	22867	15924
饮食业 Restaurants	120	74035	—	27641	2821	2218
酒店及旅舍业 Hotels and Boarding Houses	16	21569	—	13051	925	2534
小计 Sub-total	8461	2957544	517108	327689	32784	27652
政府及非牟利机构 Government and Non-profit Institutions						
批发及零售业 Wholesale and Retail Trades	−2	236	129	96	1	56
饮食及旅舍业 Restaurants and Boarding Houses	#	502	—	322	13	172
小计 Sub-total	−2	738	129	419	14	228
总计 Total	**8459**	**2958282**	**517237**	**328108**	**32798**	**27880**

注释：有关食肆、酒店及旅舍的毛利资料并未有编制。
　　# 数字在正负50万元之间。

Notes: Gross margin was not compiled for restaurants, hotels and boarding houses.
　　# Figures within ±$0.5 million.

22-28 仓库、通讯、财务(银行除外)及商用服务业指标(1997)
INDICATORS OF STORAGE, COMMUNICATIONS, FINANCING (EXCEPT BANKING) AND BUSINESS SERVICES INDUSTRIES (1997)

单位：百万港元(另有注明除外)　　(HK $ million) (unless otherwise specified)

主要行业组别/就业人数 Major Industry Group/ Number of Persons Engaged	机构单位数目(个) Number of Establishments (unit)	就业人数(人) Number of Persons Engaged (person)	雇员人数(人) Number of Employees (person)	雇员薪酬 Compensation of Employees	营运开支 Operating Expenses
仓库业 Storage					
＜5	116	218	217	22	247
5 - 9	28	184	184	21	58
10 - 19	59	712	712	124	418
20 - 49	38	1247	1242	224	776
50 - 99	14	954	954	188	903
100 - 199	7	952	952	179	458
200 - 499	5	1093	1093	191	923
小计 Sub-total	267	5360	5354	950	3784
通讯业 Communications					
＜5	315	671	489	62	184
5 - 9	147	1042	931	77	131
10 - 19	226	2616	2493	260	199
20 - 49	83	2327	2257	252	356
50 - 99	28	1875	1873	438	1241
100 - 199	11	1593	1593	218	403
200 - 499	14	4612	4612	1084	2461
≥ 500	16	27156	27156	7885	28552
小计 Sub-total	839	41892	41403	10280	33530
财务业(银行除外) Financing (Except Banking)					
＜5	2815	3797	3342	749	7266
5 - 9	878	4730	4468	1201	3212
10 - 19	474	6414	6388	3340	5625
20 49	351	10065	10065	4620	7808
50 - 99	104	6881	6881	3407	5782
100 - 199	48	6251	6251	3498	7910
200 - 499	27	8407	8407	7543	9958
≥ 500	5	7585	7585	3157	2658
小计 Sub-total	4702	54130	53387	27517	50218
商用服务及机械及设备租赁服务业 Business Services and Rental of Machinery and Equipment					
＜5	17420	24885	15990	2430	6248
5 - 9	2341	13828	12791	2493	3380
10 - 19	1072	13491	12930	3310	4830
20 - 49	772	21717	21096	5329	6000
50 - 99	374	12130	11921	4039	5052
100 - 199	84	12201	12088	3497	5824
200 - 499	38	11445	11383	3262	5131
≥ 500	34	32628	32302	5497	2486
小计 Sub-total	22134	142325	130501	29857	38952
总计 Total	**27943**	**243707**	**230645**	**68605**	**126485**

22-28 **续表** continued

单位：百万港元(另有注明除外) (HK $ million) (unless otherwise specified)

主要行业组别/就业人数 Major Industry Group/Number of Persons Engaged	供销售的货品的购货总值 Total Value of Purchases of Goods for Sale	存货变动 Changes in Stocks	业务收益及其他收入 Business Receipts and Other Income	固定资产的买卖净值 Gross Additions to Fixed Assets	增加价值 Value Added	楼宇面积(千平方米) Floor Area (thousand sq. m.)
仓库业 Storage						
＜5	—	—	254	−1	17	233
5 - 9	—	—	67	0.3	9	155
10 - 19	—	—	635	−16	227	483
20 - 49	—	—	1204	13	435	933
50 - 99	—	—	1132	20	204	840
100 - 199	—	—	655	12	219	250
200 - 499	—	—	1181	7	274	599
小计 Sub-total	—	—	5128	35	1385	3493
通讯业 Communications						
＜5	6	0	262	9	74	13
5 - 9	0.3	0	216	9	81	7
10 - 19	193	46	545	44	194	10
20 - 49	2	0	746	117	389	10
50 - 99	148	4	2617	1083	1327	24
100 - 199	239	9	1121	24	441	8
200 - 499	806	52	3060	1858	−137	54
≥ 500	6414	20	59331	10903	24379	714
小计 Sub-total	7809	131	67899	14049	26764	840
财务业(银行除外) Financing (Except Banking)						
＜5	—	—	13322	−49	1789	91
5 - 9	—	—	4474	−75	662	86
10 - 19	—	—	13836	402	3309	258
20 - 49	—	—	21644	649	5431	156
50 - 99	—	—	12696	104	3139	95
100 - 199	—	—	58627	235	3743	93
200 - 499	—	—	22390	902	7865	134
≥ 500	—	—	12177	30	2075	45
小计 Sub-total	—	—	159166	2199	28015	958
商用服务及机械及设备租赁服务业 Business Services and Rental of Machinery and Equipment						
＜5	118	0.3	12684	1473	6746	467
5 - 9	36	0	6568	301	311	293
10 - 19	136	0	9904	93	4950	192
20 - 49	358	—	14119	755	7628	356
50 - 99	307	7	10693	210	5328	190
100 - 199	29	0.4	10397	379	4471	119
200 - 499	5	0	9633	908	4317	81
≥ 500	36	−0.6	10634	321	8120	175
小计 Sub-total	1024	5	84632	4439	44671	1873
总计 Total	**8833**	**136**	**316825**	**20723**	**100836**	**7164**

注释：基於财务业(银行除外)内投资及控股公司的经营特色，没有编制其增加价值。因此，财务业(银行除外)的增加价值总额不包括投资及控股公司的数额在内。

Notes：In the financing(except banking)industry, value added was not compiled for investment and holding companies due to the special features of their business operations. Hence, total value added for the industry did not include that of investment and holding companies.

22-29 银行业指标
INDICATORS OF BANKING INDUSTRIES

单位：百万港元　　　　(HK $ million)

项　目	Item	1990	1995	1996	1997
(甲)持牌银行	**(A)Licensed Banks**				
机构单位数　(个)	Number of Establishments (number)	166	188	186	184
提供下列服务收取的佣金、手续费及收费	Commissions Fees and Charges Received for the Provision of the Following Services				
信贷、票据交易及贷款(不包括银团贷款在内)	Credit, Bills Transactions and Loans (Excluding Syndicated Loans)	4054	9395	11135	11770
活期存款帐户业务、执行人及受托人服务、保证人、投资组合管理、汇款、商业银行谘询服务	Current Account Operations, Executor and Trustee Services, Guarantees, Portfolio Management, Remittance, Merchant Banking Advisory Services	1942	3970	4899	6150
银团贷款	Syndication of Loans	426	1308	1713	1695
净利息收益(即利息收益扣除利息支出)	Net Interest Receipts T. e. Interest Received minus Interest Paid	24681	68578	74119	74946
套汇收入	Profit from Foreign Exchange Dealing	5961	6291	6331	7973
从证券交易所得的股息及利润	Dividends Received and Profit from Trading in Securities	2840	5141	6045	5452
工资和薪金支出及其他雇员福利	Wages and Salaries Paid and Other Employee Benefits Offered	10255	20753	23771	26990
租金支出	Rental Payment	2557	4780	5036	5320
办公室文具及用品	Office Stationery and Supplies	724	1121	1146	1252
广告、宣传、通讯、娱乐及员工公干费用	Advertising, Promotion, Communications, Entertainment and Staff Travelling Expenses	1443	3068	3399	3843
其他行政费用，包括专业收费、保费	Other Administrative Expenses, Including Professional Fees, Insurance Premiums	1938	5000	7850	6682
(乙)有限制牌照银行及接受存款公司	**(B)Restricted Licence Banks and Deposit-taking Companies**				
机构单位数　(个)	Number of Establishments (number)	254	202	197	189
提供下列服务收取的佣金、手续费及收费	Commissions, Fees and Charges Received for the Provision of the Following Services				
信贷、票据交易及贷款(不包括银团贷款在内)	Credit, Bills Transactions and Loans (Excluding Syndicated Loans)	501	1191	1425	1820
执行人及受托人服务、保证人、投资组合管理、汇款、商业银行谘询服务	Executor and Trustee Services, Guarantees, Portfolio Management, Remittance, Merchant Banking Advisory Services	499	736	913	1212
银团贷款	Syndication of Loans	278	555	645	692
净利息收益(即利息收益(扣除利息支出)	Net Interest Receipts T. e. Interest Received minus Interest Paid	4435	9263	10185	10215
套汇收入	Profit from Foreign Exchange Dealing	369	287	249	637
从证券交易所得的股息及利润	Dividends Received and Profit from Trading in Securities	619	797	908	−1655
工资和薪金支出及其他雇员福利	Wages and Salaries Paid and Other Employee Benefits Offered	1525	2434	3094	3963
租金支出	Rental Payment	450	648	729	746
办公室文具及用品	Office Stationery and Supplies	80	101	116	162
广告、宣传、通讯、娱乐及员工公干费用	Advertising, Promotion, Communications, Entertainment and Staff Travelling Expenses	326	610	725	1022
其他行政费用，包括专业收费、保费	Other Administrative Expenses, Including Professional Fees, Insurance Premiums	313	700	986	914
(丙)本港以外地方注册成立银行的代表办事处	**(C)Representative Offices of Banks Incorporated in Any Places Other Than Hong Kong**				
机构单位数　(个)	Number of Establishments (number)	179	174	168	171
香港居住的雇员工资及薪金支出及向其提供的其他雇员福利	Wages and Salaries Paid and Other Employee Benefits Offered to Staff Located in Hong Kong	161	209	232	269
其他营运开支	Other Operating Expenses	210	234	254	273

22-30 主要商品进出口贸易总额
TOTAL IMPORTS AND EXPORTS

单位：百万港元 (HK $ million)

贸易种类	Type of Trade	1990	1995	1996	1997	1998
进口	Imports	642530	1491121	1535582	1615090	1429092
港产品出口	Domestic Exports	225875	231657	212160	211410	188454
转口	Re-exports	413999	1112470	1185758	1244539	1159195
贸易总额	Total Trade	1282405	2835248	2933499	3071040	2776741
商品贸易差额	Merchandise Trade Balance	－2656	－146994	－137664	－159141	－81443

22-31 主要商品进口供应地和出口去向
IMPORTS AND EXPORTS BY SUPPLIER OR DESTINATION

单位：百万港元 (HK $ million)

贸易种类/主要国家/地区	Type of Trade/Main Country/Territory	1990	1995	1996	1997	1998
进口（供应地）	**Imports (Supplier)**	**642530**	**1491121**	**1535582**	**1615090**	**1429092**
中国内地	The Mainland of China	236134	539480	570442	608372	580614
日本	Japan	103362	221254	208239	221646	179947
美国	United States of America	51788	115078	121058	125381	106537
中国台湾	Taiwan, China	58084	129266	123202	124547	104075
大韩民国	Republic of Korea	28155	73268	73302	73226	68836
港产品出口（目的地）	**Domestic Exports (Destination)**	**225875**	**231657**	**212160**	**211410**	**188454**
中国内地	The Mainland of China	47470	63555	61620	63867	56066
美国	United States of America	66370	61250	53860	55073	54842
英国	United Kingdom	13496	10941	10597	10723	10058
德国①	Federal Republic of Germany①	17991	12178	11388	10321	9805
中国台湾	Taiwan, China	5720	7971	6705	7029	6505

注释：①因西德及东德于1990年10月统一，1990年及以前的西德贸易数字已作出修订，加入了前东德的贸易货值，以确保统一前后的德国贸易数字可作比较。

Note: ①In connection with the unification of Federal Republic of Germany (FRG) and German Democratic Republic (GDR) in October 1990, the trade figures for FRG in 1990 and previous years have been revised by adding those of the previous GDR. This is to ensure comparability of those trade figures with those after the German unification.

22-32 商品转口的主要来源和去向
RE-EXPORTS BY ORIGIN OR DESTINATION

单位：百万港元 (HK $ million)

贸易种类/主要国家/地区	Type of Trade/Main Country/Territory	1990	1995	1996	1997	1998
转口（目的地）	**Re-exports (Destination)**	**413999**	**1112470**	**1185758**	**1244539**	**1159195**
中国内地	The Mainland of China	110908	384043	417752	443878	407366
美国	United States of America	87752	230997	242342	261372	259856
日本	Japan	24376	70081	80154	77724	64194
英国	United Kingdom	12107	32257	35991	39066	42259
德国①	Federal Republic of Germany①	23406	45770	47216	46336	42161
转口（来源地）	**Re-exports (Origin)**	**413999**	**1112470**	**1185758**	**1244539**	**1159195**
中国内地	The Mainland of China	240410	636392	683514	723416	691219
日本	Japan	42280	130511	129292	133825	123879
中国台湾	Taiwan, China	30283	83307	82177	83341	71782
美国	United States of America	24490	55636	62192	62633	54530
大韩民国	Republic of Korea	11610	37615	38049	39672	39637

注释：①因西德及东德于1990年10月统一，1990年及以前的西德贸易数字已作出修订，加入了前东德的贸易货值，以确保统一前后的德国贸易数字可作比较。

Note: ①In connection with the unification of Federal Republic of Germany (FRG) and German Democratic Republic (GDR) in October 1990, the trade figures for FRG in 1990 and previous years have been revised by adding those of the previous GDR. This is to ensure comparability of those trade figures with those after the German unification.

22-33 发往中国内地加工的贸易额
TRADE INVOLVING OUTWARD PROCESSING IN THE MAINLAND OF CHINA

项　目	Item	1990	1995	1996	1997	1998
涉及外发加工贸易的估计货值（百万港元）	**Estimated Value of Outward Processing Trade (HK$ million)**					
输往中国内地的港产出口货品	Domestic Exports to the Mainland of China	36418	43890	43089	47078	42184
输往中国内地的转口货品	Re-exports to the Mainland of China	55496	173722	179235	197809	179089
由中国内地进口的货品	Imports from the Mainland of China	145103	399567	452890	491142	477743
原产地为中国内地经香港输往其他地方的转口货品	Re-exports of the Mainland of China Origin to Other Places	—	492461	552822	595511	559726
涉及外发加工贸易的估计比率（%）	**Estimated Proportion of Outward Processing Trade (%)**					
输往中国内地的港产出口货品	Domestic Exports to the Mainland of China	79.0	71.4	72.8	76.1	77.4
输往中国内地的转口货品	Re-exports to the Mainland of China	50.3	45.4	43.2	44.7	44.1
由中国内地进口的货品	Imports from the Mainland of China	61.8	74.4	79.9	81.2	82.7
原产地为中国内地经香港输往其他地方的转口货品	Re-exports of the Mainland of China Origin to Other Places	—	82.2	86.0	88.4	87.6

22-34 政府储备结余(政府一般收入帐目及基金)
GOVERNMENT'S RESERVE BALANCES (GENERAL REVENUE ACCOUNT AND FUNDS)

单位：百万港元　　(HK$ million)

项　目	Item	1990/91	1995/96	1996/97	1997/98	1998/99
期初储备结余	Opening Reserve Balances	72578	151040	147927	370677#	457543
收入①	Revenue①	89524	180045	208358	275220	216115
开支①	Expenditure①	85557	183158	182680	194360	239356
小计	Sub-total	3967	−3113	25678	80860	
土地基金资产净值的变动	Change in Net Worth of Land Fund	0	0	0	6006	
盈余/(赤字)	Surplus/(Deficit)	3967	−3113	25678	86866	−23241
期末储备结余	Closing Reserve Balances	76545	147927	173605	457543	434302

注释：①数额不包括"政府一般收入帐目与各基金之间的转拨"。

包括于1997年7月1日，从先前的香港特别行政区政府土地基金受托人接收的资产净值共1970.72亿元。

Notes: ①Figures exclude 'transfers between the General Revenue Account and Funds'.

Including net worth of $197072 million received from Trustee of the former Hong Kong SARG Land Fund at 1 July 1997.

22-35 实际收入（政府一般收入帐目及各基金）
ACTUAL REVENUE (GENERAL REVENUE ACCOUNT AND FUNDS)

单位：百万港元

(HK$ million)

项目	Item	1990/91	1995/96	1996/97	1997/98	1998/99
经营收入	**Operating Revenue**					
直接税	Direct Taxes					
入息税及利得税	Earnings and Profits Tax	36340	77419	83966	91524	75746
间接税	Indirect Taxes					
博彩及彩票税	Bets and Sweeps Tax	5884	11051	12191	13453	12228
娱乐税	Entertainments Tax	136	—	—	—	—
酒店房租税	Hotel Accommodation Tax	269	501	580	511	219
印花税	Stamp Duties	5939	11215	20461	29097	10189
飞机乘客离境税	Air Passenger Departure Tax	718	522	1121	1002	573
海底隧道使用税	Cross Harbour Tunnel Passage Tax	197	202	199	200	195
应课税品税项	Duties	5729	7899	8450	8465	7698
一般差饷	General Rates	3039	5806	6285	6258	3614
车辆税	Motor Vehicle Taxes	2054	2880	3249	4246	2237
专利税及特权税	Royalties and Concessions	816	1773	1755	1889	1286
其他收入	Other Revenue					
罚款、没收及罚金	Fines, Forfeitures and Penalties	652	1607	1592	1566	1333
物业及投资	Properties and Investments	1341	2488	2926	7159	8335
贷款、偿款、供款及其他收入	Loans, Reimbursements Contributions and Other Receipts	2173	4597	5044	6042	6517
公用事业	Utilities	5617	7199	6608	6735	4400
各项收费	Fees and Charges	5992	9879	10766	11279	10565
利息	Interest	4505	5910	5616	8976	21568
经营收入总额	Total Operating Revenue	81401	150948	170809	198402	166703
非经常收入	**Capital Revenue**					
直接税	Direct Taxes					
遗产税	Estate Duty	656	1277	1510	1588	1237
间接税	Indirect Taxes					
出租车专营权税	Taxi Concessions	136	—	—	23	—
其他收入	Other Revenue					
土地交易①	Land Transactions①	242	418	451	17864	—
其他	Others	240	214	282	1076	982
从房屋委员会收回的款项	Recovery from Housing Authority	—	337	805	1188	1471
基金	Funds					
基本工程储备基金②	Capital Works Reserve Fund②	4003	22478	29057	48067	25686
资本投资基金	Capital Investment Fund	2340	2681	3023	3888	6329
赈灾基金	Disaster Relief Fund	—	2	1	2	3
贷款基金	Loan Fund	506	1306	1919	2475	2533
公务员退休金储备基金	Civil Service Pension Reserve Fund	—	384	501	647	1091
土地基金③	Land Fund③	—	—	—	6006	10080
非经常收入总额	Total Capital Revenue	8123	29097	37549	32824	49412
政府收入总额	**Total Government Revenue**	**89524**	**180045**	**208358**	**281226**	**216115**

注释：①在 1985 年 5 月 27 日至 1997 年 6 月 30 日期间，这个总目只包括其所带来利益于 1997 年 6 月 30 日或之前届满的土地交易。至于 1997 年 7 月 1 日至 1997 年 12 月 31 日期间，即基本工程储备基金决议修订前，所有土地收入均记入这个总目。

②由 1985 年 5 月 27 日至 1997 年 6 月 30 日，这个总目包括香港政府根据中英《联合声明》附件三的规定所摊分得的土地收入。由 1998 年 1 月 1 日起，所有土地交易的收入，均记入这个总目。

③包括截至 1998 年 10 月 31 日为止的投资净值的变动。

Notes: ①From 27 May 1985 up to 30 June 1997 this head included only land transactions conferring a benefit that expired on or before 30 June 1997. From 1 July 1997 to 31 December 1997, pending amendment of the Capital Works Reserve Fund resolution, all land revenue was credited to this head.

②From 27 May 1985 up to 30 June 1997 this head included the former Hong Kong Government share of land revenue distributed in accordance with Annex III of the Sino-British Joint Declaration. From 1 January 1998 this head has been credited with all revenue from land transactions.

③Including the change in the net world of the investment up to 31 October 1998.

22-36 实际开支(政府一般收入帐目及各基金)

ACTUAL EXPENDITURE (GENERAL REVENUE ACCOUNT AND FUNDS)

单位：百万港元 (HK $ million)

项目	Item	1990/91	1995/96	1996/97	1997/98	1998/99
经营开支	**Operating Expenditure**					
经常开支	Recurrent Expenditure					
个人薪酬	Personal Emoluments	23443	34832	37404	40114	44092
与员工有关连的开支	Personnel Related Expenses	2396	3811	4129	4345	4708
退休金	Pensions	2541	7493	8724	9272	7395
部门开支	Departmental Expenses	4552	6199	7062	8067	8935
其他费用	Other Charges	9712	17928	21147	24139	28568
资助金	Subventions					
教育	Education	8737	15632	17179	18877	21082
卫生	Health	2274	18370	20930	24040	26562
社会福利	Social Welfare	1254	2738	3207	4598	5419
大学及理工学院	Universities and Polytechnics	3400	9385	10723	11792	13189
职业训练局	Vocational Training Council	706	1497	1668	1806	1968
杂项	Miscellaneous	1363	2399	2564	2336	2359
其他非经常开支	Other Non-recurrent	1091	1619	1116	11180	13129
经营开支总额	**Total Operating Expenditure**	**61469**	**121903**	**135853**	**160566**	**177406**
非经常开支	**Capital Expenditure**					
机器、设备及工程	Plant, Equipment and Works	776	581	616	852	790
资助金	Subventions					
教育	Education	157	330	416	409	332
卫生	Health	23	359	339	17	380
职业训练局	Vocational Training Council	13	12	14	46	
杂项	Miscellaneous	190	137	1274	706	
偿债	Debt Repayment	—	—	—	—	
基金	Funds					
基本工程储备基金①	Capital Works Reserve Funds①	15641	33387	29168	28772	31267
资本投资基金(证券投资)②	Capital Investment Fund (Equity Investments)②	6214	21525	9036	119	20545
贷款基金②	Loan Fund②	1074	4875	5944	2948	7856
赈灾基金③	Disaster Relief Fund③	—	49	20	38	38
非经常开支及证券投资总额	**Total Capital Expenditure and Equity** Investments	**24088**	**61255**	**46827**	**33794**	**61950**
政府开支及证券投资总额	**Total Government Expenditure and Equity** Investments	**85557**	**183158**	**182680**	**194360**	**239356**

注释：①基本工程储备基金于 1982 年 1 月 20 日经立法局决议成立,目的是为工务计划、征用土地及债券支付利息提供资金。

②资本投资基金及贷款基金于 1990 年 4 月 1 日经立法局决议成立，以肩负承担前发展贷款基金、地下铁路基金及学生贷款基金原有的功能。

③赈灾基金在 1993 年 12 月 1 日经立法局决议成立，目的是对香港以外发生的灾难给予人道援助。

Notes: ①The Capital Works Reserve Fund was established on 20 January 1982 by Resolution of the Legislative Council for the purpose of financing the Public Works Programme, acquisition of land and payment for interest on bond.

②The Capital Investment Fund and the Loan Fund were established on 1 April 1990 by Resolution of the Legislative Council. These funds assumed the functions of the former Development Loan fund, the Mass Transit Fund and the Student Loan Fund.

③The Disaster Relief Fund was established on 1 December of 1993 by Resolution of the Legislative Council for purpose of humanitarian aid in relief of disasters that occur outside Hong Kong.

22-37 外币兑换率及港币汇率指数
EXCHANGE RATES AND THE EFFECTIVE EXCHANGE RATE INDICES

（一单位外币兑换的港元） (HK dollars to one unit of foreign currency)

项　目	Item	1990	1995	1996	1997	1998
年内平均数字①	**Average for the year①**					
澳元	Australian Dollar	6.09	5.73	6.06	5.76	4.88
比利时法郎	Belgian Franc	0.238	0.265	0.252	0.218	0.215
加拿大元	Canadian Dollar	6.68	5.64	5.67	5.59	5.23
人民币	Chinese Renminbi	1.6309	0.9264	0.9303	0.9340	0.9357
德国马克	Deutsche Mark	4.84	5.41	5.14	4.47	4.41
荷兰盾	Dutch Guilder	4.30	4.83	4.59	3.97	3.91
法国法郎	French Franc	1.44	1.55	1.51	1.33	1.32
印尼卢比	Indonesian Rupiah	0.0043	0.0036	0.0034	0.0029	0.0008
意大利里拉	Italian Lira	0.0066	0.0048	0.0050	0.0046	0.0045
日圆	Japanese Yen	0.0541	0.0828	0.0712	0.0641	0.0595
马来西亚元	Malaysian Dollar	2.89	3.09	3.08	2.81	1.99
新台币	New Taiwan Dollar	0.274	0.284	0.274	0.263	0.230
菲律宾比索	Philippine Peso	0.315	0.302	0.295	0.270	0.194
英镑	Pound Sterling	13.92	12.21	12.08	12.69	12.83
韩圆	Republic of Korea Won	0.0110	0.0100	0.0096	0.0083	0.056
新加坡元	Singapore Dollar	4.31	5.47	5.49	5.23	4.64
瑞士法郎	Swiss Franc	5.64	6.56	6.26	5.34	5.35
泰铢	Thai Baht	0.309	0.312	0.307	0.262	0.190
美元	US Dollar	7.789	7.736	7.734	7.742	7.745
特别提款权	SDR	10.61534	11.74162	11.22536	10.65346	10.50555
港币汇率指数② （1983年11月＝100）	Effective Exchange Rate Indices for the Hong Kong dollar② (November 1983＝100)					
贸易总值加权	Trade-weighted	107.9	121.8	125.0	130.3	137.5
进口货值加权	Import-weighted	103.3	111.4	115.7	121.7	131.2
整体出口货值加权④	Export-weighted④	113.1	133.7	135.6	139.9	144.5
年底数字③	**As at end of year③**					
澳元	Australian Dollar	6.00	5.75	6.17	5.06	4.80
比利时法郎	Belgian Franc	0.257	0.264	0.243	0.211	0.227
加拿大元	Canadian Dollar	6.72	5.67	5.65	5.41	5.03
人民币	Chinese Renminbi	1.4927	0.9297	0.9329	0.9359	0.9358

22-37 **续表** continued

（一单位外币兑换的港元） (HK dollars to one unit of foreign currency)

项　目	Item	1990	1995	1996	1997	1998
德国马克	Deutsche Mark	5.20	5.38	4.97	4.33	4.64
荷兰盾	Dutch Guilder	4.61	4.8	4.43	3.84	4.12
法国法郎	French Franc	1.53	1.57	1.48	1.29	1.39
印尼卢比	Indonesian Rupiah	0.0042	0.0036	0.0034	0.0015	0.0010
意大利里拉	Italian Lira	0.0070	0.0049	0.0051	0.0044	0.0047
日圆	Japanese Yen	0.0576	0.0750	0.0666	0.0597	0.0661
马来西亚元	Malaysian Dollar	2.89	3.05	3.07	2.01	2.04
新台币	New Taiwan Dollar	0.271	0.276	0.274	0.231	0.243
菲律宾比索	Philippine Peso	0.260	0.299	0.298	0.201	0.202
英镑	Pound Sterling	14.95	11.97	13.07	12.85	12.94
韩圆	Republic of Korea Won	0.0109	0.0100	0.0092	0.0045	0.0064
新加坡元	Singapore Dollar	4.50	5.47	5.54	4.62	4.69
瑞士法郎	Swiss Franc	6.08	6.70	5.73	5.33	5.71
泰铢	Thai Baht	0.313	0.309	0.303	0.170	0.213
美元	US Dollar	7.801	7.732	7.736	7.746	7.745
特别提款权	SDR	11.09817	11.49503	11.12406	10.45129	10.90660
港币汇率指数②（1983年11月=100）	Effective Exchange Rate Indices for the Hong Kong dollar② (November 1983=100)					
贸易总值加权	Trade-weighted	108.3	122.7	125.3	137.9	132.3
进口货值加权	Import-weighted	103.2	113.1	116.5	132.0	124.7
整体出口货值加权④	Export-weighted④	113.9	133.6	135.3	144.4	140.7

注释：《中华人民共和国香港特别行政区基本法》说明，港币是香港特别行政区的法定货币。外币指港币以外的其他货币，因而人民币亦视作外币。

①所列数字是电汇或现钞收市中间兑换价的年内平均数。

②由1995年4月1日起公布的新港币汇率指数系列。

③所列数字是该年最后一个交易日的电汇或现钞收市中间兑换价。

④包括转口和港产品出口。

Notes: Hong Kong dollar is the legal tender in the Hong Kong Special Administrative Region, as stated in "The Basic Law of the Hong Kong Special Administrative Region of the People's Republic of China". Foreign currency refers to any currency other than the Hong Kong currency. Accordingly Chinese Renminbi is also treated as foreign currency.

①Figures are based on average of the closing middle-market telegraphic transfer rates or notes rates for the year.

②The effective exchange rate indices are based on a new series released since 1 April 1995.

③Figures are based on closing middle-market telegraphic transfer rates or notes rates as at the last trading day of the year.

④Including re-exports and domestic exports.

22-38 货币供应
MONEY SUPPLY

单位：百万港元(年底数字) (HK $ million, As at end of year)

项目	Item	1990	1995	1996	1997	1998
法定纸币及硬币的流通量	Legal Tender Notes and Coins in Circulation					
由商业银行发行	Commercial Bank Issues	40886	77695	82575	87015	86465
由政府发行	Government Issues	2375	3972	4538	5651	6030
总计	Total	43261	81667	87113	92666	92495
认可机构持有的法定纸币及硬币	Authorized Institutions' Holdings of Legal Tender Notes and Coins	5568	10332	10597	12077	11321
由公众持有的法定纸币及硬币	Legal Tender Notes and Coins in Hands of Public	37693	71335	76516	80589	81174
货币供应：就外币掉期存款作出调整	Money Supply: Adjusted for Foreign Currency Swap Deposits					
货币供应(定义一)	Money Supply (Definition 1)					
港币	Hong Kong Dollar	91826	171642	198311	188135	178260
外币	Foreign Currency	15683	18830	19149	19958	19406
总计	Total	107509	190471	217460	208093	197666
货币供应(定义二)	Money Supply (Definition 2)					
港币①	Hong Kong Dollar①	539667	1260427	1503603	1652473	1814101
外币②	Foreign Currency②	670383	1022422	1028633	1090520	1251989
总计	Total	1210050	2282849	2532236	2744256	3066089
货币供应(定义三)	Money Supply (Definition 3)					
港币①	Hong Kong Dollar①	571215	1278288	1520461	1670379	1826233
外币②	Foreign Currency②	716813	1085675	1091176	1155230	1296112
总计	Total	1288028	2363963	2611636	2826873	3122345
货币供应：未就外币掉期存款作出调整	Money Supply: Unadjusted for Foreign Currency Swap Deposits					
货币供应(定义二)	Money Supply (Definition 2)					
港币	Hong Kong Dollar	471934	1210618	1465100	1610141	1784812
外币	Foreign Currency	738116	1072230	1067135	1132852	1281277
总计	Total	1210050	2282849	2532236	2744256	3066089
货币供应(定义三)	Money Supply (Definition 3)					
港币	Hong Kong Dollar	503482	1228480	1481959	1628047	1796944
外币	Foreign Currency	784546	1135484	1129678	1197562	1325401
总计	Total	1288028	2363963	2611636	2826873	3122345

注释：《中华人民共和国香港特别行政区基本法》说明，港币是香港特别行政区的法定货币。外币指港币以外的其他货币，因而人民币亦视作外币。

①所列数字已包括外币掉期存款。

②所列数字已扣除外币掉期存款。

Notes: Hong Kong dollar is the legal tender in the Hong Kong Special Administrative Region, as stated in "The Basic Law of the Hong Kong Special Administrative Region of the People's Republic of China". Foreign currency refers to any currency other than the Hong Kong currency. Accordingly Chinese Renminbi is also treated as foreign currency.

①Figures are adjusted to include foreign currency swap deposits.

②Figures are adjusted to exclude foreign currency swap deposits.

22-39 证券交易成交额、上市公司总市值及股票价格指数
VALUE OF STOCK EXCHANGE TURNOVER, MARKET CAPITALIZATION AND INDEX OF SHARE PRICES

项　目	Item	1990	1995	1996	1997	1998
证券交易成交总额	Total Stock Exchange Turnover					
(百万港元)	(HK$ million)	288715	826801	1412242	3788960	1701112
股票价格指数	Index of Share Prices					
恒生指数(1964.7.31=100)	Hang Seng Index (31.7.1964=100)	3027.47	9098.47	11646.55	13294.70	9484.47
分类指数	Sectoral Sub-indices:					
金融	Finance	1906.92	8381.38	11411.80	16039.15	13383.24
公用	Utilities	3840.58	10323.01	10243.35	11722.60	11868.83
地产	Properties	4874.47	15550.75	21925.96	22495.26	11713.44
工商	Commerce and Industry	2797.00	6719.82	8647.50	8857.60	5421.48
恒生中国企业指数	Hang Seng China Enterprises Index		939.63	838.15	1043.40	475.63
(1994.7.8=1000)	(8.7.1994=1000)					
恒生香港中资企业指数	Hang Seng China-Affiliated				2872.63 *	1071.82
(1993.1.4=1000)	Corporations Index (4.1.1993=1000)					
新恒生50中型股指数①	New Hang Seng MidCap 50 Index①					745.48
(1998.2.1=100)	(1.2.1998=100)					
恒生50中型股指数	Hang Seng MidCap 50 Index			1213.13	1467.42	1888.01
(1995.6.1=1268.55)	(1.6.1995=1268.55)					
所有普通股指数②	All Ordinaries Index②	1987.88	4396.53	5586.26	6702.38	4264.67
(1986.4.2=1000)	(2.4.1986=1000)					
上市公司总市值③	Total Market Capitalization③	650410	2348310	3475965	3202630	2661713
(百万港元)	(HK$ million)					

注释：按年指数是该年内12个月，每月最后一日的收市指数的平均数字。

①在1998年4月20日首次公布，取代恒生50中型股指数。

②1992年4月前称为香港指数。

③年末数字。

*该年数字由1997年6月至12月的平均指数编制而成。

Notes: Annual indices are averages of the closing indices of the last day of the 12 months.

①Launched on 20 April 1998, this index replaces the Hang Seng MidCap 50 Index.

②Before April 1992, it was known as Hong Kong Index.

③Year-end figures.

* Yearly figures compiled on average from June to December 1997.

22-40 消费物价指数(1994年10月至1995年9月=100)
CONSUMER PRICE INDICES(OCTOBER 1994-SEPTEMBER 1995=100)

项目	Item	权数 Weight	1990	1995	1996	1997	1998
综合消费物价指数	**Composite Consumer Price Index**						
总指数	**All Items**	**100.00**	**64.8**	**101.9**	**108.3**	**114.7**	**117.9**
食品	Food	29.50	67.9	101.5	105.5	109.3	111.4
外出用餐	Meals Bought away from Home	(18.16)	64.7	101.6	105.6	109.8	112.2
食品(不包括外出用餐)	Food, Excluding Meals Bought away from Home	(11.34)	72.6	101.5	105.4	108.6	110.2
住房	Housing	28.83	55.9	103.0	113.3	123.7	129.4
燃料及电力	Fuel and Light	2.36	79.2	101.4	106.8	112.8	114.6
烟酒	Alcoholic Drinks and Tobacco	1.35	55.0	101.5	107.3	113.3	120.5
服装、鞋	Clothing and Footwear	6.66	66.8	101.8	110.2	119.4	118.5
耐用物品	Durable Goods	5.49	86.2	100.9	102.8	105.1	105.3
杂项物品	Miscellaneous Goods	6.14	74.3	100.8	103.5	109.2	112.0
交通	Transport	7.77	66.9	101.7	108.0	112.3	116.6
杂项服务	Miscellaneous Services	11.90	62.7	101.6	107.9	112.7	115.7
甲类消费物价指数	**Consumer Price Index (A)**						
总指数	**All Items**	**100.00**	**65.4**	**101.8**	**107.9**	**114.1**	**117.0**
食品	Food	37.30	68.6	101.6	105.6	109.5	111.6
外出用餐	Meals Bought away from Home	(20.43)	64.9	101.7	106.0	110.5	113.3
食品(不包括外出用餐)	Food, Excluding Meals Bought away from Home	(16.87)	72.8	101.4	105.2	108.3	129.5
住房	Housing	25.34	57.0	102.6	112.2	122.2	125.9
燃料及电力	Fuel and Light	3.37	79.2	101.5	106.8	112.7	114.2
烟酒	Alcoholic Drinks and Tobacco	2.06	53.3	101.4	107.3	113.4	120.8
服装、鞋	Clothing and Footwear	5.12	69.4	101.8	111.5	121.6	121.7
耐用物品	Durable Goods	4.34	87.1	101.0	102.7	105.1	105.4
杂项物品	Miscellaneous Goods	6.03	72.5	100.9	103.4	110.8	114.8
交通	Transport	7.17	66.4	101.7	108.2	112.4	117.3
杂项服务	Miscellaneous Services	9.27	59.9	101.9	109.0	114.4	119.1
乙类消费物价指数	**Consumer Price Index (B)**						
总指数	**All Items**	**100.00**	**64.9**	**101.9**	**108.4**	**114.7**	**117.9**
食品	Food	29.37	67.9	101.6	105.6	109.5	111.8
外出用餐	Meals Bought away from Home	(18.99)	65.0	101.6	105.6	110.0	112.4
食品(不包括外出用餐)	Food, Excluding Meals Bought away from Home	(10.38)	72.6	101.5	105.5	108.8	110.6
住房	Housing	28.18	55.6	103.0	113.0	122.6	127.9
燃料及电力	Fuel and Light	2.16	79.2	101.4	106.6	112.7	114.4
烟酒	Alcoholic Drinks and Tobacco	1.18	56.4	101.5	107.5	113.6	121.4
服装、鞋	Clothing and Footwear	6.95	68.3	101.9	112.4	123.1	123.2
耐用物品	Durable Goods	5.85	87.3	100.9	102.7	105.1	105.3
杂项物品	Miscellaneous Goods	6.44	74.9	100.8	103.7	109.1	111.6
交通	Transport	7.57	66.9	101.8	108.1	112.5	116.5
杂项服务	Miscellaneous Services	12.30	62.1	101.7	108.3	113.5	117.2
丙类消费物价指数 *	**Consumer Price Index (C)** *						
总指数	**All Items**	**100.00**	**63.6**	**102.0**	**108.7**	**115.3**	**118.9**
食品	Food	20.38	66.6	101.3	104.8	108.3	110.3
外出用餐	Meals Bought away from Home	(14.15)	63.9	101.1	104.4	107.9	110.0
食品(不包括外出用餐)	Food, Excluding Meals Bought away from Home	(6.23)	71.9	101.6	105.7	109.1	111.1
住房	Housing	34.00	54.8	103.2	114.8	126.4	134.5
燃料及电力	Fuel and Light	1.50	79.5	101.2	107.2	113.3	116.1
烟酒	Alcoholic Drinks and Tobacco	0.77	57.9	101.4	106.8	112.3	119.4
服装、鞋	Clothing and Footwear	8.04	63.2	101.6	106.3	112.8	109.8
耐用物品	Durable Goods	6.31	83.8	101.0	103.1	105.1	105.2
杂项物品	Miscellaneous Goods	5.79	75.9	100.9	103.4	107.3	109.2
交通	Transport	8.79	67.5	101.5	107.6	111.8	116.1
杂项服务	Miscellaneous Services	14.42	66.8	101.3	106.4	110.4	111.2

注释：以上的权数是根据1994至1995年间进行的住户开支统计调查结果计算出来。

*前称恒生消费物价指数。

Notes: The weights are derived from the results of the 1994/95 Household Expenditure Survey.

* Formerly known as Hang Seng Consumer Price Index.

22-41 按四分位开支组别及商品或服务类别划分的住户两星期平均开支

AVERAGE BI-WEEKLY HOUSEHOLD EXPENDITURE BY COMMODITY/SERVICE SECTION BY QUARTILE EXPENDITURE GROUP

商品或服务类别 Commodity/Service Section		四分位开支组别 Quartile Expenditure Group									
		总数 Overall		最低四分位 The Lowest 25%		第二四分位 The Second 25%		第三四分位 The Third 25%		最高四分位 The Highest 25%	
		绝对值 Value	百分比 (%)	绝对值 Value	百分比 (%)	绝对值 Value	百分比 (%)	绝对值 Value	百分比 (%)	绝对值 Value	百分比 (%)
食品	Food	2555	29.4	1251	43.9	2137	38.2	2761	32.7	4073	22.7
住房	Housing	2696	31.0	676	23.7	1500	26.8	2515	29.8	6095	34.0
燃料及电力	Fuel & Light	205	2.4	128	4.5	186	3.3	215	2.5	290	1.6
烟酒	Alcoholic Drinks & Tobacco	94	1.1	69	2.4	91	1.6	94	1.1	120	0.7
服装、鞋	Clothing & Footwear	642	7.4	122	4.3	303	5.4	586	6.9	1558	8.7
耐用物品	Durable Goods	327	3.8	52	1.8	161	2.9	296	3.5	800	4.5
杂项物品	Miscellaneous Goods	402	4.6	119	4.2	255	4.6	397	4.7	837	4.7
交通	Transport	691	7.9	201	7.0	378	6.8	598	7.1	1589	8.9
杂项服务	Miscellaneous Services	1088	12.5	231	8.1	582	10.4	988	11.7	2550	14.2
总数（港元）	**All Sections（HK $）**	**8701**	**100.0**	**2850**	**100.0**	**5595**	**100.0**	**8450**	**100.0**	**17912**	**100.0**
住户总数（户）	**Number of Households（household）**	**1516000**	**100.0**	**379000**	**25.0**	**379000**	**25.0**	**379000**	**25.0**	**379000**	**25.0**

注释：从 1994 年 10 月至 1995 年 9 月进行的住户开支统计调查获取的结果。

Note: Results are obtained from the Household Expenditure Survey carried out from Oct. 1994 to Sept. 1995.

22-42 15 岁及 15 岁以上人口教育程度

EDUCATIONAL ATTAINMENT OF POPULATION AGED 15 AND ABOVE

项目	Item	1981		1986		1991		1996	
		人数(人) Number of Persons (person)	百分比 (%)	人数(人) Number of Persons (person)	百分比 (%)	人数(人) Number of Persons (person)	百分比 (%)	人数(人) Number of Persons (person)	百分比 (%)
总计	**Total**								
男	Male	1961803	52.3	2122826	51.2	2212947	50.6	2511854	49.6
女	Female	1787250	47.7	2026224	48.8	2157418	49.4	2554664	50.4
未受教育/幼稚园	No Schooling/Kindergarten								
男	Male	148670	4.0	148943	3.6	157473	3.6	128395	2.5
女	Female	455953	12.2	436948	10.5	399824	9.1	352457	7.0
小学	Primary								
男	Male	721146	19.1	653927	15.9	576381	13.1	569431	11.2
女	Female	562247	15.0	558987	13.4	524218	12.0	577451	11.4
初中	Lower Secondary								
男	Male	418758	11.2	464708	11.2	506431	11.6	569097	11.2
女	Female	260773	7.0	290585	7.0	331299	7.6	389148	7.7
高中	Upper Secondary								
男	Male	434905	11.6	524736	12.6	576058	13.2	667664	13.2
女	Female	361498	9.6	499149	12.0	593213	13.6	735547	14.5
预科	Matriculation								
男	Male	79161	2.1	105147	2.5	109345	2.5	148683	2.9
女	Female	56395	1.5	89383	2.2	105232	2.4	160125	3.2
专上教育	Tertiary								
非学位课程	Non-degree Courses								
男	Male	69998	1.9	105784	2.5	126489	2.9	128246	2.5
女	Female	53755	1.4	90608	2.2	108423	2.5	114758	2.3
学位课程	Degree Courses								
男	Male	89165	2.4	119581	2.9	160770	3.7	300338	5.9
女	Female	36629	1.0	60564	1.5	95209	2.2	225178	4.4

22-43 按各类型教育机构在校学生人数

ENROLMENT BY TYPE OF EDUCATIONAL INSTITUTION

单位：人 (person)

类别	Type	1990	1995	1996	1997	1998
日校	Day Schools					
幼稚园①	Kindergartens①	196466	180317	180771	177462	175073
小学	Primary Schools	524919	467718	466507	461911	476802
中学②	Secondary Schools②					
初中	Lower Secondary	253774	259545	260574	246713	238877
高中	Upper Secondary	146368	147508	151979	157068	160430
预科	Sixth Form	31239	52792	53105	54337	56565
特殊教育	Special education					
特殊学校	Special Schools	7823	8338	8542	8825	9513
正常学校内的特殊班	Special Classes in Ordinary Schools	176	138	155	131	154
夜校	Evening Schools					
小学	Primary Schools	1801	—	—	98	342
中学	Secondary Schools	18451	11152	11950	10871	12095
教育学院及香港教育学院③	Colleges of Education and Hong Kong Institute of Education③					
全日制	Full-time	2663	3003	—	—	—
兼读制	Part-time	2316	5649	—	—	—
工业学院④	Technical Institutes④					
全日制	Full-time					
技工级课程	Craft Level Courses	4835	5659	5616	5206	5043
技术员级课程	Technician Level Courses	7484	8313	8531	8595	10161
兼读制	Part-time					
技工级课程	Craft Level Courses	23634	16493	16192	16033	14850
技术员级课程	Technician Level Courses	20958	17956	18493	19073	17693
科技学院⑤	Technical Colleges⑤					
全日制	Full-time	—	4900	5141	5265	5520
兼读制	Part-time	—	8061	8731	9179	9454
认可专上学院	Approved Post-secondary College					
全日制	Full-time	4730	2600	2434	2383	2346
其他专上学院	Other Post-secondary Colleges					
日间课程	Day Courses	1804	1994	2213	2281	3084
夜间课程	Evening Courses	1307	1021	848	969	1219
教资会资助院校③	UGC-funded Institutions③					
全日制	Full-time					
学位以下程度	Sub-degree	9588	7117	10701	11220	—
学士学位程度	First Degree	23824	42824	44302	44225	—

22-43 **续表** continued

单位：人 (person)

类　别	Type	1990	1995	1996	1997	1998
研究院	Postgraduate	1304	3569	4021	4342	—
兼读制	Part-time					
副学位程度	Sub-degree	15868	7768	12165	11758	10835
学士学位程度	First Degree	3199	4627	4223	4120	3759
研究院	Postgraduate	4041	9652	10138	10537	10416
香港公开大学⑥	The Open University of Hong Kong⑥					
兼读制	Part-time	13009	20085	20451	22904	24318
成人教育⑦	Adult Education Institutions⑦					
日间课程	Day Courses	21189	32590	33359	36588	48905
夜间课程	Evening Courses	79805	59547	59211	62948	76724

注释：表内列载有关幼稚园、小学、中一至中七及特殊教育的数字是截至该年9月为止。至于认可专上学院、其他专上学院、成人教育以及香港公开大学的数字，则是截至该年10月为止。工业学院及科技学院的数字是截至该年11月为止。教资会资助院校的数字则是截至该年12月止。

①志愿机构和私人团体为本港3至5岁的儿童提供幼稚园教育，幼稚园并非由政府主办，但须在教育署注册，由该署加以督导。现时大部分幼稚园为半日制，但提供全日制学位的幼稚园数目亦续渐增加。

②不包括商业学校，因该等学校已归入「成人教育」的类别。

③香港教育学院自1996年7月1日起成为大学教育资助委员会资助院校。

④技工级课程为中三以上程度课程，技术员级课程为中五以上程度课程。

⑤香港科技学院(柴湾及青衣)于1993年成立，主要开办高级文凭课程及高级证书课程。

⑥香港公开进修学院于1989年成立，并于1997年5月30日改名为香港公开大学。

⑦「成人教育」是指由官立夜校，官立中文夜学院及各间提供各类科目(包括商科班)的私立学校所开办的课程。

Notes: Figures for kindergarten, primary, secondary 1-7 and special education are as at September of the year. Figures for approved post-secondary colleges, other post-secondary colleges, schools offering adult education and the Open University of Hong Kong are as at October of the year. Figures for Technical Institutes and Technical Colleges are as at November of the year. Figures for UGC-funded institutions are as at December of the year.

①Kindergarten education is provided by voluntary organizations and private bodies for children in the 3-5 age group. These kindergartens are registered with and supervised by the Education Department. Most kindergartens operate two half-day sessions, but the number offering whole-day places is increasing.

②Excluding commercial schools which have been classified under 'Adult educationinstitutions'.

③The Hong Kong Institute of Education came under the aegis of the University Grants Committee (UGC) with effect from 1 July 1996.

④Craft level course is post-secondary 3 course. Technician level course is post-secondary 5 course.

⑤The Hong Kong Technical Colleges (Chai Wan & Tsing Yi), which run Higher Diploma and Higher Certificate courses, started operation in 1993.

⑥The Open Learning Institute of Hong Kong was established in June 1989. It was renamed The Open University of Hong Kong on 30 May 1997.

⑦'Adult education institutions' refer to courses in Government evening institutes, the Evening School of Higher Chinese Studies and various private schools offering a variety of subjects including commercial classes.

22-44 按学校程度及教师性别划分的全职教师人数

FULL TIME TEACHING STAFF BY LEVEL OF SCHOOL AND SEX

单位：人 (person)

程度	Level	性别 Sex	1990	1995	1996	1997	1998
幼稚园	Kindergarten	男 M	75	44	45	45	45
小学	Primary	男 M	4938	4709	4705	4722	4839
中一至中七	Secondary 1-7	男 M	10160	11113	11087	11063	11272
特殊教育	Special Education	男 M	N. A.	473	486	492	528#
教育学院及香港教育学院①	Colleges of Education and Hong Kong Institute of Education①	男 M	230	220	—	—	—
工业学院	Technical Institute	男 M	647	568	580	571	576
科技学院	Technical College	男 M	—	279	293	293	299
认可专上学院	Approved Post-secondary College	男 M	174	107	89	78	—
其他专上学院	Other Post-secondary	男 F	160	183	189	180	—
教资会资助院校	UGC-funded Institutions	男 M	N. A.	3514	3739	3671	3751
香港公开大学	The Open University of Hong Kong	男 M	23	49	49	55	55
		女 F	7	19	26	30	31

注释：除教资会资助院校的数字是截至该年 12 月及香港公开大学的数字是截至下年度 3 月止外，其他教师人数均是截至该年 10 月份的数字。成人教育没有数字。

①香港教育学院自 1996 年 7 月 1 日起成为大学教育资助委员会资助院校。

不包括普通学校特殊教育班的教师。

Notes: Apart from the figures for UGC-funded institutions which are as at December of the year and the figures for The Open University of Hong Kong are as at March of the next year, all the other figures are as at October of the year. Figure for adult education is not available.

① The Hong Kong Institute of EdDcation came under the aegis of the University Grants Committee (UGC) with effect from 1 July 1996.

Excluding teachers for special education classes in ordinary schools.

(Figures collated by EMB last year included those teachers)

22-45 教育方面的开支

EXPENDITURE ON EDUCATION

单位：千港元 (HK $ thousand)

项目	Item	1990/1991	1995/1996	1996/1997	1997/1998
经常开支	Recurrent				
教育署①	Education Department①				
小学学前服务	Pre-primary Services	81492	322726	427342	487289
小学	Primary	3971619	6403260	6880003	7493274
中学	Secondary	5090579	9633997	10654336	11725568
特殊教育②	Special Education②	471592	917373	1024683	1165292
师资训练③	Teacher Training③	176543	—	—	—
专上程度④	Post-secondary④	50681	10936	13244	20842
其他教育服务	Other Education	112175	170365	190732	207818
行政费用(非拨款金额)	Administrative (non-allocated)	299494	735612	842081	946898
职业训练局	Vocational Training Council				
工业教育及训练	Technical and Vocational	781329	1844320	2047602	2237087
大学教育资助委员会⑤	University Grants Committee⑤				
给予教资会资助院校的补助费	Subvention to UGC-funded Institutions	3400304	9385399	10722820	11791777
教资会及秘书处开支	UGC and Secretariat Expenses	7763	22561	29523	33080
学生资助办事处	Student Financial Assistance Agency				
学生经济补助－助学金⑥	Student Finance-grants⑥	—	750289	968373	1034111
学生车船津贴计划⑥⑦	Student Travel Subsidy Scheme⑥⑦	45477	217402	244207	244185
香港公开大学⑧	The Open University of Hong Kong⑧	113394	275724	321931	370385
非经常开支	Non-recurrent				
教育署	Education Department	684042	1337131	1940774	2681594
职业训练局	Vocational Training Council				
工业教育及训练	Technical and Vocational	104569	83521	56341	67015
大学教育资助委员会⑤	University Grants Committee⑤	458520	699686	390510	1135687
香港公开大学⑧	The Open University of Hong Kong⑧	23959	6421	9796	19325

注释：①开支已包括教育补助额。

②由 1983 至 1984 年起，特殊教育的开支与中小学的开支已分开计算。

③由于教育学院及语文教育学院由 1994 年 9 月 1 日起转为香港教育学院，因此自 1995 至 96 年度起未有这方面的开支。

④由 1992 至 1993 年起，这项开支不再包括拨予学生贷款/津贴的款项，计有本地专上学生资助计划、英国及香港政府联合拨款资助计划(3.3247 亿元)、英联邦奖学金(85 万元)。

⑤包括给予教资会资助院校的资助。岭南学院和香港科技大学自 1991 年 4 月 1 日起由教资会取得工程及设备资助，而经常性资助则由 1991 年 7 月 1 日起。香港教育学院自 1997 年 4 月 1 日起取得工程及设备资助，而经常性资助则由 1996 年 12 月 1 日起。之前的资助数目可向教育统筹局查询。

⑥自 1990 至 1991 年开始，此计划正式由学生资助办事处管理。

⑦自 1991/1992 年起，学生车船津贴计划，采用入息审查制度来评估个别学校学生的申请。

⑧香港公开进修学院于 1993 年 4 月 1 日开始以自负盈亏方式运作，并于 1997 年 5 月 30 日正名为香港公开大学。

Notes: ①Subventions on education are included.

②Expenditure on special education is separated from primary and secondary level commencing from 1983/84.

③No expenditure as from 1995/96 due to transfer of the Colleges of Education and the Institute of Language in Education to the Hong Kong Institute of Education on 1 September 1994.

④Excludes provisions for student loans/grants related to Local Student Finance Scheme, UK/HK Government Joint Funding Scheme($ 332.47 million) and Commonwealth Scholarship($ 0.85 million) as from 1992/93.

⑤Grants to the UGC-funded institutions are included. Lingnan College and The Hong Kong University of Science and Technology started to receive capital grants from the University Grants Committee on 1.4.1991 and recurrent grants on 1.7.1991. The Hong Kong Institute of Education started to receive capital grants from 1.4.1997 and recurrent grants from 1.12.1996. Figures prior to these dates can be obtained from the Education and Manpower Bureau.

⑥Student finance-grants and student travel subsidy scheme are administered by the Student Financial Assistance Agency as from 1990/91.

⑦A means test was introduced to student travel subsidy scheme since 1991/92 to assess the application of individual school students.

⑧The Open Learning Institute of Hong Kong became self-financing starting from 1 April 1993. It was retitled the Open University of Hong Kong on 30 May 1997.

22-46 医疗卫生条件
CONDITIONS OF PUBLIC HEALTH

项　目	Item	1990	1995	1996	1997	1998
注册医护人员①　　（人）	Number of Registered Medical Personnel①(person)					
医生	Doctors	6260	8122	8976	9289	9527
牙医	Dentists	1532	1625	1654	1684	1724
药剂师	Pharmacists	694	995	1067	1143	1212
护士	Nurses	27679	35051	36395	37880	39250
按每千名人口计算的医生数	Doctors Per Thousand Population	1.1	1.3	1.4	1.4	1.4
医疗机构和病床	Number of Medical Institutions and Hospital Beds					
医疗机构　（个）	Medical Institutions (number)	88	88	92	96	102
病床　（张）	Hospital Beds (bed)	25282	29328	29955	30800	32836
按每千名人口计算的病床数	Beds Per Thousand Population	4.4	4.7	4.7	4.7	4.8

注释：年底的数字

①注册医护人员的统计资料取自不同的资料来源。医务委员会提供医生的资料，牙医管理委员会提供牙医的资料，护士管理委员会提供护士的资料，及药剂及毒药管理局提供药剂师的资料。医生、牙医及药剂师需要每年重新申请执业证书。医生/牙医的数字包括本地及海外名册的正式注册医生/牙医。

Notes: Figures are as at end of the year.

①Statistics on the registered medical personnel are maintained by the Medical Council for doctors, Dental Council for dentists, Nursing Board for nurses and Pharmacy and Poisons Board for pharmacists. Annual renewal of practising certificate is required for doctors, dentists and pharmacists. Figures for doctors/dentists refer to the doctors/dentists with full registration on both the local and overseas lists

22-47 安老服务
SERVICES FOR THE ELDERLY

单位：人　　　　(person)

服务类别	Type of Services	1990/91	1995/96	19976/97	1997/98	1998/99
住院宿舍	Residential Care Home					
住院人数	Number of Persons Enrolled					
长者宿舍	Hostel for the Elderly	1720	997	889	810	811
安老院	Home for the Aged	4546	6009	6192	6252	6534
护理安老院	Care and Attention Home	2077	5765	6812	7228*	7807*
总计	Total	8343	12771	13893	14290*	15152*
长者综合服务中心	Multi-service Centre for the Elderly					
会员人数	Number of Members	14068	26637	29690	34038	38033
长者活动中心	Social Centre for the Elderly					
会员人数	Number of Members	38332	76855	94729	109100*	115966
长者日间护理中心	Day Care Centre for the Elderly					
登记人数	Number of Persons Enrolled	320	947	1103	1224	1314

注释：于财政年度终结时的数字。财政年度是由4月1日至3月31日。

* 修订数字。

Note: Figures are as at end of the financial year. Financial year is from 1 April to 31 March.

* Revised figure.

22-48　社会保障
SOCIAL SECURITY

社会保障计划	Social Security Scheme	1990/91	1995/96	1996/97	1997/98	1998/99
综合社会保障援助①	Comprehensive Social Security Assistance①					
处理中的个案数目②（个）	Number of Active Cases② (case)					
年老	Old Age	44806	84243	98765	112067	124304
失明	Blind	764	460	495	522	550
听觉受损	Deaf	216	143	195	218	210
肢体伤残	Physically Disabled	1422	2543	3209	3680	4313
精神病患	Mentally Ill	3628	6912	7913	8735	9668
健康欠佳	Ill Health	7294	14450	17948	21364	25041
单亲家庭	Single Parent Family	3899	8982	13303	17161	25613
低收入	Low Earnings	918	1814	3102	4714	7562
失业	Unemployed	1754	10131	14964	19108	31942
其他	Others	1974	6523	6826	8076	3616
总计	Total	66675	136201	166720	195645	232819
发放款项（百万港元）	Amount (HK$ million)	960.1	4831.1	7127.8	9441.3	13028.7
公共福利金③	Social Security Allowance③					
处理中的个案数目②（个）	Number of Active Cases② (case)					
伤残津贴	Disability Allowance	65387	68180	72264	77051	81741
高龄津贴	Old Age Allowance	379130	429986	437827	440814	445001
总计	Total	444517	498166	510091	517865	526742
发放款项（百万港元）	Amount (HK$ million)	2159.8	3682.7	4041.6	4420.2	4737.3
暴力及执法伤亡赔偿	Criminal and Law Enforcement Injuries Compensation					
获批个案数目（个）	Number of Cases Authorized for Payment (case)	801	555	568	604	557
交通意外伤亡援助	Traffic Accident Victims Assistance					
获批个案数目（个）	Number of Cases Authorized for Payment (case)	5310	5102	5558	5655	5809
紧急救济	Emergency Relief					
受助灾民人数（人）	Number of Victims Assisted (person)	2182	3261	807	1082	1097

注释：①由1993年7月1日起，综合社会保障援助计划已取代公共援助计划。此计划包括发放给受助人士的伤残津贴和高龄津贴款项。因此，1993/94年度及以后的数字，不能与以前的数字作严格比较。

②于财政年度终结时的数字。财政年度是由4月1日至3月31日。处理中的个案包括新申请个案，正在复查中的个案，正领取援助款项的个案和已停止领取援助款项等待覆查的个案。取援助款项的个案和已停止领取援助款项等待覆查的个案。

③由1993年7月1日起，特别需要津贴计划改称为公共福利金计划。过往同时领取公共援助金及特别需要津贴的受助人士不再包括在公共福利金计划内。因此，1993/94年度及以后的数字，不能与以前的数字作严格比较。

Notes: ①As from 1.7.1993 onwards, the Public Assistance Scheme has been replaced by the Comprehensive Social Security Assistance (CSSA) Scheme which includes payments of Disability Allowance and Old Age Allowance to CSSA recipients. Hence, figures as from 1993/94 and those of previous periods are not strictly comparable.

②Figures are as at end of the financial year. Financial year from 1 April to 31 March. Active cases refer to cases being handled which include new applications, cases being reviewed, cases being paid and cases suspended for payment pending review.

③As from 1.7.1993 onwards, the Special Needs Allowance Scheme was renamed as the Social Security Allowance (SSA) Scheme. Recipients who are eligible for both the previous Public Assistance and the previous Special Needs Allowance are not covered under the SSA Scheme. Hence, figures as from 1993/94 and those of previous periods are not strictly comparable.

《中国统计年鉴》与香港特别行政区统计刊物中使用的指标对照表

A COMPARISON OF COMMON STATISTICAL TERMS USED IN CHINA STATISTICAL YEARBOOK AND PUBLICATIONS COMPLIED BY THE CENSUS AND STATISTICAL DEPARTMENT, THE GOVERNMENT OF HONG KONG SPECIAL ADMINISTRATIVE REGION

对应表号 Number of tables	中国内地统计名词 Statistical terms used China Statistical Yearbook	香港特别行政区统计名词及对应英文 Statistical terms used in publications of Hong Kong Special Adminstrative Region
6，11	建筑业	建造业 Construction
7	实际工资指数	实质工资指数 Real wage index
8	实际薪金指数	实质薪金指数 Real salary index
9	国民生产总值	本地居民生产总值 Gross National Product（GNP）
9，10，11	国内生产总值	本地生产总值 Gross Domestic Product（GDP）
9，10，11	人均国内生产总值	按人口平均计算的本地生产总值 Per capita GDP
9，10，11	以现价计算（按现行价格计算）	以当时市价计算 At current market prices
9，10，11	以固定价格计算（按不变价格计算）	以固定市价 At constant market prices
10	支出法国内生产总值	本地生产总值开支估计 GDP（Expenditure based stimates）
10	居民消费	私人消费开支 Private consumption expenditure
10	社会消费	政府消费开支 Government consumption expenditure
10	国内固定资本形成总额	本地固定资本形成总额 Gross domestic fixed capital formation
10	存货增加（存货变动）	存货增减 Changes in inventories
11	生产法国内生产总值	本地生产总值生产估计 GDP（production-based estimates）
11	生产及进口税	生产及入口税 Taxes on production and imports
11	电力、煤气及水的生产和供应业	电力、燃气及水务业 Electricity，gas and water
13	饮料	饮品 Beverage
13	纸和纸制品	纸张及纸品 Paper and paper products
13	化学品及化学制品	化学品及化学产品 Chemicals and chemical products
13	石油及煤制品	石油及煤产品 Products of petroleum and coal
13	总产出	生产总值 Gross output
13，17，20，26，27	增加值	增加价值 Value added
13，17，20，26，27	从业人员数	就业人数 Number of persons engaged
13，17，20，26，27	从业人员报酬	雇员薪酬 Compensation of employees
14	水	食水 Water
17	其他经营支出	杂项营运开支 Miscellaneous operating expenses

续表 Continued

对应表号 Number of tables	中国内地统计名词 Statistical terms used China Statistical Yearbook	香港特别行政区统计名词及对应英文 Statistical terms used in publications of Hong Kong Special Adminstrative Region
17	服务和租金收入	服务及租项收入 Service and rental income
17	总盈余	盈余总额 Gross surplus
20	公路客运业	陆路客运业 Land passenger transport
20	公路货运业	陆路货运业 Land freight transport
20	公路运输服务业	陆路运输辅助服务业 Supporting services to land transport
20	内河、内湖运输业	港内海上运输业 Inland water transport
20	水运辅助业	海上运输辅助服务业 Supporting services to water transport
20	远洋及沿海运输业	远洋及沿岸海上运输业 Ocean and coastal water transport
20，27	营业收入	业务收益及其他收入 Business receipts and other income
20，26，27	营业面积	楼宇面积 Floor area
20，26，27，28	经营费用	营运开支 Operating expenses
23，24	摩托车	电单车 Motor cycles
23，24	私人汽车	私家车 Private cars
23，24	小公共汽车	公共小型巴士 Public light buses
23，24	出租汽车/出租车	的士 Taxis
26	商品销售收入	销售及其他收益 Sales and other receipts
26	商品购进总额	供销售的货品的购货总值 Total value of purchases of goods forsale
26	库存变化	存货变动 Changes in stocks
26	批发贸易业	批发业 Wholesale
26	零售贸易业	零售业 Retail
26	旅馆业	酒店及旅舍业 Hotels and boarding houses
26	餐饮业	饮食业 Restaurants
28	外汇交易收益/套汇收入	外汇交易溢利 Profit from foreign exchange dealing
29	贸易总额	贸易总额 Total trade
36	澳元	澳洲元 Australian Dollar
36	韩元	南韩圆 Republic of Korea Won
36	泰铢	泰国铢 Thai Baht
36	菲律宾比索	菲律宾披索 Philippine Peso
39	居民消费价格	指数消费物价指数 Consumer Price Indices
39	外出用餐	外出用膳 Meals bought away from home
39	服装,	鞋衣履 Clothing and footwear
39	住房	住屋 Housing

主 要 统 计 指 标 解 释

粗出生率 是指某一年内的活产婴儿数目与年中人口的比率，一般按每千人口表示。

粗死亡率 是指某一年内的死亡人数与年中人口的比率，一般按每千人口表示。

出生时平均预期寿命 是指某年出生的男、女性，若其一生经历的死亡情况，正如该年的年龄性别死亡率所反映，他/她预期能活的年数。

年中人口估计 包括在香港的永久性及非永久性居民及旅客，亦包括暂时离港前往中国内地及澳门的永久性居民。

总和生育率 是指某年的每一千名妇女，若他们在生育龄期（即15至49岁）的生育率依循该年的年龄别生育率，一生中活产子女的平均数目。

婴儿死亡率 是以一年内，年龄一岁以下死亡人数与同年出生的每千名活产婴儿的比率。

劳动人口 是指十五岁及以上陆上非住院平民人口，并符合就业人口或失业人口定义的人士。

劳动人口参与率 是指劳动人口占所有十五岁及以上陆上非住院平民人口的比例。

就业人口 包括在统计前七天内有做工赚取薪酬或利润或有一份正式工作的十五岁及以上人士。无酬家庭从业员及在统计前七天内正休假的就业人士亦包括在内。

失业人口 包括所有在统计前三十天内有找寻工作，而在统计前七天内并无职位，且并无为赚取薪酬或利润而工作，并随时可工作的十五岁及以上人士。失业人口亦包括那些并无职位，有找寻工作，但由于暂时生病而不能工作的人士；及并无职位，可随时工作，但由于下列理由而没有找寻工作的人士：（i）已为于稍后时间担当的新工作或开展的业务作出安排；或（ii）正期待返回原来的工作岗位；或（iii）因灰心而不求职的人士。

失业率 是指失业人士在劳动人口中所占的比例。

就业不足人口 包括在统计前七天内在非自愿情况下工作少于三十五小时，而在统计前三十天内有找寻更多工作，或即使没有找寻工作，但在统计前七天内可担任更多工作的人士。

就业不足率 是指就业不足人士在劳动人口中所占的比例。

工资率 指支付予雇员在正常工作时数所赚取的金额。工资率通常以时间作为计算单位，例如一小时、一日、一星期或一个月。除基本工资及薪金外，工资率亦包括生活津贴、膳食福利、佣金及小费、勤工奖、轮班津贴、固定发放的年终花红及其他固定及定期发放的花红和津贴。

名义工资指数 是将接连两次统计调查中有关行业、职业及性别方面的劳动人口结构维持不变，从而量度督导级及以下雇员工资率的纯变动。

实质工资指数 是从名义工资指数中，按甲类消费物价指数的变幅，扣除通胀的影响而得出，显示督导级及以下雇员所赚取工资金额购买力的转变。

薪金率 包括基本薪金、生活津贴、固定发放的年终花红、佣金及小费、及其他固定及定期发放的花红和津贴。经理级与专业雇员的酬金通常称之为薪金而不是工资，但两者所涵盖的工资元素大致相同。

名义薪金指数（甲） 量度中层经理级与专业雇员平均薪金率的总体变动情况。

名义薪金指数（乙） 反映连续两年均留任同一职业及同一公司的经理级与专业雇员薪金率变动情况。因此只反映因一般薪金递增、工作表现良好和随年资而增薪的薪金率变动。

实质薪金指数（甲）及实质薪金指数（乙） 是从有关名义指数中，按恒生消费物价指数的变幅，扣除通胀的影响而得出，可量度薪金购买力的转变。

港产品出口货物 是指香港的天然产品或在本港经过制造工序，以致其基本原料的形状、性质、样式或用途受到永久改变的产品。其货值是以离岸价计算。

转口货品 是指输出曾经自外地输入本港的货品，而这些货品并没有在本港经过任何制造工序，以致永久改变其形状、性质、样式或用途。其货值是以离岸价计算。

进口货品 是指在香港以外出产或制成的货品，输入香港供本地使用或转口，以及再进口的香港产品。其货值是以到岸价计算。

输往中国内地作外发加工用途的出口货品 是指那些由香港或经香港出口往中国内地加工的原料或半制成品，经加工后成为制成品，并以合约安排再进口香港。

由中国内地进口与外发中国内地加工有关的货品 是指那些加工后进口香港的货品，其中全部或部分原料或半制成品是以合约安排由香港或经香港出口往中国内地加工。

原产地为中国内地而涉及外发中国内地加工、并经香港输往其他地方的转口货品 是指那些经香港转口的制成品，其中全部或部分原料或半制成品是以合约安排由香港或经香港出口往中国内地加工，而加工后的货品再进口本港。

下列条目可见于表示香港特别行政区各行业营运特征统计数据的统计表（即表13，17，20，26，27及28)：

适用于所有行业：

机构单位 是指在单一拥有权或控制权（即单一公司名义）下，在单一地点（即在同一建筑物内）从事一种或主要从事一种经济活动（即生产货物或提供服务）的经济单位。倘在同一管理下的不同活动或在不同地点进行的活动有关的个别数字并不齐备，则在搜集数据时，合并的资料亦予接纳。在这种情况下，该填报单位视为一个机构单位。

就业人数 等于在职东主、在职股东及无酬家属帮工人数，加雇员人数。

雇员薪酬 等于雇员工资及薪金，加雇员实质利益费用及雇主为雇员提供社会保障的费用，加外发工支出(外发工支出只适用于制造业机构单位)。

固定资产买卖净值 等于添置之固定资产减出售固定资产所得。

适用于制造业（表13)：

生产总值 等于销货、工业加工及服务收益，加租项收入，加其他收入，加半制成品、制成品及原件转售货品在年度期末的存货帐面值，减半制成品、制成品及原件转售货品在年度期初的存货帐面值，减购入作原件转售之货品总值。

适用于批发、零售、进出口贸易、饮食及酒店业（表26)：

营运开支 等于土地及楼宇之租金及差饷，加利息支付，加维修保养费用，加日常经营所需用品的费用，加燃料费，加水费，加电费，加佣金，加纺织品出口配额转让支出（纺织品出口配额转让支出不适用于食肆、酒店及旅舍)，加其他营运开支。

毛利（只适用于批发、零售及进出口贸易机构单位） 等于销货价值，加服务收益，减供销售的货品的购货总值，加存货变动。

楼宇面积 是指机构单位内的永久性围建空间，不论是自置或租用，包括顾客使用的地方、储存地方、办公室及陈列室。面积以围拢外墙及/或间墙内面量度为准。

适用于运输及有关服务（表20)：

营运开支 等于土地及楼宇之租金及差饷，加利息支付，加维修保养费用，加日常经营所需用品的费用，加燃料费，加水费，加电费，加运费、运输工具租用费及其他运输判工费，加代理费、佣金及经纪费，加外聘工支出，加旅行团费用，加出售机票、船票、火车票及巴士票之成本，加其他营运开支。

楼宇面积 是指机构单位内的永久性围建空间，不论是自置或租用，包括顾客使用的地方、储存地方、办公室及陈列室。面积以围拢外墙及/或间墙内面量度为准。

适用于仓库、通讯、财务（银行除外）及商用服务业（表27)：

营运开支 等于土地及楼宇之租金及差饷，加利息支付，加维修保养，加日常经营所需用品，加燃料费，加水费，加电费，加佣金及经纪费，加判工费（判工费不适用于财务业（银行除外）机构单位)，加外聘工支出(外聘工支出只适用于仓库业机构单位)，加其他营运开支。

楼宇面积 是指机构单位内的永久性围建空间，不论是自置或租用，包括顾客使用的地方、贮存地方、办公室及陈列室。面积以围拢外墙及/或间墙内面量度为准。

工业生产指数 量度本地制造业的实质变动，即撇除价格调整因素后的本地生产量变动。

楼宇转让契约 是指订明不可分割业权（即楼宇单位）转让的文件。

获批准可动工兴建的楼宇 是指获香港特别行政区政府屋宇署签发《同意书》才可动工兴建的楼宇。这种《同意书》是发给私人发展计划（包括香港房屋协会的计划）及香港房屋委员会的私人机构参建居屋计划，但建于新界的小型乡村式房屋则毋须获取这种《同意书》。

大厦的可用楼面面积 指各层楼面面积总和，但不包括楼梯、公共流通空间、电梯平台、盥洗室、厕所、厨房、及为该楼宇提供电梯、空气调节、或类似服务而安装的机器所占用的空间。

单位的可用楼面面积 指单位的总楼面面积，但不包括楼梯、盥洗室、厕所、厨房及楼宇内其他公用地方。

进出香港的客运火车 是指由九广铁路公司经营来往香港与中国内地的直通火车服务。

进出香港的车辆 是指经落马洲、文锦渡及沙头角出入境管制站往返中国内地的陆路交通。

车辆牌照 给予车辆在道路上行驶的权利，有效期分为四个月及一年两种。领牌车辆总数指年底的数字。

车辆登记 是指由香港特别行政区政府运输署编配车辆登记号码（车牌），并将车辆予以适当分类。一部车通常只需登记一次。新登记车辆数字指该年内所登记的车辆数目。

重型货车 指许可车辆总重超过24公吨而不超过38公吨的货车。

中型货车 指许可车辆总重超过5.5公吨而不超过24公吨的货车。

轻型货车 指许可车辆总重不超过5.5公吨的货车。

特别用途车辆 指主要在道路上作并非属运载货物、司机或乘客的用途的汽车，如洗街车。

持牌渡轮服务 是根据渡轮服务条例（香港法例第一零四章）发出牌照经营的任何渡轮服务（香港油麻地小轮及天星小轮的渡轮服务除外）。

酒店入住率 数字的编制是根据每日可供出租房间数目计算，正在维修或翻新之房间并不包括在内。

认可机构 包括持牌银行、有限制牌照银行及接受存款公司。

持牌银行可以接受任何数额和期限的存款。在一九九四年十月一日之前，期限少于十五个月的港币五十万元以下存款利率，是受香港银行公会的《利率规则》管制。但这种管制已自该日起分期放宽。自一九九五年十一月二日起，此规则只适用于来往帐户、储蓄帐户与及七日以下的定期存款。

有限制牌照银行可接受金额不少于港币五十万元的任何期限的定期存款，而存款利率并无任何限制。

接受存款公司可接受金额不少于港币十万元而期限不少于三个月的定期存款，而存款利率并无任何限制。

港币汇率指数（EERI） 量度港元与香港主要贸易伙伴的货币的平均加权汇率变动情况。

外币兑换率 指外币电汇或现钞平均收市中间兑换价。

外币掉期存款 是指顾客在现货市场购买外币，然后存入认可机构，但同时订下远期合约，将该笔外币（本金加利息）在存款到期时售予认可机构。从分析角度来看，这类掉期存款应当作港元定期存款。

货币供应定义一 是指市民持有的法定纸币和硬币加上持牌银行的活期存款。

货币供应定义二 是指货币供应定义一所包括的项目，加上持牌银行客户的储蓄及定期存款，再加上持牌银行发行而由非认可机构持有的可转让存款证。

货币供应定义三 是指货币供应定义二所包括的各项，再加上有限制牌照银行及接受存款公司客户的存款，再加上以上两类认可机构发行而由非认可机构持有的可转让存款证。

恒生指数 于一九六九年十一月二十四日首次公布，是香港股票市场的主要指标，用以反映股价的一般变动，以及股市的整体表现。

恒生中国企业指数 于一九九四年八月八日首次公布，主要监察H股——指在中国内地注册成立及在香港联合交易所有限公司上市的公司股份的变动。

贷款基金 为香港特别行政区政府贷款计划，例如房屋贷款和学生贷款，提供资金。基金收入主要来自政府一般收入帐目转拨的款项、偿还的贷款及贷款利息。

消费物价指数 是一个反映住户一般所购买的消费商品和服务价格水平变动情况的指标。指数的变动反映购买一个固定篮子的消费品和服务的总值的变动。消费物价指数的按年变动率是一个重要指标，用以量度通胀对消费者的影响。按年变动率是指当期指数比较早一年同期指数的上升或下降的百分率。

香港特别行政区政府统计处编制不同的消费物价指数数列，以反映消费物价通胀对不同开支组别的住户的影响。甲类、乙类及恒生消费物价指数（由1999年7月的统计月份起，恒生消费物价指数已改称为丙类消费物价指数。）分别根据较低、中等及较高开支组别的住户的消费模式编制而成。而综合消费物价指数是根据整体住户的开支模式而编制，反映消费物价转变对全体住户的影响。

现时采用的消费物价指数的开支权数，是根据一九九四至九五年间进行的住户开支统计调查的结果计算出来的。

居处租住权 是指居所是由住户自置或租用，或是由雇主提供等。所包括的各项定义如下：

自置 是指住户拥有其居住的屋宇单位。

全租 是指住户向不在该屋宇单位居住的人士租住整个屋宇单位，但不与其他住户同住或分租。

合租 是指两个或以上的住户，每户分别向不在该屋宇单位居住的人士租住屋宇单位的部分地方。

二房东 是指住户向不在该屋宇单位居住的人士租住整个屋宇单位，及再将屋宇单位的部分地方分租予其他住户。

三房客 是指住户向居住在同一屋宇单位内的人士租住该屋宇单位的部分地方。

免租 是指住户在已获得或未获得业主同意情况下免费居住在一屋宇单位，但不包括由雇主提供屋宇单位的住户。

由雇主提供 是指住户居住在由其成员之一的雇主提供的屋宇单位，包括以象征式租金向雇主租住屋宇单位的住户。假如住户使用由雇主提供的房屋津贴租住屋宇单位，则租住权不属于“由雇主提供”类。

教育程度 是指某人在学校或其他教育机构修读达到的最高教育水平，无论他是否已完成该项课程。计算教育程度时，只包括正式课程。正式课程最少为期一学年，入学有特定的学历资格规定（香港公开进修学院即现时的香港公开大学主办的学位课程除外），课程必须包括考试或指定评核成绩的程序。

幼稚园 包括所有幼稚园班级。

非学位课程 包括工业学院/科技学院（工业学院及科技学院于一九九九年已合并为香港专业教育学院）/理工学院（现已改制为大学）的所有高级文凭/增修证书院士课程、理工学院（现已改制为大学）及其他专上学院的院士衔和其他非学位课程。教育学院及工商师范学院的证书/文凭课程及护士训练课程亦包括在内。

学位课程 包括所有在香港及海外专上学院的学士学位课程及研究院课程。

社会保障计划 旨在协助社会上需要经济或物质援助的人士。这个毋须供款的社会保障制度，以综合社会保障援助计划及公共福利金计划为主，并以暴力及执法伤亡赔偿计划，交通意外伤亡援助计划和紧急救济等三个计划为辅。

综合社会保障援助计划（一九九三年七月一日前为公共援助计划） 目的是向有需要的人士和家庭提供援助，使他们的入息能够达到一定水平，以应付生活上的基本及特别需要。此为非供款计划，但申请人必须接受经济状况调查。

公共福利金计划（一九九三年七月一日前为特别需要津贴计划） 包括高龄津贴及伤残津贴。本计划为一非供款计划，为六十五岁或以上的高龄人士和严重伤残人士每月发放现金津贴，以应付因年老或伤残而引致的特别需要。

暴力及执法伤亡赔偿计划 提供现金援助予因暴力罪行或由于执法人员因公使用武器以致意外受伤、永久残疾或死亡的受害人及其遗属（如受害人不幸死亡）。

交通意外伤亡援助计划 目的是不论交通意外是何人的过失而引致，均为受害人或其家属提供迅速经济援助。援助金只按伤亡情况支付，而不会补偿财物损失。

紧急救济 为遇上天灾或其他灾祸的受害人提供即时物质援助，包括热饭或干粮、毛毯、地席、碗筷及其他必需的物品。

法律援助 是由香港特别行政区法律援助署推行。任何人士，不论是否香港居民，只要法律援助署署长认为他在经济上符合资格，以及具备充分理由提出诉讼，便可获法律援助。

护理安老院 为健康欠佳或机能/精神残障的长者提供居所，给予一般的起居照顾及有限度的护理服务。

安老院 为长者提供住宿照顾服务，包括居所、膳食、洗衣、有限度的起居照顾及社交活动。

长者宿舍 为能够照顾自己的长者提供群体的住宿环境。

长者服务中心 在地区层面为长者提供各式各样的服务，包括家务助理服务、辅导、社交与康乐活动、食堂、洗衣及沐浴设施、以及社区教育服务。

长者活动中心 在邻舍层面提供服务，以满足区内长者对社交及康乐活动的需求。

长者日间护理中心 为起居生活需倚赖家人照顾，但其家人无法在日间给予照料的长者而设。对于体力日渐衰退但仍能行动的长者，中心会提供一些服务，例如起居照顾、膳食、康乐活动及有限度的护理等。

罪犯 指在罪案中被拘捕的人士，不论有否遭起诉。其中年龄介乎七至十五岁因犯罪而被捕的人士称为少年罪犯；而十六至二十岁的则称为青年罪犯。

国内生产总值 香港特别行政区刊物中称为"本地生产总值"。是指一国家或地区的所有常住生产单位，在一个指定的期间内，未扣除固定资本消耗的生产总值。

一个国家或地区的人均国内生产总值是指该国家或地区在某统计年度的国内生产总值除以该年度的人口总数而得的数字。

国民生产总值 香港特别行政区刊物中称为"本地居民生产总值"。是指一个国家或地区的居民从事各项经济活动而赚取的收益，不论该经济活动是否在该国家或地区的经济领域内进行。换言之，编制国民生产总值应包括本地居民在经济领域内或领域以外从事各类经济活动的收益，而扣除非本地居民在经济领域内从事经济活动的收益。

计算国民生产总值，可用以下方程式：

国民生产总值 = 国内生产总值 + 本地居民从经济领域外所赚取的要素收益 − 非本地居民从经济领域内所赚取的要素收益

一个国家或地区的人均国民生产总值是指该国家或地区在某统计年度的国民生产总值除以该年度的人口总数而得的数字。

要素收益组成部分主要分为投资收益及雇员报酬，而投资收益包括了直接投资收益、有价证券投资收益及其他投资收益。

Explanatory Notes on Main Statistical Indicators

Crude birth rate refers to the number of live births occurred during a calendar year to the mid-year population of that year. It is usually expressed in terms of 1000 population.

Crude death rate refers to the number of deaths occurred during a calendar year to the mid-year population of that year. It is usually expressed in terms of 1000 population.

Expectation of life at birth refers to the average number of years of life that a male/female born in a given year can expect to live if he/she were subjected to the prevalent mortality conditions as reflected by the set of age sex specific mortality rates for that year.

Mid-year population estimate includes permanent and non-permanent residents and transients in Hong Kong. Permanent residents temporarily away to the mainland of China and Macao are also included.

Total fertility rate refers to the average number of children that would be born alive to 1000 women during their lifetime if they were to pass through all their childbearing years following the age-specific fertility rates of a given year.

Infant mortality rate refers to the number of deaths aged under one occurred during a calendar year per 1000 live births in the same year.

Labour force refers to the land-based civilian non-institutional population aged 15 and over who satisfy the criteria for inclusion in the employed population or the unemployed population.

Labour force participation rate refers to the proportion of labour force in the land-based civilian non-institutional population aged 15 and over.

Employed population consists of persons aged 15 and over who have been at work for pay or profit during the seven days before enumeration or who have had formal job attachment. Unpaid family workers and persons who were on leave/holiday during the seven days before enumeration are included.

Unemployed population comprises all those persons aged 15 and over who have not had a job, have not performed any work for pay or profit, have been available for work during the seven days before enumeration and have sought work during the thirty days before enumeration. It also includes persons without a job who have sought work but unavailable for work because of temporary sickness; and persons without a job who have been available for work but have not sought work because they (i) have made arrangements to take up a new job or to start business at a subsequent date; or (ii) were expectinging to return to their original jobs; or (iii) believed that work was not available to them ("discouraged workers").

Unemployment rate refers to the proportion of unemployed persons in the labour force.

Underemployed population comprises those employed persons who have involuntarily worked less than thirty-five hours during the seven days before enumeration and have sought additional work during the thirty days before enumeration, or have not sought additional work but have been available for additional work during the seven days before enumeration.

Underemployment rate refers to the proportion of underemployed persons in the labour force.

Wage rate refers to the amount of money paid for normal time of work and usually relates to a time unit such as an hour, a day, a week or a month. It includes, apart from basic wages and salaries, cost-of-living allowances, meal benefits, commissions and tips, good attendance bonuses, shift allowances, guaranteed year-end bonuses, and other guaranteed and regular bonuses and allowances.

Nominal wage index measures the pure changes in wage rates of employees up to supervisory level by holding constant the structure of the labour force with respect to industry, occupation and sex between two successive rounds of the survey.

Real wage index indicates changes in the purchasing power of the amount of money earned as wages by employees up to supervisory level and is obtained by deflating the nominal wage index by the Consumer Price Index (A).

Salary rate is defined to include basic salaries, cost-of-living allowances, guaranteed year-end bonuses, commissions and tips and other regular and guaranteed bonuses and allowances. The remuneration for managerial employees and professional employees is usually called salary instead of wage though they have more or less the same components.

Nominal salary index (A) measures the overall changes in average salary rates of middle-level managerial and professional employees.

Nominal salary index (B) is derived to reflect only changes in salary rates of those managerial and professional employees who have been in the same occupation and in the same company in two consecutive years. It only accounts for changes in salary rates due to general increment, meritorious increase and gain in seniority.

Real salary index (A) and real salary index (B) are obtained by deflating the respective nominal indices by the Hang Seng Consumer Price Index and measure changes in the purchasing power of the amount of salaries earned.

Domestic exports refer to the natural product of Hong Kong or the products of a manufacturing process in Hong Kong which has changed permanently the shape, nature, form or utility of the basic materials used in manufacture. Their values are recorded on f. o. b (free-on -board) basis.

Re-exports refer to products which have previously been imported into Hong Kong and which are re-exported without having undergone in Hong Kong a manufacturing process which has changed permanently the shape, nature, form or utility of the product. Their values are recorded on f. o. b (free-on-board) basis.

Imports refer to goods which have been produced or manufactured in places outside the jurisdiction of Hong Kong and brought into Hong Kong for domestic use or for subsequent re-export as well as Hong Kong products re-imported. Their values are recorded on c. i. f. (cost, insurance and freight) basis.

Exports to the mainland of China for outward processing refer to raw materials or semi-manufactures exported from or through Hong Kong to the mainland of China for processing with a contractual arrangement for subsequent re-importation of the processed goods into Hong Kong.

Imports from the mainland of China related to outward processing refer to processed goods imported from the mainland of China of which all or part of the raw materials or semi-manufactures have been under contractual arrangement exported from or through Hong Kong to the mainland of China for processing.

Re-exports of the mainland of China origin to other places involving outward processing in the mainland of China refer to processed goods re-exported through Hong Kong of which all or part of the raw materials or semi-manufactures have been exported from or through Hong Kong to the mainland of China for processing with a contractual arrangement for subsequent re-importation of the processed goods into Hong Kong.

The following indicators can be found in the tables which present statistics on the operating characteristics of various industries in HKSAR (i. e. Tables 13, 17, 20, 26, 27 and 28):

For all industries:

Establishment is defined as an economic unit (i. e. a unit engaged in the production of goods or services) which engages, under a single ownership or control (i. e. under a single Company Name), in one or predominantly one kind of economic activity at a single physical location (i. e. in the same building). Where separate figures relating to different activities or different locations under the same management are not available, a combined return is accepted for data collection purposes and in this case, the reporting unit is treated as an establishment.

Number of persons engaged equals number of working proprietors, active partners and unpaid family workers, plus number of employees.

Compensation of employees equals wages and salaries, plus payments in kind and employer' s social security expenditure, plus payments to outworkers ("payments to outworkers" only applicable to manufacturing establishments).

Gross additions to fixed assets equals acquisition of fixed assets less proceeds from sales of fixed assets.

For manufacturing industries (Table 13):

Gross output equals sales of goods, industrial work and industrial services, plus rental income from other sources, plus stocks of work-in-progress, finished products and goods for resale at end of year, less stocks of work-in-progress, finished products and goods for resale at the beginning of year, less purchase of goods for resale in same condition.

For wholesale, retail and import/export trades, restaurants and hotel industries (Table 26):

Operating expenses equals rent and rates for land and buildings, plus interest payments, plus expenses on repair and maintenance, plus expenses on materials and supplies used in business, plus expenses on fuels, plus expenses on water, plus expenses on electricity, plus expenses on commissions, plus textiles export quota transfer payments ("textiles export quota transfer payments" not applicable to restaurants, hotels and boarding houses), plus other operating expenses.

Gross margin (for wholesale, retail and import/export trades establishments only) equals value of sales of goods, plus receipts for services rendered, less total value of purchases of goods for sale, plus changes in stocks.

Floor area refers to all permanently built up enclosed space (s) available at the establishment (s), whether owned or leased from others, including space open to customers, storage space, offices and showrooms measured to the internal face of enclosing external and/or party walls.

For transport and related services industries (Table 20):

Operating expenses equals rent and rates for land and buildings, plus interest payments, plus expenses on repair and maintenance, plus expenses on materials and supplies used in business, plus expenses on fuels, plus expenses on water, plus expenses on electricity, plus freight charges, charter hire of transport equipment and cost of transport contract work, plus agency fees, commissions and brokerage fees, plus payments to outworkers, plus tours cost, plus cost of airline, vessel, train and bus tickets sold, plus other operating expenses.

For storage, communications, financing (except banking) and business services industries (Table 27):

Operating expenses equals rent and rates for land and buildings, plus interest payments, plus expenses on repair and maintenance, plus expenses on materials and supplies used in business, plus expenses on fuels, plus expenses on water, plus expenses on electricity, plus commissions and brokerage fees, plus cost of contract work ("cost of contract work" not applicable for financing (except banking) establishments), plus payments to outworkers ("payments to outworkers" applicable for storage establishments only), plus other operating expenses.

Floor area refers to all permanently built-up enclosed space (s) available at the establishment (s), whether owned or leased from others, including space open to customers, storage space, offices and showrooms measured to the internal face of enclosing external and/or party walls.

Index of industrial production measures the changes in local manufacturing output in real terms, i. e. changes in the volume of local production after discounting the effect of price changes.

Assignments of building units refer to documents which effect the transfer of ownership of property of undivided shares of a lot, i. e. building units.

Buildings with consents to commence work refer to buildings with consents to commence building works issued by the Buildings Department of the Government of HKSAR. Such "consents" are issued to private development projects (including Hong Kong Housing Society' s projects) and Hong Kong Housing Authority' s development projects under the Private Sector Participation Scheme, except small village-type houses in the New Territories where "consents" are not required.

Usable floor area of a building is defined as the aggregate of the areas of the floor or floors in a story or a building excluding any staircases, public circulation space, lift landings, lavatories, water-closets, kitchens and any space occupied by machinery for any lift, air-conditioning system or similar service provided for the building.

Usable floor area of a flat is defined as the total floor area within the flat excluding any staircases, lavatories, water-closets, kitchens and other common areas of the building.

Inward and outward movements of passengers trains refer to the through train services operated by the Kowloon-Canton Railway Corporation (KCRC) between Hong Kong and the mainland of China.

Inward and outward movements of motor vehicles refer to traffic through the Control Points at Lok Ma Chau, Man Kam To and Sha Tau Kok to and from the mainland of China.

Motor vehicle licensing conveys the right for a vehicle to be driven on a road. The valid period is either four months or a year. The total vehicles licensed figure refers to end of the year position.

Motor vehicle registration means giving the vehicle a registration mark and putting it into its appropriate class by the Transport Department of the Government of HKSAR, which is normally a one-off matter. Figures on new registration refer to registrations during the year.

Heavy goods vehicle means a goods vehicle having a permitted gross vehicle weight exceeding 24 tones but not exceeding 38 tones.

Medium goods vehicle means a goods vehicle having a permitted gross vehicle weight exceeding 5. 5 tones but not exceeding 24 tones.

Light goods vehicle means a goods vehicle having a permitted gross vehicle weight not exceeding 5. 5 tones.

Special purpose vehicle means a motor vehicle primarily for a use other than the carriage on a road of goods, the driver or passengers (e. g. road sweeper).

Licensed ferry service refers to any ferry service (other than the Hong Kong and Yaumati Ferry and Star Ferry) operated under a license granted under the Ferries Ordinance, Cap. 104.

Hotel room occupancy rate is compiled based on daily number of rooms available for sale only. Rooms under repair or being refurbished are excluded.

Authorized institutions include licensed banks, restricted license banks and deposit – taking companies.

Licensed banks can accept deposits of any size and maturity. Before 1 October 1994, interest rates payable to HK dollar time deposits of less than HK $ 500, 000 for a maturity under fifteen months, were governed by the Interest Rate Rules of the Hong Kong Association of Banks. However, the Interest Rate Rules have been liberalized by phases since then. As from 2 November 1995, the rules only apply to current accounts, savings accounts and time deposits with a maturity below seven days.

Restricted license banks can accept time deposits in amounts of not less than HK $ 500, 000 with any term of maturity. There is no restriction on interest rate payable.

Deposit-taking companies can accept time deposits in amounts of not less than HK $ 100, 000 with a term of maturity of at least three months. There is no restriction on interest rate payable.

Effective exchange rate indices measure movements in the weighted average of the exchange rate of Hong Kong Dollar (HKD) against the currencies of (EERI) major trading partners of Hong Kong.

Exchange rates between Hong Kong Dollar and other currencies refer to the average closing middle market telegraphic transfer rates or notes rates.

Foreign currency swap deposits refer to deposits involving customers buying foreign currencies in the spot market and placing them as deposits with authorized institutions, while at the same time entering into a contract to sell such foreign currencies (principal plus interest) forward in line with the maturity of such deposits. For most analytical purpose, they should be regarded as Hong Kong dollar time deposits.

Money supply definition 1 (M1) refers to the sum of legal tender notes and coins held by the public plus customers' demand deposits placed with licensed banks.

Money supply definition 2 (M2) refers to the sum of M1 plus customers' savings and time deposits with licensed banks, plus negotiable certificates of deposits issued by licensed banks held by non-authorized institutions.

Money supply definition 3 (M3) refers to the sum of M2 plus customers' deposits with restricted license banks and deposit-taking companies plus negotiable certificates of deposits issued by restricted license banks and deposit-taking companies held by non-authorized institutions.

Hang Seng Index launched on 24 November 1969, is the key barometer of the Hong Kong stock market and reflects general price movements and the performance of the market as a whole.

Hang Seng China Enterprise Index launched on 8 August 1994, monitors H-share movements-shares of companies incorporated in the mainland of China and listed on the Stock Exchange of Hong Kong Limited.

Loan Fund is used to finance schemes of the HKSAR Government loans, such as housing loans and students loans. The main sources of income are appropriations from the General Revenue Account, loan repayments and interest.

Consumer Price Index (CPI) summarizes changes in the price level of consumer goods and services purchased by households. It measures the change over time in the total cost of a given basket of goods and services. Its year-on-year rate of change is widely used as an indicator of inflation affecting consumers. The year-on-year rate of change is the percentage increase or decrease in the current index compared to that in the same period of preceding year.

Different CPIs are compiled by the Census and Statistics Department of the Government of HKSAR to reflect the impact of consumer price changes on households in different expenditure ranges. The CPI (A), CPI (B) and Hang Seng CPI (Hang Seng Consumer Price Index has been renamed Consumer Price Index (C) as from the reference month of July 1999.) are compiled based on the expenditure patterns of households in the relatively low, medium and relatively high expenditure ranges. A Composite CPI is compiled based on the expenditure patterns of all households taken together to reflect the impact of consumer price changes on the household sector as a whole.

The expenditure weights of the CPIs currently in use are derived from the results of the Household Expenditure Survey conducted in 1994/95.

Tenure of accommodation refers to the terms or conditions under which accommodation is held by a household. The different terms are defined as follows:

Owner-occupier refers to a household which owns the quarters it occupies.

Sole tenant refers to a household which rents the whole quarters it occupies from someone who lives outside the quarters without sharing it with other household (s) or subletting.

Co-tenant refers to two or more households each of which rents part of a quarters from someone who lives outside the quarters.

Main tenant refers to a household which rents the whole quarters it occupies from someone who lives outside the quarters and sublets part of it to other household (s).

Sub-tenant refers to a household which rents part of a quarters from someone who lives in the same quarters.

Rent free refers to a household which occupies an accommodation free, with or without the owner's permission. This excludes households occupying accommodation provided by employers.

Provided by employer refers to a household which occupies an accommodation provided by the employer of one of the household members. This also includes households occupying quarters leased from employers at a nominal rent. If a household member uses housing allowance given by his employer for renting accommodation, the tenure is not considered as provided by employer.

Educational attainment refers to the highest level of education ever attained by a person in school or other educational institution, regardless of whether he/she had completed the course. Only formal courses are counted as educational attainment. A formal course shall be one that lasts for at least one academic year, requires specific academic qualification for entrance (except degree course offered by the Open Learning Institute of Hong Kong, i. e. the present Open University of Hong Kong) and includes examinations or specific academic assessment procedures.

Kindergarten refers to all classes in kindergarten.

Non-degree course refers to all higher diploma/endorsement certificate courses in technical institutes/technical colleges (technical institutes and technical colleges were merged as the Hong Kong Institute of Vocational Education in 1999) /polytechnics (the present universities), associateship and other non-associateship courses in polytechnics (the present universities) and other post-secondary colleges. Certificate/diploma courses in colleges/institute of education and in the Hong Kong Technical Teachers' College and nurse training courses are also included in this category.

Degree course refers to all first degree courses and post-graduate courses in tertiary educational institutions in Hong Kong and overseas.

Social Security Schemes aim to help vulnerable groups in the community who require financial or material assistance. The Comprehensive Social Security Assistance Scheme and the Social Security Allowance Scheme are the key elements in the non-contributory social security system. They are supplemented by three other schemes: the Criminal and Law Enforcement Injuries Compensation Scheme, the Traffic Accident Victims Assistance Scheme and Emergency Relief.

Comprehensive Social Security Assistance (CSSA) Scheme (known as Public Assistance (PA) Scheme before 1 July 1993) is means-tested and non-contributory. It is intended to bring the income of needy individuals and families up to a prescribed level to meet their basic and special needs.

Social Security Allowance (SSA) Scheme (known as Special Needs Allowance (SNA) Scheme before 1 July 1993) comprises Old Age Allowance (OAA) and Disability Allowance (DA). It provides non-contributory monthly allowance to elderly persons aged 65 or over and severely disabled persons to meet special needs arising from old age or disability.

The Criminal and Law Enforcement Injuries Compensation (CLEIC) Scheme provides cash assistance to victims (or their dependants in case of death) who are injured, disabled or killed as a result of a crime of violence, or by a law enforcement officer using a weapon in the execution of his duty.

The Traffic Accident Victims Assistance (TAVA) Scheme provides prompt financial assistance to traffic accident victims or their dependants regardless of who was at fault in the accident. Payments cover personal injury and death, but not damage to property.

Emergency relief is provided to victims of natural and other disasters in the form of material aid including hot meals or dry rations, blankets, ground mats, eating utensils and other essential relief articles.

Legal aid is administered by the Legal Aid Department of the Government of HKSAR. It is available to both residents and non-residents in Hong Kong who satisfy the Director of Legal Aids on financial eligibility and justification for taking legal action in the Hong Kong courts.

Care and attention homes provide accommodation with general personal care and limited nursing care to the elderly with poor health or physical mental disabilities.

Homes for the aged provide residential care for the elderly in the form of accommodation, meals, laundry service, limited personal care and social activities.

Hostels for the elderly provide communal living accommodation for those eldely paged capable of taking care of themselves.

Multi-service centers for the elderly provide a full range of services to elderly people including home help, counseling, social and recreational activities, canteen, laundry and bathing facilities and community education on a district basis.

Social centers for the elder yard designed to meet the recreational and social needs of elderly people on a neighborhood basis.

Day care centers for the elder yard available for elderly people who are dependent on family members in their daily living activities but whose families have difficulty in looking after them during the day. The centers provide services such as personal care, meals, recreational activities and limited nursing care for elderly people whose health is declining but who are still mobile.

Offenders refer to persons arrested for crime, whether or not they are prosecuted. Persons arrested for crime who are between the ages of 7 and 15 are called juvenile offenders and those of the ages between 16 and 20 are called young persons offenders.

Gross Domestic Product (GDP) is a measure of the total value of production of all resident producing units of a country or territory in a specified period, before deducting allowance for consumption of fixed capital.

Per capita GDP of a country or territory is obtained by dividing total GDP in a year by the corresponding population of that country or territory in the same year.

Gross National Product (GNP) refers to the total income of the residents of a country or region from engaging in various economic activities, irrespective of whether the economic activities are carried out in the economic territory of the country or region or not. In other words, the gross national product should include the income of the residents engaged in various economic activities within or outside the economic territory of the country or region, but exclude the income of non-residents engaged in economic activities in the economic territory of the country or region.

The following formula is used in the calculation of the gross national product:

GNP = Gross Domestic Product

+ Factor income earned by residents from outside the economic territory of the country or region

− Factor income earned by non-residents from within the economic territory of the country or region.

Per capita GNP of a country or a region refers to the gross national product of the country or region in a certain statistical year divided by the total population in the same year.

The components of factor income are mainly classified into investment income and compensation of employees. Investment income includes income from direct investment, income from investment in securities and income from other investment.

附录一　台湾省主要社会经济指标

APPENDIX I　MAIN SOCIAL AND ECONOMIC INDICATORS OF TAIWAN PROVINCE

简要说明

一、资料来源

1．附录一来自于中国台湾省“行政院主计处”编辑的《“中华民国”统计年鉴》和《“中华民国”统计月报》。

2．附录二来自于澳门统计暨普查司编辑的《统计年鉴》。

3．附录三来自于联合国、国际货币基金组织及世界银行编辑的统计资料及数据库。它们是：联合国统计司的《统计年鉴》、《统计月报》、《国民经济核算年鉴》、《工业统计年鉴》和《人口统计年鉴》及数据库；联合国粮农组织的《生产年鉴》、《生产季报》、《肥料年鉴》、《林产品年鉴》和《渔业年鉴》及数据库；国际货币基金组织的《国际金融统计年鉴》、《国际金融统计月报》、《世界经济展望》和《政府财政统计年鉴》；世界银行的《世界发展报告》及数据库和国际劳工组织的《劳工统计年鉴》。

二、编辑说明

1．国家统计局国际统计信息中心对上述资料进行了必要的加工整理。

2．附录三中的实物量指标，已经过国际组织和国家统计局国际统计信息中心的换算，是可比的；由于目前尚没有对不同货币的科学折算方法，价值量指标的可比程度很低，即使是采用汇率或购买力平价法，也不完全可比，望读者注意。

3．欲进一步了解该部分资料（包括方法和数据），请查阅《国际统计年鉴》及其电子出版物（中国统计出版社出版），或直接查阅上述来源的资料。

附录 1-1 面积和人口主要指标
MAIN INDICATORS OF AREA AND POPULATION

项　　目	Item	1993	1994	1995	1996	1997
面积　（万平方公里）	Area　(10 000 sq. km)	3.6	3.6	3.6	3.6	3.6
年底人口数　（万人）	Year-end Population (10 000 persons)	2099.5	2117.8	2135.7	2152.5	2174.3
男	Male	1082.4	1090.7	1099.1	1106.6	1116.3
女	Female	1017.1	1027.1	1036.7	1045.9	1057.9
出生率　（‰）	Crude Birth Rate　(‰)	15.6	15.3	15.5	15.2	15.1
死亡率　（‰）	Crude Death Rate　(‰)	5.3	5.4	5.6	5.7	5.6
婴儿死亡率　（‰）	Infant Mortality Rate　(‰)	5.95	5.88	5.82	5.75	5.68
妇女生育率　（‰）	Fertility Rate　(‰)	57.0	55.0	55.0	54.0	53.0
人口自然增长率　（‰）	Natural Population Growth Rate (‰)	10.3	9.9	9.9	9.5	9.5
结婚率　（‰）	Marriage Rate　(‰)	7.6	8.1	7.5	7.9	7.7
离婚率　（‰）	Divorce Rate　(‰)	1.5	1.5	1.6	1.7	1.8
平均期望寿命　（岁）	Life Expectancy at Birth　(Year)					
男	Male	73.20	73.27	73.55	73.72	73.90
女	Female	79.36	79.48	79.61	79.73	79.86
人口的年龄构成　（%）	Age-specific Distribution　(%)					
0-14 岁	0-14	25.1	24.4	23.8	23.1	22.6
15-64 岁	15-64	67.8	68.2	68.6	69.0	69.3
65 岁及以上	65 and Over	7.1	7.4	7.6	7.9	8.1
非农户人口占总人口比率　（%）	Non-agricultural Population as % of Total Population　(%)	80.3	81.1	81.6	82.7	82.8
人口密度（人/平方公里）	Population Density (persons/sq. km)	580.3	585.3	590.3	594.9	603.9

附录 1-2 劳动力和就业状况
LABOR FORCE AND EMPLOYMENT

项　　目	Item	1993	1994	1995	1996	1997
劳动力总人数　（万人）	Labor Force (10 000 persons)	887.4	908.1	921.0	931.0	943.2
男	Male	549.7	559.5	565.9	566.2	573.1
女	Female	337.7	348.5	355.1	364.8	370.1
就业人数　（万人）	Employment (10 000 persons)	874.5	893.9	904.5	906.8	917.6
男	Male	542.2	551.1	555.8	550.8	556.2
女	Female	332.3	342.8	348.7	356.0	361.3
就业人数部门构成　（%）	Distribution of Employment by Industry (%)	100.0	100.0	100.0	100.0	100.0
农、林、渔、猎业	Agriculture, Forestry, Fishery and Hunting	11.5	10.9	10.5	10.1	9.6
工业	Industry					
采矿业	Mining and Quarrying	0.2	0.2	0.2	0.2	0.1
制造业	Manufacturing	28.4	27.8	27.1	26.7	28.0
电、煤气、水	Electricity, Gas, Water	0.4	0.4	0.4	0.4	0.4
建筑业	Construction	10.1	10.8	11.1	10.2	9.6
服务业	Services					
批发、零售及餐饮业	Wholesale and Retail Trade and Catering Services	20.7	21.0	21.2	21.8	21.7
运输、仓储和通信业	Transport, Storage, Communications	5.3	5.3	5.2	5.2	5.1
金融、保险和不动产业	Financing, Insurance & Real Estate	3.2	3.2	3.4	3.7	3.8
工商服务业	Business Services	2.3	2.4	2.5	2.6	2.6
公共行政、社会和个人服务业	Public Administration, Community, Social and Personal Services	18.0	20.3	20.9	19.1	19.0
失业人数　（万人）	Unemployment (10 000 persons)	12.8	14.2	16.5	24.2	25.6
失业率　（%）	Unemployment Rate (%)	1.5	1.6	1.8	2.6	2.7

附录1-3 国民生产总值
GROSS NATIONAL PRODUCT

年份 Year	国民生产总值 Gross National Product			人均国民生产总值 Per Capita Gross National Product	
	新台币亿元 (NT $100 million)	比上年增长%① Annual Growth Rate over the Preceding Year %①	亿美元 (US $100 million)	新台币元 NT $	美元 US $
1989	40293	8.0	1526	201402	7626
1990	44120	7.3	1641	218092	8111
1991	49278	6.0	1837	240909	8982
1992	54409	7.4	2163	263420	10470
1993	59705	6.1	2262	286385	10852
1994	64545	5.7	2439	306846	11597
1995	69663	6.5	2630	328367	12396
1996	75397	5.2	2746	352518	12838
1997	81812	5.9	2851	378780	13198

注:①按1991年价格计算。
①At 1991 constant prices.

附录1-4 国内生产总值支出构成
EXPENDITURES ON GROSS DOMESTIC PRODUCT

单位:% (%)

年份 Year	国内生产总值(新台币 亿元) Gross Domestic Product (NT$ 100 million)	居民消费 Household Consumption Expenditure	政府消费 Government Consumption Expenditure	存货增加 Change in Stocks	固定资本形成 Gross Fixed Capital Formation	商品及劳务输出净额 Net Exports of Goods and Services	国外要素所得净额 Net Factor Income from Abroad
1989	39388.26	53.3	15.61	1.37	22.02	49.46	41.73
1990	43070.43	54.8	17.17	0.66	22.42	46.76	41.78
1991	48107.05	54.8	17.39	1.12	22.17	47.41	42.87
1992	53376.93	56.0	17.01	1.67	23.24	43.38	41.28
1993	58745.13	57.0	15.99	1.48	23.68	44.24	42.35
1994	63764.98	59.2	15.07	0.96	22.91	44.11	42.21
1995	68920.46	59.8	14.55	0.71	22.94	48.78	46.81
1996	74775.40	60.4	14.48	0.31	20.93	48.55	44.71
1997	81311.52	60.7	14.49	1.06	20.97	49.24	46.49

附录1-5 国内生产总值及部门构成
GROSS DOMESTIC PRODUCT BY KIND OF ECONOMIC ACTIVITY

单位:% (%)

年份 Year	国内生产总值(新台币 亿元) Gross Domestic Product (NT$ 100 million)	农业 Agriculture Forestry, Hunting and Fishery	工业 Industry			
				制造业 Manufacturing	水、电、煤气业 Electricity Gas & Water	建筑业 Construction
1989	39388	4.90	42.31	34.55	2.87	4.46
1990	43070	4.18	41.23	33.31	2.81	4.72
1991	48107	3.79	41.07	33.34	2.67	4.69
1992	53378	3.60	39.87	31.70	2.71	4.98
1993	58745	3.66	38.99	30.48	2.71	5.28
1994	63765	3.57	37.28	29.00	2.64	5.31
1995	68920	3.55	36.25	28.13	2.58	5.22
1996	74775	3.29	35.47	27.92	2.52	4.76
1997	81312	2.73	34.93	27.67	2.39	4.39

附录 1-5 续表 continued

单位：%　　　　　　　　　　　　　　　　　　　　　　(%)

年份 Year	服务业 Services	商业 Wholesale and Retail Trade, and Hotels Restaurants	运输仓储及通信业 Transport, Storage & Communications	金融保险不动产及工商服务业 Finance, Insurance, Real Estate & Business Services	政府部门服务业 Government Services
1989	52.79	13.51	6.22	17.60	9.72
1990	54.59	14.21	6.16	18.24	10.64
1991	55.14	14.61	6.19	17.85	11.06
1992	56.53	14.98	6.29	18.66	11.02
1993	57.35	15.13	6.40	19.33	10.78
1994	59.15	15.35	6.55	20.85	10.63
1995	60.20	15.97	6.65	21.14	10.51
1996	61.24	16.34	6.78	21.61	10.55
1997	62.34	16.64	6.74	23.01	10.40

附录 1-6 农业生产指数
INDEX OF AGRICULTURAL PRODUCTION

(1996 年=100)　　　　　　　　　　　　　　　　　　　　(1996=100)

年份 Year	总指数 Total	种植业 Crops	林业 Forestry	畜牧业 Livestock	渔业 Fishery
1981	75.4	102.7	689.1	43.1	82.0
1986	84.5	96.6	642.8	59.9	100.9
1990	94.5	97.0	233.5	74.3	120.4
1991	95.9	99.5	218.7	80.9	111.4
1992	93.6	95.4	132.0	82.9	107.5
1993	99.3	101.9	137.8	86.5	114.2
1994	96.3	98.3	104.0	91.4	100.7
1995	99.8	100.3	121.4	96.0	104.9
1996	100.0	100.0	100.0	100.0	100.0
1997	98.5	101.1	112.5	92.4	102.1

附录 1-7 主要农产品产量
OUTPUT OF MAJOR CROPS

单位：万吨　　　　　　　　　　　　　　　　　　　　(10 000 ton)

年份 Year	稻谷 Rice	小麦(吨) Wheat(ton)	玉米 Maize	大豆 Soy Beans	土豆 Potato	茶叶 Tea	甘蔗 Sugarcane	烟叶 Tobacco
1989	186.5	3039	32.9	1.1	4.1	2.2	662.8	1.8
1990	180.7	2932	33.9	0.8	3.1	2.2	558.1	1.9
1991	181.9	3581	32.1	0.8	3.6	2.1	453.6	2.1
1992	162.8	4326	33.9	0.9	4.9	2.0	585.8	1.6
1993	182.0	4921	34.6	1.3	3.7	2.1	480.3	1.7
1994	167.9	4440	39.7	1.2	3.6	2.4	550.4	1.9
1995	168.7	4429	37.6	0.9	3.4	2.1	486.2	1.3
1996	157.7	193	39.5	1.0	3.9	2.3	419.0	1.1
1997	166.3	85	33.8	0.5	5.2	2.4	390.2	1.0

附录 1-7 续表 continued

单位:万吨 (10 000 ton)

年份 Year	芒果 Mango	香蕉 Banana	菠萝 Pineapple	柑桔 Citrus Fruit	牛奶 Cow's Milk	蛋类(万个) Eggs (10 000)	水产品 Aquatic Products
1989	12.2	19.8	23.1	56.9	18.2	423801	137.2
1990	11.3	20.1	23.5	52.9	20.4	445465	145.5
1991	14.5	19.7	24.1	54.4	22.6	428932	131.7
1992	12.4	19.6	22.6	52.7	24.6	514641	132.7
1993	21.7	21.3	27.7	50.7	27.8	537173	142.4
1994	19.1	18.4	25.2	46.8	29.0	567333	125.5
1995	20.8	17.3	25.6	47.2	31.8	623653	129.7
1996	20.2	14.1	27.4	46.3	31.6	682763	124.0
1997	21.0	20.5	30.1	49.5	33.0	763610	130.8

附录 1-8 工业生产指数

INDEX OF INDUSTRIAL PRODUCTION

(1991 年=100) (1991=100)

年份 Year	总指数 General	矿业 Mining	制造业 Manufacturing	电、煤气、水 Electricity, Gas & Water	建筑业 Construction
1989	93.27	125.30	93.71	85.38	96.00
1990	93.06	109.96	93.02	91.35	96.60
1991	100.00	100.00	100.00	100.00	100.00
1992	104.48	95.86	103.95	106.34	117.13
1993	108.34	94.94	106.38	116.11	150.16
1994	115.61	95.33	112.60	125.22	186.04
1995	120.46	91.74	117.62	133.26	178.51
1996	122.29	86.79	120.04	140.96	147.39
1997	131.30	86.42	130.17	149.72	123.85

附录 1-9 主要工业产品产量
OUTPUT OF MAJOR INDUSTRIAL PRODUCTS

年份 Year	棉 布（亿米） Cotton Fabrics (100 million m)	聚胺丝织物（亿米） Nylon Fabrics (100 million m)	塑料皮布（亿米） Plastic Leather Clothes (100 million m)	电风扇（万台） Electric Fan (10 000 units)	收录音机（万台） Radio Cassette Player (10 000 units)	自行车（万辆） Bicycle (10 000 units)	电冰箱（万台） Refrigerator (10 000 units)	电子计算器（万台） Electronic Calculator (10 000 units)
1989	13.60	11.41	5.53	2971.78	1048.43	757.40	42.14	6927.60
1990	12.87	14.01	6.13	2602.86	879.13	779.50	36.72	5001.43
1991	11.78	15.90	7.01	3032.65	928.35	836.19	38.88	3513.82
1992	10.92	16.72	7.12	2683.89	715.54	768.93	39.55	1820.81
1993	9.57	17.85	7.49	1903.97	619.33	786.71	45.98	1288.32
1994	9.70	19.20	7.32	1754.75	643.25	753.74	47.11	1063.06
1995	7.74	16.87	6.31	1533.74	697.47	765.63	52.25	638.17
1996	7.84	16.91	6.63	1585.50	656.23	738.12	46.58	295.10
1997	8.33	17.13	6.52	1523.20	604.42	723.80	43.23	114.62

附录 1-9 续表 1 continued

年份 Year	电 脑（万台） Computer (10 000 units)	电话机（万台） Telephone Set (10 000 units)	彩色电视机（万台） Color T. V. Set (10 000 units)	照相机（万台） Camera (10 000 units)	煤（万吨） Coal (10 000 tons)	天然气（亿立方米） Natural Gas (100 million cub. m)	发电量（亿千瓦小时） Electric Power (100 million K. W. H)
1989	227.10	1652.24	371.28	890.27	78.44	11.58	802.63
1990	271.50	1399.24	240.31	1176.10	47.21	11.29	861.23
1991	300.70	1121.44	245.64	1216.38	40.26	9.28	946.10
1992	324.30	1097.52	174.46	1024.25	33.48	8.72	1005.29
1993	375.10	890.15	142.35	693.48	32.81	8.26	1099.11
1994	483.20	671.48	148.24	785.54	28.51	8.67	1189.17
1995	703.60	616.15	131.51	765.17	23.50	8.89	1269.73
1996	891.50	479.68	104.37	518.99	14.75	8.74	1349.97
1997	989.80	660.34	102.07	417.83	9.82	8.49	1436.61

附录 1-9　续表 2 continued

年份 Year	摩托车（万辆）Motorcycle（10 000 units）	棒钢（万吨）Steel Bar（10 000 tons）	水泥（万吨）Cement（10 000 tons）	制成材（万立方米）Lumber（10 000cub. m）	聚氯乙烯（万吨）PVC（10 000 tons）	平板玻璃（万标准箱）Plate Glass（10 000 Std. Cases）	纸板（万吨）Paper Board（10 000 tons）	小汽车（万辆）Car（10 000 units）
1989	110.20	487.12	1804.32	85.74	80.54	710.45	227.42	31.26
1990	105.53	575.41	1845.84	69.74	92.10	781.87	250.88	35.18
1991	117.41	630.47	1939.86	75.78	97.84	850.35	285.60	39.79
1992	134.50	733.09	2146.37	56.50	104.26	938.07	295.04	42.83
1993	148.71	845.94	2397.08	39.88	107.85	916.11	283.66	38.75
1994	163.33	843.21	2272.17	37.81	111.37	1048.98	304.55	40.60
1995	169.51	771.16	2247.80	32.09	97.59	1056.61	303.03	38.52
1996	141.42	678.45	2153.73	31.87	110.53	917.84	321.32	35.94
1997	150.88	735.43	2152.24	19.15	114.86	914.68	325.38	36.36

附录1-10 能源生产和消费
PRODUCTION AND CONSUMPTION OF ENERGY

项　目　Item	1993	1994	1995	1996	1997
供给量总计　Total Supply					
（亿升标准油）（100 000 kl oil equivalent）	**683.4**	**729.7**	**795.9**	**832.0**	**881.9**
供给量比重(%) Distribution of Supply (%)	100.0	100.0	100.0	100.0	100.0
煤炭　Coal	27.0	26.7	26.2	27.0	29.6
石油　Petroleum	53.1	52.8	54.3	53.4	51.3
天然气　Natural Gas	4.9	5.6	5.8	5.6	6.2
水力发电　Hydraulic Power	2.4	3.0	2.8	2.8	2.7
核能发电　Nuclear Energy Source	12.5	11.9	11.0	11.3	10.2
消费量总计　Total Consumption					
（亿升标准油）（100 000 kl oil equivalent）	**620.4**	**665.3**	**692.9**	**727.1**	**773.7**
分部门消费比重　Distribution of Consumption					
(%)(%)	100.0	100.0	100.0	100.0	100.0
运输　Transportation	17.6	17.5	17.8	17.7	17.0
工业　Industry	55.9	55.9	55.5	54.7	56.2
农业　Agriculture	2.3	2.2	2.2	2.1	1.9
住宅　Residence	11.8	11.6	12.0	12.2	11.8
商业　Commerce	4.7	4.8	5.0	5.0	5.1
其他　Other	5.9	6.2	6.0	6.4	6.2
非能源消费　Non-energy Use	2.0	1.9	1.7	1.9	1.9
平均每人能源消费量 Per Capita Energy Consumption					
（千升标准油）(kl oil equivalent)	3.0	3.1	3.2	3.4	3.6

附录1-11 新建房屋建筑面积
FLOOR SPACE OF NEW BUILDING CONSTRUCTION

单位:万平方米 (10 000 sq. m)

年份 Year	总计 Total	住宅用 Residential	商业用 Stores & Mercantile	工业用 Industrial	机关学校用 Office & School	其他用 Other
1988	2977	1489	478	640	197	172
1989	3126	1506	607	624	180	209
1990	3128	1242	969	547	156	213
1991	3200	1324	947	478	222	229
1992	3692	1667	1011	505	233	277
1993	4754	2178	1264	539	443	330
1994	5816	2858	1536	440	436	546

附录1-12 铁路和公路客货运量
RAILWAY AND HIGHWAY PASSENGER AND FREIGHT TRAFFIC

年份 Year	铁路 Railway				公路 Highway			
	客运量(万人) Passenger Traffic (10 000 persons)	客运周转量(万人公里) Passenger Kilometers (10 000p-km)	货运量(万吨) Freight Traffic (10 000 tons)	货物周转量(万吨公里) Freight Ton-kilometers (10 000ton-km)	客运量(万人) Passenger Traffic (10 000 persons)	客运周转量(万人公里) Passenger-Kilometers (10 000 p-km)	货运量①(万吨) Freight Traffic① (10 000 tons)	货物周转量①(万吨公里) Freight① Ton-kilometers (10 000 ton-km)
1989	12797	814490	3087	211150	169017	2574129	24439	1149393
1990	13239	832257	2805	187726	156562	2549318	24580	1154312
1991	13778	862101	2626	196114	150248	2532946	25430	1181376
1992	14987	935740	2819	213996	142089	2422747	26796	1221989
1993	15803	955227	3058	201778	135556	2327504	30167	1286684
1994	16099	951518	3123	200674	128921	2151583	31340	1309140
1995	16092	949939	3012	189954	120345	1938868	29200	1249150
1996	16006	897519	2741	158486	116716	1850225	28940	1199090
1997	16604	926325	2657	151385	116280	1750926	27700	1216500

注:①仅为民营汽车公司数。

①Data only refer to private truck companies.

附录 1-13 邮 电 业 务 量
TELECOMMUNICATION SERVICES

项 目	Item	1993	1994	1995	1996	1997
省内电信	Domestic					
电报 (万封)	Telegrams (10 000 Messages)	0.37	0.29	0.24	0.14	0.06
长途电话(万次)	Long Distance Calls (10 000 Calls)	3927117	4212077	4250600	2490900①	1097800①
市内电话(万户)	Number of Local Telephone Subscribers (10 000 subscribers)	795	850	917	1001	1086
海外电信	International					
电报 (万封)	Telegrams (10 000 Messages)	6.11	4.80	3.92	2.93	2.28
电话 (万分钟)	Telephone Call (10 000 Minutes)	44231	50185	59302	70050	78906
邮政 (投递数)	Postal Services (Pieces Delivered)					
函件 (亿件)	Correspondence (100 million pcs)	21.10	22.16	24.35	25.63	27.51
包裹 (万件)	Parcels (10 000 pieces)	1527	1699	1874	1868	1874

注:①万分钟。

①10 thousand minutes。

附录 1-14 商品进出口贸易总额
TOTAL IMPORTS AND EXPORTS

年份	按新台币计算 (十亿元) (NT $ billion)			按美元计算 (十亿美元) (US $ billion)		
Year	进出口总额 Total	出口额 Exports	进口额 Imports	进出口总额 Total	出口额 Exports	进口额 Imports
1985	2025	1223	802	51	31	20
1986	2424	1507	917	64	40	24
1987	2821	1708	1114	89	54	35
1988	3155	1732	1423	110	61	50
1989	3134	1748	1386	119	66	52
1990	3275	1803	1472	122	67	55
1991	3732	2041	1691	139	76	63
1992	3865	2048	1817	153	81	72
1993	4274	2239	2035	162	85	77
1994	4718	2456	2262	178	93	85
1995	5692	2950	2743	215	112	104
1996	5992	3177	2815	218	116	102
1997	6758	3482	3276	237	122	114

附录 1-15 商品进口来源和出口去向

ORIGIN OF IMPORTS AND DESTINATION OF EXPORTS

单位:百万美元 (US $ 1 million)

项 目	Item	1993	1994	1995	1996	1997
商品进口来源	**Imports (Major Origin)**					
中国香港	Hong Kong,China	1729	1533	1843	1705	1996
日本	Japan	23186	24786	30266	27493	29022
韩国	Korea,Rep.	2537	3015	4327	4162	5024
新加坡	Singapore	1866	2412	2958	2789	3150
马来西亚	Malaysia	1939	2327	2954	3565	4228
泰国	Thailand	973	1109	1485	1672	1927
法国	France	1268	1457	1784	4061	4726
德国	Germany	4220	4784	5683	5023	5369
意大利	Italy	1300	1464	1565	1558	1605
英国	United Kingdom	1192	1529	1643	1805	1953
加拿大	Canada	1119	1151	1594	1357	1587
美国	United States	16723	18043	20771	19972	23234
澳大利亚	Australia	2097	2225	2575	2845	3217
印度尼西亚	Indonesia	1624	2114	2150	1884	2185
菲律宾	Philippines	365	461	623	840	1375
越南	Viet Nam	154	219	270	317	391
阿曼	Oman	350	307	337	197	125
沙特阿拉伯	Saudi Arabia	1502	1333	1763	1763	1904
荷兰	Netherlands	1002	1146	1320	1471	1638
商品出口去向	**Exports (Major Destination)**					
中国香港	Hong Kong,China	18453	21262	26106	26788	28688
日本	Japan	8977	10221	13157	13659	11691
韩国	Korea,Rep.	1273	1740	2572	2662	2366
新加坡	Singapore	2890	3366	4405	4573	4895
马来西亚	Malaysia	1668	2224	2899	2954	3035
泰国	Thailand	2019	2440	3072	2790	2562
法国	France	1078	961	1204	1306	1394
德国	Germany	3504	3251	3839	3644	3691
意大利	Italy	770	813	1004	1080	1130
英国	United Kingdom	2171	2173	2409	2807	3278
加拿大	Canada	1538	1458	1430	1397	1598
美国	United States	23587	24337	26407	26866	29552
澳大利亚	Australia	1450	1632	1756	1837	1873
印度尼西亚	Indonesia	1285	1433	1869	1955	2134
菲律宾	Philippines	1031	1222	1654	1931	2242
越南	Viet Nam	501	743	1014	1175	1297
阿曼	Oman	20	17	19	17	18
沙特阿拉伯	Saudi Arabia	533	456	450	468	491
荷兰	Netherlands	2111	2375	3209	3823	4298

附录1-16 出口与进口商品分类
COMPOSITION OF EXPORTS AND IMPORTS

单位:百万美元 (US $ 1 000 000)

年份 Year	出口 Exports				进口 Imports			
	出口额 Total	农产品 Agricultural Products	农产加工品 Processed Agricultural Products	工业产品 Industrial Products	进口额 Total	原材料 Agricultural & Industrial Raw Materials	资本货物 Capital Goods	消费品 Consumer Goods
1990	67214	431	2579	64204	54716	38542	9586	6588
1991	76178	525	3046	72608	62861	45501	10532	6828
1992	81470	509	2975	77987	72007	49868	12868	9271
1993	85091	471	3013	81607	77061	54143	13006	9913
1994	93049	460	3348	89241	85349	60301	13611	11438
1995	111659	482	3802	107375	103550	74561	16872	12118
1996	115942	465	3619	111858	102370	70636	18355	13379
1997	122081	382	2169	119529	114425	77132	21735	15558

附录1-17 旅 游 人 数
VISITOR ARRIVALS AND INTERNATIONAL TOURISTS

单位:万人 (10 000 persons)

项 目 Item	1991	1992	1993	1994	1995	1996	1997
总 计 Total	**185.5**	**187.3**	**185.0**	**212.7**	**233.2**	**235.8**	**237.2**
华 侨 Overseas Chinese	22.5	22.4	24.9	27.1	26.6	27.0	25.7
外国人 Foreign Tourists	162.9	165.0	160.1	185.7	206.6	208.9	211.6

附录1-18 消 费 物 价 指 数
CONSUMER PRICE INDICES

(1996年=100) (1996=100)

年份 Year	总指数 General Index	食品类 Food	衣着 Clothing	居住 Housing	交 通 Transportation	医药保健 Medicines and Medical Care	教育娱乐 Education and Entertainment	杂项 Miscell-aneous
1992	87.3	84.1	97.6	87.4	95.2	93.7	80.3	90.8
1993	89.9	86.9	94.8	90.8	95.8	95.0	85.2	92.9
1994	93.6	92.5	94.3	94.6	96.2	96.8	89.6	95.4
1995	97.0	96.4	97.6	97.9	98.7	98.3	93.7	98.3
1996	100.0	100.0	100.0	100.0	100.0	100.0	100.0	100.0
1997	100.9	99.1	100.7	101.2	101.2	102.4	103.4	102.1

附录 1-19　各级政府财政收入净额
NET REVENUE OF TREASURY

单位:新台币百万元　　(NT　$　1 million)

项　目	Item	1995	1996	1997	1998
总　计	**Total**	**2102737**	**2023977**	**2074064**	**2031430**
经常性收入小计	**Sub-total of Current Revenues**	**1522624**	**1550943**	**1629420**	**1694432**
直接税	Direct Tax	645722	620386	692493	696694
一般间接税	Indirect Tax	525134	521452	520789	567914
专卖收益	Revenue from Monopoly	61408	55959	58179	61540
财产利息收入	Revenue from Profit of Public Properties	14824	16346	19570	17088
企业所得	Surplus and Revenue of Public Enterprises	141956	181094	180797	213188
各项费用收入	Fees	58913	59939	65894	62942
罚款和赔款收入	Revenue from Fines & Indemnities	28391	31918	32557	30044
捐赠收入	Receipts from Donations and Contributions	769	875	1492	1526
工程受益费收入	Special Assessments	587	666	645	229
杂项收入	Miscellaneous Revenues	44920	62309	57013	43267
资本收入小计	**Sub-total of Capital Revenues**	**580113**	**473034**	**444644**	**336998**
财产售卖收入	Sales of Public Properties	26202	40221	67179	37153
财产收回	Return of Properties	10603	13019	8159	34974
财产增值	Value Increment of Properties				
公债收入	Receipts from Loans	75104	115769	136265	95000
借贷收入	Proceeds from Issues of Public Debts	389432	249676	199991	112597
移用以前年度盈余	Moving Budgetary Surplus of Prior Year	78771	54348	33049	57275

注:本表按财政年度计算。各级政府财政收入净额为各级政府实际或计划收入扣除了政府间转移和划拨后的净额之和。
a)The data in this table are calculated in fiscal year. Net revenue shows the sum of receipts recorded orplanned by all levels of governments, and net of all the duplicated parts of inter-government transfers andintra-governmental appropriations.

附录 1-20　各级政府财政支出净额
NET EXPENDITURES OF TREASURY

单位:新台币百万元　　(NT　$　1 million)

项　目	Item	1995	1996	1997	1998
总　计	**Total**	**2074929**	**2005897**	**2066751**	**2030924**
经常性支出小计	**Sub-total of Current Expenditures**	**1328425**	**1383725**	**1463449**	**1518968**
一般行政支出	General Administration	196271	216466	217772	221599
防务支出	National Defense	257047	272808	278778	244505
教育科学文化支出	Expenditures on Education, Science and Culture	259894	279647	284604	331934
经济发展支出	Economic Development	71795	71888	76143	77505
社会安全支出	Social Security	336563	426743	478261	498528
债务支出	Obligations	194890	106061	115630	106031
杂项支出	Miscellaneous	11964	10110	12260	38866
资本性支出小计	**Sub-total of Capital Expenditures**	**746503**	**622172**	**603302**	**511956**
一般行政支出	General Administration	26132	27507	26985	24224
防务支出	National Defense	12912	12118	13141	12976
教育科学文化支出	Expenditures on Education, Science and Culture	97593	94754	91218	84827
经济发展支出	Economic Development	366357	257246	218893	166813
社会安全支出	Social Security	78630	68412	65057	63342
债务支出	Obligations	164863	162111	167988	158450
杂项支出	Miscellaneous	14	25	20	1324

注:本表按财政年度计算。各级政府财政支出净额为各级政府实际或计划支出扣除了政府间转移和划拨后的净额之和。
a)The data in this table are calculated in fiscal year. Net expenditure shows the sum of disbursementsrecorded or planned by all levels of governments, and net of all the duplicated parts of inter-governmenttransfers and intra-governmental appropriations.

附录1-21 公 债 发 行 情 况
GOVERNMENT BONDS

单位:新台币亿元　　　　(NT $ 100 million)

年份 Year	台湾省中央级 Taiwan Provincial			地方省级 Sub-provincial Gov't			院辖市级 Municipal Gov't		
	发行额 Issues	偿还额 Redemptions	余额 Outstanding	发行额 Issues	偿还额 Redemptions	余额 Outstanding	发行额 Issues	偿还额 Redemptions	余额 Outstanding
1990		424	1274	134	28	421	3	25	193
1991	1745	418	2602	269	56	633	76	27	242
1992	2250	341	4511	200	81	752	54	43	252
1993	2100	475	6135	200	151	801	73	38	287
1994	1480	514	7102		150	651		61	225
1995	1250	300	8051		182	468		74	152
1996	2250	940	9361		137	332	200	82	270
1997	1600	1208	9754		98	233	90	49	311
1998	1200	1260	9694		93	140	140	16	435

附录1-22 主 要 金 融 指 标
PRINCIPAL FINANCIAL INDICATORS

年份 Year	货币供应额 (新台币亿元) Money Supply (NT $ 100 million)	流动性负债 (新台币亿元) Liquid Liabilities (NT $ 100 million)	储备货币 (新台币亿元) Reserve Money (NT $ 100 million)	存款 (新台币亿元) Deposits (NT $ 100 million)	放款与投资 (新台币亿元) Loans & Investments (NT $ 100 million)	再贴现率 (年息%) Rediscount Rate (% annum)	汇率① (新台币/美元) Exchange Rates of Selling (NT $/US $)
1990	19237	69874	11564	64701	50613	7.750	27.11
1991	21562	82829	12653	75728	61970	6.250	25.80
1992	24259	97497	14119	90767	79521	5.625	25.47
1993	28051	113601	15014	104638	95093	5.500	26.72
1994	31412	129964	16688	120405	109565	5.500	26.26
1995	31680	142738	16381	131469	121003	5.500	27.32
1996	34287	156420	16525	142606	130518	5.000	27.54
1997	37153	170145	16413	154213	142358	5.250	32.62

注:①卖出价。
①Price for sale.

附录1-23 股　票　交　易
TRANSACTIONS OF LISTED STOCK

单位:新台币十亿元　　　　(NT $ billion)

年份 Year	上市股票 Listed Stock				股票成交额 Total Trading Value	股票指数(年平均)(1966年=100) Stock Price Index (1966=100) (year average)
	公司数(家) Number	种类(种) Kind	总面值 Total Par Value	总市值 Total Market Value		
1990	199	213	506	2682	19031	6775.32
1991	221	234	617	3184	9683	4928.83
1992	256	286	736	2546	5917	4271.63
1993	285	325	891	5145	9057	4214.78
1994	313	354	1071	6502	18812	6252.99
1995	347	383	1325	5108	10152	5543.75
1996	382	425	1627	7524	12908	6003.72
1997	404	470	2066	9696	37241	8410.56

附录 1-24 入学率和教育经费

NET ENROLLMENT RATE AND PUBLIC EXPENDITURES FOR EDUCATION AT CURRENT MARKET PRICES

单位：% (%)

年份 Year	粗入学率（6-21岁） Gross Enrollment Rate (age 6-21)					15岁以上人口识字率 Percentage of Literates Aged 15 and Over	教育经费 Public Expenditure for Education	
	总计 Total	义务教育（6-14岁） Compulsory Education (age 6-14)	初等教育（6-11岁） Primary Education (age 6-11)	中等教育（12-17岁） Secondary Education (age 12-17)	高等教育（18-21岁） Higher Education (age 18-21)		总计（亿新台币） Total (NT $100 000 000)	占国民生产总值% As % of GNP
1990	82.4	99.8	100.5	95.0	34.1	92.4	2452.8	5.8
1991	83.7	100.7	101.0	95.4	37.9	92.9	3009.7	6.5
1992	84.9	100.5	101.3	95.6	42.0	93.2	3530.9	6.8
1993	85.6	101.0	101.8	95.3	45.0	93.4	4031.9	7.1
1994	85.0	100.4	100.9	95.9	45.3	93.7	4303.7	6.9
1995	85.0	100.9	101.4	95.7	46.4	94.0	4524.7	6.8
1996	84.8	101.0	101.1	95.8	47.7	93.3	5039.2	7.0
1997	85.6	101.1	100.6	97.2	51.1	92.7	5599.7	6.9

附录 1-25 科技人员数和科研开发经费

NUMBER OF SCIENTISTS, ENGINEERS AND TECHNICIANS AND EXPENDITURES FOR R & D

年份 Year	科技人员数（人） Number of Scientists, Engineers and Technicians Engaged in Research and Experimental Development (Headcount)				科研开发经费 Expenditures for Research and Experimental Development		占科研开发经费比重(%) As % of Expenditures for Research and Development	
	总计 Total	科学家和工程师 Scientists & Engineers	技术员 Technicians	支援人员 Assistant	总计（新台币亿元） Total (NT $100 million)	占国民生产总值% As % of GNP	政府经费 Government	民间经费 Private
1990	75233	46071	19511	9651	715	1.62	45.8	54.2
1991	82436	46173	22844	13419	818	1.66	52.1	47.9
1992	77750	48356	22117	7277	948	1.74	52.2	47.8
1993	90918	54905	23720	12293	1036	1.74	49.5	50.5
1994	95088	58156	24067	12865	1147	1.78	48.2	51.8
1995	105822	66478	25635	13709	1250	1.81	45.9	54.1
1996	116853	71611	28987	16255	1380	1.84	42.7	57.7
1997	129165	76588	34021	18556	1563	1.92	40.8	59.2

附录1-26 医院、病床和医务人员情况
MEDICAL FACILITIES AND HEALTH PERSONNEL

年份 Year	医疗机构 (所) Number of Medical Care Facilities	平均每一机构服务人数 (人) Population Served per Medical Care Facility (person)	病床数 (床) Beds (bed)	每万人病床数 (床) Beds per 10 000 Population	从业医务人数 (人) Health Personnel (person)	每万人拥有医务人员 (人) Health Personnel per 10 000 Population
1985	12323	1553	74081	38.71	66278	34.42
1986	12037	1608	80991	41.63	69339	35.64
1987	12199	1613	86328	43.88	77246	39.27
1988	12215	1629	88572	44.50	83045	41.72
1989	12267	1639	86693	43.12	85599	42.57
1990	12902	1578	89151	43.80	91153	44.79
1991	13661	1505	92785	45.14	96921	47.15
1992	14468	1434	96084	46.30	102977	49.62
1993	15062	1392	100570	47.90	109538	52.17
1994	15752	1342	103733	48.98	114076	53.87
1995	16109	1326	112713	52.77	118248	55.37
1996	16645	1293	115799	53.80	123829	57.53
1997	17398	1250	121483	55.87	145076	66.72

附录1-27 家庭设备普及率
PERCENT OF FAMILIES OWNING HOUSEHOLD APPLIANCES

单位：%　　　　(%)

年份 Year	彩色电视机 Color T.V. Sets	冰箱 Refrigerators	空调 Air Conditioners	洗衣机 Washing Machines	电话机 Telephone Sets	汽车 Automobiles	家用电脑 Family Computers
1984	90.41	96.13	22.91	75.49	79.63	10.38	1.94
1985	92.31	96.67	23.95	77.84	82.12	11.91	2.32
1986	94.42	97.11	25.45	79.49	85.25	13.63	2.92
1987	95.78	97.41	28.66	81.33	87.20	15.54	3.55
1988	97.34	97.93	34.29	83.97	89.11	19.21	3.95
1989	97.80	98.25	41.74	86.82	91.51	24.90	5.42
1990	98.26	98.37	47.26	88.79	93.08	29.07	6.77
1991	99.16	98.96	52.37	89.53	94.75	33.67	9.57
1992	99.30	98.93	56.14	90.38	95.13	38.94	11.76
1993	99.25	99.14	60.69	91.51	96.00	41.05	13.56
1994	99.36	99.14	64.01	92.31	96.53	45.54	15.29
1995	99.29	99.19	67.08	92.83	96.70	47.95	18.54
1996	99.32		71.65	93.00	97.49	51.16	22.56
1997	99.47		73.83	93.99	97.54	53.79	28.39

附录二　澳门主要社会经济指标

APPENDIX II　MAIN SOCIAL AND ECONOMIC INDICATORS OF MACAO

附录 2-1 人口主要指标
MAIN INDICATORS OF POPULATION

年份 Year	人口总数（万人）Total (10 000 person)	自然增长率 Natural Growth Rate (‰)	出生率 Crude Birth Rate (‰)	死亡率 Crude Death Rate (‰)	婴儿死亡率 Infant Mortality Rate (‰)	结婚率 Crude Marriage Rate (‰)	离婚率 Crude Divorce Rate (‰)
1990	34.0	16.1	20.5	4.4	8.4	5.4	0.3
1991	36.4	15.6	19.4	3.8	7.5	5.7	0.5
1992	38.1	14.1	17.9	3.9	7.3	5.8	0.5
1993	39.5	12.2	16.2	4.0	8.6	8.8	0.5
1994	40.4	12.1	15.4	3.4	6.2	6.9	0.6
1995	41.5	11.1	14.4	3.3	5.6	5.2	0.6
1996	41.6	9.8	13.2	3.4	4.8	5.1	0.8
1997	42.2	8.9	12.0	3.1	5.4	4.0	0.7

附录 2-2 国内生产总值支出构成
EXPENDITURES OF GROSS DOMESTIC PRODUCT

年份 Year	国内生产总值（现价）（百万澳门元）Gross Domestic Product (At Current Market Prices) (MOP 1 million)	私人消费 Private Consumption Expenditure (%)	政府消费 Government Consumption Expenditure (%)	固定资本形成 Gross Domestic Fixed Capital Formation (%)	库存变化 Change in Stocks (%)	出口净值（出口减进口）Trade Balance (%)
1990	28467	31.8	8.42	21.10	0.47	38.15
1991	32817	32.4	8.95	24.87	1.15	32.65
1992	42072	29.5	7.39	30.12	0.84	32.17
1993	47595	29.5	7.57	30.89	0.90	31.59
1994	53429	29.9	7.77	31.63	1.14	29.61
1995	59282	29.7	8.05	27.20	0.64	34.40
1996	58256	32.6	9.06	19.98	0.95	37.37
1997	58472	34.5	9.82	19.20	0.79	35.73

附录 2-3 按行业分工业概况(1996 年)

MAIN STATISTICS BY INDUSTRIAL CLASSIFICATION(1996)

单位:人;千澳门元 (person; MOP 1 000)

澳门行业分类 Industrial Classification	场所(个) Establishments (number)	在职员工 Persons Engaged	有薪酬员工 Employees	报酬 Remuneration	普查生产值 Census Output	普查消耗 Census Input	普查增加值 Census Value Added
总数 Grand Total	**1388**	**42060**	**40934**	**2213961**	**15193171**	**10541740**	**4651431**
采矿工业 Mining and Quarrying	**1**	**36**	**36**	**4786**	**17437**	**6029**	**11408**
制造工业 Manufacturing	**1385**	**40947**	**39821**	**1982396**	**13352719**	**9927316**	**3425402**
食品、饮品及烟草工业 Food Industries、Beverages and Tobacco	135						
食品工业 Food Industries	130	1097	960	53722	189849	100758	89091
饮品工业 Beverages Industries	3	177	176	16059	78361	47435	30916
烟草业 Tobacco Industry	2						
纺织、皮衣及皮革工业 Textiles, Wearing Apparel and Leather Industries	609	32318	31955	1525020	10950944	8286137	2664807
纺织工业 Textiles Industries	147	6474	6399	324991	2578206	1999488	578718
鞋以外成衣产品的制造 Manufacture Wearing Apparel, Except Footwear	449	25040	24762	1169940	8148215	6098652	2049564
鞋及其他衣物以外制皮革工业、皮革、皮革代用品及兽皮工业 Industries of Leather and Products of Leather, Leather Substitutes and Fur, Except Footwear and Other Wearing Apparel	2	27	26	1865	11760	5554	6206
倒模硫化橡胶或塑胶鞋以及完全用木造的鞋以外的鞋的制造 Manufacture of Footwear, Except Vulcanized; Moulded Rubber/Plastic and Wood Footwear	11	777	768	28224	212762	182443	30319
木料及软木工程 Wood and Cork Industries	128	438	306	15749	53532	26654	26878
木材工业;家具以外之木材及软木加工品的制造 Industries of Wood; Wood and Cork Articles, Except Furniture	17	57	42	1791	5574	2617	2957
金属及倒模塑料家具以外之家具的制造 Manufacture of Furniture, Except Metallic and Moulded Plastic	111	381	264	13957	47958	24037	23922
纸工业;印刷艺术及刊物出版 Paper Industries; Printing and Publishing	122	1321	1217	82209	247978	159754	88224
纸工业 Paper Industries	24	161	140	6368	44072	32715	11357
印刷艺术及刊物出版 Printing and Publishing	98	1160	1077	75840	203906	127039	76867

附录 2-3 **续表** continued

单位：人；千澳门元 (person；MOP 1 000)

澳门行业分类 Industrial Classification	场所(个) Estab-lish-ments (number)	在职员工 Persons Engaged	有薪酬员工 Emplo-yees	报酬 Remuner-ation	普查生产值 Census Output	普查消耗 Census Input	普查增加值 Census Value Added
石油和煤的衍生物以及橡胶和塑胶产品的化学工业 Chemicals Industries of Petroleum and Coal by-products, Rubber and Plastic	26						
其他化学产品的制造 Manufacture of Other Chemical Products	11	257	250	21137	132677	90786	41892
橡胶工业 Rubber Industry	1						
玩具以外之塑胶物品的制造 Manufacture of Plastic Products Except Toys	14	130	110	4856	37768	26420	11348
原油和煤衍生品以外非金属矿物产品的工业 Industries of Non-metallic Mineral Products, Except Petroleum and Coal By-products	22	451	428	35768	486389	384083	102306
陶瓷、釉陶、缸瓷及陶器制品的制造 Manufacture of Pottery, China and Earthenware							
玻璃及玻璃物品的制造 Manufacture of Glass and Glass Products	7	16	6	470	4168	2932	1236
其他非金属矿物的制造 Manufacture of Other Non-metallic Mineral Products	15	435	422	35298	482221	381151	101070
金属产品、运输机器、设备及器材的制造 Manufacture of Metal Products, Machinery and Transport Equipment	283	2350	2077	128618	625885	395015	230870
运输机器、设备及器材以外之金属产品的制造 Manufacture of Metal Products, Except Machinery and Transport Equipment	197	942	544	32509	163357	94096	69261
非电动机器的制造 Manufacture of Non-electrical Machinery	27	132	104	5452	15404	6648	8765
机器、仪器、用具及其他电力器材的制造 Manufacture of Electrical Machinery, Apparatus, Appliances and Other Electrical Equipment	19	1163	1151	63050	369102	257122	111981
运输工具的制造 Manufacture of Transport Equipment	40	313	278	27608	78012	37148	40864
专业和科学器材、测量和检测仪器以及摄影和光学仪器的制造 Manufacture of Professional and Scientific, and Measuring and Controlling Equipment, and of Photographic and Optical Goods							
其他制造工业 Other Manufacturing Industries	60	2321	2255	94062	470529	345458	125072
电力、气体及水 **Electricity, Gas and Water**	**2**	**1077**	**1077**	**226779**	**1823015**	**608395**	**1214620**
电力、气体及蒸汽 Electricity, Gas and Steam	1	818	818	184591	1575119	501617	1073502
水的供应 Water Supply	1	259	259	42179	247896	106778	141118

附录 2-4 能 源 平 衡 表(1997 年)

ENERGY SUPPLY AND CONSUMPTION

单位:万亿焦耳 (terajoules)

项目 Items	焦炭 Coke	汽油 Gaso-line	煤油 Kero-sene	轻柴油 Gas Oil and Diesel	重油 Fuel Oil	石油气 L. P. G.	电力 Elec-tri-city	商业性能源 Commercial Energy	传统性能源 Tradi-tional Fuels	能源总数 Total Energy
进口 Imports		1339	3659	3479	10673	933	633	207146	41	20757
出口 Exports						1	2	3①	0	3①
贮存变动② Stocks Changes②		1		−30	−424	−42		495①		495①
本地购入 Local Purchases							186	186		186
内部总消耗 Gross Internal Consumption		1338	361①	3509	11097	974	817	18096①	41	18137①
能源转化 Transformation of Electricity Generation			−48	−10237	4725		95560	−5560		
能源公司自耗量 Energy Sector Own Consumption							232	232		232
输电及配电流失量 Distribution and Transmission Loss							225	225		225
统计差异 Statistical Deviation		−2	10①	6	9	0		12①		12①
终端能源耗用量 Final Consumption		1340	351①	3454	852	975	5085	12057①	41	12098①
工业 Industry		2	5	277	622	34				
建筑业 Construction		2	0	168						
交通运输 Transportation		862		2279		2				
陆路 Land		861		569		1				
水路 By Sea		1		1710		1				
航空 By Air										
商业、饮食业及酒店 Trade、Restaurants and Hotels		471	285	579	85	318				
家庭用户 Domestic Consumption			53							
其他行业 Other Uses		2	8	151	145	31				
渔业 Fisheries				19						
服务性行业 Services		2	8	38		31				
电力及供水③ Electricity and Water③				94	145					

注:①基于保密原因,航空用煤油不作公报。
②贮存变动=(期末贮存-期初贮存)。
③除去电力公司的消耗量。

NOTE:①Information concerning aviation kerosene was suppressed for confidentiality reasons.
②Stocks change =(final stocks - Initial stocks).
③Excluding the consumption of C. E. M.

附录 2-5 新　建　楼　房
BUILDINGS NEWLY COMPLETED

单位：万平方米　　　　　　　　　　　　　　　　　　　　　　　　(10 000 sq. m)

年份 Year	总计 Total		住宅 Residential		住宅及其它用途 Residential and Other Uses		商业及写字楼 Commercial and Offices		工业 Industrial		其它 Others	
	数目(栋) Number	总面积 Gross Floor Space	数目(栋) Number	总面积 Gross Floor Space	数目(栋) Number	总面积 Gross Floor Space	数目(栋) Number	总面积 Gross Floor Space	数目(栋) Number	总面积 Gross Floor Space	数目(栋) Number	总面积 Gross Floor Space
1990	255	106	204	65			7	4	7	13	37	24
1991	198	126	164	89			7	9	9	13	18	16
1992	184	120	155	95			5	8	4	7	19	10
1993	206	143	171	108			11	14	5	5	19	17
1994	142	114	105	66			17	34	5	7	15	8
1995	235	122	183	64	13	2	24	49	5	4	10	2
1996	166	191	131	162	10	1	14	23			11	4
1997	108	115	70	63	8	13	15	34			15	5

附录 2-6 房屋买卖数量及价值
NUMBER AND VALUE OF UNITS SOLD

买卖单位类别 Type of Transaction			总数 Total			新楼 New Construction			旧楼 Old Construction		
			1995	1996	1997	1995	1996	1997	1995	1996	1997
总数	**数目**	**Total Number**	**14284**	**11455**	**14304**	**7614**	**6976**	**9514**	**6670**	**4479**	**4790**
	百万澳门元	**million MOP**	**6400**	**7232**	**7511**	**3299**	**4741**	**5114**	**3101**	**2491**	**2397**
住宅	数目	Housing Number	10461	9376	12854	5514	5642	8780	4947	3734	3974
	百万澳门元	million MOP	3503	4807	5627	2012	3256	4050	1491	1551	1577
商业/办公室	数目	Commercial Number	3184	1649	1207	1779	1187	636	1405	462	571
	百万澳门元	/Office million MOP	2478	1857	1531	1207	1334	939	1271	523	593
工业	数目	Industrial Number	271	256	284	113	147	93	158	109	191
	百万澳门元	million MOP	175	259	261	64	151	116	111	108	146
其他	数目	Other uses Number	368	174	59	208		5	160	174	54
	百万澳门元	million MOP	244	309	90	16		9	228	309	82

注：由 1996 年起，财政司没有提供首次交易小计数目。

Note: As of 1996, data relating to new constructio-1st transaction has been made unavailable by the Macau Finance Department.

附录 2-7 进 出 口 贸 易

SUMMARY OF ANNUAL IMPORTS AND EXPORTS

单位：亿澳门元　　　　(MOP 100 million)

项 目	Item	1992	1993	1994	1995	1996	1997
进口	**Imports**						
进口	Imports					159.3	166.0
确定性进口①	Definite Imports①	156.8	161.4	169.3	162.7		
暂时进口②	Temporary Imports②	2.7	3.4	2.4	2.4		
再进口③	Reimports③	7.1	6.3	7.9	8.8	10.3	12.6
出口	**Exports**						
确定性出口	Definite Exports	140.8	142.4	148.5	159.1		
本地产品出口	Domestic Exports					133.8	150.5
再出口④	Reexports④					25.2	20.8
暂时出口⑤	Temporary Exports⑤	5.8	5.3	6.7	7.4	8.9	11.0
进口及出口	**Imports and Exports**						
差额	Trade Balance	−16.0	−19.0	−20.7	−3.6	−0.3	5.3
全年比率	Annual Variation %						
进口	Imports	5.7	2.9	4.9	−3.9	−2.1	4.2
出口	Exports	5.7	1.1	4.3	7.1	−0.1	7.7
贸易百分比	Coverage Rate %	89.8	88.2	87.8	97.8	99.8	103.2

注：①在本地区由消费及使用的货物。
②将源自外地之货物输入本地区，但在未来不超过 4 个月期限内再将其再出口。
③将任何先前从本地区出口的货物输回本地区。
④原进口货物，未经加工而输出本地区，或虽经加工，但尚不足以取得澳门为原产地资格而输出本地区。
⑤任何货物输出本地区一段时间，目的为将来以同样状态或经在外地加工、改进或维修后再进口。
①All commodities entered into the territory for consumption and internal use.
②All commodities imported and to be reexported later within a period of not more than four months.
③The return to the territory of any commodities previously exported.
④The outgoing from the territory of any commodities previously imported, without any transformation or with transformation, but that did not obtain the origin of the territory.
⑤The outgoing from the territory of any commodities, for a limited time, with the intention of their futurereimportation in the same state on after transformation, improvement or repair outside the territory.

附录 2-8 进 口 商 品 分 类

IMPORTS BY CATEGORY OF COMMODITIES

单位：百万澳门元　　　　(MOP 1 million)

年份 Year	进口额 Import		食品、饮料 Food and Beverages		燃料及润滑油 Fuels and Lubricants		工业品① Industry①		消费品 Consumer Goods Not Otherwise Specified	
	绝对值 Value	%	绝对值 Value	%	绝对值 Value	%	绝对值 Value	%	绝对值 Value	%
1990	12343	100.00	1108	8.98	576	4.66	9150	74.13	1499	12.15
1991	14832	100.00	1298	8.75	659	4.44	10626	71.64	2214	14.93
1992	15685	100.00	1461	9.31	666	4.25	10918	69.61	2636	16.81
1993	16138	100.00	1572	9.74	739	4.58	11014	68.25	2781	17.23
1994	16925	100.00	1790	10.58	793	4.69	11429	67.53	2907	17.18
1995	16267	100.00	1695	10.42	834	5.13	10832	66.59	2894	17.80
1996	15931	100.00	1644	10.32	1016	6.38	8278	52.59	2623	16.46
1997	16603	100.00	1611	9.70	1070	6.44	8726	52.56	2506	15.09

注：①1996 年以前为工业，交通用品。
①Refers to industry and transport prior to 1996.

附录 2-9 出 口 商 品 分 类
EXPORTS BY CATEGORY OF COMMODITIES

单位：百万澳门元 (MOP 1 million)

年份 Year	出 口 额 Export		食品、饮料 Food and Beverages		燃料及润滑油 Fuels and Lubricants		工业品① Industry①		消 费 品 Consumer Goods Not Otherwise Specified	
	绝对值 Value	%	绝对值 Value	%	绝对值 Value	%	绝对值 Value	%	绝对值 Value	%
1990	13638	100.00	127	0.93	2	0.01	2297	16.85	11213	82.21
1991	13326	100.00	170	1.28	3	0.02	2529	18.98	10624	79.72
1992	14080	100.00	253	1.80	3	0.02	2738	19.45	11078	78.68
1993	14236	100.00	392	2.75	4	0.03	2993	21.02	10838	76.13
1994	14854	100.00	395	2.66	2	0.01	2920	19.66	11525	77.59
1995	15913	100.00	163	1.02	2	0.01	3218	20.22	12516	78.65
1996	15899	100.00	133	0.84	65	0.41	2579	16.22	12517	78.73
1997	17129	100.00	122	0.71	74	0.43	2026	11.83	14273	83.33

注：①1996 年以前为工业，交通用品。
①Refers to industry and transport prior to 1996.

附录 2-10 商 品 进 口 来 源
IMPORTS BY SOURCES OF COMMODITIES

单位：百万澳门元 (MOP 1 million)

年份 Year	欧洲 Europe	非洲 Africa	美 洲 America		亚 洲 Asia				大洋洲 Oceania
			总计 Total	美国 USA	总计 Total	中国香港 Hong Kong, China	日本 Japan	中国内地 Mainland of China	
1990	1221	38	683	634	10253	5210	1423	2194	148
1991	1384	40	740	686	12437	5166	2574	3192	231
1992	1588	27	874	808	12963	5160	2824	3204	232
1993	2118	36	1061	934	12703	4818	2549	3429	220
1994	2782	142	1249	1156	12594	5137	2165	3186	158
1995	2534	62	1420	1206	12122	4700	1711	3539	130
1996	2292	39	1053	939	12370	4627	1431	3818	178
1997	2132	88	1125	1042	13098	4176	1417	4741	161

附录 2-11 商 品 出 口 去 向
EXPORTS BY REACHES OF COMMODITIES

单位:百万澳门元 (MOP 1 million)

年份 Year	欧洲 Europe	非洲 Africa	美洲 America		亚洲 Asia				大洋洲 Oceania
			总计 Total	美国 USA	总计 Total	中国香港 Hong Kong, China	日本 Japan	中国内地 Mainland of China	
1990	5271	51	5175	4931	2937	1770	421	616	204
1991	5514	16	4464	4228	3216	1743	206	1123	115
1992	5242	18	5231	4983	3509	1763	184	1402	80
1993	5044	5	5110	4757	4014	1785	161	1886	63
1994	4962	8	5846	5522	3976	1660	140	1887	62
1995	5143	16	7017	6693	3683	1594	158	1562	54
1996	5460	11	6687	6411	3613	1684	220	1267	66
1997	5732	11	8103	7747	3139	1315	187	1111	71

附录 2-12 经海路入境旅客
VISITOR ARRIVALS BY SEA AND BY NATIONALITY

单位:万人 (10 000 person)

年份 Year	总计 Total	中国香港 Hong Kong, China	德国 Germany	澳大利亚 Australia	加拿大 Canada	中国内地 Mainland of China	美国 USA
1990	594.22	480.38	1.93	3.51	2.30	0.23	7.17
1991	608.03	495.06	2.27	3.16	2.24	1.16	6.87
1992	621.94	493.15	3.07	3.37	2.37	2.20	7.18
1993	598.76	460.42	3.96	3.23	2.33	16.19	7.41
1994	605.80	458.38	3.66	3.21	2.29	23.70	7.87
1995	598.92	439.31	3.86	3.25	2.31	28.60	7.71
1996	604.12	409.59	4.64	3.37	2.47	42.39	8.31
1997	483.86	339.85	3.20	2.49	1.83	38.51	6.48

附录 2-12 **续表** continued

单位:万人 (10 000 person)

年份 Year	法国 France	日本 Japan	马来西亚 Malaysia	英国 United Kingdom	新加坡 Singapore	泰国 Thailand	其它 Others
1990	1.49	44.95	3.39	8.68	2.90	6.82	30.47
1991	1.36	42.12	2.88	8.89	2.84	6.90	32.28
1992	1.65	42.13	2.80	9.35	2.80	6.78	45.09
1993	1.62	33.59	2.87	9.25	2.58	6.63	48.69
1994	1.71	34.84	2.55	9.62	2.53	7.06	48.39
1995	1.54	38.31	2.56	9.74	2.55	6.50	52.66
1996	1.74	47.49	3.08	10.49	3.60	6.44	60.50
1997	1.68	25.83	2.15	8.86	2.02	3.93	47.02

附录2-13 旅 馆 情 况
HOTELS AND SIMILAR ESTABLISHMENTS

年份 Year	旅馆总数 （家） Total	房间数(间) Existing Rooms (Average)			房间利用率 (%) Room Occupancy Rates (%)		
		酒店 Hotels	葡式旅馆 Inns	公寓 Boarding Houses	酒店 Hotels	葡式旅馆 Inns	公寓 Boarding Houses
1990	98	3963	58	986	78	57	35
1991	98	3902	76	937	79	55	34
1992	98	4990	76	818	67	54	32
1993	101	6329	76	715	60	49	30
1994	103	7119	77	649	58	41	27
1995	106	7666	59	754	60	46	27
1996	105	7719	46	780	64	51	27
1997	105	8039		747	52		31

附录2-14 消费物价指数
CONSUMER PRICE INDEX

（1988年10月-1989年9月＝100） (10.1988-9.1989=100)

年份 Year	总指数 Total	粮食 Foodstuffs	住 房① Housing① Expenses	燃料及电 力 Fuel and Light	烟 酒 Alcoholic and tobacco	服 装及鞋类 Clothing and Footwear	耐 用消费品 Durable Goods	交 通 Transport and Vehicles	服 务 Services	杂 项 Miscel-laneous Goods
1992	127.40	129.72	115.65	123.81		109.41	103.82	129.78	141.42	119.64
1993	135.94	138.92	125.74	128.42		111.79	104.92	137.24	155.75	127.21
1994	144.44	148.90	129.95	128.93		115.17	107.14	147.36	169.50	133.35
1995	156.81	160.91	138.20	137.48	149.52	129.61	113.88	158.62	188.58	143.79
1996	164.37	168.14	143.84	146.04	157.02	137.62	115.89	161.48	202.21	149.96
1997	170.11	174.17	152.41	156.87	157.65	139.83	115.48	165.00	211.21	155.23

注:①不包括房租。
①Excluding housing rent.

附录 2-15 政府预算收支
GOVERNMENT BUDGETARY REVENUES AND EXPENDITURES

单位：万澳门元 (MOP 10 000)

年份 Year	收入 Total Revenues			支出 Total Expenditures		
	总计 Total	日常收入 Recurrent Receipts	资本收入 Capital Receipts	总计 Total	日常支出 Recurrent Payments	资本支出 Capital Payments
1990	416009	328354	13210	416009	231449	130582
1991	577767	456011	31650	577767	327669	169924
1992	678532	540493	41050	678532	427573	154671
1993	935797	789576	7400	935797	586234	211441
1994	1104767	922171	3140	1104767	703268	222843
1995	1350188	902486	16140	1684036	717437	201884
1996	1194580	943281	14240	1194580	705899	252623
1997①	1413407	1072455	22260	1413407	873031	262884

注：①临时数字。
①Preliminary figure.

附录 2-16 金融概况(期末值)
MONETARY SUMMARY(END OF PERIOD)

单位：百万澳门元 (MOP 1 million)

项目	Specification	1995 数值 Value	1995 %	1996 数值 Value	1996 %	1997 数值 Value	1997 %
对外净资产	**Net Foreign Assets**	**39256.6**	**20.5**	**43206.7**	**10.1**	**42820.1**	**−0.9**
资产	DX foreign Assets	71942.0		105626.3		105998.5	
负债	RX Foreign Liabilities	32685.4		62419.6		63178.4	
本地信贷	**Domestic Credit**	**37241.0**	**7.9**	**39003.3**	**4.7**	**41437.8**	**6.2**
公共	Public Sector	−4407.4		−5408.1		−7371.8	
机构及私人	rivate Companies and Individuals	41618.4	4.9	44411.4	6.6	48809.6	9.9
货币供应(M2)	**Money Supply(M2)**	**69284.4**	**13.5**	**74744.3**	**7.9**	**78353.8**	**4.8**
货币供应(M1)	Money Supply(M1)	19010.5	1.1	20438.3	7.5	18953.1	−7.3
流通货币	Currency in Circulation	1280.3	6.9	1426.7	11.4	1518.3	6.4
活期及储蓄存款	Sight Deposits	17730.2	0.7	19011.5	7.2	17434.8	−8.3
准货币负债	Quasi-monetary Liabilities	50273.9	19.1	54306.0	8.0	59400.7	9.4
其他(净值)	**Sundry(Net)**	**7213.2**		**7465.8**		**5904.1**	

附录 2-17 海外资产负债（年底数）
OVERSEAS ASSETS AND LIABILITIES (YEAR-END)

单位：百万澳门元 (MOP 1 million)

年份 Year	对外资产 Assets Abroad					对外负债 Liabilities Abroad			海外资产净值 Net Foreign Assets
	总计 Total	黄金白银外汇 Gold, Silver and Foreign Currency	外地银行资产 Other Assets with Banks Abroad	对外贷款 External Credit	对外投资 Foreign Financial Investment	总计 Total	银行短期负债 Short Term Liabilities with Banks	银行中长期负债 Medium/Long Term Liabilities with Banks	
1990	38138	322	22922	10216	3894	20102	17488	610	18037
1991	48620	366	33942	9201	4850	22401	18879	648	26220
1992	51802	454	38505	5291	6693	19697	17089	336	32106
1993	65050	503	31485	7959	23727	36787	33355	452	28263
1994	64117	535	37982	6752	18802	31534	27296	701	32583
1995	71942	548	52566	6273	12462	32685	23298	506	39257
1996	105626	591	85418	6226	13388	62420	49614	2579	43207
1997	105999	684	89344	6616	9352	63178	45374	5958	42820

附录 2-18 货币汇率（平均兑换价）
EXCHANGE RATE (AVERAGE PATACA EXCHANGE RATES)

单位：每百外币兑澳门币 (patacas to 100 unit of foreign currency)

年份 Year	葡萄牙埃斯库多 PTE	中国香港港元 HK$	美国美元 US$	德国马克 DEM	英国英镑 GBP	法国法郎 FRF
1990	5.639	103.00	802.30	497.50	1432.39	147.67
1991	5.548	103.00	800.41	483.62	1414.21	142.22
1992	5.927	103.00	797.23	512.21	1409.98	151.15
1993	4.973	103.00	796.79	481.99	1196.38	140.76
1994	4.810	103.00	796.02	492.25	1219.82	143.92
1995	5.318	103.00	796.79	556.77	1257.66	159.88
1996	5.167	103.00	796.64	529.77	1243.92	155.83
1997	4.559	103.00	797.50	460.70	1306.83	136.86

附录 2-18 续表 continued

单位：每百外币兑澳门币 (patacas to 100 unit of foreign currency)

年份 Year	新加坡元 SGD	澳大利亚元 AUD	日本日元 JPY	瑞士法郎 SF	新西兰元 NZD	欧洲货币单位 ECU
1990	442.93	626.74	5.5629	580.21	479.01	1022.80
1991	463.51	623.42	5.9517	559.83	463.24	992.53
1992	489.50	586.34	6.3012	569.78	429.37	1033.63
1993	493.23	541.64	7.1986	539.28	431.09	931.92
1994	521.67	582.51	7.8018	584.23	472.87	944.43
1995	562.26	590.57	8.5189	675.29	522.88	1030.79
1996	564.94	623.90	7.3287	645.56	547.90	997.93
1997	538.44	593.26	6.5996	550.24	528.58	902.09

附录 2-19 学校、教师和学生人数

NUMBER OF SCHOOLS, TEACHERS AND STUDENTS

单位：(所；人)　　(school; person)

年份① Year①	大学 Tertiary			中学 Secondary			小学 Primary		
	学校数 Schools	教师数 Teachers	学生数 Students	学校数 Schools	教师数 Teachers	学生数 Students	学校数 Schools	教师数 Teachers	学生数 Students
1989/1990	3	501	7685	10	831	16862	4	980	32639
1990/1991	7	383	6857	10	838	17601	7	1020	34972
1991/1992	8	492	6871	10	881	18652	8	1128	37719
1992/1993	7	512	6803	10	884	19461	10	1181	40037
1993/1994	8	504	6045	9	831	20195	10	1193	42823
1994/1995	9	528	5655	12	984	20624	12	1318	45153
1995/1996	9	624	6418	12	864	22277	14	1586	46703
1996/1997	13	632	6013	13	916	24145	15	1555	47300

注：①指学年度。如 1996/1997 指 1996 年 9 月开始至 1997 年 6 月结束。

①Data refer to academic year. For example, 1996/1997 refer to the year which started in September 1996 and ended in June 1997.

附录 2-20 医院和医务人员数

NUMBER OF HOSPITALS AND PROFESSIONALS OF HEALTH CARE

年份 Year	医院(所) Hospitals	床位(张) Beds (unit)	医生(人)① Doctors (person)①	护士(人) Nurses (person)
1990	36	966	347	594
1991	32	958	344	653
1992	45	942	338	695
1993	43	892	319	720
1994	36	887	233	624
1995	34	880	300	684
1996		865	321	662
1997		846	331	673

注：①包括口腔科医生。

①Including stomatologist.

附录三 我国经济、社会统计指标同世界主要国家比较

APPENDIX III A COMPARISON OF INDICATORS OF ECONOMY AND SOCIETY AMONG PEOPLE'S REPUBLIC OF CHINA AND OTHER COUNTRIES

附录 3-1 国 土 面 积 和 人 口
TERRITORY AND POPULATION

国外资料来源:联合国《统计月报》1999 年 1 月;联合国粮农组织数据库;世界银行《世界发展报告》1998/99 年。

Sources: United Nations 《Monthly Bulletin of Statistics》 January 1999; FAO Database;

The World Bank 《World Development Report》 1998/99.

国家和地区	Country or Territory	国 土 面 积 (万平方公里) Area (10 000 sq. km)	1997 年中人口数 (万人) Mid-year Population (10 000 persons)	1991-1997 年 人口年均增长率(%) Annual Average Growth Rate(%)	1997 人口密度 (人/平方公里) Population Density (persons/sq. km)
世界总计	**World**	**13381. 6①**	**584873**	**1. 5**	**44**
亚　洲	**Asia**	**3174. 8**	**353845**	**1. 6**	**111**
中　国②	China②	960. 0	123626	1. 1	129
日　本	Japan	37. 8	12564	0. 3	333
印　度③	India③	297. 4	94634	1. 8	313
印度尼西亚	Indonesia	190. 5	19987	1. 7	107
菲律宾	Philippines	30. 0	7353	2. 3	236
泰　国	Thailand	51. 3	6060	1. 2	116
马来西亚	Malaysia	33. 0	2167	2. 3	61
新加坡	Singapore	0. 06	374	1. 9	4896
巴基斯坦	Pakistan	79. 6	13816	2. 9	169
缅　甸	Myanmar	67. 7	4640	1. 8	71
孟加拉国	Bangladesh	14. 4	12201	1. 6	920
土耳其	Turkey	78. 0	6375	1. 8	80
蒙　古	Mongolia	156. 7	231	2. 1	2
朝　鲜	Korea D. P. Rep.	12. 3	2284	1. 7	189
韩　国	Korea Rep.	9. 9	4599	1. 0	456
越　南	Viet Nam	33. 0	7655	2. 1	227
非　洲	**Africa**	**3031. 2**	**75839**	**2. 7**	**25**
埃　及	Egypt	100. 2	6201	2. 0	58
尼日利亚	Nigeria	92. 4	11837	2. 9	122
欧　洲	**Europe**	**2298. 8**	**72917**	**0. 2**	**32**
德　国	Germany	35. 7	8206	0. 5	234
英　国	United Kingdom	24. 2	5901	0. 3	243
法　国	France	55. 2	5861	0. 5	106
意大利	Italy	30. 1	5752	0. 2	195
捷　克	Czech Rep.	7. 9	1030	－0. 1	134
波　兰	Poland	31. 3	3865	0. 2	127
匈牙利	Hungary	9. 3	1015	－0. 3	111
罗马尼亚	Romania	23. 8	2255	－0. 4	98
保加利亚	Bulgaria	11. 1	831	－0. 7	76
南斯拉夫	Yugoslavia F. R.	10. 2	1060	0. 9	104
俄罗斯	Russian Fed.	1707. 5	14710	－0. 1	9
北美洲	**North America**	**2239. 1**	**46654**	**1. 3**	**21**
美　国	United States	937. 3	26790	1. 0	29
加拿大	Canada	997. 1	3029	1. 2	3
墨西哥	Mexico	196. 7	9640	1. 8	48
南美洲	**South America**	**1783. 2**	**32711**	**1. 6**	**18**
巴　西	Brazil	854. 7	15964	1. 4	19
阿根廷	Argentina	277. 7	3567	1. 3	13
大洋洲	**Oceania**	**853. 6**	**2907**	**1. 4**	**3**
澳大利亚	Australia	768. 2	1853	1. 2	2
新西兰	New Zealand	27. 1	376	1. 2	13

注:①是指有定居人口的各大洲面积,未包括尚无定居人口的南极洲。如包括南极洲,全世界陆地面积为 14950 万平方公里。原资料各大洲数用百万平方公里为单位,其和与世界总计略有出入。②中国为年末人口数。③不包括查谟、克什米尔和锡金等地区。

① The data exclude the Antarctic Continent. If included, it would be 149. 50 million sq. km. ②The population of China refers to the population of the year-end. ③Excluding Jammu, Kashmir and Sikkim.

附录3-2 生 命 统 计（1997年）

VITAL STATISTICS (1997)

国外资料来源：世界银行《世界发展指标》1999年。

Sources: World Bank《World Development Indicators》1999

单位：‰ (‰)

国家和地区	Country or Territory	人口自然增长率 Natural Growth Rate	人口出生率 Crude Birth Rate	人口死亡率 Crude Death Rate	婴儿死亡率 Infant Mortality Rate	平均预期寿命(岁) Life Expectancy at Birth (Years)
世界总计	**World**	**13.6**	**22.5**	**8.9**	**55.7**	**67**
中　国	China	10.1	16.6	6.5	33.0①	71
美　国	United States	6.5	14.6	8.1	7.1	76
日　本	Japan	2.2	9.5	7.3	3.7	80
德　国	Germany	−0.8	9.6	10.4	4.9	77
英　国	United Kingdom	1.0	11.9	10.9	5.9	77
法　国	France	3.3	12.4	9.1	5.1	78
意大利	Italy	−0.4	9.4	9.8	5.4	78
加拿大	Canada	4.8	11.9	7.1	6.1	79
澳大利亚	Australia	6.7	13.7	7.0	5.3	78
俄罗斯	Russian Fed.	−5.2	8.6	13.8	17.0	67
捷　克	Czech Rep.	−1.7	9.2	10.9	5.9	74
波　兰	Poland	0.9	10.7	9.8	10.2	73
匈牙利	Hungary	−4.2	10.0	14.2	9.9	71
罗马尼亚	Romania	−2.3	10.2	12.5	22.0	69
南斯拉夫	Yugoslavia F. R.	2.5	13.2	10.7	14.0	72
印　度	India	18.3	27.2	8.9	71.0	63
印度尼西亚	Indonesia	16.3	23.9	7.6	47.0	65
菲律宾	Philippines	22.8	28.6	5.8	35.0	68
泰　国	Thailand	10.0	16.7	6.7	33.4	69
马来西亚	Malaysia	21.3	25.8	4.5	11.0	72
新加坡	Singapore	8.6	12.7	4.1	3.8	76
巴基斯坦	Pakistan	27.7	35.8	8.1	95.0	62
缅　甸	Myanmar	17.3	27.0	9.7	79.0	60
孟加拉国	Bangladesh	18.3	28.1	9.8	75.0	58
土耳其	Turkey	15.6	22.2	6.6	39.9	69
韩　国	Korea, Rep.	9.0	15.3	6.3	9.0	72
埃　及	Egypt	17.5	24.5	7.0	51.0	66
尼日利亚	Nigeria	28.1	40.4	12.3	77.0	54
墨西哥	Mexico	19.5	24.6	5.1	31.0	72
巴　西	Brazil	13.3	20.6	7.3	34.0	67
阿根廷	Argentina	12.0	19.9	7.9	22.0	73

注：①1996年数。

① Data refer to 1996.

附录3-3 就　业　状　况
EMPLOYMENT

国外资料来源：国际劳工组织《劳工统计年鉴》1998年。

Source: International Labour Office《Yearbook of Labour Statistics》1998.

国家和地区	Country or Territory	年份 Year	就业人数（万人）Employment (10 000 persons)	农林牧渔业 Agriculture Forestry Hunting and Fishing	矿业、采掘业 Mining and Quarrying	制造业 Manufacturing	水、电、煤气业 Electricity, Gas and Water	建筑业 Construction
中国	China	1997	69600.0	33095.0	868.0	9612.0	283.0	3449.0
美国	United States	1997	12955.8	35.4	63.4	2083.5	149.3	830.2
日本	Japan	1997	6557.0	350.0	7.0	1442.0	36.0	685.0
德国	Germany	1997	3580.5	104.9	20.2	847.5	33.9	327.1
英国	United Kingdom	1997	2668.2	49.4	10.5	499.1	17.9	186.5
法国	France	1994	2211.0	104.8	6.6	416.2	20.4	144.3
意大利	Italy	1995	1994.2	148.9	8.8	453.4	204.1	160.7
加拿大	Canada	1997	1394.1	53.7	17.7	216.7	14.0	74.7
澳大利亚	Australia	1997	839.4	43.6	7.5	113.6	6.6	58.1
俄罗斯	Russian Fed	1995	6644.1	1044.3	108.4	1474.4	80.3	577.0
捷克	Czech Rep.	1997	494.2	28.5	8.9	137.3	9.2	48.0
波兰	Poland	1997	1517.7	311.7	38.8	318.2	27.3	100.3
匈牙利	Hungary	1997	364.6	28.8	2.7	86.4	9.7	21.9
罗马尼亚	Romania	1997	1105.0	431.1	22.5	244.3	23.4	46.8
印度①	India①	1989	2596.2	142.8	106.4	625.7	90.9	122.0
印度尼西亚	Indonesia	1996	8705.0	3584.9	89.7	1121.5	23.3	420.0
菲律宾	Philippines	1997	2788.8	1126.0	12.4	275.5	13.9	164.1
泰国	Thailand	1997	3316.2	1669.1	4.7	429.2	17.8	202.1
新加坡	Singapore	1997	183.1	0.5	0.06	41.4	1.2	12.6
马来西亚	Malaysia	1997	856.9	148.1	3.9	200.3	5.1	79.3
巴基斯坦	Pakistan	1995	3333.7	1559.9	4.0	345.9	27.3	240.2
缅甸	Myanmar	1997	1796.4	1138.1	13.2	157.3	2.1	37.8
韩国	Korea, Rep.	1997	2104.8	232.4	2.7	447.4	7.6	200.4
巴西	Brazil	1996	6804.0	1664.7	77.1	840.7②		433.6

附录 3-3 续表 continued

国家和地区	Country or Territory	年份 Year	商业、饭店业、旅店业 Wholesale Retail Trade, Hotel, Restaurant	运输、仓储及通信业 Transport Storage and Communication	金融、保险不动产及产业服务 Finance Insurance Real Estate Business Services	社会服务及个人服务 Community Social and Personal Services	其他 Other	失业率 (%) Rate of Unemployment
中国	China	1997	4795.0③	2062.0	395.0	3024.0④	12017.0	3.0⑤
美国	United States	1997	2677.7	768.9	1476.8	4552.1		4.9
日本	Japan	1997	1475.0	412.0	575.0	1542.0	34.0	3.4
德国	Germany	1997	624.4	194.1	373.2	1052.4	12.9	9.8
英国	United Kingdom	1997	538.5	170.8	380.4	803.5	11.7	7.1
法国	France	1994	371.6	139.7	234.0	773.4		12.3⑥
意大利	Italy	1995	422.0	105.9	159.8	512.8	1.4	12.3⑥
加拿大	Canada	1997	328.4	89.7	180.0	419.1		9.2
澳大利亚	Australia	1997	212.6	55.0	119.4	222.9	0.1	8.6
俄罗斯	Russian Fed	1995	607.1	525.3	82.0	1889.8	255.4	9.3⑨
捷克	Czech Rep.	1997	82.5	38.3	35.0	106.1	0.4	4.7
波兰	Poland	1997	220.2	93.6	75.2	332.7		11.2
匈牙利	Hungary	1997	61.8	31.0	23.0	99.1	0.2	8.7
罗马尼亚	Romania	1997	104.4	55.9	25.8	150.7		6.0
印度①	India①	1989	44.1	303.8	135.0	1030.7		
印度尼西亚	Indonesia	1996	1722.1	413.8	65.7	1163.7	0.3	4.0⑨
菲律宾	Philippines	1997	421.9⑧	176.9	68.0	529.6⑧	0.5	7.9
泰国	Thailand	1997	460.1⑦	98.0		434.2	0.9	0.9
新加坡	Singapore	1997	39.8	21.0	27.4	38.9	0.2	2.4
马来西亚	Malaysia	1997	157.8	42.3	44.7	175.5		2.5
巴基斯坦	Pakistan	1995	483.5	169.0	25.7	475.9	2.3	5.4
缅甸	Myanmar	1997	174.6	47.0	57.7	168.6		
韩国	Korea, Rep.	1997	579.8	116.5	190.7	325.9	1.3	2.0⑨
巴西	Brazil	1996	907.9	255.5	130.6	2994.0		6.9

注:①只包括国营部门和10人及10人以上的非农业私人企业。②包括水、电、煤气业。③商业和餐饮业。④包括卫生、体育和社会福利事业、教育、文化艺术和广播电视事业以及科学研究和综合技术服务事业。⑤指城镇失业率。⑥1997年数。⑦包括金融、保险、不动产及产业服务。⑧饭店、旅馆业包含在社会服务及个人服务业中。⑨1996年数。

① Only public sector and establishments of non-agricultural private sector with 10 or more persons employed are included. ②Including electricity, gas and water. ③Referring to wholesale retail trade and food services. ④Including social services, health care, sports and social welfare, education, culture, arts, radio and television, broadcasting, scientific research and polytechnical services. ⑤Data refer to unemployment rate in urban areas. ⑥Data refer to 1997. ⑦Including finance, insurance, real estate business services. ⑧Restaurants and hotels are included in community social and personal servises. ⑨Data refer to 1996.

附录 3-4 国内生产总值及其增长率

GROSS DOMESTIC PRODUCT AND ITS GROWTH RATE

国外资料来源：国际货币基金组织《国际金融统计月报》1999 年 5 月，《IMF 经济展望》1999 年 4 月。

Sources: International Monetary Fund 《International Financial Statistics》 May 1999, 《IMF Economy Outlook》April 1999.

国家和地区		Country or Territory		1997 国内生产总值（亿本币）GDP (national currency 100 million)	国内生产总值增长率（比上年增长%）GDP Growth Rate over the Preceding Year			
					1995	1996	1997	1998③
中　国	（人民币元）	China	(Yuan Renminbi)	74463	10.5	9.6	8.8	7.8
美　国	（美　元）	United States	(US Dollar)	81109	2.0	2.4	3.9	3.9
日　本	（日　元）	Japan	(Yen)	5072710	1.4	3.6	1.4	−2.8
德　国	（德国马克）	Germany	(Deutsche Mark)	36463	1.9	1.4	2.2	2.8
英　国	（英　镑）	United Kingdom	(Pound)	7866	2.7	2.3	3.5	2.1
法　国	（法　郎）	France	(Franc)	81273	2.1	1.5	2.3	3.1
意大利	（里　拉）	Italy	(Lire)	19507000	2.9	0.7	1.5	1.4
加拿大	（加　元）	Canada	(Dollar)	8663	2.3	1.2	3.8	3.0
澳大利亚	（澳　元）	Australia	(Dollar)	5294	3.9	3.4	3.6	5.1
俄罗斯	（卢　布）	Russian Fed.	(Rouple)	25630	−4.0	−3.3	0.8	−4.8
捷　克	（克　朗）	Czech Rep	(Koruna)	16495	4.8	9.7	1.0	−2.2
波　兰	（兹罗提）	Poland	(Zloty)	4447	6.5	6.0	6.9	4.8
匈牙利	（福　林）	Hungary	(Forint)	68454①	1.5	0.8	4.6	5.0
罗马尼亚	（列　伊）	Romania	(Lei)	2497500	6.9	4.0	−6.6	−5.5
印　度	（卢　比）	India	(Rupee)	156355	7.3	6.4	5.5	5.6
印度尼西亚	（卢　比）	Indonesia	(Rupiah)	6255060	8.2	7.9	4.6	−13.7
菲律宾	（比　索）	Philippines	(Peso)	24236	4.8	5.7	5.2	−0.5
泰　国	（　铢　）	Thailand	(Baht)	48272	8.7	8.3	−0.4	−8.0
马来西亚	（林吉特）	Malaysia	(Ringgit)	2754	9.5	8.6	7.7	−6.8
新加坡	（新加坡元）	Singapore	(Dollar)	1430	8.8	7.0	8.0	1.5
巴基斯坦	（卢　比）	Pakistan	(Rupee)	24046	4.4	5.9	−0.4	5.4
缅　甸	（缅　元）	Myanmar	(Kyat)	10675	6.9	5.8	6.5	5.7
孟加拉国	（塔　卡）	Bangladesh	(Taka)	14031	4.4	5.4	5.7	4.2
土耳其	（里　拉）	Turkey	(Lira)	287210000	6.7	7.4	7.6	2.8
韩　国	（韩　圆）	Korea, Rep.	(Won)	4209870	8.9	7.1	5.5	−5.5
埃　及	（埃　镑）	Egypt	(Pound)	2563	4.6	5.1	5.0	5.3
尼日利亚	（奈　拉）	Nigeria	(Naira)	9114②	1.3	2.9	3.9	2.3
墨西哥	（新比索）	Mexico	(New peso)	31874	−6.2	5.1	7.0	4.9
巴　西	（雷亚尔）	Brazil	(Reai)	8668	4.1	3.0	3.6	0.3
阿根廷	（比　索）	Argentina	(Peso)	3234	−4.6	4.3	8.6	4.2

注：①1996 年数。②1994 年数。③估计数。

①Data refer to 1996. ②Data refer to 1994. ③Estimates.

附录3-5 主要农产品产量
OUTPUT OF MAJOR AGRICULTURAL PRODUCTS

国外资料来源：联合国粮农组织数据库。
Sources：United Nations FAO Database.

单位：万吨 (10 000 tons)

国家和地区	Country or Territory	1998	国家和地区	Country or Territory	1998
谷　物	**Cereals**		**棉　花**	**Cotton Lint**	
世界总计	**World**	**205437**	**世界总计**	**World**	**1826**
中　国	China	45625	中　国	China	450
美　国	United States	34970	美　国	United States	300
印　度	India	21944	印　度	India	272
法　国	France	6771	巴基斯坦	Pakistan	156
印度尼西亚	Indonesia	5853	乌兹别克斯坦	Uzbekistan	97
加拿大	Canada	5115	土耳其	Turkey	80
俄罗斯	Russian Fed.	4680	澳大利亚	Australia	67
德　国	Germany	4458	巴　西	Brazil	42
巴　西	Brazil	4048	希　腊	Greece	38
阿根廷	Argentina	3480	阿根廷	Argentina	30
大　豆	**Soybeans**		**花　生**	**Groundnuts in Shell**	
世界总计	**World**	**15833**	**世界总计**	**World**	**3097**
美　国	United States	7503	中　国	China	1189
巴　西	Brazil	3136	印　度	India	830
阿根廷	Argentina	1872	尼日利亚	Nigeria	253
中　国	China	1515	美　国	United States	178
印　度	India	610	印度尼西亚	Indonesia	99
巴拉圭	Paraguay	286	阿根廷	Argentina	93
加拿大	Canada	274	苏　丹	Sudan	80
印度尼西亚	Indonesia	131	刚　果(金)	Congo Rep.	57
意大利	Italy	123	缅　甸	Myanmar	54
玻利维亚	Bolivia	107	塞内加尔	Senegal	51
油菜籽	**Rapeseeds**		**黄　麻**	**Jute＋Jute－Like Fibres**	
世界总计	**World**	**3357**	**世界总计**	**World**	**360**
中　国	China	830	印　度	India	174
加拿大	Canada	759	孟加拉国	Bangladesh	109
印　度	India	494	中　国①	China①	25
法　国	France	376	泰　国	Thailand	11
德　国	Germany	339	俄罗斯	Russian Fed.	5
澳大利亚	Australia	161	缅　甸	Myanmar	3
英　国	United Kingdom	157	乌兹别克斯坦	Uzbekistan	2
波　兰	Poland	109	越　南	Viet Nam	2
美　国	United States	72	尼泊尔	Nepal	1
捷　克	Czech Rep.	70	古　巴	Cuba	1

附录 3-5 续表 1 continued

单位:万吨 (10 000 tons)

国家和地区	Country or Territory	1998	国家和地区	Country or Territory	1998
甘　蔗	**Sugar Cane**		**甜　菜**	**Sugar Beets**	
世界总计	**World**	**125227**	**世界总计**	**World**	**25886**
巴　西	Brazil	33835	法　国	France	3141
印　度	India	26500	德　国	Germany	2694
中　国	China	8344	美　国	United States	2963
巴基斯坦	Pakistan	5311	土耳其	Turkey	2000
墨西哥	Mexico	4890	乌克兰	Ukraine	1600
泰　国	Thailand	4602	波　兰	Poland	1510
澳大利亚	Australia	4104	中　国	China	1447
古　巴	Cuba	3500	意大利	Italy	1252
哥伦比亚	Colombia	3200	俄罗斯	Russian Fed.	1080
美　国	United States	3090	英　国	United Kingdom	980
茶　叶	**Tea**		**烟　叶**	**Tobacco Leaves**	
世界总计	**World**	**296**	**世界总计**	**World**	**706**
印　度	India	87	中　国	China	236
中　国	China	67	美　国	United States	69
肯尼亚	Kenya	29	印　度	India	64
斯里兰卡	Sri Lanka	28	巴　西	Brazil	51
印度尼西亚	Indonesia	15	土耳其	Turkey	26
土耳其	Turkey	12	津巴布韦	Zimbabwe	26
日　本	Japan	9	印度尼西亚	Indonesia	14
伊　朗	Iran	7	希　腊	Greece	14
缅　甸	Myanmar	7	意大利	Italy	13
孟加拉国	Bangladesh	5	马拉维	Malawi	12
肉　类②	**Meat②**		**牛　奶**	**Cow Milk**	
世界总计	**World**	**21620**	**世界总计**	**World**	**46635**
中　国	China	5724	美　国	United States	7138
美　国	United States	3576	俄罗斯	Russian Fed.	3200
巴　西	Brazil	1169	印　度	India	2958
法　国	France	651	德　国	Germany	2850
德　国	Germany	615	法　国	France	2450
印　度	India	459	巴　西	Brazil	2163
俄罗斯	Russian Fed.	443	英　国	United Kingdom	1393
西班牙	Spain	437	乌克兰	Ukraine	1250
墨西哥	Mexico	408	波　兰	Poland	1180
意大利	Italy	403	荷　兰	Netherlands	1110
水　果	**Fruit**		**羊　毛④**	**Wool Greasy④**	
世界合计	**World**	**50020**	**世界合计**	**World**	**244**
中　国	China	5453	澳大利亚	Australia	69
印　度	India	3868	中　国	China	31
巴　西	Brazil	3804	新西兰	New Zealand 25	
美　国	United States	3441	乌拉圭	Uruguay	8
意大利	Italy	1878	俄罗斯	Russian Fed.	7
西班牙	Spain	1509	英　国	United Kingdom	7
伊　朗	Iran	1396	阿根廷	Argentina	6
墨西哥	Mexico	1333	伊　朗	Iran	6
法　国	France	1115	巴基斯坦	Pakistan	6
菲律宾	Philippines	1025	南　非	South Africa	5

附录 3-5 **续表** 2 continued

单位:万吨 (10 000 tons)

国家和地区	Country or Territory	1998	国家和地区	Country or Territory	1998
水产品③	**Fishery③**		**天然橡胶**	**Natural Rubber**	
世界合计	**World**	**9463**	**世界合计**	**World**	**680**
中国	China	3907	泰国	Thailand	216
秘鲁	Peru	952	印度尼西亚	Indonesia	156
智利	Chile	759	马来西亚	Malaysia	108
日本	Japan	676	印度	India	54
美国	United States	561	中国	China	46
印度	India	526	菲律宾	Philippines 21	
印度尼西亚	Indonesia	440	越南	Viet Nam	20
俄罗斯	Russian Fed.	437	科特迪瓦	Cote d'Ivoire	12
泰国	Thailand	365	斯里兰卡	Sri Lanka 10	
挪威	Norway	281	尼日利亚	Nigeria	9

注:①包括红麻。②包括牛肉、羊肉、猪肉、马肉、家禽肉以及其他家养和野生动物肉。③1996年数字。④未洗羊毛。

①Including apocynum. ②Including beef and veal, buffalo meat, mutton and lamb, goat meat, pork, horse meat, poultry meat and meats of all other domestic or wild animals such as camels, rabbits and game animals. ③Data refer to 1996. ④Contained 30 to 50 percent of impurities.

附录 3-6 我国农业主要产品产量居世界位次的变化

CHANGES IN THE ORDER OF PRECEDENCE OF OUTPUT OF MAJOR AGRICULTURAL PRODUCTS

国外资料来源：联合国粮农组织数据库。

Sources: United Nations FAO database.

项目	Item	1949	1978	1980	1985	1990	1995	1997	1998
谷物	Cereals		2	1	2	1	1	1	1
肉类①	Meat①	3	3	3	2	1	1	1	1
棉花	Cotton Lint	4	3	2	1	1	1	1	1
大豆	Soybeans	2	3	3	3	3	3	3	4
花生	Groundnuts in Shell	2	2	2	2	2	1	1	1
油菜籽	Rapeseeds	2	2	2	1	1	1	1	1
甘蔗	Sugar Cane		9	9	4	4	3	3	3
茶叶	Tea	3	2	2	2	2	2	2	2
水果	Fruit			10	8	4	1	1	1

注:①1993年以前为猪、牛、羊肉产量的位次。

①Data refer to pork, beaf and mutton before 1993.

附录 3-7 主要工业产品产量(1997 年)

OUTPUT OF MAJOR INDUSTRIAL PRODUCTS(1997)

国外资料来源:联合国《统计月报》1999 年 3 月、《工业产品统计年鉴》1996 年;联合国粮农组织数据库;美国汽车协会《世界汽车数据表》1998 年。

Sources: United Nations《Monthly Bulletin of Statistics》March 1999,《Industrial Commodity Statistics Yearbook》1996; FAO Database; The United States《World Motor Vehicle Data》1998.

项 目	Item	数量 Value	项 目	Item	数量 Value
钢(万吨)	**Crude Steel (10 000 tons)**		**煤 炭④**	**Coal④ (10 000 tons)**	**(万吨)**
世界总计①	**World①**	**69900.4**	**世界总计①**	**World①**	**476354.6**
中 国	China	10894.2	中 国	China	137300.0
日 本	Japan	10449.6	美 国	United States	98877.6
美 国①	United States①	9500.4	印 度	India	31892.4
俄罗斯	Russian Fed.	5078.4	俄罗斯①	Russian Fed. ①	25670.4
德 国	Germany	4081.2	澳大利亚①	Australia①	24745.2
韩 国①	Korea,Rep. ①	3890.4	德 国	Germany	22830.0
加拿大①	Canada①	2902.8	南 非①	South Africa①	20659.2
意大利①	Italy①	2772.0	波 兰	Poland	20112.0
巴 西	Brazil	2610.0	捷 克①	Czech Rep. ①	8030.4
乌克兰①	Ukraine①	2233.2	哈萨克斯坦①	Kazakhstan①	7659.6
原油(万吨)	**Crude Petroleum(10 000 tons)**		**电**	**Electricity (亿千瓦小时) (100 million kwh)**	
世界总计	**World**	**311332.9**	**世界总计①**	**World①**	**137456.6**
美 国	United States	43412.4	美 国	United States	31225.2
沙特阿拉伯①	Saudi Arabia①	40384.8	中 国	China	11355.5
俄罗斯①	Russian Fed. ①	30099.6	日 本①	Japan①	10121.4
伊 朗①	Iran①	18038.4	俄罗斯①	Russian Fed. ①	8472.0
中 国	China	16074.1	加拿大	Canada	5538.1
墨西哥①	Mexico①	14900.4	德 国①	Germany①	5470.3
委内瑞拉①	Venezuela①	13852.8	法 国①	France①	4889.0
挪 威①	Norway①	15274.8	印 度	India	4212.6
英 国	United Kingdom	12051.6	英 国①	United Kingdom①	3478.7
阿联酋①	United Arab Emirates①	10384.8	巴 西①	Brazil①	2898.1
水泥(万吨)	**Cement (10 000 tons)**		**化 肥①**	**Fertilizer①(10 000 tons)**	**(万吨)**
世界总计①	**World①**	**150760.3**	**世界总计**	**World**	**14857.4**
中 国	China	51173.8	中 国	China	2821.0
美 国	United States	9481.2	美 国	United States	2697.7
日 本	Japan	9193.2	加拿大	Canada	1249.5
印 度	India	8229.6	印 度	India	1118.9
韩 国	Korea,Rep.	6050.4	俄罗斯	Russian Fed.	908.9
泰 国①	Thailand①	3873.6	德 国	Germany	484.8
巴 西	Brazil	3810.0	印度尼西亚	Indonesia	373.6
德 国	Germany	3592.8	白俄罗斯	Belarus	335.4
土耳其①	Turkey①	3508.8	法 国	France	296.3
意大利②	Italy②	3416.4	乌克兰	Ukraine	229.4

附录 3-7　续表 1 continued

项　　目	Item	数量　Value
合成橡胶	**Synthetic Rubber**	
（万　吨）	**(10 000 tons)**	
世界总计①	**World①**	**933.2**
美　　国	United States	261.0
日　　本	Japan	159.2
俄 罗 斯	Russian Fed.	72.5
中　　国	China	64.2
法　　国	France	59.5
德　　国	Germany	58.4
韩　　国②	Korea, Rep. ②	37.2
意 大 利	Italy	29.5
巴　　西	Brazil	29.5
英　　国	United Kingdom	29.4
天 然 气①	**Natural Gas①**	
（千万亿焦耳）	**(10 million terajoules)**	
世界总计	**World**	**90603.0**
俄 罗 斯①	Russian Fed. ①	22152.8
美　　国	United States	20563.9
加 拿 大	Canada	6261.5
英　　国	United Kingdom	3241.6
荷　　兰	Netherlands	2414.3
印度尼西亚①	Indonesia①	2982.9
乌兹别克斯坦	Uzbekstan	1742.2
沙特阿拉伯①	Saudi Arabia①	1613.1
阿 根 廷	Argentina	1481.5
马来西亚①	Malaysia①	1376.2
新 闻 纸	**Newsprint**	
（万　吨）	**(10 000 tons)**	
世界总计①	**World①**	**33629.6**
加 拿 大	Canada	920.4
美　　国①	United States①	630.4
日　　本	Japan	319.2
瑞　　典	Sweden	241.1
德　　国	Germany	180.8
芬　　兰	Finland	148.0
韩　　国	Korea, Rep.	141.0
俄 罗 斯①	Russian Fed. ①	124.6
挪　　威③	Norway③	100.7
法　　国①	France①	78.7

项　　目	Item	数量　Value
汽　　车⑥	**Motor Vehicles⑥**	
（万　辆）	**(10 000 units)**	
世界总计	**World**	**5517.6**
美　　国	United States	1214.9
日　　本	Japan	1097.5
德　　国	Germany	502.3
法　　国	France	383.0
韩　　国	Korea, Rep.	281.8
加 拿 大	Canada	257.8
西 班 牙	Spain	256.2
巴　　西	Brazil	206.7
英　　国	United Kingdom	193.6
意 大 利	Italy	181.7
轮　　胎	**Tires**	
（万条）	**(10 000 units)**	
世界总计	**World**	**90704.0**
美　　国①	United States①	25531.2
日　　本	Japan	16035.6
泰　　国①	Thailand①	13008.0
中　　国	China	9599.0
法　　国①	France①	6046.8
韩　　国	Korea, Rep.	5928.0
德　　国	Germany	5276.4
意 大 利②	Italy②	4087.2
巴　　西①	Brazil①	3322.8
英　　国①	United Kingdom①	3096.0
原　　木⑦①	**Roundwood⑦①**	
（万立方米）	**(10 000 cum)**	
世界总计	**World**	**338562.3**
美　　国	United States	49493.7
印　　度	India	30645.6
巴　　西	Brazil	22031.3
印度尼西亚	Indonesia	20298.8
加 拿 大	Canada 19117.8	
尼日利亚	Nigeria	11738.7
俄 罗 斯	Russian Fed.	8396.8
中　　国	China	6394.0
瑞　　典	Sweden	6022.4
芬　　兰	Finland	5128.1

附录 3-7 续表 2 continued

项 目	Item	数量 Value	项 目	Item	数量 Value
糖（万吨）	**Sugar（10 000 tons）**		**电视机①⑤（万台）**	**TV Sets①⑤（10 000 sets）**	
世界总计	**World**	**12386.3**	**世界总计**	**World**	**13714.1**
巴 西	Brazil	1627.5	中 国	China	3637.2
印 度	India	1423.2	韩 国②	Korea, Rep. ②	1872.2
美 国	United States	737.2	美 国	United States	1144.0
中 国	China	702.6	马来西亚	Malaysia	890.1
澳大利亚	Australia	577.8	巴 西	Brazil	864.4
墨 西 哥	Mexico	517.4	日 本	Japan	756.8
法 国	France	471.2	西 班 牙②	Spain②	539.2
泰 国	Thailand	431.4	新 加 坡⑧	Singapore⑧	304.0
德 国	Germany	405.4	英 国⑨	United Kingdom⑨	302.4
古 巴	Cuba	350.0	土 耳 其	Turkey	251.0

注：①1996 年数字。②1995 年数字。③1993 年数字。④中国为原煤，国外为商品煤。⑤包括彩色电视机和黑白电视机。美国为交货量。⑥包括商用车和乘用车。⑦指采伐所得的全部木材量，其中包括工业用圆木、薪炭材、从采伐中回收的木材。中国为木材产量，包括原木和薪材，同其他国家的原木产量不完全可比。⑧1989 年数。⑨1988 年数。①Data refer to 1996. ②Data refer to 1995. ③Data refer to 1993. ④The figures relate to all grades ofanthracite and bituminous coal, lignite and brown coal, but exclude recovered slurries. Chinese data refers to the raw coal including lignite and waste. ⑤Including color TV sets and black and white TV sets. ⑥Includingcommercial vehicles and passenger cars. ⑦All wood obtained from wood logging, including log for industrialuse, fuel wood and wood recovered logging losses. But Chinese data refer to log and fuel wood. ⑧Data refer to 1989. ⑨Data refer to 1988.

附录 3-8 我国工业主要产品产量居世界位次的变化

CHANGES IN THE ORDER OF PRECEDENCE OF OUTPUT OF MAJOR INDUSTRIAL PRODUCTS

国外资料来源：联合国《统计月报》1999 年 1 月、《工业产品统计年鉴》1996 年；联合国粮农组织数据库。

Sources: United Nations《Monthly Bulletin of Statistics》January 1999,《Industrial Commodity Statistics Yearbook》1996; FAO Database.

产品名称	Item	1949	1957	1965	1978	1980	1985	1990	1995	1996	1997③
钢	Crude Steel	26	9	8	5	5	4	4	2	1	1
煤	Coal	9	5	5	3	3	2	1	1	1	1
原 油	Crude Petroleum	27①	23	12	8	6	6	5	5	5	5
发电量	Electricity	25	13	9	7	6	5	4	2	2	2
水 泥	Cement		8	8	4	4	1	1	1	1	1
化 肥	Fertilizer		33	8	3	3	3	3	2	1	1
化学纤维	Chemical Fibre		26②		7	5	4	2	2	2	2
棉 布	Woven Cotton Fabrics			3	1	1	1	1	1	2	2
糖	Sugar			8	8	10	6	6	4	4	4
电视机	Television				8	5	3	1	1	1	1

注：①1950 年数字。②1960 年数字。③估计数。

①Data refer to 1950. ②Data refer to 1960. ③Estimates.

附录3-9 消费物价指数

CONSUMER PRICE INDICES

国外资料来源:联合国《统计月报》1999年1月。

Source: United Nations 《Monthly Bulletin of Statistics》 January 1999.

1990年=100 (1990=100)

国家和地区	Country or Territory	总指数 General Index			其中:食品 Of which Food		
		1996	1997	1998	1996	1997	1998
中　国	China	198.5	204.1	202.4	222.0	221.8	214.7
美　国	United States	120.1	122.8	125.5①	116.4	119.4	123.0①
日　本	Japan	107.1	109.0	110.5②	106.0	107.9	111.9②
德　国⑧	Germany⑧	116.5	118.6	119.7①	109.2	111.0	112.1①
英　国	United Kingdom	121.1	124.9	130.4③	118.4	118.5	121.1④
法　国	France	113.8	115.2	116.0②	107.1	109.0	110.3②
意大利	Italy	132.8	135.5	137.4⑤	130.9	130.9	132.0⑤
加拿大	Canada	113.5	115.3	116.8②	110.6	112.3	113.3②
澳大利亚	Australia	116.1	116.4	117.5③	116.1	119.0	123.0③
俄罗斯⑧	Russian Fed. ⑧	284429.0	329072.0⑥		287151.0	322619.0⑥	
捷　克	Czech Rep.	274.7	297.9	333.5②	250.2	261.5	268.8②
波　兰	Poland	667.5	767.0	885.8①	550.2	620.1	678.8①
匈牙利	Hungary	382.8	452.9	521.6③	356.9	419.4	474.3③
印　度⑨	India⑨	179.6	192.5	225.8④	188.0	199.0	238.7④
印度尼西亚	Indonesia	165.2	176.2	323.6①	171.1	186.2	437.5①
菲律宾	Philippines	177.8	186.7	215.9①	170.4	173.7	201.2①
泰国(曼谷)	Thailand(Bangkok)	134.0	141.2	153.2②	143.7	153.6	167.5②
马来西亚	Malaysia	125.6	129.0	136.6②	133.5	139.0	152.2②
新加坡	Singapore	115.1	117.3	116.4②	112.2	114.5	114.4②
巴基斯坦⑪	Pakistan⑪	153.2	170.7	184.8②	157.8	176.7	189.9②
缅　甸	Myanmar	384.1	498.1	840.1④	420.7	548.2	931.5④
孟加拉国(达卡)	Bangladesh(Dhaka)	125.8	132.9	140.2⑥	125.7	134.0	142.6⑥
土耳其⑩	Turkey⑩	339.1	629.8	1274.0③	331.1	637.2	1150.7④
韩　国	Korea, Rep.	141.8	148.1	159.7③	144.8	151.1	167.1③
埃　及	Egypt	191.6	200.4	207.4⑦	176.5	183.8	190.4⑦
尼日利亚	Nigeria	901.0	1000.3⑥		850.8	958.5⑥	
墨西哥⑩	Mexico⑩	301.7	364.0	432.6③	295.5	351.7	421.0③
巴西(圣保罗)⑪	Brazil(Sao Paulo)⑪	84767.1	90638.6	93357.5③	81894.4	82469.2	83673.3③
阿根廷(布宜诺斯艾利斯)⑫	Argentina(Buenos Aires)⑫	321965.8	323667.6	326592.0②	276442.6	274621.4	280005.9②

注:①11月份数字。②10月份数字。③9月份数字。④8月份数字。⑤2月份数字。⑥6月份数字。⑦5月份数字。⑧1991年=100。⑨产业工人。⑩1994年=100。⑪1992年=100。⑫1988年=100。

①Data refer to November. ②Data refer to October. ③Data refer to September. ④Data refer to August. ⑤Data refer to February. ⑥Data refer to June. ⑦Data refer to May. ⑧1991=100. ⑨Data refer to consumer price index of industrial workers. ⑩1994=100. ⑪1992=100. ⑫1988=100.

附录 3-10 中央政府财政收入构成

CENTRAL GOVERNMENT REVENUE AS PERCENTAGE

国外资料来源：国际货币基金组织《政府财政统计年鉴》1998 年。

Source：International Monetary Fund 《Government Finance Statistics Yearbook》1998.

单位：% (%)

国家和地区	Country or Territory	年份 Year	公司利润和资本所得税 Taxes on Income, Profits & Cap. Gains	社会保险缴款 Social Security Contrib.	工资税 Taxes on Payroll and Work Force	财产税 Taxes on Property	货物和劳务税 Domestic Taxes on Goods & Services	国际贸易税 Taxes on Internatl. Trade & Transact.	其他税 Other Taxes	非税收收入 Non-tax Revenue
美国	United States	1997	54.88	31.90		1.18	3.34	1.10		6.91
日本	Japan	1993	36.16	26.48		4.05	14.43	1.24	1.60	15.45
德国	Germany	1997								15.63
英国	United Kingdom	1995	35.86	17.18		6.44	32.53	0.06	0.07	7.66
法国	France	1997	19.34	41.16	1.41	1.97	28.23		0.63	6.07
加拿大	Canada	1994	48.47	18.92			18.94	2.32		11.33
澳大利亚	Australia	1997	66.86		2.37	0.01	20.41	2.44		7.47
捷克	Czech Rep.	1997	13.49	44.59		0.88	34.72	2.66	0.04	3.55
罗马尼亚	Romania	1996	27.16	27.18			23.20	6.13	3.86	12.11
印度	India	1997	21.99			0.08	26.85	25.48	0.10	22.59
印度尼西亚	Indonesia	1996	50.24	2.69		0.94	29.57	3.19	0.02	13.34
泰国	Thailand	1997	31.74	1.50		1.09	42.36	12.09	0.56	10.65
马来西亚	Malaysia	1997	36.32	1.23		0.65	26.39	12.63	4.68	17.92
新加坡	Singapore	1997	17.63			4.34	12.44	0.83	7.04	21.94
缅甸	Myanmar	1996	16.84				25.79	14.67		41.80
韩国	Korea, Rep.	1997	26.41	9.25		1.73	32.32	6.30	8.26	13.38
埃及	Egypt	1995	16.47	9.72		0.59	12.94	9.98	8.83	37.77
墨西哥	Mexico	1996	26.59	12.60			56.93	3.88	2.06	16.35
巴西	Brazil	1994	11.76	26.52	3.72	0.01	21.18	1.69		22.08
阿根廷	Argentina	1996	13.19	29.90		3.38	39.19	6.54	0.25	7.35

附录 3-11 中央政府财政支出构成

CENTRAL GOVERNMENT EXPENDITURE AS PERCENTAGE

国外资料来源：国际货币基金组织《政府财政统计年鉴》1998 年。

Source：International Monetary Fund《Government Finance Statistics Yearbook》1998.

单位：% (%)

国家和地区	Country or Territory	年份 Year	一般公务支出 Gen. Pub. Service and Public Order	国防 Defense	教育 Education	卫生 Health	社会保障及福利 Social Security and Welfare	住房和公共环境 Housing and Community Amenities
美国	United States	1997	10.10	15.71	1.76	20.32	28.82	2.67
日本	Japan	1993	3.63	4.11	6.03	1.60	36.80	13.76
英国	United Kingdom	1995	7.10	7.91	4.94	13.96	31.12	1.77
加拿大	Canada	1994	10.68	5.81	2.89	14.89	39.79	1.02
澳大利亚	Australia	1997	8.06	6.78	7.53	13.82	35.17	1.03
捷克	Czech Rep.	1997	8.63	4.66	11.34	17.83	36.63	3.99
罗马尼亚	Romania	1996	7.52	6.05	10.10	7.38	28.95	1.24
印度	India	1997	8.28	15.21	2.49	1.54		6.28
印度尼西亚	Indonesia	1996	18.70	7.30	9.03	2.52	7.24	20.29
泰国	Thailand	1997	10.54	11.57	21.61	8.58	3.74	5.74
马来西亚	Malaysia	1997	16.30	11.14	22.80	6.26	7.20	7.31
新加坡	Singapore	1997	13.32	28.90	18.82	6.72	1.79	9.04
缅甸	Myanmar	1996	8.40	36.14	12.45	3.82	2.27	0.40
韩国	Korea, Rep.	1997	11.12	16.66	20.51	0.78	10.79	2.26
埃及	Egypt	1995	6.97	9.13	13.84	2.50	13.25	4.38
墨西哥	Mexico	1996	6.23	3.66	24.50	3.32	19.28	3.38
巴西	Brazil	1994	10.06	3.13	3.64	6.27	30.42	0.18
阿根廷	Argentina	1996	13.39	4.81	5.74	2.53	53.36	2.44

附录 3-11 续表 continued

单位:% (%)

国家和地区 Country or Territory		年份 Year	文化、娱乐和宗教 Recreational, Cultural and Relg. Affairs	燃料和能源 Fuel and Energy	农林牧渔 Agric., Forestry, Fishing, & Hunting	矿产、制造和建筑 Mining, Manufc. & Construc.	交通通讯 Transport and Communica-tion	其他 Other Economic Affairs and Services
美国	United States	1997	0.31	0.22	0.95	0.06	2.39	1.47
日本	Japan	1993	0.14		1.09	1.64	0.30	0.32
英国	United Kingdom	1995	0.48	0.76	1.17	0.46	1.67	1.87
加拿大	Canada	1994	0.46	0.08	1.56	0.68	2.98	3.49
澳大利亚	Australia	1997	0.94	0.74	1.31	0.28	2.13	2.72
捷克	Czech Rep.	1997	1.10	0.56	2.46	0.24	5.45	3.64
罗马尼亚	Romania	1996	1.42	3.61	7.86	3.44	4.22	2.71
印度	India	1997			5.31	1.70	1.50	6.26
印度尼西亚	Indonesia	1996	2.39	0.69	12.48	1.35	7.34	1.78
泰国	Thailand	1997	1.41	0.38	9.25	0.49	15.86	4.29
马来西亚	Malaysia	1997			4.65		9.89	7.07
新加坡	Singapore	1997	0.07		0.25	0.03	6.90	9.99
缅甸	Myanmar	1996	2.86	0.01	13.12	0.97	11.93	0.63
韩国	Korea, Rep.	1997	0.85	0.71	7.97	2.57	10.41	2.02
埃及	Egypt	1995	7.61	0.28	4.39	0.12	4.27	0.36
墨西哥	Mexico	1996	0.55	1.73	4.22	0.13	4.25	4.40
巴西	Brazil	1994	0.08	1.23	2.86	0.05	0.96	0.41
阿根廷	Argentina	1996	0.35	1.14	0.89	0.29	3.36	0.60

附录3-12 进 出 口 贸 易 额
TOTAL IMPORTS AND EXPORTS

国外资料来源：联合国《统计月报》1999年2月。

Source：United Nations《Monthly Bulletin of Statistics》February 1999.

单位：亿美元 (US$ 100 million)

国家和地区	Country or Territory	1990		1997	
		进口 Imports	出口 Exports	进口 Imports	出口 Exports
世界总计	**World**	**35567.9**	**34312.6**	**54867.7**	**53461.6**
中国	China	533.5	620.9	1423.7	1827.9
美国	United States	5169.9	3935.9	8990.2	6887.0
日本	Japan	2354.2	2876.5	3388.3	4210.5
德国①	Germany①	3453.4	4106.8	4455.6	5125.0
英国	United Kingdom	2245.5	1853.3	3065.9	2810.8
法国	France	2332.1	2101.6	2703.4	2903.8
意大利	Italy	1819.8	1703.9	2082.9	2383.1
加拿大	Canada	1232.5	1276.3	2008.8	2144.3
澳大利亚	Australia	420.2	397.6	659.1	629.1
俄罗斯	Russian Fed.	1206.5	1042.0	676.2	873.7
捷克	Czech Rep.			271.9	227.5
波兰	Poland	84.1	136.3	423.1	257.5
匈牙利	Hungary	86.7	96.0	206.5	186.1
罗马尼亚	Romania	98.4	57.8	112.8	84.3
保加利亚	Bulgaria	128.9	133.5	50.1	50.1
印度	India	235.8	179.7	411.6	345.6
印度尼西亚	Indonesia	218.4	256.7	416.9	534.4
菲律宾	Philippines	130.4	80.7	382.8	250.9
泰国	Thailand	330.3	230.7	629.0	575.9
马来西亚	Malaysia	292.6	294.5	790.5	789.1
新加坡	Singapore	607.7	527.3	1324.4	1249.9
巴基斯坦	Pakistan	73.8	55.9	116.0	87.2
缅甸	Myanmar	2.7	3.3	20.2	8.7
孟加拉国	Bangladesh	36.2	16.7	69.0	37.8
土耳其	Turkey	223.0	129.6	485.9	262.5
韩国	Korea, Rep.	697.4	648.8	1446.2	1367.4
埃及	Egypt	92.0	25.8	132.1	39.2
尼日利亚	Nigeria	56.9	129.6		
墨西哥	Mexico	299.7	271.3	767.5	655.8
巴西	Brazil	225.2	314.1	650.1	529.9
阿根廷	Argentina	40.8	123.5	303.5	255.2

注：①1991年以前数字仅指原联邦德国。

①Data prior to 1991 refer to the former Federal Rep. of Germany.

附录 3-13 国　际　收　支（1997 年）

BALANCE OF PAYMENTS (1997)

国外资料来源：国际货币基金组织《国际金融统计月报》1999 年 6 月。

Source: International Monetary Fund《International Financial Statistics》June 1999.

单位：亿美元　　(US$ 100 million)

国家和地区 Country or Territory	经常帐户 Current Account								资本帐户收支盈余 Capital Account Balance	金融帐户收支盈余 Financial Account Balance	国际收支总盈余 Overall Balance
	商品贸易 Merchandise			服务贸易 Services		要素收入 Factor Income		经常帐户收支盈余 Current Account Balance			
	出口 Exports F.o.b	进口 Imports F.o.b	差额 Trade Balance	收入 Credit	支出 Debit	收入 Credit	支出 Debit				
美国 United States	6802.8	−8772.8	−1970.0	2511.3	−1637.2	2362.0	−2545.3	−1279.3	3.5	2645.7	10.1
日本 Japan	4092.4	−3076.4	1016.0	693.0	−1234.5	2221.5	−1664.1	943.5	−40.5	−1180.5	65.7
德国 Germany	5103.0	−4355.9	747.0	805.4	−1215.0	766.5	−790.8	−11.9	20.3	−53.7	−37.6
英国 United Kingdom	2792.7	−2998.1	−205.4	872.4	−720.3	1648.6	−1462.3	68.1	−3.7	−180.1	−42.1
法国 France	2842.0	−2561.3	280.7	811.4	−636.5	527.6	−500.6	394.7	14.8	−399.1	59.4
意大利 Italy	2382.4	−1914.6	467.9	723.1	−704.3	457.3	−569.4	334.3	33.3	−68.5	131.5
加拿大 Canada	2174.2	−1998.6	175.6	300.2	−363.6	214.6	−423.7	−92.6	55.0	63.3	−23.9
澳大利亚 Australia	648.6	−630.5	18.1	186.5	−185.7	64.9	−212.9	−129.3	9.1	163.3	35.0
捷克 Czech Rep.	224.9	−271.3	−46.4	71.2	−53.9	15.1	−21.6	−32.1	0.1	11.2	−17.6
波兰 Poland	307.3	−405.5	−98.2	89.9	−58.1	14.7	−26.0	−57.4	0.7	79.6	35.9
匈牙利 Hungary	196.4	−213.7	−17.3	48.7	−37.0	13.8	−28.1	−9.8	1.2	3.9	−1.8
罗马尼亚 Romania	84.3	−104.1	−19.8	14.2	−20.4	2.0	−5.3	−23.5	0.4	24.6	14.5
印度 India	353.8	−457.3	−103.5	88.6	−124.4	14.8	−50.0	−35.3		103.2	53.3
印度尼西亚 Indonesia	563.0	−462.2	100.7	69.4	−166.1	18.6	−81.9	−48.9		−6.1	−78.8
菲律宾 Philippines	252.3	−363.6	−111.3	151.4	−141.2	77.0	−30.2	−43.5		65.0	−30.9
泰国 Thailand	566.5	−551.0	15.5	157.6	−173.4	37.4	−72.2	−30.2		−168.8	−182.5
新加坡 Singapore	1257.8	−1246.3	11.5	304.7	−195.3	154.0	−114.9	148.0	−1.7	−45.4	79.4
巴基斯坦 Pakistan	83.2	−107.2	−23.9	16.4	−26.5	1.5	−23.9	−17.5		23.0	−5.4
韩国 Korea, Rep.	1386.2	−1418.0	−31.8	263.0	−295.0	38.8	−63.3	−81.7	−6.1	−92.0	−229.8
埃及 Egypt	55.3	−141.6	−86.3	93.8	−67.7	21.2	−11.9	−7.1		−19.6	−6.4
尼日利亚 Nigeria	152.1	−95.0	57.1	7.9	−47.1	2.6	−34.0	5.5	−0.5	−4.3	−0.2
墨西哥 Mexico	1104.3	−1098.1	6.2	114.0	−126.2	44.3	−165.4	−74.5		192.5	140.0
巴西 Brazil	529.9	−613.5	−83.6	72.7	−184.6	51.8	−212.7	−338.4	4.1	260.6	−78.7
阿根廷 Argentina	262.7	−285.6	−22.9	31.1	−64.1	55.2	−97.1	−94.3		125.7	31.6

附录 3-14 国际储备和黄金储备（年底数）

INTERNATIONAL RESERVES AND GOLD RESERVES (YEAR-END)

国外资料来源：国际货币基金组织《国际金融统计月报》1999 年 6 月。

Source：IMF 《International Financial Statistics》June 1999.

国家和地区	Country or Territory	国际储备(不包括黄金,亿美元) International Reserves (minus gold,US $100 million)			黄金储备(万盎司) Gold Reserves (fine troy ounces 10 000)		
		1990	1997	1998	1985	1997	1998
中　国	China	26.4	1398.9	1450.0	1267	1267	1267
美　国	United States	321.0	589.1	707.1	26265	26164	26161
日　本	Japan	267.2	2196.5	2154.7	2423	2423	2423
德　国	Germany	443.8	775.9	740.2	9518	9518	11898
英　国	United Kingdom	128.6	323.2	323.1	1903	1842	2300
法　国	France	265.9	309.3	443.1	8185	8189	10237
意大利	Italy	156.0	557.4	298.9	6667	6667	8336
加拿大	Canada	25.0	178.2	233.1	2011	309	249
澳大利亚	Australia	57.7	168.5	154.1	793	256	256
波　兰	Poland		204.1	264.3		90	331
匈牙利	Hungary	21.5	84.1	93.2		10	10
罗马尼亚	Romania	2.0	38.0	28.7	382	302	322
印　度	India	64.2	246.9	273.4	940	1274	1149
印度尼西亚	Indonesia	49.7	165.9	227.1	310	310	310
菲律宾	Philippines	6.2	72.7	92.3	148	499	543
泰　国	Thailand	21.9	261.8	288.3	249	247	247
马来西亚	Malaysia	49.1	207.9	255.6	234	235	235
新加坡	Singapore	128.5	712.9	749.3			
巴基斯坦	Pakistan	8.1	12.0	10.3	190	207	208
缅　甸	Myanmar	0.3	2.5	3.1	25	23	23
孟加拉国	Bangladesh	3.4	15.8	19.1	6	10	11
土耳其	Turkey	10.6	186.6	194.9	386	375	375
韩　国	Korea,Rep.	28.7	203.7	519.7	31	33	43
埃　及	Egypt	7.9	186.7	181.2	243	243	243
尼日利亚	Nigeria	16.7			69		
墨西哥	Mexico	49.1	288.0	318.0	236	19	22
巴　西	Brazil	106.1	508.3	425.8	310	303	460
阿根廷	Argentina	32.7	223.2	247.5	437	36	36

附录3-15 货 币 汇 率（年末中间价）

EXCHANGE RATES (MID-POINT RATES)

国外资料来源：联合国《统计月报》1999年1月。

Source：United Nations 《Monthly Bulletin of Statistics》January 1999.

（一美元合该国货币数）　　(Unless otherwise stated national currency per U.S. dollar)

国家和地区	货币名称	Country or Area Currencies	1985	1990	1995	1997	1998①
中　国	（人民币元）	China (Renminbi Yuan)	3.20	5.22	8.32	8.29	8.28
美　国	（美　元）	United States (Dollar)	1.00	1.00	1.00	1.00	1.00
日　本	（日　元）	Japan (Yen)	200.50	134.40	102.83	129.95	116.40
德　国	（德国马克）	Germany (Deutsche Mark)			1.43	1.79	1.65
英　国	（英　镑）	United Kingdom (Pound)	0.69	0.52	0.65	0.61	0.60
法　国	（法　郎）	France (Franc)	7.56	5.13	4.90	5.99	5.54
意大利	（里　拉）	Italy (Lire)	1678.50	1130.10	1584.70	1759.20	1634.30
加拿大	（加　元）	Canada (Dollar)	1.40	1.16	1.37	1.43	1.54
澳大利亚	（澳　元）	Australia (Dollar)	1.47	1.29	1.34	1.53	1.60
俄罗斯	（卢　布）	Russian Fed. (Rouple)			4.64	5.96	16.01
捷　克	（克　朗）	Czech. Rep. (Koruna)			26.60	34.64	28.93
波　兰	（兹罗提）	Poland (Zloty)			2.47	3.52	3.58②
匈牙利	（福　林）	Hungary (Forint)	47.35	61.45	139.47	203.50	216.50
罗马尼亚	（列　伊）	Romania (Lei)	15.73	34.71	2578.00	8023.00	9592.00
保加利亚	（列　弗）	Bulgaria (Leva)	1.00	2.80	70.70	1776.50	1647.50
南斯拉夫	（新第纳尔）	Yugoslavia,FR (New Dinar)		10.66	5.32	6.30	6.25
印　度	（卢　比）	India (Rupee)	12.17	18.07	35.18	39.28	42.37
印度尼西亚	（卢　比）	Indonesia (Rupiah)	1125.00	1901.00	2308.00	4650.00	7550.00
菲律宾	（比　索）	Philippines (Peso)	19.03	28.00	26.21	39.98	40.83
泰　国	（　铢　）	Thailand (Baht)	26.65	25.29	25.19	47.25	36.77
马来西亚	（林吉特）	Malaysia (Ringgit)	2.43	2.70	2.54	3.89	3.80
新加坡	（新加坡元）	Singapore (Dollar)	2.11	1.74	1.41	1.68	1.62
巴基斯坦	（卢　比）	Pakistan (Rupee)	15.98	21.90	34.25	44.05	46.00
缅　甸	（缅　元）	Myanmar (Kyat)	7.84	6.08	5.78	6.36	6.10
孟加拉国	（塔　卡）	Bangladesh (Taka)	31.00	35.79	40.75	45.45	48.50
土耳其	（里　拉）	Turkey (Lira)	477	2930	59650	205605	285770
蒙　古	（图格里克）	Mongolia (Tugrik)	3.60	5.60	473.62	813.16	863.24
韩　国	（韩　圆）	Korea,Rep. (Won)	890.20	716.40	774.70	1695.00	1319.00
埃　及③	（埃　镑）	Egypt③ (Pound)	0.70	2.00	3.39	3.39	3.39
尼日利亚	（奈　拉）	Nigeria (Naira)	1.00	9.00	21.89	21.89	21.89
墨西哥	（新比索）	Mexico (New Peso)	0.37	2.95	7.64	8.08	10.16
巴　西	（雷亚尔）	Brazil (Reai)			0.97	1.12	1.19
阿根廷	（比　索）	Argentina (Peso)		0.56	1.00	1.00	1.00

注：①10月份数。②9月份数。③固定汇率。

①Data refer to October. ②Data refer to September. ③Fixed rate.

附录 3-16 居民文化程度构成
EDUCATIONAL ATTAINMENT OF POPULATION OF 25 YEARS OLD AND OVER

国外资料来源：联合国教科文组织《统计年鉴》1998 年。

Source：United Nations Educational，Scientific and Cultural Organization《Statistical Yearbook》1998.

单位：%　　(%)

国家和地区	Country or Territory	年份 Year	25岁和25岁以上人口总计（万人）Total Population of 25 Years Old & over (10 000 persons)	大学 Post-secondary	中学 Entered Second Level		小学 First Level		文盲及文化程度不明确者、No Schooling and Not Otherwise Included
					初中 First Stage	高中 Second Stage	肄业 Incompleted	毕业 Completed	
美　国	United States	1994	16451	46.5	44.6	⑤	8.2	⑥	0.6
日　本	Japan	1990	8199	20.7	43.7	⑤	33.6	⑥	0.3
德　国	Germany								
前联邦德国	Fed. Rep.	1970	3886	4.3	④	18	④	④	77.7
前民主德国	Former DR	1981	1072	17.3	52.6	⑤	30.1	⑥	
英　国①	United Kingdom①	1976		11.0	④	④	④	④	89.0
意大利⑦	Italy⑦	1991		3.8	30.7	18.6	12.2	32.5	2.1
加拿大	Canada	1991	1747	21.4	34.3	27.7	4.0	11.7	1.0
澳大利亚	Australia	1971	688	21.5	48.3	⑤	29.3	⑥	0.9
俄罗斯	Russian Federation	1989	8602	14.1	49.0	⑤	36.9	⑥	...
捷克共和国	Czech Republic	1991	658	8.5	58.6	⑤	31.4	⑥	0.3
波　兰	Poland	1988	2299	7.9	47.8	⑤	5.6	37.2	1.5
匈牙利	Hungary	1990	680	10.1	②	30.7	24.3	33.6	1.3
罗马尼亚⑧	Romania⑧	1996	1907	5.6	69.4	⑤	20.7	⑥	4.3
原南斯拉夫	Former Yugoslavia	1981	1308	6.8	23.4	⑤	53.9	⑥	15.8
印　度	India	1981	28060	2.5	13.7	⑤	11.3	⑥	72.5
印度尼西亚	Indonesia	1990	7850	2.3	16.8	⑤	26.4	⑥	54.5
菲律宾⑨	Philippines⑨	1995	4270	21.9	17.2	21.2	20.7	15.1	3.7
泰　国	Thailand	1990	4908	5.1	13.7	⑤	69.6	⑥	10.7
马来西亚	Malaysia	1996	965	6.8	19.3	23.5	13.0	20.6	16.7
新加坡	Singapore	1995	186	7.6	36.8	13.7	11.2	16.5	14.3
巴基斯坦	Pakistan	1990		2.5	5.8	8.2	9.7	⑥	73.8
缅　甸	Myanmar	1983	1395	2.0	14.5	⑤	27.7	⑥	55.8
孟加拉国	Bangladesh	1981	3159	1.3	7.4	4.2	16.7	⑥	70.4
土耳其	Turkey	1993		⑤	21.9	⑤	6.6	40.6	30.6
韩　国	Korea, Rep.	1995	2622	21.1	15.7	36.2	0.9	17.3	8.7
埃　及	Egypt	1986	1944	4.6	14.8	⑤	16.5	⑥	64.1
墨西哥	Mexico	1990	3119	9.2	12.7	10.7	28.6	19.9	18.8
巴　西⑩	Brazil⑩	1989	11016	③	11.9	5.5	57.0	6.9	18.7
阿根廷	Argentina	1991	1734	12.0	25.3	⑤	22.3	34.6	5.7

注：①25-69 岁人口的文化构成。②包括在“小学毕业”栏内。③包括在“高中”栏内。④包括在“文盲及文化程度不明确者”栏内。⑤包括在“初中”栏内。⑥包括在小学“肄业”栏中。⑦6 岁以上人口的文化构成。⑧12 岁以上人口的文化构成。⑨15 岁以上人口的文化构成。⑩10 岁以上人口的文化构成。

①Only refer to 25-69 age group. ②Included in the column “Completed of first level”. ③Included in the column of second stage. ④Included in the column of no schooling. ⑤Included in the column of first stage. ⑥Included in the column of incompleted of first level. ⑦Refer to the age group “6 years and over”. ⑧Refer to the age group “12 years and over”. ⑨Refer to the age group “15 years and over”. ⑩Refer to the age group “10 years and over”.

附录 3-17　公共教育经费占国民生产总值比重

PUBLIC EXPENDITURES ON EDUCATION AS PERCENTAGE OF GNP

国外资料来源：联合国教科文组织《统计年鉴》1998 年。

Source：United Nations Educational, Scientific and Cultural Organization《Statistical Yearbook》1998.

单位：%　　　　(%)

国家和地区	Country or Territory	1980	1985	1990	1994	1995
世界总计	**World**	**4.8**	**4.8**	**4.8**	**4.9**	**5.2**
中国②	China②	2.5	2.5	2.5	2.2	2.5
美国⑤	United States⑤	6.7③	4.9	5.2③	5.4	
日本	Japan	5.8	5.0	4.7	3.6③	
德国①	Germany ①	4.7	4.5	4.7		4.8
英国⑤	United Kingdom⑤	5.6	4.9	4.9	5.4	5.4
法国⑤	France⑤	5.0	5.8	5.4	5.9	6.1
意大利	Italy	4.4⑥	5.0③		4.9③	4.7③
加拿大	Canada	6.9	6.6	6.8	7.0③	
澳大利亚⑤	Australia⑤	5.5	5.5	5.4	5.6	
俄罗斯	Russian Fed.	3.5	3.2	3.5		
捷克	Czech Rep.	4.0	4.2	4.6	6.2③	5.8③
波兰	Poland		4.9			5.2③
匈牙利	Hungary	4.7	5.5	6.1	6.6③	5.3③
罗马尼亚	Romania	3.3	2.2	2.8	3.0③	
保加利亚	Bulgaria	4.5	5.5	5.6	4.6	4.0
原南斯拉夫	Former Yugoslavia	4.7	3.4	6.1		
印度	India	3.0	3.5	3.9	3.6	3.4
印度尼西亚	Indonesia	1.7	1.4	1.0③	1.4③	1.4③
菲律宾	Philippines	1.7	1.4	2.9		2.2③
泰国	Thailand	3.4	3.8	3.6	3.8	4.1
马来西亚⑤	Malaysia⑤	6.0	6.6	5.5	5.3	
新加坡	Singapore	2.8	4.4	3.0	3.0	3.0
巴基斯坦	Pakistan	2.0	2.5	2.6③	2.8	2.8
孟加拉国	Bangladesh	1.5	1.9	2.0		
土耳其	Turkey	2.2	1.8	2.2③	3.4③	2.2③
韩国	Korea, Rep.	3.7	4.5	3.5	3.7③	3.7③
埃及	Egypt	5.7④	6.3	4.0	4.6	4.8
尼日利亚	Nigeria		1.2	1.0	1.2	0.9
墨西哥	Mexico	4.7	3.9	3.7	4.7③	4.9③
巴西	Brazil	3.6	3.8	4.6⑦	1.6	5.2③
阿根廷	Argentina	2.7③	1.5③	1.1	3.8	4.5

注：①1991 年以前为原联邦德国。②国家财政性教育经费占 GNP 比重。③统计口径有所调整。④1981 年数字。⑤1990 年起，统计口径有所调整。⑥1979 年数字。⑦1989 年数字。

①Data prior to 1991 refer to former Western Germany. ②Data refer to the proportion of budgetary expenditure for education to GNP. ③The data is not comparable with the data in other years. ④Data refer to 1981. ⑤Since 1990 the statistical coverage has been redefined. ⑥Data refer to 1979. ⑦Data refer to 1989.

附录 3-18 研究与开发经费

EXPENDITURES ON RESEARCH AND EXPERIMENTAL DEVELOPMENT

国外资料来源:联合国教科文组织《统计年鉴》1998 年。

Source: United Nations Educational, Scientific and Cultural Organization《Statistical Yearbook》1998.

单位:各国本币 (national currency units)

国家和地区		Country or Territory		年份 Year	研究与开发经费占国民生产总值的比重 As % of GNP (%)	按人口平均的研究与开发费用 per Capita Expenditure on R & D	每一研究人员年平均费用 Annual Average Expenditure per R & D Scientist or Engineer
美国	美元	United States	(Dollar)	1996	2.5	656	177625①
日本	日元	Japan	(Yen)	1994	2.9	108929	17266949
德国	马克	Germany	(Mark)	1993	2.4	949	333803
英国	英镑	United Kingdom	(Pound)	1993	2.2	239	98779
法国	法郎	France	(Franc)	1994	2.4	3040	1176751
意大利	里拉	Italy	(Lire)	1994	1.1	304230	229640765
加拿大	加元	Canada	(Dollar)	1995	1.6	420	140200②
澳大利亚	澳元	Australia	(Dollar)	1994	1.7	410	129531
俄罗斯	卢布	Russian Federation	(Rouple)	1995	0.7	82442	23423353
捷克	克朗	Czech Rep.	(Koruna)	1995	1.2	1358	1171563
波兰	兹罗提	Poland	(Zloty)	1995	0.7	55	42441
匈牙利	福林	Hungary	(Forint)	1995	0.8	4055	3924183
罗马尼亚	列伊	Romania	(Lei)	1995	0.7	22442	10652279③
保加利亚	列弗	Bulgaria	(Leva)	1996		1080	620161
南斯拉夫	第纳尔	Yugoslavia F. R.	(New dinar)	1995			43912
印度	卢比	India	(Rupee)	1994	0.8	74	499697④
印度尼西亚	卢比	Indonesia	(Rupiah)	1995	0.1	2156	8092983⑤
菲律宾	比索	Philippines	(Peso)	1992	0.2①	46	295236
泰国	铢	Thailand	(Baht)	1995	0.1	89	749999
马来西亚	林吉特	Malaysia	(Ringgit)	1992	0.4	29	337231
新加坡	新加坡元	Singapore	(Dollar)	1995	1.1	484	177592
巴基斯坦	卢比	Pakistan	(Rupee)	1987	0.9	51	840050④
土耳其	里拉	Turkey	(Lira)	1995	0.6	485584	1864321748
韩国	韩圆	Korea, Rep.	(Won)	1994	2.8	117159	67197334
埃及	埃镑	Egypt	(Pound)	1995	0.5	14	36164⑥
尼日利亚	奈拉	Nigeria	(Naira)	1987	0.1	1	64477
墨西哥	比索	Mexico	(New peso)	1995	0.4	62	292642
巴西	克鲁赛罗	Brazil	(Cruzeiro)	1995	0.6	23	139639
阿根廷	奥斯特拉尔	Argentina	(Austral)	1995	0.4	30	44914

注:①1995 年。②1989 年。③1994 年数。④估计数。⑤1988 年。⑥1991 年。

①Data refer to 1995. ②Data refer to 1989. ③Data refer to 1994. ④Estimate. ⑤Data refer to 1988. ⑥Data refer to 1991.

CHANGHONG

四川长虹电子集团公司

董事长兼总经理：倪润峰

四川长虹电子集团公司（简称长虹）已走过了光辉的40年历程。其前身国营长虹机器厂是我国“一五”期间的156项重点工程之一，是我国机载歼击火控雷达生产基地，至今仍承担着国家重要的军品研制、生产任务。改革开放以来，长虹完成了由单一的军品生产到军民品结合的战略转变，并由生产型迅速过渡到生产经营型。以创“世界名牌”为战略目标，通过技术开发、市场开拓、科学管理、股份制改造、资本运营，企业的主营经济指标每年均以50%的速度递增。

公司总部占地168.1万平方米，并先后在吉林、江苏建立彩电生产基地，形成“大三角”的合理布局。目前公司拥有9个事业部、多家控股、参股公司，成为集设计开发、生产制造、经营管理为一体的紧密型电子集团企业。公司现有员工3万余人，拥有包括博士后、博士在内的专业技术人员3430余人，建有各类科研机构5个，拥有国家资质的技术开发中心和博士后科研流动工作站，还与多家世界级的大公司组建了联合实验室，形成了强大的技术开发实力。

长虹拥有国内先进的生产线40多条，在数字化彩电技术和空调器、数字视听产品研究上已达到国际先进水平，形成了单班年产80部机载雷达、1000万台彩电、300万台激光视盘机、100万台空调器、8000万件电器整件、220万平方米印刷电路板、1200万支行输出变压器、800万支电子调谐器的生产能力。

长虹是国家首批一级企业、中国特大彩电生产基地，并独家荣获“中国彩电大王”殊荣。长虹连续4年获“金桥奖”，全国电子行业第一名（销售收入），被世界银行誉为“远东明星”。“长虹”已成为中国驰名商标。

展望未来，长虹将以建立现代企业为改革方向，依靠技术创新，积极向相关产业渗透，向集团化、多元化、国际化方向迈进。到本世纪末，长虹将在国外建立自己的科技、商贸和信息中心，销售收入达到300亿元以上，并力争在21世纪初叶成为跨国集团公司，进入世界500强。

公司共有17条单班年产400万台彩电生产线

具有国际先进水平的全自动插件机生产线

投资近20亿的长虹家电城

北京首都国际机场

北京首都国际机场，是我国对外交往的重要窗口，是中国最大最繁忙的航空交通枢纽。1958年在国家领导的关怀和领导下，经过老一辈机场人和建设者们的辛勤努力，首都机场正式建成交付使用。这是新中国成立以来，新建的第一个大型机场，其规模和现代化程度，50年代在远东堪称前列。50年代至80年代很长的一段时间里，首都机场曾是我国外交活动的重要场所，在国家的政治外交方面发挥了重要作用。

1988年按照“政企分开、空地分开、简政放权、精简机构、走企业化道路”的民航总体改革方针，成立了北京首都国际机场，它是一个独立核算、自负盈亏、自主经营、具有独立法人资格的国有企业。拥有正式职工5034人（截止1999年2月底），注册资金7.7234亿元。截止至1998年底固定资产总值为22.24亿元，1998年创利5亿元，10年间共上缴国家税费30.95亿元（1989-1998年），并呈逐年递增的良好势头。

北京首都国际机场成立10年来，认真贯彻“安全第一、飞行正常、优质服务”的民航总体要求，始终坚持“保证安全、改善服务、一业为主、多种经营、立足国内、开拓国际”的经营指导方针，以“机场与我共生存，我与机场共发展”为企业精神，全体干部职工励精图治，不断深化改革，进一步挖掘企业潜力，全方位努力提高各项服务保障水平，竭诚为旅客提供优质、安全、舒适、便捷的服务。历年来获“文明单位”、“卫生先进”和“科技进步”等荣誉和奖项30余项，是全国500家大型骨干企业之一。

北京首都国际机场拥有以7.8万平方米的航站楼为主体的航站区，东、西两条跑道可安全起降各种大型客机，由于机场的地理位置优越，服务设施齐全，从而吸引了大批国内外航空公司的客户。目前，有38家国外航空公司、21家国内航空公司运营着200条国际国内航线，通往国内77个城市，国外36个国家和地区的63个城市；每周3000个定期航班进出机场。保障航班安全起降由1988年的41081架次，增加到1998年的161019架次；旅客吞吐量由1988年的460万人次，增加到1998年的1732万人次；北京首都国际机场正从国内航空中枢向国际中转航空港的方向发展。

1999年10月1日，一座建筑面积为33.6万平方米，设计年吞吐量3500万人次，起降飞机19万架次的新航站楼将正式投入运营，这座规模空前、工艺一流、设备先进、功能齐全、方便使用、服务规范、环境优美的现代化大型国际空港，必将把首都国际机场的各项事业全面推向21世纪，再现“国门机场和机场人”的风采，再创明日的辉煌。

总经理：方友鑫

党委书记：李培英

现候机楼全景

即将投入运营的新航站楼

机场跑道

机场安全检查

繁忙的机场候机大厅

机场餐饮服务

总经理：陶建幸

春兰空调检测

春兰集团

中国春兰集团位于江苏泰州市，是集科研、生产、贸易、投资于一体的高科技、多元化、国际化的国有大型综合企业集团，下辖电器、自动车、电子、海外、商务五大支柱产业公司，拥有28个独立法人单位，建有春兰研究院、春兰学院、春兰博士后工作站，拥有国家资质的大型技术开发中心、产品测试中心、CIMS中心、模具中心和家电、摩托车、电子等三个专业研究所。主导产品包括：空调器、电冰箱、洗衣机、摩托车、汽车、电动车、电脑、彩电、程控电话交换机、VCD、CVD、DVD、半导体、空调压缩机、冰箱压缩机、发动机等。高能电池、PDP等项目正在建设中。

从1995年开始，公司连续三年进入中国工业企业综合效益500强之列。现有员工1万多人、资产总值110亿元。

春兰所取得的巨大成就与卓越业绩，受到中国高层领导的关注，已在世界商界产生较大的影响，引起中国学术界的重视，被中国经济学家、社会学家及新闻媒介称为“春兰现象”、“春兰模式”、“春兰道路”、“春兰奇迹”。

春兰摩托

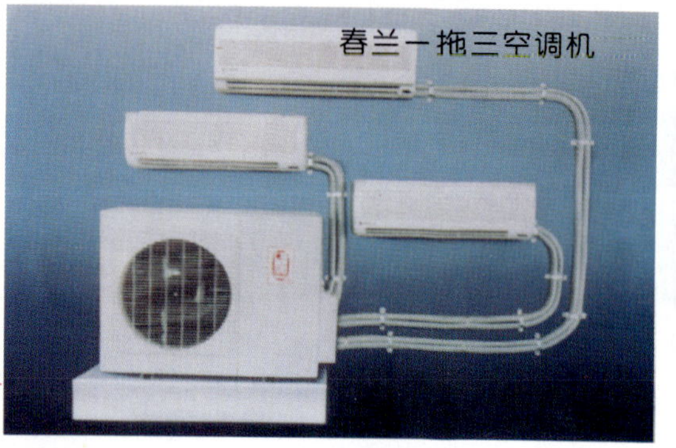

春兰一拖三空调机

春兰研究院

海尔集团

总裁：张瑞敏

海尔集团是在1984年引进德国利勃海尔电冰箱生产技术成立的青岛电冰箱总厂基础上发展起来的集科研、生产、贸易及金融各领域于一体的综合性国家特大型企业。海尔集团在总裁张瑞敏提出的创“海尔世界知名品牌”的思想指导下，通过实施产品经营、资本运营、名牌战略，企业从亏损147万元迅速成长为拥有冰箱、冷柜、空调、洗衣机、电视机等二十七大门类，7000多个规格品种的中国家电骨干企业，目前已在海外发展了62个专营商，销售网络达30000多个，产品出口达87个国家和地区。目前，集团拥有总资产66.6亿元，下设企业100余家，冰箱、空调、冷柜、洗衣机四大主导产品市场占有率均居全国前列，并已批量出口北美、拉美、欧盟、中东、东南亚等世界十大经济区域共同体市场共87个国家和地区。

海尔冰箱于1992年通过了ISO9001认证，成为中国家电行业首家获得此认证的企业。海尔冷柜、空调、洗衣机、展示柜、微波炉也相继通过了ISO9001认证。海尔冰箱在1996年通过了ISO14001认证，成为中国家电行业首家通过环保认证的企业。海尔产品获得UL、CSA、CE、GS、VDE、S-Mark等二十几个国际认证，进入了世界100多个国家和地区。

海尔空调器有限公司生产现场

海尔集团冰箱产品

KELON 科龙集团

总裁：潘宁

科龙集团是一个生产现代化制冷家电产品的大型跨国企业集团。固定资产净值15亿元，员工逾万人，其中工程技术人员1300多人，是首家在香港挂牌（H股）上市的电冰箱企业。回顾科龙集团的发展历程，1984年靠9万元试制费起家，短短14年来，飞速发展，目前主要生产享誉国内外的“容声”系列冰箱、“科龙”系列空调和“三洋科龙”系列冷柜。1997年完成工业总产值56亿元，实现利税总额8亿元，年均销售增长率高达30%-50%。并连续7年保持国内冰箱产销量第一位。

1996年7月，科龙H股在香港成功上市，并于一年后闪电式配股成功，共为科龙募集海外资金近20亿元人民币。

21世纪的钟声即将敲响，世界经济一体化的进程正在加速，生存的使命感和责任感，将使科龙这面中国制冷行业的旗帜，继续以发展民族工业为己任，在“全球战略”的全新布局中，创造出中国的世界名牌，成为跨世纪的国际企业巨人。

1997年10月世界经济论坛授予科龙集团“东亚区全球最佳增长公司”奖

地址：广东省顺德市容奇镇容港路8号

电话：(0765)6628338（50线）6621135　6624412

传真：(0765)6621260

电挂：0393

邮编：528303

公司厂景

无锡小天鹅股份有限公司
WUXI LITTLE SWAN COMPANY LIMITED

总经理：朱德坤

无锡小天鹅股份有限公司是目前国内大型的以生产全自动洗衣机为主的上市公司，中国500家最大工业企业之一。1997年小天鹅商标被认定为中国驰名商标。截止1998年10月，公司总资产已达27亿元，净资产达19.6亿元。

在国内市场，公司主导产品小天鹅全自动洗衣机市场占有率已连续9年保持全国第一；在国际市场，小天鹅产品畅销日本、南美、北非、东欧、东南亚等29个国家和地区。为进一步走向世界，小天鹅还在美国、日本、印尼、马来西亚、香港等地建立了分公司。1995年，小天鹅一次性通过ISO9001国际质量体系认证；1998年，全自动洗衣机15个品种通过了CE和GS的国际安全认证。

公司目前正分别与德国西门子公司、日本松下公司、梅洛尼公司等国际著名跨国集团合资，联合开发生产滚筒洗衣机、无氟冰箱、洗碗机等新一代家电产品。

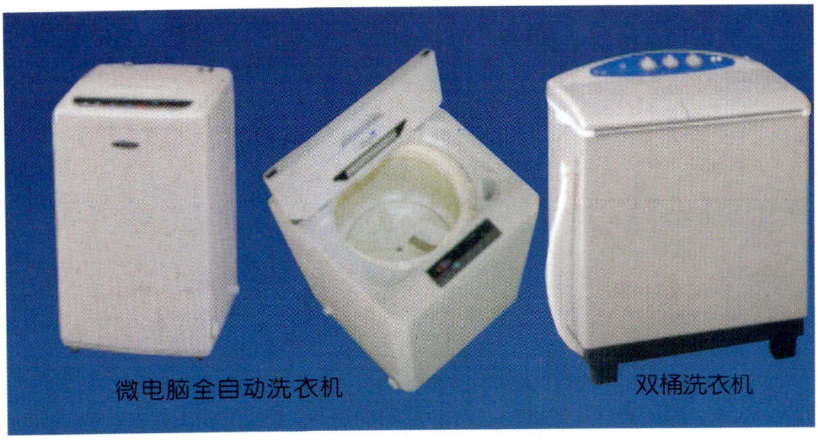

微电脑全自动洗衣机　双桶洗衣机

地　　址：江苏省无锡惠钱路67号
电　　话：(0510)3704003（总机）
邮　　编：214035
电子信箱：xte@public1.wx.js.cn

生产线

TCL 王牌彩电惠州生产基地

TCL 集团有限公司

总裁：李东生

TCL 集团有限公司创办于 1981 年，是一家从事电子、通讯、信息产品开发、生产及销售，集实业、贸易、研发为一体的综合型国有企业。经过 17 年的发展，TCL 集团现已形成了以王牌彩电为代表的视听、通讯、信息、国际电工四大产品系列，其中 TCL 王牌彩电销量名列全国第三。1998 年，TCL 集团实现工业总产值 140 亿元（1990 年不变价），销售收入 98 亿元，利税 8.07 亿元，拥有 43 亿元总资产。是全国电子十强企业，也是国家重点扶持的 300 家大型企业之一。

TCL 集团成功地把产品经营和资产经营两者结合起来进行统筹经营。继把 TCL 品牌从电话机拓展到以“TCL 王牌”彩电为代表的视听产品、电工产品之后，1996 年一举兼并了香港陆氏公司彩电项目，开创了国企兼并港资企业之先河。1997 年又与河南美乐彩电实现强强联合，使 TCL 的产品规模和实力得到了进一步发展和壮大，增强了王牌彩电在市场上的竞争力。1998 年，TCL 集团与台湾致福电脑公司合作，进入信息产业，生产销售 TCL 品牌的信息产品。TCL 集团还大力开拓海外市场，拓宽生存空间。

地址：广东惠州市鹅岭南路 6 号 TCL 大厦
电话：(0752)2280600
传真：(0752)2280690
邮编：516001

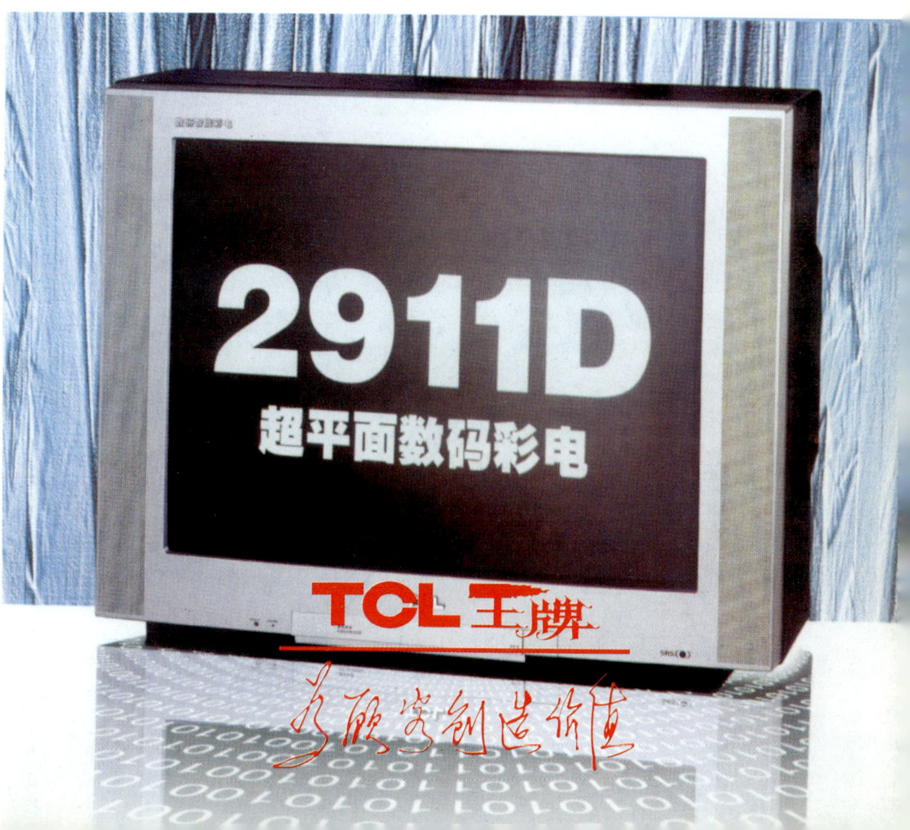

苏州飞利浦消费电子有限公司夜景

科技合作之典范

苏州飞利浦消费电子有限公司

荷兰飞利浦公司与苏州电视机厂合资，于1994年8月成立了苏州飞利浦消费电子有限公司。它是飞利浦在中国首家开发及生产彩色电视机的合资企业。主要生产飞利浦及孔雀牌彩色电视机。此外，也生产显示器、遥控器及调谐器。公司所生产的产品销售到中国各地，同时也外销到世界其他国家。

通过广泛的科技转移，苏州飞利浦消费电子有限公司已成为中国技术领先的彩色电视机制造厂家之一。工厂每年能生产100万台电视机、300万台显示器、600万个遥控器及120万个调谐器。总投资额超过8.7亿元人民币。

法人代表：冯大江
地　　址：江苏苏州狮山路88号
电　　话：(0512)8251042
邮　　编：215011

先进的生产流水线

让我们做得更好

PHILIPS

南京同创信息产业集团有限公司

总裁：王荣之

南京同创信息产业集团有限公司是集PC制造、软件开发、系统集成、网络技术、信息服务于一体的大型综合性信息产业集团，拥有中国大型的信息产业群和市场销售、服务网络。近几年来一直以超常规的速度发展。1996年，跻身于国内信息产业前三强；1997年，产销量超过20万台跃居国内同行前列；1998年1-10月，PC销量达30.7万台。

1998年4月集团推出了具有技术革命意义的同创三代电脑。同创独特的“绿色服务”，享誉业界。同创集团在继续抓好信息产品制造业的同时，大力发展互联网技术和信息服务业。1998年7月，根据“一体两翼”的战略构想，同创与原电子工业部信息中心、深圳讯业集团合作，共同创建、开通了“中国电子行业信息网商贸子网”（简称商易网），全力向网络领域进军。近期，为有效解决互联网信息系统建设中，海量信息传递带宽瓶颈问题，同创又推出了具有国际先进水平、国内领先技术的“天地信息环网”解决方案。该方案将对全国3万亿元库存商品调剂项目、国家水利工程等大型电子商务工程的建设起到极大的推动作用，被舆论界称赞为国内首家具有实际价值的“电子商务”工程。同创集团正向信息产业全方位拓展，并将力争成为国内大型的电子信息增值服务供应商。

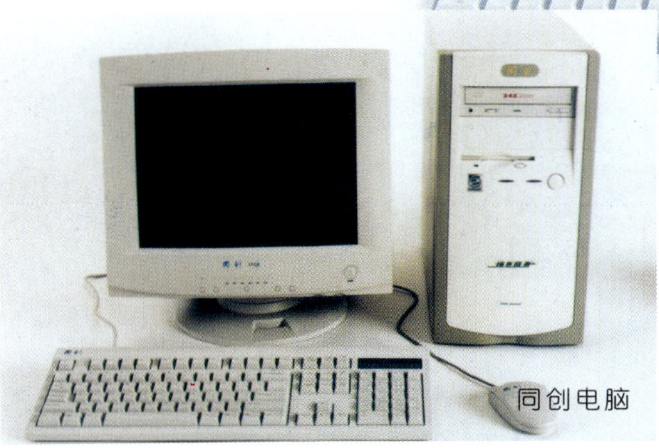

同创电脑

同创电脑生产线

同创生产区外景

同创电脑学校一教室

地址：江苏省南京长江路99号
长江贸易大楼
电话：(025)4798772
邮编：210005

海信集团公司

海信，中国的索尼，一个理性型企业、一个创新型企业、一个超速成长的新国企。

她矗立在黄海之滨、美丽的青岛。在海内外建有30多个子公司，共9000多名员工，资产46亿多元。集团涉足产品制造、科学研究、信息软件、卫星通讯、商贸服务、运输、不动产等七大产业。主导产品有电视、空调、计算机、信息软件、电话、DVD、组合音响、照相机、光电产品等七大门类，共380余个品种。1998年销售收入达82.5亿元，是山东省最大的高新技术电子产业集团公司，在中国电子百强企业中名列前茅，并多年跻身于“中国500家经营规模最大、经济效益最佳企业”排行榜。

集团高度重视人才与科技，建有国家资质的技术中心，中心有博士（后）42名，硕士150多名，设立国家一流的博士后科研工作站。并与中科院、清华、北航、西安交大、山东大学、海洋大学等国内著名的高等学府、科研院所建立了长期的技术合作关系。同时与AT&T、INTEL、IBM、NCR、松下、东芝、三洋、惠普、西门子等国际著名大公司建立了友好伙伴关系。海信产品远销欧美、非洲、东南亚、中东等30多个国家和地区，每年出口创汇几千万美元。

面对知识经济的挑战，以“敬人、敬业、创新、高效”为企业精神的海信人，凭借其雄厚的科技实力与人才优势，正以不可阻挡之势，朝着“国内一流、国际知名的跨国大公司”的宏伟目标前进。

地址：山东省青岛市江西路11号
电话：(0532)3861992
Internet 网址：www.Hisense.com.cn
E-mail 地址：master@Hisense.com.cn
服务电话：(0532)3091111

总裁：周厚健

海信广场

电磁兼容实验室

海信展品室一角

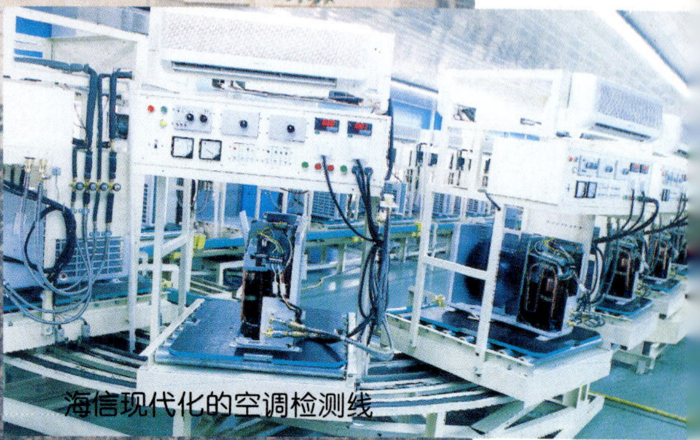

海信现代化的空调检测线

CONROWA

高路华集团

广东省江门市高路华集团公司

高路华集团公司成立于1988年1月，1994年与香港东宁（集团）有限公司合作，先后兴办了广东高路华电视机有限公司、江门市东宁空调器有限公司、江门市江宁电器厂有限公司、江门市东宁线路板有限公司等五家合资企业。共有员工8000多人。其中工程技术、管理人员1000多人（高级职称100多人），销售人员2000多人。凭借着东宁集团在香港拥有两家上市公司，易于融资的独特优势，注入了18亿港元，在江门市高新技术开发区兴办了占地750亩的东宁工业城，建成了厂房26万平方米，职工生活配套设施5万平方米。形成了年产彩电250万台，洗衣机50万台，VCD和家庭影院器材120万台（套），空调器30万台（套），一举跃上全国电子行业的八强位置，被人们称为中国电子行业的“黑马”、“新军”。

1997年，整个集团销售总额超过50亿元，税利超过5亿元。我们提出“融合科技、贴近百姓”的经营策略，努力做到价廉物美，服务到家，最大限度满足普通大众消费的需求。高路华彩电荣列’97中国市场同类产品十大畅销品牌。用家电行业专家们的评价就是：高路华用三年时间走完了别的品牌十年才能走完的路程，高路华的市场表现已经引起了经济界的关注。相信通过高路华人坚持不懈的努力一定能够源源不断地满足国民提升生活品质需要的产品和服务。

广东美的集团股份有限公司

GD MD HOLDING CO., LTD

集团创始人、董事局主席
总裁：何享健

总裁致辞

广东美的集团股份有限公司已经走过30年的发展历程，30年来美的集团由一个不起眼的小作坊成长为品牌价值超过33.8亿元的中国家电巨子，这不仅是美的人辛勤耕耘的结晶，也得益于社会各界对美的的关心、支持和厚爱。值美的创业30周年之际，我谨代表美的集团董事局和全体员工向支持和关心美的成长的各界朋友表示衷心的感谢。

美的集团将一如既往地本着“开放、和谐、务实、创新”的企业精神，以为人类创造美好生活环境为宗旨，为社会奉献更多一流的产品和服务。

地址：广东省顺德市北滘美的工业城　　电话：(0765)6656999　6656998
邮编：528311　E-mail:md@ chinamd.com　　网址：http://www.chinamd.com

第三届董事局成员

总裁：刘炳银

雕塑

河南新飞电器有限公司

河南新飞电器有限公司是河南新飞电器集团下属一家最大的子公司，于1994年10月由河南新飞电器（集团）股份有限公司部分企业与新加坡丰隆股份有限公司合资组建，拥有员工6000余人，资产总额达22.4亿元人民币。具有年产210万台冰箱（柜）的生产能力。合资以来，公司以新飞集团严格而科学的管理及品牌优势为依托，瞄准世界先进的制冷技术，不断加大技改力度，现已发展成为中国大型的绿色环保冰箱生产基地。在1996/1997年度中国最大的500家外商投资企业排序中，河南新飞电器有限公司以25亿元人民币的销售额名列第22位。

箱体发泡生产线

新飞电冰箱（柜）以科技含量高、性能优越而深受广大消费者喜爱，连续两年产销量突破百万台大关，稳居中国冰箱行业三强之列。目前，新飞冰箱（柜）投放市场有12个系列120多个品种，相继通过了ISO9001国际标准体系认证和ISO14001国际标准环境体系认证，畅销东南亚、中东、欧洲、非洲的十几个国家和地区。1998年新飞采用世界先进技术研制的风冷冰箱投放市场，极大地提高了新飞开拓市场的能力，也进一步满足了国内外消费者的需求。

目前，新飞集团已走向以冰箱（柜）制造为主，房地产、空调器、饮水机、热水器、酒店业等并举发展的集团化、多元化经营，新飞真诚期待着与国内外广大客户朋友的合作。

为社会提供优质的产品和满意的服务，是新飞人的责任和永远的追求。

总部大门

生产线

飛亞達表
FIYTA
一旦拥有　别无所求

深圳市飞亚达（集团）股份有限公司

飞亚达大厦

深圳市飞亚达（集团）股份有限公司是中国钟表行业首家上市公司。公司拥有13家控股企业、2000多名员工，总资产达8.6亿元。公司主导产品有中高档全自动机械表、指针式石英表、艺术钟、手表外观件、不磨损宝石表镜等，产品远销瑞士、德、法、日、美、韩、香港等十几个国家和地区，国内设有20个销售分部、300多个零售网点。飞亚达表多次获得国家嘉奖，有“中国钟表之王”之桂冠。

飞亚达始终致力于以高科技手段改造传统产品，公司拥有成熟的世界领先水平的蓝宝石、硬质合金、精密陶瓷材料的加工技术，CNC加工中心及自行开发的CAD/CAM系统等，并于3年前就取得了荷兰“DNV”机构颁发的ISO9001认证书。

为保持飞亚达表在市场上的领先地位，飞亚达公司选择了“少而精”的发展道路，公司将不断调整产品结构和产量，加大高档表的开发力度，提高产品的设计水平、高科技含量的附加值。

飞亚达正全力实施在2000年前建立100家“亨吉利”世界名表中心连锁店的战略计划，建立属于自己控制的大型销售网络，专门销售飞亚达表和瑞士名表。

飞亚达公司还不断进军高科技产业，筹建中的飞亚达高科技工业园区将成为公司发展YHG晶体光学镜头，红外窗口系统，精密陶瓷、硬质合金材料等高技术、高附加值产品的科研开发和生产基地。

此外，公司投资兴办的西安豪门美食娱乐城有限公司、上海仙门美食有限公司、深圳朋门大酒楼有限公司等三产项目正蓬勃发展，并逐步形成了规模化、连锁化的经营模式。

地址：深圳深南中路中航苑飞亚达大厦
信箱：深圳3-023信箱45分箱
电话：(0755)3217888（总机）3348365
传真：(0755)3348369
邮编：518041

GA8001
世纪风云系列全自动机械表

中国贵州茅台酒厂（集团）有限责任公司

董事长兼党委书记：季克良

生产车间一角

国酒雕塑群

中国贵州茅台酒厂（集团）有限责任公司位于黔北赤水河畔，总面积68万平方米，建筑面积近50万平方米，现有职工3600多人，年生产茅台酒4000多吨，年销售收入7亿多元，年创利税4亿元，年出口创汇达1300多万美元，是国家特大型企业，全国白酒行业国家一级企业。

公司主导产品贵州茅台酒，是我国大曲酱香型白酒的鼻祖，以酱香突出、幽雅细腻、回味悠长、空杯留香持久的完美风格而冠盖群芳，誉播九州，蜚声全球。远销欧亚美100多个国家和地区，深受世界各地消费者信赖和喜爱。43度、38度、33度茅台酒拓展了茅台酒家族的发展空间，满足了不同层次消费者的需要；30年、50年、80年茅台酒填补了我国极品酒的空白并且成为与极品洋酒竞争的锐利武器。1998年8月，集团公司兼并贵州习酒总公司后，企业实力进一步扩大。今天，贵州茅台酒及其系列产品已初步形成强大的阵势，成为国际酒业竞争中的一股强大力量。

地址：贵州省仁怀市茅台镇
电话：(0852)2386000　2386001
传真：(0852)2386005
邮编：564501

赤水河畔的茅台酒厂

五粮液集团有限公司

五粮液集团有限公司坐落于万里长江第一城——四川宜宾，是以五粮液系列酒生产为主业的多元化现代公司制企业集团，下辖五粮液酒厂、五粮液股份有限公司等19个子公司，集团公司占地近6平方公里，现有职工10000余人，1998年创税利12.5亿元人民币，主导产品“五粮液”远销亚洲、欧洲、美洲等100多个国家和地区，在中外消费者中享有很高的声誉。

五粮液酒是浓香型白酒的典型代表，以五种粮食为主要原料，通过一整套科学严谨的工艺制成，以酒味全面而著称。五粮液的形成经历了漫长的过程，从秦汉古僰道的“蒟酱”直到今天的五粮液系列产品，3000年的历史酿造出神州神酒的芬芳。

1985年企业迈开了向现代化大型企业转化的步伐，借鉴国内外先进的管理经验，不断提高和完善各项管理手段，并通过技术改造、技术革新，极大地提高了生产率，走出了一条具有五粮液特色的质量效益和规模效益相结合的道路。1998年4月18日，五粮液股份有限公司股票上市发行，认购资金达1500亿元，创国内上市公司认购资金高记录，股票价格高居榜首。

今天的五粮液集团公司，享有“花园公司”的美名，悠久的酒文化在这里被赋予了新的内涵。浓郁的文化气氛、优美的工作环境、先进的设备、一流的职工队伍，使酿酒这一古老的传统行业焕发出青春活力。五粮液人迈着坚实的步伐，永远向前，再创辉煌。

五粮液酒厂

勾兑中心

酒厂一隅

总经理：李福成

北京燕京啤酒集团公司

北京燕京啤酒集团公司是以1980年建厂的原北京燕京啤酒厂为核心发展组建起来的国有大型一档企业，国家二级企业，1997年完成股份制改造，募集设立北京燕京啤酒股份有限公司。全公司占地89万平方米，总资产25亿元，现有职工6800人，其中工程技术人员近800人。

燕京啤酒集团公司年啤酒生产能力85万吨，是全国特大型啤酒生产企业和中国100家最大饮料制造企业之一。连年跻身于全国500家最佳经济效益工业企业，中国行业百强企业。啤酒产量、利税总额在中国啤酒行业中列首位。燕京啤酒清爽怡人，深受消费者青睐，在北京市场占有率为85%，天津市场占有率为25%，并畅销全国各地。

燕京啤酒集团公司拥有雄厚的技术力量，先进的成套设备及工艺和国内先进的产品检测仪器。产品全部按国际标准组织生产，有12°燕京王、12°、11°精品啤酒、11°、12°特制啤酒、11°清爽啤酒、10°干啤酒、扎啤以及芒果汁、矿泉水、燕京可乐、调味品、酵母粉、商标、瓶盖、饲料等6大类20多个品种。燕京啤酒集团公司不断引进吸收国内外先进技术，并在80年代就与中国食品发酵工业研究所形成强强合作，是该所的科研试验基地，对中国啤酒工业的新成果有先手之利。

燕京啤酒酒液清亮透明，泡沫洁白、细腻、持久挂杯、口味纯正、柔和爽口，是国家首批质量认证产品，并被指定为国宴特供酒，中国国际航空公司空中配餐专用酒，“燕京牌”啤酒商标是中国驰名商标。

燕京啤酒集团公司下属有：北京燕京啤酒股份有限公司、北京燕达皇冠盖有限公司、北京长亿人参饮料有限公司、北京双燕彩色印刷厂、北京航星调味品有限责任公司。

燕京啤酒集团公司将进一步借鉴国内外先进的管理经验，积极参与国内外市场竞争，创造最佳社会效益和经济效益，把燕京啤酒集团公司建成一个具有先进技术水平、一定的生产规模、经济效益好的大型综合性企业集团，为民族啤酒工业的振兴做出自己的贡献。

地　　址：北京市顺义区双河路9号

总机电话：(010)89492316　89492201

经营电话：(010)89491219　69442936

传　　真：(010)69441273

邮　　编：101300

燕京啤酒系列产品

89万平方米现代化厂区

厂长兼总工程师：赵新先

海外发展示意图

深圳南方制药厂

深圳南方制药厂成立于1985年11月，是一家现代化的大型制药企业，是三九企业集团的核心企业。12年来，南方药厂获得了惊人的发展速度：1987年正式投产，产值1100万元，利税178万元，到1997年，其产值是206463万元，利税49614万元，分别增长187倍和278倍。到1997年底，南方药厂共上缴利税9亿元。南方药厂形成了以“999”为品牌的一大批拳头产品和遍布全国30多个城市的完备销售网络，并积极拓展国际市场，产品成功远销美国、俄罗斯、马来西亚、香港等地。多年来赢得诸多荣誉和多方认可：1993年，被授予“军队模范企业”称号，成为我军有史以来第一个获此殊荣的企业；1995年，在全国500家综合评价最佳工业企业中，南方药厂以100分名列第4位，同年被授予“中国制药之王”称号；几年连续获“全国用户满意企业”、“全国质量效益型先进企业”等称号。深圳南方制药厂作为512家重点大型国有企业之一和全国120家试点企业集团之一，正朝着大型化、现代化、综合化、国际化的目标发展。

地址：广东省深圳市银湖路口
电话：(0755)3360999
传真：(0755)3350888
邮编：518029

海外发展

药品生产大楼中央监控室

深圳南方制药厂厂貌

昌河飞机工业公司

总经理：杨金槐

昌河飞机工业公司创建于1969年，地处江西省景德镇市，属国家大型一档、军民结合型企业，是我国直升机科研生产基地和国家汽车定点骨干生产企业。公司占地面积432万平方米，现有员工10210余人。公司具有年产50架轻型直升机、10架大型直升机和15万辆微型汽车的生产能力。公司作为512家国家重点国有企业之一，现已跻身中国500家最大工业企业、中国100家大型机械工业企业以及中国10大汽车生产企业之列。经过多年的不懈努力，公司已相继荣获“航空工业有重大贡献单位”、“全国思想政治工作优秀企业”、“全国先进基层党组织”、“全国五一劳动奖状”、“全国优秀企业（金马奖）”等多项荣誉。

在军品直升机的科研生产上，公司除了制造直八型机和直十一型机外，还积极开展国际合作项目，如与美国西科斯基公司合作生产S-92直升机尾斜梁等；在民品微型汽车的生产上，公司发展了五大微车系列，近30个品种，其中微型面包车产销量连续多年居全国前列。经过不断深化改革、推进技术进步、强化企业管理、生产经营与资本运营并举、加快规模经营步伐，公司现已拥有合肥昌河汽车有限责任公司等多个子公司，正以持续超常规的发展向实现现代化大公司、大集团的战略目标迈进。公司主要经济指标已连续5年以超过40%的速度增长，1998年实现不变价工业总产值38亿元、销售收入36亿元、利税总额3.6亿元。昌河飞机工业公司以一个又一个的骄人业绩步入了而立之年，在新的世纪里，又将以“团结拼搏、求实创新”的企业精神再奏辉煌乐章。

地址：江西省景德镇市东郊
电话：(0798)8442019
传真：(0798)8441460
邮编：333002

CH1018微型面包车总装生产线

直十一型直升机

哈尔滨东安发动机制造公司

总经理：刘成佳

哈尔滨东安发动机制造公司始建于1948年8月17日，是中国航空工业总公司所属的以制造航空发动机、直升机传动系统和微型汽车发动机为主的特大型航空骨干企业。主要产品有与民用客机配套的涡桨五系列航空发动机、与多种型号直升机配套的传动系统、0.8升——1.0升的微型汽车发动机。

50年来，公司全体员工发扬了“严格求实、争创一流”的企业精神，为国家创造了7个“新中国第一”产品。截止1997年底，共研制、生产、修理了20多个机种15000多台航空发动机。

公司根据市场需求研制开发的微型汽车发动机，被评为“中国名牌产品”，已累计产销70万台。通过三期工程改造，微型汽车发动机的综合生产能力已达到年产20万台。中、日、马三国合资的1.3升4G1发动机项目，已由国家批准，正在筹建中。东安发动机制造公司现已成为国家重点支持的微型汽车发动机研制生产基地之一。

“八五”期间，公司经济得到了持续、快速、健康发展。主要产品产销量、工业总产值、销售收入和利润等重要经济指标均有较大提高。公司被评为“中国明星企业”、“中国行业一百强”、“中国机械工业百家最大企业”、“中国百家最大交通运输设备制造企业”、“创建航空工业有重大贡献单位”等，1996年被全国总工会授予“五一劳动奖状”。

地址：哈尔滨市第51号信箱
电话：(0451)6501266
传真：(0451)6502266
邮编：150066

DA462-1A 东安发动机

微发铸造厂

微型汽车发动机装配生产线

洪都航空工业集团

董事长兼党委书记：姜亮

地址：江西南昌市新溪桥
信箱：南昌市5001信箱
电话：(0791)8467685
传真：(0791)8451491
邮编：330024

洪都航空工业集团（简称洪都集团）是中国航空工业总公司所属的特大型骨干企业，下属有11个独资或控股子公司和2个参股公司。其前身为洪都机械厂，曾更名为南昌飞机制造公司。公司始建于1951年，制造了新中国第一架飞机，研制了运五(C5)、初教六（PT6)、强五（A5)、K8、农五（N5）等多种飞机。经过近50年的发展壮大，现已成为集航空产品、摩托车、摩托车发动机、纺织机械、造纸机械、烟草机械及体育康复器材等机电产品生产科研为一体的高科技企业集团。洪都集团坚持“质量第一，用户至上”的质量方针，按ISO9001标准，通过了质量保证体系论证。洪都集团研制的初教六飞机获国家质量金奖，强五飞机获国家科技进步特等奖。1989年以来，洪都集团历年均跻身中国500家最大工业企业，1996年被列为国家重点扶持的512户企业之一。

洪都集团历来注重国内外经济技术合作与交流，与美国、俄罗斯、法国、瑞士、巴基斯坦、马来西亚等国进行了合作、合资及业务往来。我们将以精良的技术、优质的产品、热诚的服务提供更多更好的合作机会，互惠互利，共图发展。

50-750CC系列摩托车

引进瑞士先进技术生产交付的片梭织机

出口交付的k-8机群

西安航空发动机集团

董事长、总经理：张则英

地址：西安北郊徐家湾
电话：(029)6613888　6613411
传真：(029)6614035
通讯：西安市13号信箱
电挂：5411
邮编：710021

西安航空发动机集团是以西安航空发动机（集团）有限公司（简称：西航集团公司）为母公司，以资产为纽带，母子公司体制的企业集团。

西航集团公司的前身为西安航空发动机公司，系国家大一型企业和千户重点企业之一。70年代末及近年，公司系统引进国外先进技术与设备，进行了大规模的技术改造，已拥有各种国内外先进的冷、热加工设备和计量测试设备7000余台（套），成为中国大型航空发动机研制生产基地，并形成了以航空产品为主导，军品科研、国际航空零部件生产与多元化民品共同发展的格局。1988年，经国家批准成为外贸出口基地企业，出口创汇连续多年列为我国航空发动机企业前列。民用产品中，高速线材精轧机组获1996年度国家科技进步一等奖；剑杆织机获得了国家科技进步二等奖和陕西省名牌产品称号；燃气轮机、烟气轮机、石化设备及其备件、冶金备件、电感量仪、精密锻铸件、铝型材及其制品和玻璃幕墙系列等，科技含量高，享有良好的市场声誉，有的还被国家有关部委指定为进口替代产品。

西航集团公司近年来先后与英国罗尔斯·罗伊斯公司合资建立了西安西罗航空部件有限公司，与美国普惠公司及以色列BTI公司合资建立了西安安泰叶片技术有限公司，与德国NORDEX-BALCKE-DURR公司合资成立了西安维德风电设备有限公司；并在美国通用电气公司的合作下，与中国航空技术进出口总公司合资成立了西安凯航制造技术有限责任公司。各合资公司的建成投产，将使西航集团公司成为国际大型航空发动机制造公司长期和稳定的零部件供应商。

涡扇9型飞机发动机

高速线材精轧机

公司办公楼

贸易

实业

信息咨询

出版

物业

金融投资

中国银行香港中银大厦

中國銀行

BANK OF CHINA

董事长、行长：王雪冰

中国银行成立于1912年，是国有独资商业银行。其任务是：贯彻落实国家的大政方针和对金融工作的要求，在中国人民银行监管下，坚持公平竞争，依法经营国家许可的各类商业银行业务，从事国内国际金融活动，为国家经济发展和社会主义现代化建设服务。依据香港特别行政区和澳门地区的法令，中国银行可以参与发行当地货币。

中国银行的海外机构经营当地法律许可的各类银行业务。中国银行全资附属公司、非全资附属公司，依法经营商业银行业务、投资银行业务以及其他金融业务。

中国银行的经营方针为：改革、管理、发展、质量、效益。

近年来，中国银行锐意改革，强化管理，开拓进取，各项业务保持了健康快速发展势头。截止1998年末，中国银行在国内共有分支机构15227家，员工19.7万多人；海外分支机构（包括附属机构）达557家，分布在世界五大洲的22个国家和地区，在纽约、伦敦、东京、香港、法兰克福、卢森堡、新加坡等国际金融中心城市设有分行，在香港设有全资附属投资银行机构——中国银行国际控股有限公司。海外员工近2万人，海外资产总额（包括附属机构）达1537.9亿美元，占据中国银行的半壁江山。

截止1998年末，中国银行资产总额为24753亿元人民币，实收资本1045亿元，本外币存、贷款余额折合人民币分别达15579亿元和13126亿元，1998年实现利润35.22亿元。包括全资附属机构在内，中国银行资产总额达27997亿元人民币，本外币存、贷款余额折合人民币分别达18631亿元和14473亿元，实现利润85.19亿元人民币，是连续几年进入世界500强企业的国内金融机构。

地址：北京阜成门内大街410号
邮编：100818
电话：(010)66016688
网址：www.bank-of-china.com

中国银行的中外员工

中国银行长城系列卡

中国银行融资项目

中国建设银行

新中国成立后急需开展大规模的基本建设投资活动，需要一家银行来监督管理基本建设资金的使用，中国建设银行应运而生（原名中国人民建设银行，1954年10月1日正式成立，1996年3月26日启用中国建设银行新行名，简称建设银行）。建设银行在1978年以前，主要是办理国家基本建设拨款和建筑企业短期贷款，对建设资金的使用、财务管理和投资计划完成情况等进行检查，执行财政与银行双重职能。1978年至今，建设银行顺应我国改革开放和经济发展的要求，不断深化改革，积极拓展商业银行业务，完善银行服务功能，实现了从财政出纳向银行职能的转变；分离政策性业务，移交财政职能，实现从国家专业银行向国有商业银行的转变；确立以经营效益为中心目标的经营方针，实施客户分类、面向市场的经营战略和业务发展重心向大中城市转移的区域发展战略，进行分支机构改革和网点调整，集约化经营初显成效；推进经营管理体制改革，健全和强化统一法人体制，初步建立了规范的商业银行经营管理体制和内控制度；业务处理和管理手段的电子化、网络化达到了相当高的水平，能够为各类客户提供方便、快捷的服务。

经过近45年的发展，特别是近20年的不断改革和发展，到1997年末，建设银行资产总额已经达到30862.5亿元，存款余额达到13596.7亿元，贷款余额达到11496.7亿元。建设银行已经发展成为一家综合经营实力强、社会信誉好、业务功能全、发展前景广阔的大型国有商业银行集团，资产规模位居世界100家大银行前列，为国民经济的发展作出了巨大的贡献。

建行提供贷款支持的陇海铁路（陕西段）电气化铁路工程

建行提供贷款支持的深圳市大亚湾核电站

建行提供贷款支持的上海大剧院

中信实业银行
CITIC INDUSTRIAL BANK

行长：窦建中

中信实业银行组建于1987年，是我国改革开放过程中较早成立的新兴商业银行之一。

10多年来，在中国人民银行、中国国际信托投资公司的领导下，中信实业银行始终把服务国家经济建设作为自己的神圣使命，积极探索，勇于创新，"稳步发展，争创一流"，创造了令人瞩目的业绩，为国家经济建设做出了卓越贡献。截至1998年底，资产总额折计人民币已达1336亿元，本外币存款余额折计人民币为1150亿元，本外币贷款余额折计人民币为579亿元，资本金60亿元人民币。

面对即将来临的新世纪，中信实业银行励精图治，博采众长，广泛吸纳国内外同业先进经验，确定了以效益为中心，以客户需求为导向、以现代科技为手段、以高质量服务为基础的集约化、内涵型发展模式。从重整劳动组合入手，建立功能齐全、规范统一、精干高效的机构体系；从重建内控机制入手，建立责权清晰、合理制约、有效规避风险的管理体系；从完善制度入手，建立通畅快捷、稳妥可靠、信息技术含量高的运行体系。推行人才立行战略，深层次开发人力资源，努力造就一支德才兼备、业务精湛、适应竞争的高素质员工队伍。进一步加大科技投入，加快电子化建设步伐，不断开发金融新产品。全面再造、重塑自我，力求以更新的观念、更高的品位、更强的功能，真诚地服务于国内外客户，在国家经济建设大业中写下新的更加辉煌灿烂的篇章。

中信实业银行将以崭新的姿态与各界新老朋友携手迈向美好的明天。

地址：北京市东城区朝阳门北大街8号富华大厦C座
电话：(010)65541658　传真：(010)65541671　65541672
电传：210716　210717CIBAD CN
邮编：100027

局长：苏树林

党委书记：张树平

中国第一大油田 大庆油田

大庆油田（大庆石油管理局）1960年投入开发建设，是我国目前最大的油田，勘探范围包括黑龙江省全境和内蒙古自治区呼伦贝尔盟，区域面积72万平方公里。40年来，大庆油田成功地建设了一个大型砂岩油田，建成了我国特大型石油生产基地。

到1998年底，累计生产原油15.16亿吨，占全国同期陆上石油总产量的47%。从1976年原油年产达到5000万吨以来，实现了年产原油5000万吨以上23年高产稳产。全局共有固定资产原值600亿元，净值282亿元；累计向国家和地方上缴各种资金2131亿元。从1995年起大庆油田经济地位跃居全国500家最大工业企业之首，一直保持至今。

科学技术水平不断提高，形成了一套具有中国特色的油田开发地质理论和工程技术系列。共取得科技成果3500多项，其中获国家奖励近百项，获省、部奖励近300项。总体水平和应用效果达到了世界先进水平。“稳油控水”配套技术获1996年国家科技进步特等奖。

多种经营稳步发展，初步形成了以油为主，多元开发的经济格局。陆续建成了一批具有一定规模的石油化工、建材、机械、电子等骨干企业和农副产品加工企业。“八五”以来，多种经营生产总值以每年18.53%的速度递增，日益成为油田经济的重要支柱。

配套建设了功能比较齐全的新型矿区，职工生活有了较大改善。到1998年底，共有各类建筑2620.7万平方米，其中，民用配套项目1260.7万平方米，矿区内商饮、医疗、托幼、公交、文化、娱乐等公共设施比较齐全，水、电、讯、路、热基本配套。今日的大庆油田已是高楼林立、灯火辉煌的现代化石油城。

局办公楼

局长：宋万超

党委书记：王作然

中国第二大油田 胜利油田

胜利油田（胜利石油管理局）是中国石化集团公司所属的具有独立法人资格的石油公司，是国家特大型企业之一，中国第二大油田。

胜利油田勘探开发35年来，截止到1998年底，共找到67个油气田，累计生产原油6.6亿多吨，生产天然气319亿多立方米；累计实现工业总产值2155亿多元，上缴利税389亿元；出口原油累计达9000多万吨，创汇125亿美元。

胜利油田的经营范围是：油田工作范围内（包括水深0-10米极浅海海域）石油、天然气资源的勘探、开发、储运和生产建设等业务，并在发展油气的同时，实施石油化工业、建筑及建材业、电子、机械加工制造业、运输业、农业、商贸、服务业等多元开发、多种经营。地球物理测井仪器设备、大马力柴油机、天然气发电机组与动力机组、抽油设备和电子元器件等产品已实现出口外销。实施国际化经营，分享世界油气资源，发展对外贸易。参与了秘鲁、加拿大、土库曼斯坦、委内瑞拉等国油田的开发。胜利油田已与30多个国家和地区建立了经贸合作关系，兴办合资企业72家，合同利用外资1.9亿美元。

黄河大桥成为联结油田南北的重要枢纽

年产量200万吨的浅海油田——埕岛油田

油城新貌

新兴的石油化工城

中国第三大油田 辽河油田

局长：王福成

辽河油田（辽河石油勘探局）是一个以石油天然气勘探开发为主，油气加工、综合利用、多种经营为辅的国有特大型集团化联合企业，是我国重要的石油生产基地。

1970年，辽河油田全面进入勘探开发建设。1986年生产原油1000.1万吨，成为继大庆、胜利油田之后，年产原油过千万吨的我国第三大油田。近30年来，辽河油田已累计为国家生产原油2.2亿吨、天然气380亿立方米，向国家上交税费总额216亿元。

1994年，辽河油田荣获1993年度全国优秀企业荣誉称号，获得"金马奖"，1997年荣获全国五一劳动奖状。1996年度被中国石油天然气总公司授予优秀单位称号，获"金牛奖"。

1996年在我国石油行业率先推行资产经营责任制，1998年又成功地进行了股份制改造，成立了辽河金马油田股份有限公司。"辽河油田"股票5月28日在深圳交易所隆重上市，经过几个月运行，成为国有大盘股中少有的势头强劲、运行良好的股票。

近两年，辽河油田又先后与荷兰、美国、委内瑞拉、挪威、土库曼斯坦等国家的石油公司广泛开展合作开发，在利用两种资源、开拓两个市场方面做出了积极的探索。

辽河油田

新疆石油管理局

局长：戴明梓

党委书记：谢志强

新疆石油管理局是我国西北重要的石油企业，其前身为1950年成立的中苏石油股份公司，1956年改称新疆石油管理局。40多年来，经10多万名各族石油职工的艰苦创业，特别是改革开放20年来，新疆石油管理局以经济建设为中心，不断深化企业改革，依靠科技进步，加强经营管理，扩大对外经济技术合作，生产建设取得了巨大成就。现拥有资产总额409亿元，原油生产能力872万吨／年，原油加工能力920万吨／年，乙烯生产能力14万吨／年；年销售收入150多亿元，销售利税18亿多元。

新疆石油管理局所在的准噶尔盆地油气资源十分丰富，发展潜力很大，是我国石油天然气工业“发展西部”的主战场，也是新疆维吾尔自治区实施“一黑一白”战略的主力军。随着额尔齐斯河水的引入，高效大农业的开发将成为新疆石油管理局新的经济增长点和未来的替代产业。新疆石油管理局愿与国内外各方朋友合作，引进技术和资金，“加快准噶尔盆地勘探开发，再现克拉玛依油田辉煌。”

产品陈列室

准噶尔盆地中的明珠——新疆石油管理局所在地克拉玛依市风貌

中原石油勘探局

局长：刘锦信

党委书记：王献安

中原油田油区晨景

中原石油勘探局（简称中原油田）1975年开始大规模勘探，1979年投入开发，主要开发区域东濮凹陷横跨河南、山东两省的6个地市12个县区，面积3500平方公里。除东濮探区外，国内还有内蒙白音查干、新疆伊犁、青海民和3个探区，国外有与CNPG合作的苏丹6区勘探。截止1998年底，东濮凹陷已发现并投产16个油气田，累计产原油8907万吨，产天然气171.95亿立方米，实现工业生产总值525.3亿元，上交各种税费46亿元，为国家建设做出了积极的贡献。

进入“八五”后，油田面对后备产量不足、产量急剧下滑、债务沉重、人员大量富余等各种困难，不等不靠，迎难而上，一方面认真实施“油气领先、多业并举、科技兴业、择优发展”的战略方针；一方面按照国家“三改一加强”的总体改革要求，以转换经营机制、增强市场竞争能力为目标，从实际出发，坚持改革与发展相互促进的原则，冒着风险，顶着压力，进行了全方位、大力度的改革。1993年改革劳动人事制度，建立起干部能上能下、工人能进能出、工资能升能降的动态管理机制；1994年改革管理体制，解体所有单位的“小而全”，建立起了纵短横宽的扁平柔性组织结构，使各模拟法人站在同一起跑线上公平竞争；1995年营造内部市场，建立新型理财体制；1996年进行产业重组，组建专业集团，提高行业管理水平和整体竞争力；1997年对油气生产以外的单位进行股份制改造。通过改革，管理体制顺了，经营机制活了，职工观念变了，企业竞争能力强了，油田经营形势发生了根本性的变化，1997年油田一举扭亏为盈，实现综合盈利5180万元，被列为国有企业扭亏增盈十个先进典型之一。1998年在油价大幅度下跌、市场严重萎缩等困难条件下，仍实现盈利3300万元。

计算中心大型计算机设备

欢送赴苏丹地震队

华北石油管理局

局长：刘海胜

华北石油管理局（又称华北油田），是从事石油天然气勘探开发、综合利用和经营销售的特大型国有企业，隶属中国石油天然气集团公司。华北石油管理局因拥有中国特大型的碳酸盐岩高产大油田——任丘油田，和开发初期最多的日产千吨以上的高产油井，而在国内外享有较高的知名度。

1976年诞生的华北油田，在20多年的发展进程中，曾经跃居全国油田企业第三位，自1977年起连续保持年产原油1000万吨以上达10年之久，并于1979年攀登上年产原油1733万吨高峰，1985年建成了向北京输送天然气工程，为国家经济建设，为中国石油工业的发展作出了重要贡献。到1998年底，华北油田累计生产原油1.95亿吨，天然气43亿立方米。

近年，华北油田不断调整发展战略，积极开拓对外工程承包、进出口贸易、对外合资合营、科技协作、技术转让与服务等市场。钻井、测井、测试、地面工程建设等施工作业队伍已走向全国，进入国际市场，并获得了良好的信誉。在胜利、冀东、塔里木、吐哈、广西等油区承揽并完成了大量工程项目的施工和技术服务；在秘鲁、蒙古、苏丹、埃及等国承揽了钻井、油气开采等工程施工项目，树立了良好的市场形象。

地址：河北省任丘市
电话：(0317)2725213
传真：(0317)2725942
邮编：062552

任丘油区会战大道

华北油田驻京联络处、天然气供气调度中心——陶然大厦

第一机械厂螺纹钢管生产线

炼油厂联合装置

大型油气联合处理站

江汉石油管理局

江汉油田井区一角

局长兼党委书记：刘恩学

坐落在江汉油田矿区的全国大型人工水杉园林

引进世界先进技术建成的盐化工总厂

DEC 工作站地震资料处理计算机机房

江汉石油管理局是中国石油化工集团公司直属的油气勘探开发、机械制造、油盐化工、科研设计和第三产业配套的大型综合企业。下属43个厂处级单位，主要分布在湖北省的潜江、荆州、利川、天门、仙桃等7个市县，以及山东的寿光市、广饶县、陕西的志丹县。现有全民职工5.6万人，各类专业技术人员1.5万人，其中教授级高级工程师38人、高级工程师930人；资产总额64.76亿元，土地4500公顷，工业及民用建筑面积473.95万平方米。

管理局机关位于湖北省潜江市，南倚长江，东靠汉水，武汉至宜昌高速公路和襄樊至岳阳一级公路交汇于此。矿区内有全国大型的人工水杉园林。地理位置优越，自然环境优美，交通通讯便利，基础设施齐全配套，地下石油、盐卤、天然气资源丰富，具有得天独厚的投资环境和发展优势。

改革开放以来，江汉石油管理局生产经营发展迅速，经济实力不断壮大。1998年实现企业总产值（不含税）40.7亿元，利税2.25亿元。今后的发展方向是：通过实施油气资源扩充、科技兴业、开拓市场、资本营运四大战略，形成具有较强实力的油气主业、机械制造、油盐化工、多种经营和技术劳务输出等五大经济板块。

吐哈石油勘探开发指挥部

指挥部指挥：蔡志刚

吐哈石油勘探开发指挥部（以下简称吐哈油田），隶属中国石油天然气集团公司，是90年代初期在中国西部迅速发展起来的新的石油、天然气生产基地，属全民所有制国有大型一类企业。吐哈油田负责吐鲁番、哈密盆地（以下简称吐哈盆地）5.3万平方千米的石油勘探开发，有效勘探面积3.5万平方千米，预测石油资源量16亿吨、天然气资源量3650亿立方米。

吐哈盆地的石油勘探开发工作始于50年代，1989年1月，第一口科学探索井——台参1井获工业油流，发现了鄯善油田，揭开了吐哈石油勘探开发建设的序幕。1991 年2月，原中国石油天然气总公司正式成立了吐鲁番——哈密石油勘探开发会战指挥部和党的工作委员会，全面迅速地开展了石油勘探开发会战。1995年6月，原中国石油天然气总公司理顺吐哈、玉门管理体制，成立吐哈石油勘探开发指挥部。经过几年的勘探、开发和建设，年原油生产能力达330万吨，天然气生产能力达7亿立方米，原油产量连续7年持续增长，累计生产原油1450万吨；其中葡北混相驱等一批先进技术弥补了国内空白。原油产量列陆上石油第10位，1996-1997年度主要经济技术指标跨入中国石油天然气集团公司前列，综合经济实力在全国500强国有大中型企业中列第115位。

吐哈石油公寓

吐哈油田

吐哈油田

吐哈油田

滇黔桂石油勘探局

局长：李朝鑫

党委书记：雷文举

滇黔桂石油勘探局局本部设在云南省昆明市

滇黔桂石油勘探局系中国石油化工集团公司下属的国有大型企业，主要经营滇黔桂地区的石油天然气勘探、开发及石油炼制、油气产品销售等业务。局总部设在云南昆明。

勘探局所属地域油气资源丰富，沉积岩面积达58万平方千米，古生代海相碳酸岩面积达44万平方千米，大小盆地152个，具有油气勘探前景的盆地有47个。自50年代起，特别是改革开放以来，勘探局依靠科技进步，加大油气勘探工作力度，取得了油气勘探的实质性进展。通过对有利勘探区块的预测，滇黔桂地区的石油总资源量达22.2亿吨，天然气1.3万亿立方米。

在新生代第三系盆地，勘探局在广西田东、田阳发现并开发建成了我国长江以南第一个油田；在云南陆良、保山和景谷，分别建成了2个天然气田和1个油田。

在面积达14万平方公里的中生代盆地，勘探局已开发建设了贵州赤水太和、旺隆、宝元三个天然气田。云南楚雄、兰坪——思茅盆地，贵州赤水官渡、五南、雪柏坪、西门构造，广西十万大山盆地等地区正在积极勘探之中。

滇黔桂石油勘探局适应市场经济建设的需要，近年来逐步调整产业结构，相继发展了石油炼化、油气销售以及旅游、机械制造、工程承包、技术咨询等多种经营产业。油气销售总公司在云南、贵州、广西设有5个分公司，各类油气库、液化气站及加油站遍布三省（区），建成了储运配套的油气销售网络，成为西南地区油气供销的重要渠道。

石油钻井施工

地址：云南省昆明市青年路石油大厦
电话：（0871）3196688
邮编：650021

位于贵州赤水河畔的滇黔桂石油勘探局赤水天然气集输站

江苏石油勘探局

江苏石油勘探局（简称江苏油田）位于景色优美、经济发达、交通便利的苏北平原，总部机关设在扬州市的千年古镇——邵伯。油区主要分布在江苏境内的4个地区、8个县市和安徽境内的天长等地。

江苏油田始建于1975年，现有职工23819名，各类高中级技术人员2000多名，下设26个二级单位。1998年10月，安徽油田并入江苏油田，成为第27个二级单位。23年来，油田广大职工发扬“团结、图强、求实、创新”的企业精神，坚持改革开放，勇于开拓进取，企业不断发展壮大。江苏油田现有总资产41亿元，资产负债率58.3%,，是江苏省AAA级信用单位。在23年的发展历程中，江苏油田克服地上水网密布，地下地质条件极端复杂的重重困难，在江苏这个素称“地质家的考场”上找到了28个油田。1995年原油产量突破百万吨，建成我国南方大型的陆上石油工业基地，把中央领导同志1958年提出的“苏北如果找到油，年产100万吨，就值得大搞”的殷切期望变成了现实。1998年可产油133万吨。新建成的年产30万吨的刘陆油田，为江苏油田向年产200万吨的跨世纪发展目标迈进奠定了坚实的基础。

23年来，江苏油田坚持“两手抓，两手都要硬”的工作方针，不仅形成了有自己特色的滚动勘探开发复杂小断块油田的理论、技术和方法，而且锤炼了一支能打硬仗的职工队伍。1987年，江苏油田被评为全国思想政治工作优秀企业，1988被评为江苏省文明单位，均保持至今。

风景秀丽的水乡油田

1998年建成的长江流域大型的整装油田——刘陆油田

总经理：朱廉宝

党委书记：时庆林

兰州化学工业公司

兰州化学工业公司是国家“一五”期间重点建设的石化企业，是我国第一个石油化工基地。

经过40年的建设，现已发展成为拥有49套主要生产装置，可生产化肥、合成塑料、合成橡胶、合成纤维、有机助剂、汽柴油、机械产品等110多种，年商品总量达180多万吨的特大型石油化工联合企业。1997年底固定资产原值48.37亿元，完成销售收入30.83亿元。公司现有职工32468人，其中各类专业技术人员7306人。能独立进行石油化工的生产、科研、设计、机械制造、建筑安装、检测监控的全过程。

40年来，兰化公司累计为国家提供各类石化产品2800多万吨，产品行销全国30个省、市、区及14个国家和地区；先后开发了国内首创技术118项，研制成功26种石油化工关键设备，为国内外设计了60多套石油化工装置，承建和援建了130多项较大的石化工程。多年来的努力，使企业于1996年跻身于全国500家最大工业企业之列。

地址：甘肃省兰州市西固区福利西路189号
传真：(0931)7555851
邮编：730060
网址：www. Lcic. sinopec. com. cn
电子信箱：Zhulianbao@Lcic. sinopec. com.cn

厂区夜景

大化肥装置

中国石化集团

扬子石油化工有限责任公司

董事长：彭哲春

中国石化集团扬子石油化工有限责任公司，是以1个控股公司（扬子石化股份有限公司）、8个全资子公司（工程公司等）、8个直属单位（热电厂等）和29个参股公司组建而成的特大型石化企业。

中国石化集团扬子石油化工有限责任公司是用国际先进技术装备起来的，以石油化工为主业。现拥有以40万吨/年乙烯、60万吨/年精对苯二甲酸、85万吨/年芳烃为主的26套大型石油化工装置及其配套完善的辅助设施，可生产聚烯烃塑料、聚酯原料、基本有机化工原料、成品油4大类36种产品，年商品总量达400万吨，是目前国内大型的纯苯、对二甲苯、邻二甲苯生产商，大型的精对苯二甲酸（PTA）和乙二醇生产商之一，大型的乙烯出口商之一。"扬子牌"石油化工产品可广泛用于轻工、纺织、电子、食品、汽车、航空以及现代化农业等各个领域。产品以批量大、质量好而享誉国内外。

中国石化集团扬子石油化工有限责任公司的宗旨是：以市场为导向，以效益为中心，以资本为纽带，优化产业结构，合理配置生产要素，深化企业改革，实现集团化、多元化、国际化经营，增强市场竞争能力，实现资产保值增值，不断提高经济效益和社会效益，为发展我国石化工业做出贡献。

地址：南京大厂区新华路777号
邮编：210048
电话：(025)7782200
传真：(025)7784389
网址：Http://WWW.YPC.COM.CN

扬子石化40万吨/年乙烯装置夜景

扬子石化产品源源不断满足市场需求

扬子巴斯夫苯乙烯系列有限公司苯乙烯装置

吉化集团公司

总经理：焦海坤

吉化集团公司规模宏大的装置区

吉化集团公司30万吨乙烯及其配套装置

吉化集团公司（简称吉化）是中国石油天然气集团公司所属的跨地区、跨行业的特大型石油化工联合企业。拥有固定资产原值262.2亿元，净值200.6亿元，主要生产装置466套，原油加工能力500万吨／年，乙烯生产能力45万吨／年。生产石油制品、石化产品、橡塑产品、有机化工、无机化工、精细化工、化学肥料、染料及其中间体、医药、农药、机械、仪表、建材等十几个系列1000多种产品，拥有相对稳定的国内外用户4000多家，产品行销世界30多个国家和地区，年销售收入160多亿元。

吉化的前身是新中国“一五”期间兴建的156项重点工程中的“吉林三大化”（染料厂、化肥厂、电石厂），1954年开工建设，1957年建成投产，1958年1月1日组建为吉林化学工业公司。80年代后期，联合、兼并省内外近30家企事业单位，发展成为跨地区、跨行业的企业集团，1992年被列为首批55家企业集团试点单位。1994年，创立吉林化学工业股份有限公司，并使之成为我国第二家境内外三地上市公司，吉林化学工业公司作为母公司正式更名为吉化集团公司。1996年起，吉化在国家计划中实行单列。1998年，吉化正式划归中国石油天然气集团公司。40多年来，吉化为国家的经济发展做出了重要贡献，荣获国家荣誉60多项。累计上缴利税182.5亿元。有730项科研成果通过省、部鉴定，其中，249项填补国家空白。

乌鲁木齐石油化工总厂

厂长：王永明

党委书记：杨炳升

乌鲁木齐石油化工总厂是中国石油天然气集团公司下属的全国特大型企业，始建于1975年4月，是集炼油、化肥、塑料、化纤于一体的石油化工联合生产基地。企业注册资金145亿元，现有固定资产原值93亿元，为自治区一级企业，国家二级企业，全国特大型石油化工企业。现有正式职工13600人，其中管理人员和专业技术人员4300多人，少数民族职工占14%。

乌石化总厂下属5个主要生产厂，即年加工原油500万吨的炼油厂；年产合成氨60万吨、尿素104万吨的化肥厂，是目前全国大型的氮肥生产基地之一；年产4.2万吨聚酯、0.5万吨涤纶长丝、1.5万吨涤纶短丝、7.5万吨精对苯二甲酸的化纤厂；拥有2台2.5万千瓦、2台5万千瓦的发电机组，2台6000千瓦发电机组，总设计发电能力11.2万千瓦时的自备热电厂；年产3400万条编织袋的塑料厂。

乌石化总厂主要产品有6大类68个规格品种：石油燃料（汽油、航煤、轻柴油、调合重油、液化石油气）、石油沥青、石油焦、化肥（合成氨、尿素）、化纤（聚酯切片、涤纶长丝、涤纶短纤维）、聚丙烯塑料等。其中1#喷气燃料油获国家优质产品银质奖，0#、-10#、-20#、-35#柴油和70#、90#汽油及“天池”牌尿素等产品分获省优、部优产品和新疆名牌产品称号。

乌石化总厂坚持两个文明一起抓，注重科技兴厂，先后荣获“全国五一劳动奖状”、“全国环境优美工厂”、“自治区文明单位”等荣誉称号。1992年至今共取得了近100项科研成果。随着国家资源发展战略逐步向中西部转移和新疆三大油田的不断开发，乌石化将在21世纪实现更大的发展。

新疆名牌产品聚酯切片、涤纶长丝、涤纶短纤聚丙烯塑料等

石化总厂优质产品

在改革中发展的乌鲁木齐石油化工总厂

镇海炼油化工股份有限公司

董事长：张家仁

总经理：孙伟君

采用计算机控制的装置操作室

镇海炼油化工股份有限公司（英文缩写ZRCC）地处中国东南沿海，是中国石油化工集团公司控股的特大型炼油化工企业，1994年12月在香港联合交易所挂牌上市。公司前身为始建于1975年的浙江炼油厂。现拥有800万吨/年原油加工能力和60万吨/年尿素生产能力。自备海运码头位于宁波北仑港区，共拥有包括国内目前最大的25万吨级原油泊位在内的泊位5座，年吞吐能力超过2000万吨。公司现有生产装置29套，占地3.34平方公里，职工10000余人。下设“八处一室”，拥有“两个生产厂”、“五个中心”及8家全资子公司和11家国内外联营公司，并在国内拥有90余座加油站。

从80年代末开始，镇海炼化通过开展来料加工、一般贸易和进料加工，不断扩大进口原油加工业务，积极参与国际竞争。目前公司加工的原油80%以上来自国际市场，国际化经营形成规模。1996年、1997年出口创汇分别达到2.88和3.22亿美元。同时企业经济效益得到稳步增长。“八五”期间，利润年均增幅达46%。1997年销售收入达到106亿元，利润达9.5亿元。1998年，在国内外油品市场整体不景气的情况下，镇海炼化经济效益仍名列行业前茅。1994年度、1995年度、1996年度公司相继荣获“全国优秀企业（金马奖）”、“全国思想政治工作优秀企业”和全国“五一”劳动奖状，1998年7月，在国家表彰先进电视电话会议上，镇海炼化是14家先进单位之一。

目前，作为已被国家列入“九五”重点发展的炼油化工企业之一，镇海炼化正加快建设步伐，奋力向千万吨级炼油和世界化肥、化纤原料的特大型石油化工联合企业迈进。

炼油生产装置一角

拥有5座泊位、年吞吐能力达2000万吨的自备海运码头

兰州炼油化工总厂

120万吨／年重油催化裂化装置

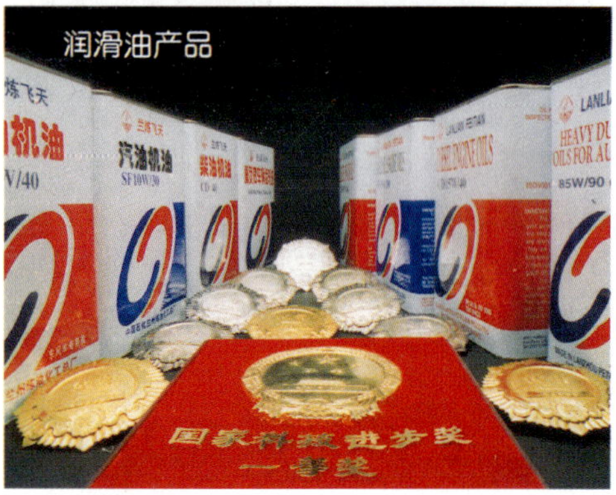

润滑油产品

我国首套年处理量为40万吨高压加氢装置

厂长：陈守杰

兰州炼油化工总厂于1953年9月开始筹建，1956年4月第一期工程破土动工，1958年9月正式投产。

兰炼地处甘肃省省会兰州市西郊，厂区占地面积约500公顷，固定资产总值达45.79亿元，拥有炼油化工生产装置68套，原油一次加工能力达550万吨／年，现有员工2万余人，其中工程技术、科研设计和各类管理人员3千余人。

兰炼经济技术实力雄厚，具有石油炼制、石油添加剂、催化剂生产，炼油机械和控制仪表及压力容器制造，石油化工研究和自动化控制研究，以及炼厂设计和配套安装等综合生产经营能力，是国内特大型的润滑油生产厂和炼油添加剂、催化剂生产基地。

兰炼坚持继承与创新并重，从严带队伍，科学抓管理，总结和摸索出了具有兰炼特色的企业管理模式。先后在生产经营、企业管理、精神文明建设等方面获多项荣誉，并于1996年通过GB T19001－1994idt ISO9001-1994质量体系认证。

兰炼立足科技进步，坚持挖潜改造，不断开拓生产的深度和广度，企业主体工艺技术部分达到或接近国际90年代水平，在加工手段，加工深度及国优产品数量等方面具有领先优势。

面对全球经济一体化进程加速和企业竞争日趋激烈的考验，兰炼正在努力提高企业整体素质，全力实施“油剂化、机电仪”发展战略，力争为国家做出更大贡献。

厂区一角

锦西炼油化工总厂

厂长：刘宝林

锦西炼油化工总厂是隶属于中国石油天然气集团公司的国家特大型企业。总厂现有现代化炼油化工装置55套、固定资产34.42亿元，年加工原油能力550万吨。石化产品已达4大系列，141个牌号130种，总厂现有5家合资企业，注册资金达1亿元。在秦皇岛有年接卸能力为30万吨的油品码头，投资3.1亿元的锦州港海输工程在1996年10月全部建成使用。1997年完成原油加工量435万吨，实现销售收入56亿元，上缴利税9亿元，实现利润2.2亿元。1997年在中国前1000家大中型工业企业中按上缴利税总额统计排名第52位。

20年来，特别是“八五”以来，总厂坚持以人为本，以稳定生产装置为中心，精细生产管理，用生产的稳定保国家计划的完成，确保效益的稳步提高；坚持以改革开放为动力，加大企业内部配套改革的力度；坚持按照中石化总公司提出的“眼睛盯住市场，功夫下在现场”的要求，把追求最大利润做为企业工作的出发点和落脚点，加快两个根本性转变；坚持科技兴厂的基本厂策，逐年增加资金投入，加快技术改造和企业发展步伐，实现了国有资产的保值和增值。1990年－1997年累计完成原油加工量2860万吨，完成国家计划的110%；累计实现销售收入283亿元。累计完成国家利税48.04亿元；累计实现利润10.13亿元。

“八五”以来，特别是1994年总厂获得了全国优秀企业“金马奖”和“全国思想政治工作优秀企业”荣誉称号，1996年企业被辽宁省评为“基层党建十面红旗”称号。1997年总厂工会再次被评为“全国模范职工之家”，1997年总厂获全国五一劳动奖状。1978年到1998年，是锦西炼油化工总厂改革开放力度最大、经济效益最好的20年，也是企业克服困难最多，抓住机遇，发展速度最快的20年。

总厂办公楼

厂区装置一角

重油催化裂化装置夜景

福建炼油化工有限公司

董事长兼总经理：马金魁

党委书记、副董事长：张碧聪

福建炼油化工有限公司是中国石化集团公司和福建省合资建设的石油加工企业，原油加工能力为400万吨／年，位于福建省湄洲湾南岸的泉州肖厝开发区，占地面积2.25平方公里。

公司现有员工3100人，下辖30个生产、辅助生产车间（分厂、公司）和生活服务单位；拥有生产装置11套，其中炼油装置10套、7万吨／年聚丙烯装置1套；建有配套的水、电、汽、风、通讯等公用工程和污水处理、污油回收等环保设施；设有油库区和厂区油品储运系统；建有专用油码头一座，年吞吐能力超过620万吨，设有10万吨级原油泊位、5千吨至1万吨级、3千吨级、1千吨级成品油泊位各一个；建有油品出厂汽车装车站一座，年装车能力可达40万吨；供产品出厂的专用铁路线即将建成投用。

自1993年9月全面建成投产以来，公司已累计加工原油1405万吨，实现工业总产值68.82亿元，销售收入195.46亿元，上缴税费25.83亿元，资产负债率从100%下降到49%。在短短的5年时间里，已单炼或混炼过10个国家22种原油；能生产90#、93#、95#、97#车用无铅汽油、轻柴油、3#喷气燃料、燃料油、溶剂油、炼厂气体、聚丙烯、石油焦、硫磺等14类43个品牌的产品，其中3#喷气燃料、车用无铅汽油等产品获优质产品、“信得过”产品称号。

公司地理位置优越，港口、码头条件好；设计合理，技术先进，过程控制水平高，九套主要生产装置采用集散型控制系统；福炼——计算机集成制造系统（FR-CIMS）作为大型连续过程工业CIMS的典型应用工程列入了国家863计划，1998年获得国家科学技术部颁发的“CIMS应用领先企业”荣誉称号。

与美国埃克森公司、沙特阿拉伯阿美公司签订联合可研协议

公司具有广阔的发展前景，其扩建发展已经列入了《中华人民共和国国民经济和社会发展“九五”计划和2010年远景目标纲要》，公司目前正与美国埃克森公司进行合资扩建谈判，拟在“九五”至“十五”计划期间将炼油生产能力增加到1200万吨／年，同时建设60万吨／年乙烯工程，建成炼油化工一体化的高起点、世界级、集约型的石油化工基地。

十万吨级油码头

生产区夜景

地址：福建省泉州市
电话：(0595)7789188（总机）
传真：(0595)7789130

厂长：黄焯明

沧州炼油厂

沧州炼油厂是中国石油化工集团公司直属的大型炼油化工企业，背依京杭运河，东临京沪铁路、京福公路，大港、胜利、华北三大油田环布周围，地理位置优越。目前厂区占地面积约180公顷，固定资产近15亿元，一次加工能力达250万吨/年，拥有常减压、催化裂化、气体分馏、电化学精制、MTBE、聚丙烯、氧化沥青、延迟焦化、加氢精制、催化重整、硫磺回收等十几套主要生产装置及各相应的配套设施，主要产品包括各种标号的汽油、柴油、溶剂油、沥青、聚丙烯、可染色聚丙烯、液化石油气、铝箔油、变压器干燥油、硫磺等十几个品种近30个牌号，并严格按照国家标准组织生产，产品质量可靠，其中200#溶剂油荣获国家银质奖；高档铝箔油、变压器干燥油被列为国家重大新产品，填补国内空白。企业连续9年跻身全国500家最大工业企业行列，是河北省优势企业，并于1997年荣获全国环境保护先进企业称号。

经过改炼胜利原油改造工程的完成，沧炼加工手段得到进一步完善，不但可以加工任何性质的原油，汽油产品品种和质量也都出现质的飞跃，企业的经济效益得到进一步提高。“九五”后期到2010年，沧炼还将分两步实施新发展：2005年以前重点发展炼油装置，2006年至2010年重点发展化工装置。同时，充分发挥加工胜利含硫原油和进口高硫原油等独特优势，做到人无我有，推动企业腾飞。

地址：河北省沧州市北郊
电话：(0317)2042228　2042888

正在扩建的生产装置区

生产控制系统

生产装置厂景一角

上海宝钢集团公司

SHANGHAI BAOSTEEL GROUP CORPORATION

董事长：徐大铨

总经理：谢企华

宝钢是我国已建成的规模最大的现代化钢铁联合企业。在投产10年的1995年，宝钢产钢851万吨、实现销售收入253.8亿元，实现利税60亿元、出口创汇5.67亿美元，在产品质量和劳动生产率等方面，跨入世界一流企业行列。

由宝钢自筹资金建设的三期工程，计划在2001年建成。届时，宝钢将形成年产1100万吨钢的生产能力。

宝钢主要产品O5表面深冲板、超深冲IF钢、高强度焊接结构钢、高韧性管线钢、高耐候集装箱板、耐指纹电镀锌板，彩电用钢、高压锅炉管、高强度油套管等35项填补国内空白，50项替代进口。

宝钢投产以来，先后开展科研项目2104项，取得各类科研成果802项，获省（部）以上科技进步奖124项，使80年代初引进的技术装备，到90年代末继续保持世界先进水平。

1998年11月17日，经批准，以宝山钢铁（集团）公司为主，吸收上海冶金控股（集团）公司、上海梅山（集团）有限公司参加，组建了上海宝钢集团公司。公司注册资本金为458亿元人民币，净资产为704.66亿元人民币。1998年产钢1616万吨。

公司将在汽车用钢、石油管、造船板、不锈钢、民用建筑和电磁钢等六大类产品上，形成我国规模大、产品档次较高的生产基地，成为我国钢铁行业新工艺、新技术及新材料开发的重要基地。

热轧机组

首钢总公司

首钢集团是按照《中华人民共和国公司法》和现代企业制度的要求，以资本为纽带，以首钢总公司为母公司，由从事钢铁、矿业、机械、电子、建筑、航运等多种行业的企业组建而成的多法人经济联合体。是一个跨地区、跨行业、跨所有制、跨国经营的特大型企业集团。

1997年，首钢总公司产销紧密衔接，经济效益稳步增长，全年产生铁746.34万吨，产钢759.16万吨（首钢集团为800.13万吨），产钢材648.29万吨（首钢集团为689.04万吨），产销率达到100.45%（首钢集团为100.87%），全年实现利润9.58亿元。首钢集团销售收入363.98亿元，实现利润3.5亿元。

在迈向21世纪的进程中，首钢集团将坚决按照十五大的精神，加快企业改革的步伐，加大结构调整的力度，在继续用新技术、新工艺改造钢铁业的同时，重点发展高新技术产业，大力发展第三产业，努力拓展海外事业，将首钢建设成为以高新技术产业为主导，多种行业具有很强竞争力的效益好、环境好的特大型企业集团。

地址：北京市石景山区
电话：(010)68293520
传真：(010)68293518
邮编：100041

党委书记、董事长：毕群

总经理：罗冰生

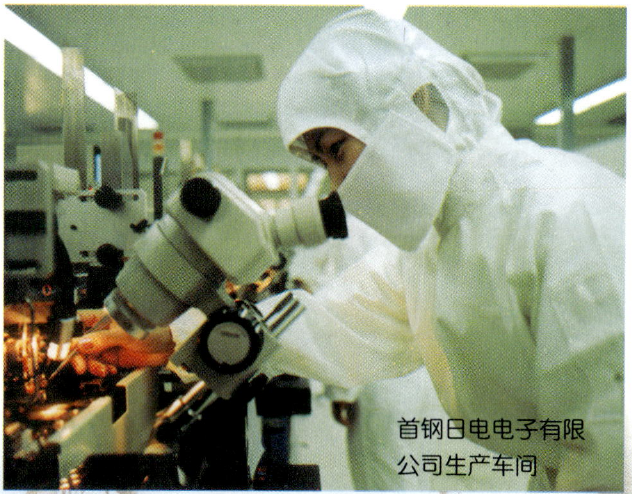

首钢日电电子有限公司生产车间

首钢四号高炉雄姿

济南钢铁集团总公司

总经理：李长顺

党委书记：邹仲琛

济南钢铁集团总公司是集工业、贸易、科研、开发、服务于一体，跨地区、跨行业、跨国家联合，一业为主，多种经营，在国内外具有较强竞争实力的特大型钢铁联合企业，荣获全国五一劳动奖状。

济钢始建于1958年，拥有固定资产46亿多元，总资产65亿多元。主体生产能力为年产钢250万吨、铁260万吨、钢材210万吨、焦炭110万吨。济钢通过了ISO9002质量体系认证，现有产品品种140多个，产品规格2480多个，共创国优、部优、省优产品22项。B级船板通过了中、英、法、日、德、美六国认证，获部金杯奖，规格为5-20 × 1400-1800mm、8-32 × 1800-2600mm，主要用于制造沿海、内河航区船舶；碳结中板被评为山东省名牌产品，获部金杯奖。品种有Q215、Q235、Q255，规格为5-20 × 1400-1800mm、8-32 × 1800-2600mm，主要用于机械、建筑、桥梁及金属结构件；宽厚板质量优良，供不应求，规格为厚度6-80mm（二期工程可达150mm），宽度1800-3200mm，长度6000-18000mm，主要用于造船、锅炉、汽车大梁、桥梁、压力容器等；铸造生铁被评为全国用户满意的产品；中板、圆钢、螺纹钢、中型材等实物质量在市场上保持了良好的信誉，销往全国所有的省份，并远销东南亚、日本、韩国等地；碳素结构钢热轧圆钢，品种有BL2、BL3，规格为直径12-32mm，主要用于机械、建筑结构、深加工原料；耐火材料、散热器片、水泥、球墨铸管、铝型材、化产品等多种产品的经营形成了一定规模，市场占有率不断扩大。济钢坚持“顾客的需求就是我们的追求”的方针，努力塑造“诚实可信，优质服务”的企业形象。

济钢到2000年将达到年产钢280万吨、钢材260万吨，年销售收入100亿元，年人均产钢量200吨，非钢铁产业收入占总收入的30%，主要技术经济指标达到全国钢铁企业的先进水平，以雄厚的实力，崭新的形象，跨入伟大的21世纪。

角钢

槽钢

地址：山东省济南市工业北路21号
电话：(0531)6949393　8985901
传真：(0531)8982126
邮编：250101

宽厚板

螺纹钢

董事长兼总经理：王宁

抚顺新抚钢有限责任公司

抚顺新抚钢有限责任公司（原新抚钢厂），始建于1958年，是国家地方骨干企业之一，公司从烧结、炼铁、炼钢到轧钢一条龙生产线，是现代化生产联合钢铁企业，也是国家大型一类企业。

公司位于辽宁省抚顺市西部地区，有专用线与国铁相连，毗邻沈抚高速公路。占地面积130万平方米，资产总值24亿元。具有年产铁51万吨、钢100万吨、钢材66万吨生产能力。

主要产品有生铁、低合金建筑钢筋、弹簧钢、凿岩用钎钢、合金结构钢、炭素结构钢、优质炭素结构钢、炭素工具钢、不锈钢及耐热钢等中小型材。产品畅销国内，从1980年起产品远销港澳地区和印度、泰国、韩国等国家，享有盛誉。

地址：辽宁省抚顺市望花区沈抚南线18号
电话：(0413)6691078
传真：(0413)6691781
邮编：113001

主要生产产品

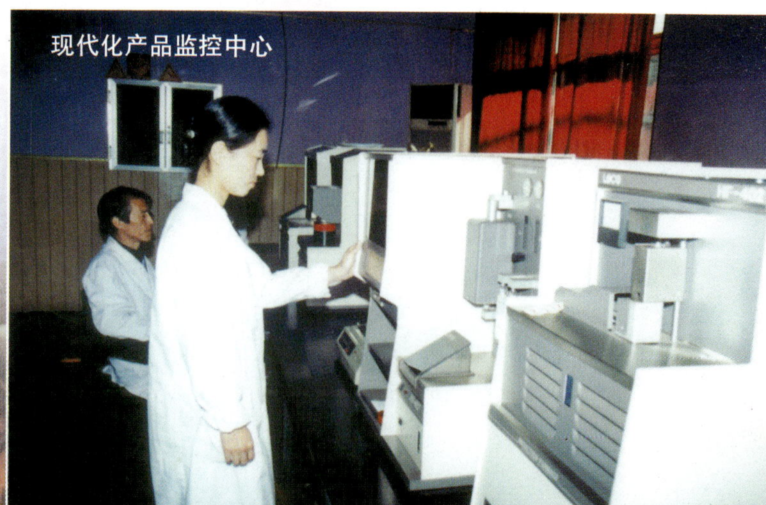

现代化产品监控中心

现代化生产线

莱芜钢铁股份有限公司

董事长兼总经理：李景常

莱芜钢铁股份有限公司，其母体——莱芜钢铁总厂始建于1970年，现已发展成为一个拥有转炉钢和电炉钢两个生产系统，包括矿山采选、烧结、焦化、炼铁、炼钢、连铸、轧材以及相应的动力、运输、机械、建筑安装等门类较为齐全的特大型钢铁联合企业。目前，莱钢是中国大中型工业企业竞争力百强企业、中国工业技术开发实力百强企业、国家一级节能企业、全国名优产品售后服务优秀企业和山东省重合同守信用企业、山东省“AAA”级信誉企业、山东省技术开发中心单位、ISO9002质量管理体系认证企业。莱钢的综合实力已经当之无愧地位居全国冶金和山东省大中型企业的前列。莱钢股份公司创立以来，始终保持了良好的经营状态，一度在全国上市公司综合经营业绩排序中位居前列，保持了钢铁板块“龙头”地位。

中小型车间一瞥

50吨电炉主厂房

750立方米高炉雄姿

公司生活区夜景

董事长、总经理、党委书记：刘志嘉

天津天铁
冶金集团有限公司

正在外发的优质钢坯

公司厂区全貌

炼铁高炉群

天津天铁冶金集团有限公司(原天津铁厂)于1969年8月经批准建设至今，风风雨雨走过了30个春秋。改革开放为天铁的崛起注入了强大的活力。企业实行向上承包、经营自主权逐步下放，有效地调动了基层单位和广大职工的积极性，生产建设和经济效益取得显著进步。从1984年以来，生铁产量以每年平均递增10万吨的速度发展，目前已达年产生铁180万吨生产能力。

1993年以后，天铁公司秉党的十四大、十五大精神的东风，以市场为导向，以效益为中心，及时调整产品结构，自筹资金，只用15个月时间建成炼钢工程，初步改变了天铁产品单一、技术含量低、参与市场竞争能力差的被动局面。特别是最近几年来，以董事长、总经理兼党委书记刘志嘉为核心的公司领导班子，面对企业诸多困难和市场经济带来的压力，全心全意依靠职工办企业，带领公司28000名员工，发挥天铁的政治优势，加大改革力度，狠抓效益工程和凝聚力工程，“学先进、找差距、抓管理、上水平”，努力开发和推广新技术，使公司生产经营和经济效益稳步发展，职工安居乐业。1998年钢产量突破100万吨，生铁产量达到170万吨，利税达1.6亿元。公司全体员工正满怀信心地开创天铁更加美好的未来。

地址：河北涉县
电话：(0310)3973456
传真：(0310)3972812
邮编：056404

水城钢铁（集团）有限责任公司

总经理：朱继民

水城钢铁（集团）有限责任公司始建于1966年，是国家工业企业500强之一。占地总面积14.5平方公里，现有资产总额39.14亿元，职工总数3.1万人。下辖二级生产厂（矿）29个，是一个以采矿、烧结、焦化、炼铁、炼钢、轧钢为主体，以机电修、动力、运输、耐材、水泥、化工、建筑安装为辅助的国家大一型现代钢铁生产联合体。生产能力为年产生铁110 万吨、钢100万吨、材75万吨的规模。主要产品有生铁、连铸坯、线材、小型材、焦炭、化工产品、水泥、水泥设备、铁合金、耐火材料、五金制品等。其中：炼钢生铁、铸造生铁、热轧带肋钢筋、工业萘、改质沥青等9个规格的产品获得贵州省"名牌产品"称号；水钢牌炼钢生铁、水钢牌铸造生铁被国家列为出口免检产品；水钢人研制的改质沥青填补了国家的一项空白；水钢的产品远销日本、美国、澳大利亚、印度及东南亚等20多个国家和地区。

近几年，全体干部职工以转变思想观念为先导，深入开展学邯钢活动，努力盘活资产，大打内涵挖潜降耗增效战，不断提高管理水平，增强企业的"造血"功能，成为全国学邯钢的典型，国家有关部委和贵州省两次联合在水钢召开学邯钢现场经验交流会。

在长期的实践中，水钢人培育了"自强、开放、创新、追求"的企业精神，广大干部职工积极投入美好家园建设，企业进入良性循环，开始走上可持续发展的轨道。

第二轧钢厂从德国引进的小型材生产线

第二轧钢厂生产的螺纹

优质产品

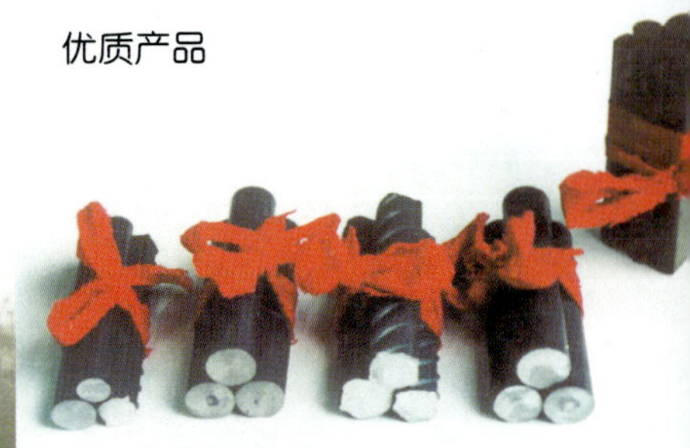

地址：贵州省六盘水市钟山区

电话：(0858)8227100　8222951(总机)　8222029　8222726

邮编：553028

高炉外景

抚顺特殊钢（集团）有限责任公司

抚顺特殊钢（集团）有限责任公司（原抚顺钢厂）是中国的大型特殊钢生产和科研基地，国家一级企业、全国最大500家工业企业。拥有固定资产净值13.1亿元。具有年产钢58万吨、钢材45万吨的生产能力。

董事长、总经理：张玉颖

抚钢始建于1937年。早在建国初就被国家确定为高温合金、特殊钢的生产和科研基地，我国的第一炉锋钢（高速工具钢）、第一炉不锈钢、第一炉高温合金以及钨铁、人造石墨电极等都是在这里试制成功的，为我国国民经济和军工工业的发展做出了突出的贡献。

建国以来，抚钢经过多次大规模的改造、扩建，主要生产设备1/3达到国内或国际先进水平，其中真空感应炉、真空自耗炉、超高功率电炉、VOD/VHD精炼炉、精锻机、快锻机、850初轧机、高精度方扁钢连轧机生产线，24架连轧机生产线等一批设备具有世界先进水平，使抚钢能够生产高精度工模具钢、高档齿轮钢、不锈钢、轴承钢、合金结构钢、低碳不锈钢、弹簧钢、超高强度钢、高温合金、钛合金、钼合金等12大类、1217个钢种、5923个品种规格的产品，初步形成了不同规格的圆、扁、方、管、板系列，并可根据用户需要，研制生产新型钢材。多年来，抚钢曾为中国的航天、航空、航海、兵器、核能、石油、化工、电力、机械、汽车、轻纺等工业和国家重点工程、国防工程提供了大量的优质冷热薄板、轧棒材、大型锻件、无缝钢管、冷拔材等。有三种产品分别获国家金牌、银牌质量奖。部分产品填补国内空白，并正式通过ISO9002质量保证体系认证。先后有10大类31种产品出口近20个国家和地区，并获得了美国、台湾、泰国的优质产品证章、证书，在国际、国内享有较高的声誉。

具有90年代世界先进水平的24架高精度现代化连轧生产线

亚洲及环太平洋地区首套引进的WF5-40高精度可逆式方扁钢连轧生产线

闪光的历程 崭新的起点

上海大众汽车有限公司

SHANGHAI VOLKSWAGEN AUTOMOTIVE COMPANY LTD.SVW

总经理：洪积明

上海大众汽车有限公司是中德合资的轿车生产企业，公司合营各方分别为上海汽车工业（集团）总公司、中国银行上海信托咨询公司、中国汽车工业总公司和德国大众汽车公司。中德双方投资比例各占50%，于1985年9月开业。

公司主要生产桑塔纳轿车、桑塔纳旅行轿车、桑塔纳2000型轿车及发动机。公司成立10多年来，轿车产量连年攀高，从1700辆发展到目前的年产超过23万辆，累计生产已超过110万辆；从单一的桑塔纳普通型发展到目前包括桑塔纳2000型在内的两大系列7种车型；国产化率目前已达90%以上，国内配套厂300余家；销售收入从6亿元到超过200亿元；并形成一个拥有374家特约维修站的售后服务网络，为广大桑塔纳用户提供无后顾之忧的良好服务。

在未来的道路上，上海大众将进一步努力为中国轿车工业赶超国际先进水平再立新功。

地址：上海安亭洛蒲路
电话：(021)59578888
传真：(021)59572815
邮编：201805

公司本部南大门

山东成山橡胶集团

董事长兼总经理：郑维峰

山东成山橡胶集团是以山东成山橡胶（集团）股份有限公司为核心企业的法人联合体。现有职工6000多名，拥有总资产22.7亿元，主导产品轮胎年产能力600万套，其中全钢子午胎30万套，半钢子午胎200万套。

集团核心企业山东成山橡胶（集团）股份有限公司的前身是荣成市橡胶厂，建于1976年1月，当时全部资产48万元，年产轮胎不足万套。靠着艰苦奋斗和顽强拚搏，企业一步步发展起来。目前企业总资产比建厂初期增长了4700多倍，年均递增49.6%，自有资产8.7亿元，年均递增42.9%，产值、利税分别以37.8%和38.1%的速度递增。自1992年以来年年成为中国行业百强企业和利税十强企业；1995年营业额列中国大型工业集团第156位；1996年列世界轮胎50强第26位；1997年销售收入列全国化工行业第14位。企业先后获得国家二级企业、中国市场公众形象优良企业、部出口创汇先进企业、山东省技术进步先进企业、重合同守信用单位、山东省现场管理样板企业等150多个荣誉称号。1996年通过了ISO9001质量体系和轮胎产品双认证。

规划到2003年，建成年产各种轮胎1000万套，自行车、摩托车内胎1000万条，钢丝帘线10000吨，年可完成产值60亿元，实现利税8亿元的特大型工业集团。

生产区一角

成山橡胶轮胎硫化车间

中国嘉陵工业股份有限公司（集团）

中国嘉陵工业股份有限公司（集团），是中国特大型的摩托车生产企业之一。公司现有员工12000余人，总资产近40亿元，净资产近16亿元；主要产品有嘉陵牌系列摩托车、助动车。

公司系国家定点摩托车生产经营企业，自1979年开发生产摩托车以来，已累计产销各型摩托车800多万辆，占全国保有量的1/5以上，累计创利税38亿元，公司已形成年产摩托车200万辆的生产能力，其主要经济技术指标及综合实力居同行业领先地位。1995年荣获“中国摩托车之王”称号。1998年，在面临买方市场激烈的竞争形势下，嘉陵勇于迎接挑战，开拓进取，产品出口创汇达1230万美元，继续保持了在行业的领先地位。

以嘉陵股份公司为核心的中国嘉陵集团，拥有控股公司、参股公司和协作成员企业400多家，是我国摩托车行业的骨干企业集团和国家57家试点企业集团之一。公司引进国外先进技术和关键设备，建成了具有国际、国内先进水平的摩托车发动机、化油器、冲压、焊接、涂装、压铸、热处理、摩托车总装等生产线和工模具CAD/CAM设计制造中心及摩托车质量检测中心，形成了工艺先进、技术装备手段完备的生产体系，提高了生产技术水平和产品质量档次。

公司经营业绩显著，技术、经济实力雄厚，产品质量稳定可靠，曾荣获“全国优秀企业（金马奖）”、“国家一级企业”、公司资信等级为AAA级。公司CJ50、JH70型摩托车荣获国家优质产品银质奖。嘉陵牌摩托车作为中国名牌产品，成为“全国消费者购物首选优质产品”。

地址：重庆双碑
电话：(023)65190114
传真：(023)65196666　65197777
邮编：400032

董事长兼总裁：何世斌

党委书记：郑代伟

规模宏大的摩托车总装车间

先进的摩托车发动机生产线

中国第一汽车集团公司

吉林轻型车厂

厂长兼党委书记：王少华

工厂正门

CA6440 轻型客车总装线

CA5020XJB 警备车

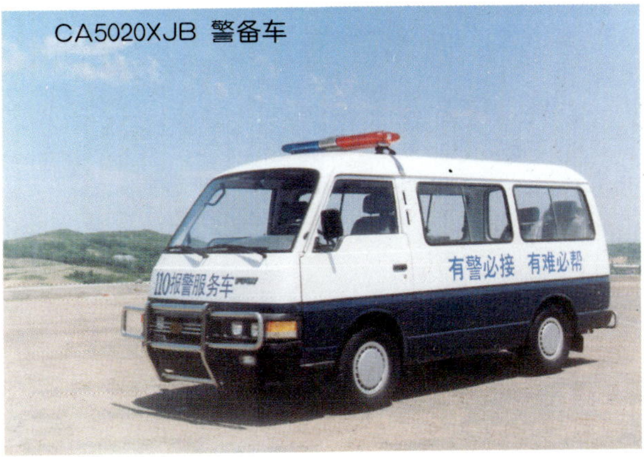

中国第一汽车集团公司吉林轻型车厂是中国第一汽车集团公司直属骨干企业，是中国汽车工业联合会理事成员厂，是专业生产“解放牌”系列轻型车和微型车系列产品的国有大型企业。

吉林轻型车厂坐落在中外驰名的“雾凇之乡”吉林市。1981 年 3 月国产的第一辆微型汽车在这里制造成功；1983 年投入批量生产；1991 年 6 月 28 日正式被兼并为一汽直属企业。

吉林轻型车厂下设 12 个专业厂，现有职工近万人，并拥有一支实力较强的专业技术队伍，具有高、中级职称人员达500余人。工厂占地近 85 万平方米，工业建筑面积 24 万平方米。固定资产原值 9.89 亿元。拥有主要生产设备 2922 台，其中高精度设备21台、进口设备85台。通过技术改造和技术进步，实现了汽车生产从冲压、焊装、涂漆到总装、检测的全过程流水作业，形成了现代化大型企业的生产规模，达到了年产 CA1020 系列轻型货车 3 万辆、CA6440 轻型客车2万辆、CA6350微型客车2万辆、及轻型货车驾驶室1万台的生产能力。工厂自建厂至 1998 年底累计生产各类轻型、微型汽车近 20 万辆，驾驶室近 11 万台。实现工业总产值144.6亿元，创利税23.27亿元。

地址：吉林省吉林市吉林大街泰山路 12 号
电话：(0432)4661616
传真：(0432)4661616
邮编：132013

中国东方航空股份有限公司

东方航空集团公司党委书记
中国东方航空股份有限公司
董事长、党委书记：富允弼

东方航空集团公司总裁
中国东方航空股份有限公司
副董事长、总经理：李仲明

中国东方航空是中国民航主要骨干企业之一，总部设在上海虹桥国际机场。东航现拥有A340、A300、MD-11等客货飞机63架。主要经营美国、德国、比利时、西班牙、澳大利亚、日本、法国、韩国、泰国、新加坡等国家的近20条国际航线及国内大中城市的120多条航线，与美利坚航空公司签订的代码共享协议，更使东航航线延伸至全美国。

“飞行安全”始终是东航经营管理的永恒主题。东航不仅拥有一支训练有素，技术精湛的飞行队伍；还有一支技术上精益求精、工作中一丝不苟、为飞机安全提供有力保证的飞机维修人员队伍。东航已多次荣获中国民航总局颁发的飞行安全“金鹏奖”、“金鹰奖”。

东航努力创造自己的服务“品牌”，以高水准的空中服务与完善的地面服务，赢得了海内外旅客的赞誉。机票销售终端已与国内外数百家企业建立了商务代理关系，设立于9个国家的驻外办事处已达十几家，使东航遍及全球的销售网络基本形成。东航服务质量还多次在中国民航评比中名列总分第一。中国东方航空在前进步伐中已迈出了实施大集团战略的第一步，东航万名员工将继续努力，为早日跻身国际一流航空企业而奋斗。